W0069912

ausgesondert/veraltet

Claudia Mast ist Professorin für Kommunikationswissenschaft und Journalistik an der Universität Hohenheim (Stuttgart). Sie studierte Kommunikationswissenschaft, Politikwissenschaft und Romanische Philologie an der Universität München. Mitarbeit bei Tageszeitungen und Hörfunksendern. Habilitation 1985. Langjährige Tätigkeit an den Universitäten München und Zürich. 1979 bis 1988 leitende Angestellte im Personalwesen bei der Siemens AG in München. Seit 1988 Lehrstuhl für Kommunikationswissenschaft und Journalistik an der Universität Hohenheim, federführend für die universitäre Ausbildung und Weiterbildung von Journalisten und Medienfachleuten, Mitglied des Verwaltungsrates der Deutschen Welle (Köln).

Herausgeberin der Buchreihe »Medien und Märkte« (UVK, Konstanz). Zahlreiche Veröffentlichungen u. a. »Unternehmenskommunikation«, Stuttgart 2008; »Reformen in Deutschland« (zusammen mit Klaus Spachmann), Opladen/Wiesbaden 2005; »Kundenkommunikation« (zusammen mit Simone Huck, Karoline Güller), Stuttgart 2004; »Erfolgreich durch effiziente Mitarbeiterkommunikation«, Stuttgart 2003; »Berufsziel Journalismus«, Opladen/Wiesbaden 2000.

Claudia Mast (Hg.)

ABC des Journalismus

Ein Handbuch

11., überarbeitete Auflage

UVK Verlagsgesellschaft mbH

Praktischer Journalismus
Band 1

Bibliografische Information der Deutschen Bibliothek
Die Deutsche Bibliothek verzeichnet diese Publikation in der Deutschen
Nationalbibliografie; detaillierte bibliografische Daten sind im Internet
über http://dnb.ddb.de abrufbar.

ISSN 1617-3570
ISBN 978-3-86764-048-0

Das Werk einschließlich aller seiner Teile ist urheberrechtlich geschützt. Jede Verwertung
außerhalb der engen Grenzen des Urheberrechtsgesetzes ist ohne Zustimmung des Verlages unzulässig und strafbar. Das gilt insbesondere für Vervielfältigungen, Übersetzungen,
Mikroverfilmungen und die Einspeicherung und Verarbeitung in elektronischen Systemen.

© UVK Verlagsgesellschaft mbH, Konstanz 2008

Einbandgestaltung: Susanne Fuellhaas, Konstanz
Einbandfoto: iStock International Inc.
Redaktion: Klaus Spachmann, Hohenheim
Lektorat: Christiane Kauer, Bad Vilbel
Satz: Klose Textmanagement, Berlin
Druck und Bindung: CPI - Ebner & Spiegel, Ulm

UVK Verlagsgesellschaft mbH
Schützenstr. 24 ·D-78462 Konstanz
Tel.: 07531-9053-0 · Fax: 07531-9053-98
www.uvk.de

Inhalt

Vorwort

Medienmärkte boomen. Das Karussell des Medienwettbewerbs dreht sich schneller und schneller. Redaktionen kämpfen um die Aufmerksamkeit ihres Publikums. Der Beruf Journalismus gerät unter Druck. Technische Innovationen und die zunehmende Internationalisierung der Medienbranche führen zu raschen Veränderungen der Anforderungen und Aufgaben für Journalisten. Das Internet und mit ihm die zahlreichen Online-Angebote krempeln die Medienszene schneller und grundlegender um als viele erwarteten oder vielleicht sogar befürchteten.

Journalismus als Beruf ist nach langen Jahrzehnten verhältnismäßiger Stabilität nunmehr in heftige Turbulenzen geraten. Umbrüche auf den Werbemärkten, ein Publikum, das immer unsteter und verwöhnter wird, und immer neue technische oder wirtschaftspolitische Rahmenbedingungen sind nur Stichworte für Veränderungen, die auch die Rolle und das Selbstverständnis des Berufsstandes Journalismus herausfordern. Quo vadis? Die Redaktionen verlassen ausgetretene Pfade, erobern neue Publikumssegmente, erproben neue Formen der medialen Präsentation und ringen um die Zuwendung ihrer Leser, Hörer, Zuschauer oder User.

Von der Recherche bis zum Medienmanagement – die Anforderungen an den Journalismus steigen. Den Konkurrenzkampf unter den Redaktionen entscheidet Ideenreichtum, professionelles Handeln und marktgerechte Umsetzung publizistischer Konzepte. Das Aufgabenfeld für Journalisten wird immer breiter und schwieriger. Es genügt nicht mehr, nur gute Artikel oder Sendungen zu produzieren, sondern Journalisten müssen sich mehr und mehr auch um das redaktionelle Marketing, die Effizienz ihrer Arbeitsorganisation, wettbewerbsfähige Formate und das Kostenmanagement kümmern.

Die Publikation behandelt daher nicht nur die Arbeitstechniken Recherchieren, Bearbeiten und Präsentieren sowie die wirtschaftlichen und rechtlichen Grundlagen des Journalismus, sondern vor allem die Anforderungen des Medienmarketings bzw. des Redaktionsmanagements, wobei die Entwicklungen des Publikumsverhaltens und – nicht zuletzt – die Public-Relations-Aufgaben berücksichtigt werden, die heute im Journalismus anfallen. Erfolgreiche Redaktionskonzepte und Hinweise zur Bewältigung des Medienwettbewerbs werden ebenso vorgestellt wie das expandierende Feld der Öffentlichkeitsarbeit. Der Leitfaden für die Redaktionsarbeit richtet sich an Praktiker in den Medien, denen die Informationsquellen und auch die Zeit fehlen, sich einen Überblick über die vielfältigen, oft verwirrenden Veröffentlichungen zu schaffen.

In diesem nunmehr seit über einem Jahrzehnt unverzichtbaren Handbuch für die Redaktionsarbeit werden zentrale Probleme und Herausforderungen für Journalisten in knapper Form dargestellt. Praktiker aus Redaktionen, Verbänden und Medienunternehmen geben mit ihren Beiträgen zusätzlich Hinweise und Tipps insbesondere zu Aspekten, die in anderen Veröffentlichungen kaum behandelt werden. So stellen beispielsweise Chefredakteure und Redaktionsleiter Erfahrungen und Best-Practice-Beispiele von Redaktionen mit vorbildlichen Wettbewerbsstrategien vor, nach dem Motto: von anderen lernen. All diesen Autoren aus der Praxis gilt unser herzlicher Dank für die Bereitschaft zur Mitarbeit und zur tatkräftigen Unterstützung des Handbuches.

Verweise zwischen den einzelnen Kapiteln dienen der Vernetzung von Sachgebieten und Problemkreisen. Ein alphabetisches Sachregister erleichtert den schnellen Zugang über Begriffe zu gewünschten Informationen. Nicht als Schlagwörter aufgenommen wurden deshalb häufig wiederkehrende Begriffe wie Journalist, Redakteur, Verleger, Medienangebote sowie Bezeichnungen von Personen oder Institutionen. Schaubilder, Praxistipps und kurze Hervorhebungen im Text sollen eine schnelle Orientierung ermöglichen.

Die Praxisbezogenheit des Leitfadens zeigt sich auch darin, dass aus der Fülle der Literatur zu den einzelnen Sachthemen exemplarisch einige wenige Titel ausgewählt und kurz kommentiert werden. Als Literaturhinweise an den Schluss der Kapitel gestellt, ermöglichen sie eine vertiefende Beschäftigung mit Einzelaspekten. Die Titel wurden nach verschiedenen Kriterien ausgewählt. Die vorgestellten Bücher sollen für die Praxis Ergebnisse, Hinweise und Denkanstöße enthalten, verständlich und praxisnah geschrieben und leicht zugänglich, d.h. möglichst im Buchhandel erhältlich sein. Ziel der Hinweise auf Bücher, die in der Regel in den letzten Jahren erschienen sind, ist daher weder eine bibliografische Vollständigkeit noch eine wissenschaftliche Dokumentation des Vorhandenen, sondern ein für die berufliche Praxis zugänglicher und geeigneter Ausschnitt aus der Vielzahl der Veröffentlichungen. Zeitschriftenartikel wurden nicht aufgenommen, da sie für den Praktiker nur mit großem Aufwand zu beschaffen sind. Adressenlisten der verschiedenen Medienorganisationen, Verbände und Institutionen erleichtern auch das schnelle Anfordern von meist kostenlosen Publikationen und Informationsmaterial.

Das »ABC des Journalismus« liegt als Leitfaden für die Redaktionspraxis nunmehr als völlig überarbeitetes Handbuch in der 11. Auflage vor. Es ist für all diejenigen ein nützliches Nachschlagewerk, die sich mit den neuen Anforderungen im Journalismus auseinandersetzen und wissen müssen, nach welchen Regeln, Konzeptionen und Routinen Journalisten denken und handeln. In erster Linie sind dies die freiberuflichen und fest angestellten Journalisten sowie der journalistische Nachwuchs (Volontäre, Praktikanten, Journalistik-Studierende). Darüber hinaus wendet sich das Handbuch aber auch an diejenigen, die in der Praxis mit Journalisten zu tun haben – beispielsweise PR- und Werbeagenturen, Unternehmen, Verbände und (öffentliche) Institutionen.

Dieses aufwändige Projekt ist nur durch die ebenso bereitwillige und engagierte Mitarbeit der zahlreichen Journalisten und Vertreter der Praxis möglich, die ihr Know-how in diese Publikation einbringen. Ihnen gilt der besondere Dank der Herausgeberin. Folgende Redaktionen und Organisationen haben an diesem Werk mitgewirkt:

Aspekte (ZDF), Augsburger Allgemeine, B5 aktuell, Bayerischer Rundfunk (BR), Bundesverband Deutscher Zeitungsverleger (BDZV), Burda Yukom Publishing, Capital, Der Spiegel, Deutsche Presse-Agentur (dpa), Deutscher Depeschendienst (ddp), Deutscher Journalisten Verband (DJV), Deutschlandradio, Die Rheinpfalz, Financial Times Deutschland (FTD), Frankfurter Allgemeine Zeitung (FAZ), Frankfurter Allgemeine Sonntagszeitung, GEO, Guter Rat, Hannoversche Allgemeine Zeitung, Hauptstadtstudio (ARD), Hitradio Antenne 1 Stuttgart, Hit-Radio Antenne Niedersachsen, Journalistenbüro regio.m – Magdeburg Medien, Ketchum Deutschland, Keystone Pressedienst, Kommunikationsberatung Zorn, kress Verlag, Magdeburger Volksstimme, MAYPR, Microsoft Deutschland, Mitteldeutscher Rundfunk

(MDR), Munzinger-Archiv, N24, n-tv, orgeldinger media group, Reader's Digest Deutschland, Rheinische Post, Rheinischer Merkur, RTL, Spiegel Online, Stuttgarter Nachrichten, Stuttgarter Zeitung, Süddeutsche Zeitung, Südkurier, Südwestrundfunk (SWR), Welt Online, w&v Werben und Verkaufen, Westdeutsche Allgemeine Zeitung, Zweites Deutsches Fernsehen (ZDF), ZDF-Reporter.

An der Aktualisierung der medienrechtlichen Passagen des Handbuches hat – wie schon in der 10. Auflage – der Hauptabteilungsleiter Personal, Honorare und Unternehmensentwicklung des Südwestrundfunks (SWR) in Stuttgart Rechtsanwalt Thomas Schelberg mitgewirkt. Auch ihm sei sehr herzlich gedankt für seine Arbeit.

An der Fertigstellung des Manuskriptes waren darüber hinaus Mitarbeiterinnen und Mitarbeiter des Fachgebietes Kommunikationswissenschaft und Journalistik der Universität Hohenheim (Stuttgart) beteiligt, denen ebenfalls an dieser Stelle ein herzliches Dankeschön ausgesprochen wird – vor allem Dr. Klaus Spachmann, der die Projektkoordination und Schlussredaktion übernahm, Caissa Keil und Rainer Bluthard.

Stuttgart, im April 2008   Claudia Mast

I   Mediensystem in Deutschland

Die Medienlandschaft ist in Bewegung. Redaktionen kämpfen auf dem Marktplatz der öffentlichen Meinung, der allmählich zur Arena wird. Sie sehen sich Konkurrenten gegenüber, die mit immer raffinierteren Konzepten versuchen, ihr Publikum anzulocken und zu binden. Erfolge von heute stehen bereits morgen zur Disposition.

Das Mediensystem in Deutschland ist im Umbruch. Technische Innovationen wie das Internet ermöglichen neue Angebote, eine konsequente Politik der Deregulierung schafft Spielräume für ein wettbewerbsorientiertes Mediensystem, der Wettbewerb der einzelnen Medien untereinander nimmt zu. Zeitungen und Zeitschriften ringen um Leser, Radios und Fernsehprogramme um Zuhörer und Zuschauer.

Durch die Entscheidung des Jahres 1983, auch im Rundfunk private Anbieter zuzulassen, und die Entwicklung des neuen Mediums Internet ab Mitte der 1990er Jahre ist in Deutschland ein wettbewerbsorientiertes Mediensystem entstanden, in dem immer mehr Medienangebote um zwei knappe Güter ringen: das Geldbudget und die Zeit des Publikums. Medien finanzieren sich letztlich durch die Aufmerksamkeit des Publikums, d. h. dessen Zuwendung zu den einzelnen Angeboten.

Konkurrierende Medienunternehmen bewirken Veränderungen, da sie – ständig um Verbesserungen bemüht – versuchen, publizistische und ökonomische Marktanteile auszubauen. Dies können sie erreichen durch die gezielte Auswahl dessen, »was« sie anbieten (z. B. Nachrichten oder Spezialinformationen), »wie« sie es auf den Medienmärkten herstellen (z. B. wirtschaftliche Kooperationen von Medienunternehmen), »wo« sie die Medienangebote produzieren (z. B. Produktionen im Ausland) und »für wen« (z. B. für ein Fachpublikum mit Spezialinteressen) die Medienleistungen vorgesehen sind.

Mit dem Entdecken neuer Zielgruppen, neuer Medienbedürfnisse und neuer Kommunikationsräume entstehen »neue Medien«, welche die bestehende Struktur des Systems ergänzen oder modifizieren. Neben Online-Diensten aller Art, Spartenkanälen im Fernsehen oder Pay-TV führen Medienhäuser mehr und mehr Inhalte aus der Printproduktion, Fernsehen, Hörfunk und Internet zusammen.

Die Veränderungen im Mediensystem basieren auf der Politik der Deregulierung, aber auch auf neuen technischen Möglichkeiten: So ist die digitale Verbreitungstechnik im Fernsehen die Grundlage für quantitative und qualitative Veränderungen. Hierunter ist sowohl eine Vermehrung der Kanäle als auch die

Lösung des Fernsehzuschauers von zeitlicher Bindung an Sendezeiten (»TV-on-demand«) sowie die Beeinflussung bzw. die Teilnahme der Zuschauer an den Inhalten (»interaktives Fernsehen«) zu verstehen.

Das Internet ist in kurzer Zeit zu einem in der Bevölkerung weit verbreiteten Medium geworden. Gut 60 Prozent der Deutschen nutzen es mittlerweile regelmäßig. Nach wie vor gibt es jedoch Unterschiede zwischen einzelnen Bevölkerungsgruppen. So nutzen beispielsweise im Jahr 2007 94 Prozent der 18- bis 24-Jährigen das Online-Medium, aber nur 24 Prozent der Personen über 60 Jahre (Quelle: Forschungsgruppe Wahlen). Im Vergleich zu den klassischen Medien ermöglicht das Internet neue Formen der Kommunikation und Information. Als meistgenutzte Anwendung gilt weiterhin die E-Mail-Kommunikation, gefolgt von Informationssuche und ziellosem Surfen. Darüber hinaus hat das Abwickeln von Service- und Kauftransaktionen (z. B. Online-Shopping und Online-Banking) in den letzten Jahren an Bedeutung gewonnen.

Durch die neuen Medien entwickeln sich ständig neue Formen der Kommunikation. Der folgende Überblick über die grundlegenden Strukturen des Mediensystems kann daher nur eine Momentaufnahme sein.

> **Tipp:** Adressen und Ansprechpartner aller Medien liefern die Loseblattsammlung, die CD-ROM-Datenbank oder die Online-Software des Verlags Dieter Zimpel (zimpel.de) sowie die Medien-Handbücher, CDs oder Datenbanken im Abonnement des STAMM Verlages (stamm.de). Fachspezifische Adressen und Ansprechpartner sind in den jeweiligen Presse-Taschenbüchern des Kroll-Verlages zu finden (kroll-verlag.de).

I   Zeitungen und Zeitschriften

Mit der Expansion der elektronischen Medien Hörfunk, Fernsehen und dem Internet entstehen immer wieder Befürchtungen, die Zeitungen könnten dieser elektronischen Medienkonkurrenz nicht standhalten. Hierzu einige Zahlen: 1954 erscheinen in der Bundesrepublik Deutschland immerhin 1500 redaktionelle Ausgaben auf dem Markt. Im Jahr 2007 sind es insgesamt 1524 Zeitungsausgaben. 1954 werden rund 13 Millionen Zeitungen verkauft, seit Ende der 1970er Jahre setzen die Verlage in den alten Bundesländern konstant zwischen 18 und 21 Millionen Zeitungen im Jahr ab – trotz Vielfalt der Fernsehkanäle und Internet. Die verkaufte Auflage im zweiten Quartal 2007 beträgt nach Angaben des Bundesverbandes Deutscher Zeitungsverleger ca. 20,8 Millionen Tageszeitungsexemplare. Hinzu kommen knapp 3,7 Millionen. Sonntagszeitungen und knapp 2 Millionen Wochenzeitungen.

Die Zeitung kann damit ihre Stellung im Medienmarkt seit einigen Jahren zwar nicht mehr weiter ausbauen, aber trotz leicht schrumpfender Auflagen noch recht gut behaupten. Die höchste Zeitungsdichte im internationalen Vergleich hat Japan aufzuweisen, wo auf 1.000 Einwohner 631 Zeitungsexemplare kommen. Deutschland liegt in der Zeitungsdichte hinter Österreich und Großbritannien, aber noch weit vor den USA und Frankreich (vgl. Abb. 1).

Abb. 1: Zeitungsdichte 2006 im internationalen Vergleich

Anzahl der Zeitungsexemplare je 1000 Einwohner:

Japan	631
Norwegen	601
Schweiz	370
Österreich	340
Großbritannien	335
Deutschland	301
Niederlande	287
USA	241
Kanada	169
Polen	156
Italien	139
Südafrika	116
Frankreich	51

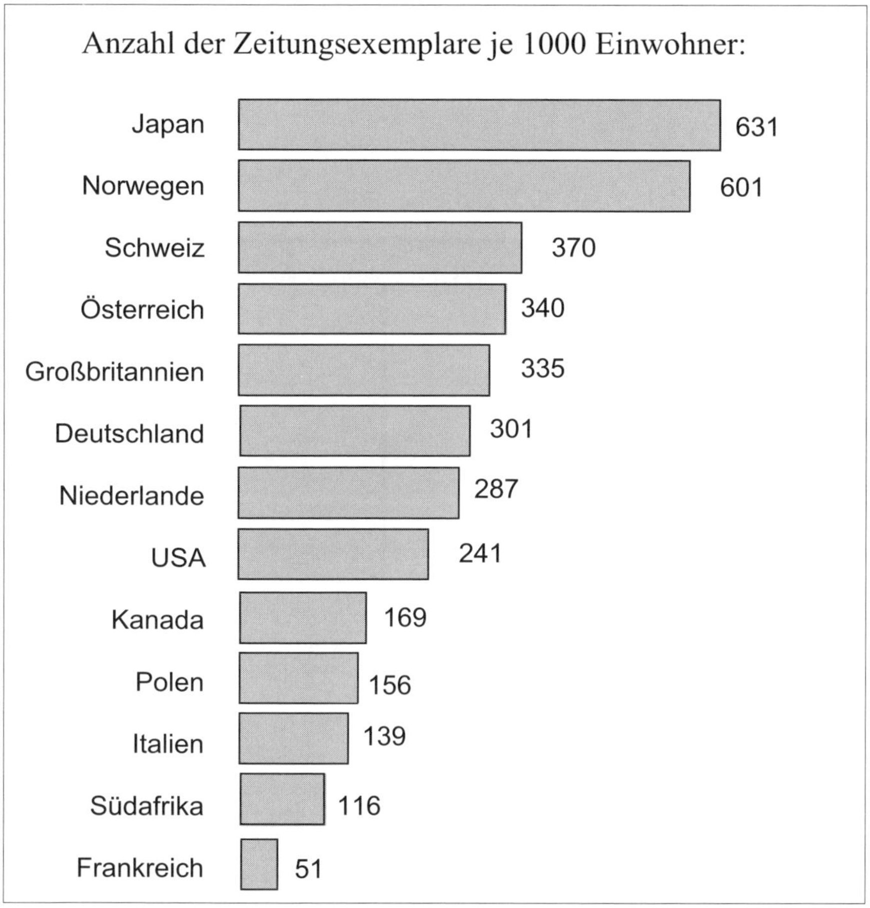

Quelle: Bundesverband Deutscher Zeitungsverleger/World Association of Newspapers

Zahl der
Vollredaktionen
schrumpft

Die Zeitungsdichte allein sagt über die Vielfalt des publizistischen Angebots allerdings wenig aus. Dazu ist ein Blick auf die Entwicklung der so genannten Publizistischen Einheiten notwendig, also der Redaktionen, die den Inhalt einer Zeitung allein und vollständig publizieren. Diese Zahlen geben eher Anlass zur Besorgnis: Durch Kooperationen und Übernahmen ist die Zahl der Vollredaktionen seit 1954 in den alten Bundesländern von 225 auf 118 im Jahr 2007 zurückgegangen. Die Zahl der Zeitungsverlage hat sich seit den 1950er Jahren fast halbiert. Nach der Vereinigung der beiden deutschen Staaten beläuft sich die Zahl der Publizistischen Einheiten im Jahr 2007 in Deutschland auf 136 Vollredaktionen, die für 352 Zeitungsverlage arbeiten (vgl. Schütz 2007, S. 562ff.). Diese geben 1.524 Zeitungsausgaben heraus mit einer Gesamtauflage von 26,5 Millionen Exemplaren (vgl. Abb. 2). Ein fortschreitender Prozess der Pressekonzentration kann die publizistische Vielfalt in Deutschland jedoch beeinträchtigen.

Abb. 2: Zeitungen 2007 auf einen Blick

Zeitungen	Anzahl	Auflage
lokale und regionale Abo-Zeitungen	333	14,6 Mio.
überregionale Zeitungen	10	1,6 Mio.
Straßenverkaufszeitungen	9	4,6 Mio.
Tageszeitungen gesamt	**352**	**20,8 Mio.**
Wochenzeitungen[1]	**27**	**2,0 Mio.**
Sonntagszeitungen[2]	**7**	**3,7 Mio.**
Gesamtauflage der Zeitungen 26,5 Mio.		

Quelle: Bundesverband Deutscher Zeitungsverleger/Schütz 2007

Als Grundlage für eine exakte Beschreibung der Struktur des Zeitungswesens werden in der Pressestatistik folgende Begriffe verwendet: Zeitungen, die in ihrem politischen Teil (auch »Zeitungsmantel« genannt) übereinstimmen, gelten als eine Publizistische Einheit. Dabei spielt es keine Rolle, ob sich der sonstige Inhalt oder die Titel der Blätter voneinander unterscheiden. Unter die Zahl der Verlage als Herausgeber fallen alle Verlage, die zumindest einen Teil der Zeitung – meist den Lokalteil – selbst redaktionell bestimmen, unabhängig davon, ob sie mit anderen Verlagen zusammen denselben Zeitungsmantel veröffentlichen. Wer der Verlag als Herausgeber einer Zeitung ist, lässt sich in der Regel anhand des Impressums feststellen. Die redaktionellen Ausgaben einer Zeitung sind die kleinste Zähleinheit. Diese Zeitungsausgaben unterscheiden sich durch inhaltliche Besonderheiten, meist im Lokalteil, von anderen Ausgaben, mit denen sie in anderen redaktionellen Teilen aber weitgehend übereinstimmen können. Die Tagespresselandschaft in Deutschland ist vor allem von Zeitungen mit lokaler oder regionaler Verbreitung geprägt.

Deutsche Tageszeitungslandschaft regional und lokal geprägt

Wesentliche Merkmale der Tageszeitung sind ihre Aktualität, Publizität (sie stellt Öffentlichkeit in ihrem jeweiligen Verbreitungsgebiet her), Periodizität (sie erscheint mindestens zweimal wöchentlich) und Universalität (Vielfalt der Themen). Sie berichtet über einen weiten Themenkreis, der Politik, Wirtschaft, Kultur, Unterhaltung, Sport und sonstiges Zeitgeschehen umfasst.

Merkmale der Zeitung

Zeitungen werden unterschiedlich vertrieben. In Deutschland wird der überwiegende Teil der Zeitungen nicht am Kiosk gekauft, sondern abonniert. Mit über 14 von insgesamt über 20 Millionen verkaufter lokaler, regionaler und überregionaler Tageszeitungen stellen die Abonnementszeitungen ungefähr drei Viertel der täglichen Auflage. Zu den Straßenverkaufszeitungen zählen in der Regel die so genannten Boulevardzeitungen wie »Bild«, »Abendzeitung«, »Express«, »BZ«.

Im Unterschied zur englischen und französischen hat die deutsche Tagespresse eine starke örtliche oder regionale Bindung. Die lokale und regionale Tagespresse hat einen Anteil von über 91 Prozent der verkauften Exemplare an den abonnierten Tageszeitungen. Zu den großen überregionalen Zeitungen zählen z. B. die »Frankfurter Allgemeine Zeitung« und »Die Welt« (Berlin). Daneben gibt es anspruchsvolle Zeitungen mit überregionaler publizistischer Geltung, die jedoch einen klaren regionalen oder lokalen Schwerpunkt ihrer Verbreitung haben. Dazu gehören die »Süddeutsche Zeitung« (München), die »Stuttgarter Zeitung«, »Der Tagesspiegel« (Berlin) und die »Frankfurter Rundschau«. Zeitungen gelten dann als überregional bzw. national verbreitet, wenn sie den überwiegenden Teil ihrer Auflage außerhalb ihres Kernverbreitungsgebietes absetzen.

In der ehemaligen DDR hatten sieben Zeitungen, die so genannten Zentralorgane der Parteien und Massenorganisationen, überregionale Funktion. Von ihnen hat nur das »Neues Deutschland« überlebt. Die Auflage ging aber drastisch zurück von 1,1 Millionen (1989) auf eine Druckauflage von ca. 61.000 (2007). Nur geringe Auflagenverluste mussten dagegen die 15 ehemaligen Bezirkszeitungen

Tagespresse in Ostdeutschland

der SED hinnehmen, die alle nach dem Beitritt der DDR von der Treuhand-Anstalt an Westverlage verkauft wurden. Ihr Verbreitungsgebiet und ihr lokaler Bezug blieben nach dem Herbst 1989 annähernd gleich. Die Blätter der Block-parteien, die eher dem Typus der Regionalzeitung zugeordnet werden können, haben seit 1989 eine negative Entwicklung hinter sich. Kein einziges dieser Blät-ter existiert noch als eigenständige Publizistische Einheit.

Wochenzeitungen als Hintergrund-medien Neben den Tageszeitungen zählen zum Zeitungsangebot auch Wochenzeitungen, obwohl sie in den publizistischen Merkmalen (Aktualität, Universalität, Perio-dizität und Publizität) eingeschränkt sind und daher streng genommen eher den Zeitschriften zugeordnet werden müssten. Wochenzeitungen leisten mehr Hin-tergrund- als tagesaktuelle Berichterstattung und sind an längerfristiger Mei-nungsbildung orientiert. Die erfolgreichste politische Wochenzeitung ist »Die Zeit« (Hamburg), die von der Auflage her an der Spitze steht. Andere Wochen-zeitungen stehen Parteien, Verbänden oder Religionsgemeinschaften nahe und sind auf deren finanzielle Zuschüsse angewiesen, so zum Beispiel der »Bayern-kurier« (München) oder der »Rheinische Merkur« (Bonn). Das »Deutsche All-gemeine Sonntagsblatt« (Hamburg) wurde im Jahr 2000 eingestellt bzw. in das Supplement »Chrismon« umgewandelt, das monatlich in der »Zeit« (Hamburg), der »Frankfurter Rundschau«, der »Sächsischen Zeitung« (Dresden), der »Süd-deutschen Zeitung« (München) und dem »Tagesspiegel« (Berlin) erscheint.

Sonderstellung der Sonntags-zeitungen Die Sonntagszeitungen nehmen eine Sonderstellung ein. Bis vor einigen Jah-ren sind in Deutschland sonntags nur wenige Zeitungen erschienen. Schon län-ger auf dem Markt sind »Bild am Sonntag« und »Welt am Sonntag«, beide mit hoher Auflage und aus dem Axel Springer Verlag. Die Titel dieser Sonntagszei-tungen lassen zwar eine Verbindung zu den entsprechenden Tageszeitungen des Axel Springer Verlages vermuten, sind jedoch redaktionell von diesen getrennt, so dass man diese Zeitungen eigentlich eher zu den Wochenzeitungen rechnen müsste. Seit 2001 ist außerdem die »Frankfurter Allgemeine Sonntagszeitung« auf dem Markt. Sie ist durchaus unabhängig von der Mutterzeitung und weist eigenständige Vertriebsstrukturen auf. Ähnliches gilt auch für die Sonntagsaus-gaben vieler lokal bzw. regional verbreiteter Blätter, mit denen in den letzten Jahren immer mehr Bezieher von Abonnementzeitungen beliefert werden. Die auflagenstärkste ist »Sonntag aktuell«, die einer Reihe von Zeitungen im südwest-deutschen Raum als siebte Ausgabe dient.

Boom der Anzeigenblätter In der westdeutschen Presselandschaft hat sich in den letzten Jahrzehnten eine besondere Art gedruckter Medien entwickelt: die Anzeigenblätter. Sie werden kostenlos verteilt und erscheinen überwiegend einmal wöchentlich im Zeitungs-format. Im Wesentlichen enthalten sie Geschäftsanzeigen und private Kleinan-zeigen. Zunehmend häufiger bieten sie dem Leser auch einen redaktionellen Teil, meist mit lokalem Bezug. Konkurrenz haben sie durch Anzeigenblätter von Unternehmen – in der Regel Handelsunternehmen – mit redaktionell gestaltetem Textteil erhalten. Anzahl und Auflagen der Anzeigenblätter stiegen in den letzten Jahren permanent an; zusammen erschienen Anfang des Jahres 2007 in Deutschland 1.374 Titel mit einer Gesamtauflage von 88,6 Millionen Exemplaren. Aufgrund ihrer wöchentlichen Erscheinungsweise müssten die Anzeigenblätter ebenfalls zu den Zeitschriften gerechnet werden.

Daneben erscheint in Deutschland noch eine Fülle unterschiedlicher lokaler und sublokaler Pressemedien – von Gemeindeblättern, die von den Stadtverwaltungen herausgegeben werden, bis zu eigenständigen Stadt- und Stadtteilzeitungen oder stadtteilbezogenen Ausgaben der Tagespresse. Für die aktuelle Presse gilt Ähnliches wie für den Zeitschriftenmarkt: Vielfalt dokumentiert sich in einer fast unüberschaubaren Anzahl unterschiedlicher Titel. **Lokale Pressemedien**

Die Zahl der Zeitschriften in Deutschland ist unbekannt. Zu groß ist die Vielfalt der Angebote in diesem Mediensektor. Allein über 60.000 Periodika sammelt die Deutsche Bibliothek in Frankfurt am Main. Der Verband Deutscher Zeitschriftenverleger zählte im Jahr 2006 in Deutschland 6.203 Titel, darunter 2.450 Publikumszeitschriften und 3.753 Fachzeitschriften. Anders als eine Zeitung, deren Hauptanliegen es ist, das aktuelle Geschehen täglich neu und in komprimierter Form darzustellen, setzt sich eine Zeitschrift im Allgemeinen gründlicher mit bestimmten Themen auseinander. Daneben gibt es noch über 3.500 Kundenzeitschriften, die sich in der Mehrzahl an Endkunden (Business-to-Consumer) richten (ca. 1.900). Ungefähr 1.600 Titel sind als B2B-Magazin (Business-to-Business) konzipiert. **Vielfältige Zeitschriftenlandschaft**

Fachzeitschriften wenden sich an ein speziell interessiertes Publikum, das zu klar definierbaren Themen informiert werden möchte. Nach Angaben des Verbandes Deutscher Zeitschriftenverleger gab es im Jahr 2006 3.753 entsprechende Titel. Das Hauptanliegen der Fachzeitschriften ist die fachlich ausgerichtete Informationsvermittlung in Technik, Wirtschaft und Gesellschaft. Zielgruppen sind häufig Angehörige einer bestimmten Berufsgruppe oder eines Verbandes. Es wird zwischen wissenschaftlichen und berufsbezogenen Fachzeitschriften unterschieden; erstere Gruppe dient der Kommunikation innerhalb verschiedenster Wissenschaftsgebiete und stellt ein wichtiges Forum der wissenschaftlichen Diskussion dar. Die zweite Gruppe transportiert berufsbezogene Informationen und ist in der Regel unverzichtbare Informationsquelle für die meisten Berufsgruppen. **Fachzeitschriften für Spezialthemen**

Neben den Fachzeitschriften existieren auch ca. 300 konfessionelle Zeitschriften, die ein Forum für den theologischen und gesellschaftspolitischen Gedankenaustausch bilden. Informationen über Kirche und Gesellschaft, christliches Selbstverständnis, aber auch Politik und Wirtschaft sowie das Aufrechterhalten der abendländischen Kultur gehören zu ihren Charakteristika.

Publikumszeit-schriften mit breiter Themenvielfalt	Publikumszeitschriften hingegen bieten eine größere Themenvielfalt und wenden sich an die breite Öffentlichkeit oder an eine bestimmte Zielgruppe. Zu ihnen zählen Illustrierte, Programmzeitschriften, Kinder- und Jugendzeitschriften, Spezialzeitschriften und unterhaltende Wochenzeitschriften. Die auflagenstärkste Publikumszeitschrift in Deutschland ist mit über 13,9 Millionen Exemplaren die Mitgliederzeitschrift des Allgemeinen Deutschen Automobilclubs (ADAC). Daneben erreichen die Programmzeitschriften, die unterhaltenden Wochenblätter und die Frauenzeitschriften sowie die Illustrierten (»stern«, »Bunte«) die höchsten Auflagen auf dem Zeitschriftenmarkt. Das Interesse der Leser an Spezialzeitschriften hat in den letzten Jahren zugenommen. Durch Gründung von Special-Interest-Zeitschriften versuchen die Verleger, auf spezielle Interessen des Publikums einzugehen und neue Anzeigenmärkte zu erschließen. Special-Interest-Zeitschriften können sich zum Beispiel an Heimwerker, Segler oder Gartenfreunde wenden.
Nachrichten-magazine »Der Spiegel« und »Focus«	Das erste Nachrichtenmagazin in Deutschland, »Der Spiegel«, wurde 1947 eingeführt; 1993 bekam es Konkurrenz vom Magazin »Focus« aus dem Verlagshaus Burda. Insbesondere die scharfsinnige, aggressive Kritik der Publikationen, die sich oft der Polemik, Satire und Parodie bedient, wird von Lesern hoch geschätzt. Neben Kritik ist Aktualität das zweitwichtigste Merkmal der Magazine – wobei ihre Stärke darin liegt, aktuelle Ereignisse einzuordnen, zu interpretieren und mit Hintergründen und Analysen anzureichern. Stärker als bei anderen Zeitschriften weist die Titelseite auf den Hauptbeitrag im Heft hin. Als Grundthemen stehen den Nachrichtenmagazinen vor allem die fünf Aspekte Inland, Ausland, Wirtschaft, Gesellschaft und Kultur zur Verfügung. Insgesamt ziehen die komplexen Themenbereiche beider Magazine eine Leserschaft an, die aufgrund ihres hohen Bildungsstandes als »Info-Elite« bezeichnet werden kann.

»Der Spiegel« ging bei seinem erstmaligen Erscheinen mit einer Auflage von 15.000 Exemplaren an den Start. Im ersten Quartal 2007 hat das Nachrichtenmagazin eine verkaufte Auflage von knapp 1,1 Millionen Exemplaren (vgl. Abb. 3). Mit ausgedehnten Berichten und Reportagen als Hauptmerkmal ist der Spiegel inhaltlich dem amerikanischen Nachrichtenmagazin »TIME« nachempfunden. Da viele Journalisten ihn regelmäßig lesen, gilt er als wichtigstes Orientierungsmedium in Deutschland. Am »Spiegel« sind außer den Erben des 2002 verstorbenen Gründers und früheren Herausgebers Rudolf Augstein der Verlag Gruner+Jahr sowie die Mitarbeiter beteiligt.

Das Nachrichtenmagazin »Focus« ist im ersten Quartal 2007 bei einer Druckauflage von rund 890.000 Exemplaren angekommen. Durch die Einbindung von vielen Grafiken und Bildern und insgesamt kürzeren Artikeln vermittelt der »Focus« Information auf unterhaltsame Art und bietet den Lesern direkten Nutzwert. Mit dieser Mischung findet das Nachrichtenmagazin inzwischen großen Anklang bei Werbekunden und Lesern. Die im Vergleich zum »Spiegel« pragmatischere Grundstimmung des Magazins hat ihm jedoch auch die Kritik eingetragen, von Zeit zu Zeit etwas zu bieder zu wirken.

Abb. 3: Entwicklung der Auflagen von »Der Spiegel« und »Focus«

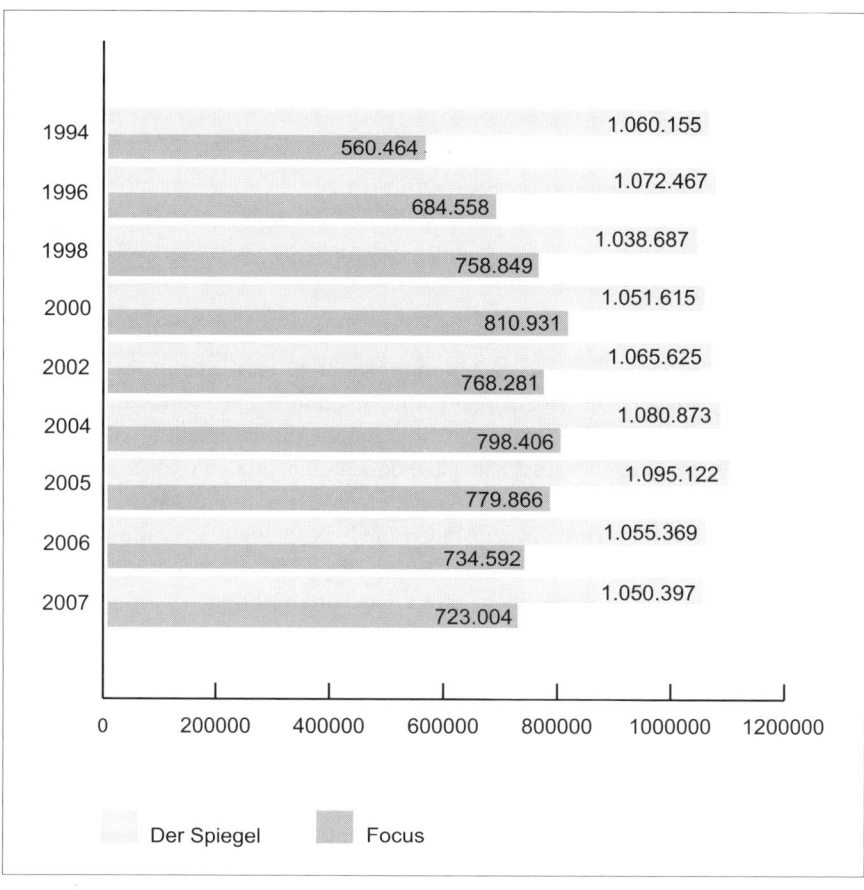

Quelle: Informationsgemeinschaft zur Feststellung der Verbreitung von Werbeträgern e.V.

Das redaktionelle Angebot von Zeitschriften wendet sich mit genau einge-grenzten Themenpaletten an bestimmte Zielgruppen, die durch Merkmale wie Alter, Geschlecht, Familienstand und Einkommen charakterisiert sind und sich durch spezielle Interessen oder einen bestimmten Lebensstil auszeichnen. Diese Bindung an Zielgruppen macht Zeitschriften zu einem wichtigen Werbeträger. Die in diesen Medien geschalteten Anzeigen erreichen eine bestimmte, meist klar definierte Zielgruppe. Die Reichweite einer Zeitschrift und die soziodemogra-fische Struktur ihrer Leserschaft sind die Bestimmungsfaktoren bei der Bewer-tung der Medialeistung dieser Werbeträger. In der Mediaforschung hat des-halb die so genannte Werbeträgeranalyse, die Zielgruppen und Reichweiten der Medien ermittelt, großes Gewicht (→ Journalisten und ihr Publikum).

Tipp: Auflagenzahlen aller angeschlossenen Printmedien sowie die Besuche und Seitenaufrufe zahlreicher Onlineangebote liefert die »Informationsgemeinschaft zur Feststellung der Verbreitung von Werbeträgern e. V.« (IVW), abzurufen unter ivw.de.

2 Online-Medien

Die Vernetzung von Computern – zentrale Server und dezentrale Arbeitsstationen – hat mit dem Internet ein neues Medium geschaffen. Das Internet ist interaktiv, d. h. jeder hat prinzipiell die Möglichkeit, ohne Beschränkungen von Raum und Zeit zugleich als Sender und Empfänger von Botschaften zu fungieren, Inhalte abzurufen und bereitzustellen. Der Rückkanal ermöglicht zudem einen selektiven Zugriff auf Inhalte, die nicht mehr linear und statisch organisiert sein müssen, sondern nach dem so genannten Hypertext-Prinzip individuelle Nutzungspfade eröffnen. Darüber hinaus bieten sich alle Vorteile der elektronischen Datenverarbeitung wie unbegrenzte Speicherkapazität sowie Such- und Datenbankfunktionen.

Medium der Massen- und Individualkommunikation
Diese Eigenschaften machen das Internet zu einer Plattform, auf der ganz unterschiedliche Angebote auf einer gemeinsamen Oberfläche genutzt werden können. Sie lassen sich in (nicht öffentliche) Individual- und (an die Allgemeinheit gerichtete) Massenkommunikation unterscheiden. Über das Internet werden Hörfunkprogramme und Fernsehsendungen verbreitet oder Inhalte gedruckter Medien angeboten. Der E-Mail-Verkehr hat die private und geschäftliche Kommunikation revolutioniert und ist die am häufigsten genutzte Anwendung im Internet. Telefonieren über das Internet (»Voice over IP«) stellt eine kostengünstige Variante zum Telefonieren in Fest- und Mobilfunknetzen dar, bei der unter Umständen auch Videobilder übertragen werden können. Darüber hinaus sind ganz neue Angebotsformen entstanden. In Chats und Foren läuft Gruppen- und Individualkommunikation ab. Diese findet zum Teil aber auch öffentlich statt, wenn sie von Unbeteiligten zeitgleich verfolgt oder nachträglich eingesehen wird. Es ist gerade die Grenzaufhebung zwischen Individual- und Massenkommunikation sowie die Verbindung zwischen ganz unterschiedlichen Kommunikationsformen und Formaten (Konvergenz), die die ungeheure Dynamik der Entwicklung von Medienangeboten im Internet ausmachen.

Nachrichten- und Informationsangebote
Im Internet tummelt sich eine Vielzahl privater und kommerzieller Akteure, die Angebote betreiben. Am ehesten mit den Massenmedien Zeitung, Zeitschrift, Hörfunk und Fernsehen vergleichen lassen sich Informations- und Nachrichtenangebote im Netz. Hier sind es vor allem die Akteure aus den klassischen Medienbereichen, die mit ihren Websites das Nachrichtenangebot dominieren. Nahezu jeder Printtitel und jeder Radio- und Fernsehsender ist auch online vertreten. Gegen Ende des ersten

Jahrzehnts im neuen Jahrhundert investieren Verlage und Medienhäuser wieder mehr in ihr Internet-Engagement, nachdem das Ende des Internet-Booms zunächst zu einer stärkeren Zurückhaltung geführt hatte (→ Online-Journalismus). Viele Häuser bringen nun ambitionierte Angebote auf den Weg oder arbeiten an innovativen Projekten. Dazu gehört beispielsweise der 2007 neu konzipierte Online-Auftritt der Welt-Gruppe mit seiner Philosophie des »Online First« und einem integrierten Newsroom im Hintergrund ebenso wie das im gleichen Jahr gestartete Regionalportal »Der Westen« der WAZ-Gruppe, das auf neue Wege der Nutzereinbindung setzt. Außerdem steigen die Werbeeinnahmen im Netz deutlich an – manche Beobachter sprechen von einem »Boom der Online-Werbung«: Im Jahr 2006 stiegen die Netto-Werbeeinnahmen im Vergleich zum Vorjahr um fast 50 Prozent auf 490 Millionen Euro. Das Internet erreichte damit einen Anteil von 2,4 Prozent am gesamten Werbekuchen (Quelle: Zentralverband der deutschen Werbewirtschaft).

Die im und mit dem Internet verfolgten Strategien der Medienhäuser sind unterschiedlich und reichen von der Zweitverwertung der Medieninhalte des Mutterangebotes bis hin zu eigenständigen redaktionellen Online-Seiten und -Diensten. So nutzen Radiosender das Netz als zusätzlichen Vertriebskanal. Nahezu alle privat-kommerziellen und öffentlich-rechtlichen Sender sind mit einem so genannten »Live-Stream« im Internet vertreten. Über Web-Radio können die Nutzer das laufende Programm eines Senders verfolgen. Das ARD-RadioNet bietet beispielsweise einen direkten Zugriff auf über 60 ARD-Hörfunkwellen (ard.de/radio). Mit einem Klick gelangt man sowohl zu den Live-Streams als auch zu den Internetangeboten der Sender (vgl. van Eimeren/Frees 2006, S. 564). Darüber hinaus nutzen viele Sender die Möglichkeit, über »Podcasts« oder »Vodcasts« Audio- und Video-Ausschnitte aus dem Programm bereitzustellen. Die Nutzer können hier individuell auf einzelne Sendungen und Beiträge zugreifen und am Computer oder auf mobilen Endgeräten wie MP3-Playern abspielen.

Web-Radio und Internet-TV

Ähnliches gilt für das Internet-Fernsehen: Als IP-TV (»Internet Protocol Television«) sind die laufenden Programme zeitgleich im Internet verfügbar; über »Video-on-Demand-Angebote« können die Nutzer auf einzelne Sendungen zeitversetzt zugreifen. Das ZDF bietet beispielsweise einen großen Teil seines Programms auch über das Internet an. Viele Sendungen eines Tages etwa Nachrichten wie »heute« und »heute-journal«, Magazine wie »Frontal 21«, Serien wie »Wege zum Glück« oder Talkshows wie »Johannes B. Kerner« stehen zum kostenlosen Abruf im Online-Angebot zur Verfügung (mediathek.zdf.de).

Die Online-Angebote der klassischen Medienanbieter emanzipieren sich zunehmend vom jeweiligen Muttermedium, indem webspezifische, multimediale Formate verwendet werden. Mehr als 50 Zeitungs-Websites bieten bereits Video-Nachrichten an, viele Fernsehsender stellen Videomaterial exklusiv im Netz zur Verfügung. Produktions- und Veröffentlichungsrhythmen passen sich den Möglichkeiten des Internets an. Langsam zeichnet sich damit ab, was bereits in den Anfangsjahren des jungen Mediums als Vision formuliert wurde: Eigenständige Formen der Berichterstattung

Online-Angebote auf dem Weg zur Eigenständigkeit

und Informationsvermittlung im Internet, die die Stärken des jungen Mediums aus-
nutzen und den Nutzern einen im Vergleich zu den klassischen Massenmedien echten Mehrwert bieten. Gleichzeitig steht auf wirtschaftlicher Seite der Durchbruch
jedoch noch weitgehend aus, auch wenn einzelne Angebote durchaus Erfolge aufweisen: Für journalistische Nachrichtenangebote im Netz existieren nach wie vor keine
etablierten Geschäftsmodelle, die die Angebote auf eine tragfähige und sichere ökonomische Grundlage stellen.

»Web 2.0« – Trend zum Mitmachmedium

Unter dem Schlagwort »Web 2.0« ist das Internet zumindest in der öffentlichen Diskussion in eine nächste Phase seiner Entwicklung eingetreten. Viele Angebote nutzen
die interaktiven Potenziale und machen das Internet mehr und mehr zu einem Mit-
mach-Medium, das die Nutzer systematisch einbindet. Begünstigt wird diese Entwicklung durch die immer größere Verbreitung von Breitbandzugängen ins Internet. Von Nutzern erzeugte und/oder bereitgestellte Inhalte sind deshalb zunehmend
multimedial. Die Nutzer bringen nicht mehr nur Texte, sondern immer häufiger auch
Bild-, Video- und Audioelemente in die Angebote mit ein.

Weblogs und Wikis

Im Web 2.0 richtet sich der Blick auf neue Anwendungsmöglichkeiten und Angebotsformen im Internet, wie sie sich gerade nach dem abrupten Ende der Internet-Euphorie und dem Platzen der »New-Economy-Blase« nach dem Jahr 2000 entwickeln.
Dazu gehört das »Social Web« – die Vernetzung von Inhalten und von Menschen.
In so genannten »Wikis« arbeiten die Nutzer gemeinsam an Themen und Projekten.
Bekanntestes Beispiel hierfür ist die Online-Enzyklopädie »Wikipedia«, die in den
letzten Jahren einen großen Boom erlebte. Dort bündelt sich das Wissen hundert-
tausender Menschen, die Beiträge schreiben und weiterentwickeln. Strittige Fragen
werden durch Diskussionen und geregelte Entscheidungsprozesse ausgeräumt. Jeder
kann auf diese Art und Weise kleine oder große Bausteine zum Wissen der Gemeinschaft beitragen. Auch Weblogs (oder kurz Blogs) stellen einen Sprung in der Entwicklung des jungen Mediums dar. Weblogs sind Online-Plattformen, in denen
Betreiber und Besucher persönliche Kommentare abgeben können. Sie existieren zu
allen denkbaren individuellen und politisch-gesellschaftlichen Themen. Und auch
hier spielt die Vernetzung zwischen verschiedenen Angeboten eine ganz wesentliche
Rolle: Über Mechanismen wie »Permalinks«, »Trackbacks« oder »RSS-Feeds« verbinden sich die einzelnen Angebote zur so genannten »Blogosphäre« – einer Gemeinschaft von Nutzern, die immer in Bewegung ist und in die sich jeder ständig ein-
und wieder ausklinken kann.

Auch viele Nachrichten- und Informationsangebote im Netz integrieren Elemente
des Web 2.0. Es ist der von den Nutzern erzeugte Inhalt und die Vernetzung der Nutzer, die die Stärken des Mediums Internet ausmachen. In letzter Zeit gewinnen Elemente des Web 2.0. auch für journalistische Angebote immer mehr an Bedeutung.
Journalisten schreiben Blogs, Nutzer kommentieren die Berichterstattung der Redakteure, Bürgerjournalisten stellen eigene Berichte ins Netz, regionale Nachrichtenportale werden zu Communitys ausgebaut, in denen sich die Nutzer austauschen und
gemeinsam Themen bearbeiten (→ Online-Journalismus).

3 Rundfunk

Rundfunk – also Hörfunk und Fernsehen – war bis Anfang der 1980er Jahre öffentlich-rechtlichen Anstalten vorbehalten. Die öffentlich-rechtliche Organisationsform war für die Besatzungsmächte nach dem Zweiten Weltkrieg ein wesentliches Moment der Rundfunkfreiheit und sollte Staatsferne sichern. Durch die Zulassung privater Rundfunkveranstalter ist inzwischen ein duales Rundfunksystem entstanden, in dem die Programmanbieter im Wettbewerb miteinander stehen.

Das öffentlich-rechtliche Rundfunksystem Deutschlands ist dezentral organisiert. Es gibt neun selbstständige Landesrundfunkanstalten. 1998 entstand durch die Fusion des Süddeutschen Rundfunks (SDR) und des Südwestfunks (SWF) der Südwestrundfunk (SWR) als neue Zwei-Länder-Anstalt. Sie produziert jeweils mehrere Hörfunkprogramme sowie regionale Fernsehprogramme. Ebenfalls zu einer Zwei-Länder-Anstalt zusammengeschlossen haben sich 2003 der Sender Freies Berlin (SFB) und der Ostdeutsche Rundfunk Brandenburg (ORB). Dadurch ist der neue Rundfunk Berlin-Brandenburg (RBB) mit zunächst noch zwei regionalen Programmen entstanden. Alle Landesrundfunkanstalten zusammen bilden die Arbeitsgemeinschaft der öffentlich-rechtlichen Rundfunkanstalten der Bundesrepublik Deutschland (ARD), die für das Programm des (Ersten) Deutschen Fernsehens verantwortlich ist. Die einzelnen Landesrundfunkanstalten bringen eigenständig Programmanteile ins Gemeinschaftsprogramm der ARD ein. Der Anteil berechnet sich nach einem Schlüssel, dem das Gebührenaufkommen der einzelnen Sender zugrunde liegt.

Abbildung 4 führt die Landesrundfunkanstalten in Deutschland mit Namen, Sitz und prozentualem Pflichtanteil am ARD-Gemeinschaftsprogramm auf. Die Verteilung der Anteile erfolgt nach dem von den Intendanten beschlossenen Fernsehvertragsschlüssel in der Fassung von 2006.

Neun Landesrundfunkanstalten

Abb. 4: Pflichtanteile der Landesrundfunkanstalten an der ARD

Westdeutscher Rundfunk (WDR), Köln	21,3 %
Südwestrundfunk (SWR), Stuttgart	18,0 %
Norddeutscher Rundfunk (NDR), Hamburg	17,5 %
Bayerischer Rundfunk (BR), München	15,6 %
Mitteldeutscher Rundfunk (MDR), Leipzig	11,05 %
Hessischer Rundfunk (HR), Frankfurt am Main	7,4 %
Rundfunk Berlin-Brandenburg (RBB), Berlin	6,85 %
Saarländischer Rundfunk (SR), Saarbrücken	1,3 %
Radio Bremen (RB), Bremen	1,0 %

Quelle: ard.de

Deutsche Welle und Deutschlandradio
Zur ARD gehört darüber hinaus noch die Bundesrundfunkanstalt Deutsche Welle (DW) mit Sitz in Bonn, die weltweit Fernseh- und Hörfunkprogramme anbietet. Als Auslandsrundfunk hat die Deutsche Welle den Auftrag, das Leben in Deutschland und die Weltereignisse aus deutscher Sicht darzustellen – sowohl in deutscher als auch in zahlreichen anderen Sprachen. Seit 1994 besteht außerdem das Deutschlandradio, das aus Köln und Berlin je ein nationales werbefreies Hörfunkprogramm für Deutschland ausstrahlt. Es ging aus Teilen des Deutschlandfunks, des Berliner Senders RIAS und der ostdeutschen Anstalt DS-Kultur hervor. Träger des Deutschlandradios sind ARD und ZDF gemeinsam.

Zweites Deutsches Fernsehen (ZDF)
Das Zweite Deutsche Fernsehen (ZDF) mit Sitz in Mainz ist 1961 durch den Staatsvertrag der Bundesländer als Konkurrenz zur ARD entstanden. Im Unterschied zur föderalistisch aufgestellten ARD ist es zentralistisch aufgebaut und sendet ein nationales Fernsehprogramm ohne regionale Fenster.

Werbe- und Gebühren-finanzierung
Das ZDF finanziert sich wie die ARD-Anstalten hauptsächlich aus Gebühreneinnahmen. Der Anteil der Werbeerlöse an den Etats der Rundfunkhäuser ist seit dem Start der Privatsender stark zurückgegangen. Beim ZDF stehen im Jahr 2005 ca. 86 Prozent Gebühreneinnahmen rund 5 Prozent Werbeeinnahmen und 9 Prozent sonstige Einnahmen gegenüber. Bei der ARD machen die Gebühren 2006 83 Prozent der Gesamteinnahmen aus, die Werbung kommt nur auf einen Anteil von 2,3 Prozent. Die reinen Werbezeiten der öffentlich-rechtlichen Anstalten sind vom Gesetzgeber täglich auf 20 Minuten begrenzt und die Werbe-

spots dürfen nur an Werktagen im Vorabendprogramm vor 20:00 Uhr, aufgeteilt in drei bis fünf Werbeblöcke, ausgestrahlt werden. Die Dauer der Spotwerbung darf zudem ein Fünftel einer jeden Stunde nicht überschreiten (→ Wirtschaftliche Grundlagen der Medien).

In den Rundfunkgesetzen der einzelnen Länder wird allen öffentlich-rechtlichen Rundfunkanstalten im Kern der gleiche Programmauftrag erteilt: Sie sollen mit ihren Sendungen der Information, Bildung und Unterhaltung aller Bürger und somit der »Grundversorgung« dienen. Sie haben das Recht der Selbstverwaltung und unterliegen einer staatlichen Rechtsaufsicht. Die Organe der öffentlich-rechtlichen Anstalten sind der Rundfunkrat (beim ZDF der Fernsehrat), der Verwaltungsrat und der Intendant. Der Rundfunkrat repräsentiert die gesellschaftlich relevanten Gruppen und vertritt die Interessen der Öffentlichkeit. Er überwacht in der Regel die Einhaltung der Programmgrundsätze, wählt den Intendanten und berät ihn in allgemeinen Programmangelegenheiten. Der Verwaltungsrat kontrolliert in wirtschaftlicher Hinsicht die Geschäftsführung des Intendanten, der wiederum die Verantwortung für die Programmgestaltung und den gesamten Betrieb der Rundfunkanstalt trägt – sowie diese gegenüber der Öffentlichkeit vertritt.

Programmauftrag und Organe der Sender

Seit Anfang der 1980er Jahre haben die Länder Landesmediengesetze verabschiedet und damit die Voraussetzungen für die Zulassung privater Rundfunkveranstalter geschaffen. Die Gesetze regeln Zulassungsverfahren und Kontrolle der privaten Rundfunkveranstalter, sie enthalten Vorschriften zur Sicherung der Meinungsvielfalt und über allgemeine Programmgrundsätze für private Rundfunkangebote. Die Lizenz- und Kontrollfunktionen nehmen in den Bundesländern unterschiedlich benannte, vom Staat unabhängige Landesmedienanstalten wahr, die als Körperschaften des öffentlichen Rechts organisiert sind. Inzwischen ist in Deutschland eine Vielzahl privater Hörfunk- und Fernsehprogramme entstanden.

Private Rundfunk-veranstalter

Die privaten Veranstalter finanzieren sich vorrangig aus Werbeeinnahmen. Im Unterschied zu den öffentlich-rechtlichen Anstalten haben sie keinen Anteil an den Rundfunkgebühren. Dafür sind die Werbezeiten großzügig ausgelegt. Im Fernsehen können pro Stunde 12 Minuten Werbung im Block und in einem Mindestabstand von 20 Minuten gesendet werden. Dabei darf aber ein Fünftel der täglichen Sendezeit nicht überschritten werden. Die Werbung muss zudem deutlich vom übrigen Rundfunkprogramm abgesetzt und als solche gekennzeichnet sein (→ Wirtschaftliche Grundlagen der Medien). Seit der Lockerung der Werberichtlinien im Jahr 2000 gibt es eine Reihe neuer Varianten von Fernsehspots wie »Splitscreen« (die zeitgleiche Ausstrahlung von Werbung und Programm in zwei Fenstern auf dem Bildschirm) oder Einzel-Werbespots. Diskussionen gibt es um die 2007 auf europäischer Ebene bereits beschlossene neue EU-Fernseh-

Werbeeinnahmen als vorrangige Finanzquelle

richtlinie, die u. a. Platzierungen von Produkten (»Product-Placement«) zumindest eingeschränkt erlaubt.

Hörfunklandschaft
in Deutschland

In den letzten Jahren ist das Radioangebot in Deutschland massiv gewachsen: Gab es 1996 noch 226 Programme, sind es 2006 bereits 341 Programme (vgl. Gerhards/Klingler 2007). Alleine die neun Landesrundfunkanstalten der ARD strahlen 54 Hörfunkwellen aus. Hinzu kommen zahlreiche digitale Programme und ausschließlich über das Internet verfügbare »Webchannels«.

Mehr als jeder zweite erwachsene Deutsche (52 Prozent) hört an einem Werktag mindestens eines der öffentlich-rechtlichen Radioprogramme (Quelle: MA Radio 2007 II). Nimmt man auch die privat-kommerziellen Radiosender hinzu, erhöht sich dieser Wert auf 80 Prozent der Deutschen, die täglich Radio hören. Dabei sind die Hörer sehr programmtreu: Die durchschnittliche Zahl der an einem Tag genutzten Programme liegt nur bei 1,6. Bezogen auf einen 14-Tages-Zeitraum erhöht sich dieser Wert auf 4,2 Sender.

Neben den öffentlich-rechtlichen Radioprogrammen sind in allen Bundesländern zahlreiche private Hörfunkveranstalter auf Sendung. An ihnen haben sich häufig lokale und regionale Zeitungsverlage beteiligt, aber auch Unternehmen, Organisationen und Einzelpersonen. Jedes Bundesland geht bei der Vergabe der Frequenzen seinen eigenen Weg. In den großen Flächenstaaten wie Niedersachsen, Nordrhein-Westfalen und Bayern wurden Frequenzen für regionale, zum Teil sogar landesweit zu empfangende Programme freigegeben. Andere Länder wie Baden-Württemberg verfolgen ein kleinräumigeres Konzept und haben Bereichssender geschaffen.

Musik- und
wortorientierte
Radioprogramme

Beim Radio als typischem Begleitmedium, das häufig neben anderen Tätigkeiten genutzt wird, gilt Musik als der wichtigste Programmbestandteil. Schwerpunkte der musikalischen Ausprägungen im Hörfunkangebot sind jugendorientierte Formate, Mainstream-Pop-Programme, Pop-Oldie-Formate und deutschsprachig orientierte Musikfarben (vgl. Gerhards/Klingler 2007). Stärker wortorientierte Radioprogramme sind vor allem eine Domäne des öffentlich-rechtlichen Rundfunks, der bundesweit 21 Kultur- und Informationsprogramme sendet. Der Trend zur konsequenten Zielgruppenausrichtung aller Programmelemente (»Formatierung«) hat in letzter Zeit deutlich zugenommen. Insbesondere die kommerziellen Radiostationen gestalten Musikausrichtung, Moderation und andere Programmelemente entlang eines eng festgelegten Formats. Dieses soll dafür sorgen, für die anvisierte Hörerschaft unverwechselbar und wieder erkennbar zu sein (→ Medienspezifische Präsentation).

Radio ist das mobile Massenmedium Nummer eins. Dementsprechend vielfältig sind die Wege, über die Radioprogramme gehört werden. Zwar dominiert weiterhin der klassische UKW-Empfang. Radiohören über das Internet ist jedoch ebenso auf dem Vormarsch wie über MP3-Player oder Handy. Neben dem Empfang eines Radioprogramms ist es über diese Medien auch möglich, einzelne Inhalte und Sendungen zeitversetzt zu nutzen. Außerdem gibt es den digitalen Radiostandard DAB (»Digital Audio Broadcasting«), das sich allerdings in Deutschland seit dem Start des Regelbetriebs 1997 nur schleppend entwickelte.

Das öffentlich-rechtliche Fernsehen besteht neben den beiden bundesweit zu empfangenden Programmen ZDF und dem ARD-Gemeinschaftsprogramm Das Erste aus den dritten Programmen der neun ARD-Landesrundfunkanstalten. Die dritten Programme teilen sich zum Teil noch in kleinräumigere Regionalfenster auf. Darüber hinaus existieren weitere Programme, die ARD und ZDF gemeinsam betreiben, zum Teil mit weiteren Partnern: Das Informations- und Kulturprogramm 3Sat (mit dem Österreichischen Rundfunk und der Schweizerischen Rundfunkgesellschaft), der Ereignis- und Dokumentationskanal Phoenix, der Kinderkanal sowie der europäische Kulturkanal Arte (deutsch-französische Kooperation unter Beteiligung öffentlich-rechtlicher Sender aus zahlreichen europäischen Ländern). Beide öffentlich-rechtlichen Anstalten stellen außerdem zusätzliche digitale Programme bereit, die vorhandene Inhalte und Sendungen zu neuen Angeboten zusammenstellen.

Öffentlich-rechtliches Fernsehen

Privat-kommerzielle Fernsehangebote haben sich nach der Freigabe der Rundfunkmärkte als ernstzunehmende Konkurrenten von ARD und ZDF etabliert. Bereits Mitte bzw. Ende der 1980er Jahre gehen Sat.1, RTL und ProSieben an den Start, die seither zum Teil große Marktanteile für sich gewinnen können. Bei den drei Programmen handelt es sich um Vollprogramme, d. h., sie bieten eine breite Mischung aus Information und Unterhaltung an. Hinzu kommen zahlreiche kleinere Programme. Darunter sind weitere Vollprogramme, wie der Kölner Sender Vox, Kabel eins oder RTLII. Hinzu kommen Spartenprogramme, die sich auf spezielle Inhalte fokussieren. Hierzu zählen etwa die Nachrichtensender n-tv und n24 oder der Sportsender DSF. Durch die seit Ende der 1990er Jahre hinzugekommenen digitalen Programme ist die Anzahl der Spartenprogramme deutlich gestiegen. Schließlich gibt es noch eine Reihe regionaler Fernsehsender, die in der Regel mit kleinem Budget regionale und lokale Berichterstattung betreiben.

Privat-kommerzielles Fernsehen

Wirtschaftlich gruppieren sich die privat-kommerziellen Fernsehprogramme hauptsächlich um zwei große Senderfamilien: ProSiebenSat.1 und RTL. Die ProSiebenSat.1 Media AG befindet sich seit Dezember 2006 in den Händen des Finanzinvestors KKR/Permira, nachdem sie nach dem Konkurs der Kirch-Gruppe 2003 an den US-Medienmilliardär Haim Saban verkauft wurde. Anfang 2006 wollte die Axel Springer AG die ProSiebenSat.1 Media AG übernehmen. Dies wurde jedoch wurde vom Kartellamt untersagt. Die RTL Group gehört zu 11 Prozent der Westdeutschen Allgemeinen Zeitung. Den Hauptanteil von 89 Prozent hält die CLT/UFA, in der die Bertelsmann AG ihre Radio- und Fernsehbeteiligungen bündelt.

Zwei Senderfamilien

Fernsehangebot vervielfacht sich	Das so genannte »Free-TV« – frei empfangbares Fernsehen ohne zusätzliches Entgelt – bildet in Deutschland eine der vielfältigsten Fernsehlandschaften der Welt. Durch die Digitalisierung der Satelliten-, Kabel- und zuletzt mit DVB-T (Digital Video Broadcasting – Terrestrial) auch der terrestrischen Empfangstechnik vergrößert sich die Zahl der empfangbaren Kanäle weiter. Viele Bundesbürger können heute je nach Empfangsart bis weit über 150 deutsche und ausländische Fernsehprogramme empfangen. Im Jahr 2006 waren pro Haushalt durchschnittlich 55 Fernsehprogramme verfügbar, nachdem es 2000 erst 38 Kanäle waren (vgl. Zubayr/Gerhard 2007).

Fernsehnutzung fokussiert sich auf wenige Sender

Trotz einem immer größer werdenden Angebot sind es im Wesentlichen fünf große Sender, die einen Großteil der Sehzeit der Zuschauer auf sich ziehen. Neben dem ARD-Gemeinschaftsprogramm und dem ZDF sind dies RTL, Sat.1 und ProSieben. Im Jahr 2006 stand das Erste mit 14,2 Prozent Marktanteil bei allen Zuschauern ab drei Jahren auf dem ersten Platz in der Zuschauergunst. Das ZDF kam laut AGF/GfK-Fernsehforschung auf 13,6 Prozent Marktanteil. Auf dem dritten Platz lag RTL mit 12,8 Prozent. SAT.1 erreichte mit 9,8 Prozent den vierten Platz, ProSieben mit einem Marktanteil von 6,6 Prozent Platz fünf.

Interesse und Aufmerksamkeit der Zuschauer fokussieren sich in aller Regel auf eine verhältnismäßig kleine Zahl von Fernsehsendern. Der Werbezeitvermarkter IP Deutschland spricht von der »Zehn-Sender-Regel«. Demnach sieht ein Zuschauer pro Woche zehn verschiedene Sender. Dabei spielt es praktisch keine Rolle, wie viele Sender man sehen könnte, wie groß also das Angebot ist. Bestimmte Programme haben also von vornherein eine wesentlich größere Chance, eingeschaltet zu werden und prägen das individuelle Fernsehnutzungsverhalten maßgeblich. Diese Vorauswahl der Zuschauer nennen die Medienforscher »Relevant Set«. Meist sind es jene Sender, die auf den vorderen Programmplätzen des TV-Geräts einprogrammiert sind. Im »Relevant Set« der Deutschen dominieren die fünf großen Programme; allerdings gibt es zwischen verschiedenen Bevölkerungsgruppen sehr große Unterschiede welche Sender bevorzugt werden.

Bezahlfernsehen

Neben dem frei empfangbaren Free-TV gibt es das verschlüsselte Pay-TV. Die Zuschauer müssen für die Nutzung der Programme bezahlen. Dies geschieht entweder über ein Abonnement einzelner Programme bzw. Programmpakete, bei dem ein monatlicher Pauschalpreis abgerechnet wird (»pay-per-channel«), oder über die Bezahlung einzelner Sendungen (»pay-per-view«). In Deutschland bietet Premiere digitales Pay-TV an. Seit 2005 ist die Gesellschaft börsennotiert, über 80 Prozent der Aktien sind im Streubesitz. Wegen des umfangreichen frei empfangbaren Fernsehangebots ist in Deutschland die Bereitschaft, für Fernsehen Geld zu bezahlen, jedoch eher gering ausgeprägt. Premiere sowie Vorgängerangebote wie DF1 hatten immer wieder mit zu geringen Abonnentenzahlen zu kämpfen. Neben Premiere bieten arenaSAT und einige Kabelgesellschaften kostenpflichtige Programmabonnements an. Als kritischer Faktor für den wirtschaftlichen Erfolg von Pay-TV gelten Sportrechte, insbesondere Live-Fußball aus der deutschen Bundesliga und der europäischen Champions League. Premiere hatte 2006 3,5 Millionen Abonnenten.

Tipp: Die Marktanteile der wichtigsten deutschen Fernsehsender erhebt die Arbeitsgemeinschaft Fernsehforschung (AGF – agf.de) gemeinsam mit dem Marktforschungsunternehmen GfK (gfk.de). Aktuelle Hörerzahlen für die werbetragenden Radiosender veröffentlicht die Arbeitsgemeinschaft Media-Analyse e. V. (AG.MA – ag-ma.de).

Die Bundesländer haben in einem Staatsvertrag über Mediendienste und im Multimedia-Gesetz des Bundes (beide 1997) die Rechtsgrundlagen für die Informations- und Kommunikationsdienste (Mediendienste) geschaffen und darin die Zuständigkeiten von Bund und Ländern geklärt. Dienste wie z. B. Teleshopping, Radio- und Fernsehtext oder Online-Banking sind im Rahmen der Gesetze zulassungs- und anmeldefrei. Den Anbietern werden jedoch bestimmte Pflichten auferlegt, so z. B. neben einer Pflicht zur Kennzeichnung auch die des Jugendschutzes. 2007 trat das Telemediengesetz in Kraft. Telemedien sind demnach »alle elektronischen Informations- und Kommunikationsdienste« außer Telekommunikation oder Rundfunk. Mit dem Telemediengesetz wurde die Trennung zwischen Tele- und Mediendiensten aufgehoben (→ Rechte und Pflichten).

Mediendienste und Telemedien

4 Film/Video/Audiovisuelle Medien

Der Begriff der audiovisuellen Medien (»AV-Medien«) ist noch relativ jung. Heute wird er meist als Oberbegriff für alle Medien verwendet, die Bild und Ton kombinieren. Dazu zählt im kommerziellen, d. h. professionellen Bereich der »klassische« Film, der in Kinos gezeigt wird, Videofilme für den privaten und beruflichen Gebrauch bis hin zu Multi-Media-Systemen, die verschiedene Verfahren kombinieren. Computertechnik spielt eine zunehmend wichtige Rolle: von der Steuerung der Systeme bis zur künstlichen Animation von Bildern. Da audiovisuelle Medien unterschiedlich einsetzbar sind, ist der Markt auch sehr facettenreich. AV-Medien können Unterhaltungsobjekt, Informationsmedium, Lehrmittel, Ergänzungsmedium zu Internetangeboten, Werbeträger oder archivarisches Dokument sein. Dabei wird die Verknüpfung audiovisueller Medien mit Computern immer alltäglicher.

Filmwirtschaft vor Marktbereinigung
Die Entwicklung der Filmwirtschaft, die Produktion von Spielfilmen, wurde maßgeblich vom Fernsehen geprägt. Die Ausbreitung des Fernsehens war – neben einer künstlerischen Krise – zunächst mitverantwortlich für den Niedergang der Filmindustrie Ende der 1950er Jahre. Seither haben die Besucherzahlen in den Lichtspielhäusern stark abgenommen: von über 800 Millionen auf rund 100 Millionen im Jahr 1990. Seit Mitte der 1990er Jahre zeigt die Kurve jedoch wieder deutlich nach oben. Im Rekordjahr 2001 konnten die Filmtheater fast 178 Millionen Besucher verzeichnen, eine Steigerung von 16,7 Prozent gegenüber dem Jahr 2000. Danach sank die Besucherzahl jedoch wieder auf 136 Millionen im Jahr 2006. Verändert hat sich die Kinolandschaft durch die Zunahme von mit modernster Technik ausgestatteten Groß-Kinos. Diese Multiplexe decken mittlerweile rund 30 Prozent des Saalbestandes ab. Das so entstandene Überangebot an Plätzen hat bisher noch nicht zur befürchteten Marktbereinigung geführt. Die Zahl der Filmtheaterunternehmen, Spielstätten oder auch Kinositzplätze hat sich seit 2001 kaum verändert.

Fernsehsender als Förderer der Filmwirtschaft
Heute ist das öffentlich-rechtliche Fernsehen zu einem wichtigen Auftraggeber und Förderer der privaten Filmwirtschaft geworden. Die Zusammenarbeit ist seit 1974 in einem Film- und Fernsehabkommen geregelt. Darin verpflichten sich ARD und ZDF, eine bestimmte Summe für Gemeinschaftsproduktionen mit deutschen Filmherstellern zur Verfügung zu stellen. Im Gegenzug erhalten die Fernsehanstalten nach Ablauf der Kinonutzung die Senderechte für die gemeinsam produzierten Filme. Das Film- und Fernsehabkommen ist Bestandteil des deutschen Filmförderungssystems. Träger der Filmförderung sind neben den öffentlich-rechtlichen Rundfunkanstalten der Bund und die Länder, die zum Teil auch eigene Filmförderungsprogramme entwickelt haben. Im Jahr 1993 haben sich auch die privatwirtschaftlichen Fernsehgesellschaften entschlossen, den deutschen Spielfilm in ähnlicher Form zu fördern.

Internationalisierung in der Filmbranche
Allgemein ist in der Filmwirtschaft ein Trend zur Internationalisierung zu beobachten. Große Spielfilme werden inzwischen fast ausschließlich als internationale Koproduktionen unter Beteiligung mehrerer Fernsehanstalten hergestellt. Die Vertriebswege für Filmproduktionen sind vielfältiger geworden. Mussten früher die Kosten einer Produktion ausschließlich über die Vorführung in den Kinos eingespielt werden, trägt heute neben der Zweitverwertung über Fernsehanstalten auch der Vertrieb über Videokassetten und DVD zur Kostendeckung bei. Filme können heute manchmal mehr Geld über den Verleih in Videotheken einbringen als durch den Kinoverleih. Zunehmende Bedeutung gewinnt der Verkauf von Filmen für den privaten Gebrauch.

Boom der Videobranche
Die Videobranche hat in den vergangenen Jahren einen Boom erlebt. Maßgeblich hierfür verantwortlich war die DVD (»Digital Versatile Disc«) mit ihrer im Vergleich zum VHS-System besseren Bild- und Tonqualität und ihrem niedrigeren Verschleiß. In Video- oder Mediatheken werden dementsprechend neben

VHS-Kassetten inzwischen auch DVDs, zum Teil auch Spiele angeboten. Im Jahr 2007 verfügen 69 Prozent der deutschen Haushalte über einen DVD-Player, gegenüber 2002 (9 Prozent) hat sich dieser Anteil versiebenfacht. Dementsprechend wurde im Jahr 2006 erstmals die Schwelle von 100 Millionen verkauften DVDs in Deutschland überschritten. Der Anteil an Videorekordern in deutschen Haushalten sinkt langsam von 78 Prozent im Jahr 2002 auf 67 Prozent im Jahr 2007.

Neben der klassischen Filmwirtschaft hat sich in den vergangenen Jahren ein weiterer Zweig der audiovisuellen Medien entwickelt. So hat der Bereich des Auftrags- oder Wirtschaftsfilms zuletzt große Zuwachsraten verbucht. Darunter versteht man AV-Produktionen, die von Industriefirmen, Handelsunternehmen, privatwirtschaftlichen und öffentlichen Dienstleistungsbetrieben, Behörden, Forschungsinstituten und karitativen Einrichtungen in Auftrag gegeben oder selbst produziert, auf alle Fälle aber finanziert werden. Auftragsfilme werden vor allem im Bereich Öffentlichkeitsarbeit und als Informations- oder Lehrmittel eingesetzt. In der Produktion sind Videosysteme und Dia-Multivisionsschauen ebenso wie CD-ROM und DVD am häufigsten vertreten. Es handelt sich um eine junge Branche, die noch wenig organisiert ist. Schätzungen über die Zahl der Produktionsfirmen schwanken zwischen 400 und 2.000 Firmen. Genaue Zählungen sind schwierig, da in diesem Bereich viele Kleinstbetriebe tätig sind.

Auftrags- und Wirtschaftsfilme als wachsender Bereich

5 Nachrichtenagenturen und Pressedienste

Nachrichtenagenturen sind Informationslieferanten für Presse, Hörfunk, Fernsehen und Onlinemedien. Weder Zeitungen noch Rundfunksender können Nachrichten und Informationen aus aller Welt oder einer Region Deutschlands vom Redaktionsschreibtisch aus recherchieren. Größere Medienunternehmen haben daher ein eigenes Netz an Korrespondenten und freien Mitarbeitern aufgebaut. Jene beliefern die jeweiligen Redaktionen mit eigenverantwortlich erarbeiteten oder bestellten Beiträgen. Wenn das eigene Korrespondentennetz nicht ausreicht, greifen Presse, Hörfunk und Fernsehen auf Nachrichtenagenturen und sonstige Informationslieferanten zurück.

In Deutschland konkurrieren mit einem umfassenden deutschsprachigen Angebot fünf Nachrichtenagenturen. Die Deutsche Presse-Agentur (dpa) ist mit Abstand die bedeutendste deutsche Nachrichtenagentur. Weitere Nachrichtenagenturen, die deutsche Dienste anbieten, sind: Agence France-Presse (AFP), Associated Press (AP), Deutscher Depeschendienst (ddp) und Reuters (rtr). Diese allgemeinen Nachrichtenagenturen decken alle Themenbereiche ab. ddp hat mittlerweile 11 Landesdienste mit 20 Korrespondentenbüros bundesweit und macht dem Branchenprimus dpa zunehmend Konkurrenz. Daneben gibt es eine Reihe von spezialisierten Agenturen wie verschiedene Wirtschaftsdienste, der Sport-Informationsdienst (sid) und die beiden kirchlichen Agenturen Katholische Nachrichten-Agentur (KNA) und Evangelischer Pressedienst (epd).

dpa als größte deutsche Agentur

Die Deutsche Presse-Agentur (dpa) hat ihren Sitz in Hamburg und entstand aus dem Zusammenschluss derjenigen Agenturen, welche die drei westlichen Alliierten in ihren Besatzungszonen nach dem Krieg gegründet hatten. dpa ist eine Gesellschaft mit beschränkter Haftung und hat rund 190 Verlage und Rundfunkanstalten als Gesellschafter. Einzelne Verlage können nicht mehr als 1,5 Prozent, Rundfunkanstalten insgesamt nicht mehr als 25 Prozent der Anteile erwerben. Insgesamt halten die Verlage 81,5 Prozent und die Rundfunkunternehmen 18,5 Prozent des Stammkapitals von über 8 Millionen Euro. Der Staat ist von einer Beteiligung ausgeschlossen. Damit soll die Unabhängigkeit der größten deutschen Nachrichtenagentur gewährleistet werden.

Die dpa leistet einen wichtigen Beitrag zur Sicherung der Grundversorgung mit Nachrichten in Deutschland. Ihr Weltnachrichtendienst in Deutsch und Englisch sowie Regionaldienste in Spanisch und Arabisch gehören zu den international am häufigsten genutzten Agenturquellen. Der dpa-Basisdienst mit einem Umfang von täglich bis zu 200.000 Wörtern wird von fast allen Tageszeitungen in Deutschland bezogen. Neben der Zentrale in Hamburg, wo der Nachrichtenstoff der dpa-Redakteure im In- und Ausland und die Informationen anderer Agenturen sowie freier Mitarbeiter zusammenlaufen und weiterverbreitet werden, unterhält die dpa im Inland noch 12 Landesbüros mit eigenen Landesdiensten, die den Bundesländern zugeordnet sind. Diese verbreiten vornehmlich Nachrichten, die von regionalem Interesse sind. Durch die anhaltende Medienkrise sah sich die dpa im Jahr 2003 erstmals in ihrer Geschichte gezwungen, mit dem Büro in Saarbrücken eine dieser Landesvertretungen zu schließen.

Daneben bietet die dpa Spezialdienste an, darunter Bilder-, Grafik-, Audio-, Videodienste und eine Nachrichtendatenbank. Seit April 2007 gibt es darüber hinaus »dpa-Nachrichten für Kinder«, die sich an Sechs- bis Zehnjährige richten. Allein die Bilderdatenbank enthält 2 Millionen hochauflösende Bilder. Für Online-Anbieter liefert die dpa multimediale Programmbausteine, welche die Kunden in ihre Internetseiten einpassen können. Gemeinsam mit der Londoner AFX News und der österreichischen APA (Austria Presse Agentur) gehört die dpa darüber hinaus der Wirtschafts- und Finanznachrichtendienst dpa-AFX. Insgesamt erreichen die dpa-Informationen täglich mehr als 80 Prozent der deutschen Bevölkerung über 14 Jahren.

ddp als Konkurrenz

Als konkurrierende Nachrichtenagentur arbeitet seit 1971 der Deutsche Depeschendienst (ddp). Er wurde von Redakteuren der amerikanischen Nachrichtenagentur United Press International gegründet, nachdem diese ihren Deutschlanddienst aufgegeben hatte. Der ddp hatte seinen Hauptsitz zunächst in Bonn. Der Schwerpunkt der Berichterstattung lag auf den Inlandsnachrichten. Ende 1992 schloss sich der ddp mit dem Allgemeinen Deutschen Nachrichtendienst (ADN) zu einem vereinigten Agenturdienst mit dem Namen ddp/ADN und einer Zentralredaktion in Berlin zusammen. Der ADN hatte über 43 Jahre im Auftrag der Staatsorgane und der SED-Führung seine Funktion als Nachrichtenagentur der DDR erfüllt. ddp/ADN hatte Regionalbüros in den alten und neuen Bundesländern, Landesdienste wurden aber zunächst nur aus den neuen Ländern einschließlich Berlin angeboten.

Inzwischen hat die mittlerweile in ddp umfirmierte Nachrichtenagentur ihre Außenbüros neu geordnet und deckt nun mit 11 Landesdiensten das gesamte Bundesgebiet ab. Der ddp gehört in der Rechtsform einer GmbH zur Arques Industries AG. Zum Angebot der Agentur gehören ein Basisdienst, 11 Landesdienste, Themen-, Bilder- und Radio-Dienste sowie »Webpakete« für Online-Anbieter. Seit September 2007 bietet er des Weiteren einen Kinderdienst an, der in verständlicher Sprache das Tagesgeschehen in Form eines Newstickers darstellt. Außerdem gibt der ddp in Zusammenarbeit mit Dow Jones Newswires den Wirtschaftsdienst ddp.djn heraus.

In Deutschland haben sich drei große Nachrichtenagenturen auf Wirtschafts- und Finanzthemen spezialisiert: Reuters, dpa-AFX sowie Dow Jones Newswires, die 2004 die Vereinigten Wirtschaftsdienste vwd übernahmen. Reuters versorgt Medienkunden, aber auch Unternehmen und Finanzinstitute mit Realtime-Daten, Text-, Video- und Audio-Informationen. Die dpa-AFX Wirtschaftsnachrichten GmbH wurde von der dpa (Anteil: 50 Prozent), der englischen Finanznachrichtenagentur AFX News (Anteil: 34 Prozent) und der österreichischen Nachrichtenagentur APA (Anteil: 16 Prozent) gegründet. Das Agenturnetzwerk ermöglicht ein internationales Angebot an Realtime-Finanz- und Wirtschaftsnachrichten für Medienkunden und die Financial Community. dpa-AFX bietet darüber hinaus auch Wirtschaftsnachrichten im Audioformat an, die von Radiosendern verbreitet werden. Dow Jones Newswires ist eine 100-prozentige Tochtergesellschaft des Unternehmens Dow Jones & Company, das wie Reuters zu den weltweit führenden Anbietern von Finanz- und Wirtschafsnachrichten zählt. In Deutschland hat Dow Jones Newswires etwa 155.000 private und institutionelle Kunden, die täglich rund 1.000 Nachrichten über Märkte, Wertpapiere, Unternehmen etc. erhalten. — *Wirtschaftsdienste der Nachrichtenagenturen*

Nachrichtenagenturen sehen sich inzwischen auch als Zulieferer von Online-Angeboten. So liefert die dpa ihren Medienkunden online Nachrichten und andere Redaktionsprodukte, mit denen diese ihre Online-Auftritte füllen können. Reuters und Agence France-Presse dagegen sind ebenfalls mit ihren Online-Angeboten direkt im Internet präsent. Reuters macht seine Informationen zudem über Suchmaschinen zugänglich und entwickelt online neue Finanzdienstleistungen. — *Online-Angebote der Nachrichtenagenturen*

Auf bestimmte Themenbereiche spezialisiert sind z. B. der Evangelische Pressedienst (epd) und die Katholische Nachrichtenagentur (KNA), der Sport-Informationsdienst (sid) sowie Inter Press Service (IPS) mit Nachrichten und Berich- — *Spezielle Dienste* ten aus der Dritten Welt. Über 900 Presse- und Informationsdienste informieren ihre Kunden, meistens gegen eine Bezugsgebühr oder ein Abdruckhonorar. Sie werden von Privatpersonen, Einrichtungen, Verbänden und Parteien herausgegeben. Im Gegensatz zu Nachrichtenagenturen haben sie sich in der Regel auf einen bestimmten Themenbereich spezialisiert. Ihre im Allgemeinen schriftlich verbreiteten Dienste erscheinen täglich, wöchentlich oder monatlich. Meist beschäftigen sie nur wenige fest angestellte Mitarbeiter.

6   Perspektiven der Medien

Die Entstehung der Medien ist seit der Entwicklung der menschlichen Sprache vor gut 36.000 Jahren die Geschichte einer Kommunikationsrevolution. Für einen zusätzlichen Schub sorgte die Erfindung der Druckerpresse durch Gutenberg im 15. Jahrhundert. Weitere technische Neuerungen haben das Kommunikationssystem nachhaltig verändert und werden es auch in nächster Zukunft noch weiter verändern – und zwar mit zunehmender Dynamik. Rechnet man die Entwicklung der menschlichen Kommunikationsmittel von der Entstehung der menschlichen Sprache bis zum Jahr 2000 auf einen 24-Stunden-Tag um, wie es Frederic Williams einmal ausführte, wird die rasante Geschwindigkeit deutlich, mit der die Medien entstanden sind (vgl. Abb. 5).

Abb. 5: Dynamik der Medienentwicklung: Entwicklung der menschlichen Kommunikationsmittel umgerechnet auf einen 24-Stunden-Tag

Beginn 0:00 Uhr vor 36.000 Jahren

0:00 Uhr:	Auftritt des Homo sapiens, Entwicklung der Sprache
8:00 Uhr:	Erfindung der Höhlenmalerei
12:00 Uhr:	kein Fortschritt
18:00 Uhr:	kein Fortschritt
20:00 Uhr:	Erfindung der Schrift durch die Sumerer (ca. 4.000 v. Chr.)
20:40 Uhr:	Erfindung der ägyptischen Hieroglyphen
21:18 Uhr:	Entwicklung des Alphabets
22:06 Uhr:	Schaffenszeit des griechischen Dichters Homer, dessen Werk uns schriftlich überliefert ist
23:00 Uhr:	Zeit des Römischen Reiches
23:38 Uhr:	Erfindung des Buchdrucks: Druck der Gutenberg-Bibel
23:53 Uhr:	Erfindung der von Dampf angetriebenen Druckmaschinen
23:53:24'	Telegraf
23:55:02'	Telefon
23:57:04'	Tonfilm
23:58:02'	Farbfernsehen
23:58:16'	Start des ersten Satelliten (Sputnik)
23:58:28'	erster kommerziell betriebener Satellit
23:58:44'	erste tragbare Fernsehkamera
23:59:33'	Telekommunikation und Computer (1980)
23:59:42'	breite öffentliche Nutzung des Internets

Quelle: Frederic Williams

Durch die Entwicklung neuer leistungsfähiger Speicher- und Übermittlungstechniken ist der Weg in die Informationsgesellschaft von gravierenden Veränderungen der Mediensysteme begleitet – mit Konsequenzen für den Journalismus und andere Medienberufe (→ Berufsfeld Journalismus). Computertechnologie und Übertragungswege wie das Internet sprengen alle bisher bekannten Dimensionen der Informationsverarbeitung.

Neue Formen der Individual- und Massenkommunikation führen zu sozialem Wandel. Das Telefon hat die Individualkommunikation revolutioniert, Hörfunk und Fernsehen die Massenkommunikation: Räumliche und zeitliche Distanzen schwinden, die Beschäftigung mit Medien nimmt mehr Zeit in Anspruch. Das noch junge Medium Internet verwischt die Grenzen zwischen Massen- und Individualkommunikation. Davon betroffen ist nicht nur die Berufswelt, sondern auch das Alltags- und Freizeitverhalten der Menschen. Auch die journalistischen Berufe sind von den Veränderungen der Medienlandschaft massiv betroffen; Journalisten werden immer mehr zu modernen Informationsmanagern (→ Berufsfeld Journalismus).

Neue Medien verwischen die Grenzen

In Zeitungsredaktionen arbeiten die Journalisten mit immer moderneren Redaktionssystemen. Redakteure in Presse, Hörfunk und Fernsehen müssen in immer kürzeren Zeitabständen den Umgang mit neuen Techniken erlernen. Neue Speicher- und Übertragungsmedien, welche die Verarbeitung und den Transport großer Datenmengen in geringer Zeit ermöglichen, verändern das Tätigkeitsprofil der journalistischen Arbeit und schaffen neue Berufsbilder (→ Online-Journalismus). Flexibilität wird zu einer der wichtigsten Anforderungen im Beruf des Journalisten. Neue Kommunikationstechnologien erfordern auch neue gesetzliche Rahmenbedingungen. Medienpolitik hat spätestens seit den 1960er Jahren ein immer größeres Gewicht, und medienpolitische Entscheidungen wirken sich häufig auf die Arbeitssituation und den Arbeitsmarkt von Journalisten aus.

Redaktionssysteme als Entlastung

1445 stellte Johannes Gutenberg in Mainz seine erste Druckmaschine mit beweglichen Gusslettern, Spindelpresse und verbesserter Druckerschwärze vor – ein erster Schritt auf dem Weg zu den modernen Massenmedien. Die weltliche und kirchliche Obrigkeit empfand die neue Möglichkeit »massenhafter« Verbreitung von Büchern (und Flugblättern mit politischem Inhalt) als ernste Bedrohung: Sie reagierte auf diese neue Dimension von Öffentlichkeit schon bald mit scharfen Zensurbestimmungen im ganzen Land.

Von Gutenberg zum Internet

Mediengeschichte war von Anfang an mehr als eine Geschichte technischer Neuerungen. Denn mit dem Aufkommen neuer technischer Kommunikationsmöglichkeiten stellen sich immer wieder dieselben Fragen: Wer hat Zugang zu diesen Verbreitungsmitteln? Welche Interessen steuern die Entwicklung neuer Massenmedien? Wer bestimmt, was verbreitet werden darf? Wie frei können Medien agieren?

500 Jahre Mediengeschichte lassen sich nicht auf wenige Schlagworte verkürzen, dennoch sind drei Hauptphasen der Medienentwicklung mit ihren Folgen grob zu unterscheiden: In der ersten Phase des frühen Pressewesens vom 15. bis ins 17. Jahrhundert entwickelt sich durch Buchdruck und vervielfältigte Streitschriften ein neuer Begriff von Öffentlichkeit und als Reaktion darauf die staatliche Zensur. Erste Periodika entstehen als vorindustrielle Formen der Massenpresse. Mit der Industrialisierung im 18. und 19. Jahrhundert entwickelt sich ein neuer Pressetypus – die moderne Massenpresse und mit ihr der Kampf um Freiheit und Parteilichkeit im Pressewesen. Die erste Hälfte des 20. Jahrhunderts, in das die Erfindung des Hörfunks und des Fernsehens fällt, steht ganz im Zeichen der neuen Massenmedien. Staatliche Medienpolitik rückt immer mehr in den Mittelpunkt und entscheidet über Kontrolle oder Missbrauch der Medien. In der zweiten Hälfte des 20. Jahrhunderts revolutionieren nunmehr neue Techniken die Individual- und Massenkommunikation. Die Grenze zwischen beiden Kommunikationsformen wird immer undeutlicher.

Digitalisierung der Medien Die Digitalisierung ist die Entwicklung, die in jüngerer Zeit die Medien am nachhaltigsten veränderte. Digitale Technik beeinflusst die Produktion von Medien und Medieninhalten. Es entstanden elektronische Redaktionssysteme, die Planung, Erarbeitung und Verwaltung redaktioneller Inhalte revolutionieren. Bei den elektronischen Medien Fernsehen und Radio löst die Digitalisierung der Studiotechnik einen Entwicklungsschub aus und verändert die Arbeit der Journalisten nachhaltig. Mit dem Internet ist die digitale Technik Mitte der 1990er Jahre auch auf der Empfängerseite der Medien angekommen. Im Internet sind die großen Potenziale digitaler Medien schon jetzt zu besichtigen. Während klassische Medien linear organisiert sind und ein von den Medienmachern zusammengestelltes Programm in festgelegter Abfolge bieten, können digitale Medien interaktiv sein. Dies bedeutet: Die Nutzer müssen ein Angebot nicht (nur) passiv konsumieren, sondern stellen sich aktiv individuelle Angebote zusammen, die zu beliebigen Zeiten genutzt werden können (→ Online-Journalismus).

Digitaler Rundfunk vor dem Durchbruch Über die Plattform Internet sind auch Angebote der klassischen Medien digital verfügbar. Internet-TV und Internet-Radio bieten in Streaming- und Abruf-Formaten sämtliche Vorteile digitaler Verbreitungstechnik. Ähnliches gilt für die Presse. So genannte »E-Paper«-Angebote stellen digitale Versionen von Zeitungen und Zeitschriften im Internet bereit. Längst hat die Digitalisierung jedoch auch auf die elektronischen Medien selbst übergegriffen: Digitales Fernsehen ist 2006 bereits in jedem vierten Haushalt vorhanden. Was damit an neuen Angeboten und Services für die vormals passiven Zuschauer möglich ist, zeigt vor allem das digitale Pay-TV-Programm Premiere. In zahlreichen deutschen Ballungsgebieten wurde Anfang des neuen Jahrhunderts das digitale terrestrische Fernsehen eingeführt. DVB-T (Digital Video Broadcasting-Terrestrial) erlaubt neben dem Empfang über die Dachantenne auch die mobile Nutzung. Die analogen terrestrischen Frequenzen sollen bis 2010 bundesweit abgeschaltet sein. Das Radio ist noch nicht ganz so weit. Zwar ist der digitale Radio-Standard DAB (»Digital Audio Broadcasting«) bereits seit längerer Zeit eingeführt; die Ablösung des analogen UKW-Empfangs steht jedoch aufgrund von Akzeptanzproblemen noch weitgehend aus.

Digitalisierung ist Ausgangspunkt eines weiteren prägenden Trends: Die Medien wachsen zusammen. Medienforscher sprechen von der Konvergenz der Medien. Sie tritt zunächst als technische Konvergenz auf. Das Internet ist ein Medium der Individual- und Massenkommunikation und außerdem ein Transportmittel für Inhalte aus den klassischen Medien, insbesondere dem Rundfunk. Mit der gemeinsamen Plattform verwischen die Grenzen der Mediengattungen mehr und mehr. Umgekehrt werden Verbreitungskanäle des Fernsehens – Satelliten und vor allem Breitbandkabel – rückkanalfähig gemacht. Damit werden die Nutzer individuell adressierbar und die Kabelnetze entwickeln sich zum Trägermedium für ganz unterschiedliche Dienste aus den Bereichen Telekommunikation und Rundfunk. Ein gutes Beispiel für die Konvergenz der Endgeräte ist der Wohnzimmer-PC: Er vereint technisch Fernsehen, Internetzugang und digitalen Videorekorder.

Konvergenz der Medien

Ähnliche Entwicklungen hin zur technischen Konvergenz gibt es bei den mobilen Medien. Hier kann das Handy zum Medium werden, das Individual- und Massenkommunikation integriert. Radio- und MP3-Nutzung über das Handy sind bereits weit verbreitet. Mobiles Internet ist ebenso nutzbar, auch Handy-TV ist technisch möglich. Derzeit gibt es eine Reihe alternativer und konkurrierender Standards für den mobilen Fernsehempfang. Neben einer Übertragung über die Mobilfunknetze GPRS und UMTS existieren mit DVB-H (»Digital Video Broadcasting-Handheld«) und DMB (»Digital Multimedia Broadcasting«) zwei Standards für den mobilen Rundfunkempfang. Noch steht Handy-TV allerdings erst am Anfang. Erste Versuche einer breiteren Markteinführung, z. B. während der Fußball-WM 2006 in Deutschland, verliefen ernüchternd. Festzuhalten bleibt allerdings: (Analoges) Radio hat sein Monopol als mobiles Medium Nummer eins verloren.

Mobile Medien

Die technische Konvergenz der Medien besitzt auch eine wirtschaftliche Dimension. Sie zeigt sich beim so genannten »Triple Play«, bei dem Unternehmen den Kunden Internet, Telekommunikation und Rundfunk aus einer Hand anbieten. Klassische Telekommunikationsanbieter konkurrieren mit Kabelnetzbetreibern: Während die einen Fernsehen über das Internet anbieten, ermöglichen die anderen Telekommunikationsdienstleistungen über ihr Kabelnetz. Kritischer Erfolgsfaktor sind die Inhalte, die über die Plattformen und Kanäle den Kunden zugänglich gemacht werden können. Telekommunikationsunternehmen und Internet-Provider gehen deshalb Kooperationen mit Medienakteuren und Produzenten von Inhalten ein. Im Blick stehen dabei vor allem Filme und Fern-

Wirtschaftliche und inhaltliche Konvergenz

sehinhalte, um dem umfangreichen TV-Angebot der Kabelnetzbetreiber etwas entgegensetzen zu können.

Crossmediale Angebote

Schließlich haben die beschriebenen technischen und wirtschaftlichen Rahmenbedingungen auch Auswirkungen auf die Medienangebote und -inhalte. Zwar muss aus der technischen Konvergenz nicht unbedingt eine inhaltliche Konvergenz folgen; jedoch reagieren journalistische Akteure und Medienanbieter zunehmend auf die veränderten Rahmenbedingungen. Dazu gehören Schritte zu medienneutraler Produktion und crossmedialen Distribution und Vermarktung der Inhalte (→ Management und Marketing). Dies verändert auch die Arbeit von Journalisten nachhaltig – wurde sie in der Vergangenheit doch ganz wesentlich durch die enge Anbindung an eine Mediengattung und ein spezielles Angebot geprägt.

7 Aufgaben und Geschichte der Medien

Mediengeschichte ist mehr als die Geschichte der Medien: Mediengeschichte beinhaltet Technikgeschichte, Sozialgeschichte, Politikgeschichte gleichermaßen und hat viele Aspekte. Nach dem Zweiten Weltkrieg z. B. hatten die vier Siegermächte ein gemeinsames Interesse: Sie wollten in Deutschland eine neue Medienordnung unter Verzicht auf staatlich kontrollierte Medienträger etablieren. In den beiden deutschen Staaten entwickelten sich jedoch bald völlig unterschiedliche Mediensysteme – eine Folge der gegensätzlichen medienpolitischen Ziele der westlichen Alliierten und der Sowjetunion. Die entscheidenden Weichen für die Entwicklung der Medienlandschaft in Ost und West wurden bereits in den ersten Jahren nach der Kapitulation gestellt.

Mediensystem der Bundesrepublik Deutschland

In der Bundesrepublik Deutschland entwickelte sich nach dem Willen der westlichen Alliierten ein freiheitliches, demokratisches Mediensystem, das weitgehend frei von staatlichen Einflüssen ist. Vor allem zwei Elemente sollen für die Zukunft verhindern, dass die Medien noch einmal politisch derart missbraucht werden konnten wie im Nationalsozialismus, als Presse und Rundfunk zum Sprachrohr und Manipulationsinstrument des Reichsministeriums für Volksaufklärung und Propaganda umfunktioniert wurden: Eine privatwirtschaftliche Organisationsform der Presse soll publizistische Vielfalt garantieren. In den ersten Nachkriegsjahren sorgen die Alliierten durch ihre Lizenzierungspolitik für politisch unbelastete Verleger und Redakteure. Die Phase des Lizenzzwangs endet aber bereits 1949, nun können auch die so genannten Altverleger wieder Zeitungen herausgeben. Regionalisierung und öffentlich-rechtliche Organisationsform (nach dem Vorbild der britischen BBC) sollen für Meinungsvielfalt beim Rundfunk sorgen. Anstelle eines zentralistischen Staatsrundfunks entsteht ein dezentrales, staatsfernes Rundfunkgefüge. Nach den Vorstellungen der

Alliierten Hochkommission wird auch die Medienpolitik föderalistisch organisiert, liegt also nicht in der Hoheit des Bundes, sondern der Länder, die unabhängig voneinander Rundfunk- und Pressegesetze erlassen.

In der DDR wird nach den politischen Zielen der Sowjetunion ein entsprechendes Mediensystem der marxistisch-leninistischen Pressetheorie etabliert. Danach dienen die Medien der Partei zur Durchsetzung ihrer Ziele als Propaganda-, Agitations- und Organisationsinstrument. Unmittelbar nach der Besetzung werden die Verlage sowie die Setzerei- und Druckereibetriebe durch die Rote Armee enteignet und wenig später in volkseigene oder organisationseigene Betriebe überführt.

Mediensystem der DDR

Die Lizenzierung der Presse und die Neuorganisation des Rundfunks unterscheiden sich grundlegend von der Praxis in den westlichen Besatzungszonen. Presselizenzen werden nur an Parteien und Massenorganisationen erteilt, bevorzugt an die SED. So entsteht ein zentral geplantes, neues Pressewesen. Das neu geschaffene zentralistische Rundfunksystem untersteht der Kontrolle der Deutschen Zentralverwaltung für Volksbildung, 1952 abgelöst durch das Staatliche Rundfunkkomitee, das direkt dem Ministerrat unterstellt ist. Die Post erhält das Monopol über den Vertrieb von Presseerzeugnissen. Die gesamte Presse untersteht damit der direkten Kontrolle des Staates, ausgeübt durch das Presseamt beim Vorsitzenden des Ministerrats: von der Besetzung der Redaktionen über die Herstellung bis zum Vertrieb.

Während in der Bundesrepublik Deutschland Freiheit und Staatsferne des Rundfunks durch Urteile des Bundesverfassungsgerichts immer wieder bekräftigt werden, baut die in der DDR regierende SED den Zugriff des Staates auf Rundfunk und Presse bis zur Wende 1989 konsequent aus. Erich Honecker fasst 1981 auf dem SED-Parteitag die Rolle der Massenmedien wie folgt zusammen: »Die Massenmedien spielen in unserer Zeit eine außerordentliche Rolle. Sie sind ideologische Kampfinstrumente in den Händen der Arbeiter-und-Bauern-Macht.«

Mit dem Beitritt der DDR zur Bundesrepublik Deutschland stehen Politik und Medienorganisationen vor einer schwierigen Aufgabe: Es gilt, aus zwei gegensätzlichen Mediensystemen eines zu machen. Von einer Vereinigung kann dabei allerdings kaum die Rede sein. Die Presse der ehemaligen DDR wird ausnahmslos von westdeutschen Verlagen übernommen, der DDR-Rundfunk (Hörfunk und Fernsehen) aufgelöst und nach westlichem Muster neu organisiert. Viele der ostdeutschen Zeitungen – hauptsächlich frühere SED-Bezirkszeitungen – werden von der Treuhandanstalt an westdeutsche Großverlage verkauft. Publizistische Vielfalt, wie sie sich in der Bundesrepublik in den 1950er Jahren entwickeln konnte, entsteht in Ostdeutschland nicht. Dies zeigen die pressestatistischen Zahlen für die Tageszeitungen: 2007 sind in den neuen Ländern nur 18 Publizistische Einheiten tätig. In etwa 90 Prozent der Landkreise herrscht zudem ein Zeitungsmonopol. In den ostdeutschen Ländern entstehen öffentlich-rechtliche Rundfunkanstalten: der Mitteldeutsche Rundfunk (MDR) und der Ostdeutsche

Neuorganisation nach der Wende

Rundfunk Brandenburg (ORB), 2003 mit dem Sender Freies Berlin (SFB) fusioniert zum Rundfunk Berlin Brandenburg (RBB). Das Land Mecklenburg-Vorpommern übernimmt den Staatsvertrag über den Norddeutschen Rundfunk.

Insgesamt kann man damit wohl eher von einer »Übertragung« des westdeutschen Mediensystems auf die neuen Bundesländer sprechen – mit allen Stärken, aber auch Fehlern. Besonders für die Journalisten in den neuen Bundesländern bedeutet dies eine totale Neuorientierung: Aufgaben und Bedingungen ihrer Berufsausübung haben sich grundlegend verändert. Sie müssen sich mit einem System vertraut machen, das auf Medienwettbewerb aufgebaut ist.

Medien und Politik Politik bestimmt die Rahmenbedingungen der Medien und damit den Spielraum für die journalistische Arbeit. Die geschichtliche Entwicklung der Medien liefert hierfür Beispiele in Hülle und Fülle. Die Ordnung des Mediensystems hat direkte Auswirkungen auf den Freiheitsspielraum, die Aufgabe und Arbeitsbedingungen für Journalisten, aber auch auf die publizistischen und ökonomischen Perspektiven der Medienunternehmen. Über Berufsverbände und Gewerkschaften haben Journalisten selbst Einfluss auf die Medienpolitik (→ Berufsfeld Journalismus).

Medienpolitik ist ein überaus kompliziertes und vielfältiges System, in dem die Massenmedien durch vielerlei Beziehungen innerhalb des wirtschaftlichen, gesellschaftlichen und politischen Systems miteinander verknüpft sind. Obwohl äußerst kompliziert und nur schwer durchschaubar, hat das Politikfeld Medien eine steile Karriere hinter sich. Politik, Wissenschaft und Medienwirtschaft erkannten in den letzten Jahrzehnten, wie wichtig der Informationsbereich für die Gesellschaft ist. Die neuen technischen Möglichkeiten durch Satelliten- und Kabelkommunikationsnetze haben gezeigt, dass es riskant ist, Zugang und Verbreitung von Medien dem Zufall oder ausschließlich den Kräften des freien Marktes zu überlassen. Hier entstehen ständig neue Herausforderungen für die Politik, die ordnungspolitische Entscheidungen für den gesetzlichen Rahmen der Medien treffen muss. Medienpolitik beschäftigt sich daher mit der Frage, ob die Massenmedien ihre öffentliche Aufgabe bei der Information, Meinungsäußerung und Meinungsbildung sowie der politischen Willensbildung in der Gesellschaft erfüllen und leitet – bei Fehlentwicklungen – daraus Konsequenzen für das politische Handeln ab.

Jede Gesellschaftsordnung weist ihren Massenmedien eine bestimmte Rolle zu und legt die Grenzen fest, innerhalb derer sie sich bewegen können. Die grundsätzlichen Unterschiede können an einem theoretischen Modell verdeutlicht werden, das von zwei gegensätzlichen Gesellschaftssystemen ausgeht, in denen Organisation und Arbeitsweise der Medien unterschiedlich geregelt sind.

Mediensysteme in totalitären Staaten In totalitären Staaten unterstehen die Massenmedien direkt der politischen Führung und sind damit offen – oder aber auch verdeckt – ein Teil des Staates. Nach innen besitzen die Massenmedien eine Steuerungs-, nach außen eine Repräsentationsfunktion. Sie sind ein Instrument der Willensbildung im Sinne der Regierenden. Nachrichten werden zentral durch eine Monopol-Agentur verbreitet, der

Berufszugang für Journalisten ist meist staatlich kontrolliert. Der Staat zeichnet sich durch eine restriktive Kommunikationspolitik aus, die das staatliche Monopol auf die Massenmedien sicherstellen soll.

In pluralistischen Gesellschaftssystemen sind die Massenmedien vom Staat unabhängig, sie sind im Idealfall das kritische Gegenüber der Herrschenden. Publizistische Vielfalt ist die wesentliche Voraussetzung für die Meinungs- und Informationsfreiheit, die eine konkurrierende Willensbildung ermöglichen soll. Nachrichten können frei beschafft werden, der Zugang zum Journalistenberuf ist offen. Pluralistische Systeme betreiben eine liberale Kommunikationspolitik, die allenfalls ordnend in Markt und Arbeitsweise der Massenmedien eingreift. Die Unabhängigkeit der Medien vom Staat ist rechtlich in der Verfassung festgeschrieben und durch Gesetze geregelt. Gesellschaftliche Interessengruppen partizipieren an der Formulierung kommunikationspolitischer Konzepte und Maßnahmen.

Mediensysteme in pluralistischen Gesellschaftssystemen

In den demokratischen Gesellschaften werden den Massenmedien öffentliche Aufgaben zugewiesen, die Heinz Pürer in fünf Bereichen zusammenfasst (vgl. Pürer 1993, S. 76f.):

Öffentliche Aufgaben der Massenmedien

- *Herstellen von Öffentlichkeit:* Die Massenmedien sollen politische Entscheidungen und gesellschaftliche Vorgänge transparent machen und damit die Bildung einer öffentlichen Meinung ermöglichen.
- *Kritik und Kontrolle:* Durch ihre Unabhängigkeit vom Staat sind die Massenmedien eine wichtige kritische Instanz gegenüber Regierungen, Verwaltung, Rechtsprechung und Einrichtungen von öffentlicher Bedeutung. Massenmedien werden wegen ihrer Kontrollfunktion auch als »vierte Gewalt« im Staat bezeichnet, neben gesetzgebender, ausführender und rechtsprechender Gewalt.
- *Integration und Sozialisation:* Massenmedien spiegeln gesellschaftliche Normen, Werte und Verhaltensweisen wider und erleichtern daher den Menschen im Idealfall die Eingliederung in das soziale Umfeld.
- *Kultur und Bildung:* Massenmedien tragen dazu bei, Kunst und Kultur zu vermitteln und zu überliefern. Damit erfüllen sie gleichzeitig einen wichtigen Beitrag zur Weiterbildung.
- *Unterhaltung:* Unterhaltung ist für viele Menschen eines der wichtigsten Motive der Medienzuwendung. Massenmedien werden zur Entspannung und Entlastung sowie als Mittel kreativer Freizeitgestaltung genutzt.

(Zusammengestellt in Anlehnung an Pürer 1993, S. 76f.).

Der Begriff Kommunikationspolitik ist weiter gefasst als der Begriff Medienpolitik. Kommunikationspolitik bezieht sich nicht nur auf Kommunikation über die Massenmedien. Grundsätzlich umfasst Kommunikationspolitik alle Maßnahmen und Handlungen, die auf die Durchsetzung rechtsverbindlicher Regeln für die Individual- und Massenkommunikation zielen. Wie weit sich staatliche

Kommunikationspolitik – ein breites Aktionsfeld

Kommunikationspolitik in den Bereich der persönlichen Kommunikation einmischt, hängt vom politischen System ab.

In totalitären Systemen erstreckt sich Kommunikationspolitik auch auf den Bereich der persönlichen Kommunikation. Die Privatsphäre der Menschen unterliegt der Kontrolle eines staatlichen Bespitzelungsapparats: durch Denunziation, Verletzung des Postgeheimnisses u. a. In Demokratien westlichen Typs bezieht sich Kommunikationspolitik fast ausschließlich auf die Medienkommunikation. In der Praxis wird deshalb in Deutschland häufiger der Begriff Medienpolitik verwendet. Medienpolitik ist demnach ein Teil allgemeiner Kommunikationspolitik und bezeichnet nur jenes Handeln, das auf eine Ordnung der Massenmedien zielt. Das sind z. B. Fragen der Organisation, des Zugangs, der Arbeitsweise und des Rechts der Massenmedien.

Zur Medienpolitik gehören auch die Auseinandersetzungen zwischen den verschiedenen Akteuren: Regierungen, Parteien, Arbeitgeber- und Arbeitnehmerverbände, Kirchen und andere gesellschaftliche Gruppen. Jede Interessengruppe verfolgt eigene medienpolitische Ziele, die sich auf vielfältige Weise überschneiden können. Nicht immer decken sich die medienpolitischen Ziele mit den tatsächlich verfolgten Interessen. Massenmedien sind auch Wirtschaftsunternehmen und damit ein wichtiger Wirtschaftsfaktor (→ Wirtschaftliche Grundlagen der Medien). Medienpolitik kann daher von verschiedenen Interessengruppen als Verwirklichung von verdeckten machtpolitischen, wirtschaftlichen oder anderen Zielen verstanden werden. Dabei bedienen sich die Akteure oft so genannter Stellvertreterrollen: Medienpolitische Forderungen werden z. B. »im Interesse des Publikums« erhoben. Dies fällt umso leichter, da das Publikum als schwächstes Glied im Kommunikationsprozess gesellschaftlich nicht organisiert ist und damit keine Interessenvertretung besitzt. Eine wichtige Aufgabe der Analyse von Kommunikationspolitik besteht deshalb darin, solche (verdeckten) Ziele und Motive medienpolitischen Handelns zu erkennen.

Die wichtigsten medienpolitischen Akteure

In Deutschland sind die wichtigsten Akteure, die sich in der Medienpolitik engagieren, vor allem folgende Institutionen und Organisationen:

- *Bundestag:* Er hat die Kompetenz für die Rahmengesetzgebung im Pressebereich, kann z. B. auch Kommissionen zu medienpolitischen Fragen einsetzen und damit medienpolitische Probleme öffentlich thematisieren.
- *Bundesregierung und -ministerien:* Das Bundesinnenministerium kann z. B. Gesetzesentwürfe einbringen; das Bundesministerium für Bildung, Wissenschaft, Forschung und Technologie betreibt die Förderung von neuen Informationstechnologien; das Bundesministerium für Wirtschaft und Arbeit kann z. B. zinsgünstige Kredite an Zeitungsverlage zur Verhinderung weiterer Pressekonzentration (so genannte ERP-Kredite) vergeben.
- *Bundesrat:* Er kann z. B. Initiativen zur Vereinheitlichung von Gesetzen im Medienbereich ergreifen.
- *Länderparlamente:* Sie sind zuständig für die Landespresse- und Landesmediengesetze sowie das Rundfunkrecht (Landesrundfunkgesetze, Staatsver-

träge für länderübergreifende Rundfunkanstalten sowie Rundfunkstaatsverträge aller Länder).

- *Landesmedienanstalten:* Die Landesmedienanstalten planen in den Bundesländern Verbreitungsgebiete für Hörfunk und Fernsehen, lizenzieren private Fernseh- und Hörfunkveranstalter und beaufsichtigen deren Betrieb. Wichtiges Gremium ist der Medienrat, in dem Vertreter wichtiger gesellschaftlicher Gruppen sitzen. In länderübergreifenden Angelegenheiten arbeiten die Landesmedienanstalten in der Arbeitsgemeinschaft der Landesmedienanstalten (ALM) zusammen.
- *Gesellschaftliche Organisationen:* Berufsverbände/Gewerkschaften, Verlegerverbände, politische Parteien, Kirchen, Wirtschaftsverbände, BDI (Bundesvereinigung der Deutschen Industrie), BDA (Bundesvereinigung der Deutschen Arbeitgeberverbände), Bundesverband Bürgerinitiativen Umweltschutz und andere Organisationen, Akademien und lokale Gruppen versuchen, ihre Interessen in der Medienpolitik durchzusetzen. Vertreter dieser Gruppen sind auch in den Rundfunkräten der öffentlich-rechtlichen Sender und in den Medienräten der Landesmedienanstalten vertreten. Allerdings sollen sie dort nicht lobbyistisch ihre Organisationen vertreten, sondern am Gesamtwohl orientiert handeln.

Neben den nationalen Akteuren ist auch die Europäische Union in der Medienpolitik aktiv. Sie legt Regeln und Leitlinien fest, wo gemeinsame Interessen wie offene Binnengrenzen und fairer Wettbewerb betroffen sind. Ein Kernstück der Rechtsvorschriften der EU ist die Richtlinie »Fernsehen ohne Grenzen«, über deren Aktualisierung und Anpassung an neue Entwicklungen zurzeit verhandelt wird. Das zweite Kernstück ist die Filmförderung von europäischen Produktionen, für die die EU im Zeitraum von 2007 bis 2013 Mittel in Höhe von 755 Millionen Euro bereitstellt.

Medienkonzentration

Die Informationsfreiheit der Staatsbürger kann durch die Konzentration in der Medienlandschaft bedroht sein. Seit Mitte der 1950er Jahre nimmt die Zahl der Vollredaktionen bei deutschen Tageszeitungen ab, kurz unterbrochen durch die Vereinigung Deutschlands. Nicht mehr konkurrenzfähige Zeitungen werden aufgekauft oder zu größeren Betriebseinheiten verschmolzen. Diese wiederum liegen häufig in der Hand von großen Verlagen. Vor allem in ländlichen Regionen kommt es zu zahlreichen Zeitungsmonopolen. Die Zahl der Rundfunkanbieter stieg allerdings seit der Zulassung privater Sender stark an – Kritiker bezweifeln jedoch, dass eine Vielzahl von Sendern zwangsläufig auch eine Vielfalt der Programme zur Folge hat.

Das Bundesverfassungsgericht schließt für den Fall der Gefährdung der Pressefreiheit Maßnahmen des Staates nicht ausdrücklich aus. Seit Mitte der 1960er Jahre entwickelten deshalb Expertenkommissionen im Auftrag des Bundestages Vorschläge, die einen weiteren Konzentrationsprozess verhindern sollten. Verwirklicht wurde unter anderem das Pressefusionskontrollgesetz, das durch eine

Änderung des allgemeinen Kartellrechts für den Bereich der Presseunternehmen Fusionen ab einer bestimmten Größenordnung anzeigepflichtig macht. Auf diesem Weg konnte das Bundeskartellamt seit der Einführung des Gesetzes 1976 zahlreiche Konzentrationsvorgänge verhindern. Nach dem Pressestatistikgesetz von 1975 waren die Presseunternehmen zu detaillierten Auskünften über ihr Unternehmen verpflichtet, um verlässliche Daten über etwaige Konzentrationsvorgänge zu erhalten. Diese Pressestatistik wurde bis 1994 jährlich vom Statistischen Bundesamt in Wiesbaden erhoben und veröffentlicht. 1976 wurde den Tageszeitungen einmalig die für Presseerzeugnisse ohnehin verminderte Mehrwertsteuer für Vertriebserlöse erlassen; im Postzeitungsdienst bestanden Gebührenvergünstigungen. Diese Subventionen sind insofern problematisch, als sie auch den großen Verlagen zugute kommen, die damit über zusätzliche Mittel verfügen, in Not geratene Konkurrenten aufzukaufen. Kleine und mittlere Verlage hatten zwischen 1968 und 2002 die Möglichkeit, zinsverbilligte Kredite für technische und bauliche Investitionen beim Bundeswirtschaftsministerium zu beantragen.

Der weitestgehende Vorschlag der so genannten Günther-Kommission, nämlich Höchstgrenzen für die Marktanteile der Presseunternehmen festzulegen, löste 1968 eine heftige Auseinandersetzung in der Medienpolitik aus und wurde schließlich nicht verwirklicht. Begründet hat man dies mit verfassungsrechtlichen Bedenken, da eine Begrenzung der Marktanteile ebenfalls gegen das Prinzip der Informationsfreiheit verstoßen könne.

Inter- und intramediäre Verflechtungen Nach Einführung der dualen Rundfunkordnung stellt sich das medienpolitische Problem der Konzentration in neuer Form. Neben intramediären Konzentrationsprozessen (z. B. zwischen Zeitungen) treten zunehmend intermediäre Verflechtungen (z. B. wenn Zeitungsverleger auch privaten Hörfunk betreiben, Medienkonzerne im Markt der gedruckten wie der elektronischen Medien tätig sind). Manifeste Zusammenlegungen von Medienunternehmen vollziehen sich vielfach unter fruchtlosen öffentlichen Diskussionen, latente Formen der Konzentration können oft das Licht der Öffentlichkeit vermeiden. Sie aufzuspüren erfordert meist das Geschick eines Detektivs. Mit Öffnung der Landesgrenzen für internationale Medienunternehmen bekommt die Frage der Medienkonzentration auch transnationale Aspekte.

Mit dem Inkrafttreten des dritten Rundfunkänderungsstaatsvertrages Anfang 1997 fand eine langjährige Diskussion über die Vermeidung zu starker Konzentration im Rundfunkbereich ihren vorläufigen Abschluss. Der Versuch, Meinungsvielfalt über die Beschränkung finanzieller Beteiligungen an Fernsehsendern zu garantieren, wurde durch das so genannte Zuschaueranteilsmodell abgelöst. Maßgebend für die Beurteilung vorherrschender Meinungsmacht sollen die im Fernsehen erreichten Zuschaueranteile sein. Es wurde eine unabhängige Kommission zur Ermittlung der Konzentration (KEK) eingerichtet, welche die Sender unabhängig vom Ort ihres Lizenzantrages überprüfen soll. Die Kommission besteht aus sechs Sachverständigen des Rundfunk- und des Wirtschaftsrechts,

die von den Ministerpräsidenten der Länder für die Dauer von fünf Jahren einvernehmlich berufen werden. Sie ist zuständig für die Beurteilung von Fragestellungen im Zusammenhang mit der Sicherung der Meinungsvielfalt bei bundesweiten Fernsehprogrammen. Ihre Arbeit kommt vor allem bei Entscheidungen
über die Zulassung neuer Programme, die Änderung der Zulassung bereits beste-
hender Programme und bei der Bestätigung von Veränderungen von Beteili-
gungsverhältnissen zum Tragen.

Immer größer werdender Wettbewerb auf den Medienmärkten und zunehmender Druck auf einzelne Akteure wirft ein altes medienpolitisches Problem
unter neuen Marktkonstellationen auf: Wie viel Konzentration auf dem nationalen Markt Deutschland ist politisch hinnehmbar, um die Medienunternehmen im internationalen Wettkampf um Publikumsanteile noch wirtschaftlich
wettbewerbsfähig zu halten? Wann gefährdet Medienkonzentration die Informationsfreiheit der Staatsbürger? Beeinflussen die Besitzverhältnisse die Vielfalt
und Unabhängigkeit der redaktionellen Berichterstattung? Dass konzentrations-
rechtliche Fragen heute noch höchst relevant sind, zeigte sich bei dem – letztlich untersagten – Übernahmeversuch von ProSiebenSat.1 durch die Axel Springer AG im Jahr 2006.

Literatur

Arbeitsgemeinschaft der ARD-Werbegesellschaften (Hg.): Media Perspektiven Basisdaten. Frankfurt am Main 2006.
Enthält aktuelle Basisdaten aus den Bereichen Rundfunk, neue Medien, Presse, Buch, Film, Video, Theater, Musik und Werbung. Erscheint jährlich.

Arbeitsgemeinschaft der öffentlich-rechtlichen Rundfunkanstalten der Bundesrepublik Deutschland (Hg.): ARD-Jahrbuch 06. Baden-Baden 2006.
Aufsätze zu aktuellen Rundfunkthemen und Statistiken rund um die ARD, ausführlicher Teil mit Namen und Adressen der Landesrundfunkanstalten. Erscheint jährlich.

ARD und ZDF: Was Sie über Rundfunk wissen sollten: Materialien zum Verständnis eines Mediums. Berlin 2002.
Diese Sammlung von Texten sowie Ton- und Bildmaterial informiert umfassend über den Rundfunk – von der Rundfunkgeschichte bis hin zu Medienforschungs-, Organisations- und Finanzierungsfragen.

Bundesverband Deutscher Zeitungsverleger e.V. (Hg.): Zeitungen 2007. Berlin 2007.
Enthält aktuelle Daten, Fakten, Perspektiven der Zeitung aus Sicht des Bundesverbandes Deutscher Zeitungsverleger. Erscheint jährlich.

Deutscher Werberat (Hg.): Jahrbuch Deutscher Werberat 2007. Berlin 2007.
Selbstdarstellung des Deutschen Werberats: Grundlagen der Arbeit, Jahresbilanzen, Tätigkeitsbereiche des Werberats. Erscheint jährlich.

Direktorenkonferenz der Landesmedienanstalten (Hg.): ALM Jahrbuch 2006. Landesmedienanstalten und Rundfunk in Deutschland. Berlin 2007.
Alle wichtigen Branchendaten und aktuellen Diskussionen rund um das Medium sind in diesem Jahrbuch des privaten Rundfunks enthalten. Erscheint jährlich.

Hans-Bredow-Institut (Hg.): Internationales Handbuch Medien 2004/2005. Baden-Baden 2004.
Umfassendes Nachschlagewerk für fast alle Fragen der nationalen und internationalen Rundfunksysteme.

Initiative Tageszeitung: Redaktion 2006 – Jahrbuch für Journalisten. Bonn 2006.
Mit Tipps, Themen und Terminen für Lokalredaktion und Marketing. Erscheint jährlich.

Meyn, Hermann: Massenmedien in Deutschland. Konstanz 2004.
Das Standardwerk informiert über die Funktion, Entwicklung und Struktur der Massenmedien in Deutschland.

Pürer, Heinz/Raabe, Johannes: Presse in Deutschland. 3., völlig überarbeitete und erweiterte Auflage, München 2007.
Darstellung der Geschichte der deutschen Presse, der journalistischen Berufsgeschichte, des Nachrichtenwesens, der rechtlichen Grundlagen und der Entwicklung der aktuellen Pressestruktur in Deutschland.

Schrag, Wolfram: Medienlandschaft Deutschland. Konstanz 2007.
Gut lesbarer Überblick über die Massenmedien in Deutschland mit zahlreichen Beispielen und farbigen Abbildungen.

Schütz, Walter J.: Deutsche Tagespresse 2006. Trotz Anzeigen- und Auflagenverlusten kaum Zeitungskrise spürbar. In: Media Perspektiven 11/2007. S. 560-588.
Übersicht über die Veränderungen des deutschen Zeitungsmarkts von 2004 bis 2006.

Schütz, Walter J.: Redaktionelle und verlegerische Struktur der deutschen Tagespresse. Übersicht über den Stand 2006. In: Media Perspektiven 11/2007. S. 589-598.
Detaillierte Darstellung über die Zugehörigkeit der Zeitungen zu den jeweiligen Publizistischen Einheiten.

Stuiber, Heinz-Werner: Medien in Deutschland. Band 2: Rundfunk (Zwei Teilbände). Konstanz 1998.
Umfassende Basisliteratur über alle Facetten des Rundfunks: Geschichte, Finanzierung, Organisation, Programmstrukturen, Rundfunknutzung und Rundfunkpolitik.

Zentralverband der deutschen Werbewirtschaft (ZAW) (Hg.): Werbung in Deutschland 2007. Berlin 2007.
Überblick über den Werbemarkt sowie neue Trends in der Werbewirtschaft. Erscheint jährlich.

Zweites Deutsches Fernsehen (Hg.): ZDF Jahrbuch 2006. Mainz 2006.
Beiträge zur Struktur der Fernsehanstalt ZDF, zum Programm und zu neuen Fernsehtechniken. Erscheint jährlich.

II Journalisten und ihr Publikum

Journalisten verbreiten täglich Nachrichten und Bilder an ein Millionenpublikum. Journalisten informieren und unterhalten, sie vermitteln Informationen und agieren als »Anwälte« ihrer Leser, Hörer und Zuschauer. Mit ihrer täglichen Arbeit erbringen sie eine unverzichtbare Informationsleistung, auf die nahezu alle Bereiche der modernen Industriegesellschaft angewiesen sind.

Journalismus ist aber auch ein Geschäft. Medien agieren innerhalb der Gesetzmäßigkeiten des Marktes. Nachrichten sind eine leicht verderbliche Ware. Vertreter verschiedener Interessen und Organisationen versuchen, Einfluss auf Journalisten und Medien zu nehmen (→ Public Relations als journalistisches Arbeitsfeld). Erfüllen Medien in diesem Spiel der Kräfte ihre öffentliche Aufgabe (→ Rechte und Pflichten)? Welchen Regeln oder Zwängen unterliegt der Journalismus in der Mediengesellschaft (→ Wirtschaftliche Grundlagen der Medien)? Welche Rolle spielt die Arbeit von Journalisten in der Gesellschaft? Welche »Macht« haben Journalisten, die täglich Informationen anderer bearbeiten, recherchieren und letztlich durch ihre Berichterstattung »Medienrealitäten« schaffen? Medienwissenschaftliche Grundlagen, z. B. Kenntnisse über die Entwicklungen und Strukturen von Kommunikationsprozessen sowie über Bedingungen von Medien im Wettbewerb, können dem Journalisten helfen, seine demokratische Funktion bewusst, aktiv und kompetent auszuüben. Journalisten vermitteln Informationen, die glaubwürdig und sachgerecht, aber auch attraktiv und spannend sein sollen. Von der Qualität dieser Ausschnitte aus dem politischen, wirtschaftlichen, sozialen und kulturellen Geschehen hängt es ab, auf welcher Basis sich die Bürger ein Urteil über Entwicklungen und Probleme in der Gesellschaft bilden.

Über die Reflexion der journalistischen Arbeit hinaus liefert die Kommunikationswissenschaft wichtige Informationen darüber, wie Menschen mit journalistischen Angeboten umgehen. Dies betrifft zum einen grundsätzliche Muster, wie die Medien Presse, Hörfunk, Fernsehen und Internet genutzt werden. Darüber hinaus hat insbesondere die Publikumsforschung eine wichtige Aufgabe im Mediensystem. Informationen über »das« Publikum sind für Planung und Umsetzung der journalistischen Arbeit unumgänglich. Die Vermarktung von Werberaum und Anzeigenplätzen ist ohne detaillierte Reichweitenzahlen der Angebote nicht denkbar (→ Management und Marketing). Nur wenn ein Unternehmen weiß, welche und wie viele Menschen es beispielsweise mit einer Anzeige in einer Zeitschrift erreicht, ist es bereit, für die Werbeleistung einen angemessenen Preis zu bezahlen.

1 Zentrale Begriffe

Die Kommunikationswissenschaft sieht im Journalismus einen Kommunikationsprozess mit vielfältigen Bezügen zu Politik, Wirtschaft und Technik. Journalismus ist in diesem Sinne die professionelle Vermittlung von Informationen an ein Publikum (vgl. Abb. 6). Vielfach wird die – in den späten 1940er Jahren entstandene – so genannte Lasswell-Formel als Arbeitsprogramm der Kommunikationswissenschaft beschrieben: Wer sagt was in welchem Kanal zu wem mit welcher Wirkung? Auch Journalismus kann entlang dieser Formel analysiert werden. Jedes Fragepronomen verweist auf einen Zweig der Journalismusforschung: Die Kommunikatorforschung (»wer«) hat die Produzenten der Aussagen, die Journalisten und deren Redaktionen, zum Gegenstand. Inhalts- bzw. Aussagenanalysen (»sagt was«) beziehen sich auf die journalistischen Botschaften selbst. In der Medienforschung (»in welchem Kanal«) werden Spezifika der einzelnen Mediengattungen analysiert. Publikumsforschung (»zu wem«) untersucht Leser, Hörer und Zuschauer der Angebote und deren Nutzungsverhalten. Die Wirkungsforschung (»mit welcher Wirkung«) kümmert sich schließlich um die Effekte der Berichterstattung auf das öffentliche Leben und das individuelle Verhalten.

Abb. 6: Journalismus als Kommunikationsprozess

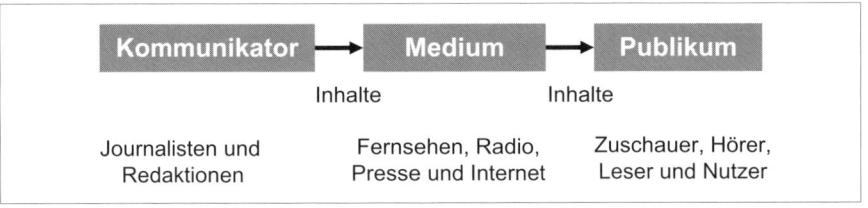

Quelle: eigene Darstellung

Die Lasswell-Formel macht die Komplexität des Journalismus deutlich und lenkt den Blick auf einzelne Teilaspekte. Gleichzeitig macht sie auf einige Charakteristika des Journalismus aufmerksam. Der journalistische Kommunikationsprozess wird als Massenkommunikation beschrieben, der über die so genannten Massenmedien abläuft. Massenkommunikation ist immer öffentlich, d. h. prinzipiell für jeden zugänglich, und richtet sich an ein meist großes, anonymes und disperses Publikum. Der Kommunikationswissenschaftler Gerhard Maletzke charakterisiert Massenkommunikation als jene Form der Kommunikation, bei der Aussagen öffentlich (also ohne begrenzte und personell definierte Empfängerschaft) durch technische Verbreitungsmittel (Medien) indirekt (also bei räumlicher, zeitlicher oder raumzeitlicher Distanz zwischen den Kommunikationspartnern) und einseitig (also ohne Rollenwechsel zwischen Aussagenden und Aufnehmenden) an ein Publikum vermittelt werden. Zu den für den Journalismus bedeutsamen Massenmedien zählen die Presse (Zeitungen und Zeitschriften), das Fernsehen und der Hörfunk. Mittlerweile können auch einige Bereiche des Internets dazu gezählt werden (→ Online-Journalismus).

Anhand der beiden Merkmale Beschaffenheit/Größe des Publikums sowie Vermittlung durch technische Verbreitungsmedien werden in der Kommunikationswissenschaft weitere Kommunikationsformen unterschieden. Generell wird Kommunikation als die Bedeutungsvermittlung zwischen Menschen definiert, die über bestimmte Träger bzw. Medien stattfindet. Dies kann Sprache sein, dann handelt es sich um verbale Kommunikation. Es kann aber auch mittels anderer Zeichen wie Mimik und Gestik geschehen, dann wird von nonverbaler Kommunikation gesprochen. Kommunikation, die direkt von Person zu Person erfolgt, nennt man interpersonale oder Individualkommunikation. Beim Gespräch, im direkten Kontakt zwischen Personen, tauschen Sender und Empfänger ihre Rollen, d. h. der Kommunikationsprozess ist wechselseitig und findet in einer Dialogform statt.

Bei Telekommunikation handelt es sich ebenso wie bei Massenkommunikation um technisch vermittelte Kommunikation. Zwischen Sender und Empfänger einer Botschaft werden also bestimmte Medien geschaltet. Sie ermöglichen Kommunikation über räumliche und zeitliche Distanzen hinweg. Anders als Massenkommunikation verbindet Telekommunikation einzelne oder wenige Partner (Punkt-zu-Punkt-Kommunikation) und ist in der Regel nicht öffentlich, sondern geschäftlich oder privat. Sie zeichnet sich dadurch aus, dass sie direkte Verbindungen zwischen dem Sender und dem Empfänger einer Botschaft herstellt. Eine zwischengeschaltete Speicherung, die den physischen Transport erfordert (z. B. bei Druck-Erzeugnissen), ist nicht notwendig.

Individualkommunikation als direkte, persönliche Kommunikation und Massenkommunikation als indirekte, technisch vermittelte Kommunikation werden häufig als Gegensätze verstanden. Im Bereich der Neuen Medien haben sich jedoch technisch vermittelte Kommunikationsformen entwickelt, die sich nicht mehr eindeutig der Individual- oder der Massenkommunikation zuordnen lassen, z. B. Newsgroups im Internet. Auch die Grenzen zwischen Tele- und Massenkommunikation werden durchlässig, wie die Möglichkeit des Telefonierens oder die Diskussion um den medienrechtlichen Status des Internets als Rundfunk oder Telekommunikation zeigen. Die Problematik der Abgrenzung stellt sich vor allem bei den rechtlichen Zuständigkeiten, z. B. von Bund (Telekommunikation) oder Ländern (Rundfunk). Es gilt, eine Balance zwischen freiem Wettbewerb, berechtigten Nutzerinteressen und öffentlichen Ordnungsinteressen zu finden.

Der wissenschaftliche Kommunikationsbegriff hat mithin viele Aspekte. Einen Überblick über die verschiedenen technisch vermittelten Kommunikationsformen gibt Abbildung 7.

Abb. 7: Technisch vermittelte Kommunikationsformen

Formen der Massenkommunikation
- Druckmedien: Presse (Zeitung, Zeitschrift), Buch, Plakat, Flugblatt
- Rundfunk: Hörfunk, Fernsehen
- Film/Kino
- Unterhaltungselektronik: z. B. Video, DVD, Compact Disc (CD), Schallplatte, Tonkassette
- Online-Dienste: öffentlich zugängliche Angebote im WWW

Formen der Telekommunikation
- Sprachkommunikation: z. B. Telefon, Mobilfunk, Sprechfunk
- Textkommunikation: z. B. Telex, Teletext, Kabeltext
- Festbildkommunikation: z. B. Telefax, Telefoto
- Bewegtbild-Kommunikation: z. B. Bildtelefon, Videokonferenz
- Datenkommunikation: z. B. Datenfernübertragung, Telemetrie
- Online-Dienste: z. B. E-Mail, spezielle Dienste im WWW

Quelle: eigene Darstellung in Anlehnung an Schulz 2002a, S. 155

Journalismus in Massenmedien

Journalisten kommunizieren mit ihrem Publikum über Massenmedien. Was sind die Spezifika des Journalismus in den einzelnen Massenmedien? Zeitung, Hörfunk, Fernsehen und Internet stehen zwischen den Kommunikatoren, also den Journalisten als Produzenten von Aussagen und Botschaften und den Empfängern, dem Publikum. Jede Mediengattung verlangt aufgrund ihrer technischen Eigenarten spezielle Fertigkeiten vom Journalisten. Die Kommunikationswissenschaft fragt nach den medienspezifischen und medienübergreifenden Arbeitsmustern, nach denen Journalisten in Medienorganisationen ihre Arbeit gestalten: Nach welchen Regeln wählen sie Nachrichten aus, verarbeiten sie diese weiter und welchen Zwängen oder Rücksichtnahmen unterliegen sie hierbei?

Auf der anderen Seite steht das Publikum. Massenmedien richten sich an ein disperses, d. h. weit zerstreutes Publikum. Dieses ist für die Journalisten kaum greifbar und weitgehend anonym. Publikumsforschung ist deshalb eine wichtige Aufgabe für die journalistische Arbeit. Vielfältige Fragen sollen damit beantwortet werden: Wer liest welche Zeitung, hört oder sieht welche Programme? Welche Wirkungen verursachen die Aussagen der Medien bei den Menschen und was machen diese mit den vielfältigen Medienangeboten? Wie bewältigen sie die Flut an gedruckten und elektronischen Medien? Welchen Stellenwert nehmen die einzelnen Medien beim Publikum ein? Welche Bedürfnisse werden damit befriedigt? Wenn es der Forschung auch nicht gelingt, erschöpfende Antworten auf alle diese Fragen zu geben, so kann sie mit ihren Ergebnissen dazu beitragen, die Wissenslücke vieler Journalisten über ihr Publikum zu verringern und Hinweise auf Wünsche und Erwartungen, aber auch auf Meinungen und Urteile der Leser, Hörer und Zuschauer geben. Diese Informationen sind nicht zuletzt auch aus wirtschaftlichen Gründen für Medienunternehmen und Journalisten von Interesse.

2 Journalistische Arbeit als Forschungsfeld

Journalisten stehen in Nachrichtenredaktionen Tag für Tag vor der gleichen Aufgabe: Aus der Flut von Ereignissen, die über Nachrichtenagenturen und andere Quellen die Redaktion erreichen, müssen sie auswählen, was ins Blatt kommt oder gesendet wird. Das Publikum erfährt also nur einen Bruchteil der Geschehnisse eines Tages. Gleichzeitig stützen sich die Erfahrungen von Menschen mit Gesellschaft und Politik ganz wesentlich auf die Berichterstattung der Medien. Die Journalisten bestimmen deshalb durch ihre Auswahl, welche »Realität« die Rezipienten wahrnehmen. Grund genug für die Forschung, danach zu fragen, nach welchen Regeln sich die redaktionelle Arbeit eigentlich vollzieht.

Die Rolle des Journalisten im Nachrichtenfluss wird gerne mit dem Bild des »Gatekeepers« (Schleusenhüter, Torwächter) beschrieben. Dieser Torwächter entscheidet, wer oder was das Tor passieren darf. Dabei wurde zunächst vermutet, dass er dies nach recht subjektiven Kriterien tut: Seine persönlichen Vorlieben und Abneigungen, Interessen und Einstellungen bestimmen demnach hauptsächlich seine Auswahl. Spätere Untersuchungen betonen die Rolle übergeordneter Rahmenbedingungen und organisatorischer Vorgaben. So spielt die vermutete Reaktion der Kollegen in den Redaktionen eine Rolle sowie die »Linie« des Blattes bzw. das Konzept des Programms, für das die Journalisten arbeiten. Wie in verschiedenen Untersuchungen nachgewiesen wurde, gehen Journalisten bei der Nachrichtenauswahl durchaus einheitlich vor und kommen zu ähnlichen Wertungen, was in ihren Augen wichtig ist. Viele der großen Tageszeitungen reproduzieren beispielsweise ziemlich exakt das Nachrichtenbild der großen Nachrichtenagenturen, indem sie Agenturmeldungen nur wenig verändert übernehmen oder sie allenfalls vom Ende her kürzen. Begründet wird dies unter anderem mit organisatorischen Zwängen: Zeitdruck und knappe personelle Kapazität in den Redaktionen erfordern bei der Auswahl professionelle Routine, über die es einen journalistisch-handwerklichen Konsens gibt. Der »Gatekeeper« ist in seiner Nachrichtenauswahl insgesamt wesentlich stärker vom Rollenverhalten und den Vorgaben seiner Organisation geprägt als von seinen subjektiven Kriterien.

Journalisten als »Gatekeeper«

Neben den Anforderungen des Produktionsablaufs beeinflussen auch politische Orientierungen die Nachrichtenauswahl. Zeitungsverleger besitzen die Grundsatzkompetenz, die das Recht umfasst, die publizistische Haltung und Grundrichtung einer Zeitung zu bestimmen. In Redaktionen bilden sich unter den Kollegen Gruppennormen, die der einzelne Redakteur anerkennen muss, will er sich nicht isolieren. Medienorganisationen wie Nachrichtenagenturen, Zei-

Nachrichtenwerte als Entscheidungsgrundlage

tungen oder Rundfunkanstalten sind soziale Systeme, in denen die Mitarbeiter einer bestimmten Ordnung mit Regeln unterliegen. Die Nachrichtenauswahl des Journalisten hängt jedoch nicht nur von den Vorgaben der jeweiligen Institution ab. Zu seinem Rollenverhalten gehört auch die Anerkennung journalistischer Grundkriterien, die Bestandteil des »professionellen Handwerks« sind. Journalisten müssen für ihre Auswahl schnell und zuverlässig beurteilen können, welche Bedeutung sie einem Ereignis beimessen. Dieser Nachrichtenwert entscheidet nicht nur darüber, ob ein Ereignis berichtenswert ist oder nicht, sondern auch, wie stark es von den Medien durch Platzierung, Umfang und Präsentation herausgestellt wird.

Journalisten wenden einige grundlegende Selektionsmechanismen an, um den Wert einer Nachricht zu erkennen. In manchen journalistischen Hand- und Lehrbüchern sind dazu Empfehlungen zu finden, die Journalisten als Hilfestellung bei der Auswahl von Nachrichten im Alltag dienen sollen. Walther von La Roche zitiert einen Kriterienkatalog, der in amerikanischen Handbüchern für Journalisten zum Teil heute noch üblich ist. Danach erzeugt eine Nachricht dann Interesse beim Leser, Hörer oder Zuschauer, wenn sie möglichst viele der folgenden Elemente enthält: Prominenz, Nähe, Gefühl, Sex, Fortschritt, Folgenschwere, Konflikt, Kampf, Dramatik, Kuriosität (vgl. von La Roche 2006, S. 81). Die Vorstellungen vieler Journalisten von den Bedürfnissen des Publikums sind jedoch unvollständig oder gar verzerrt. Die Funktion von Selektionskriterien dieser Art besteht darin, Nachrichten beachtenswert, interessant und leicht konsumierbar zu machen.

Nachrichtenwert-theorie Auswahlkriterien, wie sie von Redakteuren in der Regel angewandt werden, strukturieren und verzerren die Berichterstattung in den Medien. Die Folge: Die Medien zeichnen ein künstlich dynamisiertes Abbild der Welt, das sich von anderen Wirklichkeitsbildern deutlich unterscheidet. Es enthält eher das Abweichende als das Normale, eher das Neue als das Bestehende, eher die Probleme als die Lösung. Johan Galtung und Mari Holmboe Ruge haben einen Katalog von zwölf Kriterien für den Nachrichtenwert entwickelt (vgl. Abb. 8). Die so genannten Nachrichtenfaktoren bestimmen die Auswahlentscheidung der Journalisten. Das Nachrichtenbild der Medien ist in ihre Richtung verzerrt. Ereignisse, auf die möglichst viele dieser Nachrichtenfaktoren zutreffen, haben eine große Chance, beachtet zu werden. Diese Merkmale werden in der weiteren Berichterstattung besonders stark hervorgehoben. Die Wirkung verstärkt sich also noch im Nachrichtenfluss und ist besonders ausgeprägt bei Nachrichten, die viele Übermittlungsstadien durchlaufen haben, z. B. bei internationalen Meldungen (vgl. Galtung/Ruge zit. nach Noelle-Neumann/Schulz/Wilke 2002, S. 356f.). Diese Nachrichtentheorie ist in wichtigen Zügen von der Forschung bestätigt worden.

Winfried Schulz fand für die politische Berichterstattung einige charakteristische Züge, die in allen Medien weitgehend übereinstimmen: Die berichteten Ereignisse sind überwiegend von relativ kurzer Dauer. Die Realität erscheint als einfach, eindeutig und klar konturiert. Einzelne Ereignisse mit besonders hohem Nachrichtenwert werden komplexer und vielschichtiger dargestellt. Besonders starke Beachtung finden Personen mit hohem Status und Prestige. Politisches Geschehen wird meist nur im Handeln einflussreicher Personen sichtbar. Je bedeutender und mächtiger ein Land, je näher es Deutschland in geografischer, politischer und kultureller Hinsicht ist, desto häufiger kommt es auch in den Nachrichten vor. Insgesamt besteht unter Journalisten ein großer Konsens darüber, welche Ereignisse zu Nachrichten werden und welche nicht. Schulz schließt daraus, dass man von einem Abbild der Realität in den Medien nicht sprechen kann. Vielmehr konstruieren die Medien durch die ihnen eigenen Selektionsmechanismen die Welt für das Publikum und dessen Wünsche und Interessen (vgl. Schulz 1990).

Abb. 8: Nachrichtenfaktoren

1. Frequenz
Je mehr der zeitliche Ablauf eines Ereignisses der Erscheinenshäufigkeit der Medien entspricht, desto wahrscheinlicher wird das Ereignis zur Nachricht.

2. Schwellenfaktor (absolute Intensität, Intensitätszunahme)
Es gibt einen bestimmten Schwellenwert der Auffälligkeit, den ein Ereignis überschreiten muss, damit es registriert wird.

3. Eindeutigkeit
Je eindeutiger und überschaubarer ein Ereignis ist, desto eher wird es zur Nachricht.

4. Bedeutsamkeit (kulturelle Nähe/Betroffenheit, Relevanz)
Je größer die Tragweite eines Ereignisses ist, je mehr es Betroffenheit auslöst, desto eher wird es zur Nachricht.

5. Konsonanz (Erwartung, Wünschbarkeit)
Je mehr ein Ereignis mit vorhandenen Vorstellungen und Erwartungen übereinstimmt, desto eher wird es zur Nachricht.

6. Überraschung (Unvorhersehbarkeit, Seltenheit)
Überraschendes hat die größte Chance, zur Nachricht zu werden, allerdings nur dann, wenn es im Rahmen der Erwartungen überraschend ist.

7. Kontinuität
Ein Ereignis, das bereits als Nachricht definiert ist, hat eine hohe Chance, von den Medien auch weiterhin beachtet zu werden.

8. Variation
Der Schwellenwert für die Beachtung eines Ereignisses ist niedriger, wenn es zur Ausbalancierung und Variation des gesamten Nachrichtenbildes beiträgt.

9. Bezug auf Elite-Nationen
Ereignisse, die wirtschaftlich/militärisch mächtige Nationen betreffen, haben einen überproportional hohen Nachrichtenwert.

10. Bezug auf Elite-Personen
Entsprechendes gilt für Elite-Personen, d.h. prominente und/oder mächtige, einflussreiche Personen.

11. Personalisierung
Je mehr ein Ereignis personalisiert ist, sich im Handeln oder Schicksal von Personen darstellt, desto eher wird es zur Nachricht.

12. Negativismus
Je »negativer« ein Ereignis, je mehr es auf Konflikt, Kontroverse, Aggression, Zerstörung oder Tod bezogen ist, desto stärker wird es von den Medien beachtet.

Quelle: Galtung/Ruge, zit. nach Schulz 2002b, S. 357

3 Methoden der Publikumsforschung

Das Medienpublikum wird sowohl in der kommerziell orientierten als auch in der universitären Publikumsforschung untersucht. Die akademisch geprägte Rezeptionsforschung beschäftigt sich vor allem mit grundsätzlichen Fragestellungen, die auf generelle Mediennutzungsmuster der Menschen bezogen sind. Sie ist so facettenreich wie die gesamte Medien- und Kommunikationswissenschaft. Was erwarten die Menschen von den Medien? Warum nutzen sie bestimmte Angebote und andere nicht? Welche Rolle spielen dabei soziale und psychologische Faktoren? Wie hängen technologische und ökonomische Entwicklungen auf der Angebotsseite von Medien mit dem Nutzungsverhalten der Menschen zusammen? Neben solchen Fragen nach Bestimmungsfaktoren und Strukturen der Mediennutzung stehen auch die gesellschaftlichen und individuellen Folgen der Mediennutzung sowie deren Steuerbarkeit im Mittelpunkt des Interesses (vgl. Abb. 9).

Nutzen für die Praxis Natürlich können auch die Praktiker in Verlagen, Medienunternehmen und Redaktionen von solchen grundlegenden Befunden und Erkenntnissen profitieren. Dies trifft beispielsweise zu, wenn Inhalte und Formate eines journalistischen Angebots kontinuierlich an eine veränderte Mediennutzung der Menschen angepasst werden. Ein anderes Beispiel sind die praktischen Konsequenzen aus dem Auftauchen eines neuen Massenmediums, z. B. des Internets. Überall dort, wo Medien um Geld, Zeit und Aufmerksamkeit von Lesern, Hörern oder Zuschauern konkurrieren, sind Informationen über einzelne Angebote gefragt. Publikumsforschung, die unter diesen anwendungsorientierten Aspekten durchgeführt wird, bezeichnet man als Mediaforschung oder auch als angewandte Medienforschung. Die Macher in Verlagen und Medienhäusern interessieren sich für die Größe und Zusammensetzung ihres Publikums, sie wollen wissen, wer ihr Angebot nutzt und wie dessen Inhalte bewertet werden.

Ökonomische Motive der Reichweitenstudien Für die Reichweitenforschung gibt es schließlich handfeste wirtschaftliche Gründe: Von der Zahl der Menschen, die ein journalistisches Angebot erreicht, hängt direkt die Höhe der Erlöse ab, die aus der Vermarktung von Anzeigenraum und Werbezeiten erzielt werden können. Dieser Zweig der angewandten Publikumsforschung wird deshalb auch als Werbeträgerforschung bezeichnet. Sie soll Werbekunden zeigen, dass sie mit ihren Anzeigen und Spots attraktive Zielgruppen erreichen. Davon zu unterscheiden ist die redaktionelle Publikumsforschung, die von einzelnen Verlagen und Medienunternehmen initiiert wird und in der Regel ausschließlich auf das eigene Angebot ausgerichtet ist. Dabei geht es im Grunde darum, Bewertungen und Wünsche des Publikums bezüglich des redaktionellen Angebots zu ermitteln, um das eigene Produkt zu verbessern. Zwischen Reichweitenforschung und redaktioneller Publikumsforschung bestehen Überschneidungen. Das redaktionelle Umfeld beeinflusst die Beachtung von

Werbeanzeigen oder Werbespots. Und hohe Einnahmen durch Anzeigen oder Werbespots ermöglichen anspruchsvolle redaktionelle Inhalte (→ Wirtschaftliche Grundlagen der Medien).

Abb. 9: Formen der Publikumsforschung

I. Akademisch orientierte Rezeptionsforschung
- Auf grundlegenden Erkenntnisgewinn ausgerichtet
- Erklärung der Mediennutzung und Medienwirkungen
- Öffentlich zugänglich

2. Wirtschaftlich orientierte Publikumsforschung
- Anwendungs- und problemorientiert
- Exklusives Wissen

2.1 Reichweitenforschung (Werbeträgerforschung)
- Argumente für die Vermarktung von Anzeigenraum und Werbezeiten

2.2 Redaktionelle Forschung
- Produktoptimierung
- Abstimmung mit den Publikumswünschen

Quelle: eigene Darstellung in Anlehnung an Goertz 1997

Regelmäßig liefern die Forschungsinstitute eine Fülle von Zahlen in die Redaktionen. Reichweiten und Einschaltquoten werden dort meist sehr aufmerksam registriert. Je härter der Wettbewerb der Programme, Zeitungen und Zeitschriften wird, desto wichtiger sind diese »Marktdaten«, d.h. Informationen über Rolle und Stellung eines Medienangebotes in den Augen der Leser, Hörer und Zuschauer. Aufgrund des größer werdenden ökonomischen Drucks gilt immer mehr: Journalisten müssen sich mit den Ergebnissen der Publikumsforschung auseinandersetzen. Um die Aussagen der zum Teil recht umfangreichen Zahlenwerke für die Redaktionspraxis umsetzen zu können, sind Grundkenntnisse der Erhebungsmethoden erforderlich. Nicht selten äußern Redakteure starke Vorbehalte gegenüber den Ergebnissen der Publikumsforschung. Gerade gegenüber der quantifizierenden Vorgehensweise der empirischen Markt- und Sozialforschung nehmen viele Journalisten eine Abwehrhaltung ein. Zum Teil ist dies auf mangelnde Kenntnisse und fehlendes Vertrauen in Methoden und Objektivität der Forschung zurückzuführen. Publikumsforschung kann journalistische Intuition und professionelles Entscheiden nicht ersetzen; sie kann allerdings wichtige Ergänzungen und zusätzliche Informationen liefern, um die redaktionelle Arbeit zu erleichtern und zu optimieren. Es kommt allerdings darauf an, sich über Entstehungsbedingungen der Studien und deren Ziele im Klaren zu sein.

Publikumsanalysen als Marktforschung

Spontane
Publikums-
reaktionen

Journalisten treten häufig in Kontakt zu ihrem Publikum. Sie erhalten Leserbriefe oder bekommen spontane Rückmeldungen über persönliche Gespräche.
Meinungen und Äußerungen des Publikums können auch Teil der Berichterstattung sein: als veröffentlichte Leserbriefe, Straßenumfragen, Expertenhotlines
oder Call-in-Shows in Hörfunk und Fernsehen. Spontane Publikumsreaktionen
spiegeln jedoch auf keinen Fall das gesamte Spektrum des Publikums wider, ganz
gleichgültig, ob sie Eingang in die Berichterstattung finden oder nicht, in der
Redaktion intensiv diskutiert werden oder unter Verschluss bleiben. Es sind die
besonders Motivierten, die sehr Unzufriedenen oder die vollkommen Zufriede-
nen, die persönlich Betroffenen oder die notorischen Nörgler, die Feedback-Wege
in die Redaktion vermehrt nutzen.

Professionelle
Publikums-
forschung

Im Vergleich zu solch unsystematischen Rückmeldungen der Leser, Nutzer,
Zuhörer oder Zuschauer zeichnet sich die professionelle Publikumsforschung
vor allem durch zwei Merkmale aus: Zum einen werden die Informationen über
das Publikum aktiv und systematisch gewonnen. Dies bedeutet, dass es im Vorfeld der Studien eine klare Frage- oder Problemstellung gibt. So können etwa die
Leser einer Tageszeitung ganz gezielt über ihre Zufriedenheit mit Umfang und
Inhalt der lokalen Berichterstattung befragt werden. Zum anderen können die
Ergebnisse im Idealfall auf das gesamte Publikum übertragen, zumindest kann
aber deren Aussagekraft bewertet werden. Ob es sich bei Publikumsreaktionen
nur um Einzelmeinungen handelt oder ob es in der gesamten Leser-, Zuschauer-
oder Hörerschaft verbreitete Überzeugungen sind, ist ein wesentlicher Unterschied. Es wäre ein folgenreicher Fehler, wenn als Reaktion auf eine Häufung
von Leserzuschriften beispielsweise eine regelmäßige Rubrik gestrichen wird, die
für eine (schweigende) Mehrheit der Leserschaft zu den Aktivposten der Berichterstattung zählt. Idealerweise werden aber solche durch einzelne Publikums-
äußerungen offengelegte Probleme zum Anlass genommen, um die Akzeptanz
der Berichterstattung in einer systematischen Studie zu überprüfen. Nicht objek-
tivierbare und quantifizierbare journalistische Intuition, die sich aus unterschiedlichen Quellen speist, kann sich so optimal mit professioneller Publikumsforschung ergänzen.

Befragungen des
Publikums

Beide Ansprüche an die Publikumsforschung – systematische Anlage und Kontrolle der Aussagekraft – werden durch die Methoden der empirischen Markt-
und Sozialforschung umgesetzt. Königsweg ist die Befragung der Leser, Nutzer,
Zuschauer oder Hörer. In der Fernseh- und Online-Nutzungsforschung spielen
darüber hinaus auch Verfahren eine Rolle, mit denen die Nutzung mittels technischer Geräte bzw. EDV-Programmroutinen gemessen wird.

Grundsätzlich gibt es bei der Ausgestaltung von Befragungen zwei Möglichkeiten: Die Umfragen können mit standardisierten Antwortvorgaben erfolgen
oder im Dialog als offene Leitfaden-Gespräche durchgeführt werden. Im letzteren Fall wird mit den Befragten ein Themenkatalog abgearbeitet, wobei Interak-
tionen zwischen Interviewer und Befragten sowie ausführliche individuelle Ant-

worten möglich und erwünscht sind. Bei solchen qualitativen Verfahren geht es darum, einen möglichst umfassenden Einblick in das Nutzungsverhalten der Befragten zu bekommen und auch Aspekte zu erfahren, die vor dem Gespräch nicht bedacht wurden. Sie eignen sich deshalb insbesondere für das Aufdecken grundsätzlicher Nutzungsmuster und Wahrnehmungen im Publikum. Offene Gespräche können als Interview mit einem Befragten oder als Diskussionen in Fokus-Gruppen mit mehreren Beteiligten stattfinden. Im Grunde genommen sind diese Erhebungsformen gar nicht so weit von ganz alltäglichen, konzentriert geführten (Fach-)Gesprächen bzw. Diskussionen entfernt.

Wenn eine größere Zahl an Personen befragt werden muss, stoßen offene Befragungen schnell an ihre Grenzen. Größere Bedeutung als offene Formen besitzen deshalb standardisierte Befragungen, bei welchen den Hörern, Nutzern, Zuschauern und Lesern feste Antwortalternativen zur Auswahl gestellt werden. Hier kommen etablierte und bewährte Frage- und Antwortformulierungen zur Anwendung, die auch einen Vergleich mit früheren Umfragen ermöglichen. Gerade für die Reichweitenforschung liegt es auf der Hand, dass mit standardisierten Befragungsinstrumenten gearbeitet wird. Für die Gültigkeit und Zuverlässigkeit der Ergebnisse ist es wichtig, dass beispielsweise die Frage, ob ein Befragter Kontakt mit einer Zeitschrift hatte oder nicht, immer auf die gleiche Art und Weise definiert und gemessen wird.

Für die Aussagekraft der Ergebnisse kommt es vor allem auf die Auswahl der befragten Personen an. Bei Vollerhebungen, d. h. der Befragung aller Personen einer interessierenden Gruppe, stellt sich die Frage, ob die Ergebnisse verallgemeinert werden können, erst gar nicht. Für die Publikumsforschung ist diese Vorgehensweise jedoch meist ausgeschlossen. Es ist viel zu aufwändig und in vielen Fällen praktisch auch gar nicht möglich, alle Leser einer Zeitschrift oder alle Hörer eines Radiosenders zu befragen – von der Gesamtbevölkerung als Untersuchungsgegenstand ganz zu schweigen. Dennoch sind Medienpolitiker, Verlage, Rundfunkunternehmen und Redaktionen natürlich an Ergebnissen interessiert, die für das gesamte Publikum gültig sind.

Die Lösung dieses Problems liegt in den Verfahren der Statistik. Repräsentative Umfragen erlauben es, von einer relativ kleinen Zahl an Befragten auf eine übergeordnete Gruppe zu schließen. In diesen Fällen wird aus der Grundgesamtheit (z. B. die gesamte Leserschaft einer Zeitung oder die gesamte Bevölkerung der Bundesrepublik Deutschland) eine Stichprobe gezogen. Ob eine solche Stichprobe repräsentativ ist oder nicht, hängt vom Auswahlverfahren ab. Zwei Methoden kommen dabei zur Anwendung: die Zufallsauswahl und das Quotenverfahren. Beide Methoden haben Vor- und Nachteile. Deshalb kommt es zwischen den großen Forschungsinstituten immer wieder zu Debatten, welches das angemessenere Verfahren ist.

Repräsentative Stichproben

Zufallsauswahl und Quotenverfahren

Bei einer zufallsgesteuerten Auswahl wird die Entscheidung darüber, ob ein Element der Grundgesamtheit in die Stichprobe kommt, durch einen Zufallsprozess bestimmt. Grundlage können Adress- oder Abonnementslisten sein, aus denen die Befragten gelost werden. Grundsätzlich kommt es darauf an, dass jeder die gleiche Chance hat, in die Stichprobe zu gelangen. Beim Quotenverfahren übernimmt der Studienleiter bzw. der Interviewer die Auswahl selbst. Die Befragten werden nach vorgeschriebenen Anteilen (wie viele Männer sind zu befragen, wie viele Angestellte, wie viele Frauen usw.) ausgewählt. Voraussetzung für dieses Verfahren ist, dass die entsprechenden Proportionen der Grundgesamtheit bekannt sind, beispielsweise aus statistischen Erfassungen oder aus vorangegangenen Repräsentativerhebungen. Der Vorteil des Quotenverfahrens gegenüber der reinen Zufallsauswahl liegt vor allem in dessen einfacher praktischer Umsetzung.

Beide Methoden besitzen eine Reihe potenzieller Fehlerquellen, wodurch die Ergebnisse nur eingeschränkt verallgemeinert werden können. Ein großes Problem insbesondere bei Zufallsstichproben sind systematische Ausfälle bei den Befragten. Personen sind generell nicht erreichbar oder verweigern ganz einfach die Auskunft. Nicht selten liegen nur von der Hälfte der ausgewählten Personen Antworten vor, und dies gilt unter Umständen sogar als akzeptabel.

Bei persönlichen Befragungen hängt die Qualität der Ergebnisse maßgeblich von der Kompetenz und Zuverlässigkeit der Interviewer ab. Unsicherheiten resultieren aus der Befragungssituation selbst. Die Art und Weise der Befragung sowie die Atmosphäre, in der sie stattfindet, besitzen große Rückwirkungen auf die Ergebnisse. Darüber hinaus kann es vorkommen, dass nicht ausgewählte Personen in die Stichprobe einfließen, da Interviewer sich nicht immer an die Vorgaben der Institute halten. Solche unkontrollierten Verschiebungen in der Stichprobe können zu Verzerrungen der Umfrageergebnisse führen, die auch nicht durch statistische Korrekturverfahren in den Griff zu bekommen sind.

Größe der Stichprobe

Repräsentative Befragungen machen es also erforderlich, die Befragten auf eine bestimmte Art und Weise auszuwählen. Doch wie viele Befragte müssen es sein? Hierauf gibt es eine auf den ersten Blick irritierende Antwort, die nicht dem intuitiven Verständnis entspricht: Die Repräsentativität von Stichproben hängt grundsätzlich nicht von deren Größe ab. Auf einem Querschnitt von 300 Personen beruhende Ergebnisse können genauso verallgemeinerbar sein wie solche, die auf eine Stichprobe von 5.000 Personen zurückgehen. Allerdings hängt von der Stichprobengröße die Fehlertoleranz der daraus abgeleiteten Ergebnisse ab.

Um dies zu verstehen, muss man sich kurz der Funktionsweise der schließenden Statistik vergewissern. Der Schluss von Stichproben (z. B. den befragten Lesern einer Zeitschrift) auf die Grundgesamtheit (z. B. allen Lesern einer Zeitschrift) basiert auf den Grundsätzen der Wahrscheinlichkeitsrechnung. Diese geht davon aus, dass die Wahrscheinlichkeit, mit der ein Stichproben-Ergebnis dem tatsächlichen Ergebnis entspricht, berechnet werden kann. Dabei wird angegeben, wie groß die Schwankungsbreite der Ergebnisse ist, wenn es zu Wiederholungen der Stichprobenziehung kommt. In der Regel wird diese statistische Fehlerspanne für eine Wahrscheinlichkeit von 95 Prozent berechnet. In diesem Fall liegt die Wahrscheinlichkeit, dass der tatsächliche Wert außerhalb der angegebenen Bandbreite liegt, bei unter 5 Prozent.

Dies kann beispielsweise so aussehen (vgl. Meyen 2004, S. 65f.): Wenn von 2.500 (richtig ausgewählten) Personen genau jeder zweite angibt, gestern eine Zeitschrift gelesen zu haben, bedeutet das nicht, dass deren Reichweite in der Gesamtbevölkerung bei exakt 50 Prozent liegt. Tatsächlich werden »wahrscheinlich« zwischen 48 und 52 Prozent der Menschen die Zeitschrift gelesen haben. »Wahrscheinlich« bedeutet hier, dass die Ergebnisse mit einer Sicherheit von 95 Prozent innerhalb des angegebenen Vier-Prozent-Intervalls liegen. Wem diese Genauigkeit nicht reicht, dem bleibt nur eine (in diesem Fall praktisch unmögliche) Vollerhebung, denn eine Vergrößerung der Stichprobe verbessert das Ergebnis nur minimal. Eine Befragung von 10.000 Personen kostet das Vierfache, verringert aber die statistische Fehlerspanne im Beispielfall nur um die Hälfte, und ein Irrtum ist natürlich immer noch nicht ausgeschlossen. Generell hängt das Ausmaß des statistischen Fehlers jedoch nicht nur von der Stichprobengröße ab, sondern auch von anderen Faktoren wie der Zusammensetzung der Grundgesamtheit und dem Genauigkeitsgrad der interessierenden Befunde.

Die bekanntesten und von der Öffentlichkeit am stärksten beachteten Repräsentativerhebungen sind wohl Wahlumfragen. Sie eignen sich gut, um die Funktionsweise repräsentativer Umfragen zu verdeutlichen. Kurz vor den Bundestagswahlen konkurrieren die Institute mit ständig neuen Vorhersagen des Wahlausgangs, die sich zum Teil stark unterscheiden. Neben wichtigen internen Faktoren (insbesondere die spezifische »Rezeptur«, mit der Rohdaten über Stimmungen in der Bevölkerung zu Wahlprognosen umgerechnet werden) sind Auswahlverfahren und die Stichprobengröße Ursachen für diese Unterschiede. Auf jeden Fall lohnt es sich, genauer hinzuschauen: Viele Institute geben zwar die Prognosewerte bis auf die Nachkommastellen an, versäumen es aber, die jeweiligen Fehlerbereiche zu nennen.

Wahlumfragen

> **Tipp:** Um die Aussagekraft einer Wahlprognose einschätzen zu können, sollten Journalisten darauf achten, wie groß die Stichprobe und damit die Fehlertoleranz der Umfrage ist und welches Auswahlverfahren für die Stichprobe gewählt wurde.

Gleichzeitig zeigen Wahlumfragen aber auch, dass repräsentative Umfrageforschung erfolgreich funktionieren kann. Im Gegensatz zu den Befragungen im Rahmen der Publikumsforschung gibt es die Möglichkeit, die Prognosen mit dem Verhalten der gesamten Bevölkerung zu vergleichen (wobei es sich wegen des unterschiedlichen Zeitbezugs von Umfrage und Wahltag um keinen echten Test handeln kann). Je näher der Wahltag rückt, desto dichter liegen die Prognosen der verschiedenen Institute beieinander. Oftmals sind sie nur um wenige Zehntel-Prozentpunkte vom tatsächlichen Wahlergebnis entfernt.

Qualitative Verfahren Bei bestimmten Anlässen der Publikumsforschung ist eine Verallgemeinerbarkeit der Ergebnisse im strengen statistischen Sinne gar nicht angestrebt oder notwendig. Dies trifft immer dann zu, wenn qualitative Aspekte, beispielsweise über die Art und Weise des Nutzungsverhaltens und der Publikumswahrnehmung, im Vordergrund stehen. In diesen Fällen wird eine überschaubare Anzahl von Befragten – meist acht bis zwölf Personen – ausgewählt, die sich hinsichtlich der interessierenden Problem- bzw. Fragestellung als besonders typisch herausstellen. In aller Regel wird die bewusste Auswahl von Befragten mit dem Einsatz offener Erhebungsformen kombiniert. Die Grundüberlegung besteht darin, die Analyse auf relativ wenige Fälle zu beschränken, die als besonders charakteristisch gelten. Der Nachteil ist, dass mit einem solchen Vorgehen nur Einblicke in die Struktur eines Problems möglich sind und keine Aussagen darüber, welche quantitative Bedeutung es im gesamten Publikum hat.

Dennoch besitzen diese mit relativ geringem Aufwand durchführbaren qualitativen Verfahren insbesondere in der redaktionellen Leserforschung einen hohen Stellenwert. Eine Tageszeitung kann beispielsweise auf rückläufige Verkaufszahlen unter den älteren Lesern (Problemidentifizierung) reagieren, indem mit einer kleinen Gruppe ausgewählter Leser aus den entsprechenden Altersgruppen (typische Fälle) über ihre Bewertung der Tageszeitung diskutiert wird (Problemexploration). Die Gruppendiskussion wird von einem erfahrenen Diskussionsleiter moderiert, der das Gespräch in die gewünschte Richtung steuern kann. Der Gesprächsverlauf wird aufgezeichnet, inhaltlich aufbereitet und systematisch ausgewertet. Daran anschließend können Verlag und Redaktion entscheiden, wie sie weiter verfahren wollen. Eventuell schließt sich auch eine größer angelegte, repräsentative Leserbefragung an, bevor entsprechende Entscheidungen getroffen werden.

Abschließend nochmals ein Wort zum unsystematischen Feedback aus dem Publikum und zur Selbstauswahl von Befragten. Allen hier vorgestellten Verfahren der Publikumsforschung ist gemein, dass die befragten Personen je nach Problemstellung und Forschungsinteresse aktiv ausgewählt werden. Dies ist Voraussetzung, um Reichweite und Aussagekraft der Befunde abschätzen zu können. Der Auswahlmodus der Befragten ist deshalb ein entscheidendes Qualitätsmerkmal für diese Untersuchungen. Alles, was an Meinungen aus dem Publikum, Leserbriefen oder aus sonstigen Quellen auf die Redaktion einströmt, ist dagegen selektiv und stellt einen in seiner Bedeutung nicht einschätzbaren Ausschnitt der Publikumsmeinung dar. Das gleiche gilt grundsätzlich für in der Presse zum Teil verbreitete Leserumfragen, bei denen in Zeitungen bzw. Zeitschriften Fragebögen beigelegt werden. Oftmals werden diese Aktionen mit Preisausschreiben verbunden, um einen möglichst hohen Rücklauf zu erzielen. Selbst wenn eine große Zahl an ausgefüllten Fragebögen zurückkommt: Die Selbstauswahl der Befragten macht es unmöglich, die Qualität der daraus abgeleiteten Ergebnisse einzuschätzen. Aussagen über die gesamte Leserschaft sind deshalb auf Basis solcher Ergebnisse prinzipiell ausgeschlossen.

Menschen nutzen Zeitungen, Zeitschriften, Hörfunk, Fernsehen und Internet, um bestimmte Bedürfnisse zu befriedigen. Sie sind auf der Suche nach Information, Orientierung und Unterhaltung, oder sie wollen sich ganz einfach entspannen. Allerdings bedeutet dies nicht, dass sich die Menschen auch immer über diese Motive der Mediennutzung bewusst sind und Auskunft darüber geben können. Die Nutzung von Medien ist zu einem Großteil Routine und geht als etwas Selbstverständliches in den Alltag der Menschen ein. Lesen der Tageszeitung, Radiohören und Fernsehschauen finden auch aus Gewohnheit und mit sehr unterschiedlichen Aufmerksamkeitsgraden statt. Das Medienpublikum hat gegenüber einzelnen Mediengattungen dennoch bestimmte (offene oder verdeckte) Erwartungen, die sich aus dem langfristigen Umgang mit den Angeboten ergeben. Jedes Massenmedium besitzt in diesem Sinne ein bestimmtes Funktionsprofil, das sich aus den Wahrnehmungs- und Nutzungsmustern der Bevölkerung ergibt. Dieses Funktionsprofil hängt von vielfältigen Faktoren innerhalb und außerhalb der Medienlandschaft ab und passt sich im Laufe der Zeit den gesellschaftlichen und technologischen Entwicklungen an (→ Mediensystem in Deutschland). Insbesondere Veränderungen im technischen Umfeld, z. B. die Etablierung des Internets als neues Massenmedium, können zu einer Neuausrichtung der gesamten Medienlandschaft führen (→ Online-Journalismus). | *Mediennutzung*

Zum generellen Umgang der Menschen mit Medien gibt es öffentlich zugängliche Quellen wie die universitäre Forschung, die in zahlreichen Querschnittsstudien mit sehr unterschiedlichen methodischen Designs Einzelaspekte des Nutzungsverhaltens bearbeitet. Andererseits existiert eine Reihe von Studien, die vor allem von den öffentlich-rechtlichen Rundfunkanstalten finanziert werden. Hierbei handelt es sich zum Teil um so genannte Trendanalysen, d. h. Studien, die regelmäßig fortgeschrieben werden. Im Vergleich zu rein kommerziellen Auftraggebern verfolgt z. B. der öffentlich-rechtliche Rundfunk mit seiner Publikumsforschung weitergehende Ziele: Es geht nicht nur darum, die Stärke des eigenen Produktes für den Werbemarkt nachzuweisen; vielmehr steht die Legitimation der eigenen Existenz gegenüber der Öffentlichkeit und den politischen Entscheidungsträgern im Vordergrund. Aus diesem Grund werden auch Studien mit grundlegenden Fragestellungen in Auftrag gegeben. | *Öffentlich zugängliche Untersuchungen*

Tipp: Zum Umgang der Menschen mit den Medien gibt es öffentlich zugängliche Forschungsquellen. Beispiele hierfür sind die Langzeitstudie Massenkommunikation und die ARD/ZDF-Online-Studie, deren Ergebnisse beide im Internet abrufbar sind: media-perspektiven.de; ard-zdf-onlinestudie.de.

Langzeitstudien

Im Folgenden werden vor allem aus zwei dieser Studien ausgewählte Ergebnisse diskutiert: Die »Langzeitstudie Massenkommunikation« stellt eine in Deutschland einzigartige Quelle dar, da langfristige Entwicklungen gezeigt und analysiert werden können. Dies gilt, obwohl gewisse Einschränkungen zu beachten sind: Aufgrund methodischer Anpassungen, die vor allem die letzten beiden Befragungswellen der Jahre 2000 und 2005 betreffen, sind die Ergebnisse der einzelnen Jahre nur bedingt vergleichbar. Die »ARD/ZDF-Online-Studie« untersucht den Umgang der Bevölkerung mit dem Internet seit dem Jahr 1997. Sie ist von großem Wert, da Mitte der 1990er Jahre die Verbreitung des neuen Mediums in der Bevölkerung noch nicht sehr groß war und für diesen Zeitraum kaum vergleichbare Untersuchungen vorliegen. Beide Studien beruhen auf repräsentativen Stichproben. Die Ergebnisse sind deshalb für die gesamte deutsche Bevölkerung ab 14 Jahren gültig (vgl. Abb. 10).

Abb. 10: Ausgewählte Studien zum Umgang mit Medien

- Die *Langzeitstudie Massenkommunikation* ist eine Trenduntersuchung zur Nutzung und Bewertung der Massenmedien. Seit der ersten Untersuchung im Jahr 1964 bis zur vorerst letzten Untersuchung im Jahr 2005 wurden insgesamt neun Befragungswellen durchgeführt. Untersuchungsgegenstand ist die Nutzung der Massenmedien und ihr Verhältnis untereinander.
- Die *ARD/ZDF-Online-Studie* ermöglicht es, die Entwicklung des Internets als Massenmedium aufzuzeigen. Sie wird seit dem Jahr 1997 jährlich durchgeführt. Untersuchungsgegenstand ist die Art und Weise, wie die Menschen mit dem jungen Medium umgehen.
- Ergebnisse beider Studien sind im Internet abrufbar: ard.de/intern/basisdaten

Quelle: eigene Darstellung

Versorgung der Bevölkerung mit Medien

Elektronische Medien sind an technische Geräte gebunden. Für die Nutzung von Fernsehen, Radio und Online-Diensten ist es deshalb Voraussetzung, die entsprechende Hardware zu besitzen. Bei den klassischen elektronischen Medien kann schon seit Jahrzehnten von einer Vollversorgung der Bevölkerung mit Empfangsgeräten ausgegangen werden. Inzwischen stehen in fast jedem Haushalt ein, in beinahe jedem zweiten Haushalt sogar mehrere Fernsehgeräte. Diese parallele Verfügbarkeit von Empfangsmöglichkeiten kann den Charakter des Fernsehschauens durchaus nachhaltig verändern. In Verbindung mit der Vervielfachung des Sendeangebots seit den 1980er Jahren wird der Trend einer Individualisierung der Nutzung unterstützt. Fernsehen findet immer weniger als gemeinsames (Familien-)Erlebnis statt und folgt immer mehr den Bedürfnissen und Präferenzen Einzelner. Das Gleiche gilt grundsätzlich auch für die Verbreitung des Hörfunks. Allerdings wird das Radio mehr als alle anderen Medien als Begleitmedium genutzt. Menschen hören Radio am Arbeitsplatz, bei der Hausarbeit oder während des Autofahrens. Oftmals ist die Aufmerksamkeit für dieses Medium deshalb gering.

Abb. 11: Ausstattung der Haushalte mit Medien in Prozent

Jahr	1970	1974	1980	1985	1990	1995	2000	2005
Mindestens ein Fernsehgerät	85	95	97	97	98	98	98	98
davon zwei und mehr	–	12	27	26	31	33	49	45
Mindestens ein Hörfunkgerät	95	96	98	98	98	98	98	97
davon zwei und mehr	30	38	63	64	71	71	82	75
CD-Player	–	–	–	–	–	58	84	87
Videorekorder	–	–	1	21	41	58	77	75
DVD-Player	–	–	–	–	–	–	11	63
Personal Computer	–	–	–	–	–	23	54	71
davon mit Modem/ISDN	–	–	–	–	–	–	51	70

Quelle: ARD/ZDF-Langzeitstudie Massenkommunikation. In: van Eimeren/Ridder 2005, S. 492

Mehr als die Hälfte der Bevölkerung besaß bereits im Jahr 2000 die Hardware-Voraussetzungen für die Nutzung des Internets (vgl. Abb. 11). Spielte der PC noch im Jahr 1990 in Privathaushalten kaum eine Rolle, fand zwischen 1995 und 2005 ein sprunghafter Anstieg der Verbreitung statt. Zum Teil bemerkenswert sind auch die Zahlen für die Versorgung der Bevölkerung mit sonstigen Unterhaltungsmedien. Der Videorekorder entwickelte sich im vergangenen Jahrzehnt zum Massenmedium. DVD-Player – als Abspielmedium eine Nachfolgetechnologie des Videorekorders – fanden sich im Jahr 2000 bereits in jedem zehnten Haushalt, obwohl die Technologie damals noch neu und der Preis dementsprechend hoch war. Im Jahr 2005 gehörten DVD-Player bei den meisten Haushalten schon zur Standardausstattung.

Reichweite der Medien Diese Zahlen zur technischen Reichweite der Medien sagen noch nichts über Häufigkeit und Art der tatsächlichen Nutzung aus. Um die Reichweite der Medien in der Gesamtbevölkerung zu erheben, kommt in der Studie Massenkommunikation, wie auch in den kommerziellen Reichweitenstudien (Media Analyse, Allensbacher Markt- und Werbeträgeranalyse), die so genannte Stichtagsmethode zur Anwendung. Die Befragten geben für den Tag, der vor demjenigen des Interviews liegt, über ihr Mediennutzungsverhalten Auskunft (»gestrige Mediennutzung«). Um einen Querschnitt über eine komplette Woche zu bekommen, werden die Interviews auf sieben Wochentags-Stichproben gleichmäßig verteilt, wobei bei der Langzeitstudie Massenkommunikation der Sonntag erst ab der Befragung 1990 in die Erhebung aufgenommen wurde.

Mit diesen Daten ist es möglich, die Reichweite der einzelnen Mediengattungen auf Basis eines durchschnittlichen Tages miteinander zu vergleichen (vgl. Abb. 12). Dabei zeigt sich eine durchaus unterschiedliche Entwicklung der Medien. Während das Fernsehen und der Hörfunk regelmäßig an Reichweite gewonnen haben, gilt für die Tageszeitungen das Gegenteil. Sahen Anfang der 1970er Jahre noch jeweils um die 70 Prozent der Gesamtbevölkerung an einem durchschnittlichen Tag fern bzw. hörten Radio, so stieg die Reichweite der beiden elektronischen Medien bis ins Jahr 2005 auf 89 Prozent der Gesamtbevölkerung beim Fernsehen und auf 84 Prozent beim Hörfunk. Beim Hörfunk gab es allerdings zwischen 2000 und 2005 erstmals einen – wenn auch geringen – Rückgang der Reichweite. Dies betrifft insbesondere die jungen Bevölkerungsgruppen. Die Tageszeitungen verloren dagegen kontinuierlich an Leserschaft; zuletzt gehörten nur noch 51 Prozent der Bevölkerung zu ihrem täglichen Leserkreis.

Abb. 12: Reichweite der Medien in Prozent der Bevölkerung – »gestrige« Nutzung

Jahr	1970	1974	1980	1985	1990	1995	2000	2005
Fernsehen								
BRD Gesamt[1]	72	78	77	72	81	83	85	89
Alte Bundesländer	72	78	77	72	81	82	85	88
Neue Bundesländer	–	–	–	–	90	89	87	92
Hörfunk								
BRD Gesamt[1]	67	70	69	76	79	75	85	84
Alte Bundesländer	67	70	69	76	79	74	84	84
Neue Bundesländer	–	–	–	–	86	83	88	85
Tageszeitungen								
BRD Gesamt[1]	70	73	76	73	71	65	54	51
Alte Bundesländer	70	73	76	73	71	64	54	51
Neue Bundesländer	–	–	–	–	78	69	55	53
Internet								
BRD Gesamt	–	–	–	–	–	–	10	28
Alte Bundesländer	–	–	–	–	–	–	10	29
Neue Bundesländer	–	–	–	–	–	–	9	23

[1] Bis 1990 nur alte Bundesländer

Quelle: ARD/ZDF-Langzeitstudie Massenkommunikation. In: van Eimeren/Ridder 2005, S. 495f.

Generell macht sich in den Zahlenreihen jedoch auch die Umstellung der Erhebungstechnik bemerkbar. Basierten die in den früheren Jahren durchgeführten Untersuchungen auf mündlich-persönlichen Interviews, wurde für die Befragung ab dem Jahr 2000 das Telefon eingesetzt. Dies hat den Vorteil, dass die Interviewer die Befragten nicht mehr vor Ort aufsuchen müssen, sondern die Gespräche von zentralen Telefonstudios computerunterstützt durchgeführt werden (CATI – Computer-Assisted Telephone Interviewing). Der Nachteil ist aber, dass dieses Vorgehen zu Verzerrungen in der Stichprobe führt. Abends am Telefon erreicht man mehr jüngere und mobile, höher gebildete und berufstätige Personen, als dies mit persönlichen Besuchen der Fall ist, die vielleicht auch noch

Umstellung der Erhebungsmethode

tagsüber stattfinden. Solche Personen besitzen in der Regel ein anderes Mediennutzungsverhalten. Vor allem der Hörfunk schneidet daher »besser« ab.

Die Umstellung der Erhebungsmethode auch in der kommerziellen Reichweitenforschung auf die finanziell viel günstigeren Telefoninterviews ist deshalb ein Politikum in der Medienbranche, hinter dem Eigeninteressen der verschiedenen Anbietergruppen stehen. Eine der beiden großen kommerziellen Reichweitenstudien (Media Analyse der AG.MA) wurde im Jahr 2000 auf CATI umgestellt. In der Folge wurden für die Radiosender größere Reichweiten ausgewiesen, was einen Anstieg der Preise für Werbespots zur Folge hatte.

Umbrüche im Mediensystem

Für eine Einordnung der Ergebnisse müssen die grundlegenden Umbrüche im deutschen Mediensystem der zurückliegenden Jahrzehnte berücksichtigt werden. Verschiebungen auf der Angebotsseite betreffen insbesondere die elektronischen Medien. Mit dem dualen Rundfunksystem ist eine Fülle neuer Programme entstanden. Durch die Kommerzialisierung änderte sich das Umfeld für Fernsehen und Hörfunk radikal – dies gilt für die neu hinzugekommen privaten und die öffentlich-rechtlichen Sendeanstalten gleichermaßen.

Ein zweites einschneidendes Ereignis ist Mitte der 1990er Jahre die Etablierung des Internets als Massenmedium. Von 1997 bis 2002 stiegen die Nutzerzahlen des neuen Mediums fast explosionsartig an. Von 2002 bis 2007 nahm die Reichweite des Internets zwar langsamer, aber weiterhin kontinuierlich zu (vgl. Abb. 13). Im Jahr 2007 nutzen schließlich 62,7 Prozent aller Deutschen zumindest gelegentlich das Internet. Nach wie vor sind es jedoch die Jungen und gut Gebildeten ebenso wie Männer, die sich überdurchschnittlich häufig auf das junge Medium einlassen. Dennoch ist das Internet auch in dieser Hinsicht auf dem Weg, seinen exklusiven Status zu verlieren: Die soziodemografische Struktur der Internet-Nutzer näherte sich über die Jahre kontinuierlich derjenigen der Gesamtbevölkerung an. Bestand beispielsweise im Jahr 1997 die damals kleine Nutzergemeinde noch zu 73 Prozent aus Männern, war dies im Jahr 2007 nur noch ein Anteil von 53 Prozent.

Abb. 13: Entwicklung der Online-Nutzung in Deutschland

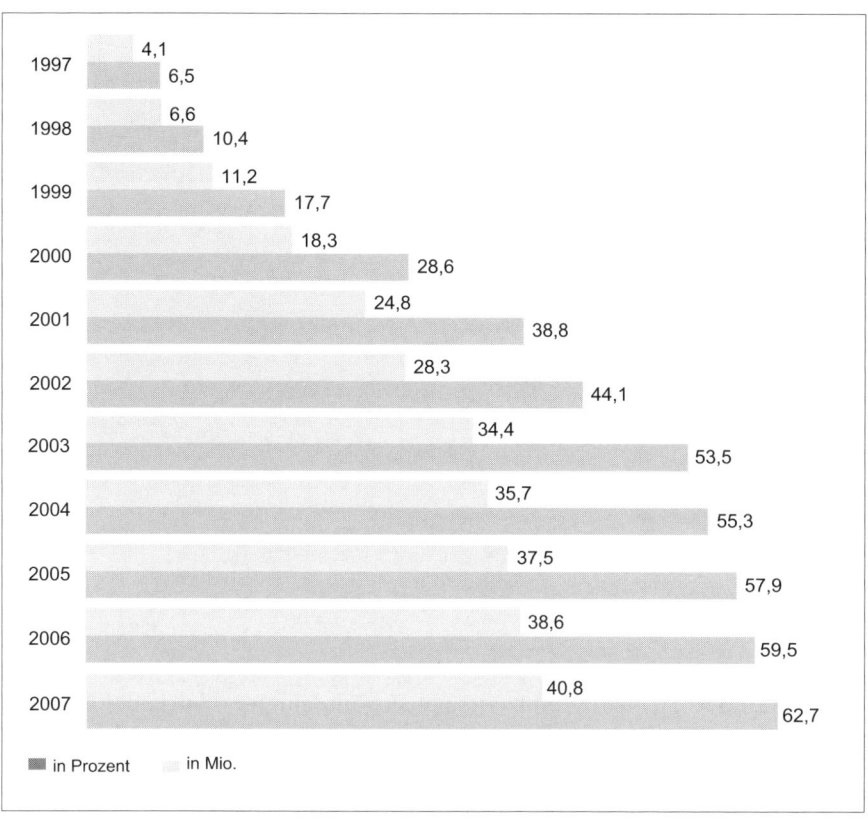

Quelle: ARD-Online-Studie 1997, ARD/ZDF-Online-Studien 1998–2007. In: van Eimeren/Frees 2007, S. 363

Die bisher diskutierten Reichweiten der Massenmedien betreffen ausschließlich die Frage, ob die Personen ein Medium an einem Stichtag (bzw. innerhalb eines längeren Zeitraums) genutzt haben oder nicht. Zahlen über die durchschnittliche Zeitdauer, in der die Menschen sich mit einem Medium beschäftigt haben, liefern detailliertere Informationen über das Mediennutzungsverhalten der Deutschen (vgl. Abb. 14). Die Mediennutzung der Bevölkerung wird klar von den elektronischen Medien dominiert. Für das Radio wenden die Menschen im Durchschnitt täglich 221 Minuten auf; das Fernsehen kommt mit 220 Minuten auf annähernd die gleiche Nutzungsdauer. Andere Studien liefern Hinweise, dass vor allem bei den jüngeren Zielgruppen die Radionutzung in den letzten Jahren zurückgegangen ist. Ein Grund hierfür ist, dass das Radio sein Monopol als mobiles Medium mehr und mehr verliert. Nach Radio und TV folgen mit großem Abstand das Internet mit 44 Minuten, die Tageszeitungen mit 28 Minuten und die Zeitschriften mit gerade einmal zwölf Minuten Nutzungsdauer pro Tag.

Durchschnittliche Nutzungsdauer

Abb. 14: Anteile der Medien am Medienzeit-Budget pro Tag

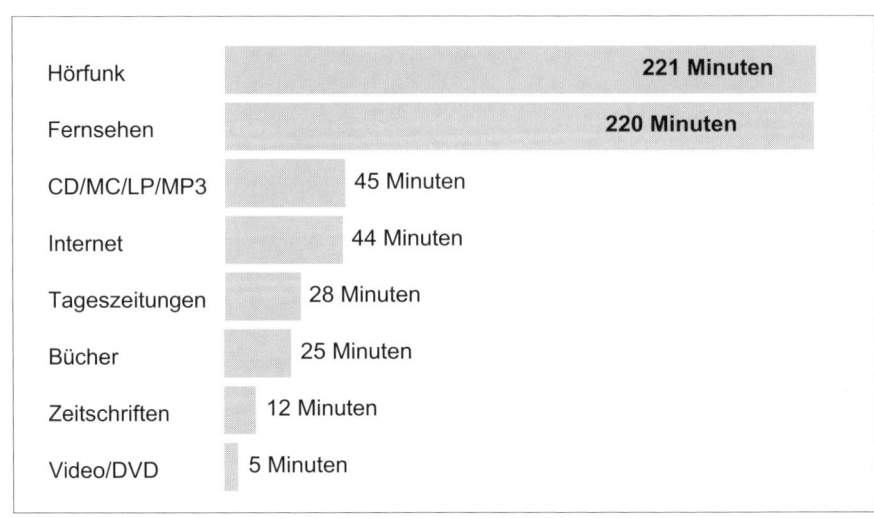

Hörfunk	**221 Minuten**
Fernsehen	**220 Minuten**
CD/MC/LP/MP3	45 Minuten
Internet	44 Minuten
Tageszeitungen	28 Minuten
Bücher	25 Minuten
Zeitschriften	12 Minuten
Video/DVD	5 Minuten

Quelle: ARD/ZDF-Langzeitstudie Massenkommunikation 2005. In: Ridder/Engel 2005, S. 425

Nutzungsdauer des Internets Für die Gruppe der Internetnutzer ergibt sich im Jahr 2006 folgendes Bild: Die Verweildauer der Nutzer im Internet hat mit durchschnittlich 119 Minuten pro Tag die Zwei-Stunden-Grenze fast erreicht. Dabei sind die Nutzer im Durchschnitt an 4,8 Tagen pro Woche online (vgl. van Eimeren/Frees 2006, S. 411). Diese Zahlen machen deutlich: Für die Gruppe der Online-Nutzer besitzt das junge Medium eine hohe Bedeutung, die gemessen an der Nutzungsdauer durchaus derjenigen der elektronischen Medien nahe kommt. Auf der anderen Seite geht an einem großen Teil der Bevölkerung das neue Medienzeitalter noch weitgehend vorbei: Nach wie vor nutzen etwa vier von zehn Deutschen ausschließlich die klassischen Medien.

Während der letzten Jahrzehnte hat sich das gesamte Medien-Zeitbudget der Bevölkerung zum Teil deutlich verschoben. Zwischen 1980 und 2005 ist der Medienkonsum der Deutschen kräftig angestiegen: Im Jahr 2005 bemisst sich das tägliche Medien-Zeitbudget auf 600 Minuten oder 10 Stunden. 25 Jahre vorher waren es noch 309 Minuten, in denen sich die Menschen an einem Durchschnittstag mit den Massenmedien beschäftigten. Diese Erweiterung des Medienkonsums geht neben dem Internet vor allem auf Fernsehen und Hörfunk zurück, bei denen gleichzeitig die Angebotsfülle um ein Vielfaches anstiegen ist. Die Nutzungsdauer von Zeitschriften und Tageszeitungen blieb im gleichen Zeitraum dagegen nahezu konstant.

Die Zeit, die Menschen einzelnen Medien zuwenden, ist die eine Seite. Darüber hinaus interessiert aber auch, mit welchen Motiven dies geschieht und welche Inhalte dabei konsumiert werden (vgl. Abb. 15). Die heutige Medienlandschaft ist nicht mehr vergleichbar mit der des Jahres 1980. Deshalb werden im Folgenden die inhaltlichen und funktionalen Profile der einzelnen Mediengattungen vorgestellt.

Nutzungsprofile der Medien

Das Fernsehen wird als Leitmedium bezeichnet, weil es wie kein anderes Medium die beiden wichtigsten Erwartungen der Menschen an die Medien gleichermaßen erfüllt: Unterhaltung und Information. Mit Spielfilmen, Serien und Shows in allen Genres und Variationen liefert es zum einen Unterhaltung für jeden Geschmack. Zum anderen können Nachrichten und informierende Sendungen das Aktualitätspotenzial des Mediums voll ausschöpfen. Bezogen auf die Senderfamilien gibt es auch in der Wahrnehmung der Zuschauer eine eindeutige Zweiteilung. Die öffentlich-rechtlichen Anstalten werden von den Bürgern mit zuverlässiger und aktueller Information in Zusammenhang gebracht, während den privaten Fernsehsendern Stärken vor allem in den Bereichen Infotainment, Shows und Unterhaltung zugesprochen werden (vgl. Ridder/Engel 2005, S. 432ff.).

Fernsehen und Radio

Angesichts seiner großen Verbreitung in der gesamten Bevölkerung kann das Fernsehen auch heute noch als »Geschichtenerzähler« oder »kollektives Gedächtnis« bezeichnet werden – trotz massiver Differenzierung des Angebots und Individualisierung der Nutzung. In jedem Fall ist es ein Medium, das maßgeblich öffentliche Themen koordiniert und bestimmt. Keine andere Mediengattung weist ein so breites Nutzungsprofil auf wie das Fernsehen, wobei der Hörfunk dem Fernsehen noch am nächsten kommt. Allerdings steht beim Radio stärker Unterhaltung und Spaß im Vordergrund. Als typisches Begleitmedium wird es in bestimmten Situationen und aus Gewohnheit genutzt. Dabei ist es eng in den Tagesablauf der Menschen eingebunden, was in zunehmendem Maße auch für die Nutzung außerhalb der Freizeit gilt.

Tageszeitungen besitzen ein ausgeprägtes Informationsprofil. Ihre Stärken liegen in der Universalität der Berichterstattung und – mit einer kleinen Einschränkung bei den überregionalen Tageszeitungen – in deren lokalem Bezug. Kein anderes Medium liefert Themen in einer solchen Bandbreite wie die Tagespresse. Diese Funktion, ein Schaufenster für das Wichtigste zu sein, unterscheidet sie von zielgruppenorientierten Medien, die auf konkrete Informationswünsche ausgerichtet sind. Tageszeitungen spielen deshalb für die Orientierung der Bürger eine große Rolle.

Zeitungen

Abb. 15: Nutzungsmotive der Massenmedien im Jahr 2005 in Prozent

	Fern-sehen	Hör-funk	Tages-zeitung	Internet
Weil ich mich informieren möchte	90	84	98	91
Weil es mir Spaß macht	83	90	65	78
Weil ich dabei entspannen kann	79	78	38	28
Weil es aus Gewohnheit dazu gehört	54	67	56	28
Weil es mir hilft, mich im Alltag zurechtzufinden	28	29	49	43

Quelle: ARD/ZDF-Langzeitstudie Massenkommunikation 2005. In: Ridder/Engel 2005, S. 428ff.

Internet   Das Internet nimmt in der Medienlandschaft eine Sonderstellung ein. Es ist ein in hohem Ausmaß interaktives Medium. Darüber hinaus vereint das Internet klassische Formen der Massenkommunikation mit Formen der Individualkommunikation. Für die Menschen bietet es deshalb vielfältige Nutzungsmöglichkeiten, die weit über die Zweiteilung von Information und Unterhaltung hinausgehen (→ Online-Journalismus). Online-Angebote können einen direkten Nutzwert bieten, etwa wenn Dienstleistungen und Warentransaktionen direkt online abgewickelt werden können. 18 Prozent der Online-Nutzer nehmen regelmäßig an Auktionen im Internet teil; 8 Prozent bestellen mindestens einmal wöchentlich Bücher online. Darüber hinaus ist das Internet ein ausgesprochenes Kommunikationsmedium: 79 Prozent der Online-Nutzer verwenden das Internet mindestens einmal in der Woche für den E-Mail-Verkehr – das ist die mit großem Abstand häufigste Nutzungsform des jungen Mediums. 20 Prozent nutzen die Möglichkeiten, sich in Chats und Foren mit anderen auszutauschen. Vielen dient das Internet regelmäßig zur zielgerichteten Informationssuche (57 Prozent) und zum ziellosen Surfen (38 Prozent) (Quelle: ARD/ZDF-Online-Studie 2007).

Die Medienlandschaft in Deutschland ist in Bewegung. Nutzungsmuster und Funktionsprofile einzelner Medien verschieben sich. Diese Entwicklungen sind vielfach belegt. Für alle hier besprochenen Zahlen und Daten gilt jedoch: Es sind Ergebnisse, die sich auf bestimmte Studien stützen und jeweils spezifische Erhebungsmethoden und Untersuchungsdesigns besitzen. In anderen Studien finden sich für die gleichen Zeitpunkte zum Teil abweichende Zahlen. Für die akademische Nutzungsforschung stellen diese Unterschiede kein grundsätzliches Problem dar, da hier vorwiegend die generellen Strukturen und Muster der Mediennutzung interessieren und die Niveaus nur von sekundärer Bedeutung sind. Hinzu kommt, dass Informationen über einzelne Angebote nur eine geringe Rolle spielen.

Für die kommerzielle Reichweitenforschung ist der fehlende Absolutheitsanspruch allerdings ein Problem. Wenn nach der Zahl der über einen Werbeträger erreichten Personen die Preise für Anzeigenraum und Werbezeiten festgesetzt werden, ist es ein wichtiger Unterschied, ob die eine Studie beispielsweise für eine Zeitung 150.000 Leser ausweist und eine andere 130.000. Die kommerzielle Reichweitenforschung löst dieses Problem in der Regel mit einem Konsens: Eine Studie wird gemeinschaftlich durchgeführt und als allgemeinverbindlich anerkannt. Dennoch gibt es insbesondere in der noch jungen Online-Nutzungsforschung Probleme mit einer verbindlichen Bestimmung der Kontaktzahlen und -qualitäten.

Die kommerzielle Forschung interessiert sich in erster Linie für die Reichweite einzelner Angebote. Wie viele Leser erreicht eine bestimmte Zeitung bzw. Zeitschrift, wie viele Hörer hat ein bestimmtes Radioprogramm? Auf welche Nutzerzahlen kommt ein Online-Angebot? Wie viele Zuschauer hat eine einzelne Fernsehsendung? Neben der Quantität der Publika geht es auch um deren Qualität: Was sind das für Personen, die mit einem bestimmten Angebot erreicht werden können? Sind es die Jungen, sind es die Kaufkräftigen? Oder sind es vorwiegend Ältere, bei denen angenommen wird, dass sie für Werbebotschaften in der Regel nicht empfänglich sind?

In der Bundesrepublik Deutschland liegt die Reichweitenforschung vor allem in den Händen großer, kommerzieller Institute. Auftraggeber für die meist aufwändigen und teuren Analysen ist die kapitalkräftige Werbewirtschaft, die Genaues über die Leistungen der einzelnen Werbeträger wissen möchte und die Medienunternehmen, die sich gegenüber den Konkurrenten positionieren wollen. Mediennutzungsdaten sind für gezielte Werbung unerlässlich. Von ihnen hängt letztlich die Entscheidung ab, in welchen Medien für ein bestimmtes Produkt geworben wird, welche Werbeblöcke man bucht oder welche Zeitungs- und Zeitschriftentitel infrage kommen. Die Mediennutzungsdaten sind wichtige Entscheidungshilfen für einen möglichst effektiven Werbeeinsatz.

Instrumente der Reichweitenermittlung

| Medien als Werbeträger | Bei den Etats geht es um erhebliche Summen. Für Werbung wurden laut dem Zentralverband der deutschen Werbewirtschaft (ZAW) in der Bundesrepublik Deutschland 2006 rund 30 Milliarden Euro ausgegeben. Davon waren knapp 20,4 Milliarden Werbeeinnahmen der Medien. Ohne diese Einnahmen aus der Werbung könnte keine Zeitung existieren und kein privater Rundfunkveranstalter auf Sendung bleiben (→Wirtschaftliche Grundlagen der Medien). Selbst der öffentlich-rechtliche, vor allem aus Gebühren finanzierte Rundfunk ist auf Werbeeinnahmen angewiesen. Die Werbeeinnahmen der öffentlich-rechtlichen Anbieter stagnieren allerdings oder sind sogar leicht rückläufig.

Die Analysen liefern für Verlage und Rundfunkanstalten neben Aussagen über die Attraktivität als Werbemedium auch wichtige Hinweise für die Blatt- bzw. Programmplanung in den Redaktionen. Schließlich müssen sich Medien zweimal verkaufen: auf dem Werbemarkt und beim Publikum. Die wichtigsten Untersuchungen zur Publikumsforschung in Deutschland werden im Folgenden kurz dargestellt. |

Media Analyse und Allensbacher Markt- und Werbeträgeranalyse

1954 gründeten mehrere Verlage und Werbeagenturen die Arbeitsgemeinschaft Leseranalyse e. V. Noch im selben Jahr erschien die erste breit angelegte Studie zur Leserschaftsforschung »Die Zeitschriftenleser 1954«. Seither werden in Deutschland in regelmäßigen Abständen umfangreiche Untersuchungen zur Leserschaftsforschung durchgeführt. Aus dem gemeinsamen Vorläufer entstanden aufgrund methodischer Differenzen bald zwei konkurrierende Untersuchungen. Neben der Arbeitsgemeinschaft Leseranalyse (AG.LA) führt seit 1958 auch das Institut für Demoskopie in Allensbach mit der Allensbacher Markt- und Werbeträgeranalyse (AWA) umfangreiche Erhebungen durch.

Arbeitsgemeinschaft Medienanalyse

Im Jahr 1971 wurde die Arbeitsgemeinschaft Leseranalyse (AG.LA) in Arbeitsgemeinschaft Medienanalyse (AG.MA) umbenannt, nachdem auch Funkmedien in die Erhebung aufgenommen wurden. 1987 führte die AG.MA schließlich das so genannte Partnerschaftsmodell ein. Statt wie bisher mit einem einzigen Interview (»Single-Source«), werden die Informationen über die Nutzung von Presse und elektronischen Medien (Hörfunk) in getrennten Untersuchungen gewonnen. In der Pressetranche werden jährlich rund 40.000 Personen über ihr Nutzungsverhalten von Zeitschriften, Tageszeitungen und Kino befragt. Auch die elektronische Medientranche, also die Hörfunkuntersuchung, geht zweimal jährlich mit ca. 60.000 Befragten ins Feld. Seit dem Jahr 2000 wird sie nicht mehr als Face-to-face-Befragung, sondern als Telefonumfrage (CATI) durchgeführt. Die hohen Befragtenzahlen sind notwendig, um selbst für kleine und exklusive Zeitschriften oder regionale Hörfunksender zuverlässige Zahlen liefern zu können. Für die Reichweiten einzelner regionaler Abonnementzeitungen werden Daten der Pressetranche aus mehreren Befragungsjahren zusammengeführt, da selbst die großen Fallzahlen der einzelnen Befragungswellen nicht ausreichen, um in bestimmten lokalen Verbreitungsräumen genügend Interviews durchführen zu können.

> **Tipp:** Informationen über die Nutzung von Pressemedien und Hörfunk finden sich bei der Arbeitsgemeinschaft Medienanalyse (AG.MA), die zweimal jährlich in zwei getrennten Umfragen entsprechende Nutzungsdaten ermittelt (agma-mmc.de). Einmal im Jahr werden die beiden Tranchen mit GfK-Daten zur Fernsehnutzung zusammengeführt und als Intermedia-MA veröffentlicht.

Einmal im Jahr wird darüber hinaus die so genannte »Intermedia-MA« veröffentlicht. Darin werden die Daten der Pressemedientranche (Zeitschriften, Tageszeitungen, Kino) und der elektronischen Medientranche (Hörfunk) zusammengebracht (»Stichprobenfusion«) und um Informationen zur TV-Nutzung aus der GfK-Fernsehforschung angereichert. Mit dieser Datenbank steht der Mediaplanung der werbetreibenden Wirtschaft ein einzigartiges Instrument zur Verfügung, um bei der Schaltung von Werbung die Auswahl der Mediengattungen (»Inter-Media-Selektion«) sowie der einzelnen Angebote (»Intra-Media-Selektion«) zu optimieren.

Die Reichweitenermittlung ist Kernstück der Media Analyse der AG.MA – kurz MA genannt. Sie gilt hier als unangefochtener Maßstab, als »die« Währung für den Presse- und Hörfunk-Werbemarkt in Deutschland. In der Pressemedientranche werden die Befragten nach ca. 180 Publikumszeitschriften, Titeln der konfessionellen Presse sowie regional eingesteuert nach 700 Tageszeitungen gefragt. Entscheidende Bedeutung kommt der Art und Weise zu, wie die Nutzung einzelner Titel erhoben wird. Im Abfragemodell der MA geschieht dies in drei Stufen, wobei unterschiedliche Häufigkeiten und Zeiträume des Kontaktes abgefragt werden. Da dabei erhebliche Anforderungen an die Gedächtnisleistung der Befragten gestellt werden, verwenden die Interviewer so genannte Titelkarten als Gedächtnisstütze. Diese Karten enthalten ein farbiges Original-Signet der Zeitung/Zeitschrift und werden dem Befragten als Wiedererkennungshilfe vorgelegt.

Als Leser gilt in der Leserschaftsforschung, wer die Ausgabe einer Zeitung/Zeitschrift auch nur flüchtig gelesen oder durchgeblättert hat (»Weitester Leserkreis«). Ein konzentriertes Lesen ist also bei diesem Abfragemodell nicht unbedingt erforderlich. Man spricht deshalb auch eher vom Kontakt mit einem Medium. Dabei geht man davon aus, dass selbst ein flüchtiger Kontakt für das Registrieren einer Werbeanzeige schon ausreichen kann. Seit einiger Zeit werden in der MA neben dem Werbeträgerkontakt (bezogen auf die Zeitung/Zeitschrift) auch Werbemittelkontaktchancen (bezogen auf Anzeigenseiten) ausgewiesen.

Allensbacher
Markt- und Wer-
beträgeranalyse

In der Allensbacher Markt- und Werbeträgeranalyse (AWA) werden jährlich etwa 21.000 Personen befragt. Die Studie umfasst ca. 300 Printtitel, 13 Fernsehsender sowie Kino, Plakat, Hörfunk- und Internet-Nutzung. Während die MA eine echte Gemeinschaftsuntersuchung ist, die auf einem Zusammenschluss von Medieninhabern, Werbeagenturen und Werbetreibenden beruht, wird die AWA ausschließlich vom Institut für Demoskopie Allensbach (IfD) unternehmerisch verantwortet.

Allensbach ist darauf angewiesen, dass Interessenten ihre Ergebnisse über ein Subskriptionsverfahren kaufen. Da die meisten potenziellen Interessenten Mitglieder der AG.MA sind und auf diese Daten zurückgreifen können, muss die AWA einen Zusatznutzen bieten. Bei den Reichweitenzahlen kann die AWA der Standarduntersuchung MA bezüglich Akzeptanz und Verbreitung nicht Paroli bieten. Eine zweite Quelle für diese Informationen als alleiniges Argument würde auch den Aufwand einer zweiten Untersuchung nicht rechtfertigen. Die AWA wurde deshalb im Laufe der Zeit zu einer umfassenden Markt-Media-Studie ausgebaut. Das bedeutet, dass die Befragten nicht nur nach deren Mediennutzung befragt werden, sondern auch nach ihrem Konsumverhalten. So wird beispielsweise nach dem Interesse für private Altersvorsorge oder dem Besuch von Lebensmittel-Discountern gefragt. Außerdem versucht die AWA, Zielgruppen nicht nur anhand soziodemografischer Merkmale (wie z. B. Alter, Einkommen, Ausbildung) zu bestimmen, sondern auch über psychologische Kategorien, die Einstellungen und Verhalten der Menschen betreffen. Mit solch umfassenden Informationen können die Werbetreibenden ihre Planungen detailliert abstimmen.

 Tipp: Zusätzlich zu den reinen Mediennutzungsdaten liefert die Allensbacher Markt- und Werbeträgeranalyse (AWA) auch Informationen über das Konsumverhalten der Befragten (awa-online.de). Damit können Werbetreibende ihre Zielgruppen noch exakter erreichen.

Unterschiedliche
Methoden bei
AWA und MA

Neben den inhaltlichen Unterschieden wählen AWA und AG.MA in wichtigen Bereichen nach wie vor ein unterschiedliches methodisches Vorgehen. Während bei der AWA die Auswahl der Befragten dem Interviewer unter Beachtung bestimmter demografischer Merkmale überlassen bleibt (Quota-Verfahren), ermitteln die Interviewer der AG.MA die zu Befragenden nach dem Zufallsprinzip (Random-Verfahren). Allensbach legt auch Wert darauf, dass seine Daten auf einer einzigen Quelle beruhen (»Single Source«) und lehnt das methodisch in der Tat problematische Prinzip der Stichprobenfusion ab. Die Unterschiede reichen weiter bis in die Details der Fragebogen- und Fragegestaltung. Das sensible Abfragemodell für die Nutzung von Zeitungen und Zeitschriften ist in der AWA in wichtigen Punkten anders gestaltet als in der MA. Auch aufgrund dieser Unter-

schiede sind die Reichweitenzahlen von AWA und AG.MA nicht direkt miteinander vergleichbar. Die AWA weist beispielsweise in der Regel höhere Zeitschrif-
ten-Reichweiten aus als die MA.

Aus dem umfangreichen Datenmaterial der großen Reichweitenstudien er-
rechnen die Mediaforscher für die einzelnen Zeitungen/Zeitschriften eine Fülle
von Kennzahlen zur Mediennutzung. Neben Reichweite und Struktur der Leserschaft können mithilfe dieser Daten z. B. auch Aussagen zur Leser-Blatt-Bindung
getroffen werden, die speziell für die Arbeit der Redaktionen von großem Interesse sind. Im Folgenden findet sich eine Auswahl von Kennzahlen und Begriffen,
die zur Interpretation der Ergebnisse notwendig sind (vgl. Abb. 16).

Abb. 16: Kennzahlen und Begriffe der Leserschaftsforschung

Leser:
Person, die mit einer Zeitung oder Zeitschrift Kontakt hat. Dabei muss das Blatt nicht vollständig gelesen werden, das Durchblättern einiger Seiten genügt, da bereits dann ein Anzei-
genkontakt hergestellt sein kann.

Weitester Leserkreis (WLK):
Alle Personen, die im zwölffachen Erscheinungsintervall (bei Wochenzeitschriften: drei Monate) mindestens einmal Kontakt mit einem Blatt hatten.

Leser pro Nummer (LpN):
Anzahl der Personen, die im Erscheinungsintervall (bei Wochenzeitschriften: sieben Tage) mit
irgendeiner Ausgabe einer Zeitschrift oder Zeitung Kontakt haben. Dies entspricht der Zahl
der Personen, die bei einmaligem Inserieren in einem Werbeträger erreicht werden.

Leser pro Exemplar (LpE):
Zahl der Leser, die ein durchschnittliches Exemplar eines Blattes »lesen«. Diese Kennzahl entspricht dem Leser pro Nummer dividiert durch die Auflagenzahl eines Blattes.

Lesehäufigkeit:
Ermittlung der Zahl der Ausgaben eines Titels, die von einer Person innerhalb eines bestimmten Zeitraums gelesen wurden.

Reichweite:
Als Reichweite wird die Zahl der Leser bezeichnet, die ein Medium maximal erreicht. Die
Reichweite ein und desselben Mediums schwankt, je nachdem, welches Erhebungsverfahren
verwendet wird.

Quota-Auswahl:
Der Interviewer bestimmt selbst die Auswahl der Befragten, wobei ihm zur Wahrung der
Repräsentativität bestimmte demografische und sonstige Merkmale vorgegeben sind. Wegen
der Neigung vieler Interviewer, nur Menschen zu befragen, die auch auskunftsfreudig sind, ist
dieses Auswahlverfahren umstritten.

Random-Auswahl:
Die Befragten werden nach einem bestimmten Zufallsprinzip ausgewählt, d.h., der Interviewer
steuert nach einem festgelegten Begehungsplan bestimmte Wohnungen an. Diese Methode
gilt als etwas zuverlässiger als die Quota-Auswahl, weil sich Fehlerquellen meist ausgleichen
lassen.

Tranchen:
Mediadaten werden in getrennten, aber zeitgleichen Interviews erhoben, in denen bestimmte
Zielgruppen zusammengefasst werden (z.B. Pressetranche und Elektronische Medientranche
beim Partnerschaftsmodell der MA).

Quelle: eigene Darstellung in Anlehnung an Meier 2007, S. 97, und Meyen 2004, S. 42

Zielgruppen-
analysen

Die großen Verlage und Medienkonzerne vertrauen nicht allein auf die großen Standarduntersuchungen, allen voran MA und AWA. In Zielgruppenanalysen rücken bestimmte Lesergruppen in den Vordergrund. Weit verbreitet ist die Leseranalyse Entscheidungsträger (LAE), die auf das Mediennutzungsverhalten von ca. 2,3 Millionen Entscheidungsträgern aus Wirtschaft und Verwaltung ausgerichtet ist. Höhere Angestellte, Selbstständige und freiberuflich Tätige sind eine im Werbemarkt hart umkämpfte »Elite«. Für einzelne Zeitschriften und Zeitungen können detaillierte Informationen über die Reichweite in diesen Gruppen sehr nützlich sein, da mittels dieser Daten die Anzeigenräume besser vermarktet werden können. Ein weiteres Beispiel ist die Leseranalyse medizinische Fachzeitschriften (LA Med), die sich auf medizinische Fachtitel spezialisiert hat.

Tipp: Informationen über spezielle Lesergruppen finden sich in Zielgruppenanalysen wie der Leseranalyse Entscheidungsträger (LAE – lae.de). Große Medienhäuser geben auch eigene Studien in Auftrag, mit denen Qualität und Exklusivität der Leserschaft nachgewiesen werden sollen.

Die großen Medienhäuser geben auch eigene Studien in Auftrag. Dabei geht es nicht um die zusätzliche Ermittlung von Reichweitenzahlen für die jeweiligen Angebote. Angesichts der Akzeptanz der großen Gemeinschaftsuntersuchung MA wäre dies auch ein sinnloses Unterfangen. Die in Auftrag gegebenen Studien konzentrieren sich vielmehr darauf, die Qualität und Exklusivität der Leserschaft nachzuweisen, die mit einem Titel erreicht wird. Die »Verbraucheranalyse« (VA) wird vom Springer Verlag und Heinrich Bauer Verlag initiiert und erscheint jährlich. Das Gleiche gilt für die »Typologie der Wünsche – Intermedia« des Burda Verlages. Diese Studie liefert für ca. 1.800 Marken und 400 Produktbereiche Konsumdaten. Außerdem kommen komplexe Zielgruppenmodelle zur Anwendung, wie beispielsweise die weit verbreiteten SINUS-Milieus. Gruner+Jahr veröffentlicht u. a. die Studie »Marken Profile«, bei der Konsumverhalten und Markenpräferenzen der Bevölkerung im Vordergrund stehen. Alle diese Studien dienen der Vermarktung derjenigen Titel, die zur auftraggebenden Verlagsgruppe gehören. Sie können jedoch für die Mediaplanung der Werbetreibenden wertvolle ergänzende Informationen bieten.

Mit der Akzeptanz von Presseerzeugnissen befassen sich auch Leseranalysen im Auftrag des Bundesverbandes Deutscher Zeitungsverleger (BDZV) und der Zeitungs Marketing Gesellschaft (ZMG). Die ZMG führt auf die Mediengattung Tageszeitung bezogene Untersuchungen durch und bietet als zentrale Marketingorganisation der Zeitungen und Verlage auch eigene titelbezogene Leserschaftsforschung an.

Für die Reichweite einzelner Hörfunkprogramme ist die elektronische Medientranche der MA die alles entscheidende Informationsquelle. Dabei wird nach dem Stichtagsmodell vorgegangen, d. h. die Gesamtstichprobe der Radiotranche wird in sieben gleich große Tagesstichproben aufgeteilt. Im Zentrum der Befragung steht die Rekonstruktion des Tagesablaufs am Vortag der Befragung in Viertelstundenintervallen. Der Interviewte gibt anhand detaillierter Vorgaben Auskünfte zu seinen Tätigkeiten innerhalb und außerhalb des Hauses: Was haben Sie gestern Morgen zwischen fünf und 5:15 Uhr gemacht? Waren Sie zu Hause? Haben Sie geschlafen, gegessen, gearbeitet? Haben Sie Radio gehört, und wenn ja, welchen Sender? Auf diese Weise kann ein Tagesablauf-Profil erstellt werden, aus dem sich neben dem Radionutzungsverhalten selbst wertvolle Erkenntnisse über die Bedingungen der Hörfunknutzung ableiten lassen.

Aufgrund der regional sehr unterschiedlichen Hörfunkmärkte werden die ca. 60.000 Interviews in über 200 verschiedenen Befragungsgebieten durchgeführt. Dabei werden alle ortsüblich empfangbaren Sender, das sind durchschnittlich 30, der Reihe nach abgefragt. Hinzu kommen gebietsfremde Sender, die in offener Abfrage ermittelt werden. Die elektronische Medientranche der MA hat für den Hörfunk eine ähnliche Bedeutung wie die Daten der Pressetranche für die Printmärkte. Sie liefert die zentrale Reichweitenwährung für den Hörfunk, nach denen sich direkt die Preise für Werbespots bemessen.

Auch die AWA enthält Daten zur Reichweite der Radioprogramme, allerdings nicht auf einzelne Sender bezogen. Für die Nutzung der ARD-Sender und der privaten Radios insgesamt werden Daten auf der Basis von Stundenintervallen erhoben. Diese spielen insbesondere für Vergleiche zwischen den einzelnen Mediengattungen eine Rolle.

Grundproblem der Mediaanalyse und der Allensbacher Markt- und Werbeträgeranalyse ist, dass sie sich ausschließlich auf das Erinnerungsvermögen der Befragten stützen. Dieses wird in den Interviews stark beansprucht: Wer kann sich schon genau an die Nutzung Hunderter von Titeln erinnern, die bei einigen Zeitschriften viele Monate zurückliegen kann? Wer kann detailliert über die Radionutzung des vergangenen Tages Auskunft geben, die ja in vielen Fällen nebenbei und mit geringem Aufmerksamkeitsgrad geschieht? Hinzu kommen eine Reihe weiterer Faktoren, die das Ergebnis verzerren können: Trotz Anstrengungen der Umfrageinstitute, die über eine Stunde dauernden Befragungen interessant und abwechslungsreich zu gestalten, bleiben Ermüdungseffekte bei den Befragten nicht aus. Mangelnde Konzentration sowie das Vermeiden weiterer, zeitaufwändiger Nachfragen für den Fall, dass eine Zeitschrift als bekannt preisgegeben wird, führen zu Unter- und Überschätzungen der Reichweite einzelner Angebote. Darüber hinaus spielen die soziale Erwünschtheit von Antwortalternativen und das Prestige einzelner Angebote eine Rolle für das Antwortverhalten: Wer gibt schon gerne zu, beispielsweise eine bestimmte Männerzeitschrift regelmäßig zu lesen? Für den »Spiegel« gilt das Umgekehrte: Dessen Leserschaft hat ein durchweg positives Ansehen und gilt als gebildet, kritisch und aktiv.

Elektronische Medientranche der MA

Neue Wege in der Reichweitenforschung

Ein weiteres Problem dieser Art der Reichweitenforschung ist, dass detaillierte Abfragen zum Nutzungsverhalten einzelner Angebote – beispielsweise zu einzelnen Artikeln einer Zeitschriftenausgabe oder Sendungen eines Hörfunkprogramms – schnell an die Grenzen sowohl des Erinnerungsvermögens der Befragten als auch einer noch vertretbaren Dauer des Interviews stoßen.

Technische Messung

Um diese Nachteile zu umgehen, bietet sich bei der Erhebung der Radio-Reichweiten als Alternative zu Bevölkerungsumfragen – ähnlich wie in der Fernsehforschung – eine technische Messung an. Lange Zeit galt dies jedoch aufgrund der großen Anzahl an Sendern, deren unterschiedlicher Verbreitung und vor allem der mobilen Nutzung durch die Hörer als nicht durchführbar. Anders als bei den Fernsehgeräten gibt es in den Haushalten und am Arbeitsplatz eine fast unüberschaubare Vielzahl an Empfangsgeräten. Aufgrund der weit verbreiteten Außer-Haus-Nutzung versorgen einzelne Geräte zum Teil ein sehr großes und ständig wechselndes Publikum, beispielsweise im Kaufhaus oder in der Gaststätte. Es scheidet somit aus, die Messung an den jeweiligen Empfangsgeräten durchzuführen, wie dies in der Fernsehforschung mit dem GfK-Meter geschieht. Statt gerätebasiert müsste die Radio-Messung hörerbasiert sein. Jeder potenzielle Hörer eines fiktiven Radio-Panels müsste ein Gerät bei sich tragen, das alle Radioprogramme erkennt und deren Nutzung protokolliert.

Mit »Radiocontrol« gibt es bereits ein Konzept, das dieses in die Tat umsetzt. Kernstück ist eine Armbanduhr, die über einen Audio-Abgleich die Radionutzung ausgewählter Personen protokolliert. »Radiocontrol« wurde in der Schweiz entwickelt und ist dort bereits im Einsatz. Inwieweit sich dieses oder ein ähnliches Konzept der technischen Messung der Radionutzung auch in Deutschland durchsetzt, bleibt abzuwarten.

GfK-Fernsehforschung

Was für das Radio immer wieder diskutiert wird, ist für das Fernsehen schon seit langem Wirklichkeit: Die technisch unterstützte Messung der Fernsehnutzung. Die täglich verfügbaren Zuschauerquoten liefern detaillierte Informationen über die Reichweite von Fernsehsendern, Sendungen und sogar einzelnen Beiträgen. Diese Genauigkeit und Regelmäßigkeit können ausschließlich auf Befragung basierende Verfahren nie erreichen.

Mit dem Sendebeginn des ZDF am 1. April 1963 begann zwischen ARD und ZDF auch der Wettbewerb um Werbeeinnahmen. Für die Werbewirtschaft war interessant, welcher Sender wann die größere Sehbeteiligung aufzuweisen hatte. Diese Daten sollten unabhängig von persönlichen Auskünften technisch messbar sein. ARD und ZDF vergaben gemeinsam den ersten Auftrag für eine kontinuierliche Zuschauerforschung, um eine »einheitliche Währung« für Programmplanung und Werbung zu erhalten. Mit einem Messgerät wurden zunächst in 625 repräsentativ ausgewählten Haushalten mechanisch die Geräteeinschaltungen registriert.

Seitdem sind die Messmethoden mehrmals verfeinert und den technologischen Entwicklungen auf dem Fernsehmarkt angepasst worden. 1984 reagierte

man z. B. auf die vergrößerte Zahl an verfügbaren Programmen und die zunehmende Individualisierung des Zuschauerverhaltens durch Videorekordernut-
zung. Auftraggeber der kontinuierlichen Zuschauerforschung in Deutschland
ist nunmehr die Arbeitsgemeinschaft Fernsehforschung (AGF), in der neben
ARD und ZDF auch die ProSiebenSat.1 Media AG und RTL zusammengeschlossen sind. Die AGF hat die Datenerhebung an das private Marktforschungsins-
titut »Gesellschaft für Konsum-, Markt- und Absatzforschung« (GfK) mit Sitz
in Nürnberg vergeben. Die Daten stehen der AGF als Auftraggeber exklusiv zur
Verfügung. Allerdings vergibt die AGF auch an Sender, die ihr nicht angehören,
Lizenzen zur Datennutzung. Über den »Beirat der Lizenzsender« haben diese
auch Mitbestimmungsrechte bei methodischen Fragen des Forschungssystems.
Auf diese Weise wirken heute u. a. auch die Sender Eurosport, DSF und MTV
an der Zuschauerforschung mit.

Die von der GfK ermittelten Reichweitendaten erlauben den Vergleich der
einzelnen Programmveranstalter bzw. einzelner Programmelemente. Als gemeinsame »Leitwährung« bilden sie die Basis zur Errechnung von Einschaltquoten
und Marktanteilen (vgl. Abb. 17). Neben den Fernsehsendern, die der AGF angehören oder Lizenznehmer sind, haben auch Agenturen und Werbetreibende über
ein Werbekundenabonnement Zugriff auf ausgewählte Daten. Darüber hinaus
werden die Informationen von »media control« (Baden-Baden) vermarktet.

Abb. 17: Begriffe der Fernsehforschung

Einschaltquote:
Die Einschaltquote ist die durchschnittliche Sehbeteiligung der Haushalte. Sie gibt in Millionen oder Prozent (bezogen auf alle Personen, die einen Fernseher besitzen) an, wie viele Personen durchschnittlich eine bestimmte Sendung ganz angeschaut haben.

Marktanteil:
Marktanteile geben Auskunft über die Verteilung der eingeschalteten Geräte auf die einzelnen
Programme bzw. Sendungen. Damit wird nichts über die Größe des Publikums ausgesagt.

Panel:
Dieselbe Personengruppe wird über einen längeren Zeitraum mehrmals befragt, um Veränderungen analysieren zu können. Im Falle der GfK-Fernsehforschung handelt es sich um eine
kontinuierliche, technische Nutzungsmessung beim gleichen Personenkreis über einen längeren Zeitraum.

Zuschauer:
Alle Personen, die ein Programm wenigstens eine Minute ununterbrochen eingeschaltet
haben.

Quelle: eigene Darstellung in Anlehnung an Meyen 2004

Technik der GfK-
Fernsehforschung

Herzstück der GfK-Fernsehforschung ist das so genannte GfK-Meter. Es ermittelt täglich die Fernsehgewohnheiten von ca. 13.000 Personen ab drei Jahren in 5.640 repräsentativ ausgewählten Haushalten. Erfasst werden nicht nur Größe und Zusammensetzung des Publikums, sondern auch der Zeitaufwand für die Fernsehnutzung, die Zeitverteilung im Tagesablauf sowie eine Vielzahl von Daten, die es erlauben, auch das Umschaltverhalten des Publikums zu verfolgen, d. h., wer wann und wie oft ein Programm wechselt.

Ein Mikrocomputer steuert und kontrolliert alle zur Messung, Aufzeichnung und Datenübertragung nötigen Funktionen. Beim Fernsehen drückt der Zuschauer seine jeweilige Personentaste an der Fernbedienung des GfK-Meters, um sich im System anzumelden. Danach werden Ein-, Aus- und Umschaltungen ebenso wie das jeweilige Programm erfasst. Das GfK-Meter kann durch die entsprechenden Personentasten bis zu acht verschiedene Haushaltsmitglieder sowie einen Gast unterscheiden. Es erkennt die Nutzung der verschiedenen Programme, stellt Videorekorderaufzeichnungen fest, erkennt die Wiedergabe von mitgeschnittenen Sendungen und kann sie von der Nutzung von Fremdkassetten unterscheiden. Das GfK-Meter erfasst darüber hinaus die Nutzung des Fernsehgeräts für Videotext und angeschlossene Spielkonsolen oder Multimedia-Anwendungen. Alle Nutzungsänderungen werden im Sekunden-Takt registriert und mittels Datenfernübertragung einmal täglich in der Nacht an den Großcomputer in der Nürnberger Zentrale übermittelt. Bereits am darauf folgenden Tag stehen die umfangreichen Daten zur Verfügung.

Sie ermöglichen eine Vielzahl unterschiedlicher Analysen, z. B. Schnellanalysen zur Ermittlung der Einschaltquoten des Vorabends (»TV-Quick«), Analysen in einem längeren Zeitraum über Seherwanderungen oder Bindungstreue zu bestimmten Programmen oder Sendungen sowie Formen der Bildschirmnutzung.

Online-
Reichweiten-
forschung

Anders als bei den klassischen Medien hat sich für das Internet noch kein Standard herausgebildet, wie die Reichweite von einzelnen Angeboten gemessen wird. Was bei Presse und Hörfunk mit den Daten der Mediaanalyse und beim Fernsehen mit der AGF/GfK-Fernsehforschung längst erreicht ist, steht bei Online-Angeboten noch weitgehend aus: eine allgemeinverbindliche Währung, mit der Preise für Werbung berechnet werden können. Redaktionelle Angebote im Internet sind darauf angewiesen, zuverlässige Nutzerzahlen ausweisen zu können. Nur so ist die Werbewirtschaft bereit, über ihre Werbegelder zur Refinanzierung der Angebote beizutragen.

Die Verbreitung des Internets als Massenmedium wurde von einigen regelmäßigen, zum Teil bevölkerungsrepräsentativen Untersuchungen begleitet, die Nutzungsmotive und -inhalte thematisieren. Wichtigste Studie dieser Art ist die bereits vorgestellte ARD/ZDF-Online-Studie. Nur in wenigen dieser Studien werden die Nutzer von einzelnen Angeboten im Internet ermittelt. Der Grund liegt zum einen darin, dass beispielsweise bei der ARD/ZDF-Online-Studie andere Ziele im Vordergrund standen. Die Untersuchung sollte grundlegende Informationen zur Nutzung und Wahrnehmung des neuen Mediums in der Bevölkerung liefern. Zum anderen ist es mit der geringen Fallzahl der Stichproben gar nicht möglich, zuverlässige Informationen über das Publikum einzelner Angebote zu erhalten.

Grundsätzlich bietet das Internet mit seinen technischen Potenzialen für die Nutzungsforschung eine Reihe neuer Möglichkeiten, die in den klassischen Medien nicht vorhanden sind. Mit rechnergestützten Messungen auf der Angebots- und Nutzerseite ist es möglich, das Nutzungsverhalten detailliert und umfassend zu protokollieren. Angebotsbasierte Messungen (»site-centric«) setzen am Server des jeweiligen Angebotes an, indem eingehende Seitenabrufe registriert werden. Auf diese Art und Weise erhält man zwei Messgrößen, die für die Vermarktung von Online-Angeboten von Beginn an eine große Rolle spielten: Zum einen eine Angabe über die Anzahl der von Nutzern abgerufenen einzelnen Seiten (»page impressions«) und zum anderen die Summe der einzelnen zusammenhängenden Nutzungsvorgänge eines Webangebotes (»visits«) (vgl. Abb. 18).

Angebotszentrierte Erhebungen

Die Informationsgemeinschaft zur Feststellung der Verbreitung von Werbeträgern e. V. (IVW) erhebt diese Werte für eine Vielzahl von Online-Angeboten und veröffentlicht sie jeweils bezogen auf einen Monat (ivw.de). Beide Kennzahlen informieren über die Gesamtkontakte mit einem Angebot, liefern aber keine Informationen über die Zahl der Nutzer und deren Struktur. Ein Angebot, das beispielsweise zwei Millionen Nutzungsvorgänge in einem Monat aufgewiesen hat, kann eine geringe Zahl an Intensivnutzern besitzen oder eine große Zahl an Personen, die das Angebot jeweils nur sporadisch besuchen. Im Grunde steht nicht einmal fest, ob die Seitenaufrufe wirklich von Personen stammen oder von automatisierten Abrufroutinen generiert werden. Ohne den Bezug zu Personen, die hinter den Nutzungsvorgängen stehen, sind diese Informationen für die Mediaplanung der werbetreibenden Wirtschaft deshalb kaum ausreichend.

Abb. 18: Ausgewählte Kennzahlen der Online-Nutzungsforschung

Besuche eines Angebots (»visits«):
Anzahl der Besuche, die ein Angebot aufweist. Als Besuch gilt ein zusammenhängender Nutzungsvorgang, der auch mehrere Seitenaufrufe umfassen kann.

Seitenaufrufe eines Angebots (»page impressions«):
Anzahl der Aufrufe einzelner HTML-Seiten, die ein Angebot aufweist. Page impressions liefern ein Maß für die Nutzung einzelner Seiten innerhalb eines Angebots.

Nutzer eines Angebots (»unique users«):
Anzahl der Personen, die während eines bestimmten Zeitraumes (z.B. während einer Woche oder eines Monats) ein Angebot mindestens einmal besucht haben.

Angeklickte Werbung (»click-through«):
Anzahl der Seitenaufrufe des WWW-Angebots eines Werbetreibenden, die auf das direkte Anklicken eines Werbebanners zurückzuführen sind.

Quelle: eigene Darstellung in Anlehnung an Meier 2002b, S. 467f.

Nutzerzentrierte Messungen

Nutzerorientierte Erhebungen (»user-centric«) können diese Beschränkungen größtenteils überwinden. Ähnlich wie in der Fernsehforschung wird ein Panel von Internet-Nutzern rekrutiert, auf deren Computern eine spezielle Software installiert wird, die alle Nutzungsvorgänge aufzeichnet. Von dieser Panelstichprobe kann dann wiederum auf die Grundgesamtheit aller Internet-Nutzer geschlossen werden. Theoretisch ist es mit einer solchen Art der Messung möglich, sehr detailliert Anzahl, Struktur und Verhalten der Nutzerschaft einzelner Online-Angebote zu erfassen. Praktisch ist dieses Vorgehen jedoch mit Problemen verbunden, beispielsweise was die Gewinnung von Teilnehmern am Panel betrifft, die ja ihre komplette Internet- bzw. Computer-Nutzung offen legen müssen.

Eine Alternative stellt die Messung der Reichweiten über klassische Bevölkerungsumfragen dar. Wie bei den Repräsentativerhebungen zur Printmedien- und Radionutzung werden ausgewählte Personen nach ihrem Online-Nutzungsverhalten befragt. Bei diesem auf das Erinnerungsvermögen der Befragten gestützten Verfahren treten die gleichen Probleme auf: Wer kann sich schon an jedes Angebot erinnern, das er während einer langen Internet-Sitzung besucht hat? Hinzu kommt, dass bei einem schnellen und impulsiven Online-Nutzungsverhalten den Nutzern nicht in jedem Fall bewusst ist, bei welchem Anbieter sie sich befinden.

Beispiele für Online-Nutzererhebungen

Nutzerzahlen zu ausgewählten Online-Angeboten u. a. von klassischen Medien, Suchmaschinen und Portalen werden beispielsweise in der »Allensbacher Computer- und Telekommunikations-Analyse« (ACTA) ausgewiesen. Seit dem Jahr 2004 liefern auch die »internet facts« neben Informationen zum Online-Nutzungsverhalten Reichweiten einer Reihe von Online-Angeboten unterschiedlicher Bereiche. Ausgewiesen werden die »Nutzer pro Monat« und die »Nutzer pro Woche«. Die Studie wird von der »Arbeitsgemeinschaft Online-Forschung e.V.« durchgeführt, die im Jahr 2002 von führenden deutschen Online-Vermarktern und -Werbeträgern gegründet wurde. Die Ergebnisse beruhen auf einer Kombination von elektronischer Messung der Nutzung, On-Site Befragung und ergänzender bevölkerungsrepräsentativer Telefon-Befragung und werden viermal jährlich veröffentlicht (agof.de). Die »internet facts 2007 I« geben beispielsweise für »Spiegel Online« eine Zahl von 2,1 Millionen Nutzern und für das Online-Angebot der Tageszeitung »Süddeutsche Zeitung« eine Zahl von 620.000 Nutzern pro Woche an.

Eine neue Form der Erfolgskontrolle von Werbung geht auf die interaktiven Möglichkeiten des Internets zurück. Für einzelne Werbebanner können so genannte »click-through«-Raten angegeben werden. Das sind Aufrufe, welche die Seiten eines Werbetreibenden dadurch bekommen, dass Nutzer ein im Werbeträger platziertes Werbebanner anklicken. Allerdings gibt es auch hier keine etablierten Standards. Für Werbeerfolgskontrolle und Reichweitenmessung gilt somit das gleiche wie für die Online-Werbeformen: Mit den neuen Möglichkeiten wird experimentiert, und das junge Medium muss die Akzeptanz bei der werbetreibenden Wirtschaft grundsätzlich noch finden.

Daten der Reichweitenforschung können für Journalisten eine große Hilfe sein, um mehr über ihr Publikum zu erfahren. Den Aussagen dieser Untersuchungen sind jedoch auch Grenzen gesetzt. Breit angelegte Erhebungen wie MA, AWA oder die Fernsehforschung der GfK liefern eine fast unüberschaubare Fülle von Daten. Reichweiten sind nicht nur für die Werbung, sondern auch für Medienmacher wichtig, wenn sie z. B. auf verlässliche Daten für die Planung des Angebots zurückgreifen wollen. Über die Bewertung des Angebots und einzelner Inhalte und über die Handlungsabläufe, die mit der Nutzung verbunden sind, können sie jedoch wenig aussagen. Die Qualität der Mediennutzung ist auf diesem Weg nicht messbar.

Grenzen der quantitativen Publikumsforschung

Einschaltquoten, wie sie von der GfK-Fernsehforschung gemessen werden, gelten heute als zuverlässige Nutzungsdaten in der Fernsehforschung. Aber ihre Aussagekraft ist begrenzt. Einschaltquoten sind relativ, können also nicht beliebig miteinander verglichen werden. Eine Einschaltquote von 10 Prozent wäre für eine Unterhaltungsshow am Samstagabend ein enttäuschender Wert; für eine politische Informationssendung zu einem ungünstigen Sendetermin ist die gleiche Quote überaus respektabel. Einschaltquoten sagen ebenso wie die Reichweitendaten der Leserschaftsforschung nichts über die Motivationen der Medienzuwendung oder die Einflüsse der konkurrierenden Programmangebote aus. Neben den vorgestellten großen und kleineren Studien, die auf die Vergleichbarkeit von Werbeträgern abzielen und den Werbebetreibenden helfen sollen, ihre Mediaplanung möglichst sinnvoll zu gestalten, gibt es auch Untersuchungen, welche die Optimierung des eigenen Produktes für den Rezipienten zum Ziel haben. Medienunternehmen versuchen zu ermitteln, ob es Verbesserungsmöglichkeiten oder -notwendigkeiten für ihre Produkte gibt. Neben dem Wunsch nach Kundenzufriedenheit hat diese Fragestellung meistens auch den Hintergrund, ein attraktives Werbemedium verkaufen zu wollen.

Publikumsforschung, die auf einzelne Titel und Angebote bezogen ist, findet meist als Auftragsforschung statt. Die Marketingorganisation der Zeitungen (ZMG) bietet beispielsweise den Verlagen u. a. redaktionelle Copytests an. Die großen Rundfunkanstalten besitzen in ihren Häusern Abteilungen, die Hörer- bzw. Zuschauerbefragungen in eigener Regie durchführen.

Redaktionelle Publikumsforschung

 Tipp: Redaktionelle Copytests, Abbesteller-Untersuchungen, Potenzialanalysen und andere auf Einzelpublikationen bezogene Erhebungen bietet die Zeitungs Marketing Gesellschaft (ZMG) an (zmg.de).

Methodisch greift auch die redaktionelle Publikumsforschung grundsätzlich auf Befragungen des Publikums zurück. Allerdings kommen hier – anders als in der Reichweitenforschung – häufig offene Verfahren wie Intensivinterviews und Gruppendiskussionen zur Anwendung. Oftmals werden auch quantitative mit qualitativen Methoden kombiniert. Zwei Forschungsmethoden, die vor allem im Printbereich eingesetzt werden, werden im Folgenden kurz vorgestellt.

Opus-Analyse Opus wurde ursprünglich für die Kunden-Problemanalyse im Marketing entwickelt und findet in der Zwischenzeit vor allem im Zeitungs- und Zeitschriftenbereich Verwendung. Kernstück der Opus-Untersuchung ist die Ermittlung des Maßes der Zufriedenheit oder Unzufriedenheit der Leser mit ihrer Zeitung oder Zeitschrift. Die Zielsetzung einer derartigen Untersuchung ist, das redaktionelle Produkt nach den Problemlösungsbedürfnissen der Leser umzugestalten. Das Resultat der Analyse ist ein neues formales und inhaltliches Konzept, in das die Leserbedürfnisse integriert sind.

Der Ansatz von Kunden-Problemanalysen geht davon aus, dass es in gesättigten Märkten kaum mehr unbefriedigte Bedürfnisse gibt. Ein Produkt kann sich also von der Konkurrenz kaum erfolgreich abheben, indem es diese Bedürfnisse auch erfüllt. Im Falle der Tageszeitung geht man davon aus, dass die reinen Informationsbedürfnisse der Leser auf dem heutigen Markt weitgehend befriedigt sind. Ein Produkt, das diese Bedürfnisse erfüllt, kommt lediglich in die engere Wahl. Kauf- oder entscheidungsauslösend wirkt erst das Zusatzargument einer besseren Problemlösung – auch im Falle der Zeitung. Da die direkte Frage nach den Wünschen der Konsumenten wenig Sinn hat, geht die Kundenproblemanalyse von der Frage nach Irritationen oder Problemen mit Dienstleistungen oder Produkten aus.

Vorgehensweise der Analyse Im Rahmen der Opus-Analyse wird zunächst ein firmeneigenes Projektteam zusammengestellt, an dem die Mitarbeiter aller Hierarchiestufen, die das Projekt auch umsetzen sollen, von Anfang an dabei sind. Wenn die Redaktion (oder auch andere Bereiche wie z. B. der Abonnentenservice) nicht in die Auswertung der Analyse einbezogen werden, bleiben die erarbeiteten Problemlösungen lediglich abstrakte und weitgehend unverbindliche Konzepte. Nachdem man sich im Team auf den Projektumfang und die relevanten Zielgruppen geeinigt hat, geht es nun darum, bei den Lesern eine Problem-Inventur zu machen. Um die dazu eingeladenen neun bis zwölf »Heavy Users« nicht zu beeinflussen, nimmt daran kein Vertreter der Auftraggeber teil, sondern nur ein firmenexterner Opus-Projektleiter. Heavy Users sind Personen, die reichlich Erfahrung mit dem Thema besitzen und die ihre erlebten Probleme und Erfahrungen wiedergeben können. Diese Gespräche sind deshalb erfahrungsgemäß sehr ergiebig und legen bei einer Gesprächsdauer von etwa zweieinhalb Stunden eine große Zahl von Problemen offen. Diese »Rohproblem«-Liste wird nun vom Projektteam redigiert, ohne sie aber zu gewichten.

In einer zweiten Erhebungswelle wird eine repräsentative Stichprobe von Lesern und Nichtlesern befragt. Diese bewerten nun die in der ersten Welle ermittelten Probleme anhand einer vierstufigen Skala (»das ist ein sehr großes Problem für mich«, »ein ziemlich großes …«, »ein kleines …« oder »gar keines«). Die Interviews werden zusammen mit den sozioökonomischen Daten ausgewertet. Anhand der statistischen Mittelwerte jedes Problems werden für verschiedene Publikumssegmente Problemranglisten erstellt. Diese zeigen auf, welche Probleme von den Lesern oder bestimmten Subsegmenten von Lesern tatsächlich als störend und irritierend empfunden werden. Die vom Opus-Team aufgestellten Hypothesen über die Vorstellungen des Marktes können nun mithilfe der Leserproblemanalyse geprüft werden.

Beim Copytest wird anhand der Originalexemplare von Zeitungen und Zeitschriften im persönlichen Interview mit dem Leser ermittelt, welche Beiträge einer Zeitung oder Zeitschrift er gelesen, betrachtet oder überflogen hat. Alle in den Test einbezogenen Beiträge in der betreffenden Nummer (engl. copy) werden entsprechend markiert. Es handelt sich methodisch um ein Wiedererkennungsverfahren. Im Normalfall legt der Interviewer dem Befragten eines oder mehrere der zu testenden Werbemittel bzw. eine komplette Zeitung oder Zeitschrift vor, geht sie Seite für Seite mit ihm durch und fragt bei jeder einzelnen Seite, bei jedem einzelnen Beitrag oder jeder einzelnen Anzeige, ob der Befragte sich daran erinnern kann, sie gesehen oder gelesen zu haben. So wird Schritt für Schritt ermittelt, welche Elemente des redaktionellen Teils und/oder des Anzeigenteils beachtet bzw. teilweise oder ganz gelesen wurden. **Copytest**

Im zweiten Schritt werden bei Copytests häufig Teile der Texte oder Anzeigen abgedeckt und die Befragten aufgefordert anzugeben, an welche Einzelheiten der abgedeckten Teile sie sich noch erinnern. Dabei wird ganz konkret beispielsweise nach der Erinnerung an spezifische Einzelheiten wie den Firmennamen des Werbetreibenden, die Überschrift, einen Slogan oder dergleichen gefragt. Man kann sich beim Copytest auf eine Auswahl der Beiträge beschränken oder eine gesamte Ausgabe betrachten. Weitgehend unbrauchbar sind Copytests als Mittel zur Einschätzung der Wirksamkeit verschiedener Werbeträger, weil die Befragten in der Regel nicht verlässlich zu differenzieren vermögen, in welcher Zeitung oder Zeitschrift sie eine Anzeige gesehen haben.

In der Praxis führen Zeitungs- und Zeitschriftenverlage Copytests als Dienstleistung für ihre Anzeigenkunden durch, mit deren Hilfe die werbliche Wirksamkeit des eigenen Mediums beziffert und untermauert wird. Darüber hinaus gewinnen Copytests und andere Verfahren des systematischen Publikums-Feedbacks auch für die Optimierung der redaktionellen Produkte immer mehr an Bedeutung. Insbesondere bei den Tageszeitungen findet hier ein Umdenken statt. In der Vergangenheit wurde nur bei bestimmten Anlässen (beispielsweise vor einem geplanten Relaunch, d. h. einer gestalterischen und/oder inhaltlichen Veränderung im redaktionellen Konzept) und in sehr unregelmäßigen Abständen **Anwendung in der Praxis**

Untersuchungen der eigenen Leserschaft durchgeführt. Durch den erhöhten Konkurrenzdruck wird aktuell eine Verstetigung der redaktionellen Publikumsforschung diskutiert.

Ein innovatives Verfahren ist beispielsweise das in der Schweiz entwickelte Instrument »ReaderScan«, das einen automatischen und kontinuierlich durchgeführten Copytest darstellt. Damit wird es möglich, für die Tageszeitungen Lesequoten einzelner Artikel zu erhalten. Wie viel Prozent der Leserschaft haben den Leitartikel auf Seite 2 gelesen? Wie viele Leser hatte der Artikel über die Theatereröffnung im regionalen Kulturteil? Eine Reihe von Tageszeitungen in Deutschland hat »ReaderScan« bereits eingesetzt. Ob die Zukunft wirklich in einer solchen »täglichen Quotenforschung« für Tageszeitungen nach Art des Fernsehens liegt, bleibt allerdings abzuwarten.

4 Ansätze der Medienwirkungsforschung

Welche Zeitungen oder Zeitschriften von wem gekauft und welche Hörfunk- und Fernsehprogramme eingeschaltet werden, das kann die Mediaforschung heute recht zuverlässig ermitteln. Zweifellos liefern Messungen von Reichweiten oder Einschaltquoten wichtige Hinweise über Leser, Zuhörer oder Zuschauer, aber was der Medienkonsum bei den Menschen tatsächlich bewirkt, können sie nicht beantworten. Gerade die wichtige Frage nach den Wirkungen der Medien beschäftigt die Medienwissenschaft seit vielen Jahrzehnten. Wie mächtig sind die Medien? Welche Wirkung haben sie? Die Antworten der Wissenschaft wechselten im Laufe der Zeit. Eine abschließende Klärung dieser Fragen steht noch aus. Dies ist ein Grund mehr für Journalisten, die eigene Arbeit kritisch zu prüfen und sich selbst mit ihr auseinanderzusetzen.

Was machen die Medien mit den Menschen? Diese Frage ist der Ausgangspunkt für viele Theorien zur Medienwirkung. Die Antworten der Medienwissenschaft sprachen im Laufe der Jahrzehnte von Allmacht, aber auch von völliger Ohnmacht der Medien. Beide Extrempositionen sind heute nicht mehr aktuell und können als widerlegt gelten.

These von der Allmacht der Medien

In der Medienwirkungsforschung muss zwischen individuellen und gesellschaftlichen Wirkungen differenziert werden, wobei letzteren immer individuelle Wirkungen vorausgehen. Als das am 30. Oktober 1938 in den USA ausgestrahlte Hörspiel »Die Invasion vom Mars« von Orson Welles eine Massenpanik im Sendegebiet auslöste, weil viele Hörer die rein fiktive Handlung für aktuelles Geschehen hielten, schien die These von der Allmacht der Medien ihre Bestätigung durch die Wirklichkeit bekommen zu haben. Dieser These liegt ein einfaches Reiz-Reaktions-Modell der Massenkommunikation zugrunde und die Vorstellung von einem passiven Publikum, das medial vermittelten Reizen praktisch willenlos ausgeliefert ist. Man glaubte damals, alle Menschen müssten auf einen bestimmten Reiz gleich reagieren und ging von einer Gleichsetzung von Inhalt und Wirkung aus.

So entstand die These von der großen Beeinflussungs- und Manipulationsmacht der Medien. Es regten sich bald berechtigte Zweifel, ob wirklich alle Menschen auf die Medien gleich reagieren. Kritiker bemängeln an dieser »Reiz-Reaktions-Theorie« außerdem, dass sie u. a. die Massenkommunikation unzulässig und einseitig vereinfache, weil Rückwirkungen vom Publikum auf die Medienmacher nicht vorgesehen seien. Man suchte also nach weiteren Faktoren, welche die Wirkung von Medieninhalten beeinflussen. Der einfachen Abhängigkeit der Reaktion vom dargebotenen Reiz wurde zunächst eine individuelle Komponente hinzugefügt – der Mensch, dem der Reiz dargeboten wird. Man spricht von der »Stimulus-Object-Response-Theorie«. Das Individuum, also das Objekt des jeweiligen Beeinflussungsversuchs, wurde als wirkungsrelevanter Faktor in die Betrachtungen einbezogen.

Stimulus-Response-Modelle

Die Theorie vom Two-Step-Flow der Kommunikation war ein weiterer Erklärungsversuch. Sie unterstellt, dass Meinungen wesentlich stärker durch persönliche Kommunikation geprägt werden als durch Massenmedien. Folglich würden Medienbotschaften meistens nicht direkt auf ihre Empfänger einwirken, sondern den Umweg über so genannte »Meinungsführer« nehmen: Das sind Menschen, die Medien besonders intensiv nutzen und die Wirkung von Medieninhalten im persönlichen Gespräch positiv oder negativ beeinflussen. Aber auch an dieser Theorie sind Zweifel angebracht. Untersuchungen zeigten in den 1960er Jahren, dass nicht jeder in einer sozialen Gruppe integriert ist; jeder hat über die Bezugsgruppe hinaus auch unmittelbare Kontakte zu Massenmedien und es ist fraglich, ob die Meinungsführer andere Personen durch die Weitergabe von Informationen oder Meinungen (oder beidem) beeinflussen. Kommunikationsprozesse sind wesentlich komplizierter als in diesem einfachen Modell angenommen. Man muss eher von einem Viel-Stufen-Modell der Kommunikation ausgehen.

Vom Zwei- zum Viel-Stufen-Modell der Kommunikation

Eine andere These betont, dass die Medien Meinungen nicht verändern, sondern allenfalls vorhandene Meinungen verstärken können (»Verstärker-Hypothese«). Danach ist ein Mensch umso weniger empfänglich für die Beeinflussung durch die Massenmedien, je stabiler seine sozialen Kontakte und Wertvorstellungen sind. Umgekehrt steigt der Einfluss von Massenmedien in den Bereichen, in denen man sich noch keine eigene Meinung gebildet hat.

Verstärker-Hypothese

Einen Schritt weg von der Annahme eines passiven Publikums, das durch Medienangebote beeinflusst werden kann, führt die »Theorie der kognitiven Dissonanz«. Danach ist jeder Mensch bestrebt, nur solche Informationen und Meinungen aufzunehmen, die seinen Überzeugungen nicht widersprechen. Er nimmt seine Umwelt selektiv wahr. Begründet wird dies mit den menschlichen Wahrnehmungsregeln: Aussagen (auch die der Massenmedien) basieren auf Sym-

Theorie der kognitiven Dissonanz

bolen. Jedes Symbol ist aber immer mehrdeutig und bedarf der individuellen »Entschlüsselung«. Diese Entschlüsselung wird jeder Mensch so vornehmen, dass sie für ihn einen Sinn ergibt. Damit greift er aktiv in den Prozess der Kommunikation ein, weil er die Aussagen der Medien selektiv und sinngebend aufnimmt. Die Begegnung mit den Medien ist sozusagen bestimmt von der Suche nach Übereinstimmung mit den eigenen Einstellungen. Dies beginnt bei der Auswahl des Programms oder des Periodikums, setzt sich fort während der Wahrnehmung und bestimmt, welche Aussagen in Erinnerung bleiben.

Orientierung am aktiven Publikum

Die Vorstellung von einem solchen »aktiven« Publikum führte zu einem völlig neuen Ansatz der Erforschung von Medienwirkungen. Die medienzentrierte Betrachtungsweise wich zu Beginn der 70er Jahre des letzten Jahrhunderts einer allmählichen Orientierung am Publikum. Die Frage der Forscher lautete jetzt nicht mehr »Was machen die Medien mit den Menschen?«, sondern »Was machen die Menschen mit den Medien?« Die Menschen versprechen sich von der Zuwendung zu den Medien einen bestimmten Nutzen, der ihren individuellen Bedürfnissen und Erwartungen entspricht. Er lässt sich auch in Bedürfniskatalogen zusammenfassen, die je nach Untersuchungsanordnung unterschiedlich strukturiert oder formuliert sind. Der Kommunikationsforscher Denis McQuail hat die Bedürfnisse, die zur Mediennutzung führen können, in Informations-, Unterhaltungs-, Identitäts- und Integrationsbedürfnisse unterteilt (vgl. Abb. 19).

Abb. 19: Bedürfnisse, die zur Mediennutzung führen

Informationsbedürfnis:
Orientierung über wichtige Ereignisse, Ratsuche, Befriedigung von Neugier, Lernen, Weiterbildung, Streben nach Sicherheit durch Wissen.

Bedürfnis nach persönlicher Identität:
Bestärkung der persönlichen Werterhaltung, Suche nach Verhaltensmodellen, Identifikation mit anderen, Selbstfindung.

Bedürfnis nach Integration und sozialer Interaktion:
Identifikation mit anderen, Zugehörigkeitsgefühl, Ersatz für Geselligkeit oder Partnerschaft, Hilfe bei der Annahme sozialer Rollen, Kontakte finden.

Unterhaltungsbedürfnis:
Entspannung, kulturelle und ästhetische Erbauung, Wirklichkeitsflucht, emotionale Entlastung, Stimulation.

Quelle: Denis McQuail, zitiert nach Schulz 2002, S. 176f.

Bedürfnisse wie diese steuern den gesamten Kommunikationsprozess: »vorher«, d. h. bei der Auswahl des Programms, »währenddessen«, also im Verlauf der Aufmerksamkeit, Verarbeitung und Interpretation, sowie »danach«, d. h. worüber gesprochen wird oder was in Erinnerung bleibt. Untersuchungen auf der Grundlage dieses »Nutzenansatzes« ergaben Hinweise auf die Motive der Nutzung einzelner Medien, die eine Klassifizierung der Medien nach ihrem »Nutzen« bzw. ihrer »Leistung« aus der Sicht des Publikums erlauben. Die Sichtweisen des Publikums und der Journalisten sind – wie vielfach belegt – nur selten deckungsgleich; d.h., Journalisten glauben, dass ihre Leser, Hörer und Zuschauer etwas wollen, was sie selbst weniger schätzen. Ein methodisches Problem der Analysen von Motiven und Bedürfnissen besteht jedoch darin, dass solche Erwartungen und Verhaltensweisen häufig unbewusst und deshalb nicht beliebig abfragbar sind. Trotzdem sind Studien dieser Art für den Journalisten eine hilfreiche Ergänzung zu rein statistischen Erhebungen, die lediglich Aussagen zu Kauf- und Lesegewohnheiten bei Printmedien und zum Nutzungsverhalten bei elektronischen Medien liefern.

Ausgehend von der Annahme eines »aktiven« Publikums, das die Medien nach seinen Bedürfnissen nutzt, wird den Medien eine eher bescheidene Manipulationskraft zugestanden. Dem widerspricht die Theorie der Schweigespirale, die besagt, Massenmedien (speziell das Fernsehen) würden das öffentliche Meinungsklima beeinflussen. Demnach besteht bei vielen Presse- und Rundfunkjournalisten die Tendenz, wichtige aktuelle und öffentlichkeitswirksame Themen in großer Übereinstimmung zu bewerten und zu präsentieren. Durch diese Übereinstimmung entsteht in der Öffentlichkeit der Eindruck, dass es sich dabei um die Meinung der Mehrheit handelt, selbst wenn dies gar nicht der Fall ist. Viele Menschen neigen dazu, so dieser Ansatz, von der (vermeintlichen) Mehrheit abweichende Meinungen zu unterdrücken, um sich im Alltag nicht zu isolieren. Dadurch wird ihr wahrnehmbarer Anteil an der öffentlichen Meinung noch geringer, als er in Wirklichkeit ist: Die Schweigespirale dreht sich.

Theorie der Schweigespirale

Besonders heftig diskutiert wurde diese Theorie nach der Bundestagswahl 1976. Damals hätten – so die These von Elisabeth Noelle-Neumann – speziell die Fernsehjournalisten das Meinungsklima einseitig beeinflusst und damit Prozesse der Schweigespirale in Gang gesetzt, die für den Ausgang der Bundestagswahl große Bedeutung gehabt hätten. Dieser Theorieansatz wurde nicht zuletzt wegen seiner Grundannahmen zum Verhalten der Journalisten infrage gestellt.

Die Theorie des »Agenda-Setting« verfolgt einen anderen, viel beachteten Ansatz zur Wirkung der Massenmedien. Nach dieser Theorie bestimmen die Medien weniger, »was« wir denken, sondern »worüber« wir nachdenken. Die Wirkung der Medien besteht vor allem darin, dass sie die Wirklichkeit für das Publikum strukturieren und dadurch gleichsam definieren. Durch die Wahl der Themen, ihre Aufmachung und Betonung bestimmen die Medien, welche Themen Politiker und Öffentlichkeit für bedeutsam halten. Sie erstellen somit eine Rangordnung von Themen (»Agenda-Setting«), deren Reihenfolge nicht unbedingt mit der tatsächlichen Dringlichkeit der Probleme übereinstimmen muss. Demnach gehen von den Massenmedien weniger kurzfristige Überzeugungswirkungen aus;

»Agenda-Setting«-Funktion der Medien

sie wirken vielmehr in längeren Zeiträumen, indem sie bestimmen, worüber Menschen nachdenken, und beeinflussen damit maßgeblich deren Vorstellung von der Realität. Dabei hat die Präsentation der Nachrichten in den Medien großes Gewicht, weil sie darüber entscheidet, welche Bedeutung den Themen beigemessen wird.

Framing-Ansatz In jüngerer Zeit findet noch eine andere Funktion der Medien Beachtung: Der so genannte Framing-Ansatz geht davon aus, dass die Medien Themen mit bestimmten Kontexten und Bezügen versehen. Medien geben demnach einen Interpretationsrahmen vor, der die persönliche Wahrnehmung und Themenverarbeitung des Publikums in bestimmte Richtungen lenkt. Die Forschung identifizierte eine Reihe immer wiederkehrender Deutungsmuster – so genannte »Frames« – wie Konflikt, Moral, Fortschritt oder Wirtschaft. Der Framing-Ansatz betont also nicht die Thematisierungsleistung der Medien, sondern deren Strukturierungs- und Interpretationsleistung bei vorgegebenen Themen.

Bedeutung der langfristigen Medienwirkungen Die meisten Ansätze beziehen sich eher auf kurzfristige und einmalige Wirkungen der Medien. In diesem Punkt wurde die Macht der Medien anfangs stark überschätzt. Menschen sind täglich einer Fülle von Eindrücken ausgesetzt, von denen nur ein Teil Medieninhalte sind. Folglich wird die Wirkung von Medienbotschaften durch eine Vielzahl von Faktoren wie persönlichen Wertvorstellungen, gesellschaftlichen Bedingungen oder individuellen Erwartungen und Bedürfnissen beeinflusst. Die Frage, wie die Medien wirken, ist nicht einfach mithilfe eines Modells zu beantworten, da der Wirkungsprozess außerordentlich komplex ist.

Viele Theorien beschreiben daher nur einzelne, kurzfristige Wirkungen unter ganz bestimmten Voraussetzungen und bilden einen Stein im Mosaik der vielfältigen Erklärungsversuche für Medienwirkungen. Aber selbst Teilgebiete sind häufig noch komplex genug. So gibt es z. B. viele unterschiedliche, zum Teil sogar gegensätzliche Auffassungen, wie Gewaltdarstellungen in den Medien auf die Menschen wirken, ob sie stimulieren, durch Gewöhnung »verrohen« oder nicht vielmehr Aggressionen abbauen. Für Medienschaffende bedeutet die Widerlegung der These von der Allmacht der Medien allerdings keinen Freibrief, in Zukunft sorgloser mit der Verantwortung gegenüber dem Publikum umzugehen.

In der neueren Forschung wird vor allem den langfristigen Medienwirkungen Beachtung beigemessen, zumal sie in der Vergangenheit eher vernachlässigt wurden. Medien transportieren nicht nur objektive Informationen, sondern auch Weltbilder und Wertvorstellungen, die langfristig einen wesentlich stärkeren Einfluss auf die Menschen haben können als kurzfristige Überzeugungswirkungen. Ein Beispiel hierfür ist die Nutzung von Massenmedien durch Kinder. Medienkonsum hinterlässt in der sich über Jahre erstreckenden Sozialisation von Kindern und Jugendlichen deutliche Spuren.

5   Ethik im Journalismus

Gäbe es so etwas wie eine »schwarze Liste« für fragwürdige Leistungen des Journalismus in Deutschland, dann würden Bezeichnungen wie Lady Diana, Barschel, Ramstein, Remscheid und Gladbeck vermutlich ganz weit oben stehen. Sie stehen für Ereignisse in der jüngeren Vergangenheit, in deren Umfeld sich heftige Kritik an der Berichterstattung der Medien und am Verhalten von Journalisten entzündet hat. Ein anderes Beispiel ist der Umgang von Sportjournalisten mit der Tour de France und dem Doping-Thema. Hier lautet der Vorwurf, Journalisten hätten sich zu sehr mit den Radsportlern identifiziert und nur halbherzig auf die Dopingfälle reagiert. 2007 brach die ARD die Live-Berichterstattung über die Tour de France ab, nachdem immer mehr Dopingfälle ans Licht kamen – eine viel zu späte Reaktion, wie viele meinten. Daran entzündete sich eine Diskussion um Nähe und Distanz in der Sportberichterstattung und um Rücksichtnahme auf kommerzielle Interessen.

Neben diesen Fällen, bei denen das Verhalten einzelner Journalisten und Redaktionen bei isolierten Ereignissen im Mittelpunkt steht, rücken politische Großereignisse die Verantwortung des Journalismus insgesamt in den Blick: Über die Rolle der Medien nach den Terroranschlägen vom 11. September 2001 oder bei den beiden Golfkriegen der Jahre 1991 und 2003 wird heftig diskutiert. Wie gehen Redaktionen und Journalisten mit solchen Extremsituationen um? Lassen sie sich – bewusst oder unbewusst – für eine Seite instrumentalisieren? Wahrt die Berichterstattung genügend Distanz und Objektivität? Oder ist in solchen Situationen professionelle Distanz gar nicht angebracht? Geht es den Medien nur um Marktanteile bzw. Quoten? Haben sie auch eine patriotische Pflicht?

Die patriotische Welle in den USA hat nach dem 11. September auch die Medien erfasst. Dan Rather, ein bekannter Nachrichtensprecher, bekannte sich auch als Journalist deutlich zu politischer Verantwortung: »George Bush ist unser Präsident. Und wenn er mich zur Pflicht ruft, bin ich bereit.« Auch in Deutschland gab es in der Berichterstattung direkte und indirekte politische Botschaften. Die »Berliner Zeitung« legte etwa einer Ausgabe »Stars and Stripes« als Papierfähnchen bei, »für Windschutzscheibe, Schaufenster und Wohnungstür«, wie es in der Zeitung heißt. Sind solche Reaktionen angebracht oder waren sie falsch?

Der tödliche Verkehrsunfall von Lady Diana steht im Zusammenhang mit der gnadenlosen Jagd von Fotoreportern nach Bildern aus dem Privatleben der verstorbenen Prinzessin. Auf dem Höhepunkt der so genannten Barschel-Affäre waren es zwei Reporter des Magazins »stern«, die in ein Hotelzimmer eindrangen und dort den toten Uwe Barschel fanden. Das sensationsträchtige Foto, das sie dort aufnahmen, veröffentlichte das Magazin auf der Titelseite. Viele Kritiker sahen darin eine eklatante Verletzung der Menschenwürde, ganz abgesehen davon, dass das Foto durch fragwürdige Methoden der Informationsbeschaffung zu Stande kam. Als in Ramstein und Remscheid Flugzeuge in die Menschen-

Fehlleistungen des Journalismus

menge stürzten, disqualifizierten sich einige Journalisten durch eine unbarmherzige Jagd auf menschliches Leid: Sie haben Trauer und Verzweiflung von Opfern und Angehörigen respektlos »ausgeschlachtet«.

Besonders massive Kritik wurde nach der Berichterstattung in der Gladbecker Geiselaffäre laut: Journalisten hatten sich quer durch die Republik an die Fersen der Geiselnehmer geheftet. Im weiteren Verlauf der Ereignisse entwickelte sich die tragische Entführung, bei der mehrere Menschen starben, zu einem Medienspektakel: Journalisten griffen selbst aktiv ins Geschehen ein. Sie behinderten die Ermittlungen der Behörden. Sie hielten Pressekonferenzen mit den Verbrechern ab und boten ihnen so eine fragwürdige Plattform zur Selbstinszenierung. Die Perspektive der Opfer interessierte nicht. Heinz Pürer sprach damals angesichts der Häufung solcher Berichterstattung von »krisenhaften Erscheinungen im Journalismus« (Pürer/Raabe 1996, S. 367).

Medienschelte   Journalistische Fehlleistungen rufen fast immer Proteste, Betroffenheit und öffentliche Medienschelte hervor. Dann ist häufig vom »Katastrophenjournalismus« die Rede und von erheblichen moralischen Defiziten im Journalismus. Der Tübinger Publizist Walter Jens kritisierte in einer Fernsehdiskussion 1988 über die Gladbecker Ereignisse, für viele Journalisten spiele Moral offenbar gar keine Rolle mehr, »sondern nur die Frage der etwas größeren oder etwas geringeren technischen Brillanz«. Die solchermaßen Gescholtenen reagieren durchaus mit Selbstkritik, wenn auch in vielen Äußerungen von Journalisten Ratlosigkeit anklingt angesichts der Bedingungen, denen journalistische Arbeit im Nachrichtenwettbewerb unterliegt.

Als während des ersten Golfkrieges 1991 die ersten fragwürdigen High-Tech-Bilder des Krieges auch auf öffentlich-rechtlichen Bildschirmen gezeigt wurden und sich ein bisher ungekannter Wettlauf der Medien um Nachrichten andeutete, reagierte Klaus Bednarz, Leiter der Redaktion »Monitor« beim WDR, mit einer Selbstanklage (»Wir alle haben versagt …«), stellvertretend für seinen ganzen Berufsstand: »Unsere selektive Wahrnehmung und die – vor allem in den elektronischen Medien – immer knapper werdenden Sendeplätze lassen uns immer häufiger Themen erst dann aufgreifen, wenn sie etwas hergeben für optischen und akustischen Aktionismus. Dann wird die Sau durchs Dorf getrieben. Und zwar mit aller Macht und von allen zugleich. Koste es, was es wolle«.

Die Bedingungen des Journalismus im härter werdenden Wettbewerb der Medien führen in der Krisenberichterstattung zu einem Mechanismus, der selbst verantwortungsbewusste Journalisten in ein Dilemma stürzen kann. Ruprecht Eser (ZDF) sprach 1991 vom »Nachrichtenfieber«, das Publikum und Medien bei spektakulären Krisen erfasst und die Medien in Gefahr bringt, die Erregung des Publikums auflagen- und einschaltquotenfördernd zu steigern. »Senden oder nicht senden? Immer schneller dreht sich das Rad der Berichterstattung, und immer schneller muss entschieden werden, wann welche Krise, in welcher Form, Länge oder gar live im Fernsehen behandelt wird. Das Tempo steigert sich, das

Risiko auch. Denn die schnellen Entscheidungen müssen nicht immer auch die richtigen sein, und zumindest im Rückblick lassen sich journalistische Lehren ziehen aus der Golfkrise und der Geiselnahme von Gladbeck im Herbst 1988« (Eser 1991, S. 8f.).

Eindämmung fordert Ruprecht Eser rückblickend, »nicht live um jeden Preis« zu handeln und Anbiederung oder Komplizenschaft zu vermeiden. Wie aber können Journalisten unter dem Zeitdruck der täglichen Arbeit diese Forderungen zuverlässig, verbindlich und vor allem schnell umsetzen? Nach welchen Regeln soll eine Redaktion, der einzelne Journalist im konkreten Fall verfahren? Zweifel sind angebracht, ob die Redaktionen wirklich aus den Fällen der Vergangenheit lernen und der Selbstkritik Taten folgen lassen. Analysen der Berichterstattung zum zweiten Golfkrieg 2003 legen immerhin nahe, dass der Umgang mit Quellen zumindest in der Fernsehberichterstattung grundsätzlich vorsichtiger war.

Die Medienskandale und ein schwindender Fortschrittsglaube in der modernen Risikogesellschaft haben eine breite Diskussion über Fragen der journalistischen Ethik in Gang gesetzt. Medienpraktiker erwarten von der Wissenschaft Orientierungshilfen für die journalistische Praxis im Sinne von allgemeingültigen Handlungsanweisungen für Journalisten. Gefragt sind verbindliche und sanktionsfähige Normensysteme, mit deren Hilfe Journalisten Konfliktsituationen in der täglichen Praxis vorab schnell und zuverlässig lösen können. Die Wissenschaft ist weit davon entfernt, ein solches Regelsystem bereitstellen zu können. Vielmehr wird bezweifelt, dass dies überhaupt möglich ist.

Diskussion über journalistische Ethik

Die Aussagen der Ethik sind jedoch keine Aussagen über Tatsachen, sondern Werturteile. Sie beschreiben nicht, was ist, sondern was sein soll, und können daher mit den Methoden der empirischen Wissenschaft nicht als wahr oder falsch bewiesen werden. Die Formulierung von endgültigen, unanfechtbaren ethischen Regeln im Journalismus wird deshalb Illusion bleiben. In den dennoch vorhandenen Bemühungen um eine »Ethik des Journalismus« sind im Wesentlichen drei Ansätze erkennbar, die Verantwortung in Journalismus und Massenkommunikation unterschiedlich zuweisen: Die Individual-Ethik orientiert sich am einzelnen Journalisten und appelliert an ihn. Die Mediensystem-Ethik bezieht das ganze System Journalismus mit allen seinen Institutionen in die Verantwortung ein und sucht nach organisatorischen Bedingungen für ethisches Verhalten. Der (umstrittene) dritte Ansatz, die Publikumsethik, fordert die Verantwortung und Beteiligung der Mediennutzer und macht letztlich diese für die Qualität der Medien verantwortlich.

Der individual-ethische Ansatz weist die Verantwortung journalistischen Handelns dem einzelnen Journalisten zu und verlangt von ihm ein hohes Maß an Moral und Ethik. Als Voraussetzung wird dabei eine fundierte fachliche und handwerkliche Ausbildung gefordert, die jedem Journalisten seine besondere Verantwortung bewusst machen soll (→ Journalismus als Beruf). Zu diesem Zweck hat man in vielen Ländern Grundsatzpapiere formuliert, die eine Art journalis-

Individual-ethischer Ansatz

tische Standesethik begründen sollen. Diese Papiere setzen sich zum Ziel, journalistisches Ethos in praktikable Handwerksregeln umzusetzen, die das Ansehen des Journalismus wahren und den Berufsanfängern die publizistischen Pflichten nahe bringen sollen. Darin finden sich Leitwerte wie »Achtung der Wahrheit«, »Unantastbarkeit der Würde des Menschen«, »Lauterkeit der Recherchiermethoden«, »Befolgung der Gesetze«, »Persönlichkeitsschutz einschließlich der Intimsphäre«, »Wahrung der Vertraulichkeit, des Berufsgeheimnisses und des Zeugnisverweigerungsrechtes«, »Verhältnismäßigkeit der Mittel sowohl bei der Informationsbeschaffung als auch bei der Informationsverarbeitung« oder »Verteidigung der Freiheit der Information«.

Ehrenkodex des Deutschen Presserates In der Bundesrepublik Deutschland sind diese und weitere Grundsätze im Ehrenkodex des Deutschen Presserates als Richtlinien für die publizistische Arbeit festgehalten. Die Einhaltung dieser Grundsätze wird vom Deutschen Presserat überwacht, den Journalisten- und Verlegerverbände als freiwilliges Organ der Selbstkontrolle der deutschen Presse gegründet haben (vgl. Abb. 20). Der Presserat kann Rügen, Missbilligungen und Hinweise aussprechen, die jedoch keine rechtlichen Folgen haben. Jedermann kann ihn anrufen, der sich durch die Berichterstattung in der Presse ungerecht behandelt fühlt. Der Presserat sieht seine Funktion nicht nur im Tadel negativer Auswüchse im Journalismus, sondern auch in der Verteidigung von Meinungs- und Pressefreiheit vor ungerechtfertigten Angriffen. Er soll die Unabhängigkeit des Journalismus und der Presse gegenüber staatlicher Gewalt sichern und der Tendenz zunehmender Verrechtlichung in Journalismus und Massenmedien entgegenwirken (→ Rechte und Pflichten).

Abb. 20: Ehrenkodex des Deutschen Presserates

Die im Grundgesetz der Bundesrepublik verbürgte Pressefreiheit schließt die Unabhängigkeit und Freiheit der Information, der Meinungsäußerung und der Kritik ein. Verleger, Herausgeber und Journalisten müssen sich bei ihrer Arbeit der Verantwortung gegenüber der Öffentlichkeit und ihrer Verpflichtung für das Ansehen der Presse bewusst sein. Sie nehmen ihre publizistische Aufgabe fair, nach bestem Wissen und Gewissen, unbeeinflusst von persönlichen Interessen und sachfremden Beweggründen wahr.

Die publizistischen Grundsätze konkretisieren die Berufsethik der Presse. Sie umfasst die Pflicht, im Rahmen der Verfassung und der verfassungskonformen Gesetze das Ansehen der Presse zu wahren und für die Freiheit der Presse einzustehen.

Die Regelungen zum Redaktionsdatenschutz gelten für die Presse, soweit sie personenbezogene Daten zu journalistisch-redaktionellen Zwecken erhebt, verarbeitet oder nutzt. Von der Recherche über Redaktion, Veröffentlichung, Dokumentation bis hin zur Archivierung dieser Daten achtet die Presse das Privatleben, die Intimsphäre und das Recht auf informationelle Selbstbestimmung des Menschen.

Die Berufsethik räumt jedem das Recht ein, sich über die Presse zu beschweren. Beschwerden sind begründet, wenn die Berufsethik verletzt wird.

Diese Präambel ist Bestandteil der ethischen Normen.

1. Die Achtung vor der Wahrheit, die Wahrung der Menschenwürde und die wahrhaftige Unterrichtung der Öffentlichkeit sind oberste Gebote der Presse. Jede in der Presse tätige Person wahrt auf dieser Grundlage das Ansehen und die Glaubwürdigkeit der Medien.

2. Recherche ist unverzichtbares Instrument journalistischer Sorgfalt. Zur Veröffentlichung bestimmte Nachrichten und Informationen in Wort, Bild und Grafik sind mit der nach den Umständen gebotenen Sorgfalt auf ihren Wahrheitsgehalt zu prüfen und wahrheitsgetreu wiederzugeben. Ihr Sinn darf durch Bearbeitung, Überschrift oder Bildbeschriftung weder entstellt noch verfälscht werden. Unbestätigte Meldungen, Gerüchte und Vermutungen sind als solche erkennbar zu machen. Symbolfotos müssen als solche kenntlich sein oder erkennbar gemacht werden.

3. Veröffentlichte Nachrichten oder Behauptungen, insbesondere personenbezogener Art, die sich nachträglich als falsch erweisen, hat das Publikationsorgan, das sie gebracht hat, unverzüglich von sich aus in angemessener Weise richtig zu stellen.

4. Bei der Beschaffung von personenbezogenen Daten, Nachrichten, Informationsmaterial und Bildern dürfen keine unlauteren Methoden angewandt werden.

5. Die Presse wahrt das Berufsgeheimnis, macht vom Zeugnisverweigerungsrecht Gebrauch und gibt Informanten ohne deren ausdrückliche Zustimmung nicht preis. Die vereinbarte Vertraulichkeit ist grundsätzlich zu wahren.

6. Journalisten und Verleger üben keine Tätigkeiten aus, die die Glaubwürdigkeit der Presse infrage stellen könnten.

7. Die Verantwortung der Presse gegenüber der Öffentlichkeit gebietet, dass redaktionelle Veröffentlichungen nicht durch private oder geschäftliche Interessen Dritter oder durch persönliche wirtschaftliche Interessen der Journalistinnen und Journalisten beeinflusst werden. Verleger und Redakteure wehren derartige Versuche ab und achten auf eine klare Trennung zwischen redaktionellem Text und Veröffentlichungen zu werblichen Zwecken. Bei Veröffentlichungen, die ein Eigeninteresse des Verlages betreffen, muss dieses erkennbar sein.

8. Die Presse achtet das Privatleben und die Intimsphäre des Menschen. Berührt jedoch das private Verhalten öffentliche Interessen, so kann es im Einzelfall in der Presse erörtert werden. Dabei ist zu prüfen, ob durch eine Veröffentlichung Persönlichkeitsrechte Unbeteiligter verletzt werden. Die Presse achtet das Recht auf informationelle Selbstbestimmung und gewährleistet den redaktionellen Datenschutz.

9. Es widerspricht journalistischer Ethik, mit unangemessenen Darstellungen in Wort und Bild Menschen in ihrer Ehre zu verletzen.

10. Die Presse verzichtet darauf, religiöse, weltanschauliche oder sittliche Überzeugungen zu schmähen.

11. Die Presse verzichtet auf eine unangemessen sensationelle Darstellung von Gewalt, Brutalität und Leid. Die Presse beachtet den Jugendschutz.

12. Niemand darf wegen seines Geschlechts, einer Behinderung oder seiner Zugehörigkeit zu einer ethnischen, religiösen, sozialen oder nationalen Gruppe diskriminiert werden.

13. Die Berichterstattung über Ermittlungsverfahren, Strafverfahren und sonstige förmliche Verfahren muss frei von Vorurteilen erfolgen. Der Grundsatz der Unschuldsvermutung gilt auch für die Presse.

14. Bei Berichten über medizinische Themen ist eine unangemessen sensationelle Darstellung zu vermeiden, die unbegründete Befürchtungen oder Hoffnungen beim Leser erwecken könnte. Forschungsergebnisse, die sich in einem frühen Stadium befinden, sollten nicht als abgeschlossen oder nahezu abgeschlossen dargestellt werden.

15. Die Annahme von Vorteilen jeder Art, die geeignet sein könnten, die Entscheidungsfreiheit von Verlag und Redaktion zu beeinträchtigen, ist mit dem Ansehen, der Unabhängigkeit und der Aufgabe der Presse unvereinbar. Wer sich für die Verbreitung oder Unterdrückung von Nachrichten bestechen lässt, handelt unehrenhaft und berufswidrig.

16. Es entspricht fairer Berichterstattung, vom Deutschen Presserat öffentlich ausgesprochene Rügen abzudrucken, insbesondere in den betroffenen Publikationsorganen.

Quelle: Ehrenkodex in der Fassung vom 13. September 2006, vom Deutschen Presserat in Zusammenarbeit mit den Presseverbänden beschlossen

In den letzten Jahren ist sowohl die Zahl der Beschwerdeeingaben an den Presserat als auch die Zahl der vor den Beschwerdeausschuss gelangten Fälle deutlich angestiegen. Waren es im Jahr 2000 noch 534 Eingaben, die in 185 Fällen im Ausschuss behandelt wurden, betrug deren Zahl 6 Jahre später 954 Eingaben, wovon 371 vor den Ausschuss gelangten. Von diesen 371 behandelten Fällen wurden 135 als unbegründet abgewiesen. Insgesamt hat der Presserat im Jahr 2006 42 Rügen und 64 Missbilligungen ausgesprochen, 65 Hinweise erteilt und in 8 Fällen keine Maßnahmen ergriffen. Bedenklich erscheint, dass sich sowohl die Zahl der Eingaben wie auch die Anzahl der im Beschwerdeausschuss behandelten Fälle innerhalb von 6 Jahren ungefähr verdoppelt haben.

 Tipp: Eine Dokumentation der Rügen des Deutschen Presserats ist auf der Internetseite presserat.de zu finden.

Der Presserat ist zwar eine sinnvolle Einrichtung zur Kontrolle der Presse, erweist sich insgesamt jedoch als ein eher schwaches Instrument zur Durchsetzung allgemein gültiger Normen journalistischer Ethik. Denn die von ihm ausgesprochenen Sanktionen stellen keine rechtsverbindlichen Urteile dar und beschränken sich äußerstenfalls auf einen verpflichtenden Abdruck der von ihm ausgesprochenen Rüge in der betroffenen Zeitung.

Gemäß dem individual-ethischen Ansatz hat der Journalist die Folgen seines Handelns selbst zu verantworten. Dabei geraten Journalisten oft in ein Spannungsverhältnis zwischen zwei verschiedenen Formen ethischen Handelns. Heinz Pürer unterscheidet in Anlehnung an Max Weber zwischen Gesinnungsethik und Verantwortungsethik als Orientierungsmaßstab. Gesinnungsethisches Handeln orientiert sich ganz an Überzeugungen und Werten ohne Rücksicht auf die vorhersehbaren, womöglich negativen Folgen. Ein Journalist, der danach handelt, beruft sich auf seine sittlich begründeten Überzeugungen. Verantwortungsethisches Handeln macht die Bewertung der Konsequenzen zum Maßstab, beruft sich also vornehmlich auf die aus dem Handeln resultierenden, beabsichtigten oder auch unbeabsichtigten Folgen (vgl. Pürer/Raabe 1996, S. 371f.).

In der Praxis wird der Journalist zwischen beiden Handlungsweisen abwägen müssen. Er gerät damit in ein Spannungsfeld zwischen wert- und zweckrationalem Handeln. Gesinnungsethische Normen, z.B. die Wahrheitspflicht, stellen wichtige Elemente der Pressefreiheit dar. In der Diskussion um die jüngsten Medienskandale wird von Journalisten vor allem mehr Verantwortung für die Folgen ihrer Arbeit gefordert. Dies ist vor dem Hintergrund von Ereignissen wie in Gladbeck verständlich. Ein ausschließlich der Verantwortungsethik verpflichteter Journalismus läuft jedoch Gefahr, »in einen Gefälligkeitsjournalismus abzudriften und sich politische oder soziale Wohlverhaltenszeugnisse ausstellen zu lassen« (Pürer/Raabe 1996, S. 372). Dies könnte sogar so weit gehen, dass Journalisten über bestimmte Ereignisse gar nicht mehr berichten, journalistisches Handeln also unterlassen.

Hier offenbart sich ein Dilemma des individual-ethischen Ansatzes. Er lässt den einzelnen Journalisten mit der Verantwortung für sein Handeln weitgehend allein. Er bürdet ihm einerseits sehr hohe Maßstäbe der Gesinnungsethik auf, verlangt aber gleichzeitig von ihm, dass er die Verantwortung für sämtliche beabsichtigten oder unbeabsichtigten Folgen seines Handelns im Voraus mit einbezieht. Es ist zu bezweifeln, ob Journalisten diesem Anspruch unter den Bedingungen der täglichen Arbeit in einem immer komplexer werdenden Mediensystem überhaupt gewachsen sind.

Nach dem Ansatz der Mediensystem-Ethik kann Ethik im Journalismus nicht allein als eine Frage der persönlichen Moral gesehen werden. Vielmehr ist der Journalist als Person mit zugewiesenen Arbeits- und Berufsrollen in ein größeres System eingebunden, von dem er abhängig ist. Zu diesen Abhängigkeiten gehört die Struktur des Mediensystems (z.B. die Bedingungen des Medienmarktes) ebenso wie die konkrete Medieninstitution, bei welcher der Journalist arbeitet. Politische, rechtliche und ökonomische Vorgaben sowie die Erwartungshaltung des Publikums spielen ebenfalls eine Rolle. Kurzum: Der Journalist ist nur ein Teil des Mediensystems, man kann ihn deshalb auch nicht allein für publizistische Fehlleistungen verantwortlich machen. Stattdessen müsste eine Ethik der Medienorganisationen mit verschiedenen Teil-Ethiken entwickelt werden. Die Verantwortung in einem solchen System wäre gestuft, verteilt auf alle an der

Gesinnungs- und Verantwortungsethik

Mediensystem-ethischer Ansatz

Massenkommunikation beteiligten Akteure. Eine solche Medienorganisations-Ethik gibt es bisher noch nicht.

Engere rechtliche Schranken könnten zwar festere Anhaltspunkte für journalistisches Handeln liefern, sind aber mit dem Grundrecht auf Pressefreiheit nicht vereinbar (→ Rechte und Pflichten). Im Zuge der fortschreitenden Internationalisierung des Medienmarktes reichen allerdings die nationalen Rechtsbestimmungen nicht mehr aus. Hier sind die nationalen und internationalen Parlamente und Behörden gefordert, um in allen Ländern gleiche rechtliche Voraussetzungen für journalistisches Handeln herzustellen.

Gestufte Verantwortung Der Wettbewerb der Medien birgt die Gefahr, dass der ökonomische Erfolg die Ethik des Journalismus diktiert. Da die Medieninhaber die inhaltliche Grundrichtung eines Mediums bestimmen, ist es notwendig, sie stärker in die Verantwortung einzubinden. Für journalistische Fehlleistungen ist fast nie ein einzelner Journalist allein verantwortlich. Hinter einer Veröffentlichung stehen meistens Chefredakteure, Ressortleiter, Chefs vom Dienst usw. Sie alle tragen die Mitverantwortung. Gestufte Verantwortung ergibt sich also aufgrund der hierarchisch festgelegten Kompetenzen innerhalb der Medienorganisationen.

Die Bedingungen, Abhängigkeiten und Zwänge journalistischer Arbeit müssen mehr Berücksichtigung finden. Mechanismen wie die Nachrichtenfaktoren und die Praxis der Nachrichtenbearbeitung bestimmen als berufliche Normen die Arbeit und das Handeln von Journalisten.

Der systemorientierte Ansatz der Medienethik will den Journalisten keinesfalls von seiner Verantwortung befreien. Journalisten werden immer im Zentrum der Auseinandersetzung um eine Ethik des Journalismus stehen, schließlich nehmen sie auch Schlüsselpositionen im gesamten Prozess der Massenkommunikation ein. Das Prinzip einer gestuften Verantwortung wird den Bedingungen im Mediensystem zwar am ehesten gerecht, bleibt aber wirkungslos, solange die Verantwortung nicht von allen an der Medienkommunikation Beteiligten gleichermaßen wahrgenommen wird, und zwar nicht nur national, sondern auch international.

Publikumsethischer Ansatz Im publikums-ethischen Ansatz werden die Rezipienten in den Vordergrund gerückt. Die Vorstellung vom passiven, den Medien wehrlos ausgesetzten Publikum wurde schon vor längerer Zeit widerlegt. Die Menschen nutzen Medien gemäß ihren Bedürfnissen. Dadurch haben sie nach Ansicht einiger Wissenschaftler durchaus Einfluss auf das Medienangebot – überspitzt ausgedrückt erhalten wir »die Medienkost, die wir verdienen und nachfragen«. Die Verantwortung der Mediennutzer liegt darin, soziale Prozesse wie die gesellschaftliche Kommunikation zu überwachen und sich aus möglichst vielen Quellen zu informieren. Auch sollten sich die Leser, Hörer und Zuschauer mit Medienangeboten kritisch und reflektiert auseinandersetzen. Auch das Publikum trägt also eine Verantwortung für die Journalismuskultur und könnte sich – vergleichbar zu den Verbrauchern – organisieren. Allerdings gibt es auch in dieser Hinsicht in Deutschland bislang kaum praktische Ansätze.

Bedingt durch den technischen Fortschritt stellen sich Fragen der Ethik im Journalismus immer häufiger. Die Entscheidungen, die in der täglichen Praxis zu treffen sind, werden schwieriger. Der ZDF-Journalist Ruprecht Eser hat diese Tendenz bereits vor über einem Jahrzehnt erkannt: »Je näher das Fernsehen mit seinen Kameras an die Ereignisse heranrückt, je schneller die Reporter vor Ort sind und je häufiger sie sich live melden, desto deutlicher wird der Zielkonflikt: dass ›Instant‹-TV von jedem Ort der Erde möglich ist; dass aber nicht alles, was möglich ist, auch gemacht und gesendet werden darf« (Eser 1991, S. 8f.).

Literatur

Atteslander, Peter: Methoden der empirischen Sozialforschung. 2., neu bearbeitete und erweiterte Auflage, Berlin 2006.
Umfassende Einführung in die Methoden und das Handwerkszeug der empirischen Sozialforschung.

Bentele, Günter/Brosius, Hans-Bernd/Jarren, Otfried (Hg.): Öffentliche Kommunikation. Handbuch Kommunikations- und Medienwissenschaft. Wiesbaden 2003.
Das Handbuch gibt einen Überblick über die wichtigsten Forschungsfelder, Teildisziplinen, Theorien, Ansätze, Methoden und Befunde der Kommunikations- und Medienwissenschaft.

Berg, Klaus/Kiefer, Marie-Luise (Hg.): Massenkommunikation VI: Eine Langzeitstudie zur Mediennutzung und Medienbewertung. Baden-Baden 2002.
Die im Rhythmus von fünf Jahren erhobene Untersuchung liefert wertvolle Hinweise zur Veränderung des Mediennutzungsverhaltens.

Bonfadelli, Heinz: Medienwirkungsforschung I. Grundlagen und theoretische Perspektiven. Konstanz 2004.
Lehrbuch mit einer Einführung in Konzepte und Befunde der Wirkungsforschung. Mit Literaturhinweisen, Glossar und Sachwortregister.

Bonfadelli, Heinz: Medienwirkungsforschung II. Anwendungen in Politik, Wirtschaft und Kultur. Konstanz 2004.
Schließt an Band I mit Anwendungen der Medienwirkungsforschung an. Empirische Forschungsbefunde werden mit Grafiken und Tabellen anschaulich gemacht.

Brosius, Hans-Bernd: Methoden der empirischen Kommunikationsforschung. Eine Einführung. 4., überarbeitete und erweiterte Auflage, Wiesbaden 2007.
Leicht verständliche, anwendungsorientierte Einführung in die wesentlichen Methoden der empirischen Kommunikationswissenschaft.

Institut zur Förderung publizistischen Nachwuchses/Deutscher Presserat (Hg.): Ethik im Redaktionsalltag. Konstanz 2005.
Ethische Konflikte und Grenzbereiche journalistischen Handelns werden anhand vieler Praxisbeispiele aus den Fällen des Presserats erläutert.

Jäckel, Michael: Medienwirkungen: ein Studienbuch zur Einführung. 4., überarbeitete Auflage, Opladen 2007.
Das Buch zeichnet aus soziologischer und kommunikationswissenschaftlicher Sicht wichtige Forschungstraditionen der Medienwirkungsforschung von ihren Anfängen bis in die Gegenwart nach.

Jarren, Otfried/Weßler, Hartmut (Hg.): Journalismus – Medien – Öffentlichkeit. Eine Einführung. Wiesbaden 2002.
Der Sammelband stellt das Spannungsfeld zwischen Journalismus, Medien und Öffentlichkeit verständlich dar. Dank vieler Zusammenfassungen ist das Buch auch als Nachschlagewerk geeignet.

Maletzke, Gerhard: Kommunikationswissenschaft im Überblick. Opladen 1998.
Einführungswerk, das theoretische Ansätze und Befunde der Kommunikationswissenschaft äußerst verständlich vorstellt.

Meier, Klaus: Journalistik. Konstanz 2007.
Verständlich geschriebenes Lehrbuch, das in die Journalistik einführt. Theoretische Ansätze und praktische Konzepte werden ebenso behandelt wie Ergebnisse von Studien über den Journalismus.

Meyen, Michael: Mediennutzung. Mediaforschung, Medienfunktionen, Nutzungsmuster. 2., überarbeitete Auflage, Konstanz 2004.
Kompakte und verständlich geschriebene Einführung in Methoden und ausgewählte Befunde der Publikumsforschung.

Noelle-Neumann, Elisabeth/Schulz, Winfried/Wilke, Jürgen (Hg.): Publizistik/Massenkommunikation. Frankfurt am Main 2002.
Knappe und systematische Lexikonartikel zu Fragen des Mediensystems.

Pürer, Heinz: Publizistik- und Kommunikationswissenschaft. Ein Handbuch. Konstanz 2003.
Einführungen in wichtige Begriffe und Methoden der Publizistikwissenschaft.

Schenk, Michael: Medienwirkungsforschung. 3., vollständig überarbeitete Auflage, Tübingen 2007.
Ausführliche Darstellung von Theorien und Studien zur Medienwirkung.

Weischenberg, Siegfried/Kleinsteuber, Hans J./Pörksen, Bernhard (Hg.): Handbuch Journalismus und Medien. Konstanz 2005.
Das Handbuch liefert einen umfassenden Überblick über die Themen Journalismus und Medien. Es ist insbesondere als Nachschlagewerk geeignet.

III Journalismus als Beruf

Die Tätigkeit von Journalisten übt eine hohe Anziehungskraft aus. Viele junge Menschen versuchen über Praktika, Volontariate, Journalistenstudiengänge oder spezielle Journalistenschulen Wege in dieses Berufsfeld zu finden. Ganz im Gegensatz zur ungebrochenen Attraktivität des Berufes steht dessen Ansehen in der Bevölkerung. Wird ein repräsentativer Durchschnitt der Bürger nach dem Image von Berufsständen wie Ärzten, Rechtsanwälten, Apothekern oder Ingenieuren befragt, rangiert der Journalismus auf den hinteren Rängen der Wertschätzung. Außerdem liegt die mittlere Lebenserwartung von Journalisten nachgewiesenermaßen deutlich unter dem Durchschnitt. Vielleicht sind es gerade diese Widersprüche, welche die Attraktivität des Berufes ausmachen.

Die Arbeit der Journalisten eröffnet Einsichten in die Vor- und Hinterhöfe von Entscheidungen, schafft Zugänge zu Persönlichkeiten und Organisationen und vermittelt das Gefühl, bei politischen, wirtschaftlichen, technischen oder sozialen Entwicklungen »ganz vorne« dabei zu sein. Trotz aller belastender Faktoren (zum Beispiel ungeregelte Arbeitszeiten und Termindruck), die dieses Tätigkeitsfeld bereithält, ist die Berufszufriedenheit dennoch hoch. Wer sich mit Journalisten unterhält, hört oft Klagen über die Arbeitsfülle; einen anderen Beruf würden aber nur wenige wählen wollen.

Medienschaffende gehen ständig mit Aktualitäten aller Art um. Das ist mühsam, aber auch faszinierend und reizvoll. Denn diese Aktualitäten sind eigentlich Informationsvorsprünge, auch wenn es sich nur um Stunden handelt, zwischen der Meldung einer Nachrichtenagentur und der Ausstrahlung einer Sendung oder dem gedruckten Artikel. Informationsvorsprünge, auch wenn sie nur von kurzer Dauer sind, vermitteln ein gewisses Gefühl von Überlegenheit und Einfluss. Vermutlich ist dieses Vorab-Wissen – verbunden mit der Chance, Zugang zu den »Mächtigen« zu haben – ein Faktor, der zu einer hohen Berufszufriedenheit führt. Hinzu kommt noch eine Vielzahl von Motiven, die im Alltag wirken: das Befriedigen von Neugierde, die Freude am Formulieren und Gestalten oder auch die Spannung beim Verfolgen einer Spur, eines Gedankens, einer Idee.

Der Beruf des Journalisten ist aber auch gleichbedeutend mit ungeregelter Lebensführung, Sonntagsarbeit, dem ständigen Zwang, Neues zu verfassen, dem unerbittlichen Diktat des Redaktionsschlusses, der schärfer werdenden Konkurrenz auf den Medienmärkten, einer ständig steigenden Arbeitsbelastung und der Sorge um den Arbeitsplatz. Der Feuilleton-Redakteur, dem nur etwas einfiel, wenn er in einem speziellen Lokal an einem bestimmten Tisch saß und auf die Eingebung einer Muse wartete, ist längst ausgestorben. Journalismus ist ein moderner Dienstleistungsberuf geworden, der in marktorientierten Presse-, Rundfunk- und Multimedia-Unternehmen agiert und mit täglichen Entscheidungen am Arbeitsplatz nicht nur Medieninhalte, sondern auch den publizistischen Erfolg gestaltet (→ Management und Marketing).

1   Berufszugang und Beschäftigungsverhältnisse

Der Zugang zum Berufsfeld ist in Deutschland offen, d. h. es gibt keine verbindlichen Ausbildungswege. Die Zulassungsvoraussetzungen sind nicht normiert. Ebenso wenig gibt es gesetzliche Regelungen der Ausbildung. Der freie Zugang zum Journalistenberuf ist ein verfassungsrechtliches Gebot, das sich direkt aus Artikel 5 des Grundgesetzes ableitet. Journalisten wählen die Inhalte der öffentlichen Kommunikation aus, bereiten diese für den Bürger auf und bewerten sie. Damit üben sie eine derart wichtige gesellschaftliche Funktion aus, dass eine staatliche Reglementierung ihrer beruflichen Tätigkeit, etwa durch die Einführung von Zugangskriterien und verbindlichen Berufsbildern, einem Verstoß gegen die Presse- und Rundfunkfreiheit gleichkäme (→ Rechte und Pflichten).

Vielfältige Berufsbilder In Anbetracht des freien Zugangs haben die Berufsverbände der Journalisten versucht, »Berufsbilder« zu formulieren, die einen normativen Rahmen für die tägliche Arbeit geben sollen und der Orientierung dienen. Der Deutsche Journalisten-Verband e. V. (DJV) definiert Journalisten als diejenigen, die eigenschöpferisch produktiv und dispositiv tätig sind. Ihre Leistungen dienen unmittelbar der Herstellung journalistischer Produkte, vornehmlich durch Sammeln, Prüfen, Auswählen, Bearbeiten, Berichten und Analysieren. »Journalistinnen und Journalisten haben die Aufgabe, Sachverhalte oder Vorgänge öffentlich zu machen, deren Kenntnis für die Gesellschaft von allgemeiner, politischer, wirtschaftlicher oder kultureller Bedeutung ist. Durch ein umfassendes Informationsangebot in allen publizistischen Medien schaffen Journalistinnen und Journalisten die Grundlage dafür, dass jede Bürgerin und jeder Bürger die in der Gesellschaft wirkenden Kräfte erkennen und am Prozess der politischen Meinungs- und Willensbildung teilnehmen kann. Dies ist die Voraussetzung für das Funktionieren des demokratischen Staates. Zur Erfüllung ihrer journalistischen Aufgabe hat das Grundgesetz die Medien mit Freiheitsgarantien ausgestattet. Sie zu erhalten und auszubauen sind alle Journalistinnen und Journalisten aufgerufen« (Quelle: Deutscher Journalisten-Verband 1996).

Der Deutsche Journalisten-Verband begrenzt den Begriff auf diejenigen, die hauptberuflich an der Verbreitung von Informationen, Meinungen und Unterhaltung in den Massenmedien beteiligt sind. Andere Definitionen des Berufes gehen weiter und integrieren auch die Journalisten, die für Interessenverbände oder Unternehmen in der Öffentlichkeitsarbeit tätig sind. Mit dem Boom der PR-Branche gewinnt diese weit gefasste Definition vor allem in der Praxis zunehmend an Akzeptanz (→ Public Relations als journalistisches Arbeitsfeld). Angesichts der immensen funktionalen und berufsethischen Unterschiede zwischen interessengeleiteter PR und – im Idealfall – gesellschaftlich neutralem Journalismus ist eine derartige Begriffsbestimmung in der wissenschaftlichen Literatur freilich nicht weit verbreitet. Die Journalismusforschung versteht Journalismus aus einer funktionalen Perspektive als »Sinn- und Handlungszusammenhang, der von anderen Bereichen der Gesellschaft durch eine besondere Zuständigkeit abzugrenzen ist: Themen zu selektieren und zu präsentieren, die neu, relevant und faktisch sind« (Weischenberg 2005, S. 132). Journalismus läuft dabei als Fremdbeobachtung ab und ist in dieser Hinsicht klar u. a. von Public Relations zu unterscheiden.

Auch die Fülle an Informationsangeboten im jungen Medium Internet stellt den Versuch, das Berufsbild Journalismus von anderen Arbeitsbereichen abzugrenzen, vor eine neue Herausforderung. Insbesondere die Grenzen zu Produktwerbung, Marketing und PR sind im Internet oft fließend (→ Online-Journalismus). Eine funktionale Perspektive, die Journalismus eine exklusive Aufgabe zuweist, ist hilfreich, um Identität und Eigenständigkeit des Journalismus zu bestimmen. Auch die bereits oben zitierte Definition des DJV, nach der sich der publizistische Anspruch der Informationen darin ausdrückt, dass diese für die Gesellschaft von allgemeiner, politischer, wirtschaftlicher oder kultureller Bedeutung sind, gibt hierfür einen Anhaltspunkt.

Der Begriff Journalismus wird somit im Hinblick auf die jeweiligen Aufgaben und Arbeitgeber unterschiedlich weit gefasst. Das vielschichtige Berufsfeld lässt sich eben nicht auf eine einfache Formel bringen, denn der offene Zugang korrespondiert mit der Offenheit von Journalismus als Beruf.

Nicht nur die Berufsbilder, sondern auch die Art der Beschäftigung variieren im Journalismus erheblich. Wer im Journalismus tätig ist, muss nicht automatisch fest angestellt sein. Neben in Redaktionen fest angestellten Redakteuren gibt es freiberufliche Journalisten. Darunter werden diejenigen Journalisten verstanden, die kein festes Beschäftigungsverhältnis haben, sondern zumeist für verschiedene Medien Aufträge erledigen. In der Praxis lassen sich freilich immer schwerer die Grenzen zwischen »fest angestellt«, »fester Freier«, »freier« hauptberuflicher Journalist sowie »freier« nebenberuflicher Mitarbeiter ziehen. Die Gesamtzahl der für die Medien tätigen freien Journalisten ist nicht bekannt. Häufig arbeiten freie Journalisten nicht nur für Redaktionen, sondern auch für Arbeitgeber aus dem Bereich Public Relations. Diese Entwicklung verwischt das klare funktionale und berufsethische Profil des Journalismus. Die Vermischung von Journalismus und PR kann zu Interessenkonflikten führen und letztlich die Qualität journalistischer Leistungen gefährden. Freie Journalisten und auftraggebende Redaktionen sind deshalb gleichermaßen gefordert, verantwortungsbewusst zu handeln.

Fest angestellte Redakteure und freie Mitarbeiter

Eigentum des Landes Hessen

Rechtliche
Abgrenzung
freier Mitarbeiter

Die Definition von freien Mitarbeitern trifft allerdings auf ein schwieriges rechtliches Terrain. Wer einen Arbeitsvertrag mit einem Verlag oder einer Rundfunkanstalt abgeschlossen hat, ist angestellt und hat Arbeitnehmerstatus. »Frei« arbeitet, wer ohne festes Arbeitsverhältnis aufgrund eines Werk- oder Urhebervertrages Wort- und Bildbeiträge an Medien liefert. Die Arbeit fällt nicht in den Geltungsbereich der Tarifverträge für Presse und Rundfunk. Freie Mitarbeiter sind finanziell und rechtlich am wenigsten abgesichert. Ihre Rechtsbeziehungen zu ihren Auftraggebern werden vom Arbeitsrecht nicht erfasst. Sie kennen keinen Kündigungs- oder Bestandsschutz, auch keine Urlaubsregelungen (→ Rechte und Pflichten).

Im Normalfall sind freie Autoren und Journalisten selbstständig tätig. Sie bekommen ihre Honorare ohne Abzug ausgezahlt, sind aber einkommens- und umsatzsteuerpflichtig, von der Arbeitslosenversicherung jedoch ausgeschlossen. Als in den 1970er Jahren immer mehr Journalisten als »Freie« arbeiteten, einigten sich die Tarifpartner auf den Begriff »arbeitnehmerähnlich« und nahmen ihn in das Tarifrecht auf. Als »arbeitnehmerähnlicher« Journalist gilt, wer als freier Mitarbeiter wirtschaftlich von seinem Arbeitgeber abhängig ist, d. h. mindestens ein Drittel seines Einkommens von ihm bezieht, und die Einkünfte aus der journalistischen Arbeit zur Sicherung seiner Existenz braucht.

Bei Anzeigenblättern und in den Außenredaktionen von Lokalredaktionen arbeiten z. B. »feste Freie«, »ständige Mitarbeiter« oder »Pauschalisten«. Der »feste Freie« hat gegenüber dem »Freien« gewisse Vergünstigungen, z. B. Urlaubsanspruch, Kündigungsschutz oder pauschale Bezahlung. Der »Pauschalist« arbeitet in einem Medium zu festen Arbeitszeiten oder in einem bestimmten Arbeitsgebiet und wird immer pauschal bezahlt.

Ein Arbeitnehmer-Status ist in der Regel aber dann gegeben, wenn der vermeintlich »freie« Journalist überwiegend für einen Verlag oder eine Rundfunkanstalt arbeitet und fest in den Redaktionsablauf eingebunden ist. »Anzeichen für eine solche Einbindung sind etwa Weisungsgebundenheit, ständige Abrufbarkeit, eigener Schreibtisch oder ein eigenes Telefon in der Redaktion, eigenverantwortliche Erstellung bestimmter Teile einer Zeitung, Einteilung in den Arbeitsplan der Redaktion, obligatorische Teilnahme an Redaktionskonferenzen oder Ähnliches« (Goetz Buchholz).

Der Presseausweis

Der bundeseinheitliche Presseausweis ist ein halbamtliches Dokument, das von verschiedenen Organisationen nach einheitlichen Richtlinien nur an hauptberufliche Journalisten ausgegeben wird. Hauptberufliche Tätigkeit bedeutet, dass mehr als die Hälfte der Einkünfte aus journalistischer Tätigkeit stammen. Der Nachweis lässt sich durch Verdienstbescheinigungen von Auftraggebern, durch Steuerbescheide oder die Bescheinigung über die Mitgliedschaft in der Künstlersozialkasse erbringen.

> **Tipp:** Presseausweise stellen der DJV, die Landesverbände der Zeitungs-
> verleger und die Vereinte Dienstleistungsgewerkschaft ver.di aus. DJV und
> ver.di bieten zudem Broschüren und persönliche Ratschläge zur Arbeit als
> freier Journalist.

2 Arbeitsmarkt und Perspektiven

Natürlich gibt es nicht den einen, typischen Journalisten, den man stellvertretend für den gesamten Beruf beschreiben könnte. Journalisten in Deutschland
arbeiten in verschiedenen Medien, üben eine große Bandbreite unterschiedlicher Tätigkeiten aus und sind durch vielfältige soziodemografische Hintergründe
gekennzeichnet. Will man dennoch einen »typischen« deutschen Journalisten
skizzieren, sieht dieser im statistischen Mittel einer aktuellen Berufsstudie fol-
gendermaßen aus (vgl. Weischenberg/Malik/Scholl 2006, S. 186): Journalisten
sind durchschnittlich knapp 41 Jahre alt und verdienen rund 2.300 Euro netto
im Monat. Sie sind mehrheitlich männlich (63 Prozent), stammen aus der Mittelschicht, leben in einer festen Partnerschaft (71 Prozent) und sind kinderlos
(57 Prozent). Ferner haben sie einen Hochschulabschluss (69 Prozent) und ein
Volontariat absolviert (63 Prozent) und arbeiten bei einem Printmedium (61 Prozent).

Diese statistische Wirklichkeit zeichnet das Bild eines Berufes, der sich fortschreitenden wirtschaftlichen und technologischen Veränderungen im Mediensystem gegenübersieht. Diese schlagen sich im Berufsfeld Journalismus zum Teil
deutlich nieder. Zwischen 1993 und 2005 ist den repräsentativen Studien »Journalismus in Deutschland« zufolge die Zahl der fest angestellten Journalisten mit
ca. 36.000 konstant geblieben. Gleichzeitig ist die Zahl der hauptberuflichen
freien Journalisten im selben Zeitraum von etwa 18.000 auf 12.000 gesunken.
Allerdings gilt bei diesen Zahlen als hauptberuflicher freier Journalist nur, wer
mehr als die Hälfte seines Einkommens durch journalistische Arbeit verdient
oder mehr als die Hälfte seiner Arbeitszeit mit journalistischer Arbeit verbringt.
Berücksichtigt man auch die Medienschaffenden, die nur gelegentlich für einzelne Medien arbeiten, dürfte deren Zahl weitaus höher liegen. Andere Quellen
schätzen zudem die Zahl der freien Journalisten höher ein: Der Deutsche Journalisten-Verband geht beispielsweise von 25.000 freien Journalisten aus, die hauptberuflich tätig sind.

*Zahl der haupt-
beruflich tätigen
Journalisten*

Eine gleich bleibende oder – je nach Definition – tendenziell sogar eher
schrumpfende Anzahl hauptamtlich tätiger Journalisten produziert also eine
immer größer werdende Menge journalistischer Medienangebote. Die Zunahme

an Stellen bei Online-Medien, Special-Interest-Angeboten, Fachzeitschriften und teilweise im Rundfunk geht hauptsächlich auf die zum Teil deutliche Ausweitung des Medienangebots zurück. Ihr steht ein Stellenrückgang bei Zeitungen, Nachrichtenagenturen und Anzeigenblättern gegenüber. In diesen Medienbereichen sind kaum neue Angebote entstanden, die den Stellenabbau bei den bestehenden Redaktionen hätten kompensieren können.

Auslagerung journalistischer Leistungen aus den Kernredaktionen

Über alle Medienbereiche hinweg gibt es den Trend, bei den fest angestellten Redakteuren Personal einzusparen. Insbesondere während der letzten Medienkrise Anfang des neuen Jahrhunderts wurden Tätigkeiten aus den Redaktionen ausgelagert und an Redaktionsbüros oder freie Journalisten extern vergeben. Schlanken Kernredaktionen steht damit eine wachsende Zahl journalistischer Dienstleister gegenüber, die als Einzelne oder als Agenturen flexibel eingesetzt werden können – je nach Anfall der Aufgaben und Verfügbarkeit finanzieller Ressourcen. Insgesamt steigt die Zahl der in der und für die journalistische Aussagenproduktion tätigen Menschen deshalb sogar an. Sie sind zum Teil in journalismusnahen Dienstleistungen tätig und tauchen deshalb bei entsprechenden Erhebungen nicht als Journalisten auf. Außerdem können viele freie Journalisten von ihrer journalistischen Tätigkeit allein nicht (mehr) leben. Eine steigende, unbekannte Anzahl von »Freelancern« übt Journalismus als Nebentätigkeit aus und arbeitet zusätzlich in anderen Kommunikationsbranchen wie PR oder Werbung. Wenn sie nicht mindestens die Hälfte ihres Einkommens aus journalistischer Tätigkeit bestreiten, gelten sie – statistisch betrachtet – nicht mehr als hauptberuflich tätige Journalisten.

Differenzierung und Spezialisierung des Berufs

Gesellschaftliche Modernisierung und sonstige Veränderungen im Umfeld des Journalismus begünstigen noch einen weiteren Trend im Berufsfeld: Die Vielfalt an Perspektiven, Themen und Formaten journalistischer Angebote nimmt zu. Nach wie vor gibt es zwar viele Journalisten, vor allem in Universalmedien wie Tageszeitungen und Nachrichtenagenturen, die ohne feste Ressortzugehörigkeit oder thematische Spezialisierung arbeiten. Daneben ist aber eine wachsende Zahl von Redakteuren für spezielle Ressorts und Themengebiete zuständig. Zum klassischen Nachrichtenjournalismus treten der auf professionelle Bereiche ausgerichtete Fachjournalismus und der Zielgruppenjournalismus, der Unterhaltungs- und Informationsbedürfnisse eines speziellen Publikums bedient. Sparten wie Telekommunikation, Lifestyle oder Lebenshilfe sind entstanden, klassische journalistische Ressorts wie Wirtschaft, Technik und Wissenschaft expandieren.

Neue Konzepte der Redaktions- und Ressortorganisation sorgen außerdem dafür, dass sich Arbeitsrollen und Tätigkeiten in den Redaktionen spezialisieren. Redakteure sind für einzelne Schritte im Arbeitsprozess zuständig: Reporter recherchieren an den Schauplätzen und Editoren in den Zentralredaktionen kümmern sich um Planung und Gestaltung des journalistischen Produkts. Zusätzlich sind an verschiedenen Stellen des Produktionsprozesses Qualitätssicherungs- und Kontrollvorgänge zwischengeschaltet. Funktionale Arbeitsteilung nach angelsächsischem Vorbild löst damit mehr und mehr die bislang in Deutschland vorherrschende ganzheitliche Arbeitsweise ab, bei der viele Arbeitsschritte in der Hand einzelner Redakteure liegen (→ Management und Marketing).

Die Zeitungen sind mit ihren etwa 17.100 Beschäftigten der weitaus größte Arbeitgeber für Journalisten in Deutschland, gefolgt vom Rundfunk, der insgesamt rund 15.200 hauptberufliche Journalisten beschäftigt. Davon arbeiten beim Hörfunk etwa 8.000 und beim Fernsehen 7.200 Journalisten. Auf dem dritten Platz folgen die Zeitschriften mit ca. 9.400 Beschäftigten. Häufig zu den Zeitschriften gezählt werden Anzeigenblätter, bei denen immerhin auch um die 2.900 Journalisten arbeiten. Im Bereich Online/Multimedia finden rund 2.300 Journalisten einen Arbeitsplatz, 1.400 Journalisten sind bei Agenturen und Mediendiensten beschäftigt (vgl. Abb. 21).

Zeitungen sind größter Arbeitgeber

Abb. 21: Zahl der hauptberuflichen Journalisten in Deutschland

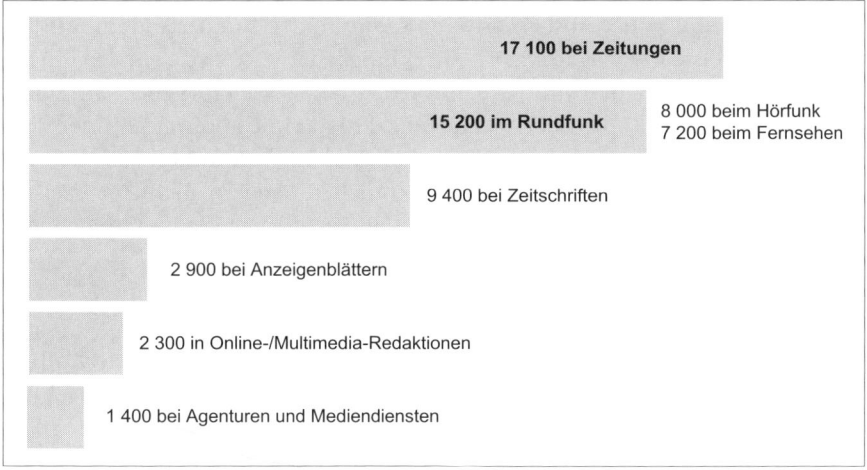

17 100 bei Zeitungen

15 200 im Rundfunk — 8 000 beim Hörfunk / 7 200 beim Fernsehen

9 400 bei Zeitschriften

2 900 bei Anzeigenblättern

2 300 in Online-/Multimedia-Redaktionen

1 400 bei Agenturen und Mediendiensten

Quelle: Weischenberg/Malik/Scholl 2006, S. 257

Die 17.100 bei Zeitungen beschäftigten Journalisten arbeiten in der Mehrzahl bei den großen Blättern. Mit 16.600 Beschäftigten liegt die Tagespresse als Arbeitgeber auf dem ersten Platz, nur knapp 500 Zeitungsjournalisten sind bei Sonntags- und Wochenzeitungen beschäftigt. Beinahe zwei Drittel der Tageszeitungsredakteure finden bei den etwa 80 größten Zeitungen mit einer Auflage von über 100.000 Exemplaren einen Arbeitsplatz, das restliche Drittel arbeitet bei den etwa 300 kleinen und mittleren Zeitungsbetrieben. Die Redaktionen der Zeitungen stellen nicht nur die meisten Arbeitsplätze für Journalisten zur Verfügung, sondern auch weitaus die meisten betrieblichen Ausbildungsplätze. Nach Schätzun-

Hauptberufliche Journalisten bei Zeitungen

gen des DJV bieten sie knapp 1.100 Volontariatsstellen an und nehmen damit eine Spitzenposition ein, wenngleich die Zahl der Volontäre von Jahr zur Jahr schwanken kann.

Hauptberufliche Rundfunkjournalisten Auf der zweiten Position liegt das Arbeitsfeld Rundfunk mit ca. 15.200 hauptberuflich Beschäftigten. In diesem Sektor dominieren die öffentlich-rechtlichen Anstalten als Arbeitgeber. Mehr als zwei Drittel der Rundfunkjournalisten finden dort ihren Arbeitsplatz, wobei zwischen den großen und kleinen Anstalten starke Unterschiede bestehen. Die privaten Sender bieten vergleichsweise weit weniger Beschäftigungsmöglichkeiten. Selbst die personalstarken privaten Unternehmen wie RTL und Sat.1 benötigen kaum mehr fest angestellte Journalisten als kleine ARD-Anstalten.

Diese Zahlen repräsentieren die jeweils differierende Unternehmenspolitik. Während private Medienunternehmen auch im redaktionellen Bereich Zulieferungen durch Selbstständige oder Firmen einplanen sowie aus Kostengründen Outsourcing betreiben, steckt dieser Prozess im öffentlich-rechtlichen Rundfunk noch in den Anfängen.

Beim Hörfunk ist der Ausbau privater Radios in den Bundesländern mittlerweile abgeschlossen. Verlagerungen kann es möglicherweise zwischen den öffentlich-rechtlichen Anstalten und den privaten Radioanbietern geben. Im Zuge der Reform der ARD, die über 50 Hörfunk-Programme anbietet, können sich die Arbeitsverhältnisse auch in diesem Sektor ändern. Vermutlich wird sich die Anzahl der Arbeitsplätze bei öffentlich-rechtlichen Sendern nicht mehr erhöhen, sondern angesichts der knappen Kassen öffentlicher Haushalte vielmehr verringern.

Zahl der Zeitschriftenjournalisten Auf Platz drei der Rangliste liegt der Zeitschriftenjournalismus mit etwa 9.400 hauptberuflich beschäftigten Journalisten. Hierbei sind nicht nur Zeitschriften mit monatlicher Erscheinungsweise berücksichtigt, sondern auch Special-Interest- und Fachzeitschriften, die bis zu sechsmal im Jahr erscheinen.

Es bestehen enorme Unterschiede zwischen den wenigen großen Publikumszeitschriften und Magazinen mit einer Auflage von über 500.000 Exemplaren und den vielen Periodika mit mittleren und kleinen Auflagen. Die »großen« Zeitschriften beschäftigen fast die Hälfte der in neueren Studien erfassten Zeitschriftenjournalisten. Die andere Hälfte ist in den kleineren Redaktionen der Special-Interest-Titel und Fachzeitschriften tätig.

Auch die mitunter ebenfalls zu den Zeitschriften gezählten kostenlos verteilten Anzeigenblätter, die Stadtmagazine und andere haben sich zu einem beachtlichen Arbeitsmarkt entwickelt. Etwa 2.900 Arbeitsplätze werden in Deutschland in diesem Bereich angeboten. Allerdings arbeitet dieser Mediensektor überwiegend mit freien Journalisten, die zuliefern. Feste Arbeitsplätze bieten vor allem die großen Blätter.

Mit dem Internet entsteht seit Mitte der 1990er Jahre ein neues Segment im Arbeitsmarkt für Journalisten. Mittlerweile arbeiten rund 2.300 Journalisten hauptberuflich für Online-Medien. Dabei sind die Arbeits- und Tätigkeitsbereiche sehr vielfältig. Neben den Online-Redaktionen der klassischen Medien, in denen rund 1.000 Journalisten arbeiten, gibt es ein weites Feld exklusiv im Online-Medium angesiedelter Angebote. Sie reichen von Nachrichtenportalen über Angebote für Fachinformationen bis hin zu Diensten, die journalistische Inhalte für verschiedene Auftraggeber bearbeiten. Nach wie vor ist der Arbeitsmarkt für Online-Journalisten stark in Bewegung. Offen ist vor allem, welche Geschäftsmodelle für journalistische Angebote sich durchsetzen und mit welchen Strategien die Akteure aus den klassischen Medienbereichen im Internet aktiv sind (→Online-Journalismus).

Online-Journalisten

Bei Nachrichtenagenturen, (Medien-)Diensten aller Art und Pressebüros arbeiten rund 1.400 Journalisten. Allerdings unterscheiden sich die klassischen Nachrichtenagenturen (z. B. dpa, Reuters) und die kleinen Presse- und Mediendienste deutlich. Die Nachrichtenagenturen beschäftigen etwa so viel Personal wie eine mittlere Tageszeitung, während die Personalstärke der Mediendienste in etwa der eines kleinen Anzeigenblattes entspricht. In diesem Bereich etablieren sich in letzter Zeit auch Agenturen für den Rundfunk, insbesondere für private Sender. Außerdem haben in den vergangenen Jahren zunehmend Wirtschaftsdienste wie »Bloomberg« oder »Dow Jones« in Deutschland Fuß gefasst.

Agenturjournalisten

Neue Chancen für Journalisten tun sich überdies in verwandten Berufsfeldern auf. So bietet die Arbeit für die interne oder externe Unternehmens-PR, in der Kommunikationstechnik oder die Mitarbeit im wachsenden Markt für Kundenzeitschriften (Corporate Publishing) expandierende, spannende und oft auch gut bezahlte Betätigungsfelder für Journalisten. Zwar drängeln sich auch hier mittlerweile die Jobanwärter und die Verantwortlichen können über die Zahl der Initiativbewerbungen nicht klagen, doch die Chancen sind größer als in den klassischen journalistischen Bereichen (→ Public Relations als journalistisches Berufsfeld). Nach Schätzungen des DJV arbeiten allein in Pressestellen bereits rund 7.000 Journalisten.

Verwandte Berufsfelder für Journalisten

Tipp: Neue Chancen ergeben sich für ausgebildete Journalisten in verwandten Berufsfeldern. Vor allem die interne und externe Unternehmens-PR, die Kommunikationstechnik und der wachsende Markt für Kundenzeitschriften bieten zahlreiche Möglichkeiten – auch für freie Journalisten.

Journalisten
und Ressorts

Anstelle der Aufteilung nach Mediengattungen lässt sich das Berufsfeld Journalismus auch nach den Ressorts, in denen die Redakteure tätig sind, gliedern. Ressorts sind Arbeitsbereiche von Journalisten, die vor allem thematisch definiert sind (→ Themen und Ressorts in den Medien). Eine klare Zuteilung über die Mediengrenzen hinweg ist jedoch mit Schwierigkeiten verbunden, da Ressorts in verschiedenen Medien teilweise sehr unterschiedlich zugeschnitten werden. Außerdem sind Journalisten oft für mehrere Themenbereiche zuständig. Im Durchschnitt war ein Journalist im Jahr 2005 für 1,5 Ressorts tätig (vgl. Weischenberg/Malik/Scholl 2006, S. 41).

In der Studie »Journalismus in Deutschland« wurden die Redakteure nach ihrem hauptsächlichen Arbeitsgebiet aufgeschlüsselt. Demnach kümmern sich nach wie vor viele Redakteure in Deutschland in erster Linie um lokale und regionale Themen. Mit einem Anteil von 27 Prozent der hauptberuflichen Journalisten liegen Ressorts, die sich dem Bereich Lokales/Regionales zuordnen lassen, an der Spitze. Der überwiegende Teil davon ist bei den Tageszeitungen beschäftigt. Dort haben 6 von 10 Redakteuren einen lokalen oder regionalen Arbeitsschwerpunkt. Nur 15 Prozent aller Journalisten arbeiten in Politik- und Nachrichtenredaktionen (bei den Tageszeitungen knapp 10 Prozent). Den dritten und vierten Platz teilen sich die Bereiche Kultur und Spezielles/Gesellschaft, für die jeweils ein Zehntel der Journalisten tätig ist. Es folgen mit 8 Prozent der Beschäftigten der Bereich Buntes/Lifestyle, mit 6 Prozent das Sportressort und mit 5 Prozent der Wirtschaftsbereich. 1 Prozent der Journalisten ist ausschließlich im Bereich Organisation/Produktion tätig und ein relativ großer Anteil von 18 Prozent arbeitet ohne festes Ressort (vgl. Weischenberg/Malik/Scholl 2006, S. 43).

Veränderungen im
journalistischen
Arbeitsmarkt

Gesellschaftliche, technologische und wirtschaftliche Trends verändern den Journalismus. Zwar sind die klassischen Anforderungen und Maßstäbe immer noch gültig; allerdings treten neue Anforderungen und Arbeitsfelder hinzu. Der Anteil des klassischen Mediums Zeitung am journalistischen Berufsfeld geht tendenziell zurück. Durch eine massive Ausweitung privat-kommerzieller Radio- und Fernsehsender hat der Rundfunk in den letzen zehn bis zwanzig Jahren an Bedeutung gewonnen. Zeitschriften bilden ein relativ stabiles Segment des Berufsfeldes. Mit den Online-Medien sind inner- und außerhalb der journalistischen Kernbereiche neue Segmente entstanden. Online-Dienste haben zusätzliche Beschäftigungsfelder geschaffen, generell nimmt im Online-Bereich die Zahl der Neueinstellungen zu. Schließlich eröffnen sich mit dem expandierenden Feld der Unternehmenskommunikation und Public Relations zahlreiche Beschäftigungschancen für Journalisten.

Auch Marktstrukturen und Beschäftigungsverhältnisse im Journalismus sind in Bewegung. Zu den Kernbereichen in den Redaktionen treten verstärkt journalistische und journalismusnahe Dienstleistungen, die von freien Journalisten, Agenturen und Redaktionsbüros erbracht werden. Inwiefern sich dabei der Trend zur Verschlankung der Kernredaktionen fortsetzt, muss abgewartet werden. Personalabbau und Auslagerung von Aufgaben sorgten vor allem während der letzten Medienkrise für eine gestiegene Arbeitslosigkeit unter Journalisten. Zudem wächst die Unsicherheit: Das Heer der freien Journalisten und Redaktionsbüros nimmt zu. Sie stellen ein immer größer werdendes Arbeitsreservoir für schlanke Redaktionen in Presse und Rundfunk dar, denen sie »just in time« ihre Arbeitsleistungen liefern (→ Management und Marketing).

3   Aufgaben und Anforderungen

Jedes Medium stellt spezifische Anforderungen, jede Tätigkeit erfordert spezielle Kompetenzen. Das Berufsfeld Journalismus ist ausgesprochen facettenreich (vgl. Abb. 22). Die technischen, redaktionsorganisatorischen und inhaltlichen Entwicklungen der Medien führen letztlich dazu, dass sich die Vielfalt der Aufgaben und Tätigkeitsfelder erhöht. Journalisten können Korrespondenten oder Moderatoren sein. Sie können als Umbruch- oder technischer Redakteur arbeiten, Berichterstatter einer Lokalzeitung, Magazinjournalist im Fernsehen oder Online-Redakteur sein. Gleichzeitig steigen die beruflichen Anforderungen an jeden einzelnen Journalisten – das Berufsbild wandelt sich vom klassischen Generalisten zunehmend zum Kommunikations- und Informationsmanager, der neben journalistischen und fachlichen Kompetenzen auch über Management- und Führungsqualitäten verfügt. Journalisten müssen vor dem Hintergrund von Publikumsbedürfnissen und -wünschen Informationen zielgruppengerecht aufspüren und aufbereiten.

Abb. 22: Differenzierung der journalistischen Berufsfelder

Medien:
Zeitungs-, Zeitschriften-, Hörfunk-, Fernseh- und Online-Journalismus.

Funktion:
Informations-, Unterhaltungs-, Ratgeberjournalismus.

Arbeitsposition:
Volontär, Redakteur, Ressortleiter, Chef vom Dienst, Ausbildungsleiter.

Berufsaufgabe:
Reporter, Berichterstatter, Umbruchredakteur, Redaktionsmanager, Nachrichten-, Bildjournalist.

Quelle: eigene Darstellung

Die Unterschiede zwischen Medien und journalistischen Positionen einmal beiseite gelassen, gibt es grundlegende Tätigkeiten im Journalismus, die entweder von Spezialisten ausschließlich erledigt oder von Generalisten in Kombination mit anderen Aufgaben wahrgenommen werden:

- *Recherchieren, Dokumentieren*: Meldungen, Berichte und Geschichten müssen erfragt und zusammengestellt werden. Medienleistungen müssen über die Veröffentlichung hinaus auch dokumentiert und archiviert werden. Auf dieses Material greift die Redaktion zurück, wenn Berichte und Geschichten angereichert oder überprüft werden müssen. In großen Verlagen arbeiten oft Dokumentationsredakteure und Archivare, die zumeist ein umfangreiches Hausarchiv führen und darüber hinaus auch auf externe Quellen zugreifen. Der Umgang mit Zeitungsarchiven, Datenbanken und dem Internet gehört mittlerweile aber auch zur normalen Arbeit eines Journalisten (→ Recherche).

- *Auswählen, Redigieren*: Journalisten können nur einen Bruchteil der Informationen verwerten, die auf ihren Schreibtischen landen. Die Selektion der – entsprechend des jeweiligen Redaktionskonzeptes – relevanten Nachrichten ist daher eine der Routineaufgaben im Journalismus. Hinzu kommt die Bearbeitung »fremder« Beiträge oder Zulieferungen. Die so genannten Blattmacher in den Redaktionszentralen sind häufig fast ausschließlich mit dem Redigieren beschäftigt, während andere Redakteure zusätzlich zu ihrer täglichen Arbeit an eigenen Artikeln auch zum Redigieren herangezogen werden.

- *Formulieren*: Beim Schreiben und Verfassen eigener Beiträge kommt es auf Stil, Sprache und mediengerechte Formulierungen an. Enorme Unterschiede bestehen zwischen den gedruckten Medien (geschriebene und gelesene Sprache), dem Hörfunk (gesprochene und gehörte Sprache), dem Fernsehen, das Wort, Ton und Bild kombinieren kann und multimedialen Angeboten, die beispielsweise vermehrt auf Interaktivität setzen können (→ Journalistische Darstellungsformen).

- *Kommentieren, Bewerten*: In bewertenden Darstellungsformen wie Kommentaren, Leitartikeln, Glossen, Kolumnen oder Kritiken können Journalisten die gesellschaftliche Meinungsbildung aktiv beeinflussen. Allerdings ist nicht zu verkennen, dass persönliche Meinungen und Einstellungen nicht nur die interpretierenden Beiträge, sondern vielmehr die gesamte Alltagsarbeit prägen. Trotz aller beruflicher Routinen ist das Handeln der Journalisten subjektiv geprägt, auch wenn sie sich noch so sehr bemühen, Distanz und Objektivität zu praktizieren.

- *Bearbeiten, Präsentieren*: Je mehr die Medien um die Stärkung ihres Profils bemüht sind, desto wichtiger werden die Entscheidungen der Journalisten, welches Material wie bearbeitet und vor allem gestalterisch oder dramaturgisch aufgemacht werden soll. Die Gestaltungsmöglichkeiten von Presse, Rundfunk und Online-Medien unterscheiden sich grundlegend. Die Entwicklung auf den Medienmärkten fordert gezielte, medienspezifische Präsentationen und Redaktionen, die in der Lage sind, nicht nur das »was«, sondern ebenso das »wie« von Medieninhalten zu bedenken (→ Medienspezifische Präsentation).

- *Planen und Organisieren*: Redaktionelle Produkte, die sich auf den Medien-märkten erfolgreich positionieren wollen, müssen anders sein als die der Kon-kurrenz und – wenn möglich – auch besser. Das heißt, dass aktive Eigenleis-tungen einer Redaktion gefordert sind. Medien leben immer mehr davon, dass sie exklusiv etwas präsentieren, das ihre Konkurrenten in dieser Form dem Leser, Hörer oder Zuschauer nicht bieten: eine exklusive Meldung oder Geschichte, eine bessere oder sorgfältigere Recherche, eine ausführli-che Behandlung von Schwerpunktthemen in »Specials«, Analysen und Hin-tergründe, Ratschläge und Beratung bei drängenden Problemen. All diese Angebote müssen geplant und organisiert werden, denn die pure Vermittlung der Ereignislage, wie sie dem jeweiligen Konkurrenzmedium auch zur Verfü-gung steht, reicht nicht mehr aus, um erfolgreich zu sein. Das Erarbeiten von marktgerechten Redaktionskonzepten sowie Programm- oder Sendestrecken und die Themenplanung sind redaktionelle Aufgaben geworden. Von Ergeb-nissen aus der Medienforschung sowie Wettbewerbsanalysen ausgehend, pla-nen Redaktionen publizistische Angebote nach dem Motto »besser als oder anders als die Medienkonkurrenz« (→ Management und Marketing).
- *Management*: Aufgaben im Redaktionsmanagement beschränken sich nicht nur auf die Führung von Mitarbeitern, Überlegungen zur Arbeitsteilung sowie Formen der Zusammenarbeit in den Redaktionen. Derartige Tätigkeiten wer-den meist von den verantwortlichen Redakteuren erledigt. Führungsaufgaben fallen aber auch am Arbeitsplatz der Redakteure an, wenn diese beispielsweise einen Stamm von freien Mitarbeitern aufbauen und betreuen, wenn sie sich ressortspezifisch um die Korrespondenten kümmern, bei der Ausbildung von Volontären mitarbeiten oder ihre »Quellen« pflegen, d. h. soziale Kontakte suchen und aufrechterhalten.

4 Professionalität durch Kompetenz

Professionalität im Journalismus – dazu benötigen Journalisten angesichts der Entwicklung der Medien Kompetenzen in verschiedenen Dimensionen: Sie müs-sen mit der Sache, die sie publizistisch bearbeiten, umgehen können. Sie brau-chen gute Kenntnisse über Möglichkeiten und Grenzen der journalistischen Bearbeitung, und sie arbeiten in Medienunternehmen, die um ihre Zukunft auf den Märkten kämpfen und Ziele und Vorgaben für die redaktionelle Arbeit aufstellen. Daher sind intensive Kenntnisse über die speziellen Möglichkeiten der Zeitungen, Zeitschriften, des Hörfunks und Fernsehens sowie der Online-Medien gefordert, um die Stärken des jeweiligen Mediums richtig einzuschät-zen und bewusst zu gestalten.

Das Bündel der konkreten Kenntnisse, Fähigkeiten und Fertigkeiten an den einzelnen Arbeitsplätzen ist verschieden sortiert und geschnürt. Die jeweilige Kombination journalistischer Kompetenzen hängt ab von der Eigenart und Funktion des Mediums – ob Presse, Rundfunk oder Online-Medien –, seiner Stellung im Wettbewerb und der Zusammensetzung des Publikums. Grundlegende journalistische Kompetenzen, die Journalisten benötigen, liegen daher in folgenden Bereichen:

- *Sachkompetenz*: Kenntnis grundlegender Sachverhalte (beispielsweise Recht, Wirtschaft) und ein umfassendes Orientierungswissen über Grundfragen der Gesellschaft, die Einordnung des Spezialwissens in Zusammenhänge, Kenntnis der Quellen und der Techniken wissenschaftlichen Arbeitens sowie sozialwissenschaftlicher Methoden.
- *Fachkompetenz*: Beherrschung des Handwerks, vor allem Recherche, Auswahl von Nachrichten, Redigieren, Organisation und Technik sowie journalistisches Fachwissen. Dazu gehören medienwissenschaftliche Kenntnisse und Wissen in den Bereichen Medienökonomie, -politik, -recht und -technik.
- *Vermittlungskompetenz*: Kenntnis der Darstellungsformen und der medienspezifischen Präsentationsmöglichkeiten, um profilierte und erfolgreiche Themen oder rezipientenorientierte Medienangebote zu erstellen.
- *Organisationskompetenz*: Kenntnis und Einsicht in die Abläufe und Notwendigkeiten des Medienmanagements, seiner Organisation und der ökonomischen wie publizistischen Ziele im Medienwettbewerb.

Journalisten brauchen Sachkompetenz, d. h. Sachkenntnisse, die Voraussetzung für aktive Recherche und verantwortungsbewusstes Vermitteln auch komplizierter Themen sind. Sie müssen das »Handwerk« ihres Berufes beherrschen, d. h., die journalistische Bearbeitung von Botschaften bewältigen und die technischen, wirtschaftlichen und rechtlichen Grundlagen ihres Berufes kennen. Wer beispielsweise mit einem Artikel die Rechte Dritter verletzt, sollte vorher wissen, mit welchen Folgen er zu rechnen hat (→ Rechte und Pflichten).

Je härter der Wettbewerb ist, desto wichtiger wird es für Presse, Rundfunk und Online-Medien, ihre Stärken und ihre medienspezifischen Angebotsweisen zu optimieren (→ Wirtschaftliche Grundlagen der Medien). Dazu braucht der Journalist Medienkompetenz, die über rein technische Aspekte hinausgeht: Er sollte die Eigenart und Möglichkeit des Mediums, für das er arbeitet, kennen und wissen, wie er dessen Stärken ausbauen und nutzen kann. Imitation oder gar Kopie von konkurrierenden Angeboten kann gefährlich werden; beispielsweise wenn Zeitungen versuchen, den Wettlauf mit den bewegten Bildern aufzunehmen und über Buntheit, Bildreichtum, Kürze und Unterhaltung mit dem Fernsehen in Konkurrenz zu treten. Gleiches gilt für Fernsehnachrichten, die Bildmaterial benötigen und als vorgelesene Schlagzeilen mit Standbildern als Dekoration wenig Resonanz beim Publikum finden. Journalisten werden den Kampf mit der Medienkonkurrenz verlieren, wenn sie versuchen, die Wettbewerber mit ihren eigenen Waffen zu schlagen. So kann eine Zeitung eben nie die Leistung des Fernsehens erbringen.

Journalisten arbeiten überwiegend in erfolgsorientierten Medienorganisationen, die ihren »Erfolg« in Geld (Werbeeinnahmen) und/oder Zeit bzw. Aufmerksamkeit (Auflagen, Einschaltquoten) messen (→ Wirtschaftliche Grundlagen der Medien). Die Vorgaben der Organisation werden für Journalisten umso wichtiger, je mehr programmplanende und koordinierende Aufgaben die Redaktionen übernehmen (→ Management und Marketing). Der Organisationsbezug ihrer Arbeit wird umso spürbarer, je mehr Medien auf das Karussell des Wettbewerbs aufspringen. Diese Organisationskompetenz erfordert Kenntnisse der Marktentwicklung und die Fähigkeit, übergeordnete Ziele der Organisation effizient umzusetzen und mitzugestalten, d. h. publizistische Interessen in ökonomische Entscheidungsprozesse einzubringen.

Eine Folge des offenen Berufszugangs ist, dass es im Journalismus weder ein allgemein anerkanntes Berufsbild noch eine verbindliche Ausbildung gibt. Die Vielfalt der journalistischen Tätigkeitsfelder wie auch der Ausbildungswege ist zunächst verwirrend. Welchen der vielen Rekrutierungswege soll man als Berufseinsteiger wählen? Manche Autobiografien »großer« Journalisten lesen sich wie eine Hommage an einen »offenen Begabungsberuf«, für den man nur Eingebung, Sprachvermögen und Fingerspitzengefühl benötige. Auch wenn dies im Einzelfall heute noch möglich sein kann, die Realitäten beim Berufseintritt haben sich verändert. Je massiver die durch den Konkurrenzkampf der Medien bedingten Einflüsse auf die Redaktionen werden, desto höher werden die Anforderungen an künftige Journalisten.

Begabung allein reicht heute nicht mehr aus. Auch wenn es keine verbindlichen, gesetzlich geregelten Zulassungen gibt, heißt das nicht, dass eine fundierte Ausbildung unerlässlich ist – in der Regel bestehend aus einem Studium sowie einer journalistischen Ausbildung. Angesichts des rasanten Wandels der Welt und der daraus resultierenden Informationsflut nehmen die Herausforderungen für einen verantwortungsbewussten und professionellen Journalismus zu. Die Aufgaben der Journalisten sind daher schwieriger und anspruchsvoller denn je geworden.

Ohne eine solide Fachausbildung und publizistische Fähigkeiten und Fertigkeiten werden Journalisten ihre Schlüsselfunktion im Netzwerk der gesellschaftlichen Kommunikation nur unzureichend erfüllen. Durch ihre Arbeit in den verschiedenen Medien (zum Beispiel Presse, Rundfunk und Online-Diensten) entscheiden sie letztlich, welche Themen in welcher Aufmachung und Interpretation auf die Tagesordnung der öffentlichen Aufmerksamkeit gesetzt werden. Dies gilt auch für die Journalisten, die in Organisationen und Institutionen (zum Beispiel Parteien, Verbänden, Behörden, Unternehmen) arbeiten und deren Informations- bzw. Öffentlichkeitspolitik nach innen und außen beeinflussen (→ Public Relations als journalistisches Berufsfeld).

Künftige Anforderungen an die Journalisten

123

Ob Terrorbedrohung, Börsenentwicklung oder Rentenreform – die Themen der Berichterstattung werden schwieriger und komplexer. Journalisten müssen steigende Mengen an Nachrichten bewältigen, die eigentlich Themenfragmente, d. h. in unzählige Bruchstücke aufgespalten und auf viele Informationsträger verteilt sind. Sie sind zudem auch qualitativ gesehen von unterschiedlicher Herkunft und Güte. Sie in geeinter, gefilterter, konzentrierter und geprüfter Form in den Kommunikationsprozess einzuspeisen, ist ein hoher Anspruch an die Journalisten. Es kommt nicht nur auf das journalistische Können an, sondern auch auf die Fähigkeit, den Gegenstand der Berichterstattung sachgerecht zu recherchieren und zu beurteilen. Ohne solide Fachkenntnisse und journalistische Ausbildung werden sie diesem Anspruch nicht gerecht – im Gegenteil: Überforderte Journalisten werden ihrerseits die Informationsflut durch unverdaute Nachrichten nur vergrößern und mehr Unsicherheit als Orientierung produzieren.

5 Wege zur beruflichen Qualifikation

Ausbildungsangebote – seien es nun Journalistenschulen, Volontariate oder Journalistik-Studiengänge an den Universitäten – können nur Ausschnitte aus dem erforderlichen Qualifikationsspektrum abdecken. Sie haben notwendigerweise unterschiedliche Schwerpunkte und Akzentuierungen. Die Volontariate und medieninternen Qualifikationsmaßnahmen von Zeitungen, Zeitschriften oder Rundfunkanstalten konzentrieren sich auf praktische Fähigkeiten und Fertigkeiten im Umgang mit dem jeweiligen Medium. Journalistenschulen vermitteln ebenfalls Medienpraxis – je nach Trägerschaft und Zielsetzung auf ein Mediensegment (beispielsweise die Objekte eines Verlages) beschränkt oder medienübergreifend ausgerichtet. Journalistik-Vollstudiengänge machen den Versuch, wissenschaftlich und zugleich praxisnah Studierende auf den Beruf des Journalisten vorzubereiten. Aufbau- oder Masterstudiengänge gehen von der durch ein abgeschlossenes Studium oder gar durch Berufserfahrung erworbenen Fachkompetenz aus und stellen mit wissenschaftlichen und vor allem praktischen Lehrangeboten eine universitäre Berufsausbildung dar.

Ausbildungsstrategien der Medien

Medienunternehmen haben in der Vergangenheit klare Vorstellungen entwickelt, wie sie ihren Nachwuchs rekrutieren wollen. Schließlich stellt jedes Medium seine eigenen Anforderungen – vom aktuellen Tagesjournalismus bei Zeitungen bis zum Magazinjournalismus im Fernsehen. Immer mehr Medien konkurrieren um die Aufmerksamkeit der Leser, Hörer und Zuschauer. Daher kann es nicht dem Zufall überlassen bleiben, wer mit welchen Qualifikationen eingestellt oder ausgebildet wird. Systematische Personalpolitik ist kein Fremdwort mehr für Redaktionen. Ein Fachstudium in Kombination mit einer journalistischen Ausbildung ist inzwischen zur Selbstverständlichkeit geworden.

Der formal offene Berufszugang führt dazu, dass sich in der Praxis oft von Medienunternehmen zu Medienunternehmen unterschiedliche Regeln für die Einstellung neuer Mitarbeiter herausgebildet haben, z. B.:

- Fachstudium – Volontariat,
- Berufsausbildung – Volontariat,
- Journalistenschulen und/oder Studium – Volontariat,
- Journalistik-Studiengänge – (verkürztes) Volontariat.

Hinzu kommen noch unternehmensspezifische Auflagen bei der Bewerberauswahl, z. B. Alter, Studienfach, bevorzugte Ausbildungsinstitutionen und Aufnahmeverfahren.

Die durch den offenen Berufszugang geförderte Vielfalt der Ausbildungs- und Beschäftigungsstrukturen – für den Berufseinsteiger zunächst verwirrend – bietet jedoch auch Vorteile. Ausbildungsinstitutionen stehen im Wettbewerb zueinander und können auf ihre Praxisnähe und ihren Erfolg überprüft werden. Untersuchungen über Karrierewege von Absolventen geben, sofern sie durchgeführt werden, klare Hinweise. Einige Bildungsinstitutionen machen sich jedoch nicht die Mühe, nach dem Verbleib ihrer Studierenden zu recherchieren, zumal sie aus einem enormen Überangebot von Bewerbern schöpfen können.

Die Professionalisierung im Journalismus nimmt zu. Medienunternehmen haben die Wahl, entweder gut ausgebildete Mitarbeiter »einzukaufen« oder Geld in deren Qualifizierung zu investieren. Der Trend geht zu Qualifikationskombinationen. Angesichts der Vielzahl von Bewerbern, die in das immer noch attraktive Berufsfeld Medien streben, kann die Vergabe der knappen Volontariatsstellen an Voraussetzungen – wie abgeschlossenes Studium und journalistische Vorkenntnisse – geknüpft werden. Rundfunkanstalten, überregionale Presseorgane und große Regionalzeitungen verlangen inzwischen im Allgemeinen von ihren Volontären ein abgeschlossenes Studium. Der Qualifikationsdruck steigt, Mehrfachqualifikationen werden daher die Regel. Der Beruf Journalismus hat seine Phase des allzu flexiblen Zugangs nun offensichtlich hinter sich gelassen. Die Anforderungen des Medienwettbewerbs, die Ziele betrieblicher Personalpolitik in den Redaktionen und die Vielzahl journalistischer Ausbildungsinstitutionen haben die Qualifikationsanforderungen an den Journalisten erhöht.

Professionalisierung im Journalismus

Das Berufsfeld Journalismus ist geprägt durch vielfältige Kombinationen fachlicher und journalistischer Ausbildungswege. Neben einem inzwischen häufig vorausgesetzten Studienabschluss und den an Bedeutung gewinnenden Praktika gehört das Volontariat nach wie vor bei einem Großteil der Journalisten zum Ausbildungsweg. Rund 62 Prozent aller Journalisten in Deutschland haben ein Volontariat absolviert. Das in der Regel zweijährige – nach Abschluss eines Studiums zuweilen kürzere – Redaktionsvolontariat ist ein Vorbereitungsdienst auf den Beruf des Journalisten im Sinne des Berufsbildungsgesetzes. Die Ausbildung vermittelt dem Volontär Kenntnisse der journalistischen Tätigkeiten, Dar-

Volontariate

stellungsformen, Layout- und Umbruchtechnik. Er erhält Einblick in technische Systeme (z. B. in das Redaktionssystem) und Bereiche des Verlages. Außerdem wird er mit den rechtlichen Grundlagen der Medien vertraut gemacht. Zwei im Ausbildungstarifvertrag festgelegte überbetriebliche Bildungsphasen ergänzen die stark praxisbezogene Ausbildung in den Redaktionen. Die Angebote zur überbetrieblichen Ausbildung werden von verschiedenen Fort- und Weiterbildungsinstitutionen durchgeführt, deren Programme man anfordern kann.

Journalistenschulen Neben dem Redaktionsvolontariat sind die Journalistenschulen erprobte und bewährte Ausbildungseinrichtungen. Auch sie werden häufig in Kombination mit einem Studium gewählt. Diese Institutionen haben jedoch begrenzte Kapazitäten. Die Deutsche Journalistenschule in München (vormals das Werner-Friedmann-Institut) war seit den 1950er Jahren lange Zeit die einzige Ausbildungsstätte für Journalisten. In den 1980er Jahren richteten große Verlage eigene Journalistenschulen ein: Die Henri-Nannen-Schule (Gruner+Jahr), die Schule für Wirtschaftsjournalisten (Holtzbrinck), die Journalistenschulen von Burda und Springer sowie die Journalistenschule Ruhr (WAZ-Gruppe). 2000 wurde die RTL-Journalistenschule für TV und Multimedia gegründet. Die Ausbildungen in Journalistenschulen sind »im Grunde ein großzügig ausstaffiertes Volontariat mit verschulten Zwischenphasen. Die Zahl der Schulen wird noch zunehmen, weil immer mehr Großverlage ihre Volontärsausbildung verbessern und mit dem Etikett ›Schule‹ auch PR wirksam verkaufen« (Walther von La Roche). Die Ausbildungsdauer ist unterschiedlich lang. Aufnahmebedingungen und Programme können bei den Schulen angefordert werden (→ Dokumentation).

> **Tipp:** Aktuelle Informationen über Volontariate, Journalistenschulen und Hochschulen bietet der Deutsche Journalisten-Verband im Internet unter djv.de.

Derzeit stehen in Tageszeitungen, Zeitschriften und Rundfunk insgesamt mehr als 2.400 Ausbildungsplätze zur Verfügung. Die Tageszeitungen fungieren mit 1.100 Volontariatsplätzen als größter Ausbilder, gefolgt von den Zeitschriften (etwa 700 Plätze) und den großen Rundfunkanstalten (ca. 200 Plätze). Regionale und private Hörfunkstationen bieten zusammen mehr als 400 Volontariatsplätze an (Quelle: Deutscher Journalisten-Verband 2007). Manch einer, der während eines Fachstudiums als freier Mitarbeiter für die Presse gearbeitet hat, schafft den »Seiteneinstieg« in den Journalismus. Immer häufiger entscheiden sich jedoch Studienanfänger für ein Journalistik-Studium an Universitäten.

Die Journalismus- und Medienausbildung an den Hochschulen ist sehr vielfältig. Neben der Journalistik als Hochschulfach, das sich direkt mit dem Journalismus beschäftigt, kümmern sich die Medien-, Publizistik- und Kommunikationswissenschaft in breiteren Kontexten um öffentliche Kommunikation im Allgemeinen und Journalismus im Speziellen. Journalistik, Publizistik, Medien- und Kommunikationswissenschaft sind in unterschiedlichem Ausmaß (etwa als Haupt- oder Nebenfächer) und verschiedener Ausrichtung (etwa forschungs- oder praxisorientiert) in zahlreichen Studiengängen an Universitäten und Fachhochschulen vertreten. Die in Deutschland bislang vorherrschenden Magister- und Diplomstudiengänge laufen aus und werden nach und nach durch das zweistufige System von Bachelor- und darauf aufbauenden Masterstudiengängen ersetzt. Absolventen von Bachelorstudiengängen können direkt in die Berufstätigkeit einsteigen oder ein vertiefendes Masterstudium anschließen.

Ausbildung an Hochschulen

Journalistik- bzw. Journalismus-Studiengänge qualifizieren in der Regel direkt in den Beruf. Die Ausbildung vermittelt journalistische Grundlagen und ist entweder medien- und themenübergreifend angelegt oder auf einzelne Medien bzw. Sparten wie Online- oder Wissenschaftsjournalismus ausgerichtet. Häufig integrieren die Programme längere Praxisphasen oder sogar Volontariate in Redaktionen. Bachelorstudiengänge existieren beispielsweise an der Universität Dortmund (Journalistik, Wissenschaftsjournalismus), der Hochschule Bremen (Fachjournalistik) und der Fachhochschule Darmstadt (Online-Journalismus, Wissenschaftsjournalismus). Masterstudiengänge gibt es etwa an den Universitäten Hamburg (»Journalistik und Kommunikationswissenschaft«, »Master of Arts in Journalism«), Leipzig (Journalistik) und Mainz (Journalismus). Zum Teil setzen die Masterprogramme die Tradition der Journalistik-Aufbaustudiengänge fort, die auf ein fachbezogenes Studium eine hochschulgebundene, Theorie und Praxis integrierende Ausbildung folgen lassen. Einige Masterstudiengänge bieten aber auch ein vorwiegend forschungsorientiertes Kursprogramm an, das die methodisch-wissenschaftliche Ausbildung fokussiert.

Bachelor- und Masterstudiengänge Journalistik/ Journalismus

Bachelorstudiengänge der Publizistik-, Medien- und Kommunikationswissenschaft vermitteln allgemeine Kommunikationskompetenzen. Häufig enthalten die Ausbildungsprogramme interdisziplinäre Bezüge etwa zu Technik und Wirtschaftswissenschaften. Der Anteil an Journalistik ist von Hochschule zu Hochschule verschieden. Kommunikationswissenschaftliche Bachelorstudiengänge existieren beispielsweise an der den Freien Universität Berlin sowie den Universitäten Jena, München und Stuttgart-Hohenheim. Darüber hinaus bieten zahlreiche Fachhochschulen Studienprogramme im Bereich Medien und Kommunikation an.

Bachelor- und Masterstudiengänge Medien-/ Kommunikationswissenschaft

Masterstudiengänge in den Bereichen Publizistik-, Medien- und Kommunikationswissenschaft werden nach und nach angeboten. Aufgrund der scharfen Profilierung und engen Ausrichtung der Masterstudiengänge stehen für Studieninteressierte ganz unterschiedliche Bereiche zur Verfügung. Die geplanten und zum Teil schon bestehenden Masterprogramme reichen von Unternehmenskommunikation/PR (Universität Mainz) über Kommunikationsmanagement (Universität Stuttgart-Hohenheim) bis zu Kommunikationswissenschaft (Ludwigs-Maximilian-Universität München). Für den Journalismus qualifizieren diese Programme in aller Regel nicht oder nur indirekt. Zusatzqualifikationen beispielsweise in Medienmanagement oder Public Relations können aber die beruflichen Perspektiven für Journalisten erheblich verbessern.

Fernseh- und Filmstudiengänge

Wer eher Ambitionen in Richtung Fernsehen und Film hat, kann sich an der Hochschule für Fernsehen und Film in München, bei der Deutschen Film- und Fernsehakademie in Berlin, bei der Filmakademie Baden-Württemberg in Ludwigsburg oder der Hochschule für Film und Fernsehen »Konrad Wolf« in Potsdam-Babelsberg bewerben. In München wird für die Aufnahme in der Regel die allgemeine oder fachgebundene Hochschulreife vorausgesetzt, die Berliner Akademie orientiert sich eher an der Begabung des Bewerbers, Voraussetzung ist hier jedoch ein Mindestalter von 21 Jahren.

Studienbegleitende Fortbildung

Neben den Möglichkeiten, über ein Hochschulstudium in den Beruf Journalismus zu gelangen, bieten Bildungseinrichtungen auch studienbegleitende Kurse und Seminare an. Dazu gehören z. B. das Münchner Institut zur Förderung des publizistischen Nachwuchses, eine Gründung der deutschen Bischofskonferenz, die Evangelische Medienakademie (Berlin) und die Journalisten-Akademie der Konrad-Adenauer-Stiftung in Sankt Augustin bei Bonn (→ Dokumentation).

Ausbildung in der Öffentlichkeitsarbeit

PR-Seminare werden ebenfalls an Universitäten und Fachhochschulen angeboten. In Stuttgart-Hohenheim kann z. B. im Rahmen des Bachelorstudienganges Kommunikationswissenschaft das Profilfach Public Relations studiert und mit einer Journalistenausbildung kombiniert werden. Daneben führen häufig Unternehmen eigene Ausbildungsgänge durch. Im Rahmen von »Volontariaten« unterschiedlicher Länge sollen sich Bewerber mit einschlägigen Vorkenntnissen Fähigkeiten und Fertigkeiten der Presse- und Öffentlichkeitsarbeit aneignen. Begleitende Ausbildungsseminare für Volontäre und Nachwuchskräfte veranstalten z. B. die Akademie Führung und Kommunikation (AFK) in Oberursel, die Bayerische Akademie für Werbung und Marketing (BAW) in München, die Deutsche Akademie für Public Relations in Frankfurt am Main und das Deutsche Institut für Public Relations e. V. in Hamburg (→ Dokumentation).

6 Wandel der beruflichen Anforderungen

Internet, DVD und CD-ROM, Video-on-Demand, elektronische Zeitungen und interaktive Medien: Das ist nur ein Ausschnitt derjenigen technischen Innovationen, die das Arsenal der Medien vervielfältigen. Vor allem die moderne, weltweit vernetzte Computertechnologie erschüttert Medien und Märkte gleichermaßen, stellt Qualifikationen und Berufspositionen infrage, schafft gleichzeitig aber auch neue Chancen. Auch der Journalismus bleibt davon nicht unberührt. Als moderner, informationsverarbeitender Beruf steht er sogar im Zentrum dieser Entwicklung. Auf ihn kommen neue Tätigkeitsfelder, neue Aufgaben, aber auch neue Konkurrenten wie beispielsweise die zunehmenden PR-Publikationen zu (→ Public Relations als journalistisches Arbeitsfeld). Über Kundenzeitschriften und Internet-Angebote suchen Unternehmen und Organisationen den direkten Weg zum Publikum. Die Macht der Leser, Hörer und Zuschauer wächst. Ihnen kontinuierlich ein attraktives Angebot an Nachrichten, Berichten und Geschichten zu liefern, das informativ und spannend zugleich, aber auch sachgerecht und wirtschaftlich erfolgreich ist, wird zur zentralen Herausforderung für den Journalismus.

Journalismus als Beruf unterliegt einem immer schnelleren Wandel. Die Redakteure, die durch ihre Arbeit als Agenten des Wandels wirken, sind selbst Betroffene geworden. Ihre Arbeitsbedingungen ändern sich, die Medienunternehmen agieren mit unterschiedlichen Strategien auf den Medienmärkten und neue Technologien krempeln ganze Berufsfelder um. Genau genommen sind es drei Einflussfaktoren, welche die Arbeit der Journalisten verändern.

Nachdem das Medienangebot in Deutschland bis Anfang der 1980er Jahre eher im gemächlichen Tempo Zuwachs erhalten hat, ist es seitdem beinahe explodiert. Die Angebote wurden massiv ausgeweitet und das Zeitbudget des Publikums stieg an (→ Journalisten und ihr Publikum). Die maßgeblichen Treiber dieser Entwicklungen waren aber weniger die Mediennutzer als vielmehr technologische und politische Veränderungen. In den 1980er Jahren waren es zunächst vor allem ordnungspolitische Entscheidungen wie die Einführung des privaten Rundfunks, die rein quantitativ betrachtet das Medienangebot ausgedehnt haben. Im Zuge dieser Entwicklung bekam die Tageszeitung erstmals eine ernsthafte publizistische Konkurrenz in der Region. Zum anderen haben vor allem in den 1990er Jahren technische Innovationen wie der Einsatz der Satellitentechnik und technologische Revolutionen wie die Verbreitung des neuen Mediums Internet und die Digitalisierung zu einer enormen Ausdehnung des Medienangebotes geführt. Dieses Überangebot hat dazu geführt, dass nun immer mehr Anbieter sowohl intramediär als auch intermediär um ein knappes Gut, nämlich die Aufmerksamkeit des Publikums, kämpfen.

Die Leser, Hörer und Zuschauer haben ein zwar wachsendes, aber dennoch nur begrenztes Zeit- und Finanzbudget zur Verfügung. Durch die Vervielfältigung der Angebote wird der Ausscheidungswettkampf härter. Selbst Redakteure in Monopolgebieten spüren die »Konkurrenz«, wenn etwa die Auflagen ihrer Zeitung sinken. Auch wenn sie nicht gegen eine zweite Zeitung kämpfen müssen, heißen ihre Wettbewerber Anzeigenblätter, die, kostenlos verteilt, auch lokale Informationen bringen. Auch Radio- und Fernsehprogramme, Zeitschriften oder aber Freizeitangebote machen Konkurrenz, wenn es sich nach Meinung

Zunahme der Medienkonkurrenz

der Leser eher lohnt, für sie Geld auszugeben als für das Abonnement der Zeitung (→ Wirtschaftliche Grundlagen der Medien). Außerdem ziehen heutzutage Online-Medien ein großes Publikum an, indem sie brandaktuelle, aber auch hintergründige Informationen weitgehend kostenlos offerieren (→ Online-Journalismus). Das Publikum ist durch diese Entwicklungen anspruchsvoller, einflussreicher, aber auch unsteter geworden. Die Bindungen an die Medien – »meine Zeitung«, »mein Sender« – nehmen ab (→ Journalisten und ihr Publikum).

Die Arbeitsergebnisse des Journalisten müssen sich im zunehmenden intra- und intermediären Wettbewerb ständig bewähren. Die Zunahme der (Medien-) Konkurrenz setzt den Journalisten unter Druck. Seine Leistungen stehen täglich auf dem Prüfstand. Journalisten müssen marktorientiert arbeiten und sich mehr denn je als Dienstleister des Publikums verstehen. Konsequente Markt- und Zielgruppenorientierung verändern den Beruf zwar nicht schlagartig, aber stetig und durchaus nachhaltig: Neben klassischen Anforderungen wie Medienkompetenz, Sachkompetenz und gesellschaftlichem Anspruch journalistischer Arbeit werden andere Anforderungen wichtiger. Dazu zählen betriebswirtschaftliche Kenntnisse, Managementkompetenzen sowie der Umgang mit Zielgruppen und Marktkennzahlen (→ Management und Marketing).

Digitalisierung und Vernetzung der Technik Der Einsatz moderner Kommunikationstechnik hat die Arbeits- und Organisationsabläufe in den Redaktionen verändert. Diese sind historisch gewachsen und oft auch Ausdruck von persönlichen Besitzständen. Traditionell sind Redaktionen in Organisationseinheiten wie Ressorts oder Abteilungen eingeteilt, die – wie schon das Wort besagt – eher abteilen als zusammenführen. Moderne Techniken erfordern flexible, dezentrale Organisationsformen. Tätigkeiten aus dem Produktionsprozess wurden an den Arbeitsplatz des Redakteurs verlagert. Er kann die Zeitungsseiten fertig stellen und druckfertig gestalten. Als Hörfunkredakteur bearbeitet er seinen Beitrag am digitalen Schnittplatz, die Arbeit der Cutterin entfällt. Gleiches gilt für den Setzer, den die Einführung der Computer in den Zeitungen überflüssig machte. Alte Berufe wurden beseitigt und neue sind entstanden (z. B. Info-Grafiker). Technische Aufgaben wie der digitale Schnitt im Hörfunk gehören für Journalisten heutzutage längst zu der täglichen Arbeit. Die Redaktions- und Ressortorganisation muss sich diesen veränderten Anforderungen anpassen, z. B. indem Abstimmungsprozesse neu definiert und zentrale Steuerungseinheiten wie Newsdesks etabliert werden (→ Management und Marketing).

Die Digitalisierung der Kommunikationstechnik und deren Vernetzung führt jedoch auch dazu, dass sich die technischen Arbeitsbedingungen von Journalisten angleichen, unabhängig davon, ob sie für Presse oder Rundfunk tätig sind. Früher lagen zwischen den Arbeitsmitteln des Zeitungsredakteurs und seines Kollegen in Hörfunk und Fernsehen Welten. Trotz der Medienkonkurrenz zwischen Presse und Rundfunk gibt es nun einen »gemeinsamen Nenner«, der, durch die Digitalisierung bedingt, die Arbeitsbedingungen in den Mediengattungen annähert. Ob am Redaktionssystem oder bei der digitalen Bild- und Tonverarbeitung,

Journalisten arbeiten mit vergleichbarer Software und multifunktionalen Geräten: der Zeitungsredakteur, der auf den Agenturpool zugreift, Texte einpasst, Bilder ins Layout stellt und bearbeitet; der Fernsehreporter, der mit EB-Kamera Termine wahrnimmt, oder der Hörfunkredakteur, der seinen Beitrag am digitalen Schnittplatz senderei gestaltet. Verstärkt werden diese technischen Trends durch crossmediale Strategien der Medienanbieter, wodurch Redaktionen immer häufiger Inhalte für mehrere Verbreitungskanäle, etwa gedruckte Zeitung, Internet und mobile Dienste, produzieren (→ Online-Journalismus). Die Medientechnik eignet sich deshalb immer weniger zur Unterscheidung journalistischer Arbeitsbedingungen. Berufliche Veränderungen in Presse und Rundfunk weisen vergleichbare Entwicklungen auf.

Während allerdings die flächendeckende Einführung von Redaktionssystemen in den 1970er und 1980er Jahren dazu geführt hatte, dass die Journalisten zunehmend mit technischen Tätigkeiten belastet wurden, bewirkt die so genannte dritte Generation der Redaktionssysteme eher das Gegenteil. Durch die Bedienerfreundlichkeit der modernen Redaktionssysteme erhalten die Redakteure wieder mehr Freiraum für rein journalistische Tätigkeiten. Zusätzlich dazu erleichtern die neuen Computersysteme durch den hohen Grad an Vernetzung das Arbeiten in Teams und über Ressortgrenzen hinweg. Die Programme ermöglichen überdies die multimediale Verwertung der journalistischen Produkte. Hierzu ist es aber essenziell, dass sich die Journalisten mit allen Medien auskennen und die technischen Hintergründe der einzelnen Mediengattungen verinnerlicht haben (→ Online-Journalismus).

Entwicklungen des Marktes und der Technik haben in den letzten Jahren unternehmensinterne Maßnahmen gefördert, die auf die »schlanke« Redaktion abzielen: kompetent, effizient und zielorientiert, wenige Mitarbeiter mit hoher Produktivität und Verantwortung. Outsourcing – als Konzept in der Industrie bereits erprobt – wird zunehmend auch in der Medienwirtschaft praktiziert. Ein Beispiel hierfür ist die Wirtschaftszeitschrift »Geldidee« des Heinrich Bauer-Verlags, deren gesamter redaktioneller Teil an einen externen Dienstleister ausgelagert worden ist. Es ist zu erwarten, dass durch diesen Trend die Zahl der Redaktionsbüros und freien Journalisten zunehmen wird, die auftragsgemäß und termintreu ihre Leistungen abliefern. Da sie davon leben, dass ihre Arbeit auf den Beschaffungsmärkten nachgefragt wird, werden sie wohl eine neue Art des Journalismus prägen: der Journalist als Unternehmer.

Unternehmens-
politische
Entscheidungen
in den Medien

Doch nicht nur die Auslagerung von Redaktionsleistungen hat in den vergangenen Jahren zugenommen, auch die internen Redaktionsstrukturen wurden stark verändert. So werden die früher mitunter vollkommen starren Ressortgrenzen in zunehmendem Maße aufgeweicht; neue, ressortübergreifende Arbeitsmodelle greifen immer mehr um sich. Statt der früheren Einteilung in fixe Ressorts sind mittlerweile unterschiedliche Modelle entstanden, die diese traditionellen Strukturen aufbrechen. So haben manche Zeitungen ihre Mantelressorts in einem Newsroom zusammengeführt, andere dagegen haben sogar die Lokalredaktion mit den Mantelressorts verwoben. Auch die Bildung ressortüberspannender, themenzentrierter Teams nimmt immer mehr zu. Andere Medien dagegen gehen sogar noch einen Schritt weiter und lösen die klassischen Ressorts zugunsten neuartiger Einheiten gänzlich auf (→ Management und Marketing). Unabhängig von der jeweiligen Ausgestaltung haben alle diese neuen Modelle eines gemeinsam: Sie setzen voraus, dass die Journalisten über Qualifikationen verfügen, die mit dem traditionellen Berufsbild nicht mehr allzu viel gemein haben: Managementqualitäten, Teamfähigkeit, vernetztes Denken. Der klassische Einzelkämpfer verliert somit im Journalismus an Bedeutung.

Trends in der Journalistenausbildung Qualifikationsprofile im Journalismus ändern sich also bedingt durch die digitale Revolution und die Anforderungen der Medienmärkte. Über die künftige Entwicklung eines derart heterogenen Berufes, wie es der Journalismus ist, Aussagen zu machen, ist schwierig und mit großen Unsicherheiten behaftet. Dennoch lassen sich einige Entwicklungslinien festhalten. Sie deuten auf einen zum Teil dramatischen Wandel in den Qualifikationen hin, dem die verschiedenen Wege der Journalistenausbildung erst nach und nach gerecht werden.

Die Grenzen zwischen den klassischen Tätigkeiten von Journalisten und anderen Kommunikations- und Medienberufen verwischen. Journalistische Arbeitsfelder werden breiter, neue Medien treten hinzu. Der klassische Journalismus wird flankiert von Tätigkeitsfeldern für technische Redakteure, Mediengestalter und Organisatoren, aber auch Marketingfachleute und Medienforscher. Journalisten werden künftig verstärkt mit journalismusnahen Berufen zusammenarbeiten. Von ihnen wird angesichts der Breite des Arbeitsfeldes inhaltliche Flexibilität und die Bereitschaft gefordert, auch neue Aufgaben zu übernehmen.

Trend zur Entspezialisierung Der seit langer Zeit zu beobachtende Trend zur inhaltlichen Spezialisierung im Journalismus wird bei Universalmedien durch eine weitere Entwicklung ergänzt: Journalisten müssen ihr Spezialwissen in das Gesamtprodukt einbringen, indem sie es auch für andere Sparten fruchtbar machen. Auch in Zukunft wird – vor allem im so genannten Qualitätsjournalismus – ein hohes Maß an Fachkompetenz unabdingbar sein. Der Feuilleton-Redakteur, der nur Ballettkritiken schreibt, ist für die meisten Medien aber untragbar geworden. Sie wollen den Allround-Journalisten mit Fachwissen, der weiß, wie er seine Zielgruppe ansprechen kann. Es wird also immer mehr darauf ankommen, Detailwissen und Fachkenntnisse auch einem Publikum außerhalb des eigenen Fachressorts nahe zu bringen. Vermittlungskompetenz und die exakte Kenntnis von Zielgruppen werden dementsprechend wichtiger.

Angesichts der mehrdimensionalen Konkurrenz, mit der sich Journalisten auseinandersetzen müssen, deutet sich eine Ausdehnung der Medienkompetenz an. Journalisten, die nur ihr Medium kennen und wenig über die Produktionsmechanismen und Stärken ihrer Konkurrenz wissen, werden sich künftig schwer tun, wenn es um eine erfolgreiche Positionierung ihrer Produkte oder gar um eine mehrmediale Verbreitung der eigenen Inhalte geht. Sind journalistische Qualifikationen nur auf ein Medium ausgelegt, wird zudem ein Wechsel des Arbeitgebers erschwert. Der einzelne Journalist hat im Fall von Beschäftigungsschwankungen nur die Chance, bei vergleichbaren Medien eingestellt zu werden. Eine mehrere Medien umfassende Qualifikation erleichtert Planungsentscheidungen im Alltag und ist die Basis für berufliche Mobilität.

Alles in allem bringen die Entwicklungen der Medienmärkte und der Technik dem Berufsstand Journalismus mehr ganzheitliche Verantwortung für das »Produkt« – was dessen Gestaltung, aber auch dessen Markterfolg betrifft. Sie verändern die Arbeitsbedingungen und die Teams, die nun zusammenarbeiten. Journalisten haben neue Gesprächspartner gewonnen, mit denen sie um die jeweils beste Lösung ringen. Das erfordert »Schnittstellen-Qualifikationen«. Gemeint ist die Fähigkeit, mit den Berufen, die eine hohe Affinität zum klassischen Journalismus haben, zusammenzuarbeiten und gemeinsam nach Lösungen für Probleme zu suchen.

Schnittstellen-
Qualifikationen

Die Zeiten, in denen sich Journalisten erlauben konnten zu sagen, »ich schreibe meine Artikel und damit basta«, sind vorbei. Sie arbeiten in marktorientierten Medienunternehmen, die bei aller Rücksicht auf die Autonomie der Redaktionen auf deren Mitarbeit bei Entscheidungen über die technische Infrastruktur oder die künftige Marktpolitik angewiesen sind. Die Schnittstellen des Berufes Journalismus zum Markt, also Fragen des Marketings (→ Management und Marketing), sind ebenso unübersehbar wie diejenigen zur Technik.

Neue Technik hat in den Zeitungsverlagen in Form der dritten Generation von Redaktionssystemen, Agentursystemen, dem elektronischen Ganzseitenumbruch und der Vernetzung über Intranet sowie Internet Einzug gehalten. Auch hier müssen die Journalisten Schritt halten, indem sie sich die entsprechenden technischen Qualifikationen aneignen und diese durch lebenslanges Lernen kontinuierlich ausbauen.

Technische
Qualifikationen

Auch die Nachrichtenübermittlung der Agenturen hat sich durch den Einsatz neuer Techniken grundlegend verändert. Heute arbeitet ein Journalist an einem Bildschirm-Terminal. Das Terminal gibt den Text in Sekundenschnelle an die Zentralredaktion. Dort wird er auf einen Bildschirm gerufen. Wenn der Nachrichtenredakteur den Text für interessant hält, gibt er ihn redigiert bzw. unredigiert an die Kunden, z.B. eine Zeitung oder Zeitschrift, weiter. Der dortige Redakteur holt den Text ebenfalls auf seinen Bildschirm. Er kann ihn verändern oder auch ohne Umstellungen oder Kürzungen in Satz geben. Der elektronische Ganzseitenumbruch ermöglicht den Umbruch (meist einschließlich Bilder und Grafiken) vom Redaktionsschreibtisch aus.

Hörfunk- und Fernsehjournalisten waren im Unterschied zu ihren schreibenden Kollegen schon immer in eine medientechnisch gerüstete Organisation einbezogen. Rundfunkproduktionen sind personal- und technikaufwändig. Sie bedürfen der intensiven Zusammenarbeit im Team. Fernsehjournalisten können nur dann die gestalterischen Möglichkeiten ihres Mediums voll ausschöpfen, wenn sie den medientechnischen Apparat, in den sie einbezogen sind, kennen, und wenn sie mit den Arbeitstechniken der Mitarbeiter im Team, z. B. Kameramann und Cutter, vertraut sind.

Journalisten agieren heutzutage im Spannungsfeld zwischen Technik, Markt/ Wettbewerb, Recht und dem Gegenstand ihres Berufes – der Vermittlung und Kommentierung komplizierter Fragen der Zeit, der Aufbereitung von Problemlösungen oder auch nur der ansprechenden Präsentation von unterhaltenden oder hilfreichen Ausschnitten aus der gesellschaftlichen Diskussion. Gleichzeitig wird das Feld der medien- und journalismusnahen Berufe kontinuierlich verbreitert und bietet Journalisten mit entsprechenden Qualifikationen neue Chancen: vom PR- und Kommunikationsberater, Medienökonom und Medientechniker bis zum Designer und Werbefachmann. Auch im Medienmanagement entstehen Arbeitsplätze für entsprechend qualifizierte Journalisten. Journalismus als Berufsfeld dehnt seine Grenzen aus – auch wenn damit ein Stück der überlieferten Sicherheit und Besonderheit des Berufs von Kommunikation als öffentlicher Aufgabe verloren geht.

7 Berufs- und Selbstverständnis

Welchen Journalismus meinen wir eigentlich, wenn wir über seine Kompetenz und Professionalität nachdenken? Den Reporter, der zu Geiselnehmern ins Auto steigt und Menschenleben gefährdet, um seine Story zu retten? Den Journalisten, der in die Redaktion eingehende Nachrichten bearbeitet und möglichst schnell veröffentlicht? Den Magazinjournalisten, der echte oder vermeintliche Skandale aufdeckt oder das Fehlverhalten von Persönlichkeiten des öffentlichen Lebens kontinuierlich brandmarkt?

Berufsverständnisse von Journalisten können entsprechend der breit gefächerten Medienlandschaft sehr unterschiedlich sein. Motive für die journalistische Arbeit unterscheiden sich ebenso wie Mittel und Wege, die bei der Recherche beschritten werden oder das Verhalten bei Zielkonflikten. Welches Ziel verfolgen die Journalisten vorrangig: Kompliziertes verständlich zu machen? Informationen möglichst schnell zu vermitteln? Anwalt von Gruppen zu sein? Hinter die Kulissen oder durch das Schlüsselloch zu schauen? Wie weit kann und sollte ein Journalist gehen? Welche Mittel und Wege der Informationsbeschaffung scheiden aus oder kommen nur bei hohem Erfolgsdruck bzw. bei einer wirklich »heißen« Story infrage? Ist es unter journalistischen Gesichtspunkten zu verantworten, einen einmal entdeckten Skandal zum passenden Zeitpunkt, zum Beispiel vor Wahlen, in Häppchen – Heft für Heft – der Öffentlichkeit zu präsentieren, wenn die Schwere des Falles eigentlich eine sofortige und lückenlose Aufklärung erforderte?

Über diese Fragen herrscht keineswegs Einigkeit unter den Journalisten. Journalismus ist eben nicht gleich Journalismus. Ein Redakteur eines Boulevardblattes hat ein anderes Berufsverständnis als sein Kollege einer überregionalen Abonnementzeitung, ein Magazinjournalist verfolgt völlig andere Berufsziele als ein Redakteur einer Nachrichtenagentur. Dennoch gibt es im Journalismus gemeinsame Vorstellungen von Zielen und Aufgaben des Berufs, zu denen sich Journalisten je nach persönlicher Überzeugung und Arbeitsaufgabe bekennen. Es sind Leitbilder, die sie in ihrer täglichen Arbeit verfolgen, wohl wissend, dass sie nicht gänzlich umgesetzt werden können. Grundsätzlich zeigen sie, wie Journalisten gegenüber ihrem Publikum, ihren Quellen und den gesellschaftlichen Akteuren ihre Arbeit verstehen und welche Ziele ihnen wichtig sind. Diese Leitbilder werden als journalistische Berufsrollen oder Berufsverständnisse zum Teil unterschiedlich beschrieben. Wichtige Berufsverständnisse sind: Objektiver Berichterstatter, Kritiker und Kontrolleur, Anwalt der Schwachen, investigativer Journalist, Ratgeber und Berater, Unterhalter und Entertainer oder Erzieher und Pädagoge.

Viele Journalisten streben die Rolle eines objektiven Berichterstatters an, der sich um die größtmögliche Neutralität bei der Vermittlung von aktuellem Geschehen bemüht. Es geht ihm um Sachlichkeit. Eigene Wertungen und Meinungsäußerungen werden aus der Berichterstattung herausgehalten oder klar als solche gekennzeichnet. Im Vordergrund steht die Vermittlung von Informationen von einem neutralen Standpunkt aus. Diese Art von Journalismus versucht die Subjektivität der Person zurückzudrängen, stellt die Aufgabe der Vermittlung in den Mittelpunkt beruflichen Strebens und gerät dadurch aber auch in die Gefahr, zum Hofberichterstattungs- und Gefälligkeitsjournalismus abzudriften.

Objektiver Berichterstatter

Genau entgegengesetzt wirkt die Berufsauffassung derjenigen Journalisten, die sich als die Kritiker gesellschaftlicher Ereignisse sehen, ihre Kontrollfunktion in der Gesellschaft betonen und in Meinungsbeiträgen kritisch, prüfend und wertend Stellung beziehen. Sie fühlen sich als die »Wachhunde« der Gesellschaft mit dem Auftrag: kontrollieren, aufdecken und bewerten. Ihre Berufsziele werden von der Vorstellung der Medien als »vierter Gewalt« gespeist. Aktuelle Entwicklungen im Journalismus haben die alte Frage neu thematisiert: Wer kontrolliert denn diese Kontrolleure? Wem gegenüber sind sie verantwortlich? Bedenken sie denn die Konsequenzen ihrer Arbeit, und in wessen Verantwortung fallen die Folgen kritischer Medienberichterstattung?

Kontrolleur und Kritiker

Journalisten ergreifen oft auch bewusst Partei und verzichten auf das Ziel der Objektivität, wenn sie gleichsam als Anwälte für Schwache, unterrepräsentierte Gruppen und Interessen ohne Lobby in der Gesellschaft eintreten. Der anwaltliche Journalismus verfolgt konkrete Ziele und setzt sich für bestimmte Anliegen ein. Häufig agiert er dabei für Schwache gegen Starke. Die Gefahr besteht, für unredliche Zwecke oder verdeckte Ziele missbraucht zu werden.

Anwaltlicher Journalist

Investigativer Journalist

Der Verzicht auf Objektivität und die bewusste Parteinahme sind auch die Basis des so genannten investigativen Journalismus (Enthüllungsjournalismus), dessen Aufdecken von politischen und wirtschaftlichen Skandalen immer wieder für Diskussionsstoff sorgt. Ziel dieser – meist in Magazinen tätigen – Journalisten ist es, verschwiegene, geheime und der Öffentlichkeit vorenthaltene Informationen gründlich zu recherchieren, abzusichern und dann zu publizieren. Der Enthüllungsjournalismus, der sich der Gefahr einseitiger Berichterstattung bewusst ist, operiert auf schwierigem Gelände. Zum einen muss er die Beweisführung seiner Story vor den Betroffenen meist bis zum Zeitpunkt der Veröffentlichung geheim halten und – sofern es sich um Personen oder Organisationen handelt – auf rechtliche Barrieren wie den Schutz der Intim- und Privatsphäre achten. Die Entwicklung auf den Medienmärkten zwingt jedoch Presse und Rundfunk gleichermaßen, sich mit exklusiven Meldungen und Geschichten zu profilieren. Die Leistungen des investigativen Journalismus in der Vergangenheit sind unbestritten. Er hat Konjunktur und gute Zukunftsaussichten – auch und gerade weil er für exklusive Storys sorgt, die in der Medienkonkurrenz immer wichtiger werden.

Ratgeber und Berater

Gleiches gilt für Journalisten, die sich als Ratgeber oder Berater fühlen. Ihnen geht es vorrangig darum, dem Leser, Hörer oder Zuschauer Lebenshilfe im Alltag und Ratschläge bei schwierigen Problemen zu geben. Ob Umwelt, Gesundheit, Arbeit und Beruf oder Finanzen: Der Ratgeberjournalismus versucht, Informationen so zu recherchieren, zu analysieren und aufzubereiten, dass sie dem Publikum helfen, Entscheidungen zu treffen und Kompliziertes zu lösen. Dies erfordert ein hohes Maß an Sachwissen, Unabhängigkeit und Distanz, damit diese Art von Journalismus nicht zum Erfüllungsgehilfen von PR-Interessen wird (→ Themen und Ressorts in den Medien).

Unterhalter und Entertainer

Medien wollen nicht nur informieren, sondern auch unterhalten. Zwischen Information und Unterhaltung als Aufgabe von Presse und Rundfunk verwischen die Grenzen zunehmend. Das Schlagwort Infotainment weist auf einen Trend hin, Informationen unterhaltend zu präsentieren oder Unterhaltung informativ zu gestalten. Eine Reihe von Journalisten agiert auch oder ausschließlich in der Rolle des Unterhalters, wenn sie beispielsweise die Neugierde und Sensationslust des Publikums ansprechen und versuchen, Themen spannend und kurzweilig zu präsentieren. Viele Journalisten sehen die Berichterstattung über Sensationen und Themen mit »human touch«, über Menschen und allzu Menschliches als vorrangige Aufgabe. Vom Boulevardjournalismus bis zur Moderation im Rundfunk – die Gewichtung von Information und Unterhaltung in der alltäglichen Arbeit hängt auch von redaktionellen Konzepten und Zielen des Mediums ab. Unterhaltungsjournalismus enthält die Gefahr, pures Entertainment zu betreiben und wirft damit die berechtigte Frage auf: Ist das noch Journalismus?

Eher in den Hintergrund tritt im Laufe der Jahre das Berufsverständnis der Journalisten, die sich als Erzieher und Pädagogen verstehen. Diese Berufsspezies will dem Publikum eher anspruchsvolle Themen vermitteln, ihnen eine »gehobene« Sprache präsentieren und sie mit Medieninhalten konfrontieren, die ihnen Anreize für verändertes Verhalten bieten sollen. Diese angebotszentrierte Art von Journalisten geht weniger von den Wünschen aus, die das Publikum äußert, sondern von den in den Augen der Redakteure wünschenswerten Inhalten. Allein, wer setzt die Ziele und Werte fest, auf die der Journalist pädagogisch hinarbeitet? Der harte Wettbewerb der Medien hat in den letzten Jahren dazu geführt, dass diese eher pädagogisch orientierte Berufsauffassung im Journalismus an Boden verliert. Bedürfnisse und Interessen des Publikums – wie sie sind und nicht wie sie sein sollen – rücken in den Mittelpunkt.

Wie weit verbreitet sind die vorgestellten Berufsauffassungen unter den deutschen Journalisten? Hierzu liegen Ergebnisse der aktuellen Berufsstudie »Journalismus in Deutschland« vor. Die beruflichen Selbstverständnisse wurden in drei Dimensionen erhoben: Information und Vermittlung als Ausdruck eines neutral informierenden Journalismus, Kritik, Kontrolle und Engagement als Ausprägung eines aktiv-kritischen Journalismus sowie Service und Unterhaltung als Kennzeichen eines direkt an den Publikumsbedürfnissen orientierten Journalismus.

Die Ergebnisse zeigen: Der Informationsjournalismus zählt nach wie vor zu den allgemein akzeptierten Standards des Berufes. Fast neun von zehn Journalisten wollen ihr Publikum möglichst neutral und präzise informieren, 79 Prozent geben an, komplexe Sachverhalte vermitteln zu wollen und etwa drei Viertel der Journalisten haben den Anspruch, die Realität so abzubilden, wie sie ist (vgl. Abb. 23). Diese Zustimmung zu Rollenbildern, die auf Information und Vermittlung ausgerichtet sind, hat im Vergleich zu 1993 weiter zugenommen und ist auch heute noch der dominante Kern der journalistischen Berufsrollen in Deutschland.

Erzieher und Pädagoge

Verbreitung der journalistischen Berufsverständnisse

Information als Kernbereich

Abb. 23: Zustimmung zum Rollenselbstverständnis »Information und Vermittlung« in Prozent

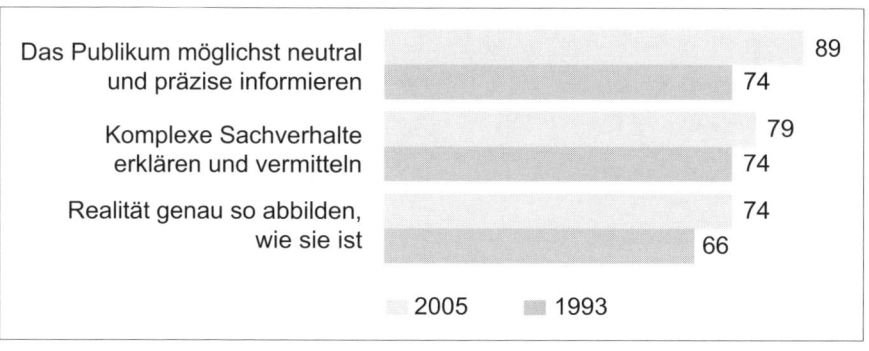

Quelle: Weischenberg/Malik/Scholl 2006, S. 102

Kritische
Ausrichtung
bleibt wichtig

Neben der Informationsvermittlung ist auch die Kritikfunktion ein weit verbreitetes Leitbild unter den deutschen Journalisten. Immerhin geben 58 Prozent der deutschen Journalisten an, bei ihrer Arbeit Kritik an Missständen üben zu wollen. Demgegenüber ist die Zustimmung zu ausdrücklich anwaltlichen und kontrollierenden Leitbildern eher gering. Generell haben Rollenverständnisse, die auf Kritik, Kontrolle und Engagement ausgerichtet sind, seit 1993 eher an Bedeutung verloren (vgl. Abb. 24).

Abb. 24: Zustimmung zum Rollenselbstverständnis »Kritik, Kontrolle, Engagement« in Prozent

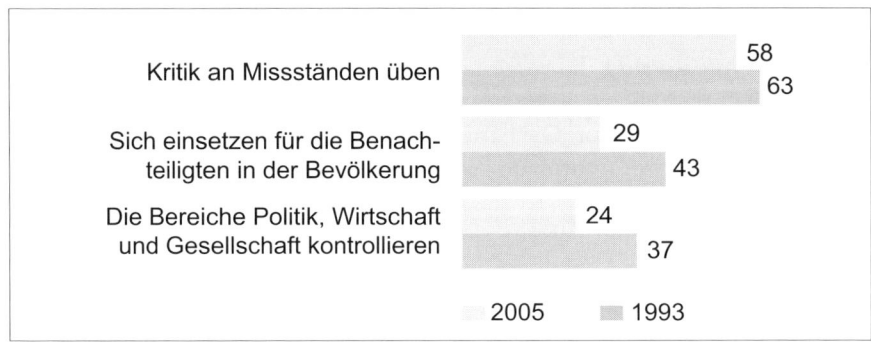

Kritik an Missständen üben — 58 / 63

Sich einsetzen für die Benachteiligten in der Bevölkerung — 29 / 43

Die Bereiche Politik, Wirtschaft und Gesellschaft kontrollieren — 24 / 37

2005   1993

Quelle: Weischenberg/Malik/Scholl 2006, S. 106

Service und
Unterhaltung
sind auf dem
Vormarsch

Neben den klassischen, auf Öffentlichkeit, Politik und gesellschaftliche Akteure bezogenen Rollenbildern haben auch Berufsverständnisse, die direkt auf Service-, Ratgeber- und Unterhaltungsbedürfnisse des Publikums ausgerichtet sind, ihren Platz im deutschen Journalismus gefunden. Dabei ist die Zustimmung zum Service- und Ratgeberjournalismus etwas höher als zum Unterhaltungsjournalismus: Je 44 Prozent der Journalisten wollen dem Publikum Lebenshilfe bieten und neue Trends aufzeigen, 37 Prozent sehen ihre Aufgabe (auch) darin, dem Publikum Unterhaltung und Entspannung zu bieten (vgl. Abb. 25).

Abb. 25: Zustimmung zum Rollenselbstverständnis »Service und Unterhaltung« in Prozent

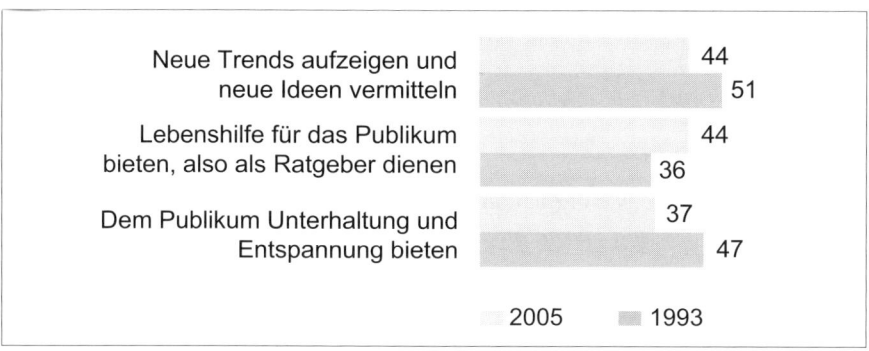

Neue Trends aufzeigen und
neue Ideen vermitteln
44
51

Lebenshilfe für das Publikum
bieten, also als Ratgeber dienen
44
36

Dem Publikum Unterhaltung und
Entspannung bieten
37
47

2005   1993

Quelle: Weischenberg/Malik/Scholl 2006, S. 111

Die Ergebnisse deuten auf eine Ausdifferenzierung des journalistischen Berufs hin. Klassische Berufsverständnisse, allen voran die objektive Berichterstattung, bleiben wichtig. Gleichzeitig orientieren sich Journalisten aber auch immer stärker an konkreten Informations-, Service- und Unterhaltungsbedürfnissen des Publikums. Vor allem Journalisten der expandierenden Fach- und Special-Interest-Angebote arbeiten strikt publikumsorientiert. Wohin steuert der Journalismus also? Bleibt er ein ernstzunehmender Faktor der politischen Öffentlichkeit? Wird er zunehmend zum flexiblen Servicedienstleister für Zielgruppen? Die Umbrüche im Mediensystem erschüttern das Berufsfeld Journalismus – sein Berufsverständnis ebenso wie die Qualifikationsprofile. Journalismus als Berufsfeld sucht seinen Platz in der Informationsgesellschaft. Er definiert sich neu.

Literatur

Altmeppen, Klaus-Dieter/Hömberg, Walter (Hg.): Journalisten-Ausbildung für eine veränderte Medienwelt. Diagnosen, Institutionen, Projekte. Wiesbaden 2002.
Die Veränderungen in den Medien ziehen neue Angebote und Studiengänge für die Journalistenausbildung und -fortbildung nach sich. Der Sammelband diskutiert diese Entwicklungen aus verschiedenen Perspektiven.

Deutscher Journalisten-Verband e. V. (Hg.): Von Beruf frei. 3. Auflage, Bonn 2003.
Ratgeber für freie Journalistinnen und Journalisten.

Hofert, Svenja: Erfolgreich als freier Journalist. 2., überarbeitete Auflage, Konstanz 2006.
Strategien zum Selbstmarketing für freie Journalisten vermittelt dieser Band. Checklisten vereinfachen Identifikation, Aufbau und Behauptung der »Marke Ich«.

Ludwig, Johannes: Investigativer Journalismus. 2. Auflage, Konstanz 2007.
Umfassende Beschreibung des investigativen Journalismus als wichtigem journalistischem Arbeitsfeld mit Fallbeispielen aufgedeckter Affären und Tipps für die praktische Recherchearbeit.

Meier, Klaus: Journalistik. Konstanz 2007.
Verständlich geschriebenes Lehrbuch, das in die Journalistik einführt. Theoretische Ansätze und praktische Konzepte werden ebenso behandelt wie Ergebnisse von Studien über den Journalismus.

Weischenberg, Siegfried/Malik, Maja/Scholl, Armin: Die Souffleure der Mediengesellschaft. Report über die Journalisten in Deutschland. Konstanz 2006.
Umfangreiche repräsentative Studie über die deutschen Journalisten: In welchen Medien arbeiten sie, wie sind sie ausgebildet, welche Ziele verfolgen sie, wer und was beeinflusst ihre Arbeit und viele Fragen mehr werden detailliert beantwortet.

IV   Rechte und Pflichten

Der Journalist kann mit seiner Arbeit einen großen Freiheitsspielraum ausschöpfen. Er stößt aber auch auf Schranken. Je intensiver zum Beispiel ein Journalist recherchiert, desto näher kommt er an die Grenzen seiner Möglichkeiten und die Rechte Dritter. Andererseits ist er rechtlich zu intensiver Recherche und Wahrheitstreue verpflichtet. Rechte und Pflichten des Journalisten sind gesetzlich geregelt. Nur wer die Gesetze kennt, kann das Recht der freien Berichterstattung und Meinungsäußerung voll wahrnehmen. Darüber hinaus können Beweggründe, die von der journalistischen Ethik geprägt sind, den Journalisten auch dazu veranlassen, Rechte nicht voll auszuschöpfen (→ Journalisten und ihr Publikum). Dieses sind dann selbst gewählte Grenzen.

1   Verfassungsrechtliche Grundlagen

Die verfassungsrechtlichen Grundlagen des Mediensystems in der Bundesrepublik Deutschland sind: das Grundgesetz, die Verfassungen der Länder, die Rechtsprechung des Bundesverfassungsgerichts sowie – über Artikel 25 Grundgesetz – völkerrechtliche Regelungen wie beispielsweise die für die Pressefreiheit wichtigen Artikel 10 Europäische Menschenrechtskonvention und Artikel 19 der Allgemeinen Erklärung der Menschenrechte der Vereinten Nationen. Artikel 5 des Grundgesetzes für die Bundesrepublik Deutschland stellt die zentrale Rechtsgrundlage für das Mediensystem dar: »Jeder hat das Recht, seine Meinung in Wort, Schrift und Bild frei zu äußern und zu verbreiten und sich aus allgemein zugänglichen Quellen ungehindert zu unterrichten« (Art. 5 Abs. 1 GG). Dieses Grundrecht gewährleistet eine zweifache Informationsfreiheit: das Recht, andere zu informieren und Informationen entgegenzunehmen sowie das Recht, sich durch Aufsuchen von Quellen zu informieren. Die in Art. 5 GG gewährleistete Meinungsfreiheit schützt nicht nur die Meinungskundgabe, sondern auch die geistige Kommunikation mit anderen.

Das Bundesverfassungsgericht (BVerfG) hat in Urteilen und Beschlüssen Entscheidungen von medienrechtlicher Bedeutung getroffen und bindende Aussagen zur institutionellen Garantie der Pressefreiheit, den Grenzen der Meinungsfreiheit, den Möglichkeiten der Rundfunkorganisation und zur Informationsfreiheit gemacht. »Das Grundrecht auf freie Meinungsäußerung ist als unmittel-

Rechtsprechung des Bundesverfassungsgerichts

barster Ausdruck der menschlichen Persönlichkeit in der Gesellschaft eines der vornehmsten Menschenrechte überhaupt … Für eine freiheitlich-demokratische Staatsordnung ist es schlechthin konstituierend, denn es ermöglicht erst die ständige geistige Auseinandersetzung, den Kampf der Meinungen, der ihr Lebenselement ist«.

> Die Pressefreiheit geht nach der Rechtsprechung des Bundesverfassungsgerichts über die im Grundgesetz geregelte Meinungs- und Informationsfreiheit hinaus: Sie ist konstitutiv für den gesellschaftlichen und politischen Prozess und stellt eine für den pluralistisch-demokratischen Staat unentbehrliche Einrichtung dar, die dem Interesse aller dient.

Meinungs- und Informationsfreiheit sind Abwehrrechte des Bürgers gegen den Staat (»Individualrechte«). In der Pressefreiheit sieht das Bundesverfassungsgericht indes mehr als nur ein Individualrecht. Der Staat oder seine Organe dürfen niemanden daran hindern, seine (verbreitete) Meinung zu äußern oder zu vertreten. Pressefreiheit beschränkt sich jedoch nicht nur auf die individuelle Selbstverwirklichung, sondern ist konstitutiv für den gesellschaftlichen und politischen Prozess. Das Bundesverfassungsgericht hat daher mehrfach betont, das »Institut Presse« stelle eine für den pluralistisch-demokratischen Staat unentbehrliche Einrichtung dar, die dem Interesse aller dient: »Die Pressefreiheit und die Freiheit der Berichterstattung durch Rundfunk und Film werden gewährleistet. Eine Zensur findet nicht statt.« (Artikel 5 Absatz 1 Sätze 2 und 3 GG.).

Staatliche Eingriffe, etwa die Kontingentierung von Papier nach politischen Gesichtspunkten oder Sondersteuern für die Medien, sind daher verfassungswidrig. Druckerzeugnisse können auch nicht vor ihrem Erscheinen irgendeiner inhaltlichen Kontrolle unterworfen werden. Verstößt eine Publikation jedoch gegen straf- oder grundgesetzliche Regelungen, kann sie nach dem Erscheinen beschlagnahmt werden. Allerdings kann dies nur ein Richter anordnen. Ebenso ist ein Verbot der Verbreitung von Schriften an Kinder und Jugendliche im Rahmen des Jugendschutzgesetzes, das 2003 das Gesetz über die Verbreitung jugendgefährdender Schriften und Medieninhalte ablöste, durch die eigens für diesen Zweck eingerichtete Bundesprüfstelle für jugendgefährdende Medien möglich.

Verhinderung von Pressekonzentration Wie hoch die Bedeutung der Pressefreiheit einzustufen ist, zeigt ein anderer Spruch des Bundesverfassungsgerichts. Sein Tenor lautet: Pressefreiheit ist nicht nur als Schutz gegen Eingriffe des Staates zu verstehen, sondern legt dem Staat seinerseits vielmehr die Pflicht auf, für den Bestand einer freien Presse zu sorgen. So ließe sich laut Bundesverfassungsgericht »etwa auch an eine Pflicht des Staates denken, Gefahren abzuwehren, die einem freien Pressewesen aus der Bildung von Meinungsmonopolen erwachsen könnten«. Diese Pflicht wurde erfüllt durch

Regelungen des Presse- und Medienkonzentrationsrechts, die weit über das allgemeine Kartellrecht hinausgehen.

Trotz des hohen Wertes, den die Verfassung den Kommunikationsgrundrechten und der Pressefreiheit zuweist, sind diese nicht ohne Grenzen. Die Medien dürfen nicht gegen gesetzliche Bestimmungen wie den Jugendschutz, das allgemeine Strafrecht oder Normen, die das Recht der persönlichen Ehre regeln, verstoßen (Grundrechtsschranke des Artikels 5 Absatz 2 GG).

2 Presserecht

Nach Art. 70 GG steht das Recht, Pressegesetze zu erlassen, den Ländern zu. Der Bund könnte nach Art. 75 Abs. 1 GG zwar ein Presserechtsrahmengesetz erlassen, hat aber von dieser Kompetenz keinen Gebrauch gemacht. Deshalb haben Landesregierungen und Länderparlamente freie Hand bei der Ausgestaltung der landesrechtlichen Pressegesetze. Die Verfassungen der Länder formulieren das Recht der Meinungs- und Informationsfreiheit sowie ihre Schranken ähnlich wie das Grundgesetz. Die Landespressegesetze gelten auch für den Rundfunk, soweit Rundfunkgesetze oder Staatsverträge keine Sonderregelungen enthalten. So sind sie beispielsweise für den Informationsanspruch gegenüber Behörden und bei einigen Rundfunkanstalten für den Gegendarstellungsanspruch gültig. Bayern und Hessen haben schon 1949, die übrigen neun alten Bundesländer 1964 und 1966 Landespressegesetze geschaffen, in den neuen Bundesländern sind sie zwischen 1991 und 1993 verabschiedet worden. Die Landespressegesetze regeln die Rolle der Journalisten und enthalten Normen, welche die Freiheitsgarantie des Art. 5 GG konkretisieren. Alle Landespressegesetze (außer Hessen) und die Rundfunkgesetze weisen Presse und Rundfunk eine »öffentliche Aufgabe« zu.

> Die Landespressegesetze regeln die Rolle der Journalisten und konkretisieren die Freiheitsgarantie des Grundgesetzes. Alle Landespressegesetze (außer Hessen) und die Rundfunkgesetze weisen Presse und Rundfunk eine »öffentliche Aufgabe« zu.

Sonderrechte für Journalisten ergeben sich zum einen aus der öffentlichen Aufgabe der Presse, zum anderen, wenn ein öffentliches Interesse vorliegt. Die öffentliche Aufgabe des Journalisten wird in den Pressegesetzen erläutert. Sie besteht darin, Nachrichten zu beschaffen und zu verbreiten, Stellung zu nehmen und Kritik zu üben, an der Meinungsbildung mitzuwirken und einen Beitrag zur Bildung zu leisten. Die Tätigkeit der Presse ist ein notwendiges Gegengewicht zur Staatsgewalt. Sie unterzieht diese der Kritik und wirkt an der öffentlichen Meinungsbildung mit. Für das Bundesverfassungsgericht ist eine freiheitliche Demokratie ohne Presse nicht denkbar. In dieser Unentbehrlichkeit liege ihre »öffentliche Aufgabe«, doch ist dieser Begriff nicht unumstritten, da öffentliche Aufgaben auch mit »öffentlichen Pflichten« verbunden sind. Nicht von ungefähr wird die Presse häufig als »vierte« Gewalt im Staate bezeichnet.

3 Rundfunkrecht

Verschiedene Gesetze auf Bundes- und Länderebene legen die Aufgaben der Rundfunksender fest und regeln Art, Aufgaben und Bestellung der Anstaltsorgane. Sie enthalten u. a. Bestimmungen zum Gebührenwesen und zum Gegendarstellungsanspruch. Die Gesetze und Staatsverträge werden durch die Satzungen der einzelnen Rundfunkanstalten präzisiert und ergänzt. Dazu gehören der Staatsvertrag der Länder über den Rundfunk im vereinten Deutschland (Rundfunkstaatsvertrag in der Fassung vom 1. März 2007), die Rundfunkgesetze der Länder über die Errichtung und die Aufgaben der Landesrundfunkanstalten in einem Bundesland, die Staatsverträge zwischen mehreren Ländern über die Errichtung von gemeinsamen Landesrundfunkanstalten, die mehrere Bundesländer versorgen (Südwestrundfunk, Mitteldeutscher Rundfunk, Norddeutscher Rundfunk, Radio Berlin-Brandenburg), der Staatsvertrag über die Errichtung des Zweiten Deutschen Fernsehens, Staatsverträge über die Regelung der Rundfunkgebühr und deren Höhe, das Bundesgesetz über die Errichtung der Bundesrundfunkanstalt Deutsche Welle sowie die Landesmediengesetze, welche die Zulassung privater Rundfunkveranstalter in den einzelnen Ländern regeln. Hinzu kommt auf europäischer Ebene die 2007 reformierte EU-Fernseh-Richtlinie (genauer: Richtlinie Audiovisuelle Mediendienste ohne Grenzen).

Rundfunkurteile des Bundesverfassungsgerichts Das Rundfunkorganisationsrecht wurde von den verschiedenen Rundfunkurteilen des Bundesverfassungsgerichts entscheidend geprägt. 1961 hat es im ersten Rundfunkurteil zum so genannten »Adenauer-Fernsehen« (der erste deutsche Bundeskanzler wollte damals eine Deutschland-Fernsehen GmbH gründen) den Bundesländern die gesetzgeberische Kompetenz für den Rundfunk zugesprochen und dem Rundfunk zur Auflage gemacht, dass alle gesellschaftlich relevanten Gruppen zu Wort kommen müssten. Den Programmveranstaltern wurde ein Mindestmaß an Ausgewogenheit auferlegt. Diese »Binnenpluralität« (alle Meinungen in einem Programm) gilt für den öffentlich-rechtlichen Bereich und wurde im dritten Urteil 1981, bedingt durch die aufkommende Privatrundfunk-Diskussion, insofern modifiziert, als den Ländern zur Auflage gemacht wurde, den Rundfunk entweder binnenpluralistisch oder »außenpluralistisch« (eine Vielzahl unterschiedlicher Veranstalter) zu ordnen. »Von nun an war auch die außenpluralistische Struktur denkbar, wenn sie sich als geeignet erweisen würde, im Gesamtangebot der inländischen Programme der bestehenden Meinungsvielfalt auch tatsächlich Rechnung zu tragen«.

Als Konsequenz dieser Rechtsprechung entstanden in den Bundesländern neue Landesmediengesetze, mit dem Ziel, auch privaten Rundfunk zu ermöglichen. Diese Gesetze, von den jeweiligen Länderregierungen erlassen, regeln die Angelegenheiten der privaten Sender und die Aufgaben der Kontrollorgane. Allerdings werden diese Landesmediengesetze vom Rundfunkstaatsvertrag überlagert, der seinerseits Vorschriften für den privaten Rundfunk enthält (z. B. über die Zulassung privater Programmveranstalter). Das vierte Rundfunkurteil 1986 bestätigte einerseits die »duale« Rundfunkordnung (das Nebeneinander von öffentlich-rechtlichem und privatem Rundfunk), deklarierte aber gleichzeitig den öffentlich-rechtlichen Rundfunk als unverzichtbare Basis dieses Systems. Ihm wurde die Aufgabe der Grundversorgung zugewiesen und damit bestätigt, dass er eine essenzielle Funktion für die demokratische Ordnung zu erfüllen habe.

> Das Rundfunkorganisationsrecht wurde von den Rundfunkurteilen des Bundesverfassungsgerichts entscheidend geprägt. Die gesetzgeberische Kompetenz wurde den Bundesländern auferlegt, die seit 1981 zwischen dem zuvor alleingültigen binnenpluralen Modell (alle Meinungen in einem Programm) und dem außenpluralen Modell (eine Vielzahl unterschiedlicher Sender) wählen können.

Aus dem Rundfunkorganisationsrecht leiten sich die Vorgaben für den Programmauftrag ab, dem der öffentlich-rechtliche Rundfunk unterliegt. Die Programmaufgabe der öffentlich-rechtlichen Anstalten besteht in der flächendeckenden Versorgung ihrer Sendegebiete mit einem umfassenden Programmangebot. Neben Bestimmungen zur Organisation der öffentlich-rechtlichen Anstalten enthalten die Rundfunkgesetze besondere Programmrichtlinien, welche die Rechtsform und die Aufgaben der Anstalten beschreiben und das Verhältnis zu den Strafgesetzen regeln.

Programmauftrag des öffentlich-rechtlichen Rundfunks

Das Beispiel Westdeutscher Rundfunk soll diese verdeutlichen: »Für das Programm sowie für neue Dienste, die der Westdeutsche Rundfunk anbietet, gilt die verfassungsmäßige Ordnung. Die Vorschriften der allgemeinen Gesetze und die gesetzlichen Bestimmungen zum Schutz der Jugend und des Rechts der persönlichen Ehre sind einzuhalten. Der WDR hat in seinen Sendungen die Würde des Menschen zu achten und zu schützen. Er soll dazu beitragen, die Achtung vor Leben, Freiheit und körperlicher Unversehrtheit, vor Glauben und Meinung anderer zu stärken. Die sittlichen und religiösen Überzeugungen der Bevölkerung sind zu achten. Der WDR soll die internationale Verständigung fördern, die europäische Integration, ein diskriminierungsfreies Miteinander und die tatsächliche Gleichstellung von Frauen und Männern fördern, zum Frieden und zur sozialen Gerechtigkeit mahnen, die demokratischen Freiheiten verteidigen und der Wahrheit verpflichtet sein. Der WDR stellt sicher, dass die Vielfalt der bestehenden Meinungen und der weltanschaulichen, politischen, wissenschaftlichen und künstlerischen Richtungen im Gesamtprogramm der Anstalt in möglichster Breite und Vollständigkeit Ausdruck finden, die bedeutsamen gesellschaftlichen Kräfte im Sendegebiet im Gesamtprogramm der Anstalt zu Wort kommen, das Gesamtprogramm nicht einseitig einer Partei oder Gruppe, einer Interessengemeinschaft, einem Bekenntnis oder einer Weltanschauung dient. Der WDR soll in seiner Berichterstattung angemessene Zeit für die Behandlung kontroverser Themen von allgemeiner Bedeutung vorsehen. Wertende und analysierende Einzelbeiträge haben dem Gebot journalistischer Fairness zu entsprechen. Ziel der Berichterstattung ist es, umfassend zu informieren« (Gesetz über den Westdeutschen Rundfunk Köln, § 5 Abs. 1 bis 4).

> Der Programmauftrag der öffentlich-rechtlichen Anstalten besteht in der flächendeckenden Versorgung ihrer Sendegebiete mit einem umfassenden und ausgewogenen Angebot. Das Gebot der Ausgewogenheit bezieht sich jedoch nicht auf einzelne Sendungen, sondern nur auf das Gesamtprogramm.

Die Landesrundfunkgesetze, geprägt von den Entscheidungen des Bundesverfassungsgerichts, schreiben den Anstalten eine ausgewogene Berichterstattung und Programmgestaltung vor. Das Gebot der Ausgewogenheit bezieht sich jedoch nicht auf einzelne Sendungen, sondern nur auf das Gesamtprogramm. Andererseits ist beispielsweise das Gebot, die sittlichen und religiösen Überzeugungen der Bevölkerung zu achten, bei jeder Sendung zu befolgen.

Kontrolle des öffentlich-rechtlichen Rundfunks Die öffentlich-rechtlichen Rundfunkanstalten werden durch ihre Binnenorgane Rundfunkrat (beim ZDF: Fernsehrat) und Verwaltungsrat kontrolliert – das ist in den jeweiligen Landesrundfunkgesetzen oder Staatsverträgen geregelt. Aus der in Art. 5 GG garantierten Rundfunkfreiheit ergibt sich dabei nach der Rechtsprechung des BVerfG, dass die Zusammensetzung dieser Aufsichtsgremien nicht einseitig zusammengesetzt sein dürfen. Denn der öffentlich-rechtliche Rundfunk darf weder dem Staat noch wenigen gesellschaftlichen Gruppen ausgeliefert sein. Rundfunk- und Verwaltungsrat sollen vielmehr als Sachwalter der Interessen der Allgemeinheit die für die Programmgestaltung maßgeblichen Personen (Intendant und Direktoren) dahingehend überwachen, dass die Ausgewogenheit zwischen allen bedeutsamen politischen, weltanschaulichen und gesellschaftlichen Gruppen im Programm gewährleistet wird. Während der Rundfunkrat im Wesentlichen für die Programmaufsicht der jeweiligen Rundfunkanstalt zuständig ist (vgl. z.B. § 15 SWR-Staatsvertrag), kontrolliert der Verwaltungsrat die Geschäftsführung des Intendanten in personeller und finanzieller Hinsicht (vgl. z.B. § 21 SWR-Staatsvertrag).

Das Bundesverfassungsgericht stellte 1986 fest, dass die kommerziellen Rundfunkveranstalter sich der Kontrolle eines externen, vom Staat unabhängigen, unter dem Einfluss der maßgeblichen gesellschaftlichen Kräfte und Richtungen stehenden Organs unterziehen müssen. Diese Kontrollfunktion nehmen in den Ländern unterschiedlich benannte Landesmedienanstalten wahr. Sie erteilen privaten Rundfunkveranstaltern die gesetzlich vorgeschriebene Zulassung und treffen Aussagen zu den Zulassungsverfahren und -voraussetzungen, zum Inhalt der Zulassung und den Auswahlgrundsätzen bei beschränkter Übertragungskapazität. Der Rundfunkstaatsvertrag der Länder enthält auch Vorschriften zur Sicherung der Meinungsvielfalt und über allgemeine Programmgrundsätze für private Rundfunkprogramme, über deren Beachtung die Medienanstalten zu wachen haben.

Für den privaten Rundfunk gilt, dass er als Ganzes möglichst große Vielfalt und Ausgewogenheit an Information, Bildung und Unterhaltung bieten und garantieren muss. Die bedeutsamen politischen, weltanschaulichen und gesellschaftlichen Kräfte und Gruppen müssen in den Vollprogrammen angemessen zu Wort kommen. Auffassungen von Minderheiten sind zu berücksichtigen. Die Landesmedienanstalten wachen des Weiteren zusammen mit der Kommission zur Ermittlung der Konzentration im Medienbereich (KEK) über die fortbestehende Meinungsvielfalt im privaten Fernsehen, insbesondere darüber, dass einzelne Medienunternehmen keine vorherrschende Meinungsmacht erlangen. Nach dem Rundfunkstaatsvertrag wird eine vorherrschende Meinungsmacht vermutet, wenn die einem Unternehmen zurechenbaren Programme im Durchschnitt eines Jahres einen Zuschaueranteil von 30 Prozent erreichen. Die sechsköpfige KEK soll reformiert und um ebenso viele Direktoren der Landesmedienanstalten erweitert werden. Der Vorsitzende soll aber stets ein Mitglied aus den Reihen der KEK-Sachverständigen sein, dessen Stimme bei einem Abstimmungs-Patt entscheidend wäre. Auf der anderen Seite soll dafür das Revisionsrecht der Konferenz der Direktoren der Landesmedienanstalten (KDLM) abgeschafft werden.

Kontrolle des kommerziellen Rundfunks

> Der Privatrundfunk muss (binnen- oder außenplural) als Ganzes möglichst große Vielfalt und Ausgewogenheit an Information, Bildung und Unterhaltung bieten und garantieren. Hierüber wachen die Landesmedienanstalten zusammen mit der Kommission zur Ermittlung der Konzentration im Medienbereich (KEK).

Der Staatsvertrag über den Rundfunk im vereinten Deutschland enthält auch Finanzierungsregelungen für das duale Rundfunksystem (→ Wirtschaftliche Grundlagen der Medien). Danach finanzieren sich die öffentlich-rechtlichen Anstalten weiterhin vornehmlich aus Teilnehmergebühren. Unter den in der ARD zusammengeschlossenen Landesrundfunkanstalten werden im Rahmen

Finanzierung des öffentlich-rechtlichen Rundfunks

eines Finanzausgleichs die Einnahmen umverteilt, so dass auch kleinere Anstalten mit geringem Gebührenaufkommen ihrem Programmauftrag nachkommen können. Die Höhe der Rundfunkgebühr wird durch einen Staatsvertrag der Länder, dem die Landesparlamente zustimmen müssen, festgelegt, nachdem die Kommission zur Ermittlung des Finanzbedarfs der Rundfunkanstalten (KEF) deren Finanzbedarf geprüft und ermittelt hat (vgl. Rundfunkgebührenstaatsvertrag sowie Rundfunkfinanzierungsstaatsvertrag). Das BVerfG hat mit seinem Urteil vom 11. September 2007 dieses Verfahren bestätigt und festgelegt, dass die Länder von der Gebührenempfehlung der KEF nur aus nachprüfbaren wirtschaftlichen Gründen abweichen dürfen, nicht jedoch aus programmlichen oder medienpolitischen Erwägungen.

Die Rundfunkgebühr unterteilt sich in die Grundgebühr und die Fernsehgebühr. Grundgebühr und 62,2 Prozent der Fernsehgebühr verbleiben bei den ARD-Anstalten und dem Deutschlandradio, dem ZDF steht ein Anteil von 37,8 Prozent aus den Fernsehgebühreneinnahmen zu. 2 Prozent der Grund- und Fernsehgebühr fließen im Übrigen den Landesmedienanstalten zu. Um weitere Einnahmen zu erzielen, ist den öffentlich-rechtlichen Anstalten in eingeschränktem Umfang Werbung erlaubt. Werbung ist deutlich zu kennzeichnen und vom Programm zu trennen. Fernsehwerbung darf nur in Blöcken vor 20 Uhr gesendet werden und ist auf Werktage beschränkt. Sponsoring ist in gewissem Umfang erlaubt. Das nach der EU-Richtlinie Audiovisuelle Medien ohne Grenzen seit 2007 unter bestimmten Bedingungen erlaubte »Product-Placement« bleibt in Deutschland jedenfalls für Produktionen des öffentlich-rechtlichen Rundfunks voraussichtlich weiter verboten. Im Hörfunk darf an Werktagen bis zu 90 Minuten Werbung verbreitet werden. Der Anteil der Werbeeinnahmen an den Gesamteinnahmen ist unterschiedlich hoch. Die ARD-Anstalten finanzieren sich derzeit zu etwa 7 Prozent aus der Werbung, das ZDF zu etwa 12 Prozent.

Finanzierung des Privatrundfunks Die wirtschaftliche Basis der privaten Veranstalter bilden vorrangig Werbeeinnahmen und Entgelte. Zu den Entgelten zählen Sponsoreneinnahmen, Zuschauerentgelte beim Pay-TV, Spenden und Eigenmittel. Im Unterschied zu den öffentlich-rechtlichen Anstalten dürfen sie (weitgehend) nicht aus den Rundfunkgebühren finanziert werden. Dafür sind die Werbezeiten großzügig ausgelegt, sie dürfen jedoch ein Fünftel der täglichen Sendezeit nicht übersteigen. Neben den Übertragungen von Gottesdiensten dürfen Sendungen für Kinder nicht durch Werbung unterbrochen werden. Auch bei den privaten Veranstaltern muss die Werbung deutlich vom übrigen Programm abgesetzt und als solche gekennzeichnet werden (→ Wirtschaftliche Grundlagen der Medien).

Jugendmedienschutz-Staatsvertrag Besonderes Augenmerk wird auf den Jugendschutz gelegt. Die bisherigen Regelungen dazu im Rundfunkstaatsvertrag wurden mit Wirkung zum 1. April 2003 in verschärfter Form in den Jugendmedienschutz-Staatsvertrag, der für alle elektronischen Medien gilt, aufgenommen. Danach sind Angebote generell unzulässig, wenn sie – beispielsweise durch gewaltverherrlichende, volksverhetzende oder pornografische Inhalte – geeignet sind, die Entwicklung von Kindern und Jugendlichen oder ihre Erziehung zu einer eigenverantwortlichen und gemeinschaftsfähigen Persönlichkeit schwer zu gefährden. In diesem Sinne entwicklungsbeeinträchtigende Angebote dürfen nur zwischen 23 und 6 Uhr ausgestrahlt werden. Entwicklungsbeeinträchtigende Werbung muss auch in den privaten elektronischen Medien getrennt von Angeboten erfolgen, die sich an Kinder oder Jugendliche richten.

Werden die genannten Vorgaben nicht beachtet, so besteht nach einem ausführlichen Ordnungswidrigkeitkatalog die Möglichkeit, ein Bußgeld bis zu 500.000 Euro gegen den Programmveranstalter zu verhängen. Bei der Prüfungskompetenz hinsichtlich der Einhaltung der Vorschriften des Jugendmedienschutz-Staatsvertrags wurde die Rundfunkfreiheit allerdings gestärkt. Werden die öffentlich-rechtlichen Rundfunkanstalten wie bisher durch ihre eigenen Aufsichtsgremien überwacht, können nun auch für den Privatrundfunk Einrichtungen der freiwilligen Selbstkontrolle geschaffen werden, welche die Aufsicht über die Einhaltung der Bestimmungen übernehmen. Nur dort, wo solche Selbstkontrolleinrichtungen nicht bestehen, wird die jeweils zuständige Landesmedienanstalt über die neu gebildete, bundesweite Kommission für Jugendschutz tätig.

4 Filmrecht

Filmwerke sind alle filmischen Darstellungen, unabhängig vom jeweiligen Inhalt und für welchen Zweck sie bestimmt sind, mit welchen technischen Mitteln und an welchem Ort sie aufgenommen und wiedergegeben werden. Zu unterscheiden sind Filmwerke, die für öffentliche Filmveranstaltungen bestimmt sind, die für Bild- und Tonträger vorgesehenen und die für Fernsehsendungen gedachten Filme. Meist werden Kinofilme auch im Fernseh- und Videobereich genutzt; außerdem gibt es spezielle Fernsehfilme, aber nur wenige reine Videofilme. Kinofilme unterliegen in der Regel Sperrfristen. Erst nach einem halben Jahr sind sie für den Verleih oder Verkauf auf DVD freigegeben. Die Fernsehauswertung erfolgt im Regelfall nach ein bis fünf Jahren.

Filmschaffende können sich, wie Presse- und Rundfunkjournalisten auch, auf den Artikel 5 der Verfassung berufen, der die Freiheit der Meinungsäußerung, der Information und der Kunst festlegt und die Zensur untersagt. Der Gesetzgeber unterscheidet zwischen Vor- und Nachzensur. Das Zensurverbot bezieht sich nur auf die so genannte Vorzensur; darunter versteht der Gesetzgeber die hoheitliche Kontrolle mit Verbotsrecht für Geistes-Erzeugnisse (z. B. Film) vor ihrer ersten Veröffentlichung oder Vorführung. Die Nachzensur wird angewendet, wenn Filme gegen die Strafgesetzgebung verstoßen. Relevant ist dies bei Filmen z. B. mit gewaltverherrlichenden oder pornografischen Darstellungen. Filme, die ein richterlicher Beschluss so eingestuft hat, dürfen nicht in der Öffentlichkeit gezeigt werden.

Um der Nachzensur, welche die Filmauswertung erheblich behindern kann, zu begegnen, haben die Filmwirtschaftsverbände die Freiwillige Selbstkontrolle der Filmwirtschaft (FSK) und die Juristenkommission der Spitzenorganisation der Filmwirtschaft (SPIO) eingeführt. Diese Einrichtungen überprüfen vor der ersten Aufführung, ob ein Filmwerk strafrechtliche Vorschriften verletzt. Die FSK übernimmt auch die Prüfung, ob Filme für Kinder oder Jugendliche freigegeben werden können und legt bestimmte Altersgrenzen fest. Diese Grenzen wirken sich auch bei der späteren Ausstrahlung des Filmes im Fernsehen aus. Ein Film, der etwa eine Altersfreigabe »nicht freigegeben unter 16 Jahren« erhält, darf nach Bestimmungen des Jugendmedienschutz-Staatsvertrages von den Programmveranstaltern nicht vor 22 Uhr ausgestrahlt werden.

> Um der Nachzensur zu entgehen, hat sich die Filmwirtschaft in der Freiwilligen Selbstkontrolle der Filmwirtschaft (FSK) zusammengetan. Die FSK prüft, ob ein Film gegen das Strafrecht verstößt und legt die Altersfreigabe der Filme fest.

Zum neuen Genre des fiktionalen Dokumentarfilms hat das BVerfG 2007 im grundlegenden »Contergan-Urteil« entschieden, dass der Film-, Kunst- und Rundfunkfreiheit gegenüber dem Persönlichkeitsrecht dann der Vorrang einzuräumen ist, wenn die Geschehnisse so dargestellt werden, dass dem Zuschauer durch die Gesamtdarstellung und fiktionale Ausschmückung klar wird, dass es sich um einen fiktionalen Spielfilm und nicht in erster Linie um eine Dokumentation handelt.

5 Rechte im Online-Bereich

Die rasant fortschreitende Entwicklung des Internets zum massenhaft genutzten Informations- und Kommunikationsmedium und zum Wirtschaftsfaktor warf neue rechtliche Probleme auf. Der Begriff »Internet« soll dabei nicht nur technisch als Sammelbegriff für den Datentransfer verstanden werden, sondern darüber hinaus als das durch die Vernetzung von Computern entstandene Kommunikationsmedium. Erhebliche Bedeutung kam insbesondere der Frage zu, welchen rechtlichen Anforderungen der Inhalt von Internet-Angeboten genügen muss und wer rechtlich zur Verantwortung zu ziehen ist, wenn ein Angebot diesen Anforderungen nicht genügt.

Am 1. August 1997 waren deshalb gleich mehrere Gesetze in Kraft getreten, um den bis dahin weitgehend rechtsfreien Raum im Online-Bereich durch einige Standards auszufüllen. Mit dem Gesetz zur Regelung der Rahmenbedingungen für Informations- und Kommunikationsdienste (IuKDG) hat der Bundestag in sechs Artikeln bereits geltende Regelungswerke (z. B. das Strafgesetzbuch) geändert, um den divergierenden rechtlichen Anforderungen im Bereich Internet Rechnung zu tragen. In weiteren drei Artikeln wurden das Gesetz über die Nutzung von Telediensten (Teledienstegesetz), das Gesetz über den Datenschutz bei Telediensten (Teledienste-Datenschutzgesetz) sowie das Gesetz zur digitalen Signatur (Signaturgesetz) geschaffen. Ebenfalls im August 1997 trat der Staatsvertrag der Länder über Mediendienste (Mediendienste-Staatsvertrag) in Kraft.

Nach fast zehnjähriger Erfahrung mit Tele- und Mediendiensten gelangte der Gesetzgeber im Zuge der Föderalismusreform zur Erkenntnis, dass die Unterscheidung zwischen Tele- und Mediendiensten so nicht mehr sinnvoll ist. Mit dem am 1. März 2007 in Kraft getretenen Telemediengesetz (TMG) wurde daher ein neuer Rechtsrahmen geschaffen, der einheitlich für die bisherigen Teledienste (vor allem Waren- und Dienstleistungsangebote, die im Internet angeboten werden) und die bisherigen Mediendienste (redaktionell gestaltete Online-Angebote mit besonderer Meinungsrelevanz) gilt. Teledienste und Mediendienste werden nun einheitlich als Telemedien bezeichnet (so auch im Jugendmedienschutz-Staatsvertrag). Keine Telemedien in diesem Sinne sind »Access-Provider«, die die reine Zugangsvermittlung übernehmen und Dienste, die keine räumlich und zeitlich trennbare Leistung auslösen wie z. B. Mehrwertdienste über 0900er-Nummern (für sie gilt das Telekommunikationsgesetz) sowie die Internet-Telefonie. Ausgenommen bleibt ferner der Rundfunk, auch wenn er über das Internet verbreitet wird (»Live-streaming« in Form der zeitgleichen Übertragung herkömmlicher Rundfunkprogramme über das Internet und »Webcasting« in Form der ausschließlichen Übertragung herkömmlicher Rundfunkprogramme über das Internet). Allgemein empfangbare »Video-on-Demand«-Dienste sind ebenfalls Rundfunk, individuell abrufbare Video-on-Demand-Dienste dagegen Telemedien. Als Telemedien werden auch Teleshopping-Sender sowie Videotext qualifiziert.

Das Telemediengesetz unterscheidet zwischen wirtschaftsbezogenen Anforderungen (allgemeine Informationspflichten, Verantwortlichkeiten, Herkunftslandsprinzip) und inhaltsbezogenen Anforderungen.

Neben den allgemeinen Anforderungen des Telemediengesetzes gelten für publizistisch ausgerichtete Anbieter darüber hinaus nunmehr im sechsten Abschnitt des Rundfunkstaatsvertrags geregelte weiter gehende Vorschriften. Insofern wird die bisher im Teledienstegesetz und Mediendienste-Staatsvertrag vorgenommene Unterscheidung fortgesetzt.

Der Rundfunkstaatsvertrag hat wie bereits der Mediendienste-Staatsvertrag die wesentlichen Rechte und Pflichten für Journalisten, die sich aus oben beschriebenen Presse- und Mediengesetzen ergeben, für die Online-Medien übernommen. So haben auch für Online-Medien tätige Journalisten ein Informationsrecht gegenüber Behörden und sind zeugnisverweigerungsberechtigt. Online-Medien haben andererseits auch im Wesentlichen die gleichen Pflichten wie Presse- und Rundfunkunternehmen, von der Impressumspflicht über die journalistische Sorgfaltspflicht bis hin zum Trennungsgebot zwischen redaktionellem Teil und Werbung.

Online-Medien sind jedoch für fremde Informationen, zu denen sie den Zugang zur Nutzung vermitteln, nicht verantwortlich, sofern sie die Übermittlung nicht veranlasst, den Adressaten der übermittelten Informationen nicht ausgewählt und die übermittelten Informationen nicht ausgewählt oder verändert haben (das betrifft die Link-Problematik). Wie alle Telemedien sind die journalistischen Online-Medien gemäß § 14 TMG zur Auskunft über Bestandsdaten verpflichtet, soweit dies zu Zwecken der Strafverfolgung oder auch zur Durchsetzung des geistigen Eigentums (Urheberrechtsverletzungen) erforderlich ist. Nach § 57 Rundfunkstaatsvertrag müssen personenbezogene Daten von Online-Medien, die ausschließlich zu eigenen journalistisch-redaktionellen Zwecken verarbeitet wurden, einem Betroffenen offengelegt werden, wenn er in seinen schutzwürdigen Interessen beeinträchtigt wurde. Online-Medien können aber nach Abwägung der schutzwürdigen Interessen der Beteiligten diese Auskunft verweigern, soweit durch die Mitteilung die journalistische Aufgabe des Online-Mediums durch Ausforschung des Informationsbestandes beeinträchtigt würde oder aus den Daten auf Informanten oder von diesen zugespieltes Material geschlossen werden kann. Die Verpflichtung zur Auskunft gegenüber Betroffenen gilt im Übrigen nicht, soweit sich diese der Selbstregulierung durch den Pressekodex und der Beschwerdeordnung des Deutschen Presserates unterworfen haben.

Urheberrechtlich stellen Veröffentlichungen im Internet eine eigenständige Nutzungsart dar. Werden also beispielsweise Printartikel auch in der Online-Ausgabe einer Zeitung veröffentlicht, wird nicht lediglich ein neuer Vertriebsweg genutzt. Vielmehr muss der Verlag sich vom Urheber die Nutzungsrechte für die Online-Nutzung gesondert einräumen lassen und auch gesondert vergüten, es sei denn, die Vergütung würde auch für diese Zusatznutzung nach redlicher Branchenübung noch als angemessen angesehen werden können. Das wäre etwa dann der Fall, wenn die Honorarhöhe für den Printbeitrag eines freien Journalisten über den Sätzen der Mittelstandsgemeinschaft Freie Journalisten liegen würde. Tarifvertraglich haben die fest angestellten Journalisten bei Zeitschriften die Online-Rechte den Verlagen eingeräumt, diejenigen bei Tageszeitungen dagegen bislang nicht.

Sammelwerke Folgende Neuerung ist auch für die journalistische Tätigkeit relevant: Sammlungen von Werken, Daten oder anderen unabhängigen Elementen, die aufgrund der Auswahl oder Anordnung der Elemente eine persönliche geistige Schöpfung sind (so genannte Sammelwerke), werden, unbeschadet eines an den einzelnen Elementen gegebenenfalls bestehenden Urheberrechts oder verwandten Schutzrechts, wie selbstständige Werke geschützt. Unter den Begriff der Sammelwerke sind auch so genannte Datenbankwerke gefasst. Voraussetzung ist dabei, dass einzelne Elemente systematisch und methodisch angeordnet und einzeln mithilfe elektronischer Mittel oder auf andere Weise zugänglich sind. Werden folglich im Wege journalistischer Recherche via Internet verschiedene Informationen, die teils urheberrechtlich geschützt sein mögen, nach den genannten Voraussetzungen zusammengestellt, ergibt sich ein neues Werk, das seinerseits eigenständig dem Urheberschutz unterfällt.

6   Vorrechte bei der journalistischen Arbeit

Die Landespressegesetze konkretisieren Rechte und Pflichten der Pressemitarbeiter. Journalisten sind mit einzelnen Sonderrechten ausgestattet, die im Folgenden kurz erläutert werden.

Zur Auskunft gegenüber Journalisten verpflichtet sind alle Behörden – von den Bundesministerien bis zu den Gemeindeverwaltungen – einschließlich der von ihnen beherrschten Unternehmen (z. B. kommunale Eigenbetriebe wie Stadtwerke, Bühnen oder Krankenhäuser). Die Auskunftspflicht richtet sich nach den Vorschriften des jeweiligen Landespressegesetzes, in dessen Geltungsbereich die Behörde ansässig ist. Der Auskunftsanspruch richtet sich gegen den Staat, also weder gegen den einzelnen Bürger noch gegen wirtschaftliche oder gesellschaftliche Vereinigungen, wie Handels- oder Kapitalgesellschaften, Interessenverbände oder ähnliche Einrichtungen, wie groß oder mächtig sie auch immer sein mögen. Also kann etwa ein Wirtschaftsunternehmen selbst darüber entscheiden, ob es eine Pressekonferenz abhalten und welchen Teilnehmerkreis es dazu einladen will. Nicht eingeladene Journalisten können nach einem Urteil des Landgerichts Frankfurt eine Einladung grundsätzlich weder unter Hinweis auf das Grundrecht der Pressefreiheit noch auf das der freien Berufsausübung erzwingen. Folglich sind vornehmlich Behörden verpflichtet, solche Auskünfte zu erteilen, die der Erfüllung der öffentlichen Aufgabe der Presse dienen.

Auskunftspflicht der Behörden

> Vertreter der Presse haben gegenüber den öffentlichen Behörden einen Auskunftsanspruch, sofern ein publizistisches und kein privates Interesse vorhanden ist. Die amtlichen Stellen können aber die Auskunft verweigern, wenn ein schwebendes Verfahren vorliegt, das Interesse der Allgemeinheit oder das berechtigte Interesse einzelner tangiert wird, Vorschriften zur Geheimhaltung bestehen oder der Umfang das zumutbare Maß überschreitet.

Auskünfte erhalten zunächst »Vertreter der Presse«. Dazu zählen Verleger, Herausgeber, fest angestellte und freie Mitarbeiter einer Zeitung oder Zeitschrift. Die Auskunftsberechtigung gilt aufgrund pressegesetzlicher Regelungen auch des Weiteren im Rundfunkbereich, so dass allgemein von einem »Auskunftsanspruch der Massenmedien« gesprochen werden kann (für Telemedien mit journalistisch-redaktionell gestalteten Angeboten – früher: Mediendienste – ergibt sich das Auskunftsrecht seit dem 1. März 2007 aus § 55 in Verbindung mit § 9 Rundfunkstaatsvertrag). Der Auskunftsbegehrende muss aus publizistischem Interesse handeln. Neugier oder private Zwecke stellen keine publizistischen Interessen dar und fallen daher nicht unter die Auskunftspflicht. »Auskünfte an die Presse erteilt der Vorstand der Behörde oder von ihm bestimmte Beamte« (Bundesbeamtengesetz). Dies kann der Behördenleiter, ein beauftragter Beamter oder ein Pressereferent sein. Auf Verlangen muss der Journalist sich ausweisen (durch den bundeseinheitlichen Presseausweis).

Ausnahme: Die Behörden sind nicht auskunftsverpflichtet, wenn ein schwebendes Verfahren vorliegt, das Interesse der Allgemeinheit oder das berechtigte Interesse einzelner tangiert wird oder Vorschriften zur Geheimhaltung bestehen. Des Weiteren besteht keine Pflicht zur Auskunft, wenn ihr Umfang das zumutbare Maß überschreitet. Diese Einschränkungen sind allerdings restriktiv anzuwenden. Journalisten sollten darauf achten, dass Behörden ihr Recht zur Auskunftsverweigerung nicht missbräuchlich verwenden. Der Auskunftsanspruch ist zur Gewährleistung der Funktionsfreiheit der Massenmedien erforderlich und gehört deshalb zum Schutzbereich der Medienfreiheit. Diese darf daher nur begrenzt werden, wenn andere, zumindest gleichrangige Rechtsgüter zu schützen sind. Wenn Behörden von sich aus informieren, haben sie den Gleichbehandlungsgrundsatz einzuhalten. Einzelne Medienvertreter können also nicht benachteiligt werden, beispielsweise durch Verweigerung von Pressemitteilungen (→ Recherche).

Informationsfreiheitsgesetze

Seit dem 1. Januar 2006 gewährt der Bund jedermann ein über das Auskunftsrecht der Medien hinausgehendes Recht auf Zugang zu amtlichen Informationen bei allen Bundesbehörden und vom Bund beherrschten Unternehmen. Alle Bürgerinnen und Bürger – insbesondere Journalistinnen und Journalisten – haben die Wahl, in welcher Art sie Informationen begehren, beispielsweise in Form des Akteneinsichtsrechts. Allerdings sieht das Informationsfreiheitsgesetz (InFG) eine Reihe von Ausnahmetatbeständen vor, z. B. bei Gefahr für Belange der inneren und äußeren Sicherheit. Das international als »right to know« bezeichnete und in über 50 Staaten geltende Recht auf Zugang zu amtlichen Informationen ist auch in einigen Bundesländern eingeführt worden (Berlin, Bremen, Brandenburg, Hamburg, Mecklenburg-Vorpommern, Nordrhein-Westfalen, Saarland und Schleswig-Holstein).

Zeugnisverweigerungsrecht

Eine Grundvoraussetzung journalistischen Arbeitens in einer freiheitlichen Demokratie ist der Schutz des Redaktionsgeheimnisses. Das hat das Bundesverfassungsgericht in mehreren Urteilen bestätigt. Dementsprechend kann ein Journalist bei Vernehmungen durch Polizei und Staatsanwalt sowie in Gerichtsverhandlungen vom so genannten »Zeugnisverweigerungsrecht« Gebrauch machen. Dadurch kann er nach der Novellierung des Zeugnisverweigerungsrechts seit dem 16. Februar 2002 nicht nur einen Informanten – dessen Identität und dessen Informationen – schützen, sondern auch Auskünfte über selbstrecherchiertes

Material verweigern (Ausnahme bei selbstrecherchiertem Material: Verbrechenstatbestände und einige Vergehenstatbestände). Der Informantenschutz gründet auf der Überlegung, dass Presse und Rundfunk nicht auf private Mitteilungen verzichten können. Informationen fließen aber nur dann, wenn der Informant sich auf Vertraulichkeit verlassen kann. Die Einbeziehung selbstrecherchierter Informationen gründet auf der Überlegung, dass die berufliche Kommunikation der Journalisten umfassend geschützt werden muss, soll die Presse ihrer öffentlichen Aufgabe adäquat nachkommen können.

> Journalisten können bei Vernehmungen durch Polizei und Staatsanwalt sowie in Gerichtsverhandlungen vom so genannten Zeugnisverweigerungsrecht Gebrauch machen, um ihre Informanten zu schützen. Damit das Zeugnisverweigerungsrecht nicht unterlaufen werden kann, wird es ergänzt durch das Beschlagnahme- und Durchsuchungsverbot.

Auf das Zeugnisverweigerungsrecht berufen können sich alle Personen, die bei der Vorbereitung, Herstellung oder Verbreitung von Rundfunksendungen, Druckwerken oder Online-Medien berufsmäßig mitwirken oder mitgewirkt haben. Der Personenkreis reicht vom Verleger und Herausgeber über Journalisten und Volontäre bis hin zu Mitarbeitern des Anzeigenteils und der Verwaltung. Das Recht der Zeugnisverweigerung wird ergänzt durch das Beschlagnahme- und Durchsuchungsverbot. Wenn Beschlagnahme und Durchsuchung zulässig wären, liefe das Zeugnisverweigerungsrecht leer. Deshalb gilt Beschlagnahme- und Durchsuchungsfreiheit für die Personen, denen auch das Zeugnisverweigerungsrecht zusteht. Ausgenommen sind Straftatbestände, die zeugnisverweigerungsberechtigte Personen begangen haben oder in die sie verstrickt sind. Grundsätzlich erfolgt die Anordnung der Beschlagnahme oder der Durchsuchung durch einen Richter. Auch bei Ermittlungen gegen Journalistinnen und Journalisten als Beschuldigte wegen des Verdachts der Beihilfe zum Verrat an Dienstgeheimnissen (§ 353 b Strafgesetzbuch) sind aber Durchsuchungs- und Beschlagnahmeaktionen unzulässig, wenn sie ohne weitere tatsächliche Anhaltspunkte lediglich dazu dienen, die Person des verratenden Amtsträgers zu ermitteln (»Cicero-Urteil« des BVerfG vom 27.2.2007).

Ist damit der Schutz des Redaktionsgeheimnisses in der Strafprozessordnung (und allen weiteren Prozessordnungen) im Ergebnis erheblich verbessert worden, fehlt es nach wie vor an entsprechenden Regelungen für die Telekommunikation von Journalistinnen und Journalisten. Nach § 100 g Strafprozessordnung (StPO) müssen Telekommunikationsunternehmen den Strafverfolgungsbehörden Verbindungsdaten mitteilen, wenn Personen im Verdacht einer Straftat »von besonderer Bedeutung« stehen. Damit ist neben Straftaten mittels Telekommunikation insbesondere eine der etwa 80 Katalogstraftaten (von Mord bis zur

Verbindungsdaten

Geldfälschung) des § 100 a StPO gemeint, der die generelle Befugnisnorm für die Umgehung des Fernmeldegeheimnisses darstellt. Voraussetzung ist, dass die Herausgabe der Daten für die Untersuchung erforderlich und die Erforschung des Sachverhalts oder die Ermittlung des Aufenthaltsortes des Beschuldigten auf andere Weise aussichtslos oder wesentlich erschwert ist.

> Mit den derzeitigen Regeln zur Telekommunikationsüberwachung wird das Zeugnisverweigerungsrecht unterlaufen, weil Verbindungsdaten schon aufgrund eines einfachen Tatverdachts herausgegeben werden müssen.

Es genügt also bereits ein einfacher Tatverdacht; außerdem haben die Strafverfolgungsbehörden einen weiten Ermessensspielraum. Erhalten sie die Verbindungsdaten – dazu gehören Datum und Uhrzeit der jeweiligen Verbindungen mit Rufnummern und Art der Leistung sowie die so genannte Funkzellenabfrage, die Auskunft über den Standort von Mobiltelefonen gibt –, können Aufenthaltsorte und Bewegungsprofile ermittelt werden. Im Unterschied zu den ebenfalls zeugnisverweigerungsberechtigten Berufsgruppen der Anwälte, Geistlichen und Abgeordneten hat der Gesetzgeber die Journalisten von der Telekommunikationsüberwachung nicht ausgenommen. Mit Urteil vom 12. März 2003 hat das Bundesverfassungsgericht auf Verfassungsbeschwerden des ZDF und des »stern« dies nicht beanstandet, allerdings neben der Wahrung der Verhältnismäßigkeit und einem konkreten Tatverdacht eine sorgfältige Abwägung zwischen den Belangen der Strafverfolgung und der Pressefreiheit durch den Ermittlungsrichter gefordert. Diese Rechtsprechung wird der Praxis nicht gerecht. Die Diskrepanz zwischen dem verbesserten Zeugnisverweigerungsrecht und dessen Unterlaufen durch die Telekommunikationsüberwachung sollte – so die Forderung des Deutschen Journalistenverbandes – der Gesetzgeber beseitigen.

Eine weitere potenzielle Gefahr für das Redaktionsgeheimnis stellt der 2007 in den Bundestag eingebrachte Gesetzentwurf der Bundesregierung zur Neuregelung der Telekommunikationsüberwachung und anderer verdeckter Ermittlungsmaßnahmen sowie zur Umsetzung der EU-Richtlinie zur Vorratsdatenspeicherung dar. Nach diesem Gesetzentwurf sollen verdachtsunabhängig sämtliche Telekommunikationsverbindungsdaten von den Telekommunikationsunternehmen sechs Monate lang gespeichert und den Strafverfolgungsbehörden auf deren Verlangen herausgegeben werden müssen. Trotz ihres Zeugnisverweigerungsrechts sollen Journalistinnen und Journalisten hiervon nicht ausgenommen sein. Vor dem BVerfG ist ein Verfahren gegen das nordrhein-westfälische Verfassungsschutzgesetz anhängig, das als erstes Gesetz unter bestimmten Voraussetzungen Online-Durchsuchungen von Computern mittels so genannter Trojaner ohne deren Wissen auch gegen Medienvertreter zulässt. Nach der mündlichen Verhandlung im Oktober 2007 ist es möglich, dass das BVerfG das Gesetz als verfassungswidrig einstuft.

Dagegen ist die heimliche Observation von Gesprächsinhalten innerhalb von Wohnungen (§ 100 c Abs. 1 Nr. 3, Abs. 2 StPO, »Großer Lauschangriff«) in Journalistenbüros und Redaktionsräumen nach wie vor nicht gestattet. Das Abhören von Gesprächsinhalten außerhalb von Wohnungen (§ 100 c Abs. 1 Nr. 2, »Kleiner Lauschangriff«) darf, sofern dadurch Daten über Journalisten erhoben werden, nicht zur Aushebelung des Zeugnisverweigerungsrechts führen. Die Erkenntnisse dürfen also strafprozessual nicht verwertet werden.

7 Pflichten der Journalisten

Den besonderen Rechten des Journalisten steht die Sorgfaltspflicht gegenüber. Mit Ausnahme des hessischen Pressegesetzes ist die Sorgfaltspflicht in allen Landespressegesetzen verankert, die im Wesentlichen übereinstimmend fordern, dass die Presse alle Nachrichten vor ihrer Verbreitung mit der nach den Umständen gebotenen Sorgfalt auf Wahrheit, Inhalt und Herkunft zu prüfen habe. Die Sorgfaltspflicht ist als Verpflichtung zu verstehen, so wahrheitsgemäß wie möglich zu berichten. Die objektive Wahrheit zu vermitteln, ist nicht möglich. Allerdings muss sich der Journalist beim Recherchieren (→ Recherche) und Verbreiten von Nachrichten ernsthaft bemühen, der objektiven Richtigkeit möglichst nahe zu kommen. Die Sorgfaltspflicht leitet sich auch aus straf- und zivilrechtlichen Vorschriften ab. Journalisten, die vorsätzlich falsch berichten, können wegen verleumderischer Beleidigung oder übler Nachrede bestraft werden. Die Sorgfaltspflicht bezieht sich nicht nur auf die eigentliche Nachricht, sondern auch auf Kommentar, Glosse und andere meinungsäußernde Darstellungsformen, wobei der Gesetzgeber zugesteht, dass Subjektivität wichtiger Bestandteil eines Kommentars ist.

> Journalisten müssen alle Nachrichten vor ihrer Verbreitung mit der nach den Umständen gebotenen Sorgfalt auf Wahrheit, Inhalt und Herkunft prüfen. Wer vorsätzlich falsch berichtet, kann wegen Verleumdung oder übler Nachrede bestraft werden.

Der Gesetzgeber unterscheidet Meinungsäußerung und Tatsachenbehauptung. Beide Formen genießen den Schutz durch Art. 5 Abs. 1 GG. Die Meinungsäußerung enthält in der Regel eine subjektive Beurteilung, für die, im Gegensatz zur Tatsachenbehauptung, kein Wahrheitsbeweis angetreten werden kann oder muss. Eine Tatsachenbehauptung kann falsch oder richtig sein. Unrichtige Darstellungen von Tatsachen können rechtliche Folgen haben, untergraben die

Meinungs-
äußerung und
Tatsachenbehauptung

Glaubwürdigkeit von Massenmedien und beeinträchtigen das Ansehen der Journalisten in der Öffentlichkeit. Bei allen für den Betroffenen erheblichen Tatsachenbehauptungen verlangt die herrschende Rechtsauffassung, dass der Journalist dem Betroffenen Gelegenheit gibt, Stellung zu nehmen. Der Pflicht zur Anhörung kommt der Journalist noch nicht durch einen erfolglosen Telefonanrufversuch nach. Er hat mehrere Versuche zu unternehmen. Hat dies keinen Erfolg, muss er auf andere Weise versuchen, dem Betroffenen die Möglichkeit zur Stellungnahme zu geben (etwa durch Brief, Fax oder E-Mail).

Persönlichkeits-
rechte

In besonderem Maße gilt die Sorgfaltspflicht im Hinblick auf die Persönlichkeitsrechte des Einzelnen: Vorsätzlich oder fahrlässig unrichtige Veröffentlichungen können zu Schadensersatz verpflichten und die Auflage eines Widerrufs nach sich ziehen, die Unterlassung der unwahren Tatsachenbehauptung kann auch ohne jedes Verschulden der Presse verlangt werden. Die Bedeutung der zu verbreitenden Nachricht ist abzuwägen. Je höher die Bedeutung für die Öffentlichkeit oder das Risiko, unwahr zu berichten, desto sorgfältiger muss der Journalist prüfen, und umso enger werden die Grenzen der Berichterstattung. Die Quellen sind zu überprüfen. Sind diese als zuverlässig bekannt, muss weniger geprüft werden als bei einer unbekannten oder unzuverlässigen Quelle. Wenn Nachteile für Betroffene entstehen oder in eine fremde Rechtssphäre eingegriffen wird, legen Gesetzgeber und Gerichte das Prüfungsgebot sehr eng aus, wobei es jedoch genügt, dass sich die Presse mit den ihr zur Verfügung stehenden Mitteln und damit mit pressemäßiger Sorgfalt von der Wahrheit überzeugt hat.

> Werden Persönlichkeitsrechte tangiert, muss der Journalist in besonderem Maße auf die Sorgfaltspflicht achten. Vorsätzlich oder fahrlässig unrichtige Veröffentlichungen können zu Schadensersatz verpflichten und die Auflage eines Widerrufs nach sich ziehen. Unterlassungsgebote sind auch ohne jedes Verschulden möglich.

Häufig ist es notwendig, Meldungen oder Berichte schnell zu veröffentlichen. Auch eine eilige Meldung sollte jedoch nicht ohne vorherige sorgfältige Prüfung verbreitet werden. Wenn es sich um eine für die Öffentlichkeit bedeutende Nachricht handelt, kann der Journalist die Sorgfaltspflicht weniger streng handhaben. Abzuwägen ist, ob die Brisanz der Nachricht im Sinne der öffentlichen Aufgabe der Presse die Veröffentlichung rechtfertigt, auch wenn sie nicht vollständig oder in Einzelheiten überprüft wurde. Wenn Zweifel vorhanden sind, sollten diese auf jeden Fall in die Textformulierung einfließen. Dies schließt nicht aus, dass – das Interesse der Öffentlichkeit vorausgesetzt – es zulässig ist, über einen bestehenden Verdacht zu berichten. Der begründete Verdacht ist eine Tatsache, die selbst zum Gegenstand einer Meldung werden kann.

Dem Betroffenen einer von der Presse aufgestellten Tatsachenbehauptung räu- men alle Mediengesetze das Recht auf Gegendarstellung ein. Die Gegendarstel- lung muss bestimmte formale Kriterien erfüllen. Sie muss schriftlich und unter- schrieben unverzüglich, in der Regel spätestens innerhalb von drei Monaten (bei Tageszeitungen urteilt die Rechtsprechung zwischen zwei Wochen und einem Monat) nach Veröffentlichung des beanstandeten Textes, eingereicht werden und darf nicht länger als dieser sein. Sie darf ihrerseits keinen strafbaren Inhalt haben. Das Presseorgan ist verpflichtet, die Gegendarstellung ohne Kürzungen in der nächstmöglichen Ausgabe und in der gleichen Schrift wie der beanstandete Text zu veröffentlichen. Dabei spielt es keine Rolle, ob die von der Presse aufgestellte Behauptung richtig ist, sondern dass sie als Tatsache mitgeteilt wurde. Gegendar- stellungsfähig sind nur Tatsachenbehauptungen, nicht jedoch Wertungen oder Meinungsäußerungen. Ebenso ist es unerheblich, ob die Tatsachenbehauptun- gen des Betroffenen, der die Gegendarstellung verlangt, richtig sind, da es auf die Darstellung aus der Sicht des Betroffenen ankommt. Das Gegendarstellungsrecht gilt neben gedruckten Medien auch für den öffentlich-rechtlichen (geregelt in den einzelnen Rundfunkgesetzen) und privaten (geregelt in den Landesmedien- gesetzen) Rundfunk sowie Telemedien nach dem Rundfunkstaatsvertrag.

Recht auf
Gegendarstellung

> Bei Tatsachenbehauptungen in der Presse haben die Betroffenen ein Recht auf Gegendarstel- lung. Dabei ist es unerheblich, ob die in der Presse aufgestellte Behauptung richtig ist.

Zitate müssen stimmen. Ebenso indirekte Wiedergaben der Äußerungen Drit- ter. Ein unrichtiges, verfälschtes oder entstelltes Zitat verletzt das Persönlichkeits- recht des Betroffenen. Wer zitiert, muss sich an Wortwahl und Gedankenführung des Zitierten halten. Kann das Zitat nicht rechtzeitig vor Veröffentlichung über- prüft werden, hat es zu unterbleiben. Zitiert der Journalist aus einem Text, darf er sich auf die Kernsätze beschränken, nicht aber einzelne Sätze aus dem Zusam- menhang reißen. Stützt sich der Journalist auf die sachkundige Beurteilung eines anerkannten neutralen Experten, hat er regelmäßig seiner publizistischen Sorg- faltspflicht Genüge getan. Wer Personenfotos veröffentlicht, muss prüfen, ob er dazu berechtigt ist, insbesondere im Hinblick auf die Einwilligung des Abgebil- deten nach § 22 des Kunsturhebergesetzes und den Urheberrechtsschutz. Keine besondere Überprüfungspflicht trifft grundsätzlich den, der ein Foto von einer anerkannten Agentur oder einer Behörde erhält. Aufnahmen von Bildern ohne Wissen der Betroffenen in Wohnungen und sichtgeschützten Räumen sowie deren Veröffentlichung sind seit August 2004 strafbar, § 201 a Strafgesetzbuch.

Träger der
Sorgfaltspflicht

Träger der publizistischen Sorgfaltspflichten können der Autor (auch als Volontär), der verantwortliche Redakteur, der Chefredakteur sowie das Medienunternehmen sein. Diejenigen, die gegen Sorgfaltspflichten verstoßen haben, haften dem Betroffenen rechtlich als Gesamtschuldner, also nebeneinander. Die Haftungsquoten können im Innenverhältnis differieren. Als Arbeitnehmer angestellte Journalistinnen und Journalisten haften gegenüber dem Arbeitgeber lediglich bei Vorsatz und grober Fahrlässigkeit voll, bei mittlerer Fahrlässigkeit anteilig, bei leichter Fahrlässigkeit gar nicht. Für freie Journalistinnen und Journalisten existieren diese Haftungserleichterungen nicht.

8 Presseordnungsrecht

Neben der öffentlichen Aufgabe, dem Informationsanspruch und der Sorgfaltspflicht wird in den Landespressegesetzen das Ordnungsrecht geregelt. Die wichtigsten Bestimmungen betreffen die Impressumspflicht, die Angabe eines verantwortlichen Redakteurs sowie die Verpflichtung, entgeltliche Veröffentlichungen als Anzeigen zu kennzeichnen.

Impressumspflicht

Alle Druckwerke müssen Angaben über Herkunft und Verfasser enthalten: Name oder Firma des Druckers und des Verlegers sowie deren Anschrift. Periodisch erscheinende Druckwerke sind darüber hinaus mit Name und Anschrift des verantwortlichen Redakteurs, der Anzeigenteil mit Name und Anschrift des Verantwortlichen zu kennzeichnen. Das Impressum sichert die Strafverfolgung bei Presseinhalts- und Presseordnungsdelikten und ermöglicht den Betroffenen, in zivilrechtlichen Streitfällen und bei Gegendarstellungsansprüchen den Anspruchsgegner festzustellen. Besondere Aufgaben hat der verantwortliche Redakteur. Er hat die zu veröffentlichenden Inhalte zu überprüfen und dafür zu sorgen, dass Beiträge mit möglichem strafbaren Inhalt nicht erscheinen. Presserechtlich verantwortlich kann sein: ein Redakteur für die komplette Zeitung oder Zeitschrift, ein Redakteur für einen bestimmten Teil oder sachlichen Bereich des Druckwerkes sowie ein Redakteur oder ein anderer Mitarbeiter für den Anzeigenteil. Der verantwortliche Redakteur haftet dafür, dass innerhalb seines Verantwortungsbereiches keine strafbaren Tatbestände vorliegen, Gegendarstellungen abgedruckt und Impressumspflichten eingehalten werden. Es haftet der Redakteur, der im Impressum für das Druckwerk oder Teile desselben als verantwortlich benannt ist.

> Jedes Druckwerk muss Angaben über Herkunft und Verfasser erhalten (»Impressumspflicht«). Darüber hinaus ist ein verantwortlicher Redakteur im Sinne des Presserechts zu ernennen, der für die Inhalte des Druckwerkes haftet. Für die Trennung von redaktionellem Inhalt und Anzeigen haften ein für den Anzeigenteil zuständiger Redakteur sowie der Verleger.

Verleger und für den Anzeigenteil Verantwortliche sind verpflichtet, Redaktions- und Anzeigenteil deutlich zu trennen. Jede entgeltliche Veröffentlichung muss im redaktionellen Teil eindeutig mit dem Wort »Anzeige« gekennzeichnet sein. Bei redaktionell gestalteten Anzeigen sind Abgrenzungsschwierigkeiten möglich. Deshalb hat der Zentralverband der Deutschen Werbewirtschaft (ZAW) Richtlinien für redaktionell gestaltete Anzeigen herausgegeben, die in der Presse allgemein anerkannt werden. Jeder Leser einer Zeitung oder Zeitschrift hat den Anspruch, zweifelsfrei erkennen zu können, ob das, was er vor sich hat, eine redaktionelle Äußerung oder eine Anzeige ist. Für die Einhaltung der Vorschrift haftet sowohl der Verleger als auch der für den Anzeigenteil verantwortliche Redakteur. Nach der Rechtsprechung des Bundesgerichtshofes ist der Verleger bei der Entgegennahme von Anzeigen grundsätzlich zur Prüfung verpflichtet, ob die Anzeigen grobe und unschwer zu erkennende Wettbewerbsverstöße enthalten. {.sidenote}Kennzeichnung von Anzeigen

Unter Pressedelikten versteht man Straftaten, die Journalisten oder sonstige Presseangehörige im Rahmen ihrer Berufsausübung oder mittels eines Druckwerkes begangen haben. Der Gesetzgeber unterscheidet zwischen Presseinhaltsdelikten, Presseordnungsdelikten und Presseordnungswidrigkeiten. Die Pressefreiheit findet ihre Schranken in den allgemeinen Gesetzen, zu denen vor allem die Strafgesetze gehören. Verstößt eine Veröffentlichung gegen die Strafgesetze (z.B. das Gesetz über die Verbreitung jugendgefährdender Schriften und Medieninhalte), dann liegt ein Presseinhaltsdelikt vor. Typische Erscheinungsformen sind ferner Angriffe gegen Ehre und Persönlichkeit, Darstellung von Gewalttaten oder Delikte im Bereich des Staatsschutzes (Landesverrat). Bei Verstößen gegen wichtige Vorschriften des Presseordnungsrechts liegt ein Presseordnungsdelikt vor. Dazu zählen z.B. die untersagte Veröffentlichung amtlicher Schriftstücke sowie Verbreitung oder Neudruck beschlagnahmter Druckwerke. Verstöße gegen weniger wichtige Vorschriften des Presseordnungsrechts, z.B. die Verbreitung von Druckwerken mit unvollständigem Impressum oder Verstöße gegen die Pflicht zur Kennzeichnung von Anzeigen, gelten als Ordnungswidrigkeit. Während Presseordnungsdelikte mit Gefängnis bis zu einem Jahr bestraft werden können, ahndet der Gesetzgeber Presseordnungswidrigkeiten nur mit Geldbußen bis zu 5.000 Euro. {.sidenote}Pressedelikte

> Die Pressefreiheit findet ihre Schranken in den allgemeinen Gesetzen. Bei Verstößen hiergegen unterscheidet der Gesetzgeber zwischen Presseinhaltsdelikten, Presseordnungsdelikten und Presseordnungswidrigkeiten.

9 Rechte der »Betroffenen«

Das Grundgesetz erklärt in Artikel 1 die Würde des Menschen für unantastbar. In Artikel 2 wird das Recht auf freie Entfaltung der Persönlichkeit geschützt. Daraus leitet sich ein umfassender Schutz der Person und ihrer Privatsphäre ab. Der Journalist muss nach Recherche und der darauf folgenden Niederschrift eines Artikels häufig abwägen: Welches Interesse ist höher einzuschätzen, das öffentliche Informationsinteresse oder das Interesse des Individuums? Grundsätzlich bedarf die Nennung oder die Abbildung einer Privatperson der Zustimmung der Betroffenen. Bei der Veröffentlichung ist zu prüfen, ob das öffentliche Informationsinteresse dies rechtfertigt. Nur wenn das der Fall ist, dürfen Name oder Bild veröffentlicht werden. Meist ist anzunehmen, dass eine Person keine Einwände hat, wenn ihr Name in einem Zusammenhang genannt wird, der nicht abträglich ist. Für die rechtliche Beurteilung ist dies jedoch unerheblich. Die Namensnennung oder die Veröffentlichung eines Bildes ist zulässig bei Persönlichkeiten des Zeitgeschehens, wenn der Journalist über deren Berufs- und Amtsführung oder sonstiges Verhalten, das in der Öffentlichkeit Aufsehen erregt hat, berichtet. Aber auch eine Persönlichkeit des öffentlichen Lebens hat Anspruch darauf, dass ihre Privatsphäre nicht vor den Augen der Öffentlichkeit ausgebreitet wird. Vor allem gilt dies für die Intimsphäre, d. h. die persönlichen Vorlieben oder Neigungen, der Umgangston in der Familie, das Verhältnis zum Ehepartner oder die Beziehung zu einer Freundin oder einem Freund, es sei denn, diese Person ist aus diesem Schutz getreten, indem sie selbst einmal öffentlich über die Privat- oder Intimsphäre berichtete oder berichten ließ.

Das Recht, Bilder über prominente Personen des öffentlichen Lebens (absolute Personen der Zeitgeschichte), die sich in der Öffentlichkeit bewegen, auch ohne deren vorherige Einwilligung zu veröffentlichen, ist durch die so genannte Caroline-Rechtsprechung stark eingeschränkt worden. Einer Entscheidung des Europäischen Gerichtshofs für Menschenrechte aus dem 2004 folgend hat der Bundesgerichtshof am 6. März 2007 entschieden, dass Bilder von Prominenten nur noch dann ohne Einwilligung veröffentlicht werden dürfen, wenn es sich dabei einschließlich des begleitenden Artikels um ein Thema von allgemeinem Interesse mit einem objektiven Informationswert und nicht um bloße Neugier handelt. Wann das der Fall ist, entscheiden letztlich die Gerichte. Damit wurde die Pressefreiheit in der Güterabwägung zum Persönlichkeitsrecht erheblich eingeschränkt.

Datenschutz Medienunternehmen müssen grundsätzlich die Bestimmungen des Datenschutzes einhalten. Jeder Bürger soll vor Eingriffen in sein »Recht auf informationelle Selbstbestimmung« (Bundesverfassungsgericht) geschützt werden. In den Datenschutzgesetzen des Bundes (§ 41 BDSG) und der Länder stehen jedoch Sonderbestimmungen für die Medien. Eine Vorzugsbehandlung (so genanntes »Medienprivileg« bzw. »publizistischer Vorbehalt«) erfolgt im Hinblick auf

die Datenverarbeitung zu journalistisch-redaktionellen Zwecken. Die zu diesem
Zweck gewonnenen Daten fallen zum großen Teil nicht unter die datenschutz-
rechtlichen Bestimmungen. Adressaten sind hierbei nur solche speichernden
Stellen, die sich auf die im Grundgesetz verankerte Presse- und Rundfunkfreiheit
oder die Freiheit der Berichterstattung berufen können. Für personenbezogene
Daten, die zu anderen Zwecken, z. B. zur Personalverwaltung, erhoben werden,
gelten die Vorschriften der Datenschutzgesetze in vollem Umfang.

> Die Nennung oder die Abbildung einer Privatperson bedarf grundsätzlich der Zustimmung
> der Betroffenen. Bei der Veröffentlichung ist zu prüfen, ob das öffentliche Informationsinter-
> esse dies rechtfertigt. Bei Daten, die zu redaktionellen Zwecken gesammelt wurden, unterlie-
> gen die Medien nicht den strengen Datenschutzregeln.

Soweit das Medienprivileg gilt, kommen unter anderem die in den Datenschutzgesetzen verankerten Rechte der Betroffenen auf Auskunft, Berichtigung, Sper-
rung und Löschung nicht zur Anwendung. Die Medienunternehmen sind nur
verpflichtet, ausreichende technische und organisatorische Datensicherungs-
maßnahmen zu treffen. Für die Betroffenen besteht allerdings uneingeschränkt
die Möglichkeit, Rechte aufgrund der allgemeinen Grundsätze des Zivilrechts
(z. B. Recht auf Schadensersatz und Unterlassung) geltend zu machen.

Im Zuge der Novellierung des Bundesdatenschutzgesetzes 2001 war das
Medienprivileg in Gefahr. Nach Protesten der Medienverbände sowie des Deutschen Presserates, die auf die Folgen für die Unabhängigkeit der Presse und das
Redaktionsgeheimnis hinwiesen, ließ die Bundesregierung von ihrem Vorhaben
ab. Im Gegenzug verpflichtete sich der Deutsche Presserat, seine Publizistischen
Grundsätze (Pressekodex) um den Redaktionsdatenschutz zu erweitern und eine
Beschwerdeinstanz für jedermann einzurichten. Das ist erfolgt. Der Beschwerdeausschuss des Deutschen Presserats hat am 5. März 2002 seine Arbeit aufgenommen. Auskunftsansprüche von Betroffenen aufgrund datenschutzrechtli-
cher Grundlage kommen damit nur gegenüber solchen Presseunternehmen, die
sich nicht freiwillig der Kontrolle durch den Deutschen Presserat unterworfen
haben, sowie gegenüber den öffentlich-rechtlichen und privaten Rundfunkveranstaltern in Betracht. Einer externen staatlichen Datenschutzkontrolle unterliegen die Medien im redaktionellen Teil nicht.

10   Arbeitsrecht und Tarifrecht

Das Arbeitsrecht gibt Antwort auf die Frage, wozu Arbeitnehmer und Arbeitgeber verpflichtet oder berechtigt sind. Das Arbeitsrecht ist das besondere Recht von zwei Vertragspartnern: abhängige Arbeitnehmer und Arbeitgeber. Grundlagen des Arbeitsrechts sind überstaatliches Recht, z. B. die Menschenrechtskonvention, die Verfassung, Bundesgesetze, z. B. das Betriebsverfassungsgesetz, Gesetze für besondere arbeitsrechtliche Tatbestände, Tarifverträge, Betriebsvereinbarungen und der Einzelarbeitsvertrag. Das Arbeitsrecht ist in viele Gesetze zersplittert. Es reicht vom Grundgesetz über das Tarifvertragsgesetz, das Entgeltfortzahlungsgesetz, das Kündigungsschutzgesetz, das Betriebsverfassungsgesetz und das Arbeitszeitgesetz bis hin zum Schwerbehindertengesetz und Mutterschutzgesetz, um nur einige zu nennen.

Gesetzesrecht steht grundsätzlich vor dem Vertragsrecht zwischen zwei oder mehreren Partnern. In der Praxis bedeutet das: Ein Arbeitnehmer kann zwar vertraglich besser gestellt werden als es das Gesetz vorsieht, aber nicht schlechter, es sei denn, gesetzliche Regelungen sind abdingbar, wie beispielsweise bei Teilen des Arbeitszeitgesetzes. Das Tarifvertragsgesetz bestimmt, dass von tariflichen Regelungen nicht zu Ungunsten des Arbeitnehmers abgewichen werden darf. Das Betriebsverfassungsgesetz vom 15. Januar 1972 regelt die Zusammenarbeit von Arbeitgebern und Arbeitnehmern. Bei personellen, sozialen und wirtschaftlichen Entscheidungen der Unternehmensleitung besitzt der Betriebsrat abgestufte Mitbestimmungsrechte. Mit der Novelle des Betriebsverfassungsgesetzes wurden die Mitbestimmungsrechte des Betriebsrates ab dem 1. Januar 2002 gestärkt, das Wahlverfahren für Kleinbetriebe bis 50 Arbeitnehmern vereinfacht.

Tendenzbetriebe   In Betrieben, die unmittelbar oder überwiegend der Berichterstattung oder Meinungsäußerung nach Art 5 Abs. 1 Satz 2 GG dienen, den so genannten »Tendenzbetrieben«, gilt das Mitbestimmungsrecht nach Betriebsverfassungsgesetz § 118 Abs. 1 nur eingeschränkt. Das Gesetz definiert somit privatwirtschaftlich organisierte Presse- und Rundfunkunternehmen als Tendenzbetriebe. Diese Einschränkung soll die publizistische Unabhängigkeit von Unternehmen schützen, d. h. der Verleger bzw. Programmdirektor entscheidet über die Tendenz des Blattes bzw. des Rundfunkprogramms, hat freie Hand in wirtschaftlichen Fragen und bei Personalentscheidungen, die Redakteure betreffen. Tendenzschutz gilt nach einem Urteil des Bundesarbeitsgerichts auch in einem kleinen Privatrundfunkunternehmen, das nur 10 Prozent Wortbeiträge im Programm hat. Das Betriebsverfassungsgesetz berührt mithin zentrale Fragen der »inneren Presse- und Rundfunkfreiheit«.

Medienunternehmen sind so genannte Tendenzbetriebe, d. h. für ihre Betriebsräte gelten die Mitbestimmungsrechte des Betriebsverfassungsgesetzes nur eingeschränkt. Damit soll die innere Pressefreiheit gewahrt werden. Während die Grundsatzkompetenz unstrittig beim Verleger und die Detailkompetenz bei den Redakteuren liegt, herrscht Uneinigkeit darüber, wo die Richtlinienkompetenz – beim Verlag oder bei der Redaktion – zu verorten ist.

In den 1960er Jahren veränderten sich die Akzente in der Diskussion um die innere Pressefreiheit. Während ursprünglich die Unabhängigkeit der Presse von Einflüssen des Staates und der Anzeigenkunden den Begriff bestimmte, verlagerte sich die Diskussion zusehends auf die Abgrenzung von Verlag und Redaktion. Im privatwirtschaftlich organisierten Presse- und Rundfunkwesen legt der Eigentümer die Tendenz des Blattes fest. Nach wie vor hat im Pressebereich der Verleger die Grundsatzkompetenz, d. h. das Recht, die allgemeine politische, wirtschaftliche und kulturelle Richtung festzulegen und die Redakteure im Arbeitsvertrag darauf zu verpflichten. Derzeit besteht zwischen den Tarifpartnern weitgehend Einigkeit darüber, die Detailkompetenz den Redakteuren zu übertragen. Damit ist die Entscheidungskompetenz über tagesaktuelle publizistische Fragen und die Ausgestaltung des Textes im Einzelnen gemeint. Umstritten war und ist, ob die Richtlinienkompetenz – die Entscheidungsbefugnis über die Haltung der Zeitung zu neu auftretenden Themen von mittelfristiger Dauer – eher beim Verlag oder eher bei der Redaktion liegen solle. Eindeutig den Eigentümern fällt dagegen die Grundsatzkompetenz zu, also die weltanschauliche oder politische Ausrichtung.

»Innere Pressefreiheit«

Seit langem fordern die Journalistengewerkschaften verbindliche Regeln im internen Verhältnis der Zeitungsunternehmen. Nur wenige Zeitungen und Zeitschriften haben bislang Redaktionsstatute verfasst. Zwischen 1969 und 1983 sind bei neun Tages- und drei Wochenzeitungen bzw. Zeitschriften Redaktionsstatute in Kraft getreten. In der Regel enthalten sie Vereinbarungen über die Einrichtung von Redaktionsorganen (Redaktionsausschuss oder -beirat), denen bei Neubesetzung von leitenden Positionen, bei Entlassungen und bei Konflikten zwischen Verlag und Redaktion über den Inhalt der Berichterstattung Mitspracherechte eingeräumt sind. Die in den Redaktionsstatuten festgelegten Vereinbarungen zwischen Verleger und Redaktion über Mitwirkungs- und Kontrollrechte im publizistischen Bereich sind Bestandteil des Arbeitsvertrags, den der Verlag mit jedem Redakteur abschließt. Redaktionsstatute können nicht ohne Weiteres einseitig gekündigt werden (BAG, Urteil vom 19. Juni 2001 »Mannheimer Morgen«).

Redaktionsstatuten

Gültige Rechtsgrundlagen für die meisten Redaktionen sind somit vor allem die zwischen Verleger- und Journalistenverbänden abgeschlossenen Tarifverträge sowie die Bestimmungen des Betriebsverfassungsgesetzes. Das Personalvertretungsrecht des Bundes und der Länder regelt die Mitbestimmungsrechte in Körperschaften des öffentlichen Rechts (öffentlicher Dienst). Für die Rundfunkanstalten gelten in der Regel die Landespersonalvertretungsgesetze, für die Deutsche Welle, das Deutschlandradio, den Norddeutschen Rundfunk und Radio Berlin-Brandenburg gilt das Bundespersonalvertretungsgesetz. Im öffentlich-rechtlichen Rundfunk wurden in den 1970er Jahren Redaktionsstatute (z. B. bei NDR und WDR) oder »Leitordnungen« (ZDF) unterschiedlicher Reichweite zwischen redaktionellen Mitarbeitern und Intendanten vereinbart. Redaktionsstatute gibt es auch im privaten Rundfunk Nordrhein-Westfalens.

Tarifrecht Das Tarifrecht ist die wichtigste arbeitsrechtliche Grundlage der Tätigkeit für angestellte Mitarbeiterinnen und Mitarbeiter. Das Tarifvertragsgesetz besagt, dass die Tarifpartner, Unternehmer und abhängig Arbeitende im Rahmen geltender Gesetze Tarifverträge aushandeln können. Sie regeln im Wesentlichen Arbeitsbedingungen, Arbeitszeit und Entlohnung der Beschäftigten. Für Angestellte im Medienbereich, insbesondere Redakteure und Journalisten, handeln die Tarifparteien spezielle Tarifverträge aus. Nach einer vereinbarten Mindestlaufzeit kann jede Seite den Tarifvertrag kündigen.

Das Tarifrecht ist bei Presse und Rundfunk unterschiedlich. Die Manteltarifverträge (MTV) strukturieren übergreifend Arbeitsbedingungen und -abläufe. Sie regeln im Wesentlichen die Fortzahlung der Bezüge im Krankheitsfall, Arbeitszeit, Ruhezeit, tarifliche Jahresleistungen (Urlaubsgeld, 13. Gehalt), Nebentätigkeit und Kündigung. Manteltarifverträge haben eine Laufzeit von mehreren Jahren. Die Tarifverträge bei der Presse werden zwischen den Verlegerverbänden und den Journalistenverbänden bzw. -gewerkschaften abgeschlossen. Auf der Seite der Unternehmen sind dies der Bundesverband Deutscher Zeitungsverleger e. V. (BDZV) und der Verband Deutscher Zeitschriftenverleger e. V. (VDZ). Die Arbeitnehmer vertreten der Deutsche Journalisten-Verband e. V. (DJV) sowie die Gewerkschaft ver.di, Fachbereich 8 Medien, Kunst und Kultur (vormals IG Medien und DAG). Für Zeitschriften und Zeitungen werden gesonderte Verträge abgeschlossen.

> Das Tarifrecht ist die wichtigste arbeitsrechtliche Grundlage für angestellte Mitarbeiterinnen und Mitarbeiter. Die über mehrere Jahre laufenden Manteltarifverträge (MTV) strukturieren übergreifend Arbeitsbedingungen und -abläufe, die Gehaltstarifverträge legen dagegen den Verdienst fest.

Gehaltstarifverträge legen den Verdienst von Redakteuren und Volontären fest. Sie sehen verschiedene Gehaltsstufen vor, die nach Alter und bei Zeitungen nach Auflagenhöhe gestaffelt sind. Sie kennen auch frei zu vereinbarende Gehälter, die über den Gehaltssätzen der höchsten Tarifgruppe liegen müssen. Freie Vereinbarungen treffen in der Regel Ressortleiter, Chefredakteure und deren Stellvertreter und Chefs vom Dienst.

Die Nachrichtenagenturen Deutsche Presse-Agentur (dpa) und Associated Press (AP) orientieren sich in wesentlichen Punkten an den Tarifverträgen für Tageszeitungsredakteure. Sie schließen Tarifverträge ebenfalls mit den Gewerkschaften ab.

Bei den öffentlich-rechtlichen Rundfunkanstalten der ARD gibt es ein Modell, den einheitlichen Manteltarifvertrag (eMTV), der für die meisten Länderanstalten, allerdings mit mehr oder weniger vielen Abweichungen, gilt. Der eMTV wurde als Modell für die öffentlich-rechtlichen Anstalten ausgehandelt und 1974 verabschiedet. Einige Anstalten der ARD und das ZDF haben jedoch eigene Manteltarifverträge. Die Gehaltstarifverträge sind bei den einzelnen Rundfunkanstalten unterschiedlich. Weder die Firmierung einzelner Gruppen noch die Systeme sind gleich. Auch das Gehaltsniveau einzelner Berufsgruppen und Tätigkeiten differiert bei den Anstalten.

Für den privaten Rundfunk haben ver.di, der Deutsche Journalisten-Verband und der Tarifverband Privater Rundfunk, dem allerdings nur wenige Rundfunkunternehmen angehören, einen Mantel- und Gehaltstarifvertrag abgeschlossen. Daneben gibt es für den Lokalrundfunk Nordrhein-Westfalen ebenfalls einen Mantel- und Gehaltstarifvertrag.

11   Sozialrecht

Fest angestellte Redakteure und Journalisten sind, sofern ihr Gehalt die Beitragsbemessungsgrenze nicht übersteigt, über den Pressebetrieb oder die Rundfunkanstalt kranken- und rentenversichert (Pflichtversicherung). Außer in der gesetzlichen Rentenversicherung sind alle fest angestellten Redakteure bei Tageszeitungen und Zeitschriften im Presseversorgungswerk pflichtversichert. Dabei handelt es sich um eine tarifvertraglich vereinbarte Lebensversicherung mit einer Beitragsprämie in Höhe von 7,5 Prozent des Bruttogehalts. Der Betrag wird zu zwei Dritteln vom Verlag und zu einem Drittel vom Redakteur aufgebracht. Die Obergrenze (Beitragsbemessungsgrenze) liegt seit 2004 bei 4.700 Euro. Redakteure bei dpa und AP sind durch Haustarifverträge versichert, Redakteure anderer Agenturen und Presseunternehmen nur dann, wenn ihre Arbeitgeber mit dem Versorgungswerk Rahmenverträge analog zu den Tarifverträgen abgeschlossen haben. Zur ergänzenden sozialen Sicherung haben auch die öffentlich-rechtlichen Rundfunkanstalten für ihre angestellten Mitarbeiter eigene Versorgungssysteme geschaffen.

Das Künstlersozialversicherungsgesetz (KSVG) von 1983 hat die Situation freier   Freie Publizisten
Autoren entscheidend verbessert. Es bietet selbstständigen Künstlern und Publizisten im Wesentlichen den gleichen sozialen Schutz bei Krankheit und im Alter

wie anderen Arbeitnehmern auch. Wie diese werden sie kranken-, pflege- und rentenversichert und zahlen nur die Hälfte der Beiträge. Die andere Hälfte wird aus einer Abgabe der Unternehmen, die künstlerische und publizistische Leistungen verwerten, und einem Zuschuss des Bundes finanziert. Seit dem 1. Januar 2006 können sich freie Journalistinnen und Journalisten zu niedrigen Beiträgen freiwillig in der Arbeitslosenversicherung versichern, sofern sie innerhalb von vier Wochen nach Aufnahme ihrer publizistischen Tätigkeit bei der Arbeitsagentur den entsprechenden Antrag stellen und in den zwei Jahren davor bereits mindestens ein Jahr arbeitslosenversichert waren oder Entgeltersatzleistungen im Rahmen des Arbeitslosengeldes I erhalten haben.

> **Tipp:** Freie Autoren müssen sich bei der Künstlersozialkasse zur gesetzliche Renten-, Kranken- und Pflegeversicherung anmelden (kuenstlersozialkasse.de). Außerdem bietet das Versorgungswerk der Presse freien Pressejournalisten Lebensversicherungen an (presse-versorgung.de).

»Freie« können sich auch freiwillig (zusätzlich) über das Versorgungswerk der Presse versichern. Das Versorgungswerk der Presse bietet Freien im Pressebereich normale Lebensversicherungen an. Eine Journalistin, die dort mit 30 Jahren eine reine Kapital-Lebensversicherung über 50.000 Euro abschließt, zahlt pro Monat etwa 100 Euro Beitrag und bekommt mit 60 Jahren nach den derzeitigen Sätzen der Überschussbeteiligung rund 100.000 Euro ausbezahlt.

Außer in der gesetzlichen Rentenversicherung sind alle fest angestellten Redakteure bei Tageszeitungen und Zeitschriften im Presseversorgungswerk pflichtversichert. Seit der Verabschiedung des Künstlersozialversicherungsgesetzes (KSVG) von 1983 werden auch freie Autoren kranken-, pflege- und rentenversichert und zahlen nur die Hälfte der Beiträge.

Das Versorgungswerk der Verwertungsgesellschaft Wort (VG Wort) unterstützt freie Publizisten bei der freiwilligen Renten-, Lebens- und Krankenversicherung. Voraussetzung ist, dass ein Journalist seit drei Jahren hauptberuflich als Freier arbeitet und über die Künstlersozialkasse versichert ist. Er bekommt auf Antrag vom Autorenversorgungswerk einen Zuschuss von 50 Prozent zu seinen Beiträgen zur privaten Renten- und Kapital-Lebensversicherung. So kann z. B. ein Journalist, der mit dem Versorgungswerk der Presse eine Kapital-Lebensversicherung abgeschlossen hat, seinen eigenen Beitragsanteil um die Hälfte reduzieren, die andere Hälfte zahlt das Autorenversorgungswerk. Allerdings ist das Autorenversorgungswerk seit Juli 1996 für Neuzugänge geschlossen, da dessen Aufgabe weitgehend die Künstlersozialkasse übernommen hat.

Private Krankenkassen erheben ihre Beiträge einkommensunabhängig. So zahlen junge Leute vergleichsweise wenig, bei höherem Eintrittsalter steigen die Beiträge überproportional, da die privaten Krankenkassen unterstellen, dass ältere Menschen häufiger krank sind. Auch Frauen zahlen mehr (z. B. wegen des »Risikofaktors« Schwangerschaft), und für jeden mitzuversichernden Familienangehörigen muss das Mitglied zusätzlich einen vollen Beitrag entrichten. Zu beachten ist, dass Berufsanfänger, die sich für eine private Versicherung entscheiden, später nur schwer die Möglichkeit haben, in die gesetzliche Krankenversicherung aufgenommen zu werden.

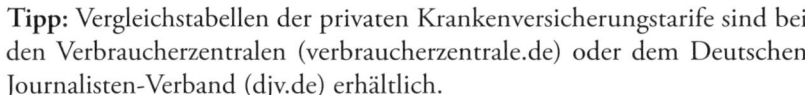

Tipp: Vergleichstabellen der privaten Krankenversicherungstarife sind bei den Verbraucherzentralen (verbraucherzentrale.de) oder dem Deutschen Journalisten-Verband (djv.de) erhältlich.

Die Pensionskasse für freie Mitarbeiterinnen und Mitarbeiter der deutschen Rundfunkanstalten wird von allen öffentlich-rechtlichen Rundfunkanstalten und vielen privaten Produktionsfirmen getragen. Freie, die bei Trägern der Pensionskasse mehr als 3500 Euro verdienen, können freiwillig 7 Prozent der Honorare einzahlen. Der Auftraggeber zahlt dann einen Zuschuss in gleicher Höhe. Er ermäßigt sich auf 4 Prozent, sofern Beiträge zur gesetzlichen Rentenversicherung abgeführt werden müssen oder der Freie Mitglied der Künstlersozialkasse ist. Nach fünf Jahren Mitgliedschaft hat der freiwillig Versicherte einen Anspruch auf Altersrente; die Höhe errechnet sich aus den eingezahlten Beiträgen.

12 Urheberrecht

Das Urheberrecht schützt den Urheber in seinen geistigen und persönlichen Beziehungen zum Werk und in der Nutzung des Werkes. Es dient dem Schutz seiner ideellen und materiellen Interessen und definiert ein Sprachwerk als einen Ausdruck der Persönlichkeit seines Schöpfers. Das Werk spiegelt dessen Empfindungen und Eigenheiten, seinen persönlichen Stil wider. Gleichzeitig stellt das Werk einen Vermögenswert dar, der Autor kann es auf unterschiedliche Weise wirtschaftlich auswerten. Nach dem Urheberrechtsgesetz bilden die persönlichkeitsrechtlichen und vermögensrechtlichen Befugnisse des Urhebers eine untrennbare Einheit. Das Urheberpersönlichkeitsrecht umfasst folgende Rechte: das Bestimmungsrecht des Autors (Urhebers) über die Veröffentlichung, das

Recht auf Anerkennung seiner Urheberschaft am Werk und das Recht, eine Entstellung oder eine andere Beeinträchtigung seines Werkes zu verbieten, wenn seine berechtigten geistigen oder persönlichen Interessen am Werk gefährdet sind.

> Nach dem Urheberpersönlichkeitsrecht darf nur der Urheber selbst sein Werk vervielfältigen, verbreiten, ausstellen oder öffentlich wiedergeben. Er kann dieses Recht aber an Dritte übertragen, indem er unterschiedlich ausgestaltete Nutzungsrechte einräumt.

Nutzungsrechte Grundsätzlich darf nur der Urheber selbst sein Werk vervielfältigen, verbreiten, ausstellen oder öffentlich wiedergeben. Dieses Recht kann der Journalist anderen übertragen, d. h. er räumt z. B. einem Verlag Nutzungsrechte ein. Unterschieden wird zwischen »einfachem« und »ausschließlichem Nutzungsrecht«. Wer einem Verlag ein einfaches Nutzungsrecht einräumt, darf den Text auch anderen Verlagen zur Veröffentlichung anbieten. Will der Verlag, dass der Beitrag nur bei ihm erscheint, so muss er das ausschließliche Nutzungsrecht erwerben. Erwirbt ein Verlag nur das Recht auf Vervielfältigung und Verbreitung, dann kann der Urheber den Beitrag zeitgleich auch noch einer Rundfunkanstalt anbieten – oder umgekehrt. Rundfunkanstalten lassen sich deshalb neben den Senderechten immer häufiger auch die Vervielfältigungs- und Verbreitungsrechte einräumen. Rundfunkjournalisten, die bei einer öffentlich-rechtlichen Anstalt angestellt sind, räumen ihrem Arbeitgeber weitgehend alle Rechte tarifvertraglich ein. Für freie Mitarbeiter und freie arbeitnehmerähnliche Programm-Mitarbeiter gelten entweder tarifvertragliche Regelungen (bei BR, MDR, NDR, SWR, WDR und ZDF), oder die Rechtseinräumung ist in den Honorarvereinbarungen festgelegt. Bei privaten Rundfunkveranstaltern geschieht dies im Wege des Einzelarbeitsvertrages. In der Zeitschriften- und Tageszeitungspresse gibt es Urheberrechtsklauseln in den Manteltarifverträgen für fest angestellte Journalisten sowie im Tarifvertrag für arbeitnehmerähnliche freie Journalistinnen und Journalisten bei Tageszeitungen.

Reform des Urheberrechtsgesetzes Von Rechts wegen haben Journalisten als Urheber also eine starke Rechtsposition. In der Praxis diktierten jedoch – so Untersuchungen – meist die Medienunternehmen als Verwerter aufgrund der Marktlage vor allem den freien Journalisten die Vertragsbedingungen hinsichtlich des Umfangs der Rechteinräumung sowie der Höhe der Vergütung, da die Regelungen des Urheberrechtsgesetzes weitgehend abdingbar waren. Umfassende Rechteinräumungen bis hin zu den Online-Rechten bei oft einmaliger Pauschalabgeltung zu niedrigen Honoraren (»Buy-out-Verträge«) waren die Folge.

Der Gesetzgeber hat darauf mit einer Reform des Urheberrechtsgesetzes reagiert, die das Urhebervertragsrecht näher regelt. Sie ist seit 1. Juli 2002 in

Kraft. Die Kernpunkte der Neuregelung sind ein gesetzlicher Anspruch auf die angemessene Vergütung für die Rechteinräumung, sofern die vertraglich vereinbarte Vergütung der angemessenen nicht entspricht, sowie die neu geschaffene Möglichkeit, so genannte gemeinsame Vergütungsregeln zwischen Urheber- und Verwerterverbänden bzw. einzelnen Verwertern auszuhandeln. Trotz jeweils seit 2003 andauernder Verhandlungen ist bisher weder bei Tageszeitungen noch bei Zeitschriften eine Einigung zwischen den Gewerkschaften ver.di und DJV sowie den Verlegerverbänden Bundesverband Deutscher Zeitungsverleger und Verband Deutscher Zeitschriften-Verleger erzielt worden.

> Seit der Reform des Urheberrechtsgesetzes im Jahr 2002 gibt es einen gesetzlichen Anspruch auf die angemessene Vergütung für die Nutzungsrechte sowie die Möglichkeit, so genannte gemeinsame Vergütungsregeln zwischen Urheber- und Verwerterverbänden bzw. einzelnen Verwertern auszuhandeln. Inwieweit sich allerdings die Lage der Urheber durch die Reform verbessern wird, bleibt abzuwarten.

Angemessen ist eine Vergütung dann, wenn sie der redlichen Branchenübung (wie sie beispielsweise in den Mittelstandsempfehlungen freie Journalisten oder in der Übersicht für marktübliche Vergütungen für Bildnutzungsrechte der Mittelstandsgemeinschaft Foto-Marketing zum Ausdruck kommt) entspricht. Als angemessen gelten auch Vergütungen, die in gemeinsamen Vergütungsregeln vereinbart wurden. Derzeit gibt es allerdings noch keine ausgehandelten Vergütungsregeln. Verhandlungen sind unter anderem im Tageszeitungs- und Zeitschriftenbereich im Gange. Inwieweit sich die Lage der Urheber durch die Reform verbessern wird, bleibt abzuwarten. Es wird wesentlich von der Bereitschaft, die angemessene Vergütung auch – notfalls gerichtlich – einzufordern und vor allem vom tatsächlichen Abschluss gemeinsamer Vergütungsregeln abhängen.

Wortbeiträge, die keinen urheberrechtlichen Schutz genießen, können ohne Zustimmung des Verfassers zitiert werden. Keinen Urheberrechtsschutz genießen Werke, die kein eigentümlicher Schöpfungsakt des Autors sind. Dazu zählen z. B. Nachrichten, die meist nur den äußeren Ablauf eines Ereignisses wiedergeben. Ein Bericht in der Presse, der die Ereignisse während einer Großveranstaltung oder einer Gerichtsverhandlung zusammenfassend skizziert, kann eine eigene schöpferisch-geistige Leistung des Verfassers darstellen. Besonders gilt dies für Sprachwerke in der Form einer Reportage. Das Urheberrechtsgesetz erlaubt in beschränkter Form das Zitieren urheberrechtlich geschützter Werke. Zitate dürfen ohne Vergütung nur in einem selbstständigen Werk veröffentlicht werden, als Unterstützung eigener Ausführungen oder in der Auseinandersetzung mit frem-

Zitate geschützter Werke

den Gedanken. Für literarische Sprachwerke ist nur das so genannte Kleinzitat zulässig. In jedem Fall sind Autor und Fundstelle anzugeben.

Um die Informationsfreiheit nicht durch das Urheberrechtsgesetz völlig einzuschränken, unterliegen so genannte »amtliche Werke« nicht dem Urheberrecht. Dazu zählen Gesetze, Verordnungen, amtliche Erlasse und Bekanntmachungen sowie Gerichtsentscheidungen. Verbreitet oder gesendet werden dürfen auch öffentliche Reden über Tagesfragen. Sie müssen einen aktuellen Bezug zum Zeitgeschehen haben. Die Verbreitung ist in Zeitungen, Zeitschriften oder anderen Informationsblättern (z. B. Nachrichtendiensten) erlaubt, die sich tagesaktuellen Themen und Interessen widmen. Wissenschaftliche Zeitschriften oder Fachzeitschriften versteht der Gesetzgeber dann nicht als Presseorgane, die den Tagesinteressen Rechnung tragen, wenn sie nicht regelmäßig über Fachgebiete aktuell berichten. Zulässig ist auch die öffentliche Wiedergabe im Rundfunk oder online im Internet. Einzelne Rundfunkkommentare oder Artikel aus Zeitungen dürfen in anderen Sendern oder Zeitungen sowie vergleichbaren Informationsblättern veröffentlicht werden, sofern sie politische, wirtschaftliche oder religiöse Tagesfragen betreffen. Die Übernahme ist vergütungspflichtig.

Presseschauen, die in der Regel mehrere Kommentare in Auszügen wiedergeben, sind nicht vergütungspflichtig. Bei Übernahme vollständiger Artikel oder Kommentare im Presse- und Rundfunkbereich haben den Vergütungsanspruch die einzelnen Urheber. Dazu gehören unter anderem Pressespiegel, ob in gedruckter oder elektronischer Form. Die Vergütungsansprüche können nur durch eine Verwertungsgesellschaft geltend gemacht werden. Die von ihr erhobenen Abgaben werden an die Berechtigten ausgeschüttet. Berechtigte sind zum einen die Autoren (zu 70 Prozent) und zum anderen die Verlage (zu 30 Prozent mit der Auflage, diese Mittel in die Journalistenaus- und -fortbildung zu investieren).

Verwertungs-
gesellschaften
Die Verwertungsgesellschaft Wort (VG Wort) nimmt die Interessen von Publizisten und Journalisten wahr. Für die Zweitnutzung von bereits veröffentlichten publizistischen Beiträgen treibt die VG Wort jährlich Millionenbeträge ein und verteilt sie an die Urheber. Diese müssen zunächst nichts weiter tun, als einen Wahrnehmungsvertrag mit der VG Wort abzuschließen. Allerdings sind sie verpflichtet, am Ende des Kalenderjahres ihre Veröffentlichungen, z. B. Sach- und Fachbücher, Beiträge in Zeitungen und Zeitschriften, bei Rundfunk und Fernsehen, seit 2007 auch in Online-Medien, der VG Wort unaufgefordert zu melden. In der Regel gibt es für jeden gemeldeten Beitrag ein Zweitnutzungsentgelt. Analog zur VG Wort vertritt die Verwertungsgesellschaft Bild-Kunst die Interessen von Bildautoren (Karikaturisten, Fotografen, Pressezeichner). Die Bedingungen und Regelungen entsprechen denen der VG Wort.

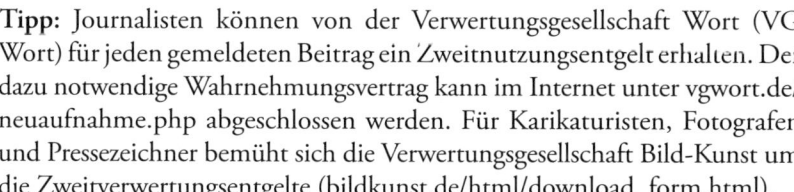

Tipp: Journalisten können von der Verwertungsgesellschaft Wort (VG Wort) für jeden gemeldeten Beitrag ein Zweitnutzungsentgelt erhalten. Der dazu notwendige Wahrnehmungsvertrag kann im Internet unter vgwort.de/neuaufnahme.php abgeschlossen werden. Für Karikaturisten, Fotografen und Pressezeichner bemüht sich die Verwertungsgesellschaft Bild-Kunst um die Zweitverwertungsentgelte (bildkunst.de/html/download_form.html).

Literatur

Bauer, Helmut G./Detjen, Claus/Müller-Römer, Frank/Posewang, Wolfgang: Die Neuen Medien. Das aktuelle Praktiker-Handbuch. Recht, Technik, Anwendung, Marketing. Ulm. *Lose-Blatt-Sammlung mit den einschlägigen Rechtsvorschriften.*

Bölke, Dorothee: Presserecht für Journalisten. München 2004. *Sehr anschauliche, praxisbezogene Einführung in das Presserecht.*

Branahl, Udo: Medienrecht. Eine Einführung. 5., überarbeitete Auflage, Wiesbaden 2006. *Einführendes Werk in medienrechtliche Zusammenhänge.*

Deutscher Journalisten-Verband e. V. (Hg.): DJV-Handbuch für Freie. Bonn 2007. *Ausführliche Darstellung aller rechtlichen Aspekte freier journalistischer Tätigkeit.*

Deutscher Journalisten-Verband e. V. (Hg.): Journalisten und ihre Rechte. Hinweise für die redaktionelle Praxis, 2. Auflage, Bonn 1998. *Die Publikation wendet sich an den Journalisten als Arbeitnehmer und informiert über Urheber- und Presserecht.*

Fechner, Frank: Medienrecht. 4. Auflage, Stuttgart 2003. *Dieses Lehrbuch gibt zunächst einen Überblick über die Grundlagen des Medienrechts. Im besonderen Teil erfahren die einzelnen Medien Presse, Buch, Rundfunk, Film und Multimedia eine differenzierte Darstellung.*

Gerhardt, Rudolf/Steffen, Erich: Kleiner Knigge des Presserechts. Frankfurt 2001. *Handbuch für den Praktiker.*

Herrmann, Günther/Laussen, Matthia: Rundfunkrecht. 2. Auflage, München 2004. *Ausführliches Lehrbuch zum Rundfunkrecht.*

Hesse, Albrecht: Rundfunkrecht: die Organisation des Rundfunks in der Bundesrepublik Deutschland. 3., neu bearbeitete Auflage, München 2003. *Umfassende Darstellung des Medienrechts.*

Löffler, Martin/Ricker, Reinhart: Handbuch des Presserechts. 5., neu bearbeitete Auflage, München 2005. *Standardwerk zu allen Fragen des Presserechts.*

Möhl, Hans-Peter/Scharlack, Ulrich: dpa. Juristischer Leitfaden für Journalisten. Starnberg 1997. *Übersichtlicher, knapper Abriss zum Presserecht für die Praxis.*

Olenhusen, Albrecht Götz von: Medienarbeitsrecht für Hörfunk und Fernsehen. Konstanz 2004. *Umfassende Darstellung der arbeitsrechtlichen Beziehungen zwischen festangestellten und freien Mitarbeitern und den Rundfunkanstalten.*

Petersen, Jens: Medienrecht. 2. Auflage, München 2005.
Juristisches Kurzlehrbuch.

Rehbinder, Manfred: Urheberrecht. 14. Auflage, München 2006.
Juristisches Kurzlehrbuch.

Ring, Wolf-Dieter: Medienrecht. Rundfunk, Neue Medien, Presse. Textsammlung, Rechtsprechung, Kommentar. München (Lose-Blatt-Sammlung).
Umfassender Kommentar zum Medienrecht.

Schaffeld, Burkhard/Hörle, Ulrich: Das Arbeitsrecht der Presse. 2. Auflage, Köln 2007.
Arbeitsrechtliche Erläuterungen anhand der Tarifverträge für Journalisten in Tageszeitungen.

Wenzel, Karl Egbert/Sedelmeier, Klaus/Löffler, Martin: Presserecht. Kommentar. 5., neu bearbeitete und erweiterte Auflage, München 2006.
Der Standardkommentar zu den Landespressegesetzen.

V Wirtschaftliche Grundlagen
der Medien

Medienunternehmen müssen sich – abgesehen von allgemeinen wirtschaftlichen Gegebenheiten, die auf alle Unternehmen zutreffen – mit einigen Besonderheiten der Medienmärkte auseinandersetzen. Anders als viele andere Branchen sind die Medien nicht komplett dem Markt überlassen. Dies schlägt sich zum einen in der Existenz des öffentlich-rechtlichen Rundfunks nieder, der in erster Linie gesellschaftlicher Kontrolle unterliegt. Sie wird insbesondere über die Rundfunkräte bei den ARD-Anstalten bzw. über den Fernsehrat beim ZDF umgesetzt, die pluralistisch mit Vertretern gesellschaftlicher Gruppen besetzt sind. Öffentlich-rechtlicher Rundfunk soll die Grundversorgung sicherstellen. Dazu zählen laut dem Programmauftrag insbesondere ausgewogene Information, aber auch Bildung, Beratung und Unterhaltung (→ Rechte und Pflichten).

Zum anderen sind den Aktivitäten privat-kommerzieller Rundfunkanbieter durch gesetzliche Vorgaben und öffentliche Aufsicht Grenzen gesetzt. Die Landesmedienanstalten vergeben Lizenzen für das Betreiben von Radio- und Fernsehprogrammen und beaufsichtigen deren Betrieb. Der Rundfunk ist damit kein Markt wie jeder andere. Die Presse und die anderen Medien sind kaum reglementiert. Dennoch gelten auch für diese Medienmärkte einige Besonderheiten, die das wirtschaftliche Handeln von Verlagen und Medienunternehmen beeinflussen.

Regulierung und Aufsicht im Rundfunkmarkt

Medien sind nicht nur Wirtschaftsgüter, sondern auch Kulturgüter, die wichtige Leistungen für die Menschen und die Gesellschaft erbringen. Steht im einen Fall die Gewinnerzielung im Vordergrund, geht es im anderen Fall um öffentliche Aufgaben und gesellschaftliche Wirkungen von Medien. Problematisch ist nun, dass beides zusammen zumindest teilweise unvereinbar scheint: Medien als Wirtschaftsgut haben nicht unbedingt jene Eigenschaften, die deren öffentliche Aufgabe auszeichnen. Umgekehrt lassen sich Medien als Kulturgut nicht automatisch auch gut verkaufen. Beispielsweise sorgen Casting-Shows wie »Deutschland sucht den Superstar« (RTL) im Fernsehen für hohe Einschaltquoten und damit für hohe Werbeeinnahmen. Ihr Beitrag zur politischen Meinungsbildung dürfte aber eher gering sein. Eine Kultursendung erhöht dagegen wahrscheinlich Wissen und Bildung des Publikums, während ihrer erfolgreichen Vermarktung mangels großer Zuschauerzahlen enge Grenzen gesetzt sind. Medien sind eben

Doppelcharakter der Medien als Wirtschafts- und Kulturgut

auch öffentliche Güter (ein anderes Konzept spricht von meritorischen Gütern), bei denen Marktversagen auftreten kann. Dies ist die wirtschaftswissenschaftliche Begründung staatlicher Eingriffe in die Medienmärkte.

Aufgrund des Doppelcharakters konkurrieren Medienunternehmen neben dem ökonomischen auch im publizistischen Wettbewerb miteinander. Während es im ökonomischen Wettbewerb um Geld geht, sind im publizistischen Wettbewerb Vielfalt und publizistische Qualität der Produkte Erfolgsmaßstäbe. Beide Wettbewerbsarten hängen nicht direkt zusammen. Dies bedeutet: Eine hohe Qualität, also publizistischer Erfolg, muss nicht unbedingt zu hohen Einnahmen, also wirtschaftlichem Erfolg, führen. Die Gründe hierfür liegen beim Publikum, das eben nicht ausschließlich Medienprodukte von hoher publizistischer Qualität nachfragt. Hinzu kommt, dass die Qualität von Medienprodukten häufig nur sehr schwer oder gar nicht eingeschätzt werden kann.

Medien als Erfahrungs- und Vertrauensgüter

Wirtschaftswissenschaftler sprechen von Medien als Erfahrungs- oder Vertrauensgütern. Damit ist eine wichtige Eigenschaft bezeichnet, die Medien von anderen Gütern abgrenzt. Im Gegensatz zu Suchgütern können Rezipienten die Qualität etwa einer Fernsehsendung oder eines Zeitschriftenartikels vor dem Kauf bzw. dem Konsum nicht einschätzen (Eigenschaft als Erfahrungsgut). Häufig ist dies selbst nach der Nutzung des Angebots nicht oder nur mit einem unverhältnismäßig großen Aufwand möglich. Ein Zeitungsleser kann beispielsweise die Fakten eines Berichtes kaum nachprüfen; vielmehr muss er auf deren Richtigkeit vertrauen (Eigenschaft als Vertrauensgut). Diese Eigenschaften haben wichtige Folgen für Anbieter und Produzenten von Medien. Da sich Investitionen in Qualität nicht unmittelbar auszahlen, könnte es sich einerseits lohnen, statt in einen Qualitätswettbewerb mit den Konkurrenten in einen Kostenwettbewerb einzutreten (vgl. Heinrich 2001, S. 108). Andererseits ist es eine viel versprechende Strategie, in Reputation und Glaubwürdigkeit der Medienmarke zu investieren. Gerade wenn das Publikum die Qualität der Produkte nicht direkt prüfen kann, sind Glaubwürdigkeit und Vertrauen wichtige Kriterien, die über Kauf bzw. Konsum entscheiden. Eine weitere Möglichkeit besteht darin, die Präsentation von Medienangeboten und -inhalten zu personalisieren, indem Moderatoren oder Autoren für das Publikum als Orientierungsanker für Aufmerksamkeit und Qualität dienen (→ Medienspezifische Präsentation).

Werbe- und Publikumsmarkt

Eine weitere Besonderheit von Medienmärkten betrifft die Art der erbrachten Leistungen. Medienunternehmen sind auf zwei Märkten aktiv, die einerseits eng miteinander zusammenhängen, die sich aber andererseits von den Marktstrukturen her stark unterscheiden: dem Werbemarkt und dem Publikumsmarkt. Eine größere Auflage oder Reichweite kann die Werbeeinnahmen erhöhen und die Nachfrage stärken. Umgekehrt gilt dieser Zusammenhang nicht eindeutig: Vermehrte Werbung kann die Attraktivität eines Medienangebots für das Publikum schmälern, da sie als störend empfunden wird. Andererseits können die zusätzlichen Werbeeinnahmen genutzt werden, um das redaktionelle Angebot zu verbessern und/oder die Verkaufspreise zu senken. Beides führt tendenziell zu mehr Lesern, Zuschauern oder Zuhörern, was das Medienangebot wiederum für Werbekunden noch attraktiver macht. Eine Aufwärtsentwicklung kann in Gang kommen, die als Anzeigen-Auflagen-Spirale bezeichnet wird.

Der direkte Refinanzierungsbeitrag von Werbe- und Publikumsmarkt kann von Medium zu Medium sehr unterschiedlich sein. Während privat-kommerzieller Rundfunk, Anzeigenblätter oder Gratiszeitungen ihre gesamten Einnahmen über den Werbemarkt decken, stützen sich Pay-TV-Angebote und einige Fachmedien nahezu ausschließlich auf Einnahmen aus dem Verkauf ans Publikum. Für andere Medien, z. B. Tageszeitungen, sind beide Finanzierungssäulen wichtig. **Erlösmodelle**

Neben den beiden klassischen Erlösquellen gibt es für Medienunternehmen weitere Formen der Refinanzierung. Eine Möglichkeit besteht darin, nicht nur Werberaum zur Verfügung zu stellen, sondern ganze Transaktionen über das Medium abzuwickeln. Die Shopping-Kanäle im Fernsehen sind hierfür ein Beispiel. Darüber hinaus bietet insbesondere das Internet sehr weitreichende Möglichkeiten, E-Commerce-Elemente in journalistische Angebote zu integrieren, wie beispielsweise das Internet-Portal »Bild.de« zeigt. Eine andere Finanzierungsmöglichkeit ist der Verkauf von Medieninhalten nicht direkt ans Publikum, sondern an Dritte – beispielsweise andere Medienhäuser oder Anbieter von Internet-Portalen. Diese so genannte Syndizierung von Inhalten hat im Zuge der Etablierung des Internets massiv an Bedeutung gewonnen, da viele Anbieter für ihre Internet-Portale professionell erarbeitete, redaktionelle Inhalte benötigen.

Klar ist, dass die neuen Finanzierungsformen, ebenso wie die klassische Werbefinanzierung, Rückwirkungen auf die Gestaltung redaktioneller Angebote und die journalistische Arbeit haben. So stellen sich insbesondere Fragen der Trennung zwischen journalistischen Inhalten auf der einen und deren Vermarktung auf der anderen Seite in einer neuen Dimension. Journalistische Professionalität und Unabhängigkeit sind hier auf besondere Weise herausgefordert. Die Gratwanderung verläuft zwischen einer (notwendigen) Anpassung an die Erfordernisse der Märkte auf der einen und einer (inakzeptablen) Instrumentalisierung journalistischer Arbeit für kommerzielle Einzelinteressen auf der anderen Seite.

I Publizistischer und ökonomischer Wettbewerb

Auf dem deutschen Medienmarkt konkurrieren Presse, Rundfunk und Online-Anbieter nicht nur in publizistischer Hinsicht miteinander. Vor dem Hintergrund einer weitgehend privatwirtschaftlich organisierten Medienlandschaft spielt sich der Medienwettbewerb auch auf ökonomischer Ebene ab. Während publizistische Erfolgskriterien wie Aktualität, sachliche Richtigkeit, Meinungsvielfalt, Relevanz oder kommunikativer Erfolg nur schwer messbar sind, können sie im ökonomischen Wettbewerb monetär festgestellt werden. Dies kann

z. B. in Form von Gewinn oder Marktanteilen geschehen. Rein publizistischer Wettbewerb ist vermutlich nur sehr selten, z. B. bei weltanschaulich oder religiös motivierten Publikationen anzutreffen. In der Medienpraxis entscheiden jedoch in der Regel neben dem publizistischen Erfolg auch monetäre Größen über die Zukunftsaussichten eines Medienunternehmens (→ Journalisten und ihr Publikum).

Spannungsfeld Publizistik und Ökonomie

Die publizistischen und ökonomischen Wettbewerbsdimensionen können nicht unabhängig voneinander betrachtet werden. Einerseits hat publizistisches Handeln Einfluss auf den ökonomischen Wettbewerb. So verursacht das Streben nach publizistischem Anspruch Kosten, die den wirtschaftlichen Erfolg beeinträchtigen. Aufgrund häufig divergierender Publikumspräferenzen ist es zudem schwierig, publizistisch wertvolle Produkte am Markt abzusetzen und damit ökonomischen Gewinn zu erzielen. Andererseits begrenzen wirtschaftliche Rahmendaten journalistischen Ideenreichtum im publizistischen Wettbewerb. Das bedeutet: Entsprechend der Marktposition eines Mediums und der Unternehmenspolitik sind der finanziellen Machbarkeit und Vertretbarkeit Grenzen gesetzt.

Aus wirtschaftlicher Sicht ist ein optimales Arbeitsergebnis dann erzielt, wenn das journalistische Produkt effizient hergestellt wurde. Das Ziel kann also sein, mit möglichst geringem Aufwand an gesamtwirtschaftlichen Ressourcen (Geld, Personal, Technik) ein vorher festgelegtes Produktionsergebnis zu erzielen (z. B. Sendungen, Blatt-Seiten), das den Hörer-, Leser- oder Zuschauerbedürfnissen bestmöglich entspricht.

Letztendlich haben alle Medien das Ziel, möglichst viele Leser, Hörer oder Zuschauer zu erreichen. Moderne Medienunternehmen sollten in der Lage sein, dieses Vorhaben einvernehmlich zwischen kaufmännischer Führung und Redaktion zu realisieren. Der eine Partner sollte optimale Arbeitsbedingungen schaffen, der andere sollte mit seinen publizistischen Beiträgen zum Unternehmensziel beitragen. Das bedeutet für Journalisten, dass sie heute ohne Grundkenntnisse betriebswirtschaftlicher Zusammenhänge nicht mehr auskommen, wollen sie nicht nur Vorgaben ausführen, sondern Konzept und Politik eines Medienunternehmens aktiv mitgestalten (→ Management und Marketing).

Gemeinkosten

Journalisten müssen sich im Klaren darüber sein, dass ihr Einsatz auch Kosten verursacht – mehr als nur den direkten Aufwand für Honorare, Spesen, Papier usw. Zu decken sind nämlich auch nicht direkt zurechenbare, anteilige Betriebskosten, die so genannten Gemeinkosten. Diese beziehen sich auf den Einsatz von Mensch und Gerät, soweit sie der Betrieb zur unmittelbaren Herstellung des Gesamtprodukts einsetzt. Bei Zeitungen verursachen beispielsweise Redaktionssysteme, Druckmaschinen oder der Fuhrpark derartige Kosten. Hinzu kommen noch Aufwendungen für Gebäude, das Management oder Kreditkosten und Werbung.

Auf Gehalt, Honorar und Spesen hat der Journalist meist keinen Einfluss, da sie in vielen Fällen tarifvertraglich fixiert sind (→ Rechte und Pflichten). Bei den Gemeinkosten kann er jedoch durch exakte, termin- und formatgerechte Ablieferung seiner Beiträge zur Einhaltung des Produktionsplanes und damit des wirtschaftlichen Kostenrahmens beitragen. Fahrlässige Verzögerungen bei Satz, Druck und Auslieferung können aber unter Umständen die Kosten unnötig in die Höhe treiben. Wer zudem das journalistische Handwerk nicht beherrscht und beispielsweise bei der Recherche ungenau arbeitet, kann sogar die wirtschaftliche Basis gefährden, wenn Leser, Hörer oder Zuschauer abwandern.

Neben diesen Grundkenntnissen der Journalisten ist es für Medienunternehmen überdies unerlässlich, Methoden eines professionellen Marketings anzuwenden, um langfristig erfolgreich zu agieren (→ Management und Marketing). Allgemein bezeichnet Marketing eine Grundhaltung der Verantwortlichen eines Unternehmens, alle Entscheidungen, die den Markt betreffen, an dessen Erfordernissen auszurichten. Übertragen auf ein Medienunternehmen bedeutet dies: Ein redaktionelles Angebot soll die Informations- und Unterhaltungsbedürfnisse der Rezipienten möglichst gut befriedigen; zudem muss der Werbemarkt attraktiv gestaltet sein. **Professionelles Marketing**

Medienunternehmen stehen im Rahmen des so genannten Marketing-Mix die vier Instrumente »product«, »price«, »place« sowie »promotion« zur Verfügung, die Jerome McCarthy als die vier Ps bezeichnet (vgl. Heinrich 2001, S. 265ff.). Dabei stellt das Instrument Produktpolitik (»product«), das das Leistungsangebot eines Medienunternehmens umfasst, den wichtigsten Parameter dar. Es kommt beispielsweise in der Programmqualität für den Rezipientenmarkt bzw. in einer transparenten Werbeträgerleistung für den Werbemarkt zum Ausdruck (→ Journalisten und ihr Publikum). Die Preispolitik (»price«) steht für das Preis-Leistungs-Verhältnis. Sie regelt somit einerseits auf dem Rezipientenmarkt die Preise, die Konsumenten zu zahlen haben, andererseits reguliert sie auf dem Werbemarkt z. B. die Tausenderpreise. Unter »place« ist die Distributionspolitik, d. h. der physische Vertrieb von Produkten und Dienstleistungen eines Unternehmens, zu verstehen. Auf dem Rezipientenmarkt beinhaltet sie beispielsweise die technische Übertragung von Rundfunkprogrammen oder die Absatzwege von Printerzeugnissen, während Distributionspolitik auf dem Werbemarkt Buchungssysteme für Werbung meinen kann. Unter »promotion« wird die Kommunikationspolitik verstanden, die z. B. Werbemaßnahmen sowohl für den Rezipienten- als auch für den Werbemarkt beinhalten kann. **Marketing-Mix**

Professionelles Marketing in einem Medienunternehmen zeichnet sich somit durch eine Orientierung am Publikums- sowie am Werbemarkt aus. Publikums- und werbemarktorientierter Journalismus wird jedoch von den Redaktionen, die sich stärker abstrakten Zielen als dem wirtschaftlichen Erfolg verpflichtet fühlen, kritisch gesehen. Das journalistische Selbst- und Berufsverständnis steht schließlich auf dem Prüfstand, wenn die ökonomischen Erfordernisse des Marktes in den Vordergrund treten (→ Journalismus als Beruf). Der Berufsstand Journalismus hat auf diese Herausforderung bislang höchst unterschiedlich reagiert. Marketingkonzepte werden als Sündenfall für kreativen Journalismus, notwendiges Übel, aber zunehmend auch als Chance für eine Optimierung der Publikumsnähe angesehen. Diese Unterschiede haben u. a. darin ihre Wurzeln, dass das Berufsverständnis im Journalismus und damit auch die Einstellung zum Marketing höchst heterogen sind. Sie können je nach Person und Medienunternehmen variieren zwischen investigativem Journalismus, Nachrichten- oder Meinungsjournalismus, anwaltschaftlichem Journalismus, Präzisionsjournalismus bis hin zum »New Journalism«, der Themen eher fantasiebetont und literarisch aufarbeitet.

2 Medien auf dem Publikumsmarkt

Die für die Medienunternehmen relevanten Publikumsmärkte lassen sich entsprechend der Mediengattungen unterscheiden. Neben unterschiedlichen Pressemärkten kann zwischen Fernseh-, Hörfunk- und Onlinemärkten differenziert werden.

Markt der Zeitungen Der Zeitungsmarkt besteht aus verschiedenen Angeboten, die sich hinsichtlich der Merkmale Erscheinungshäufigkeit, Verbreitungsgebiet und Vertriebsart unterscheiden. Neben Tages- und Wochenzeitungen gibt es lokale, regionale und überregionale Zeitungen sowie Straßenverkaufs- und Abonnementzeitungen. Entscheidend für den Wettbewerb zwischen Zeitungen ist der jeweils relevante Markt, d. h., ob aus Sicht der Nachfrager eine funktionale Austauschbarkeit zwischen den Gütern besteht. Üblicherweise werden folgende Märkte unterschieden: der Markt für lokale und regionale Abonnementzeitungen, der Markt für überregionale Abonnementzeitungen, der Markt für Straßenverkaufszeitungen, der Markt für Wochenzeitungen und der Markt für Sonntagszeitungen (→ Mediensystem in Deutschland).

Während die Zeitungsverlage viele Jahre mit steigenden Anzeigenumsätzen und relativ stabilen Auflagenzahlen verwöhnt wurden, sahen sie sich Anfang des 21. Jahrhunderts mit spürbaren Umsatzverlusten konfrontiert. Ursächlich hierfür war vor allem der starke Einbruch am Werbemarkt, womit die wichtigste Einnahmequelle zurückging. Als Reaktion darauf wurden teilweise drastische Sparmaßnahmen (Personalabbau, Kürzungen des Angebots, Zusammenlegen von Redaktionen bis hin zur Einstellung ganzer Zeitungen und Redaktionsschließungen) ergriffen, was wiederum einen Anstieg der horizontalen Konzentration mit sich brachte. Mittlerweile gilt diese Krise als überwunden, seit 2004 stabilisieren sich die Werbeeinnahmen wieder und der Blick wird nach vorne gerichtet. So brachten mehrere Verlage neue Zeitungsausgaben auf den Markt oder entwickelten innovative Zusatzangebote wie z. B. Buchbeilagen.

Im Jahr 2007 gab es in der deutschen Tagespresse 1.524 redaktionelle Ausgaben, d. h. Tageszeitungen, die in ihrer Berichterstattung eindeutig Bezug nehmen auf ihr vorwiegendes Verbreitungsgebiet. Seit der Wiedervereinigung ist die Zahl der Ausgaben leicht rückläufig; auch die Zahl der Verlage ist seither insgesamt gesunken, wobei diese Bewegung um die Jahrtausendwende stagnierte und sich zwischen 2004 und 2005 ein kurzfristiger Anstieg abzeichnete. Die verkaufte Auflage der Tageszeitungen ging ebenfalls zurück: Im zweiten Quartal 2007 wurden durchschnittlich 20,8 Millionen Exemplare pro Erscheinungstag verkauft, im Vorjahr waren es noch 21,2 Millionen Exemplare (vgl. Bundesverband Deutscher Zeitungsverleger e.V. 2007, S. 412).

Die Zeitungslandschaft in West- und Ostdeutschland unterscheidet sich erheblich. Die Auflagen in Westdeutschland sind etwa acht Mal so hoch wie die in Ostdeutschland. Auch die Zeitungsdichte ist in den ostdeutschen Ländern deutlich geringer: Nur in 29 der 112 ostdeutschen Kreise und kreisfreien Städte wird mehr als eine Zeitung angeboten. Mehr als zwei Zeitungen gibt es in lediglich zwei Kreisen. Die ostdeutsche Zeitungslandschaft ist also von regionalen Monopolen geprägt, woraus eine relativ geringe Intensität des Wettbewerbs zwischen Abonnementzeitungen resultiert.

Der deutsche Zeitungsmarkt ist von einer Konzentration der Marktmacht gekennzeichnet, die im Zuge der letzten Medienkrise verstärkt wurde. Knapp 60 Prozent aller Landkreise und kreisfreien Städte werden mit lediglich einer Zeitung bedient. Gemessen an der Auflagenstärke verfügen die beiden größten Tageszeitungsverlage Deutschlands, der Axel Springer Verlag (Hamburg) und die Verlagsgruppe WAZ (Essen) im Jahr 2006, über etwa 22,5 Prozent bzw. 5,6 Prozent Marktanteil. Hierbei erreicht der Axel Springer Verlag seine Auflage in erster Linie durch »Bild« mit über 3,5 Millionen Exemplaren. Dem Axel Springer Verlag und der Verlagsgruppe WAZ folgen die Verlagsgruppe Stuttgarter Zeitung/Die Rheinpfalz/Südwest Presse (Ulm) mit gut 5 Prozent, die Ippen-Gruppe (München) mit etwas über 4 Prozent, die Verlagsgruppe DuMont Schauberg (Köln) mit nicht ganz 4 Prozent, Holtzbrinck (Stuttgart) mit 3,7 Prozent, die Frankfurter Allgemeine Zeitung mit 3 Prozent, die Süddeutsche Zeitung (München) mit 2,6 Prozent, Madsack (Hannover) mit 2,5 Prozent und schließlich die Deutsche Druck und Verlags GmbH (DDVG, Hamburg) mit etwas über 2 Prozent (vgl. Röper 2006, S. 288). Aufgrund möglicher Einsparungspotenziale durch Größeneffekte ist eine weitere Zunahme der Konzentration auf dem Zeitungsmarkt zu erwarten.

Bereits 2007 übernahm die Südwestdeutsche Medienholding (Verlagsgruppe Stuttgarter Zeitung/Die Rheinpfalz/Südwestpresse) die Mehrheit am Süddeutschen Verlag (Süddeutsche Zeitung).

Zeitschriften sind in ihrem Inhalt, der Erscheinungsweise und den Produktionsbedingungen sehr heterogen. Nach der Negativdefinition der Pressestatistik sind Zeitschriften alle periodischen Druckwerke mit kontinuierlicher Stoffdarbietung, die mit der Absicht eines zeitlich unbegrenzten Erscheinens mindestens

Markt der Zeitschriften

viermal jährlich herausgegeben werden, soweit sie keine Zeitungen sind. Wiederholt wurde versucht, das vielfältig ausgeprägte Zeitschriftenwesen zu typologisieren. Gliederungen des Zeitschriftenwesens wurden nach inhaltlichen bzw. sachthematischen Aspekten, nach der Leserschaft, nach den Funktionen sowie nach der Art des Vertriebs vorgenommen. Im Wesentlichen lassen sich folgende Typen feststellen:

- *Publikumszeitschriften*, zu denen die klassischen Illustrierten, d.h. General-Interest-Zeitschriften sowie politische und Zeitgeist-Magazine gehören (beispielsweise »stern«, »Bunte«, »Der Spiegel«, »Focus«),
- *Fachzeitschriften*, die sich inhaltlich auf Sachbereiche beschränken und sich primär an (Berufs-)Spezialisten wenden (z.B. »Arzt und Krankenhaus« oder »Publizistik«),
- *Special-Interest-Zeitschriften*, also inhaltlich sachbezogene Zeitschriften, deren Zielgruppe nicht nur Spezialisten, sondern alle Fachinteressierten darstellen (beispielsweise »Auto, Motor und Sport«, »Chip« oder »Sports«),
- *Verbands- und Vereinszeitschriften*, die sich an Mitglieder von Organisationen wenden (z.B. »ADAC Motorwelt« oder »Journalist«),
- *Kunden- und Betriebszeitschriften*, deren Zielgruppe Kunden oder Mitarbeiter von Unternehmen sind (beispielsweise »SiemensWelt«),
- *Amtspublizistik*, worunter man alle periodischen Veröffentlichungen (kommunaler) Behörden, amtliche Mitteilungen und kostenlose Amtsblätter versteht und
- *Alternative Zeitschriften*, d.h. alle nicht tagesaktuell erscheinenden Periodika der Alternativpresse, z.B. Stadtmagazine, Umwelt- und Randgruppen-Zeitungen.

Jürgen Heinrich unterscheidet nach ökonomischen Funktionen folgende Typen: Zeitschriften, die allgemeine, überwiegend politische und universelle Informationen für das breite Publikum bieten; Zeitschriften, die spezielle Informationen für den Rezipienten in seiner Rolle als Konsument liefern (Special-Interest-Zeitschriften); Zeitschriften, die spezielle Informationen für den Rezipienten in seiner Berufsrolle bieten (Fachzeitschriften) und Zeitschriften, die primär ein Werbeinteresse des Herausgebers befriedigen.

Marktstrukturen bei Zeitschriften Der Zeitschriftenmarkt expandiert nach wie vor, immer mehr Titel kommen auf den Markt. Die publizistische Vielfalt geht jedoch auch hier mit ökonomischer Konzentration einher. Insbesondere bei den auflagenstarken Publikumszeitschriften dominieren in erster Linie vier große Verlage bzw. Medienkonzerne. Daher kann die Konzentration auf dem Markt der Publikumszeitschriften als sehr hoch bezeichnet werden. An der Spitze steht der Heinrich Bauer Verlag (Hamburg) mit 41 Titeln und einer Auflage von gut 17 Millionen Exemplaren, gefolgt vom Axel Springer Verlag (ebenfalls Hamburg) mit 42 Titeln und einer Auflage von 13,5 Millionen Exemplaren. An dritter Stelle befindet sich die Burda-Verlagsgruppe (München) mit 40 Titeln und einer Auflage von gut 13 Millionen Exemplaren. Beim vierten großen Zeitschriftenverlag handelt es sich um Gruner+Jahr (Hamburg) mit 64 Titeln und knapp 9 Millionen Exemplaren Auflage (vgl. Vogel 2006, S. 385).

Allerdings unterscheiden sich die einzelnen Zeitschriften teilweise erheblich, nur in wenigen Fällen handelt es sich um Titel, die allgemein politische Informationen enthalten. Im Heinrich-Bauer-Konzern erscheinen beispielsweise die Titel »auf einen blick«, »tv Hören und Sehen«, »BRAVO«, »Fernsehwoche«, »Revue« und »tina«, im Springer-Konzern »Auto Bild«, »Computer Bild«, »Funk Uhr«, »Hörzu« und »Sport Bild«, im Burda-Konzern »Chip«, »Bunte«, »freundin« und »SuperIllu« und bei Gruner+Jahr »Brigitte«, »Capital«, »Geo« und »stern«.

Zur Gruppe der Anzeigenblätter gehören nach der Definition des Bundesverbands Deutscher Anzeigenblätter »Presseprodukte, die kostenlos mindestens zwölf Mal im Jahr in regelmäßigen Abständen an die Haushalte eines festumrissenen Gebietes flächendeckend zugestellt werden«. Die meisten Anzeigenblätter erscheinen ein bis zwei Mal pro Woche und enthalten insbesondere Werbung des überregionalen und lokalen Handels, Handwerks und Gewerbes sowie Kleinanzeigen von Privatpersonen. Finanziert werden Anzeigenblätter ausschließlich über die Werbeerlöse aus den Anzeigen und Beilagen. Neben den Anzeigenblättern gibt es Offertenblätter wie z. B. »Sperrmüll«. Sie veröffentlichen Privatanzeigen nach Rubriken sortiert, wobei der Inserent seine Annonce bei manchen Titeln kostenlos aufgeben kann. Anders als die Anzeigenblätter werden Offertenblätter nicht kostenlos verteilt, sondern verkauft.

Markt für Anzeigenblätter

Anfang des Jahres 2007 existierten insgesamt 1.374 Anzeigenblätter, die von 471 Verlagen herausgegeben wurden und im Jahr 2006 einen Netto-Anzeigenumsatz von etwa 1,94 Milliarden Euro erzielten (vgl. Zentralverband der deutschen Werbewirtschaft 2007, S. 248). Die Anzeigenblätter erscheinen überwiegend wöchentlich und werden in der Regel lokal bzw. regional verbreitet. Knapp 40 Prozent haben eine Auflage von 50.000 Exemplaren und mehr (Quelle: Bundesverband Deutscher Anzeigenblätter). Einige der Angebote erscheinen mit einem redaktionell gestalteten Teil, der meist lokale Berichterstattung bietet. Die publizistischen Konzepte weichen jedoch teilweise erheblich voneinander ab. Einige Redaktionen wollen der Tagespresse nicht nur ökonomisch, sondern auch publizistisch Konkurrenz machen. In anderen Fällen kommt der redaktionelle Teil quantitativ und qualitativ nicht über eine Ergänzungsfunktion zu den Anzeigen hinaus.

Tipp: Die Strukturen der Tageszeitungslandschaft dokumentiert der Bundesverband Deutscher Zeitungsverleger (BDZV – bdzv.de); Markttrends und Daten zur Zeitschriftenbranche veröffentlicht der Verband Deutscher Zeitschriftenverleger (VDZ – vdz.de); zum Thema Anzeigenblättern verbreitet der Bundesverband Deutscher Anzeigenblätter (BVDA – bvda.de) Marktinformationen.

Fernsehmarkt Auf dem Fernsehmarkt konkurrieren die Sender um die Nutzungsdauer der Zuschauer, die insgesamt etwa dreieinhalb Stunden am Tag fernsehen. Die tägliche Sehdauer ist in den vergangenen Jahren fast konstant angestiegen, vor allem bei den über 14-Jährigen. Dabei wird im Osten immer noch länger ferngesehen als im Westen. So wird das Fernsehen in Ostdeutschland vier Stunden und sechs Minuten, in Westdeutschland dagegen drei Stunden und 24 Minuten genutzt (vgl. Zubayr/Gerhard 2007, S. 188).

Das Hinzukommen privat-kommerzieller Fernsehsender Mitte der 1980er Jahre hat zu einer starken Verschiebung der Marktanteile einzelner Sender geführt. Zwischen 1985 und 2006 ging der gemeinsame Anteil der öffentlich-rechtlichen Fernsehsender an der täglichen durchschnittlichen Sehdauer von insgesamt 86 Prozent auf unter 30 Prozent zurück. Mittlerweile hat sich der Markt konsolidiert, die Marktanteile der Sender unterliegen nur noch geringeren Schwankungen. 2006 belegten das Erste mit 14,2 Prozent, das ZDF mit 13,6 Prozent und die dritten Programme der ARD mit 13,5 Prozent Marktanteil die Plätze eins bis drei in der Gunst der Zuschauer. ARD und ZDF profitierten dabei von den Übertragungen der Fußballweltmeisterschaft sowie den Olympischen Winterspielen. Bei den privat-kommerziellen Sendern stand RTL mit einem Zuschauermarktanteil von 12,8 Prozent an der Spitze, gefolgt von Sat.1 mit knapp 10 Prozent und Pro-Sieben mit 6,6 Prozent (vgl. ALM Jahrbuch 2006, S. 224f.).

Der Sehdauer-Marktanteil ist im TV-Geschäft der entscheidende Erfolgsmaßstab. Sender mit einer hohen Reichweite haben auf dem Werbemarkt die besten Chancen, mit Aufträgen bedacht zu werden. Dies trifft vor allem auf die privaten Sender zu. Die öffentlich-rechtlichen Programme können dagegen mit einem hohen Publikumszuspruch ihre Gebührenfinanzierung rechtfertigen.

Auch auf dem Rundfunkmarkt ist die Marktmacht in nur wenigen Händen konzentriert. Hier stehen sich nämlich in erster Linie die RTL Group S.A. (Luxemburg), die vor allem dem Bertelsmann-Konzern gehört, und die ProSiebenSat.1 Media AG (München) gegenüber. Die Übernahme der ProSiebenSat.1 Media AG durch die Axel Springer AG wurde 2006 vom Kartellamt untersagt. Grund der Ablehnung war die Dominanz, die durch den Zusammenschluss auf dem Fernsehwerbemarkt und dem Zeitungsmarkt entstehen würde.

 Tipp: Marktdaten zu den privaten Rundfunkanbietern veröffentlicht die Arbeitsgemeinschaft der Landesmedienanstalten in der Bundesrepublik Deutschland (ALM – alm.de); zur Situation der öffentlich-rechtlichen Sender geben ARD und ZDF jeweils eigene Informationen heraus (ard.de; zdf.de).

Der Online-Markt zeichnet sich grundsätzlich durch eine geringe Regulierungs- **Online-Markt** dichte und niedrige Markteintrittsbarrieren aus. Im Internet ist eine Vielzahl privater und kommerzieller Anbieter aktiv. Allerdings wird die Nutzung des Internets von einer eher geringen Zahl großer Angebote und Portale dominiert. Gemessen an der Anzahl der Besucher belegen »T-Online«, »WEB.DE«, »Yahoo! Deutschland«, »MSN.de« und »GMX« die vorderen Plätze. Die Angebote kommen auf monatliche Besucherzahlen von knapp 14 Millionen (»T-Online«) bis 8,85 Millionen (»GMX«) (Quelle: Arbeitsgemeinschaft Online-Forschung e.V.). Zudem sind viele Akteure aus den klassischen Medienbereichen mit ihren Angeboten im Internet erfolgreich. So weisen im Bereich Nachrichten und General-Interest die Websites von ProSieben, RTL, »Spiegel Online« und »Bild« sehr viele Seitenaufrufe auf.

Hintergrund der Dominanz klassischer Akteure im Internet ist das so genannte »Cross-Ownership«, worunter das Engagement eines Unternehmens in verschiedenen Medien verstanden wird. Einerseits reagieren Medienunternehmen mit Cross-Media-Strategien auf die Gefahr, dass ihr Produkt von Konkurrenzangeboten in anderen Medien verdrängt wird. Das bedeutet, ein Zeitungsverlag kann mit einer eigenen Netzzeitung unter Umständen die Abwanderung derjenigen Leser verhindern, die Wert auf eine aktuellere und tiefer gehende Online-Ausgabe legen. Andererseits besteht durch Cross-Ownership und Cross-Media-Strategien die Möglichkeit, Synergie- sowie Verbundeffekte – beispielsweise bei der Produktion und Beschaffung von Inhalten – zu realisieren (→ Online-Journalismus).

3   Doppelfinanzierung durch Publikum und Werbekunden

Medien sind auf zwei Märkten aktiv, dem Werbemarkt und dem Publikumsmarkt. Beide Märkte hängen eng zusammen: Eine große Reichweite beim Publikum steigert die Attraktivität eines Angebots für Werbekunden und bestimmt direkt die durch den Verkauf von Anzeigenraum bzw. Werbezeit erzielbaren Einnahmen (→ Journalisten und ihr Publikum). Werbe- und Publikumsmarkt werden jedoch von jeweils unterschiedlichen Faktoren beeinflusst. Auf dem Publikumsmarkt verändern sich Gewohnheiten und Bedürfnisse der Rezipienten ständig. Medienkonkurrenz und gesellschaftliche Trends beeinflussen die Nachfrage nach Medienprodukten und Medieninhalten. Auf dem Werbemarkt sind es vor allem längerfristige wirtschaftliche Entwicklungen und kurzfristige Wirtschaftskonjunktur, welche die Nachfrage bestimmen. Hinzu kommen Verschiebungen im Medienangebot. Die Etablierung des Internets bietet den Werbetreibenden neue Möglichkeiten. Vor allem die Tageszeitungen spüren die neue Konkurrenz bei Stellen- und Rubrikenanzeigen.

Werbeeinnahmen
der Medien

Nach der Werbekrise in den Jahren 2001 bis 2003, die den Medienunternehmen herbe Einnahmeverluste bescherte, scheint sich der Markt nun zu erho-
len. Im Jahr 2006 überschritten die Gesamtwerbeinvestitionen erstmals wieder
die 30-Milliarden-Euro-Grenze, was in etwa dem Niveau von 1998 entspricht.
Angesichts des Wirtschaftsaufschwungs wurde für 2007 eine weitere Steigerung
der Werbeinvestitionen erwartet. Bei den Netto-Werbeeinnahmen der erfassba-
ren deutschen Werbeträger im Jahr 2006 von insgesamt 20,35 Milliarden Euro
führten die Tageszeitungen mit einem Anteil von gut 4,5 Milliarden Euro (vgl.
Abb. 26). Die Werbeeinnahmen des Fernsehens folgten mit 4,11 Milliarden Euro,
Direktwerbung mit 3,32 Milliarden Euro, Anzeigenblätter mit knapp 2 Milliarden

Abb. 26: Netto-Werbeeinnahmen erfassbarer Werbeträger

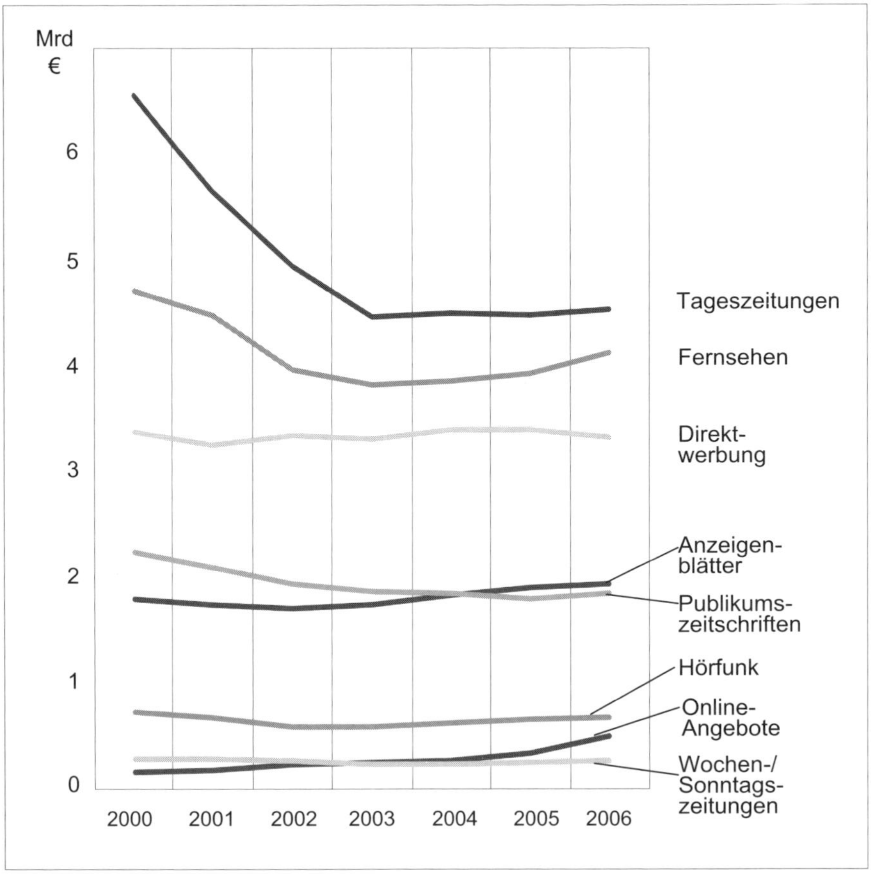

Quelle: Zentralverband der deutschen Werbewirtschaft 2007

Euro, Publikumszeitschriften mit ca. 1,86 Milliarden Euro, Verzeichnis-Medien mit 1,19 Milliarden Euro. Danach folgen Fachzeitschriften, Außenwerbung, Hörfunk, Internet-Angebote, Wochen- und Sonntagszeitungen, Filmtheater und Zeitungssupplements mit jeweils weniger als 1 Milliarde Euro. Das Internet ist dabei dasjenige Medium, das die mit Abstand größten Zuwachsraten bei den Werbeeinnahmen verzeichnen kann. Im Vergleich zu 2005 stiegen sie um fast 50 Prozent an (vgl. Zentralverband der deutschen Werbewirtschaft 2007, S. 13).

In der langfristigen Betrachtung haben sich die Relationen zwischen den einzelnen Werbeträgern verschoben: Der Anteil der Tageszeitungen am Gesamtwerbeumsatz liegt nur noch bei ca. 22,3 Prozent; das sind knapp 15 Prozentpunkte weniger als 1985. Der Hörfunk mit rund 3,3 Prozent verfügt dagegen über einen stabilen Anteil am Werbeumsatz. Nur das Fernsehen konnte seinen Anteil am gesamten Werbeumsatz innerhalb der vergangenen 20 Jahre auf ein Fünftel mehr als verdoppeln. Wichtigster Grund hierfür ist die Etablierung privat-kommerzieller Fernsehsender.

Die werbeintensivsten Branchen sind die Massenmedien selbst (wobei allerdings die Eigenanzeigen der Zeitungen und Zeitschriften mitgezählt sind), gefolgt von den Handelsorganisationen, der Automobilindustrie und der Telekommunikation, die zusammen über 30 Prozent der Werbeeinnahmen verursachen. Dabei rücken die verschiedenen Mediengattungen unterschiedlich stark in den Fokus einzelner Wirtschaftsbranchen: Bei Radiosendern überwiegen Werbespots regionaler und lokaler Anbieter. Das Fernsehen hingegen eignet sich gut, um Emotionen zu vermitteln. Hier wird viel Werbezeit von Automobilherstellern belegt, daneben sind aber beispielsweise auch Süßwaren, Telekommunikationsprodukte sowie Haarpflegemittel besonders präsent. Online-Werbung ist insbesondere bei Dienstleistern und wiederum bei der Telekommunikationsbranche beliebt. Unangefochtener Spitzenreiter ist hier aber das Internet-Auktionshaus eBay, das 2006 über 30 Millionen Euro und damit fast das Vierfache des Zweitplatzierten Arcor in Online-Werbung investierte (vgl. Zentralverband der deutschen Werbewirtschaft 2007, S. 329).

Werbeintensive Branchen

Die verschiedenen Medien eignen sich also für unterschiedliche Formen der Werbung. Grundsätzlich gilt die Tageszeitung als das Basismedium für den lokalen und regionalen Einzelhandel sowie für Familien-, Immobilien- und Stellenanzeigen. Die Werbung ist eher argumentativ und rational gestaltet. Zeitschriften können dagegen Werbebotschaften einprägsamer vermitteln und eignen sich daher für die Neueinführung von Marken sowie für den Aufbau und die Festlegung des Bekanntheitsgrads und Images. Mit Fachzeitschriften und Special-Interest-Titeln können zudem demografisch genau abgegrenzte Zielgruppen erreicht werden. Vorteil des Fernsehens ist dagegen seine multisensorische Wirkung (Bild,

Medien als Werbeträger

Ton, Bewegtbild), durch die sich leicht Emotionen und Images vermitteln lassen. Der Hörfunk gilt dabei als Ergänzungsmedium, um vorhandene Werbebotschaften zu aktualisieren.

 Tipp: Die wichtigsten Kerndaten der Werbewirtschaft in Deutschland erfasst der Zentralverband der deutschen Werbewirtschaft (ZAW – zaw.de).

4 Kosten und Erlöse in der Presse

Zeitungen finanzieren sich über Vertriebs- und Werbeeinnahmen. Lange Zeit galt die Formel, dass zwei Drittel der Gesamteinnahmen aus Anzeigenerlösen und ein Drittel aus Vertriebserlösen, also aus Abonnements und dem Straßenverkauf, stammen. Durch für die Tageszeitungen ungünstige Entwicklungen auf dem Werbemarkt nähern sich in den letzten Jahren die beiden Anteile aber immer mehr an. Tageszeitungen müssen also auf zwei verschiedenen, jedoch miteinander verflochtenen Märkten bestehen – dem Anzeigen- und dem Lesermarkt.

Auflagen-Anzeigen-Spirale Daraus ergibt sich die so genannte Auflagen-Anzeigen-Spirale: Eine große Auflage mit entsprechender Leserschaft ist für Inserenten attraktiv. Folglich sind die Inserenten bereit, hohe Seitenpreise für Werbung zu zahlen. Die daher steigenden Einnahmen aus Anzeigen ermöglichen niedrige Bezugspreise und ein verbessertes redaktionelles Angebot, das wiederum zusätzliche Leser anzieht. Die daraus resultierende Zunahme der Auflage läutet den eben beschriebenen Prozess wieder von vorne ein, so dass von einer Auflagen-Anzeigen-Spirale gesprochen werden kann.

Anzeigenverbundlösungen Auch ein Anzeigenverbund mit Partnerzeitungen oder Zeitungen desselben Verlags zieht Inserenten an, weil der Werbeträger durch die größere Verbreitung interessanter wird. Gleichzeitig ist durch die Herausgabe mehrerer Zeitungen oder auch Zeitschriften durch ein und denselben Verlag das wirtschaftliche Risiko diversifiziert. Eine Kapazitätsauslastung der technischen Einrichtungen ist ebenfalls ein erwünschter Effekt.

Tausenderpreis als Grundlage für die Inserenten Für Inserenten sind die verschiedenen Pressetypen unterschiedlich attraktiv, weil sich die Zusammensetzung der Leser unterscheidet. Während sich Fachzeitschriften an spezielle Zielgruppen richten, sind Tageszeitungen und Publikumszeitschriften dann die richtige Adresse, wenn wie bei Konsumgütern breite Bevölkerungsgruppen anzusprechen sind. Für einen potenziellen Inserenten ist jedoch auch der Preis der Anzeige von Interesse. Maßstab ist hierbei der Tausenderpreis, der als Quotient aus dem mit 1.000 multiplizierten Seitenpreis und der Reichweite ermittelt wird. Als Tausender-Kontakt-Preis wird der Preis für das Erreichen von 1.000 Personen bezeichnet, während der Tausend-Käufer-Preis sich auf 1.000 gekaufte Exemplare bezieht. Der Unterschied zwischen Tausend-Kontakt- und Tausender-Käufer-Preis ergibt sich aus der Tatsache, dass eine von einer Person gekaufte Zeitung im Durchschnitt mindestens zwei Personen erreicht.

Ausschlaggebend für die Anziehungskraft der verschiedenen Werbeträger ist die Verbreitung des Mediums, also die Reichweite bzw. Auflage. Unterschiedliche Institute und Organisationen untersuchen Reichweiten und Auflagen (→ Journalisten und ihr Publikum). Die Informationsgemeinschaft zur Feststellung der Verbreitung von Werbeträgern e. V. (IVW) ermittelt, kontrolliert und veröffentlicht Verbreitungsdaten von Zeitungen und Zeitschriften. Die Aufteilung der Bundesrepublik Deutschland in verschiedene Werberäume – die so genannten Nielsen-Gebiete – ermöglicht der werbetreibenden Wirtschaft eine Teilbelegung und damit eine gezielte Werbung.

Die IVW als Ermittler der Auflage

Zeitungsverlage sind kostenintensive Unternehmen. Typisch für die Branche ist der hohe Anteil an Personalkosten. Die Kostenstruktur hängt zusätzlich davon ab, ob die Zeitung in der eigenen Druckerei oder im Fremddruck hergestellt wird. Von den Gesamtkosten der Abonnementzeitungen in den alten Bundesländern entfielen im Jahr 2006 auf die Herstellung 28 Prozent, den Vertrieb etwa 23,3 Prozent, die Anzeigen gut 16 Prozent, die Verwaltung 7,7 Prozent und die Redaktion fast 25 Prozent. Dabei reichen die Aufwendungen für die Redaktion von den Redakteursgehältern über das Zeilengeld und die Agenturdienste bis hin zu Telefongebühren. Um Kosten zu sparen, sind die Verlage dazu übergegangen, keine eigene Drucktechnik zu unterhalten. Außerdem haben sich viele Verlage mit anderen Tageszeitungen zu Gemeinschafts- und Zentralredaktionen zusammengeschlossen.

Kostenstrukturen der Zeitungen

Der Zeitschriftenmarkt hingegen ist im Vergleich zur Tagespresse sehr vielgestaltig. Zeitschriften variieren nach ihrem Anspruch an Aktualität und Universalität des Inhaltes, aber auch hinsichtlich des Publikumsmarktes (von inhaltlich breit angelegten Illustrierten bis zu wissenschaftlichen Zeitschriften für kleine Nutzerkreise) und ihrer Erscheinungsweise. Die Kosten- und Erlösstrukturen der Zeitschriften sind vom jeweiligen Unternehmenskonzept geprägt. Sie reichen von einer Finanzierung durch Mitgliedsbeiträge (z. B. »ADAC Motorwelt«) über die gängige Mischfinanzierung durch Anzeigen und Abonnement- bzw. Verkaufserlöse bis zur Subventionierung von Periodika durch Unternehmen (z. B. Kundenzeitschriften), Organisationen (z. B. konfessionelle Zeitschriften) und sonstige Institutionen (z. B. wissenschaftliche Zeitschriften).

Kostenstrukturen der Zeitschriften

4.1 Zeitungen stehen vor großen Umbrüchen

Christian Eggert
Referent des Bundesverbandes Deutscher Zeitungsverleger (BDZV), Berlin

Noch gibt es in Deutschland keine Gratiszeitungen, die für den Leser kostenlos sind und sich allein über Werbeerlöse finanzieren. Das erste derartige Projekt des norwegischen Medienkonzerns Schipsted in Köln 1999 wurde nach großen Verlusten knapp zwei Jahre später wieder eingestellt. Angesichts der starken Verbreitung von kostenlosen Boulevard-, Pendler- und neuerdings sogar Nachmittagszeitungen im übrigen Europa halten viele Experten es jedoch lediglich für eine Frage der Zeit, bis es auch im deutschen Markt einen erneuten Start von Gratiszeitungen geben wird. So denkt zum Beispiel die Deutsche Post AG seit der zweiten Jahreshälfte 2007 immer lauter über eine kostenlose Zeitung nach, die über die Briefträger sogar nach Hause zugestellt werden soll.

Dies zeigt: Möglicherweise steht eine Umwälzung des klassischen Finanzierungsmodells von Tages- und Wochenzeitungen unmittelbar bevor. Bislang finanziert sich das vergleichsweise kostenintensive Produkt Zeitung über Einnahmen aus zwei verschiedenen Märkten. Im Lesermarkt werden Vertriebserlöse durch den Verkauf der Zeitung erwirtschaftet. Im Anzeigenmarkt wird die Zeitung als Werbeträger vermarktet, der täglich fast 48 Millionen Deutsche über 14 Jahren erreicht. Der Lesermarkt ist beim bisher üblichen Geschäftsmodell der führende Markt, dem das Anzeigengeschäft nachgeordnet ist. Von der Auflage hängt alles Weitere ab. Denn je höher die verkaufte Auflage eines Titels ist, je höher die Reichweite der Zeitung, desto höher sind grundsätzlich auch die Anzeigenpreise und -erlöse.

Zeitungen als kostenintensives Produkt

Zeitungen zu produzieren und zu vertreiben ist in seiner althergebrachten Form, d. h. dem Druck auf Papier und dem anschließenden Transport zum Leser über eigene Boten, die Post oder den Einzelhandel, ein kostspieliges Unternehmen. Fast ein Viertel der Wertschöpfungskosten (24,8 Prozent) entfallen dabei bereits auf die tägliche Schaffung des Zeitungsinhaltes, die beim Qualitätsmedium Zeitung bis heute noch überwiegend in den Händen gut ausgebildeter und erfahrener Redakteure liegt. Das Wertvollste einer jeden Zeitungsredaktion sind die engagierten Redakteure. Personalkosten machen dementsprechend weit mehr als die Hälfte der Redaktionskosten aus, der Rest verteilt sich auf technische Kosten für Redaktionssysteme und Kommunikationsdienstleistungen, auf Honorare für freie Mitarbeiter und auf die Kosten für Agenturen und sonstige externe Dienstleister.

Die folgende Produktionsstufe, die technische Herstellung der gedruckten Zeitung, reklamiert mit 28 Prozent sogar mehr als ein Viertel der Gesamtkosten für sich. Fast 40 Prozent der technischen Herstellungskosten entfallen auf die Beschaffung von Zeitungspapier – einem Rohprodukt, dessen Weltmarktpreis starken Schwankungen unterliegt und dessen Einfluss auf die täglichen Kosten der Zeitungsverlage dementsprechend unberechenbar ist. Nicht selten ist es auf hohe Papierpreise zurückzuführen, wenn Zeitungsverleger bei wachsendem Anzeigenaufkommen den Gesamtumfang der Zeitungen nicht erhöhen können, was dann oftmals zu Lasten des redaktionellen Teils geht. Weniger stark schwankend ist der Teil der Herstellungskosten, der auf den Druckprozess selbst entfällt. Allerdings sind hier alle zehn bis zwanzig Jahre hohe Investitionen in neue Drucktechnik erforderlich, denn abgesehen davon, dass die Lebensdauer von Druckmaschinen, ähnlich wie z. B. bei Kraftfahrzeugen, technisch begrenzt ist, steigen die Anforderungen der Leser und insbesondere der Anzeigenkunden an die Druckqualität ständig an. Es gibt kaum eine Zeitung in Deutschland, die heute nicht durchgehend vierfarbig gedruckt wird und die nicht eine Farb- und Bildqualität sogar auf Zeitungspapier erreicht, die früher nur durch Tiefdruck auf Hochglanzpapier erzielt werden konnte.

Auch der Vertrieb, der Transport jedes einzelnen Exemplars zum Leser, ist für das Produkt Zeitung besonders kostenintensiv, weil die Zuverlässigkeit der Anlieferung des abonnierten Titels in den frühen Morgenstunden bis 6 Uhr aus Sicht der Leser ein genauso wichtiges Qualitätsmerkmal darstellt wie die inhaltliche Qualität der Zeitung. Nicht umsonst erreicht der Anteil der Abonnements an der Gesamtauflage der Zeitungen in Deutschland deutlich mehr als 90 Prozent, was auf der Welt einzigartig ist. Die Vertriebskosten, die mit 23,4 Prozent ebenfalls fast ein weiteres Viertel der Gesamtkosten ausmachen, enthalten dementsprechend hauptsächlich die Zustelllöhne für bundesweit fast 180.000 Zeitungszusteller, die wegen des hohen Anteils von Nacht- und Wochenendzuschlägen nicht unerheblich zu Buche schlagen. Zeitungen, die am Kiosk verkauft werden, gehen von der Druckerei durch die Hände des hoch spezialisierten Pressegroß- und Einzelhandels. Jede dieser unverzichtbaren Handelsstufen muss durch entsprechende Handelsrabatte vom Verkauf profitieren, die sich als Vertriebskosten beim Verlag niederschlagen.

Das verbleibende Viertel der Verlegerkosten entfällt neben der allgemeinen Unternehmensverwaltung auf die ebenfalls personalintensive Anzeigenvermarktung.

Berücksichtigt man, dass bislang mehr als die Hälfte der Kosten dadurch verursacht werden, dass Zeitungen auf Papier gedruckt und danach mithilfe einer ausgeklügelten Logistik zum Leser transportiert werden, so wird deutlich, welche Bedeutung die Erprobung elektronischer Vertriebsformen für die Verlage hat. Bei weiter sinkenden Erlösen werden Kosteneinsparungen in Herstellung und Vertrieb unvermeidlich sein, will man die redaktionelle Qualität der Zeitungen nicht durch zu starke Einsparungen in den Redaktionen gefährden. Bislang haben sich E-Paper oder vergleichbare elektronische Ausgaben bei den Lesern nicht durchsetzen können. Aber neue Techniken, wie z. B. wiederbeschreibbares elektronisches Papier, werden weiterhin intensiv erprobt und könnten die herkömmliche Produktion mittelfristig ersetzen.

Neue
Vertriebsformen

Abgesehen von einer möglicherweise bevorstehenden Revolution der Finanzierung von Zeitungen durch ein erneutes Aufleben des Geschäftsmodells der
Gratiszeitungen verändert sich die Struktur der Erlöse bereits seit etwa dem Jahr
2000 langsam aber stetig. Galt noch vor zehn Jahren die Faustformel »zwei Drittel Anzeigenerlös, ein Drittel Vertriebserlös«, so haben sich die Anteile spätestens
seit der konjunkturbedingten Anzeigenflaute ab dem Jahr 2000 deutlich verschoben. Die BDZV-Umsatzerhebung zeigt, dass regionale Abonnementzeitungen
im Jahr 2006 in den westlichen Bundesländern nur noch 54 Prozent der Erlöse
aus dem Anzeigen- und Beilagengeschäft erwirtschafteten, gegenüber 46 Prozent
Vertriebserlösen. In den neuen Bundesländern ist das Verhältnis sogar schon seit
einigen Jahren umkehrt: Nur noch gut 42 Prozent der Erlöse kamen 2006 aus
dem Werbegeschäft, knapp 58 Prozent dagegen steuerte der Vertrieb bei.

Diese Veränderungen in der Erlöszusammensetzung gehen dabei fast ausschließlich auf ein Schrumpfen der Werbeerlöse zurück, das die Branche zum
Jahresende 2000 fast schlagartig traf. Der starke Konjunkturrückgang führte
dazu, dass die für regionale Tageszeitungen wichtigen Stellenanzeigen gleichzeitig
mit den Anzeigen des regionalen Handels und der Markenartikelhersteller stark
zurückgingen. Parallel dazu wuchsen in Gestalt leistungsfähiger Online-Such-
maschinen Wettbewerber für die Rubrikenanzeigen für Immobilien und Kraft-
fahrzeuge heran, die zwar größtenteils auch von den Zeitungsverlagen betrieben
werden, deren Umsätze aber dennoch in den Erlösen der herkömmlichen Zei-
tungsproduktion fehlen werden. Infolge dieser Entwicklung mussten die Zeitungsverlage ab 2001 über mehrere Jahre zweistellige Rückgänge bei den Werbeerlösen verkraften und erwirtschafteten im Jahr 2003 fast 30 Prozent weniger
Umsätze als im Boomjahr 2000. Mittlerweile stabilisieren sich die Werbeerlöse
mit dem Wiedererstarken der Konjunktur. Da jedoch die »mageren Jahre« auch
bei den Hauptwerbekunden der regionalen Zeitungsverlage, dem lokalen mittelständischen Handel, große Lücken gerissen haben, ist damit zu rechnen, dass ein
Niveau der Anzeigenerlöse wie in den Jahren vor 2000 mittelfristig nicht mehr
zu erreichen sein wird. 2006 lagen die Werbeerlöse der Verlage auf dem Niveau
der frühen 1990er Jahre, den Jahren nach der Wiedervereinigung.

Verglichen damit sind die durch den Zeitungsverkauf erzielten Vertriebserlöse auch über die schwierigen Jahre nach 2000 hinweg um 1 bis 2 Prozent jährlich gewachsen. Führt man sich jedoch vor Augen, dass die regionalen Zeitungen
im letzten Jahrzehnt pro Jahr 2 bis 3 Prozent ihrer verkauften Auflage eingebüßt
haben, so wird deutlich, dass die stetigen Zuwächse bei den Vertriebserlösen nur
durch Preisanhebungen im Lesermarkt erreicht werden können. Umso wichtiger sind ständige Investitionen der Verleger in die weitere Steigerung der redaktionellen Qualität, ohne die die Leser nicht bereit sein werden, jährlich zwischen
2 und 5 Prozent mehr für ihre angestammte Zeitung zu bezahlen. Der Auflagen-
rückgang von 2 bis 3 Prozent pro Jahr wird vor allem durch den vergleichsweise
stetigen Abonnementvertrieb abgemildert. Zeitungstitel mit hohem Einzelver-
kaufsanteil, insbesondere Boulevardtitel, klagen über weitaus höhere Auflagenverluste.

Infolge der zurückgehenden Erlöse im Kerngeschäft haben sich viele Zeitungsverlage in den letzten Jahren in regional starke »Medienhäuser« verwandelt und zusätzliche Geschäftsfelder etabliert. Die für den Abonnementvertrieb bereits vorhandene Zustelllogistik der Verlage wurde vielfach genutzt, um in das Geschäft der adressierten Briefzustellung einzusteigen. Hier hilft es den Verlagen, dass sie ihr eigenes Verbreitungsgebiet in der Regel so gut kennen wie kein anderes Logistikunternehmen: Es gibt kaum ein Haus, das nicht jeden Morgen von einem Zeitungsboten besucht wird. Sollte das Briefaufkommen in den nächsten Jahren tatsächlich vor allem durch die Zunahme adressierter Geschäftspost und Werbung wachsen, wird die Briefzustellung der Verlage nach dem Wegfall des Monopols der Deutschen Post AG eine zunehmend wichtige Stütze der Zustelllogistik werden.

Investitionen in das Zustellungssystem ermöglichen den Verlagen auch im regionalen Werbemarkt neue Geschäftsfelder. Anzeigenkunden bevorzugen wegen der gezielteren Ansprache der potenziellen Kunden Prospektbeilagen in den Zeitungen anstelle der früher üblichen Anzeigen. Viele Verlage haben sich darauf spezialisiert, über ihre vorhandenen Zustellstrukturen diese Prospekte auch an die Haushalte im Verbreitungsgebiet zu verteilen, die kein Zeitungsabonnement haben und ermöglichen den Anzeigenkunden so eine deutlich gesteigerte Haushaltsabdeckung. Wird die Prospektbeilage vorher auch noch in der verlagseigenen Druckerei produziert – von dieser Möglichkeit machen vor allem Elektronikfachmärkte Gebrauch –, so können die Verlage in ihrer Region mittlerweile eine völlig neuartige Mediadienstleistung »aus einer Hand« anbieten.

Das Zeitungsgeschäft der Zukunft wird darüber hinaus künftig immer mehr von Cross-Media-Produkten geprägt werden. Rubrikenanzeigen, die für die Zeitung aufgegeben werden, erscheinen auch in den verlagsbetriebenen Online-Portalen und umgekehrt. Die redaktionellen Inhalte, die in der gedruckten Zeitung erscheinen, werden zunehmend auch für elektronische Vertriebsformen aufbereitet: E-Paper, SMS-Kommunikation, E-Mail-Newsletter und Internet-Fernsehen.

Zeitungsverlage schaffen neue Geschäftsfelder

4.2   Umkämpfter Zeitschriftenmarkt mit hohem Kostendruck

Werner Neunzig
Managing Director von Readers Digest Deutschland/Schweiz/Österreich, Stuttgart

Der Zeitschriftenmarkt mit den Publikumszeitschriften als der bedeutendsten Produktgruppe ist seit Jahren, ja sogar Jahrzehnten, ein sehr umkämpfter Markt. Er ist geprägt durch eine stark gestiegene Anzahl an Titeln bei gleichzeitig rückläufiger Gesamtauflage. Dies bedeutet eine stark sinkende Auflage pro Titel, was zu fortschreitender Fragmentierung und Segmentierung und somit zu einem steigenden Angebot an Special-Interest-Titeln führt. »Auf keinem anderen Pressemarkt kämpft die Medienindustrie so hart um Leser und Inserenten, macht sie mit einzelnen Objekten so hohe Gewinne, aber auch Verluste« (Meyn 1992, S. 77). Betrachtet man die rückläufige Entwicklung des Werbemarktes und bringt sie in Zusammenhang mit der konjunkturellen und technologischen Entwicklung, so ist die Medienbranche vor eine große Herausforderung gestellt. Entsprechend dem Riepl'schen Gesetz (neue Medien verdrängen die alten nicht, sondern verändern sie nur), der fortschreitenden Digitalisierung sowie angesichts der konjunkturellen Entwicklung wird der Kampf um Leser und Inserenten nur durch eine immer stärker verzahnte publizistische und ökonomische Unternehmenspolitik zu gewinnen sein.

Der ökonomische Erfolg einer Zeitschrift lässt sich nicht allein auf Kosten und Erlöse reduzieren. Daher ist es auch verständlich, dass die Kosten- und Erlösstrukturen entsprechend der publizistischen Ausrichtung (General Interest oder Special Interest), des Zeitschriftentyps, des Marktvolumens, des Vertriebsweges etc. sehr unterschiedlich sein können. Ebenso wesentliche Einflüsse auf Kosten- und Erlösstrukturen hat die verlegerische Zielsetzung (z. B. Kaufzeitschrift, Gratiszeitschrift, Mitgliederzeitschrift, Kundenzeitschrift, Offerten- und Anzeigenblätter).

Wirkung der Wettbewerbsfaktoren auf Kosten- und Erlösstrukturen Wird von Unternehmensgröße und Marktanteil abgesehen, so gelten auch für die Zeitschriftenmärkte die Regeln des Wettbewerbs. Die wesentlichen Wettbewerbsfaktoren der Zeitschriftenmärkte sind insbesondere Zeitschriftenpreis, Anzeigenpreis, Umfang der Zeitschrift, Struktur der Zeitschrift, Aufwand für die Qualität der Berichterstattung (Aktualität, Qualität des Drucks, Anteil an Bildern), Absatzwerbung, Imagewerbung/PR, Wahl der Vertriebswege und Vertriebskonditionen. Entsprechend der Unternehmens- und Marketingpolitik sowie den Erfordernissen des Marktes können die Wettbewerbsfaktoren pro Zeitschriftentitel unterschiedlich betont werden und somit die Kosten- und Erlösstrukturen teils erheblich beeinflussen.

Gesamtkosten Werden zunächst die Gesamtkosten betrachtet, so ist bei Zeitschriftenverlagen ein – im Vergleich zu anderen Branchen – sehr hoher Fixkostenanteil (ca. 65 Prozent) festzustellen. Dieser enorme Fixkostenanteil (First-Copy-Costs) resultiert aus hohen Personalkosten, die u. a. auch durch eine notwendige Mindestbesetzung der Redaktion entstehen. Die Verlagsgemeinkosten sind der schwergewichtigste Anteil der Kostenarten und fallen an, auch wenn kein Stück verkauft wird. Steigende Auflagen lassen die gesamten Stückkosten sinken (der so genannte Fixkostendegressions-Effekt), da die Fixkosten auf die Gesamtauflage verteilt werden können.

Produktionskostenstruktur Die Papier- und Marketingkosten sind bei der Zeitschriftenproduktion erheblich höher als bei der Herstellung von Zeitungen (vgl. Abb. 27). Durch den überregional stärkeren Wettbewerb investieren die Zeitschriftenverlage, insbesondere die Publikumszeitschriftenverlage, mehr in Marketing und Werbung sowie in höhere Produktqualität (z. B. Papierqualität, Farbigkeit, Anzahl der Bilder) als Zeitungsverlage, um ihren Titel gegenüber der Konkurrenz mit einzigartigen Elementen abzuheben (die so genannte Unique Selling Proposition) und den Wettbewerb mit anderen Titeln im Einzelverkauf gewinnen zu können. Die Zeitschriftenverlage wenden auch höhere Marketing- und Werbekosten auf, um über kostenintensive Kampagnen (z. B. Anzeigen in Eigen- und Fremdtiteln, TV, Radio, Plakat) den potenziellen Kunden als Einzelkäufer oder über intensive Direktmarketing-Aktionen zum Abonnenten zu gewinnen.

Abb. 27: Produktionskostenstruktur von Zeitungen und Zeitschriften im Vergleich

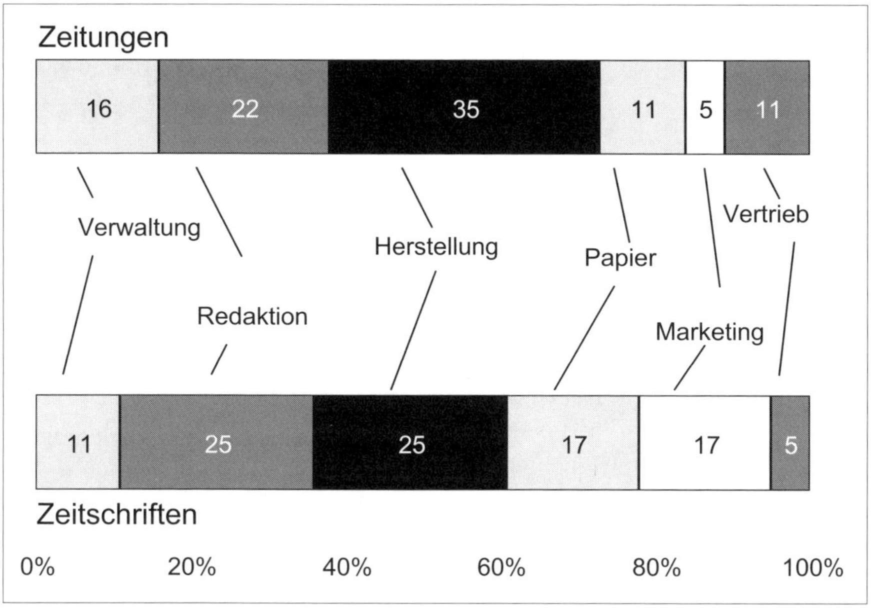

Quelle: Wirtz 2001

Die Zeitungen dagegen haben durch das personalkostenintensivere und täglich in Anspruch genommene Distributionssystem (Austrägersystem) höhere Vertriebskosten. Auch die Fertigungs- und Herstellkosten sind bei Zeitungen erheblich höher als bei Zeitschriften. Die meist regionale Konzentration der Zeitungen und dadurch oft geringere Auflagen als bei Publikumszeitschriften sind dafür die hauptsächlichen Einflussgrößen.

Unter Berücksichtigung des vorhandenen Marktbedarfs und der zu realisierenden Auflage bei realistischen Marktpreisen ist in der Regel eine Finanzierung ausschließlich über Vertriebserlöse für eine kostendeckende Produktion eines Titels oder Objektes nicht möglich.

Erlösstrukturen Damit ein (Zeitungs-/Zeitschriften-)Verlag betriebswirtschaftlich erfolgreich arbeiten kann, ist er mithin auf mehr als nur die Einnahmen aus den Vertriebserlösen angewiesen. Zeitungen und Zeitschriften sind nicht nur Objekt zur Verbreitung publizistischer Informationen, sondern auch zugleich Werbeobjekt. Daher können Zeitungs- und Zeitschriftenverlage auf den zwei strategischen Betätigungsfeldern des Leser- und Inserentenmarktes miteinander konkurrieren (der so genannte Dual-Proceeds-Character).

Während das Verhältnis von Vertriebs- und Anzeigenerlösen bei Zeitungen geprägt wird durch den relativ geringen Kauferlös, die Intensität der regionalen Anzeigen und die Häufigkeit der Rubrikenanzeigen, ist die Einnahmestruktur bei Zeitschriftentiteln viel stärker von der Attraktivität als Werbeträger beeinflusst. Hohe Auflagen (bei qualitativ geringer Reichweite) führen nicht unbedingt zu hohen Anzeigenerlösen. Hier weisen Vertriebs- und Anzeigenerlöse eine weit größere Streubreite pro Titel oder Unternehmen auf als bei Zeitungen bzw. Zeitungsverlagen.

Vertriebserlöse Die Vertriebserlöse werden hauptsächlich über den Einzelverkauf, das Abonnement und über die Vermietung (Lesezirkel) erzielt. Der Einzelverkauf erfolgt über den Nationalvertrieb, das Presse-Grosso, den Bahnhofsbuchhandel, stumme Verkäufer oder durch den Verlag über den Einzelhandel direkt.

Der Vertrieb der Abonnements erfolgt über die Post oder über Zusteller. Ebenso sind so genannte Abholabonnements im Einzelverkauf über den werbenden Buch- und Zeitschriftenhandel (WBZ) üblich oder auch über alternative Zustelldienste möglich. Neben dem Einzelverkauf und dem Erlös durch Abonnements gibt es noch Einnahmen durch sonstige Verkäufe. Hierzu gehören vor allem Verkäufe an Großabnehmer (z. B. Firmen, Fluglinien), die entweder einmaliger, sporadischer Art sind, oder mit regelmäßigem Liefercharakter über einen vereinbarten Zeitraum erfolgen.

Je nach Anzahl der zwischen Verlag und Käufer eingeschalteten Stufen verringert sich der Vertriebserlös als Saldo zwischen Verkaufspreis, dem Mehrwertsteuer-Abzug und Handels- sowie Mengenrabatten. Um diese Spanne für sich günstiger zu gestalten, haben einige Großverlage den Vertrieb, unter Umgehung des Nationalvertriebs und des Presse-Grossos, selbst organisiert.

Der Verkaufspreis, unter Berücksichtigung des erzielbaren Vertriebserlöses, ist ein wichtiges strategisches Instrument im Wettbewerb um Käufer und Leser, was wiederum die Anzeigenerlöse beeinflusst.

Anzeigenerlöse Diese Einnahmen werden in der Regel über Anzeigen, Beilagen/Beikleber/Beihefter, Warenproben und andere Ad-Specials erzielt. Die Höhe der Anzeigenpreise richtet sich hauptsächlich nach der Auflagenhöhe und der qualitativen Reichweite. Die Anzeigenpreise werden in der Anzeigenpreisliste festgelegt und sind nach Insertionsart und Teil- oder Vollbelegung unterschiedlich. Auf die in der Anzeigenpreisliste ausgewiesenen Preise wird bei Mehrfachbelegung ein Rabatt nach einer Mengen- oder Malstaffel gewährt. Um vom so genannten

Insertionspreis zu dem für den Verlag wichtigeren Anzeigenerlös zu kommen, wird der Preis um die Mehrwertsteuer und die gewährten Rabatte gemindert.

Beeinflusst durch die Unternehmenspolitik und die Attraktivität des jeweiligen Titels als Werbeträger, kann die Erlösstruktur stark unterschiedlich sein. Der Marktdurchschnitt aller Zeitschriften spiegelt etwa einen Anteil von 56 Prozent Anzeigen- zu 42 Prozent Vertriebserlösen und 2 Prozent sonstigen Erlösen bei Publikumszeitschriften wider. Die Erlöse bei Fachzeitschriften sind mit 47 Prozent auf Vertriebserlöse, mit 50 Prozent auf Insertionserlöse und mit 3 Prozent auf sonstige Erlöse verteilt.

Wird die Erlösstruktur einiger Großverlage betrachtet (z. B. Bauer: Anzeigen 21 Prozent, Vertrieb 73 Prozent, sonstige Erlöse 6 Prozent; Gruner+Jahr: Anzeigen 35 Prozent, Vertrieb 60 Prozent, sonstige Erlöse 5 Prozent), so kann auch hier ein uneinheitliches Bild erkannt werden. In den sonstigen Erlösen einiger Verlage sind, sofern sie eigene Druckereien besitzen, Druckerlöse aus dem Druck von Fremdtiteln enthalten.

Das stark interdependente Verhältnis von Leser- und Werbemarkt kann auch durch die »Anzeigen-Auflagen-Spirale« beschrieben werden. Diese Spirale setzt voraus, dass eine bessere Qualität und Quantität der angebotenen Medieninhalte zu höherer Auflage und qualitativer Reichweitenverbesserung führt. Durch eine höhere Auflage tritt der Fixkostendegressions-Effekt ein. Gleichzeitig sinkt der TKP (Tausender-Kontakt-Preis) durch Verbesserung der Reichweitenwerte und schafft so Vorteile im Preiswettbewerb. Verbesserter Preiswettbewerb führt zu höherem Anzeigenvolumen oder zu besser durchsetzbaren Anzeigenpreiserhöhungen, was zu höheren Umsätzen und Gewinnen führt. Dadurch ist wiederum mehr Geld vorhanden, um in die Qualität und Quantität der angebotenen Medieninhalte (dem Ausgangspunkt der Spirale) zu reinvestieren.

Interdependenz von Leser- und Inserentenmarkt

Es wird eine deutliche Verschärfung der Wettbewerbssituation und eine verstärkte Konsolidierung in allen Segmenten der Medienbranche erwartet. Angesichts der derzeitigen wirtschaftlichen und technologischen Entwicklung, der rückläufigen Gesamtauflage und der stark sinkenden Auflage pro Titel werden der Konkurrenzdruck sowie der intramediale und intermediale Wettbewerb um Käufer und Inserenten weiter verschärft.

Entwicklungstrends

Der Trend der zunehmenden Fragmentierung wird weitergehen. Traditionelle und neue Medien müssen besser genutzt und integriert werden. Die Zeitschriften müssen noch stärker als eigenständige Marken geführt werden, so dass ein positiver Markentransfer auf neue noch zu entwickelnde, medienübergreifende Marken erfolgen kann. Der wirtschaftliche Durchbruch einer Marke ist vor allem auf den vorökonomischen Markenerfolg (Markenbekanntheit, Markenbeliebtheit und klar umrissenes Profil) zurückzuführen.

Die veränderten Rahmen- und Wettbewerbsbedingungen werden auch zu veränderten Kosten- und Erlösstrukturen führen und damit die an sich schon hohe Konzentration bei Zeitschriftenverlagen nochmals forcieren. Dem Kostendruck wird durch eine intensive Kosten-Nutzen-Analyse begegnet. Formate werden überprüft und die Produktionskosten durch veränderte Qualitätsdefinitionen sowie neue Produktionstechniken und vereinfachte -prozesse weiter optimiert. Inhalte werden crossmedial intensiver und besser genutzt, um so die Redaktions- und Informationsbeschaffungskosten auf einem wirtschaftlich vertretbaren Niveau zu halten. »Vorhandene redaktionelle Ressourcen in Form von etablierten Redaktionen, Archiven und zielgruppengenauen Konzepten sind ein Instrument, um der Verdrängung durch neue Medien entgegenzuwirken« (Wehrle/Busch 2003, S. 105). Leistungen, die nicht selbst zu wettbewerbsfähigen Konditionen generiert werden können, werden ausgelagert und am Markt eingekauft.

Auf der ständigen Suche nach neuen Umsatzpotenzialen werden aus der eigenen Marke neue medienübergreifende Marken geschaffen und vorhandener Inhalt besser als bisher genutzt. Der Vorstoß einiger Zeitschriftenverlage in den Bereich Fernsehen (z. B. Stern-TV, Focus-TV, Spiegel-TV), den Bereich Online und den Bereich Buch (z. B. FAZ-Buch, GEO-Buch) sind hier als Beispiele genannt.

Die fortschreitende Digitalisierung und die zunehmende Vielfalt der Medienprodukte werden die Erlös- und Kostenstrukturen der Verlage massiv und nachhaltig verändern. Zunächst sind jedoch Investitionen in neue Technologien zur Nutzung der neuen Medien zu tätigen, vor denen sich viele (insbesondere kleine und mittlere) Verlage scheuen. Ohne Berücksichtigung der nötigen Investitionen sollten sich die Verlage auf folgende Veränderungen einstellen:

- Inhalte- und Werbeangebote werden zunehmend auf den einzelnen Rezipienten zugeschnitten.
- Erfolgsabhängige Modelle ersetzen zunehmend reichweitenorientierte Werbung.
- Verlegerische Kompetenzen müssen vermehrt um technische Kompetenzen ergänzt werden, denn Digitalisierung ist in hohem Maße Technik/Technologie.

5   Kosten und Erlöse im Rundfunk

Die Rundfunkunternehmen haben seit einigen Jahren medien- und organisationsspezifische Marketingstrategien eingeführt und ausgebaut. Die Turbulenzen auf den nationalen und internationalen Rundfunkmärkten zwingen sie zu größtmöglicher Effizienz und Flexibilität. Programmbeschaffung und -planung, Organisationsstruktur und Personalplanung, Kosten- und Leistungsrechnungen sind eigenständige wirtschaftliche Planungsbereiche geworden, die in ein Gesamtkonzept integriert werden.

Die Finanzierungsarten des öffentlich-rechtlichen und des privaten Rundfunks unterscheiden sich grundlegend. Der öffentlich-rechtliche Rundfunk finanziert sich im Wesentlichen über Gebühren. Werbe- und Sponsoringeinnahmen sowie Einnahmen durch den Verkauf von Lizenzen spielen nur eine untergeordnete Rolle. Private Rundfunkanbieter haben als Hauptfinanzierungsquelle Werbe- und Sponsoringeinnahmen, jedoch keine Gebühreneinnahmen vorzuweisen. Eine weitere Einnahmemöglichkeit stellen zu bezahlende Angebote des digitalen Pay-TV dar, die jedoch aufgrund der relativ geringen Zahlungsbereitschaft der Bevölkerung begrenzt ist. Die Notwendigkeit zur Wirtschaftlichkeit ist bei den öffentlich-rechtlichen Anstalten in den Bestimmungen der Rundfunkgesetze und -staatsverträge verankert, bei privaten Anbietern aufgrund ihrer gewinnorientierten Zielsetzung gegeben.

Eine wirtschaftliche Regel, die speziell für den Rundfunk gilt, ermöglicht dem Journalisten eine erste Einschätzung ökonomischer Gesetzmäßigkeiten: Ist ein Programm erst einmal produziert und wird ausgestrahlt, so verursacht ein zusätzlicher Hörer oder Zuschauer keine Kosten. Das bedeutet, die Programmkosten eines Anbieters sind nahezu unabhängig von der Größe des Publikums. Bei gleich bleibenden Erlösen (Einnahmen pro Werbeminute bzw. der Gebühren) pro Zuschauer oder Zuhörer hängt deshalb die wirtschaftliche Überlebensfähigkeit eines Programms von der Größe des Sendegebietes bzw. der Reichweite des Senders ab.

Für privatwirtschaftlich geführte Rundfunkanbieter sind Einschaltquoten bzw. Reichweiten (→ Journalisten und ihr Publikum) Kernstück aller programmplanerischen Überlegungen und Wirtschaftlichkeitsberechnungen. Die Reichweiten der Programme müssen in einem angemessenen Verhältnis zu den eingesetzten Mitteln stehen. Lokale oder regionale bzw. als Fenster- in Vollprogramme eingegliederte Programme sind deshalb nur dann wirtschaftlich, wenn die technische Reichweite ein ausreichendes Zuschauerpotenzial gewährleistet, das Sendegebiet eine sozio-kulturelle und siedlungsgeografische Einheit bildet und das Programm attraktiv gestaltet wird, damit das Sendegebiet und das Programm als Werbeträger für Werbetreibende interessant sind.

Privatrundfunk

In der Bundesrepublik Deutschland kam es in den vergangenen Jahren zu einer wirtschaftlichen Konsolidierung der privaten Rundfunkveranstalter. Die nationalen Fernsehsender RTL, ProSieben oder Sat.1 erwirtschafteten seit Anfang der 1990er Jahre teilweise Gewinne und konnten beginnen, ihre Anlaufverluste zu tilgen – bei ProSieben waren dies beispielsweise rund 200 Millionen Euro. Haupteinnahmequelle ist die TV-Werbung. Spitzenreiter bei den Brutto-Werbeumsätzen war im Jahr 2006 RTL mit 2,28 Milliarden Euro vor Sat.1 mit 1,62 Milliarden Euro und ProSieben mit 1,39 Milliarden Euro (vgl. Möbus/Heffler 2007, S. 286). Die privat-kommerziellen Sender sind für die Werbung treibende Wirtschaft oft attraktiver als die öffentlich-rechtlichen Rundfunkveranstalter, da der Zuschaueranteil der kaufkräftigen Personen unter 50 Jahren bei ihnen besonders hoch ist.

Wirtschaftliche Lage des Privatfernsehens

Wirtschaftliche
Lage des privaten
Hörfunks

Die wirtschaftliche Lage der landesweiten, insbesondere aber der regionalen und lokalen Hörfunkveranstalter wird wesentlich durch die ordnungspolitischen Rahmenbedingungen bestimmt. Die verschiedenen Landesmediengesetze der Bundesländer geben wichtige Rahmenbedingungen vor. Dabei sind insbesondere Vorschriften über das Sendegebiet und die technische Reichweite, die Zulassung mehrerer Veranstalter für einen Sender (so genanntes Frequenz-Splitting) und das Erlauben von Zulieferprogrammen und Senderfusionen für eine tragfähige wirtschaftliche Grundlage der privaten Hörfunkanbieter von Bedeutung.

Die uneinheitlichen rechtlichen Voraussetzungen haben Auswirkungen auf Struktur und Anzahl der Programmanbieter. So ist in Bundesländern mit einem eher kleinräumigen Konzept für den privaten Hörfunk seit der Zulassung privater Sender eine latente oder manifeste Konzentration auf den Medienmärkten zu beobachten. Aus einer Vielzahl von lokalen und regionalen Sendern haben sich Senderketten entwickelt, die von wenigen Programmanbietern versorgt werden.

Kosten-
entwicklung

Die Entwicklung der Kosten von Hörfunk- und Fernsehproduktionen ist durch eine Vielzahl unterschiedlicher Einflussfaktoren bestimmt. Die Rundfunkanbieter können diese nur teilweise selbst beeinflussen, da es medienpolitische Auflagen gibt, die unter Umständen zu enormen Kostensteigerungen führen können.

Eine Erhöhung der Produktionskosten kann durch einen verschärften Qualitäts- und Attraktivitätswettbewerb zwischen den Rundfunkanbietern, insbesondere den öffentlich-rechtlichen und den privaten, entstehen. Aufgrund des zunehmenden Wettbewerbs um Rechte und Lizenzen haben sich beispielsweise die Aufwendungen für Sportübertragungen stark erhöht. Produktionen können sich auch verteuern durch die Produktionsmittel, d. h. Kosten für Personen, Studios, Anlagen und Geräte, und die zunehmende Knappheit der kreativen Produktionsfaktoren, beispielsweise der Personen mit Führungseigenschaften oder der Topschauspieler.

Der Einfluss neuer technischer Möglichkeiten auf die Kosten ist zunächst ambivalent: Zum einen können sich, wie das Beispiel der hochauflösenden HDTV-Technik zeigt, Kostensteigerungen ergeben. Zum anderen besitzen neue Technologien, wie z. B. die Mikroelektronik und Digitaltechnik, ein Rationalisierungspotenzial hinsichtlich der Produktionsabläufe, das zu Einsparungen führen kann.

Von der Begrenzung der finanziellen Mittel kann ein Druck zum sparsamen Einsatz der Produktionsfaktoren ausgehen. Grundsätzlich können sich private Rundfunkunternehmen Kapital durch Eigen- und Fremdfinanzierung beschaffen. Finanzielle Ressourcen können dem Unternehmen im Rahmen der Eigenfinanzierung durch Einlagen der Unternehmenseigner (Einlagen- oder Beteiligungsfinanzierung) oder durch das Thesaurieren von Gewinnen (Selbstfinanzierung) zufließen. Die Fremdfinanzierung besteht im Wesentlichen aus der Kreditfinanzierung. Sind die Möglichkeiten der Verschuldung oder Erhöhung des Eigenkapitals ausgeschöpft und lassen sich die Einnahmen mithilfe der Werbung nicht mehr steigern, so sind die Rundfunkunternehmen gezwungen, Kosten zu reduzieren.

Als wichtigste Finanzierungsquelle stehen den öffentlich-rechtlichen Rundfunkanstalten im Gegensatz zu den privaten Veranstaltern die Rundfunkgebühren zur Verfügung. Nachdem dieses »Leistungsentgelt« durch einen Zuwachs an Rundfunkteilnehmern nicht mehr zu erhöhen ist – Anfang der 1970er Jahre war die Sättigungsgrenze bereits erreicht – lässt sich diese Finanzierungsquelle nur noch über Gebührenerhöhungen verbessern. Um ein einheitliches Vorgehen der Länderanstalten sicherzustellen, tagte im Jahr 1975 zum ersten Mal die Kommission zur Ermittlung des Finanzbedarfs der Rundfunkanstalten (KEF). Die als Gebühren-Beratungsgremium von den Ministerpräsidenten der Länder ins Leben gerufene Kommission hat – so ihr Auftrag – den Finanzbedarf der Rundfunkanstalten fortlaufend zu ermitteln.

Seit April 2005 liegt die Monatsgebühr bei 17,03 Euro pro Haushalt. In seinem siebten Rundfunkurteil hat das Bundesverfassungsgericht 1994 das Verfahren zur Festsetzung der Rundfunkgebühren als in Teilen verfassungswidrig erklärt. Mit dem so genannten kooperativen Verfahren, das die Bestätigung des von den Anstalten selbst ermittelten Finanzbedarfs durch die KEF als politikfernes Gremium sowie durch die Länderparlamente vorsieht, steht mittlerweile ein verfassungskonformes Instrument zur Verfügung. Bei der Gebührenerhöhung 2005 wichen die Länder allerdings von der Empfehlung der KEF ab und genehmigten statt der empfohlenen 1,09 Euro lediglich eine Erhöhung um 88 Cent. Die öffentlich-rechtlichen Sender ARD, ZDF und Deutschlandradio klagten daraufhin erfolgreich vor dem Bundesverfassungsgericht. Im September 2007 entschied das Gericht: Die Richter sahen im Beschluss der Länderparlamente eine Verletzung der Rundfunkfreiheit, da die Abweichung nicht ausreichend begründet wurde. Angesichts der bevorstehenden nächsten Anpassungsrunde bestand das Gericht allerdings nicht darauf, die Gebühren rückwirkend zu erhöhen.

Die Betriebseinnahmen der ARD-Landesrundfunkanstalten unterscheiden sich je nach Anstaltsgröße, Programmreichweite, Programmaufwand und Werbezeiten voneinander. Im Durchschnitt setzt sich diese Mischfinanzierung zu rund 83 Prozent aus Gebühreneinnahmen und zu 2,3 Prozent aus Werbeeinnahmen zusammen. Die dritte Einnahmequelle ist unter anderem die Vermarktung von Rechten und Lizenzen oder für nehmende Anstalten der Finanzausgleich. Diese Finanzquelle macht gut 14 Prozent der Einnahmen aus. Das Zweite Deutsche Fernsehen finanziert sich zu gut 5 Prozent aus Werbung (→ Mediensystem in Deutschland).

Im Vergleich zu privatwirtschaftlichen Unternehmen ist das Unternehmensziel öffentlich-rechtlicher Rundfunkanstalten – die Erfüllung des Programmauftrages – nicht einfach zu erfassen. Die Effizienz der wirtschaftlichen Prozesse kann bei Gebührenfinanzierung nicht an entsprechenden monetären Größen wie

Öffentlich-rechtlicher Rundfunk

Einnahmequellen

den Erlösen gemessen werden. Um dennoch Planung und Kontrolle zu ermöglichen, hat beispielsweise der Westdeutsche Rundfunk vier Beurteilungsbereiche entwickelt:

- Den *Finanzbereich* mit der mittelfristigen (fünfjährigen) und jährlichen Haushaltsplanung, welche die Planung der Einnahmen und Ausgaben für die Zukunft festsetzt sowie die Haushalts- und Liquiditätsabrechnung für den Vergleich der Vorgaben mit den tatsächlichen Einnahmen und Ausgaben durchführt,
- den *Produktionsbereich* mit den Kapazitäts-, Produktions- und Investitionsplänen, welche die Basis für die Kosten- und Leistungsrechnungen sind,
- den *Programmbereich* mit den Sendebedarfs- und Leistungsplänen, welche Art (Eigen- oder Fremdproduktion) und Umfang (Sendeminuten) festlegen und
- den *Personalbereich* mit Stellenplan und Personalstatistiken, welche Fragen zur Wirtschaftlichkeit beantworten.

Die Haushalts- und Wirtschaftsführung wird intern von der Innenrevision unter Mitwirkung von Verwaltungsrat und Rundfunkrat überwacht. Von außen werden die öffentlich-rechtlichen Rundfunkanstalten durch den jeweiligen Landesrechnungshof, eine unabhängige Wirtschaftsprüfungsgesellschaft und die Kommission zur Ermittlung des Finanzbedarfs der Rundfunkanstalten (KEF) kontrolliert.

Kostenfaktor Personal
Ein wichtiger Kostenfaktor sind die Ausgaben für das Personal. Daher wird die Personalwirtschaft der öffentlich-rechtlichen Rundfunkanstalten besonders kritisch beobachtet. Immerhin erreichen die Personalkosten über 30 Prozent der gesamten Betriebskosten. Kritikern der Personalpolitik öffentlich-rechtlicher Sendeanstalten wird entgegengehalten, die mit der Planung, Produktion und Ausstrahlung von Hörfunk- und Fernsehprogrammen verbundene Personalintensität sei nicht mit der Geschäftätigkeit anderer Wirtschaftsbetriebe zu vergleichen. Als Gründe werden genannt: die notwendige Vielschichtigkeit der Berufe in Programm, Produktion, Technik und Verwaltung durch die föderative, anstaltsspezifische Organisation; die kreative, journalistische und künstlerische Arbeit, die sich von den kontinuierlichen, weitgehend gleich bleibenden Tätigkeiten im handwerklichen, technischen oder Verwaltungsbereich unterscheidet; die geringen Rationalisierungsmöglichkeiten der Planungs- und Produktionsprozesse durch die Einzigartigkeit (Unikate) der Hörfunk- und Fernsehprodukte sowie die Verpflichtung zu einer bestimmten Programmleistung (Qualität, Art, Menge, Struktur) aufgrund des gesetzlich festgelegten Programmauftrags.

Grundlage des Personaleinsatzes ist bei öffentlich-rechtlichen Rundfunkanstalten der Stellenplan, der Bestandteil des jeweiligen Haushalts- und Wirtschaftsplanes ist. Arbeitsplatz- und Stellenbeschreibungen für die einzelnen Unternehmensbereiche dienen dabei als Orientierung für Anzahl und Bewertung der zu besetzenden Stellen.

Der Wettbewerb zwischen öffentlich-rechtlichem Rundfunk und privaten Fernseh- und Hörfunkgesellschaften führt zu einem ständig wachsenden Kostendruck in allen Ausgabenbereichen. Die rasant verlaufende Preisentwicklung im Rundfunk zeigt sich besonders bei den unmittelbaren Programmkosten, wie bei den Urheber-, Leistungs- und Herstellervergütungen, die im Jahr 2005 gut ein Fünftel der Gesamtkosten betrugen. Die ARD musste beispielsweise für ihre Verwertungsrechte an der Fußball-Bundesliga rund 80 Millionen Euro für die Saison 2006/2007 ausgeben. 1987/1988 kosteten die Rechte für eine Spielzeit noch 9,2 Millionen DM.

5.1   Öffentlich-rechtlicher Programmauftrag will finanziert sein

Holger Tanhäuser
Verwaltungsdirektor des Mitteldeutschen Rundfunks (MDR), Leipzig

Die deutsche Rundfunklandschaft beruht auf einem dualen System, in dem Hörfunk- und Fernsehprogramme sowohl von öffentlich-rechtlichen Rundfunkanstalten (ARD-Landesrundfunkanstalten, ZDF, Deutschlandradio sowie Deutsche Welle) als auch von privaten kommerziellen Veranstaltern angeboten werden. Während private Anbieter mit Gewinnerzielungsabsicht agieren, ist den öffentlich-rechtlichen Anstalten ein umfassender Programmauftrag übertragen worden. Sie sollen mit ihren Fernseh- und Hörfunkprogrammen zur Information und zur freien, individuellen und öffentlichen Meinungsbildung beitragen, der Bildung, Beratung und Unterhaltung dienen und dadurch dem kulturellen Auftrag des Rundfunks entsprechen (die so genannte Grundversorgung).

Die Ausstrahlung solcher Hörfunk- und Fernsehprogramme verursacht erhebliche Kosten. Sender und Studios müssen gebaut und unterhalten, Leitungen angemietet, Filmmaterial und Tonträger beschafft werden. Spielfilme und Übertragungsrechte (z. B. von Sportveranstaltungen) sind zu erwerben, Urheberrechte abzugelten, die Leistungen der Mitarbeiter zu vergüten.

Zur Erfüllung seines Programmauftrags finanziert sich der öffentlich-rechtliche Rundfunk gemäß § 13 Rundfunkstaatsvertrag aus Rundfunkgebühren, Einnahmen aus Werbung sowie sonstigen Erträgen. Vorrangige Finanzierungsquelle ist dabei die Rundfunkgebühr. Der öffentlich-rechtliche Rundfunk erhält die notwendigen Mittel also in erster Linie von denjenigen, für die er sie ausgibt: den Rundfunkteilnehmern. Diese finanzierten 2005 mit ihren Gebühren die Tätigkeit der ARD-Landesrundfunkanstalten zu 83,1 Prozent. Ergänzend trugen die Einnahmen aus Rundfunkwerbung mit 2,1 Prozent sowie sonstige Einnahmen mit 14,8 Prozent zur Finanzierung bei.

Der Finanzbedarf des öffentlich-rechtlichen Rundfunks wird regelmäßig auf Grundlage von Bedarfsanmeldungen der ARD-Rundfunkanstalten, des ZDF sowie des Deutschlandradios durch ein unabhängiges Gremium, die Kommis-

Gebühren-finanzierung

sion zur Überprüfung und Ermittlung des Finanzbedarfs der Rundfunkanstalten (KEF), geprüft und ermittelt (§ 14 Rundfunkstaatsvertrag).

Die KEF wurde 1975 durch Beschluss der Ministerpräsidenten der Länder mit dem Zweck eingerichtet, den von den Rundfunkanstalten angemeldeten Finanzbedarf zu überprüfen und den Regierungschefs der Länder eine Empfehlung über die Höhe der Rundfunkgebühren abzugeben. Mit dem achten Rundfunkurteil des Bundesverfassungsgerichts vom 22. Februar 1994 wurden das Gebührenfestsetzungsverfahren und das Wirken der KEF neu geregelt. Danach hat die KEF die Aufgabe, unter Beachtung der Programmautonomie der Rundfunkanstalten deren Anmeldungen fachlich zu überprüfen und den Finanzbedarf festzustellen. Die Überprüfung bezieht sich darauf, ob sich die Programmentscheidungen im Rahmen des rechtlich umgrenzten Rundfunkauftrages halten und ob der aus ihnen abgeleitete Finanzbedarf im Einklang mit den Grundsätzen von Wirtschaftlichkeit und Sparsamkeit ermittelt wurde (§ 3 Rundfunkfinanzierungsstaatsvertrag).

Die KEF hat den Landesregierungen alle zwei Jahre Bericht zu erstatten, in dem sie die Finanzlage der Rundfunkanstalten darlegt und zu der Frage Stellung nimmt, ob und in welcher Höhe und zu welchem Zeitpunkt eine Änderung der Rundfunkgebühr notwendig ist. Auf dieser Basis legen anschließend die Landesparlamente die Höhe der Rundfunkgebühren mittels eines Staatsvertrages fest.

Die Bundesländer hatten die von der KEF zum 1. Januar 2005 vorgeschlagene Erhöhung der Rundfunkgebühr von 1,09 Euro auf 88 Cent gekürzt. Die Kürzung der KEF-Empfehlung wurde mit pauschalen Hinweisen auf eine allgemein angespannte wirtschaftliche Lage und nicht hinreichend erschlossene Einsparpotenziale bei den öffentlich-rechtlichen Rundfunkanstalten begründet. Da mit dieser Verfahrensweise das verfassungsrechtlich vorgegebene Verfahren der Gebührenfestsetzung verletzt wurde, legten ARD, ZDF und Deutschlandradio vor dem Bundesverfassungsgericht in Karlsruhe eine erfolgreiche Verfassungsbeschwerde ein. Das Bundesverfassungsgericht hob in seinem Urteil vom 11. September 2007 nochmals den besonderen gesellschaftlichen Wert des öffentlich-rechtlichen Rundfunks hervor und wies ausdrücklich darauf hin, dass die Finanzgewährleistungspflicht gegenüber dem öffentlich-rechtlichen Rundfunk staatsfern zu erfolgen hat.

Zuletzt wurde die Finanzierung der öffentlich-rechtlichen Rundfunkanstalten im Rundfunkstaatsvertrag vom 31. August 1991 in der Fassung des achten Rundfunkänderungsstaatsvertrages vom 8./15. Oktober 2004 festgelegt. Danach betragen die Rundfunkgebühren seit dem 1. April 2005 pro Monat 17,03 Euro; davon entfallen 5,52 Euro auf die Grundgebühr und 11,51 Euro auf die Fernsehgebühr. Aus der Gesamtgebühr gehen 0,32 Euro vorab an die Landesmedienanstalten. Von der monatlichen Fernsehgebühr fließen der ARD 6,90 Euro und dem ZDF 4,39 Euro zu. Für ARTE beträgt der Anteil 0,40 Euro, für den Kinderkanal 0,20 Euro, für Phoenix 0,09 Euro und für die KEF 0,005 Euro. Aus der Grundgebühr erhalten die ARD 5,04 Euro und das Deutschlandradio 0,37 Euro. Im Jahr 2005 beliefen sich die Einnahmen aus Gebühren insgesamt auf ca. 7,1 Milliarden Euro.

Die Möglichkeiten des öffentlich-rechtlichen Rundfunks, aus Werbung Einnahmen zu erzielen, sind durch gesetzliche Regelungen eng begrenzt. Dennoch sind Werbeeinnahmen, wie das Bundesverfassungsgericht in seinem achten Rundfunkurteil ausdrücklich betont hat, neben der Rundfunkgebühr nicht nur eine legitime, sondern auch eine geeignete Finanzierungsquelle des öffentlich-rechtlichen Rundfunks, um dessen politische Unabhängigkeit und Programmfreiheit zu stärken und die Höhe der Rundfunkgebühr sozialverträglich zu halten. Im Gegensatz zu den Gebühren, die über einen bestimmten Zeitraum festgeschrieben sind, ermöglichen die Werbeeinnahmen dem öffentlich-rechtlichen Rundfunk ein gewisses Maß an flexibler Reaktion auf unvorhergesehene Entwicklungen des Finanzbedarfs.

Aufgrund der fortschreitenden Dynamisierung des Wettbewerbs um werbetreibende Unternehmen unterliegen die Preise für Werbung beträchtlichen Schwankungen. Während die einschlägigen Richtlinien für kommerzielle Fernsehveranstalter sukzessive gelockert wurden, müssen sich die öffentlich-rechtlichen Rundfunkanstalten weiterhin unter sehr restriktiven Regelungen behaupten.

Die Begrenzung der Hörfunkwerbung wird von den Ländern festgelegt. Nach dem Rundfunkstaatsvertrag kann den Rundfunkanstalten im Hörfunk im Jahresdurchschnitt je Werktag bis zu 90 Minuten Werbung eingeräumt werden. Radiowerbung wird überwiegend als klassische Spotwerbung innerhalb von Werbeblöcken platziert, die im jeweiligen Programmschema fest verankert sind. Werbespots unter 15 und über 60 Sekunden Länge bedürfen in der Regel einer Abstimmung.

Im Fernsehen ist Werbung werktäglich vor 20 Uhr blockweise zugelassen. Die Gesamtdauer darf durchschnittlich 20 Minuten pro Tag nicht überschreiten. Möglich sind Werbespots ab zehn Sekunden; Spotlängen von mehr als 60 Sekunden sowie Sonderformen bedürfen der Absprache. Die Dauer der Spotwerbung darf innerhalb einer Stunde zwölf Minuten nicht überschreiten. Die Fernsehwerbung wird in der Regel im Vorabendprogramm der ARD ausgestrahlt und ist in einzelne Werbeblöcke aufgeteilt.

Nach Beendigung der rezessiven Phase zwischen 2001 und 2003 wirkte sich das danach zu beobachtende wirtschaftliche Wachstum positiv auf den deutschen Werbemarkt aus. Von dieser Entwicklung profitierten auch die ARD-Werbegesellschaften, die ihr Werbeumsatzvolumen stabilisieren und ausbauen konnten. Mit diesen generierten Werbeeinnahmen wird ein wichtiger Beitrag zur Finanzierung der Programme geleistet, der Gebührenzahler wird entlastet und die Unabhängigkeit des öffentlich-rechtlichen Rundfunks wird gesichert. Aus diesem Grund sollte auf Werbung im öffentlich-rechtlichen Rundfunk nicht verzichtet werden.

Die sonstigen Einnahmen umfassen bei der ARD Erträge aus dem ARD-internen Finanzausgleich, aus Koproduktionen, Programmverwertungen und Merchandising sowie Zins- und sonstige Erträge. Diese Einnahmen ergänzen die Finan-

Werbe-finanzierung

Sonstige Finanzierung

zierung des öffentlich-rechtlichen Rundfunks und tragen somit zur Gebühren-entlastung bei. Die vorstehenden Finanzierungsquellen sind jedoch nur begrenzt steigerbar, ohne die Grenzen des öffentlich-rechtlichen Rundfunkauftrages zu überschreiten.

Finanzausgleich Bestandteil des Finanzierungssystems der ARD ist laut Rundfunkstaatsvertrag der Finanzausgleich. Er wird seit 1954 durchgeführt, um die unterschiedliche finanzielle Leistungskraft der einzelnen Rundfunkanstalten auszugleichen und um die funktionsgerechte Aufgabenerfüllung der Anstalten sicherzustellen. Die Höhe des Finanzausgleichs betrug im Jahr 2005 ca. 60,2 Millionen Euro. Gebende Anstalten waren BR, HR, MDR, NDR, SWR und WDR; Empfänger waren RB, SR und der RBB.

Die Finanzausgleichsmasse wurde von 1,9 Prozent des ARD-Nettogebühren-aufkommens zum 1. Januar 2001 schrittweise um 0,18 Prozentpunkte pro Jahr auf 1 Prozent des ARD-Nettogebührenaufkommens zum 1. Januar 2006 abge-schmolzen. Diese Begrenzung der Finanzausgleichsmasse führte zu einer deut-lichen Verminderung der zufließenden Mittel aus dem Finanzausgleich. Dadurch ergaben sich – trotz umfassender Sparmaßnahmen – bei SR und RB Finanzie-rungslücken. Aus diesem Grund haben sich die ARD-Landesrundfunkanstalten auf zusätzliche und einmalige Strukturhilfen für SR und RB über einen begrenz-ten Zeitraum von 2005 bis 2008 geeinigt. Im Jahr 2005 wurden dem RB 8,6 Mil-lionen Euro zur Verfügung gestellt; dem SR flossen 6,8 Millionen Euro zu.

Ab dem 1. Januar 2007 erhält der RBB keine Mittel mehr aus dem Finanz-ausgleich, da die mit der Fusion von SFB und ORB angestrebten Einsparungs-effekte erreicht wurden. Dementsprechend sind dann nur SR und RB Nehmer des Finanzausgleichs.

Kostenstrukturen Das Programmangebot der öffentlich-rechtlichen Rundfunkanstalten ist vielfäl-tig und umfangreich. Es umfasste 2005 bei der ARD ca. 535.000 Stunden Hör-funk (inklusive Deutschlandradio) sowie ca. 76.000 Stunden Fernsehprogramm. Dieses Programmangebot wird in Eigen- bzw. Koproduktion erstellt oder ein-gekauft.

In der Gliederung nach Kostenarten stellt der Personalaufwand mit 32,9 Pro-zent den größten Aufwandsposten dar, gefolgt von den unmittelbaren Pro-grammaufwendungen. Dies sind im Einzelnen die Urheber-, Leistungs- und Herstellervergütungen mit 21,3 Prozent, Aufwendungen für Gemeinschaftsauf-gaben und Koproduktionen mit 13,1 Prozent sowie produktionsbezogene Fremd-leistungen mit 3,1 Prozent.

Besonders bei den Sportrechten und Spielfilmlizenzen ist in den vergangenen Jahren eine rasante Kostenentwicklung zu verzeichnen. Nachdem die Rechtebe-schaffungskosten für Sportübertragungen und Spielfilme zunächst – nicht zuletzt durch die Nachfragekonkurrenz seitens der Privatsender – einer exorbitanten Teuerung unterlagen, stagnieren die Preise nun auf hohem Niveau. Während sich im Bereich der Unterhaltung (Spielfilme, Serien) langsam eine Trendwende abzeichnet, sind für den Zugang zu internationalen Sportgroßveranstaltungen allerdings weiterhin Preissteigerungen in erheblichem Umfang hinzunehmen.

Ein Beispiel: Konnte für die Übertragung der Fußball-EM 2000 noch ein Lizenzpreis von ca. 28 Millionen DM bzw. ca. 14 Millionen Euro ausgehandelt werden, so belief sich dieser Posten bei der Fußball-EM 2004 in Portugal bereits auf ca. 100 Millionen Euro. Für die in Österreich und in der Schweiz stattfindende Fußball-EM 2008 konnten nur aufgrund langwieriger und intensiver Verhandlungen die Konditionen auf 115 Millionen Euro begrenzt werden. Es bleibt zu hoffen, dass mit diesen verhandelten Preisen der Höhepunkt einer Entwicklung erreicht wurde, die in anderen Bereichen bereits zu erheblichen Marktkorrekturen führte.

Die aktuellen Rundfunkgebühren geben den öffentlich-rechtlichen Rundfunkanstalten Planungssicherheit bis 2008. Zwar erzielten die Anstalten in den ersten Jahren der laufenden Gebührenperiode (2005 und 2006) noch Überschüsse, doch für die Jahre 2007 und 2008 werden erhebliche Fehlbeträge erwartet. Deshalb ist es für die Rundfunkanstalten gleichermaßen unumgänglich wie selbstverständlich, ihre Sparmaßnahmen fortzusetzen und Rationalisierungspotenziale auszuschöpfen. Leitgedanke ist, nicht am Programm, sondern für das Programm zu sparen. Allerdings dürfen die Wirtschaftlichkeitsbemühungen nicht die programmliche Akzeptanz und die Wettbewerbsfähigkeit beeinträchtigen. Sie sind vielmehr dahingehend auszurichten, den öffentlich-rechtlichen Programmauftrag mit seinen Bereichen Information, Bildung und Unterhaltung sicherzustellen, ohne dabei die neuen technologischen Entwicklungen zu vernachlässigen.

Ausblick

5.2 Private Sender: Werbeeinnahmen als Lebenselixier

Kai Fischer
Geschäftsführer von Hit-Radio Antenne Niedersachsen, Hannover

Die Wiege des privaten Hörfunks in der Bundesrepublik Deutschland steht in Baden-Württemberg. Dort nahmen am 1. Oktober 1984 mit dem Stadtradio Freiburg und wenige Monate später mit dem Stadtradio Ulm die beiden ersten privaten Radiostationen ihren Sendebetrieb auf. Was damals – mehr als drei Jahre nach dem Bundesverfassungsgerichtsurteil zur Ausgestaltung der dualen Rundfunkordnung – als Erprobung des lokalen Rundfunks begann, führte 1986 mit der Aufnahme des Sendebetriebes der beiden ersten landesweiten Hörfunkvollprogramme R.SH in Schleswig-Holstein und radio ffn in Niedersachsen zum Siegeszug der werbefinanzierten privaten Radiosender.

Trotz unterschiedlicher ordnungspolitischer Rahmenbedingungen in den Bundesländern und unterschiedlicher Lizenzauflagen entwickelten sich die privaten Hörfunksender der ersten Lizenzierungsgeneration dank ihrer Alleinstellung und rascher Reichweitenerfolge schnell zu wirtschaftlich erfolgreichen Medienunternehmen. Nicht ohne Neid wurden damals Lizenzen zur Verbreitung privater Hörfunkprogramme als »Lizenzen zum Gelddrucken« tituliert. Dies galt auch noch für die Sender, die Anfang der 1990er Jahre als Sender der zweiten Lizenzierungsgeneration ihren Sendebetrieb aufgenommen haben bzw. für die 1992 lizenzierten privaten Programme in den neuen Bundesländern und Berlin. Das Programmangebot des privaten Hörfunks auf dem deutschen Radiomarkt wächst weiter an. Nach einer Erhebung der Landesmedienanstalten gab es 2006 bundesweit 232 private Hörfunkangebote. Im Jahr zuvor waren es noch 222. Zusätzlich wurden im Jahr 2006 67 Digitalradios gezählt. Gemeint sind hier alle Programme, die digital terrestrisch ausgestrahlt werden, auch wenn es sich nicht um originäre Programme handelt.

Radio findet jedoch vor allem lokal und regional statt: Im Jahr 2006 standen 153 lokale oder regionale Programme 24 bundesweiten und 55 landesweiten Privatradioangeboten gegenüber. Zusätzlich zu den bereits vorhandenen Programmen wird die anstehende Digitalisierung im Hörfunk in den nächsten Jahren für eine deutlich größere Angebotsvielfalt sorgen.

In keiner anderen relevanten Mediengattung hängt die Umsatzentwicklung so stark von einer einzigen Einnahmequelle ab wie der private Hörfunk vom Verkauf von Werbezeiten. Zwischen 80 und 85 Prozent beträgt der Anteil der Werbeeinnahmen an den Gesamteinnahmen. Daher ist die wirtschaftliche Entwicklung des privaten Hörfunks extrem konjunkturabhängig. Seine Ertragslage spiegelt mit nur kurzer Verzögerung im Wesentlichen die Entwicklung der gesamtwirtschaftlichen Situation wider.

Beliefen sich 1990 die Bruttowerbeumsätze der privaten Sender auf 144 Millionen Euro, waren dies zehn Jahre später bereits 704 Millionen Euro. Doch einhergehend mit der schlechten gesamtwirtschaftlichen Situation 2001 und 2002 war das Gesamtwerbevolumen bis Ende 2002 (617,5 Millionen Euro) stark rückläufig. Seit 2003 steigen die Brutto-Werbeumsätze der Privaten wieder an. 2006 betrugen sie bereits 885 Millionen Euro (alle Umsätze gemäß Nielsen Media Research S+P).

Erlösplanung: Werbefinanzierung im Vordergrund

Zwischen 80 und 85 Prozent der Gesamteinnahmen eines privaten Hörfunksenders werden über den Verkauf von Werbezeiten erzielt. Für die jährlichen Erlösplanungen in den Unternehmen werden sowohl die Hörerreichweiten und ihre voraussichtliche Entwicklung in dem zu planenden Jahr wie auch die Einschätzung der Entwicklung der einzelnen Erlösarten (Werbeerlöse und andere) zugrunde gelegt. Diese beiden in ihrem Umfang höchst ungleichen Hauptsäulen der Gesamterlöse werden u. a. ergänzt durch die Einschätzung der jeweiligen wettbewerblichen Umfelder (lokal/regional/national) und dem Soll-Ist-Vergleich des aktuellen Geschäftsjahres.

Die Werbeeinnahmen eines landesweiten privaten Hörfunkvollprogramms gliedern sich in der Regel in Erlöse aus der nationalen Kombinationsvermarktung (Zusammenschluss mehrerer Sender zu einer teilnationalen oder nationalen Buchungseinheit), regionale (landesweite) Kombivermarktung (z. B. mit Mach 3,

mir, Sachsen-Hit-Kombi), nationale Einzelvermarktung, landesweite Einzelvermarktung, lokale Einzelvermarktung, Sponsorings (z. B. Wetter und Verkehr)
sowie Sonderwerbeformen (z. B. Gewinnspiele).

Die nationalen Werbekunden werden in der Regel nicht von der Vielzahl der
Radiosender selbst betreut, sondern von nationalen tätig Vermarktungsorgani-
sationen. Die größten und erfolgreichsten Hörfunkvermarkter sind die Radio
Marketing Service (RMS – rms.de) mit Sitz in Hamburg und die ARD-Wer-
bung Sales & Service (AS&S – ard-werbung.de) mit Sitz in Frankfurt am Main.
Während der Marktführer RMS ausschließlich private Hörfunksender vermarktet, sind im Angebot der AS&S neben den gemischt finanzierten (Gebühren
und Werbeeinnahmen) öffentlich-rechtlichen Hörfunkprogrammen auch private Sender wie 104.6 RTL (Berlin), Alsterradio (Hamburg) oder Radio Bro-
cken (Sachsen-Anhalt) vertreten. Neben der RMS und der AS&S sind noch Studio Gong (studio-gong.de) und die NRJ/Energy Werbung und Vermarktung
(energy-media.de) zu nennen. Diese beiden Vermarkter verfügen jedoch über
kein bundesweit flächendeckendes Angebot.

Die Vermarktung regionaler Kombis, die landesweite Einzelvermarktung, die
lokale Einzelvermarktung sowie die Vermarktung von Sponsorings und Sonderwerbeformen organisieren die Sender in der Regel in Eigenregie. Dies geschieht
durch eine eigene Verkaufsmannschaft oder durch eine regionale Vermarktungs-
gesellschaft, an der die zu vermarktenden Sender beteiligt sind.

Die Angaben der landesweiten Hörfunksender über die Aufteilung ihrer Werbeeinnahmen in nationale und landesweite/lokale Erlöse schwanken sehr stark.
Festzustellen ist, dass in konjunkturell starken Jahren die nationalen Werbeumsätze deutlich stärker zulegen als die landesweiten/lokalen. In Zeiten schwacher
Konjunktur und sinkende Werbeumsätze dagegen erweisen sich die landeswei-
ten/lokalen Erlöse als vergleichsweise stabil, während die nationalen Erlöse stark
rückläufig sind. Im Jahr 2007 lag das Verhältnis von nationalen zu landesweiten/
lokalen Erlösen bei durchschnittlich 60 Prozent zu 40 Prozent.

Weitere Finanzierungsarten für einen landesweiten Hörfunksender sind in der **Andere**
Regel Erlöse aus Call-Media (Mehrwerttelefonie z. B. mit Gewinnspielen), **Finanzierungsarten**
Events (z. B. Konzerte), Produktionen (z. B. Werbespots), Syndication (Verkauf
von Programmbestandteilen wie Nachrichten, Comedy etc.) oder Merchandising (z. B. CD). Erlöse aus der Internet-Vermarktung vervollständigen zwar
diese Übersicht, sind aber aufgrund geringer Leistungswerte der Internet-Sites
der Hörfunkanbieter und somit nicht relevanter Umsatzgrößen derzeit noch zu
vernachlässigen. Diese aufgeführten zusätzlichen Erlösquellen haben je nach Sendergröße einen Anteil zwischen 15 und 20 Prozent an den Gesamterlösen eines
privaten Hörfunkunternehmens.

Einige Sender versuchen, sich aus der überwiegenden Finanzierung über
Werbeeinnahmen zu lösen, indem sie sich beispielsweise an anderen Hörfunkunternehmen im In- und Ausland beteiligen, oder sich in anderen Geschäftsfel-
dern engagieren, wie z. B. mit Eventagenturen, Call-Centern und mittlerweile

auch Vergnügungsparks. Die Suche der Hörfunkunternehmen nach zusätzlichen Erlösquellen gestaltet sich aber insgesamt schwierig.

Preisbildung als Grundlage Wesentlicher Bestandteil der Werbeerlösplanung ist die Preisbildung. Grundlage der Preisbildung sind die Leistungswerte eines Hörfunkprogramms – die erreichten Hörer pro Durchschnittsstunde – sowie der intramediale und intermediale Wettbewerbsvergleich, also der Vergleich mit den Preisen konkurrierender Radiosender und anderer Werbemedien, insbesondere Fernsehen, regionale Tageszeitungen und Plakate.

Die aktuellen Hörerzahlen für die werbetragenden Hörfunkprogramme werden von der Arbeitsgemeinschaft Media-Analyse e. V. (AG.MA – ag-ma.de) erhoben. Die AG.MA ist ein Zusammenschluss von rund 250 Werbungsmittlern (Agenturen), Werbeträgern und Werbetreibenden. Jährlich beauftragt die AG.MA führende Marktforschungsinstitute, die Radionutzung der knapp 65 Millionen deutschsprachigen Personen ab 14 Jahren in der Bundesrepublik zu ermitteln. Dazu werden bundesweit rund 64.000 Einzelpersonen telefonisch befragt.

Die Befragungswellen sind jeweils im Herbst (September bis Dezember) und im Frühjahr (Januar bis April). Aus den ermittelten Werten werden dann in einem aufwändigen mathematischen Verfahren die Hörerzahlen für die einzelnen Radioprogramme errechnet und zweimal jährlich (März und Juli) in der Media-Analyse (MA) veröffentlicht. Die in der MA veröffentlichten Hörerzahlen fassen jeweils die beiden letzten Befragungswellen zusammen. Im Einzelnen werden für jedes werbetragende Hörfunkprogramm folgende Werte ausgewiesen:
- Weitester Hörerkreis (WHK): Anzahl der Hörer, die das Programm in den letzten 14 Tagen gehört haben.
- Hörer gestern: Anzahl der Hörer, die das Programm gestern gehört haben.
- Verweildauer: Wie viele Minuten ein Hörer im Durchschnitt ein Programm am Tag gehört hat.
- Hörer pro Durchschnittsstunde: Anzahl der Hörer, die das Programm durchschnittlich in den Stunden von 6 bis 18 Uhr gehört haben.
- Stundenreichweiten für die Einzelstunden.

Entscheidend für die Preisbildung der einzelnen Programmangebote sind die Werte Hörer pro Durchschnittsstunde und die einzelnen Stundenreichweiten. Der zu bildende Preis, der das Preis-Leistungs-Verhältnis eines Werbeträgers – hier eines Hörfunkprogramms – ausweist, ist der so genannte Tausender-Kontakt-Preis (TKP). Der TKP gibt die Kosten (in Euro) an, um mit einem 30-Sekunden-Spot 1.000 (Hörer-)Kontakte zu erreichen und errechnet sich demzufolge für ein Radioprogramm nach der Formel: Spotkosten geteilt durch Hörer im Zeitabschnitt mal 1.000. Mit diesem Preis, dem TKP, ist dann auch der schon genannte Vergleich mit den anderen Hörfunkprogrammen und mit anderen Werbeträgern wie Fernsehen, Tageszeitungen, Zeitschriften und Plakaten möglich. Aus dem TKP ergeben sich dann die in den Preislisten der Hörfunksender ausgewiesenen

Werbeschaltpreise für die einzelnen Sendestunden. Dabei ist immer der Preis pro Sekunde und für einen 30-Sekunden-Spot angegeben.

Um die Werbeerlöse aus der Spotwerbung abschließend einzuschätzen, muss nun noch ermittelt werden, wie viele Werbesekunden sich im Planungszeitraum verkaufen lassen. Dabei wird auf die Verkaufsergebnisse der vergangenen Jahre zurückgegriffen und anhand der Wirtschaftsdaten und der Vorhersagen für die wirtschaftliche Entwicklung im Land eine Prognose (Forecast) abgegeben.

Im Gegensatz zur Planung der Erlöse, die immer auch eine Vorhersage in die Zukunft ist, fällt die Planung der Kosten in den Hörfunkunternehmen deutlich leichter, da hier auf die Ist-Werte der Vergangenheit und auf vorliegende Verträge (z. B. Mietverträge, Arbeitsverträge, Agenturverträge) zurückgegriffen werden kann. Die Kostenstruktur eines privaten Hörfunksenders gliedert sich im Wesentlichen in die Hauptkostenarten Personalkosten/Honorare, Betriebskosten, Marketingkosten, Marktforschungskosten, GEMA/GVL und Abschreibungen. **Kostenstrukturen**

Die Personalkosten haben mit durchschnittlich 35 Prozent den größten Anteil an den Gesamtkosten. Die Anzahl der festen und freien Personalstellen bei einem landesweiten privaten Hörfunksender ist auch von zahlreichen externen Faktoren abhängig. Dazu gehören u. a. Lizenzauflagen hinsichtlich der Regionalisierung (z. B. Anzahl der Außenstudios und damit auch die Anzahl der Redakteure) sowie des Wortanteils und die Größe des Verbreitungsgebietes (z. B. Anzahl der Werbezeitenverkäufer). Zu den internen Faktoren bei den Personalkosten zählen unter anderem das Programmformat, die Programmstruktur (z. B. Doppelmoderationen, Umfang der Nachrichten und des Service) und das Programmschema (z. B. Anzahl der Sendeschienen, durchmoderiert oder Teilautomation).

Die Personalstrukturen landesweiter privater Hörfunksender lassen sich daher nur schwer miteinander vergleichen. Diese Sender haben zwischen 45 und 90 fest angestellte Mitarbeiter. Nach einer Studie der Direktorenkonferenz der Landesmedienanstalten (»Beschäftigte und wirtschaftliche Lage des Rundfunks in Deutschland 2004«) waren Ende 2004 bei allen privaten Hörfunkunternehmen insgesamt 3.900 Erwerbstätige beschäftigt (aktuellere Zahlen lagen im Oktober 2007 nicht vor). Die Anzahl der freien Mitarbeiter betrug zum gleichen Zeitpunkt 2.252. Ende 2000 waren dies noch 4.631 fest angestellte Mitarbeiter und 3.081 freie Mitarbeiter.

Analog zu den Personalkosten sind auch die Betriebskosten von den bereits erwähnten externen Faktoren abhängig. Zu den Betriebskosten mit einem Anteil von 25 bis 30 Prozent an den Gesamtkosten gehören Kostenarten wie Nachrichtenagenturen, Einkauf von Programmelementen (Comedy etc.), Mietkosten usw. Der mit Abstand größte Kostenträger bei den Betriebskosten ist die Miete der technischen Senderinfrastruktur, über die das Hörfunkprogramm ausgestrahlt wird. Dabei ist die Größe des Verbreitungsgebietes entscheidend. So entstehen für einen Sender in Hamburg oder Berlin nur die Kosten für einen Senderstandort mit der dazugehörenden Signalzuführung. In einem Flächenland wie z. B. Niedersachsen vervielfachen sich die Kosten. Hit-Radio Antenne (antenne.com) zahlt für die landesweite Verbreitung in Niedersachsen und Bremen für 16 Sendestandorte mit den jeweiligen Signalzuführungen rund 2 Millionen Euro jährlich.

Die Kosten für das Hörermarketing machen je nach Sendergröße zwischen 15 und 20 Prozent der Gesamtkosten aus. Die Höhe des Etats ist unter anderem von der technischen Reichweite, der Größe des Verbreitungsgebietes und der Wettbewerbssituation abhängig. Da private Hörfunksender über ihr eigenes Programm nur die Hörer erreichen, die das Programm schon eingeschaltet haben, ist der finanzielle Aufwand für so genannte »off-air-Werbung« (z. B. Plakate, Anzeigen etc.) zur Gewinnung neuer Hörer sehr groß und eine wichtige Voraussetzung zur Steigerung der Reichweite.

Auch wenn die Kosten für die Marktforschung nur zwischen 2 und 3 Prozent der Gesamtkosten bei landesweiten Hörfunksendern ausmachen, steht die Hörerforschung im Mittelpunkt aller Musikplanungen und Programmstrategien. Eine qualitative Hörerstudie zum Programm wird in der Regel zweimal im Jahr durchgeführt. Die Anzahl der Musiktests ist abhängig vom Musikformat, das der Sender spielt. In der Regel werden ebenfalls zwei Musiktests pro Jahr durchgeführt. Bei Sendern mit einem starken wettbewerblichen Umfeld oder mit einem jungen Musikformat kann dies auch als permanente Erhebung notwendig sein.

Weitere Kosten entstehen durch die Abgeltung der Urheber- und Leistungsschutzrechte für die Musik. Diese Rechte der Künstler werden in Deutschland durch die GEMA und die GVL wahrgenommen. Die GEMA, die deutsche »Gesellschaft für musikalische Aufführungs- und mechanische Vervielfältigungsrechte«, gegründet im Jahr 1903, vertritt Komponisten, Textdichter und Musikverleger. Die GVL ist die urheberrechtliche Vertretung der ausübenden Künstler (z. B. Musiker, Sänger) und der Tonträgerhersteller. Die Höhe der Abgeltungskosten für die GEMA/GVL ist abhängig vom Musikanteil des jeweiligen Radioprogramms und wird Prozentual auf den Nettoumsatz berechnet. So zahlt ein normaler Mainstream-Sender derzeit 6,2 Prozent vom Nettoumsatz (Nettoumsatz = Bruttoumsatz nach Abzug von Rabatten, Provisionen und Skonti) an die GEMA und 5,58 Prozent vom Nettoumsatz an die GVL.

Als weiterer Kostenblock schlagen schließlich noch die Abschreibungen zu Buche. Als Abschreibung wird der Wertverlust von Unternehmensvermögen (Anlagevermögen und Umlaufvermögen) bezeichnet. Dabei kann der Wertverlust durch allgemeine Gründe wie Alterung und Verschleiß oder durch spezielle Gründe wie einen Schadensfall oder Ersatz durch technische Neuerungen veranlasst sein.

6 Erlösmodelle im Internet

Das Internet ist erwachsen geworden und hat sich auch als Medienmarkt etabliert. Einer Studie des Beratungsunternehmens Deloitte zufolge erzielen deutsche Verlage mittlerweile 7 Prozent ihres Gesamtumsatzes mit Aktivitäten im Online-Medium. Verglichen mit Großbritannien ist dies allerdings ein geringer Anteil (vgl. Kansky 2007, S. 232). Erlösmodelle im Internet sind nicht leicht zu finden, zumal die User sich in vielen Fällen schon an die »Kostenlosigkeit« der Netzangebote gewöhnt haben. Daher arbeiten inzwischen nur wenige Internet-Angebote profitabel.

Nach wie vor experimentieren Verlage und Medienunternehmen mit den Möglichkeiten im Internet. Neue Player ebenso wie Akteure aus den klassischen Medienbereichen suchen Erfolg versprechende Strategien von Online-Medienangeboten und testen verschiedene Erlösmodelle. Sie richten sich sowohl auf den Werbe- als auch auf den Publikumsmarkt. Grundsätzlich lassen sich die traditionellen Erlösmodelle von Medien, wie sie der Verkauf ans Publikum und der Verkauf von Werbeflächen darstellen, auch ins Internet übertragen. Dabei gibt es sowohl besondere Risiken als auch neue Chancen, die den Besonderheiten des jungen Mediums geschuldet sind.

Werbung

Der Verkauf von Werbeplätzen zählt auch im Internet zu den wichtigsten Refinanzierungsquellen von Medienangeboten. Allerdings entwickelten sich die Werbeumsätze nur langsam nach oben. Im Jahr 2000 lagen die Netto-Werbeeinnahmen im Online-Medium erst bei ca. 150 Millionen Euro, 2006 erreichten sie dann knapp die Marke von 500 Millionen Euro (Quelle: Zentralverband der deutschen Werbewirtschaft). Gegenüber dem Vorjahr war das ein stattlicher Zuwachs von fast 50 Prozent. Neben der klassischen Online-Werbung – umgesetzt als Werbeelement in redaktionellen Umfeldern – existieren im Netz neue und innovative Werbeformen. Dazu zählt beispielsweise die Suchwortvermarktung. Dabei werden auf den Ergebnislisten von Suchanfragen so genannte »Sponsored Links« eingebunden, die zu den Seiten der Werbepartner führen. Die Suchmaschine Google bestreitet mit der Suchwortvermarktung einen Großteil ihres Umsatzes. Eine weitere Innovation ist die zielgerichtete Werbung. Statt Werbung in redaktionellen Umfeldern zu buchen, werden direkt Nutzer mit passenden Profilen angesprochen. Sowohl das Suchwortmarketing als auch zielgerichtete Werbung bieten den Werbekunden Vorteile, etwa die Minimierung von Streuverlusten.

Verkauf an das Publikum

Einnahmen von Nutzern können im Internet grundsätzlich auf zweierlei Art und Weise erhoben werden: entweder über ein Abonnement des gesamten Angebots, für das ein – meist monatlich abgerechneter – Pauschalpreis zu bezahlen ist, oder über die Abrechung der tatsächlich genutzten Inhalte im Einzelfall. Bei Letzterem werden in der Regel nur kleine Geldsummen im Cent-Bereich oder wenigen Euro fällig (»Micropayment«). Nach wie vor ist die Zahlungsbereitschaft der Internet-Nutzer jedoch relativ gering. Dies gilt im Besonderen für allgemeine Informationen und Nachrichten, für die es im Netz zahlreiche Quellen gibt. Warum sollte man also für etwas bezahlen, was an anderer Stelle kostenlos vorhanden ist? Sogar Musikstücke und Kinofilme sind – häufig unter Verletzung von Rechten – über Tauschbörsen kostenlos verfügbar. Dennoch gibt es zahlreiche Seiten im Internet, die Informationen kostenpflichtig anbieten. Insbesondere bei Spezial- und Fachinformationen stößt dies bei den Nutzern mittlerweile durchaus auf Akzeptanz. Aber auch auf ein breites Publikum ausgerichtete Nachrichtenportale wie »Spiegel online« haben zum Teil kostenpflichtige Premium-Inhalte im Angebot.

Generell gilt: Je exklusiver die Inhalte und je passgenauer ihre Bereitstellung ist, desto eher (und desto mehr) sind die Nutzer bereit, dafür zu bezahlen. Auch für Verlage und Medienunternehmen bietet das Online-Medium Chancen, Angebote eng auf die Bedürfnisse einzelner Nutzergruppen zuzuschneiden. Einige Autoren sehen darin sogar eine erfolgversprechende generelle Geschäftsstrategie für Medienangebote im Internet. Demnach geht es nicht darum, ein Massenprodukt mit breiter Zielgruppenansprache zu etablieren, sondern viele verschiedene Angebote und Angebotsvarianten für kleine Zielgruppen mit homogenen Interessen und Bedürfnissen zu betreiben (»Long-Tail-Strategie«).

Neue Erlösmodelle Mit der Etablierung digitaler Medien bieten sich Möglichkeiten, die klassischen Erlösmodelle zu erweitern bzw. neue Einnahmequellen zu erschließen. Angebote im Internet können nicht nur Werbeträger sein, die den Kontakt mit einem Zielpublikum vermitteln, sondern eignen sich auch zur Organisation von Transaktionen. Dies bedeutet: Über Medienangebote kann E-Commerce angebahnt und abgewickelt werden. Leistungen für Geschäftspartner erstrecken sich dann auf die gesamte Wertschöpfungskette. In einem attraktiven redaktionellen Umfeld können Waren und Dienstleistungen angeboten, Konditionen ausgehandelt und Bestellungen entgegengenommen werden.

Beispielsweise kann direkt neben einer Buchkritik eine Bestellmöglichkeit für das besprochene Buch platziert sein. Damit stellen sich ethische Fragen – insbesondere nach der Unabhängigkeit journalistischer Berichterstattung – in einer neuen Dimension. Dies gilt vor allem dann, wenn das Trägermedium selbst das Shoppingangebot betreibt oder direkt an den Umsätzen beteiligt ist. Der Tenor einer Buchbesprechung wird sich unmittelbar auf die durch den Link erzeugten Umsätze aus dem Buchverkauf auswirken. Deshalb sind klare Regelungen notwendig, wie sie etwa im redaktionellen Kodex des Nachrichtenportals »faz. net« getroffen sind: Die Redaktion verpflichtet sich darin u. a., alle Kooperationspartner offenzulegen und E-Commerce-Angebote klar zu kennzeichnen (Quelle: faz.net).

Auch beim Verkauf von Inhalten eröffnen sich neue Einnahmequellen. Inhalte können nicht nur ans Publikum, sondern an andere Medienhäuser oder Unternehmen verkauft werden. Gerade viele Betreiber von Internet-Angeboten benötigen attraktive Inhalte, um möglichst viele Nutzer auf ihre Seiten locken zu können. Ähnlich ergeht es vielen Unternehmen und Agenturen, die Kundenzeitschriften produzieren. Der gesamte Bereich des »Corporate Publishing« – also Unternehmensveröffentlichungen, die an ein Endpublikum gerichtet sind – expandiert sehr stark. Für professionell erarbeitete journalistische Inhalte gibt es deshalb eine Nachfrage, die Verlage und Medienhäuser optimal bedienen können. Noch sind die aus Content-Syndication und Lizenzierung von Inhalten erzielten Umsätze allerdings gering und reichen keinesfalls an die Bedeutung der Werbung als nach wie vor wichtigste Einnahmequelle heran. Zudem bestehen zum Teil weitreichende Konsequenzen für die journalistischen Produkte und die Arbeit der Redakteure. Beispielsweise ist zu berücksichtigen, dass es – je nachdem, in welchen Kontexten die eigenen Inhalte auftauchen – Rückwirkungen auf das Image des Mutterangebots gibt.

Content-Syndication

Häufig basieren die neuen Erlösmodelle auf langfristig angelegten Partnerschaften zwischen Medienunternehmen einerseits und sonstigen Akteuren andererseits. Damit können Medienakteure die Risiken, die beispielsweise mit der Weitergabe von eigenen Inhalten verbunden sind, besser kontrollieren. Umgekehrt lassen sich die eigenen Internet-Angebote durch Zulieferungen Dritter aufwerten. Dies können zum einen Inhalte sein, die Interessen spezieller Zielgruppen ansprechen und damit dem eigenen Angebot ein schärferes Profil verleihen; zum anderen können dies aber auch Funktionen sein, die das klassische Geschäft der Informationsbereitstellung um weitere Dienstleistungen (etwa die Anbahnung und Abwicklung von Transaktionen) erweitern. Im Idealfall bringen strategische Partnerschaften für alle Beteiligten Vorteile – entweder als Einnahmequelle oder als Möglichkeit, den Nutzern einen Mehrwert zu bieten.

Partnerschaften und Allianzen als Erfolgsfaktor

6.1 Geld verdienen mit Archivprodukten im Netz

Ernst Munzinger
Geschäftsführer der Munzinger-Archiv GmbH, Ravensburg

Als vor über 25 Jahren die Online-Zeit bei Munzinger begann und wir nächtelang Btx-Seiten entwarfen und Inhalte für das »Neue Medium« verfassten, glaubten wir an die Zukunft dieses neuen Vertriebsweges und waren begeistert von den Möglichkeiten, die wir kommen sahen. Endlich gab es einen kostengünstigen, digitalen Vertriebsweg für unsere Informationsdienste, mit dem wir unsere Kunden in den Medien, Bibliotheken, Institutionen und Firmen über wichtige Personen, alle Länder der Welt, das politische Zeitgeschehen, Sport, moderne Musik und Gedenkwürdiges technisch angemessen würden bedienen können.

Wir hatten die Rechnung damals aber ohne den Nutzer gemacht, der an dem neuen Medium wesentlich weniger interessiert war als wir selbst. Die Infrastruktur für die Nutzung digitaler Informationsangebote, die man damals noch gerne »elektronisch« nannte, war bei den Kunden nicht vorhanden. Und das blieb so im Wesentlichen, bis das Medium Btx ganz verschwunden war.

Allerdings blieben wir überzeugt davon, dass digitale Verteilung von Informationen zu unseren Inhalten und deren Nutzung passen müsste, verlegten uns deshalb auf die Publikationsformen, die damals funktionierten: Diskettenversand, Übertragung von Texten auf Datenbändern, Belieferung von Online-Hosts, die über datex-p ihre professionellen Nutzer bedienten. Als die CD-ROM nutzbar wurde, weil jeder neue PC über das passende Laufwerk verfügte, beschritten wir auch diesen Weg für die digitale Publikation – offline natürlich, weil online auch zu dieser Zeit noch nicht richtig anlief.

Erst der unerwartet rasante Siegeszug des Internets veränderte die Lage im Bereich der Vermarktung von Online-Angeboten wesentlich. Der Durchbruch des PCs zu einer Massenware war die Ursache für den Durchbruch des Internets als Massenmedium. Die kühnsten Erwartungen waren die Folge, und sie haben dazu verleitet, all das, was mit dem Internet zu tun hat, als neue Wirtschaft oder New Economy zu sehen und davon auszugehen, dass hier neue und andere Gesetze gelten. Das stimmt schon, aber es stimmt vor allem für solche Ansätze, die neue Möglichkeiten bereitstellen und ohne die technische Plattform des Internets nicht denkbar wären. Überträgt man dagegen Produkte aus der alten in die neue Informationswelt, scheinen die Umsetzungsprozesse komplizierter, langwieriger und auch eher den bisherigen Gesetzen entsprechend zu funktionieren.

Finanzierung durch kostenpflichtige Angebote Die Erfahrung mit den »Neuen Medien« der 1980er Jahre waren noch präsent, als wir Mitte der 1990er Jahre die Möglichkeiten des Internets zunächst zurückhaltend beurteilten. Zwei Jahre später, 1997, stellte sich die Frage, ob Online-Angebote von Fachverlagen im Internet überhaupt sinnvoll sind, für uns jedoch nicht mehr. Allerdings kalkulierten wir von vornherein ein, dass Werbung wahrscheinlich keine wesentliche Finanzierungsquelle sein könnte und präsentierten von Anfang an ein kostenpflichtiges Angebot. Ein kostenfreies Angebot kam für uns nicht infrage, weil wir sonst binnen kürzester Zeit unsere Arbeit hätten einstellen müssen.

Ich erinnere mich gut an eine E-Mail, die wir in der Anfangsphase unseres Online-Auftritts im Internet bekommen haben. Ein Benutzer beschwerte sich mit sehr deutlichen Worten darüber, dass wir Geld verlangen, und machte uns mitverantwortlich für die Kommerzialisierung des Internets, das doch auf ganz anderem Gedankengut basiere und ein demokratisches Medium zur Wissensvermittlung und keine Mautstelle für Absahner sei. Die E-Mail war nicht undifferenziert, man spürte deutlich das Bedauern darüber, dass das Internet seine Unschuld verloren hatte oder zu verlieren drohte. Der Verfasser war sich des Dilemmas wohl bewusst, allerdings nur zum Teil, indem er erklärte, damit einverstanden sein zu können, wenn ein Verlag die Hälfte seiner Einkünfte über Werbung finanzieren würde, das würde er hinnehmen. Unsere Antwort war, dass wir nicht damit rechnen würden, die Hälfte unserer Einnahmen über Werbung finanzieren zu können, und zu klären wäre, falls es doch eintreten sollte, wer die andere Hälfte zu bezahlen bereit wäre, wenn nicht der Nutzer der Information selbst.

Viele der damaligen Geschäftsmodelle, die auf hundertprozentige Werbefinanzierung setzten, beachteten nicht, dass jedes andere Modell dieser Art genau so rechnete und zusammengenommen ein immenser Werbekuchen hätte vorhanden sein müssen, damit die Dinge hätten funktionieren können.

Es spricht einiges dafür, dass auch in Zukunft viele Informationen nur deshalb bereitgestellt werden, weil es Benutzer gibt, die qualitativ hochwertige Informationen für ihre Arbeit benötigen und deshalb auch bereit sind, den Aufwand des Herstellers zu bezahlen. Finanzierungsmodelle für Online-Angebote, die nur auf Werbung setzen, funktionieren nur bei Massenprodukten. Wer kein Massenprodukt hat, darf nicht damit rechnen, dass Werbeeinnahmen in ausreichendem Umfang zur Verfügung stehen.

Soziale Netzwerke und »Web 2.0«, das »Mitmachweb«, sind heutige Ausprägungen der Idee des Internets als demokratischem Medium. Dagegen ist nichts einzuwenden. Im Gegenteil: Wikipedia und ähnliche Projekte erfreuen sich größter Bekanntheit und millionenfacher Nutzung. Allerdings muss man sich als Journalist der spezifischen Probleme solcher Angebote bewusst sein, die vor allem in mangelnder Zuverlässigkeit durch Unzulänglichkeit des Inhalts und Vandalismus zu sehen sind. Die Verfügbarkeit großer Mengen kostenloser Information ermöglicht schnelle Recherche, enthebt den Journalisten aber gerade nicht der Qualitätsbeurteilung und Verifizierung.

Lange Zeit haben auch Verlage ihre Angebote im Internet kostenlos zur Verfügung gestellt, in der Hoffnung, mehr Kunden für die anderen Produkte zu gewinnen. In letzter Zeit hat sich hier ein Wandel vollzogen. Gute Informationen hoher Qualität werden nicht mehr so ohne Weiteres kostenlos preisgegeben. Es war auch nicht zu verstehen, dass man in einem Medium – Buch, CD-ROM, Zeitung, Zeitschrift – die Informationen verkaufen und in einem anderen Medium – Internet – die Informationen verschenken kann. Denn das hieße ja, dass man davon ausgehen kann, dass der Benutzer die unterschiedliche Preisgestaltung des Produkts in verschiedenen Produktformen nicht bemerkt. Insofern ist die Entwicklung nur konsequent und zu begrüßen.

Voraussetzung für ein funktionierendes Online-Angebot ist ein Vermarktungsmodell, bei dem die Erlöse mittel- und langfristig die Kosten übersteigen. Eine Binsenweisheit. Kurzfristig muss eine negative Bilanz hingenommen werden. Das ist dann auch möglich, wenn durch Investitionen und Entwicklungsleistungen ein Umfeld geschaffen wird, das mit richtiger Preispolitik die Chance für eine Refinanzierung bietet.

Kosten des
Online-Auftritts

Von Anfang an haben wir das Ziel verfolgt, die unterschiedlichen Publikationsformen möglichst aus einer Quelle erzeugen zu können, weil absehbar war, dass
das Online-Angebot nicht plötzlich, sondern nur in einem längerfristigen Prozess die anderen Publikationsformen (Print, CD-ROM, Datenlieferung) würde
ablösen können. Die Kosten für die Bereitstellung der Inhalte mussten dadurch,
dass die Zahl der Publikationsformen und die Zahl der Vertriebswege größer werden, naturgemäß ansteigen. Wenn nicht zusätzliche Kunden gewonnen werden
können, muss zwangsläufig der Preis steigen. Dieser Zusammenhang ist nicht
immer erkannt worden, so dass hier und da der Fehler gemacht wurde, Preise zu
reduzieren, obwohl die Kosten zwangsläufig ansteigen mussten.

Zusätzliche Kosten entstehen – wie beispielsweise in unserem Falle – dadurch,
dass ein komplettes Online-System mit Kundenverwaltung und Abrechnung
aufgebaut werden musste. Abonnements auf Datenbanken und die Abrechnung
auf Dokumentenbasis sind ebenso möglich wie auch die Rechnungsstellung auf
Papier oder E-Mail. Die Zahlung erfolgt per Überweisung, Bankeinzug oder
Belastung einer Kreditkarte. Auch in Online-Zeiten ist bei uns das Abonnement
mit ganz normaler Rechnungsstellung die am meisten genutzte Abrechnungs-
methode geblieben, weil hier sowohl der Datenbankbetreiber als auch der professionelle Nutzer am besten Kosten und Erlöse kalkulieren kann.

Stetig steigender
Anteil des
Online-Umsatzes

So stellt sich die Frage, was man erwarten kann, wenn man klassische Printpro-
dukte, die sich dafür eignen, in Online-Angebote umwandelt und den Kunden
zur Nutzung anbietet. Natürlich hat jeder, der diesen Schritt macht, die Hoffnung, dass mit neuen Technologien der große Durchbruch kommt. Die Entwicklung der letzten Jahre ist in unserem Fall nicht spektakulär, aber stetig aufwärts
gehend gewesen, so dass wir Mitte 2007 bei einem Umsatzanteil der digitalen
Angebote von 85 Prozent angelangt sind. Online-Angebote im Internet und
Intranet-Lösungen sind mit knapp 65 Prozent am Gesamtumsatz beteiligt. Die
Tendenz des Umsatzanteils ist weiterhin steigend. Und es spricht alles dafür, dass
dies nicht nur für unseren Fall gilt. Unternehmen im Bereich der Fachinforma-
tion, deren Produkte digital bzw. online angeboten werden können, werden über
kurz oder lang den Wechsel zur Online-Publikation konsequent gehen müssen.

Literatur

Altmeppen, Klaus-Dieter/Karmasin, Matthias (Hg.): Medien und Ökonomie. Drei Bände. Wiesbaden 2003/2004/2006.
Die drei Bände beschäftigen sich aus verschiedenen Perspektiven mit Grundlagen und aktuellen Themen der Medienökonomie, insbesondere mit den wirtschaftlichen Grundlagen der Presse, des Rundfunks und der Werbemärkte.

Arbeitsgemeinschaft der Landesmedienanstalten in der Bundesrepublik Deutschland (ALM) (Hg.): ALM Jahrbuch 2006. Landesmedienanstalten und privater Rundfunk in Deutschland. Hannover 2007.
Das Jahrbuch liefert Informationen zu den Arbeitsschwerpunkten und der Organisation der Landesmedienanstalten und beschreibt die Entwicklung des privaten Rundfunks und der Bürgermedien in Deutschland. Erscheint jährlich.

Arbeitsgemeinschaft der öffentlich-rechtlichen Rundfunkanstalten der Bundesrepublik Deutschland (ARD) (Hg.): ARD-Jahrbuch 2006. Baden-Baden 2006.
Das Jahrbuch stellt Einrichtungen und Programme der ARD vor. Außerdem werden aktuelle Themen der Rundfunkpolitik, Rundfunkfinanzen und Medienforschung beleuchtet. Erscheint jährlich.

Beck, Hanno: Medienökonomie. Print, Fernsehen und Multimedia. Berlin, Heidelberg, u. a. 2005.
Dieses Werk stellt die Ökonomie der Medien sowie die spezifischen Besonderheiten der einzelnen Mediengattungen ausführlich dar.

Beyer, Andrea/Carl, Petra: Einführung in die Medienökonomie. 2., überarbeitete u. erweiterte Auflage, Konstanz 2008.
Verständliches Lehrbuch, das mikro- und makroökonomische Perspektiven miteinander verbindet.

Bundesverband Deutscher Zeitungsverleger e.V. (Hg.): Zeitungen 2007. Berlin 2007.
Der Band enthält aktuelle Informationen und Zahlen zur wirtschaftlichen Lage der deutschen Zeitungen. Zahlreiche Fachartikel beleuchten zudem aktuelle Themen und Trends der Mediengattung. Erscheint jährlich.

Glotz, Peter/Meyer-Lucht, Robin (Hg.): Online gegen Print. Zeitung und Zeitschrift im Wandel. Konstanz 2004.
Die Autoren untersuchen, welche Herausforderungen auf Zeitungen und Zeitschriften durch die Etablierung des Internets zukommen.

Hachmeister, Lutz/Rager, Günther: Wer beherrscht die Medien? Die 50 größten Medienkonzerne der Welt. Jahrbuch 2005. München 2005.
Das Buch liefert Basiswissen und Hintergrundinformationen über die 50 größten Medienkonzerne der Welt.

Hans-Bredow-Institut (Hg.): Internationales Handbuch Medien 2004/2005. Baden-Baden 2004.
Der Sammelband bietet einen umfassenden Überblick über Mediensysteme und ihre Entwicklungen. Erscheint alle zwei Jahre.

Heinrich, Jürgen: Medienökonomie. Band 1: Mediensystem, Zeitung, Zeitschrift, Anzeigenblatt. Wiesbaden 2001.
Das Lehrbuch zur Medienökonomie bietet eine umfassende Darstellung der ökonomischen Grundlagen der Massenmedien in Deutschland.

Holtrop, Thomas/Döpfner, Mathias/Wirtz, Bernd W.: Deutschland Online. Entwicklungsperspektiven der Medien- und Internetmärkte. Wiesbaden 2004.
Das Buch stellt Ergebnisse einer Befragung von Bürgern und Unternehmen vor und diskutiert Konsequenzen, welche die Etablierung des Internets für Unternehmen hat.

Kiefer, Marie-Luise: Medienökonomik. Einführung in eine ökonomische Theorie der Medien. München, Wien 2005.
Die Medienökonomie wird aus der Sicht der Publizistik- und Kommunikationswissenschaft umfassend dargestellt.

Lucius, Wulf D. von: Verlagswirtschaft. Konstanz 2007.
Das Lehrbuch gibt eine umfassende Einführung in die Betriebswirtschaft von Buch- und Zeitschriftenverlagen. Planung, Organisation und Controlling, Herstellung, Kosten und Kalkulation sowie Marketing, Werbung und Vertrieb werden umfassend behandelt.

Sjurts, Insa: Strategien in der Medienbranche – Grundlagen und Fallbeispiele. Wiesbaden 2005.
Dieses Werk analysiert die nationale und internationale Medienbranche mit Fallstudien und Empfehlungen zu den Strategien der Medienunternehmen.

Zweites Deutsches Fernsehen (ZDF) (Hg.): ZDF Jahrbuch 2006. Mainz 2007.
Das Jahrbuch beleuchtet vor allem die Programmarbeit des ZDF. Erscheint jährlich.

VI Recherche

»Recherchieren ist wichtiger als schreiben« (Kinnigkeit 1963, S. 35) – manch junger und zeitgeistiger Journalist mag sich fragen, ob dieses viel zitierte Diktum Willi Kinnigkeits in der heutigen Zeit nicht seine Gültigkeit verloren hat. Schließlich sind doch Neuigkeiten und Fakten jederzeit und von nahezu jedem Ort dieser Welt online verfügbar und müssen nur noch in der richtigen Form zu Papier gebracht werden. Doch weit gefehlt: Hartnäckige Recherche ist gerade heutzutage wichtiger denn je. Denn auf der einen Seite müssen aus der Fülle von Daten zunächst diejenigen herausgepickt werden, die einen Sinn ergeben. Zusätzlich dazu liegen auch in Zeiten des Internets die wirklich relevanten und spannenden Informationen zumeist im Verborgenen. Erst durch akribische und oft auch mühsame Recherche können Zusammenhänge aufgezeigt und wirkliche Neuigkeitswerte geschaffen werden.

Eine fundierte Recherche bildet also die unverzichtbare Basis für eine qualitativ hochwertige Berichterstattung. Doch durch die zunehmende Arbeitsverdichtung im Journalismus fällt es den Redakteuren immer schwerer, ihre Zeit für Recherche zu »opfern«. Eine Studie der Universität Leipzig aus dem Jahr 2001 zeigt anhand ostdeutscher Lokalredaktionen den allgemeinen Trend auf: Binnen eines Jahres sank die Recherchezeit der dortigen Redaktionen um zehn Minuten am Tag (vgl. Cziesche/Leif 2001, S. 11). Nach den Ergebnissen der repräsentativen Journalistenumfrage »Journalismus in Deutschland« 2005 wenden Journalisten aller Ressorts durchschnittlich 117 Minuten am Tag für die Recherche auf. 1993 waren es noch 140 Minuten (vgl. Weischenberg/Malik/Scholl 2006, S. 80). Erschwerend kommt hinzu, dass auf der anderen Seite die PR-Stellen »aufrüsten«. Der Trend war in den USA schon zu Beginn der 1990er Jahre zu erkennen: Den rund 120.000 Journalisten des Landes standen bereits damals ca. 160.000 PR-Fachleute gegenüber. Inzwischen zeigt sich dieses Phänomen auch in Deutschland. Die Anzahl der PR-Fachleute mit je nach Schätzung zwischen 40.000 und 50.000 Personen kommt nahe an die rund 50.000 hauptberuflichen Journalisten heran. Das Berufsfeld Öffentlichkeitsarbeit weist dabei noch immer große Wachstumsraten auf, während die Zahl der fest angestellten Journalisten eher sinkt (→ Public Relations als journalistisches Arbeitsfeld).

Die Bedingungen für eine profunde Recherchearbeit werden mithin schwieriger. Entmutigen lassen sollte sich dennoch kein Journalist. Auch unter Zeitdruck kann Recherche zum Erfolg führen, wenn der Einzelne über genügend Kompetenzen verfügt und methodisch vorgeht. Außerdem zeigt das Beispiel der USA auch einen gegenteiligen Trend auf: Die dortige Redaktionsorganisation mit spezialisierten Rechercheuren ist beispielhaft und wird in zunehmendem Maße auch in Deutschland umgesetzt (→ Management und Marketing). Wie man aber auch als nicht spezialisierter Redakteur gezielt recherchieren und Fehler vermeiden kann, soll in diesem Kapitel skizziert werden. Dazu werden zunächst die Grundvoraussetzungen der Recherche beschrieben, bevor auf die Quellen und Methoden eingegangen wird. Außerdem beschreiben zwei erfahrene Journalisten, wie der Umgang mit der Informationsfülle in der Praxis bewältigt werden kann und warum eine aktive Rechercheleistung auch in der heutigen Zeit unersetzbar ist.

1 Grundlagen

Für viele Redakteure erschöpft sich die Definition von Recherche darin, mit einem Pressesprecher zu telefonieren oder eine Pressemitteilung aus dem Internet herunterzuladen. Diese im hektischen Journalistenalltag häufig anzutreffende Auffassung von Recherche ist freilich viel zu eng gefasst. Schon die etymologische Herkunft des Wortes Recherche verdeutlicht, dass sich dahinter mehr verbirgt als das Abschreiben einer Pressemitteilung oder der Besuch einer Pressekonferenz. Das aus dem Französischen stammende Wort bedeutet Untersuchung oder auch Nachforschung. Etwas untersuchen oder nachforschen impliziert aber, dass Verlautbarungen nicht einfach hingenommen, sondern kritisch hinterfragt werden. Journalistische Recherche soll also Zusammenhänge und Hintergründe aufdecken, die bei oberflächlicher Betrachtung noch verborgen bleiben. Ein Sachverhalt oder ein Ereignis kann sich in einem ganz anderen Licht darstellen, wenn der Journalist nur genügend Zeit hat, im Archiv zu stöbern, Beteiligte und Zeugen zu befragen oder die Meinung von Experten einzuholen.

Neueinsteiger im Journalismus wiederum haben mitunter idealistische Vorstellungen von Recherche: Sie setzen diesen Begriff gleich mit der kunstvollen und investigativen Suche nach versteckten, skandalträchtigen Informationen. Der Rechercheur wird in diesem Fall gleichgestellt mit einem genialen Geist, der mit sicherer Spürnase stets auf der Suche nach spektakulären Enthüllungsgeschichten ist. Die Realität ist freilich eine andere. Zwar gibt es sicherlich mit journalistischem Naturtalent ausgestattete Ausnahmen, doch generell sollte Recherche für Journalisten vor allem das Folgende sein: ein erlernbares Handwerk. Um sich ebendieses Handwerk anzueignen, benötigt ein Redakteur zwei Grundvoraussetzungen: das journalistische Rüstzeug und ein großes Maß an publizistischer Verantwortung.

Unter dem Begriff »journalistische Kompetenz« lassen sich im Zusammenhang mit Recherche folgende Fähigkeiten subsumieren:

- handwerkliches Können in Verbindung mit Reflexionsvermögen,
- Skepsis gegenüber Quellen, Informanten, amtlichen Darstellungen und öffentlicher Meinung,
- die kritische Überprüfung der Informationen,
- selbstkritische Haltung und Selbstkontrolle,
- eigene Unabhängigkeit von vorgefassten Meinungen, parteipolitischen, wirtschaftlichen oder finanziellen Interessen,
- präzise und detaillierte Darstellung des Sachverhalts sowie
- das Skizzieren der möglichen Ursachen und der mutmaßlichen Folgen des Geschehens.

Unerlässlich ist darüber hinaus ein großes Maß an Neugier und der Drang, die wahren Hintergründe einer Nachricht erfahren zu wollen.

Die andere unersetzliche Grundvoraussetzung ist die publizistische Verantwortung gegenüber der Verfassung und der Gesellschaft, derer sich ein Redakteur bei seiner Recherchearbeit stets bewusst sein sollte. In den deutschen Pressegesetzen wird den Medien eine »öffentliche Aufgabe« zugestanden (→ Rechte und Pflichten). Bei der Erfüllung dieser Aufgaben müssen Redaktionen allerdings aus juristischen wie ethischen Gründen gewisse Sorgfaltspflichten einhalten. Sorgfältig vorgehen heißt vor allem, dass der Journalist sich der Tragweite und des möglichen Schadens einer falschen Berichterstattung bewusst ist. Es heißt aber auch, dass er abwägen muss zwischen dem öffentlichen Interesse an einer Berichterstattung, der möglichen Gefährdung geschäftlicher Interessen und dem Schutz der Privatsphäre. Auch wenn der Recherche-Alltag von Journalisten hauptsächlich durch Routine bestimmt ist, kann es in Einzelfällen immer wieder zu solchen Konflikt- und Grenzsituationen kommen. Journalisten stehen dann vor der Entscheidung, wie weit sie bei ihrer Recherche gehen. Zu den harten Recherchemethoden, die auf Täuschung beruhen, zählen beispielsweise die verdeckte Recherche, der Einsatz versteckter Kameras und Mikrofone oder die Benutzung vertraulicher Regierungsunterlagen. Viele Journalisten würden harte Recherchemethoden zumindest in Einzelfällen und unter bestimmten Umständen anwenden. Auf breite Ablehnung stoßen dagegen skrupellose Recherchemethoden, die Informanten unter Druck setzen oder ihnen möglicherweise Schaden zufügen (vgl. Weischenberg/Malik/Scholl 2006, S. 174ff.).

Der Deutsche Presserat beschreibt die Grundpfeiler einer ethisch vertretbaren Recherche wie folgt: »Recherchen sind das legitime Mittel publizistischer Arbeit. Dabei sind jedoch die durch Verfassung, Gesetz und publizistischen Anstand gezogenen Grenzen zu wahren. Insbesondere sind die Grundrechte des Schutzes der Menschenwürde und der Persönlichkeit zu respektieren« (Beschluss vom 16. Oktober 1967, zit. nach Haller 2004, S. 151). Der Pressekodex des Presserats stellt Regeln für eine gründliche und faire Recherche auf (→ Ethik im Journalismus).

Journalisten verantworten den Inhalt ihrer Nachrichten nicht nur in medienrechtlicher, sondern auch in publizistischer Hinsicht. Sie müssen dafür Sorge tragen, dass die von ihnen verbreiteten Nachrichten zutreffen sowie hinreichend wichtig und nachvollziehbar sind. Aus diesen drei Merkmalen öffentlicher Verantwortung lassen sich auch die Ziele und Grenzen der Recherchetätigkeit ableiten. Diese Ziele stecken den Rahmen der Recherche ab – sind sie weitgehend erfüllt, dann war die Recherche erfolgreich (vgl. Abb. 28).

Abb. 28: Merkmale publizistischer Verantwortung beim Recherchieren

Relevanz
Die Ausgangsinformation muss einen allgemein wichtigen und/oder für den Rezipienten interessanten, ihn betreffenden Aspekt aufweisen.
Prüffragen: Ist das Ereignis/Thema aus der Sicht der Rezipienten von allgemeiner Wichtigkeit? Welche Rolle spielen die Beteiligten? Für wen ist das Ereignis/Thema praktisch interessant, wo liegt der Nutzwert?

Gültigkeit
Jedes journalistische Thema basiert auf überprüfbaren Aussagen über Vorgänge und Ereignisse, deren Gültigkeit als erstes abgeklärt werden muss. Eine Quelle ist umso zuverlässiger, je neutraler sie zum Thema/Ereignis steht.
Prüffragen: Was sind die grundlegenden Fakten, die die Basis für den Beitrag bilden und als erstes überprüft werden müssen (wer, was, wann, wo)? Welche Quelle kann mir die Fakten bestätigen? Wie neutral ist die Quelle?

Erweiterung
Bei der Überprüfung sind die Quellen so zu befragen, dass die Informationen dichter werden, d. h. an Genauigkeit und Detailreichtum gewinnen. Unstimmige Aussagen zwingen den Rechercheur, die Quellen zu erweitern.
Prüffragen: Gehen die Informationen in die Tiefe? Werden zusätzliche Details gesammelt, die eine genauere Erklärung von Zusammenhängen und Hintergründen möglich machen? Welche Kompetenz hat die Quelle?

Transparenz
Der Status der Information ist gegenüber dem Publikum kenntlich zu machen.
Prüffragen: Woher stammen die Informationen? Welche Rolle spielt dieser Akteur für das Thema? Welche Interessen verfolgt er?

Quelle: eigene Darstellung in Anlehnung an Haller 2004, S. 55ff.

Allerdings sind die oben erwähnten Merkmale natürlich idealtypisch. In der Praxis wird es für einen Journalisten beispielsweise unmöglich sein, eine Nachricht letztgültig zu verifizieren. Dennoch kann ein Journalist diese drei Forderungen als Leitschnur für die Recherche verwenden und somit sicherstellen, dass er seine stetige Neugier in professionelle Bahnen lenkt und nicht über das Ziel hinausschießt.

2   Informationsquellen

Journalisten versuchen mit ihren Recherchen neue, der Öffentlichkeit bisher unbekannte Informationen zu sammeln, auszuwerten und schließlich in geeigneter Form offenzulegen. Dabei stehen sie am Anfang des Rechercheprozesses stets vor dem Problem, geeignete und vor allem zuverlässige Quellen zu finden. Denn die meisten Informationsgeber verfolgen gewöhnlich bestimmte Eigeninteressen und versuchen, die Medien für ihre Zwecke zu instrumentalisieren. Auch scheinbar unpersönliche und objektive Quellen wie Archivtexte, Bilder, Gesetze, Statistiken oder andere Daten stammen von menschlichen Urhebern, die zumeist konkrete Eigeninteressen verfolgen. Ein Journalist sollte sich dieser Tatsachen stets bewusst sein und jeglicher Quelle mit der Einstellung begegnen, die ohnehin Grundhaltung eines jeden Medienschaffenden sein sollte: professionelle Skepsis.

Wenn sich Journalisten bei der Suche nach Quellen an bestimmten Faustregeln orientieren, ist die Basis geschaffen für eine ausgewogene und verantwortungsvolle Recherche. Eine dieser Faustregeln besagt, dass eine Quelle umso besser einschätzbar ist, je mehr der Redakteur über deren Beweggründe weiß. Spricht ein Informant offen darüber, aus welcher Motivation heraus er eine bestimmte Neuigkeit preisgibt, kann der Journalist besser einschätzen, wie zuverlässig die Informationen sind und wie viel Gegenrecherche notwendig ist. Eine weitere Faustregel besagt, dass eine Quelle umso glaubwürdiger ist, je distanzierter und neutraler sie dem Thema der Berichterstattung gegenübersteht. Bei parteiischen und persönlich oder beruflich sehr involvierten Quellen ist eine erhöhte Vorsicht angebracht. Allerdings ist einschränkend zu konstatieren, dass oft die stark eingebundenen Quellen diejenigen sind, die über das größte Insiderwissen und somit über die gehaltvollsten Informationen verfügen (z. B. der hochrangige Mitarbeiter eines Unternehmens, der aus persönlicher Betroffenheit über einen geplanten, aber noch nicht veröffentlichten Stellenabbau plaudert).

Selten unparteiisch sind Presseämter und Pressestellen. Sie gehören neben dem Archiv zu den am häufigsten genutzten Quellen der Journalisten. Zumeist sind sie auch die erste Anlaufstelle, wenn ein Journalist ein neues Thema zu recherchieren beginnt. Amtliche Pressestellen gibt es auf Bundes-, Länder- und Gemeindeebene. Darüber hinaus unterhalten auch andere Institutionen aus politischen, wirtschaftlichen, juristischen, kulturellen und sportlichen Bereichen Pressestellen. Insbesondere die PR-Profis von Unternehmen aller Wirtschaftszweige sind heutzutage wichtige Informationsgeber.

Presseämter und Pressestellen

Redakteure sollten einen engen Kontakt zu den Pressestellen pflegen, denn diese können ihn mit Erklärungen, Stellungnahmen und anregenden Tipps versorgen, auf deren Basis er seine weitere Recherche aufbauen kann (→ Public Relations als journalistisches Arbeitsfeld). Häufig sind Journalisten auf Auskünfte aus der Presseabteilung auch regelrecht angewiesen, denn beispielsweise sind in vielen Unternehmen die Mitarbeiter angeleitet, nicht mit der Presse zu reden. Außerdem kann die Pressestelle auch interessante Gesprächspartner innerhalb einer Institution oder eines Unternehmens vermitteln. Diese sind dann oft gesprächiger, als den Öffentlichkeitsarbeitern eigentlich lieb wäre.

In vielen Fällen sind Pressestellen aber auch darum bemüht, ihnen unliebsame Informationen nicht an die Öffentlichkeit gelangen zu lassen. In diesem Fall ist es für die Redakteure umso wichtiger, auf weitere Quellen zurückgreifen zu können. Generell stehen dem Journalisten für seine Recherche zahlreiche sehr unterschiedliche Informationsquellen zur Verfügung: vom Betriebsrat eines Unternehmens über den Arbeitgeberverband bis zur Ortsgruppe eines Umweltverbands. Die große Bandbreite der Quellen lässt erahnen, dass mit den dahintersteckenden Personen recht unterschiedlich umgegangen werden muss. Im Folgenden sollen die diversen Informationsgeber mittels einer kleinen »Quellenkunde« beschrieben und Tipps für den Umgang mit ihnen gegeben werden.

Nachrichten-agenturen als Auslöser von Recherche

Nachrichtenagenturen liefern täglich eine Fülle von Meldungen in die Redaktionen. Gut geschriebene Agenturmeldungen können die Redaktionen direkt und ohne Änderungen übernehmen. Doch leider sind journalistisch einwandfreie und aufwändig recherchierte Texte bei den unter starkem Zeitdruck arbeitenden Nachrichtenagenturen nicht unbedingt die Regel. Eine Redaktion mit hohem Qualitätsanspruch (und entsprechender personeller Besetzung) sollte daher das Bemühen zeigen, möglichst viele eigenrecherchierte Artikel im Blatt zu haben. Zumal viele Agenturmeldungen nur sehr einseitig »recherchiert« sind, denn häufig werden nur die Verlautbarungen der Pressestellen niedergeschrieben und verbreitet. Das Gros dieser Nachrichten kann also ohne größeren Redigieraufwand oder weiter gehende Recherchearbeit kaum übernommen werden.

Für die Recherche sollten Nachrichtenagenturen daher vorwiegend als Themenlieferant fungieren. Agenturmeldungen können auf aktuelle Ereignisse aufmerksam machen. Basieren sie beispielsweise auf einer Pressemitteilung, kann sich ein Redakteur diese besorgen und auf deren Basis die Recherche bei anderen Quellen in Angriff nehmen. Oft geben Agenturmeldungen lediglich den Inhalt einer Presseverlautbarung wieder. Mit einiger Erfahrung und Kreativität ist zwischen den Zeilen dieser Texte die wirklich spannende Nachricht verborgen, die durch weitere Recherche journalistisch aufbereitet werden kann. Ein Beispiel: Die Agenturen melden, der Ölpreis sei in den vergangenen zwei Wochen drastisch gestiegen. Nach Angaben der Mineralölkonzerne sollen »in den kommenden Wochen« auch die Benzinpreise erhöht werden. Weitergehende Informationen liefern die Agenturberichte nicht. Für den Redakteur genügt nun ein kurzer Blick ins Archiv, um festzustellen, dass die Mineralölfirmen auf den rapiden Ölpreisanstieg der Vorwochen stets nahezu zeitgleich mit Preiserhöhungen reagiert haben. Eine fundierte Recherche bei Verbraucherverbänden, Mineralölkonzernen und dem Kartellamt kann nun eine spannende Geschichte über das ertragmaximierende Verhalten der Mineralölkonzerne zutage fördern.

Die Agenturen sind mit ihren Nachrichten also lediglich Auslöser von Recherchearbeit und stehen somit vor dem Beginn des eigentlichen Rechercheprozesses. Ebenso wie Pressemitteilungen können die Agenturmeldungen im Normalfall nur auf Themen aufmerksam machen; die eigentlichen Nachforschungen bei Betroffenen, Zeugen, Mitarbeitern oder Verbänden beginnen erst danach. Das bloße Lesen oder Kopieren von Agenturmeldungen ist keine Recherchearbeit.

Auch sollten sich Journalisten bei der Themenauswahl nicht ausschließlich auf die Nachrichtenagenturen verlassen. Deren Redakteure werden täglich aus unterschiedlichen Quellen mit unzähligen Informationen und Berichten beliefert und müssen dieses Material streng selektieren. Nur ein Bruchteil der eingegangenen Informationen verlässt schließlich die Nachrichtenagenturen wieder. Dabei fallen häufig interessante Themen unter den Tisch, weil sie aus der Sicht des Agenturjournalisten mit einem zu hohen Rechercheaufwand verbunden sind.

In der Praxis sind allerdings viele Nachrichtenmedien von den wenigen Nachrichtenagenturen stark abhängig. Ein umfangreiches Korrespondentennetz, mit dem das relevante politische Geschehen weitgehend aus eigener Kraft beobachtet werden kann, können sich zumeist selbst Medien mit großem finanziellen Hintergrund und hohen Reichweiten nicht leisten. Das gilt insbesondere für die Auslandsberichterstattung. Lediglich fünf Nachrichtenagenturen (AP, AFP, Reuters und eingeschränkt UPI sowie Bloomberg) beschaffen und verbreiten Nachrichten weltweit (→ Mediensystem in Deutschland). Deren Dienste bestimmen größtenteils die thematische Struktur der Auslandsberichterstattung der meisten nationalen Medien.

Doch nicht nur die internationalen, sondern auch die nationalen Nachrichtenmärkte sind Angebotsoligopole, d. h. relativ viele Nachfrager (Massenmedien) treffen auf wenige Anbieter (Nachrichtenagenturen). In Deutschland gibt es fünf aktuelle und weitgehend universelle deutschsprachige Nachrichtendienste, also mehr als in jedem anderen Land der Welt. Viele Studien belegen, dass sich die Redakteure in Zeitungs- und Rundfunknachrichtenredaktionen sehr stark an den Meldungen der Agenturen orientieren. Über die lediglich Themenorientierung hinaus übernehmen sie das Agenturmaterial sogar weitgehend unverändert. Dies gilt vor allem für politische und wirtschaftliche Themen, aber auch eher regionale Themen werden von den Agenturen dominiert. Auch für andere Ressorts bauen die Agenturen ihr Angebot, nach und nach aus. Dies betrifft beispielsweise Service- und Verbraucherthemen oder den Bereich der »bunten« und unterhaltsamen Themen.

Abhängigkeit von wenigen Nachrichtenagenturen

Archive,
Datenbanken
und das Internet

Die Basis einer Recherche ist für jeden Redakteur das hauseigene Archiv. Hier kann sich der Journalist einen Überblick darüber verschaffen, was zu dem entsprechenden Thema bereits publiziert wurde, wer die wichtigsten Akteure sind und welche Quellen in der Vergangenheit befragt wurden. Mit den im Archiv gespeicherten Artikeln kann sich der Journalist in groben Zügen das notwendige Grundwissen aneignen, um mit der eigentlichen Recherchearbeit beginnen zu können. Heutzutage haben nahezu alle Zeitungen zumindest die neuesten Artikel elektronisch abgespeichert, so dass schnell und effektiv gesucht werden kann. Oft sind auch professionelle Archivare beschäftigt, die den Redakteuren die aufwändige Suche in Papierarchiven abnehmen.

Handarchive

Darüber hinaus ist es für alle Journalisten auch empfehlenswert, ein themenspezifisches Handarchiv aufzubauen. Dieses sollte flexibel gestaltet und stetig aktualisiert werden, denn die relevanten Themen ändern sich in der schnelllebigen Medienlandschaft sehr rasch. Das Register sollte also einfach veränderbar sein, beispielsweise durch Hängemappen, deren Titel leicht umgeschrieben werden können. Als zweites persönliches Archiv ist eine Sammlung von Informationen über die wichtigsten Personen von Bedeutung. Hier sollten Lebensläufe, Interviews, Porträts aus anderen Medien und dergleichen abgeheftet werden. Für Wirtschaftsjournalisten kann auch noch ein drittes Handarchiv nützlich sein: eine Informationssammlung über diejenigen Unternehmen, die in ihrer Berichterstattung am häufigsten beachtet werden.

Grundsätzlich sollte das Archivmaterial erst in einer Zwischenablage gesammelt werden, bevor es endgültig im Archiv abgelegt wird. Mit zeitlichem Abstand verliert nämlich manches Material an Relevanz und kann zugunsten eines schlanken Archivs aussortiert werden. Der Aufbau und die Pflege eines persönlichen Archivs ist allerdings ein zeitaufwändiges Unterfangen. In der Hektik des Redaktionsalltags fehlt freilich vielen Journalisten schlicht die Zeit, sich um eine solche Informationssammlung zu kümmern. Andererseits sollte sich jeder Journalist vergegenwärtigen, dass ein derartiges Archiv zwar pflegebedürftig ist, bei der täglichen Recherchearbeit aber sehr viel Zeit sparen kann.

Medienarchive

Bei der Basisrecherche greifen Journalisten auch gerne auf Archive anderer Medien zurück. Diese können direkt bei der Archivstelle des entsprechenden Mediums bestellt werden. Die meisten größeren Tageszeitungen bieten mittlerweile aber auch die Bestellung von Artikeln über das Internet an. Hier können die Artikel zumeist mittels einer Volltextsuche bequem gesucht werden, allerdings zu höchst unterschiedlichen Preisen und Nutzungsbedingungen. Häufig sind die Artikel der Online-Ausgabe kostenlos zugänglich, während Artikel der Printausgabe kostenpflichtig sind. Dies ist etwa bei der »Süddeutschen Zeitung« und der »Frankfurter Allgemeinen Zeitung« der Fall. Eine weitere Quelle für Zeitungsartikel sind Datenbankanbieter wie »Genios« (genios.de), bei denen unter anderem in zahlreichen Tageszeitungen recherchiert werden kann. Angebote solcher Art stehen allerdings nur registrierten Nutzern zur Verfügung und sind relativ teuer. Tagesaktuelle Zeitungsartikel sind zumeist auf den Internetseiten des jeweiligen Mediums sowie bei Nachrichtensuchmaschinen wie »Paperball« (paperball.de) oder »Paperazzi« (paperazzi.de) zu finden.

Generell sind Online-Recherchen mittlerweile eine akzeptierte Informationsquelle von Journalisten. Eine Umfrage unter mehr als 400 Journalisten ergab, dass nicht einmal 1 Prozent der Befragten vollständig auf eine Recherche im Internet verzichtet. Die Informationssuche im Web ist somit zur Alltäglichkeit geworden. Die digitale Übertragungstechnik ermöglicht, dass weltweit unzählige Informationen von Jedermann über einen Heim-PC oder am Arbeitsplatz abgerufen werden können. Darin liegt allerdings auch das wesentliche Problem der Online-Recherche: Die Informationsmenge ist unüberschaubar, nicht organisiert und besteht aus einer Vielzahl völlig unterschiedlicher Angebote. `Online-Recherchen`

Im Internet existiert keine Autorität innerhalb des Netzes, die eine Systematik oder Übersicht in die Informationsmenge bringt. Das erschwert die Orientierung und Suche nach bestimmten Informationen, macht aber auch den Reiz des Netzes als Informationsquelle aus. Grundsätzlich gibt es zwei Möglichkeiten für eine gezielte Informationssuche im Internet: Suchmaschinen und Kataloge.

Suchmaschinen ermöglichen es, Angebote im Internet nach Informationen zu durchsuchen. Das Problem einer solchen Suche ist, dass bei allgemein gehaltenen Stichwörtern wie z. B. einem Städtenamen eine viel zu große Masse an Dokumenten angezeigt wird. Die bei Weitem etablierteste Suchmaschine »Google« (google.de) entschärft dieses Problem durch ein ausgeklügeltes Ranking-System. Hierdurch werden diejenigen Seiten zuerst angezeigt, auf welche die meisten Links verweisen. Darin liegt aber zugleich auch ein Problem von Google: Es zeigt die beliebtesten Seiten an, die aber nicht unbedingt mit den informativsten Seiten übereinstimmen müssen. Tests zeigen, dass so genannte »Metasearcher« bei sehr spezifischen Suchanfragen (beispielsweise nach einem wissenschaftlichen Fachaufsatz) häufig besser abschneiden als Google oder andere Suchmaschinen wie »Altavista« (altavista.de) und »Lycos« (lycos.de). Metasearcher suchen in mehreren Suchmaschinen und Katalogen gleichzeitig und gleichen diese Informationen dann untereinander ab. Dadurch erhält man oft sehr präzise und eingeengte Ergebnisse. Beispiele für gute Metasearcher sind »Ixquick« (ixquick.com) oder »Pandia« (pandia.com). `Suchmaschinen`

Eine andere Methode, das Internet strukturiert zu durchsuchen, sind redaktionell bearbeitete Kataloge und Listen, die als Register dienen. Im Vergleich zu den Suchmaschinen bieten solche Kataloge Vor- und Nachteile für die Recherche. Die Vorauswahl gewährleistet systematische Suchergebnisse, die allerdings auf bestimmte Aspekte eingegrenzt sind. Beispiele für Kataloge sind »Yahoo« (yahoo.de) oder »Dino-Online« (dino-online.de). `Kataloge`

Bei der Suche in einem bestimmten Fachbereich helfen spezialisierte Suchdienste und Kataloge oft mehr als universalistische Suchmaschinen. So finden sich Lebensläufe berühmter Personen beispielsweise unter »biographie.net«. Kosten-pflichtig ist das biografische Standardwerk »Munzinger-Archiv« (munzinger.de), das nach eigenen Angaben rund 35.000 Biografien enthält.

Fachwissen im Internet

Aktuelles Fachwissen vermitteln auch die Internetseiten der Universitäten sowie die renommierte »Encyclopedia Britannica« mit ihrer Internetseite »eb.com«. Hier erhält man durch eine Schlagwortsuche Links zu Lexikon-Einträgen, Inter-netseiten, Magazin-Artikeln und Nachrichten. Juristisches Wissen und Geset-zestexte vermitteln die Internetseite »rechtliches.de« sowie das kostenpflichtige »Juristische Informationssystem« (juris.de). Eine Besonderheit stellt die Online-Enzyklopädie »Wikipedia« dar (wikipedia.org). In »Wikipedia« kann jeder Nut-zer mit seinem Wissen einen Beitrag leisten, indem er neue Artikel verfasst oder bestehende Artikel ergänzt. Auf diese Art und Weise ist für viele Sprachen eine umfassende Enzyklopädie entstanden, die ständig erweitert und aktuali-siert wird.

Grundsätzlich gilt für die Suche, dass das Ergebnis umso präziser und kon-zentrierter ist, je mehr Suchbegriffe angegeben werden. Eine andere Möglichkeit, im Internet an Informationen eines bestimmten Anbieters zu kommen, besteht darin, die Institution direkt aufzurufen. Selbst wenn man die Internetadresse – Domain – nicht kennt, lohnt sich der Versuch, aus dem Namen der Institution eine Internetadresse zu bilden. So führt »focus.de« genauso zum Internetauftritt der Zeitschrift »Focus«, wie man über »bundesregierung.de« an Informationen der Bundesregierung kommt.

Online-Datenbanken

Online-Datenbanken sind grundsätzlich nichts anderes als die elektronische Sammlung von Wissen, die systematisch in einer festgelegten Struktur erfolgt. Aufgrund der teilweise sehr gewöhnungsbedürftigen Abfragetechnik und der nicht unkomplizierten Zugänge scheuen viele Journalisten allerdings davor zurück. Ein Rechercheur sollte sich zudem immer vor Augen halten, dass eine Datenbank selten eine primäre Informationsquelle ist, sondern eine Methode darstellt, vorhandenes Wissen elektronisch aufzubereiten.

Online-Datenbanken werden heute von wenigen großen Anbietern – Hosts – verwaltet. Dies bedeutet, dass bei einem Host eine Vielzahl von Datenbanken abgerufen werden kann. Ein Beispiel für einen derartigen Anbieter ist »Genios« (genios.de) mit einem Angebot von ca. 800 Inhalte-Partnern aus Wirtschaft, Wissenschaft und Medien. Beispielsweise sind alle wichtigen Tageszeitungen als Volltext verfügbar. Der Zugang zu einem Host beginnt mit dem Abschluss eines Nutzungsvertrags. Die Kosten gliedern sich in der Regel in eine Monats- oder Jahresgebühr und/oder Nutzungsgebühren für die Recherchen, bei denen oft für die Anzahl der ermittelten Dokumente bezahlt werden muss.

Insgesamt hat sich das Internet mit seinen vielfältigen Angeboten insbesondere für die Basisrecherche als feste Größe im Rechercheprozess etabliert. Untersu-chungen über die Nutzung von Online-Informationen durch Journalisten kom-men zu dem Ergebnis, dass vor allem die Online-Angebote anderer Medien im

Internet genutzt werden. Häufig werden auch Informationen aus den Angeboten von Agenturen und Online-Diensten abgefragt sowie aus Archiven und Datenbanken. Im Vergleich dazu werden die Websites von Unternehmen, Verbänden und Parteien bisher noch weniger häufig aufgesucht.

> **Tipp:** Weitere Anregungen für Journalisten, die im Netz recherchieren wollen, gibt die Internetseite »recherchetipps.de«. Themen- und Recherchetipps finden sich außerdem im Journalistenportal »journalismus.com«.

Nachschlagewerke

Unverzichtbare Elemente einer Basisrecherche sind auch Verzeichnisse, Lexika und andere Nachschlagewerke. In der Regel haben die Anbieter ihre Informationen ebenfalls ins Internet gestellt, so dass die Werke nicht unbedingt auf Papier angeschafft werden müssen. Auf bestimmte Standardwerke wie den Duden sollte man aber dennoch nicht verzichten. Spezielle Verzeichnisse – beispielsweise für Firmen und Behörden – werden nachfolgend thematisiert.

Behörden und staatliche Institutionen

Behörden und staatliche Institutionen sind bei nahezu jedem Thema oder Problem eine potenzielle Anlaufstelle für Recherchen. Oft sind es sogar mehrere Behörden oder Ämter, die für ein bestimmtes Problem zuständig sind. Mit dem Inkrafttreten des Informationsfreiheitsgesetzes (IFG) am 1. Januar 2006 ist der Zugang zu Informationen staatlicher Behörden stark vereinfacht worden. Demnach sind alle behördlichen Informationen grundsätzlich öffentlich und müssen für die Bürger zugänglich sein. Will die Behörde die Auskunft verweigern, so müssen gewichtige Gründe vorliegen. Vor dem Informationsfreiheitsgesetz waren Behörden nur zur Auskunft verpflichtet, wenn ein besonderes Interesse bzw. eine persönliche Betroffenheit vorlag. Für Journalisten galt allerdings eine erweiterte Auskunftspflicht. Das IFG erleichtert also vor allem Privatpersonen den Zugriff auf behördliche Informationen, erleichtert aber durchaus auch die Recherche für Journalisten.

Gemäß den Landespressegesetzen sind die Behörden zudem verpflichtet, den Vertretern der Presse Auskünfte zu erteilen, wenn diese der Erfüllung der öffentlichen Aufgabe von Journalisten dienen. Allerdings ist auch dieser Auskunftsanspruch der Presse nicht grenzenlos, sondern kann unter bestimmten Bedingungen verweigert werden (→ Rechte und Pflichten). In der Praxis zeigt sich bisher, dass sich Journalisten gegenüber den Behörden weit häufiger auf die Landespressegesetze berufen als auf das Informationsfreiheitsgesetz. Die befürchtete Antragsflut auf Bundesbehörden blieb bislang aus (Quelle: Netzwerk Recherche).

Staatliche Ebenen   Behörden und staatliche Stellen existieren auf verschiedenen Ebenen. Auf der obersten Ebene sind die Stellen des Bundes zu finden. Dazu gehören neben den Bundesministerien beispielsweise auch das Statistische Bundesamt und das Umweltbundesamt. Die meisten Bundesländer sind wiederum dreistufig verwaltet, d. h. es gibt Behörden auf der Landes-, Bezirks- und Kreisebene. Von dem beim Amtsgericht angesiedelten Handelsregister bis zum Wasseramt bieten die Behörden einen unentbehrlichen Informationsfundus für Journalisten.

Generell sollte sich ein Redakteur zunächst darüber informieren, welche Ämter auf welcher Ebene für das zu recherchierende Thema zuständig sind. Hierbei hilft insbesondere das normalerweise in jeder Redaktion vorhandene »Taschenbuch des Öffentlichen Lebens«, das unter Journalisten auch als »Der Oeckl« bekannt ist. In dem von Albert Oeckl herausgegebenen Standardwerk sind viele für einen Journalisten wichtige Adressen zu finden.

 Tipp: Das »Taschenbuch des Öffentlichen Lebens« von Albert Oeckl hilft bei der Suche nach Adressen und Telefonnummern staatlicher Stellen.

Unternehmen   Eine weitere essenzielle Informationsquelle für Journalisten sind Unternehmen
und Banken   und Banken. Das Wirtschaftsleben ist eines der wichtigsten Themenbereiche in den Medien, und Unternehmen spielen darin eine zentrale Rolle. Bei der Recherche über Unternehmen und Banken herrschen allerdings spezielle Bedingungen, die durch mehrere Faktoren verursacht werden.

Die Recherchequellen im Wirtschaftsjournalismus sind oft eindeutiger und konstanter als im politischen Journalismus – nicht zuletzt durch die immensen PR-Bemühungen der Unternehmen. Die den Journalisten von Unternehmen zugetragenen Informationen sind aber auch mit einer größeren Vorsicht zu behandeln als Auskünfte aus anderen gesellschaftlichen Bereichen. Der Hauptgrund hierfür ist, dass Unternehmen – im Gegensatz beispielsweise zu Behörden – stets konkrete Eigeninteressen verfolgen. Eine positive Berichterstattung kann oft zum Erfolg eines Unternehmens beitragen, auch wenn es sich von anderen Firmen nur unwesentlich unterscheidet. Auf der anderen Seite kann eine negative oder gar falsche Berichterstattung einen hohen wirtschaftlichen Schaden anrichten. Für den Journalisten sind die Recherchemöglichkeiten somit beschränkt und eine Veröffentlichung dann finanziell riskant, wenn es um Interna von Unternehmen geht.

Pressestellen   Erste Anlaufstelle sind zumeist die Pressestellen der Unternehmen. Die meis-
der Unternehmen   ten größeren Unternehmen betreiben heutzutage eine professionelle und offensive Öffentlichkeitsarbeit. Im Gegensatz zu staatlichen Stellen haben die Firmen aber keine Auskunftspflicht gegenüber den Journalisten. Sie bestimmen also in

der Regel selbst, welche Informationen an die Öffentlichkeit gelangen und welche verschwiegen werden.

Dennoch sind die PR-Fachleute eine wichtige Quelle für Journalisten – sie können das Interview mit dem Vorstand vermitteln, auf bestimmte Themen aufmerksam machen oder den Kontakt zu einem Fachmann im Unternehmen herstellen. Bei einer professionellen PR-Arbeit entsteht ein Vertrauensverhältnis zwischen Pressesprecher und Journalist – zum beiderseitigen Vorteil. Der Journalist kann in diesem Fall auch vertrauliche Informationen erfahren, die ihm als Hintergrund für seine Berichterstattung dienen. Allerdings sollte er stets daran denken, dass der PR-Profi ausschließlich die Interessen des Unternehmens verfolgt.

Nützliche Quelle können Pressestellen auch sein, wenn es darum geht, sich über Konkurrenzunternehmen oder die Branche im Allgemeinen zu informieren. Auch Zulieferbetriebe und Kunden wissen häufig über Vorgänge innerhalb eines Unternehmens sehr gut Bescheid. Allerdings sollten diese Informationen aufgrund der Interessenlage der Quellen – wie immer im Journalismus – kritisch hinterfragt werden.

Eine wichtige Informationsquelle über Unternehmen kann auch die Finanzwirtschaft darstellen. Vertreter von Banken verfügen zumeist über intime Kenntnisse der von ihnen betreuten Firmen. Ein guter Kontakt zu Öffentlichkeitsarbeitern oder – noch besser – den Vorständen der örtlichen Banken ist für Redakteure daher von unschätzbarem Wert. Eine in den vergangenen Jahren häufig genutzte Quelle aus der Finanzwirtschaft stellen Finanzanalysten und Fondsmanager dar. Die Verwendung von Zitaten und Informationen dieser Quellen bringt für Journalisten den scheinbaren Vorteil, sich die mühsame und aufwändige Auswertung von Kennziffern und Geschäftsberichten zu ersparen. Allerdings ist hierbei größte Vorsicht geboten, denn auch Analysten sind in hohem Maße interessengesteuert. Außerdem generieren sie ihr Wissen häufig auch nur aus den Quellen, die für den Journalisten ebenfalls zugängig sind.

Vertreter der Finanzwirtschaft als Quellen

Engagierte Redakteure können auch auf einige Quellen im Unternehmen zurückgreifen, die nicht der PR-Abteilung angehören: Neben den Vorständen sind dies die oft gut informierten Aufsichtsräte, Abteilungsleiter und Spezialisten aus verschiedenen Bereichen. Nicht zuletzt sind die Betriebsräte – vor allem in Krisenzeiten und bei Tarif- oder Arbeitsplatzthemen – willig, Informationen an die Presse weiterzuleiten. Ein guter Kontakt zu Gewerkschaftsvertretern und Betriebsräten kann daher mitunter zu einer Insiderinformation verhelfen.

Unternehmensinterne Quellen

Basisinformationen über Unternehmen kann ein Journalist bei verschiedenen staatlichen und wirtschaftlichen Stellen erfahren. So enthält das Handelsregister umfangreiche Informationen über die ortsansässigen Firmen, vom Zeitpunkt der Gründung bis zur Satzung des Unternehmens. Bei der Suche nach einem noch unbekannten Unternehmen helfen Branchenverbände und die örtlichen Industrie- und Handelskammern (IHKs). Auch (kostenpflichtige) Firmendatenbanken

Staatliche und wirtschaftliche Quellen

wie »Hoover's Online« oder die »Deutsche Informations-Börse« bieten grundlegende Informationen.

 Tipp: Kontaktadressen und Telefonnummern von Unternehmen und Banken sind im »Taschenbuch Wirtschaftspresse« des Kroll-Verlags sowie unter dessen Internetseite »pressguide.de« zu finden.

Verbände und nichtstaatliche Organisationen

Im korporatistisch organisierten deutschen Staatssystem sind Lobbyistenverbände und nicht staatliche Organisationen ein wichtiger gesellschaftlicher Machtfaktor. Dementsprechend nützlich können diese Institutionen auch für die Pressearbeit sein. Verbände und so genannte »Non Governmental Organisations« (NGOs) sind in der pluralistischen Gesellschaft ein Interessenvertreter und Meinungsmultiplikator für bestimmte gesellschaftliche Gruppen. Teilweise haben sie überdies einen erheblichen Einfluss auf Entscheidungen des Staates und der Wirtschaft.

Die wichtigsten und am meisten zitierten Verbände und Organisationen sind Arbeitgeberverbände, Gewerkschaften sowie Verbraucher- und Umweltverbände. Heutzutage haben diese Organisationen meistens professionelle Pressestellen, die häufig Pressemitteilungen herausgeben und Anfragen rasch beantworten. Die Organisationen versuchen, über die Medien ihre Botschaften und Behauptungen zu verbreiten. Solange die jeweilige Gegenseite auch Gehör findet, ist der Wiedergabe derartiger Äußerungen journalistisch nichts entgegenzusetzen. Zumal derartige Organisationen häufig über Experten und Fachwissen verfügen, das für Journalisten von großem Interesse sein kann.

NGOs dienen den Journalisten oft auch als Themenlieferanten, indem sie durch Pressemitteilungen oder im Gespräch mit Redakteuren den Anstoß für neue Themen geben. Mitunter zeigen sie dabei auch einen Missstand auf, der auf mediales Interesse stößt. NGOs haben fast immer einen Gegner und häufig geheime Informationen über diesen, die für die Recherche von hoher Relevanz sein können. Auch bieten sie mitunter kritische Studien zu bestimmten Themengebieten an. Allerdings ist im Umgang mit diesen Informationen besondere Vorsicht angebracht, denn die Verbreitung möglicherweise falscher Daten kann mitunter großen Schaden anrichten.

Zu nahezu jedem gesellschaftlichen Bereich findet sich in Deutschland ein Verband oder eine Organisation. Bei der Suche nach dem für das jeweilige Thema richtigen Verband oder NGO hilft wiederum das »Taschenbuch des Öffentlichen Lebens« von Albert Oeckl. Darüber hinaus sind die branchenspezifischen Presse-Taschenbücher des Kroll-Verlags unentbehrliche Nachschlagewerke bei der Suche nach speziellen Verbänden und Organisationen. Zu finden sind die

Telefonnummern und Ansprechpartner überdies auch im Internetangebot des
Verlags (pressguide.de).

> **Tipp:** Adressen und Telefonnummern von Verbänden und Organisationen
> sind im »Taschenbuch des Öffentlichen Lebens«, den Presse-Taschenbü-
> chern des Kroll-Verlags und unter »pressguide.de« zu finden.

Universitäten und Forschungseinrichtungen bündeln einen riesigen Fundus an
Wissen und Know-how. Der neueste Forschungsstand zu einem Thema oder
die Aussagen eines Experten können eine journalistische Geschichte in einem
neuen Licht erscheinen lassen und sind in jedem Fall eine große Bereicherung
der Recherche.

Experten, Universitäten und Forschungseinrichtungen

Auch bei den Universitäten ist zunächst die Presseabteilung die erste Anlaufstelle, es sei denn, man kennt den relevanten Ansprechpartner bereits und lässt
sich direkt zu ihm durchstellen. Im Gegensatz zu den Unternehmen sind die Mitarbeiter von Universitäten relativ frei im Umgang mit Journalisten. Die Presseabteilung ist hier vorwiegend dazu da, die Anfragen zu kanalisieren und an die
entsprechenden Stellen weiterzuleiten. Als Nadelöhr für Informationen fungiert
sie dagegen meist nicht.

Neben den einzelnen Hochschulen und Forschungseinrichtungen selbst ist
der »Informationsdienst Wissenschaft« (idw-online.de) ein möglicher Ausgangspunkt für die Recherche. Der »Informationsdienst Wissenschaft« ist ein Zusammenschluss mehrerer hundert Einrichtungen aus Wissenschaft und Forschung.
Er bündelt deren Presse- und Öffentlichkeitsarbeit und bietet für Journalisten
zahlreiche Services an, darunter aktuelle Nachrichtenticker und ein Nachrich-
tenarchiv.

Wissenschaftler sind oftmals auch dankbare Gesprächspartner der Journalisten. Schließlich hilft ihnen Publizität dabei, ihren Bekanntheitsgrad als Forscher zu erhöhen. Allerdings sollten Redakteure darauf achten, bereits mit einem
gewissen Grad an Vorwissen in das Gespräch zu gehen, denn einem inkompe-
tenten Gegenüber wird der Wissenschaftler kaum sein Wissen offenbaren. Mit
einer guten Vorbereitung lässt sich überdies sicherstellen, dass die richtigen und
effektiven Fragen gestellt werden.

Allein in Deutschland gibt es laut Statistischem Bundesamt 383 Hochschulen.
Zusätzlich dazu existieren unzählige private Forschungseinrichtungen. Wie soll
da ein Journalist den neuesten Forschungsstand herausfinden, wie an die relevanten Experten herankommen? Bei der Suche nach dem aktuellen Forschungsstand kann zunächst eine Recherche in wissenschaftlichen Datenbanken und den
Bibliotheken der Universitäten helfen.

Doch zumeist fehlt den Journalisten die Zeit, eine ausgiebige Literaturrecherche zu betreiben. Oft hilft daher auch die Vorabrecherche bei den entsprechenden Verbänden, Behörden oder Unternehmen, die häufig über den Stand der Wissenschaft in ihrem Bereich gut informiert sind.

Bei der Suche nach den Experten kann auch der »Informationsdienst Wissenschaft« (idw) gute Dienste leisten. Per E-Mail vermittelt der idw (idw-online.de) Experten zu nahezu jedem Thema. So können mit einer Anfrage gleichzeitig rund 300 Pressestellen von Hochschulen und Forschungseinrichtungen befragt werden. Auch das »Forschungsportal des Bundesministeriums für Bildung und Forschung« (forschungsportal.net) hilft dabei, die richtigen Einrichtungen und Ansprechpartner zu finden.

> **Tipp:** Experten können mittels des Informationsdienstes Wissenschaft (idw-online.de) und des Forschungsportals der Bundesregierung (forschungsportal.net) gesucht werden.

Staatsanwaltschaft, Polizei und Anwälte

Bei einer Berichterstattung über Ermittlungen, Gerichtsprozesse und Kriminalfälle ist ein Journalist auf Informationen aus dem Justizbereich angewiesen. Die wichtigsten Ansprechpartner sind hierbei zumeist die Staatsanwälte, Polizeibeamte und die Anwälte der jeweiligen Seite.

Staatsanwälte haben meistens einen Pressesprecher, mitunter reden sie aber auch selbst mit der Presse. Bei noch laufenden Ermittlungsverfahren halten sich die Beamten aber mit Informationen bedeckt, denn zum Schutz der Opfer, der Verdächtigen und der ermittelnden Polizei und Staatsanwaltschaft sind sie gesetzlich angehalten, derartige Informationen nicht an die Öffentlichkeit zu geben.

Gute Kontakte zu Staatsanwälten und Polizeibeamten sind dennoch von großem Wert für Journalisten. Denn ein Informant in der Staatsanwaltschaft oder der Polizei kann durchaus einmal darauf aufmerksam machen, dass in eine bestimmte Richtung ermittelt wird. Auch besitzen Polizei und Staatsanwaltschaft Informationen, die für den Journalisten wichtig sein können. Beispielsweise kann die Polizei den Halter eines Fahrzeugs ermitteln und auf umfangreiche personen- und tatbezogene Daten zugreifen.

Auch die Anwälte von Opfern oder Verdächtigen sind eine nützliche Quelle. Allerdings sind diese Informanten von spezifischen Interessen geleitet, derer sich ein Journalist bewusst sein muss.

Informanten und Kontakte

Will ein Journalist nicht ausschließlich von PR-Verlautbarungen und Pressemitteilungen abhängig sein, sondern auch abseits von tagesaktuellen Nachrichten exklusive Geschichten aufspüren, sind gute Kontakte die entscheidende Basis. Oft sind in Artikeln »gut informierte Kreise« oder auch nicht näher beschriebene »Insider« als Quellen genannt. Dahinter verbirgt sich meistens ein Informant, der aus einer bestimmten Motivation vertrauliche und bisher unbekannte Informationen an den Journalisten weitergegeben hat.

Damit ein guter Kontakt auch eine hervorragende Quelle für Exklusivinformationen ist, ist gegenseitiges Vertrauen die Grundvoraussetzung. Der Informant muss sich darüber im Klaren sein, dass seine Identität in keinem Fall veröffentlicht wird. Andererseits muss der Journalist sicher sein, dass die zugespielten Informationen seriös sind. Ein Vertrauensverhältnis entsteht oftmals erst auf inoffiziellem Weg, z. B. durch eine Verabredung zum Kaffee oder ein Hintergrundgespräch.

Ein Journalist muss allerdings im Umgang mit solchen Quellen sehr behutsam sein. So sollte er stets die Motivation des Informanten kennen. Ist der Kontakt nicht gewillt, seinen persönlichen Grund für die Weitergabe der Information preiszugeben, so sollte man von einer Veröffentlichung absehen. Schließlich werden derartige Neuigkeiten nicht weitergegeben, ohne dass damit konkrete Interessen verfolgt werden.

Mitunter gibt es mittlerweile auch bezahlte Informanten, die für einen Auftraggeber Exklusivgeschichten vermitteln. Hier ist besondere Vorsicht angebracht, denn die Ziele der Informanten sind meistens unklar und die Folgen einer Veröffentlichung schwer abschätzbar.

Generell können Quellen für Exklusivinformationen aus vielerlei Bereichen stammen. Es kann beispielsweise ein frustrierter Mitarbeiter oder Betriebsrat sein. Auch Politiker oder Beamte geben manchmal ihr Insiderwissen an solche Journalisten weiter, die sie gut kennen und denen sie vertrauen.
Gute Kontakte bedürfen auch der Pflege, d. h. ein Journalist sollte bemüht sein, mit seinen Informanten im Gespräch zu bleiben und ihnen auch einmal eine für sie wichtige Information zukommen zu lassen.

3 Methoden und Strategien

Journalisten haben unterschiedliche Weltbilder und Berufsauffassungen: Während sich manche Redakteure als vierte Gewalt im Staate und kritische Beobachter der Mächtigen begreifen, schreiben sich andere Journalisten eher eine Funktion als distanzierter und neutraler Vermittler von Informationen zu (→ Journalismus als Beruf). Dementsprechend verschieden sind auch die Recherchemethoden, derer sich die Journalisten bedienen: von investigativen und verdeckten Recherchepfaden bis zu einer sehr zurückhaltenden Recherche.

Die deutsche Recherchetradition ist eher an der letztgenannten Methode orientiert. Sieht man einmal von bestimmten Magazinjournalisten ab, begreifen sich deutsche Journalisten häufig lediglich als Mittler von Informationen, die ihnen von dritter Seite zugetragen werden. Ganz im Gegensatz dazu steht die angelsäch-

Interkulturelle Unterschiede bei der Recherche

sische Recherchekultur. Spätestens seit die »Washington Post«-Journalisten Bob Woodward und Carl Bernstein in den 1970er Jahren die »Watergate-Affäre« aufdeckten, gehört das Bemühen um investigative Recherche zum Berufsverständnis amerikanischer Redakteure. Besonders hartnäckige und aufdeckende Recherchen werden dort regelmäßig mit dem Pulitzer-Preis belohnt.

Die Differenzen zwischen dem amerikanischen und deutschen Verständnis von Recherche haben ihre Wurzeln in einem unterschiedlichen Gesellschaftsbild: Während in den USA der Staat als ein Gegenüber betrachtet wird, gilt er in Deutschland zumeist als übergeordnete Instanz. Überdies ist die amerikanische Gesellschaft generell informationsoffener, d. h. Behörden sind zu einer sehr weit gehenden Mitarbeit bereit und auch Informationen aus der Privatsphäre sind dort kein Tabu. Deutsche Journalisten hingegen akzeptieren es meist, wenn ihnen bestimmte Auskünfte verweigert werden. Außerdem wird hierzulande der private Bereich extensiver definiert und stärker respektiert als in den USA (vgl. Haller 2004, S. 129ff.).

Aufdeckende Recherchearbeit benötigt zudem auch einen entsprechenden Freiraum. Während es in Amerika üblich ist, rein auf Recherchetätigkeiten spezialisierte Redakteure zu beschäftigen, kann der Generalist in einer deutschen Redaktion normalerweise die zeitlichen Anforderungen einer derart intensiven Recherche oftmals gar nicht leisten. Häufig mangelt es hier auch an den finanziellen Mitteln, um Luft für tiefer gehende Recherchen zu schaffen. Die Umstellung einiger Redaktionen auf moderne Newsroom-Strukturen nach angelsächsischem Muster lässt allerdings vermuten, dass sich derartige Arbeitsweisen allmählich auch in Deutschland etablieren (→ Management und Marketing). Weil das Bemühen um eine intensive Recherche oftmals immer noch auf Widerstände in den Verlagen und Sendern stößt, hat sich mittlerweile mit dem Verein Netzwerk Recherche (netzwerkrecherche.de) eine Lobby für den Recherche-Journalismus gebildet.

Recherche ist ein lebendiger und oft auch spontaner Prozess, der kaum jemals nach einem einheitlichen Muster ablaufen kann. Der Versuch, diese kreative Tätigkeit in ein Korsett mit einheitlichen und starren Regeln zu zwängen, würde daher rasch zu einer rein theoretischen Übung verkümmern. Dennoch gibt es aber gewisse Recherchemuster, die oftmals wiederkehren und an denen sich ein Journalist orientieren kann. Diese unterschiedlichen Methoden und Herangehensweisen an eine Recherchetätigkeit sollen im Folgenden skizziert werden. Bei der Wahl einer geeigneten Methode kommt es nicht nur auf das persönliche Berufsbild an, sondern häufig sind das Rechercheziel und die Thematik die ausschlaggebenden Faktoren. Oftmals entscheiden aber auch finanzielle oder zeitliche Einschränkungen über die Wahl der passenden Vorgehensweise.

Basisrecherche Bevor ein Journalist die Suche nach neuen Informationen angeht, sollte er zunächst die Basisrecherche erledigt haben. Unter einer Basisrecherche ist die Überprüfung bereits vorliegender Informationen zu verstehen. Hier steht der Versuch im Vordergrund, durch die Befragung unterschiedlicher Quellen bestimmte

Informationen zu verifizieren. Die Interpretation der Aussagen, also die Fragen nach dem »Wie« und dem »Warum«, sind hierbei noch zu vernachlässigen.

Ein guter Journalist stellt sich ständig die Frage: »Stimmt das wirklich?« Er muss also fortwährend darum bemüht sein, die ihm vorliegenden Informationen auf ihre Richtigkeit hin zu überprüfen. Der erste Schritt besteht darin, die Glaubwürdigkeit und Authentizität der Quelle zu überprüfen: Ist die Quelle bekannt und zuverlässig, welche Motivation hat der Informationsüberbringer, wie groß ist sein tatsächlicher Wissensstand, wo hat der Informant sein Wissen her? Doch auch offiziellen und gut bekannten Quellen sollte stets mit Vorsicht begegnet werden. So kann beispielsweise eine Pressemitteilung ohne große Mühe gefälscht werden, wie der Skandal um das angebliche Fax von Helmut Kohl im Januar 2000 im Rahmen der Spendenaffäre vor Augen geführt hat. Hier hatten die Nachrichtenagenturen die Basisrecherche sträflich vernachlässigt und aufgrund eines gefälschten Faxes die unwahre Nachricht verbreitet, der Altkanzler wolle die Namen der bis dahin anonymen Parteispender nun doch nennen. Das Beispiel zeigt, dass Redaktionen in der Alltagshektik allzu leicht in die Routine verfallen, Informationen aus bekannten Quellen ungeprüft zu übernehmen.

Neben der Überprüfung der Quellen gehört zur Basisrecherche aber auch die Faktenkontrolle: Sind die vorliegenden Informationen faktisch korrekt, sind sie wahr? Dieser Schritt geschieht vor allem durch die Hinzunahme weiterer Quellen. So können beispielsweise historische Aussagen eines Politikers in der entsprechenden Literatur nachgeprüft werden. Die vertraulichen Informationen eines Aufsichtsrats über ein Unternehmen können durch die Befragung eines weiteren Mitglieds dieses Kontrollgremiums oder eines Unternehmenssprechers verifiziert werden.

Auch für die Basisrecherche gibt es keine einheitliche Vorgehensweise. Allerdings sind auch hierbei Skepsis und eine kritische Einstellung die Schlüssel zum Erfolg. Hätten sich die verantwortlichen Redakteure beim »Stern« auf diese journalistischen Kernkompetenzen besonnen, dann hätten sie das Alter des Papiers überprüfen lassen, auf dem die angeblichen Hitler-Tagebücher des Fälschers Konrad Kujau geschrieben waren.

Die Basisrecherche sollte zur Routine jeder Redaktion gehören und ist damit sozusagen der Pflichtteil eines jeden Rechercheurs. Ebenfalls zum Pflichtteil gehört aber auch die Erweiterungsrecherche. Sind alle Quellen und Fakten weitgehend lückenlos überprüft, dann bemüht sich der Journalist darum, die bereits vorliegenden Informationen zu ergänzen und zu vervollständigen. Ein Beispiel: Ein Redakteur hat eine knappe Pressemitteilung der Staatsanwaltschaft über die Festnahme einer mehrköpfigen Drogenbande erhalten und die Authentizität des Schreibens festgestellt. Wichtige Details wie das Alter und die Herkunft der Kriminellen, die Menge der konfiszierten Drogen oder das zu erwartende Strafmaß sind aber nicht in der Pressemitteilung enthalten. Daher muss der Redakteur diese Fragen durch Anrufe bei der Staatsanwaltschaft oder der Polizei klären. Auch könnte beispielsweise die Befragung von Experten des Bundeskriminal-

Erweiterungsrecherche

amts Aufschluss geben über den Organisationsgrad und die Bedeutung der festgenommenen Bande.

Mit der Ergänzung der Recherche bemüht sich der Journalist, die Informationen im doppelten Sinn zu erweitern. Erstens versucht er mittels der Recherche, alle nahe liegenden Sachverhaltsfragen einschließlich der Frage nach der Quelle beantworten zu können. Erst danach kann das Vorhaben in Angriff genommen werden, den kausalen Zusammenhängen des Geschehens auf den Grund zu gehen, sprich den Sinnzusammenhang zu ergründen. Dazu muss der Redakteur im Umfeld des Geschehenen recherchieren, also versuchen, die Historie sowie besondere Umstände und Hintergründe zu verstehen (vgl. Haller 2004, S. 96f.).

Thesenrecherche Oftmals ist die Recherche auch mit einer konkreten These verknüpft. Diese These bildet sich ein Journalist meist anhand von Behauptungen oder Gerüchten über den Hergang und die Ursachen eines Sachverhalts. Mit der Thesenrecherche versucht der Journalist daher, den mutmaßlichen Hergang und die vermuteten Ursachen eines Geschehens zu überprüfen. Auch hier sollte sich ein Journalist zunächst darum bemühen, die Quellen und Fakten des Geschehens herauszufiltern und zu untersuchen. Erst danach steht der Versuch, die vermuteten Ursachen zu verifizieren.

Generell gilt für die Basis- ebenso wie für die Erweiterungs- oder Thesenrecherchen, dass sie immer an gewisse Grenzen stoßen. Die Verhältnismäßigkeit der Mittel sollte bei einer Recherche gewahrt werden. Daher sollte ein Redakteur bei aller Sorgfalt auch darauf achten, nicht zu breit und nicht zu tief zu recherchieren. Wenn man für einen Einspalter für die Tageszeitung zwei Tage lang bei zehn verschiedenen Quellen recherchiert, hat man sich im Normalfall viel zu viel Arbeit gemacht. Auch kann ein Journalist Geschichten so tief recherchieren, dass er vor lauter Expertenwissen gar nicht mehr die eigentliche, für den Laien interessante Geschichte erkennt. Außerdem ist die Forderung nach einer Verifikation der Tatsachen nicht als Dogma anzusehen. Wenn ein Redakteur eine Information aus mehreren Quellen bestätigt hat, kann er deren Wahrheitsgehalt annehmen. Bei Fakten, die beispielsweise nur aus einer Quelle stammen und an denen der Redakteur Zweifel hat, gilt wiederum die alte Regel: »If in doubt, leave it out«.

Intensivere Recherchemethoden Neben den bereits beschriebenen Recherchemethoden, die für jeden Journalisten zum Pflichtprogramm gehören, gibt es auch so etwas wie die Kür der Recherche. Hierbei macht sich ein Journalist auf, neue, der Öffentlichkeit bisher verborgene Informationen aufzuspüren. In der Praxis folgen die diversen Methoden der soeben beschriebenen Quellen- und Faktenkontrolle oder laufen teilweise auch parallel.

Für diese intensivere Recherchetätigkeit haben sich verschiedene idealtypische Methoden eingebürgert, die je nach Thematik und Zielsetzung, aber auch abhängig vom Rollenverständnis der Journalisten eingesetzt werden. Analytisch kann man trennen zwischen der »Puzzle«-Methode, dem »Pendel«-Verfahren, investigativer und aufdeckender Recherche sowie der Recherche an der Grenze des ethisch und legal Erlaubten.

Die »Puzzle«-Methode (vgl. Brendel et al. 2004, S. 103f.) ist ein aufwändiges, aber sehr ergiebiges Rechercheverfahren. Mit dieser Methode sollen dezentral gespeicherte Informationen zu einem Gesamtbild zusammengefügt werden. Nützlich ist dieses Verfahren insbesondere im Fall einer Krise oder eines Skandals, wenn alle Verantwortlichen sich weigern, Informationen an die Öffentlichkeit zu geben.

Die »Puzzle«-Methode

Im Gegensatz zur investigativen Recherche zielt die »Puzzle«-Methode nicht darauf ab, einen geheimen Informanten aus dem Zentrum des Geschehens ausfindig zu machen. Vielmehr wird versucht, durch zumeist öffentlich zugängliche Informationen außerhalb des eigentlichen Rechercheobjekts genügend Bruchstücke aufzusammeln und zusammenzufügen, um den dahinter liegenden Sinn zu ergründen.

Der Vorteil dieser Vorgehensweise ist, dass geheime Informationen zutage gefördert werden können, ohne dass ein zentraler Informant das Risiko eingehen muss, Geheiminformationen zu verraten. Außerdem muss der Rechercheur nicht über eine ausgefeilte Rhetorik verfügen, um den Quellen Informationen zu entlocken. Allerdings hat die Methode auch zahlreiche Nachteile: Die Recherche gleicht einer Sisyphusarbeit, ist sehr zeitintensiv, führt mitunter ins Leere und geht oft allzu sehr ins Detail. Die Geduld des Redakteurs wird hier auf eine harte Probe gestellt.

Die Methode des »Pendelns« beschreibt Michael Haller in seinem Buch »Recherchieren«. Dieses Verfahren wird wohl häufiger angewendet als die Puzzle-Methode und ist vorwiegend dann geeignet, wenn es um ein konfliktgeladenes und polarisierendes Thema geht. Mittels der Recherchetätigkeit kann ein Journalist Widersprüche aufzeigen und neue Informationen zutage fördern.

»Pendeln«

Beim »Pendeln« liegen die Informationen eigentlich schon vor, sind aber durch die Interessen der beteiligten Parteien unkenntlich gemacht, so dass der wahre Kern nicht mehr sichtbar ist. Der Journalist versucht nun, zwischen den Interessengruppen zu »pendeln«, d. h. er befragt zunächst Partei A, um daran anschließend Partei B mit diesen Aussagen zu konfrontieren. Danach hält er die Argumente der Partei B wiederum Partei A vor. Das Ziel ist dabei, durch die Befragung jeder Konfliktpartei Widersprüche und Unwahrheiten aufzudecken und die Positionen und Motivationen beider Seiten offenzulegen. Im Vorfeld und während des »Pendelns« zieht der Journalist ständig neutrale Quellen hinzu, um die von den diversen Parteien geäußerten Argumente faktisch zu überprüfen.

Ein typisches Beispiel für diese Methode wäre der Streit in einer Gemeinde über den Bau einer neuen Umgehungsstraße. Hier bilden sich innerhalb der Gemeinde verschiedene Interessengruppen, die unterschiedliche Lösungen favorisieren. Die Motivation der jeweiligen Gruppe kann dabei eine andere sein, als sie öffentlich vorgibt. So kann beispielsweise eine Bürgerinitiative gegen den Bau der Straße von einem Landwirt mitgegründet worden sein, dessen einziges Interesse darin besteht, die Preise des für den Straßenbau benötigten Ackerlandes in die Höhe zu treiben. Der Bürgermeister, der sich maßgeblich für das Vorhaben eingesetzt hat, kann dagegen mit dem Bauunternehmer verschwägert sein, der die Straße bauen soll.

Auch diese Methode ist sehr zeitaufwändig und führt nicht immer zum Erfolg. In manchen Fällen kann mittels dieses Verfahrens aber eine Enthüllungsgeschichte gelingen. In vielen Fällen gelingt es zumindest, die Aussagen von Interessengruppen zu hinterfragen und deren wahre Motivation offenzulegen.

Investigative und aufdeckende Recherche

Auch wenn die redaktionelle Praxis zumeist anders aussieht, träumen vor allem Berufsanfänger von spektakulären Enthüllungsgeschichten und aufdeckender Recherche. Dass investigativer Journalismus einen essenziellen Beitrag zur Demokratie leistet und ein erstrebenswertes Ideal ist, mag wohl auch kaum ein Journalist bestreiten. Allerdings ist investigative Recherche eine mühselige und oft an der Grenze des Legalen operierende Arbeit. Außerdem führt diese Methode seltener zum Erfolg, als viele Berufseinsteiger denken.

Als Vorbild der investigativen Recherche gilt weithin der »Watergate-Skandal«. Die Enthüllungen der beiden »Washington Post«-Redakteure Bob Woodward und Carl Bernstein haben so ziemlich alle Elemente einer investigativen und aufdeckenden Recherche: das Aufspüren von Insiderinformationen, der Umgang mit vertraulichen Auskünften und das Ausfragen und Einschüchtern von Beteiligten. Allerdings ist der Watergate-Fall nicht ohne Weiteres auf deutsche Verhältnisse übertragbar, denn die rechtlichen Voraussetzungen und das journalistische Berufsverständnis unterscheiden sich in beiden Ländern sehr.

Prinzipiell ist die investigative Recherche weniger eine spezifische Methode, sondern vielmehr eine bestimmte Arbeitseinstellung. Die Hauptcharakteristik dieses Berufsverständnisses ist die Bereitschaft des Rechercheurs, sich nicht mit dem ihm zugespielten Material zu begnügen, sondern aktiv neue Quellen zu erschließen. Er versucht also aus eigenem Antrieb, Missstände oder illegales Handeln aufzudecken.

Für eine derartige Recherchearbeit muss der Rechercheur vor allem Geduld und Hartnäckigkeit beweisen. Ohne ein methodisches und diszipliniertes Vorgehen führt die Recherche schnell ins Leere. Um Erfolg zu haben, ist außerdem die Rückendeckung der Redaktion und des Verlags unablässig. Der Journalist sollte gewährleisten können, dass seine Neutralität jederzeit gewahrt bleibt.

Grundschritte der investigativen Recherche

Obwohl investigative Recherche streng genommen keine Methode ist, lässt sie sich nach Haller in folgende Grundschritte aufteilen: Der Ausgangspunkt ist zumeist ein Insidertipp, der sich auf einen gesellschaftlich unerwünschten oder illegalen Vorgang bezieht. Mit diesem Anfangsverdacht beginnt die Basisrecherche. Diese besteht zunächst darin, den skizzierten Vorgang zu überprüfen und die handelnden Personen zu ermitteln. Hiernach gilt es, die Motive und Absichten der Beteiligten herauszufinden und den Zusammenhang zu dem fraglichen

Vorgang herzustellen. Dann folgen Gespräche mit den handelnden Personen, die bezüglich ihrer Rolle befragt werden und Gelegenheit haben, sich zu rechtfertigen. Schließlich werden diese Aussagen mit dem faktisch ermittelten Hergang abgeglichen und eventuelle Widersprüche und Unstimmigkeiten offengelegt (vgl. Haller 2004, S. 128).

Noch mehr als bei anderen Recherchemethoden ist bei dieser Art des Journalismus eine stets kritische und skeptische Grundhaltung gefragt, denn eine falsche Berichterstattung und Beschuldigung kann für den Journalisten und die Betroffenen sehr weitreichende Folgen haben.

Für die Recherche gibt es ethische wie legale Grenzen, an die sich Journalisten nicht immer halten. Insbesondere die Grenze zur Privatsphäre wird häufig durchbrochen, weshalb der Deutsche Presserat jährlich rund 700 Eingaben wegen eines Verstoßes gegen den Pressekodex zu bearbeiten hat. Eine Rüge vom Presserat hat für den betroffenen Verlag zwar keine rechtlichen Konsequenzen, allerdings kann der daraus resultierende Imageschaden mitunter beträchtliche Auswirkungen haben (→ Ethik im Journalismus).

Recherche im Grenzbereich

Dennoch gibt es Recherchemethoden, die sich in einer gewissen rechtlichen wie moralischen Grauzone bewegen und nicht per se zu verurteilen sind, sondern im Kontext der jeweiligen Situation betrachtet werden müssen. Dazu gehören vor allem die verdeckte Recherche und der Kauf von Informationen. Beide Methoden werden insbesondere im Magazin- sowie im Boulevardjournalismus angewendet und haben durchaus nicht nur negative Seiten. Sie werden unter Journalisten kontrovers beurteilt.

Immer wieder in der Diskussion stand die verdeckte Recherche, bei welcher der Journalist seine wahre Identität verschleiert und sich als eine andere Person ausgibt, um an sonst unzugängliche Informationen zu gelangen. In Deutschland wird diese Methode insbesondere durch den Publizisten Günter Wallraff verkörpert, der sich durch seine verdeckten Recherchen bei der »Bild«-Zeitung, der Fastfood-Kette McDonalds und anderen Unternehmen einen (umstrittenen) Namen gemacht und unzulässige Arbeitsweisen aufgedeckt hat.

Verdeckte Recherche

Seit Wallraffs Enthüllungen wurde das Für und Wider verdeckter Recherche kontrovers diskutiert, und mit der Geschichte über »Bild« wurde es schließlich auch zu einem Thema für den Presserat. Nach langer Debatte erklärte das Gremium die Vorgehensweise Wallraffs schließlich für legitim, indem es dem Artikel 4 des Pressekodex, der unlautere Methoden verbietet, folgenden Passus hinzufügte: »Das Mittel der verdeckten Recherche kann im Einzelfall gerechtfertigt sein, wenn damit Informationen von besonderem öffentlichen Interesse beschafft werden, die auf andere Weise nicht zugänglich sind« (Pressekodex des Deutschen Presserats, Fassung vom 13. September 2006).

In eine ähnliche Richtung geht die Rechtsprechung des Bundesverfassungsgerichts, das in einem Urteil ausdrücklich erlaubt hat, illegal beschaffte Informationen zu veröffentlichen: »Es wäre wenig folgerichtig, ein Aussageverweigerungsrecht aus der Pressefreiheit abzuleiten, wenn dies nicht auch die Veröffentlichung dessen umfasste, was ein Informant auf rechtswidrige Weise erlangt und der Presse zugetragen hat« (Quelle: Bundesverfassungsgericht 1960).

Dennoch sollte die verdeckte Recherche als ein absoluter Ausnahmefall betrachtet werden, der nur dann eintritt, wenn alle anderen Mittel ausgeschöpft wurden und die zu erwartenden publizistischen Ergebnisse in Relation zu dem Aufwand und den direkten Folgen der Recherche stehen. Auch das Risiko einer verdeckten Recherche sollte abschätzbar sein und gegebenenfalls sollte die Frage aufgeworfen werden, ob die Aufgaben nicht doch der Polizei und der Staatsanwaltschaft übertragen werden.

»Scheckbuch-Journalismus«
Eine weitaus häufiger angewandte Methode ist der so genannte »Scheckbuch-Journalismus«, also der Kauf von Insiderinformationen. Vor allem bei einigen Magazinen und Boulevardblättern gehört das Bezahlen von enthüllenden Informationen zum täglichen Geschäft. Die Verkäufer der Informationen sind oft nicht nur an dem Geld interessiert, sondern verfolgen auch noch andere Motive wie Rachsucht, Frust oder Ähnliches.

Dass Journalisten für eine Auskunft ihr Scheckbuch zücken, ist nicht unbedingt wünschenswert, aber auch nicht in toto abzulehnen. Vielmehr muss auch hier nach journalistischen Kriterien abgewogen werden: Sind die Informationen von einer derartigen publizistischen und gesellschaftlichen Bedeutung, dass für sie auch bezahlt werden kann? Insbesondere Boulevardzeitungen geben häufig viel Geld für Skandalgeschichten über das Privatleben von Prominenten aus. Diese Art von Scheckbuch-Journalismus dürfte eigentlich mit dem journalistischen Selbstverständnis nicht übereinstimmen. Aber andererseits wurden auch schon große politische Skandale mittels bezahlter Informationen aufgedeckt. So wären die fragwürdigen Geschäftspraktiken des Gewerkschaftsunternehmens »Neue Heimat« vielleicht nie aufgedeckt worden, hätte der »Spiegel« die entsprechenden Insider-Auskünfte nicht für 80.000 Mark erworben.

3.1   Aktive Recherche – Skepsis auf dem Weg zur Information

Karl Geibel
Landesvorsitzender des Deutschen Journalisten-Verbandes (DJV) Baden-Württemberg, Stuttgart

Die Medienfreiheit ist den Journalisten nicht um ihrer selbst willen, sondern im Allgemeininteresse eingeräumt. Zur »dienenden« Freiheit gehören Kritik und Kontrolle, damit der Souverän, das Volk, sich eine Meinung bilden, entscheiden oder wählen kann. Tatsachenbezogene Informationen, ihre sachliche Erläuterung und – wie immer – subjektive Kommentierung sind unersetzlich für die Willensbildung der Bürger. Sie können im kritischen Falle den verfassungsmäßig dazu berufenen Organen die Möglichkeit geben, nach geltendem Recht zu untersuchen und zu urteilen. Presse, Funk und Fernsehen dienen der freiheit-lich-demokratischen Ordnung. Das setzt Demokratieverständnis mit seinen dar-aus abgeleiteten Pflichten voraus.

In Baden-Württemberg heißt es im Landespressegesetz: »Die Presse hat alle Nachrichten vor ihrer Verbreitung mit der nach den Umständen gebotenen Sorg-falt auf Wahrheit, Inhalt und Herkunft zu prüfen«.

Doch wie soll dies geschehen, wenn Redaktionen einer ganzen Flut von Infor-mationen ausgesetzt werden, die sich ununterbrochen über rechnergesteuerte Textsysteme, per Fax oder Internet über sie ergießt! Es ist nur eine Rechtferti-gungshilfe, wenn der Presserechtler Martin Löffler die Einschränkung der Wahr-heitspflicht so kommentiert: »Die stets unter Zeitdruck arbeitende Presse verfügt nicht über die weitreichenden prozessualen Möglichkeiten der Justiz, im Instan-zenzug die objektive Wahrheit zu ermitteln« und weiter: es genüge, »wenn sie sich bei der Berichterstattung ernstlich um die Wahrheit bemüht«.

Zur Realität der Massenmedien gehören die Einrichtungen der Public Relations, deren Bedeutung umso größer ist, je weniger Zeit Journalistinnen und Journa-listen für eigene Recherchen haben und je weniger sie qualifiziert sind, um hin-ter die immer dichter abgeschotteten Kulissen von Verwaltung, Wirtschaft und Politik zu schauen. Nicht immer reicht der Hinweis auf die Quelle der Informa-tion aus, für deren Verbreitung der Journalist allein verantwortlich ist. Der Quel-lenhinweis mag bei einer Vereinsnachricht oder einer Polizeimeldung nach der Prüfung vollständiger Fakten noch ausreichen. Bei der Meldung über einen dro-henden Konkurs einer Firma rettet der Hinweis auf den Informanten – sofern er überhaupt öffentlich genannt werden kann – nicht vor Schadensersatzforde-rungen des totgesagten Unternehmens.

Die Berührungen mit Public Relations sind für Journalistinnen und Journa-listen also immer Grenzstationen für ihre Arbeit in der und für die Öffentlich-keit. Natürlich kann eine Redaktion nicht mehr überblicken, wo und wann, wie und warum etwas Wichtiges geschieht. Sind also die Öffentlichkeitsarbeiter die heimlichen Herren der Medien, die Journalistinnen und Journalisten dann fol-gerichtig in der Rolle des »Verlautbarungsjournalismus«? Sind sie »Gatekeeper« zur Öffentlichkeit und damit »Agenda-Setter« der öffentlichen Meinung?

Nach der Hohenheimer Kommunikationswissenschaftlerin Claudia Mast ist der Befund eindeutig. Die kritische Annäherung in den vergangenen Jahren – weil eben jeder jeden braucht – droht aus dem Gleichgewicht zu geraten. »Je knapper die Personalausstattung in den Redaktionen wird, desto mehr muss der Journalismus auf die Auskünfte und Leistungen der PR zurückgreifen. Genau betrachtet werden durch diese Politik die Recherchekosten von den Redaktio-nen auf die Abteilungen für Öffentlichkeitsarbeit verlagert.«

Ihre These zum wachsenden Einfluss der PR auf Redaktionen: »Die Professi-onalisierung hat in den letzten 20 Jahren in der PR stärker zugenommen als im Journalismus.« Dabei sind diese »Profis« zunehmend in die unternehmerische strategische Planung einbezogen. Die Medien sind für sie »interessant aufgrund

PR gehört zur Realität der Medien

der Glaubwürdigkeit, die ihnen zuerkannt wird, und der damit verbundenen größeren Überzeugungskraft«, so die Hohenheimer Medienwissenschaftlerin.

Trotz aller informativer und seriöser PR – aus ihren Reihen kommt auch die Zerstörung der Glaubwürdigkeit. Zu erinnern ist an die groß angelegte »Informations-Kampagne« des US-Generals Norman Schwarzkopf während des Golfkriegs 1991. Wir sahen Bilder wie aus virtuellen Computer-Spielen, lasen und verbreiteten Meldungen, die aus dem US-Stab kamen und deren Fakten von keinem Journalisten überprüft werden konnten. Stolz gestand Schwarzkopf später ein, dass sich »Medien hervorragend instrumentalisieren und an der Nase herumführen lassen«. In Bagdad hielt Saddam Hussein mit gleicher Methode einen US-Sender vor, der mit seinen »Exklusiv«-Berichten auf Quotenjagd ging. Die Schwäche der Medien wurde vor allem durch Kommentare deutlich, die sich auf die einstigen »US-geprüften« oder »Bagdad-gesteuerten« Fakten beriefen. Die Quellen und die transportierten Interessen wurden nicht deutlich.

Als Prinzessin Diana am 31. August 1997 ums Leben kam, wetterte die ganze Welt noch am gleichen Sonntag über die »mörderischen« Paparazzi-Fotografen – statt zu warten, bis die polizeilichen Untersuchungen mit dem eindeutigen Fehlverhalten des Fahrers vorlagen. So abscheulich die Arbeitsmethode der »Paparazzi« ist – hinterfragt wurde nur im kleinen Zirkel demokratisch gesinnter und ethisch bewusster Journalisten, welche Medienunternehmer sie reich für die »Jagd« belohnen und wie viele Menschen deren Produkte an den Kiosken kaufen – statt sich abzuwenden.

Tückisch erweist sich die weltweite Recherche im Netz. Die Lobpreisungen des gigantischen Angebots wurden mit einem Fall ad absurdum geführt. In der Clinton-Lewinsky-Affäre schrieben die besten Zeitungen und Magazine der USA einen mutmaßenden Internet-Report ab. Und es begann ein Sturm der Desinformation, den amerikanische Medienwissenschaftler unterdessen als größten Medienskandal seit der Konstituierung der Pressefreiheit in der »Neuen Welt« bezeichnen. Die Richtigstellungen und Dementis verliefen im Sand, die der »Sturm der Desinformation« hinterließ. Günther Grass sagt dies punktgenau so: »Was nützt ein Dementi des Giftes, wenn es schon wirkt.«

Skepsis bei der Prüfung der Quellen und Bilder

Skepsis zeichnet seriösen Journalismus aus auf dem Weg zur Information, bei der Prüfung der Quellen und der Gegenkontrolle. Also Aufklärung statt PR und Polemik – auch wenn die Konkurrenz schneller und skrupelloser sein sollte. Eine solche Konkurrenz wird auf Dauer mit Pseudo-Aktualität Glaubwürdigkeit und damit Akzeptanz verlieren. Das gilt auch für die Inszenierung der Politik in den Medien. Medienpolitik ist Medienpräsenz, Medienwahlkampf und Macht über die Medien, weil Politiker (und Medienmacher) davon ausgehen, dass nur Schlagzeilen ins Bewusstsein der Bürger gehen. In der Wahlwerbung dominieren ein Kopf und ein »Ja«, Programme sind in ihr gestrichen, analysiert Fritz Wolf von der »Zeit«. Kritische Bestandsaufnahme der vergangenen Politik und Analyse der Zukunftsprogramme ist zunehmend demokratische Aufgabe der Journalisten. Die werden nicht in die Redaktion geliefert. Sie müssen recherchiert werden – mit viel »Nachbohren«.

Dazu passt der zunehmende Unterhaltungsprozess, ausgelöst von den privaten Fernsehprogrammen – dort ist kein Platz für gründliche Information. Boulevardisierung der Presse, »Schreinemakerisierung« des Funks oder Fernsehens – das poströmische Modell von »Sozialbrot und Fernsehspielen« wird unterbrochen lediglich von »Infotainment« oder abstoßendem »Reality-TV«.

Die nächste Gefahr ist schon angekommen und nur mit schwierigster Recherche zu bannen. Ein Bild sagt mehr als tausend Worte, ein Foto sei objektiv, also Bilder können nicht lügen – heißt es sprichwörtlich. Die digitale Technik ermöglicht, Bilder zu kombinieren, Bildinformationen zu vernetzen und deren Wahrheitsgehalt zu manipulieren. Fälschen ist ein Kinderspiel, sei es beim laufenden oder stehenden Bild. Und: Die Manipulation ist von außen stehenden Konsumenten nur schwer zu durchschauen. Ernst Elitz schrieb kürzlich: »Inzwischen haben wir alle erfahren, dass sich die Welt mit Bildern viel besser belügen lässt als mit Worten. Hollywood ist überall«.

Das war ein Wort des Jahres: »Medienverdrossenheit«. »Die lügen wie gedruckt« wurde dem bewährten »hier steht es schwarz auf weiß« entgegengesetzt. Diese Krise zeichnet einen beginnenden Wandel auf: Die politischen Magazine im öffentlich-rechtlichen Rundfunk sind wieder Dauerbrenner, die gründlichen, aufklärenden Dokumentationen nehmen zu und werden als hintergründige Programme von immer mehr Zuschauern akzeptiert.

Zeitungen und Zeitschriften finden selbst in Zeiten wirtschaftlicher Flauten mit recherchierten Zusammenhängen und kritischen Kommentaren ihr Publikum. Leserbindung entsteht auf dem Markt der Meinungen mit frei fließenden Informationen durch Aufhellung und nicht durch Indoktrination oder Inszenierungen.

Freiheit, Ethik und Ethos sind im Journalismus entscheidend – aber auch lebenslanges Lernen, um der immer komplexer werdenden Welt-Gestalt und Welt-Struktur noch bessere Recherche-Kompetenz entgegenhalten zu können, richtig und gut zu informieren. Darin besteht die Verantwortung der Medien, nicht in der Flucht aus der Wirklichkeit oder deren Verschleierung durch Polemik. Oder Halbwahrheiten, die schlimmer sind als Lügen, weil man sie schlechter als solche erkennt.

4 Recherche-Alltag

Wie aus den vorhergehenden Ausführungen ersichtlich wurde, ist gute Recherche aufwändig. Sie hat aber auch Grenzen, der Ertrag muss im Verhältnis zum Aufwand stehen. »Die Recherche ist nicht dann zu Ende, wenn der Journalist alles weiß (dann dauert sie nämlich ewig), sondern wenn alle nahe liegenden Fragen beantwortet und die Zusammenhänge plausibel gemacht werden können«

(Projektteam Lokaljournalisten 1990, S. 23). In der Praxis leidet die Recherchetätigkeit meist weniger am Engagement der Journalisten, der Wahrheit auf den Grund zu gehen, als vielmehr an Personal- und Zeitmangel. Verschiedene Untersuchungen belegen, dass aus diesen Gründen journalistische Arbeit oft zur Terminberichterstattung wird.

Eigenleistungen Die tägliche Hektik in den Redaktionen lässt oft vergessen, dass fundierte, zur Lektüre reizende Berichterstattung sorgfältig recherchiert sein will. Aus PR-Meldungen, die unaufgefordert bei den Redakteuren eingehen, wird selten ein spannender »Knüller«. Allerdings setzen Artikel Eigenleistungen der Redaktionen, eine ausreichende Personalausstattung und eine bestimmte Qualifikation der Journalisten voraus. Nur wer Zeit hat und etwas von der Sache versteht, also Fachkompetenz besitzt, kann gezielt nachhaken. Das Zeitpensum, das Redaktionen für die Recherche erübrigen, entscheidet über den Anteil an publizistischen Eigenleistungen eines Mediums. Letztlich hängt davon ab, welche Stellung eine Redaktion in der Flut der täglichen Ereignisse, Termine, angeforderten Zulieferungen (z. B. von freien Mitarbeitern) oder unaufgefordert zugesandten Informationen einnimmt. Der Einfluss von Redaktionen, aber auch ihr unverwechselbares Profil in den Augen des Publikums nimmt zu, je größer ihr Engagement ist – beim Überprüfen des Angelieferten, beim Bearbeiten und Ergänzen des Vorgefertigten und vor allem beim Aufgreifen von Themen, zu denen noch keine Pressekonferenz stattgefunden hat und die auch noch nicht Zugang zu den Informationslieferanten (z. B. Agenturen, Pressestellen usw.) gefunden haben.

Aktive publizistische Eigenleistungen durch Recherchen erfolgen in allen Medien nach Recherchegrundsätzen. Allerdings erfordern die speziellen Produktionsbedingungen und Angebotsweisen der einzelnen Medien in Presse und Rundfunk unterschiedliche Rücksichtnahmen und Prüfungsroutinen. Für die Fernseh-Recherche z. B. gelten alle angeführten Grundsätze, Regeln und Hinweise. Darüber hinaus müssen für das optische Medium Fernsehen neben den inhaltlichen Aspekten auch die visuellen Informationen geprüft und gesammelt werden. Ein guter Fernsehbeitrag ist immer eine Synthese aus Wort und Bild. Die Auswahl des Drehorts und die Zusammenarbeit mit dem Kameramann sind beim Fernsehen ebenso wichtig wie die Fakten-Recherche.

Umgang mit »Fremdleistungen« Besonders herausgefordert sind Redaktionen durch »Fremdleistungen« und zugelieferte Artikel bzw. Sendebeiträge, die Zugang zur Medienöffentlichkeit suchen. Vom freien Mitarbeiter über Agenturen bis zu kommerziellen Interessenvertretern als Anbieter reicht das Spektrum. Der Anteil an Fremdleistungen (d. h. Medieninhalte, die nicht von den fest angestellten Redakteuren hergestellt werden) schwankt je nach Ressort (z. B. nationale Politik mit hohem Agenturanteil oder Lokales mit hohem Anteil von eigenrecherchierten Beiträgen), Konzept des Mediums (z. B. Profilierung durch exklusive Angebote) und wirtschaftlich-personellen Bedingungen. Redaktionen mit knappem Personalbestand müssen stärker auf Zulieferungen setzen als solche, die finanziell und personell gut ausgerüstet sind (→ Journalismus als Beruf). Das Problem der Fremdzulieferungen stellt sich also vor allem bei Zeitungen und Radioanbietern im lokalen und regionalen Raum.

Der erfahrene Hörfunkjournalist Hans-Georg Grimm schreibt über das Angebot von Fremdbeiträgen, hinter denen unsichtbare Auftraggeber stehen, Folgendes: »Beiträge werden kostenlos angeboten. Es werden Sendenachweise verlangt, die wohl in der Regel als Belege für die eigentlichen zahlenden Auftraggeber gedacht sind. Sie sind einseitig in der Aussage, unkritisch und meinungsarm. Sie enthalten direkte Werbeelemente durch offene Namensnennung als Produktwerbung und stehen schon so im Gegensatz zu den rechtlichen Anforderungen der Mediengesetze. Man erkennt Elemente unterschwelliger Werbung oder einseitige Imagepflege bzw. -werbung. Die Produzenten solcher Beiträge sind in der Regel Werbeagenturen oder Agenturen, die zwar als journalistische Unternehmen firmieren, die aber aufgrund ihrer materiellen Abhängigkeit vom Auftraggeber als Sponsor keinen rein journalistischen Anspruch erheben dürfen. Aber auch Behörden, Interessenverbände, Großfirmen mit eigenen PR-Abteilungen, Ministerien und Verlage erscheinen als Produzenten der hier genannten Hörfunkbeiträge«.

Derartige kostenlos und unaufgefordert zugesandte Beiträge können Anlass für eigene weitere Recherchen sein. In den neuen Beitrag können Elemente aus diesen Produktionen, z. B. als O-Töne, einfließen. Allerdings sollte jede Form einer solchen Nutzung, soweit sie über geringfügige Eingriffe in den angebotenen Beitrag hinausgeht, fairerweise und aus urheberrechtlichen Gründen nicht ohne Zustimmung der Anbieter erfolgen. Diese Fremdbeiträge beinhalten allerdings Gefahren, über die sich der Journalist im Klaren sein muss. Letztlich ist er rechtlich für die Sendung oder den Text verantwortlich und es wird zunehmend eine Frage der Glaubwürdigkeit, inwieweit und welche Quellen verwendet werden und ob die Herkunft der Beiträge auch klar ausgewiesen wird.

4.1 Passive Recherche – Einstieg in ein redaktionelles Informationsmanagement

Thomas Durchdenwald
Ressortleiter Lokales/Region Stuttgart der »Stuttgarter Zeitung«, Stuttgart

Die alltäglich wachsende Informationsflut ist längst nicht nur ein Problem für die Rezipienten – also für die Leser, die Hörer oder die Zuschauer. Die Welle erreicht auch die Redaktionen, die überschwemmt werden mit Pressemitteilungen der Wirtschaft und der Politik, mit Texten der Öffentlichkeitsarbeiter aus Rathäusern, Landkreisverwaltungen, Abgeordnetenbüros, Parteizentralen, Unternehmen, Vereinen und Verbänden, mit Veranstaltungshinweisen und Notdiensttafeln von Ärzten und Apothekern, mit Einladungen zu Präsentationen, Besichtigungen und Pressekonferenzen, mit Berichten von Vereinsabenden und Jubiläumsfeiern.

Dieser Strom, der in der guten alten Zeit mit der Morgenpost geordnet und mehrere Dezimeter hoch auf den Schreibtisch des Redaktionsleiters schwappte, hat sich längst neue Wege gesucht und ist breiter geworden: per Fax, per E-Mail, per Agenturdienst direkt auf den Bildschirm und immer auch noch als Drucksache oder Brief, mitunter angereichert durch eine CD oder einen USB-Stick. Und wenn Unvorhergesehenes passiert, verschickt die Polizei ihre »Blitzmitteilungen« inzwischen auch als SMS auf das Handy. Das macht den Informationsfluss nicht übersichtlicher und vergrößert zugleich die Gefahr, dass in dieser großen Welle das verloren geht, was wirklich wichtig ist – die neue Nachricht, der unverzichtbare Termin, der interessante Tagesordnungspunkt einer Sitzung und der Hinweis auf die gute und außergewöhnliche Geschichte.

Die Bewältigung der Informationslage, die Sichtung der eingehenden gedruckten oder elektronischen Post und die Bewertung dieser Neuigkeiten stellen große Anforderungen an das redaktionelle Informationsmanagement. Diese »passive Recherche« ist oft der Anfang einer aktiven Recherche. Was durch den Flaschenhals dieser Erstbehandlung geht und rasch auf dem richtigen Schreibtisch in der Redaktion landet, das bildet die Grundlage der täglichen journalistischen Arbeit.

Eine gute und durchdachte Organisation, die auf das jeweilige Medium zugeschnitten und dem Bedarf der jeweiligen Redaktion angepasst sein muss, ist dafür unabdingbar. In der Person des »Gatekeepers« sollte fundiertes journalistisches Grundwissen gepaart sein mit fachlichen Kenntnissen, regionaler und lokaler Kompetenz und klaren Vorstellungen darüber, was am bestimmten Tag die wichtigen Themen sind und wie sie auf der Grundlage der aktuellen Besetzung und weiterer Rahmenbedingungen (Budget) innerhalb der Redaktion umgesetzt werden können.

Auf Themen in den Grauzonen achten	Da die Informationen inzwischen über verschiedene Wege die Redaktion erreichen, ist die erste Sichtung oft das größte Problem. Zumeist werden die an den zentralen Adressen (Post und E-Mail) eingehenden Informationen von dort an die einzelnen Ressorts oder an den Newsdesk weitergeleitet. Die Verteilung kann in Anlehnung an die Kategorisierung der Nachrichtenagenturen und die Ressorteinteilung der Redaktion thematisch erfolgen (Politik, Wirtschaft, Sport, Kultur) und/oder nach örtlichen Kriterien (Lokales, Kreise/Region, Land). Klare Vorgaben erleichtern diese erste Verteilung. Die Schwierigkeiten entstehen in den Grauzonen: Ist es ein Wirtschaftsthema, wenn ein örtlicher Gewerbebetrieb zehn Leute entlässt, oder kümmert sich darum das Lokale? Ist der Protest von vier Landräten gegen die neue Wohngeldregelung des Bundes eine Angelegenheit für die Innenpolitik oder für das Regionalressort? Stehen Proteste gegen Streichungen von Zügen in verschiedenen Orten auf den Kreisseiten oder im Landesressort? Die Antworten darauf fallen je nach Medium unterschiedlich aus. Wichtig ist, dass solche Informationen, die zwischen die »Ressortstühle« zu fallen dro-

hen, alle möglichen Weiterverarbeiter erreichen (Kopie machen) oder direkt in Konferenzen angesprochen werden.

Neben den zentralen Adressen einer Redaktion sind ressortspezifische Adressen (postalisch, aber auch für E-Mails und Faxe) sinnvoll. Möglich ist auch eine weitere regionale Unterteilung, etwa für einzelne Kreisredaktionen. Dies kanalisiert den Posteingang und macht ihn übersichtlicher. Grundsätzlich gilt: Die eingehende Post muss tagesaktuell möglichst früh und kontinuierlich bearbeitet werden. Es sollten also keine E-Mail-Adressen angegeben werden, auf die nur eine Person Zugriff hat, die auf einem Termin oder im Urlaub sein kann, der Fax-Auswurf sollte ständig beobachtet werden, und es sollten auch die Briefe geöffnet werden, die an einen bestimmten Redakteur gerichtet sind. Die wünschenswerte Dezentralität der eigentlichen Postbearbeitung darf aber nicht dazu führen, dass der Überblick verloren geht.

Sind die entweder über eine zentrale Stelle oder direkt an die jeweilige Redaktion gerichteten Informationen auf dem Schreibtisch beziehungsweise auf dem Bildschirm des verantwortlichen Redakteurs gelandet, beginnen die beiden wichtigsten Schritte: das Sichten und das Verteilen.

Grundsätzlich werden unterschiedlich ausgerichtete Medien anders mit den eingehenden Informationen umgehen. Dabei spielt der Übermittlungsweg des Mediums (Print, Radio, TV, Online) ebenso eine Rolle wie die Art des Mediums. Zeitungen, die ein breites Publikum ansprechen, werten anders als Special-Interest-Titel, eine überregionale Wirtschaftszeitung anders als das Lokalblatt. Hinzu kommen redaktionelle Ziele: Welchen Stellenwert hat die Kommunalpolitik, versteht man sich als Mitteilungsblatt einer Gemeinde, wie groß werden Service und Lebenshilfe gewertet? Soll heißen: Wer sortieren will, muss das redaktionelle Konzept kennen. Dazu gehören auch ganz profane Fragen: Werden Mitteilungen von Bundes- oder Landtagsabgeordneten im Lokalteil veröffentlicht, auch wenn sie sich mit bundespolitischen Themen befassen? Gibt es feste Rubriken für Vereinsmitteilungen, Ankündigungen, Personalnachrichten und Spenden? Diese redaktionellen Grundsätze stichwortartig festzuhalten, empfiehlt sich vor allem dann, wenn die Sichtung des Materials von verschiedenen Personen erledigt wird oder wenn (beispielsweise auf regionaler und lokaler Ebene) mehrere Redaktionen nach dem gleichen Muster zusammenarbeiten und Artikel austauschen.

Ganz praktisch wird die eingehende Post zunächst in mehrere Bereiche unterteilt. Erstens: Hinweise für den Serviceteil einer Zeitung, die an die jeweilige Erfassung weitergeleitet werden. Zweitens: Einladungen und Termine, die ins Terminbuch oder den elektronischen Terminkalender eingetragen werden. Drittens: Mitteilungen und Themen, die tagesaktuell bearbeitet werden müssen. Viertens: nicht aktuelle und zeitlose Themen; Anregungen und Ideen, die redaktionsinterner Rücksprache bedürfen. Fünftens – und am wichtigsten: die Ablage P wie Papierkorb. Nachdem viele Informationen per E-Mail kommen, empfiehlt es sich in

Ablage P wie Papierkorb nicht vergessen

diesem Bereich zuerst die Mailliste mit der Lösch-Taste zu bearbeiten und die relevanten Informationen auszudrucken oder elektronisch zu kategorisieren.

Die derart aufgeteilten Mitteilungen werden nun im Sekretariat oder der Redaktionsassistenz weiterbearbeitet. Die Termine werden elektronisch erfasst, die Unterlagen werden in der Terminmappe gesammelt, die betroffenen Redakteure, die aufgrund ihres Sachgebiets den Termin wahrnehmen könnten, werden (entweder elektronisch oder per Ausdruck) informiert. Eine sofortige Auftragsvergabe ist außer bei Top-Ereignissen, die eine spezielle Vorbereitung erfordern, nicht sinnvoll, da sie zu früh Festlegungen trifft und aktuelles Reagieren (Mitarbeiter ist krank oder hat wichtigere Termine) erschwert. In einer Datenbank oder einer Produktionsliste werden auch die aktuellen Themen mit dem möglichen Autor, der Länge des Artikels und weiteren Daten (etwa mögliches Fotomotiv) erfasst. So entsteht auf elektronischer Basis das Tages- und Wochenprogramm der Redaktion, das auf den Konferenzen besprochen werden kann. Inwieweit diese Informationen nur elektronisch, nur auf Papier oder in einer Mischform redaktionsintern verbreitet werden, ist jeder Redaktion überlassen. Für Übersichtlichkeit und Nachprüfbarkeit sorgt ein Mischsystem, zumal dann postalisch eingegangene Informationen nicht aufwändig erfasst werden müssen. Allerdings bietet sich auf elektronischer Basis eine Priorisierung an – etwa über ein Farbsystem – nach der Bedeutung der Termine und Themen oder auch nach der lokalen/regionalen Verortung, beispielsweise wenn es verschiedene Ausgaben eines Printprodukts gibt. Dies erleichtert den Blattmachern und dem Ressortleiter den Überblick.

Für die Papiermitteilungen (Termine, vergebene Themen) an die Redaktion bieten sich klassische Ablagekörbe mit dem Namen jedes Mitarbeiters an, für die Terminablage und Aufbewahrung von Unterlagen die »31-Tage-Mappe«. Inzwischen gibt es neben den allgemeinen elektronischen Daten- und Terminverwaltungen auf Redaktionen zugeschnittene Lösungen, welche die Termineinteilung, Artikelplanung und Fotobeauftragung erleichtern – und beispielsweise auch den Status der Bearbeitung eines Themas anzeigen. Wichtig ist, dass ein stringentes, transparentes und leicht bedienbares System verwendet wird. Auch die »Mobilität« ist wichtig, etwa indem die Datenbank auch von außerhalb der Redaktion »elektronisch« einsehbar ist oder indem sie erlaubt, Daten einfach auf tragbare Geräte (Notebook, Handheld, Handy) zu übertragen. Dieses System muss auch den einzelnen Redakteuren zugänglich sein. Sie können außerhalb der Redaktionskonferenzen ihre selbst vereinbarten Termine eintragen und weitere Themen vorschlagen – und sie so ins redaktionelle Informationsmanagement einspeisen. Dies kann auch auf Terminzetteln erfolgen, die vom Sekretariat in das System eingepflegt werden.

Redaktions-konferenzen Auf der Grundlage dieser Katalogisierung finden die täglichen Redaktionssitzungen statt, für die für jeden Teilnehmer die Termine und wichtigen Themen entweder elektronisch und zum Ausdrucken oder per Listen aufbereitet werden. Inwieweit technische Hilfsmittel (Beamer, Telefonschaltungen) eingesetzt werden, hängt vom Bedarf und von der Ausstattung der Redaktion ab. Ob aufgrund EDV-gestützter Systeme Formen von »virtuellen« Konferenzen möglich sind, muss jede Redaktion selbst entscheiden. Zumindest eine direkte telefonische Gesprächssituation scheint aber unverzichtbar, will man nicht nach dem »Auftrag-vergeben-und-Auftrag-erledigt«-System in einer Redaktion arbeiten. Persönliche Treffen der Redaktion und direkte Absprachen mit den Redakteuren sind aus meiner Sicht trotz aller Möglichkeiten der EDV unumgänglich, um gute Arbeitsergebnisse zu erzielen.

Neben diesen täglichen Redaktionssitzungen bieten sich Themenkonferenzen in regelmäßigen Abständen an, in denen die gesammelten Themen, Anregungen und Ideen diskutiert und Wege für die Umsetzung gesucht werden. Das gilt besonders für die Themen, die aus der »passiven Recherche« in anderen Medien, Unternehmens- und Vereinsberichten usw. stammen.

Die gewissenhafte Sichtung und professionelle Verteilung der Termine und der aktuellen Mitteilungen erfordern erhebliche Disziplin und einen nicht zu unterschätzenden persönlichen Zeitaufwand des »Gatekeepers«. Gut gemacht sorgen sie aber für eine kontinuierliche Berichterstattung, eine verlässliche Bewertung und eine enorme Zeitersparnis für die Gesamtredaktion. Der »Gatekeeper« benötigt ein ausgeprägtes journalistisches Gespür, die relevanten Themen aus der Flut der Mitteilungen herauszufiltern. Er sollte außerdem automatische Stichwort-Abfragen für Agenturmeldungen einrichten, etwa nach Orten und nach Namen wichtiger Persönlichkeiten und Unternehmen. Auch eine automatisierte Internetsuche nach Neuigkeiten zu bestimmten Stichworten ist sinnvoll. Der Blick auf andere Medien (Radio, Internet, TV) ist unumgänglich. All das kann den Input der »passiven Recherche« erhöhen – und damit den Informationsstand der Redaktion.

Die guten Geschichten liegen auf der Straße, heißt es im Gewerbe. Praktiker wissen, dass sie sich viel öfter in der täglichen Post verbergen. Diese »Perlen« im Stress der tagesaktuellen Produktion und beim Querlesen zu entdecken, ist die Kunst der »passiven Recherche«.

Literatur

Baumert, Andreas: Interviews in der Recherche. Redaktionelle Gespräche zur Informations-beschaffung. Wiesbaden 2004.
Dieses Handbuch gibt Tipps, wie Interviews als fruchtbares Rechercheinstrument eingesetzt werden können.

Brendel, Matthias/Brendel, Frank/Schetz, Christian/Schreiber, Henrik: Richtig recherchieren. Wie Profis Informationen suchen und sich besorgen; ein Handbuch für Journalisten, Rechercheure und Öffentlichkeitsarbeiter. 6., aktualisierte Auflage, Frankfurt am Main 2004.
Übersichtliches Handbuch, das Auskunft gibt über Wege der Informationsbeschaffung, Recherchemethoden, Gesprächsführung etc. Ebenso wird ein Einblick in die Nutzung von Internet und Datenbanken als Informationsquellen gegeben.

Cario, Ingmar: Die Deutschland-Ermittler. Investigativer Journalismus und die Methoden der Macher. Münster 2006.
Das Buch präsentiert die Ergebnisse einer Studie zu investigativen Recherchemethoden in Deutschland.

Deutscher Presserat (Hg.): Jahrbuch 2007. Schwerpunktthema »Boulevard und Persönlichkeitsrechte. Wie weit darf die Neugierde gehen?« Konstanz 2007.
Das Jahrbuch dokumentiert Fälle und Stellungnahmen des Presserats und vertieft ein aktuelles berufsethisches Thema. Erscheint jährlich.

Goemann-Singer, Alija/Graschi, Petra/Weissenberger, Rita: Recherchehandbuch Wirtschaftsinformationen. Vorgehen, Quellen und Praxisbeispiele. Berlin/Heidelberg 2004.
Ein Praxishandbuch für die professionelle Informationsbeschaffung mit detailliertem Quellenverzeichnis und Übersichtstabellen.

Haller, Michael: Recherchieren. Ein Handbuch für Journalisten. 6., völlig überarbeitete Auflage, Konstanz 2004.
Anschaulich werden alle Aspekte der Recherche vor allem bei der Tageszeitung und im Lokaljournalismus behandelt. Hilfreich sind Anregungen und Tipps zur Anlage eines persönlichen Archivs.

Institut zur Förderung publizistischen Nachwuchses/Deutscher Presserat (Hg.): Ethik im Redaktionsalltag. Konstanz 2005.
Ethische Konflikte und Grenzbereiche bei der journalistischen Recherche werden anhand vieler Praxisbeispiele aus den Fällen des Presserats erläutert.

Ludwig, Johannes: Investigativer Journalismus. 2. überarbeitete Auflage, Konstanz 2007.
Umfassende Beschreibung des investigativen Journalismus mit Fallbeispielen aufgedeckter Affären und Tipps für die praktische Recherchearbeit.

Netzwerk Recherche (Hg.): Trainingshandbuch Recherche. Informationsbeschaffung professionell. Wiesbaden 2003.
Texte anerkannter Praktiker bieten Anregungen und Hilfestellung, wie Recherchetechniken im journalistischen Arbeitsalltag besser verankert werden können.

Schöfthaler, Ele: Die Recherche. Ein Handbuch für Ausbildung und Praxis. Berlin 2006.
Wie entdeckt man Themen? Wie weit dürfen Journalisten gehen bei der Recherche? Wie »lästig« dürfen sie sein? Das Buch liefert Antworten hierzu aus der praktischen Recherchearbeit.

VII Journalistische
Darstellungsformen

Die Beherrschung der journalistischen Darstellungsformen ist neben der Recherche und dem Umgang mit Informationsquellen (→ Recherche) eine zentrale Anforderung des journalistischen Handwerks. Hierzu gehört nicht nur, entsprechend der jeweiligen Lehrmeinung die journalistischen Produkte in eine sach- und mediengerechte Form zu bringen und diese »handwerklich« zu beherrschen, sondern auch zu entscheiden, welche Medieninhalte in welcher Form (welchem Umfang und welcher Platzierung) dem Leser, Hörer und Zuschauer angeboten werden sollen.

1 Medienspezifische Besonderheiten in Presse und Rundfunk

Grundsätzlich werden die journalistischen Darstellungsformen – unabhängig vom Medium – in drei Gruppen eingeteilt (vgl. Reumann 2002, S. 128f.):
Tatsachenbetonte (referierende) Formen: Nachricht (als Wortnachricht: Meldung und Bericht, aber auch als Bildnachricht: Foto und Infografik), Reportage, Feature, Interview, Dokumentation.
- *Meinungsbetonte Formen:* (politisch urteilender) Leitartikel, Kommentar, Glosse, Kolumne, Porträt, Karikatur, (politisches) Lied und (vorwiegend ästhetisch urteilende) Buch-, Theater-, Musik-, Kunst-, Film-, Fernsehkritik. Politisch oder ästhetisch urteilt das Essay.
- *Fantasiebetonte Formen:* Zeitungsroman, Kurzgeschichte, Feuilleton (kleine Form), Spielfilm, Hörspiel, Fernsehspiel, Lied (auch in der Form des Schlagers), Comics, Witzzeichnungen.

Die Grenzen zwischen den einzelnen Formen sind fließend, ebenso wie die Absicht der Journalisten zu informieren, zu überzeugen oder zu unterhalten. Trotzdem gilt eine grundlegende Regel: Nachricht und Kommentar sollten immer getrennt werden. Diese Trennung gilt als Gradmesser für die Redlichkeit des Journalismus: »Facts are sacred, comment is free«.

In der Praxis wird man die Darstellungsformen selten in reiner Form finden: So können sich Berichte lediglich auf Zahlen und Fakten stützen, aber auch eher reportagehafte Züge oder Merkmale meinungsbetonter Formen aufweisen. Aus Sicht mancher Praktiker ist der aus dem angelsächsischen Journalismus stammende strenge Dualismus von Nachricht und Meinung bei der täglichen journalistischen Arbeit nicht immer praktizierbar. Michael Haller plädiert daher für den Gegensatz »faktizierende« versus »argumentierende« Informationsvermittlung, da in seinen Augen Darstellungsformen aus Sicht des Journalisten funktional definiert werden sollten (vgl. Haller 2006, S. 79f.). Die Wahl der Darstellungsformen durch die Redakteure ist von verschiedenen Faktoren bestimmt, u. a.:

- *Eigenheiten des Mediums:*
- Welches Medium? Welche Rubrik? Wie viel Raum steht zur Verfügung?
- *Eigenheiten des Themas:*
- Eignet sich z. B. das Thema für eine ausführliche Reportage oder ist ein sachlicher, knapper Bericht angebracht?
- *Öffentlicher Auftrag des Journalisten:*
- Wie können gesellschaftliche Vorgänge über das Thema hinaus vermittelt werden? Durch eher individualistisch-subjektive Schreibweise? Oder besser faktizierend-objektiv?
- *Reflexion über publizistische Wirkungsabsichten:*
  Welche Darstellungsform spricht welches Publikum am ehesten an?

Für den Journalisten bedeutet dies, die Darstellungsformen als Brückenschlag zwischen dem Thema, dem Medium, den persönlichen Intentionen und Fertigkeiten sowie den Erwartungen des Publikums zu verstehen. In Lehrbüchern über praktischen Journalismus (→ Dokumentation) werden durchaus unterschiedliche Positionen sichtbar: Vertreter der strikten Trennung von Nachricht und Meinung, die dieses Verständnis auch in entsprechend strikten Regeln für die journalistischen Darstellungsformen zum Ausdruck bringen, und theoretische Positionen, welche die Absichten und Fertigkeiten des Journalisten sowie weitere Faktoren einbeziehen. Hinter diesen divergierenden Meinungen stehen unterschiedliche Vorstellungen über die Aufgabe und das Selbst- und Berufsverständnis von Journalisten (→ Journalisten und ihr Publikum). Grenzen für die von Absichten, Meinungen und Überzeugungen gesteuerten Handlungen im Redaktionsalltag setzen das vom jeweiligen Medium geforderte oder als vorbildlich empfundene Verständnis von journalistischer Professionalität (→ Journalismus als Beruf), das Profil eines Mediums (→ Management und Marketing) oder rechtliche Schranken (→ Rechte und Pflichten).

Steigende Bedeutung der Präsentation

Der verschärfte Wettbewerb innerhalb und zwischen den Mediengattungen sowie neue technische Möglichkeiten führen dazu, dass die Präsentation von Informationen wichtiger wird. Dazu gehören neben dem formalen Layout, der Verwendung von O-Tönen im Hörfunk und Bildsequenzen im Fernsehen auch die Aufbereitung von Informationen, Ereignissen und Themen in unterschiedlichen Darstellungsformen bzw. die Verwendung von Elementen dieser Formen. Die unterhaltsame Gestaltung und Präsentation von Informationen – Infotainment – wird beispielsweise als Mittel eingesetzt, um Zielgruppen zu erreichen, die sich für die trockene Wiedergabe harter Informationen nicht interessieren. Eine Möglichkeit einer solchen Auflockerung von Informationen besteht in der Verwendung von Elementen des Features. Man spricht in diesem Fall von einem »Anfeaturen« der Information.

Im Kampf auf den Publikumsmärkten werden Darstellungsformen in ihrer ganzen Vielfalt bewusst eingesetzt. Ereignisse und Themen werden in mehreren, verschiedenen Formen aufbereitet mit dem Ziel, Abwechslungsreichtum zu erzeugen und verschiedene Publikumsbedürfnisse anzusprechen. Der Wettbewerb um das Publikum wird wesentlich über die Verwendung von Darstellungsformen geführt. Ein Beispiel hierfür ist das Nachrichtenmagazin »Focus«, das sich als Info-Illustrierte am Leser- und Anzeigenmarkt etabliert hat. Das Konzept basiert auf vielen Grafiken (Infografiken), Bildern, Info-Kästen und Kurzinterviews, durch die sich der eilige Leser einen schnellen Überblick über das Thema verschaffen kann. Auch der nur mäßig interessierte bzw. aus dem Artikel ausgestiegene Leser erhält mehrere Zugänge, um überhaupt oder wiederum in die Geschichte einzusteigen. Artikel werden oft rund um eine vorhandene Foto- und Grafikstrecke platziert und nicht umgekehrt vorhandene Artikel bestmöglich illustriert. Ein weiterer Faktor, der die Verwendung illustrativer Formen begünstigt, ist die Weiterentwicklung von Software und digitaler Bildbearbeitung, die eine schnelle und einfache Erstellung dieser Formen ermöglicht.

Die Sprache ist nach wie vor das wichtigste Ausdrucks- und Gestaltungsmittel im Journalismus. Auch im Fernsehen dienen Filmsequenzen oft nur zur Illustration der sprachlichen Botschaft. Allerdings nimmt die Bedeutung optischer und akustischer Zeichensysteme aufgrund neuer technischer Möglichkeiten und multimedialer Angebote z. B. im Internet ständig zu. Die Sprache der Medien unterscheidet sich und muss sich an den Eigengesetzlichkeiten des Lesens, Hörens und Fernsehens orientieren.

Medienspezifische Besonderheiten

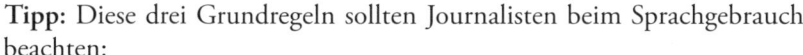

Tipp: Diese drei Grundregeln sollten Journalisten beim Sprachgebrauch beachten:

1. Fassen Sie sich kurz. Der Leser hat nicht unbegrenzt Zeit.
2. Schreiben Sie zielgenau. Eine anschauliche, lebendige und konkrete Sprache vereinfacht das Lesen.
3. Schreiben Sie so, wie Ihre Zielgruppe es versteht.

Medienübergreifend gibt es vier »Verständlichmacher«, an denen sich Journalisten orientieren sollten, damit Rezipienten Texte leichter verstehen und nicht gelangweilt oder überfordert werden. Diese ursprünglich von Inghard Langer, Friedemann Schulz von Thun und Reinhard Tausch (1993) im Rahmen ihres »Hamburger Modells« erstellten Kriterien haben Karola Ahlke und Jutta Hinkel auf die journalistische Arbeit angepasst und umformuliert (vgl. Ahlke/Hinkel 1999, S. 24ff.):

1. Einfachheit (in Wortwahl und Satzbau)
Einfachheit betrifft vor allem Wortwahl und Satzbau, d. h. die sprachliche Formulierung: Die Wörter sollten möglichst geläufig sein und kurze, einfache Sätzen bilden. Schwierige Wörter wie z. B. Fremdwörter oder Fachausdrücke werden erklärt, sofern sie überhaupt notwendig sind und nicht durch geläufigere Vokabeln ersetzt werden können. Um Monotonie im Satzbau zu vermeiden, sollten kürzere und längere Sätze einander abwechseln. Der dargestellte Sachverhalt selbst kann einfach oder schwierig sein, hier geht es ausschließlich um die Art der Darstellung und nicht um den Inhalt.

2. Gliederung und Ordnung
»Dieses Merkmal bezieht sich auf die innere Ordnung und die äußere Gliederung eines Textes. Innere Ordnung: Die Sätze stehen nicht beziehungslos nebeneinander, sondern sind folgerichtig aufeinander bezogen […] Äußere Gliederung: Der Aufbau des Textes wird sichtbar gemacht […] Vor- und Zwischenbemerkungen gliedern den Text. Wesentliches wird von weniger Wichtigem sichtbar unterschieden […]« (Langer/Schulz von Thun/Tausch 2006, S. 24). Für einen stringenten Textaufbau gilt es also, Folgerichtigkeit und Zusammenhang der Aussagen zu beachten, Irrelevantes wegzulassen und inhaltliche Sprünge zu vermeiden. Formale Ordnung, die der Übersichtlichkeit dient, kann durch Absätze, Zwischenüberschriften etc. hergestellt werden.

3. Kürze und Prägnanz
Die Textlänge muss dem Inhalt und dem Informationsziel angemessen sein. Um sich auf das Wesentliche zu beschränken, sollte jedes eingesetzte Wort auf dessen Notwendigkeit hin überprüft werden. Floskeln und Füllwörter gilt es zu vermeiden.

4. Anregende Zusätze
Zu dieser Kategorie zählen beispielsweise Zitate und Personalisierungen. Gemeint sind sprachliche Mittel, die eingesetzt werden, um das Interesse und die Aufmerksamkeit des Lesers zu wecken. Solche »schmückenden« Elemente erhöhen die Textverständlichkeit nur, wenn die beiden erstgenannten Kriterien schon erfüllt sind. Sonst besteht die Gefahr, dass die Rezipienten durch diese Zusätze eher abgelenkt oder verwirrt werden und die Grundaussage bzw. der Informationsgehalt des Textes davon verdeckt wird. In diesem Fall würde die Verständ-

lichkeit also sogar vermindert werden. Der Einsatz dieser Gestaltungsmittel ist genreabhängig: In Reportagen z. B. sind sie essenziell, bei Nachrichten dagegen weitaus eingeschränkter einzusetzen.

Für die optimale Verständlichkeit eines Textes ist vor allem die maximale Ausprägung der Eigenschaften »Einfachheit« sowie »Gliederung und Ordnung« ausschlaggebend. »Kürze und Prägnanz« sowie »anregende Zusätze« sind dagegen komplementäre Texteigenschaften, die zu Lasten der anderen Merkmale gehen. Sie sollten auf einem moderaten Niveau gehalten werden. Außerdem gilt: Je besser ein Text gegliedert und geordnet ist, desto mehr anregende Zusätze verträgt er.

Die vier Verständlichmacher funktionieren nur im Zusammenspiel. Sie stehen in einem Wechselwirkungsverhältnis zueinander und müssen deshalb immer gegeneinander abgewogen werden. Lediglich einzelne Elemente herauszugreifen und zu betonen, ginge daher an der Intention des Konzepts vorbei.

Tipp: Journalistische Botschaften sollten einfach, geordnet, prägnant und anregend sein.

Presse, Radio, Fernsehen und Internet unterscheiden sich, was die Aufnahme der von ihnen vermittelten Botschaften betrifft, durch eigene, teils technisch bedingte Gesetzmäßigkeiten.

Zeitungen und Zeitschriften sind statische Medien. Der Leser kann jederzeit nachlesen oder zurückblättern, wenn er etwas nicht verstanden hat. Bei allen gedruckten Medien kann der Leser das Tempo der Informationsaufnahme selbst bestimmen. Journalisten akzentuieren Texte vor allem durch die Schrift und die Aufmachung. *(Zeitung und Zeitschriften)*

Der Hörfunk ist ein flüchtiges Medium. Was überhört oder nicht gleich verstanden wird, ist unwiederbringlich. Der Hörer hat nicht wie der Zeitungsleser die Möglichkeit zurückzublättern. Hier sind die Hörfunk-Journalisten gefordert, ihre Texte so zu formulieren, dass die wichtigsten Fakten gelegentlich wiederholt werden. Diese Wiederholungen nennt man Redundanz. Die Flüchtigkeit des Radios wird dadurch verstärkt, dass viele Hörer das Radio »nebenbei« hören. Der Grad der Aufmerksamkeit ist also verringert. Im Hörfunk wird der Text durch die Betonung, Sprachmelodie und andere akustische Hilfsmittel akzentuiert. Entscheidend für die Wirkung eines Textes sind neben dem Inhalt dessen Klang, also wie er gesprochen wird. *(Hörfunk)*

Fernsehen Beim Fernsehen erfolgt die Informationsaufnahme durch den Zuschauer zwei-
kanalig. Sie beansprucht zwei Sinne: Auge und Ohr. Darin liegen Chance und
Gefahr. Zum einen können die Bilder das Gesagte illustrieren und veranschaulichen und somit das Verständnis fördern. Zum anderen können sie den Zuschauer
aber auch ablenken oder verwirren, wenn sie nicht zu dem Gesagten passen. Die
durch Bild und Text vermittelten Botschaften müssen sich inhaltlich decken bzw.
sinnvoll ergänzen, dürfen also nicht voneinander ablenken, wenn sie der Zuseher gut verstehen und behalten soll. Durch die zusätzliche Vermittlung des Bildes ist das Fernsehen zwar ein sehr glaubwürdiges, aber auch ein sehr flüchtiges
Medium: Wie beim Hörfunk kann der Zuschauer beim Fernsehen das Tempo
der Informationsaufnahme nicht selbst bestimmen.

Ein Fernsehjournalist sollte sich immer dazu zwingen, der Aussagekraft der
Bilder zu vertrauen und seine Sprache darauf abzustimmen. Wenn bei einer entsprechenden Filmeinstellung ein Teil der Information dem Bild überlassen wird
und nur ein Teil oder eine erklärende Ergänzung im Text liegt, wirkt das runder
als eine exakte verbale Wiedergabe des dargestellten Sachverhaltes. So wirkt es
beispielsweise künstlich und einfallslos, die Bilder einer Schlange Menschen vor
einer Metzgerei in Russland mit folgendem Text zu begleiten: »Mehr als 50 Mos-
kowiter warten wie jeden Morgen geduldig auf die Öffnung dieser Metzgerei,
um einen Teil des geringen Fleischangebots abzubekommen.« Besser ist: »Eine
Metzgerei in Moskau. Ein Bild, das hier jeden Tag zu sehen ist. Das Fleisch wird
bereits wenige Minuten nach Öffnung des Ladens ausverkauft sein. Nur ein kleiner Teil kehrt mit einer gefüllten Einkaufstasche nach Hause zurück.«

Internet Das Internet wiederum vereint die Vorteile der drei anderen Medien. Es ist einerseits wie Zeitungen und Zeitschriften auch ein statisches Medium, denn die Texte
können hoch- und runtergescrollt und damit mehrmals gelesen werden. Andererseits ist es ein sehr dynamisches Medium, denn die Inhalte ändern sich häufig.
Dank der Multimedialität können auch Audio- und Videodateien verfügbar sein.
Die Hypertextstruktur ermöglicht eine selektive Nutzung und bietet außerdem
den Vorteil, dass die einzelnen, multimedialen Inhalte und Präsentationsformen
aufeinander abgestimmt werden können (→ Online-Journalismus).

2   Nachricht in Wort und Bild

Nicht jede Information ist auch eine Nachricht. Die Mitteilung, dass heute um
14 Uhr ein Schnellzug aus Köln in Stuttgart angekommen ist und die Fahrgäste
aus dem Zug ausgestiegen sind, ist noch keine Nachricht. Was ihr fehlt, ist der
Nachrichtenwert. Er ist dann vorhanden, wenn sich etwas Unerwartetes, Unge-
wöhnliches oder Überraschendes ereignet hat, beispielsweise wenn der Schnellzug im Winter auf freier Strecke defekt liegen bleibt und die Reisenden erst nach
mehrstündigem Ausharren bei minus 20 Grad von Bussen zur Weiterfahrt abge-

holt werden. Unter Nachrichten sind in diesem Sinn Mitteilungen zu verstehen, die für die Öffentlichkeit von Interesse sind. »Nachricht« ist jedoch nicht nur ein Synonym für »wichtige Mitteilung«, sondern auch eine journalistische Darstellungsform, die bestimmte Merkmale aufweist.

Die Bedeutung von Nachrichten ergibt sich aus der Informationsfunktion der Medien in freiheitlichen, demokratischen Gesellschaftssystemen. Ein vielfältiges Nachrichtenangebot und ungehinderter Zugang zu Informationsquellen ist eine wesentliche Voraussetzung der politischen Freiheit und demokratischen Willensbildung. In Artikel 5 des Grundgesetzes ist deshalb neben der Meinungs- und Pressefreiheit auch das Grundrecht der Informationsfreiheit als wesentliche Säule der Demokratie verankert (→ Rechte und Pflichten). — **Nachrichtenwert**

Nachrichten definieren sich zuerst als wichtige Informationen – mithin als Tatsachen, die einen bestimmten Nachrichtenwert haben. Die Bedeutung von Informationen orientiert sich an
* der Bedeutung der Sache an sich und
* dem Interesse des Publikums an der Information.

Bei der Regel, Nachrichten nach ihrer Bedeutung auszuwählen, sind zwei Merkmale zu unterscheiden: das Ausmaß eines Ereignisses unter dem Aspekt direkter Folgen und Beteiligung (z. B. die Zahl getöteter/verletzter Personen bei einem Unglück) und die Konsequenzen eines Ereignisses unter dem Aspekt der Reichweite (die Folgen für die Bevölkerung bzw. für bestimmte Bevölkerungsgruppen).

Nicht jede bedeutungsvolle Information in diesem Sinne ist jedoch für ein breites Publikum von Interesse. Andererseits kann eine Nachricht für bestimmte Leser, Zuhörer oder Zuschauer interessant sein, obwohl sie eigentlich keine besondere Bedeutung hat. Auch in diesem Fall haben die Informationen einen Nachrichtenwert, der von dem Interesse des Publikums und nicht wie im ersten Fall durch die Bedeutung der Sache bestimmt ist (→ Journalisten und ihr Publikum). Ein Publikumsinteresse wird beispielsweise durch folgende Faktoren beeinflusst:
* Ort eines Ereignisses und seine Wichtigkeit für das Publikum (Nähe),
* Bekanntheitsgrad involvierter Personen (Prominenz),
* Neuigkeitswert und Aufgeschlossenheit für ein Thema (Aktualität),
* menschliche bzw. emotionale Aspekte eines Ereignisses (»human interest«).

Nachrichten, bei denen der Nachrichtenfaktor »Bedeutung« im Vordergrund steht, werden auch als harte Nachrichten (»hard news«) bezeichnet. Weiche Nachrichten (»soft news«) sind solche, deren Nachrichtenwert bei eher fehlender objektiver Bedeutung vor allem durch die Neugier und Sensationslust des Publikums bestimmt wird. Folglich ist der Unterhaltungswert von »soft news« höher als deren Nützlichkeit. In ihnen haben Prominenz, Kuriosität und »human interest« ein hohes Gewicht. Bei »hard news« dominieren Nachrichten aus Wirt- — **Harte und weiche Nachrichten** schaft und Politik, bei denen Betroffenheit der Bürger, negative oder positive Folgen eines Vorgangs für viele Menschen im Vordergrund stehen. Die Qualitätsansprüche liegen hier sowohl inhaltlich als auch formal und ethisch wesentlich höher als bei weichen Nachrichten.

Nachricht als tatsachenbetonte Darstellungsform

Nachrichten sind zum einen Mitteilungen von publizistischem Wert; zum anderen ist die Nachricht eine journalistische Darstellungsform, mit der die Vermittlung von Informationen in möglichst knapper, unparteilicher Weise angestrebt wird. Sie ist vor allem eine ausschließlich tatsachenbetonte und referierende Darstellungsform. Abzugrenzen ist der Begriff »Nachricht« von der »Meldung« und dem »Bericht«. Formales Abgrenzungskriterium ist die Länge, die Indikator für die unterschiedliche Ausführlichkeit ist, mit der Ereignisse oder Themen behandelt werden. Demnach sind Meldungen Kurz-Nachrichten mit einer Länge von gewöhnlich nicht mehr als etwa 25 Druckzeilen in Tageszeitungen. In Berichten hingegen werden Ereignisse ausführlicher dargestellt.

Der Übergang zwischen diesen Darstellungsformen ist jedoch fließend, zumal der formale Aufbau den gleichen Grundprinzipien folgt. Deshalb werden »Meldungen« und »Berichte« auch als Nachrichtendarstellungsformen bezeichnet – der Begriff »Nachricht« ist in diesem Fall eher eine Gattungsbezeichnung, die verschiedene Formen aufweist, als die Benennung einer spezifischen Darstellungsform.

Aufbau der Nachrichten

Der Aufbau von Nachrichten (Meldungen, Berichten) folgt im Allgemeinen dem »Prinzip der umgekehrten Pyramide« (auch »Climax-First-Form« oder »Top-Heavy-Form« genannt). Dieses Bild soll veranschaulichen, dass das Wichtige, der Informationskern, an den Anfang gehört. Informationen zur Erläuterung oder unbedeutendere Einzelheiten folgen später. Eine eherne Regel im Nachrichtenjournalismus besagt, dass jeder folgende Absatz weniger wichtig ist als der vorhergegangene. Dabei ist – insbesondere im Agenturjournalismus – ein Prinzip vorherrschend: das »Kästchenprinzip«. Ein Kästchen entspricht einer Informationseinheit, die in einem Absatz ausgeführt wird. Die Reihenfolge der Absätze ergibt sich aus der jeweils nachrangigen Bedeutung.

Dieses Prinzip ist nicht nur inhaltlich begründet, sondern auch aus der Notwendigkeit, unterschiedlichen Nutzern (Tages-, Wochenzeitungen, Pressediensten, Rundfunk- und Fernsehredaktionen) leicht zu bearbeitende Informationen zu übermitteln. Der hierarchische Aufbau lässt die schnelle Bearbeitung beim Empfänger zu, da die Nachricht problemlos von hinten gekürzt werden kann, ohne dass wichtige Informationen verloren gehen. Der Text kann zudem häppchenweise übernommen werden – die siebte Reaktion auf die Bundestagswahl ist für den Empfänger des Nachrichtenagenturmaterials weniger wichtig als eine Eilmeldung über den Tod eines bekannten Popstars, die er noch schnell in die neueste Zeitungsausgabe einschieben muss. Grundsätzlich gilt also: Das Wichtigste (und für den Leser Bedeutsamste) gehört nach vorne.

Der Anfang einer Nachricht besteht aus einem Vorspann (Lead). Diesem sollte besondere Aufmerksamkeit geschenkt werden, denn der Vorspann muss mehrere wichtige Funktionen erfüllen: Er soll den Leser in die Nachricht einführen, in knapper Form die wichtigsten Informationen zusammenfassen und Anreize zum Weiterlesen bieten. Als Leitlinie, welche Informationen in den Vorspann gepackt werden sollen, stehen die sechs W-Fragen: Wer? Was? Wann? Wo? Wie? Warum? Zumindest die wichtigsten »Ws« sollten im Vorspann beantwortet werden. Der Vorspann ist bei längeren Nachrichten maximal drei bis vier Sätze lang. Die zentralen Informationen stehen am Anfang und es werden nur so viele Details dargestellt, wie zum Verständnis des Nachrichten-Zusammenhangs notwendig sind. Nach einem solchen mehrsätzigen Vorspann wird ein Absatz gemacht, damit der Vorspann sich auch optisch vom Hauptteil (Body) absetzt. Im Hörfunk und Fernsehen übernimmt die Anmoderation die Funktion des Leads, dem der eigentliche Beitrag folgt.

Vorspann

> **Tipp:** Der Vorspann soll den Leser in die Nachricht einführen, die wichtigsten Informationen zusammenfassen und zum Weiterlesen animieren. Dazu muss er zumindest die wichtigsten W-Fragen beantworten, wie in den folgenden zwei Beispielen:
>
> Beispiel 1: Die Bundesregierung sucht weiter nach neuen Geldquellen zur Finanzierung des Aufbaus in den neuen Ländern. Dabei werden von der SPD auch weitere Steuererhöhungen nicht mehr ausgeschlossen.
>
> Beispiel 2: Bei einem Absturz eines Transportflugzeugs auf ein Wohngebiet im kalifornischen San Diego sind am Sonntag mindestens sechs Menschen gestorben. Die Absturzursache war vermutlich ein in Brand geratenes Triebwerk.

Nachrichten schreiben verlangt Direktheit, Kürze, Prägnanz, Einfachheit und Klarheit der Sprache. In einer Nachricht sollte all das fehlen, was nicht unbedingt notwendig ist. Füllwörter und stilistische Verzierungen haben hier ebenso nichts zu suchen wie übertriebene oder ausschweifende Formulierungen. Auch illustrierende Sprachelemente und Wiederholungen sollten beschränkt bleiben. Andererseits gilt es Phrasen zu vermeiden: »Drei Todesopfer forderte ein Verkehrsunfall«. Besser ist: »Bei einem Verkehrsunfall starben drei Menschen«. Die Nachrichtensätze sollten im Aktiv stehen und eine einfache Konstruktion haben: Subjekt, Prädikat, Objekt. Andererseits ist aber auch darauf zu achten, dass sich nicht ausschließlich kurze Hauptsätze aneinanderreihen, sondern dass sie sich gelegentlich mit aufwändigeren Konstruktionen mit Haupt- und Nebensätzen abwechseln.

Inhalte der Nachricht

Objektivität
und Fakten-
orientierung

Ein wesentliches Kriterium für die journalistische Berichterstattung ist die Forderung nach Objektivität. Dies bedeutet, dass die Journalisten eine möglichst
unparteiische Darstellung von den Ereignissen geben sollten; eigene Wertungen
sind unzulässig. Die Präsentation soll faktenorientiert sein. Subjektiver Journalismus sollte auf die Meinungsdarstellungsformen beschränkt bleiben. Walther
von La Roche nennt einige Leitlinien, die bei der Erstellung einer Nachricht zu
berücksichtigen sind: die Namen, das Alter von Personen, die Teilnehmerzahl bei
einem Ereignis, was einem Redner als Zitat zugeschrieben wird – all dies muss vor
Ort recherchiert und im Text oder Beitrag korrekt wiedergegeben werden (vgl.
von La Roche 2006, S. 130). Das Bemühen um Richtigkeit und Genauigkeit gilt
auch für den Fall, dass sich der Rechercheur trotz aller Sorgfalt keine Sicherheit
über einen Sachverhalt verschaffen konnte. Dann muss er im Text oder Beitrag
in aller Offenheit auf diese Ungewissheit hinweisen. Bei einer Streitfrage, in der
sich gegensätzliche Meinungen gebildet haben, ist es Pflicht, grundsätzlich alle
Positionen darzustellen. Argumente, die in einer Diskussion auftauchen, müssen vollständig und ausgewogen wiedergegeben werden.

Tipp: Eine Nachricht sollte grundsätzlich wertungsfrei sein; das Bemühen
um Richtigkeit und Genauigkeit hat dabei die höchste Priorität. Gibt es
Ungewissheiten, so ist darauf in der Nachricht hinzuweisen.

Obwohl diese Grundsätze in der journalistischen Praxis allgemein anerkannt
sind, gibt es viele Beispiele, in denen bewusst oder unbewusst Meinungen in den
Nachrichtenteil einfließen. Viele Begriffe – vor allem Adjektive – enthalten eine
Wertung (z. B. der »überraschende« Rücktritt oder die »drängenden« Probleme).
Floskeln, durch die (auch unbeabsichtigt) Meinungen in die Nachricht einflie-
ßen könnten, sind zu vermeiden.

Im Anschluss an die Nachricht ist Platz für den Kommentar, der auch optisch
getrennt sein sollte. Hier können Journalisten mit ihrer eigenen Meinung Stellung beziehen. Vorsicht ist auch bei von Personen geäußerten Meinungen geboten. Wenn der Journalist sie im Bericht nicht deutlich als solche kennzeichnet,
wird sie der Leser als Tatsachen missverstehen. Bei jeder Meldung muss sorgfältig
geprüft werden, was an Fakten unbedingt notwendig und was überflüssig ist, weil
dies möglicherweise geeignet ist, Akzente zu setzen oder Vorurteile zu begründen
oder zu festigen. Schmückende und ergänzende Fakten können leicht eine nicht
gerechtfertigte Tendenz in eine Nachricht bringen. Was für Nachrichten-Texte
gilt, gilt natürlich auch für Bilder und Grafiken. Mit der Einführung ständig
leistungsfähigerer elektronischer Redaktionssysteme finden sich immer häufiger
Grafiken und Abbildungen in Zeitungen und Zeitschriften. Gerade bei Infografiken besteht die Gefahr, dass Sachverhalte zu vereinfacht dargestellt werden oder

nur bestimmte Aspekte wiedergegeben sind. Hier kann die ergänzende Bildunterschrift die Funktion der Abbildung erläutern und weitere Punkte ansprechen (→ Medienspezifische Präsentation).

2.1 Agenturjournalismus – Neutralität und Kompetenz

Wilm Herlyn
Chefredakteur der Deutschen Presse-Agentur (dpa), Hamburg

»Nichts ist erregender als die Wahrheit«, stellte einst Egon Erwin Kisch fest – Vorbild aller ernsthaften Journalisten. Und Jahrzehnte später urteilte das Fachblatt »sage und schreibe« über die Deutsche Presse-Agentur (dpa), sie sei die »Inkarnation der Wahrheit«. Das ist ein hoher Anspruch. Aber die wahrheitsgemäße Berichterstattung muss die sachliche und neutrale Wiedergabe von Tatsachen sein unter Offenlegung der Quellen. Das macht die gute Nachricht aus.

Nachrichten sind zu einer Ware geworden, die ge- und verkauft wird. Sie erreichen die Menschen in einer ungeheuren Informationswoge mit großer Geschwindigkeit. Wer kann da noch unterscheiden, was wichtig und richtig ist?

Daher übernehmen die Nachrichtenagenturen mehr denn je die Rolle des Wegweisers in dieser Flut. Ihre Redakteure sind die Lotsen, die die gesammelten Nachrichten mit Kompetenz auswählen und erläutern, den Hintergrund sichtbar machen, gewichten und Informationsflüsse zusammenführen.

Gerade der deutschsprachige Raum ist der am härtesten umkämpfte Nachrichtenmarkt der Welt. Nirgendwo sonst ist der Wettbewerb der Agenturen so hart. Neben dpa konkurrieren AP, Reuters, AFP und ddp miteinander. Dazu kommen Spezialanbieter wie sid, KNA oder epd. Dieser Wettbewerb wird ausgetragen mit den Kriterien Glaubwürdigkeit, Zuverlässigkeit, Geschwindigkeit und auch Originalität.

Der Sinn der Nachricht liegt darin, dass man sich nach ihr richten kann. Sie muss die Grundlage liefern für Entscheidungen. Die sachgerechte Information geht bei kritischen Menschen in einer freien Gesellschaft der Meinungsbildung voraus. Agenturen sind Informationslieferanten. Aber die dpa muss heute mehr anbieten als die reine Information. Die Zeiten, in denen stichwortartige Informationen telegrafiert wurden, die deutungsfähige Redakteure bei den Medienkunden in zusammenhängende Texte umformulierten, sind längst vorbei. Die Kunden der dpa verlangen sofort verwendbare Endprodukte aus Nachricht und erklärendem Hintergrund ebenso wie die Dokumentation, die Zeittafel eines Ereignisses oder die farbige Augenzeugenschilderung. Dieses Endprodukt enthält auch den »bunten« Artikel für das Vermischte wie das sehr lange Feature für die Wochenendbeilage.

Aber dpa-Redakteure müssen inzwischen multimedial denken und arbeiten. Sie bedienen nicht nur die Presse, sondern auch die elektronischen Medien. Diese

Zusammenspiel der Nachricht mit anderen Produkten

verlangen eine andere Sprache und eine noch höhere Geschwindigkeit. Der Wettbewerb der privaten Hörfunkanbieter untereinander erfordert eine Hinwendung zu Soft News, zu »Moderatorenfutter«, zu Nachrichten, die den Menschen in den Vordergrund stellen.

Nicht mehr wegzudenken ist darüber hinaus die Einheit von Wort, Bild und Grafik – insbesondere mit Blickrichtung auf den Online-Markt. Mit ihrem ausgefeilten Dispositionsapparat schafft die dpa eine große Planungssicherheit für ihre Kunden. Diese wollen wissen, wann etwas passiert und in welchem Umfang zu welcher Zeit die dpa ihr Angebot in Text, Foto und Grafik sendet. Damit kündigt sie ihren Kunden ihr Arbeitspensum an und hält so ihren Abnehmern den Rücken frei für eigene Recherche und Initiative.

Die Agentur ist Dienstleister. Deshalb schnürt sie zu allen wichtigen Ereignissen so genannte Themenpakete, die besondere Daten – beispielsweise den »30. Jahrestag des ersten großen RAF-Prozesses«, Wahlen, Gipfeltreffen, Saisonauftakte in der Formel 1 oder Festspielsommer – aus allen Blickwinkeln beleuchten. Das ist ein Service, der den Nachrichtenredakteuren hohe Kompetenz, schreiberische Qualität und Spezialwissen abverlangt.

Mehr Verbraucher-themen Immer stärker ausgebaut wird der Sektor Verbraucherthemen. Leser und Hörer wollen mehr an die Hand genommen werden. Sie wollen sich nach der Nachricht mit Nutzwert für sich selbst ausrichten. Das kann die Stauwarnung sein ebenso wie im weitesten Sinn Entdeckungen in der Wissenschaft mit direkten Auswirkungen auf die Menschen etwa im Bereich der Medizin.

Was immer auch den Inhalt einer Meldung ausmacht – der Leser oder Hörer muss direkt angesprochen werden. Er muss sich unter der Meldung etwas vorstellen können. Das bedeutet, dass die Meldung nicht abstrakt, sondern konkret formuliert sein muss. Sie muss Einzelheiten enthalten, die den Meldungsinhalt plastisch und vorstellbar machen. Die Meldung muss farbig sein. Sie darf gerade dann, wenn der Informant ein Spezialist ist, in der Diktion nicht auf die Fachleute zugeschnitten sein. In einem Land mit Pressefreiheit wendet sich die Nachricht nicht an einen Kreis von Privilegierten und Funktionären, sondern an alle. Sie muss deshalb auch für alle verständlich sein.

Die dpa ist die führende deutsche Nachrichtenagentur, die ihre Wurzeln in einer intensiven Flächenberichterstattung hat. Sie ist die einzige Institution auf diesem Sektor, die mit speziellen Landesdiensten das Geschehen in den Bundesländern initiativ abdeckt. Gleichzeitig operiert sie aber auch international. Das engmaschige Auslandskorrespondentennetz setzt seinen Schwerpunkt besonders auf den Blickwinkel für den deutschen Markt. Wenn in Berlin etwa eine neue Rentengesetzgebung diskutiert wird, berichten dpa-Redakteure in Washington, Tokio oder Paris über die Rentensituation in den jeweiligen Ländern, oder sie untersuchen den Arbeitsmarkt in ihren Berichterstattungsgebieten und zeigen Lösungsansätze, wie die Regierungen dort der Arbeitslosigkeit Einhalt gebieten. Mit diesem Ansatz gibt die dpa ihren Medienkunden und damit den Lesern und Hörern detaillierte Vergleichsmöglichkeiten und Einblicke.

Wer glaubwürdig informieren will, muss unparteiisch sein und vorbehaltlos informieren – ohne politische Einseitigkeit und Zweckrichtung. Die Interpretation ist allenfalls Sache des ergänzenden Kommentars. Polemik und Spott haben in den Meldungen der dpa nichts verloren.

Wer informieren will, muss zunächst selbst informiert sein. Erst das gründliche Wissen erlaubt es, die Nachrichten auszuwählen, die für eine allgemeine Information notwendig sind. Nachrichtenjournalismus verlangt Fleiß und Detailarbeit, Unterordnung unter die Tatsachen, kritische Grundhaltung, Fairness gegenüber dem, der Gegenstand der Berichterstattung ist, und Respekt vor der Wahrheit.

3 Bericht

Was ein Bericht ist, wird weder in der Wissenschaft noch in der Praxisliteratur klar definiert. Zudem wird dieser Begriff oft unscharf verwendet, beispielsweise als Synonym für »Artikel« oder »Beitrag«. Auch wenn die Grenzen fließend sind, lässt sich der Bericht dennoch von anderen Darstellungsformen wie »Nachricht« oder »Reportage« abgrenzen.

Grundsätzlich ist ein Bericht eine tatsachenbetonte Darstellungsform. Mit einem Bericht soll der Rezipient möglichst gründlich über ein Ereignis oder ein Thema informiert werden. Von einer Nachricht und einer Meldung unterscheidet sich ein Bericht äußerlich schon durch seine größere Länge. Darin drückt sich aus, dass ein Ereignis oder Thema ausführlicher und tiefer gehend behandelt wird als in einer Nachricht bzw. Meldung. Zusammenhänge, Hintergründe, Vorgeschichte und Konsequenzen kann der Bericht über die reinen Nachrichtenfakten hinaus berücksichtigen.

Im klassischen Lehrbuch von Herausgeber Heinz Pürer wird der Bericht zwischen Nachricht und Reportage eingeordnet (vgl. Csoklich 1996, S. 75): Die möglichst knappe, präzise und sachliche Darstellung einer Nachricht steht im Gegensatz zur Reportage, bei der die subjektive Sicht des Schreibers und die lebendige Schilderung der Geschehnisse vor Ort mit atmosphärischen Zwischentönen gefragt sind. Beim Bericht steht die Person des Journalisten im Hintergrund. Der Rezipient soll in erster Linie sachlich, umfassend und glaubwürdig informiert werden. Der Bericht vermeidet die fantasievolle Subjektivität, er bemüht sich wie die Nachricht um eine sachliche Darstellung, nimmt aber doch vereinzelt Stimmungen auf und leugnet die persönliche Handschrift seines Autors nicht ganz. Dennoch muss das Geschehen selbst im Bericht das Wichtigste bleiben. Die Qualität eines Berichts kann man daran erkennen, ob der Leser über den Ablauf eines Ereignisses oder eines Themas wirklich fair und umfassend informiert wird. Kurz gesprochen ist ein Bericht eine ausführliche Nachricht, was die Gemeinsamkeit der Tatsachenorientierung unterstreicht.

Bericht als ausführliche Nachricht

> **Tipp:** Bei einem Bericht sollte man sich um eine sachliche Darstellung bemühen, aber dennoch vereinzelt Stimmungen aufnehmen und seine persönliche Handschrift nicht gänzlich leugnen. Im Vordergrund sollte aber das Geschehen selbst stehen.

Es gibt eine Reihe von Kriterien, wann ein Bericht die geeignete Darstellungsform ist und die Information nicht in eine knappe Nachricht gepackt werden sollte. Beispielsweise bietet es sich dann an, wenn der Nachrichtenwert der reinen Fakten nicht besonders groß ist. Dies ist z. B. bei vielen lokalen Veranstaltungen der Fall, deren Informationswert gering sein kann. In solchen Fällen kann ein Bericht, der auch Informationen über den tagesaktuellen Anlass hinaus bietet oder Zusammenhänge und Besonderheiten aufgreift, den geringen Nachrichtenwert kompensieren. Ebenso ist ein Bericht gegenüber einer Nachricht vorzuziehen, wenn der Inhalt keine unmittelbar neuen Informationen enthält oder ein tagesaktueller Anlass fehlt. Ein Bericht ist auch dann geeignet, wenn der Anteil an Interpretierendem – Erläuterungen, Hintergrund, Vorgeschichte und Zusammenhänge sowie Ausblicke auf mögliche Entwicklungen – mehr Gewicht hat als neue Informationen; wenn bereits vorhandene Informationen zu einem Thema zusammengefasst werden oder in einen Bezug zu Tagesnachrichten gesetzt werden sollen; wenn der Gegenstand ein Thema ist, das eher Lese- und Unterhaltungswert als Nachrichtenwert hat – was bei Themen der Fall ist, die nicht oder noch nicht in der öffentlichen Diskussion sind; wenn in chronologischer Reihenfolge mehrere Ereignisse eines Themenkreises aufgearbeitet werden sollen.

Tatsachen-, Handlungs- und Zitatenbericht
Berichte können in Tatsachenbericht, Handlungsbericht und Zitatenbericht unterteilt werden. Im Tatsachenbericht geht es vor allem um die Zusammenfassung, Zuordnung und Gewichtung von Fakten. Dabei werden zentrale Tatsachen an den Anfang gestellt, auf die die jeweils weniger wichtigen Informationen folgen. Im Handlungsbericht geht es um einen Ablauf von Ereignissen zu einem konkreten Endpunkt hin. Dieser Endpunkt wird an den Anfang des Berichts gestellt, die jeweils weniger wichtigen Einzelinformationen folgen dann. Im Zitatenbericht geht es um die Komprimierung von Aussagen in Reden und Diskussionen, aber auch in Manuskripten und Interviews. Dabei müssen die Kernaussagen herausgehoben und an den Anfang gestellt werden. Weitere Zitatpassagen werden dann jeweils durch Erläuterungen verbunden.

Aufbau des Berichts
Ein Bericht ist ähnlich gegliedert wie eine Nachricht, allerdings wird der hierarchische Aufbau (Gliederung nach abnehmender Wichtigkeit) nicht auf einzelne Sätze, sondern auf ganze Absätze angewandt. Der erste Absatz, das so genannte Lead, sollte die sechs »Ws«, also die wichtigsten Fakten enthalten und sowohl

Aufmerksamkeit als auch Interesse des Rezipienten wecken. In jedem Absatz erfährt der Leser immer weitere Details des Ereignisses, das so exakt wie möglich geschildert werden soll.

Der mit der Nachricht vergleichbare hierarchische Aufbau des Berichts verführt leicht zum routinemäßigen Abspulen von Fakten. Darum gilt für den Journalisten bei jedem Ereignis (und sei es auch nur die Jahresversammlung beim örtlichen Kleintierzüchterverein): das Besondere suchen, Unebenheiten nicht wegpolieren, Allgemeinplätze vermeiden, Personen und wichtige Details beim Namen nennen! Details nicht schönen: Oft werden bei einem Ereignis vorgedruckte Presseinformationen verteilt – zweifellos ein nützlicher und lobenswerter Service für jeden Journalisten. Hinter jeder Art von PR-Arbeit steckt aber ein Eigeninteresse. Der kritische Journalist sollte daher solche Quellen immer sorgfältig prüfen, etwaigen Widersprüchen oder Konflikten nachgehen und seine eigene Recherche nicht vernachlässigen (→ Recherche).

Der Sprachstil eines Berichts kann deutlich abweichen von der um Sachlichkeit bemühten Nachrichtensprache hin zu eher persönlichen, wertenden oder kreativ-feuilletonistischen Formen. In Berichten findet man über das in Nachrichten übliche Maß hinaus Zitate. Detailangaben zu Ort und Zeit, gelegentlich auch zu Quellen, werden zugunsten allgemeiner Tatsachenfeststellungen vernachlässigt.

Hörfunk-Berichte

Im Hörfunk ist durch die geläufigen Zeitvorgaben der Rahmen für den Bericht festgelegt. Dies fängt mit einem 30- bis 50-Sekunden-»Shorty« für die stündlichen Nachrichten an und geht über den 1,5-Minuten-Bericht für das Magazin bis zu Berichten von zwei bis drei Minuten Länge. Eine besonders hörfunkspezifische Form ist der Bericht mit Originalton-Einblendung (→ Medienspezifische Präsentation). Der O-Ton ersetzt dabei entweder das wörtliche Zitat oder das illustrative Bild in der Zeitung. Außerdem macht er einen Bericht lebendig, schon allein durch den Wechsel der Stimmen. Bei einem derartigen Beitrag ist darauf zu achten, dass ein ausgewogenes Verhältnis zwischen Manuskript-Text und O-Ton besteht. Als Faustregel hierfür gilt ca. 70 Prozent Reportertext und etwa 30 Prozent O-Töne.

Fernseh-Berichte

Bei Berichten im Fernsehen ist die Rolle von Bildern noch wichtiger als die der O-Töne im Hörfunk. In einem Beitrag über die Pressekonferenz eines Politikers zu einem Sachthema ist es einfallslos, nur Bilder von der Pressekonferenz – den auf einem Podium sitzenden Politiker und die zuhörenden Journalisten – unterlegt mit einem Text und Ausschnitten aus der Rede des Politikers zu zeigen. Besser ist es, das Sachproblem durch entsprechende Bilder darzustellen, z. B. beim Thema »Müllbeseitigung« mit Bildern von Mülltransporten und der Müllverbrennung. Dazu muss man aber bereits vor der Pressekonferenz ein entsprechendes Konzept erstellen, um die Aufnahmen rechtzeitig drehen zu können.

Bei der Formulierung des Reportertextes ist unbedingt darauf zu achten, dass Bild und Text einander ergänzen. Erfahrungsgemäß ist der Eindruck, den das

Bild vermittelt, intensiver als das gesprochene Wort. Eine Bild-Text-Schere (Text hat eine andere Aussage als das dazu gezeigte Bild) erschwert die Aufnahme des Textinhaltes durch den Zuschauer.

3.1 Plädoyer für qualitätvollen Journalismus

Joachim Widmann
Chefredakteur der Nachrichtenagentur Deutscher Depeschendienst (ddp), Berlin

Der Bericht, die reine Nachricht, ist die wichtigste Leistung des Journalisten. Der traditionellen Genrelehre nach hat er nicht mehr zu enthalten als die präzise, völlig neutrale Abbildung der recherchierten Fakten. Der Autor nimmt sich selbst zurück. Er wird zum Auge und Ohr des Lesers, ja mehr als das – da seine Recherche seinen Blick über die Grenzen des Ereignishorizonts hinaus erweitert, ist der Journalist ein Organ reiner Objektivität. Alles, was wir über ihn selbst wissen wollen und müssen, steht in der Ortsmarke: Er war da.

So viel zur reinen Lehre. Sie ist unerfüllbar. Doch sie gibt Anhaltspunkte für die richtige Haltung eines berichtenden Journalisten. Im Kern muss er sich stets bewusst sein, dass seine persönliche Erfahrung und Bildung, der Charakter und die Tendenz seines Mediums, sein wirtschaftliches und sein politisches Verhältnis zum Gegenstand des Berichts sowie die Umstände und der Umfang seiner Recherche seinen Bericht subjektiv färben. Subjektive Färbung kann ein Stilmittel sein, doch in der Nachricht ist sie unangebracht. Je weniger sie gefragt ist, desto sicherer muss der Journalist sich seiner Haltung sein. Bei einer Nachrichtenagentur zum Beispiel kommt es vor allem darauf an, ohne Tendenzen schnell und präzise in allen von Medienkunden abgefragten Formaten zu berichten.

Fingerspitzengefühl und Einschätzungssicherheit des Berichterstatters sind mehr denn je gefragt. Schon die Auswahl des Themas ist eine subjektive Richtungsentscheidung gegen eine beliebige Zahl anderer Themen. Allerdings ist das kein philosophisches oder ethisches Problem, sondern ein handwerkliches, das für einen gut ausgebildeten, selbstbewussten Praktiker lösbar ist, indem er stets nach prüfbaren Kriterien entscheidet.

Die anhand des Publikumsinteresses, an der gesellschaftlichen Relevanz oder Originalität des Themas und an Prominenz und Gewicht der Akteure abgewogene Themenwahl und die angemessene Darstellung eines so gewählten Themas sind offenkundig gut geübte journalistische Routinen. Die Schnittmenge dessen, worüber verschiedene Medien unabhängig voneinander in sehr ähnlicher Weise berichten, ist sehr groß.

Leser will Klarheit und Sicherheit Handwerkliche Feinheiten heben einen Bericht dennoch aus der großen Menge ähnlicher Meldungen hervor. Der Journalist kann den Leser nicht einfangen, er muss ihn gewinnen – nicht nur mit Überschrift und Anfang seines Artikels, sondern mit jedem weiteren Satz. Der Leser reagiert empfindlich auf Störungen und Ablenkung. Erkenntnisse über das durchschnittliche Leserverhalten hat die »ReaderScan«-Analysemethode des Schweizer Medienforschers Carlo Imboden erbracht. Leser erfassen dazu mit einem Handscanner die Stelle, an der sie aus einem Zeitungsartikel aussteigen. Diese inzwischen von vielen Verlagen genutzten Methode, Erkenntnisse über die Nutzung einer Tageszeitung zu gewinnen, ermöglicht Umkehrschlüsse auf den lesergerecht geschriebenen Bericht. Auch dies hat das Qualitätsbewusstsein geschärft, wenn auch gelegentlich der Einwand zu hören ist, man habe nicht wirklich Neues gelernt – im Prinzip.

Es ist tatsächlich nicht überraschend, dass der Leser Klarheit und Sicherheit fordert. Er will ohne Umschweife solide informiert werden. Plötzliche kommentierende Einschübe aus Sicht des ihm unbekannten und nicht vertrauten Autors irritieren ihn ebenso wie Mängel an Präzision in Formulierung und Struktur eines Berichts, ironischer Subtext, Überspitzungen und Untertreibungen oder das Auslassen wesentlicher Fakten.

Eine feuilletonistische, »um die Ecke gedachte« oder bemüht originelle Überschrift, die nicht gleich ins Thema führt und keine klare Aussage hat, bietet keinen »Leseanreiz«, wie mancher Redakteur glaubt, sondern führt dazu, dass ein Artikel ungelesen bleibt. Dasselbe gilt für Zitate, die von Unbekannten stammen oder deren Urheber zu spät genannt wird: In der Überschrift, zu Beginn eines Artikels oder auch im Erzählfluss stören Zitate, wenn der Leser ihre Relevanz nicht sofort erkennen kann. Eine klare Erzählperspektive hält den Leser – ein unerwarteter, schlecht vorbereiteter Perspektivenwechsel schreckt ihn ab. Ebenso das plötzliche Auftreten einer Person, die im Bericht bisher keine Rolle gespielt hatte. Personalisierung hebt das Interesse, Abstraktion senkt es.

Objektivität und Neutralität sind idealistische Schlagworte: Es geht darum, sachlich und stringent Verbindlichkeit herzustellen. Der Leser sieht journalistische Texte offenkundig als Dienstleistung an, die ihm möglichst wenig eigene Leistung abverlangt. Faul oder träge ist er indessen nicht. Auch dies hat »ReaderScan« gezeigt: Es gibt keine Themen, die wegen ihrer Komplexität oder ihrer Distanz zur Lebenswirklichkeit des Publikums von vornherein Gift für die Lesequote sind. In der Zeitung hängt die Quote in hohem Maße von der Präsentation ab. Nichts spricht dagegen, dies zu verallgemeinern.

»Den Kern der Sache in die Überschrift, das Wichtigste und Aktuelle an den Anfang« – diese Nachrichten-Regel lernt ein Praktikant bereits beim Verfassen seiner ersten Meldung. Die vorurteilsfreie Sachlichkeit des Berichterstatters hört damit anscheinend schon beim ersten Satz seiner Meldung auf. Man lese nur die Artikel mehrerer Medien über dieselbe Pressekonferenz. Hier heißt die Schlagzeile »weist Vorwürfe zurück«, da steht »kündigt Bildungsreform an«.

Ein im strengen Sinne des Wortes neutraler Bericht wäre eine reine, chronologische Faktensammlung und als Erzählung eine Zumutung. Es kommt auf die inhaltliche Substanz an. Erst das Weglassen der weniger wichtigen Details und das Umstrukturieren der recherchierten Faktensammlung lässt das Narrativ entstehen, die Nachricht, mit der Leser gewonnen werden können.

Liebe zum Detail
und zur Sprache

Auf alle denkbaren Fälle anwendbare Regeln zu formulieren ist weder möglich noch ratsam. Bei einer Nachrichtenagentur ist die Berichterstattung zum Beispiel in hohem Maße an Kundenbedürfnissen orientiert und formalisiert. Form, Aufbau und Länge der Nachrichten – von der Auftaktmeldung bis zur großen Zusammenfassung – sind standardisiert. Inhaltliche Präzision, Lückenlosigkeit und Angemessenheit der Schilderung lassen sich jedoch nur als Forderung formulieren, deren Erfüllung je nach Thema variiert. Der Zentraldesk der Nachrichtenagentur ddp bearbeitet Texte daher nicht starr nach Stilbuch, sondern nach dem Prinzip, für jedes Thema die Darstellungsform zu finden, die nicht mehr verbessert, sondern nur noch verändert werden könnte.

Schon an der Sprache vieler Nachrichten zeigt sich, dass Autoren oft Schwierigkeiten haben, die nötige Liebe zum Detail aufzubringen. Im Nachrichtendeutsch werden immer gleiche, gestanzte Formulierungen zur Schilderung wechselnder Sachverhalte verwendet. Kein Mensch, auch ein Journalist nicht, würde in dieser Art privat sprechen oder schreiben, wenn er Aussagen oder Ereignisse schildert.

Im Alltag geht es in der Regel nicht um Journalistenpreise, sondern um schlichte Themen des täglichen Lebens. Daher erweist sich die Grundhaltung eines Mediums zur journalistischen Qualität gerade im Kleinen. Abgedroschen, doch leider immer aktuell ist das Beispiel der »sintflutartigen Regenfälle«. Die Formulierung beschreibt keineswegs, dass sich »die Schleusen des Himmels« öffnen und sich – mit bekannten Folgen für Mensch und Tier – »der Regen vierzig Tage und vierzig Nächte lang auf die Erde« ergießt. Nein, wer von »sintflutartigen Regenfällen« berichtet, meint irgendetwas zwischen einem schweren Schauer und einer Periode heftiger Niederschläge mit nachfolgenden Überschwemmungen in der betroffenen Region. Statt ein starkes, aber nichtssagendes Wort zu verwenden, könnte an dieser Stelle anschaulich beschrieben werden, was genau geschehen ist. In der Regel erfahren wir das jedoch nicht, sondern werden gleich Zeugen der unfreiwilligen Komik, die aus der Schadensbilanz der meisten »Sintfluten« spricht: Einige Keller sind vollgelaufen, vier Pumpenwagen der Feuerwehr waren eine Nacht lang im Einsatz. Verbindlichkeit wird hier nicht hergestellt, sondern kognitive Dissonanz.

Ähnlich populär ist das »Blutbad«, eine weitere groteske Übertreibung für beliebige Gewaltakte mit Verletzungs- oder Todesfolge bis hin zum Massaker im Kriegsgebiet. Derlei Worte blähen im Nachrichtendeutsch so häufig Sachverhalte unangemessen auf, dass von einer Zwangshandlung gesprochen werden kann. Da werden »Absagen erteilt«, wo einer schlicht »Nein« gesagt hat; da werden Umstände und Sachen »verantwortlich gemacht« und »sind schuld« an etwas, werden jedoch keinesfalls als Ursache erkannt.

Wie groß die Besinnungslosigkeit bei der Verwendung solcher gestanzter Floskeln ist, zeigt der Vergleich von Meldungen verschiedener Medien zum selben Thema: Da wird hier »erklärt«, was da »betont« wird, dort »unterstrichen«, was man da nur »sagt«, beim übernächsten aber »deutlich macht«. Ständig gibt jemand staatstragend »Erklärungen ab«, herrscht »gespannte Ruhe« in »Krisenprovinzen«, ist man »betroffen«, bis es zu »tumultartigen Szenen« kommt, ohne dass auch nur einmal die Frage gestellt würde: Was genau will der Berichterstatter mir eigentlich vermitteln? Viele Berichte haben, gemessen an der Bedeutung der verwendeten Formulierungen, kaum etwas mit ihrem Gegenstand zu tun. Ihr Vokabular stammt aus einem kleinen Baukasten pompös klingender Andeutungen oder bemühter Synonyme, die selten sichere Rückschlüsse auf die ursprünglichen Fakten und Zusammenhänge zulassen.

Was denkt sich ein Autor etwa dabei, wenn er schreibt, dass eine Menschenrechtsorganisation Missstände »anprangert«? Mal abgesehen davon, dass nur Personen angeprangert werden können: Gerade solche Organisationen lehnen den Pranger doch ab! Er wird sagen: »versteht doch jeder« und »machen doch alle«. Leider wahr. Aber es kann niemanden wirklich überzeugen. Und Umfragen unter Zuschauern populärer Nachrichtensendungen zeigen, dass viele Menschen die Meldungen mit ihren abstrakten, standardisierten Formulierungen gar nicht verstehen.

Wer verständlich, also treffend und anschaulich berichten möchte, was Sache ist, hält sich von sprachlichen Konventionen und Klischees fern. Wo gestanztes Deutsch mit dem Argument verteidigt werden könnte, »aber der hat das doch so gesagt«, darf nichts zur Verständlichkeit verfälscht werden. Doch spricht nichts dagegen, die Unklarheiten durch ergänzende Erklärungen zu beseitigen: Umfassende Recherche ist der Schlüssel zu einem qualitätvollen Bericht. Sie endet erst dann, wenn die Fakten so weit geklärt sind, dass unabhängig von eventuell unklaren oder missverständlichen, floskelhaften Mitteilungen genau gezeigt werden kann, was geschehen oder gemeint ist.

Es gehört zu den Dienstleistungen des Journalisten, dass er Sachverhalte vereinfacht darstellt. Viele Meldungen basieren auf Pressemitteilungen, die bereits auf die Darstellung komplexer Zusammenhänge verzichten, dem Journalisten also scheinbar berichtsgerecht serviert werden. Solche Mitteilungen ohne weitere Rückfrage zu kolportieren, bedingt mit dem Verzicht auf eigene Sachkenntnis die Gefahr der unkritischen Übernahme einer möglicherweise gewollten, manipulierten Lesart, etwa einer journalistisch formulierten PR-Nachricht.

Vereinfachung als journalistische Dienstleistung

Der Journalist darf nur schreiben, was er sicher weiß. Wenn Skepsis gegenüber der Quelle sein Antrieb zur Recherche ist – gut. Besser jedoch ist es, wenn Recherche zur Regel wird, weil er Skepsis gegen sich selbst hegt.

Eine Lokalzeitung brachte einmal die Meldung von einer 80-Jährigen, die gegen eine Mauer gefahren war und sich dabei schwere Verletzungen zugezogen hatte. In der Polizeimitteilung fehlte ein wichtiges Detail: Der Journalist setzt die Frau ins Auto. Der Polizeisprecher reklamiert: Sie saß auf dem Moped. Eine kleine, unwichtige Meldung, aber ein im Grunde unverzeihlicher Fehler, der eine Haltung demaskiert: »Wird schon stimmen.« Sie ist die Hauptursache sowohl für grobe inhaltliche Mängel als auch für viele kleine Unschärfen in unübersehbar vielen Meldungen.

Jeder Bericht muss frisch recherchiert werden, und er darf keine Frage offenlassen. Eine Geschichte auf den richtigen Punkt bringen kann nur derjenige, der genau weiß, wovon er spricht. Wo Sachkenntnis und Recherche nicht weiterkommen und an entscheidenden Punkten Fragen bleiben, ist zu dokumentieren, dass man sie gestellt hat. Solche professionelle Transparenz ist ein Risiko: Immerhin kann es sein, dass dieselbe Frage vom Kollegen nebenan, der vielleicht mit etwas größerem Glück, besseren Kontakten oder mehr Nachdruck recherchiert, beantwortet wird. Auch wer pflichtgemäß alle seine Quellen nennt, läuft Gefahr, damit zu dokumentieren, dass er die eine, entscheidende, gar nicht kennt. Das ist ein Ansporn, möglichst wenige Fragen offenzulassen. Oft verrät die gestanzte, unpräzise Sprache Recherchedefizite: Wortgeklingel macht löchrige Geschichten zu Scheinriesen ohne Nutzen für den Leser.

Der Blick des Lesers wird durch das Internet immer schärfer. Der Rahmen der Zeitung oder des Nachrichtenblocks in einem Radio- oder Fernsehsender gibt die Erwartung einer markenbedingt – moderat – tendenziösen Themenwahl und Berichterstattung vor. Akzeptiert wird dort auch, dass Nachrichten nicht vollständig sind, wofür die Produktionszeiten, die Platzverhältnisse der Zeitung beziehungsweise die begrenzte Dauer der Sendung nachvollziehbare Ursachen sind. Das Bewusstsein, dass eine Meldung immer nur auf einem bestimmten historischen Kenntnisstand wahr und aktuell sein kann, geht in der stets aktualisierungsfähigen, alle Archivalien bewahrenden Sphäre des Internets verloren. Das Publikum stellt angesichts eines im Netz publizierten Artikels Fragen, die es an denselben Text in der gedruckten Zeitung nicht hat.

Wachsende Ansprüche an journalistische Qualität

Der Weg zum Qualitätsurteil hat sich zugleich dank Internet sehr verkürzt. Der Leser kann Berichte verschiedener Medien zu verwandten Themen ohne großen Aufwand vergleichen und direkte Kommunikationskanäle in die Redaktionen nutzen. Gut informiert kritisiert er zumeist tendenziöse, inhaltlich defizitäre und in der Darstellung ungenaue Texte.

Das bestärkt gute Redakteure, die schon immer wussten: Die Mühe, Feinarbeit zu leisten, lohnt sich schon bei der kleinsten Spitzmarke. Nicht die Grundsätze journalistischer Produktion wandeln sich, sondern die Medienkompetenz und die Perspektive des Publikums. Die Ansprüche wachsen. Die Nachricht mag formal das kunstloseste Genre im Journalismus sein, doch ist sie Rückgrat aller journalistischen Produktion. Nachrichten geben Anlass zu vertiefender Berichterstattung, recherchierte Fakten sind der Rohstoff für Analysen, Reportagen und Kommentare – und eben auch für die nicht mehr zwingend an traditionelle Genres gebundenen Newsformate im Netz.

Für den Leser nachvollziehbare Themenwahl und Erzählstruktur, die anschauliche Sprache und die sachliche und von logischen Lücken freie Darstellung geprüfter Fakten unter Nennung aller Quellen heben den journalistisch erarbeiteten Bericht über die bloße Mitteilung von Mensch zu Mensch hinaus, wie sie im E-Mail-Zeitalter täglich millionenfach ausgetauscht wird. Quality sells.

4 Reportage

Die moderne Reportage stützt sich auf zwei ganz unterschiedliche Traditionen: den Reisebericht und den Augenzeugenbericht. Die Augenzeugenschaft bleibt dabei bis heute grundsätzlich das zentrale Element bzw. die Ausgangsbedingung jeder Reportage. Der Reporter schildert jegliches Geschehen aus seiner Perspektive, d. h. so wie er es selbst wahrgenommen hat, und er bietet dem Rezipienten damit die Möglichkeit, die Ereignisse und Situationen mit den Augen des Reporters noch einmal unmittelbar erleben zu können.

Reisereportagen und Augenzeugenberichte hatten in den vergangenen Jahrhunderten das Ziel, stellvertretend für die Hörer und Leser Distanzen zu überwinden, um Fernes und Fremdes nahezubringen. Aber nicht nur räumliche Distanzen sollen dabei überwunden werden, sondern auch Einblicke in Milieus und Lebenswelten vermittelt werden, die dem Leser ansonsten fremd bleiben. Die Überwindung von Distanz und das Überschreiten von Barrieren ist daher ein Leitbild jeder Reportage. Seit den Reportagen Egon Erwin Kischs verbindet man mit dieser Stilform noch eine weitere journalistische Eigenheit: die Methode des verdeckten Rollenspiels. Der Reporter begnügt sich nicht mehr mit dem Standpunkt des Beobachters, sondern agiert als Mitspieler oder gar Hauptakteur, bleibt aber für die anderen Beteiligten inkognito.

Die Reportage lässt sich umschreiben als ein tatsachenbetonter oder tatsachenorientierter, aber persönlich gefärbter Erlebnisbericht, besonders über Handlungen und Ereignisse. Drei Elemente sind wesentlich:

Tatsachenbetont, aber persönlich gefärbt

1. Die Reportage gehört neben der Nachricht, dem Interview und der Dokumentation zu den tatsachenbetonten oder tatsachenorientierten Stilformen. Die Reportage ist im Kern eine Nachricht. Deshalb muss der Journalist für eine Reportage genauso gründlich recherchieren wie für die Nachricht.
2. Der Unterschied zur Nachricht wird mit der Forderung nach persönlichen Erlebnissen deutlich – dort haben persönliche Eindrücke nichts verloren. Deshalb kann eine Reportage nicht allein vom Schreibtisch im Büro geschrieben werden. Der Journalist muss in das Geschehen eintauchen.
3. Handlungen und Ereignisse sind das typische Merkmal der Reportage. Der Journalist selbst kann dabei der Handelnde sein. Deshalb darf er in seiner Reportage Handlungen nicht abstrahieren oder in Beschreibungen auflösen, sondern er muss sie für den Leser als lebendiges Element erhalten.

Wie kann ich eine Reportage umschreiben? Drei Fragen stehen hier im Vordergrund (vgl. Haller 2006, S. 107):
• *Was mache ich mit dem Thema?*
  Schilderung erlebter oder erfahrener Geschehnisse als Beobachter und/oder Teilnehmer.

- *Was ist der Hauptzweck (Funktion)?*
  Distanz und Barrieren überwinden und die Leser teilhaben lassen.
- *Wie lauten die Anforderungen?*
  Authentische und einmalige Erlebnisse und Beobachtungen.

Die Reportage ist überwiegend eine Ergänzung oder Erweiterung der nachrichtlichen Berichte. Nur in Ausnahmefällen kann sie die Berichterstattung ersetzen. Wann ist aber eine Reportage als Darstellungsform geeignet? Die erste Voraussetzung ist, dass in dem vorgesehenen Medium genügend Platz für ausführliche Schilderungen zur Verfügung steht und auch Themen mittelbarer Aktualität mit dem Konzept der Sendung oder Zeitung vereinbar sind. Zudem muss der Nutzerkreis des Mediums bereit sein, längeren, auch schwierigeren Ausführungen zu einem Thema zu folgen. Die Themen müssen so gewählt werden, dass aus konkreten, besonderen Aspekten Erlebnisse von und mit Menschen werden, an denen die Nutzer teilhaben können. Die Journalisten müssen authentisch schildern und ihr Publikum das Geschehen miterleben lassen.

Themen der Reportage
Reportagen kann man über fast alle Themen machen. Wichtig ist, den reportagegerechten Zugang zu finden: Der Journalist muss den allgemein interessanten Aspekt entdecken, der dem Thema den besonderen Reiz gibt: Worin besteht die den Nutzern unbekannte Seite des Themas, was gibt dem Thema Distanz oder Barriere? Wie überwinde ich sie? Ferner müssen die erlebnisstarken Seiten eines Themas erschlossen werden: Über welche Wege, Mittel und Methoden komme ich so nahe heran, dass ich etwas erlebe?

Wenn das Thema beispielsweise »Taxigewerbe« heißt, bedeutet das, anstelle der Wiedergabe von Daten, Fakten und Statements der Unternehmer selbst eine Schicht mitzuerleben und zu schildern. Hier könnte auch eine Taxischicht aus der Sicht der Telefonvermittlerin in der Taxizentrale wiedergegeben werden, und zwar so, dass sich das Publikum als potenzielle Taxikunden wiederfindet. Besondere Erlebnisse und Zwischenfälle bei deren Tätigkeit unterstreichen die erlebnisstarke Seite des Themas.

Als Themenfelder für Reportagen lassen sich die folgenden sechs Bereiche unterscheiden: Ereignisse und Veranstaltungen, Milieureportagen, Trendthemen, Rollenspiel und Selbsterfahrung, Personenporträts und politisches Geschehen. Reportagen über gewöhnliche Ereignisse wie Jahresversammlungen von Vereinen, die immer nach gleichem Ritual ablaufen, machen wenig Sinn. Die Form der Reportage ist jedoch angemessen, wenn das Ereignis für das Publikum etwas Besonderes, Hervorragendes oder Einmaliges ist. Milieuthemen sind Reportagethemen schlechthin. Die Reportage vermag dem Publikum fremde Milieus näher zu bringen und überwindet dabei Barrieren zwischen unterschiedlichen Lebenswelten. Milieus sind Menschen in der von ihnen geschaffenen Umwelt, von der Zimmereinrichtung bis zum Baustil eines Stadtteils, von der Stimmung am Arbeitsplatz bis zu Stammtischen in Wirtshäusern.

Trendthemen sind durch zwei Dimensionen gekennzeichnet: die eine ist hintergründig und gilt dem Trend, die andere ist vordergründig und hat die Erlebnisse zum Inhalt, die den Trend in der alltäglichen Lebenswelt aufzeigen. Ein Trend kann vielerlei sein: Moden, Seh- und Denkweisen, aber auch politische und soziale Veränderungen. Den Vordergrund liefern Erlebnisse, Ereignisse und Geschichten, die das Alltagsgesicht des Trends aufzeigen. Dies ist der Ansatzpunkt für Reportagen, die das Allgemeine des Themas in der konkreten Anschaulichkeit einer einzigen, besonderen Geschichte aufscheinen lassen.

Trendthemen

Viele Themen werden erst zu Reportagestoff, wenn der Reporter selbst ins Geschehen einsteigt und mitagiert. Dies kann eine teilnehmende Beobachtung sein, zum Beispiel eine Mitfahrt im Einsatzwagen der Polizei, aber auch die direkte Übernahme einer Rolle wie ein Tag als Bedienung auf dem Münchner Oktoberfest. Das Rollenspiel kann offen oder verdeckt sein. Verdeckt muss es dann sein, wenn anders soziale, politische oder wirtschaftliche Barrieren nicht überstiegen werden können.

Teilnehmende Beobachtung und Rollenspiel

Reportagen handeln immer von Menschen. Bei Reportagen über Personen unterscheidet man zwischen zwei Formen. Zum einen dem Personenporträt, bei dem der Handlungszusammenhang zurückgedrängt wird und die Person als bemerkenswertes Individuum im Vordergrund steht. Bei der Personenreportage geht man davon aus, dass die Menschen vor allem durch ihre Handlungs- und Lebenszusammenhänge besonders interessant sind. Bei der Erschließung des Themas hat der Reporter diesem Punkt seine besondere Aufmerksamkeit zu schenken. Er muss seine Personen auch wirklich als Handelnde erleben. Grundsätzlich sind Reportagen über Personen also immer ein Mix, der die Handelnden eingebunden in ihrem Umfeld zeigt, wobei der Fokus mehr oder weniger auf die Person oder die Handlung gerichtet wird.

Personenporträt und Personenreportage

Traditionsgemäß ist Politik der Hauptgegenstand des Nachrichtenjournalismus, da eine sachliche und distanzierte Vermittlung politischer Vorgänge angestrebt wird. Dies wird durch die subjektive Sicht in Kommentaren abgerundet. Die echte Reportage eignet sich in diesem Feld nur als Ergänzung und Erweiterung der Politik-Berichterstattung bei ganz besonderen Gelegenheiten. Ihre Themen gelten den bemerkenswerten Aspekten auffallender Veranstaltungen und Personen wie Parteitagen oder Wahlkampfveranstaltungen.

Politisches Geschehen

Eine Reportage ist in der Regel länger als eine Nachricht. Deshalb ist es auch schwieriger, den Leser bis zur letzten Zeile zu fesseln. Michael Haller nennt als wichtigste Aspekte, die eine »packende« Reportage ausmachen, den Einstieg, Kontrast und Spannungsbogen (vgl. Haller 2006, S. 160ff.). Ein szenischer Einstieg, der den Rezipienten unmittelbar in Situation und Umgebung der Reportage hineinkatapultiert, ist dazu besonders geeignet. Der Journalist sollte daher schon während der Recherche und vor Ort Ideen und geeignete Szenen für den

Elemente spannender Reportagen

Einstieg suchen. Um die Spannung aufrechtzuerhalten, gibt es das Mittel des »Wechsels«, das innerhalb einer Reportage immer wieder neue Reize setzt.

Hans-Joachim Schlüter führt im jüngsten Lehrbuch von Heinz Pürer fünf Möglichkeiten an, wie man eine Reportage abwechslungsreich gestalten kann (vgl. Schlüter 2004, S. 149):
1. Wechsel der Perspektive (von außen/als Betroffener),
2. Wechsel von Naheinstellung und Gesamtsicht (Einzelfall/Allgemeines),
3. Wechsel der Aktualität (aktuell/latent aktuell),
4. Wechsel der Tempi (Präsens/Perfekt),
5. Wechsel der formalen Mitte (Erlebnisbericht/Stimmungsbild/Zitate/Dokumentation).

Dies sei an folgenden Beispielen erläutert:
- *Wechsel der Perspektive:* In einer Reportage über eine Ballonsport-Gruppe wird zunächst geschildert, wie es auf dem Startgelände zugeht. Hier lassen sich Informationen über den Ballonsport anführen wie Kosten, Ausbildung etc. Dann kommt ein Wechsel: Der Reporter ist mit einem Ballon aufgestiegen und schildert aus der Sicht der Beteiligten seine Erlebnisse.
- *Wechsel von Naheinstellung und Gesamtsicht:* Dies ist auch im übertragenen Sinn zu verstehen. Die Schilderung von Einzelschicksalen wie z.B. das eines Flüchtlings aus Bosnien wechselt sich ab mit Informationen über die Situation des ganzen Landes.
- *Wechsel der Aktualität:* Die Bekanntgabe der aktuellen Arbeitslosenzahlen ist der Aufhänger für eine Reportage über das Problem Arbeitslosigkeit (latent aktuell).
- *Wechsel der Tempi:* Mit dem Wechsel der Tempi innerhalb einer Reportage kann der Journalist das Tempo beschleunigen oder verlangsamen. Präsens steigert das Tempo, macht die Reportage mitreißender, lebendiger. In der Vergangenheitsform Geschriebenes wirkt dagegen eher behäbig.
- *Wechsel der formalen Mittel:* Mit einem Stimmungsbild kann beispielsweise zunächst Atmosphäre geschaffen werden, dann können Erlebnisse hinzukommen, die durch Zitate und Dokumentationen aufgelockert werden.

Bei der Konstruktion von Wechseln bzw. Kontrasten ist darauf zu achten, dass ein roter Erzählfaden für den Rezipienten immer erkennbar bleibt, sonst wirkt die Reportage nicht spannend, sondern diffus.

Mediale Anforderungen – Presse Reportagen werden für Zeitungen, Zeitschriften, Online-Medien, Hörfunk- und Fernsehprogramme verfasst. Die verschiedenen Medien mit ihren Spezifika stellen dabei unterschiedliche Anforderungen an die Journalisten. Anschaulichkeit ist ein wesentliches Stilmittel von Reportagen. In Printmedien, in denen allenfalls eine begrenzte Anzahl von Bildern ein Ereignis oder eine Person veranschaulichen kann, ist die Sprache besonders gefordert. Ein bildhaftes Schreiben soll

Bilder in den Köpfen der Leser entstehen lassen. Bilder, die sich den Journalisten aufdrängen, müssen an die Leser weitergegeben werden. Dabei sollte vermieden werden, konkrete Bilder in abstrakte Formulierungen aufzulösen. Anstelle von monotonen Tätigkeiten in einer Fabrik gibt es die Arbeiterinnen, die mit flinken Händen tausendmal am Tag geschickt Stoffe oder ganze Kleidungsstücke zusammennähen.

Tipp: Das sollte man im Pressejournalismus bei einer Reportage beachten:
- Nicht chronologisch aufziehen. Den interessantesten Aspekt nach vorn bringen. In den chronologischen Ablauf findet der Leser wieder zurück;
- Nicht zu viele Informationen in die Reportage packen, sonst missrät sie zur bloßen Aufzählung von Fakten und wird langweilig;
- Der Reporter darf sich nicht in den Vordergrund drängen, wenn er selbst keine besondere Rolle darin spielt.

Mediale Anforderungen – Hörfunk

Im Hörfunk ist zwischen der Reportage und der Direktübertragung zu unterscheiden. Wird ein Fußballspiel beispielsweise direkt übertragen, schildert der Reporter die aktuellen Ereignisse auf dem Spielfeld. Besteht die Reportage aus einem Einstieg in eine Sportsendung mit mehreren Themen, dann muss der Reporter die Zusammenfassung des bisherigen Verlaufs mit der Schilderung des aktuellen Geschehens verbinden.

In allen Formen der Reportage im Hörfunk berichtet der Reporter von einem Ereignis, bei dem er vor Ort war. Dabei kann man zwischen der Reportage über vorhersehbare (z. B. Sportereignisse, Parteitage) und unvorhersehbare Ereignisse (z. B. ein Großbrand in der näheren Umgebung) unterscheiden. Der Reporter beobachtet dabei das Geschehen und übersetzt es dann für den Hörer. Nur mit seiner Stimme und seinen bilderreichen Schilderungen versucht er, das Erlebte verbal so abzubilden, dass der Hörer das Gefühl bekommt, live dabei zu sein. Neben der Sprache sind alle anderen Originaltöne (Musik, Geräusche, Aussagen von Beteiligten) weitere wichtige Elemente um »Live-Atmosphäre« zu schaffen.

Mediale Anforderungen – Fernsehen

Kein anderes Medium bringt Ereignisse so nahe an sein Publikum heran wie das Fernsehen. Während der Reporter im Radio das Erlebte oder das, was sich gerade vor seinen Augen abspielt, so plastisch schildern muss, dass der Zuhörer das fehlende Bild gar nicht vermisst, verstoßen Fernsehreporter oft gegen die konträre Regel: nicht mit Worten beschreiben, was ohnehin im Bild zu sehen ist. Der Reporter ist vor allem dazu da, dem Zuschauer das zu vermitteln, was nicht offensichtlich im Bild gezeigt wird und was er zum Verständnis des Ablaufs braucht. Im Mittelpunkt der Fernseh-Reportage stehen meistens Menschen, die oft auch mit längeren und intensiveren Einstellungen genau beobachtet werden.

Der Zuschauer fühlt sich als unauffälliger Beobachter, der die Akteure dezent belauscht. Natürliche O-Töne spielen daher eine bedeutsame Rolle für die atmosphärische Wirkung einer Reportage. Aus diesem Grund wird der Kameramann auch als der eigentliche Reporter bezeichnet. In jedem Fall ist jedoch eine enge Zusammenarbeit zwischen Kamerateam und Redakteur notwendig. Dabei sollte ein Drehbuch oder zumindest ein Grundriss für die Reportage im Kopf des Redakteurs entstehen. All diese Faktoren weisen darauf hin, dass ein hohes Maß an Abstimmung zwischen Kamerateam, Reporter und technischen Mitarbeitern erforderlich ist. Eine sorgfältige technische Vorbereitung ist also von sehr großer Bedeutung.

Ähnlich wie beim Hörfunk kann man beim Fernsehen zwischen Live-Reportagen und gestalteten Reportagen unterscheiden, wobei die Grenzen zum Bericht bei letztgenannter Form fließend sind. Des Weiteren können Reportagen »sichtbar« gedreht werden (On-Reportage) – d. h. der Zuschauer sieht den Reporter, der offensichtlich an einem Geschehen teilnimmt – oder mit versteckter Kamera, um beispielsweise investigativ zu berichten.

4.1 Pars pro Toto – die Reportage als Spiegel des großen Ganzen

Günther Neufeldt
Stellvertretender Redaktionsleiter von »ZDF Reporter« (ZDF), Mainz

Was unterscheidet die Reportage von anderen Formen des Fernsehjournalismus? Wer Praktikern diese Frage stellt, wird hundert verschiedene Antworten erhalten. Konzentrieren wir uns also auf eine Definition der Reportage im engsten und strengsten Sinne. Der Fernsehalltag kennt zahlreiche Mischformen und fließende Übergänge – was man dabei noch als Reportage gelten lässt, mag jeder Sender, jede Redaktion für sich entscheiden.

Kunst des Weglassens
Das Typische der Reportage liegt in der Beschränkung. Sie sammelt nicht alle möglichen Bilder aus allen möglichen Quellen, sondern begnügt sich mit einem örtlich und zeitlich begrenzten Geschehen: die Schiffsreise von A nach B, die Woche im Leben des Abgeordneten X, die Arbeit der Zollfahnder an der deutsch-niederländischen Grenze, die Berliner Innenstadt am Tag der großen Demonstration etc.

Ein nicht als Reportage angelegter, analytischer Magazinbeitrag kann ein Thema wie »Ärztemangel in den ostdeutschen Bundesländern« in all seinen Facetten abhandeln – mit Bildern aus sächsischen Arztpraxen und thüringischen Krankenkassenbüros, aus Berliner Hörsälen und Magdeburger Kliniken, von Ärztetagungen und Parlamentssitzungen, mit O-Tönen von Patienten und Hausärzten, von Gesundheitsministern und Ärztefunktionären, von Bürgermeistern und Medizinstudenten. Nicht so die Reportage: Sie zeigt nichts anderes als den Alltag der Landärztin in Mecklenburg-Vorpommern. Das Fernsehteam wird sie

ein paar Tage lang begleiten – in ihrer Praxis, bei Hausbesuchen, bei langen Auto-
fahrten über holprige Landstraßen, dann wieder spätabends am Schreibtisch und
schließlich am Wochenende daheim, wenn die Familie ihr Recht fordert und das
Handy klingelt, weil ein Asthmakranker dringend Hilfe braucht.

Die Reportage analysiert nicht – sie beobachtet. Sie ist konkret und anschau- **Der Einzelfall**
lich, lebt mehr vom Bild als vom Text, zeigt nicht den Gesamtzusammenhang, **als Spiegel**
sondern den Beispielfall, nicht Vergangenheit und Zukunft, sondern das »Hier **des Ganzen**
und Jetzt«. Sie spricht nicht nur den Kopf des Fernsehzuschauers an, sondern
auch Herz und Bauch, vermittelt nicht nur Argumente, sondern auch Emotionen. Darin liegt ihre Stärke, das macht sie für die Zuschauer so eindringlich
und faszinierend, so spannend und so verständlich. Und doch kann sie mehr, als
man ihr vordergründig ansieht: Der gute Reporter wählt eben – um beim oben
genannten Beispiel zu bleiben – nicht den nächstbesten Arzt aus, sondern sucht
sich jemanden, der oder die repräsentativ ist für die Thematik. Die gute Reportage zeigt, wie vieles von dem, was auf Fachtagungen, in Expertengremien und
Parlamenten diskutiert wird, sich im Alltag auf die mecklenburg-vorpommer-
sche Landärztin und ihre Patienten auswirkt: »Pars pro Toto« – der Einzelfall als
Spiegel des großen Ganzen.

Der Reporter muss unendlich viel mehr wissen, als er sagt und zeigt. Um
bei unserer Landärztin zu bleiben: Er muss etwas wissen über den Systemwan-
del von den DDR-Polikliniken zum freien Arztberuf westdeutscher Tradition,
über die Vergütungssätze der Gebührenordnung, über Bevölkerungsentwicklung
und Wirtschaftsstruktur, über Lebensweise und Einkommenssituation der Patienten, über Rechtsverordnungen und Bedarfsermittlungen, über neue medizin-
technische Entwicklungen, den Kapitalbedarf einer modernen Arztpraxis und
die Finanzlage der Krankenkassen.

Weitaus mühsamer noch als der Einblick in die Hintergründe: die Suche nach
Menschen, die sich tagelang von einem Fernsehteam begleiten lassen. Die bereit
sind, bis zu 16 Stunden am Tag mit bis zu drei Personen (Reporter, Kameramann,
Kameraassistent) im Schlepptau durch das Leben zu gehen. Die es in Kauf nehmen, dass manches doppelt so lange dauert wie sonst – weil mitunter vor jedem
Handgriff, vor jedem Gang erst einmal der Kameramann seine Perspektive finden
muss, das Licht stimmen muss, das Mikrofon an der richtigen Stelle sitzen muss;
weil jeder, mit dem man in Kontakt kommt, gefragt werden muss, ob auch er
bereit ist, sich filmen zu lassen; weil es in kleinen Räumen oder in Autos manchmal umständlicher Vorkehrungen bedarf, die Dinge angemessen ins Bild zu setzen. Das verlangt dem Reporter nicht nur Hartnäckigkeit bei der Recherche ab,
sondern oft auch Liebenswürdigkeit und Charme im Umgang mit den Hauptfiguren, denen er einiges zumutet, ohne sich dafür revanchieren zu können –
nicht mit Geld (in diesem Punkt soll es bei kommerziellen Sendern Ausnahmen
geben) und schon gar nicht mit einer besonders freundlichen Darstellung ihrer
Interessenlage. Trotz angenehmer Umgangsformen und der persönlichen Nähe,
die sich bei längeren Dreharbeiten einstellen kann, muss der Reporter innerlich

eisern Distanz wahren: Er darf »sich nicht gemein machen mit einer Sache – auch nicht mit einer guten« (Hanns-Joachim Friedrichs).

Dramaturgie und Personalisierung

Der Grundriss einer Reportage entsteht im Kopf des Autors: Er muss einerseits ein zumindest rudimentäres »Drehbuch« entwickeln: Wie baue ich die Geschichte auf? Wen stelle ich in den Mittelpunkt? Wie fange ich an, wie ende ich, welchen Verlauf nimmt die Story dazwischen? Wie kann ich Spannung aufbauen? Wo finde ich eindrucksvolle Bilder? Und zugleich muss der Reporter flexibel genug sein, dieses »Drehbuch« komplett umzustellen, wenn die Dinge sich – wie immer – vor Ort anders entwickeln als erwartet.

Der Dreh- und Angelpunkt einer geschickten Dramaturgie: Menschen, an deren Beispiel oder um die herum der Reporter die Geschichte erzählt. »In einer guten Reportage lernt der Zuschauer Menschen kennen« (ZDF-Chefredakteur Nikolaus Brender) – Menschen, zu denen er ein Verhältnis entwickeln kann: Sympathie, Abneigung oder auch eine Mischung aus beidem, ein Hin- und Hergerissensein zwischen Faszination und Befremden – nur eines darf nicht aufkommen: Gleichgültigkeit, Langeweile. Die Zahl der Hauptfiguren muss klein sein (am einfachsten ist es, wenn nur eine Person im Mittelpunkt steht), die der Nebenfiguren überschaubar.

Faszination der Bilder

Der Trumpf der Fernsehreportage: ihre Bildstärke. Die Reportage muss nicht – wie zuweilen der Kurzbericht in den Nachrichten – sich mit hässlichen Kongresszentren, neonbeleuchteten Tagungssälen und graugesichtigen Herren in grauen Anzügen begnügen; der Reportage-Kameramann taucht ein ins pralle Leben: Er zeigt die Schweißtropfen auf der Stirn des Handwerkers, das grandiose Alpenpanorama hinter dem Bergsteiger, das hinreißende Lächeln der jungen Frau, die tosende See, durch die der Seenotrettungskreuzer sich hindurchpflügt.

Entscheidend auch hier: die Vorarbeit des Reporters. Sie beginnt mit der formatgerechten Auswahl des Themas – nicht alles und jedes passt in die Reportageform; Vorrang hat das bildstarke Geschehen, das Personalisierbare, das örtlich und zeitlich Zusammenhängende, das Spannende und Dramatische. Für andere Themen hält die bunte Welt des Fernsehens viele andere Formate vor. Schon die Planungsarbeit sollte von Beginn an bildorientiert sein – mit der Suche nach Drehorten und Szenen, bei denen die Reportage ihre bildlichen Stärken ausspielt: zum einen die bewegte Szenerie, zum anderen die Aufnahme unter freiem Himmel mit ihren unschlagbaren Vorzügen im Hinblick auf Bildtiefe, Hintergrund und Lichtverhältnisse.

Die Herausforderung für Kameraleute: Mehr als bei anderen Formen der Fernsehberichterstattung müssen sie zuhören, sich auf die Menschen einlassen, schon beim Drehen an den Schnitt denken, sich bewegen, mitgehen und ihre Augen überall haben: das eine filmen und dabei schon das andere sehen, zu dem sie gleich hinüberschwenken werden. Die gelungene Aufnahme kommt dann auch voll zur Wirkung: Die Reportage lebt von längeren, intensiveren Einstellungen, vom »Dranbleiben« – nicht vom zusammengeschnipselten Bildsalat.

Die gelungene Reportage lässt den Zuschauer am Geschehen teilhaben wie einen unauffälligen Beobachter: Er steht immer dabei und läuft überall mit, ohne dass man ihn sonderlich beachtet. Der technische Fortschritt erleichtert dieses dezente Beobachten und Belauschen: Ansteck-Mikrofone mit Mini-Sendern fallen kaum mehr auf, hat man sie den Akteuren erst einmal angebracht.

Beim Thema Ton gelten für die Reportage eigene Gesetze. Lebendig und authentisch wird sie durch die natürlichen O-Töne aus der Kommunikation der Beobachteten untereinander – ohne Einmischung des Reporters. Ein zwangloses Gespräch, ein spontaner Ausruf, ein Lachen oder Seufzen, ja selbst ein kurzes Räuspern oder ein leises Pfeifen – solche Aufnahmen sind für die Reportage oft wichtiger und wertvoller, weil echter und wahrhaftiger, als der Versuch eines Protagonisten, auf eine schlaue Reporterfrage eine superschlaue Antwort zu geben. Es kommt nicht allein auf den Informationsgehalt eines O-Tons an, sondern sehr wesentlich auch auf seine atmosphärische Wirkung – und natürlich auf seine bildliche Einbettung: Vorrang hat der situative O-Ton – also das, was einer sagt, während er etwas tut (möglichst über das, was er gerade tut), der spontane Kommentar aus der Aktion heraus, in der bewegten Szenerie. Das sind die Momente, in denen der Reporter seine Fragen stellen darf – nicht hinterher, wenn wieder Ruhe eingekehrt ist. Das sattsam bekannte Bildmotiv »Interview vor Bücherregal am Schreibtisch« hat in der Reportage nichts verloren.

Für den Text gilt: Er soll nicht langatmig die Welt erklären, sondern knapp und präzise die situationsbezogenen Informationen liefern, die Bildern und O-Tönen nicht zu entnehmen sind – hier zuspitzen, dort das Wichtige betonen, Gegensätze herausarbeiten, das Tempo wechseln, mal einen Absatz lang erzählen, dann wieder nur lakonisch Stichworte einstreuen, und das alles in sorgfältigster Feinarbeit, abgestimmt auf O-Ton-Texte und -Geräusche, die haarscharf an- und abzutexten sind, ohne sie zu überdecken.

Das Fernsehen entwickelt sich ständig weiter – und so gewinnen neben dem klassischen Reportagefilm auch andere Formen (wieder) an Bedeutung:

- *Die Live-Reportage*: Zeitweilig auf die Reservate »Fußball« und »Rosenmontagszug« zurückgeworfen, gewinnt sie neuerdings wieder Terrain – die Kommentierung live gesendeter Bilder aus dem »Off«.
- *Die On-Reportage*: Der Reporter ist im Bild zu sehen, nimmt am Geschehen teil und schildert dabei bewusst subjektiv, wie er es erlebt.
- *Die Reportage mit versteckter Kamera*: Da Kameras immer kleiner und besser werden, kommen sie auch bei Reportagen immer häufiger versteckt zum Einsatz – in Kombination mit offen gefilmten Bildern. Diese Entwicklung erlaubt es, mehr denn je investigative und enthüllende Reportagen zu drehen, impliziert aber zahlreiche rechtliche (und oft auch noch technische) Probleme, deren Behandlung ein eigenes Kapitel erfordern würde.

Situative O-Töne, knapper Text

Besondere Reportageformen

5   Feature

Oft werden bunte, farbige, lebhafte, »irgendwie reportagehafte« Texte als Feature bezeichnet. Diese schwammigen Umschreibungen drücken jedoch eher Unkenntnis über diese Darstellungsform aus, als dass sie den Begriff klären könnten. Zumal auch »Reportage« und »Feature« nicht dasselbe bedeuten, sondern funktional deutlich zu unterscheidende Darstellungsformen sind.

Michael Haller erklärt Feature als Darstellungsform, in der wenig dramatische Situationen durch Hervorhebung charakteristischer Züge lebhaft und interessant werden (vgl. Haller 2006, S. 86ff.). Dies lehnt sich an die amerikanische Version an, wonach »to feature a story« heißt, einem Artikel oder Beitrag einen die Aufmerksamkeit weckenden Akzent zu geben. Das Feature versucht also, ein charakteristisches Merkmal eines Ereignisses herauszuarbeiten.

Dies erklärt jedoch noch nicht, was ein Feature konkret ist. Diese Unschärfe ist andererseits charakteristisch für das Feature. Ein Feature ist nach Herbert Lackner »eine moderne Stilform, die dem Autor weit mehr Bewegungsfreiheit läßt als etwa die Reportage, aber dennoch Formenstrenge verlangt; es ist ein journalistisches ›mixtum Compositum‹, in dem diese oder jene Zutat überwiegt, das aber dennoch in einen Sammelbegriff gefaßt werden kann: Feature eben« (Lackner 1996, S. 151).

Veranschaulichung allgemein gültiger Fälle

Zunächst ist das Feature von der Darstellungsform abzugrenzen, mit der es wohl am meisten vermischt wird – der Reportage. Die Hauptfunktion der Reportage ist das »Teilnehmen-Lassen«, diejenige des Features besteht im »Anschaulich-Machen« abstrakter Sachverhalte, um Strukturen durchsichtig werden zu lassen. Dies bedeutet für das Verfassen eines Features: Der Journalist bringt die von ihm recherchierten Informationen ins Blickfeld seiner Leser und beschreibt sie mit dem Material, das zum Erfahrungsschatz des Alltags gehört. Dabei ist es durchaus erlaubt, auch fiktive Szenen oder ganze Szenarien zu verwenden, was bei einer Reportage unzulässig ist. Der Zweck der Szenen besteht beim Feature im Anschaulichmachen, bei Reportagen hingegen in der Vermittlung von Realität. Ein Feature individualisiert die geschilderte Szene nicht, sondern typisiert sie, so dass dem Rezipient die Austauschbarkeit klar wird. Eine authentisch schildernde Reportage würde im Gegensatz dazu den Eindruck erwecken, dass es sich um einen unverwechselbaren Einzelfall handelt. An einem Beispiel über die Computergeneration sei dies erläutert: Ein Einstieg in ein Feature könnte etwa so lauten:

> Jeden Mittag nach der Schule verschwindet der 11-jährige Holger sofort in sein Kinderzimmer. Von außen hört man dann nur noch ein Piepsen und Hacken. Wenn sein Vater beim Abendessen nach Holgers Freizeitbeschäftigung fragt, versteht er nur wenig mehr als »Bahnhof«. Einzig an Samstagen ist der Tagesablauf anders: Da wäscht nämlich Holger die Autos beim benachbarten Autohändler. »Das Geld für die neue Soundkarte werde ich nächsten Monat zusammenhaben« gibt Holger sein Ziel an. (...) So wie bei Holger scheint bei vielen Jugendlichen eine regelrechte Computermanie ausgebrochen zu sein.

Es wird schnell klar, dass es sich um einen austauschbaren Fall handelt. Das Prinzip der Allgemeingültigkeit, das dem Feature zugrunde liegt, unterscheidet es sehr deutlich von der Reportage, wo beim vorliegenden Beispiel der Eindruck hätte vermittelt werden müssen, dass die Akteure nicht austauschbar und die Erlebnisse einmalig, mithin unwiederbringlich sind.

Wie kann man ein Feature umschreiben? Drei Fragen stehen im Vordergrund (vgl. Haller 2006, S. 107):
* *Was mache ich mit dem Thema?*
  Sinnliche Umsetzung von Strukturen und/oder Sachverhalten durch Einbezug der Handelnden.
* *Was ist der Hauptzweck (Funktion)?*
  Zusammenhänge konkret und anschaulich machen.
* *Wie lauten die Anforderungen?*
  Situationen und Zusammenhänge exemplarisch zeigen.

Volker Wolff unterscheidet zwei typische Themenfelder, für deren Aufbereitung sich Features eigenen: Wie-Themen (z. B. »Wie Reiseveranstalter für Mängel haften.«) und Trend-Themen (z. B. »Immer mehr Politiker erleiden einen Hörsturz.«) (vgl. Wolff 2006, S. 199f.).

> **Tipp:** Ein Feature sollte im Gegensatz zur Reportage allgemein gültige Fälle veranschaulichen. Dabei sind auch fiktive Szenarien erlaubt. Durch einen lockeren und interessanten Sprachstil sollte ein Feature den Rezipienten auch unterhalten.

Trotz dieser Unterschiede zwischen einer Reportage und einem Feature sind die Übergänge fließend, beispielsweise wenn sowohl Fallbeispiele als auch authentische Erlebnisse als das Besondere aufgezeigt werden. Zudem kommt es oft vor, dass die Sprache eines Features kaum von derjenigen einer Reportage unterschieden werden kann.

Das Feature macht Abstraktes nicht nur konkret, es setzt auch trockenen Nachrichtenstoff in eine lockere und interessantere Beschreibung um. Dies bedeutet, dass zwar einerseits Zahlen, Daten und Fakten verwendet werden, andererseits aber auch Zitate, historische Exkurse oder Anekdoten. Ein gutes Feature ist hierdurch unterhaltender als eine streng durchformulierte Meldung. Somit lässt sich ein Feature auch durch den Wirkungsaspekt charakterisieren, dass sich der Rezipient durch die Art und Weise der Präsentation von Informationen unterhalten fühlt. In diesem Sinn ist Feature auch ein Synonym für Infotainment.

»Verfeaturen« und »Anfeaturen« Wenn es um die Gestaltung von Beiträgen und die Präsentation von Informationen geht, findet man im Sprachgebrauch von Journalisten oft die Begriffe »Verfeaturen« und »Anfeaturen«. Damit ist Folgendes gemeint: Verfeaturen heißt, einen Text als Feature zu gestalten. Mit Anfeaturen ist hingegen gemeint, einen Bericht über ein aktuelles Ereignis mit Stilelementen des Features aufzulockern und ihn dem Leser auf eine lebendige, attraktive Weise anzubieten. Abstrakter Nachrichtenstoff ist in eine anschauliche, szenische Beschreibung umzusetzen. Dies ist umso nützlicher, als selbst einfache Sachfragen der lokalen Tagespolitik zusehends abstrakter und für die Leserschaft unverständlicher werden. Herbert Lackner bezeichnet deshalb auch das Feature als »die Stilform zur Beschreibung der komplexen Gesellschaft« (Lackner 1996, S. 151). Typische Feature-Themen sind die Beschreibung einer vom Stadtrat beschlossenen neuen Müllbeseitigungsanlage oder ein Bericht über die Forschungsarbeit des Physik-Nobelpreisträgers, die anschaulich und verständlich gemacht werden soll.

Eine Form wie das Feature bietet auf der einen Seite die Freiheit, vielfältige Stilmittel einzusetzen. Auf der anderen Seite gibt es aber auch viele Möglichkeiten, Fehler zu begehen. Die häufigsten Fehler sind in der Abbildung 29 aufgeführt.

Abb. 29: Häufigste Fehler beim Schreiben eines Features

Ungeschickte Übergänge
Der Autor muss in einem Feature immer wieder von einer Stilform in eine andere finden. Die entsprechenden Übergänge müssen nicht nur logisch sein, sondern auch organisch, elegant, weich. Reportageelemente mitten in einem Text wirken ohne geschickten Übergang beispielsweise oft aufgesetzt. Ein optisches Mittel, um einen Übergang zu schaffen, ist in Printmedien die Einfügung von Zwischentiteln oder Initialen am Beginn eines neuen Abschnitts, die einen Übergang anzeigen und die Mühe einer geschliffenen inhaltlichen Verbindung ersparen.

Keine Aussage
Der Schreiber eines Features muss von Anfang an wissen, was er will. Wer sich diese Mühe ersparen will, wird ziel- und planlos mehr oder weniger geschickt einzelne Teile seines Textes aneinanderreihen; der Leser wird am Ende dennoch nicht wissen, was er will.

Schlechte Mischung

Eine schlechte Mischung ist ein Feature dann, wenn die verschiedenen Ingredienzen falsch eingesetzt werden: Der Autor erschlägt etwa den Leser gleich zu Beginn mit Zahlen und Fakten und gibt ihm keine Gelegenheit zur Erholung. Oder: Es werden sämtliche Recherche-Gespräche in einem Aufwasch verwertet, indem lange Zitate, womöglich noch dazu in indirekter Rede, blockartig in den Text eingeschoben werden. Weitere Fehler in diesem Zusammenhang: Farbige Reportageelemente gibt es nur zum Einstieg, dann wird der Text grau, fakten- und zitateüberladen.

»Feuilletonisteln« ersetzt Recherche

Je nach Geschmack, Thema und schreiberischem Vermögen wird sich der Autor eines Features einer mehr oder weniger feuilletonistischen Sprache bedienen. Viele Kollegen setzen ihre sprachliche Begabung aber dazu ein, über einen anderen Mangel hinwegzutäuschen: jenen der Recherche-Faulheit. Der Leser hat zwar ein angenehmes, unterhaltsames Spracherlebnis, am Ende des Beitrags oder Artikels ist er aber genauso gut informiert wie zuvor. Die Möglichkeit, auch fiktive Szenarien zu verwenden, bedeutet nicht, dass der Informationsgehalt nicht gegeben sein muss.

Quelle: Herbert Lackner 1996

Im Hörfunk sind O-Töne ein wichtiges Mittel des Features. O-Töne schildern nicht nur Geräusch und Atmosphäre, sondern sind eine direkte Darstellung des Menschen (→ Medienspezifische Präsentation). Der Hörer kann seinesgleichen miterleben in dessen authentischer Sprache. Die Forderung aus den Anfangszeiten des Features, in verschiedenen Sprachstilen zu schreiben, wird durch die Möglichkeit ersetzt, verschiedene Sprachstile zu montieren. Im Hörfunk können neben den O-Tönen aber auch Geräusche, Musik, Kurzinterviews, Statements oder Archivaufnahmen eingemischt werden, um das Feature abwechslungsreicher zu gestalten. Daneben kann der Journalist durch Überraschungen und Brüche für Auflockerung sorgen.

Hörfunk

Das Fernsehen mit seinen Bildern ist geradezu prädestiniert für Features. Der Begriff »anschaulich« kann hier wörtlich umgesetzt werden. Wesentlich ist die Bildsprache. Der Feature-Autor muss zuerst die optische Ausdrucksform für seine Gedanken suchen und dann die verbale Ergänzung und Erläuterung leisten. Ein wichtiges Mittel im Fernseh-Feature sind nachgespielte Handlungen. Dem Zuschauer sollte jedoch klar sein, wann es sich um gestellte Szenen handelt und wann um authentische Dokumentations-Aufnahmen. Wichtig ist hierbei, die Szenen anhand eines klaren Erzählfadens anzuordnen und eine dramaturgische Spannungskurve aufzubauen. Spannung kann beispielsweise durch formale Wechsel erzeugt werden oder über die Variation von Schilderung und Schlussfolgerung.

Fernsehen

Ein weiteres Mittel des Fernseh-Features sind Bild-Metaphern. Bild-Metaphern sind dann geeignet, wenn Zustände und Stimmungen zu beschreiben sind, die mit realen Bildern nicht darzustellen sind. Der Autor muss versuchen, Bilder zu finden, die Symbolcharakter haben, die über ihre reale Bedeutung hinausgehend auch noch eine andere Aussagekraft besitzen. Besonders eindrucksvolle Wolkenstimmungen können beispielsweise symbolisch für Trauer oder schwere Zeiten verwendet werden. Texte werden insofern also eher zurückhaltend eingesetzt und eher umgangssprachlich verfasst. Die Perspektive ist dabei zwar subjektiv, aber immer begründet.

5.1   Den Leser an die Hand nehmen

Achim Zons
Redakteur »Seite Drei« der »Süddeutschen Zeitung« (SZ), München

Das Schwierigste ist der Anfang. Manche Journalisten quälen sich Stunden, manchmal sogar Tage, bis sie den ersten Satz haben. Und wenn sie ihn haben, dann leiden sie, weil sie irgendeinen zweiten Satz formulieren müssen. Manche scheitern angesichts dieser Schwierigkeiten und fangen gleich mit dem zweiten Satz an. Das hört sich dann oft so an, dass man denkt: Mein Gott, warum haben sie nicht mit dem letzten Satz angefangen!? Überhaupt sollte man überlegen, ob man nicht besser öfter mit dem Ende anfängt. Dann wären die Geschichten kürzer, und die Leser hätten Zeit für Wichtigeres. Wenn man nur wüsste, was sie Wichtigeres tun könnten. Egal: Viel schwieriger als der Anfang eines Features ist der Anfang eines Textes *über* das Feature. Wie also anfangen?

Man könnte einen Text über das Feature anfangen, indem man Beispiele für gute Anfänge bringt. Zum Beispiel den: »Dass Paul beschlossen hatte, von nun an gesund zu leben, fiel mir eigentlich erst auf, als er eines Tages an Krücken ging.« Oder: »Der junge Mann im Wartezimmer hält eine Zellophantüte mit beiden Händen auf seinen Knien und macht ein feierliches Gesicht. In der Tüte sind Weihnachtsplätzchen. Die Plätzchen sind für die Ärztin.« Oder: »Wenn etwas bricht, bricht manchmal etwas auf. Dann quillt es hervor, brodelnd und stinkend, dann bahnen sich Wut und Verzweiflung ihren Weg, gerät Verdrängtes an die Oberfläche.« Oder: »Am Montag fiel ich vom Boot und riss mir den Zeh auf, am Mittwoch löste sich der Großbaum und landete – dank der Mithilfe einer kräftigen Böe – an meiner Stirn. Am Freitag schwamm ich auf dem Kiel, das Segel nach unten, Richtung Rhodos. Es war eine ereignisreiche Woche.«

Gute Anfänge lösen Assoziationen aus Ganz klassische Anfänge: über eine Person, über eine Szene, über die destillierte Erkenntnis, über das Scheitern von Bemühungen. Und doch hören sie sich, so aus dem Zusammenhang gerissen, seltsam an, diese Einblicke in verschiedene Welten. Und einige werden jetzt stirnrunzelnd denken: Das sollen gute Anfänge sein!? Ja, sind es. Denn sie verfügen alle über die wesentlichen Merkmale: Sie machen neugierig. Sie lösen Assoziationen aus. Sie haben einen Sog, der den Leser in die Geschichte hereinzieht. Sie geben einen Ton an – etwa den Ton der

Ironie oder den harten Ton, der wirklichen Dramen vorbehalten sein sollte. Und sie verfügen über rote Fäden oder Erzählstränge, die hier, schon im ersten Satz, ihren Anfang nehmen.

Allein wenn man die Fragen zusammenschreibt, die sich aus den eben genannten Beispielen ergeben, kommt einiges zusammen: Was für ein schlimmes Schicksal hat Paul getroffen, wo er doch beschlossen hatte, gesund zu leben? Warum bringt der junge Mann im Wartezimmer der Ärztin ausgerechnet Weihnachtsplätzchen mit? Was ist – im dritten Beispiel – Schreckliches passiert, nachdem etwas gebrochen ist, was hat die Wut und Verzweiflung ausgelöst? Und – um den letzten Anfang zu nehmen – welche Katastrophen hat der selbstlose Reporter sonst noch hinnehmen müssen bei seinem Versuch, segeln zu lernen?

Vielleicht sollte man an dieser Stelle einmal kurz innehalten und überlegen, warum das Feature überhaupt eine so große Bedeutung hat. Zum einen liegt das wohl daran, dass die Fülle der Fakten, die das Leben so liefert, den Leser überfordert, eine seriöse und spannend geschriebene Einordnung also nötig ist, um die Welt im Allgemeinen und das konkrete Problem im Besonderen zu verstehen. Was für den Journalisten heißt: Er muss den Leser an die Hand nehmen. Er muss sich selbst in einen Zustand zurückversetzen, in dem er sich befand, als er mit der Recherche begann. Er muss seinen Schützling Schritt für Schritt für das Thema begeistern. Und – das vor allem: Er muss dem Leser die Dimension des Themas deutlich machen. Er muss erklären, *wofür* all die recherchierten Fakten stehen. Kurz: Er muss beschreiben, was der Einzelne bei der Betrachtung aller Facetten aus dem Feature lernen kann.

Womit wir bei dem zentralen Punkt angelangt wären. Einem Punkt, an dem man die schlecht geschriebenen Features von den guten unterscheiden kann. Dem Punkt, an dem sich die Spreu vom Weizen trennt. Es gibt kein einprägsames Schlagwort für diesen Punkt, nur Möglichkeiten der Umschreibung. Man könnte es die »Überhöhung des Themas« nennen. Oder »analytische Einordnung«. Oder – wie bei Filmen – »controlling idea«. Egal wie man es nennt, gemeint ist: Der Autor darf nicht nur sein Recherchematerial ausbreiten, darf nicht nur deskriptiv vorgehen, darf nicht nur die Fakten vorlegen, sondern er muss analysieren, muss Schlussfolgerungen ziehen aus dem Beobachteten, muss Informationen und Fakten in einen größeren Zusammenhang einbinden und damit bei dem Leser zu einem Zuwachs an Erkenntnis führen. Und wenn der Autor das auch noch im zweiten oder dritten Absatz vorweg als Ziel seines Features formuliert – dann ist er auf dem richtigen Weg. Das Ziel des Features

Alles Blödsinn? Mitnichten. *Dass* etwas passiert ist, ist noch lange keine Geschichte. Es muss also etwas hinzukommen. Und wenn man eine Ahnung hat, *für was* das Passierte stehen könnte, dann sollte man sich einen neugierig machenden dramaturgischen Rahmen einfallen lassen. Denn fast alles im Leben folgt dramaturgischen Mustern, zumindest im psychologischen Bereich: Ich setze mir ein Ziel, sammle alle meine Kräfte, um es zu erreichen, andere kommen, um Hindernisse zwischen mich und das Ziel zu stellen, und ich versuche, die Hindernisse zu überwinden. Und je größer die Hindernisse, die ich überwunden habe, umso größer ist die Befriedigung, wenn ich das Ziel erreicht habe. So funktioniert das Leben. So funktionieren Filme. Und so funktionieren auch Reportagen und Features.

Natürlich hört sich das alles erst einmal kompliziert an, und natürlich kann man so etwas nicht einfach abstrakt stehen lassen. Jeder Journalist, der schon einmal eine 500-Zeilen-Geschichte recherchiert hat, kennt die Verzweiflung, die er verspürt, wenn er vor dem Riesenwust an gesammeltem Material sitzt und das ganze in eine spannende Form bringen will. Er kennt die Versuchung, alles einfach chronologisch herunterzuerzählen nach dem historischen Ablauf des Rechercheweges. Er kennt die Schwierigkeit, die Informationen nicht einfach nur wiederzugeben, sondern auch so weit nachzudenken, dass er dem Leser Vorschläge macht, wofür die Aussagen der Befragten, wofür die Meinungen der Interviewten, wofür die gewonnenen Fakten in einem übergeordneten Zusammenhang stehen.

Einordnender Rahmen · Ein paar Beispiele? In einer (mit dem Kisch-Preis ausgezeichneten) Geschichte über die Frankfurter Wertpapierbörse formuliert der Autor am Ende des dritten Absatzes als Ziel seines Werks, dass der Börsen-Laie (also der Journalist selbst) in nur ein paar Tagen allenfalls eine Ahnung davon bekommen könne, »warum einer ein ehrlicher Makler sein kann und gleichsam ein Spekulant sein muss, weshalb sich das nicht auszuschließen braucht: nüchtern kalkulierender Kaufmann zu sein und gleichsam riskanter Spieler«. Dieses Spannungsverhältnis – das ist der Treibriemen *dieser* Geschichte. Oder in dem bereits angesprochenen Feature über die Schwierigkeiten von Hausärzten nach der Gesundheitsreform schreibt die Autorin: »Es ist schon erstaunlich: Draußen sitzen kranke, aber zufriedene Patienten. Und im Sprechzimmer sagt diese kleine Frau im weißen Kittel: ›Ich gebe auf. Ich werde meine Praxis verkaufen‹«. Dieser Widerspruch – das ist der Motor, der *diese* Geschichte vorantreibt. Und bei dem Journalisten, der Segeln lernen wollte, reicht als einordnender Rahmen schon die Formulierung: »Um also dieses Entdeckererlebnis endlich einmal am eigenen Leib zu erfahren und die Zwanglosigkeit dieser Art des Urlaubs kennen zu lernen.« und so weiter und so weiter. Schon damit ist der Impuls klar. Der Leser weiß, was ihn erwartet. Und der Autor weiß, was er beschreiben will. Beide haben also einen Rahmen, der ihnen Halt gibt.

Aber wir wollten ja einen Anfang für *diesen* Text finden. Dafür müsste man zuerst klären, welches Ziel verfolgt werden soll. Eines der Ziele könnte sein, die wesentlichen Merkmale des Features kennen zu lernen – dieses Ziel ist bereits erreicht. Ein anderes könnte sein, die Rolle des Features für die »Süddeutsche Zeitung« zu definieren. Das ist zu einfach, denn die Antwort ist banal: Die Rolle ist groß, immer schon groß gewesen. Schon Anfang der 1960er Jahre hat die »Süddeutsche Zeitung« als erste überregionale Zeitung erkannt, dass die Leser sich leichter und nachhaltiger verführen lassen durch sinnliche meinungsbetonte

Hintergrundberichte als durch kalte Nachrichten, weshalb die bedeutende »Seite Drei« eingerichtet wurde.

Zwischenruf der Macher dieses Buches: Und wie grenzen Sie sich gegenüber konkurrierenden Blättern ab? Antwort: vor allem durch den breiten Raum, der dieser Darstellungsform in der »Süddeutschen Zeitung« zur Verfügung gestellt wird. Mittlerweile findet der Leser Reportagen und Features nicht nur auf der Seite Drei, sondern auch auf den außen- und innenpolitischen Reportageseiten hinten in der ersten Lage, in dem Farb-Magazin am Freitag und schließlich in der »SZ am Wochenende«, der Feuilleton-Beilage. Und der Erfolg gibt der Zeitung Recht: Jahr für Jahr gewinnt die »Süddeutsche Zeitung« die wichtigen Journalistenpreise (Egon-Erwin-Kisch-Preis, Theodor-Wolff-Preis, Axel-Springer-Preis) für Reportagen und Features.

So falsch kann also nicht sein, was wir machen. Worauf so mancher fragen könnte: Gibt's denn noch Details, die beim Schreiben zu beachten sind? Nur noch ein paar Stichworte. Wichtig sind: der Wechsel der Perspektive, der Wechsel der Aktualität (also der Wechsel zwischen Vorgeschichte und Status quo), der Wechsel der Tempi und vor allem: der Wechsel zwischen Naheinstellung und Einordnung in einen Gesamtzusammenhang, so wie man es zum Beispiel von Filmen kennt. Da wird etwa eine Pistole in Großaufnahme gezeigt, man sieht eine Hand, die Patronen in die Kammer schiebt. Die Kamera zieht auf, man erkennt einen Mann in einem schäbigen Zimmer, der offenbar bei den letzten Vorbereitungen eines Attentats ist. Die Kamera geht weiter zurück, sie lässt ein Fenster sehen – und gegenüber steht der Präsidentenpalast. Es ist kein Wort gesprochen worden, aber jeder weiß: Der Präsident soll erschossen werden.

Wechsel des Blickwinkels

> Jürgen Kohler hat sich am Gitter festgekrallt, und wenn man näher rangeht, sieht man, wie sein Körper bebt. Kohler hat Angst. Plötzlich war dieser Fotograf da, deswegen ist der Teufel los, vor allem in der Abwehr. Julio Cesar hat auf der Flucht einen Haufen Federn verloren, Matthias Sammer kreischt, Wolfgang Feiersinger kreischt auch, nur Andi Möller sitzt auf der Hand von Manfred Rakowski.

Ein harter Übergang, ja, aber vor allem ein wunderbarer Anfang, den sich der Kollege Holger Gertz im November 1997 hat einfallen lassen, als er die Krise bei Borussia Dortmund in einem großen Feature auf der Seite Drei der »Süddeutschen Zeitung« beschrieb (und dafür den Axel-Springer-Nachwuchs-Preis bekam). Kohler und Sammer und Cesar waren Tauben, Tauben, die ein leidenschaftlicher Borussia-Fan namens Rakowski nach seinen Fußballer-Göttern benannt hat. Glück muss man haben, um auf solch ein Detail zu treffen, aber auch Gespür. Denn jetzt ist die Geschichte einfach: Über die Tauben ist man bei dem Fan, über den Fan bei dem Leiden, über das Leiden bei der Krise. Und an dieser Stelle ist man bei der Haupterzählebene, zu der Handlungsstränge hinführen (die Vorgeschichte, also was die Krise ausgelöst hat) und von der Handlungsstränge in die Zukunft gehen (also was man bei der Borussia gegen die Krise zu tun gedenkt) – alles im spannenden Wechsel zwischen Spieler und Tauben, zwischen Fan und Offiziellen, zwischen Diagnose und Therapie.

Wie gesagt, Glück muss man haben, dann ist auch der Anfang leicht. Es wird Zeit, diesen Text über das Feature endlich zu beginnen. Also fangen wir an.

5.2 Das Mini-Feature – Kino im Kopf

Ralf Jaedicke
Programmmanager und stellvertretender Programmchef SWR 1 Baden-Württemberg, Stuttgart

Das Mini-Feature ist der kleine Bruder des Features. Ein Hörbild im Kleinen, in der Regel zwei bis drei Minuten lang. Das Mini-Feature gehört neben dem Beitrag mit Einspielungen (BmE), dem Kurzbeitrag (KB), dem Interview und der Reportage zu den Haupt-Beitragsformen in einem modernen Radioformat. Es soll Bilder im Kopf des Zuhörers erzeugen, Ereignisse lebendig, Szenen anschaulich und Schauplätze plastisch machen, kurz: ein Mini-Feature ist Kino im Kopf.

Kino im Kopf – wie geht das eigentlich? Zunächst einmal gehören zu einem guten Mini-Feature O-Töne (Gesprächspartner, Geräusche, Atmo, Musik) und eigener Text. Geschaffen werden sollen Stimmung, Bilder, Emotionen. Der Text verbindet die Elemente miteinander und liefert die Informationen.

Stimmung lässt sich zum Beispiel mit Musik erzeugen (Beispiele: Hawaiigitarren bei einem Reisefeature über Hawaii. Drehorgelmusik auf dem Jahrmarkt. Wiener Walzer bei einem Ball).

Bilder entstehen durch Atmo und Geräusche (Beispiele für Atmo: hallige Lautsprecherdurchsagen im Bahnhof, Instrumente stimmen vor einem Konzert, Kindergekreische auf einem Spielplatz; Beispiele für Geräusche: Gläserklingen oder Schlürfen bei einer Weinprobe, Presslufthammer auf der Straße, ein startendes Flugzeug, eine quietschende Straßenbahn). Geräusche machen einen Text nachdrücklicher.

Jeder dieser O-Töne soll beim Hörer sofort Assoziationen entstehen lassen: Ich befinde mich in einem Bahnhof, ich sehe die Strände von Hawaii, ich bewundere die Tänzer auf dem festlichen Ball, vor meinen Augen entsteht das Bild spielender Kinder. Musik, Atmo, Geräusche und geschickt formulierter Text erzeugen einen Film beim Zuhörer und alles zusammen erweckt *Emotionen* in ihm.

Alles beginnt mit der *Aufnahme vor Ort.* Reporter Jan Heiser erhält den Auftrag, ein Mini-Feature über den Weihnachtsmarkt zu erstellen. Also nimmt er sein Aufnahmegerät und besucht den großen Weihnachtsmarkt in der Innenstadt. Es wimmelt von Menschen. An den vielen festlich geschmückten Ständen sieht er ein Kaleidoskop von Farben: grüne Tannenzweige, goldene und silberne Christbaumkugeln, rote Nikoläuse, braune Walnüsse und einen zauberhaften weißen Rauschgoldengel. Es duftet nach Bratwürsten und gebrannten Mandeln. Reporter Jan Heiser beißt in einen Spekulatius-Keks und schlürft einen dampfenden Becher Glühwein. Bummler schlendern über knirschenden Neuschnee und schauen sich die Weihnachtskrippe an, Kunden und Verkäufer unterhalten sich, der Reporter vernimmt das Rascheln von Papiertüten, das Klingeln der Kassen und aus der Ferne hört er pulsierende Straßengeräusche. Über allem schwebt weihnachtliche Musik.

Wie ein Mini-Feature entsteht

Sehen, schmecken, riechen, hören, fühlen – all das gehört zu einem guten Minifeature. Der Reporter wird also Farben, Gerüche, Geschmack und Gefühle in Worte fassen, mit dem Mikrofon an den Ständen Verkäufer und Kunden befragen, vorüberflanierenden Passanten das Mikrofon unter Nase halten und sie nach ihren Eindrücken befragen, die vielen Geräusche vom Kassenklingeln über das Bratwurstbrutzeln bis hin zum knirschenden Schnee aufnehmen und schließlich die Atmo mit der Weihnachtsmusik einfangen.

Dann folgt die *Bearbeitung.* Im Funkhaus spielt der Reporter das Material ins System ein und beginnt mit dem Sichten des Materials. Was hat er alles mitgebracht? Da sind zunächst einmal die Gespräche mit Kunden und Verkäufern. Sie werden nach Aussagekraft und Originalität abgeklopft. Danach wird die Atmo geschnitten: brutzelnde Bratwürste, Kassenklingeln, knirschende Schritte im Schnee und vieles mehr. Anschließend wird die Reihenfolge der einzelnen O-Töne bestimmt, dann der Text geschrieben.

Der Text ist voller kraftvoller Worte. Dazu gehören ausdrucksstarke Adjektive: »Dampfender Glühwein« erzeugt eher ein Bild als nur »Glühwein«. Ein »zauberhafter Rauschgoldengel« ist stärker als ein »schöner goldener Engel«. »Knirschender Neuschnee« ist aussagekräftiger als nur »Neuschnee«. Auch bei den Verben sind bildhafte Wörter gefragt: man kann über den Weihnachtsmarkt gehen, man kann aber auch schlendern, eilen, marschieren, stapfen, bummeln, schreiten, flanieren, spazieren, stolzieren, laufen. Und so wenige Hilfsverben wie möglich!

Und so könnte als *Ergebnis* das Mini-Feature vom stimmungsvollen Weihnachtsmarkt dann aussehen: Als Einstieg Weihnachtsmusik und Schritte auf dem knirschenden Neuschnee, dann eigener Text, der die weihnachtliche Atmosphäre beschreibt, dann z. B. die Aussage eines Kunden, der gerade heiße Maronen kauft, samt Kassenklingeln, dann eigener Text, in dem die vielen verschiedenen Figuren in der Krippe beschrieben werden und dann der O-Ton eines Passanten, der von dem wunderschönen weißen Rauschgoldengel schwärmt, dann wieder eigener Text über die vielen kulinarischen Genüsse, dann Geräusch Bratwurstbrutzeln, dann eigener Text mit Eindrücken der verschiedenen Gerüche, dann wieder eigener Text und so weiter. Der eigene Text bildet den roten Faden und führt immer auf den nächsten O-Ton hin. Ganz wichtig: der Ausstieg aus dem Mini-Feature. Die Geschichte muss »rund« sein. Ein Schluss könnte zum Beispiel noch einmal die Weihnachtsmusik sein, um die Klammer zum Anfang des Beitrages zu bilden.

Die *Aufnahme*: Im Studio werden Text und O-Töne miteinander verbunden, das heißt die Aufnahme wird »gemischt«. Der Autor spricht passagenweise seinen eigenen Text, dazwischen werden die einzelnen O-Töne eingespielt. Unser Reporter Jan Heiser ist erfahren genug, um auch mit seiner Stimme, dem Tempo und der Lautstärke zu variieren. Auf diese Weise entsteht ein abwechslungsreiches und stimmungsvolles Mini-Feature.

Und jetzt – kann das Kino im Kopf beginnen …

6   Interview

Das gedruckte oder gesendete Interview ist eine journalistische Darstellungsform, die in allen Ressorts eingesetzt wird. Dabei ist zu unterscheiden zwischen einem Sachinterview, einem personenbezogenen Interview und Umfragen. Beim Sachinterview soll die Haltung einer Person zu bestimmten Sachfragen ergründet werden. Es komplettiert die Nachricht und wirft in erster Linie ein Schlaglicht auf ein Thema. Beim personenbezogenen Interview hingegen rückt der Interviewte in den Vordergrund. Seine Persönlichkeit oder sein Charakter sollen dargestellt werden. Dies geschieht auch dadurch, dass der Befragte zu unterschiedlichen Themen Stellung bezieht – die Themen sind in diesem Fall funktional zur Beschreibung der Person. Die Umfrage ist eine zunehmend beliebte Darstellungsform, um mehrere Personen in knappen Statements zu einem bestimmten Thema zu Wort kommen zu lassen.

Das Interview ist jedoch nicht nur eine Darstellungsform, sondern auch eine Methode des Recherchierens (→ Recherche). Das Recherche-Interview ist im Wesentlichen eine Fragetechnik, die primär dazu dient, Informationen zu beschaffen oder zu überprüfen. Das schließt nicht aus, dass sich eine Befragung, die zu Recherchierzwecken stattfinden sollte, zu einem interessanten Gespräch entwickelt, das dann zu einem eigenständigen Interview aufbereitet werden kann – der Übergang von der Recherchebefragung zur gestalteten Interviewform kann durchaus fließend sein.

Merkmale   Ein Interview als Darstellungsform hat verschiedene Merkmale. Das erste Hauptmerkmal ist die Verdoppelung der Interviewsituation: Zum einen stellt der Dialog zwischen Journalist und Interviewpartner eine eigene Gesprächssituation dar, zum anderen entsteht parallel dazu oder zeitlich versetzt eine weitere Kommunikationssituation durch die indirekte Teilnahme des Publikums an diesem Gespräch via Presse, Radio oder Fernsehen. In einem geformten Interview, in dem der Interviewdialog unter expliziter Nennung der Sprecher wiedergegeben wird, erfährt der Rezipient nicht nur einzelne Aussageninhalte, sondern auch etwas über den Dialogverlauf. Die Botschaft des Interviews ist nicht nur, was gesagt wird, sondern auch wie die Aussagen zustande kommen, d. h. der Rezipient nimmt an der Aussagenproduktion teil. Während das in Hörfunk und Fernsehen sogar live möglich ist, müssen sich Pressemedien damit behelfen, Reaktionen der interviewten Person(en) wie etwa Mimik und Gestik oder beispielsweise Zögern vor Antworten möglichst anschaulich und treffend zu beschreiben. Geformte Interviews sind daher weitaus seltener in Pressemedien vorzufinden als im Rundfunk. Dagegen eignet sich ein personenbezogenes Interview gerade in Zeitungen und Zeitschriften besonders als Basis eines Porträts.

Ein weiteres Merkmal des Interviews ist die Beziehung zwischen dem Interviewer und der interviewten Person: Indem die eine Seite durch ihren Sprachgestus der anderen Seite Aussagen abverlangt, die zu neuen Begehren und neuen Antworten führen, ist das Interview ein kommunikatives Rollenspiel. Der Interviewer muss nicht zwangsläufig nur Fragen stellen, sondern ist vielmehr ein Gesprächspartner, der sich auch selbst zu einem Thema äußern kann, um dem Gegenüber neue Impulse für weitere Äußerungen zu geben. Wichtig ist aber, dass der Interviewer dabei durchgängig den Gesprächsfaden in der Hand behält und den Dialog thematisch lenkt, um von seinem Interviewpartner Aussagen zu den Punkten zu bekommen, die der Journalist als relevant erachtet bzw. vorbereitet hat. Der Interviewte sollte dabei mit seinen Aussagen im Mittelpunkt des Interesses stehen – nicht etwa ein Interviewer, der sich profilieren will. Ein drittes Merkmal ist, dass die Gesprächssituation (Ort, Zeit, Umstände) in hohem Maße den Informationswert beeinflusst.

Das Hauptziel eines Interviews als Darstellungsform lässt sich so umschreiben: Das Interview soll auf möglichst unterhaltsame Art nicht nur Wissen und Meinungen, sondern auch Denkweisen bemerkenswerter oder für die Sache aufschlussreicher Personen als Argumentationsfolge in einer authentischen Form darstellen. Was die Person zur Sache sagt, wie sie es sagt und wie sie sich zum Gesagten verhält, verschmilzt dabei zu einem informativen Gesamtbild. **Ziele**

> **Tipp:** Das Interview soll auf möglichst unterhaltsame Art Wissen, Meinungen und Denkweisen bemerkenswerter oder für die Sache aufschlussreicher Personen darstellen. Präsentiert werden kann das Interview entweder klassisch als Frage-und-Antwort-Spiel oder als gebautes Interview, also mit Einschüben.

Präsentation Ein Interview kann in verschiedenen Formen präsentiert werden. Der klassische Fall ist der des Frage-und-Antwort-Spiels zu einem bestimmten Themenkreis. Der gesamte Dialog, der durch einen Themenbogen gekennzeichnet ist, wird analog wiedergegeben. Eine Abstufung des klassischen Interviews ist das Kurzinterview. Es beschränkt sich auf die Darstellung eines punktuellen Vorgangs mit drei bis vier knappen Fragen.

Ein Interview muss nicht original in 1:1-Abbildung wiedergegeben werden. Man spricht in einem solchen Fall von einem gebauten Interview. Hier finden sich zwischen den Fragen und Antworten Einschübe. Ein solcher Einschub kann auch die Beschreibung des Interviewten in Zeitungsinterviews sein. Eine nicht vollständige Wiedergabe eines Interviews empfiehlt sich dann, wenn der Interviewpartner viel redet, jedoch überwiegend Nichtssagendes. In einem solchen Fall kann man sich auf die Äußerungen beschränken, die hinreichend interessant sind. Eine Zerlegung des Interviews empfiehlt sich ebenfalls, wenn der Interviewte über ein Sachgebiet spricht, das schwer verständlich ist. Hier sind Einschübe notwendig, um das Gesagte zu erläutern und um Hinweise und Informationen zu erweitern. Die Grenzen von gebauten Interviews zu anderen Darstellungsformen sind fließend. Gebaute Interviews werden auch als Bericht mit O-Ton oder Bericht mit Interview-Supplement bezeichnet (→ Medienspezifische Präsentation).

Vorbereitung Grundsätzlich sollte sich ein Journalist auf ein Interview gut vorbereiten. Neben der Beschäftigung mit dem Thema und angrenzenden Sachgebieten sollte er möglichst viel über die Person, den Charakter und das Verhalten des Interviewpartners in Erfahrung bringen. Je besser der Journalist über Sache und Person Bescheid weiß, umso größer sind die Chancen, ein günstiges Gesprächsklima zu schaffen und dem Gesprächspartner möglichst viele Informationen zu entlocken. Wichtig ist es, den richtigen Interviewpartner zu finden und sich nicht mit den Aussagen wenig kompetenter, vorgeschobener Personen zu begnügen. Vor einem Interview sollte der Journalist einen Fragenkatalog vorformulieren, der gegebenenfalls mit dem Interviewpartner grob (nicht in den einzelnen Fragestellungen) abgesprochen wird. Die Vorbereitung eines Themenkatalogs gibt auch dem Journalisten Sicherheit für unvorhergesehenes Verhalten des Interviewten und Gewissheit, wichtige Themenbereiche nicht zu vergessen.

Die Regeln der Interviewtechnik richten sich nach der jeweiligen Situation, den beteiligten Personen und ihren Erwartungen. In der journalistischen Praxis haben sich einige Faustregeln bewährt: Zu Beginn des Interviews sollte man dem Gesprächspartner eine »Aufwärmphase« gönnen und nicht gleich zur Sache kommen. Es empfiehlt sich, am Anfang erst allgemeine Fragen zu stellen oder einen Aufhänger zu wählen, der mit dem Kern der interessierenden Sache wenig zu tun hat. Für den Gesprächsverlauf ist es wichtig, die Sympathie und das Vertrauen des Interviewten zu gewinnen. Die Fragen sollten präzise und kurz sein, der Interviewer sollte sich nicht in Monologen und Selbstdarstellung ergehen. Außerdem sollte immer nur ein Thema in einer Frage angesprochen werden, um die Fragen nicht mit verschiedenen Aspekten zu überfrachten. Unbedingt vermieden werden sollte, dass in eine »Frage« mehrere Fragen gepackt werden. Die Führung des Interviews muss immer beim Journalisten liegen. Er sollte auch durch Zwischenfragen den Gesprächsfluss unterbrechen, wenn der Gesprächspartner am Thema vorbeiredet. Durch kritisches Nachfragen oder Wiederholen der Fragestellung lässt sich häufig eine Präzisierung der Antwort erreichen.

Tipp: Fragen sind die Steuerungselemente des Interviews. Zu Beginn des Gesprächs sollten eher allgemeine Fragen gestellt werden, um Vertrauen zu gewinnen. Danach sollte eine Mischung aus offenen und geschlossenen Fragen folgen.

Dem Interviewer stehen dabei unterschiedliche Frageformen zur Verfügung: Offene Fragen sind solche, bei denen der Interviewte viele Antwortmöglichkeiten offen hat, beispielsweise: Was halten Sie von? Bei geschlossenen Fragen sind die Antwortmöglichkeiten dagegen von vornherein stark eingeengt, oft nur auf »ja« oder »nein« (= Entscheidungsfragen), »dafür« oder »dagegen« (= Alternativfragen), oder auf die Antwortmöglichkeiten A, B oder C (= Skalafragen). Ein gutes Interview sollte eine Mischung aus beiden Fragetypen sein. Interviews, in denen nur offen gefragt wird, lassen dem Interviewten Freiräume – aber auch Freiräume, um auszuweichen. Es besteht die Gefahr, dass der Biss fehlt und das Interview vage bleibt. Bei geschlossenen Fragen hingegen besteht die Gefahr, dass das Interview zu eindimensional bleibt und interessante Aspekte vom Interviewten nicht angeführt werden.

Offene und geschlossene Fragen

6.1 Fiktives Interview über das Interview

Nikolaus Brender
Chefredakteur des Zweiten Deutschen Fernsehens (ZDF), Mainz

Herr Brender, im Fernsehen wird nur noch »getalkt«. Die letzte Ecke menschlicher Existenz wird ausgeleuchtet, was soll uns da noch überraschen? Selbst im Bereich der Politik beherrschen Talk-Formate das Bild. Hat das klassische Politiker-Interview als Darstellungsform seinen Stellenwert im Fernsehen verloren?

Nein, überhaupt nicht. Man muss unterscheiden zwischen Plauder-Shows und Interviews, in denen es um harte Fakten geht. Das Interview ist das Rückgrat des Fernsehens. Keine Nachricht, kein Bericht, keine Magazinsendung kommt ohne das Interview aus. Die authentische Lebendigkeit des Fernsehens lebt vom Interview: Wir sehen und hören, wie uns einer seinen Standpunkt erklärt, mit einer Antwort ringt oder sich rechtfertigt. Spannend ist aber nicht nur was einer sagt, sondern auch wie er es sagt. Mimik und Körpersprache erzählen eine eigene Geschichte. Bestenfalls fängt uns die Kamera noch die Schweißperlen auf der Stirn des Interviewten ein. Ob Polit-Talk à la »Maybrit Illner«, klassische Interview-Sendung oder das Kurz-Interview für die Nachrichten – jede dieser Formen hat ihren Platz. Die Beherrschung des Frage-Antwort-Spiels ist daher das wichtigste Handwerkszeug jedes Fernseh-Journalisten. Interviews haben uns Sternstunden des Fernsehens beschert.

Woran denken Sie?
Gorbatschows Satz »Wer zu spät kommt, den bestraft das Leben« fiel in einem spontanen Stegreifinterview in Ost-Berlin. Nach dem Zerfall der DDR hat Fritz Pleitgen für die ARD ein Interview mit Erich Krenz geführt, in dem er einen der Hauptverantwortlichen der alten DDR-Führungselite geradezu vorgeführt hat. Und Helmut Kohl hat bei Klaus Bresser in »Was nun, … « seine Schwarzgeldpraxis zugegeben und damit den CDU-Parteispendenskandal erst in Gang gebracht.

Bleiben wir mal beim Interview als Sendeform.
Die Interview-Sendung erlebt in den letzten Jahren geradezu eine Renaissance. Die Klassiker im ZDF sind die Sommer-Interviews in »Berlin direkt«, »Was nun, …« und »halb 12« mit Ruprecht Eser. Neu hinzugekommen sind in den letzten Jahren »Maybrit Illner«, die mit den Techniken des Interviews eine Gesprächsrunde moderiert, und die Show von Johannes B. Kerner, der sich seinen Gästen in ganz persönlichen Interviews nähert. Beim Zuschauer kommt diese Form des vertiefenden Gesprächs an. Auch die Privatsender haben das erkannt und entsprechende Formate entwickelt. Als ganz herausragendes Bespiel wäre die Sendung von Sandra Maischberger zu erwähnen, die in ihren Zwiegesprächen einen ganz eigenen Stil entwickelt hat.

Welche Bedeutung hat für Sie »Was nun, … «?
Mit »Was nun, …« reagiert das ZDF auf die Höhepunkte im politischen Tagesgeschäft. Wir suchen Antworten auf aktuelle Fragen, die den Menschen auf den Nägeln brennen. Die erste Garde aus Politik und Wirtschaft soll hier Rede und Antwort stehen. Es geht um Themen, die in aller Munde sind. In den Tagen der Entscheidung laden wir die Schlüsselfiguren ein und wollen wissen: Kriegsbeteiligung – ja oder nein? Steuern rauf oder runter? Das Spannende an so einer Interview-Sendung ist die Information aus erster Hand.

Politiker-Statements gibt es doch schon in jeder Nachrichten-Sendung?
In den »heute«-Nachrichten berichten wir über den täglichen, stündlichen Fluss der Meldungen. Über die Gesundheitsreform gibt es viele kurze Beiträge in einer Länge 1:30. Das sind kleine Informations-Häppchen zu einem komplizierten Thema. Für den Zuschauer ist es nicht einfach, sich einen Überblick über eine

Diskussion zu verschaffen. Das Fernsehen muss da aufpassen. In einer globalisierten Weltordnung stellen sich immer komplexere Fragen. Die Menschen spüren das, sind verunsichert und wollen die ganze Antwort kennen lernen. »Was nun, …« bietet dafür den richtigen Rahmen, vor allem Zeit zum Ausreden und Zeit, auch zu komplizierten Fragen Gedanken zu entwickeln. Die Antworten muss die Politik liefern. Denn nur so wird klar, wer echte Lösungen hat und wer nur leeres Stroh drischt. Das Medium erfüllt hier seine wichtigste Aufgabe in der Demokratie: Dem Bürger Informationen aus erster Hand zu liefern, damit er sich seine Meinung bilden kann. Fernsehen wird zum Forum.

Ein großer Anspruch. Was zeichnet einen guten Interviewer aus?
Zuallererst sollte er gut zuhören können. Das ist wichtig für das Timing. Er muss erkennen, wann die Antwort zu Ende ist, ob es einer Nachfrage oder Klarstellung bedarf. Wenn der Gesprächspartner ausweicht, muss der Interviewer nachhaken und darf nicht locker lassen, bis er eine Antwort hat. Aus der Antwort sollte sich logisch die nächste Frage entwickeln. So spinnt sich der rote Faden, der es dem Zuschauer erleichtert, dem Gespräch zu folgen.

Haben Sie keinen Fragenkatalog den Sie abarbeiten wollen?
Der Sendung gehen zum Teil tagelange Vorbereitungen voraus. Daraus entwickeln wir ein Konzept, aber keinen Fragenkatalog, an den wir uns starr halten. Wer sich an seine Fragen klammert, wird den Moment verpassen, in dem sich der Gast eine Blöße gibt und in dem aus einem Nebensatz eine Nachricht wird.

Der Interviewer ist also der Chef im Ring?
Im Mittelpunkt stehen der Gast und seine Antworten. Der Interviewer darf sich aber zu keinem Zeitpunkt den Gesprächsfaden aus der Hand nehmen lassen. Gerade Spitzenpolitiker beherrschen es perfekt, auszuweichen und mit vielen Worten nichts zu sagen. Im Interview habe ich die Chance, nachzuhaken, auch auf unbequeme Fragen eine Antwort zu verlangen und …

… auch zu unterbrechen?
Selbstverständlich. Der Zuschauer erwartet kritische Nachfragen. Er merkt ja, wenn sich der Gast davonstehlen will. Dann wird es spannend: Wie entwickelt sich das Frage-Antwort-Spiel? Der Interviewer muss geradezu dazwischen gehen und unterbrechen. Sonst ist die Chance des Interviews vertan. Hier ist viel Fingerspitzengefühl gefordert. Es muss hart, aber fair zugehen.

Doch auch hartnäckiges Insistieren führt häufig nicht zum Erfolg.
Ja, dann bleibt nichts anderes übrig, als festzustellen: »Sie haben die Frage nicht beantwortet.« Wenn der Gast trotz Nachfrage immer noch ausweicht, dann ist auch die verweigerte Antwort eine Antwort.

Im Vergleich zu angelsächsischen Ländern fehlt es in Deutschland an einer Kultur des harten Interviews. Würden Sie dem zustimmen?
In den USA und Großbritannien werden Politiker zum Teil viel härter angegangen. Das stimmt. Es gibt das berühmte Beispiel des BBC-Redakteurs Jeremy Paxman, der 1997 in einem Live-Interview mit dem britischen Innenminister 14 Mal die gleiche Frage wiederholte, weil der nicht antworten wollte. Das war natürlich schon extrem. Aber auch in Deutschland hat sich einiges getan. »Friedman« war ein gutes Beispiel für eine Interview-Sendung, in der es hart zur Sache ging. Auch wenn Michel Friedman bis an die Grenze des Erträglichen polarisiert hat, die Sendung hat funktioniert, sowohl bei den Gästen als auch den Zuschauern. Wer politische Verantwortung trägt, muss sich kritische Fragen gefallen lassen. Die Öffentlichkeit hat ein Recht auf Antworten. Auch in »Was nun, ...« wollen wir kein Geplänkel. Schon der Titel der Sendung verlangt klare Antworten.

Und was ist, wenn sich ein Gast verplaudert. Bei Ihren Printkollegen ist es üblich, Interviews nachträglich von der Pressestelle genehmigen zu lassen. Gibt es solche Korrekturen auch im Fernsehen?
Nein, Interview-Sendungen im ZDF sind authentisch. »Was nun, ...« wird zwar manchmal aufgezeichnet, abgesprochene Schnitte gibt es aber nicht. Der Zuschauer bekommt alles mit. Was live über den Sender geht, ist ohnehin nicht rückholbar.

Politische Talk-Formate wie »Berlin Mitte« haben in den letzten Jahren geradezu einen Boom erlebt. Bundestagspräsident Thierse beklagt sogar einen Drang auf die Bildschirme, der zu einer schleichenden Entwertung des Parlaments führe.
Ich glaube, das ist zu viel der Ehre. Eine Polit-Talk-Show kann kein Parlament ersetzen. Die Politik sollte vielmehr froh sein, dass die Themen der Tagespolitik den Weg in eine breite Öffentlichkeit finden und nicht nur in kurzen Nachrichtensendungen abgehandelt werden. Sendungen wie »Berlin Mitte« finden großen Zuspruch bei den Zuschauern. Wir erleben dort immer wieder spannende Diskussionen, und Maybrit Illner lässt nicht locker, wenn ein Gast eine Frage nicht beantworten will.

Seit dem Umzug der Regierung nach Berlin klagen Reporter gerade der kritischen Fernsehmagazine darüber, dass es immer schwerer wird, zu bestimmten Themen Interviews mit Spitzenpolitikern zu bekommen.
Ja, das ist eine bedenkliche Entwicklung. Sicherlich ist die Nachfrage nach Interviews in Berlin größer geworden. Trotzdem gibt es Missstände und politische Entwicklungen, die Antworten verlangen. Hat der Journalist seine Geschichte gründlich recherchiert, kann er auf fundierte Fragen Antworten verlangen. Wenn Politiker davor flüchten, bleibt uns nichts anderes übrig, als den Verweigerer klar zu benennen. Der Bürger kann sich dann seinen eigenen Reim darauf machen.

In Wahlkampfzeiten ist es anders, da geht kein Politiker an einer Kamera vorbei. Im Bundestagswahlkampf 2002 hatte eine ganz neue Interview-Form Premiere: Das Duell der Kanzlerkandidaten. Ein Modell mit Zukunft?

Ja, auf jeden Fall. 15 Millionen Zuschauer wollten sehen, wie sich Kanzler und Kandidat schlagen. Vor allem für junge Zuschauer war das Duell ein Event. Dass die Diskussionen über Arbeitslosigkeit, Steuern und Irakkrieg nicht in die Tiefe gehen konnten, war allen Beteiligten klar. Der Reiz lag in der Nahbetrachtung: die Kandidaten in freier Feldschlacht. Kein Pressesprecher, kein Medienberater war zur Stelle, um rhetorische Schwächen auszubügeln, um dünne Stellen im Programm zu kaschieren. Den Wählern bot sich ein ungefilterter Eindruck.

Das Duell fand aber in einem Rahmen starrer Regeln statt?

Es ist den beiden Moderatorinnen, Maybrit Illner und Sabine Christiansen, zu verdanken, dass das Duell lebendig blieb. Sie haben das Frage-Antwort-Spiel aus seinem Korsett befreit, einen Schlagabtausch zugelassen und beharrlich nachgefragt. So war der verbale Nahkampf eine echte Bereicherung.

7   Porträt

Das Porträt als journalistische Darstellungsform berichtet über eine Person und vor allem über jene Teile seiner Biografie, die außergewöhnlich sind. Diese Form bietet sich immer dann an, wenn eine Person hinter einer Entscheidung oder einem Ereignis hervortreten soll. Grundsätzlich kann jeder Mensch porträtiert werden, der für die Öffentlichkeit interessant erscheint.

Die Aufzählung von Lebensdaten allein ergibt noch kein Porträt. Der Journalist stellt den Menschen mit seinen Stärken und Schwächen vor. Er beobachtet und interpretiert Einstellungen, Motive und Gefühle. Im Idealfall wird dadurch verständlich, warum eine Person so und nicht anders gehandelt hat. Der Journalist muss darauf achten, dass das Porträt nicht zur Karikatur wird.

Für Hörfunkporträts werden oft Interviews mit der zu porträtierenden Person gemacht. Hier kommt dem Journalisten die Aufgabe zu, sein Gegenüber genau auf die Punkte und Charakteristika hinzuführen und anzusprechen, die zum Ausdruck kommen sollen. Stärker als in anderen Interviewformen muss der Interviewer hier Vorgaben machen.

> **Tipp:** Porträts bieten sich immer dann an, wenn eine Person, die hinter einem aktuellen Ereignis oder einer Entscheidung steckt, in den Vordergrund gerückt werden soll. Dazu wird diese Person für eine gewisse Zeit begleitet oder ihr näheres Umfeld befragt.

Porträts zu verfassen bedeutet für den Autor, sehr gründlich zu recherchieren und eine Vielzahl von Fakten aus dem Leben der porträtierenden Person zusammenzutragen. Es bietet sich an, den zu Porträtierenden über eine gewisse Zeit in seinem Lebensalltag zu begleiten, um eigene Eindrücke zu gewinnen. Eine andere Möglichkeit ist, mit Personen zu sprechen, die in den unterschiedlichsten Situationen und Rollen mit dem zu Porträtierenden in Kontakt waren oder sind. Solche Personen im Porträt selbst zu Wort kommen zu lassen, ist zudem ein oft verwendetes Stilmittel. Nicht selten werden Nachrufe in der Form eines Porträts gestaltet. Sie markieren Daten, Lebenslauf, Lebenssituationen, Skizzen und Deutungen des Werdegangs und wägen Leistungen oder auch Misserfolge ab.

8   Meinungsbeiträge

»Meinungsbeiträge« wird hier als Oberbegriff für wertende Darstellungsformen verwendet. Solche sind Kommentare, Leitartikel, Glossen, Kritiken und Rezensionen, Kolumnen und Karikaturen. Herausgebildet haben sich diese Textarten aus dem journalistischen Anspruch, Nachricht und Meinung zu trennen, sowie der gesetzlich geforderten Kritik- und Meinungsbildungsfunktion. Im Gegensatz zu den tatsachenbetonten Darstellungsformen können und sollen diese Formen bewerten und interpretieren, d. h. Meinungen äußern. Die Person des Autors steht dabei naturgemäß stärker im Vordergrund als bei tatsachenbetonten Formen. Meinungsbetonte Darstellungsformen bereiten Ereignisse und Themen für den Leser auf, provozieren ihn zum Nachdenken, zur eigenen Meinungsbildung, geben ihm Argumente für Diskussionen in die Hand. Der Leser wird aber auch mit dem Standpunkt des Journalisten bekannt gemacht.

Der Begriff »Kommentar« wird oft als Synonym für meinungsbetonte Formen verwendet. Dies liegt auch daran, dass spezifische Formen wie Leitartikel nur in der Presse vorkommen und im Rundfunk bei Meinungsäußerungen in Nachrichtensendungen immer von Kommentaren gesprochen wird. Der Kommentar soll hier jedoch als eigene Darstellungsform betrachtet werden. Er grenzt sich ab zu Leitartikeln, Glossen, Kolumnen u. a., die auch Kommentare beinhalten können, jedoch Merkmale aufweisen, die ihre Klassifizierung als eigene Darstellungsform gerechtfertigt erscheinen lassen.

Kommentar Mit einem Kommentar als Darstellungsform kann der Journalist zu einem aktuellen Thema oder Ereignis Stellung beziehen. Er reflektiert, erklärt und/oder bewertet Nachrichteninhalte bzw. Fakten und ordnet sie in größere Zusammenhänge ein. Dabei erläutert er dem Publikum die Wichtigkeit des Problems, interpretiert Lösungsansätze, stellt Vergleiche an und wägt die in der Öffentlichkeit vertretenen Auffassungen ab. Ziel dabei ist es, dem Publikum zu helfen, sich in der Flut der Informationen ein Bild über ein Ereignis, eine Person oder eine Entwicklung zu machen. In manchen Fällen kann jedoch bei einem komplexen Sachverhalt eine abschließende Wertung und Stellungnahme noch nicht abgegeben werden. In diesen Fällen ist es wichtig, dass der Journalist gerade dies deutlich macht.

Der Schwerpunkt von Kommentaren kann entweder bei der Analyse und Erklärung liegen und somit zum Verstehen beitragen oder als persönliche Meinungsäußerung stark subjektiv gefärbt sein.

Tipp: Kommentare sollten klar gegliedert, anschaulich geschrieben sein und auf zuverlässigen Informationen basieren. Der Kommentator sollte dabei an die Bedürfnisse seiner Leser, Hörer oder Zuschauer denken und nicht nur aus subjektiven Erwägungen seine Meinung veröffentlichen.

Walther von La Roche unterscheidet zwischen drei Arten von Kommentaren (vgl. von La Roche 2006, S. 170):

- *Argumentationskommentare:*
  In Argumentationskommentaren vertritt der Journalist eine Meinung und will andere überzeugen. Die Argumentation steht im Vordergrund sowie die Gründe, warum ein Standpunkt vertretenswert oder ablehnungswert erscheint.

- *Geradeaus-Kommentare:*
  Je nach Temperament des Autors oder der Konflikthaltigkeit des Themas wird auch einmal »geradeaus« gelobt oder kritisiert. Diese Kommentarform wertet ein Ereignis oder Thema in der Regel positiv oder negativ, ohne sich jedoch mit Alternativen oder Contra-Argumenten auseinanderzusetzen. Eine solch einseitige bzw. eindimensionale Darlegung der eigenen Sichtweise leistet daher kein differenziertes Angehen der entsprechenden Thematik. Vielmehr erhält das Publikum eine Wertung als Mitteilung. Da Geradeaus-Kommentare aufgrund der genannten Kriterien meist kürzer formulierbar sind als andere Formen, eignen sie sich vor allem bei Platzmangel.

- *Einerseits-andererseits-Kommentare:*
  Diese Form des Kommentars konzentriert sich darauf, zwischen mehreren Alternativen abzuwägen und »einerseits-andererseits« zu bedenken zu geben. Die Gedankenführung des Kommentators steht im Vordergrund, wenn die Komplexität eines Themas eine klare Stellungnahme verhindert oder es aber Markenzeichen eines Mediums ist, so zu kommentieren. Dies sind Entscheidungen über die Blattlinie, die – im günstigen Fall – zur Profilbildung eines Mediums beitragen.

Wichtig für den Autor eines Kommentars ist, dass er sich stets bewusst ist, einen Kommentar für seine Leser, Zuhörer oder Zuschauer zu machen und nicht nur aus eigenem Bedürfnis Dampf über ein Thema abzulassen. Das verlangt außerordentliche Klarheit in Gliederung und Sprache. Dazu sollte sich der Verfasser des Kommentars vor allem um eine anschauliche Schreibweise bemühen, also anstelle von Substantivierungen besser Verben oder (passende!) Bilder verwenden. Die zweite elementare Grundregel besagt, sorgfältig darauf zu achten, dass der Kommentar auf zuverlässigen Informationen basiert, also keinesfalls auf Gerüchten.

Kommentar: Einstieg — Ein Kommentar lässt sich grob in drei Teile gliedern: den Einstieg, den Argumentationsbereich und die Schlussfolgerung. Im Einstieg sollte der Sachverhalt, auf den sich der Kommentar bezieht, in knapper Form wiedergegeben werden, d. h. in zwei, höchstens drei Sätzen. Dies ist auch dann sinnvoll, wenn über das Thema oder Ereignis bereits in einem Beitrag oder Artikel der gleichen Ausgabe oder Sendung berichtet wird. Es ist durchaus zulässig, ja sogar erwünscht, bereits in dieser kurzen Passage Wertungen abzugeben, um dem Publikum Appetit auf den Kommentar zu machen. Spezielle Formen des Einstiegs sind beispielsweise der Theseneinstieg, eine richtungsweisende Grundbehauptung, die dann im weiteren Verlauf argumentativ untermauert wird (»Der Fall Microsoft ist mehr als nur ein Kartellstreit, er ist Symbol für die Rebellion der Konsumenten.« SZ vom 30.6.2002) oder der Sentenzeinstieg: ein Sinn- und Denkspruch oder auch ein (verfremdetes) Sprichwort, knapp und einprägsam formuliert, mit dem allgemein Bekanntes ausgedrückt und dadurch eine Verbindung zwischen Autor und Leser geschaffen wird.

Kommentar: Argumentation — Im argumentativen Teil werden die Argumente dargelegt, die zur Schlussfolgerung hinführen sollen. Wichtig ist, dass rational, klar, schlüssig und konsequent argumentiert wird. Der Verfasser darf sein Publikum nicht aus den Augen verlieren und sollte berücksichtigen, dass die Leser, Zuschauer oder Zuhörer unter Umständen nicht den gleich hohen Kenntnisstand zum behandelten Thema besitzen. Der rote Faden sollte besonders in diesem Teil durchgängig erkennbar bleiben. Gegenargumente dürfen in der Argumentation nicht einfach unterschlagen werden, vor allem dann nicht, wenn sie auf der Hand liegen und vielleicht auch vom Rezipienten vermisst werden. Der Kommentar verliert dann an Glaubwürdigkeit. Bei einem Kommentar über die Freigabe von Drogen sollte beispielsweise das Gegenargument »Entstigmatisierung von Drogen« nicht einfach unter den Tisch gekehrt werden. Zudem kann der eigene Standpunkt auch gerade dadurch gestärkt werden, dass Contra-Argumente und gegensätzliche Positionen aufgegriffen und dann plausibel widerlegt und durch fundierte Aussagen entkräftet werden. Davon abgesehen bezieht der Kommentar durch die Aufnahme zweier oder mehrerer entgegengesetzter Standpunkte zusätzliche Spannung und wird so interessanter.

Jeder Kommentar muss eine klare und eindeutige Schlussfolgerung ziehen. **Schlussfolgerung** Andernfalls bleibt das Publikum ratlos und desorientiert zurück. Denn es ist ja gerade die Aufgabe eines Kommentars, Orientierung zu geben und Sachverhalte einzuordnen. Die Schlussfolgerung legt auf der einen Seite den Standpunkt des Autors dar, auf der anderen Seite regt sie aber auch zum eigenen Nachdenken und gegebenenfalls zum Widerspruch an.

Der Leitartikel ist eine spezifische Darstellungsform der Presse. Er ist – oder bes- **Leitartikel** ser war – die klassische Form des Kommentars. Meist stand er auf der ersten Seite der Zeitungen. Mittlerweile sind viele Zeitungen dazu übergegangen, die erste Seite für Nachrichten und Fotos zu reservieren und den Leitartikel zusammen mit weiteren Kommentaren auf einer besonderen Meinungsseite im Inneren des Blattes zu platzieren. Die »Frankfurter Allgemeine Zeitung« ist eine der wenigen, die den Leitartikel immer noch auf der ersten Seite veröffentlicht. Vom Kommentar unterscheidet er sich in erster Linie durch seine umfassendere Länge. Der große Umfang des Leitartikels zeigt die Bedeutung, die das Blatt der Diskussion des angesprochenen Sachverhalts beimisst und gewährleistet zudem, dass der Autor umfassende Zusammenhänge darlegen und in der Argumentation weiter und grundsätzlicher ausholen kann als im Kommentar. Ein Leitartikel ist die Quintessenz oder Flagge der Zeitung – die Kundgebung der Redaktion. Er gibt die Tendenz einer Zeitung wieder. Leitartikel vermitteln dem Leser den Standpunkt seiner Zeitung zu Themen, die zwar nicht tagesaktuell sein müssen, wohl aber einen klaren Zeitbezug zu Entwicklungen in der Gesellschaft aufweisen. Der klassische Leitartikel ist somit in den Augen der Leser nicht nur die Stellungnahme eines einzelnen Journalisten, sondern die Linie der ganzen Zeitung. Leitartikel beziehen oft viel eindeutiger und kompromissloser Stellung als Kommentare. Das Ziel eines Leitartikels, deutlich Position zu beziehen, schließt eine Kommentierung nach dem Muster »einerseits-andererseits« weitgehend aus.

Die wohl schwierigste Form eines Kommentars ist die Glosse. Sie treibt Argu- **Glosse** mente auf die Spitze, darf/sollte ironisch sein, übertreiben, entlarven, verspotten, witzig sein und endet in einer Schlusspointe. Betrachtet wird alles und jeder – und zwar nicht vernunftbezogen, sondern aus dem satirischen Blickwinkel. Im Gegensatz zur eher unpersönlichen Sachlichkeit des Kommentars ist die Glosse gefühlsbetont und subjektiv. Hier geht es nicht vorrangig darum – wie etwa im Kommentar – rational zu überzeugen und aufzuklären. Vielmehr wird ein Konsens mit dem Leser vorausgesetzt und ein Sachverhalt dann mit neuen und überraschenden Assoziationen verknüpft. Dazu werden Randaspekte eines Themas aufgegriffen und als Aufhänger für grundsätzliche Zusammenhänge benutzt. Ein Beispiel für einen Einstieg in eine Glosse: *Wer die wirklich wichtigen Probleme der heutigen Zeit hautnah kennen lernen möchte, sollte sich an einem Freitagnachmittag auf eine bundesdeutsche Autobahn begeben.*

Tipp: Die Glosse sollte Argumente auf die Spitze treiben, ironisch sein, übertreiben, entlarven, verspotten und in einer Schlusspointe enden. Betrachtet wird alles und jedes – nicht vernunftbezogen, sondern aus dem satirischen Blickwinkel.

Die Glosse spielt mit den Mitteln der Sprache, verwendet originelle Formulierungen und Wörter, die Umgangssprache, den Dialekt und bedient sich eher eines feuilletonistischen Stils. Der Unterschied zum Kommentar besteht nicht im Thema, sondern im Stil. Trotz der prinzipiellen Themenuniversalität gibt es ethische und moralische Aspekte, die einige Bereiche aus der Glosse weitgehend ausklammern: Persönlichem Leid, Tod und Katastrophen kann schwer mit Sarkasmus bzw. Satire begegnet werden, ohne in Geschmacklosigkeit und Pietätlosigkeit abzugleiten.

Glossen sollen auch unterhalten, die Adressaten zum Lachen oder Schmunzeln reizen. Deshalb bedürfen sie blitzender Einfälle. Glossen scheinen oft aus spontanen Einfällen oder Ereignissen entstanden zu sein. Darin liegt die Crux der Glosse: Genauso wie konstruierte Witze wenig witzig sind, so fehlt geplanten Glossen meist die Quintessenz. Darum findet man unter den Tageszeitungen nur wenige Blätter, die eine ständige Glosse (wie z. B. das tägliche »Streiflicht« der »Süddeutschen Zeitung«) in ihrem Repertoire haben. Ein Patentrezept für einen brillanten Einfall gibt es natürlich nicht – wohl aber einige Grundprinzipien, die beim Verfassen einer Glosse weiterhelfen: Werner Nowag und Edmund Schalkowski raten beim Suchen nach der geeigneten Glossenidee, sich zunächst von logischen Denkweisen zu verabschieden und im persönlichen Brainstorming Ideen ausreifen zu lassen – auch wenn sie auf den ersten Blick völlig abstrus wirken (vgl. Nowag/Schalkowski 1998). Es geht vor allem darum, Umwege hin zu einem Thema zu finden, den direkten Zugang also bewusst auszuklammern. Bei der Umsetzung kommt es dann darauf an, auf die Pointe hinzuarbeiten. Die Glosse bezieht ihren Reiz und ihre Komik vor allem aus der Zuspitzung, dem Widerspruch und der Reibung. Eine gelungene Pointe entsteht zumeist durch den kontinuierlichen Aufbau von inhaltlicher »Fallhöhe«, die schließlich durch eine zuvor zwar angedeutete, aber dennoch überraschende plötzliche Wendung zusammenstürzt.

Kritik und Rezension Die Begriffe Kritik und Rezension werden synonym für Berichte und Kommentare in der Kulturberichterstattung gebraucht, sofern sie sich auf die Bewertung künstlerischen Schaffens beziehen. Entsprechend spricht man von Literatur-, Kunst-, Theater-, Musik- und Filmkritik. Die Kritik oder Rezension ist eine journalistische Gattung, die aus dem Feuilleton der Zeitung kommt, aber auch in Hörfunk und Fernsehen Eingang gefunden hat. Wertende Kritik des Rezensenten hat oft die Funktion einer Empfehlung für den Leser, eine bestimmte Veranstaltung zu besuchen oder ihr besser fernzubleiben.

Kritik und Rezension bewegen sich inhaltlich zwischen Tatsachenbericht und fachlicher, jedoch persönlich-subjektiv gefärbter Betrachtung und Interpretation. In der Regel steht am Beginn der Rezension die Darstellung von Fakten wie die Wiedergabe des Inhalts eines Theaterstücks, Buchs oder Films. Mit diesen Informationen soll die Grundlage für das Verständnis der nachfolgenden kritischen Betrachtung geschaffen werden.

Eine weitere Funktion von Kritiken und Rezensionen besteht darin, künstlerischem Schaffen über diese Darstellungsform zu Publizität zu verhelfen. Zudem soll dem Publikum Kultur vermittelt werden, indem der Rezensent Kunst vorstellt, beurteilt und einordnet.

Wichtig ist, dass Kritik von erkennbarer fachlicher Kompetenz getragen ist. Andernfalls wird der ganze Beitrag unglaubwürdig. Kritik und Rezension haben sich in der Vergangenheit oft als elitäre Spielwiese entpuppt und den Kulturbegriff meist auf die »hohe« Kultur beschränkt. Mittlerweile gibt es jedoch verstärkt eine Hinwendung zu den Kulturinteressen eines breiten Publikums mit im Layout locker aufgemachten Kulturteilen. Dies ist auch eine Reaktion auf die Konkurrenz flott gestalteter und geschriebener populärer Kultur-, Szene- und Jugendzeitschriften, die unbefangen mit »Kultur« umgehen.

Kolumne

Die Kolumne ist ein Meinungsbeitrag eines speziellen, oft sehr bekannten Autors. Sie erscheint regelmäßig und kann dabei entweder immer von dem gleichen Autor verfasst sein, oder aber von ständig wechselnden Gastautoren. Ganz im Gegensatz zum Leitartikel kommt es bei der Kolumne nicht darauf an, die Linie der Redaktion widerzuspiegeln. In der Regel werden die Texte des Kolumnisten unverändert gedruckt, also nicht redigiert. Zeitungen und Zeitschriften machen meist durch einen Hinweis deutlich, dass sie sich mit dem Inhalt der Kolumne nicht identifizieren, sondern dem Autor gleichsam nur den Raum zur Verfügung stellen. Die geäußerte Meinung kann somit zum Teil erheblich vom Tenor der Zeitung abweichen. Diese Sonderposition verdankt die Kolumne ihrer Funktion: Im Vordergrund steht weniger die Meinungsbildung als vielmehr die unterhaltende Meinungsäußerung. Die Person des Autors steht hier weitaus mehr im Vordergrund als bei allen anderen meinungsbetonten Texten, so dass es sich bei der Kolumne um die subjektivste Spezies der Darstellungsformen handelt. Ihr Stil lässt die individuelle Schreibweise des Verfassers zur Geltung kommen. Zudem ist sie thematisch weitgehend unabhängig vom zeitaktuellen Geschehen. Aufgegriffen werden darf alles, was der Autor einer kritischen Betrachtung unterziehen will: vom neuesten Klatsch über persönliche Erlebnisse und Erfahrungen bis hin zu politischen Gedanken.

Karikatur

Die Karikatur ist eine illustrative Darstellungsform, die im Gegensatz zu Infografiken oder Fotos in erster Linie nicht illustrieren, sondern durch pointierten Inhalt oder überspitzte Form belustigen, kommentieren oder angreifen will.

Karikaturen, die überzeichnenden Darstellungen von Personen und Sachverhalten, werden auch Zerrbilder genannt, weil sie verzerrend vom antiken Schönheitskanon abweichen. Karikaturen verzerren aber nicht nur Formen, sondern übertreiben auch im Inhalt. Als gelungen gelten jene Karikaturen, die sowohl in der Form als auch im Inhalt übertreiben. Politisch und publizistisch ist die Karikatur am wertvollsten, die mit dieser Übertreibung das Wesentliche trifft. Eine gute Karikatur zeichnet sich außerdem dadurch aus, dass sie – zumindest in der Zeichnung selbst – ohne Wörter auskommt, also nicht auf Personen und Gegenstände schreibt, was sie symbolisieren sollen.

8.1   Worauf es beim Kommentieren ankommt

Heike Göbel
Verantwortliche Redakteurin für Wirtschaftspolitik der »Frankfurter Allgemeinen Zeitung« (FAZ), Frankfurt

Zeitungen bieten ihrem Leser jeden Tag ein Bild von der Welt an. In seinem Mittelpunkt stehen im Idealfall sauber recherchierte Nachrichten, ergänzt um Hintergrundinformationen sowie Kommentare und Leitartikel, die dabei helfen, das Geschehen einzuordnen. Die Nachricht ist die Pflicht, der Kommentar die Kür und damit ein wichtiges Mittel, um sich im publizistischen Wettbewerb von anderen Zeitungen und anderen Medien zu unterscheiden. Denn hier ist die Zeitung frei, über die Nachrichten des Tages ihr Urteil zu fällen, sie zu bewerten, eigene Gedanken zum Ausdruck zu bringen, Schwerpunkte zu setzen, Debatten anzustoßen. Gerade in einer Welt, in der rund um die Uhr Informationen aller Art abrufbereit sind, bieten Kommentare und Leitartikel auf festen Plätzen eine rasche Orientierung über die Fragen, die wirklich bedeutsam sind. »Kritik ist das Salz verantwortungsbewußter Publizistik. Kritik gegenüber dem, was ist und geschieht«, so hat es 1963 der Gründungsherausgeber der »Frankfurter Allgemeinen Zeitung« Erich Welter ausgedrückt.

Das Verhältnis von Nachricht und Kommentar

Schon indem die Redaktion eine Nachricht zum Thema eines Kommentars oder Leitartikels macht, weist sie ihr eine besondere Bedeutung zu, hebt sie heraus aus der Fülle des Berichteten. Dabei liefern nicht nur die großen Nachrichten und Aufmacher den Stoff für Kommentare. Manchmal bedürfen gerade vermeintliche Randereignisse, die als kurze Meldung zunächst wenig spektakulär erscheinen, des Kommentars, damit sich dem Leser ihr tatsächliches Gewicht erschließt. Immer wieder kommt es vor, dass Nachrichten noch unvollständig und wenig aussagekräftig sind, etwa weil die Willensbildung der Politik zu einer Frage noch nicht abgeschlossen ist und statt handfester Information nur Andeutungen oder Gerüchte über politische Pläne kursieren. Gerade dann sind Meinungsartikel praktisch unverzichtbar: Sie helfen bei der Interpretation dessen, was gemeint sein könnte und der Ausleuchtung seiner Konsequenzen. Sie schärfen so in einem frühen Stadium die Wahrnehmung der Öffentlichkeit und erhöhen die Chance der Bürger, auf Vorhaben noch Einfluss zu nehmen.

Viele Zeitungen bemühen sich nach wie vor um eine klare Trennung zwischen Nachricht und Meinung. Dazu gehört auch die »Frankfurter Allgemeine«. Sie gibt der Meinung in allen Teilen der Zeitung ein besonders großes Gewicht. Leitartikel und Kommentare (im Hausjargon nicht immer ganz zutreffend als »Glossen« bezeichnet) haben feste, prominente Plätze, schon auf der ersten Seite der Zeitung, aber auch auf den ersten Seiten des Wirtschaftsbuchs, des Sports und des Feuilletons sowie auf der Schlussseite der Politik. Sie sind zugleich auch optisch herausgehoben.

Die »Frankfurter Allgemeine Zeitung« hat sich von jeher als Meinungsblatt verstanden. Sie will ihre Leser nicht nur informieren, sondern auch für bestimmte gesellschafts- und wirtschaftspolitische Positionen gewinnen. Um die Unabhängigkeit der Zeitung von Regierungen, Parteien und Interessengruppen zu gewähren, wird die »Frankfurter Allgemeine Zeitung« von einem Gremium aus fünf Herausgebern geführt, nicht einem einzelnen Chefredakteur. Sie sind gemeinsam für die geistige, politische und wirtschaftspolitische Haltung der Zeitung verantwortlich, die in täglichen Debatten mit der Redaktion mit Leben gefüllt wird. **Meinungsbildung**

In der »Frankfurter Allgemeinen Zeitung« sind alle Kommentare – wie die übrigen Artikel auch – mit dem Kürzel oder Namen der Autoren gekennzeichnet. Sie geben die Meinung des Kommentators wieder, nicht, wie in angelsächsischen Zeitungen, eine anonyme Redaktionsmeinung. Das bedeutet allerdings nicht, dass die Kommentatoren vollkommen frei sind in dem, was sie schreiben. Selbst wenn der Festlegung eines Kommentarthemas nicht in jedem Fall eine unmittelbare redaktionsinterne Debatte vorausgeht, bekennt sich die politisch unabhängige Zeitung doch zu bestimmten Grundpositionen, für die sie in ihren Kommentaren wirbt. Dazu gehören eine freiheitliche Gesellschaftsordnung und die Soziale Marktwirtschaft, denn politische Freiheit und wirtschaftliche Freiheit sind (auf Dauer jedenfalls) nicht trennbar. Innerhalb der Grundpositionen der Zeitung haben die individuellen Autoren einen großen Freiraum. Jeder Kommentar wird von einem verantwortlichen Redakteur oder Herausgeber noch einmal gegengelesen. **Grundpositionen der Zeitung**

Die »Frankfurter Allgemeine Zeitung« tritt in ihrem Wirtschaftsteil klar für eine freiheitliche Wirtschaftsordnung ein, die auf Marktwirtschaft und Wettbewerb basiert und die dem Einzelnen so viel wirtschaftliche Freiheit wie möglich lässt. Der Staat soll nur dort eingreifen, wo dies unbedingt notwendig ist. Die Zeitung vertritt diese Position in der Überzeugung, dass eine liberale Ordnung besser als andere Wirtschaftssysteme jedermanns Freiheit und Wohlergehen sichern kann, aber auch im vollen Bewusstsein der Fehlentwicklungen, die auch der Markt mit sich bringt. Doch bietet Wettbewerb auch die Chance, dass Fehlentwicklungen korrigiert werden. An diesem Ideal misst die Zeitung die wirtschaftspolitischen Entscheidungen, unabhängig davon, welche Regierung sie trifft. »Sie bekennt sich zur Ausgewogenheit und zur Mitte, mit kritischer Distanz nach allen Seiten«, stellt der frühere Mitherausgeber Jürgen Jeske in dem von ihm zusammen mit dem langjährigen Wirtschaftsressortleiter Hans D. Barbier veröffentlichten »Handbuch Wirtschaft« fest.

Linie des Blattes

Es kommt also auch darauf an, dass der einzelne Kommentar sich in diese Linie des Blattes einfügt. Wer als Journalist zu einer Zeitung wie der »FAZ« geht, weiß um diese Linien und akzeptiert sie. Denn eine Zeitung, die ihrem Leser über Kommentare und Leitartikel Orientierung bieten will, wird unglaubwürdig, wenn sie ihre Meinung täglich wechselt. Wer montags die Vorzüge der staatlichen Haushaltsdisziplin begründet, kann nicht dienstags den Bundesfinanzminister auffordern, ein Konjunkturprogramm zu starten, um mittwochs über die dann bald erforderlichen Steuererhöhungen zu klagen. Nur wenn eine Zeitung einen langen Atem hat, kann sie auch dazu beitragen, die oft kurzsichtigen, am nächsten Wahltermin ausgerichteten politischen Handlungen zu korrigieren.

Das heißt nicht, dass die Zeitung nicht über Gastautoren oder Leserbriefe auch Raum für gänzlich gegenteilige Ansichten bietet. Nur: Auf ihren Leitartikel- und Kommentarplätzen wird sie das nicht tun.

Was ist ein guter Kommentar?

Ein guter Kommentar erfüllt vor allem zwei Bedingungen: Er ist klar in der Sprache und klar in der Meinung. Darüber hinaus sollte er möglichst für sich stehen können, der Leser muss ihn auch verstehen, wenn er die Nachricht noch nicht gelesen hat.

Klare Meinung, klare Sprache – beides setzt zwingend voraus, dass der Kommentator über sein Thema ausreichend informiert ist, es mit seinen verschiedenen Aspekten wirklich im Griff hat, darunter auch solchen, die am Tag des Kommentars in der Nachricht möglicherweise gar keine Rolle spielen. Nur dann hat er eine Chance, in der meist sehr knapp bemessenen Zeit, die zwischen der Entscheidung der Redaktion über das Kommentarthema und dem Redaktionsschluss liegt, die gestellten Anforderungen auch zu erfüllen.

Für die »Leitglosse«, den Kommentar oben auf der ersten Seite, bleiben dem Redakteur, der sie schreibt, nur etwa 90 Minuten. Das Thema dieses Kommentars wird in einer eigenen Konferenz am Nachmittag durch erfahrene politische Redakteure festgelegt, nach einer kurzen Diskussion der wichtigsten Themen des Tages.

Fehlt die Informationsbasis, wandelt der Kommentator auf schmalem Grat. Die Gefahr ist groß, dass er am Kern des Themas vorbeischreibt, sein Kommentar damit irrelevant ist. Oder dass ein auf mangelndem Sachstand basierendes Urteil am nächsten Tag durch Fakten widerlegt wird, die Leser sind hier schnell zur Stelle. Sich ihrer Sache oder ihres Urteils unsichere Kommentatoren missbrauchen den Logenplatz des Kommentars daher gelegentlich dazu, einfach die Nachricht und die dazu vorhandenen Meinungen schwungvoll zu resümieren. Andere wiederum suchen inhaltliche Schwäche durch markige Sprache zu verdecken.

Gute Kommentare und Leitartikel leben von guten Argumenten. Der Leser hat einen Anspruch darauf, auch auf knapp bemessenem Platz stets eine Begründung für die Positionen zu erhalten, die der Autor bezieht. Er muss sie nachvollziehen können, auch wenn er sie nicht teilt. Dann regt ein Kommentar auch zum Nachdenken an.

Polemik, Spott und in Maßen selbst Ironie – sprachlich ist vieles möglich, solange taugliche Argumente im Vordergrund stehen und solange die Grenze zur Beleidigung nicht überschritten wird. Meinungsartikel dürfen scharf und provozierend in der Sprache sein, sie dürfen zuspitzen, sollten aber nicht verletzen, sie dürfen Forderungen stellen, warnen, mahnen, ermutigen – und sie sollten dabei möglichst auch noch ihren Leser unterhalten. Das allerdings misslingt, wenn der Autor sich als in seine Argumente selbstverliebter Besserwisser, Rechthaber und Missionar offenbart. Wer dies vermeiden will, tut gut daran auf die »Ich-Form« zu verzichten und auch das »Wir« zu vermeiden, von dem sich der Leser gegen seinen Willen vereinnahmt oder geschulmeistert fühlen könnte. Behutsamer Umgang mit Sprachbildern empfiehlt sich ebenfalls. Unter dem Wunsch originell zu sein, darf die Klarheit auf keinen Fall leiden. Weniger ist auch beim Kommentieren mehr. Selbst guten, geübten Kommentatoren fällt es zudem gelegentlich schwer, auf Allgemeinplätze zu verzichten. Sie schleichen sich gerade unter Zeitnot rasch ein und geben dem Leser unweigerlich das Gefühl, das kenne er doch alles schon. Wer den Leser langweilt, hat ihn auch auf dem Kommentarplatz schnell verloren.

Stil im Kommentar

Meinungsfreiheit ist ein hohes Gut und Voraussetzung für eine funktionierende Demokratie. Mit ihren Kommentaren tragen Zeitungen dazu bei, die Meinungsfreiheit zu bewahren und zu pflegen. Sie sind dabei in einer privilegierten Position, denn sie erreichen ein großes Publikum. Ihre Kommentatoren tragen damit allerdings zugleich auch große Verantwortung für den Ton und den Stil, in dem in einer Gesellschaft miteinander umgegangen wird und in dem politische Auseinandersetzungen geführt werden.

8.2 Jeder Satz sollte sitzen

Michael Zeiß
Chefredakteur Fernsehen des Südwestrundfunks (SWR), Stuttgart

Stuttgart-Degerloch, unter dem Fernsehturm, Haus der Technischen Werke. Das jährliche Ritual: Pokern um Prozente. Kurz vor 22 Uhr. Die Tarifverhandlungen für den öffentlichen Dienst sind gerade geplatzt. Möglicherweise steht also ein Streik ins Haus. Anruf des ARD-Koordinators im Ü-Wagen. Überquellende Mülleimer, Stillstand bei Bus und Bahn, Notdienst in den Krankenhäusern – das klassische Thema für den Kommentar heute in den ARD-Tagesthemen. Live vom Verhandlungsort. Ab 22:30 Uhr, dem Sendungsbeginn. Die Aktualität ist beim

Beispiel: ARD-Tagesthemen

Flaggschiff der Fernsehnachrichten-Magazine oberstes Prinzip. Das erwartet der Zuschauer. Etwa 30 Minuten Zeit für mich als Berichterstatter von den Tarifverhandlungen, klare Gedanken zu fassen und zu Papier zu bringen. Natürlich habe ich zugesagt, wenn auch die Vorbereitungszeit für einen Tagesthemenkommentar noch nie so knapp bemessen war.

Am Abend, in der Regel montags bis donnerstags, bei ganz besonderen Ereignissen auch am Wochenende, immer kurz vorm Schlafengehen: Der Kommentar in den ARD-Tagesthemen. Das Sandmännchen für Aufgeklärte. Er ist sicher die Königsklasse der Fernsehkommentare, denn er wendet sich an ein Millionenpublikum. Immer das gleiche Ritual. Kurz, knapp, mal klarer, mal verschwommener, eher seriös als aufregend wird versucht, dem Zuschauer ausschnittsweise die komplizierte Welt zu erklären und zu bewerten. Aktuell, auf die Ereignisse des Tages bezogen. Der Tagesthemenkommentar ist festes Element in dem Nachrichtenjournal der ARD. Abgesetzt, mit dem Schriftzug Kommentar gekennzeichnet, vor immer gleichem Hintergrund gesprochen, für den Zuschauer klar erkennbar der Kommentar als Meinungsäußerung. Eingefügt in die Moderationen, abgestimmt auf die filmischen Hintergrundbeiträge und den integrierten Nachrichtenblock. Kriege, Krisen, Katastrophen, politische Entscheidungen, menschliche Schicksale, wirtschaftliche Entwicklungen, aktuelle Ereignisse, aber auch Historisches, etwa zwei Drittel Inland, ein Drittel Ausland – in einer Minute und 30 Sekunden wird erläutert, was wie die Welt im Innersten zusammenhält. Ein ehrgeiziges Ziel.

90 Sekunden, das sind rund 30 Textzeilen für Hintergrund zu den Fakten. Beispiele im Mai 2003 zeigen, dass in diesen Wochen der Krise vor allem wirtschaftliche und soziale Themen hoch im Kurs sind: 1. Mai und die Gewerkschaften, neue Zahlen vom Arbeitsmarkt, Sozialkürzungen, Rauchen für die Rente, Preischaos bei der Bahn; aber auch Auslandsthemen wie Terror in Saudi-Arabien, die Irak-Resolution in der UNO, Colin Powell und das deutsch-amerikanische Verhältnis.

Nicht nur der Kommentar selbst ist Ritual, sondern auch der Weg, wie die ARD in den Tagesthemen zu ihrer Meinung kommt. Um 14 Uhr werden wochentags auf der Schaltkonferenz der ARD-Chefredakteure sowohl Kommentar als auch Kommentator festgelegt. Der Euro auf Rekordhöhenflug, deutsche Soldaten in den Kongo, die Krise der Koalition in Nordrhein-Westfalen – die Diskussionen sind kurz, wenn die Kommentarthemen des Tages offensichtlich auf der Hand liegen. Bietet die Aktualität mehrere Themen von besonderer Bedeutung, wird per Mehrheitsbeschluss entschieden. Vorbehaltlich aktueller Entwicklungen natürlich, siehe Scheitern der Tarifverhandlungen im öffentlichen Dienst. Dann wird das Thema eben auch noch kurz vor der Sendung geändert.

Kommentatoren Und wer darf kommentieren? Wer auf der Liste steht: die Fernseh-Chefredakteure der ARD und mehrere Dutzend Fachkommentatoren. Je größer die ARD-Fernsehanstalt, desto größer die Zahl der Köpfe. In der Summe eine bunte Mischung an Kompetenz, Pluralismus und Meinungsvielfalt.

Zur Kampfabstimmung kommt es, wenn für ein Kommentarthema gleich mehrere Interessenten die Finger heben. Jeder Chefredakteur hat auf dieser Schaltkonferenz eine Stimme, demokratische Abstimmung mit Mehrheit. Allerdings Demokratie mit Erbhofcharakter, wenn sich das Ereignis klar lokalisieren lässt. Regionalprinzip geht dann meist vor fachlichem Interesse. Tritt Thüringens Ministerpräsident zurück, ist natürlich der Kommentar Sache des Mitteldeutschen Rundfunks. Wenn Bayerns Regierungschef am Aschermittwoch in Passau auftritt, darf meist der Bayerische Rundfunk ran. Arbeitsteilung oft auch in der Außenpolitik, je nachdem, welcher Sender für das jeweilige Berichtsgebiet zuständig ist. Wirtschaftskrise in Argentinien: Südwestrundfunk, Anschlag in Tschetschenien: Westdeutscher Rundfunk.

Um 14 Uhr mittags also die Entscheidung, inzwischen um 22:30 Uhr abends normalerweise auf Sendung. Zeit also, um die Ereignisse – oft vor Ort – zu beobachten, um Fakten zusammenzutragen, um eventuell Archivmaterial auszuwerten, für Telefonrecherchen. Nach dem Schreiben ist kollegiales Gegenlesen die Regel, wegen der Verständlichkeit. Kurz vor Sendung wird im Studio aufgezeichnet, danach Überspielung oder eben live.

So bunt die Reihe der Kommentatoren, so unterschiedlich Stil und Meinungsfreudigkeit. Mal mehr Argumentation, mehr analytisches Abwägen, mal pure Polemik. Da gibt es die einen, die zu allem ihre Meinung haben. Und es gibt jene, die etwas zu sagen haben. Die Regeln für den Fernsehkommentar sind besonders streng. Einstieg, Argumentation, Schlussfolgerung, jeder Satz sollte sitzen. Auch der Fernsehkommentar baut natürlich auf Fakten auf. Er ist möglichst einfach formuliert, möglichst verständlich, nachvollziehbar. Was über den Bildschirm flimmert, muss dem Zuschauer sofort einleuchten. Nochmals nachlesen wie in der Zeitung ist einfach nicht drin. In der Kürze also liegt die Kunst. Wünschenswert ist die klare, pointierte Stellungnahme, auch die Provokation ist selbstverständlich erlaubt, allerdings müssen die Fakten stimmen. Und die Begründung für die provokante These muss erkennbar sein.

> **Strenge Regeln für Fernsehkommentare**

Der Zuschauer mag den Kommentar in den ARD-Tagesthemen. Die Zuschauerforschung zeigt, dass er weder Grund zum Ausschalten noch Anlass zum Programmwechsel gibt. Die Tagesthemen verlieren während der Sendung kein Publikum. Sicher ist auch, dass der Wasserverbrauch zur Zeit des Tagesthemenkommentars keinesfalls steigt. Er ist also entweder zu kurz oder zu packend oder beides, um als »Pinkelpause der Tagesthemen« missbraucht zu werden, wie ihn Manfred Buchwald einmal despektierlich kommentierte, als er noch Fernsehchefredakteur beim Hessischen Rundfunk war.

Das Publikum interessiert natürlich der Inhalt, aber mindestens ebenso die Form: Anzug, Frisur … Reaktionen in Leserbriefen sind relativ selten, doch das Spektrum ist breit: von leidenschaftlicher inhaltlicher Zustimmung über scharfe Ablehnung bis zum freundlichen Hinweis an den Kommentator, sich doch demnächst mal die Haare schneiden zu lassen bis zur ultimativen Aufforderung, eine andere Krawatte zu tragen.

Natürlich setzt es Rüffel von der Gewerkschaftspressestelle, wenn der/die Vorsitzende als »Dickschädel« bezeichnet wird, weil immer wieder die Schlichtung angerufen wird, statt sich am Verhandlungstisch zu einigen. Natürlich hagelt es stapelweise Beschwerdebriefe aus dem ehrbaren Handwerk, wenn der »Deutsche Meister« als Fossil bezeichnet wird. Und selbstverständlich protestiert die Lkw-Lobby, wenn – der Ökologie zuliebe – die Forderung erhoben wird, den Treibstoff teurer zu machen. Der Tagesthemenkommentar wirkt. Er ist Reflex auf die öffentliche Meinung, und er prägt sie zugleich. Überschätzen allerdings sollte man seine Bedeutung innerhalb der Flut moderner Medien sicher nicht.

Kurz nach 22.30 Uhr war ich auf Sendung. Die Gewerkschaften als Bremser, viel zu hohe Lohnforderungen, chronisch klamme Kassen, Arbeitskämpfe, die der Wirtschaft schaden. Die vorherrschende Meinung in der Öffentlichkeit in den letzten Jahren der Wirtschaftskrise. Ich bürstete dagegen. »Streik im öffentlichen Dienst ist kein nationales Unglück. Streik gehört zu freien Tarifverhandlungen«, gab ich dem Publikum zu bedenken. Und wie immer am Ende des Live-Kommentars: »Und damit zurück nach Hamburg und den Tagesthemen.«

9 Magazinstory

Neben Bericht, Feature, Reportage und Report gibt es eine weitere Darstellungsform, die zu den berichtenden, tatsachenorientierten Formen gezählt wird: die Magazinstory. Die Magazin- oder auch Nachrichten-Magazingeschichte ist eine abgewandelte Form der angelsächsischen »Newsstory«, die in den USA bei »Time« und »Newsweek« ihren Ursprung hatte. In Deutschland findet man diese Darstellungsform vor allem in den großen Nachrichtenmagazinen wie »Der Spiegel«, »Focus« oder Wirtschaftsmagazinen wie »Wirtschaftswoche«, »Manager-Magazin« oder »Impulse«, zunehmend aber auch in den Tages- und Sonntagszeitungen.

Merkmale der Magazingeschichte sind, dass sie auf der einen Seite nachrichtlich faktiziert, auf der anderen Seite aber auch interpretiert und dem Geschehen damit eine Tendenz verleiht. Diese Tendenz wird dann allgemein gültig formuliert. Der Verfasser hat sein Material vor der Niederschrift interpretiert und erzählt seine Geschichte im Sinn und Geist seiner Interpretation: Was für seine Deutung spricht, dient als Beleg; was dagegen spricht, wird eher weggelassen. Anders als das Feature sammelt die Magazingeschichte Detailinformationen, bettet sie in Episoden und erzählt diese Episoden anhand von Personen, die real existieren. Sie will es genau wissen (oder tut zumindest so, als wisse sie es genau) und verleiht so der ausgeprägten Subjektivität ihrer Erzählungen durch präzise Sachverhaltsinformationen und Personenangaben den Anschein von Authentizität. Gleichwohl ist sie aber nicht – wie eine Reportage – an der Einzigartigkeit eines Erlebnisses oder eines Akteurs interessiert, sondern möchte in aller Regel eine Tendenz zeigen. Daher bettet sie ihre Episoden und Personen in recherchierte

Zusammenhangs- und Hintergrundinformationen (→ Recherche). Es entsteht ein Wechsel zwischen dem Besonderen (Akteure) und dem Allgemeinen.

Was macht eine gute Magazingeschichte aus? Thomas Voigt, langjähriger Chefredakteur des Unternehmermagazins »Impulse« empfiehlt, nach folgendem Rezept vorzugehen: »Man nehme 1. den Leser (respektive die Leserin), 2. eine Strategie sowie 3. eine Struktur, vermenge dies in der richtigen Dosis, garniere es mit einem Schuss Kreativität und ungewöhnlichem Ehrgeiz und fertig ist die Magazingeschichte, die eine Qualitätszeitschrift […] so schmackhaft macht«.

Elemente einer guten Magazingeschichte

Im Vorfeld muss sich der Autor einer Magazinstory also intensiv mit seiner Zielgruppe, d. h. deren Bedürfnissen, Vorkenntnissen und Sichtweisen beschäftigen. Der Artikel sollte darüber hinaus in die übergeordnete Strategie, in Leitbild und Leitthemen des Blattes, eingeordnet werden können und einen Bezug zu aktuellen Geschehnissen aufweisen. Schließlich gilt es, Thema und Vorüberlegungen in eine angemessene und packende Struktur der Magazingeschichte umzusetzen. Der Verfasser muss sich im Voraus darüber im Klaren sein, auf welche Kernbotschaft er abzielt und wie der Erzählstrang dorthin dramaturgisch aufgebaut werden sollte. Dies kann z. B. anhand eines Fragenkatalogs realisiert werden, an dem sich der Autor beim Schreiben entlanghangeln kann. Der Leser soll ja dazu bewegt werden, an der Geschichte, die sich häufig über mehrere Seiten erstreckt, »dranzubleiben«.

> **Tipp:** Eine Magazinstory sollte einen »roten Faden« haben. Außerdem sollten sich Elemente des Faktizierens (nachrichtlich), Etikettierens (kommentierend) und Erzählens (reportierend) abwechseln.

In Deutschland hat »Der Spiegel« als das über Jahrzehnte dominierende Nachrichtenmagazin die Magazingeschichte wesentlich geprägt. Die typische »Spiegel-Geschichte« steigt meistens mit einer anschaulichen Fallgeschichte ein – löst Nachrichten in Handlungen betroffener Menschen auf. Dadurch lässt sie den Leser – ähnlich wie die Reportage – am Geschehen teilhaben. Feature-Elemente sollen komplexe Sachverhalte veranschaulichen und so Zusatz- und Hintergrundinformationen liefern. Weitgehend ungeeignet für die Magazingeschichte sind angesichts dieser Charakteristika daher abstrakte Themenfelder, so z. B. Bereiche wie Theorie, Kreativität, Psychologie etc.

Die »Spiegel-Geschichte«

Wichtig ist, dass die Geschichte eine Dramaturgie hat – die Magazingeschichte braucht einen Entwicklungsfaden. In einer Magazingeschichte wechseln sich folglich Elemente des Faktizierens (nachrichtlich), Etikettierens (kommentierend) und Erzählens (reportierend) ab. Sie lässt sich in diesem Sinne von den

Problem der Schein-Objektivität

anderen Darstellungsformen abgrenzen, als sie Geschichten erzählt, während die Reportage Erlebnisse und Ereignisse schildert und das Feature Situationen beschreibt. Die Gefahr bei Magazingeschichten ist, dass sie aufgrund ihrer subjektiven Tendenzen das Magazin unglaubwürdig macht. Der Zwitter – nachrichtliche Faktizität gemischt mit subjektiven Tendenzen – lässt den Eindruck von Manipulationsabsichten beim Leser entstehen. Die Brisanz dieser Darstellungsform liegt daher in der Schein-Objektivität, die das Publikum relativ leicht durchschaut. Dies kann dazu führen, dass einem Magazin das Image angeheftet wird, grundsätzlich eine tendenzielle Berichterstattung in eine gewisse Richtung zu verfolgen.

Aufbau einer Magazingeschichte

Ein typischer Aufbau einer Magazingeschichte könnte so aussehen:

- *Vorspann* (ca. zwei bis fünf Zeilen). Der Vorspann soll grob sagen, worum es geht – vor allen Dingen soll er aber Spannung wecken. Hierzu ist prinzipiell jedes Mittel recht.
- *Einstieg* (ein bis zwei Abschnitte). Hierfür eignet sich ein Zitat einer kompetenten Person, ein Szenario, wie sich das Thema entwickeln kann, oder eine kurze Fallschilderung (»Nahaufnahme«).
- *»Portal«.* In drei bis vier Sätzen wird die Kernbotschaft der Geschichte vermittelt und der rote Faden gelegt. Zudem sollten Relevanz und Anlass der Story dargelegt werden.
- *»Historische Schleife«.* In wenigen Absätzen wird der Kontext des Artikels ein-geführt. »Dies kann die Vorgeschichte einer Person, einer Branche, eines Unternehmens oder eines Rechtsstreits sein, ohne die man die folgende Geschichte nicht verstehen würde. Dies können aber auch Zahlen, Fakten und Begrifflichkeiten sein, die mitzuteilen für das Verständnis des Artikels unerlässlich sind« (Thomas Voigt).
- *Story.* Im Hauptteil wird die Argumentation der Magazingeschichte entfaltet. Ein möglicher Einstieg ist eine zurückliegende Begebenheit, die dem Leser hilft, den vorliegenden Artikel einzuordnen, Zusammenhänge zu erkennen und die Schilderung damit besser zu verstehen. »Es empfiehlt sich, jeden Hauptpunkt eines Artikels erschöpfend zu behandeln, um erst danach auf einen weiteren Punkt zu kommen. Gelenke sind Verbindungselemente, mit denen dafür gesorgt wird, dass die einzelnen Absätze kein Eigenleben führen, sondern im Erleben des Lesers zusammengehören« (Thomas Voigt).
- *Pro und Contra.* Dies bedeutet nicht, dass ausgewogen argumentiert wird. Es wird auf jeden Fall eine Tendenz aufgezeigt. Die Contra-Argumente werden meist nur angeführt, um entkräftet zu werden und stützen somit die Tendenz.
- *Ausstieg.* Der Schluss sollte möglichst originell und prägnant die Kernbotschaft zusammenfassen.

Bei den einzelnen Abschnitten sollte man darauf achten, dass aktive Abschnitte sich mit erklärenden, ruhig schildernden abwechseln. Am Ende jedes Abschnitts kann beispielsweise ein Zitat stehen, dessen Grundgedanke dann beim Einstiegs-satz des folgenden Absatzes aufgegriffen wird. So ergibt sich eine Linie in der Geschichte. Außerdem sollte ein Abschnitt nicht mehr als 15 Zeilen enthalten. Die Übergänge sind schwierig, aber wichtig für die Wirkung der Geschichte. Damit der Text in sich »rund« wird, sollte beim letzten Abschnitt – dem Aus-stieg – an den Einstieg angeknüpft werden und ein Wiederholungseffekt stehen, wie etwa ein Anknüpfen oder die Fortsetzung der Geschichte des Einstiegs oder das Aufgreifen einer Person aus dem Einstieg.

9.1   300 Zeilen Spannung pur

Anton Notz
Redaktionsleiter Online »Financial Times Deutschland« (FTD), Hamburg

Erinnern Sie sich noch, mit welcher Gleichgültigkeit Sie früher den Wirtschafts-teil Ihrer Tageszeitung straften? Wie Ihre Augen über Bleiwüsten hasteten und sich vor Artikeln flüchteten, die Unternehmensbilanzen nachbeteten mit Schlag-zeilen wie »Bosch gibt sich optimistisch« oder »VW hofft auf das zweite Halb-jahr«? Wenn nicht, wäre ein Besuch im Aachener Zeitungsmuseum lohnens-wert.

Heute kommen Zeitungsleser an Wirtschaftsinformationen kaum mehr vor-bei. Das hat Gründe: Die Wirtschaft regiert – »it's the economy, stupid!« – mehr denn je das Land, wie an den aktuellen Problemen der weltweiten Kreditkrise abzulesen ist. Und der Journalismus, der sich mit Wirtschaftsthemen befasst, ist vielseitiger, kritischer und spannender geworden. Ins Umfeld nackter Nachrich-ten sind Report, Porträt und die klassische Wirtschaftsreportage gerückt.

Nur an die Magazingeschichte hat sich lange keine Zeitung herangewagt. Sicher-lich mehr aus Ehrfurcht als aus Unfähigkeit. So konnten »Der Spiegel«, »Wirt-schaftswoche«, »Manager-Magazin« vorexerzieren, wie packend Wirtschaft sein kann, wenn Redakteure Unternehmensvorständen auf die Pelle rücken, die Hin-tergründe wichtiger Nachrichten recherchieren oder neue Nachrichten ausgra-ben. Jahrzehnte hatte der Hochglanz-Publizismus darauf ein Monopol. Bis im Frühjahr 1999 ein kleiner, pfiffiger Brite in Hamburg anlandete mit dem Auf-trag, eine neue Wirtschaftszeitung in Deutschland zu gründen.

»Wir wollen jeden Tag einen Artikel im Blatt haben, den die Betroffenen nicht gedruckt sehen wollten«, lockte Andrew Gowers Journalisten, die er für seine Mannschaft zu gewinnen suchte. Gowers war stellvertretender Chefredak-teur der »Financial Times« in London und sollte das Renommee und den hohen Qualitätsanspruch des Blattes exportieren auf lachsrosa Papier in deutscher Spra-che. Couragierter und pointierter als andere Tageszeitungen müsse die »Financial Times Deutschland« über die Wirtschafts- und Finanzwelt berichten, forderte er bei seinen Leuten ein, aber auch verständlicher und erzählender. Sämtliche Plan-

Magazinstorys in Tageszeitungen

spiele wurden durch den festen Entschluss beendet, den Magazinen ihr ureigenes Format zu klauen und den FTD-Lesern täglich eine ganzseitige Magazingeschichte mit einem Umfang von 250 bis 300 Zeilen anzubieten.

Jungen Kollegen mag es ein kleiner Trost sein: In der mehrmonatigen Dummy-Phase, die dem Start der überregionalen Zeitung vorausging, sah es häufiger danach aus, als sollten die Macher an diesem Anspruch scheitern. Mal war das Thema zu breit angelegt, mal fehlte die Dramaturgie in der Geschichte, mal ging den Schreibern schon nach 170 Zeilen die Luft aus – oder die Schlusszeiten wurden um Stunden überzogen. Auch heute noch, acht Jahre nach Erscheinen der Erstausgabe, schwitzen die Chefs vom Dienst manchmal Blut und Wasser, bis Text und Optik sitzen und das kleine Kunstwerk »am Balken« zur Endabnahme ankommt. Gelegentlich wundern wir uns selbst, dass trotz manchen Ritts über den Bodensee bisher keine FTD ohne Magazingeschichte erschienen ist.

Dass eine Tageszeitung den Wochen- oder Monatstiteln damit nicht immer die Schau stehlen kann, liegt auf der Hand. Manche Magazingeschichten werden tagesaktuell geschrieben, viele mit einem Rechercheaufwand von zwei, drei Tagen. Deshalb sind sie mitunter nicht ganz so glanzvoll wie in den großen Montags- oder Donnerstagsmagazinen, bei denen Reporter ihre Zeit nützen, um noch tiefer nach Gold zu schürfen oder ihren Lesern einen anderen Zugang zum Thema zu verschaffen. Dazu werden sie aber auch gezwungen durch die Tageszeitungen, die Wirtschaftsthemen inzwischen schneller und gründlicher ausleuchten und sich längst nicht mehr mit einer 1:0-Berichterstattung begnügen.

Beispiel Grundig Selbstverständlich ist die Insolvenz des Nürnberger Elektronikherstellers Grundig der FTD neben der reinen Unternehmensnachricht auch eine Magazingeschichte wert. Reporter hören sich vor Ort um, sprechen mit Firmenleitung, Betriebsrat und Beschäftigten, kontaktieren frühere Unternehmensvorstände und ergründen auf diese Weise, was bei Grundig schief gelaufen ist. Sie beobachten Szenen, schildern Erlebnisse, liefern Zitate. Weitere Redakteure recherchieren, was der Mehrheitseigner jetzt vorhat und wie der in Insolvenzverfahren geübte neue Vorstandsvorsitzende den Konkurs abwenden will. Sie setzen sich telefonisch mit früheren Kaufinteressenten aus der Türkei und Taiwan in Verbindung, die im letzten Moment abgesprungen sind. Am Ende puzzeln ein oder zwei Autoren die Rechercheergebnisse zusammen zu einer facettenreichen Magazingeschichte.

In diesem konkreten Fall hatten einige Tageszeitungen so gründliche Arbeit geleistet, dass die Magazine entweder einen neuen Spin finden oder das Thema abhaken mussten. »Der Spiegel« entschied sich für den neuen Spin. Seine Geschichte »Heinzelmann gegen Postillon« rückte den Fürther Lokalrivalen Metz in den Fokus, auf den der legendäre Nachkriegsunternehmer Max Grundig einst abschätzig herabblickte. Der Spin: »Jetzt ist Grundig pleite – und Metz schreibt immer noch schwarze Zahlen«. Zum Vergleich der Dreh des FTD-Pendants, das unter dem Titel »Abgrundig« erschien: »Der neue Vorstandchef Eberhard Braun will eine Zerschlagung des Traditionsunternehmens verhindern. Aber abgesprungene Interessenten und Konkurrenten spekulieren auf Einzelbeute«.

Jede Magazingeschichte braucht einen Spin. Sie verträgt kein Einerseits-Andererseits und schon gar nicht das Fazit »Man kann es so sehen oder auch anders«. Ist sie zu ausgewogen, langweilt sie. Selbst eine analytisch angelegte Magazingeschichte kommt zu einer klaren Aussage. So beschrieb die »Wirtschaftswoche«, wie die EU-Finanzminister Europas Steueroasen trockenlegen. Die Folgen werden gleich mit aufgezeigt: »Für die Schweiz springt jetzt Singapur ein«. **Der »Spin«**

Häufig haben Magazingeschichten eine Tendenz und legen dem Leser – mehr oder weniger unaufdringlich – ein Urteil nahe. Etwa, indem der Autor eine Prognose wagt. Als Airbus mit viel Brimborium die Auslieferung des ersten A380-Giganten zelebrierte, war in der FTD unter dem Titel »Eintagsflieger« zu lesen: »Mit einer großen Show feiert Airbus die Auslieferung des ersten A380 – und will so all die Pannen und Querelen der vergangenen Monate vergessen machen. Doch die Party kaschiert die Probleme: Die Insider-Affäre lässt die alten Konflikte im Konzern wieder hochkochen«.

Manchmal geben die Autoren auch kommentierend eine Richtung vor. So erschien nach dem SPD-Parteitag, auf dem sich der linke und der rechte Flügel über eine Revision von Gerhard Schröders Agenda 2010 gestritten hatten, der FTD-Artikel »Hamburger Schauspiel«. Im Vorspann hieß es: »Nach dem Bundesparteitag ist die SPD gestärkt. Der Vorsitzende Kurt Beck ist gestärkt. Auch seine Stellvertreter Frank-Walter Steinmeier, Peer Steinbrück und Andrea Nahles sind gestärkt. Irgendetwas stimmt da doch nicht«.

Vielleicht können sich viele Tageszeitungen bis heute nicht mit dieser journalistischen Form anfreunden, weil sie mit einer Tradition bricht, die aus dem Angelsächsischen stammt und hierzu-lande mit deutscher Gründlichkeit fortgeschrieben wurde: der strikten Trennung von Nachricht und Kommentar. So kommt es schon fast einem Treppenwitz gleich, dass mit Andrew Gowers ausgerechnet ein britischer Pionier die Magazingeschichte im deutschen Tageszeitungsjournalismus etablierte – und das, obwohl die »Financial Times« zuvor nie Magazingeschichten gedruckt hatte.

Noch hat dieser Mut wenig Nachahmer gefunden (wenn man einmal davon absieht, dass »Die Welt« die Rückseite ihres Wirtschaftsbuchs freiräumt für eine Magazingeschichte). Doch schon bald könnte das die Antwort auf das Vordringen des Nachrichtenjournalismus im Internet sein. Denn eine solide recherchierte, ansprechend geschriebene und optisch schön gestaltete Magazingeschichte bereichert jedes Blatt. Sie wartet inhaltlich mit neuen Informationen auf, bettet sie ein in größere Zusammenhänge, interpretiert diese. Sie beschreibt Akteure, Strippenzieher und Hintermänner. Sie legt deren Taktiken und Strategien offen.

Personalisierung als Stilmittel Das Wirtschaftsgeschehen reduziert sich eben nicht nur auf Zahlen. Hinter Statistiken und Kurven stecken Köpfe. Lange bevor Manager ihre Bilanzen präsentieren, haben sie (richtige und falsche) Entscheidungen getroffen. Aus welchen Gründen? Unter welchen Begleitumständen? Mit wem und gegen wen? Hier setzt die Magazingeschichte mit ihren Recherchen an. Sie versucht, Transparenz in Verbände und Unternehmen zu bringen, die sich nur allzu gerne hinter Verschlusssachen und dem Betriebsgeheimnis verstecken.

Nehmen wir den Essener Elektronikhändler Medion, der über Aldi seine Computer vertreibt und über Billigketten wie Lidl, Tchibo oder Media-Markt seine Fernseher und DVD-Player. Unternehmensgründer Gerd Brachmann hat es vom Nobody zum Milliardär gebracht, Medion den Computer-Markt kräftig aufgemischt. Trotzdem kennt kaum jemand den erfolgreichen Selfmademan, in der Öffentlichkeit gibt es kein Foto von ihm. Und Medion, obgleich eine börsennotierte Aktiengesellschaft, gibt außer Zahlen nur wenig von sich preis, weil Vorstandschef Brachmann den Konzern mit äußerster Diskretion führt. Deshalb drängte es sich geradezu auf, mit einer Magazingeschichte – FTD-Titel: »Das PC-Phantom« – diese Geheimniskrämerei zu durchbrechen.

Wie alle Magazingeschichten sollte auch ein solcher Artikel, bei dem das Schwergewicht auf der Recherche liegt, keinesfalls auf erzählende Momente verzichten. Szenische Beobachtungen auf der Medion-Hauptversammlung, verdruckste Auskünfte von Geschäftspartnern, Anekdoten über den Firmengründer erleichtern die Lektüre und nehmen den Leser mit bis Zeile 300, wo die Geschichte mit einer Pointe endet. Das setzt allerdings voraus, dass der Artikel wohl überlegt komponiert wird. Gerade in Zeiten des Fingerfood-Journalismus, der Lesern immer kleinere Häppchen vorsetzt, ist es wichtig, einen Spannungsbogen zu finden und durch geschickte Tempowechsel die Geschichte voranzutreiben.

Wer den Leser fesseln will, lässt ihn gerne durchs Schlüsselloch blicken. Er verschafft ihm somit eine ungeahnte Nähe zu Topmanagern und Spitzenpolitikern, vermittelt ihm Insiderwissen. Als beispielsweise die Deutsche Bahn mit ihrem neuen Preissystem ein Debakel erlebte, berichteten alle großen Tageszeitungen nachrichtlich und kommentierend über den Rauswurf zweier Vorstände. Weitere Details über die Vorgänge in Präsidium und Aufsichtsrat interessierten sie an »Tag zwei« nicht mehr sonderlich. So war die FTD ziemlich konkurrenzlos mit der atmosphärischen Geschichte »Spuren oder Weichen«, die den Untertitel trug: »Wie Hartmut Mehdorn seinen Kopf rettete und den Aufsichtsrat dazu bewegte, ihm am Aktienrecht vorbei einen neuen Vertrag anzubieten«.

Es gibt keine passendere Darstellungsform als die Magazingeschichte, um anhand einer Person und deren Umfeld die Lage eines Unternehmens oder einer Partei zu beleuchten. Die durch eine Korruptionsaffäre bei Siemens verursachten Probleme machen doppelt neugierig, wenn die Frage im Raum steht, ob Vorstandschef Klaus Kleinfeld und sein Oberaufseher Heinrich von Pierer dem öffentlichen Druck noch länger standhalten können oder angesichts immer neuer Enthüllungen über Schmiergeldzahlungen Job und Macht verlieren. Auch eine

Krise der CSU wird erst richtig brisant, wenn eine recht ansehnliche und verbal versierte Fürther Landrätin ihrem Parteifreund so einheizt, dass dieser schließlich von seinen treuen Mitstreitern als CSU-Chef und Ministerpräsident aus dem Amt gedrängt wird. Einen Nachteil hat die Personalisierung solcher Themen allerdings: Sie ist optisch oft schwieriger umzusetzen, wenn man nicht einfallslos die bekannten Köpfe abbilden möchte.

Die Gestaltung bestimmt sehr stark mit, wie eine Magazingeschichte wahrgenommen wird. Deshalb darf das Nachdenken über Bilder, Fotomontagen und Grafiken nicht erst dann einsetzen, wenn der Text vorliegt. Und es sollte nicht allein Fotoredakteuren und Layoutern überantwortet werden. Wenn Autoren und Produzenten frühzeitig inhaltliche Hinweise weitergeben und selbst optische Ideen entwickeln, erhalten die Kollegen hilfreiche Anregungen und mehr Zeit für Kreativität. Vor allem Montagen sind meist sehr arbeitsintensiv. Manchmal erfordern sie sogar eine eigene Recherche. Bei der FTD ziehen in solchen Fällen Produzenten oder Praktikanten durch Hamburg, um Gegenstände aufzutreiben, die dringend fotografiert werden müssen. Zur Not springt auch schon mal ein Ressortleiter ein: Als die Bäckereikette Kamps schlechte Zahlen veröffentlichte, kokelte ein Kollege zu Hause im Backofen Kamps-Brot. Das Ergebnis war anderntags im Blatt zu beschmunzeln.

> Die Rolle der Präsentation

Letztlich hängt es aber nie von der Optik ab, ob ein Thema zur Magazingeschichte taugt. Darüber entscheiden andere Kriterien. Zum einen muss ein Thema die notwendige »Fallhöhe« haben, das heißt bedeutend genug sein, um so ausführlich dargestellt und so prominent platziert zu werden. Zum anderen muss der Geschichte eine interessante, wenn möglich gar überraschende These zugrunde liegen, für die der Autor Kronzeugen braucht. Sonst hat die Geschichte auf der Aufschlagseite des vierten Buchs, das bei der FTD Magazincharakter hat und mit der Kustode »Agenda« überschrieben ist, nichts verloren.

Als Andrew Gowers nach zwei Jahren Pionierarbeit von der Elbe an die Themse zurückkehrte, um Chefredakteur der »Financial Times« zu werden, hat er diese Grundregeln mitgenommen und in die ehrwürdige Stilfibel des Blatts einfügen lassen. Aber nicht nur das: Eine seiner ersten Neuerungen war es, bei der FT eine ganzseitige Magazingeschichte einzuführen. Er gab ihr – typisch Gowers – einen doppeldeutigen Namen: big page. Gowers hat die Führung der FT inzwischen abgegeben. Seine »big page« besteht fort.

9.2   Magazinjournalismus transportiert Nutzwert

Klaus Schweinsberg
Chefredakteur »Capital«, Köln und Herausgeber »Impulse«, Köln

Eine Magazingeschichte ist eine Magazingeschichte, ob sie nun im »Spiegel« oder in einer Wirtschaftszeitschrift steht. Denn der typische Aufbau einer Magazin-story ist hier wie dort letztlich gleich. Instruktiver Vorspann, gefälliger Einstieg, klare Auslegeordnung im Portal, lebendig geschriebene Story, stabiler »roter Faden«, pointierter Ausstieg – dies sind formal die wesentlichen Elemente.

Gleichwohl macht es Sinn, sich an dieser Stelle die Magazingeschichte in der Wirtschaftszeitschrift als eigene Kategorie vorzunehmen und etwas eingehen-der zu betrachten. Denn, wie schon der Gattungsbegriff bei Zeitschriften des politischen Journalismus, nämlich Nachrichtenmagazin, verrät, kommt es bei Magazinklassikern wie »Spiegel« oder »Stern« wesentlich auf die Nachricht, die News, an.

Nutzwerte im Wirtschafts-journalismus

Beim Wirtschaftsmagazin gesellt sich zum Ehrgeiz, mit möglichst »marktbe-wegenden News« aufzuwarten, noch der Anspruch, das Neue in den ökono-mischen Kontext einzuordnen und gegebenenfalls mit konkreten Handlungs-empfehlungen abzubinden. Vom Leser her betrachtet heißt das: Der Abonnent oder Kioskkäufer erhält nicht nur interessante und erhellende Lektüre, sondern handfesten Nutzen, idealerweise in Form geldwerten Vorteils. Mit Ausnahme des Hamburger Titels »brand eins«, der seine Absage an klassische Ratgeber-Bot-schaften als Alleinstellungsmerkmal kultiviert, kommt keine der deutschen Wirt-schaftszeitschriften gänzlich ohne Nutzwert aus. Dies gilt für den Segmentführer »Capital« mit seinen 1,2 Millionen Lesern, die jüngeren, ebenfalls recht aufla-genstarken Magazine wie »Wirtschaftswoche« oder »EuroFinanzen«, die Anle-germagazine wie »BörseOnline« oder »FocusMoney« und die auf Manager bezie-hungsweise Unternehmer spezialisierten Qualitätstitel wie »Manager-Magazin« oder »Impulse«.

Als Erfinder des Nutzwertjournalismus in Deutschland gilt Adolf Theobald, Gründer von »Capital« (1962) und weiterer Magazinen, später Chefredakteur der Zeitschrift »Geo« und dann Geschäftsführer des Spiegel-Verlags. Mit sei-nem Anspruch, Wirtschaftsthemen gleichermaßen anspruchsvoll wie lebensnah und lesergerecht aufzubereiten, setzt »Capital« bis heute Maßstäbe. Prägend für Magazingeschichten in dieser Zeitschrift ist bis heute der Leitsatz des Gründers: »Das Wirtschaftliche menschlich, das Menschliche wirtschaftlich erklären«.

Ihre nutzwerten Inhalte transportiert die qualitativ ambitionierte Wirtschafts-zeitschrift über die Darreichungsformen und Stilmittel des Magazinjournalis-mus. Dies reicht vom Kommentar und Interview über großflächige Fotostrecken, investigative Reportagen, Porträts und Hintergrundstücke bis zu aufwändig kon-zipierten und recherchierten Exklusiv-Rankings aus der Welt der Unternehmen,

Manager und Finanzmärkte. Mit diesem klar konturierten Auftritt als Publikumszeitschrift grenzen sich die Wirtschaftsmagazine von den hoch spezialisierten Fachblättern, Newslettern und Brancheninformationsdiensten ab, die ihre Zielgruppen stattdessen weitgehend schnörkellos, aber mit größtmöglicher Detailtiefe und Ausführlichkeit bedienen (sollten).

Über die Jahrzehnte hat sich seit der Gründung von »Capital« in der Wirtschaftspresse allerdings eine gewisse Palette spezifisch gestalteter Magazinstorys etabliert, die im Folgenden etwas systematisiert werden soll.

Typen von Storys

Bei Journalisten sehr beliebt ist der Urtyp der Nutzwertstory im Wirtschaftsmagazin: Headline, Vorspann, Aufmacher-Optik mit Foto oder Illustration, klassisch aufgebauter Lauftext (siehe oben), dazu häufig zusätzliche Info-Elemente; Letztere in Form von Tabellen, Diagrammen oder Charts (Balken, Kurven, Torten). Hinzu kommen gegebenenfalls weitere Fotos und Textelemente, zum Beispiel mit kleinteiligen Tipps, Checklisten, Interviews, weiterführenden Hinweisen oder Quellen.

Früher selten, in jüngerer Zeit aber häufiger anzutreffen ist eine sehr frugale Variante der ausgesprochen nutzwertigen Story. Hier wird gänzlich auf den Lauftext verzichtet und nach Aufmacheroptik, Headline und Vorspann nur mit einer Aneinanderreihung textlastiger Nutzwertelemente gearbeitet. Oder die Redaktion ersetzt den klassischen Lauftext durch einen schnörkellosen, eher lexikalischen Text, etwa um dem Leser einen komplizierten Begriff oder Zusammenhang kompakt und leicht erfassbar zu erklären. Eine Zwischenform ist der strukturierte Lauftext, wo die Abschnitte einer Geschichte eigene inhaltlich abgeschlossene Blöcke bilden und durch entsprechende Überschriften getrennt werden.

Diese drei Varianten tragen der Erkenntnis Rechnung, dass es der Verständlichkeit und Lesefreundlichkeit mitunter abträglich wäre, einen komplexen Informationskern um jeden Preis in die gängige Lauftextarchitektur einzubetten, diesen also regelrecht zu verstecken zwischen szenischem Einstieg, Portal, Expertenstimmen und den aufwändigen gedanklichen Gelenken zwischen den verschiedenen Aspekten eines Themas. Zudem lebt der klassische Lauftext davon, dass Autoren ihren Lesern im wahrsten Sinne des Wortes »Geschichten erzählen«, also anschaulich berichten, was Menschen erlebt haben oder planen, was sich auf Märkten ereignet hat oder ereignen wird, wie Unternehmen, Manager, Experten oder Privatanleger und -konsumenten darauf reagieren. Bisweilen sind aber auch diffizile rechtliche, steuerliche oder technische Zusammenhänge darzulegen, die ganze Lauftextspalten füllen würden. Dann wird die Redaktion in der Regel gut beraten sein, dies in separate Textelemente auszulagern – oder von vornherein eines der oben beschriebenen Formate zu wählen.

Fallbeispiele

Wer ein Wirtschaftsthema gleichermaßen lebendig wie tiefgründig aufbereiten möchte, wählt indessen zunehmend die Fallstudie, neudeutsch: »Case-Study«. Gemeint ist ein ausführliches, oft chronologisch aufbereitetes Einzelbeispiel einer Firma oder Person, die ein bestimmtes Problem, eine typische Lebenssituation,

Herausforderung oder Chance auf beispielhafte und instruktive Weise erlebt, durchlitten, gelöst oder ergriffen hat. Je nach Magazin und Sujet können spannungsreicher, reportagehafter Erzählstil, gar in der »Ich-Form«, und emotionale Bebilderung ebenso erwünscht sein wie flankierende Infoelemente. Insoweit unterscheiden sich die Fallstudien eines Wirtschaftsmagazin gravierend von den gleichnamigen Formaten in der wissenschaftlichen Fachpresse.

Weitere Formen Eine vergleichsweise junge Form ist die Kombination aus Reportage und Nutzwertstrecke. Der Aufbau ist dann wie folgt: Aufmacheroptik, Headline, Vorspann und Lauftext. In letzterem wechseln sich dann aber Abschnitte, die im Reportagestil verfasst sind und den Leser am Geschehen teilhaben lassen, mit nüchtern geschriebenen Passus ab, die – meist nutzwertige – Hintergrundinformationen liefern. Dem Leser erschließt sich diese Sonderform dadurch, dass die beiden Teile typografisch deutlich voneinander abgehoben sind, beispielsweise durch einen Wechsel der Schriftart oder Farbe.

Schließlich und endlich sei an dieser Stelle noch einmal bekräftigt, dass neben den mehr oder weniger spezifischen Wirtschaftsformaten die eingangs erwähnten Klassiker unter den Magazingeschichten für eine Wirtschaftszeitschrift mit Qualitätsanspruch unverzichtbar bleiben. Demgegenüber ist leider festzustellen, dass viele Redaktionen unter dem steigenden Kostendruck die Vielfalt der Stilformen in ihren Heften deutlich reduziert haben. Nicht wenige Zeitschriften müssen heute gänzlich ohne – finanziell stets aufwändige – Reportagen oder Portraits auskommen.

Unarten in der Praxis Diese Beobachtung soll hinführen zu einigen abschließenden Bemerkungen über Unarten, die sich bei Wirtschaftsmagazinen eingeschlichen haben. Zunächst ist hier zu nennen der schwindende Mut zur eigenen Meinung. Das wesentliche Differenzierungsmerkmal zwischen klassischem Zeitungsbericht und Magazingeschichte ist der Umstand, dass in der Zeitschrift eben nicht rein nachrichtlich reportiert wird, sondern der Autor eine These formuliert und diese in seiner Geschichte – freilich fair und alle Beteiligten gehörig würdigend – abarbeitet. Im Zuge wachsender presserechtlicher Kampfesfreude von Objekten der Berichterstattung, namentlich von Topmanagern großer Konzerne, verlegen sich nicht wenige Autoren darauf, an allen Stellen, wo Meinung gefragt ist, Analysten zu zitieren. Nicht selten kommen in einer dreiseitigen Magazingeschichte fünf verschiedene »Experten« zu Wort, deren Statements oft floskelhaft und austauschbar daherkommen. Das ist für den Leser wenig erbaulich, insbesondere weil selten verraten wird, was nun ausgerechnet diesen Analysten oder Berater prädestiniert, zu gerade diesem Thema Stellung zu nehmen, außer dass er sich Analyst schimpft.

Noch ärgerlicher und schädlich für das Renommee der ganzen Gattung ist die erodierende Sorgfalt, die Wirtschaftsredaktionen auf ihre Optik verwenden. Eigene Fotografen unterhält ohnehin fast kein Wirtschaftsmagazin mehr, von Illustratoren ganz zu schweigen. Layout, Fotografie und Illustration werden heute als nachrangiges Beiwerk begriffen und nicht – was ja die Zeitschrift, die Illustrierte, gegenüber der Zeitung auszeichnen sollte – als gleichberechtigtes Stilmittel neben dem Text. »Capital« wurde nicht zuletzt deshalb ein sensationeller Erfolg, weil sich das Publikum nicht nur an der Textqualität delektierte, sondern eben auch an der Optik.

Heute hingegen stehen Foto- und Grafiketats in fast allen Verlagshäusern ganz oben auf der Liste, wenn es ums Sparen geht. Interviewsituationen werden nicht mehr von einem Fotografen, der die Textredakteure begleitet, eingefangen. Stattdessen werden Interviews mit den ewig gleichen Fotos aus Archiven und Bilddatenbanken bebildert. Für Portraits werden keine Fotografen mehr losgeschickt, sondern ebenfalls die Datenbanken bemüht. Fotoreportagen findet man in Wirtschaftsmagazinen kaum mehr.

Der Segmentführer »Capital« hat sich im Jahr 2006 entschlossen, mit einem drastischen Relaunch wieder deutlich zu den Wurzeln des Magazinjournalismus zurückzukehren und neben der Artenvielfalt bei den Stilformen auch beherzt das Thema Optik zu kultivieren und in Foto, Illustration und Layout zu investieren. Der Markterfolg zeigt, dass dies nach wie vor eine sinnvolle Investition ist. Der Gattung der Wirtschaftsmagazine ist zu wünschen, dass andere Redaktionen auf diesem Weg folgen werden.

9.3   Dramaturgie im Auftrag des Zuschauers

Wolfgang Fandrich
Stellvertretender Chefredakteur und Redaktionsleiter Zeitgeschehen des Mitteldeutschen Rundfunks (MDR), Leipzig

Immer mittwochs, so kurz nach 10 Uhr morgens, wird es ernst: gemeinsame Redaktionskonferenz der Macher des ARD-Magazins »FAKT« sowie des MDR-Nachrichtenmagazins »Exakt«. Die Chefs vom Dienst (CvD) und ein gutes Dutzend Redakteure und Reporter versammeln sich um einen ovalen Tisch, um das gelaufene Programm zu kritisieren und die nächsten Sendungen zu entwickeln. Alt und Jung sitzen da, Ost und West, Konservative und Sozialdemokraten.

In einem modernen Meinungsmagazin ist dieser Mix kein Problem, ja gewünscht, die Redaktionen in den 1960er, 1970er und 1980er Jahren dagegen hätten solch eine Zusammensetzung zum Platzen gebracht. Damals hatten alle Macher meist eine Ideologie, gemeinsame Parteizugehörigkeit oder Nähe war das einigende Band. Pluralität ergab sich nicht innerhalb der Sendungen, sondern durch die unterschiedliche politische Ausrichtung des Senderverbundes ARD. Diese Zeiten sind Gott sei Dank vorbei, das kommerzielle Fernsehen und damit der stärkere Konkurrenzdruck haben da ihre Wirkung gezeigt.

Redaktions-
konzept

»FAKT« will Haltung zeigen, aber keine parteipolitische Grundbotschaft vermitteln, die unsere Zuschauer schon ahnen, ohne die Sendung überhaupt anschauen
zu müssen. Unser gemeinsamer Nenner in der Redaktion ist das journalistische
Produkt, ein Magazin aus den neuen Bundesländern für die gesamte Bundesrepublik. Die Macher diskutieren qualitativ, aber auch quantitativ, natürlich spielt
die Quote, der Marktanteil eine viel größere Rolle als vor 20 Jahren. Und natürlich hat das Konsequenzen für die Auswahl der Themen, den Mix einer Sendung,
denn der Köder soll schließlich dem Fisch schmecken, nicht dem Angler. Manche ältere »Puristen« beklagen das als Entpolitisierung, als Verflachung der politischen Meinungsmagazine, das »FAKT«-Team in Leipzig aber steht voll hinter
diesem modernen Konzept: alle gesellschaftlich relevanten Bereiche bis hin zu
Crime- und Servicethemen in einem angemessenen Mix in die Sendungen ein-
zubauen; die Akzeptanz bei den Zuschauern gibt uns Recht.

Redaktionsabläufe

Zurück zur Redaktionskonferenz. Nach der Kritik tragen die beiden CvDs die
bisherige Planung für die anstehenden Sendungen vor, dann werden Themenvorschläge und die aktuelle politische Lage diskutiert. Nach und nach trennt sich
die Spreu vom Weizen, das Wichtige vom Unwichtigen und am Ende der Redaktionskonferenz sind die nächsten Magazinausgaben geplant, die Themen an die
Reporter vergeben – und dann geht die Arbeit richtig los. Denn vom Thema zum
abgenommenen Beitrag ist es im Magazinjournalismus oft ein weiter Weg. Diesen gehen der CvD und der jeweilige Reporter gemeinsam, im ständigen Diskurs
miteinander. Die Gestaltungsform für einen Magazinbeitrag hat sich dabei in
den letzten Jahren erheblich verändert. Stilprägend war Anfang der 1990er Jahre
vor allem das neu entwickelte Format »Spiegel TV«. Seitdem sind beispielsweise
reportierende Elemente oder ein emotionalisierender Ansatz für einen Magazinbeitrag kaum noch wegzudenken.

Tendenz
der Magazinbeiträge

Grundsätzlich gelten für einen Magazinbeitrag im Fernsehen die gleichen Merkmale wie für eine Magazingeschichte im Printbereich. Hauptmerkmal ist die
Tendenz, d. h. eine klare Positionierung zu einer Fragestellung bis hin zu einer
reinen Meinungsäußerung des Beitrages. Meistens wird in einem Magazinbeitrag nur ein kleiner Ausschnitt aus der politischen Diskussion herausgelöst und
anhand der Rechercheergebnisse bewertet. So wird sich ein Fernsehmagazinbei-
trag z. B. dem globalen Thema »Reform des Gesundheitswesens« kaum in dieser Allgemeinheit widmen. Vielmehr wird nach Ansätzen gesucht werden, diesen komplexen und komplizierten Sachverhalt »aufzubrechen« und am Beispiel
eines Teilbereiches zu thematisieren.

»Pars pro Toto« als Prinzip: Milliardeneinsparungen im Gesundheitswesen
wären möglich, wenn bei Bluthochdruck statt neuer teurer Medikamente bewährte
und eben auch billigere Präparate eingesetzt würden. Dieses kleine Beispiel zeigt,
wie viele Einsparmöglichkeiten im gesamten Gesundheitssystem offensichtlich
vorhanden sind.

Der TV-Magazinbeitrag liefert Fakten, die durch den Autor interpretiert werden und dem Stück so eine bestimmte Tendenz verleihen. Wie bei der Print-Magazingeschichte wird diese Tendenz dann allgemein gültig formuliert. Sie hat für den Magazinbeitrag ein klares »Gut-Böse-Schema« zur Folge. Das heißt, derjenige, der die im Beitrag vorgegebene Tendenz vertritt, wird positiv dargestellt, die andere Seite negativ. Wichtig ist aber festzustellen, dass diese Tendenz Ergebnis einer gründlichen Recherche ist, die alle Seiten und Argumente angehört, abgewogen und dann bewertet hat.

Im obigen Beispiel könnte der »Gute« ein Professor sein, der neue medizinische Erkenntnisse präsentieren kann: z. B. eine Studie, die verdeutlicht, dass die alten Blutdrucksenker billiger und verlässlicher sind. Der »Böse« könnte in diesem Beispiel die Pharma-Industrie sein, die diese Forschungsergebnisse ignoriert, weil sie sonst finanzielle Verluste hinnehmen müsste.

Anders als im Printbereich müssen in einem Fernsehbeitrag alle Rechercheergebnisse objektivierbar offengelegt werden. Das heißt, alle Belege müssen als O-Ton oder als schriftliches Dokument (Studie, internes Papier oder Ähnliches) vorliegen. Der Hinweis z. B. auf »ein Regierungsmitglied, das nicht genannt werden will« – der im Printbereich gängige Praxis ist – genügt bei einem TV-Beitrag nicht. Hier müssen die Informationen ganz klar verifizierbar sein. Zumal im Magazinjournalismus die Klagefreudigkeit der negativ dargestellten Seiten relativ hoch ist.

Die Geschichten, die im Magazinbeitrag erzählt werden, folgen also immer einer Dramaturgie. Reportierende und emotionalisierende Elemente wechseln sich mit faktizierenden bzw. kommentierenden Elementen ab. Klingt einfach, aber dann ist plötzlich Montag, »FAKT«-Tag, und vieles ist wieder nicht so perfekt gelungen wie geplant. Aber zwei Tage danach um 10 Uhr ist ja wieder Redaktionskonferenz.

10 Hintergrundbericht

Hintergrundberichte sind die größten Geschichten in den Zeitungen und Zeitschriften. Als Synonym werden auch die Begriffe »umfassender Dokumentarbericht« oder »Report« verwendet. Nach Michael Haller hat ein Hintergrundbericht (Report) die folgenden Merkmale (vgl. Haller 2006, S. 102f.):
- Ein Hintergrundbericht beschränkt sich nicht auf das Dokumentarische, sondern bietet zudem eine Deutung der Dokumente. Der Leser erhält nicht nur viele Nachrichten, sondern auch eine Beurteilung des Problems und Lösungsmöglichkeiten.
- Im Hintergrundbericht werden überwiegend komplexe Problem-Themen behandelt, die der Leser nicht ohne umfassende Kenntnis beurteilen kann. Ein Beispiel für ein solches Thema wäre die Frage, was die »wirklichen« Ursachen der Arbeitslosigkeit in Deutschland sind. Komplexe Problem-Themen

lassen sich nicht einfach durch das Aufzeigen eindimensionaler Wirkungszusammenhänge erfassen, sondern bedürfen einer umfangreichen Darstellung.

- Bei Hintergrund-Themen handelt es sich meist um Entwicklungen und Trends, denen die Bürger, Konsumenten, Beschäftigten – die Leser – ausgesetzt sind. Sie haben darum ein besonderes Interesse an der Aufklärung von Zusammenhängen.
- Die meisten Leser haben weder Zeit noch Gelegenheit zur Problemerarbeitung. Diese Aufgabe muss die Redaktion übernehmen, die mit dem Hintergrundbericht dann das Ergebnis abliefert. Einen Hintergrundbericht zu erstellen bedeutet deshalb, das gesamte Material zum Thema – Artikel über den Hergang, Fachaufsätze, Gutachten, Politiker- und Parteimeinungen, Expertenurteile usw. – zu beschaffen, aufzuarbeiten und zu interpretieren. Der Hintergrundbericht ist eine in einem Artikel abgefasste Beurteilung des Problems.
- Von einem Hintergrundbericht wird erwartet, dass er eine vorläufig endgültige Einschätzung der Ursachen und Folgen des komplexen Problems zu geben vermag.

In kurzen Worten: Die Intention des Hintergrundberichts ist die Aufklärung eines sehr komplexen Wirkungszusammenhangs. Der Anfang eines Hintergrundberichts wird meist an einem Einzelfall aufgezogen, geht dann ins Allgemeine und Analysierende und belegt Behauptungen. Ein guter Hintergrundbericht bewegt sich jedoch nicht nur auf einer abstrakten Ebene, die analog zu Statistiken eine Gesamtsicht wiedergibt, sondern macht den Zusammenhang zwischen Strukturproblemen und Alltagswelt anschaulich. Dabei bedient er sich der Elemente der Reportage und des Features. In den Augen von Michael Haller ist ein seriöser Report nicht unter 8.000 Zeichen zu erstellen (vgl. Haller 2006, S. 104). Derart definierte Hintergrundberichte findet man in der Tagespresse nur in wenigen überregionalen Zeitungen, in Wochenzeitungen wie »Die Zeit« oder Magazinen wie »Focus« oder »Der Spiegel«, die sich aufgrund ihrer personellen und finanziellen Ressourcen diese aufwändige Darstellungsform leisten können.

Tipp: Ein Hintergrundbericht sollte am Anfang von einem Einzelfall ausgehen, dann das Allgemeine und Analysierende behandeln und Behauptungen belegen. Ein guter Hintergrundbericht sollte eine vorläufig endgültige Einschätzung der Ursachen und Folgen des komplexen Problems liefern.

11 Bild: Foto und Grafik

Die textorientierten Darstellungsformen stehen im Zeitungs- und Zeitschriftenjournalismus nicht allein. Sie werden durch Bildformen ergänzt. Durch den Einfluss neuer technischer Möglichkeiten hat der Umfang illustrativer Formen in den Druckmedien zugenommen. Bilder und Infografiken werden vor allem eingesetzt, um die Aufmerksamkeit des Rezipienten zu gewinnen. Sie ragen aus der Nachrichtenflut heraus, sprechen den Leser im Gegensatz zum Text auf den ersten Blick (emotional) an und helfen ihm, komplexe Inhalte strukturiert bzw. pointiert aufnehmen zu können. Entsprechend ist sowohl die Bedeutung des Bildjournalismus gestiegen als auch die Notwendigkeit für Redakteure, sich mit illustrativen Formen auseinanderzusetzen (→ Medienspezifische Präsentation). Die »Frankfurter Allgemeine Zeitung« verzichtete lange Zeit auf die Bebilderung der Titelseite, um ihre seriös-traditionelle Anmutung beizubehalten. Seit der Formatumstellung im Jahr 2007 aber verwendet sie – genauso wie die meisten anderen Zeitungen – ein Farbbild als Eyecatcher und setzt im Inneren des Blattes auf die aufmerksamkeitslenkende Kraft von Fotos und (Info-)Grafiken.

Bildjournalisten sind laut Definition des Deutschen Journalisten-Verbandes (DJV) genauso Journalisten wie Wortjournalisten. Diese arbeiten in und für Redaktionen und vermitteln Informationen über Vorgänge, Ereignisse und Sachverhalte mit visuellen Mitteln. Aber nicht nur der hauptberufliche Pressefotograf oder Kameramann muss mit der Information des Bildes umgehen können. In Lokalzeitungsredaktionen kommt es nicht selten vor, dass der schreibende Journalist mit dem Fotoapparat ausgerüstet zu einem Termin geschickt wird. Dann sind gestalterische, bildjournalistische Kenntnisse gefragt. Auch der Redakteur, der zugelieferte Bilder auswählt, muss die wichtigsten Merkmale von Pressefotos kennen.

Bildjournalismus

Die bildjournalistischen Darstellungsformen reichen vom Einzelbild als Nachricht, dem Feature-Foto, dem Reportage-Foto bis zur Fotoserie als Reportage. Dabei sollte der Zweck von Fotos bereits vor der Aufnahme klar sein. Vier Zielsetzungen sind möglich: das Foto als Ergänzung einer Nachricht, als Nachricht in sich selbst, als grafisches Element oder als auflockerndes Element mit Unterhaltungscharakter.

Eine bildjournalistische Nachricht kann vieles sein: Besuch einer ausländischen Delegation im Rathaus, Einweihung eines neuen Bauwerks, das Fest zum Stadtjubiläum u.a. Wer sich dabei allein nach dem offiziellen Programm richtet, wird über ein blankes Ablichten des Ereignisses kaum hinauskommen. Erst die Beschäftigung mit dem Thema – die journalistische Recherche im eigentlichen Sinn – ermöglicht es dem Fotografen, den interessanten Aspekt der Veranstaltung zu finden, der die bildjournalistische Nachricht im Foto ausmacht.

Bilder als Nachrichten

Die Bildberichterstattung von dramatischen Ereignissen wie Unfällen, Bränden, den kleineren und größeren Katastrophen gehört mit zu den Aufgaben des Bildjournalisten. Der Fotograf kann in diesen Fällen meist nicht vorausplanen, sondern ist gezwungen zu reagieren. Meistens liefert ihm die Dramatik des Geschehens genügend Motive – oftmals eher zu viele. Beispiele, in denen die Grenzen des Erlaubten aus Sensationsgier überschritten wurden, gibt es unzählige (→ Journalisten und ihr Publikum). Nicht umsonst ist der Begriff »Paparazzo« zu einem Synonym für Pressefotografen geworden. Die tägliche Prise Horror zum Frühstück ist nach wie vor ein beliebtes Mittel des Zeitungs- und Zeitschriftenjournalismus, um die Auflage zu steigern. Wer nicht abseits von Stil, Geschmack und Moral stehen möchte, sollte sich genau überlegen, welche Bilder er seinen Lesern und vor allem den Opfern und Angehörigen zumuten will. Die Verhältnismäßigkeit der journalistischen Ausdrucksmittel sollte gewahrt bleiben.

Feature-Fotos Feature-Fotos sind Fotos, die Unterhaltungswert besitzen, indem sie Personen oder Sachverhalte in einem nachdenklich-beschaulichen oder heiter-ironischen Zusammenhang präsentieren. Sie zeigen eine frappierende Situation, eine Skurrilität, eine ungewöhnliche oder überraschende Ansicht etc. Das können Bilder von der letzten Hitzewelle sein oder vom neugeborenen Giraffenbaby im Zoo. Da sie häufig von der ungewohnten Perspektive leben, dürfen sie ruhig aus dem normalen Rahmen fallen und z. B. extreme Formate nutzen. Patentrezepte für gute Feature-Fotos gibt es nicht. Hier sind Intuition und Fantasie des Fotografen gefordert. Feature-Fotos sind dann gefragt, wenn es gilt, einer abstrakten Nachricht ein anschauliches Element beizufügen.

 Tipp: Zum unverzichtbaren Handwerk des Bildredakteurs gehört die sorgfältige journalistische Recherche. Außerdem muss er die rechtlichen Bestimmungen und ethische Regeln beachten.

Bilder-Serien Bilder-Serien sind die Fortsetzung des Einzelbildes zu einem Thema. In Interviews, bei Vorstellungen von Künstlern, Sportlern oder Politikern oder bei dramatischen Situationen wird diese Darstellungsform gewählt, um den Ablauf zu dokumentieren.

Foto-Reportagen Die Foto-Reportage ist die sicher interessanteste Darstellungsform für den Bildjournalisten. Sie geht über die einfache Ablaufsequenz einer Fotoserie hinaus. Hier wird ein Thema in viele Aspekte zerlegt und fotografisch »eingekreist«. Die Fotos müssen ein Konzept erkennen lassen, die Bildreihe dramaturgisch aufgebaut sein, was aufwändige Vorplanungen und Recherchen notwendig macht.

Wichtig ist für jeden Fotografen daran zu denken, dass die Kamera nur Ausschnitte der Wirklichkeit zeigt. Der Fotograf muss also bewusst mit diesen Ausschnitten arbeiten und das wesentliche Detail eines Ereignisses fotografisch überzeugend gestalten. Erst dann enthält das Foto zusammen mit der Bildunterschrift für den Leser eine spezifische Bildinformation.

»Objektive« Fotos gibt es nicht. Schon die Wahl des Kamerastandpunkts, des Bildausschnitts und der Zeitpunkt des Auslösens sind bewusste gestalterische Eingriffe des Fotografen; die Nachbearbeitung (digital oder im Labor) und die Aufmachung im Blatt kommen noch hinzu. Ein »Dokument der Wirklichkeit« entsteht nur dann, wenn es bewusst und erkennbar journalistisch gestaltet ist. Auf den Zufall kann sich kein Fotograf verlassen. Die Macht der Bilder kann leicht missbraucht werden. Der Nimbus des Wahren, Authentischen, der Fotos immer noch anhaftet, ist fragwürdig. Oft wird ein freundliches Händeschütteln vor den Kameras der Pressefotografen bewusst inszeniert, gerade weil hinter den Kulissen in Wirklichkeit harte Auseinandersetzungen stattfanden. Gestellte Bilder, die der Öffentlichkeit später als echt verkauft werden sollen, machen den schmalen Grat deutlich, auf dem sich das »Dokument« Foto bewegt. Sorgfältige journalistische Recherche gehört deshalb auch zum unverzichtbaren Handwerk des Bildredakteurs (→ Recherche). Was die Seite der Journalisten anbelangt, so ist es sowohl vom gesetzlichen als auch vom ethischen Standpunkt her nicht zulässig, Fotos so nachzubearbeiten, dass sie manipuliert, entstellt oder verfälscht werden.

Bildrechte Das Recht am Bild ist eine der wichtigsten rechtlichen Bestimmungen, auf die der Bildjournalist zu achten hat. Grundsätzlich ist die Veröffentlichung von Fotos lebender Personen zustimmungspflichtig. Eine schriftliche Bestätigung ist nicht zwingend notwendig. Es genügt, wenn dem Betroffenen klar ist, dass das Bild zur Veröffentlichung bestimmt ist. Bilder von Personen des öffentlichen Lebens wie prominente Sportler, Politiker und Künstler, an denen ein öffentliches Interesse besteht, dürfen unter Umständen auch ohne ausdrückliche Einwilligung publiziert werden. Dasselbe gilt, wenn die abgebildeten Personen nur Beiwerk sind, z. B. Publikum bei Sportveranstaltungen oder allen Arten von Versammlungen und Demonstrationen (→ Rechte und Pflichten).

Bildunterschriften Ein Bild ohne Text kommt in der Presse praktisch nicht vor. Selbst wenn die wesentlichen Informationen über das Foto in einem nebenstehenden Artikel gegeben werden, verlangt das Bild nach einer eigenen Bildunterschrift – und sei es nur, um dem Betrachter beim flüchtigen Überfliegen Mindestinformationen zu geben. Außerdem ergeben sich der Sinn und die Bedeutung des Bildes oft erst aus dem Bildtext – der Nachrichtenwert eines Fotos hängt vom dazugehörigen Bildtext ab, das Bild allein lässt zu viele, oft sogar widersprüchliche Bedeutungen zu.

Es ist unsinnig, unter ein Bild, auf dem Angela Merkel und Vladimir Putin abgebildet sind, als Bildunterschrift anzuführen: »Angela Merkel (l.) mit Vladimir Putin.« Der Informationswert einer solchen Bildzeile ist gleich null, denn die meisten Leser kennen die abgebildeten Politiker. Besser ist mitzuteilen, wann, wo, warum und mit welchem Resultat sich die beiden getroffen haben. Bild und Text sollten sich ergänzen und nicht redundante Informationen liefern. Gute Bildunterschriften beantworten in knapper Form die berühmten W-Fragen: Wer/Was/Wo/Wann, vielleicht auch Warum. Ein langweiliger, ungenauer oder gar falscher Bildtext zerstört auch das Foto.

Im Lehrbuch von Heinz Pürer wird empfohlen, bei Bildtexten folgende Tipps zu beachten (vgl. Klinner 1996, S. 303):

- Als Regel gilt: Kein Bild sollte ohne Bildunterschrift abgedruckt werden. Aber nehmen Sie sich zwei Minuten Zeit, bevor Sie zu schreiben beginnen. Betrachten Sie das Bild genau: »Auch wenn Bilder angeblich mehr als tausend Worte sagen, erwartet der Leser die Erläuterung dessen, was er auf dem Bild sieht. Ausgangspunkt für die Legende ist in der Regel der Blickfang im Bild.«
- Illustriert das Bild einen Text, überlegen Sie, ob sich die Bildaussage mit einem interessanten Aspekt des Themas verknüpfen lässt.
- Dominieren Personen das Bild, sollten sie identifiziert oder mindestens angesprochen werden.
- Halten Sie Bildlegenden knapp, aber sagen Sie alles Wesentliche.
- Deklarieren Sie Archivbilder direkt mit dem Textzusatz »Archivbild« oder indirekt durch Ihre Formulierung. Interpretieren Sie Bilder behutsam. Gefragt sind nicht Reflexionen, sondern präzise Informationen.

Schaubilder, Grafiken und Diagramme Neben Fotos gibt es weitere illustrative Formen, die in der Presse durch die ständige Weiterentwicklung elektronischer Redaktionssysteme eine zunehmende Verbreitung gefunden haben: Schaubilder, Grafiken und Diagramme. Diese Formen werden als »Infografiken« bezeichnet. Infografiken visualisieren abstrakte Vorgänge, die in der Regel nicht verständlich sind, wenn man nur ein Abbild des Gegenstandes betrachtet (vgl. Jansen/Scharfe 1999).

Eine Vorreiterrolle bei der Verwendung solcher Formen spielte die Zeitung »USA Today«, die Infografiken zur Veranschaulichung von Sachverhalten konsequent einsetzt. In der Bundesrepublik geht das Nachrichtenmagazin »Focus« ähnlich vor. Dort werden dem Text gleichberechtigt Grafiken und Bilder zur Seite gestellt.

Eine wesentliche Funktion von Infografiken besteht in der Erklärung komplexer Sachverhalte und komplizierter Zusammenhänge, die in journalistischen Texten oft nur schwer prägnant, präzise und verständlich wiedergegeben werden können. Infografiken bieten dem Leser den Vorteil, schnell eine große Informationsdichte zu vermitteln. Zudem fehlt es bei bestimmten Ereignissen an Fotomaterial, oder die Erstellung einer Fotoserie käme zu teuer. In diesen Fällen bieten sich »erklärende« bzw. »erzählende« Infografiken an. Der Einsatz dieser visuellen Darstellungsform ist vor allem geeignet zur Veranschaulichung von Zahlen und Informationen aus den Bereichen Politik, Soziologie, Wirtschaft, Sport, Naturwissenschaften und Wetter. Prinzipiell lässt sich jede erklärende Visualisierung mit einer Wie-Frage verbinden, deren Antwort die Grafik wiedergibt:

- Wie funktioniert etwas?
- Wie ist oder wird etwas zusammengesetzt?
- Wie stehen Einzelsachverhalte miteinander in Beziehung?
- Wie ist etwas aufgebaut oder organisiert?
- Wie ist es zu einem Ereignis gekommen?
- Wie gestaltet sich/wie war der zeitliche Ablauf?

Eine weitere Variante einer Infografik ist das Zahlenbild. Dabei geht es um die schnelle, eindeutige und einprägsame Art der Informationsvermittlung von Zahlenmaterial – meist statistischen Ursprungs. Solche Zahlenbilder können Stab-, Balken-, Säulen-, Flächen-, Kurven- oder Kreisdiagramme sein, die von den gängigen Computer-Grafikprogrammen produziert werden.

Zahlenbilder

> **Tipp:** In der Presse sollten Infografiken folgenden Anforderungen entsprechen:
>
> - Aktuell sein oder einen thematischen Bezug zu einem textlichen Beitrag besitzen;
> - gut recherchiert sein, um alle relevanten Informationen zu berücksichtigen und auf den Punkt bringen zu können. Sie sollten möglichst selbsterklärend gestaltet sein, d. h., keine überlangen Erklärungen im Bildtext notwendig machen;
> - alle Informationen richtig wiedergeben;
> - grafisch klar und übersichtlich aufgebaut sein, um die Informationen schnell transportieren zu können;
> - den Leser durch seinen grafischen Stil ansprechen und seine Aufmerksamkeit für das dargestellte Thema wecken.

Auch hier steht der Leser im Vordergrund: Er ist es, der letztendlich einer Grafik schnell und problemlos Informationen entnehmen und sie verstehen soll. Dementsprechend sind Infografiken *keine* Plattform, die Grafiker und Journalisten nutzen könnten, um möglichst viele grafische Spielereien und Gags vorzuführen. Der Verständlichkeit willen gilt auch hier: Weniger ist mehr. Formell muss außerdem unbedingt beachtet werden, dass jede Grafik eine Überschrift braucht und dass Datenquellen und Autor grundsätzlich genannt werden müssen.

In Deutschland findet man bisher nur bei wenigen Zeitungen selbst erstellte Grafiken. Diese Besonderheit führt dazu, dass auf dem Zuliefermarkt zahlreiche Infografikanbieter zueinander in Konkurrenz treten. Der wohl bekannteste deutsche Infografikanbieter ist der Globus-Kartendienst, der eine hundertprozentige Tochter der Deutschen Presse-Agentur (dpa) ist.

11.1   Im Bilde sein und überraschen

Ruth Eichhorn
Geschäftsführende Redakteurin von »GEO«, Hamburg

Am Anfang ist immer der Fotograf. Er macht die Bilder. Zu Hause sichtet er seine Ausbeute und wählt die besten Fotos aus. Seine Auswahl geht an den Auftraggeber; zum Beispiel eine Fotoagentur. Die selektiert wiederum, verwirft, was sie für nicht verkaufbar hält und bietet die Bilder einer Zeitschrift an. Dort suchen zunächst der Bildredakteur oder die Bildredakteurin aus und dann auch die Grafik. Zum Schluss entscheidet der Chefredakteur mit, bis einige Bilder in der Zeitschrift gedruckt werden und dann endlich den Leser, den Endbetrachter, erreichen. Wer genau hat diese Bilder ausgesucht? Es sind in jedem Fall viele Augen, die ein Foto nach unterschiedlichen Kriterien beurteilen: Ob es schön ist, ob es wichtige Inhalte vermitteln, ob es gut gestaltet ist, ob seine Farbigkeit zu dem Bild daneben passt, ob es einer Geschichte einen zusätzlichen Aspekt verleiht, ob die Qualität gut genug ist, um es zu drucken usw.

Was sind gute Bilder? Bilder zu beurteilen ist ein kompliziertes Gebiet – weil es so einfach ist. Jeder, der sehen kann, kann ein Bild subjektiv erfassen und urteilen, ob er es gut findet oder nicht. Trotzdem gibt es viele wissenschaftliche Abhandlungen und dicke Bücher über Sehverhalten und Fotografie. Eine Grundregel lautet: Die Ästhetik des Bildausschnitts und die Bildkomposition müssen den Inhalt in besonderer Weise transportieren. Das Wort Ästhetik wurde abgeleitet von dem griechischen Wort »aisthesis« und bedeutet so viel wie Sinneswahrnehmung. Da Bilder vom Sehsinn verstanden werden, ist die Rolle, die sie bei der Erkenntnis der Wirklichkeit spielen, ein Thema der Ästhetik. Wir Menschen sind in erster Linie wahrnehmende und damit ästhetische Wesen. Der sinnlich vermittelte – also ästhetische – Umgang mit dem Bild steht unter dem Einfluss der Neugierde. Wir sind positiv gestimmt, sobald wir etwas erkennen, das sich in unseren Erfahrungsschatz einordnen lässt. Das heißt, die Wahrnehmung holt nach innen, was außen existiert. Ein Betrachter macht die Bilder, die von außen auf ihn einwirken, zu inneren Bildern seiner Vorstellung, um sie sich in dieser Form – als Erinnerung – anzueignen.

Millionen von Menschen halten die Bilder des Fernsehens und der Fotografie in Zeitschriften für das wirkliche Leben. Nicht nur Stars von Bühne und Film, aus Politik und Öffentlichkeit, sondern auch Zeitereignisse leben in erster Linie als Fotos. Auf Bildern können wir die Realität in ihren uns nahegebrachten und scharfen Ausschnitten genauer betrachten als im Alltag, im Stress, selbst auf Reisen. Die Zeit fließt ständig und gleichmäßig dahin. Die Fotografie gibt uns die Möglichkeit, das zu vergessen. Sie hält die Zeit an und erlaubt uns, Personen, Landschaften, Ereignisse in Ruhe zu betrachten und zu verstehen. Jedes Bild kann von späteren Generationen neu gelesen werden, weil es mehr zeigt, als der Fotograf gesehen hat. Seine Dechiffrierung passiert immer aufs Neue den Filter der Kultur.

Fotografie ist, meiner Meinung nach, das entscheidende Bildmittel, durch das unsere Epoche sich sehen und begreifen kann. Was aber ist ein gutes Bild? Dieser Frage sind wir in einem »GEO«-Heft zum Thema Fotografie nachgegangen, indem wir fünfzehn Experten ein Bild von Martin Parr vorlegten, das einen sehr eigenwilligen Bildausschnitt einer Strandszene zeigt (vgl. Abb. 30). Es war zu sehen: Ein abgeschnittener Kopf, eine angeschnittene Person, eine überrascht und unattraktiv in die Kamera schauende Mutter, ein vollgemüllter Strand. Ein Bild ohne Fluchtlinien, mit nichts, an dem das Auge sich festhalten konnte – es war chaotisch und widersprach allen Regeln. Trotzdem ist Martin Parr ein bekannter Fotograf. »Er hat einen Stil, das heißt, er wiederholt sich in immer neuen Varianten«, urteilte einer der Experten, der mit Martin Parrs Bildern vertraut war. Nur ein Experte wagte es, das Bild rundherum für misslungen zu erklären. Vielleicht weil er den Namen Martin Parr noch nie gehört und somit das Werk dahinter nicht sehen konnte; oder er war einfach nur mutig. »Ein gutes Foto ist ein gutes Foto. Es muss Geist und Sinn wecken. Es kann verblüffen, Gefühle hervorrufen, Geräusche und Gerüche aufkommen lassen. Es schafft Wut oder Vergnügen. Eine magische Mixtur aus Form, Inhalt, Kontext und Gefühlen, die bestimmt wird durch die persönliche Geschichte des Betrachters«, schrieb ein anderer Experte.

Also noch einmal: Wer prägt zeitgenössische Fotografie, wer sagt uns, was »gut« ist in diesem Genre? 1997 erschien ein Buch mit dem Titel »Contemporary German Photography«. Dort wurde abgerechnet mit jener Fotografie, die den »entscheidenden Augenblick« einfängt. Jenen Moment, den der berühmteste Vertreter der Zunft, Henry Cartier-Bresson, bis zu seinem Tod im Jahr 2004 mit der Bemerkung verteidigte, dass der Zufall der beste Regisseur sei. Um etwas Neues zu sagen, muss man sich aber – suggeriert es das genannte Buch – möglichst weit entfernen von dem, was bereits gesagt wurde. Weit weg von dem entscheidenden Augenblick, hin zur Verachtung der Gunst des Momentes. Ein verzweifelter Versuch einer Generation, eine eigene Stimme zu finden? In dieser Phase, die von einigen als die »neue deutsche Belanglosigkeit« belächelt wurde, wurde sehr viel optischer Unrat produziert und gedruckt. Eine Generation suchte die Sensation im Alltag und wollte sich dem kommerziellen Zwang der Medien entziehen, der angeblich nach aggressiver Bekenntnissucht verlangt. Die neue Generation war mit bedeutungsschweren Bildern aufgewachsen und davon entweder gelangweilt oder eingeschüchtert. Eine wirtschaftlich versorgte Generation, die sich keinen Zwängen unterordnen musste und es sich leisten konnte, bunt gekachelte Badezimmerwände zu fotografieren, sie »die vier Jahreszeiten« zu nennen und dafür einen Nachwuchspreis zu bekommen. Die Frucht des freien Blicks.

Abb. 30: Strandszene, fotografiert von Martin Parr

Quelle: Martin Parr/Magnum/Agentur Focus

Lernen durch Bilder Einige Zeitschriften hatten diese Fotografie eingesetzt, weil sie ein junges Sehverhalten wiedergab, und sie hatten damit dann auch einige »visual lead awards« gewonnen. Heute begreift man, dass diese Fotografie niemandem im Gedächtnis bleibt und insofern nur illustrativ in Zeitschriften einsetzbar ist. Der normale Leser, der Endbetrachter, der einige Euro auf den Tisch des Kiosks legt, möchte für sein Geld kein elitäres Sehverhalten erproben; er möchte vielmehr Magie und Euphorie. Er möchte Fröhlichkeit, Liebe, Spontaneität, Natürlichkeit, intensives Erleben und Miterleben. Er möchte etwas Neues lernen.

Lernen durch Bilder. Diese wichtige Erfahrung wird von den meisten Zeitschriften unterschätzt. Das Wort »Schmuckbild« in Zeitungen existiert erstaunlicherweise immer noch, obwohl eigentlich auch dort die Wichtigkeit des journalistischen Bildes mittlerweile angekommen sein müsste.

Wissen vermitteln über Bilder Fotojournalismus findet in deutschen Zeitungen so gut wie nicht statt. Die wenigen Fotografen, die bei deutschen Zeitungen angestellt sind, müssen am Tag sechs oder mehr Termine wahrnehmen, und selbst wenn sie originell sind, wird von den Redakteuren am Ende meist jenes Bild ausgesucht, auf dem der Bürgermeister dem Supermarktbesitzer zur Eröffnung einer neuen Filiale die Hand schüttelt.

»GEO« hat einst eine Studie in Auftrag gegeben, um eine Art Psychogramm des »GEO«-Lesers erstellen zu lassen. Ergebnis: Wissensdurst ist das Hauptmotiv zum Kauf des Heftes. »GEO«-Leser wollen Wissen und möchten sich permanent weiterbilden. Die Vermittlung von Wissen über das Bild ist dabei besonders wichtig. In der Studie fielen Sätze wie »Am Ende der Lektüre bleiben die Bilder hängen und vermitteln das Gefühl, jetzt einfach mehr zu wissen«. Oder »Ich kann mir das durch die Vermittlung des Bildes besser vorstellen«.

»Noch niemals hat eine Zeit so gut über sich Bescheid gewusst, wenn Bescheid wissen heißt: Ein Bild von den Dingen haben, das ihnen – im Sinne der Fotografie – ähnlich ist«, schrieb der Kulturphilosoph Siegfried Kracauer bereits 1927.

Besonders in den letzten Jahren wurde der visuelle Zugang zu bislang unsichtbaren Dingen in der Wissenschaft vorangetrieben und lenkte einige Zeitschriften auf ein neues, faszinierendes Gebiet. Vielfältige neue Verfahren bereichern das Feld: Thermografie, Computersimulation, Hochgeschwindigkeitsfotografie, Enzephalografie, Sonografie, Hochleistungsteleskope, Satellitenkameras, Tunnel-Elektronenmikroskope, Positronen-Emissions-Tomografien usw. usw. Es heißt, dass viele Forscher die Natur vor allem deshalb ergründen, weil sie das Gefühl haben, dabei auf Schönheit zu stoßen und daran Freude haben, Schönheit zu finden. Wäre die Natur nicht so schön, wäre es nicht der Mühe wert, sie kennen zu lernen.
Visueller Zugang zu Unsichtbarem

Wir, die Nichtwissenschaftler, die normalen Leser, brauchen diese Bilder zur Begriffsbildung, zum Staunen und zum Verstehen der Zusammenhänge. Für uns müssen die Ergebnisse und Inhalte der Forschung so aufbereitet werden, dass sie vorstellbar und Teil unseres Lebens werden.

Leider befinden wir uns auf diesem Gebiet momentan in einer Sackgasse. Es mangelt nicht an interessanten Neuigkeiten aus der Wissenschaft, jedoch finden sie immer mehr im virtuellen Raum statt. Zahlen, Daten, Zellen – alles wird am Computerbildschirm analysiert. Marker auf einem Genom, die eine Krankheit wie Brustkrebs kennzeichnen, sehen genauso aus wie jene, die die Gefahr aufzeigen, irgendwann im Leben einmal die Alzheimer-Krankheit zu bekommen. Bildgebende Darstellungen in der Wissenschaft bringen zurzeit keine erklärenden und vor allem keine sinnlichen Neuigkeiten. Haben wir schon alles gesehen? Es gibt Fotos von der DNA und von einem Atom, es gibt Fotos von einem Hirn, das denkt und von einem, das liest.

Das Aussehen, die optische Präsentation von »GEO« wird leider – aus der Sicht der Bildredaktion – nicht primär durch die Fotografie definiert, sondern ist Zwängen unterstellt, die von bestimmten Themen und Textinhalten ausgehen. Sicher käme kein Bildredakteur auf die Idee, eine Geschichte über Placebos anzubieten oder über das Nichts.

Wenn aber dennoch Themen dieser Art visualisiert werden sollen, mit denen man keinen Fotografen beauftragen kann, dann heißt es suchen, suchen, suchen. Tausende von Bildern anschauen, sein Hirn danach zu durchforsten, wo man
Auswahl aus der Masse

schon mal etwas Brauchbares gesehen hat, das eine zündende Idee auslöst. Für solche Geschichten, die nicht in Auftrag gegeben werden, schaut der/die Bildredakteur/in sich bis zu 10.000 Bilder an. 80 landen in der Grafik und 20 davon werden im Heft gedruckt.

Die Bildredaktion selektiert aus der schier unüberschaubaren Masse an Fotos jene, die jetzt und für eine bestimmte Geschichte Sinn machen. Und das Angebot der Bilder, die z. B. im Internet leichter zugänglich werden, wächst dynamisch an. Es gibt einen Photo Agency Guide nur für englische und amerikanische Bildagenturen. Darin sind allein 250 Bildquellen verzeichnet. Hinzu kommt, dass inzwischen fast jeder Fotograf eine Webseite hat. Die ist hilfreich, um sich die Arbeitsweise eines Fotografen, den man nicht so häufig einsetzt, in Erinnerung zu rufen. Aber man sieht dort auch nach, wenn man weiß, dass dieser Fotograf in bestimmten Gebieten gearbeitet hat, die gerade zu dem Thema passen könnten, an dem in der Redaktion gearbeitet wird.

Für ein Heft wie »GEO« muss man ständig auf Talentschau sein, das heißt allerdings nicht, dass man sich ausschließlich unter den Diplomanten der Kunsthochschulen umschaut, um die Gewinner der Nachwuchswettbewerbe zu beauftragen. Es ist leider viel komplizierter. »GEO« hat wohl den höchsten Anspruch an die fotografierte Reportage, nicht ohne Grund wurde es in einem renommierten Wettbewerb in den USA für »Best Use of Photography in a Magazine« ausgezeichnet. Die beste Nutzung der Fotografie in einem Magazin bedeutet nicht einfach, dass immer das beste Bild ausgesucht wird, darüber kann man – und das tun wir auch – heftig streiten. Es bedeutet mehr die ständige Gratwanderung, den richtigen Fotografen für die richtige Geschichte einzusetzen, um das Heft visuell überraschend und spannend zu halten. Bei jeder Auftragsvergabe hat der/die Bildredakteur/in eine Vision von der fertigen Geschichte. Wenn man sich also die unsichtbare Geschichte vorstellt, muss eine gewisse Aufregung mitschwingen. Nichts wäre schlimmer, als dass man bei seiner eigenen Vision schon gelangweilt ist. Man möchte seine Vision erfüllt sehen, aber dennoch überrascht werden – und zwar positiv.

»GEO« möchte jeden Monat überraschen. Das Heft erfindet sich mit jeder Ausgabe immer wieder neu, nur so kann es auf einen sich ständig verändernden Markt reagieren und erfolgreich sein.

11.2   Gespür für den richtigen Moment

Jan Leidicke
Geschäftsführer des Keystone Pressedienstes, Hamburg

Der Markt der Pressefotografien ist heute einer der am härtesten umkämpften Märkte innerhalb des Journalismus – nicht nur weil sich jeder ambitionierte Amateur, mit einer Kamera bewaffnet, »Bildjournalist« nennen kann und durchaus in der Lage ist, brauchbares Bildmaterial abzuliefern, sondern auch wegen einer unglaublichen Menge von Berufsfotografen, die alle ein nahezu identisches Bild derselben Pressekonferenz an den gleichen Kundenmarkt verkaufen wollen. Leider drückt dieses Überangebot an Fotografen auf die zu erzielenden Fotohonorare und beschränkt dadurch die Entwicklungsmöglichkeiten derjenigen, die sich mit dem Fotografieren ihren Lebensunterhalt verdienen müssen und für den Beruf des Bildjournalisten auch das nötige Talent mitbringen. Es ist für den Redakteur eines Lokalblattes (und leider nicht nur für den) eben günstiger, einen Amateur für 7,50 Euro (siebenfünfzig!) Fotohonorar zum Jahrestreffen des örtlichen Schützenvereins zu schicken als für 30 Euro oder mehr einen Profi zu engagieren.

Aber auch die totale Fehleinschätzung des eigenen Könnens verleitet oft viele Berufsanfänger dazu, sich im Fotojournalismus zu versuchen. Einige gelungene Urlaubsfotos qualifizieren eben noch nicht per se zum Pressefotografen. Die tägliche Masse austauschbarer und gesichtsloser Fotografien in unseren Zeitungen und Zeitschriften sprechen da eine sehr deutliche Sprache. Doch möchte ich an dieser Stelle nicht den Untergang des fotografischen Abendlandes beweinen, sondern einige Hinweise darauf geben, mit welchen Mitteln man sich auch heute noch auf dem überfüllten Markt der Pressefotografen durchsetzen kann.

Die Anforderungen, die an ein Pressefoto – und somit auch an den Fotografen – gestellt werden, ändern sich naturgemäß mit ihrem Verwendungszweck. Im Wesentlichen kann man drei Bereiche der Pressefotografie unterscheiden: die Arbeit für Tageszeitungen, die für Agenturen und die für Magazine. Tageszeitungs- und Agenturfotografen bedienen beide eine Klientel, bei der höchste Aktualität mit einer geringen Anzahl von verwendeten Fotos zusammenkommt. Es ist Aufgabe des Fotografen, möglichst schnell ein stark verdichtetes Bild des Geschehens zu erfassen und prompt abzuliefern. Ein Foto, zu dem Sie dem Redakteur erklären müssen, was er darauf nicht sehen kann, werden Sie mit Sicherheit nicht verkaufen können; Sie glauben gar nicht, wie häufig das leider vorkommt. All das erfordert eine schnelle Auffassungsgabe und eine starke Durchsetzungsfähigkeit vor Ort, kombiniert mit einer guten Logistik. Die Fotos sollen ja auch schnell und rechtzeitig in der Redaktion sein.

Mit der Umstellung vom analogen zum digitalen Bild und der damit verbundenen elektronischen Bildübertragung hat sich noch eine weitere Notwendigkeit ergeben: Ich nenne es das thumbnail-gerechte Fotografieren. Aktuell in einer Bildredaktion einlaufende Fotos werden in der Regel mit einem Bildbrowser gesichtet (das Gleiche gilt später auch für Bilddatenbanken). Die Fotos werden dort nur wenige Zentimeter groß dargestellt (so genannte Thumbnails) und verbleiben oft nur für kurze Zeit auf dem Monitor, bevor sie von den nächsten Bildern verdrängt werden. »Gewonnen« hat im Zweifelsfall das Foto, bei dem der Redakteur auch unter Zeitdruck mit einem flüchtigen Blick erkennen kann, worum es geht. Diese Art des Fotografierens stellt neue Anforderungen an die Ästhetik und den Bildaufbau. Die Bilder müssen plakativer wirken als Fotos,

Tageszeitungs- und Agenturfotografen

die dem Kunden als Print oder Dia vorgelegt werden. Für feine Details ist häufig kein Platz mehr.

Nur um Ihnen einen Eindruck vom Massenmarkt Pressefotografie in Zahlen zu vermitteln: In einer Zeitungsredaktion laufen an einem Arbeitstag ca. 2.000 Fotos über den Monitor. Das sind alle 14 Sekunden ein neues Bild. Bei Topereignissen noch mehr. Allein vom Anschlag auf das World Trade Center wurden innerhalb von knapp zwei Tagen ca. 10.000 Fotos angeboten.

Trotz Aktualitätsdruck haben viele Zeitungen und Agenturen einen eigenen Stil der Bebilderung entwickelt, auf den Sie sich einstellen sollten. So erhält die Titulierung »gutes Foto« eine sehr unterschiedliche Wertigkeit. Ist bei vielen Boulevardblättern das Cappa-Zitat »Ist das Foto nicht gut, warst Du nicht nahe genug dran« oberstes Credo der Bildberichterstattung, so ist bei Zeitungen und Zeitschriften mit eher intellektuellem Anspruch oft ein weniger drastischer Bildinhalt gefragt.

Arbeiten Sie im Auftrag, so haben Sie schon im Vorweg die Möglichkeit (besser die Pflicht), mit dem zuständigen Redakteur das gewünschte Ergebnis zu besprechen: sei es inhaltlich, formal oder vom Umfang her. Als Freelancer sollten Sie sich schon zu Beginn Ihrer Planung überlegen, wem Sie später Ihre Fotos anbieten möchten, um dementsprechend zu fotografieren (für alle, die es noch nicht gemerkt haben: In diesem Absatz geht's ums Geschäft, nicht um Ethik). Bei aller kreativer Freiheit, die einen Fotografen auszeichnet, sollten Sie niemals vergessen, dass die Arbeit eines Bildjournalisten viel mit der eines Dienstleisters gemein hat. Pünktlichkeit und Zuverlässigkeit sind durchaus keine Sekundär-, sondern Primärtugenden. Ihrem Kunden ist es meistens vollkommen egal, aus welchem Grund Sie keine vernünftigen Bilder liefern konnten. Er erwartet einfach, dass der für Fotos eingeplante Platz im Blatt nicht weiß bleibt. Verspätet gelieferte Bilder verursachen enorme Kosten. Wenn Sie sich unbeliebt machen möchten, brauchen Sie nur ein- oder zweimal den Redaktionsschluss zu verpassen, und Sie haben beste Chancen, sich nach einem neuen Auftraggeber umsehen zu können.

Magazinfotografen Als Magazinfotograf haben Sie oft (nicht immer) deutlich mehr Zeit zur Umsetzung Ihrer Bildideen. Auch der Umfang der gedruckten Geschichte ist in der Regel größer. Innerhalb einer Fotoreportage ist es für den Fotografen einfacher, eigene Elemente seiner persönlichen Bildsprache einfließen zu lassen. Aber auch hier ist die Orientierung an den Wünschen des Auftraggebers ein wichtiger Meilenstein auf dem Weg zum kommerziellen Erfolg. Allerdings muss an dieser Stelle auch erwähnt werden, dass die Chance, heute von einem Magazin für eine komplette Geschichte gebucht zu werden, für einen jungen Fotografen knapp oberhalb der eines Lottogewinns steht. Der Markt für Reportagen ist minimal, die große Fotoreportage im Auftrag eines Magazins findet in Deutschland praktisch nicht mehr statt.

Für den Betrachter ist ein Foto dann interessant oder »gut«, wenn er die Information, mehr aber noch die Emotionen, die das Bild vermittelt, sofort erfassen kann. Die Verweildauer des Blickes eines Zeitungslesers auf einem Foto beträgt selten länger als eine Sekunde. Je klarer Ihr Foto aufgebaut ist, desto größer ist die Chance, dass das Bild im Gedächtnis bleibt.

Die hervorragendsten Bildjournalisten zeichnen und zeichneten sich durch das untrügliche Gespür für den »richtigen« Moment aus. Den Moment, der den Betrachter des Bildes hinter die Fassade des Geschehens schauen lässt, ihm einen Eindruck von dem vermittelt, was das Bild eigentlich nicht mehr zeigen kann: den Sekundenbruchteil, der Sieg oder Niederlage ausdrückt, den Blick, der mehr sagt als 1.000 Worte. Diese Fotos erreicht man oft zufällig, öfter aber noch durch das bewusste Beobachten seiner Umgebung, die Fähigkeit, die nächste Situation vorherzusehen und nicht den Geschehnissen hinterherzufotografieren. Das Foto entsteht im Idealfall schon Sekundenbruchteile, bevor der Auslöser gedrückt wird, im Kopf des Fotografen.

Nun hat nicht jeder einen Eisenstaedt, Cappa oder Weegee zum Vorbild, doch auch in anderen Bereichen der Pressefotografie lassen sich Emotionen hervorrufen, z. B. wenn dem Betrachter ungewohnte Sehweisen oder Ausdrucksformen geboten werden. Diese Emotionen gehen dann aber mehr vom Bild selbst aus als von der Geschichte, die das Bild erzählt. Eine gewisse Vorsicht sollte aber geboten sein, da ein Zuviel hiervon zur reinen Effekthascherei verkommen kann. In jedem Bild sollte immer der klare Bezug zum Ereignis sichtbar sein.

12 Sonstige Formen

Das Arsenal der Darstellungsformen im Journalismus wird immer vielfältiger. Die journalistischen Grundformen werden ergänzt durch neue Darstellungsweisen und vor allem Mischformen. Schließlich wollen sich die Redaktionen nicht nur über die Themen, sondern auch über die Art und Weise der Darstellung vor ihrem Publikum profilieren. Die Aufgliederung des Mediensystems und vor allem das Internet ($\rightarrow$ Online-Journalismus) haben den Variantenreichtum der Darstellungsformen enorm erhöht. Exemplarisch werden daher im Folgenden kurz noch die Diskussion und andere fantasiebetonte Formen vorgestellt.

Diskussionen oder Rundgespräche sind eine typische Darstellungsform der elektronischen Medien. Sie werden nur selten in der Presse verwendet bzw. als Diskussionen dokumentiert, sondern in anderen Darstellungsformen wiedergegeben (z. B. in einem Bericht). Das für eine Diskussion gewählte Thema sollte kontrovers sein, damit die unterschiedlichen Meinungen zu einer bestimmten Thematik aufscheinen. Deshalb sind die Auswahl der Diskussionsteilnehmer und deren rhetorische Fähigkeiten für einen lebhaften und kontroversen Gesprächsverlauf entscheidend. Zu einer Diskussion über Löhne in Deutschland sollten beispielsweise Vertreter der unterschiedlichen Interessenlagen eingeladen werden: etwa

Diskussionen

ein Repräsentant der Unternehmer, ein Vertreter der Gewerkschaften, ein Politiker und ein »normaler Durchschnittsangestellter«.

Es kommt in einer Diskussion nicht darauf an, sachliche Einigung unter den Diskussionspartnern zu erzielen; vielmehr sollen die Hörer oder Seher die Möglichkeit erhalten, sich in den zum Ausdruck gebrachten Meinungen wiederzufinden oder sich eine eigene Meinung zu bilden. Der Diskussionsleiter gibt nicht seine eigene Meinung zum Besten, sondern steuert und lenkt das Gespräch als neutraler Moderator: Er leitet die Diskussion ein, gibt Thema und Ablauf vor und führt in die Zusammenhänge ein. Während der Diskussion muss er darauf achten, dass die Runde nicht zu sehr vom Thema abkommt. Er hakt nach, wenn sich Teilnehmer um Stellungnahmen drücken oder sich nicht festlegen wollen. Er zieht Zwischenresümees, vertieft Aspekte, greift Argumente auf und spricht neue Punkte an, die nicht von den Teilnehmern aufgeworfen wurden. Der Diskussionsleiter muss schon vor der Sendung ein Konzept haben, welche Themenkreise innerhalb eines Generalthemas zur Sprache kommen sollen. Durch seine Überleitungen greift er diese Themenkreise in der Diskussion auf und achtet darauf, dass einzelne Punkte nicht zu lange diskutiert werden, wobei die Gefahr besteht, dass die Argumente sich wiederholen und die Diskussion sich im Kreis dreht. Am Ende der Diskussion fasst er deren Verlauf und die wichtigsten Aussagen kurz zusammen und schlägt den Bogen zum Generalthema.

Der Moderator muss sich nicht nur auf das Thema gut vorbereiten, sondern auch auf die Diskussionsteilnehmer und deren Eigenarten – soweit das möglich ist. Nur so ist gewährleistet, dass er das Gespräch immer in der Hand hat und souverän bleibt. Gute Moderatoren lassen sich auch in noch so hitzigen Debatten nicht in einen tobenden Streit hineinziehen. Ebenso müssen sie sich davor hüten, sich von einer Seite argumentativ vereinnahmen zu lassen.

Im Unterschied zum Hörfunk erlebt der Zuschauer einer Fernsehdiskussion die Diskutierenden ganzheitlich: mit Mienenspiel und Körpersprache, mit Reaktionen auf Äußerungen anderer Teilnehmer. Der Zuschauer prägt sich die Teilnehmer, die über das Bild und den eingeblendeten Namen vermittelt werden, in der Regel schnell ein. Im Hörfunk sollte der Diskussionsleiter die einzelnen Teilnehmer mit Namen ansprechen, damit der Hörer die Stimme mit dem jeweiligen Namen verbinden kann.

Fantasiebetonte Darstellungsformen

Zu den fantasiebetonten Formen, die sich der Sprache als Gestaltungsmittel bedienen, gehört das Feuilleton. Feuilleton wird als Begriff sowohl für das Kulturressort einer Zeitung (→ Themen und Ressorts in den Medien) als auch für die journalistische Darstellungsform »Feuilleton« verwendet, von der hier die Rede ist. Das Feuilleton als Darstellungsform schildert in betont persönlicher Weise die Kleinigkeiten und Nebensächlichkeiten des Lebens und versucht, ihnen eine menschlich bewegende, erbauende Seite abzugewinnen. Der feuilletonistische Sprachstil ist literarisch, im Plauderton oder auch humorvoll gehalten. Er geht von Einzelheiten oder Kleinigkeiten aus und unterzieht sie einer subjektiven, persönlichen Betrachtung, die zum Allgemeinen führt. Das Feuilleton kann durch Übertreibung des Artifiziellen und durch blumige Umschreibung von der Sache ablenken.

Weitere sprachliche, fantasiebetonte Formen sind Kurzgeschichten und Fortsetzungsromane. Diese Stilformen sollen in der Presse eine Unterhaltungsfunktion erfüllen, spielen allerdings seit dem Aufkommen des Fernsehens eine schwindende Rolle. Im Rundfunk gibt es überdies die Hör- und Fernsehspiele, die neben der Sprache zusätzlich auf optische und akustische Gestaltungsmittel zurückgreifen.

Ein Essay nimmt eine gewisse Sonderstellung in der Klassifikation der Stilformen ein. Obwohl er als urteilende Darstellungsform eingeordnet ist, ist er auch dem Feuilleton ähnlich. Beide bedienen sich eher literarischer als journalistischer Stilformen. Ein Essay ist ein kürzeres, in sich geschlossenes Prosastück, das den Leser mit allen Seiten eines Themas bekannt macht. Der Gegenstand eines Essays wird in literarisch anspruchsvoller Form kritisch von vielen Seiten beleuchtet. Der Autor des Essays verfährt dabei gerne assoziativ und anschauungsbildend, er unterhält seinen fiktiven Partner, den Leser oder Hörer im geistigen Gespräch und versucht, dessen Bildung, Denken und Fantasie erlebnishaft einzusetzen. **Essays**

Ein Essay verbindet fantasie- und meinungsbetonte Darstellungsformen. Sowohl Feuilleton als auch Essay können zum Tummelplatz »abgehobener Sprachkünstler« werden. Darunter leidet die Verständlichkeit. Das Anliegen des Autors geht dann meist am Publikum vorbei. Gerade der literarische Sprachstil sollte die Forderung nach allgemeiner Verständlichkeit einlösen und nicht als Spielwiese intellektueller Eitelkeiten der Autoren dienen.

Literatur

Bloom-Schinnerl, Margareta: Der gebaute Beitrag. Ein Leitfaden für Radiojournalisten. Konstanz 2002.
Dieses Buch beschreibt die Gestaltung eines gebauten Radio-Beitrags von der Idee über die handwerklichen Regeln bis zur Produktion im Studio.

Egli von Matt, Sylvia/von Peschke, Hans-Peter/Riniker, Paul: Das Porträt. Konstanz 2003.
Das Buch bietet praktische Anleitungen zur Vorrecherche, zur Vorbereitung des Porträtgesprächs und zur Verarbeitung in den Medien. Medienspezifische Unterschiede werden aufgezeigt und die historische Entwicklung des Porträts dargestellt.

Fey, Ulrich/Schlüter, Hans-Joachim: Reportagen schreiben. Von der Idee bis zum fertigen Text. Berlin 2006.
Dieses Handbuch gibt Tipps zur Recherche, bietet Hilfen, den roten Faden und den Einstieg zu finden und zeigt Wege auf, Leser gleichzeitig zu informieren und zu unterhalten.

Haller, Michael: Das Interview. Ein Handbuch für Journalisten. 3., überarbeitete Auflage, Konstanz 2001.
Einführung in die verschiedenen Interviewformen, nützliche Tipps zur Interviewvorbereitung und zur Interviewsituation.

Haller, Michael: Die Reportage. 5., überarbeitete Auflage, Konstanz 2006.
Viele Tipps für das Schreiben einer Reportage, ergänzt durch Übungstexte.

Häusermann, Jürg: Journalistisches Texten. Sprachliche Grundlagen für professionelles Informieren. 2., aktualisierte Auflage, Konstanz 2005.
Stil- und Schreibwerkstatt für Journalisten mit vielen Handlungsanleitungen für die Praxis.

Hoppe, Anja Maria. Glossenschreiben. Wiesbaden 2000.
Ein Leitfaden zu Strategien und Schreibtechniken, der Ratschläge zum Aufbau, zur Themenwahl, zur Glossenidee, zur Konstruktion und zu den satirischen Stilmitteln gibt.

La Roche, Walther von: Einführung in den praktischen Journalismus. Mit genauer Beschreibung aller Ausbildungswege Deutschland Österreich Schweiz. 17., völlig neu bearbeitete Auflage, Berlin 2006.
Eine Einführung in die Grundlagen journalistischer Arbeit, die allen Medien gemeinsam sind: vom richtigen Recherchieren bis zum sauberen Formulieren. Mit vielen Tipps und Beispielen für die praktische Arbeit.

La Roche, Walther von/Buchholz, Axel (Hg.): Radio-Journalismus. Ein Handbuch für Ausbildung und Praxis im Hörfunk. 8., völlig neu bearbeitete Auflage, Berlin 2004.
Eine Fülle von hilfreichen Tipps von Praktikern für die Praxis.

Ordolff, Martin: Fernsehjournalismus. Konstanz 2005.
Umfassende Einführung in die Grundlagen und Darstellungsformen des Fernsehjournalismus mit vielen Detailschilderungen und Praxiswissen.

Pürer, Heinz/Rahofer, Meinrad/Reitan, Claus (Hg.): Praktischer Journalismus. Presse, Radio, Fernsehen, Online. 5., völlig neu bearbeitete Auflage, Konstanz 2004.
Die Spezifika der journalistischen Darstellungsformen bei Zeitung, Hörfunk und Fernsehen werden in verständlicher, an der Praxis orientierter Form dargestellt. Inklusive CD-ROM mit Beispielen.

Rossig, Julian J.: Fotojournalismus. 2., überarbeitete Auflage, Konstanz 2007.
Breite Einführung in den praktischen Fotojournalismus, die technische, handwerkliche, künstlerische und juristische Aspekte abdeckt.

Sachsse, Rolf: Bildjournalismus heute. Beruf, Ausbildung, Praxis. Berlin 2003.
Ein Leitfaden für Menschen, die haupt- oder nebenberuflich im Bildjournalismus arbeiten wollen. Das Buch beschreibt die bildjournalistischen Darstellungsformen und stellt dar, wie ein Bild eine Geschichte erzählen kann.

Schalkowski, Edmund: Rezension und Kritik. Konstanz 2005.
Der Autor führt in die Grundbegriffe der Kunstkritik ein. In einem umfangreichen Praxisteil erläutern Kritiker aus den Genres Theater, Literatur, Musik, Tanz, Kunst, Film, Fotografie, Architektur und Design, wie sie Texte schreiben und geben Tipps.

Schult, Gerhard/Buchholz, Axel (Hg.): Fernseh-Journalismus. Ein Handbuch für Ausbildung und Praxis. 7., aktualisierte Auflage, Berlin 2006.
Das Handbuch für Fernsehjournalisten gibt Einblick in die Arbeitsfelder des Fernsehens.

Witzke, Bodo/Rothaus, Ulli: Die Fernsehreportage. Konstanz 2003.
Zwei erfahrene Fernsehjournalisten beschreiben die Elemente, die eine gute Fernsehreportage ausmachen.

Wolff, Volker: ABC des Zeitungs- und Zeitschriftenjournalismus. Konstanz 2006.
Der Autor befasst sich mit den Veränderungen der Printmedien, erläutert Darstellungsformen und behandelt Themen wie Recherche, Redigieren und Seitengestaltung.

Zindel, Udo/Rein, Wolfgang (Hg.): Das Radio-Feature. Konstanz 2007.
Umfassende Einführung in die Produktion von Radio-Features. Sowohl journalistische als auch technische Aspekte werden detailliert behandelt. Mit Hörbeispielen auf CD.

VIII Medienspezifische Präsentation

Nicht nur der Inhalt, sondern auch die Verpackung ist entscheidend für den Erfolg von Medien. Eine journalistisch gelungene Arbeit kommt nicht zur Geltung, wenn Leser, Hörer und Zuschauer von einer unverständlichen, verwirrenden oder langweiligen Präsentation abgeschreckt werden. Journalisten müssen sich auch um die grafische, akustische oder visuelle Aufbereitung ihrer Produkte kümmern. Während Redakteure von Tageszeitungen bei der grafischen Aufbereitung mitarbeiten, sind bei Zeitschriften Grafikabteilungen und -büros hierfür zuständig.

Die Gestaltungsmöglichkeiten haben sich durch den Einsatz der digitalen Technik enorm ausgedehnt. Im Hörfunk oder Fernsehen sind völlig neuartige Klang- und Bildsegmente möglich. Internet-Medien können multimediale Elemente zu einem vielseitigen, vernetzten und aufwändigen Layout vereinen (→ Online-Journalismus). Seit jeher achten auch die Zeitschriften sehr auf ihr Erscheinungsbild, müssen sie sich doch am Kiosk verkaufen. Die Titelseiten der Blätter sind das Aushängeschild in einem hart geführten Wettbewerb. Aber auch bei Tageszeitungen sind Layout und formale Darstellung entscheidende Faktoren für den Markterfolg. Dies gilt nicht nur für die Boulevardzeitungen, die sich schon immer mit auffälligem Layout präsentierten, sondern zunehmend auch für die Abonnementblätter, die ein Sinken ihrer Auflagen verhindern und neue Leser gewinnen wollen.

I Erscheinungsbild der Presse

Im härteren Wettbewerb um das Zeit- und Geldbudget des Lesers rückt das Layout als redaktionelle Aufgabe in den Vordergrund. Auch die Leser sind mit der Entwicklung des Medienangebotes anspruchsvoller geworden und stärker visuell orientiert. Zeitungen konkurrieren mit Radio-, Fernseh- und Online-Angeboten, Zeitschriften und vielen anderen Freizeitbeschäftigungen um die Zuwendung des Publikums, das verwöhnter und auch ungeduldiger geworden ist (→ Journalisten und ihr Publikum). Zwar kann es nicht das Ziel der Zeitung sein, mit den optischen »Reizen« des Fernsehens (z. B. Farbe, Bilder) zu konkurrieren, wohl aber, für eine attraktive Verpackung ihres täglichen Leistungsangebotes zu sorgen.

Das Gesicht der Zeitung verändert sich, nicht nur in Deutschland, sondern auch in anderen europäischen und außereuropäischen Ländern. Trotz regionaler und nationaler Besonderheiten ist ein Trend hin zu universellen Gestaltungsprinzipien zu beobachten, die ihren Ursprung im US-amerikanischen Zeitungsmarkt haben. Professionelle Designer unterziehen Tageszeitungen einer »Gesichtskorrektur«, die von geringfügigen Modellierungen bis zur völligen Neugestaltung reichen kann.

Obwohl Zeitungsdesign auch auf subjektiven Beurteilungen beruht, gelten als bestimmende Prinzipien: Organisation durch eine erkennbare und gute Gliederung der einzelnen Elemente einer Seite; Einfachheit durch die Verwendung nur wesentlicher Gestaltungselemente; Kontrast durch die richtige Mischung von Typografie und anderen Elementen; Ausgewogenheit durch die sich im Gleichgewicht befindenden Teile der Seiten; Einheitlichkeit durch gleichartige, aber variantenreich eingesetzte Designkonstanten, um dem Leser eine lebendige Vertrautheit zu vermitteln. Der Grundsatz »die Form folgt der Funktion« ist unter Zeitungsdesignern allgemein anerkannt. Das Ziel, Informationen auf möglichst funktionelle Weise zu vermitteln, wird dadurch am ehesten erreicht.

Entscheidend für ein optimales Zeitungsdesign ist das Zusammenspiel zwischen Text, Bild und Grafik. Die einzelnen Elemente müssen sich in der Informationsvermittlung gegenseitig unterstützen und ergänzen. Je nach Zielgruppe können Text, Bild und Grafik eine unterschiedliche Gewichtung haben. Der Trend geht insgesamt jedoch zu einem modularen Textdesign, d. h. lange Textstrecken werden aufgebrochen durch Darstellungselemente wie Untergliederungen, Textmodule, Infografiken und Bilder. Dem Leser wird auf diese Art und Weise der selektive Zugriff auf die Berichterstattung erleichtert. Je nach Interesse und zur Verfügung stehender Zeit ist damit eine mehr oder weniger intensive Beschäftigung mit einem Thema möglich. Sowohl eilige Leser, die sich einen Überblick verschaffen wollen, als auch Leser, die sich vertieft mit einem Thema befassen wollen, finden die passenden Informationen. Aus dem gleichen Grund haben auch Strukturinformationen wie Inhaltsverzeichnisse oder so genannte Anreißer an Bedeutung gewonnen.

Seit Ende 2007 erscheint auch die »Frankfurter Allgemeine Zeitung« (»FAZ«) – seit jeher bekannt für ein sehr sachorientiertes und schnörkelloses Layout – im neuen Design. Mehrere belebende Elemente wurden eingesetzt, um die äußere Form der überregionalen Qualitätszeitung gezielt aufzulockern. Auf der ehemals rein textbasierten Titelseite erscheint seither täglich ein Foto. Die Überschriften von Kommentaren im Politik- und Wirtschaftsteil sind nicht mehr in Fraktur- sondern in einer leichter wirkenden »Times«-Schrift gehalten. Kurze Zusammenfassungen zu Beginn längerer Artikel ermöglichen dem flüchtigen Leser einen Überblick über das Geschehen. Mit ihrem Relaunch reagiert die »FAZ« auf den Wandel der Leserbedürfnisse in einer komplexer werdenden Umwelt und folgt damit dem Trend hin zur Visualisierung und Segmentierung von Informationen.

Die Typografie ist bei Tageszeitungen, die zu etwa 80 Prozent aus Schrift bestehen, von zentraler Bedeutung. Gestaltungselemente sind nicht nur die Schriftarten, die mit Namen wie »Helvetica« oder »Times Roman« gekennzeichnet sind. Auch Varianten dieses Schriftbildes kommen zum Einsatz, etwa »Helvetica kursiv« oder »Helvetica mager«. Hervorhebungen im Text beispielsweise können besser mit fetten statt mit kursiven Schriftvarianten kenntlich gemacht werden. Eine sparsame Verwendung ist aber angebracht.

Als Schriftgruppen bezeichnet man Schriften mit grundsätzlich ähnlichen Merkmalen. Insgesamt lassen sich fünf Hauptgruppen unterscheiden: Fraktur-, Antiqua-, Grotesk- sowie Schreibschriften und Novelty-Varianten. Alle Schriften setzen sich aus dem Font, d. h. der Gesamtheit aller Buchstaben des Alphabets, Ziffern, Satzzeichen und Sonderfiguren zusammen. Aufgrund der unterschiedlichen Buchstabenbreite haben die Schriften charakteristische Merkmale wie Alphabetlänge bzw. Laufweite je Zeile.

Ein weiteres Merkmal ist die so genannte x-Höhe, welche die visuelle Größe des Schriftbildes bestimmt. Eine große x-Höhe verbessert die Lesbarkeit. Weitere Schriftvariationen lassen sich zudem durch Schriftstärke und Schriftgrad erzielen. Die Schriftstärke betont einzelne Textpassagen. Abhängig von Image und Verkaufsart einer Zeitung sind zurückhaltende oder – etwa bei Überschriften – kräftige Schriftstärken zu verwenden. Der Schriftgrad gibt in nichtdezimalen Maßen wie Punkt, Pica bzw. Cicero die Schriftgröße an.

Tipp: Bezüglich der Typografie von Presseprodukten sind folgende Vorgaben empfehlenswert:
- ein Schriftgrad zwischen neun und zehn Punkten;
- bei Überschriften kräftige Schriftstärken verwenden;
- eine Zeilenbreite zwischen 12 und 15 Cicero;
- prinzipiell den Blocksatz verwenden, in Ausnahmefällen (Sonderseiten) den Flattersatz;
- Autorennamen statt Kürzel verwenden, wenn die Texte eine persönliche Note bekommen sollen;
- Zwischentitel und hervorgehobene Zitate zur Auflockerung längerer Texte verwenden;
- linksbündig gesetzte Überschriften sind augenphysiologisch besser als zentrierte Headlines;
- Größe und Aufmachung der Überschrift sollten der Wichtigkeit des Themas entsprechen.

Typografie

Die Spaltenbreite bestimmt ebenfalls die Lesbarkeit der Zeitung. Sehr kurze Zeilen verringern die Lesegeschwindigkeit, da das Auge ständig von einer Zeile zur nächsten springen muss. Sehr lange Zeilen erschweren die Orientierung. Sie lassen das Auge leicht auf die nächste Zeile »rutschen«.

Blocksatz oder Flattersatz prägen das Gesicht der Zeitung entscheidend. Während der Blocksatz eine einheitliche Zeilenbreite durch Verschieben des Wortzwischenraums erzielt, enden Zeilen im Flattersatz mit dem letzten Wort, das in eine Zeile passt. Beide Satzarten unterscheiden sich nicht in ihrem Raumbedarf. Bei Zeitungen ist der Blocksatz unumstrittenes typografisches Prinzip. Für geringe Spaltenbreiten ist aber zumeist der Flattersatz die bessere Lösung.

Autorennamen, Vorspann und Zwischentitel, Absätze, hervorgehobene Zitate und Initialen, die als erste Buchstaben eines Artikels größer gesetzt werden, gestalten Schriftblöcke. Bildunterschriften sollen Fotografien oder Illustrationen erklären. Überschriften sind gleich bleibende Standardköpfe für Rubriken oder wechselnde Artikelüberschriften. Sie sind herausragende Stilelemente und das Markenzeichen einer jeden Zeitung. Neben Einzigartigkeit und Lesbarkeit muss der Überschriftenstil zum Image der Zeitung passen. Klassische Schriften sind zeitlos, vielseitig verwendbar und lenken die Aufmerksamkeit nicht von den Informationen ab. Modische Schriften wirken auf Unterhaltungs- und Werbeseiten gut und grenzen durch ihr Schriftbild von anderen Zeitungteilen ab. Ober- oder Untertitel können das Leserinteresse durch zusätzliche Information wecken.

Der Zeitungskopf ist das beständigste Element und das Erkennungsmerkmal einer Zeitung. Neben der typografischen Gestaltung können auch Symbole oder Illustrationen dem Zeitungskopf ein unverwechselbares Aussehen verleihen.

Grafische Gestaltung Aufgrund der Wahrnehmung des Auges spielen neben der Typografie vor allem grafische Elemente eine wichtige Rolle für die Lesefreundlichkeit einer Zeitung (→ Journalistische Darstellungsformen). Grafische Elemente wie Logotypen für Serien, Kolumnen oder Artikelhinweise dienen dem Leser als Symbol, Illustration oder Spezialraster zur Wiedererkennung und als Überblick. Kästen, die Artikel einrahmen, oder Raster, die aus einem dichten Netz aus Einzelpunkten bestehen, dienen zur Gliederung einer Seite bzw. zur Abgrenzung von Texten und Grafiken.

Fotos haben trotz ihres meist geringen Seitenraums einen hohen Informations- und Aufmerksamkeitswert. Ein Foto sollte – bezogen auf den Inhalt des Artikels – das Geschehen von einem anderen interessanten und zusätzlichen Blickwinkel ausleuchten. Die Auswahl des Bildmaterials hat sich an der technischen Bildqualität, an der Klarheit der dargestellten Situation und an der Dramatik des Themas zu orientieren. Illustrationen, vor allem Zeichnungen, können stärker als Fotos Handlungen interpretieren. Sie sind daher besonders für Unterhaltungs- und Meinungsseiten geeignet. Informationsgrafiken helfen, schwierige Sachverhalte wie Statistiken verständlich darzustellen.

> **Tipp**: Bei der Verwendung von Bildern sind folgende Punkte zu beachten:
> - beim Abdruck mehrerer Bilder ist der Größenkontrast wichtig;
> - besondere Effekte können erreicht werden, wenn ein Teil des Hintergrundes wegmontiert wird und dadurch das verbleibende Element, z. B. eine Silhouette, aus dem Bild herauszuragen scheint;
> - Informationsgrafiken können mit Fotos oder Illustrationen kombiniert werden.

Farbe wird aufgrund drucktechnischer Verbesserungen und angesichts der Konkurrenz des Fernsehens verstärkt bei Zeitungen eingesetzt. Neben Farbfotos, die durch Mischen der vier Grundfarben blau, rot, gelb und schwarz hergestellt werden, verwendet man Einzelfarben als Farbraster unter einem Schriftblock.

Das Layout einer Zeitung bezeichnet die Anordnung einzelner Artikel und grafischer Elemente auf einer Seite. Der Blockumbruch, der die Artikel und die dazugehörigen grafischen Elemente als rechteckige Blöcke versteht und anordnet, hat heute die unorganisierte, vom Zufall bestimmte Umbruchmethode ersetzt. Struktur und Übersichtlichkeit sollen erzielt werden. Außerdem erleichtert es Planung und Produktion, wenn der Umfang der Artikel von vornherein, etwa durch eine Zeilenvorgabe, festgelegt wird. Die Mischung von vertikalen und horizontalen, großen und kleinen Elementen verleiht dem Blockumbruch Dynamik. Über die Frage, ob die Blockanordnung täglich zu verändern ist oder die einzelnen Blockumbruch-Elemente in fast gleicher Anordnung zu belassen sind, gibt es unterschiedliche Auffassungen.

Bei jeder Zeitungsseite sind je nach Standort und Ressort eigene, typische Gesetzmäßigkeiten im Layout zu beachten. Die Titelseite ist das Schaufenster der Zeitung. Ihre Gestaltung und Planung muss deshalb besonders sorgfältig geschehen. Zeitungskopf, Inhaltsverzeichnis, Artikelhinweise und Kurzmeldungen sind ständig wiederkehrende Elemente, die Kompetenz, Kontinuität und Seriosität ausstrahlen sollten. Der Aufmacher ist klar hervorzuheben. Meinungsseiten werden häufig durch eine Typografie mit einem größeren Schriftgrad und einer größeren Zeilenlänge von den übrigen Zeitungszeilen hervorgehoben. Sie strahlen damit Würde und Seriosität aus. Sportseiten sollen dagegen Lebendigkeit und Spannung vermitteln, was durch Silhouetten und Großaufnahmen erzielt werden kann. Wirtschaftsseiten setzen sich demgegenüber durch konservatives Design ab, das sich durch Informationsgrafiken auflockern lässt. Ein lebendiges Design ist vor allem für Unterhaltungsseiten angebracht.

Tipp: In puncto grafische Gestaltung der Pressetexte sind folgende Stichpunkte empfehlenswert:
- Kästen nicht nebeneinander oder untereinander stellen;
- der Tonwert eines Rasters sollte 20 Prozent nicht überschreiten, um die Schrift genügend klar erscheinen zu lassen;
- Farbe sparsam einsetzen, da Farbraster und Farbschrift den Helligkeitskontrast und damit die Lesbarkeit beeinträchtigen können;
- jede Seite sollte einen eindeutigen Blickfang haben, um dem Leser einen Einstieg in die Seite zu geben;
- Rubriken helfen dem Leser, sich zu orientieren.

Vorhandene Themen, Fotos und grafisches Material muss der für das Layout zuständige Redakteur sammeln, um sie anschließend nach Wichtigkeit und grafischen Möglichkeiten bewerten zu können und verschiedene Formen des Layouts durchzuspielen. Nach gegenseitigen Abstimmungen mit der Redaktion sind Zeilenvorgaben, grafische Gestaltung und Fotomaterial festzulegen.

Die grafische Neugestaltung einer Zeitung zieht immer eine Neubewertung des redaktionellen Inhalts und der Redaktionsstruktur mit sich (→ Management und Marketing). Die Veränderungen können unter der Leitung eines freiberuflich arbeitenden Zeitungsgestalters oder rein innerbetrieblich, z. B. durch eine Projektgruppe aus den verschiedenen Abteilungen des Verlags und der Redaktion, durchgeführt werden. Wenn es um die Neugestaltung geht, sind zunächst grundlegende Fragen, etwa über die Zusammensetzung der Leserschaft (z. B. Alter, Bildung, Beruf), deren Themeninteressen sowie über das angestrebte Image der Zeitung zu beantworten (→ Journalisten und ihr Publikum). Zentrale Faktoren sind – sowohl beim täglichen Layout als auch bei der Neugestaltung – der Stil des Hauses, das meist über viele Jahrzehnte aufgebaute Ansehen bei der Leserschaft sowie das angestrebte Profil im Medienwettbewerb.

1.1 Modernes Layout – Leitschnur für den Leser

Werner Schwarzwälder
Langjähriger Chefredakteur des »Südkurier«, Konstanz

Die sanfte Revolution des deutschen Blätterwaldes ist erfolgreich beendet. In den vergangenen Jahren haben sich auch die letzten Zeitungen von Farblosig- und Textlastigkeit verabschiedet. Das Erscheinungsbild in schwarz-weiß gehört der Vergangenheit an. Selbst die »Frankfurter Allgemeine« als letzte Gralshüterin der farbbildlosen Zeit hat sich inzwischen für ein farbiges Foto auf der Titelseite entschieden. Während nahezu alle Produkte des täglichen Lebens in der Nachkriegszeit immer wieder ein neues Design verpasst bekommen haben, und das in immer kürzeren Intervallen, sahen die deutschen Tageszeitungen dazu lange Zeit kaum Veranlassung. »Der missachtete Leser« – damit war immer nur der Inhalt der Zeitung gemeint, nicht die Präsentation. Daran hat sich viel geändert. Inzwischen kann »Leserfreundlichkeit« und »Luftigkeit« getrost zum Merkmal für unsere Branche gekürt werden.

Wie die Fernseh- und PC-Generation erreichen und als künftige Abonnenten gewinnen? Vor dieser Frage stehen und standen immer mehr Zeitungen. »Farbiger« und »leichter zu lesen« schienen Rezepte zu sein, für deren Erfolg zwar niemand die Hand ins Feuer legen mochte, die aber dem allgemeinen Geschmack, um nicht »der Mode« zu sagen, am ehesten entgegenkamen. Dem Trend zu mehr Farbe schloss sich auch der in Konstanz erscheinende »Südkurier« an, die erste Zeitung in der Bundesrepublik, die der angesehene Zeitungsdesigner vom Poynter Institute in St. Petersburg/Florida, Mario Garcia, 1993 neu gestaltete. »Konstanz today« oder »Sanft renoviert« betitelten Fachblätter ihre Beiträge zum neuen »Südkurier« und brachten damit kurz zum Ausdruck, was der damalige Chefredakteur Gerd Appenzeller so formulierte: »Der Südkurier sollte der Südkurier bleiben, die Blattreform sollte wegweisend sein und die Überarbeitung sollte mit Augenmaß erfolgen«. Eine Zeitung mit eigenem Gesicht zu erhalten und als Blatt unverwechselbar zu sein, ist bei allem Reformeifer nach wie vor wichtiges Ziel der Zeitungsmacher. Seriosität und Sachlichkeit in Präsentation und Inhalt sollen dem Leser schon beim ersten Griff zum Blatt signalisieren, dass er sich für eine Qualitätszeitung entschieden hat.

Bei allen Umstellungen ist inzwischen der Kurs der kleinen Schritte angesagt. Hieß es früher einmal, eine Reform, die der Leser fast nicht bemerkt, könne überhaupt kein Relaunch sein, gilt heute die Devise: Nur niemanden überfordern. »Frankfurter Allgemeine Zeitung« und »Neue Zürcher Zeitung« taten sich bei ihrer Leserschaft daher besonders schwer, den Zeitungtrends zu folgen. Der Leser – nicht nur der der »Frankfurter Allgemeinen Zeitung« und der »Neuen Zürcher Zeitung« – ist wie ein scheues Reh. Durch zu viel Ungewohntes aufgeschreckt, kann es leicht davoneilen – zur Konkurrenz, oder ganz aus dem Revier ausbrechen. Leider zeigt die Erfahrung auch, dass die Zeiten längst vorbei sind, da nach einer Blattreform die Abonnentenzahlen beeindruckend in die Höhe geschossen sind. Wenn heute Neukunden die Zahl der Unzufriedenen gerade einmal aufwiegen, sind die Chefredakteure schon zufrieden.

Layoutreform oder Relaunch – darunter versteht man mehr als ein neues Konzept für die Seitengestaltung. Im Regelfall ist eine Blattreform gemeint, die auch in die Struktur der Zeitung eingreift. Das ist richtig so, denn ein modernes Layout ist die Leitschnur für den Leser schlechthin. Der Leser mit wenig Zeit, und nicht nur dieser, will sowohl im gesamten Blatt als auch auf der einzelnen Seite nicht lange suchen müssen. Er erwartet journalistische Vorarbeit und eine gewisse

Farbe hat sich durchgesetzt

Bedeutung der Übersichtlichkeit

Hierarchie – im Blatt und auf der einzelnen Seite. Der Leser will – und das ist sein gutes Recht – zu Erwartendes, beispielsweise die tägliche Fernsehkritik oder den Wetterbericht, nicht erst nach einer Odyssee durch die Zeitung an immer wechselnden Plätzen zufällig entdecken. Er widmet sich immer kürzer »seiner« Zeitung, jede Minute für vergebliche Suche ist dabei verschwendete Zeit.

Wie wichtig Übersichtlichkeit den Lesern tatsächlich ist, bekam der »Südkurier« bei mehreren repräsentativen Umfragen des Instituts für Demoskopie in Allensbach bestätigt. Befragt nach dem Idealbild einer Tageszeitung nannten zwar 88 Prozent »glaubwürdig« und 86 Prozent »aktuell«, doch schon an dritter Stelle folgte mit 83 Prozent der Nennungen »übersichtlich gestaltet zur schnellen Information«.

Wie kann die Blattstruktur zur Leserzufriedenheit beitragen? Möglichkeiten sind:

1. Möglichst viele Seiten immer an ein und derselben Stelle, beispielsweise das Wetter immer auf der letzten Seite des ersten Pakets. Dazu ist eine Struktur mit mehr als zwei Paketen (Büchern, Bünden) hilfreich, weil es mehr erste und letzte Seiten gibt. Das müssen selbst die Befürworter des Tabloid-Formats für Zeitungen als Vorteil gegenüber der Magazin-Struktur einräumen.
2. Farbige Orientierungshilfen (Farbleitsystem) als Erkennungsmerkmal für die einzelnen Pakete. Beispielsweise Sport immer grün, Lokales blau.
3. Informative Inhaltsverzeichnisse und Kurzanrisse zur schnellen Orientierung über die wichtigsten Beiträge.
4. Den Leserinteressen folgende, dem Auftrag und Selbstverständnis der Zeitung entsprechende Seitenreihenfolge.

Gerade der letzte Punkt löst bei jeder Blattreform heiße Diskussionen aus. Wird die erste Seite als Schaufenster gestaltet mit den wichtigsten und besten Artikeln aus allen Ressorts? Welchen Stellenwert bekommt Lokales auf der ersten Seite? Wandert die Wirtschaft hinter die Landesseite, und bekommt der Kulturteil einen besseren Platz als die Fernsehseite? Welchen Stellenwert bekommt das Service-Angebot? Wird Terminkalendern viel oder wenig Raum gegeben? Fristet die Wetterkarte ein Schattendasein oder informiert sie umfassend über dieses für viele Leser wichtige Thema? Fragen, die tief in das Selbstverständnis der Redaktion eingreifen. Verlässliche Entscheidungshilfen gibt es nur bedingt. Oft kommt es auf einen Versuch an.

Was meinen die Leser dazu? Die oben erwähnten Allensbach-Befragungen, im Vorfeld jeder Blattreform als Entscheidungshilfe in Auftrag gegeben, geben Antwort. Seit Anfang der 1990er Jahre bringt der »Südkurier« auf der ansonsten klassischen Seite 1 (Weltgeschehen, Politik, Kommentare) ein so genanntes »Regionales Fenster« mit Meldungen aus dem Verbreitungsgebiet und einen Inhaltskasten. Beide Bestandteile der Seite galten im Ressort Politik als lästiges Übel. Anders sahen es die Leser. 76 Prozent lesen die Meldungen aus der Region und 53 Prozent das Inhaltsverzeichnis »immer/fast immer« und sorgten damit für Spitzenwerte beider Rubriken. Ergebnis: Bei späteren Blattreformen wurde das Regionale Fenster an seinem Platz belassen, der Inhaltskasten durch ein Pflicht-Bild noch weiter aufgewertet. Die Richtigkeit dieser Appetithappen sind inzwischen auch durch Readerscan-Untersuchungen bestätigt worden.

Welche Aufmachung auf Seite 1 zieht den Leser in die Zeitung, verleitet ihn **Aufmacher** sogar zum Kauf am Kiosk? Sind es Nachrichten aus der Region, »heruntergebrochene« Bundespolitik oder die kunterbunte Schaufenster-Seite mit den wichtigsten News aus jedem Ressort? Eine Fragestellung, die bei zurückgehenden Abonnements und zunehmendem Einzelverkauf an Bedeutung gewinnt. Verlässliche Erkenntnisse gibt es nicht. Allerdings scheint die »klassische Aufmachung«, wie sie auch die überregionalen Zeitungen praktizieren, auch für eine Regionalzeitung nicht ganz falsch zu sein. 72 Prozent der Leser gaben im Jahr 2000 jedenfalls an, sie lesen den Aufmacher des »Südkurier« immer oder fast immer. Zu einem ähnlichen Ergebnis kamen auch die Readerscan-Analysen 2006. Nicht immer, aber häufig handelt es sich beim »Südkurier«-Aufmacher um die klassische politische Nachricht. Was ist also von der These zu halten, die Zeitungsleser wüssten schon alles aus dem Fernsehen und lesen die Aufmacher nicht?

Stiefmütterlich werden in den Redaktionen häufig Veranstaltungshinweise, Ter- **Service** minkalender und Meldungen mit Service-Charakter behandelt. Grundfalsch. Bei der Idealbild-Frage bekam die Forderung »die Zeitung sollte umfassend über Veranstaltungen hier aus der Gegend berichten und sie ausführlich ankündigen« einen Spitzenwert von 71 Prozent, der Ruf nach der »treffenden, interessanten Schlagzeile« dagegen nur 55 Prozent an Zustimmung. Für die umworbenen jungen Leser gar sind Veranstaltungshinweise und Kultur-Tipps wichtiger als Politik, Fernsehseite oder Comics. Nur Lokales und Sportberichte rangieren höher. Unter Service ist heute nicht mehr nur der Veranstaltungskalender, sondern sind Tipps für den Alltag zu verstehen.

Die Leitschnur aus der Blattstruktur zieht sich nun weiter als roter Faden auf **Orientierungs-** die einzelne Seite. Auch dort erwartet der Leser Orientierung. Einige Beispiele **hilfen** aus dem »Südkurier«, jeweils mit Begründung, sollen die These belegen. Übersichtlich, gut lesbar und mit einem hohen Wiedererkennungswert: Das sind die wesentlichen Merkmale des von Mario Garcia entworfenen Layouts, mit dem der »Südkurier« seit März 2002 erscheint – gedacht nicht als »die«, sondern als »eine« Möglichkeit, den Lesern die Arbeit Zeitunglesen zu erleichtern:
- *Jede Seite hat einen klaren Aufmacher* – der Aufmacher hat grundsätzlich die größte Überschrift und einen Vorspann. Die Redaktion soll sich entscheiden, was wichtig ist, der Leser soll das auch erkennen.
- *Autorenzeilen/Namen* – Die Leser sollen nicht länger rätseln, wer einen bestimmten Beitrag geschrieben hat. Meinungsbeiträge müssen mit Namen gekennzeichnet sein, nachrichtliche Beiträge, vor allem solche mit hohem Rechercheaufwand, sollen eine Korrespondentenzeile enthalten. Leitartikel,

Wochenend-Glossen und Reportagen von »vor Ort« vertragen auch das Bild des Autors. Am Ende von Meinungsbeiträgen erleichtert die abgedruckte E-Mail-Adresse dem Leser die Kontaktaufnahme zu den Autoren. Die Lesermeinung zu Fotos in Meinungsbeiträgen ist gedrittelt: 29 Prozent fanden bei einer Befragung, es sollten häufiger Fotos veröffentlicht werden, 35 Prozent fanden das nicht und 33 Prozent war das egal. Die Redaktion hält das Foto dennoch für wichtig.

- *Spaltenbegrenzungslinien* – Gelten heute bei Berücksichtigung aller anderen Orientierungshilfen als entbehrlich. Sie wurden sogar von der FAZ bei deren letzter Layoutreform abgeschafft.
- *Kästen* – Ihre Funktion ist klar definiert. Sie sind Texten in eigener Sache und Einzelbildern vorbehalten. Die »kuriose Geschichte« oder der Kommentar müssen ohne Kasten mit einer entsprechenden Überschrift ansprechen.
- *Infokästen* – Sie werden bei komplizierten Sachverhalten in einen Beitrag eingeklinkt. Ihr Inhalt soll dem unkundigen Leser Grundinformationen liefern, damit er den Beitrag versteht. Der vorinformierte Leser kann ihn getrost übergehen.
- *Infoleiste* – Sie wird als Portionierungshilfe bei größeren und herausragenden Texten verwendet. Sie ist keine selbstständige Nachrichteneinheit, sondern ergänzt einen größeren Artikel mit Hintergrundinformationen.
- *Schlüsselwort* – Ein fett oder farbig herausgestelltes Schlüsselwort kann dem Leser Hilfestellung bieten und ihn orientieren, um welches Thema es in dem Artikel geht.
- *Features* – Der subjektiv schildernde Stimmungsbericht oder was immer man unter einem »Feature« versteht, bekommt eine andere Überschrift (mager, kursiv, kann bildhaft sein) und eine fette Unterzeile (mit Fakten). Auf diese Weise soll der Leser trotz lockerem Titel wissen, worum es in dem Beitrag geht.
- *Interviews* – Sie bekommen eine eigene, einheitliche Form mit kursiver Frage und Antwort in Normalschrift. Unverzichtbar sind ein Bild des Befragten und ein Infokasten mit biografischen Angaben.
- *Meldungsspalte* – Der beste Platz dafür ist die linke Außenspalte. Sie sollte ganz oben beginnen, damit die Topmeldung auch zur Geltung kommt.
- *Rubriken* – Was zusammengehört, soll auch in Rubriken zusammengefasst werden und nicht auf der Seite verstreut sein. Beispielsweise Personalnachrichten, Polizeimeldungen, Vorankündigungen. Die Rubriken bekommen entsprechende Köpfe. Was für die Blattstruktur gilt, ist auch für Rubriken richtig: Der Leser sucht ungern. Also: Ständig Wiederkehrendes wie Personalnachrichten, Leserbriefe, Veranstaltungshinweise sollten immer an der gleichen Stelle stehen.
- *Farbige Titel* – Wegen schwerer Lesbarkeit und weil sie meistens nicht der Leserorientierung dienen, sind farbige Titel nicht vorgesehen.
- *Bilder* – Unverzichtbar für eine harmonische Seite ist ein tragendes Bild. Bildgröße, Bildschnitt und der Perspektive im Bild kommen immer größere Bedeutung zu. Die Leserforschung zeigt unstrittig, dass die meisten Leser

über ein Bild oder eine Illustration in die Seite einsteigen. Das Aufmacherbild soll daher groß sein, bei Querformat mindestens dreispaltig, bei Hochformat mindestens zweispaltig. Das Aufmacherbild ist mindestens doppelt so groß wie jedes andere visuelle Element auf der Seite. Zwei gleich große Bilder auf einer Seite sind daher nicht erlaubt. Wirksamer ist es, ein großes und ein kleines Bild zu platzieren, eines querformatig, eines hochformatig. Freigestellte Bilder sind als Überraschungsmoment erwünscht, aber nur dann, wenn das Motiv entsprechend ist und der Hintergrund tatsächlich entfallen kann. Je Seite nicht mehr als ein freigestelltes Bild. Sonst nutzt sich dieses Moment der Abwechslung ab. Zur Freistellung eignen sich Bilder nur, wenn die Motive vollständig abgebildet sind, sie sehr klare Konturen haben und hinreichend dunkel sind. Jedes Bild hat einen Bildtext. Wichtige Personen auf dem Bild müssen mit Namen und Funktion beschrieben werden.

- *Balance der Seite* – Der Leser empfindet eine Seite als gut gestaltet, wenn die verschiedenen Elemente harmonisch verteilt sind, wenn die Seite Balance erkennen lässt. Ist der obere Teil der Seite horizontal gestaltet, sollte im unteren Teil die Vertikale betont werden, und umgekehrt. Dies lässt sich vor allem durch die Variation der Bildgrößen erreichen. Auch Texte können so besser zur Geltung gebracht werden. Hat beispielsweise die Seite einen zweispaltigen Aufmacher sowie ein hochformatiges Bild und eine Meldungsspalte, braucht die Seite unten ein horizontales Gegengewicht, einen Fuß.
- *Blockumbruch* – Der Leser empfindet eine Seite als geordnet, wenn er einen raschen Überblick gewinnen kann. Text und Bild müssen stets eine Einheit, einen Block bilden. Auch Meldungen sollten in einer Spalte oder als Block gebündelt und nicht auf einer Seite verstreut werden.
- *Einzelbild* – Um das Einzelbild abzugrenzen, erhält es einen Rahmen. Damit weiß der Leser: Hierzu gibt es keinen Artikel. Das Einzelbild als Aufmacherbild erhält zudem eine Überschrift.
- *Grafiken* – Eine gut gestaltete Infografik dient der Leserorientierung. Unglücksorte, Straßenplanungen, Zahlenwerke, vieles lässt sich leichter mit einer Grafik beschreiben. Das gilt für alle Ressorts. Die Grafik in der Tageszeitung wird zweifellos an Bedeutung gewinnen.
- *Logos* – Logos helfen dem Leser, wiederkehrende Elemente rasch zu erkennen, z. B. bei Serien. Bei der Platzierung ist darauf zu achten, dass der Textfluss nicht unnötig unterbrochen wird. Am besten stehen Logos am Kopf einer Spalte. Logos wirken meist besser, wenn sie klein sind.
- *Zitat* – Als auflockerndes Element können Zitate in Texte eingeblockt werden.
- *Dachzeile* – Einspalter tragen eine Dachzeile. Sie enthält entweder den Ort (wenn dieser wichtig ist), dann entfällt die Spitzmarke. Oder sie trägt ein Stichwort, damit der Leser weiß, welches Thema in der Meldung behandelt wird.
- *Zwischentitel* – Sie lockern einen längeren Beitrag auf und können als Einstiegstor in den Artikel dienen.

- *Überlauf* – Da Leser nach allen Erkenntnissen der Leserverhaltensforschung bei Überlauf eines Artikels auf eine folgende Seite bevorzugt aussteigen, wird auf Überläufe verzichtet.
- *Artikellänge* – Es gibt Zeitungen, die Artikel über 60 Zeilen aus dem Blatt verbannen. Nicht alle Vorgänge sind aber so einfach, dass sie kurz und schmerzlos dargestellt werden können. Eine Zeilenbegrenzung gibt es daher beim »Südkurier« nicht. Wenn das Thema stimmt, die Schreibe einwandfrei ist und an Illustration nicht gespart wurde, können auch ausführliche Beiträge, beispielsweise Reportagen oder Hintergrundartikel, erscheinen. Diese Art der Beiträge bekamen bei der letzten Readerscan-Analyse erfreulich gute Werte, d. h. die Zeitungsleser sind durchaus in der Lage, auch ausführliche Texte zu lesen, wenn sie den Inhalt für wichtig halten. Die Grundregel aber lautet: Eine der Bedeutung des Themas angepasste Artikellänge wählen. Ab 80 Zeilen muss der Nachweis der Ausnahme erbracht werden können. Straffen dient der Lesefreundlichkeit.

Einer Zeitung ein neues Erscheinungsbild zu verpassen, stellt einen ungeheuren Kraftakt dar. Der Erfolg ist nur sicher, wenn einige Grundregeln beachtet werden.

Die Zeitung muss sich zunächst über ihren Kurs in die Zukunft Klarheit verschaffen und ihre Marktposition analysieren. Dazu ist eine Stärken-Schwächen-Analyse unumgänglich. Am besten erfolgt diese mindestens mithilfe einer wie immer gearteten Leser- und Nichtleser-Befragung. Auf diese Weise werden eigene Befindlichkeiten der Redaktion und »Erfahrungen« relativiert. Am Ende des Prozesses sind meist auch verlegerische Grundsatzentscheidungen notwendig.

- Auch externe Berater brauchen hausinterne Mitarbeiter als ständige Ansprechpartner. Ein Projektteam aus Redakteuren, Layoutern, Mitarbeitern der Druckerei, der Anzeigenabteilung und des Marketings können Vorstellungen und Wünsche der Redaktion, aber auch der anderen Abteilungen des Verlags artikulieren und aufeinander abstimmen.
- Rechtzeitig sind alle betroffenen Abteilungen, also auch Rotation, Reproduktion und Datenverarbeitung, zu beteiligen. Die technischen Möglichkeiten, beispielsweise für mehr Farbe, sind oft nur nach längerer Vorlaufzeit zu schaffen.
- Das neue Erscheinungsbild muss in einem verständlichen Layout-Leitfaden oder Stilbuch ausführlich festgehalten werden und mit allen technischen Details jedem Mitarbeiter zur Verfügung stehen.
- Ohne eine gewisse Kontrolle verpufft die Einführung eines neuen Designs. Je weiter sich die neue Zeitung von bisher Gewohntem entfernt, umso mehr muss auch in den Köpfen der Redaktionsmitglieder bewegt werden. Ein strenger Layout-TÜV in den ersten Wochen nach der Umstellung mit täglicher Rückmeldung soll der Redaktion signalisieren, dass es sich hier um eine notwendige Layoutreform und nicht um die Spielwiese einiger weniger Experten handelt. Deshalb müssen Verstöße gegen die neuen Regeln oder – was

auch häufig vorkommt – der Verzicht auf die neuen Möglichkeiten durch die Redaktionen klar und deutlich angesprochen werden.

Und was sagen die Leser? Da mit der Arbeit an einem neuen Erscheinungsbild meist ein Ruck durch das Zeitungshaus geht und häufig auch die Inhalte mit neuem Konzept bedacht werden, sind die Leserreaktionen in der Regel positiv. Das gilt vor allem für Blätter, die Abschied genommen haben von Farblosig- und Textlastigkeit, die einfach luftiger geworden sind. Durchweg positiv ist die Reaktion, wenn die Lesbarkeit durch eine leichter lesbare Schrift verbessert wurde. Umgekehrt: Mit dem Griff in die falsche Schriften-Kiste hat schon manche Zeitung ihre Hoffnungen auf dickes Lob nach einer Blattreform begraben müssen. Schriftbild und Luftigkeit dürfen zudem nie den Eindruck erwecken, es stehe »nichts mehr in der Zeitung«. Dass auch nach einer ambitionierten Blattreform die Bäume nicht in den Himmel wachsen, musste allerdings auch Uwe Vorkötter als Chefredakteur der »Frankfurter Rundschau« nach Umstellung vom Voll- auf das Tabloidformat feststellen: Der Abonnentenbestand nach der Umstellung sei nur »etwas höher« als vorher. Viel mehr ist heute bei Relaunches offenbar nicht mehr herauszuholen.

1.2 Magazingestaltung: Lesestoff ordnen und Medienmarken bilden

Axel Kircher
Art Director »W&V« (Werben und Verkaufen), München

Alltag bei einer wöchentlich erscheinenden Zeitschrift: Nach der Themenbesprechung beginnt der Redakteur mit dem Art Director oder einem Grafiker über das Layout seiner Artikel zu sprechen. Noch vor dem Schreiben entscheiden sie, welches Motiv Aufmacher wird, welche Gesprächspartner im Bild gezeigt und eventuell mit einem Zitat optisch hervorgehoben werden und ob Inhalte und Zahlen in Kästen oder Tabellen gesammelt werden. Bevor er geschrieben hat, muss der Redakteur wissen, wie sich seine Story aufbaut. Das fällt schwer, weil sich Journalisten vor Recherchen nur ungern festlegen. Während bei Zeitschriften mit kurzer Produktionszeit parallel layoutet und recherchiert wird, kann in Monatsmagazinen oft »nach Text« gestaltet werden, also anhand abgeschlossener Beiträge und fertiger Lauftexte. Doch auch hier erschwert Konzeptionslosigkeit die Arbeit des Grafikers.

Ob im Wochen- oder Monatsmagazin – das Layout bietet Orientierung. Es bildet mehrere Leseebenen – Titel, Vorspann, Lauftext, Kastentexte, Bilder und Bildunterschriften – und erleichtert so die Informationsaufnahme. Ein gelungenes Layout ist das geschickt gesteuerte Zusammenspiel optischer und inhaltlicher Elemente und entsteht bestenfalls in enger Zusammenarbeit von Redakteuren und Grafikern – werden grafische Elemente wie Kästen, Grafiken und Bilder bewusst eingesetzt, bezieht sich am Ende die Headline auf den Aufmacher, werden mit provozierenden Zitaten auch optische Schwerpunkte gesetzt oder verweisen Zwischentitel auf interessante Passagen. Der Leser kann in diesem Fall entscheiden, ob er sich kurz über Titel und Vorspann sowie Kastentexte den schnellen Überblick verschafft oder den ganzen Beitrag liest. Für diese Wirkung sollten Redakteure wissen, welche Elemente sie für ihren Beitrag brauchen, und Grafiker die Texte kennen, die sie gestalten. Was ist das Thema eines Beitrags, wie lauten die zentralen Thesen und wie lassen sich diese optisch spannend umsetzen? Das sind die Fragen für das Layout. Sicher kann ein gutes keine unstrukturierte Geschichte retten, aber einer guten verpasst es den letzten Schliff.

Grafische Standards verleihen ein eigenständiges Profil Stärker als Zeitungen oder auch das Internet wirken Magazine durch diese gekonnte Verbindung von Optik und Information. Beides füllt einen Titel zudem mit Emotionalität, unterstreicht die Haltung und den Qualitätsanspruch der Redaktion sowie ihre Themenschwerpunkte. Die Magazingestaltung soll auf den ersten Blick ein unverkennbares Profil erzeugen, das bei der Lektüre auch inhaltlich vertieft wird. So entstehen Magazinmarken, zu denen der Leser gerne greift, weil er weiß, was ihn erwartet.

Gestaltungselemente wie Fotos, Textkästen, Tabellen oder Infografiken werden zwar für jeden Beitrag neu zusammengestellt, doch sie folgen dabei dem grafischen Konzept, das während der Entwicklungsphase eines Magazins entsteht und das bisher meist nach zwei, drei Jahren in einem Relaunch verbessert oder an neue Leserbedürfnisse angepasst wurde. Heute arbeiten einige Redaktionen stetiger am Layout, da Außenstehende radikale Veränderungen oft als negatives Zeichen für die Marktlage des Heftes interpretieren.

Die Magazingestaltung unterliegt Modetrends, wird aber auch durch die Mediennutzung beeinflusst. Das zeigt sich bei Gestaltungselementen wie Textkästen und Grafiken. Das Nachrichtenmagazin »Focus« und seine Info-Häppchen waren in den 1980er und 1990er Jahren revolutionär, weil sie das Zappen durch Fernsehinhalte in die Magazinwelt transportierten und die Gestaltung damit eine Antwort auf den Zeitdruck der Leser gab. Heute scheint das Nachrichtenmagazin ein wenig in die Jahre gekommen zu sein, denn eine wachsende Zahl von Magazinen misst – auch in Abgrenzung zum Internet – dem Text wieder mehr Bedeutung zu und intensiviert das Leseerlebnis. »Cicero« etwa kommt mit wenigen Gestaltungselementen aus.

Je mehr Kastenelemente einen Beitrag ordnen, umso mehr gerät der Lauftext ins Hintertreffen – das hören Redakteure, die stolz sind auf ihren Stil, nicht gerne. Doch Leser können mit diesen Lesehilfen schneller überblicken, ob sich die Lektüre einer Geschichte für sie lohnt, gerade wenn sie aus beruflichen Interessen oder für den alltäglichen Nutzen zur Zeitschrift greifen. Unstrukturierte Bleiwüsten sind daher für Verbraucher-, Fach- oder Verbands-Zeitschriften heute tabu. Designorientierte Magazine wie »Vogue« oder »Architectural Digest« dämmen hingegen bewusst die vielerorts grassierende Kastenmanie ein und verzichten damit bewusst auf eine Strukturierung ihrer Artikel. Für die Lektüre solcher Magazine nehmen sich Leser auch Zeit.

Die ruhig-elegante Wirkung dieser Hefte entsteht auch mithilfe des Formats sowie des Grundrasters aus Textspalten und unbedruckten Flächen. Damit beeinflussen Grafiker die Lesegeschwindigkeit. Hochwertige Mode- oder Kulturmagazine erscheinen großformatig und beinhalten wenige Spalten, viele Freiflächen und opulente Bilder. Special-Interest-Magazine gibt es hingegen – der einfacheren Archivierung wegen – im leicht kopierbaren DIN-A4-Format und meist im flexibleren, dreispaltigen Grundraster, das zudem dynamischer wirkt. Oft bildet eine zusätzliche, schmalere und übers Seitenlayout wandernde Spalte, in der Tippkästen, Linksammlungen oder Infografiken untergebracht werden, eine weitere Leseebene.

Neben der Gewichtung von Inhalten soll das Layout zudem ein Markenprofil erzeugen. Dabei helfen Farben und Typografie eher unterschwellig. Bilder, Illustrationen, aber auch Infografiken sind die auffälligsten Gestaltungsmittel von Zeitschriften und prägen daher auch ihr Profil am stärksten. Durch die Verwendung von besonderen Bildausschnitten, die Konzentration auf ungewöhnliche Perspektiven – Zoom, Detail, Tiefenschärfe – oder aber auf die Darstellung von spezifischen Personengruppen (sportliche Frauen, grauhaarige Genießer, seriöse Unternehmertypen) beweisen Magazine Eigenständigkeit. Der individuelle Strich bei Karikaturen und Illustrationen oder die einheitliche Farbgebung von Info-Grafiken betonen diese zusätzlich.

Bilder – die Emotionen im Magazin

Für Publikumsmagazine wie den »stern« ist eine stringente Bildsprache überlebenswichtig. Schon beim Durchblättern transportiert sie inhaltliche Schwerpunkte und lässt Rückschlüsse auf den Schreibstil zu. Die Erfahrung von Fotografen und von Bildredakteuren der »stern«-Redaktion hat inzwischen sogar ein eigenes Magazin, »View«, motiviert: Ausgehend von der professionellen Auswahl von überraschenden Fotos und Motiven setzen hier die Bilder die Nachricht und weniger der Text.

Im besten Fall setzt die Bildsprache von Magazinen Trends und beeinflusst die Werbung. Beispiel »Brand Eins«: Die Wirtschaftszeitschrift pflegt betont authentische Bildinhalte, zeigt diese oft in extremen Ausschnitten und beinahe leer wirkenden Fotos. Im Vergleich dazu setzen Magazine wie »Elle« oder »Vogue« die Motive mit viel Aufwand in Szene und retuschieren oft zusätzlich. So entsteht eine artifiziell überhöhte Bildsprache.

Special-Interest- oder Fachmagazine definieren Bildinhalte und -sprache hingegen aus ihrem spezifischen Thema. Die Autozeitschrift »Sportauto« emotionalisiert optisch über Rennsport-Szenen, präsentiert Redakteure gerne mit ihren Testwagen auf Rennstrecken und unterstützt diesen Eindruck grafisch mit lauten Farben und dynamischen Kursiv-Schriften. Ganz anders das Test-Heft »Auto-Straßenverkehr«, das auf Nutzwert fokussiert und Fahrzeuge in Alltagssituationen zeigt. Dazu gehören Fotos von Details wie die Höhe der Ladekante beim Kofferraum, der Zugang oder die Platzverhältnisse auf der hinteren Sitzbank.

Das korrespondiert mit den Tabellen und Infografiken zu selbst ermittelten Testwerten und belegt die Praxisnähe der redaktionellen Arbeit. Schwierig wird es, wenn es um die Visualisierung von Abstraktem geht, wenn etwa Themen wie Karriere und E-Commerce zu bebildern sind. Hier hilft oft die Zuspitzung der inhaltlichen These des Beitrags – und die enge Zusammenarbeit von Textredakteuren mit der Grafik oder der Bildredaktion. Durch Formulierungen wie »auf der Karriereleiter abgestürzt« oder »Ringen um den Spitzensteuersatz« entstehen plakative Ideen für Illustrationen und neue Bilderwelten. In Computer- und IT-Zeitschriften, die neben den immer gleichen grauen Kisten und Screenshots von Websites nicht viel zeigen können, haben sich illustrative Composings oder Collagen aus mehreren Fotografien durchgesetzt, die verschiedene inhaltliche Aussagen intelligent zusammenführen.

Doch unverbrauchte Bilder zu finden, Collagen oder Illustrationen in Auftrag zu geben, ist teuer. Vor allem die unter Kostendruck geratenen Fachmagazine leisten sich heute nur noch selten einen erfahrenen Bildredakteur, der aus der Vielfalt des Agenturmaterials die passenden Motive aussucht, spezialisierte Fotografen beauftragt und brieft und durch seine Erfahrung die Bildsprache prägt. Kostenlose Pressefotos müssen herhalten, aber diese verwendet jeder – auch die Redaktionen konkurrierender Magazine und vor allem Internet-Portale. Eine ebenfalls häufig genutzte, da günstige Alternative bieten Foto-Dienste im Internet. Sie sammeln die Arbeiten von Hobbyfotografen zu praktisch allen Alltags-Themen. Doch in diesen Bildern wechseln die Qualitäten, Perspektiven und/oder die Aufnahmetechniken sehr stark. So verspielen viele (Fach-) Magazine aus Sparsamkeit die Chance, sich im optischen Wettbewerb zu profilieren. Die Bildsprache ist eines der ausdrucksstärksten grafischen Elemente für eine Zeitschrift, um Individualität, aber auch ein eigenständiges Image zu beweisen.

Vom Magazin zur Marke und zur Markenwelt

Die Bedeutung einer unverwechselbaren Optik und Gestaltung wächst. Zeitschriften sind – bei allem Herzblut, das in ihnen steckt – Waren, die verkauft werden müssen. Um gegen die Konkurrenz anzutreten, brauchen sie eine klare Optik und einen inhaltlichen Anspruch oder besser: einen Wiedererkennungswert oder die Positionierung als Marke mit einem definierten Markenversprechen. Daran werden die Verlage in Zukunft noch stärker arbeiten müssen. Stiftung Warentest verspricht optisch und inhaltlich fundierte, unabhängige Produktprüfungen, Nachrichtenmagazine wie »Der Spiegel« oder »Focus« werben mit sorgfältiger Recherche sowie Exklusivität. Daraus entstehen Erwartungshaltungen und mit ihnen die Leser-Blatt-Bindung oder ein Image, aus dem neue Markenwelten entwickelt werden können und das sich auch in andere Medienkanäle transportieren lässt.

Nutzungsdaten belegen, dass junge Menschen heute häufiger im Internet surfen und fernsehen. Unternehmen verschieben immer größere Teile ihrer Werbebudgets ins Internet. Zeitschriften verlieren dadurch Reichweite und vor allem Anzeigen. Um zusätzliche Werbe- und Lizenzeinnahmen zu generieren oder um junge Zielgruppen mittelfristig wieder fürs Lesen zu begeistern, transferieren Verlage zunehmend Zeitschriften-Konzepte in andere Kanäle, vor allem ins Internet oder ins Fernsehen. Den »Spiegel« etwa gibt es nicht mehr nur am Montag, sondern täglich im Internet und mehrmals pro Woche im Fernsehen. Zusätzlich sammeln monothematische Sonderhefte Artikel des Nachrichtenmagazins neu. Doch eine eingeführte Zeitschriftenmarke ist heute zu wertvoll, um damit nur Nachrichten zu verkaufen. »Der Spiegel« konzipiert daher, wie andere Verlage auch, eigene Buchreihen oder Filmeditionen. Einige Zeitschriften weiten ihren Internetauftritt bereits zu Themenportalen aus und integrieren darin Online-Shops, in denen sie Produkte anbieten, die zu ihrem Fachgebiet passen. Mobile Nachrichtendienste für Smartphones erweitern die Palette der Expansionsmöglichkeiten zusätzlich.

Das alles funktioniert nur mit einer Optik, die in allen Vertriebskanälen wiederzuerkennen ist. Leider lässt sich das spezifische Aussehen eines Magazins nur schwer in andere Formate übertragen. Websites lassen nur beschränkt eine eigenständige Gestaltung zu, typische Schriften oder Layout-Raster sind kaum in die Contentmanagement-Systeme einzupflegen. Daher funktioniert die Markenführung im Internet ähnlich wie im Fernsehen hauptsächlich über das bekannte Logo und die Markenfarben einer Zeitschrift. Hier wie dort spiegelt sich in vertrauten optischen Signalen der gute Name eines Magazins und bietet dem Verbraucher Orientierung.

Man kann diese Entwicklung gut heißen oder kritisieren, sie ist nicht mehr aufzuhalten. Doch sie bietet den Zeitschriften auch Chancen – dann, wenn Verlagsmanager deren Stärken nicht dem Kostendruck opfern. Von der Werbevermarktung abgesehen ist mit Nachrichten allein im Internet wenig zu verdienen. Bezahlte Inhalte funktionieren bisher kaum als Geschäftsmodell. Noch ungeklärt ist zudem, ob journalistische Nachrichtendienste aus dem Internet ein ähnlich hochwertiges Image wie Zeitschriften entwickeln können und sich in die Offline-Welt übertragen lassen. Denn Internet und teilweise auch das kommerzielle Fernsehen haben ein großes Manko: Schnell und kosteneffizient produziert, fehlen ihnen im Gegensatz zu vielen bekannten Zeitschriften Glaubwürdigkeit und Qualitätsanspruch. Doch das sind Eigenschaften, die die Industrie zum Transport ihrer Werbeaussagen sucht. Auch auf Kundenseite bietet also ein erkennbares Profil von Zeitschriften Sicherheit.

Nach der ersten Euphorie über das neue Medium Internet geht es nun um die Kanalisierung von Nutzungs- und Informations-Bedürfnissen. In der Vergangenheit hat bisher noch kein neues ein schon eingeführtes Medium ersetzt. Daher wird sich im Wettbewerb mit den elektronischen Medien auch die Zeitschrift weiterhin behaupten – wenn die Macher deren Vorteile betonen: Diese liegen in der professionellen Verbindung von Optik und Inhalten oder in der gekonnten und bewussten Strukturierung von Beiträgen. Den schnelllebigen elektronischen Medien können Zeitschriften neben Glaubwürdigkeit außerdem gründlich recherchierte Geschichten mit überraschenden Layouts, professionell aufbereiteten Infografiken, vor allem aber mit beeindruckenden Bildern entgegensetzen. So bilden sie ein Gegengewicht zur undifferenzierten Datenflut und zum Tempo elektronischer Medien und bieten Orientierung, wo Unsicherheit herrscht.

2 Sendungsformen im Hörfunk

Grafische Gestaltung und Layout geben den Zeitungen und Zeitschriften ein unverwechselbares Profil und sind wichtig für die Bindung des Lesers an »sein« Blatt. Für eine der Presse vergleichbar ausgeprägte Typisierung von Hörfunkprogrammen bestand in Deutschland lange Zeit kein Anlass. Seit Einführung privater Sender jedoch ist die Hörfunkszene in Bewegung geraten, und der Wettbewerb um Hörer erfordert attraktive und gezielte Angebote. Öffentlich-rechtliche Anbieter und neu hinzugekommene Privatstationen, insgesamt über 340 Radioprogramme, müssen sich den Markt des Werbevolumens, aber auch die Zeit- und Geldbudgets des Publikums teilen (→ Mediensystem in Deutschland). Von den Programm-Machern verlangt diese Konkurrenzsituation neue Konzepte. Wenn viele Programme gleichzeitig zu empfangen sind, müssen sich die einzelnen Stationen zwangsläufig auf bestimmte Zielgruppen hinsichtlich Alter, sozialer Zugehörigkeit oder Freizeitinteressen spezialisieren. Und je härter der Konkurrenzkampf der Hörfunkanbieter um die Aufmerksamkeit des Publikums ist, desto höher werden die Anforderungen an die Programmplanung und -gestaltung.

Wer erfolgreiche, zukunftsorientierte Programmplanung betreiben möchte, sollte die Wünsche und Bedürfnisse seiner Hörer kennen, die für die Nutzung des Programms ausschlaggebend sind. Das Image und Profil eines Radioprogramms insbesondere bei seiner Musikauswahl, die so genannte »Musikfarbe«, sind wichtige Auswahlkriterien. Sie sorgen dafür, dass Hörer bei einem Programm länger verweilen. Die Art der Präsentation entscheidet maßgeblich über die emotionale Bindung des Hörers an »sein« Programm und wird so zum Faktor ökonomischen Erfolgs.

Folgende Phasen der Hörerbindung können unterschieden werden:
* *Identifizierung des Programms*
  Die vertraute Musikfarbe, Jingles, Stimmen von Moderatoren und kalkulierbares Zeitschema sind die wichtigsten Anhaltspunkte, die ein schnelles Wiedererkennen erleichtern.
* *Klassifizierung des Programms*
  Hier prüft der Hörer, ob das Programm seinen aktuellen Bedürfnissen und Stimmungen gerecht wird. Er klassifiziert den erwarteten Nutzen für sich, z. B. als Stimulanz, akustische Hintergrundkulisse, Lebenshilfe, Trost oder anderes.
* *Bewertung der Programmleistung*
  Ist der regelmäßige Kontakt mit dem Hörer erst einmal erreicht, steigen die Anforderungen an Form und Inhalt. Die professionelle Präsentation von Musik und Wort tritt in den Vordergrund. Person, Stimme, Sprachstil und Inhalt von Moderationen unterliegen einer ebenso harten Bewertung wie die Auswahl und Kombination der Musikstücke.

Angesichts der Vielfalt von Radioprogrammen bestimmt das vom Hörer wahrgenommene Programmprofil die Überzeugungskraft der Argumente, die ihn zum Hin- und nicht zum Weghören bewegen sollen. Eine harmonische und überzeugende Präsentation von journalistisch aufbereiteten Themen, Moderation und Musik wird so zur Grundvoraussetzung für den Erfolg eines Radioprogramms im Konkurrenzkampf der Hörfunkanbieter. Vor allem private Stationen haben Konzepte aus den USA übernommen, wo die Spezialisierung von Programmen schon seit langem wesentlich ausgeprägter ist. Im Wortschatz deutscher Radiomacher haben sich neue Fachbegriffe etabliert, von denen hier nur einige vorgestellt werden können.

Die Begriffe Einschalt- und Begleitprogramm charakterisieren zwei grundsätzlich verschiedene Programmformen. Einschaltprogramme sind Programme, die längere Wort- und Musikbeiträge zu anspruchsvollen Themen senden. Der Hörer wird sich in der Regel vorher über Inhalt und Sendezeit informieren und gezielt bestimmte Sendungen einschalten. Einschaltprogramme erzielen vergleichsweise geringe Reichweiten, werden deshalb oft als Minderheitenprogramme bezeichnet und meist von nicht kommerziellen Sendern oder im Rahmen des öffentlich-rechtlichen Programms angeboten, das damit einen wichtigen Teil seines gesetzlichen Auftrags erfüllt. Begleitprogramme werden dagegen meist neben anderen Tätigkeiten und weniger gezielt gehört. Sie erreichen große Hörerzahlen; man bezeichnet sie daher auch als Massenprogramme. Auch ein Begleitprogramm wird – journalistischer Anspruch vorausgesetzt – seine Hörer informieren, knapper zwar als die ausführlichen Einschaltprogramme, aber dafür mit breitem Themenspektrum, kurzen Beiträgen und oft aktueller.

Einschalt- und Begleitprogramme

Ein »formatiertes« Radio ist ein einheitlich und durchgängig gestyltes Begleitprogramm. Das Format wird bestimmt von Musikfarbe, Wort-Musik-Mischung, Informationsanteilen und der Art der Präsentation. Bei der Programmplanung wird nichts dem Zufall überlassen. Kontinuierliche Hörerbefragungen ermitteln die Wünsche und Interessen des Publikums, um die Sendeinhalte konsequent darauf abstimmen zu können. Die Musikfarbe ist dabei der wichtigste Faktor für die Zielgruppenspezialisierung eines Formats, der programmtypische Sound entscheidend für die Wiedererkennbarkeit und Bindung des Hörers an den Sender.

Formatradios

Aus den USA kommt mehr als ein Dutzend unterschiedlicher Musikformate, die zum Teil von deutschen Stationen mit geringen Änderungen übernommen wurden. Eines der wichtigsten ist z. B. das AC-Format (»Adult Contemporary«), das sich an die kaufkräftigste Zielgruppe der 25- bis 49-Jährigen richtet und nur Rock und Pop ohne schrille Töne sendet. Ein anderes Format (»Easy Listening«) wendet sich an die Zielgruppe der Hörer ab 50 aufwärts. Hier dominieren sanfte Melodien (meist nur instrumental) und das gesprochene Wort wird sehr zurückhaltend eingesetzt. Darüber hinaus gibt es auch in Deutschland Wortformate, die rund um die Uhr nur Nachrichten und Informationsprogramme senden

(z. B. »B5 Aktuell« vom Bayerischen Rundfunk). Wenn sich Programmplaner auf eine einzige Musikgattung (z. B. Klassik, Jazz, Rock) oder nur auf das Wort beschränken, spricht man auch von einem Spartenprogramm. Für die Zukunft weist der Trend in Richtung Zielgruppen- und Spartenprogramm. Jedenfalls gehören Mischprogramme – »für alle etwas« in Wort und Musik – der Vergangenheit an.

Die »Playlist« soll den einmal festgelegten programmtypischen Sound garantieren. Sie wird nach genau festgelegten Regeln erstellt. Entscheidend ist, wie viele Musiktitel die Playlist umfasst und wie häufig einzelne Titel wiederholt werden (»Rotation«). Im Extremfall finden sich nur sehr wenige aktuelle Musiktitel in der Rotation. Dieses Prinzip geht zurück auf das amerikanische »Top 40«-Format aus den späten 1950er Jahren, das sich nur auf die 40 bestplatzierten Titel der aktuellen Charts beschränkte. Je weiter oben ein Titel in der Liste steht, desto häufiger rotiert er innerhalb des Programms. In der Regel haben jedoch selbst eng formatierte Programme eine umfangreichere »Playlist«, die z. B. einige hundert Titel umfasst.

Sendelaufpläne werden mit der so genannten Stundenuhr gestaltet. Dabei wird der Ablauf einer Sendestunde in Uhrform skizziert und genau festgelegt, wo die einzelnen Wort-, Musik- und Werbeblöcke zu platzieren sind. Oft liegt selbst der Platzierung der Informationsteile ein genaues, inhaltliches Schema zugrunde, in dem jeder thematische Bereich (wie Sport, Regionales, Kultur, Buntes) seinen festen Platz innerhalb der Sendestunde hat. Auch die Musikfolge ist häufig genau festgelegt und richtet sich nach den Kategorien Tempo, Charakter, Rotationshäufigkeit und Alter des Titels. Ein konsequent formatiertes Radio wird dieses Design für jede Sendestunde anwenden, um zu jeder Zeit, wenn sich ein Hörer neu ins Programm einschaltet, wiedererkennbar zu sein. Andere Programme beschränken sich auf die Musikformatierung und setzen im Verlauf eines Sendetages verschiedene Sendeformen flexibler ein.

| Verhältnis von Wortbeiträgen zur Musik | Die Wort-Musik-Mischung hängt stark ab von der grundsätzlichen Ausrichtung des Programms. Einschaltprogramme sind stärker wortorientiert als Begleitprogramme. Zwei Drittel Musik, ein Drittel Wort – diese Philosophie haben sich die meisten erfolgreichen Begleitprogramme zu eigen gemacht. Bei vielen privaten Anbietern hat das Wort einen noch geringeren Anteil. Auch die Gestaltung und Präsentation der einzelnen Wortbeiträge spielen eine immer größere Rolle im Medienwettbewerb (→ Management und Marketing).

Ein attraktives Musikprogramm nützt nichts, wenn die Aufbereitung der Wortanteile dem Charakter des Musikformats widerspricht. Ein z. B. auf eine jugendliche Zielgruppe ausgerichtetes Musikformat verlangt auch in den Informationsteilen lautere Töne und einen schnelleren Rhythmus als Programme für ältere Zielgruppen. Allgemein gültige Regeln lassen sich hier nicht angeben, zu unterschiedlich sind die einzelnen Zielgruppen und Programmkonzepte. Man sollte sich grundsätzlich die Funktionen vor Augen führen, die bestimmte Gestaltungselemente im Radio erfüllen, um sie gezielt einsetzen zu können.

Originaltöne (O-Töne) machen Beiträge lebendiger und glaubwürdiger. O-Töne   Originaltöne
von Beteiligten oder Betroffenen eines Ereignisses sind für den Hörfunk ein
wichtiges Gestaltungselement. Auswahlkriterium sollte immer die Aussagekraft
sein. O-Töne haben innerhalb des Beitrags auch eine dramaturgische Funktion;
sie heben eine Aussage und den Aussagenden besonders hervor. Ein O-Ton ist
authentisch, also besonders glaubwürdig, und vermittelt nicht nur, was gesagt
wird, sondern auch, wie es gesagt wird. Außerdem macht er einen Bericht durch
Abwechslung lebendiger und sorgt durch die andere Akustik (andere Stimme,
Hintergrundgeräusche) für einen zusätzlichen Höranreiz. Um ein ausgewogenes
Verhältnis zwischen Berichtstext und O-Tönen zu erzielen, schlagen Walther von
La Roche und Axel Buchholz einen Anteil von rund 40 bis 60 Prozent Original-
ton im typischen O-Ton-Bericht vor.

Unter »Atmo« versteht man in der Radiosprache Umgebungsgeräusche und
akustische Eigenarten des Aufnahmeorts. Gezielt aufgenommene »Atmo« mit
Bezug zur Aussage macht O-Töne lebendiger und authentischer. Hintergrundgeräusche dürfen aber nicht zu laut sein. Wenn sie keinen Bezug zur Interviewsituation haben, stören sie nur. In der Radiosprache versteht man unter Geräuschen authentische Töne, die der Hörer gezielt einer bestimmten Schallquelle
zuordnen kann (z. B. der Klang einer Maschine, die Laute eines Tieres, das Klingeln eines Telefons).

Richtig eingesetzte Geräusche sind vor allem in den Feature-Formen wichtige Gestaltungselemente, sozusagen Klangbilder, die für den Hörer einen akustischen Film entstehen lassen (→ Journalistische Darstellungsformen). Sowohl
in der Moderation als auch in vorproduzierten Beiträgen können kurze Wort-
passagen über einen Instrumentaltitel gelegt werden. Zwischen den einzelnen
Informationsblöcken, z. B. eines Reisewetterberichts, kann in den Sprecherpau-
sen die Musik immer wieder hochgeblendet werden, um längere Informations-
blöcke aufzulockern. Leicht schlägt die Wirkung aber auch ins Gegenteil um. Ein
Musikteppich, der den Hörer in seiner Konzentration auf die eigentliche Information beeinträchtigt, wirkt störend. Vor allem bei reinen Manuskriptsendun-
gen, denen belebende Elemente wie O-Töne oder »Atmo« fehlen, ist ein Spre-
cherwechsel für den Hörer eine willkommene Auflockerung. Dabei bietet es
sich an, den verschiedenen Funktionen im Manuskript unterschiedliche Sprecher zuzuordnen. Aber auch bei Magazin- oder Nachrichtensendungen kann ein
Moderatorenwechsel dem Hörer die Orientierung und Informationsaufnahme
erleichtern.

Selbst ein stark schematisiertes Programm lässt dem Journalisten immer noch
die Möglichkeit, sämtliche akustischen Gestaltungsformen im Radio zur Informationsvermittlung einzusetzen. Diese aber werden in vielen Programmen meist
nur spärlich ausgeschöpft. Am häufigsten nutzen die Sender O-Töne als Gestaltungselement. Hinterlegte Musik erfreut sich vor allem bei privaten Stationen
großer Beliebtheit. Das Telefon als schnell verfügbares Instrument für aktuelle
Interviews und Korrespondentenberichte wird ebenfalls häufig eingesetzt. Ereig-
nisnahe Live-Formen wie »Hörer-Phone-In« oder »Gäste im Studio« sind eben-

falls beliebt. Die teure, weil aufwändige Berichterstattung mit Ü-Wagen »live vor Ort« bleibt häufig auf die öffentlich-rechtlichen Anstalten beschränkt. Insgesamt führen gerade die ereignisnahen, authentischen Gestaltungsformen ein eher kümmerliches Dasein. Was dies für den Erfolg der Programme bedeutet, bleibt abzuwarten. Patentrezepte gibt es nicht, Aktualität und Hörernähe honoriert das Publikum auf alle Fälle.

Eine inflationäre Ausweitung von Telefonberichten und -interviews geht jedenfalls auf Kosten der Qualität und entwertet dieses Gestaltungsmittel. Da diese Sendeform Produktionskosten spart, machen viele Sender von ihr allzu häufig Gebrauch, anstatt sie gezielt einzusetzen.

Abb. 31 zeigt ausgewählte Beispiele der journalistischen Präsentationsformen im Radio (→ Journalistische Darstellungsformen).

Abb. 31: Journalistische Präsentationsformen im Radio – ausgewählte Beispiele

Monothematische Sendung
ist die zeitaufwändigste Form, um ein Thema im Radio zu präsentieren, indem man es in einer oder mehreren Sendestunden unter den unterschiedlichsten Facetten und Blickwinkeln behandelt. Monothematische Sendungen erfordern umfangreiche Vorausplanungen bis ins Detail: themenbezogene Musikauswahl (Akzentmusik), entsprechende Verpackung der einzelnen Beiträge und der gesamten Sendung mit Produktionselementen, um die Sendung als etwas Besonderes zu präsentieren, das aus dem alltäglichen Programmfluss herausgehoben ist.

Feature
ist ebenfalls eine viel Zeit erfordernde Darstellungsform im Radio und stellt ein Thema beispielhaft in mehreren unterschiedlichen Facetten vor. Ein »klassisches« Radiofeature wird sich aller radiophonen Gestaltungsmittel bedienen und dadurch für den Hörer einen »akustischen Film« entstehen lassen. Vor allem private Radiostationen benutzen den Begriff Feature auch für Sendeformen, die einzelne »gebaute Beiträge« zu einem bestimmten Thema durch Moderation und Musik zu einer größeren Form verpacken. Dabei hat sich eine Länge von 20 bis 30 Minuten als hörerfreundlich erwiesen.

»Gebauter Beitrag«
bedeutet, dass der Redakteur nicht einen reinen Worttext spricht, sondern den Beitrag mit »Atmo«, O-Tönen usw. anreichert. »Gebaute Beiträge« werden in Magazinen und auch in Rubriken eingesetzt. Im Magazin leitet man sie oft durch eine Anmoderation ein, innerhalb von Rubriken werden sie meist durch Produktionselemente verpackt. Die Länge schwankt – je nach Station – zwischen einer Minute 30 Sekunden bis zu fünf oder sechs Minuten.

Bericht
enthält im Gegensatz zum »gebauten Beitrag« keine O-Töne oder sonstige Zuspielungen. Er ist ein präsentierter Text. Besonders häufig ist diese Darstellungsart als »Korrespondentenbericht« über Telefon oder Standleitung in den Programmen zu finden. Berichte werden ähnlich wie »gebaute Beiträge« eingesetzt. Da sie nur ein Sprecher ohne »Atmo« oder O-Ton präsentiert, erzielen sie eine weitaus geringere Aufmerksamkeit. Man wird also immer versuchen, dem »gebauten Beitrag« den Vorzug vor Berichten zu geben.

Interview
ist die wohl am häufigsten verwendete Darstellungsart im Hörfunk. Dabei kann es sich um Live-Interviews (Studiogäste, Gesprächspartner am Telefon) oder um aufgezeichnete Inter-

views handeln. Die Gesprächspartner können sowohl Hörer, Experten, Handlungsträger oder Korrespondenten sein. Soweit möglich sollte der Moderator alle Interviews persönlich führen. Es stärkt seine Kompetenz, wenn er sich selbst mit dem Gesprächspartner unterhält, statt ein aufgezeichnetes Interview eines Redakteurs abzuspielen.

»Call-in«

bietet Gelegenheit zur direkten Hörerbeteiligung am Programm. Der Moderator fordert die Hörer auf, sich per Telefon zu einem bestimmten Thema zu äußern. »Call-in« bietet sich vor allem bei kontroversen oder unterhaltenden Themen an. Die Länge eines »Call-in« liegt in der Regel bei einer bis drei Minuten. Es soll keine repräsentative Meinungsumfrage sein, sondern Vielseitigkeit bieten und Trends aufzeigen.

Straßenumfragen

machen es möglich, durch einen Reporter Meinungen und Statements von Passanten auf der Straße einzuholen. Auch diese Darstellungsform ist bei kontroversen oder unterhaltenden Themen am ergiebigsten. Die einzelnen Äußerungen werden bei der Nachbearbeitung im Studio kommentarlos aneinander geschnitten und mit einer Anmoderation gesendet. Solche Straßenumfragen können natürlich niemals repräsentativ sein. Das sollte auch in den Sendungen hervorgehoben werden.

Kommentar und Glosse

geben einer Redaktion Gelegenheit, Kompetenz zu beweisen und das Informationsimage des Senders positiv zu beeinflussen. Sie werden als Bericht verfasst und meist vom Autor selbst präsentiert. Die Länge liegt allgemein zwischen einer und zwei Minuten. Meinungsbeiträge müssen im Radio deutlich als solche gekennzeichnet und entsprechend »verpackt« werden. Der Moderator sollte sich im unmittelbaren Anschluss an einen Kommentar oder eine Glosse nicht zu Wort melden. Die Auswahl des nachfolgenden Musiktitels erfordert Fingerspitzengefühl.

Moderatoren-Meldung (»Mod-Meldung«)

ist gedacht für so genannte »bunte« Themen, die für einen »gebauten Beitrag« oder einen Bericht nicht infrage kommen, aber trotzdem im Radioprogramm auftauchen sollen. Da Nachrichtenagenturen über den Tag eine große Zahl von »bunten« Meldungen liefern, setzt man »Mod-Meldungen« im Radio oft ungeplant ein. Diese reinen Wortmeldungen werden hörfunkspezifisch umgeschrieben, und der Moderator verwendet sie als eigenen Beitrag oder für eine verbindende Moderation zwischen zwei Musiktiteln. Die Länge liegt meist zwischen 30 Sekunden und einer oder zwei Minuten.

Jingles

sind gezielt einzusetzende, kurze musikalische Elemente, die das Image des Senders prägen und die Identifikation des Hörers mit dem Sender fördern sollen. Sie strukturieren die Programmelemente Information, Musik und Unterhaltung, bilden sozusagen die »Verpackung«, durch die der Hörer das Programm wiedererkennen kann. Es sind meist kurze musikalische Stücke mit einer gesungenen Mitteilung, etwa dem Sendernamen, der Frequenz oder einem kurzen Slogan. Jingles erfüllen die Funktion einer verbindenden Tempo-Brücke zwischen unterschiedlichen Programmelementen. Image-Identifikationen (»Image-IDs«) folgen meist Wortbeiträgen und unterstreichen durch einen kurzen Slogan die Wirkung des eben gesendeten Beitrags. Sie können Bestandteil jedes Programmelements eines Senders sein. Ein Spot (»Promo«) unterscheidet sich davon hauptsächlich durch seine größere Länge (30 bis 60 Sekunden). Er soll für den Sender werben – sozusagen in eigener Sache – und versucht Besonderheiten herauszustellen, durch die sich das Programm von dem der Konkurrenten unterscheidet.

»Sounder«

sind akustische Signale ohne Text, die ein wichtiges Programmelement, z.B. Nachrichten, Wetter oder Verkehrsdurchsagen, ankündigen. Der »Stinger« bildet den Schlussakzent eines Programmelements. Liegt z.B. hinter den Nachrichtenschlagzeilen Musik, dann kann am Schluss auf einer zweiten Maschine der »Stinger« abgefahren werden, der einen präzisen Schlussakzent

statt einer langsamen Abblende liefert. »Bumper« sind Verpackungen für bestimmte, regelmäßig wiederkehrende Rubriken. Sie stehen am Anfang und Ende des Beitrags und können aus
Sprache über Musik bestehen und Geräuscheffekte enthalten. Gut produzierte »Bumper« verankern Rubriken im Gedächtnis der Hörer und schaffen damit ein Stück Identifikation mit dem
Sender. »Drop-in« ist ein vorproduziertes Sprachelement, das bei Bedarf als kurzes, prägnan-
tes Statement ins Programm eingeblendet werden kann. Typische Drop-ins sind z.B. der Name
des Moderators oder der Sendung. »Sound Effects« (»SFX«) bestehen aus vorproduzierten
Geräuschen vom Band, die bestimmte Programmelemente effektvoll unterstreichen sollen.

Quelle: eigene Darstellung in Anlehnung an La Roche/Buchholz 2004

2.1   Radio im Tagesablauf

Hermann Orgeldinger
Früherer Programmdirektor von »Radio 7« und jetzt Geschäftsführer »orgeldinger
media group«, Esslingen

Radio ist Tagesbegleiter Nummer Eins. Kein anderes Medium wird im Tagesverlauf so intensiv genutzt. Aktuell beträgt die tägliche Hördauer und damit
die Nutzungsdauer des Mediums Radio 200 Minuten (Quelle: Medien-Analyse
MA 2007/II). Trotz gestiegenem TV-Konsum und der Nutzung des Internets
ist Radio ein sehr wichtiges und aktuelles Informationsmedium für die Bevölkerung. In erster Linie aber ist Radio ein Unterhaltungsmedium. Und um die
Hörer gut zu unterhalten, bedarf es der richtigen Musik. Denn sie entscheidet
über Zielgruppe, Einschaltverhalten und Verweildauer. Deshalb stecken Radiosender sehr viel Geld in die Musikforschung.

Die Musik   Mindestens einmal im Jahr, bei großen Sendern sogar zweimal, müssen alle
Musiktitel, die im Programm eingesetzt werden, im Fachjargon Rotationstitel,
und die Titel, die der Musikchef einsetzen will, getestet werden. Ein aufwändiges und teures Verfahren, bei dem Hörern und Nichthörern kurze unverwechselbare Ausschnitte (Hooks) aus Musiktiteln vorgespielt werden, und bei dem sie
jeden einzelnen Titel bewerten müssen. Der Aufwand ist aber unvermeidlich und
lohnt sich für wichtige Programmentscheidungen. So erfahren die Programm-
Macher nicht nur etwas über den Geschmack der eigenen Hörer, sondern auch
über das Musikimage der Mitbewerber auf dem Markt.

Der Titeltest ist die Basis der Musikrotation. Er wird ergänzt durch Call-out-
Tests, regelmäßige, meist 14-tägige Abfragen von mindestens 30 Titeln der so
genannten Hot-Rotation. In diesen Tests wird auch die Akzeptanz neuer Titel
abgefragt. Gewappnet mit diesem Handwerkszeug, macht sich Tag für Tag der
Musikredakteur daran, ein optimales Musikprogramm zusammenzustellen.

Auf der Basis dieser Researchdaten entsteht das Musikformat eines Senders. Früher setzten Sender noch bis zu 2.500 Titel in ihrem Programm ein, heute fahren erfolgreiche Sender kleine Rotationen mit 200 bis 250 Titeln. Die erfolgreichen und populären Titel werden regelmäßig wiederholt. In der Powerrotation sind 20 bis 30 Titel, die bis zu fünf, sechs Mal am Tag im Programm laufen. Spezielle Musiksendungen gibt es nur noch selten und wenn, dann nur in den Abendstunden. Gespielt werden Hits. Je nach Senderpositionierung nur die aktuellen Hits, häufig aber auch die aktuellen Hits und die aus den 1990er Jahren. Manche Sender mischen auch noch Hits aus den 1980ern ins Programm. Diese Titel werden aber meist entsprechend anmoderiert oder mit akustischen Elementen gebrandet. Wichtig ist, der Hörer muss jeden Titel kennen. Neue Titel werden sehr vorsichtig eingesetzt und wenn, dann mit der richtigen Verpackung, sprich mit Jingles, die darauf hinweisen, dass jetzt ein neuer Titel gespielt wird.

Hat es ein Musikredakteur also beim Programmbauen ganz einfach? Muss er nur noch auf den Computerknopf drücken und all die Titel, die gut getestet sind, schön verteilt rotieren lassen? Mitnichten! Ein guter Musikredakteur setzt sich täglich mit seinen Wortredakteuren, zumindest aber mit der Primetime-Mannschaft zusammen. So erfährt er alles über die Themen und Ideen für den nächsten Tag. Nach einem solchen Redaktionsmeeting werden die Computervorschläge noch einmal komplett durchgegangen und überarbeitet. Bei einer optimalen Verteilung und einer optimalen Rotation der Titel ist der Computer unschlagbar. Aber kein Computer kann das Feeling eines Musikredakteurs ersetzen. Moderatoren haben in heutigen Radiostationen keinerlei Einfluss auf das Musikprogramm. »Der Köder muss dem Fisch schmecken, nicht dem Angler«, hat der Medienmacher Dr. Helmuth Thoma einmal gesagt. Und auch wenn er diesen Satz auf das Fernsehen bezogen hat, er gilt gleichermaßen für das Radio.

Das Wort

Interessiert das unsere Hörer? Macht das den Hörern Spaß? Hat das Thema Gesprächswert? Diese Fragen gehören zu den wichtigsten in den Radio-Redaktionskonferenzen. Und nicht selten bedeutet diese Frage, dass ein Thema gekippt wird, bei dem in der Redaktionskonferenz begründete Zweifel auftauchen, dass es mit dem Hörerinteresse nicht so weit her ist. Die Frage »Interessiert das unsere Hörer?« ist die wichtigste Frage bei der Themenbewertung. Das Hineindenken in die Anforderungen der Rezipienten, das Hinterfragen der Gründe, warum ein Thema on air gehen soll, ist gleichzeitig das Bekenntnis zum »Hörer-Radio«. Das Bekenntnis, dass ein Radioprogramm kein Selbstzweck sein darf, dass Dinge wie Chronistenpflicht, Ausgewogenheit oder kleine Gefälligkeiten gegenüber Partnern in einem Radioprogramm nichts zu suchen haben. Der Hörer ist der alleinige König, ihm muss ein Radioprogramm gefallen, tut es das nicht, wechselt er den Sender. Und Alternativen gibt es zuhauf.

Wünsche und Interessen der Hörer

Doch was will der Hörer? Sicherlich kein Radio, in dem zu jeder Stunde alles möglich ist. Ich habe es einmal den »Themenmülleimer« genannt. Wie in einen Mülleimer wird alles reingestopft, was im Laufe des Tages Reporter, Redakteure und Korrespondenten abliefern. Statt Planung Programmfüllung. Der Hörer will aber auch kein »Kästchen-Radio«, bei dem jede Stunde neu beginnt und deutliche Unterschiede in der Sendungsphilosophie eine Durchhörbarkeit unmöglich machen. Natürlich gibt es Beispiele in der deutschen Radiolandschaft, wo »Inselsendungen« sogar erfolgreich laufen und gute Quote machen. Im Sendungsumfeld führen solche Spezialsendungen aber fast immer zu Verlusten in der Hörerakzeptanz.

Natürlich lässt sich ein Programmkonzept nicht allein auf die Frage »Gefällt das unserem Hörer?« aufbauen. Ein Programm-Macher hat weitere Hilfsmittel, die ihm bei einer erfolgreichen Planung helfen. Da ist vor allem die zweimal jährlich erscheinende Media-Analyse (MA). Genau dieser dicke Band mit Hunderten von Seiten endloser Tabellen liefert optimale Fakten und Daten für eine detaillierte Programmplanung. Wann hören Männer, wann Frauen Radio? Wie verteilen sich unterschiedliche Stunden im Tagesverlauf auf unterschiedliche Alterssegmente? Wann hört Mann oder Frau im Auto Radio? Wann sind er oder sie bei der Arbeit?

Jeder Programmplaner sollte außer der Media-Analyse jede greifbare Statistik, die sich mit Radionutzung, Konsumgewohnheiten oder neuen Trends beschäftigt, intensiv studieren. Im Radio-Geschäft ist Wissen absolute Macht. Und, nicht zu vergessen, Radio hören. Was macht die Konkurrenz im eigenen Sendegebiet, was bieten Radiosender in anderen Bundesländern ihren Hörern? Zu meiner Zeit als Programmdirektor habe ich im Ausland sehr intensiv Radio gehört. Und das sogar in Ländern, deren Sprache ich nicht mächtig bin. Denn man kann auch ohne etwas zu verstehen viel von der Radiophilosophie eines anderen Landes mitbekommen.

Selbst von kleinen ausländischen Lokalradiostationen, egal ob in Italien oder Amerika, kann ein Radioprofi sehr viel lernen. Aber Vorsicht: Hören heißt noch lange nicht adaptieren. Anregungen mitnehmen, anhören, wie bestimmte Dinge in anderen Sendern präsentiert werden, das ist sinnvoll. Doch die eigenen Hörer bei der Umsetzung in der eigenen Station dabei nie aus den Augen verlieren. Gerade in unseren Regionen gibt es so große Unterschiede, dass ein Radio in Baden-Württemberg sich eben anders anhören muss, als eines in Schleswig-Holstein. Schon manch hoch dotierter Programm-Planer ist übrigens beim Wechsel in ein anderes Bundesland genau darüber gestolpert… Und zum Glück sind die Zeiten, in denen in Deutschland amerikanische Programmberater weismachen wollten, es müsste hier ein Programm wie in den USA gemacht werden, längst Vergangenheit. Erfolgreich waren solche Konzepte nie!

Primetime – die wichtigste Radiozeit Doch wie konkret wird ein Radio-Tag geplant? Die Vorgabe ist denkbar einfach: Nach den Tagesanforderungen der Hörer. Die wichtigste Radiozeit ist der Morgen, die Primetime. Für die Primetime steht das größte Redaktionsteam zur Verfügung, sie wird auch von den anderen Sendeschienen gestützt. Im Radiodeutsch heißt das »Backselling« und »Preselling«. Was nichts anderes bedeutet, als dass auch nach der Primetime, die üblicherweise von fünf bis neun, manches

Mal auch von sechs bis zehn Uhr läuft, das Primetime-Team on air zu hören ist. Was war am Morgen los? Welche Pointen hat das Moderatoren-Team geliefert? Wie waren die Hörer heute Morgen drauf? Wer hat etwas gewonnen? Welche Art von Comedy war zu hören?

Der Grund für dieses Pre- und Backselling liegt auf der Hand: Die Hörer der anderen Sendestunden müssen neugierig werden auf das, was morgens läuft. Die Radiomacher müssen versuchen, so viele Hörer wie möglich zum Hören am Morgen zu bewegen. Denn wenn die Primetime gute Einschaltquoten hat, hat der ganze Sender gute Quoten.

Wer nachrechnen will, wie erfolgreich gute Morningshows in Deutschland sind, der rechnet mal den Stundendurchschnitt zwischen sechs und neun Uhr aus und setzt ihn ins Verhältnis zum Stundendurchschnitt zwischen 9 und 18 Uhr. Erreicht der Morgen nicht eine Einschaltquote, die um die 40 Prozent über dem Tagesdurchschnitt liegt, hat der Sender ein Problem oder, positiv ausgedrückt, noch viel ausbaufähiges Potenzial.

Die Primetime-Moderatoren sind die Stars des Radios. Sie werden am besten bezahlt, werden bei Vor-Ort-Präsentationen entsprechend positioniert, und im Radioprogramm dreht sich alles um sie. Die Promotions, die hörerbindenden Maßnahmen, die Gewinnspiele …

Unterstützt werden die Primetime-Moderatoren von einem ganzen Team von zuarbeitenden Redakteuren. Vom News-Mann, der mindestens zweimal pro Stunde morgens on air sein muss, besser sogar viermal. Denn die morgendliche Hördauer beträgt im Schnitt gerade mal 20 Minuten und in diesen 20 Minuten muss der Radiomacher seinem Hörer alles bieten: abwechslungsreiche, topbekannte Musik, Unterhaltung durch die Moderatoren, etwas zum Lachen oder Schmunzeln, Nachrichten, Service wie Wetter und Verkehr. Eine Morgensendung-Stunde muss also minutiös geplant sein. Deshalb das große Team.

Aktualität ist wichtig. Der Hörer will wissen, ob die Welt sich noch dreht. Das Ganze kurz und bündig. Dabei sollte aber nicht vergessen werden, den Hörer über das zu informieren, was in seiner unmittelbaren Umgebung passiert ist. Regelmäßige Regionalnachrichten sind der Erfolgsgarant der Lokal- und Regionalsender. Diese Informationen haben solche Sender exklusiv, große landesweite Sender können hier nicht mithalten.

Ein weiteres wichtiges Thema, die Comedy am Morgen. Die besten Comedy-Macher haben für Radio-Primetimes gearbeitet. Formate wie Knallinger, Verrücktes Telefon, Christoph Sonntags »Fundamt für peinliche Verluste« sind im Radio entstanden. Und zwar fast immer in der Primetime.

Nach der Primetime, bei manchen Sendern um neun Uhr, bei anderen um zehn Uhr, gibt's den Moderatorenwechsel und den Wechsel der Themen. Jetzt haben die Hörer mehr Zeit, hetzen nicht mehr zwischen Zahnbürste und Kaffeetasse hin und her. Jetzt darf ein Thema auch mal intensiver abgehandelt werden. Aber noch immer gibt es die Grundforderung: »Interessiert das unsere Hörer?« Und dann muss natürlich auch die Primetime ihren Platz in dieser Schiene finden. Pre- und Backseller sind Pflicht.

Radio –
das schnellste
Medium

Immer Platz im Programm hat die Aktualität. Mancher Radiomacher hat das erst nach dem 11. September entdeckt. Erfolgreicher waren die Sender, die ihren Hörern immer das Gefühl gegeben haben, »wenn was passiert, bei uns wirst du informiert«. Der Chef vom Dienst hat das Recht, mit wichtigen Themen das geplante Programm zu ändern. Radio ist auch in Zeiten des Internets das aktuellste und schnellste Medium. Immer empfangbar, auf dem Handy, im Auto, im Büro, zu Hause. Das beweist das Radio Tag für Tag.

Der Nachmittag, die Zeit der Unterhaltung. Die Hörer werden jünger, das Informationsbedürfnis sinkt. Jetzt ist Radio noch mehr in seiner klassischen Funktion gefragt – als Unterhaltungsmedium. Musik ist jetzt das wichtigste Programmelement, Informationen über Musik sind gefragt, Interviews mit Musikern regelmäßig im Programm. Hörerbeteiligung kommt gut an, der Kreativität der Moderatoren sind keine Grenzen gesetzt.

Von 16 Uhr bis 18 Uhr wird noch einmal Information größer geschrieben. Die Drivetime erreicht zwar nicht ganz so viele Hörer wie die Primetime, sie ist aber die zweitwichtigste Schiene im Radiotag. Viele Hörer, die morgens zur Arbeit geeilt sind, befinden sich jetzt auf dem Nachhauseweg. Der Moderationsstil unterscheidet sich allerdings gewaltig vom Stil der Primetime. Weniger Wort, ruhiger in der Höreransprache. Die Hörer haben ihren Arbeitstag hinter sich, das muss auch im Radio spürbar sein.

Nach 18 Uhr dann viel, viel Musik. Jetzt dominiert das Fernsehen die Medienlandschaft, und die Radioreichweite sinkt tief. Das sind die Stunden, in denen ein Sender seine Musikkompetenz einbringen kann. Wort spielt so gut wie keine Rolle mehr. Wer Aktualität sucht, schaut TV oder sucht sich einen Newskanal. Die Radiomacher von Sendern mit hoher Einschaltquote tun gut daran, nicht in Konkurrenz mit Infokanälen treten zu wollen.

Ab Mitternacht beginnt die Zeit der Nachtfalken. Zwar ist die Einschaltquote jetzt minimal, aber die Sender, die sich ein live moderiertes Nachtprogramm leisten können – viele sind das leider nicht mehr – tun viel für ihre Hörerbindung. Nachtmoderatoren sind ganz besondere Moderatoren: Der Moderator als Nachtfalke, als Mensch, der für die Menschen draußen Ansprechpartner, manches Mal Seelentröster, Wachhalter, Unterhalter ist. Doch die wenigsten Sender haben derzeit Budgets für live moderierte Nachtsendungen. Die Sendeautomation gaukelt den Hörern einen Moderator vor, der seinen Job schon Stunden davor erledigt hat und seine Worttakes in den Rechner eingespielt hat.

Die On-air-
Promotion

Sie wird immer wichtiger. Inzwischen haben alle größeren Sender eine eigene On-air-Promotion. Sie ist zuständig für die Eigenvermarktung des Programms, für Jingles, Promos, Teaser, Pre- und Backseller. »Tue Gutes und rede darüber«, das haben die Radiomacher längst erkannt. Gerade in Zeiten mit engen Rotationen, die auch noch einen hohen Anteil an identischen Titeln bei unterschiedlichen Sendern mit sich bringen, ist es wichtig, dass der Hörer ein klares Bild seines Radios hat. Wofür steht der Sender? Was bietet er? Welche Musik wird mir als Hörer angeboten? So sind schon in den frühen 1990er Jahren Claims wie »Der beste Mix, die meisten Hits«, »Wir spielen die Hits der 80er, 90er und das Beste von heute« entstanden. Kaum ein Radioprogramm, das zwischenzeitlich ohne diese Positionierungen auskommt.

Mit diesen Stichworten lässt sich nur ein grober Überblick über die Tagesplanung eines Radioprogramms geben. Vieles ließe sich noch ausführen über Randbereiche der Programmplanung. Über On-air-Aktionen zur Hörerbindung, über Anforderungen an die Nachrichtenredaktion, über redaktionelle Abläufe und Organisationsstrukturen, über die richtige Auswahl der Moderatoren, die Anforderungen der Redaktion an die Technik. Denn viele Dinge sind nötig, damit ein Programm wie ein Maßanzug sitzt. Und dem Hörer gefällt. Denn nur für ihn wird's gemacht.

2.2   Private Radiostationen sind Wirtschaftsunternehmen

Alexander Heine
Programmleiter von »Hitradio Antenne 1«, Stuttgart

Was unterscheidet heute noch private Hörfunkprogramme von öffentlich-rechtlichen? Die Antwort auf diese Frage in Bezug auf die Inhalte der »Populärwellen« fällt nach nun über 20 Jahren Geschichte des dualen Rundfunksystems nüchtern aus: Nichts! Der einzige nach wie vor existierende und vor allem existenzielle Unterschied liegt in ihrer Finanzierung. Während die öffentlich-rechtlichen Programmanbieter sich fast ausschließlich über die Rundfunkgebühren finanzieren, sind kommerzielle Privatprogramme zu 100 Prozent von ihren Werbeerlösen abhängig. Sie unterliegen damit unmittelbar den Gesetzen des Werbemarktes: Keine Hörer, keine Werbeerlöse, kein Programm. Private kommerzielle Radiostationen sind daher in erster Linie private Wirtschaftsunternehmen. Ihre Programme sind Marken. Ziel der Programmplanung von privaten Hörfunkprogrammen ist daher nicht die Erfüllung eines politischen oder kulturellen Grundversorgungsauftrags, sondern die Hörermaximierung in einer für den Werbemarkt attraktiven Zielgruppe.

Mit welchen Instrumenten Sendungsformate für diese Zielgruppen entwickelt und kontrolliert werden können und vor welche Herausforderung die Digitalisierung des Hörfunks die Radiomacher in Zukunft stellt, soll in diesem Beitrag beleuchtet werden.

Privater Hörfunk in Deutschland ist Ländersache. Die zuständigen Landesmedienanstalten beaufsichtigen und regulieren den Markt. Sie vergeben in öffentlichen Ausschreibungsverfahren zeitlich und räumlich beschränkte Sendelizenzen, für die sich die privaten Hörfunkveranstalter immer wieder neu bewerben müssen. Jede Sendelizenz ist mit einem musikalischen Sendeformat verknüpft. Die Frage, welche »Musikfarbe« ein privater Radiosender also grundsätzlich spielt, muss schon mit der Bewerbung für die Sendelizenz entschieden werden.

Radioprogramme sind zielgruppendefiniert

Da das Hauptauswahlkriterium von Hörern für einen Radiosender die von ihm gespielte Musik ist, handelt es sich dabei um eine elementare Entscheidung, die die zukünftige Zielgruppe des Senders definiert.

Um wirtschaftlich erfolgreich zu sein, müssen private Radiostationen vor allem die Zielgruppen bedienen, die von der Werbewirtschaft maßgeblich erreicht werden sollen. Die von der Masse der Werbekunden und für sie arbeitenden Mediaplaner bevorzugte Zielgruppe ist die der 14 bis 49-Jährigen. Die Kernhörerschaft in dieser Gruppe, die aus den 20 bis 40-Jährigen besteht, ist besonders attraktiv, da sie ein relativ hohes Einkommen hat und am leichtesten für den Konsum von neuen Produkten zu gewinnen ist. Eines der reichweitenstärksten und wirtschaftlich erfolgreichsten Musikformate für diese Zielgruppe ist das so genannte AC-Format (Adult Contemporary). In der Regel besteht dieses Format aus einem Mix von Pop-Rock-Hits der 1980er, 1990er, 2000er und den aktuellen Hits von heute.

Der junge Teil dieser Zielgruppe, die 14- bis 30-Jährigen, hat eine hohe Affinität zu aktueller Musik. Das so genannte CHR-Format (Contemporary Hit-Radio) mit unterschiedlichen Ausfärbungen bildet in Deutschland die Grundlage für die meisten privaten Jugend- bzw. jungen Erwachsenenprogramme.

Eine weitere und vor allem stetig wachsende Zielgruppe bilden die über 50-Jährigen. Obwohl diese Zielgruppe vom Einkommen her äußerst attraktiv ist, tun sich Werbetreibende mit ihr noch sehr schwer. Das liegt vor allem an der hohen Produkt- und Markentreue zu den bisher genutzten Wirtschaftsgütern in dieser Altersgruppe. Diese Gruppe ist zudem die musikalisch inhomogenste. Sie bevorzugt Musik mit zum Teil sehr ambivalenten Musikstilen (Schlager, Oldies, Country, Volksmusik …). Für diese Zielgruppe wirtschaftlich erfolgreiche Programmformate zu entwickeln, ist eine große Herausforderung.

Um ganz bestimmte Teile der jeweiligen Zielgruppen und deren Randbereiche oder Nischen anzusprechen, können spezialisierte Spartenprogramme eingesetzt werden. In Deutschland sind das vorwiegend musikalisch orientierte Spartensender. Deren Wirtschaftlichkeit hängt allerdings maßgeblich von ihrer technischen Reichweite, also dem grundsätzlichen Hörerpotenzial in ihrem Sendegebiet ab. Nur wenn diese groß genug ist, kann ein Marktanteil erzielt werden, der solche Programme profitabel oder zumindest überlebensfähig macht.

Ist die Zielgruppe definiert, gilt es bei der Musikformatplanung die Musik der einzelnen Dekaden (1970er, 1980er, 1990er …) und deren Musikstilrichtungen (Pop, Rock, R`n`B …) so zu kombinieren, das sie ein Maximum an Hören in der anvisierten Zielgruppe erreichen. Nur ein zuverlässiges und damit wiedererkennbares Musikformat ist in der Lage, die Hörer in einer Zielgruppe dauerhaft an ein Programm zu binden.

Musikforschung Um diese Formate zuverlässig für den eigenen Markt zu planen, bedienen sich Radiostationen seit mehreren Jahren immer konsequenter der Marktforschung. In einer Basisstudie werden zunächst der Hörermarkt und seine Affinität zu den Musikdekaden und Stilen getestet. Diese Ergebnisse bilden dann die Grundlage für die Programmierung der Musik. Je jünger – also aktueller – ein Musikformat ist, umso bedeutender wird kontinuierliche Marktforschung, in der in regelmäßigen, meist einwöchigen Abständen Teile der Musikrotation innerhalb des Marktes getestet werden. Eine konsequente Planung mit diesen Testergebnissen führt dann zu einem Musikprogramm, das den Vorlieben der anvisierten Hörer im Markt entspricht. Da die meisten Programmanbieter nach dieser Methodik Musikprogramme planen, klingen diese im gleichen Markt mit der gleichen Zielgruppe musikalisch oft identisch.

Ein weiterer bestimmender Faktor für die Programmplanung von privaten Radioprogrammen ist neben den vom Werbemarkt bevorzugten Zielgruppen die Methodik der Media-Analyse. Zweimal im Jahr veröffentlicht die AG.MA (Arbeitsgemeinschaft Media-Analyse e. V.) die Einschaltquoten für die werbungtragenden Hörfunkprogramme in Deutschland. Die dort ausgewiesenen Reichweiten sind die anerkannte Währung, mit der sich die Sender in ihrem Sendegebiet vermarkten. Je höher diese Reichweiten ausfallen, umso besser sind die Voraussetzungen für den wirtschaftlichen Erfolg eines Programms und damit seiner Existenz im Radiomarkt. Kommerzielle Radiostationen, die in der Media-Analyse auf Dauer keine relevanten Reichweiten ausgewiesen bekommen, überleben den Konkurrenzkampf in der Regel nicht.

Methodik der Media-Analyse

Per CATI-Verfahren (Computer Assisted Telephone Interview) werden über 80.000 Menschen in Deutschland in zwei Befragungswellen telefonisch nach ihrem Radiokonsum befragt. Die Ergebnisse der Media-Analyse spiegeln – bedingt durch ihre Methodik – daher vor allem das *erinnerte* Hörverhalten wieder. Diese Tatsache spielt bei der Programmplanung eine elementare Rolle. Neben inhaltlichen Aspekten geht es immer vor allem darum, die Erinnerung an den gehörten Radiosender zu stützen. Alle Programmelemente und Programmaktionen werden deshalb so konzipiert und positioniert, dass sie dem Hörer helfen, sich an den Sender, bei dem sie sie gehört haben, zu erinnern. Das erklärt, warum der Anteil der »Eigenwerbung« bei den meisten Programmen so wahrnehmbar hoch ist. Um das Erinnerungsvermögen zu stützen und das Hörerverhalten zu beeinflussen, können zudem Promotion-Maßnahmen eingesetzt werden. Einfache Gewinnspiele mit attraktiven Gewinnen sind in der Lage, für einen bestimmten Zeitraum zusätzliche Hörer zu gewinnen und deren Hördauer zu beeinflussen.

Neben der Musik sind die Moderatoren eines Radiosenders, vor allem die der Morgensendung, ein weiterer, entscheidender Faktor, mit dem Hörer an ein Programm gebunden werden können. Voraussetzung dafür ist, dass die Hörer mit den Moderatorenpersönlichkeiten sympathisieren. Dieser Faktor spielt bei der Auswahl von Moderatoren für ein Radioprogramm eine sehr wesentliche Rolle. Sind diese Moderatoren gefunden und ihre Bindungsfähigkeit durch Marktforschung bestätigt, nehmen sie in der Regel feste Sendeschienen ein. Nicht selten

Moderatoren als Bindeglied zum Hörer

werden ganze Tagesteile mit einzelnen Moderatorenpersönlichkeiten verknüpft, um deren Beliebtheit für die Hörerbindung zu nutzen.

Regionale Kompetenz

Das Informationsbedürfnis der Hörer in den einzelnen Zielgruppen ist unterschiedlich ausgeprägt. Hörer von AC-Programmen erwarten von ihrem Lieblingssender neben ihrer Lieblingsmusik vor allem aktuellen Service wie Wetter, Verkehr und Nachrichten aus und für ihre Region. Deshalb ist das Bilden von regionaler Kompetenz für einen Sender ein wichtiges, strategisches Ziel in der Programmplanung. Das Interesse für regionale Informationen steht in dieser Zielgruppe in der Regel vor den nationalen und internationalen Informationen. Das ist der Grund, warum viele private Nachrichtenformate mit dem regionalen Teil beginnen und erst dann den nationalen und internationalen bedienen. Auch hier spielen die Präsentatoren eine wichtige Rolle. In den meisten AC-Formaten gibt es feste Service- und Newsanchor, die die Hörer zuverlässig mit Informationen versorgen.

Digitales Radio: Herausforderung für die Zukunft

Das Angebot von Radioprogrammen über das analoge UKW-Band ist durch seine Übertragungskapazität begrenzt. Mehr Programmvielfalt, die sich viele Medienpolitiker wünschen, ist neben der Frage ihrer Wirtschaftlichkeit vor allem eine Frage der Verbreitungsmöglichkeit und Reichweite von neuen Angeboten. Das Internet ist heute schon ein etablierter, digitaler Verbreitungskanal von neuen Audioprogrammen. Hier findet sich eine Vielzahl von spezialisierten Musik- und Informationsprogrammen, die als Audiostreams, Podcasts oder mp3-Files abgerufen werden können. Auch die etablierten, in der UKW-Welt sendenden Programme nutzen das Internet, um ihre existierenden Programme dort per Audiostream zu verbreiten und neue anzubieten.

Im Jahr 2006 hat die internationale Wellenkonferenz RRC 06 in Genf die digitalen Verbreitungsgebiete der Zukunft definiert. Auch wenn im Moment noch intensiv über die technischen Übertragungsstandards diskutiert wird, ist jetzt schon klar, dass die digitalen Übertragungsmöglichkeiten der Frequenzknappheit im analogen UKW ein Ende bereiten werden. Eine Vielzahl neuer Programme wird neben die etablierten existierenden in den Markt drängen. Die digitalen Empfangsgeräte der Zukunft werden Multinormempfänger sein, die vor allem visuelle Inhalte darstellen werden. Handys mit hochauflösenden Displays und Geräte wie der ipod-Touch geben heute schon einen ersten Vorgeschmack auf die »Radioempfangsgeräte« der Zukunft. Hörfunkprogramme werden also zukünftig immer mehr mit visualisierten Angeboten konkurrieren müssen. Digitale Radioprogramme werden daher mehr als »nur« den klassischen Audiostream bieten müssen. Neue digitale Programmformate und dafür erfolgreiche Geschäftsmodelle zu entwickeln, ist zurzeit eine der größten Herausforderungen der heutigen Radiomacher.

3 Sendungsformen im Fernsehen

Im Fernsehen wächst die Konkurrenz zwischen den einzelnen Sendern. Über Kabel und Satellit sind heute nicht selten mehr als 100 Sender zu empfangen. Die tägliche Abstimmung des Zuschauers findet mit der Fernbedienung statt (→ Wirtschaftliche Grundlagen der Medien). Ähnlich wie beim Radio kommt es für die Sender deshalb darauf an, ein eigenes Profil zu entwickeln und das Fernsehprogramm konsequent an den Erfordernissen der Märkte und den Bedürfnissen des Publikums auszurichten. Vor allem privat-kommerzielle Anbieter nutzen hierzu Elemente des »Formatfernsehens«: Das Fernsehprogramm soll einen hohen Wiedererkennungswert besitzen, die Zuschauer sollen sich im Programm »zu Hause fühlen«. Die Zuschauer sollen eine Bindung an das Programm entwickeln und zum Einschalten bzw. »Dranbleiben« bewegt werden. Erreicht wird dies durch eine einheitliche Programmstruktur und ein einheitliches Programmdesign. Außerdem orientiert sich die Konzeption von Sendungen an klar definierten Zielgruppen (vgl. Koch-Gombert 2005, S. 30f.).

Die spezifische Mischung von Inhalten prägt das Profil eines Fernsehprogramms. Übergeordnete Themengebiete, die im Programm auftauchen, werden als Sparten bezeichnet. Für die Programmplanung ist insbesondere die Verteilung von Information und Unterhaltung entscheidend. Im Einzelnen können neben der Werbung sechs Sparten unterschieden werden, die – durch unterschiedliche Gewichtung – das jeweils typische Programmprofil ausmachen: Information, Sport, Fiction, non-fiktionale Unterhaltung, Musik und Kinderprogramme.
Programminhalte zwischen Information und Unterhaltung

Inhalte können auf unterschiedliche Art und Weise aufbereitet und präsentiert werden. Die hierfür zur Verfügung stehenden Sendungsformen weisen eine große Bandbreite auf. Nachrichten- und Dokumentationssendungen, Magazine und Talksendungen liefern Informationen aus unterschiedlichen Bereichen – allen voran Politik, Wirtschaft, aber auch Technik, Wissenschaft und Kultur. Talkshows, Infotainment- und Boulevardmagazine setzen auf eine unterhaltsame und spannende Präsentation von Informationen. Spielfilme und Fernsehserien sind dagegen vollständig darauf ausgerichtet, die Zuschauer zu unterhalten.

Die Bezeichnungen Information und Unterhaltung gliedern die Fernsehinhalte nach der Funktion, die sie für die Zuschauer erfüllen. Darüber hinaus ist die Unterscheidung nach der Art der Inhalte wichtig: *Non-fiktionale Inhalte* bestehen aus Fakten und tatsächlichen Ereignissen – gleichgültig, ob sie von den Fernsehmachern inszeniert wurden oder unabhängig davon stattgefunden haben. *Fiktionale Inhalte* sind demgegenüber erfundene Handlungen und Ereignisse, die keinen Anspruch auf Faktizität erheben.
Sendungsformen für non-fiktionale und fiktionale Inhalte

Non-fiktionale Inhalte können in einer ganzen Reihe verschiedener Sendungsformen aufbereitet werden (vgl. Krüger/Zapf-Schramm 2006, S. 204):

- Nachrichtensendungen (mit tagesaktuellen, thematisch heterogenen Einzelbeiträgen),
- Magazine als moderierte Sendungen mit eigenständigen Beiträgen,
- berichtende Formen, die primär der authentischen Realitätsdarstellung dienen (Dokumentation, Bericht, Reportage, Porträt u. Ä.),
- dokumentarische Formen, die authentische und inszenierte Realität vermischen (Doku-Inszenierung, Doku-Soap),
- Ereignisübertragungen (Ereignisse und Veranstaltungen, die nicht vom Sender selbst gestaltet werden, als Live- oder zeitlich versetzte Übertragung),
- Gesprächsformen (Diskussion, Talk, Ansprache),
- unterhaltende Formen mit Spiel- und Wettbewerbscharakter sowie Publikumsbeteiligung (Quiz, Gameshow u. Ä.),
- unterhaltend-darbietende Formen mit künstlerisch-professionellem Hintergrund (Showauftritt, Konzert, Comedy, Sketch, Nummer u. Ä.).

Fiktionale Inhalte finden sich in folgenden Sendungsformen:
- Spielfilm,
- Fernsehfilm/Reihe/TV-Movie,
- Fernsehserien,
- Kurzfilm,
- sonstige Sendungsformen (Programmpräsentationen, Überleitungen, Zeitfüller sowie Gewinnzahlen und Non-Profit-Spots),
- Werbeformen (Werbeblöcke, Teleshop und Sponsorenwerbung).

Sendungsformen, die authentische und inszenierte Wirklichkeit vermischen, haben in letzter Zeit deutlich an Bedeutung gewonnen. Hierzu zählen insbesondere Doku-Soaps, z. B. »Schwarzwaldhaus 1902« (ARD) oder »Einsatz in vier Wänden« (RTL) und Formen des Reality-TV, z. B. »Big Brother« (RTL II). Vor allem im Formatfernsehen sind dies wichtige Genres, da sie mit einem profilierten Konzept ein großes Publikum ansprechen. Gemessen an den Grundsätzen des traditionellen Informationsjournalismus ist die Verbindung von realen Fakten auf der einen und inszenierten Situationen auf der anderen Seite jedoch problematisch.

Mischung von Sparten und Sendungsformen — Sparten und Sendungsformen können auf verschiedene Weise kombiniert werden. Im Idealfall entsteht so ein für jeden Sender typisches und unverwechselbares Programmschema. Die öffentlich-rechtlichen Sender weisen im Allgemeinen ein primär informationsorientiertes Programmprofil auf, wohingegen die privat-kommerziellen Anbieter verstärkt auf unterhaltende Formate setzen. Zu beiden Anbietergruppen gehören aber auch Spartensender, die sich auf spezielle Inhalte konzentrieren und nicht eine Themenvielfalt aus verschiedenen Sparten bieten. Spartensender sprechen homogene Zuschauergruppen an. Der privat-kommerzielle Sender »DSF« hat sich beispielsweise der Sportberichterstattung verschrieben, während der öffentlich-rechtliche »Kinderkanal« ein Programm allein für die jüngeren Zuschauer bietet.

Bei der Planung des Programmschemas kommen verschiedene Vorgehensweisen zum Einsatz, die den Zuschauer an einen Sender binden sollen. Hierzu gehört etwa das »Stripping«. Dieses Prinzip geht von einem Gewöhnungseffekt beim Zuschauer aus. Platziert man Folgen derselben Sendung wöchentlich oder täglich auf dem gleichen Sendeplatz, kann man davon ausgehen, dass die Zuschauer immer wieder einschalten. Ein anderes Konzept ist der »Audience-Flow«. Indem mehrere Sendungen mit ähnlichen Inhalten hintereinander ausgestrahlt werden, hält man die Zuschauer vom »Zapping«, also dem Programmwechsel, ab.

Planung des Programmschemas

Verschiedene Strategien berücksichtigen bei der eigenen Programmplanung zudem das Angebot der Wettbewerber. Durch die gezielte Gestaltung von Kontrasten zu anderen Programmen versuchen die Sender, bisher nicht erreichte Zielgruppen zu binden. Eine andere Möglichkeit ist das gezielte Anbieten von ähnlichen Sendungen, um zu versuchen, Zuschauer von anderen Sendern abzuziehen.

Neben der Planung von Inhalten und Programmschema darf die Konzeption der einzelnen Sendungen nicht vernachlässigt werden. Das typische Profil einer Sendung dient der Wiedererkennung und hilft, den Zuschauer an das Programm zu binden. Grundlegende Merkmale für die Gestaltung non-fiktionaler Angebote sind hier die Person des Moderators, die Gestaltung des Studios, die Auswahl der Gäste sowie ein unverwechselbarer und wiederkehrender Sendungsverlauf. Dem Moderator kommt hierbei die Aufgabe zu, eine Brücke zwischen den Zuschauern vor dem Fernseher und den Inhalten der Sendung zu schlagen. Durch ihn bekommen die Beiträge Glaubwürdigkeit und die Zuschauer die Möglichkeit zur Identifikation.

Elemente der Sendungen

Visuelle Elemente sind eine wichtige Ergänzung von Inhalten und Sendungsformen, welche die Wirkung bei den Zuschauern unterstützen. Das visuelle Erscheinungsbild eines Senders oder einer einzelnen Sendung entwickelt sich zu einer unverwechselbaren Konstante, an welcher der Zuschauer sofort »sein« Programm erkennen soll. Die visuelle Präsentation von Programminhalten hat aber auch noch eine andere Seite. Die themengerechte Unterstützung von Informationssendungen durch Elemente der Grafik kann Sendungen verständlicher und attraktiver machen. Journalisten sollten die Möglichkeiten der Informationsvermittlung durch die Elemente der Fernsehtricktechnik kennen. Bei der Gestaltung der Programmpräsentation von Informationssendungen im Fernsehen sind sie heute meist auf zwei Ebenen beteiligt, beim Informations-Design und beim Corporate Design.

Visuelle Präsentation spielt eine große Rolle

Die Gestaltung beider Design-Formen wird heute im hohen Maße mit moderner Video-Effekttechnik und elektronischer Grafik bestimmt. Der Fernsehjournalist wird dadurch immer häufiger zum Kunden und Auftraggeber der elektronischen Grafik- und Video-Postproduktion. In beiden Funktionen sollte er die Möglichkeiten und den Aufwand dieser Produktionsformen kennen und beurteilen können. Das Corporate Design ist dem Informations-Design übergeordnet. Es bestimmt und koordiniert die Gestaltungsgrundsätze für alle aktuellen Elemente des Informations-Designs, des Bühnenbildes und der Studiokulisse mit den Kennungen, Titelanimationen, Logos und typografischen Einblendungen. Das Corporate Design dient der permanenten Identifikation des Senders und der aktuellen Sendung durch eine einheitliche Programmpräsentation mit Designelementen von hohem Wiedererkennungswert. Ein Corporate Design erfüllt seine Aufgabe nur dann, wenn es mit absoluter Konsequenz durchgeführt und eingehalten wird.

Journalisten, die Bildmaterial selbst für die Sendung wählen und vorbereiten, sollten daher neben der Kenntnis der hierfür erforderlichen Produktionstechniken auch die Grundsätze ihres Corporate Designs verstehen und vertreten können. Die wichtigsten grafischen Elemente des Corporate Designs sind Logos, Schriften und ihre Animation mit Videoeffekten sowie die 3D-Computeranimation. Die Beurteilung und Beauftragung solcher Produktionen setzt eine gute Kenntnis aller beteiligten Produktionsbereiche voraus.

3.1   Markenzeichen für den Sender

Sabine Gaschütz
Leiterin der Abteilung Wirtschaft des Südwestrundfunks (SWR), Stuttgart

Ein eigenes Gesicht bekommen und für Zuschauer unverwechselbar werden – das wünscht sich jede Fernsehredaktion für ihre Sendung. Noch besser: Eine Sendung wird zum Markenzeichen für den eigenen Sender. So wie die Verbrauchersendung »Infomarkt« für das SWR-Fernsehen. In den zwölf Jahren seit der Erstausstrahlung hat die Sendung viele Stammzuschauer erobert, die gezielt einschalten. Aber es gilt auch immer diejenigen zu gewinnen, die am Donnerstagabend »zufällig« vorbeikommen.

Ziel: Wiedererkennbarkeit Wer die Sendung ein paar Mal gesehen hat, wird beim Reinzappen merken, dass er jetzt »Infomarkt« sieht. Und das liegt nicht nur an der Gestaltung des Studios oder am Logo bei den Schriftinserts. Wiedererkennbarkeit ist für die »Infomarkt«-Redaktion mehr: Die Studioteile werden maßgeblich mitbestimmt von den Moderatoren, die Filmbeiträge haben eine eindeutige Handschrift, die Themen sind in ihrer Aufmachung charakteristisch und auch der Sendeablauf hat einen bestimmten Rhythmus.

Typischerweise ist das Design das erste Element, an das beim Stichwort Programmpräsentation gedacht wird. Für informationsstarke Sendungen wie »Infomarkt« ist neben Studiodesign, Indikativ und Jingles auch die Erklärgrafik besonders wichtig. Viele Filmbeiträge benötigen illustrierende, grafische Elemente, um Sachverhalte zu verdeutlichen oder Zahlenbeispiele zu erläutern. Bei der Entwicklung von Designstandards hat das Corporate Design einen entscheidenden Einfluss. Aber auch die Praktikabilität spielt eine Rolle. Standards müssen in das

Kostenbudget einer Sendung passen; d. h., aufwändige Animationen sind zwar attraktiv, aber auch teuer und daher als Standard für eine wöchentliche Sendung kaum bezahlbar. Zudem muss ein Erklärdesign für eine Vielzahl von Themen passgenau sein. Es muss neutral sein, ohne beliebig zu wirken – ein Spagat und eine Herausforderung für den Entwickler. Insbesondere bei Sendungen, die auch kurzfristig aktuelle Themen auf den Sender bringen, muss die Grafik schnell herstellbar sein.

Die Moderation hält die Sendung zusammen, verbindet die einzelnen Teile zu einem Gesamtangebot. Und zwar so, dass das Profil der Sendung gestärkt wird. Häufig werden bestimmte Sendungen von den Zuschauern mit »ihren« Moderatoren verbunden. Bei »Infomarkt« ist ein Moderatorenpaar »das Gesicht« der Sendung. Je mehr Moderatoren an einer Sendereihe beteiligt sind, umso wichtiger ist eine Abstimmung über die Präsentation. Was ist das Ziel? So haben Interviews je nach Sendungstyp eine bestimmte Richtung: Bei »Infomarkt« steht im Vordergrund der konkrete Alltagsnutzen für den Zuschauer. Das unterstreicht den Ratgebercharakter.

Auch Filmbeiträge tragen zur Wiedererkennbarkeit einer Sendung bei. Etwa durch typische optische Gestaltungselemente, eine bestimmte Sprachwahl und die Schnittfolge. Die Länge der Beiträge hat wiederum auf den Rhythmus der Gesamtsendung einen wichtigen Einfluss.

Für den Zuschauer nicht unbedingt erkennbar: Die Abfolge innerhalb des Sendeablaufs ist kein Zufall. Der Sendeablauf ist formatiert. In diesem Gerüst »turnt« die Redaktion. Es gibt vielfach feste Rubriken, die in jeder Sendung wiederkehren. Bei »Infomarkt« beispielsweise gibt es die Rubriken »Mecker«, »Test« oder »Notiz«, die auch durch Jingles zusätzlich kenntlich gemacht werden. Andere Rubriken sind eher stilistisch motiviert. So gibt es neben gebauten Filmbeiträgen grundsätzlich eine Reportage im Programm. Außerdem werden manche Beiträge durch ein Interview im Studio ergänzt, andere wiederum stehen für sich.

Profilbildend ist auch die Themenwahl und -mischung einer Sendung. So wird ein wöchentliches Verbrauchermagazin wie »Infomarkt« andere Themen bearbeiten als ein landespolitisches Magazin; die Themenauswahl ist also spezifisch für den jeweiligen Sendeplatz. Auch an thematischen Schnittstellen bleibt die Art der Aufbereitung wieder sendungsspezifisch: Wird etwa ein großer Verkehrsflughafen bestreikt, so berichtet das Landesmagazin über die örtlichen Tarifparteien und wartende Reisende. Das Verbrauchermagazin informiert über die Möglichkeiten eines Reiserücktritts und über Schadenersatzleistungen.

Profil durch gezielte Themenmischung

Entscheidend für die Programmpräsentation ist, dass alle Elemente wie ursprünglich konzipiert umgesetzt werden. Ermüdung ist nicht erlaubt. Nur dann hat eine Sendung die Chance, in der Vielzahl der Fernsehkanäle aus der Masse herauszustechen. Die Kehrseite ist die Einschränkung grundsätzlich vorhandener journalistischer Freiräume. Wie schnell wird das Format zum Korsett? Wie viel Journalismus verträgt eine solche Programmpräsentation?

Tatsächlich ist das im Alltag eine journalistische Herausforderung. Es gilt also, sich in dem vorgegebenen Rahmen so viel journalistischen Spielraum zu erobern wie möglich.

Stichwort: Rubriken. Solche festen Sendungsbestandteile fördern die Wiedererkennbarkeit erheblich. Aber sie bergen Gefahren: Die Rubrik muss »gefüllt« werden, und vielleicht ist nicht genügend oder nicht der richtige Stoff vorhanden, um das auch journalistisch sinnvoll zu tun.

»Infomarkt« hat eine Rubrik »Muss-das-sein?« entwickelt. Basis für die Filmbeiträge sind Zuschriften von Zuschauern, die ein alltägliches, wiederkehrendes Ärgernis beschreiben. Die Redaktion will hier also nicht selbständig Themen entwickeln, sondern ist auf die Ideen der Zuschauer angewiesen. Die Erfahrung hat gezeigt: Mal hagelt es interessante Vorschläge und dann ist wieder wochenlang Ebbe. Für eine feste, wöchentliche Rubrik ist das zu unsicher. Daher wurde dieses Element von Anfang an als loses Element in die Sendung eingeführt. Es schmückt »Infomarkt«, wenn wir ein »Muss-das-sein?« präsentieren können und stützt die Verbraucherorientierung. Wenn es allerdings kein geeignetes »Muss-das-sein?« gibt, macht es einer anderen Rubrik Platz. Dabei ist darauf zu achten, dass solche Variationen nicht in Beliebigkeit enden.

Stichwort: Sendungsablauf. Die Dramaturgie einer Sendung ist häufig charakteristisch für eine Sendereihe. In aller Regel sehen Formate von Fernsehsendungen vor, das Top-Thema (Aufmacher) prominent an die erste Stelle zu rücken. Doch wenn die Redaktion beabsichtigt, dass ihr wichtigstes Thema von möglichst vielen Zuschauern wahrgenommen werden soll, muss sie heutzutage mitunter von diesem althergebrachten Grundsatz abweichen.

Das zeitgleiche Konkurrenzangebot der anderen Fernsehsender hat auf die Zuschauerzahlen entscheidenden Einfluss: Startet ein Magazin um 21 Uhr, so wird es zu diesem Zeitpunkt in aller Regel weniger Zuschauer haben, als um 21:15 Uhr. Dann nämlich enden derzeit die zuschauerstarken Serien der privaten Fernsehsender. Die Erfahrung zeigt, dass danach eine Neuorientierung mit der Fernbedienung beginnt. Diese Zuschauer gilt es einzufangen. Dazu könnte das Topthema geeignet sein. Manchmal allerdings empfiehlt es sich auf diesen Umschaltzeitraum erst noch einen »Köder« zu platzieren – z. B. eine Reportage – und danach das Topthema zu setzen. So bekommen auch verspätete Umsteiger die Inhalte komplett mit. Das Format wird also fortentwickelt, um ein zusätzliches journalistisches Ziel zu erreichen: Wichtige Informationen möglichst vielen Menschen anzubieten – und zwar dann, wenn sie sehbereit sind.

Beispiel: Erklärdesign. Die Grafiken innerhalb von Filmbeiträgen sollen wirken wie aus einem Guss. Doch wie kann man die Themenbandbreite eines Verbrauchermagazins in einem Designstandard abbilden? Mit denselben grafischen Mitteln muss sowohl die Zinsentwicklung von Bundesschatzbriefen darstellbar sein als auch eine Übersicht über Testergebnisse von Winterreifen oder die juristischen Grundsätze der Produkthaftung.

Da ist gutes Teamwork gefragt zwischen dem Producer (Autor) und dem Designer. Noch mehr als sonst im Fernsehbereich muss der Journalist technische Versiertheit und optisches Vorstellungsvermögen mitbringen. Denn Kreativität kann nicht allein Aufgabe des Designers sein. Schließlich hat der Producer (Autor) die Inhalte recherchiert. Er entscheidet vorab, welche Fakten per Grafik erklärt werden. Und er muss eine Vorstellung mitbringen, wie die zum Teil komplizierten Inhalte grafisch vermittelt werden können. Der Designer muss diese Vorstellungen weiterentwickeln, Exzesse bremsen, Standards mit gestalterischem Ausdruck erfüllen.

Stichwort: Filmbeiträge. In nahezu allen formatierten Fernsehsendungen ist die Filmlänge eine eiserne Konstante, die im jeweiligen »Pflichtenheft« fest verankert ist. Bei aktuellen Sendungen gilt die Länge meist sogar auf die Sekunde genau; bei Magazinsendungen liegt der Spielraum bei einigen Sekunden. Häufig müssen sich die Producer (Autoren) von ihren Redakteuren mit dem alten Nachrichtensatz belehren lassen: Ein guter Autor kann die Welt in 1:30 erklären – und sei das Thema auch noch so sperrig oder spannend.

Grundsätzlich aber ist klar, dass ein themenunabhängiges Zeitlimit für Filmbeiträge die journalistische Freiheit durchaus einschränkt. Schließlich geht es nicht darum, möglichst viele Informationen in möglichst kurzer Zeit zu senden. Über allem steht der Grundsatz, dass der Zuschauer die Information verstehen soll. Wie also kann man hier die Kollision von Format und journalistischem Anspruch lösen?

Das Format von »Infomarkt« sieht generell zwei Filmlängen vor: zwei und vier Minuten. Welches Thema zu welcher »Kategorie« gehört, unterliegt der Einschätzung der Redaktionskonferenz. Stellt sich im Zuge der Recherche heraus, dass ein Thema mehr Raum benötigt, um die für »Infomarkt«-Zuschauer interessanten Fakten attraktiv zu vermitteln, gibt es neue Absprachen. Zum Beispiel kann ein Studiointerview den Filmbeitrag ergänzen oder ein »kleines« Thema wird doch »groß« gefahren. In seltenen Fällen ist eine Schwerpunktbildung möglich, mit zwei Beiträgen und einem Studiogespräch. Die meisten Formate bieten gewisse Spielräume, die eine Redaktion ausreizen kann, ohne die Programmpräsentation zu beschädigen. | **Länge der Filme**

Wiedererkennbarkeit bei größtmöglicher Variabilität, aber keine Beliebigkeit – letztlich unterliegt es jeder Redaktion, wie sie das Verhältnis von Format und journalistischer Freiheit im Redaktionsalltag immer wieder neu auslotet. Ein verantwortlicher Umgang mit beidem ist wichtig: Zu großes Gewicht für das Format beschädigt die journalistischen Inhalte und deren Vermittlung. Ein wichtiges Ziel jeder Sendung, möglichst viele Zuschauer mit relevanten, verständlichen Informationen zu erreichen, wird dann langfristig unter Umständen verfehlt. Denn eine schöne, aber leere Hülle will niemand sehen.

Umgekehrt ist in der heutigen Fernsehlandschaft der pure Journalismus ohne klares und wiedererkennbares Profil nicht mehr wettbewerbsfähig. Und auch die öffentlich-rechtlichen Fernsehsender müssen sich heute in einer Art Kosten-Nutzen-Abwägung an Marktanteilen messen lassen. Allerdings nicht nur daran.

3.2   Prinzipien der Berichterstattung

Markus Föderl
Langjähriger Chefredakteur von n-tv, Berlin

Die primäre Daseinsberechtigung eines Nachrichtensenders ist die schnellste Versorgung des Publikums mit den neuesten Informationen. Dieses Ziel hat oberste Priorität: Jede wichtige Nachricht soll zuerst im Nachrichtensender laufen – eigentlich eine Selbstverständlichkeit und doch erörternswert. Denn das Prinzip Schnelligkeit steht in dieser Absolutheit im Gegensatz zum Grundsatz der Verlässlichkeit.

Prinzip der »verlässlichen Schnelligkeit«

»Get it first, but first get it right«, lautet die Regel im angloamerikanischen Journalismus. Selbstverständlich gilt dies auch für einen Nachrichtensender. In der täglichen Entscheidungspraxis ist es jedoch unumgänglich, Nachrichten und Bilder on air zu bringen, bevor die »ganze« Geschichte klar erkennbar und ausrecherchiert auf dem Tisch liegt.

Ein Extrembeispiel ist der 11. September 2001: Als die ersten Live-Bilder vom World-Trade-Center verfügbar waren, war die Nachrichtenlage total unübersichtlich. Dennoch hat sich n-tv entschieden, diese Bilder als erster deutscher Sender live auszustrahlen. Dies war eine Sekundenentscheidung, bei der ehrlicherweise für große Reflexion keine Zeit blieb. Trotzdem lassen sich aber auch diese extremen News-Ereignisse unter Beachtung einiger wichtiger Grundsätze journalistisch sauber über den Schirm bringen, wenn:

- dem Zuschauer offensiv klar gemacht wird, dass er an »news as it happens« teilnimmt. Das Publikum nimmt in dieser ersten Phase teilweise live am Rechercheprozess teil. Dies ist dann keine Schwäche, sondern eine journalistische Pflicht.
- parallel dazu Zusatzinformationen transportiert werden, die das Geschehen einordnen und klarer machen. In erster Linie durch den Einsatz von Korrespondenten und Experten.
- Moderatoren am Schirm sind, die als journalistische Vollprofis in der Lage sind, eine Ad-hoc-Kompetenz zu vermitteln.
- eine auf diese Situationen trainierte Bildregie, die bei nicht zumutbaren Bildern ins Studio zurückgeht.

Unter Beachtung dieser Grundsätze ist es möglich, den Spagat zu schaffen: sowohl verlässlich schnell als auch schnell verlässlich zu sein.

Vorrang der Live-Berichterstattung und »Breaking-News-Prinzip«

In der Programmgestaltung hat die Live-Berichterstattung Vorrang vor anderen Sendungsformen. Live-Elemente, egal ob politische Pressekonferenz oder erste Bilder eines Flugzeugabsturzes, unterbrechen jede andere Sendung. Der Live-Charakter unterscheidet einen Nachrichtensender wesentlich von Informationssendungen in anderen Programmen. Er vermittelt dem Zuschauer das Gefühl, dabei zu sein.

Herausragende News-Ereignisse, »Breaking news« wie die Anschläge in den USA am 11. September, der Concorde-Absturz in Paris oder das Jahrhundert-Hochwasser ändern das Programmschema komplett: Es gibt nur mehr ein Thema. Alle Sendungen beschäftigen sich damit, weil der Zuschauer – zu Recht – in diesem Fall von einem Nachrichtensender nur das erwartet.

In der internen Redaktionsorganisation bedeutet dies bei n-tv, dass sämtliche Ressorts aufgelöst werden. Alle Abteilungen, von der Wirtschafts-, über die Magazin- bis zur Sportredaktion arbeiten an dem einen Thema. Dies ermöglicht einerseits, das Thema mit genügend Ressourcen zu covern, andererseits ergeben sich aber auch zahlreiche inhaltliche Vorteile: die kreativsten Themen-Anregungen für außerordentliche News-Ereignisse kommen häufig aus den Ressorts, die sich im Alltag normalerweise mit Dax und Schumacher beschäftigen. In regelmäßigen Abständen ist dadurch auch eine sinnvolle Job-Rotation möglich: Börsenreporter berichten live aus dem Hochwasser, Politikkorrespondenten von der Berliner Busentführung.

Besonders wichtig gerade in diesen herausragenden Live-Situationen sind kompetente Moderatoren: Ein Börsen-Moderator, der gerade ein Analysteninterview führt, muss nach kurzer Ansage der Regie oder des Chefs vom Dienst in der Lage sein, innerhalb von wenigen Sekunden live hereinkommende Bilder eines Attentats in Israel souverän zu kommentieren. Unabdingbare Voraussetzung dafür sind absolute Live-Sicherheit, eine weit überdurchschnittliche Allgemeinbildung sowie die genaueste Kenntnis sämtlicher relevanter, tagesaktueller Ereignisse.

Eine der schwierigsten Fragen bei der Programmgestaltung in einem Nachrichtensender ist die Frage nach der Haltbarkeit eines Aufmacher-Themas. Ist eine Story, die um acht Uhr früh passiert, auch noch um 20 Uhr der Aufmacher? Ja, das Thema ist auch um 20 Uhr noch der Aufmacher, wenn es auch dann noch die wichtigste Geschichte des Tages ist. Die journalistische Kunst besteht darin, einem Zuschauer, der die Story zum Frühstück gesehen hat, auch beim Abendessen zum selben Thema etwas Neues zu präsentieren. Ohne die wichtigsten Kerninformationen zu verlieren, ist dies möglich durch:

Variationen und die Bedeutung von Schlussgeschichten

- unterschiedliche Gestaltung der Storys durch den Einsatz verschiedener Autoren für dasselbe Thema. Dadurch werden zum selben Thema unterschiedliche Gestaltungsideen, Bildeinstiege, Fallbeispiele, kurzum verschiedene Handschriften transportiert.
- Vermittlung der Kerninformation in der Anmoderation, Einsatz einer Reportage oder Hintergrundgeschichte zum Thema. Beispiel für eine Anmoderation: »Der Bundestag hat heute die zweite Stufe der Rentenreform beschlossen, Reporter N.N. berichtet über die speziellen Folgen für Rentner in den neuen Bundesländern.«

- Beleuchtung des Themas mit unterschiedlichen Gesprächspartnern über den Tag.

Neben dem Aufmacher gilt das Prinzip der Variation natürlich auch für alle anderen Themen des Tages. Die Variation ist also ein eigener Wert, den es stets anzustreben gilt. Die Hauptbedeutung liegt bei der abwechslungsreichen Gestaltung ein und desselben Themas. Ihre Grenzen findet die Variation, wenn dadurch die klare Gewichtung der Themen des Tages leiden würde. Der Verkehrsunfall auf der A2 kann kurzfristig »Breaking News« bedeuten, findet sich im weiteren Verlauf des Tages aber im Meldungsblock und verdrängt nicht die Rentenreform als Aufmacher.

Zum Thema Variation und zur Unterscheidung von anderen Sendern gehört auch die Bedeutung von Schlussgeschichten. Um sie muss in der Redaktion genau so hart gerungen und diskutiert werden wie um den Aufmacher. An vielen Nachrichtentagen ist es einfacher, einen Aufmacher zu finden, als eine niveauvolle, originale Aussteigergeschichte. Bei der Auswahl sollte es keinerlei Beschränkung geben: Es gibt kein Thema, das nicht auch Thema bei einem Nachrichtensender sein könnte. Sinn der guten Schlussgeschichte ist es, den Zuschauer aufatmen zu lassen, zu zeigen, dass es nicht nur Krieg und Wirtschaftskrisen auf der Welt gibt. Eine gut angekündigte, interessante Schlussgeschichte entfaltet darüber hinaus auch den positiven Nebeneffekt, die Verweildauer der Zuseher im Programm zu erhöhen.

Über Teaser, Laufband und Hintersetzer Nachrichtensender werden von einem Teil der Zuseher als stumm konsumiertes Sekundärmedium genutzt: im Büro, im Hotel, am Flughafen. Der visuellen Gestaltung von Schlagzeilen, Hintersetzern, kommt deshalb eine besondere Bedeutung zu.

- *Teaser*
  Der einzig wirklich »gelernte« Einschaltpunkt bei einem Nachrichtensender ist die volle Stunde. Innerhalb weniger Sekunden entscheidet sich, ob und vor allem wie lange der Zuschauer im Programm bleibt. Die bildliche Gestaltung der Headlines und ihre inhaltliche Mischung machen es aus. Teaser sind die stärksten und eindrucksvollsten Bilder sowie ein neugierig machender Text. Sie sollen dem Zuschauer auf der einen Seite einen Überblick geben, auf der anderen Seite aber nicht alles verraten. Zur gelungenen Mischung von Headlines gehört zumindest ein Thema, welches das Salz in der Nachrichtensuppe darstellt: Am besten eine exklusive Eigengeschichte oder eine ungewöhnliche, bunte, originale Story aus dem Bereich »Good News«, also nicht die üblichen Negativnachrichten. Teasern kommt bei einem Nachrichtensender aber auch im weiteren Verlauf des Programms besondere Bedeutung zu. Sie sollen den Zuschauer auf nachfolgende, oft weniger bekannte, aber interessante Programminhalte aufmerksam machen. Keine Nachrichtenstrecke sollte deshalb ohne einen visualisierten Hinweis auf die nächste Sendung zu Ende gehen.

- *Hintersetzer*
  sind die Bild- oder Grafikillustrationen, die hinter dem Moderator erscheinen
  und mit einer Schlagzeile versehen auf das Thema des folgenden Beitrags hinweisen. Jeder gute Beitrag verdient auch eine gute Anmoderation: mit dem
  aussagekräftigsten Bild und einer starken Schlagzeile. Die Arbeit an einem
  Thema sollte immer mit der Auswahl des Bildes und der Formulierung der
  Headline beginnen. Es ist einer der häufigsten handwerklichen Fehler, dass
  sich Autoren oft erst nach der Fertigstellung ihres Stücks mit der Anmoderation und der Schlagzeile beschäftigen. Der Hintersetzer war dann gut und
  erfolgreich, wenn ein Zuseher zur Fernbedienung greift und den Ton einschaltet, wenn der Hintersetzer also zum »Davor-sitzen« animiert.
- *Laufband*
  Ein weiteres Teasing-Instrument ist der so genannte »crawl«, das Laufband am
  unteren Ende des Bildschirms. Es eignet sich in erster Linie für die Präsentation von Eilmeldungen. Durch Umstellung der Farben – bei n-tv von Blau
  auf Rot – wird ein ganz besonderer Aufmerksamkeitseffekt erreicht. Darüber
  hinaus kann das Laufband ideal für die Ankündigung von Sondersendungen
  und Live-Übertragungen eingesetzt werden. Mittlerweile nutzen auch einige
  andere Sender zu bestimmten Zeiten das Laufband als zusätzliches Informati-
  onsinstrument. Der Rund-um-die-Uhr-Einsatz von zwei Laufbändern – eines
  für Textinformationen, eines für Börsenkurse – ist bei n-tv unverzichtbares
  Erkennungsmerkmal des Senders. Es ist von der redaktionellen Wertigkeit als
  »Medium im Medium« von annähernd gleicher Bedeutung wie das Haupt-
  TV-Programm.

Erfolgsfaktoren und Nischenstrategie

Im Konzert der vielen Sender am Markt haben es Spartensender schwer und
leicht zugleich, sich erfolgreich zu etablieren. Schwer, weil der Konkurrenzdruck
– beispielsweise durch das immer dichtere Informationsangebot öffentlich-rechtlicher Sender – extrem groß ist. Leicht, weil kleinere Sender schneller, flexibler
und individueller agieren können als große Anstalten. Die erfolgversprechenden
Faktoren nach mehr als 10-jähriger Erfahrung am Markt sind:
- ein einfaches und verlässliches Programmschema,
- ein hoher Anteil an Live-Ereignissen,
- Kooperation mit starken Partnern – im Falle von n-tv mit CNN und RTL,
- die jederzeitige Wiedererkennbarkeit des Senders,
- ein starkes News-Angebot zu Zeiten, in denen Vollprogramme keine Nachrichten bieten und
- das Nutzen der starken Multimedialität der Marke (Online, Teletext, SMS-
  und MMS-Service).

Literatur

Arnold, Bernd-Peter: ABC des Hörfunks. 2. Auflage, Konstanz 1999.
Praxisorientiertes Handbuch mit vielen Hinweisen für die hörfunkgerechte Präsentation von Informationen.

Bloom-Schinnerl, Margareta: Der gebaute Beitrag. Ein Leitfaden für Radiojournalisten. Konstanz 2002.
Dieses Buch beschreibt die Gestaltung eines gebauten Radio-Beitrags von der Idee über die handwerklichen Regeln bis zur Produktion im Studio.

Field, Syd/Meyer, Andreas/Witte, Gunther: Drehbuchschreiben für Fernsehen und Film. Ein Handbuch für Ausbildung und Praxis. Berlin 2003.
Praxisnahe Anleitung für die Erstellung von Drehbüchern für verschiedene Fernsehformate.

Karstens, Eric/Schütte, Jörg: Praxishandbuch Fernsehen. Wie TV-Sender arbeiten. Wiesbaden 2005.
Der Band liefert einen umfassenden Einblick in Rahmenbedingungen, Organisation und Management von Fernsehprogrammen. Insbesondere Programm-Genres und Programmplanung werden detailliert besprochen.

Khazaeli, Cyrus Dominik: Crashkurs Typo und Layout. Überarbeitete Neuausgabe, Reinbek 2005.
Dieser Crashkurs vermittelt anhand von Beispielen das typografische Regelwerk.

La Roche, Walther/Buchholz von, Axel (Hg.): Radio-Journalismus. Ein Handbuch für Ausbildung und Praxis im Hörfunk. 8., vollständig neu bearbeitete Auflage, München 2004.
Eine Fülle von hilfreichen Tipps von Praktikern für die Praxis.

Meissner, Michael: Zeitungsgestaltung. Typografie, Satz und Druck, Layout und Umbruch. 3. Auflage, Berlin 2007.
Der Band liefert Grundkenntnisse über Schriftarten, Auszeichnungsregeln und Umbruchprinzipien, Satztechniken und Druckverfahren.

Meyer, Jens-Uwe: Radio-Strategie. Konstanz 2007.
Das Buch erklärt anschaulich Produktion und Management von Radioprogrammen. Einzelne Programmstrategien und Steuerungsinstrumente werden detailliert besprochen.

Ordolff, Martin/Wachtel, Stefan: Texten für TV. 2., überarbeitete Auflage, München 2004.
Ein praktischer Ratgeber für alle, die Tipps zum Produktionsalltag und für verständliches Texten in den verschiedenen TV-Genres haben wollen.

Pürer, Heinz (Hg.): Praktischer Journalismus. Presse, Radio, Fernsehen, Online. 5. Auflage, Konstanz 2004.
Journalistische Gestaltungstechniken für Presse, Hörfunk und Fernsehen werden im Überblick dargestellt.

Renner, Karl Nikolaus: Fernsehjournalismus. Konstanz 2007.
Ein Überblick über kommunikationswissenschaftliche Theorien kombiniert mit praktischen Tipps zum Thema Fernsehjournalismus.

Schult, Gerhard/Buchholz, Axel (Hg.): Fernseh-Journalismus. Ein Handbuch für Ausbildung und Praxis. 7., vollständig aktualisierte Auflage, München 2006.
Das Handbuch für Fernsehjournalisten enthält Ratschläge für die Gestaltung eigener Fernsehbeiträge.

Tschichold, Jan: Erfreuliche Drucksachen durch gute Typografie. Eine Fibel für jedermann. Augsburg 2001.
Dieses Standardwerk präsentiert Regeln und Grundbegriffe der Typografie.

Wachtel, Stefan: Sprechen und Moderieren in Hörfunk und Fernsehen. Inklusive CD mit Hörbeispielen. 5. Auflage, Konstanz 2003.
Dieses Buch enthält zahlreiche Beispiele zu Betonung, Ausdruck, Aussprache, Moderation und Interview.

Wachtel, Stefan: Schreiben fürs Hören. Trainingstexte, Regeln und Methoden. 3. Auflage, Konstanz 2003.
Dieses Buch gibt Tipps zum Verfassen von Hörfunk- und Fernsehbeiträgen an die Hand.

Wolff, Volker: ABC des Zeitungs- und Zeitschriftenjournalismus. Konstanz 2006.
Funktion, Aufbau und das Verfassen verschiedener Darstellungsformen werden ebenso erläutert wie die Themen Recherche, Redigieren und Seitengestaltung.

IX Themen und Ressorts in den Medien

Die riesige Themenfülle, welche die Medien täglich zu bewältigen haben, wird nach den klassischen Redaktionsstrukturen in Deutschland zwischen verschiedenen Ressorts aufgeteilt. Zwar werden eben diese Ressortgrenzen – dem angelsächsischen System folgend – immer mehr aufgeweicht und zunehmend übergreifende Strukturen geschaffen (→ Management und Marketing), dennoch orientiert sich das Gros der Medien auch heute noch an dem traditionellen Ressortmuster. Die Themen werden dabei der Größe und dem Organisationsgrad einer Redaktion sowie dem Konzept und Anforderungsprofil eines Mediums entsprechend in den verschiedenen Ressorts, Bereichen und Abteilungen journalistisch bearbeitet. Während man bei Zeitungen meist den Begriff »Ressort« verwendet, spricht man bei Zeitschriften und Rundfunkanstalten auch von »Redaktionen«, »Abteilungen«, »Teams« oder »Bereichen«. Gemeint sind damit die organisatorischen Gliederungen eines Medienunternehmens, die journalistische Inhalte gestalten. Davon zu unterscheiden sind die thematischen Teile eines Angebots, also die inhaltliche Gliederung des Produktes. Bei den Tageszeitungen spricht man in diesem Zusammenhang von »Büchern« und »Sparten«.

Die klassischen Ressorts in einer Zeitungsredaktion, die auch den Mantelteil selbst herstellt, sind Politik, Wirtschaft, Kultur, Sport und Lokales. In den letzten Jahren sind – je nach Zeitungstyp und Marktkonzept – neue Arbeitsgruppen, Teams oder ganze Ressorts entstanden, z. B. zu Verbraucherfragen, Wissenschaft, Medien, Lifestyle oder für Beilagen. Auch die Zusammenfassung des Politik- und Wirtschaftsressorts und/oder des Lokalressorts zu einer zentralen Nachrichtenredaktion kommt immer mehr in Mode (→ Management und Marketing).

Zeitungsredaktionen

Sind Themen nicht auf den ersten Blick einem bestimmten Ressort eindeutig zuzuordnen, wird in Redaktionskonferenzen und anderen Besprechungen entschieden, wer dafür zuständig ist. Attraktive Themen, die mehrere Ressorts bearbeiten könnten, sind sehr begehrt. In vielen Redaktionen haben sich »Hierarchien« im Prestige einzelner Ressorts herausgebildet, die dazu führen, dass weniger angesehene Themen oder Berichterstattungstermine auch von den weniger »starken« Ressorts übernommen werden müssen. Lange Zeit war das Lokale in der Tageszeitung das Ressort, dessen Arbeit die Leserschaft am meisten beachtete, das aber in der (informellen) Redaktionshierarchie oft auf einem hinteren Platz rangierte.

Themen können auch in der redaktionsinternen Bearbeitung von Ressort zu Ressort wechseln. Wenn z. B. das Lokale einen spannenden Stoff entdeckt hat, können ihn die Redakteure des Regionalteils, vielleicht auch die der »Landespolitik« aufgreifen, sofern es das Thema »hergibt«, d. h. genügend Unterhaltungs- oder Nachrichtenwert besitzt. Ist die Karriere eines Themas nach einiger Zeit beendet, wird es seine letzten Tage in der Medienöffentlichkeit meist wieder im Lokalen verbringen. Themen sind daher nicht immer an ein Ressort gebunden, sondern können redaktionsinterne Grenzen der Arbeitsteilung überwinden. An Bedeutung zugenommen haben zudem Themenseiten innerhalb der Zeitungsausgabe. Auf diesen Seiten werden wichtige Themen oder Ereignisse ressortübergreifend bearbeitet. Hierfür finden sich Redakteure mit unterschiedlichen Arbeitsschwerpunkten – etwa aus dem Politik-, Wissenschafts- oder Lokalressort – in einem Team zusammen.

Prestige und Bedeutung einzelner Ressorts sind in den vergangenen Jahren in Bewegung geraten. Die Lokalressorts haben an Beachtung gewonnen und sind mit ihren Themen vereinzelt schon auf die erste Seite des Blattes vorgestoßen. »Lokales nach vorne« heißt das Motto, das – sich stützend auf die Interessen der Leserschaft – dem Ressort Lokales zusammen mit der Politik den ersten Platz einräumt. Ebenso hat das Wirtschaftsressort an Bedeutung gewonnen. Wirtschaftsthemen rücken zunehmend auch auf die vorderen Seiten einer Zeitung, sei es als Aufmacher für die Seite eins oder als Hintergrundgeschichte für die Reportageseite. Bisherige Ressortgrenzen werden so überwunden, um mit Blick auf Marktanforderungen konsequent die Bedürfnisse der Leser anzusprechen. Historisch gewachsene Organisationsstrukturen und -hierarchien ändern sich unter den Anforderungen des Medienwettbewerbs.

Redaktionen von Funkmedien Bei den Funkmedien wird die Aufteilung der Themenbearbeitung vor allem von der Größe und Organisationsform des Rundfunkveranstalters, den Programmkonzepten und Sendezeiten bestimmt. Einige Hörfunkanbieter unterscheiden z. B. zwischen Musik- und Wortredaktionen, zwischen Politik, Nachrichten, Kultur und Unterhaltung. Im Vergleich zu öffentlich-rechtlichen Sendern praktizieren private Hörfunkanbieter in der Regel eine weniger strikte Arbeitsteilung im Bereich Programm. Es hängt vom Redaktionsmanagement (→ Management und Marketing) und dem Konzept eines Rundfunkanbieters ab, wie ein Sender seine redaktionelle Organisation strukturiert und wie er gegebenenfalls Außenstellen und Außenstudios in die Redaktionsstrukturen integriert. Funktionale Organisationsmuster (z. B. Einteilung nach Musik und Wort, nach Information und Zeitgeschehen, Kultur und Buntes, Spiel und Unterhaltung) stehen programmorientierten Einteilungen (z. B. nach dem ersten, zweiten, dritten Programm, nach Sendestrecken, nach einzelnen Sendungen) gegenüber.

Vor allem im Rundfunk verlangt die jeweilige Organisationsstruktur eine intensive Zusammenarbeit sowohl innerhalb und zwischen den jeweiligen Redaktionen als auch zwischen Redaktion, Produktion und Technik. Besprechungen, Redaktionskonferenzen, Projektgruppen und persönliche Beziehungen sind die häufigsten Formen der redaktionsinternen Zusammenarbeit und Abstimmung. Bei den Funkmedien wird die Aufteilung der Themenbearbeitung vor allem von der Sendezeit, der Größe der Rundfunkanstalten bzw. der Programmveranstalter und der Programmkonzeption bestimmt.

I   Politik

Für Abonnementzeitungen ist das Ressort Politik traditionell ein wichtiges Standbein. Allein schon durch die Positionierung im Blatt auf Seite eins wird seine Bedeutung hervorgehoben. Zunehmend machen aber lokale und regionale Themen der Politik diese Position streitig, indem sie Platz auf der Titelseite gewinnen. Auch das Wirtschaftsressort hat dem Themengebiet Politik vor allem in der Zeit des Börsenbooms mitunter den Rang abgelaufen.

Aufgabe des Ressorts Politik ist bei Presse und Rundfunk die Information der Öffentlichkeit, die Unterstützung des Meinungsaustausches zwischen den gesellschaftlichen Gruppen und die Kommentierung des politischen Geschehens. Die journalistische Arbeit ist vor allem von einem rigorosen Auswahlprozess geprägt, der durch die Vielzahl der Ereignisse und der Mengen angelieferten Materials unerlässlich wird. Redaktionen sind gezwungen auszuwählen, aber auch selbst aktiv zu werden, wenn es um die Überprüfung des angelieferten Materials auf Richtigkeit, Vollständigkeit und Ausgewogenheit geht (→ Recherche). Die Auswahl nach Nachrichtenwerten hat eine ebenso große Bedeutung (→ Journalisten und ihr Publikum) wie das Bemühen der Redaktion, durch aktive Eigenleistungen Besonderes (z. B. exklusive Themen, Kolumnen u. a.) anzubieten.

Die zunehmende Komplexität des Themas Politik hat vor allem bei größeren Zeitungen und Rundfunksendern eine stärkere Ausdifferenzierung der redaktionsinternen Zuständigkeiten und Arbeitsprozesse zur Folge. In vielen Fällen haben sich innenpolitische und außenpolitische Ressorts gebildet. Das außenpolitische Ressort gliedert sich in entsprechenden Organisationsplänen teilweise noch nach Kontinenten, Regionen oder Ländern. Das innenpolitische Ressort wird dagegen vor allem nach Politikfeldern wie Recht, Umwelt, Soziales und Verkehr organisiert. Besonders die Fülle des innenpolitischen Stoffes zeigt, dass die Übergänge zu anderen Ressorts fließend sind. Gerade das Lokalressort, das thematisch breit ausgerichtet ist und einen Ereignisraum abdeckt, ist hier an erster Stelle zu nennen. Aber auch mit vielen anderen Ressorts gibt es Berührungspunkte. Ein Staatsbesuch kann z. B. Wirtschaftsthema und innenpolitisches Thema zugleich sein. Kontakte und Absprachen zwischen den Ressorts und vor allem mit dem vor Ort tätigen Korrespondenten sind daher unerlässlich.

Das außenpolitische Ressort wird vornehmlich von überregionalen und großen regionalen Zeitungen sowie von öffentlich-rechtlichen Programmen gepflegt. Journalisten, die für dieses Ressort tätig sind, müssen sich die doppelte Wirkung der Berichterstattung und Kommentierung immer wieder vor Augen führen. Sie wirken nämlich nicht nur nach innen, indem sie dem deutschen Mediennutzer als Informant und Kommentator des Weltgeschehens dienen, sondern sie sind auch Gradmesser und »Stimmungsbarometer« für Journalisten, Politiker und Wirtschaftsmanager im Ausland.

Ein eigenes Korrespondentennetz rund um die Welt können sich die wenigsten Medien leisten. Deshalb sind Korrespondenten meist in so genannten »Pools« als freie Journalisten für mehrere Medien gleichzeitig tätig. Nachrichtenagenturen sind für alle Medien unentbehrlich, wenn es um nationale und internationale Nachrichten geht. Besonders für Lokalzeitungen mit einer kleinen Mantelredaktion und für Radiosender, die nur wenige Nachrichtenredakteure beschäftigen, ist das Agenturmaterial für die tägliche journalistische Arbeit unverzichtbar.

1.1   Politische Themen attraktiv gestalten

Rainer Bonhorst
Chefredakteur der »Augsburger Allgemeinen«, Augsburg

In den politischen Teilen der Tageszeitung kommt es vor allem auf drei Dinge an: auf die Sprache, auf die Sprache und auf die Sprache. Wir können uns noch so viele Gedanken über eine bessere Darbietung politischer Themen machen, und das müssen wir auch, aber das Herz des Zeitungsjournalismus ist die Sprache. Und ausgerechnet die politischen Themen, die für die Zeitung nach wie vor zum Wichtigsten gehören, werden oft in einer nahezu toten Sprache beschrieben: in so genanntem »Nachrichtendeutsch«.

Die Nachricht ist immer noch das Rückgrat der politischen Berichterstattung. Um sie herum tut sich vieles. Doch ohne das nachrichtliche Rückgrat wird das Drumherum schwammig, ein Souffle ohne harten Kern: Es zergeht auf der Zunge, aber es hinterlässt ein Leeregefühl. Doch wer hat heute noch Zeit und Lust, lange Texte in vertrockneter Sprache zu lesen? Dieser »Fanclub« wird immer kleiner.

Nachrichten- Was macht das übliche Nachrichtendeutsch so abschreckend? Es ist abstrakt, es **sprache** ist fachlich, es ist gestelzt, es lebt von (stirbt an) abgegriffenen Floskeln, es ist verschleiernd, und aus all diesen Gründen ist es mühsam und einschläfernd. Und in dieser Sprache soll Millionen Deutschen die Politik vermittelt werden.

Wie kommt es, dass sich die tote Nachrichtensprache so hartnäckig am Leben hält?
- *Erstens:* Sie ist eine Hochgeschwindigkeits-Sprache. Floskeln helfen schnell zu berichten, und dies ist ja ein Erfordernis des aktuellen Journalismus.
- *Zweitens:* Sie geht auf Nummer sicher. Je weniger journalistisch übersetzt wird, desto geringer die Fehlergefahr.

- *Drittens:* Sie betreibt Bedeutungshuberei. Je öfter einer etwas betont, unterstreicht, bekräftigt oder hervorhebt, desto wichtiger erscheint es gegenüber dem bloß Gesagten.
- *Viertens:* Sie lebt von der Zeitnot der Redaktionen. Die Nachrichtensprache ist eine Domäne der Nachrichtenagenturen. Immer weniger Redaktionen sind ausreichend besetzt, um totes Agenturdeutsch in eine lebendige Sprache zu verwandeln. Also, Agenturen, wacht auf!

Wie kann man es besser machen? Nicht durch Flapsigkeit und Mätzchen, wie es einige versuchen. Klar, sachlich, nicht zu abstrakt, nicht zu fachlich, nicht zu langatmig: So wird die gute Nachricht geschrieben. Falsch ist es so: »Im Vorfeld der Sitzung unterstrich der Kanzler seinen Standpunkt, dass die Personalfrage kein Thema sei.« Richtig ist es so: »Vor der Sitzung sagte der Kanzler, über Personen werde nicht gesprochen.«

Noch ein Wort zur Nachricht: Sie muss sich nicht nur sprachlich, sondern auch inhaltlich verändern. Es genügt nicht, den platten Vordergrund des Geschehens aufzuzählen. Ausnahme: Kurze Meldungen. Eine längere Nachricht muss dem Leser mitteilen, was sie bedeutet, also warum sie überhaupt im Blatt steht. Sie muss den Hintergrund des Ereignisses, möglichst auch die Vorgeschichte, ansprechen. Die gute Nachricht ist ein kleiner Hintergrundbericht. Dies ist das Ziel moderner politischer Berichterstattung.

Damit sind wir dort angelangt, wo die Nachricht in etwas anderes übergeht. Zum Wichtigsten gehört heute: Erklären, erklären, erklären. Aus Nachrichten Informationen zum praktischen Gebrauch machen. Früher sagte man: Lebenshilfe. Es gibt nichts Neues unter der Sonne. Man muss nur das, was als richtig erkannt ist, auch tun. Erläuterungen, Pro und Kontra, ein bisschen Volkshochschule. All das hilft uns durch den konfusen Alltag, den uns unsere Politiker bescheren. Und keine Scheu bitte, mal etwas zu wiederholen: Kein Leser lernt die Zeitung auswendig. Die Kritik »Das hatten wir schon« ist selten angebracht. Was hatten wir nicht alles schon!

Andere Darstellungsformen

Politik kommt oft von weit her. Die meisten Zeitungen sind Regionalzeitungen. Die meisten Leute interessieren sich für das, was sie persönlich berührt. Also müssen wir die Politik ganz nah zu uns heranholen. Das kann man, ohne provinziell zu werden. Die großen Themen, Krieg und Frieden, Steuern, Rente, Krankenkasse, kann man vor die eigene Haustür holen, ohne sie zu trivialisieren. Hier, vor der eigenen Haustür, wird die abstrakteste Sache, z. B. die »Integrationspädagogik« auf einmal lebendig.

Alle klassischen Ausdrucksformen bleiben modern, wenn sie abwechslungsreich eingesetzt werden:

- *Hintergrundbericht:* Auch für ihn gilt: klar und verständlich bitte. Selbst das Hintergründigste lässt sich in einfachen deutschen Wörtern sagen.

- *Reportage und Feature:* Das Lesen soll nicht nur klar und verständlich, sondern auch vergnüglich sein. Hier droht die Gefahr der Eitelkeit und Disziplinlosigkeit. Der brillanteste Gag dient nicht immer der Sache. Also wegstreichen!
- *Interview:* Es ist besonders authentisch, aber gefährlich. Langeweile! Frage und Antwort müssen kurz und prägnant sein. Interview-Partnern, die auf umständliche Floskeln nicht verzichten können, begegnet man so: Es gibt einen redaktionellen Artikel, aber kein Frage- und-Antwort-Interview.
- *Und nun zum Kommentar:* Möglichst viele bitte! Leser wünschen Meinungsfreude. Sachkunde ist die Voraussetzung, aber ebenso wichtig ist auch hier die Fähigkeit, das Kundige klar und einfach auszudrücken. Auch Kommentare sind für Leser, nicht nur für das betroffene Fachpublikum. Wie parteiisch dürfen Kommentare sein? Der Kommentator ist der Anwalt seiner Leserschaft, nicht einer Partei. Die Kunst besteht darin, das Fachliche zu beherrschen, aber mit den Augen des betroffenen Laien, also des normalen Lesers, zu betrachten.
- *Persönliches, Klatsch und Tratsch:* Sie sind gut und schön und wichtig, aber man sollte diese Form der Politikdarstellung nicht überschätzen. Sie macht das oft spröde Thema verdaulicher, doch das Bunte darf nicht den politischen Inhalt ersetzen. Der Leser wünscht Information. Er will sich dabei nicht abrackern (siehe Sprache), lässt sich aber auch nicht mit Informationsersatz abspeisen.
- *Das große Porträt:* Politik am Beispiel von Personen darzustellen, ist ein wunderschönes Ausdrucksmittel. Es verlangt viel Arbeit, viel Können und Fingerspitzengefühl, denn man muss der Person und der Sache gerecht werden. Schwierig, aber sehr empfehlenswert.

Grafische Darstellung

So viel zu Sprache und Inhalt. Nun zur optischen Darstellung der Politik. Für sie gilt, was für den gesamten Zeitungsjournalismus gilt: Interessant, aber übersichtlich soll es sein. Viele Wege führen zum Ziel. Falsch ist sicher der, alles nur kurz und klein zu machen. Von Fernsehhäppchen kann und will kein Zeitungsleser mehr leben. Die wichtigen Themen des Tages verdienen es, als Schwerpunkte ins Blatt zu kommen. Damit der Schwerpunkt nicht schwer verdaulich wird, wird er in mehrere Komplexe aufgeteilt.

Grafische Mittel – von der Farbe zur Vignette – sind nicht nur fürs Bunte, sie erleichtern auch den Weg durch die Politik. Die Infografik ist keine neue Entdeckung mehr, aber sie bleibt eine gute Entdeckung. Sie ist ein Blickfang und sagt manchmal mehr als tausend Worte. Aber nicht immer: Manche Grafiken versuchen den Text zu ersetzen, indem sie mit Text vollgestopft werden. Das ist Unfug. Text ist im Textteil besser aufgehoben – vor allem dann, wenn er nicht in totem Nachrichtendeutsch geschrieben ist.

1.2 Von Nachrichten und Geschichten

Dietmar Pieper
Ressortleiter Deutsche Politik des »Spiegel«, Hamburg

Montag, 11 Uhr, Redaktionskonferenz im obersten Stockwerk des Hamburger »Spiegel«-Hauses – dort, wo bis zu seinem Tod das Arbeitszimmer von Rudolf Augstein war. Nach der Heftkritik richten sich die Blicke in die Zukunft, die nächste Ausgabe ist die wichtigste. Jedes Ressort trägt vor, welche neuen Themen die Redakteure anpacken wollen. Es beginnen die Verantwortlichen für deutsche Politik.

Fast alle Ressorts können sich im Lauf der Woche meist ziemlich eng an das halten, was sie in der großen Runde angekündigt haben. Die Welt dreht sich zwar auch in der Wissenschaft oder in der Kultur weiter, aber für erfahrene, vorausschauende Redakteure bleibt ein großer Anteil planbarer Stoffe.

Etwas anders sieht es im bundespolitischen Ressort aus. Hier kommt es regelmäßig zu großen Abweichungen vom »Montagsmenü«. Das ist weder Zufall, noch liegt es an mangelnder Weitsicht der Kollegen. Vielmehr erweist sich fast jede Woche aufs Neue, dass die Umlaufgeschwindigkeit der Ereignisse im Berliner Regierungsviertel besonders hoch ist.

Die Arbeit der Politikjournalisten, die im Wochenrhythmus veröffentlichen, lässt sich mit der von Hochenergiephysikern an einem Teilchenbeschleuniger vergleichen. Themen und Themenpartikel prallen unablässig aufeinander, reagieren, verschmelzen, stoßen sich ab, bringen Antithesen hervor oder verklumpen zu oft wunderlichen Gebilden höherer Ordnung. Manche dieser publizistischen Elementarteilchen zerfallen innerhalb von Stunden, andere gewinnen stetig an Masse und Durchschlagskraft und halten sich wochen- oder gar monatelang im Gespräch. Ein geringfügig verschobenes Kraftfeld kann das Bild komplett verändern, obwohl die herumschwirrenden Bestandteile an sich die gleichen bleiben.

Schon die genaue, analytische Beobachtung des Berliner Partikelzoos beansprucht einige Aufmerksamkeit. Doch Redakteure, die diesen speziellen Kosmos nur einmal in der Woche für ihre Leser ausdeuten, können sich noch weniger als die Kollegen der tagesaktuellen Medien damit begnügen, die kommunikativen Tröpfchenspuren in der Nebelkammer auszuwerten. Sie müssen versuchen, die nächsten großen Zusammenstöße, Verdichtungen und Abspaltungen zu berechnen.

Fixpunkt der inhaltlichen Planung ist die anzunehmende Nachrichtenlage vom Montag kommender Woche. Denn wenn der »Spiegel« frisch am Kiosk oder im Briefkasten liegt, dann soll man ihm auf keinen Fall anmerken, dass der Redaktionsschluss schon mehr als zwei Tage her ist. Im Gegenteil, man will den anderen Medien voraus sein.

Exklusive
und geheime
Informationen

Dieses Ziel lässt sich auf mehreren Wegen erreichen: Das klassische Mittel sind exklusive Informationen. Etwas zu erfahren, was kein anderer Journalist weiß, ist immer gut. Häufig handelt es sich um politische Absichten (wer soll Verteidigungsminister werden?) oder Tatsachen (wie hoch ist das Haushaltsdefizit?), die ohnehin bald bekannt werden. Wer die Nachricht als erster bringt, findet für sich mehr Gehör als einer im großen Chor, der etwa nach einer Pressekonferenz oder einer Bundestagsdebatte anhebt. Ein Beispiel: Die Diskussion in der SPD um das Erbe Gerhard Schröders und die Agenda 2010 begann erst richtig, nachdem der »Spiegel« am 1. Oktober 2007 in einer Meldung darüber berichtet hatte, dass Parteichef Kurt Beck fest entschlossen sei, das Arbeitslosengeld I an ältere Empfänger länger auszuzahlen. Auch viele hochrangige Sozialdemokraten erfuhren erst durch den »Spiegel« von dieser Wendung. Sie wäre aber auch so früher oder später öffentlich geworden.

Bedeutender ist die Kenntnis von Dingen, die eigentlich geheim bleiben sollen. Weil auf die Publikation häufig das schlichte Schweigen der Betroffenen folgt, kann es allerdings passieren, dass ein veritabler Skandal als solcher nicht durchdringt. So hatte der »Spiegel« schon Mitte der 1990er Jahre enthüllt, dass Helmut Kohl als CDU-Vorsitzender ein System schwarzer Kassen unterhielt, doch der Bericht blieb praktisch folgenlos. Erst ein Haftbefehl gegen den christdemokratischen Ex-Bundesschatzmeister Walther Leisler Kiep führte im November 1999 dazu, dass das Schattenreich des inzwischen abgewählten Rekordbundeskanzlers weithin sichtbar wurde.

Interviews
und Gespräche

Der ausgeschriebene Dialog mit einem führenden Politiker zählt ebenfalls zu den klassischen Darstellungsformen. Der »Spiegel« unterscheidet traditionell zwischen dem Interview, in dem Meinungen und Sachverhalte abgefragt werden, und dem tiefer bohrenden, kontrovers geführten Gespräch, das dem Leser auch die Person, ihre Motive und Unzulänglichkeiten nahebringt. In beiden Fällen besteht die Erwartung, dass der Politiker den Leser nicht mit Standardfloskeln behelligt, sondern in klarem Deutsch sagt, was Sache ist. Die gedruckten Texte sind autorisiert, einzelne Formulierungen können gegenüber dem ursprünglichen Wortlaut verändert werden, am besten mit dem Ziel größerer Prägnanz. Wer sich daran nicht hält, sondern seinen O-Ton überall glättet und abschwächt, muss damit rechnen, dass die Redaktion das Interview/Gespräch nicht veröffentlicht. Das kommt immer wieder vor, der Leser erfährt davon nichts.

Die nachrichtliche Wirkung eines solchen Dialogs kann beträchtlich sein, wie etwa das Gespräch mit dem ehemaligen Außenminister Joschka Fischer im Oktober 2007. Darin erklärte der Grünen-Politiker zum ersten Mal ganz offen, wie sehr ihn die Auseinandersetzungen mit seiner eigenen Partei erschöpft hatten, wie nahe er mehrfach dem Rücktritt war und wie falsch er den kurz zuvor gefassten Beschluss der Grünen fand, sich vom Afghanistan-Einsatz der Bundeswehr zu distanzieren. Damit ging das Gespräch deutlich über die zeitgleich publizierten Erinnerungen Fischers an die ersten Jahre seiner Amtszeit hinaus.

Eine der Stärken des Magazinjournalismus ist es, Hintergründe aufzuhellen, **Hintergründe**
geheime oder wenig bekannte Querverbindungen sichtbar zu machen. Solche
Recherchen sind zeitaufwändig und von tagesaktuellen Medien kaum zu leisten.

Zum Ende der Ära Stoiber druckte der »Spiegel« auf sechs Seiten eine analytische Reportage über die Eigenheiten der CSU und ihres Spitzenpersonals.
Die beiden Autoren hatten dazu acht Monate lang bei Parteiveranstaltungen,
auf Kirchweihfesten und in Bierzelten Material gesammelt, führende Unionspolitiker befragt und die Hauptperson Edmund Stoiber auf mehreren Reisen,
unter anderem nach Fernost und Russland, begleitet. Heraus kam das überaus
plastische Bild einer Partei, die »zu groß für Bayern und zu klein für Deutschland« ist.

Ein solches journalistisches Konzept allein garantiert allerdings nicht, dass die
Recherche gelingt. Dazu gehört auch eine gewisse persönliche Vertrautheit mit
den Politikern, die sich öffnen müssen, indem sie Anekdoten beisteuern und Meinungen preisgeben, die ja nicht immer günstig für die Kollegen sein können.

Ein Projekt von ähnlichem Umfang war die Beschreibung des so genannten »Andenpakts«, in dem führende westdeutsche CDU-Politiker wie Roland
Koch, Christian Wulff oder Peter Müller seit gemeinsamen Zeiten bei der Jungen Union verbunden sind. Selbst die CDU-Vorsitzende Angela Merkel hatte
lange Zeit nichts von der Existenz des Bündnisses gewusst, das immerhin einen
ehrenamtlichen Generalsekretär unterhält, der schriftlich zu den geheimen Kungelrunden einlädt.

Bei einer Entdeckung wie dem Andenpakt stellt sich sofort die Frage der
Gewichtung, die ja auch die Präsentation im Heft bestimmt. Prinzipiell ist von
einer 20-Zeilen-Meldung bis zu einem 20-Seiten-Titel alles möglich. Gedruckt
wurde im Juni 2003 schließlich ein Report auf sieben Seiten. Auf dieser Länge
war es möglich, den Männerbund nicht nur erstmals öffentlich vorzustellen, sondern auch seine aktuelle politische Bedeutung im internen Machtkampf um die
Führung der Union zu analysieren.

Es genügt also nicht, etwas zu wissen, was die anderen nicht wissen. Ebenso
wichtig ist die Einordnung. Der Leser soll sich ein Bild davon machen können, was die Informationen bedeuten. Was in der Tageszeitung klassischerweise
dem Kommentar vorbehalten bleibt, fließt im Wochenblatt unmittelbar in die
Beschreibung der Tatsachen ein.

Magazinartikel tragen den Gattungsnamen der Nachrichtengeschichte und wie **Stil**
eine Geschichte, die man sich aus dem Leben erzählt, soll sie überraschen, amüsieren, belehren, zum Nachdenken anregen und auf keinen Fall langweilen. Es
kommt bei jedem Stoff auch ganz erheblich darauf an, was man daraus macht.
Zeile für Zeile stellt sich die Frage: Wie ist ein Text geschrieben? Lebendig, originell und stilsicher – oder im Verlautbarungston und gespickt mit Klischees?

Weil der Anspruch an die Präsentation hoch ist, verwendet die Redaktion
erhebliche Energie auf die Detailarbeit. Mehrere Bearbeitungsgänge für einen

Text sind durchaus üblich, ganz gleich, ob es sich um eine Meldung oder eine Titelgeschichte handelt. Ziel ist es dabei nicht (wie ein altes Vorurteil lautet), jeden Satz einem Einheitsstil zu unterwerfen. In erster Linie geht es vielmehr darum, innere Widersprüche aufzulösen, die Argumentation schlüssig herauszuarbeiten, abgegriffene Formulierungen (»Spitze des Eisbergs«) zu ersetzen und bürokratische Wort- und Satzungetüme auf menschliches Maß zu bringen. Damit es der Heftkritiker am nächsten Montag um 11 Uhr nicht allzu leicht hat.

1.3   Vielfalt der Politik

Ulrich Deppendorf
Leiter des »ARD Hauptstadtstudios«, Berlin

Politische Themen im Fernsehen – haben sie überhaupt noch Konjunktur, passen sie heute noch in dem Maße wie früher in ein Medium, das sich sehr stark hin zu einem eher unterhaltenden Angebot entwickelt hat und das mit neuen Angebotsformen und Verbreitungswegen konkurrieren muss? Wie müssen politische Themen in den verschiedenen Sendungen, für die verschiedenen Verbreitungswege aufbereitet werden? Müssen politische Themen heute unterhaltender und konfrontativer dargestellt, oder – um es direkt zu sagen – verkauft werden, um die geneigten Zuschauerinnen und Zuschauer zurückzugewinnen? Das sind Fragen, die sich die Fernsehmacher seit einiger Zeit immer häufiger stellen.

Vielfalt der Politikthemen

Politische Themen werden auf das Vielfältigste in den Programmen der ARD aufgegriffen. Die unmittelbarste Auswirkung von praktischer Politik erfährt der Fernsehzuschauer und Bürger in seinem unmittelbaren täglichen Umfeld, an seinem Wohnort. Soll es Parkraumbewirtschaftung in meinem Stadtteil geben, wie sieht die neue Straßenführung aus, welche Umweltschutzmaßnahmen sind geplant, wie steht es mit der Wirtschaftskraft, mit der Kultur, mit dem Sportangebot in meinem Ort oder in meiner Stadt, gibt es Korruption und was wird für die Sicherheit getan – all diese Fragen beschäftigen den Zuschauer in seinem täglichen Leben. Lokalpolitik ist die Politik auf der unmittelbarsten und direktesten Ebene.

Und hier beginnt die erste Stufe, auf der politische Themen im Fernsehen behandelt werden. Hier muss die lokale Berichterstattung den Menschen die positiven oder negativen Auswirkungen von kommunalpolitischen Entscheidungen deutlich machen. Hier sind wir Anwalt, Beobachter, Kritiker und Kummerkasten in einem. Lokale Themen haben Konjunktur. In den vielen regionalen und lokalen Programmen der ARD werden die lokalpolitischen Themen Tag für Tag aufbereitet. Die erfolgreichsten Sendungen des WDR-Fernsehens sind die elf Lokalzeiten von Aachen bis Bielefeld, von Münster bis Bonn, jeden Abend von 19:30 bis 20 Uhr, vor der »Tagesschau« mit der Bundes- und Weltpolitik ein idealer Sendeplatz. Dazu kommt das lokale und regionale Internetangebot, das programmbegleitend die Zuschauerinnen und Zuschauer weiter vertiefend informiert.

Die zweite Stufe erfasst die landespolitische Berichterstattung. Sie findet in den verschiedenartigsten Sendungen statt. Vom landespolitischen Magazin über regionale Talksendungen bis hin zu Beiträgen in den regionalen Nachrichtensendungen – die Bandbreite ist groß innerhalb der ARD. Für die Landespolitikerinnen und Landespolitiker sind diese Sendungen natürlich die größte Darstellungsbühne. Hier haben sie die meisten Auftritte, hier werden sie im Land und manchmal auch darüber hinaus bekannt. Für uns Journalisten heißt das doppelte Wachsamkeit gegen zu viele Begehrlichkeiten, kritische Distanz gegenüber den Handelnden und Rückgrat bei den Verantwortlichen. Besonders vor Landtagswahlen haben die politischen Themen Hochkonjunktur in den verschiedenen Regional-Programmen der ARD. Aber der Zuschauer ist wählerisch und kritisch. Nicht jede Präsentationsform findet seine Zustimmung. Gediegene Diskussionsrunden mit Landespolitikern sind nicht mehr gefragt.

Große Bandbreite der Landespolitik

Wir Fernsehmacher sind gefordert, neue Formen zu entwickeln. Eine dieser neuen Formen war die Sendung »Wahlarena« im WDR-Fernsehen, die in abgewandelter Form als »Wahlcheck« mit Frank Plasberg vor der letzten Bundestagswahl im »Ersten« lief und die jetzt – auch im »Ersten« – unter dem Titel »Ich stelle mich« bei bestimmten politischen Anlässen und wichtigen Themen zu sehen ist. Hier treffen Zuschauer und Politiker im Studio unmittelbar aufeinander. Die Hauptfragen werden von den Zuschauern und nicht von den Moderatoren gestellt. Letztere stellen ergänzende Fragen, fassen noch einmal zusammen oder leiten über zu den verschiedenen Themen, die in der Sendung behandelt werden sollen.

Bundestagswahlkampf im TV

Das Vorbild kommt aus England. Beim letzten Wahlkampf haben sich Tony Blair und seine beiden Kontrahenten in einer Sendung nacheinander den bohrenden Fragen der Studiozuschauer, die nach soziodemografischen Erkenntnissen und auch nach Parteizugehörigkeit ausgesucht worden waren, mutig gestellt. In keiner Sendung zuvor und danach hat Tony Blair so sichtbar geschwitzt wie bei dieser Befragung durch das BBC-Studiopublikum zu den britischen Truppen im Irak. Konfrontation pur, offene, direkte und unverstellte Argumentation von beiden Seiten machten die Sendung zu einem Highlight der englischen Wahlberichterstattung.

2005 haben sich dann in der deutschen Version Gerhard Schröder und Angela Merkel dieser Sendeform gestellt. Es waren interessante Sendungen, lebhaft, kontrovers, aber auch aufklärend – natürlich nicht mit der Härte und Zielstrebigkeit des englischen Vorbilds, aber die Beteiligten und auch der Zuschauer zu Hause haben diese Sendungen als Neuerung schätzen gelernt. Eine Gefahr lauert aber in dieser Präsentationsform: Die Rolle des fragenden, politischen Journalisten wird sehr zurückgenommen. Hier gilt es dann im Gesamtangebot, die notwendige Balance zu halten.

»Große«, nationale Politik

Spätestens jetzt sind wir bei der dritten Stufe: Politische Themen in den Hauptprogrammen. Hier sind es die großen nationalen Nachrichtensendungen von ARD und ZDF, die politischen Magazine und die politischen Talkshows, die die Plattformen für politische Berichterstattung bilden. Noch immer ist es so, dass eine Nachrichtensendung wie die »Tagesschau« – und hier besonders die Hauptausgabe um 20 Uhr – das Maß aller Dinge ist. Sie ist und bleibt eine Nachrichtensendung, für die die politischen Themen des Tages wichtiger sind als die Berichterstattung über Mord und Totschlag. Kompakt und kompetent erfährt der Zuschauer hier das Neueste und Wichtigste der Innen- und Außenpolitik. Die 1:30-Minuten langen Beiträge sind die schwierigste Form der politischen Berichterstattung. Sie sind natürlich eine Verknappung, manchmal auch eine Zuspitzung von politischen Sachverhalten und Entscheidungen, sie fassen die wichtigsten Fakten zusammen und im Idealfall zeigen sie auch schon die Konsequenzen für die Betroffenen.

Fernsehen lebt von Bildern, eine ebenso platte wie wichtige Feststellung für die Präsentation politischer Themen im Fernsehen. Immer nur vorfahrende Ministerwagen, verschlossene Türen oder Sitzungsbilder sind natürlich für die Macher wie für die Zuschauer keine besonders einfallsreiche Bebilderung von politischen Prozessen. Gerade in den letzten Jahren haben daher grafische Elemente an Bedeutung gewonnen, die dem Zuschauer auf anschauliche und klare Art und Weise notwendige Informationen vermitteln. Dies gilt besonders, wenn Zahlen im Spiel sind, z. B. bei der Berichterstattung über den Bundeshaushalt. Hier darf der Zuschauer in seiner Rezeptionsfähigkeit auch nicht überfordert werden. Um das zu verhindern, sind klare grafische Aufbereitungen in »Tagesschau« und »Tagesthemen« zu einem wichtigen Bestandteil der Beiträge geworden.

Fernsehen lebt von Emotion. Auch bei der Darstellung von politischen Themen ist Emotion erlaubt. Das gilt bei Sieg und Niederlagen an Wahlkampfabenden genauso wie in der täglichen Berichterstattung über politische Entscheidungen. Die konkrete Darstellung am Beispiel von Betroffenen zeigt oft sehr plastisch und drastisch die Konsequenzen politischen Handelns. Gerade in Sendungen wie den »Tagesthemen« oder dem »Morgen«- und dem »Mittagsmagazin« der ARD können politische Themen in spannenden Reportagen über Betroffene für den Zuschauer eindringlich dargestellt werden. Das gilt auch für eine Sendung wie den »Bericht aus Berlin«, dem politischen Hauptstadtmagazin der ARD.

Aber der »Bericht aus Berlin« muss zusätzlich die großen Linien der Politik aufzeigen. Er muss die Verhältnisse in und zwischen den Parteien darstellen und über die führenden Köpfe der Regierung und der Parteien, der Verbände und Gewerkschaften berichten. Das ist eher die »Schwarzbrotvariante« der politischen Berichterstattung, doch wenn sie dramaturgisch und optisch bestens aufbereitet wird, ist der Zuschauer gerne bereit zu folgen. Er muss nur das Gefühl bekommen, dass mit der notwendigen kritischen Distanz berichtet wird und die kritische Distanz zu den handelnden Politikern von den Journalisten gewahrt wird. Politiker und Journalisten nehmen zwar Teil an einem gemeinsamen Spiel, aber sie stehen auf verschiedenen Seiten. Unglaubwürdig werden Hauptstadtjournalisten dann, wenn ihre Nähe zu den politischen Köpfen zu eng wird und sie sich als Teil des Parteien- oder Regierungsapparates sehen.

Fragwürdig wird der ganze politische Prozess, wenn Talkshows zur Hauptbühne der politischen Auseinandersetzung werden, wenn der Auftritt hier wichtiger ist als die Rede im Parlament. Hier scheint es allerdings bei allen Beteiligten eine Rückbesinnung zu geben.

Der Berliner Politikbetrieb ist ein hektischer, rauer und nervöser Betrieb. Die Themen wechseln zum Teil täglich, oder es gibt täglich neue Varianten zu dem immer gleichen Thema. Oft wissen selbst die Hauptstadtjournalisten am Ende einer Woche nicht mehr, was noch am Wochenanfang die politische Diskussion beherrscht hat. Berlin ist offener für Informationen als es Bonn jemals war. In vielen – zu vielen (?) – Zirkeln und Hintergrundkreisen werden die Themen und vertraulichen Informationen offen diskutiert. Hier werden dann häufig auch die Themen gesetzt – neudeutsch heißt das »Agenda-Setting«. Spindoktoren verbreiten anschließend noch die weiteren Sprachregelungen und so landen die Themen dann schnell auf den Titelseiten der Zeitungen oder in den Fernsehnachrichten. Aus all dem Wust an Informationen müssen wir Hauptstadtjournalisten dann das Wichtigste herausfiltern, auf den Neuigkeitswert prüfen und zu Beiträgen verarbeiten. Und wir müssen und wir haben auch den Mut zu sagen, an dieser angeblich so neuen Geschichte ist nichts dran oder sie ist nur eine weitere, nicht bedeutende Entwicklung eines politischen Prozesses, die den Zuschauer eher verwirrt denn richtig informiert.

Oft ist eine Entschleunigung der politischen Berichterstattung in und aus Berlin gefordert worden. Das dürfte ein frommer Wunsch bleiben, zu groß ist der Konkurrenzdruck der Medien, zu groß die Konkurrenz bei den politisch Handelnden. Und vergessen wir nicht: Spätestens in knapp zwei Jahren sind Bundestagswahlen. Hochkonjunktur für politische Themen im Fernsehen.

Hauptstadtjournalismus

2 Wirtschaft

Das Interesse der Leser, Hörer und Zuschauer am Thema Wirtschaft ist in den vergangenen Jahren enorm gewachsen und gewinnt in der globalisierten Welt an Bedeutung. Ob als Verbraucher, Anleger oder kritischer Staatsbürger – das Publikum fragt verstärkt nach wirtschaftlichen Informationen. Hierbei geht es nicht nur um Zahlen und Fakten, Statistiken und Berichte aus dem Wirtschaftsleben, sondern auch um die Diskussion über die Auswirkungen unternehmerischer Tätigkeit und wirtschaftlicher Ereignisse auf Gesellschaft und Bürger in unterschiedlichen Rollen. Viele Marktlücken im Medienangebot zum Thema Wirtschaft haben sich geschlossen: Special-Interest-Zeitschriften, Wirtschaftsinformationen im Hörfunk, Verbraucher- und Anlegermagazine im Fernsehen,

Regionalisierung und Lokalisierung von Wirtschaftsthemen bei Zeitungen sind einige Beispiele.

Große Bandbreite des Wirtschaftsjournalismus

Die Bandbreite des Wirtschaftsjournalismus ist dementsprechend groß. Beispielsweise unterscheidet sich Wirtschaftsberichterstattung im Stile der »Börsen-Zeitung« stark von derjenigen in einer regionalen Tageszeitung wie etwa der »Westfalenpost«. Was im einen Fall fachlich hoch spezialisierte Berichterstattung ist, orientiert sich im anderen Fall am Konzept der Verständlichkeit für Laien. Grundsätzlich richtet sich die Wirtschaftsberichterstattung nach Vorgaben, die sich aus der Sache, dem Medium und dem Publikum ergeben. Wirtschaftliche Akteure und Themen finden somit in sehr unterschiedlichen Formen und Kontexten Platz in den Medien.

Der Markt für Wirtschaftsinformationen lässt sich in verschiedene Schwerpunkte unterteilen. Wichtige Kriterien sind die Reichweite eines Angebots und die Spezialisierung der redaktionellen Arbeit: Je kleiner das Publikum und je spezialisierter die Themen sind, desto mehr ist neben journalistischen Fertigkeiten auch ökonomisches Fachwissen der Redakteure gefragt (vgl. Abbildung 32).

Abb. 32: Angebotsformen im Wirtschaftsjournalismus

Quelle: Mast/Spachmann 2005, S. 55

Fachmedien organisieren den fachlichen Austausch innerhalb einer Branche oder Berufsgruppe. Die Palette der Titel und Themen ist hier fast so breit wie das Wirtschaftsleben selbst. Allgemeine Aussagen über redaktionelle Konzepte und Themenstrukturen sind deshalb nicht möglich. Häufungen von Fachangeboten gibt es beispielsweise bei den IT-Berufen und den Finanzprofessionen. In den Redaktionen der Fachmedien ist die wirtschaftliche und wirtschaftswissenschaftliche Fachkompetenz der Redakteure häufig wichtiger als deren journalistische Fähigkeiten. Fachleute schreiben also für Fachleute mit dem Ziel, Innovationen zu verbreiten und Informationen für berufliche Entscheidungen zur Verfügung zu stellen. Zielgruppen sind dementsprechend Fach- und Führungskräfte in Wirtschaft und Verwaltung. Die Reichweite einzelner Angebote ist meist gering und reicht über die engen Segmente derer, die im betreffenden Fach selbst Spezialisten sind und ein entsprechendes Vorwissen mitbringen, kaum hinaus.

Fachmedien

Wirtschaftsmagazine richten sich an ein Publikum mit Spezialinteressen. In Kategorien des Marketings wird die Zielgruppe als »Entscheider« in Unternehmen und öffentlicher Verwaltung oder schlicht als »Informationselite« definiert. General-Interest-Titel wie »Wirtschaftswoche« oder »Manager-Magazin« berichten in einer mehr oder weniger breiten Palette an Themen über Unternehmen, Märkte und aus anderen Schauplätzen der Wirtschaft. Das übrige Geschehen, insbesondere politische Ereignisse, fließt mehr (z. B. »Wirtschaftswoche«) oder weniger ausführlich (z. B. »Manager-Magazin«) in die Berichterstattung ein, wobei immer eine ökonomische Perspektive zugrunde liegt. Die »Wirtschaftswoche« ergriff beispielsweise vor den letzten Bundestagswahlen in Leitartikeln und anderen Beiträgen ziemlich offen Partei für das bürgerlich-liberale Lager und begründete dies mit wirtschaftspolitischen Argumenten.

General-Interest-Wirtschafts-magazine

Im Vergleich zu General-Interest-Titeln haben Special-Interest-Angebote ein eingeschränktes Themenspektrum. Anders als Fachmagazine erreichen sie jedoch ein breiteres Publikum. Verbraucher- und Anlegermagazine sprechen Laien in ökonomischen Handlungsrollen an, für die sie Informationen und vor allem konkreten Nutzwert bieten wollen. »Welche Lebensversicherung sich noch lohnt« oder »Die 50 besten Tipps für ihr Geld« – die Liste potenzieller Titel-Themen ließe sich beliebig fortsetzen. Letztlich sind es Wiederholungen oder bestenfalls Variationen des immer gleichen Themas.

Special-Interest-Wirtschafts-magazine

Vor allem Börsen- und Anlegertitel wie »Börse Online«, »Finanzen« oder die sonntags erscheinende »Börse am Sonntag« haben ein eingeschränktes Themenspektrum, das Finanzprodukte, Börsen, Märkte und Unternehmensberichte umfasst (vgl. Kepplinger/Ehmig 2003). Politische und gesellschaftliche Themen werden nur insofern berücksichtigt, als sie für Kursentwicklungen an den Börsen relevant sein könnten. Bei der Themenaufbereitung ist das redaktionelle Bearbeitungsmuster damit stark verengt. Deutlich wird dies beispielsweise in einer Rubrik des Anlegermagazins »Börse Online«, das Ereignisse aus Politik und Gesellschaft unter der Überschrift »Signale« behandelt. An Ereignissen interessiert nur, welche Konsequenzen sie für den Wertpapierhandel besitzen.

Im Fernsehen gibt es Wirtschafts- und Verbrauchermagazine, die unter den Bedingungen dieses Mediums ganz ähnliche Konzepte wie die Pressetitel verfolgen. Hierzu zählen beispielsweise das ARD-Magazin »Plusminus«, »wiso« (ZDF) oder »Money Trend« (RTL). Auch bei ihnen dominiert die Perspektive des Verbrauchers und Steuerzahlers. Vor allem in den Wirtschaftsmagazinen des öffentlich-rechtlichen Fernsehens ist allerdings zusätzlich ein auf- und erklärender Anspruch unverkennbar. Die Berichte schließen deshalb auch politische und gesellschaftliche Aspekte mit ein.

Wirtschaft in Tageszeitungen Tageszeitungen haben eine sehr heterogene Zielgruppe. Gerade das Interesse an Wirtschaftsinformationen geht bei den verschiedenen Gruppen weit auseinander. Viele Leser haben keine spezifischen Informationsinteressen und lesen hauptsächlich lokale und regionale Berichte sowie Nutzwert-Informationen. Wenn sie sich für Wirtschafts- und Unternehmensnachrichten auf nationaler Ebene interessieren, dann vor allem bei herausragenden Ereignissen wie dem drohenden Konkurs einer Bank oder einer spektakulären Unternehmensfusion. Diesem Teil der Leserschaft steht ein kleineres Lesersegment gegenüber, das weitergehende Ansprüche an die Wirtschaftsberichterstattung hat: gewünscht werden eine vertiefende Berichterstattung und tiefgehende Informationen über Entwicklungen und Hintergründe. Überregionale Qualitätszeitungen wie die »Frankfurter Allgemeine Zeitung« und die »Süddeutsche Zeitung« sprechen auch die an Wirtschaftsthemen fachlich interessierten Gruppen bis hin zu Lesern mit einem professionellen Kontext an– etwa in Unternehmen und Banken. Letzteres gilt insbesondere für die beiden Wirtschaftszeitungen »Handelsblatt« und »Financial Times Deutschland« sowie für die fachlich noch deutlich enger ausgerichtete »Börsen-Zeitung«.

Wirtschaftsthemen in Tageszeitungen sind sehr facettenreich. Die Wirtschaftsberichterstattung im engen Sinne umfasst die klassischen Felder Unternehmen und Branchen, Börsen und Finanzmärkte, Service- und Verbraucherberichterstattung sowie Wirtschaftspolitik. Kaum eine Tageszeitung wagt jedoch den Spagat einer Wirtschaftsberichterstattung, die für ein Fachpublikum und ein regionales Massenpublikum gleichermaßen attraktiv ist. Während überregionale Blätter häufig Abstriche bei der Ansprache eines heterogenen Massenpublikums machen, verzichten viele kleinere regionale Zeitungen auf eine Wirtschaftsberichterstattung für Lesergruppen mit weitergehenden Informationsansprüchen. In der überregionalen Wirtschaftsberichterstattung wird dann Ökonomisches, Soziales, Rechtliches und Politisches zu einer leicht verständlichen Information über konkrete Wirtschaftsthemen gemischt. Die Berichterstattung wird hauptsächlich über Agenturberichte abgedeckt. Dennoch gibt es auch einige größere regionale Titel, die ein sehr breites Konzept verfolgen. Massenattraktive regionale Wirtschaftsnachrichten sowie Verbraucher- und Servicethemen stehen dann neben anspruchsvollen Berichten und Analysen aus dem Wirtschaftsleben, für die sich nur ein kleinerer Teil der Leserschaft interessiert.

Anders als die Wirtschaftsmagazine sprechen die Tageszeitungen ihr Publikum nicht nur bzw. nicht primär in wirtschaftlichen Handlungsrollen als Anleger oder Verbraucher an, sondern auch in politischen Rollen als Wähler und Staatsbürger. Dies trifft auf andere Nachrichtenmedien ebenfalls zu. Wochenzeitungen wie die »Zeit« und die Nachrichtenmagazine »Spiegel« und »Focus« verfolgen im Umgang mit Wirtschaftsthemen einen integrativen Ansatz. Damit tragen sie dazu bei, politische und wirtschaftliche Vorgänge für die Bürgerinnen und Bürger transparent zu machen. Ebenso gibt es im Fernsehen Magazin- und Talksendungen, die regelmäßig Themen an der Schnittstelle zwischen Wirtschaft und Gesellschaft aufgreifen. In den Talksendungen »Anne Will« (ARD) oder »Berlin Mitte« (ZDF) diskutieren Gäste aus Politik, gesellschaftlichen Gruppen und Wirtschaft gemeinsam mit Betroffenen und/oder Experten aus der Wissenschaft. In vielen Sendungen bringen Wirtschaftsvertreter ihre Meinungen und Argumente zu aktuellen politischen Themen ein. Ebenso werden ökonomische Themen und Probleme besprochen, zu denen Politiker und Vertreter gesellschaftlicher Gruppen Stellung beziehen.

Wirtschaft in politischen Magazinen und Wochenzeitungen

Wirtschaftsthemen haben auch in Boulevardmedien einen Platz, obwohl es manchmal nicht einmal feste Sparten bzw. Sendeplätze dafür gibt. Straßenverkaufszeitungen, bestimmte Magazine in Hörfunk und Fernsehen, Illustrierte und bestimmte Zielgruppenzeitschriften greifen Wirtschaftsthemen konsequent aus der Perspektive ihres jeweiligen Publikums auf. Wenn Wirtschaft in Boulevard- oder Zielgruppenmedien auftaucht, geht es deshalb entweder um Unterhaltung und Befriedigung der Neugier oder um Nutzwert und Service. Wirtschaftsthemen durchlaufen in diesen Fällen die speziellen Selektionsmuster des Boulevard-Journalismus und werden auf eine spezifische Art und Weise präsentiert.

Wirtschaft in Boulevardmedien

Personalisierung, Emotionalisierung und Sensationalismus zeichnen ein einseitiges Bild der Wirtschaft bzw. dessen, was an ökonomischen Themen die Veröffentlichungsschwelle überwinden kann. Zum einen beschäftigt man sich mit wirtschaftlichen Akteuren im Rahmen von Human-Interest-Themen. Prominente Vertreter von Unternehmen oder Verbänden rücken als Person mit ihrem Privatleben in den Blick. Zudem wird jede Abweichung von einer Norm – oder das, was die Redaktionen dafür halten –, die eine exponierte Person an den Tag legt, aufmerksam verfolgt und durch Berichterstattung begleitet. In aller Regel stellt man dabei sensationalistische Aspekte heraus.

Zum anderen weist die Wirtschaftsberichterstattung in Illustrierten und Boulevardmedien Elemente einer extremen Special-Interest-Orientierung auf. Verbraucher und Arbeitnehmer werden mit häufig plakativ vorgetragenen Handlungsaufforderungen konfrontiert. Die Distanz zwischen Redaktion und Publikum ist weitgehend aufgehoben. Die Leser, Zuschauer und Zuhörer werden direkt angesprochen und wie Akteure und Objekte der Berichterstattung zu

Handlungen aufgefordert. In vielen Fällen macht sich die Redaktion zum Sprachrohr für die (vermeintlichen) Interessen ihres Publikums.

Verbraucher als Zielgruppe Fast alle Wirtschaftsthemen sind prinzipiell auch Verbraucherthemen. Der Journalist muss über die reine Darstellung eines wirtschaftlichen Vorgangs hinausgehen und die konkrete Bedeutung z. B. von Gesetzen oder Unternehmenshandeln für seine Zielgruppe herausstellen. Vor Qualitäts-, Leistungs- und Preisvergleichen sollte eine Redaktion nicht zurückschrecken, auch wenn Interessen von Anzeigenkunden betroffen sind. Verbraucher, Konkurrenten und Betroffene sind langfristig an einem Medium mit eigenem Profil interessiert.

Vor allem bei den Tageszeitungen hat sich in dieser Hinsicht in den letzten Jahren einiges getan. Die früher häufig geäußerte Kritik, der Wirtschaftsteil der Zeitungen sei zu klein, unverständlich und einfallslos, wird heute kaum noch laut. Denn in den vergangenen Jahren hat sich das Leserverständnis in den Wirtschaftsredaktionen stark gewandelt. Lokale und regionale Tageszeitungen bemühen sich, die Leser in der Breite durch eine verständliche und erklärende Darstellung von Wirtschaftsthemen anzusprechen. Die Blätter erreichen dies durch eine Regionalisierung von Wirtschaftsthemen und durch eine konsequente Ausrichtung an den Alltagsrollen ihrer Leser. Sie beziehen Ereignisse und Themen auf Handlungskontexte als Verbraucher, Anleger und Arbeitnehmer (vgl. Spachmann 2005, S. 297). Außerdem scheint insbesondere die Unternehmensberichterstattung zunehmend ihren einseitigen Fokus auf Finanzkennzahlen und den Kapitalmarkt zu verlieren. Das Themenspektrum der Unternehmensberichte weitet sich aus. Insbesondere gesellschaftliche Aspekte der Unternehmenstätigkeit werden zunehmend behandelt. Auch die Präsentation von Wirtschaftsthemen ist vielfältiger geworden. Info-Grafiken und Fotos gehören mittlerweile ebenso zur Selbstverständlichkeit wie Porträts, Interviews oder analysierende Hintergrundgeschichten.

2.1 Wirtschaftsthemen – attraktiv und lesernah

Klaus Köster
Leiter Wirtschaftsredaktion der »Stuttgarter Nachrichten«, Stuttgart

Wirtschaftliche Fragen, mit denen sich lange Zeit vor allem Expertenzirkel beschäftigt haben, betreffen die Menschen heute immer intensiver. Dies bietet der Zeitung die Chance, mit solchen Themen viel mehr Leser anzusprechen als früher. Das wachsende Interesse schlägt sich jedoch nicht von alleine in einer stärkeren Nutzung nieder. Denn der Bedarf ist nicht nur gewachsen, er hat sich auch gewandelt. Gefragt ist vor allem Orientierung. Vieles, was den Menschen früher selbstverständlich erschien, gilt heute nicht mehr. Der sichere Arbeitsplatz auf Lebenszeit ist ebenso Vergangenheit wie die regelmäßig steigende Rente vom Staat. Lesernaher Wirtschaftsjournalismus unterstützt den Leser darin, mit seinen vielfältigen Rollen im Wirtschaftsleben zurechtzukommen – etwa als Arbeitnehmer, Steuerzahler, Autofahrer, Kreditnehmer oder Geldanleger.

Wirtschaftlichen Themen liegen oft kompliziert erscheinende Sachverhalte zugrunde. Dennoch müssen Beiträge darüber auch für Leser ohne spezifisches Vorwissen verständlich sein. Eine Redaktion sollte sich daher stets auch als Dolmetscher verstehen. Bei komplizierten Vorgängen das Wesentliche herauszuarbeiten, ist zwar aufwändig, doch es gibt dazu keine Alternative. Denn schwer verständliche Texte sind vergeudete Arbeit, weil sie einen Großteil der Leser nicht erreichen.

Verständliche und erklärende Inhalte

Zur Verständlichkeit gehört Anschaulichkeit. Wirtschaftsjournalisten sollten über komplizierte Zusammenhänge nicht nur aus der Perspektive der Macher berichten, sondern auch die Folgen für die Betroffenen darstellen: Wer gewinnt, wer verliert bei der Änderung von Steuervorschriften? Wie kann ich aus Neuerungen einen Nutzen ziehen? Um Themen mit Leben zu erfüllen, ist es auch hilfreich, anhand von Betroffenen die Auswirkungen wirtschaftlicher Entwicklungen zu beschreiben. Die Reportage ist bei komplizierten Themen ein geeignetes Mittel, um graue Theorie in lebendige Bilder zu verwandeln.

Die meisten Leser wollen einen konkreten Nutzen aus ihrer Zeitung ziehen. Sicher, längst können auch weniger geübte Internet-Nutzer in diversen Portalen abfragen, wo es die höchsten Zinsen fürs Tagesgeld und den billigsten Strom gibt. Doch welche Versicherung brauche ich in welcher Lebenslage? Welche Fallen können sich im Kleingedruckten verbergen? Welche Erfahrungen haben Leser beim Wechsel ihres Telefonanbieters gemacht? Antworten auf solche Fragen schaffen Nutzwert über den Zahlenvergleich hinaus. Auch Telefonaktionen und Chats, bei denen Experten Leserfragen beantworten, bringen Zusatznutzen. Zwingend ist hier aber der strikte Verzicht auf jegliche Produktwerbung. Experten, die sich darauf nicht einlassen, sind als Ratgeber ungeeignet.

Verbraucherthemen

Ein Wirtschaftsteil, der neue Leser erreichen will, sollte schon in der Präsentation »ansprechend« wirken. Dies sollte auch daran erkennbar sein, dass die Bilder möglichst oft Menschen zeigen – allerdings nicht nur Firmenchefs. Grafiken können ebenfalls den Einstieg in ein Thema erleichtern. Deren Aussage muss allerdings leicht erkennbar sein. Sind für das Verständnis größere Erläuterungen notwendig, steigen viele Leser aus, und die Informationen bleiben ungenutzt. Sehr wichtig sind auch die Überschriften. Knapp und pointiert formuliert, senken sie die Einstiegsschwelle. Was die Überschrift an Klarheit verspricht, muss der Text aber auch einlösen. Oft ist es sinnvoll, größeren Beiträgen kurze Stücke beizustellen, die interessante Aspekte in knapper Form auflisten. Solche Begleitstücke sprechen auch den flüchtigen Leser an und können darüber entscheiden, ob er bei einem Thema »hängenbleibt« oder weiterblättert.

Präsentation

Basis jedes lesernahen Wirtschaftsteils ist aber eine einfache Sprache. Komplizierte Themen erfordern eine besonders klare Darstellung. Der Leser dankt es:

Wer es ihm leicht macht, wirtschaftliche Vorgänge zu verstehen und deren Bedeutung für sich einzuschätzen, hat beste Chancen, ein interessiertes Publikum zu finden und einen Beitrag zur Bindung der Leser an das Blatt zu leisten.

2.2 »Interessiert das die Leute?«

Rainer Hank
Leiter der Wirtschaftsredaktion der »Frankfurter Allgemeinen Sonntagszeitung«, Frankfurt

Intelligente Unterhaltung

»Intelligente Unterhaltung« heißt der Auftrag des Sonntags an den Wirtschaftsjournalisten. »Unterhaltung« ist gewiss der Anspruch an jeden Journalismus: Lektüre, die keinen Spaß macht, kommt einer Beleidigung des Lesers gleich. Der Leser steigt aus. Am Sonntag ist der Unterhaltungsauftrag aber umso dringlicher: denn der Alltag besteht aus Pflicht; der Sonntag darf sich die Freiheit der Neigung nehmen. Kein Leser ist dann aus beruflichen Gründen gezwungen, irgendetwas zu lesen. Er wird es nur dann tun, wenn sich in seiner persönlichen Kosten-Nutzen-Abwägung auch ein Überschuss an zu erwartender Lektürefreude einstellt. Macht er wiederholt die Erfahrung ausbleibender Unterhaltsamkeit, wird er die Sonntagszeitung verärgert weglegen und sie vergessen.

»Intelligent« muss die Unterhaltung sein, um dem Anspruch einer Qualitätszeitung und der Soziodemografie ihres Leserkreises zu entsprechen und um sich von all dem abzusetzen, was im Fernsehen unter dem Label »Unterhaltung« daherkommt. »Intelligent« muss die Unterhaltung aber auch sein, weil es andernfalls intelligenten Journalisten auf Dauer keinen Spaß macht, bei so einer Zeitung zu arbeiten.

Weltverständnis und Weltorientierung

Wie wird ein Thema zum Wirtschaftsthema am Sonntag? Die einfache Antwort heißt: Die Geschichte muss den Leser angehen. Das Thema muss relevant sein. Aktualität ist dafür, anders als in einer Tageszeitung, nur ein mögliches, zuweilen notwendiges, aber auf keinen Fall hinreichendes Kriterium. Oder zugespitzt formuliert: In der Woche steht in der Zeitung, was passiert ist. Am Sonntag steht in der Zeitung, was es bedeutet. Bedeutet es nichts – oder hat die Redaktion noch keine Idee davon, was es bedeuten könnte – sollte man die Finger von einem Thema lassen. Ziemlich unerheblich ist, ob die üblichen Verdächtigen – Wirtschaftspolitiker, Ökonomen, Topmanager und andere – irgendetwas von sich geben: Bilanzpressekonferenzen, Gesetzesvorhaben, Sachverständigenratsberichte und vieles andere mehr sind so lange »sonntagsuntauglich«, so lange sie nicht einen Bezugspunkt im Leben der Menschen nachweisen können. Erst wenn dieser Punkt von der Redaktion erkannt wurde, lohnt es sich, über eine Geschichte nachzudenken und ihr Design in der Redaktionskonferenz zu entwerfen.

Die Menschen, die durch die Lektüre einer Sonntagszeitung intelligent unterhalten werden sollen, spielen im Leben bekanntlich als Wirtschaftssubjekte alle möglichen Rollen. Sie sind Kunden, Arbeitnehmer, Manager, Anleger, Staatsbürger. Und in unterschiedlichen Rollen stellen sie unterschiedliche Fragen: Sie fragen nach Kosten und Nutzen von Zertifikaten, Fonds, Vergütungsstrukturen oder Arbeitsgesetzen, sie fragen nach normativen Implikationen eines Mindestlohngesetzes oder der Globalisierung. Sie sorgen sich um ihren Arbeitsplatz und fragen sich, ob Geld glücklich macht.

Der Wirtschaftsteil einer Sonntagszeitung hat die Aufgabe, einen Beitrag zu Weltverständnis und Weltorientierung der Wirtschaftssubjekte zu leisten. Dabei ist es die Kunst des Wirtschaftsjournalismus, die Informationsflut (»Finanzminister plant Gesetz«, »Einzelhändler kauft Discounter«, »Bankchef kassiert 40 Millionen Euro Abfindung«) in die Perspektive der »Betroffenen« zu übersetzen. Das hat Günther Jauch treffsicher erkannt, als er darüber nachdachte, Sabine Christiansen im »Ersten« abzulösen (wozu es am Ende bekanntlich nicht gekommen ist): »Ich hätte den Politikbegriff in der Sendung etwas erweitert. Politik heißt für mich nicht in erster Linie Parteipolitik. Die Parteien wirken an der politischen Willensbildung mit, aber sie sollten sie nicht monopolisieren. Ich hätte die Sendung gesellschaftspolitisch angelegt, mit einem breiten Themenspektrum. Themen wie Schule, Armutsdebatte oder Steuergerechtigkeit – das alles können Sie sehr kompetent jenseits von ausschließlich parteipolitischem Geklingel und Geklüngel diskutieren.«

Was Günther Jauch über die Politik sagt, ist direkt anwendbar auf den Wirtschaftsteil: Die Menschen sind in eher steigendem Maße an normativen Themen interessiert, aber sie werden im gleichen Maße von der Politik (oder den Unternehmen) gelangweilt. Fragen der Verteilung und der Gerechtigkeit, Fragen der rechten Lebensführung spielen für die Leute eine immer zentralere Rolle. Aber sie misstrauen immer mehr den Eliten und gestehen ihnen nur noch Deutungskompetenz unter vielen ein.

Ein Beispiel: Ein politischer Streit in einer Regierung über die Einführung des Mindestlohns ist kein Thema für eine Sonntagszeitung. Eine Geschichte anlässlich dieses Streits darüber, ob Löhne nur produktivitätsorientiert sein sollen oder aber ein »auskömmliches« Leben ermöglichen müssten, ist es dagegen schon. Eine Geschichte, welche Interessen die Akteure verfolgen, die für einen Mindestlohn kämpfen (jenseits der hehren moralischen Ziele), ist auch eine Sonntagsgeschichte.

Daraus folgt: Normative Fragen sind wichtiger denn je. Sie werden aber zunehmend nicht mehr im Bereich des Politischen, sondern auf dem Feld der Gesellschaft thematisiert. Der Wirtschaftsteil wird nur dann glaubwürdig, wenn er Wirtschaft als Thema der Gesellschaft, und nicht der (Partei-) Politik präsentiert. Das hat Konsequenzen für die thematische Ausrichtung einer Sonntagszeitung.

Was macht ein Thema zu einem Sonntagsthema? Wie findet man die relevanten Themen? Es muss die Leute interessieren. Dann ist es eine Geschichte. Bei der Schweizer »Weltwoche« wird bis heute von Mabel Zuppinger erzählt, jener legendären Sekretärin, die immer an den Redaktionskonferenzen teilnahm. Alle warteten, bis Frau Zuppinger die Frage stellte: »Interessiert das die Leute?« – sie sagte nicht die »Leser«. »Gehört es in die Zeitung?« Wenn nicht, dann nicht. Der Unterschied zum Leser ist der, dass der »Leser« durch die Leserschaftsanalysen erfasst wird. Die Leute aber kennt man, die zieht man durch die Nase rein.

Ein guter Test, ob etwas die Leute interessiert ist die »Samstagabendfrage«: Würden Sie es riskieren, mit diesem Thema das Tischgespräch einer Abendeinladung bei sich zu eröffnen? Der Test ist trickreich. Denn für ein Tischgespräch ist ein Thema nur dann geeignet, wenn es verspricht, eine angeregte, möglicherweise auch kontroverse Unterhaltung auszulösen. Und der Gastgeber, der das Thema einbringt, gewärtigt kein geringes Risiko (wie die Redaktion auch): Wer möchte schon, dass die Gäste später nach Hause gehen und ablästern, wie öde es zugegangen sei. Themenentscheidungen unter diesem Risikodruck bewahren Redaktionen davor, am Leser vorbei- zuschreiben.

Den Test mit der »Samstagabendfrage« muss man sich ganz konkret vorstellen: Eine Redaktion muss ihre Geschichten in ihren Konferenzen »andiskutieren«. Entwickelt sich eine lebhafte Debatte, lässt sich rasch vermuten, dass hier ein relevantes Thema aufgespießt wurde. Erfahrene Redaktionen sind darüber hinaus in der Lage, die professionellen Entartungen solcher Diskussionen mit in Betracht zu ziehen: Eine Redaktion hat womöglich aus Angst vor Wiederholung die Lust verloren, über einen wochenlang sich ziehenden Lokführerstreik zu schreiben. Jetzt gilt es herauszufinden, ob damit auch das Gefühl der Leute getroffen wurde, oder ob deren tagtägliche Betroffenheit gleichwohl eine Geschichte fordert.

Die »Samstagabendfrage« deutet aber bereits eine zweite Bedingung einer Sonntagsgeschichte an: Ein Thema muss auf eine neue Ebene gehoben werden. Artikel, die nur die Ereignisse der vergangen Woche(n) zusammenfassen, ohne deren neue Bedeutung glaubhaft (aber durchaus mit Aufforderung zum Widerspruch) ins Spiel zu bringen, sind unterkomplex. Sie geben dem Leser rasch das Gefühl, die Lektüre habe sich nicht gelohnt. Am Sonntag muss es gelingen, einen Sinn hinter den vielen zufälligen Dingen der Empirie zu entdecken.

Schließlich eignet sich für den Wirtschaftsteil des Sonntags der Zugriff auf Themen, die nicht die üblichen Verdächtigen eines Wirtschaftsteils sind. Beispiele: Kultur, Bildung, Religion oder Psychologie sind Felder, die üblicherweise in anderen Büchern einer Zeitung behandelt werden. Geraten sie in den Fokus der Wirtschaft, müssen sie intelligent behandelt werden (unter Kosten-Nutzen-Gesichtspunkten z. B.: »Steigert Religion das Bruttoinlandsprodukt?«, »Haben Privatschulen einen besseren Output?«). Auf diese Weise erweitern sie den Deutungs- und Lebensbewältigungsradius der Leserschaft.

Wie wird die Wirtschaftsredaktion einer Sonntagszeitung organisiert? Fachleute sind nicht immer nur hilfreich. Fachleute neigen nämlich dazu, ihre Themen aus der Perspektive der Branche, aber nicht aus der Perspektive der Leute zu behandeln. Fachleute wissen zu viel. Die Zentrale wird auf jeden Fall gestärkt; Korrespondenten sind die Ausnahme. Branchenexperten statt Fachreferenten und eine ausgeprägte (informelle) Debattenkultur ist nötig (denn hier ist das Entdeckungsfeld für die Frage, was die Leute interessiert).

Redaktions-organisation

Gleichwohl gibt es eine Reihe von Themenfeldern, die auch in einer Sonntagszeitung mit dauerhaften Beobachtern besetzt werden müssen. Dazu zählen: Autos, Fliegen, Energie, Handel und Wandel, Banken, Verteilung und Anlegerthemen.

Zu empfehlen ist ein Stil der zwei, womöglich drei Geschwindigkeiten: Es gibt Themen (der größte Teil dessen, was ins Blatt kommt), die von Woche zu Woche geplant werden. Das sind die großen Themen der Woche, deren Bedeutung herausgemeißelt wird. Hinzu kommen Themen, die erst kurz vor Redaktionsschluss aufpoppen, von denen aber bereits klar ist, dass sie längere Zeit zu knabbern geben werden. Da muss eine Redaktion bereit sein, den Rhythmus der Woche aufzugeben und rasch, aber gleichwohl mit Atem und Stil einer Wochenzeitung, das Thema aufzugreifen.

Die Arbeitsweise

Schließlich gibt es aber Themen mittlerer Reichweite (Abstiegsängste der Mittelschicht, der Klimawandel, schrumpfende Städte, »wer ist Müntefering wirklich?«), die der Leser zu Recht im großen Auftritt einer Sonntagszeitung erwartet, die aber gerade nicht kurzatmig vergeben werden dürfen. Solche Themen müssen langfristig vergeben werden und kommen ins Blatt, wenn sie reif sind (und die Anzeigenlage den Auftritt zulässt). Sie können zu einer Titelgeschichte werden, sofern eine Sonntagszeitung solche, den Magazinen entlehnte Formate pflegt.

Perspektive und Haltung des Wirtschaftsjournalismus werden vom Kopf auf die Füße gestellt. Wenn es glückt, merken die Leute, dass Wirtschaft jedermann angeht, dass die Eintrittsschwelle viel niedriger als gedacht ist – und dass das Verstehen auch noch Spaß machen kann. Intelligente Unterhaltung eben.

Der Ertrag

2.3   Wirtschaftsjournalismus im Hörfunk

Klaus-Joachim Jenssen
Langjähriger Wirtschaftsredakteur des Bayerischen Rundfunks (BR), München

Das Radio und seine Journalisten genießen nach einer Untersuchung des Medienwissenschaftlers Günter Bentele in der bundesdeutschen Bevölkerung ein besonders hohes Ansehen. Es rangiert mit 3,7 Punkten auf einer 5-Punkte-Skala nur unwesentlich hinter dem Bundesverfassungsgericht (4,0) und der Polizei, weit vor dem Fernsehen, das mit deutlichem Abstand hinter den Zeitungen

(3,6) nur mit 3,3 Punkten bewertet wird. Das hohe Vertrauen in den Radio-journalismus ist sicher etwas überraschend, gelten doch bei »Medien-Profis« die Fachredakteure in den Funkhäusern allgemein als aussterbende Spezies, deren Hörerschaft stetig schwindet. Dem unausrottbaren Klischee zufolge ist Hörfunk ja hauptsächlich ein »Nebenher-Medium«; der Hörer erwarte vor allem Musik und flotte Sprüche.

»Wirtschaft« in Massen-programmen

Das Vorurteil, Beiträge aus der Wirtschaft würden vom Publikum nicht ange-nommen, ja sogar abgelehnt, ist freilich spätestens seit dem Börsenboom 1997 und dem Crash im Jahr 2000 widerlegt. Selbst in so genannten »Massenpro-grammen« haben Informationsbeiträge lockerer Art für Verbraucher, Geldanle-ger und Steuerzahler längst ihren Platz. Der Bayerische Rundfunk hat mit Rat-geber-Sendungen im Hörfunk bereits in den frühen 1960er Jahren begonnen, lange bevor Zeitschriften mit Verbraucher- und Ratgeberthemen auf den Markt gingen. Allerdings ist anzumerken, dass den Programm-Machern in manchen Sendern schlicht der Mut fehlt, die Hörer eines Massenprogramms mit ökono-mischen Themen zu konfrontieren. Und so haben die Programme mit ökono-mischen Inhalten in einigen ARD-Anstalten an Boden verloren.

Der Erfolg des reinen Nachrichtensenders des Bayerischen Rundfunks »B5-aktuell« und der später auf Sendung gegangenen Nachrichten-Kanäle »NDR info« und »info-radio Berlin« legt seit langem nahe, dass viele »Erkenntnisse« der Hörerforschung nicht stimmen. Es gibt zweifellos ein hohes Interesse eines wesentlichen Teils der Hörer an möglichst frühzeitiger, seriöser Information gerade auch über ökonomische Ereignisse, Sachverhalte, Entwicklungen aller Art. Und addiert mit den Programmen, die die Hintergrund-Information pflegen (im Fall des Bayerischen Rundfunks »Bayern2«), ergibt sich ein ständig erreich-ter Hörerkreis von rund 10 Prozent.

Die Hörfunk-Wirtschaftsredaktion des Bayerischen Rundfunks hat schon in den 1970er Jahren damit begonnen, Beiträge über Wirtschaftsthemen dem jeweiligen Publikum anzupassen. Das heißt: Es werden auf verschiedenen Wel-len alle Hörer versorgt:

- diejenigen, die nur ganz schnell über das Wichtigste informiert werden wollen (stündliche Wirtschaftsnachrichten in »B5 aktuell« bis zum frühen Abend und halbstündlich das Neueste von den Börsen bis in die späten Abendstunden);
- diejenigen, die sich nur für das interessieren, was man als Verbraucher und Steuerzahler wissen sollte (über die Magazine der Massenprogramme, wobei diese Beiträge normalerweise nicht von Wirtschaftsjournalisten verfasst wer-den);
- all jene, die wirklich – also auch ausführlich – wissen wollen, »was Sache ist«. Und für diesen Hörerkreis gibt es jedenfalls beim BR ein Angebot in den Magazinen des Programms »Bayern2« in Größenordnungen zwischen drei und vier Minuten, relativ häufig auch in 25-Minuten-Features (»Nahauf-nahme«, »IQ«).

Wirtschaftsjournalisten, die beim Radio arbeiten, sind mit ihren Fachkollegen von Printmedien nicht zu vergleichen. Sie müssen sich ständig bewusst machen, dass sie für das Ohr schreiben. Was über den Sender verbreitet wird, ist normalerweise nur einmal zu hören und kann nicht nachgelesen werden. Dass seit der Einführung des Internets Texte per E-Mail verschickt und Beiträge online (als Podcast) nocheinmal nachgehört werden können, ändert am Zwang zur mediengerechten Sprache nichts: Papiersprache ist selten verständlich, Fachjargon nie. Man wirkt nicht kompetenter beim fehlerlosen Gebrauch der Begriffe »Fehlallokation«, »Cashflow« oder der berühmt-berüchtigten »Rediskont-Kontingente«. Eitelkeiten dieser Art wurden früher gepflegt. Inzwischen sehen alle Beteiligten ein: Fachbegriffe, die über die alltäglichen ökonomischen Grundbegriffe (»Inflation«, »Umsatz«, »Fusion«, »Sozialprodukt«…) hinausgehen, sind in der Regel fehl am Platz, wirken auf den Hörer vielleicht sogar eher lächerlich: Hier will jemand mit seinem Wissen glänzen.

Für den Wirtschaftsjournalismus im Radio (und im Fernsehen) gilt: Wer Fachsprache nicht übersetzen kann, hat im Programm nichts zu suchen. Volks- und Betriebswirte stellen nicht zuletzt deshalb nur einen Teil der Redaktionsmitglieder. Nur eine gute Mischung aus Ökonomen, Politologen, Juristen usw. garantiert auch ein abwechslungsreiches, vielfältiges Programm. Bilanzberichte oder gar wirtschaftstheoretische Analysen sind ja auch nur Randerscheinungen des Wirtschaftsjournalismus im Radio, auch wenn sie nicht völlig fehlen sollten. Es fällt im Übrigen auf, dass in den letzten Jahren mehr und mehr Ökonomen gelernt haben, sie müssen im Hörfunk und im Fernsehen anders auftreten als im Fachkollegium oder im Uni-Hörsaal.

Für den Hörfunk arbeiten bedeutet, das übliche Wirtschafts-Kauderwelsch voller unverständlicher Anglizismen und Abkürzungen in verständliche Sprache umzusetzen, ohne inkompetent zu wirken oder gar in sachlich falsche Verkürzungen zu flüchten. Wirtschaftsjournalismus im Hörfunk bedeutet vor allem aber, ökonomische Zusammenhänge, Vorgänge hinter den Kulissen auch all jenen zu vermitteln, die eher zufällig das Radio eingeschaltet haben. Sie sollen ja für das Programm gewonnen und davon abgehalten werden, zum Easy-Listening-Programm zu schalten.

Das A und O des Hörfunk-Journalisten – zumindest im öffentlich rechtlich organisierten Rundfunk – lautet also:

- Was kann, was sollte, was muss ich dem Hörer eines bestimmten Programms zumuten/zutrauen?
- Welche Themen sollten dem Hörer nahegebracht werden? Welche scheiden grundsätzlich aus?
- Welche Geschichten eignen sich für eine breit angelegte, unterhaltsame und trotzdem inhaltsreiche Sendung (30- bis 60-Minuten-Feature)? Welche sind nur in einem fünf-Minuten-Rahmen gut darzustellen? Für welche reichen drei Minuten aus? In welchen Fällen ist nicht mehr als eine Nachricht in vier Sätzen notwendig?

- Welche Form wähle ich: den »gebauten Beitrag« (mit Originalton-Zuspielungen), die Reportage vor Ort, das Interview, die Collage? Oder ist eine dichte Analyse eher angebracht, also nur Text? Oder muss es eigentlich ein Kommentar sein, eine klar erkennbare Meinungsäußerung also?

In jedem Fall gilt: Agentur-Meldungen sollten grundsätzlich umgearbeitet, weitestgehend umformuliert, auf das Ohr getrimmt werden. Und wenn es irgend möglich ist, wird ein Hörfunkbeitrag mit Originaltönen (O-Tönen) farbiger, interessanter anschaulicher gemacht. Alle Hörfunkjournalisten – und ganz besonders Wirtschaftsjournalisten – sollten also auch Formenvielfalt beherrschen und anbieten. In der Alltagsroutine bleibt dies freilich allzu oft ein Wunschtraum.

Eines jedenfalls steht fest: Die richtige Auswahl und die seriöse, aber trotzdem ansprechende Umsetzung entscheiden über die Akzeptanz ganzer Programmflächen. Diese Erkenntnis ist (leider) noch nicht sehr alt, wird aber seit einigen Jahren – zumindest in den öffentlich-rechtlichen Anstalten – in den meisten Programmen umgesetzt.

Drei Ziele: Seriosität, Betroffenheit und Transparenz

Wirtschaftsjournalisten müssen im Hörfunk einen noch weiteren Spagat als Journalisten anderer Fach-Ressorts machen:

1. Trotz allen Zwangs zur Publikumsnähe besteht der *Anspruch der absoluten Seriosität*: Die Zahlen, Daten, Fakten müssen einfach stimmen, wenn auch Zahlen zum Zweck der Verständlichkeit gerundet oder nur nach Größenordnung umschrieben werden. Schon an diesem Punkt steht der Autor im permanenten Konflikt: Welche Auslassungen sind vertretbar? Welche Zahlen muss man bringen? Welche kann man bis zu welcher Grenze runden?

2. Es muss einen gewissen *Bezug zum »normalen« Radio-Hörer* geben: Es hat keinen Sinn, über etwas zu informieren, was nur eine Handvoll Fachleute interessiert. Es muss also eine sorgfältige Auswahl erfolgen, die freilich nicht vor einem Thema halt machen sollte, das dem einen oder anderen Kollegen zwar sehr wichtig, aber vielleicht zu kompliziert erscheint. Hier ist der Radio-Profi gefordert, den Grundsatz zu erfüllen: man kann alles erklären, auch in drei bis vier Minuten und auch, wenn man zunächst noch keine Möglichkeit hat, Grafiken oder Bilder z. B. auf einem Display des Radiogeräts darzustellen. Zwar können die Redaktionen seit einigen Jahren das Internet als Begleitmedium für solche zusätzlichen Informationen nutzen und dem Hörer anbieten, aber das kann nicht bedeuten, dass bei Hörfunkbeiträgen nun nicht mehr so stark auf leichte Verständlichkeit geachtet werden müsste.

3. Der *Anlass des Beitrags* muss klar werden, vor allem aber auch die *Interessenlage des Informierenden*: Allzu oft soll uns allen nur eine PR-Botschaft untergejubelt werden, die niemandem nützt, außer demjenigen, der im Radio zu Wort kommen will. Zumindest der öffentlich-rechtliche Rundfunk ist nicht dazu da, Werbebotschaften zu übermitteln und damit Firmen als Verkaufshel-

fer für Produkte zu dienen. Dazu gibt es die Werbespots, die gefälligst bezahlt
werden müssen.

Allerdings: Dieser Leitsatz, der jahrzehntelang galt, ist im Zuge einer allgemeinen Kommerzialisierung bei sehr vielen, vor allem jüngeren Kollegen ganz offensichtlich in Vergessenheit geraten. Immer wieder wird unverhohlen in Beiträgen
geworben, ohne dass es der Autor/die Autorin überhaupt merkt. Im besonderen
Maße gilt dies für Autos, Motorräder, Bücher, Filme, CDs, Reiseziele, Computersoftware. Es läuten bei den Programm-Machern nur noch selten die Alarmglocken, wenn sie instrumentalisiert werden. Im Gegenteil: Auch fragwürdigste
Filme, Bücher, CDs werden als Kulturgut verstanden und ganz selbstverständlich beworben – auch ohne dass Korruption im Spiel ist. Die Verlage und Musikfirmen haben ein leichtes Spiel.

Ganz besonders raffiniert sind auf diesem Feld seit einigen Jahren übrigens
vor allem scheinbar bzw. meist sogar offiziell »gemeinnützige« Organisationen.
PR-Profis der Industrie wissen längst: Man kann nur einmal lügen. Und es nützt
langfristig nichts, die Menschen in die Irre zu führen. PR-Profis aus dem Gesellschaftsbereich wissen auch: Man kann als Sprecher einer Organisation dieser Art
fast immer behaupten, was man will, es wird geglaubt. Viele vermeintliche »Skandale«, deren wahrer Sachverhalt später ganz anders aufgeklärt wurde, haben solche »Profis« in den Medien platziert. Kampagnen bleiben erfolgreich, auch wenn
sich herausgestellt hat, dass die Kampagne auf Lügen basierte. Gerade als Radiojournalist ist man der Gefahr ausgesetzt, engagierte, leidenschaftliche, sympathische Meinungsäußerungen in die Öffentlichkeit zu transportieren, ohne nachprüfen zu können, ob die aufgestellten Behauptungen auch nur einigermaßen
stimmen. Besonders fatal: das spontane Radio-Interview ohne ausreichende Vorbereitung und Fachkenntnis des Moderators/der Moderatorin.

Zum anderen muss angesichts des Spagats dem Hörer auch geholfen werden
zuzuhören; nicht nur durch die allgemein bekannten Originalton-Zuspielungen von Fachleuten/Managern/Kritikern, durch Umfragen bei normalen Bürgern, sondern auch mit technischen Tricks. Solche Hilfen zur Steigerung der
Aufmerksamkeit und zum Verstehen eines Sachverhalts haben in den letzten Jahren dank spezieller Computer-Programme stark zugenommen: Geräusche (z. B.
Drucker, Auto, Reifenquietschen, Maschinen, Nebelhorn, Sektkorken), Originalatmosphäre (z. B. Bahnhof, Flughafen, Fabrik, Baustelle) oder auch musikalische/akustische Akzente aller Art, die Radiobeiträge noch etwas farbiger und
anhörbarer machen. Diese Versatzstücke haben inzwischen als Auflockerungselemente ihren Platz zunehmend auch in Wirtschaftsbeiträgen bzw. -reportagen gefunden. In den aufwändig produzierten 30- bis 60-Minuten-Features sind
sie schon seit fast 30 Jahren selbstverständliche, feste Bestandteile – früher als
Bandmaterial, jetzt in Form digitaler Clips. Der enorme produktionstechnische
Zeitgewinn durch die Einführung der digitalen Tonbearbeitung hat es mög

Gefahren der PR

Auflockerungselemente

lich gemacht, auch unter Zeitdruck noch spontane Einfälle realisieren und einbauen zu können.

Freilich ist dabei immer auch zu bedenken, dass ein Beitrag durch zu viele Gags auch wertlos werden kann: Unter Umständen nimmt der Hörer die eigentlichen Botschaften nicht mehr auf, wenn seine Ohren zu sehr beschäftigt werden. Es kommt also sehr auf das Gefühl für die richtige Menge von O-Ton-Einsprengseln an.

Schließlich aber ist in der redaktionellen Arbeit ständig der Faktor Zeit zu bewältigen. Unter Hörfunkjournalisten gilt ganz allgemein: Nichts ist älter als die Zeitung von heute. Und das heißt: Eine Meldung, die wir gestern noch nicht kannten, aber heute in den Printmedien steht, muss – wenn sie überhaupt noch einmal aufgegriffen wird – auf jeden Fall fortgeschrieben werden, z. B. durch neue, zusätzliche Sachverhalte oder Reaktionen. Gibt es ein Dementi? Fehlen wichtige Aspekte? Wurde die Story gar am eigentlichen Thema vorbeigeschrieben?

Wird eine wichtige Meldung erst im Lauf des Tages bekannt, dann muss sie nach dem ehernen Gesetz im Radio so schnell ins Programm kommen, wie es eben möglich ist. Am Beispiel des Bayerischen Rundfunks – zunächst als Nachricht in den »B5 Wirtschaftsnachrichten«, dann als Einminüter in redaktionell bearbeiteter Form (beides in »B5 aktuell«) und schließlich in »B5« als »Hintergrund« und/oder in einem der Magazine in »Bayern2« in entsprechender Form und Länge. Und wenn sich das Thema für die Massenprogramme »B1« oder »B3« eignet, dann möglichst auch dort.

Das Motto lautet: Geschwindigkeit ist keine Hexerei, Stress vollkommen normal. Die freien Journalisten stehen meist mit soliden Grundkenntnissen und Hintergrundwissen parat. Völlig von Anfang an muss selten ein Fall recherchiert werden. Dann dauert es eben etwas länger. Hauptsache, es wird heute noch fertig – oder am besten gestern.

2.4   Mehr als Dax und Dow

Peter Limbourg
Chefredakteur des Nachrichtensenders N24, Berlin

Bei oberflächlicher Betrachtung zeichnet sich ein Nachrichtensender dadurch aus, dass am unteren Rand des Bildschirms ein Laufband mit aktuellen Aktienkursen durchs Bild eilt. Früher reichte das aus, um eine ausreichende Zahl von interessierten Zuschauern zu begeistern. Heute haben sich Nachrichtensender zu Hochglanzangeboten entwickelt, die mit aktueller Berichterstattung aus Politik und Gesellschaft, mit hochwertigen Magazinen und Reportagen, Talksendungen, Dokumentationen und eben auch Wirtschaftsformaten täglich ein Millionen-Publikum erreichen.

Dabei ist Nachrichtenfernsehen grundsätzlich immer auch Wirtschaftsberichterstattung, denn jede Nachricht steht in einem wirtschaftlichen Zusammenhang. Beispiel Irak-Krieg: Die Berichterstattung über den Einsatz der amerikanischen Truppen und ihrer Verbündeten am Golf und die Kriegsberichterstattung aus dem Irak stand und steht immer auch unter dem Aspekt der wirtschaftlichen Konsequenzen für die Region und vor allem für die Weltwirtschaft. Der Schlachtruf der Kriegsgegner »Kein Blut für Öl« zeigt, wie sehr außenpolitische Ereignisse im wirtschaftlichen Kontext wahrgenommen werden. Auch wenn Kriege nicht in erster Linie um Rohstoffe geführt werden, so haben militärische Auseinandersetzungen doch erhebliche Auswirkungen auf weltwirtschaftliche Prozesse und konjunkturelle Entwicklungen.

Politik und Wirtschaft sind eng verzahnt. Steuergesetzgebung, Arbeitsmarktpolitik oder Gesundheitsreform – die Themen lassen sich vom politischen Standpunkt aus betrachten oder unter wirtschaftlichen Gesichtspunkten analysieren und immer muss die journalistische Berichterstattung beide Aspekte miteinander kombinieren. Allein die Übertragung der traditionellen Haushaltsdebatten im Bundestag zeigt, dass die Berichterstattung immer beides leisten muss: politische Information geben und wirtschaftliche Zusammenhänge darstellen.

Wirtschaft ist ein wesentliches Standbein des Nachrichtenfernsehens und nicht von der politischen Berichterstattung zu trennen. Nachrichten sind immer auch Wirtschaftsnachrichten, weil die Zusammenhänge längst global sind und die Hintergründe der Ereignisse nicht ohne den weltwirtschaftlichen Aspekt hinreichend erklärbar wären.

Doch Wirtschaft ist mehr als die obligatorische Schalte zur Wallstreet nach New York, die noch das Nachrichtenfernsehen der Anfänge prägte. Nicht zuletzt durch die rasante Talfahrt der Aktienmärkte im Sog der New Economy hat auch ein Umdenken in den TV-Stationen stattgefunden. Erst verschwanden die vielen eilig aus dem Boden gestampften Wirtschaftstitel wieder vom Kiosk, und auch die Nachrichtensender haben ihr Angebot an Börsensendungen und Start-up-Shows noch vor ein paar Jahren zurückgefahren. Inzwischen steigen die Kurse wieder und mit ihnen das Aktieninteresse der TV-Zuschauer. Auch N24 hat seine Börsenberichterstattung ausgebaut und fasst seit Anfang 2007 zweimal am Tag das Geschehen und die Entwicklungen an der Börse in speziellen Sendungen zusammen.

Doch Börse allein ersetzt noch keine Wirtschaftsberichterstattung. Natürlich ist die Börse ein wichtiger Seismograf für konjunkturelle und wirtschaftspolitische Tendenzen. Die Berichterstattung von den Finanzmärkten ist heute unverzichtbarer Bestandteil des Nachrichtenfernsehens. Das Kurslaufband am unteren Bildrand zeigt die Werte und Indices in Realtime und ermöglicht den Profis wie auch den Privatanlegern direkte Informationen über Kursverläufe und Entwicklungen der Märkte. Hintergründe, Unternehmensnachrichten und Charts können parallel im Teletext oder Online eingesehen werden. Nachrichtensender sind immer auch Börsensender und werden es bleiben. Denn kein anderer Sen-

Marginalien:

Nachrichtenfernsehen ist immer auch Wirtschaftsfernsehen

Wirtschaft – nicht nur Börsenberichterstattung

der kann so umfassend und mit so viel Kompetenz über Finanzmärkte und ihre Entwicklungen berichten wie die Informationsspartenkanäle.

Die Wirtschaftsberichterstattung im Fernsehen hat sich jedoch vom reinen Börsenparkett gelöst und zeigt zunehmend volkswirtschaftliche und wirtschaftspolitische Zusammenhänge. Diese makroökonomische Perspektive ergänzt die Berichterstattung von den Finanzmärkten um Einschätzungen und Stimmungen – beispielsweise den IFO-Geschäftsklima-Index oder auch Experten-Einschätzungen von Wissenschaftlern oder Volkswirten aus der Praxis. Auf diese Weise entsteht ein ganzheitliches Bild wirtschaftlicher Zusammenhänge, vor deren Hintergrund politische Entscheidungen besser einzuordnen sind.

Die Nachrichtensender informieren heute wesentlich breiter über wirtschaftliche Prozesse bis hin zu einzelnen Unternehmenszahlen. Die mikroökonomische Ebene gehört heute ebenso zur Wirtschaftsberichterstattung wie die volkswirtschaftlichen Zusammenhänge. Live-Übertragungen von Bilanzpressekonferenzen oder Hauptversammlungen – sei es beispielsweise von der Deutschen Telekom, der Deutschen Bank oder der Allianz – sind inzwischen feste Bestandteile des Nachrichtenprogramms. Vertiefende Gespräche mit Vorstandsvorsitzenden oder anderen Unternehmenslenkern unterschiedlicher Branchen, beispielsweise anlässlich von Produktneueinführungen oder bedeutenden Messeauftritten, gehören ebenso zur Wirtschaftsberichterstattung wie die täglichen Börsenkurse dieser Unternehmen selbst.

Blick hinter die Kulissen der Unternehmen Wirtschaftsinformationen im Fernsehen finden auch in anderen journalistischen Formen als der rein nachrichtlichen Berichterstattung statt. Gerade die Nachrichtensender zeigen verstärkt Reportagen und Dokumentationen auch und gerade über wirtschaftliche Zusammenhänge. Die Themen sind vielfältig. Eine Reportage zeigt beispielsweise den Standort Ingolstadt und seine enge Verflechtung mit den Audi-Werken, die hier den mit Abstand größten Arbeitgeber stellen. Dokumentationen über Wirtschaftszentren, wie das Ruhrgebiet, büßen nichts von ihrer Aktualität ein, wenn sie auch den Arbeitsplatz unter Tage vorstellen.

Der Blick hinter die Kulissen von Unternehmen ist immer eng verknüpft mit Informationen zum Standort Deutschland und seiner Wirtschaftspolitik. So finden Wirtschaftsinformationen auch in Reportagen und Dokumentationen über Unternehmen, Standorte und Regionen ihren Platz. Auch eine Sondersendung zum Welt-Wirtschaftsforum in Davos ist im weitesten Sinne Wirtschaftsberichterstattung, denn die Impulse, Reden und Diskussionen der Teilnehmer – selbst wenn es keine Unternehmer sind und keine Unternehmenszahlen präsentiert werden – entwickeln neue Perspektiven für wirtschaftliche Entwicklungen und globale Zukunftstrends. Sogar Sportreportagen enthalten oft wirtschaftliche Informationen. Beispielsweise ist eine Reportage über das Superbowl-Finale der amerikanischen Football-Liga ohne einen Beitrag über die wirtschaftliche Dimension dieses größten Sportereignisses der USA kaum vorzustellen. An diesem Tag werden regelmäßig Rekorde gebrochen. Die höchsten Ausgaben der

Werbewirtschaft und die größten Umsätze bei Fanartikeln und Merchandising-Produkte sind zum Finale vorprogrammiert. Auch Sport ist Wirtschaft.

Einen wesentlichen Teil der Wirtschaftsberichterstattung im Fernsehen übernehmen die so genannten Verbrauchermagazine. Nachdem das Agrarministerium in ein Verbraucherschutz-Ministerium umbenannt wurde, könnte man meinen, es handelt sich um politische Magazine. Doch die »wisos« und »Plusminus« der Fernsehlandschaft hierzulande geben nach wie vor Steuertipps und zeigen Sparvorteile. Diese Form der Wirtschaftsinformationen im Fernsehen orientiert sich stark am Zuschauer und stellt wirtschaftliche Zusammenhänge aus der Sicht des betroffenen Bürgers dar. Die Servicemagazine haben damit eine wichtige Funktion für die Vermittlung von aktuellen Gesetzesentscheidungen und Regelungen mit direkter Auswirkung auf den Verbraucher.

»Börse
am Mittag«

Waren diese Magazine lange Zeit eine Domäne der öffentlich-rechtlichen Sendeanstalten, so haben inzwischen auch die Privatsender eigene Wirtschaftsmagazine mit Verbrauchertipps entwickelt. Allen voran die Nachrichtensender: N24 beispielsweise gibt in seinen täglichen Wirtschaftssendungen »Börse am Mittag« und »Börse am Abend« immer auch Verbrauchertipps und zeigt aktuelle Trends rund um Anlageformen für den Privatanleger. Die Moderatoren befragen Experten zum jeweiligen Thema wie beispielsweise Versicherungsabschluss, Immobilienkauf oder Erbrecht. Der Zuschauer bekommt hier direkt Tipps und Hilfe aus erster Hand, die ihm geldwerte Vorteile verschaffen können.

Von der Wirtschaftspolitik und ihrer nationalen bzw. globalen Dimension, den Finanzmärkten und Börsenkursen bis zum Servicemagazin über konkrete Steuertipps reicht die Wirtschaftsberichterstattung im Fernsehen. Es gibt kaum einen TV-Sender in Deutschland, der keine Wirtschaftsinformationen im Programm hat. Doch gerade die Nachrichtensender, allen voran N24 und n-tv bieten wohl den größten Raum für Wirtschaftsthemen im Fernsehen, wenn man von den reinen Wirtschaftssendern wie Bloomberg TV oder CNBC Europe absieht, die auf dem deutschen Fernsehmarkt keine wesentliche Rolle spielen. Allein N24 schaltet täglich mehrmals live aufs Börsenparkett und zeigt die wichtigsten Tendenzen und Kursentwicklungen des Tages in Echtzeit. Die allgemeine Wirtschaftsberichterstattung über Konjunktur und Unternehmen wird ständig weiterentwickelt und ausgebaut. Reportagen und Magazine über Standortpolitik und neue Technologien ergänzen das Nachrichtenprogramm.

Die Nachrichtensender entwickeln ihr Programm permanent weiter und haben den Finger immer am Puls der Zeit. Ihr Auftrag ist es, die gesellschaftlichen, politischen und wirtschaftlichen Entwicklungen stets journalistisch zu begleiten. Keine Gesellschaft entwickelt sich ohne wirtschaftliche Dimension weiter. Das Nachrichtenfernsehen wird diesen Prozess begleiten und sein Programm weiterhin darauf ausrichten.

3   Kultur

Der Kulturteil der Zeitungen, oft als Feuilleton bezeichnet (aus dem Französischen »feuille«: das Blatt, das der Zeitung oder der Zeitschrift ab dem 18. Jahrhundert beigelegt war und Anzeigen sowie Buch- und Theaterkritiken enthielt), hat aufgrund seiner Entstehungsgeschichte eigenständige Sprach- und Darstellungsformen entwickelt. Neben klassisch künstlerischen Themen gehören heute weitere Themenbereiche wie Bildung, Wissenschaft, Forschung, Religion, Gesellschaft, Medienpolitik und Unterhaltung zum Arbeitsfeld des Kulturressorts bzw. des Kulturredakteurs.

Schon allein die große Bandbreite künstlerischer und kultureller Ereignisse – von der Musik über den Film und das Theater bis zum Kabarett und der Literatur – zeigt, wie wichtig für Kulturredakteure Wissen und ein entsprechender fachlicher Hintergrund sind. Spezialisierung in ein oder zwei Bereichen und profunde Sachkenntnis in den übrigen Disziplinen sind unabdingbar. In Kritiken, Glossen, Reportagen, Rezensionen und Interviews (→ Journalistische Darstellungsformen) muss dem Leser auch im Lokalteil von Zeitungen in tadellosem, lesbarem und ansprechendem Deutsch und in einer verständlichen Sprache das kulturelle Leben vermittelt werden. Der Rundfunk kann die Vorteile der elektronischen Medien – die authentische akustische und optische Wiedergabe – ausspielen, wenn es um die Darstellung der kulturellen Erlebniswelt geht.

Über die thematische Zusammensetzung der Kulturseite oder des Kulturmagazins, die weitgehend von dem örtlichen oder/und aktuellen kulturellen Angebot abhängt, lässt sich vortrefflich streiten. Ein wenig Duft der großen weiten Welt, vermischt mit Ereignissen aus der Region ist ein denkbarer Themen-Mix. Entscheidend für die inhaltliche Ausrichtung des Feuilletons ist auch, welches Kulturverständnis zugrundeliegt. Beschränkt es sich auf die »hohe« Kultur und die klassischen Künste oder umfasst es auch Alltags- und Populärkultur? Werden gesellschaftliche Trends besprochen? Die Medienangebote beschreiten hier zum Teil sehr unterschiedliche Wege.

Das Kulturleben einer Stadt oder einer Region ist ein Mosaik unterschiedlicher kreativer Versuche und Aktivitäten. Kulturelle Hauptthemenbereiche sind im Lokaljournalismus Architektur, Denkmalpflege, Bildende Kunst, Kunsthandwerk, Literatur, Film, Folklore, Erwachsenenbildung, Forschung und Lehre, Musik, Schauspiel, Tanz, Fotografie und Werbung. Neben der Berücksichtigung der kulturellen Aktivitäten kann die Lokalzeitung oder das Lokalradio mit eigenen Aktionen und Initiativen das kulturelle Leben und zugleich den Kulturteil bereichern. Porträts von Chören, Rockbands oder Jazzformationen steigern den Bekanntheitsgrad der Musiker und geben genug Stoff für Kulturteil oder Magazinsendung. Autorenlesungen oder Theateraktionen mit Amateurgruppen aus der Region steigern das kulturelle Angebot und lassen Radio oder Zeitung in einem guten, weil kulturfördernden Licht erscheinen. Auch mit dem Angebot von Volkshochschulen kann sich die Zeitung oder das Radio kritisch auseinander setzen (»Was will eigentlich die Bevölkerung?«), um den Service für Hörer und Leser zu verbessern.

Tipp: Informationsquellen für Kulturjournalisten:
- Programmvorschauen und -ankündigungen,
- Veranstaltungsprogramme mit fachlichen Erläuterungen und Hinter-grundmaterial,
- Vereinschroniken,
- Tätigkeitsberichte der Veranstaltungsträger,
- Kommunale Etats und ihre Begründung zu kulturellen Ausgabe- und Einnahmepositionen,
- Kulturpolitische Aussagen der örtlichen Parteien bzw. Fraktionen,
- Kirchliche Mitteilungen,
- Vorausmaterial der Künstleragenturen,
- Ortschroniken,
- Publikationen kultureller und heimatpflegerischer Art,
- Schul- und Hochschulgesetze,
- Richtlinien für Kunst- und Wirtschaftsförderung,
- Erwachsenenfortbildungs- und Jugendbildungsförderungsgesetz,
- Denkmal- und Landschaftsschutzbestimmungen,
- Kultureller Finanzausgleich,
- Fachperiodika,
- Presseinformationen von Hörfunk- und Fernsehanstalten,
- Pressedienste von Industrie und Verlagen.
(vgl. Projektteam Lokaljournalisten 1990, S. 382)

Zur lokalen Kultur gehören auch Vereine. Für das Verbreitungs- oder Sendege-biet muss die Redaktion deshalb über Art, Anzahl und Stellenwert der Vereine im öffentlichen Leben Bescheid wissen. Die wichtigsten Daten über Vorstand, Mitglieder, Vereinsarbeit, überörtliche Beziehungen und Vereinsfeste erleichtern die Redaktionsplanung.

Kulturredakteure im Feuilleton und Kulturredakteure im Lokalressort haben ein durchaus schillerndes Prestige. Während die einen im schlimmsten Fall als »weltfremde Paradiesvögel« gelten, sind die anderen das Mädchen für alles, ange-fangen vom Heimatabend bis zum Rockfestival.

3.1 Anspruch auf Einspruch

Ronald Meyer-Arlt
Ressortleiter Feuilleton der »Hannoverschen Allgemeinen Zeitung«, Hannover

»Theater. Ja, Theater wäre schon gut. Und Literatur. Und gern auch Kabarett.«
»Das war's?«
»Ja, ja das wär's wohl so in etwa. Äh, Kino ginge auch.«
»Kino auch? Ja, Danke.«

Und das war's dann auch. Der freundliche junge Mann, der eine schöne Bewerbungsmappe mitgebracht hat, wird nicht freier Mitarbeiter bei uns. Natürlich brauchen wir Leute, die kompetent über Theater, Kabarett, neue Bücher und Filme schreiben können – aber die haben wir ja schon.

Wo aber sind die Architektur- und Jazzkritiker, die Tanzexperten, Medienkunstanalytiker und Philosophen, die viel wissen und schreiben können – vor allem so, dass nach der Lektüre auch der Leser mehr weiß? Nicht nur von dem einen Künstler und seiner Kunst, sondern auch davon, wie sie sich einfügt in die Kunst der anderen, in die Tradition und die benachbarten Genres.

Der Kulturteil der Tageszeitung braucht sie immer noch: die Fachleute, die sich auskennen in ihrem Gebiet und noch ein bisschen darüber hinaus. Die Spezialisten, die erkennen können, was das besondere an der Veranstaltung ist, über die sie schreiben. Er braucht sie immer noch: die Theater-, Oper-, Tanz-, Malerei-, Videokunst- und Jazzenthusiasten, die nicht nur die Häuser am Ort kennen, sondern auch in der Republik herumfahren und vergleichen können.

Kritik und Lob Vieles hat sich in der Kulturberichterstattung in den vergangenen Jahren geändert, aber den Anspruch zu sagen, was gelungen und was misslungen ist, haben die Feuilletons der Tageszeitungen nicht aufgegeben. Trotz aller schleichenden Boulevardisierung, trotz dem Hang zu Terminkalendern und Infokästen und Glossen und Kulturverbrauchertipps. Wertung ist wichtig. Und die Tageszeitung braucht immer noch beides: den scharfen Verriss und die überschwängliche Hymne. Das eine ist ohne das andere nichts, und ohne beides wäre die Kulturberichterstattung auch nichts. Aber beides ist schwieriger geworden. Gern einigt man sich auf ein laues »Zwar aber« und lässt sein Urteil zu einer kleinen Abwägungsangelegenheit zusammenschnurren. Damit ist zwar allen Anforderungen genüge getan, aber spannend ist das nicht.

Es ist aber auch schwieriger geworden. Der Kritiker, der sein Lebenswerk darin sieht, einen bestimmten Stil durchzusetzen, hätte heute nicht mehr viel zu tun, schließlich geht ja alles ganz gut nebeneinander. Er würde ein bisschen albern wirken und ein bisschen ältlich. Die Kriterien, die ein harsches Urteil begründen können, haben ihre Macht verloren. Man hätte wohl gern mal wieder einen kräftigen Verriss, eine flammende Widerrede. Allein: Worauf soll man's denn gründen? Wir richten uns ja nicht nach dem Ideal, das wir im Kopf oder an der

Redaktionspinwand haben, sondern nach den Ansprüchen, die die Künstler selbst formulieren oder die man aus ihren Arbeiten interpretieren kann.

Was will der Künstler? fragen wir uns und: Erreicht er sein Ziel? Wir untersuchen die Tauglichkeit der Mittel, die er dafür einsetzt und fragen nach dem Sinn und der tieferen Bedeutung. Ein bisschen machen wir uns auch selbst zum Untersuchungsgegenstand: Haben wir uns gelangweilt? Haben wir gelacht? Ist uns schlecht geworden? Das sind so die externen Kriterien.

Da muss ein Theaterstück, ein Konzert, ein Buch schon ziemlich schlecht sein, um verrissen zu werden. Bei der Musik ist es noch am einfachsten. Schlechte Sänger hört man, schlechte Schauspieler sind heute schon schwieriger auszumachen. Es gibt keinen verbindlichen Bühnenton mehr, das Verhuschte, Vernuschelte kann auch Qualitätsmerkmal sein. Wie soll da der Kritiker seine Stimme erheben und »So nicht!« donnern? In anderen Disziplinen – wie Videokunst, Live Art, Slam Poetry oder zeitgenössischem Tanz – ist es noch schwieriger, Einspruch zu erheben. Aber: Man sollte den Anspruch auf Einspruch nicht aufgeben. Verrisse gehören in die Zeitung. Auch in die kleinen. Mit einem Verriss macht man nichts kaputt. Auch kleine Theater nicht. Mit ewigem Mittelmaß aber zerstört man viel.

Kultur in der Zeitung muss mehr sein als Report und Abschilderung dessen, was war. Kritik soll immer noch leidenschaftliche Auseinandersetzung mit der Kunst sein und muss auch wehtun dürfen. Adressaten der Kritik – daran muss man sich gelegentlich erinnern – sind nicht die Kulturschaffenden, sondern die Leser. Der Kritiker hat weder die Aufgabe, die Kunst voranzubringen, noch die, über die Verteilung von Subventionen zu wachen. Schön, wenn er das tut, aber er muss es nicht. Er muss nur eines: Gute Texte schreiben und intelligent unterhalten. Das muss er.

Gute Texte sind überraschende Texte

Gute Feuilletontexte sind überraschende Texte. Kritiken, wenn sie nicht brillant geschrieben sind, gehören meist nicht zu den überraschenden Seiten des Tageszeitungsfeuilletons. Deshalb hat es die Rezension, die wertende Besprechung einer Kulturveranstaltung, neuerdings schwer. »Bloß keinen Rezensionsfriedhof« maulen auch erfahrene Feuilletonisten, wenn bei der Redaktionskonferenz die dritte Musik- und zweite Theaterkritik angekündigt wird. Daran, dass so ein Begriff »Rezensionsfriedhof« überhaupt entstehen konnte, haben die Kritiker selbst Schuld. Zu oft und zu lange haben sie das Gleiche gemacht. Kulturberichterstattung aus dem Schreibautomaten: Jedes Werk erwähnen, jeden Künstler nennen, ja nichts vergessen, auch nicht die Nummer aus dem Köchelverzeichnis. Irgendwann wirkt das tot.

Die Rettung aber ist nicht die Abschaffung der Rezension und die Flucht ins Wissenschafts- oder Debattenfeuilleton. Die Rettung wären andere Kritiken – Texte, die das Unerwartete wagen, die die alten Rituale der Kritik überwinden und leidenschaftlich sind. Vielleicht auch eine neue Frechheit und Sorglosigkeit. Sicher, der typische Feuilletonleser ist eine Leserin und älter als sechzig – aber das heißt ja nicht, dass sie nur »tantige« Texte lesen möchte. Inhaltlich hat sich ja schon eine Menge geändert. Das Theater ist nicht mehr so wichtig wie es mal war, auch die Oper hat Strahlkraft verloren. Einige Redaktionen haben einfach aufgehört, über jede Hamburger, Münchner, Berliner Premiere zu berichten, andere haben für die Kritik das Miniformat entdeckt. Beides funktioniert, der große Proteststurm der Leser ist ausgeblieben.

Neue Themen Stattdessen erobern neue Themen das Feuilleton – Architektur, Medienkunst und Netzgeschichten. Und immer wichtiger wird der feuilletonistische Zugriff auf Themen, die auch andere Ressorts interessieren. Börsenkrach und Weltraummissionen, Nanotechnik und Kirchentag, Trendforschung und Parteienfinanzierung – so etwas kommt zunehmend ins Feuilleton, das dann den anderen Blick auf bekannte Themen ausprobiert. Der Essay verdrängt ein bisschen die Kritik und Porträt bzw. Reportage werden als Darstellungsformen beliebter.

Das Feuilleton wird unberechenbarer. Und das ist seine große Chance. Denn als Wundertüte kann es ihm gelingen, auch wieder mehr junge Leser für die Zeitung zu begeistern. Die können sich dann auch gern als freie Mitarbeiter bewerben. Nur sollten sie nicht nur über Kino, Kabarett und Bücher schreiben wollen.

3.2 Kultur im Hörfunk attraktiv anbieten – aber wie?

Ernst Elitz
Intendant des DeutschlandRadios, Köln/Berlin

Die Ende der 1940er oder Anfang der 1950er Jahre verabschiedeten Rundfunkgesetze verlangen vom öffentlich-rechtlichen Radio »die Förderung von kulturellem Verantwortungsbewusstsein«, sie geben ihm einen Bildungsauftrag und weisen ihm »künstlerische Aufgaben« zu. Neben den national ausgestrahlten DeutschlandRadio-Programmen mit einem hohen Wortanteil (Deutschlandfunk 75 Prozent, DeutschlandRadio Kultur 65 Prozent) strahlen alle Landesrundfunkanstalten Kulturprogramme mit einem hohen Musikanteil aus. Der Bayerische Rundfunk bietet neben seinem Kulturprogramm (Bayern 2) auch ein eigenes Klassik-Musik-Programm (Bayern 4 Klassik). Über digitale Verbreitungswege (DAB und Internet) sind die Landesrundfunkanstalten mit weiteren spezifischen Kulturangeboten vertreten, z. B. »NDR Klassik«, »SR 1 Klassik«, »WDR1 Live Kunst«. Die Zeit, in der die Kulturradios als »wenig anregend, brav, hermetisch, historisch, abseitig, altbacken« bezeichnet werden konnten, ist vorbei. Alle Kulturprogramme bemühen sich um einen modernen, serviceorientierten Auftritt. Da die Nutzer dieser Programme über einen höheren Bildungsstandard und einen weiten Interessenhorizont verfügen, entfällt auch in den Kulturradios ein gewichtiger Anteil der Wortsendungen auf politische Informationen. So wird der Hörer in die Lage versetzt, neben den Kulturangeboten auch seinen Informationsbedarf zu befriedigen, ohne auf andere Wellen umschalten zu müssen.

Während der nationale Hörfunk mit seinem Programm DeutschlandRadio Kultur den Auftrag hat, die Vielfalt des kulturellen Lebens in allen Regionen widerzuspiegeln, konzentrieren sich die Kulturprogramme der Landesrundfunkanstalten erfolgreich auf eine Verankerung in der Region. Ein Verzicht auf den jeweiligen Länderbezug gilt als »Verarmung« (WDR-Hörfunkdirektor Wolfgang Schmitz). Dabei wird von Gremienseite hervorgehoben, dass Quoten, Reichweiten und Marktanteile den grundlegenden Wert eines Kulturprogramms allein nicht erfassen könnten. Aussagekräftiger seien kulturwirtschaftliche Zahlen, Daten und Fakten sowie die zahlreichen Veranstaltungs- und Förderaktivitäten, die durch Kulturprogramme wahrgenommen werden (WDR-Rundfunkrat).

Insgesamt schalten 5,6 Millionen Deutsche täglich ein Kulturprogramm ein. Die Zahl der regelmäßigen Hörer von Kulturprogrammen liegt bei 18 Millionen. Kulturprogramme wenden sich also nicht an eine Minderheit, sondern an ein beträchtliches Segment der Mediennutzer.

Hörertypen

Programme attraktiv zu gestalten setzt voraus, Nutzerwünsche und Nutzerinteressen zu erkennen und sich entsprechender Marktanalysen zu bedienen. Während die traditionelle Mediennutzertypologie die Hörer der Kulturprogramme in drei Typen (*traditionelle Kulturorientierte, moderne Kulturorientierte, vielseitig Interessierte*) unterteilt und damit wenig Hinweise für die Gewinnung neuer Hörerschichten geben kann, bietet die von Printmedien und Fernsehen verwandte Methodik der Sinus-Milieus weitergehende Hinweise für eine Programmgestaltung, mit der sich neue Nutzergruppen erschließen lassen. Die Sinus-Milieus orientieren sich an der Lebenswelt, dem Lebensstil und den grundlegenden Wertorientierungen der Menschen. In diesen Milieus sind Individuen zusammengefasst, die sich in Lebensauffassung und Lebensweise ähneln. Schulbildung, Beruf oder Einkommen werden dabei weniger stark gewichtet. Bei einer von DeutschlandRadio modellhaft auch für andere Kulturprogramme in Auftrag gegebenen Untersuchung der Hörerschaften nach der Sinus-Methode kristallisierten sich als Kerngruppen der Hörerschaft des Kulturprogramms die Milieus der *Konservativen*, der so genannten *Postmateriellen* und *Etablierten* heraus.

Milieus der Hörer

Das *konservative Milieu* ist eine Fortschreibung des deutschen Bildungsbürgertums. Es ist geprägt durch konservative Kulturkritik, durch humanistisch verankerte Pflichtauffassung und gepflegte Umgangsformen. Die *Etablierten* gelten als selbstbewusstes Establishment. Ihr Lebensstil orientiert sich an Erfolgsethik, Machbarkeitsdenken und ausgeprägten Exklusivitätsansprüchen. Den höchsten Höreranteil von DeutschlandRadio Kultur machen jedoch die Angehörigen des so genannten *postmateriellen* Milieus aus. In diesem Milieu ist die aufgeklärte »Nach-68er-Generation« vertreten, die sich durch liberale Grundhaltung, postmaterielle Werte und intellektuelle Interessen auszeichnet. Die drei genannten Milieus machen die wichtigsten Hörergruppen aller Kulturprogramme aus.

Beachtenswert ist, dass es dem Kulturprogramm des nationalen Hörfunks offenbar gelingt, darüber hinaus auch stärker modern orientierte Milieus an sich zu binden. Das sind *Experimentalisten, moderne Performer* und *bürgerliche Mitte*. Das Milieu der b*ürgerlichen Mitte* folgt einem statusorientierten modernen Mainstream, strebt nach beruflicher und sozialer Etablierung und nach gesicherten, harmonischen Verhältnissen. Die *Experimentalisten* dagegen präsentieren eine extreme individualistische neue Bohème mit ungehinderter Spontaneität und einem Selbstverständnis als Lifestylevantgarde. Die *modernen Performer* sind das Milieu einer jungen, unkonventionellen Leistungselite, die beruflich und privat intensiv lebt, multimediaorientiert ist, sich durch Multioptionalität und Flexibilität auszeichnet. Dass es DeutschlandRadio Kultur gelingt, auch diese Gruppen anzusprechen, erklärt den gemessen an anderen Kulturprogrammen niedrigen Altersdurchschnitt seiner Hörer (49 Jahre). Der Altersdurchschnitt der Hörerschaften anderer Kulturprogramme liegt bei 55 Jahren.

Literatur, Hörspiel und Musik als klassische Inhalte Die klassischen Inhalte des Kulturradios sind Literatur, Hörspiel und Musik. Mit Blick auf die modernen Milieus wird die Lifestylethematik zum unverzichtbaren Programmbestandteil. Zugleich gilt es, die Nutzungsgewohnheiten der »Generation digital« zu berücksichtigen. Digitale Übertragungs- und Nutzungstechniken ermöglichen einen zeit- und ortsouveränen Zugang zu informativen, künstlerischen und unterhaltenden Angeboten. Das breite Spektrum der Hörspielangebote bietet eine Fülle von Weiterverwertungsmöglichkeiten als CD oder Podcast.

Als Reaktion auf Einsparmaßnahmen im redaktionellen Angebot der Printmedien ist die Bedeutung von Literatur und Literaturrezensionen im Radio gestiegen. Für das Fernsehen ist Literatur nur begrenzt bildschirmtauglich. Im Radio als Medium des Wortes kann Literatur sich entfalten. Das Radio leiht den Autoren eine Stimme. Alle Kulturprogramme bieten zu unterschiedlichen Tageszeiten Lesungen an. Literatur begleitet den Hörer im Radio durch den Tag. Der nationale Hörfunk hat auch Lyrik in einem neuen Format ins Programm eingebunden. Täglich wird im Deutschlandfunk ohne festen Programmplatz überraschend zwischen Börsen- und Sportnachrichten, zwischen Reportagen aus Kabul, News aus Washington und Berlin dreimal am Tag ein Gedicht gelesen. Aus diesen poetischen Überraschungsmomenten entsteht ein Lyrik-Kalender, der in einer Auflage von zehntausend Exemplaren pro Jahr verbreitet wird.

Radio als Kulturfaktor Das Kultur- und Literaturradio versteht sich als Kulturfaktor in der Gesellschaft. Es folgt dem Prinzip der Interaktivität, und es gelingt ihm zunehmend eine starke Identifikation mit der regionalen Hörerschaft. Der Hessische Rundfunk lässt seine Hörer und die Bürger vor Ort das »Literaturland Hessen« erkunden und macht in Frankenhausen, dem Geburtsort des Dadaisten Richard Huelsenbeck, bei Grimmelshausen in Gelnhausen, bei den Grimms in Kassel und in Frankfurt im Hause Goethe mit Lesungen und Reportagen Station. Und so wie der Hessische Rundfunk sich dem Hessischen der Hesselbachs widmet, liest man im NDR auch Platt, Radio Bremen hat jeden Samstag ein niederdeutsches Hörspiel im Programm. Im Saarland schreiben saarländische Autoren Abiturreden für die saarländischen Abiturientenjahrgänge. Und der Bayerische Rundfunk achtet bei seinen Lesungen darauf, dass auch unveröffentlichte Arbeiten junger, in Bayern ansässiger Autoren einem breiteren Publikum zugänglich gemacht werden. Im Radio ist jeden Tag Buchmesse mit Lesungen, Wettbewerben und Kritikertreffen.

77 Prozent der lektürewilligen Bürger geben an: »Es erscheinen so viele Bücher, dass es unmöglich ist, den Überblick zu behalten«. Aber 69 Prozent der Lektüre-Interessierten sagen auch: »Durch Radio und TV kann ich mich schneller über das Wichtigste informieren« (Quelle: Media Perspektiven). Das Kulturradio bietet Service für jeden Geschmack und für alle Generationen. Kinderliteratur wird in der WDR-Sendung »Lilipuz« präsentiert, Jugendliteratur beim Deutschlandfunk (»Die besten Zehn«). Für Krimifreunde sendet der WDR »Die telefonische Mord(s)beratung«. In allen Programmen gibt es täglich Literaturkritiken, im »Radiofeuilleton« von DeutschlandRadio Kultur gleich sechsmal am Tag.

Die öffentlich-rechtlichen Medien sind Kulturvermittler und Kulturproduzenten. Die Rundfunkanstalten unterhalten 17 Rundfunkorchester, vier Big Bands und sieben Chöre unterschiedlicher Größe und unterschiedlichen Profils. Diese Klangkörper sind jährlich mit ca. 1.300 öffentlichen Auftritten in heimischen Konzertsälen, in Europa und auf anderen Kontinenten als Botschafter der Musiknation Deutschland präsent. Die Produktionen der Orchester und Chöre werden von den Kulturprogrammen gesendet. Die Auftritte der Rundfunkorchester vor Ort schaffen eine starke Identifikation der kulturell Interessierten mit den Kulturprogrammen der Rundfunkanstalten.

So wichtig wie die Inhalte des Kulturradios ist sein programmlicher Auftritt. Kunst und Kultur haben eine hohe emotionale Komponente. Sie brechen mit Gewohntem. Ihr Prinzip ist das Überraschende. Kunst ist nicht in erster Linie Erkenntnis, sondern Erlebnis. Und insoweit lässt sich ein Kulturradio nicht in das Schema eines Nachrichten-Radios pressen. Inhalt und Auftritt müssen stimmig sein. Ein Kulturradio braucht in seinem Senderablauf einen Rhythmus, der dem natürlichen Bedürfnis des Menschen von Spannung und Entspannung, von Informationsaufnahme und Informationsverarbeitung folgt. Es braucht die Abwechslung zwischen Fiktionalem und Realem. Das Informationsradio wählt einen eher kognitiven Zugang zum Hörer, das Kulturradio einen eher affektiven. Das Kulturradio verfügt über ein künstlerisches Mittel, um diesen Rhythmus herzustellen: die Musik. Der Atem eines Kulturradios besteht im Wechsel von Wort und Musik.

Aufgabe eines Kulturradios ist es, seine Hörer allseits gesprächsfähig zu machen. Deshalb darf es keinen Bereich des gesellschaftlichen Lebens aussparen. Das gilt auch für den Boulevard. Dessen Themen sagen mehr über den mentalen Zustand einer Gesellschaft aus als die klügste Berichterstattung aus der Bundeshauptstadt und jede Bayreuth-Besprechung. Ein Kulturprogramm darf keine Kanon-Grenzen akzeptieren. Literaturrezensionen sind keine literaturwissenschaftlichen Dar-

Ziel: den Hörer gesprächsfähig zu machen

legungen. Sie müssen das Interesse des nichtprofessionellen Lesers wecken. Ein Kulturprogramm, das sich zu fein ist, auch jene Bestseller und Blockbuster mit Sympathie zu betrachten, die nicht den strengen Kriterien der Literaturwissenschaftler oder Filmhistoriker entsprechen, sendet am Publikum vorbei.

Das Gespräch ist die Urform menschlicher Kommunikation, nicht der vorbereitete und verlesene Text. Im Gespräch lässt sich am besten Neugier wecken und Neugier befriedigen. Deshalb muss ein Kulturprogramm ein Programm der Gesprächskultur sein. In dieses Gespräch müssen die Gesprächspartner im Funk auch die Hörerinnen und Hörer einbeziehen. Fast alle Kulturprogramme verfügen über entsprechende Gesprächsformate und Call-in-Sendungen. Auch das Kulturradio muss sich als Partner des Hörers verstehen und ihm in jeder Sendeminute deutlich machen, dass es seine Wünsche und seine Bedürfnisse erfüllt und seiner Neugier gerecht wird. Nur so kann Identifikation mit dem Programm erzeugt werden. Der negativ besetzte Begriff der »Durchhörbarkeit«, der die Mainstream-Programme kennzeichnet, muss auch vom Kulturradio akzeptiert werden. Identifikation mit einem Programm entsteht nicht durch das gelegentliche Hineinhören oder die Nutzung bestimmter Sendestrecken. Je mehr Zeit der Hörer mit einem Kulturprogramm verbringt, desto enger die Bindung, desto stärker die Identifikation. Das feste wiedererkennbare Sendeschema und die spezifische Anmutung eines Programms, die dem Hörer auf allen Sendestrecken signalisiert, dass er »sein« Programm eingeschaltet hat, muss durch bewusst gesetzte Aufmerksamkeitseffekte aufgebrochen werden. Beispielhaft dafür sind die Lyrik-Einblendungen beim politikorientierten Deutschlandfunk und die »Wurfsendungen« beim DeutschlandRadio Kultur: Durch einen Zufallsgenerator ins Programm eingestreute Minihörspiele.

Die digitalen Kommunikationstechnologien bieten den Kulturradios die Möglichkeit, enge Verbindungen mit ihrer Hörerschaft einzugehen und den Nutzwert ihrer Inhalte zu steigern. Im Internet nutzbare Rezensionsdatenbanken, Angebote für den MP3-Player oder Abonnements spezifischer Sendungen als Podcasts ermöglichen die zeit- und ortsouveräne Nutzung der Inhalte. Indem das Kulturradio diese technischen Möglichkeiten nutzt, kann es jüngere Hörerschaften gewinnen und Zugang zu jenen modernen gesellschaftlichen Milieus finden, für die eine Konzentration auf klassische Kulturangebote und ein damit verbundener tradierter Kulturauftritt bislang noch Barrieren für die Nutzung kultureller Angebote sind.

3.3   Ambitionierter Kulturjournalismus

Wolfgang Herles
Leiter und Moderator von »aspekte« (ZDF), Berlin

Auch im Fernsehen sind Kulturjournalisten Fachjournalisten. Nur ist ihr Fach bei näherer Betrachtung überhaupt keines. Kultur ist ein ziemlich unbestimmter Sammelbegriff. Da gibt es die klassischen Künste: Literatur, Musik, Theater, die bildende Kunst, Architektur, doch jede Kunstform bedient einen anderen, jeweils eigenen Markt und besitzt eine jeweils eigene Szene. Es ist unmöglich, als Kulturjournalist mit allen Künsten und allen Szenen vertraut zu sein. Und jede Kunst hat ganz eigene Mittel, sich mit praktisch allen Aspekten menschlicher Existenz auseinanderzusetzen. Im Übrigen reflektiert das Fernseh-Feuilleton wie auch das Zeitungs-Feuilleton verstärkt allgemeine Themen der Zeit. Denken wir nur an die Problematik des religiösen Fanatismus und die kulturellen Implikationen der Globalisierung.

Eine Kulturredaktion hat deshalb ein breiteres Anforderungsprofil als andere Fachressorts. Und jeder wirklich erfolgreiche Kulturjournalist sollte alles im Auge behalten, was die Gesellschaft bewegt – vor allem auch längerfristige Trends und Entwicklungen. Das unterscheidet ihn von seinen Kollegen etwa in der Wirtschafts- oder der Sportredaktion. *(Marginalie: Was die Gesellschaft bewegt)*

Die Feuilletonredaktion einer großen Zeitung braucht Fachkritiker für Film, Literatur, Musik und anderes. Im Fernsehen hingegen benötigen Kulturredaktionen immer weniger Fachkritiker, aber immer mehr Fachleute zur Umsetzung anspruchsvoller, komplexer Themen in die Bildsprache des Mediums. Ausnahmen sind neue, auf Special Interest setzende Zusatzangebote im Internet oder in digitalen Spartenkanälen wie dem ZDF-Theaterkanal.

Ein weiterer Trend: Das Fernsehen wählt Ereignisse und Entwicklungen der Kultur nicht allein nach den üblichen journalistischen Maßstäben aus. Nicht etwa das besonders Wichtige und Neue ist zunehmend gefragt, sondern das, was sich bildattraktiv erzählen lässt. Nicht so sehr die kulturelle Leistung eines Buchs oder Films entscheiden, ob berichtet wird, sondern ob Thema oder Person von allgemeinem Interesse sind. Natürlich hat das mit dem inzwischen in allen Programmen herrschenden Quotendruck zu tun.

In den kommerziellen Programmen gibt es so gut wie keine systematische und kontinuierliche Berichterstattung über das kulturelle Geschehen. Außer Konkurrenz laufen in einer Art rundfunkrechtlichem Reservat die hochelitären Fensterprogramme von Alexander Kluges Firma dctp. Meist handelt es sich dabei um mit sparsamsten Mitteln hergestellte Gespräche mit Künstlern und Wissenschaftlern. *(Marginalie: Kultur in privaten und öffentlich-rechtlichen Programmen)*

Aber auch in den öffentlich-rechtlichen Hauptprogrammen von ARD und ZDF ist Kulturjournalismus an den Rand des Programms geraten. Die Verantwortlichen begründen dies guten Gewissens damit, dass mit 3sat und arte inzwischen ausgesprochene Kulturkanäle zur Verfügung stünden und auch in den bundesweit empfangbaren Dritten Programmen genügend Raum für Kultur vorhanden sei. Kultur gilt zunehmend als Special Interest und nicht mehrheitsfähig. Auch die Dritten Programme und 3sat nehmen jedoch immer stärker den Charakter massenattraktiver Vollprogramme an. Es besteht die Gefahr, dass Kultur in noch kleinere Minderheitsprogramme abgeschoben wird.

Diese Zusatzangebote dürfen aber nicht dazu führen, Kultur aus den Hauptprogrammen zu verdrängen – oder durch eine zu weitgehende Popularisierung zu verwässern und zum Infotainment verkommen zu lassen. Die Übertragung großer Kulturereignisse wie Konzerte, Theateraufführungen, aber auch längere Kulturdokumentationen findet der interessierte Zuschauer inzwischen kaum noch in den Hauptprogrammen, in großer Vielfalt jedoch in den erwähnten Nebenprogrammen. Die Sender behaupten zwar, dass in den Hauptprogrammen der Anteil der Kultur nicht zurückgegangen sei. In Wahrheit werden aber massenattraktive Formen des Infotainments als »Kultur« verbucht. Dazu gehört z. B. alles, was unter der Rubrik Abenteuer, Mythen und Legenden erzählt werden kann. Nach rein journalistischen Kriterien können solche Sendungen jedoch nicht bewertet werden.

Auch die aktuellen Sendungen von ARD und ZDF vermitteln nicht den Eindruck, als habe Kultur einen nennenswerten Stellenwert. Es gibt praktisch keine regelmäßige Kulturberichterstattung in den Nachrichten. Bei der Auswahl der Themen zählen nicht die sonst für Nachrichten üblichen Kriterien der Aktualität und Relevanz. Vielmehr dient Kultur sozusagen als Unterhaltungsteil und als bunter Füllstoff der Aktualitätenshow. Es werden, meist eher unkritisch, die neuesten Blockbuster-Filme vorgestellt oder Rock- und Pop-Tourneen internationaler Stars promotet. Der Aufmarsch der Prominenten auf Bayreuths grünem Hügel darf einmal im Jahr nicht fehlen, die neuen Inszenierungen im Festspielhaus werden allenfalls erwähnt, aber nicht kritisch reflektiert. Gelegentlich erhalten bildstarke Kunstausstellungen ein paar Sekunden in Nachrichtensendungen; dabei haben es alte Bildungsgüter leichter als neue Trends.

Hochkultur ist dann unabdingbare Pflicht, wenn ein prominenter Künstler stirbt und ein Nachruf fällig wird. Es hängt insgesamt mehr von zufälligen persönlichen Interessen und Fähigkeiten einzelner Redakteure und Korrespondenten ab, mit welchen Kulturhäppchen die Pausen gefüllt werden, die politische und sonstige Katastrophen übrig lassen. In Ländern, in denen Kultur generell einen höheren Stellenwert genießt, nimmt auch die Kultur einen größeren Raum in den Medien ein, z. B. in Österreich.

Kulturmagazine Ambitionierten Kulturjournalismus im Fernsehen bieten im Wesentlichen die Kulturmagazine. Eine Besonderheit ist das tägliche Kulturmagazin »Kulturzeit« im 3sat-Programm. Bei täglichem Erscheinen erfüllt es annähernd die Ansprüche eines Zeitungsfeuilletons. Die »Kulturzeit« kann schneller reagieren als Wochenmagazine, auch wenn die Sendung überwiegend Beiträge aller anderen Kulturmagazine übernimmt. Ausführliche Interviews mit Sachverständigen und auch Kritikern kommen dazu.

Die Kulturmagazine der Dritten Programme bemühen sich überwiegend darum, die vielfältigen regionalen Kulturszenen zu spiegeln. Die Kulturmagazine der Hauptprogramme zeigen dagegen einen hohen Anteil von Auslandsthemen. Im ARD-Programm teilen sich den Kultur-Sendeplatz am späten Sonntagabend mehrere Sender. Das Magazin »Titel, Thesen, Temperamente« kommt abwechselnd, wenn auch mit gemeinsamem Design und einem Moderator aus München, Leipzig, Hamburg, Köln, Frankfurt und Berlin. »Aspekte« (ZDF) am Freitagabend kommt nicht aus der Zentrale Mainz, sondern aus Berlin.

Während die Kulturmagazine der Dritten Programme und von 3sat selten mehr als 100.000 Zuschauer erreichen, werden die Magazine der beiden Hauptprogramme von 1 bis 2 Millionen Zuschauern eingeschaltet. In dieser Größenordnung kann es keine Redaktion riskieren, nur Special-Interest-Publikum anzusprechen. Und da die Quote in den Hauptprogrammen praktisch als einziger Maßstab für journalistischen Erfolg gilt, sind auch die Kriterien der Themenwahl und der Gestaltung andere als in den Magazinen der Nebenprogramme.

Der Begriff der Kultur wird so offen wie möglich ausgelegt. Sie beschäftigen sich eher selten mit kunstimmanenten Fragen. Form und Stil künstlerischer Äußerungen sind für ein breites Publikum weniger interessant als die persönlichen Motive der Künstler, deren Geschichten und ihre gesellschaftliche Relevanz.

Breites Spektrum an Themen

Kleinste Minderheiten interessierende Künste wie zeitgenössische E-Musik, Videokunst oder Ballett finden (bedauerlicherweise) deshalb keine angemessene Berücksichtigung. Aber auch Bildende Kunst, Theater, Musik sprechen immer nur Minderheiten an. Selbst alle Theater Deutschlands zusammen fassen nicht so viele Zuschauer wie »aspekte« benötigt, um zu überleben. Weil sich Literaturfreunde nicht unbedingt auch für Klassische Musik und Operfans wiederum nicht automatisch für Malerei interessieren, ist jede Sendung ein neuer Versuch, unterschiedliche Interessen zusammenzuführen. Entscheidend ist die Kombination der Themen.

Dies geschieht am besten mit Themen, die an den Schnittstellen zwischen Kunst und Politik, Kunst und Wirtschaft oder Kunst und Wissenschaft zu finden sind. Kulturmagazine nehmen ungewohnte Perspektiven ein, spiegeln die intellektuelle Debatte und tragen sie weiter. Sie bieten Zusammenhänge. Dazu zählen Zukunftsszenarien großer Problemfelder. Aber auch in die Vergangenheit richtet sich der Scheinwerfer des »Leuchtturms« Kulturmagazin: Kulturgeschichte, Wissenschaftsgeschichte, Archäologie, das weite Feld der mit Zeitgeschichte verbundenen Themen.

Anders als etwa bei politischen Magazinen ergibt sich die Auswahl der Themen aus der Aktualität nicht quasi von selbst. Es gibt immer eine Agenda der aktuellen politischen Diskussion, nur selten jedoch eine zwingende Agenda kultureller Fragen. Auch die formale Gestaltung eines Kulturmagazins ist wesentlich anspruchsvoller als die eines politischen Magazins. Kameraführung, Schnitt, der Einsatz von Musik und von Tricktechniken, aber auch die symbolhafte, semiszenische Inszenierung und Dramatisierung orientieren sich eher am großen Dokumentarfilm oder Dokudrama, aber auch an der modernen Ästhetik von Musikvideos und der Werbung als an der eher schlichten Formensprache des Nachrichtenjournalismus. Auch das Feuilleton der Printmedien setzt höhere formale Ansprüche als der Nachrichtenjournalismus. Während das Zeitungsfeuilleton sich jedoch eher als Teil einer literarischen Tradition begreift, ist der formale Aufwand von Kulturjournalismus im Fernsehen eher eine Folge des Anspruchs, massenattraktiv, also immer auch unterhaltend zu sein.

Die beiden Kulturmagazine von ARD und ZDF konkurrieren nicht gegeneinander, sondern jeweils auf ihrem Sendeplatz gegen Spielfilme und Comedy-Serien, Krimis und Shows. Der publizistische Auftrag gebührenfinanzierter öffentlich-rechtlicher Anstalten garantiert ihnen zwar das Überleben, aber nicht den Sendeplatz in der Primetime. Dabei darf nicht vergessen werden, dass Kulturmagazine für ihre Sender auch ein beträchtlicher Imagefaktor sind und in der medienpolitischen Diskussion (etwa um Gebühren) als unverzichtbarer Beistand öffentlich-rechtlicher Identität gelten, als Programm mit »public value«.

Darüber hinaus sind die Kulturmagazine auch ein Faktor der Kulturindustrie selbst. Die Erwähnung eines Buchs oder eines Films im Fernsehen kann über den ökonomischen Erfolg oder Misserfolg eines Werks mitentscheiden. Im besonderen Maße gilt dies für die Literatur. Literarische Spezialsendungen gibt es in den meisten Nebenprogrammen, aber auch in den beiden Hauptprogrammen. Die jüngste Entwicklung zeigt, dass erfolgreiche Formate den Gesetzen des unterhaltenden Massenmediums Fernsehen folgen. Literatur selbst wird eher benutzt als erklärt. Marcel Reich-Ranicki oder Elke Heidenreich verwenden Literatur als Mittel der Selbstdarstellung, und anders wären sie nicht erfolgreich. Das kann man bedauern, aber wohl kaum ändern.

4 Wissenschaft

Wissenschaft ist ein vergleichsweise junges Ressort, das in den Publikumsmedien erst in letzter Zeit den Durchbruch geschafft hat. Mittlerweile finden sich in den Redaktionen von Tageszeitungen und Publikumszeitschriften häufig Wissenschaftsredakteure, die sich speziell um Wissenschaftsthemen kümmern. In vielen Blättern werden zudem regelmäßig Wissenschaftsseiten oder -sparten veröffentlicht. Dies war früher nur bei überregionalen Zeitungen und einigen großen Regionalzeitungen üblich. Darüber hinaus betreuen Wissenschaftsredakteure häufig Sonderseiten für besondere Zielgruppen (etwa Automobil- oder Computerseiten) und liefern anderen Ressorts zu. Gerade Politik- und Wirtschafts-, aber auch beispielsweise das Kulturressort greifen auf die Kompetenz der Wissenschaftsredaktion zurück, um verschiedene Facetten eines Themas zu beleuchten.

Wissenschaft boomt in allen Medien. Dabei sind Themen und Perspektiven der Berichterstattung ebenso verschieden wie die Art und Weise der Aufbereitung. Klassische Themen sind Entwicklungen in Naturwissenschaft und Technik. In der Berichterstattung stehen dann neue Forschungsergebnisse oder das gesamte Wissen einer Disziplin im Vordergrund. Auch Medizin- und Gesundheitsthemen werden traditionell zur Wissenschaftsberichterstattung gezählt. Hier dominieren die Perspektive der Patienten und Aspekte der Gesundheitsaufklärung.

Naturwissen-
schaft, Technik
und Medizin als
klassische Themen

In jüngerer Zeit weitet sich das Feld auf den gesamten Bereich der »Life Sciences« aus. Themen aus Medizin, Biologie und Gentechnologie werden aus unterschiedlichen Blickwinkeln behandelt. Einmal stehen politische und ethische Aspekte neuer Technologien im Vordergrund; ein anderes Mal wird die persönliche Betroffenheit für das Publikum herausgestellt, etwa wenn es um Möglichkeiten für neue Therapien bei der Behandlung von Krankheiten geht. Schließlich können auch wirtschaftliche Dimensionen ausgeleuchtet werden: Welche Rolle spielen Technologien für die Wettbewerbsfähigkeit der Wirtschaft und die Zukunft des Landes?

Ausweitung von
Zugängen und
Themenspektrum

Zugänge und Themenspektrum des Wissenschaftsjournalismus wurden vielfältiger. Ging es in der Vergangenheit hauptsächlich um die Popularisierung von Wissenschaft und Technik, werden aktuell auch politische und gesellschaftliche Aspekt verstärkt berücksichtigt. Wissenschaft wird zunehmend als ein Querschnittsthema behandelt, da wissenschaftliche Themen sich auf zahlreiche private und berufliche Lebensprozesse auswirken. Umgekehrt bestimmen politische, rechtliche und gesellschaftliche Rahmenbedingungen die Arbeit der Wissenschaft. Auch bei vielen gesellschaftlichen Problemen und politischen Themen, etwa der Umwelt- und Klimapolitik, werden wissenschaftliche Argumente ins Feld geführt. In vielen Feldern der Berichterstattung dient die Wissenschaft deshalb immer häufiger als Kontext, um Hintergründe zu beleuchten und Entwicklungen zu erklären.

Neben der kontext- und problemorientierten Wissenschaftsberichterstattung ist in letzter Zeit noch eine weitere Spielart des Wissenschaftsjournalismus entstanden, die strikt publikumsorientiert arbeitet. Viele neu gestartete Magazine in Presse und Fernsehen wollen nicht Wissenschaft, sondern Wissen vermitteln. Wissenschaftsthemen werden auf eine unterhaltsame Art und Weise behandelt und direkt mit der Alltagswelt des Publikums verknüpft. Während der traditionelle Wissenschaftsjournalismus mehr oder weniger eng mit einzelnen Disziplinen und Fachbereichen verbunden ist, nähern sich diese neuen Formate über individuelle Probleme und konkrete Situationen an Themen an. Einige sprechen deshalb mit kritischem oder ironischem Unterton von einer »Sendung mit der Maus für Erwachsene«. Da wird Wissenschaft schon einmal zur reinen Unterhaltungsshow, wie in der Sendung »clever – die Show, die Wissen schafft«. Der Comedy-Star Wigald Boning tritt darin in der Rolle eines skurrilen Wissenschaftlers auf, der dem Publikum Experimente vorführt und Phänomene erklärt.

Wissens-
magazine
in Presse
und Fernsehen

Neue Angebote
in Presse, Radio
und Fernsehen

Die Wissenschaft verlässt damit ihren Elfenbeinturm und wird zum öffentlichen Thema. Die Fernsehsender und Verlage haben auf das wachsende Interesse der Rezipienten an Wissens- und Forschungsthemen reagiert und den Wissenschaftsjournalismus aus seiner Nische geholt. Tageszeitungen und Publikumszeitschriften greifen Wissenschaftsthemen verstärkt auf und veröffentlichen regelmäßig entsprechende Sparten und Seiten. Zahlreiche neue Sendeformate im Fernsehen wie »Planetopia« (Sat.1), »Galileo« (Pro7), oder »W wie Wissen« (ARD) erreichen ein Millionenpublikum. Neue Zeitschriften kamen auf den Markt, etwa »Zeit Wissen« und »SZ Wissen«. Bestehende Wissenschaftsmagazine steigern ihre Auflagen. Marktführer »GEO« verkauft eine halbe Million Hefte, »National Geographic Deutschland« und »P.M.« stehen dem nur unwesentlich nach.

Auch die Rundfunksender haben in den vergangenen Jahren vermehrt das Thema Wissenschaft für sich entdeckt. So haben die öffentlich-rechtlichen Hörfunksender eigene Wissenschaftsredaktionen eingerichtet, die meist entweder der Hauptabteilung oder dem Programmbereich Kultur zugeordnet sind. In zahlreichen Sendereihen bearbeiten sie in wöchentlichem, zweiwöchentlichem oder monatlichem Abstand journalistisch das Thema Wissenschaft. Magazin, Feature, Vortrag und Rezension sind dabei die häufigsten Sendeformen. Allerdings unterscheiden sich die Programme, was Personalausstattung und Sendezeit angeht, erheblich voneinander.

Herausforderungen
wissenschafts-
journalistischer Arbeit

Besondere Herausforderungen für die journalistische Arbeit im Bereich Wissenschaft sind die kaum überschaubare Fülle an neuen Forschungsergebnissen sowie die Komplexität von Sachverhalten und Begriffen. Die journalistische Aufbereitung der Themen ist deshalb anspruchsvoll. Häufig bedarf es großer Anstrengungen, um Relevanz und Verständlichkeit der Berichterstattung zu gewährleisten. Außerdem sind Wissenschaftsjournalisten in besonderer Weise von der vertrauensvollen Zusammenarbeit mit ihren Quellen und Informanten abhängig. Die Recherche spielt sich auf einem besonders sensiblen Gebiet ab. Häufig stehen in einem speziellen Bereich nur wenige kompetente Ansprechpartner zur Verfügung. Informationsquellen wie Datenbanken sind bei der täglichen journalistischen Arbeit überdurchschnittlich wichtig (→ Recherche).

Drei Formen der Zusammenarbeit zwischen Wissenschaft und Wissenschaftsjournalismus lassen sich unterscheiden, wobei Zeitbudget, Themenstellung und beteiligte Personen die Art der Zusammenarbeit im Einzelfall bestimmen:

- Der Wissenschaftsjournalist recherchiert und bearbeitet seinen Beitrag selbst. Wissenschaftler dienen hierbei nur als Informanten.
- Es besteht eine Koautorenschaft zwischen Wissenschaftler und Journalist. Die Beteiligten stimmen das Gesamtkonzept ab und kümmern sich um Recherche, Information und Bearbeitung arbeitsteilig und den individuellen Fähigkeiten entsprechend.
- Recherche und Bearbeitung liegen beim Wissenschaftler. Der Journalist überarbeitet den Artikel oder Beitrag.

4.1 Wissenschaftsthemen in Zeitungen

Alexander Mäder
Leiter der Wissenschaftsredaktion der »Stuttgarter Zeitung«, Stuttgart

Der Kollege stürmt ins Büro der Wissenschaftsredaktion und fragt, warum Aluminium in flüssigem statt im festen Zustand durchs Land transportiert werde. Ein Lastwagen sei in der Stadt umgekippt und habe mit seiner Ladung Straße und Bahngleise versilbert. Der Kollege sieht die ratlosen Gesichter und protestiert: »Ihr habt doch Wissenschaft studiert!« Die Szene ist typisch. Der Kollege zollt der Wissenschaftsredaktion zwar großen Respekt für ihre fachliche Kompetenz, doch er bringt auch zum Ausdruck, wie fremd sie den Politologen, Historikern und Germanisten im Haus immer noch ist.

Fast jeden Tag wird die Wissenschaftsredaktion um Erklärstücke zu Themen gebeten, an die sich sonst kein Kollege herantraut. Manchmal wird im Laufe des Tages aus dem ursprünglich geplanten Beisteller sogar der Haupttext, weil sich die eigentliche Geschichte als dünn oder langweilig oder schwer zu recherchieren entpuppt. Die Wissenschaftsredakteure, das wissen die Kollegen, haben immer etwas zu erzählen. Das gilt nicht nur für abseitige Themen, die überraschend auf die Tagesordnung kommen. Die Blattmacher anderer Ressorts lockern ihre routinierte Berichterstattung gerne mit wissenschaftlichen Artikeln auf. Es gibt viele Anlässe, um auf bedrohte Tierarten und schmelzende Gletscher, auf die Vorteile einer gesunden Ernährung und die Faszination der Raumfahrt hinzuweisen.

Wachsendes Interesse an Wissenschaftsthemen

Das Interesse an wissenschaftlichen Themen kann für die Fachredakteure zur Belastung werden. Vor allem Redaktionen, die jeden Tag eine Seite produzieren, haben es schwer, die Kapazitäten für zusätzliche Leistungen vorzuhalten. Die Kollegen aus den anderen Ressorts unterschätzen manchmal auch den Aufwand einer wissenschaftlichen Recherche. Zwar ist es heute in der Regel möglich, kurzfristig Gesprächspartner und Fachartikel zu finden. Doch wenn es sich um ein Thema handelt, in das sich der Autor erst einarbeiten muss, kann die Recherche sehr aufwändig werden. Den Druck bekommen auch freie Autoren zu spüren, auf deren Leistung Wissenschaftsredakteure in ähnlicher Weise angewiesen sind wie die Außenpolitikredaktion auf ihre Korrespondenten. Beiträge freier Autoren werden meist einige Tage im Voraus bestellt, aber oft erst am Produktionstag bearbeitet. Die Autoren werden dann für kurzfristige Rückfragen aus ihrer Arbeit am nächsten oder übernächsten Thema gerissen.

Natürlich ist es schön, gefragt zu sein. Dennoch haben viele Wissenschaftsjournalisten weiterhin das Gefühl, dass sie nicht richtig in ihrer Redaktion verankert sind und in Krisenzeiten als entbehrlicher Luxus betrachtet werden könnten. Sie versuchen daher, über die täglichen Anforderungen hinaus selbst Themen zu setzen und die wissenschaftlichen Hintergründe politischer oder wirtschaftlicher Themen auszuleuchten. Wenn beispielsweise ein Pharmaunternehmen seine Forschungssparte verkauft, weil es seit Jahren kein neues Medikament mehr auf den Markt gebracht hat, kann die Wissenschaftsredaktion die Schwierigkeiten der Wirkstoffsuche darstellen. Bei der »Stuttgarter Zeitung« erscheint fast die Hälfte der wissenschaftlichen Beiträge außerhalb der wöchentlichen Medizin- und Wissenschaftsseite und der 14-tägigen Campusseite. Entsprechend eng ist bei den Themen Klimawandel, Energiepolitik, Umweltschutz, Stammzellforschung und Gentechnik die Kooperation über die Ressortgrenzen hinweg. Auf diese Weise fällt es dem Wissenschaftsressort vergleichsweise leicht, sich als Querschnittsressort zu behaupten.

Pressestellen informieren vorab Eine Entwicklung der vergangenen Jahre ermöglicht es auch kleineren Redaktionen, schwierige Themen anzugehen: Viele Pressestellen versehen ihre Mitteilungen inzwischen mit einer Sperrfrist. Dadurch wird nicht nur Aktualität erzeugt. Die Zeit, die Wissenschaftsjournalisten dadurch für die Recherche gewinnen, und die Möglichkeit, vorausschauend zu planen, machen sich in der Qualität der Artikel bemerkbar. Ein Gegenbeispiel sei jedoch erwähnt: Im August 2006 berichteten viele Zeitungen über den Ansatz einer US-amerikanischen Firma, embryonale Stammzellen zu gewinnen, ohne den Embryo zu töten. In der Studie wurde vermerkt, dass die Embryos das Experiment nicht überlebten, doch das wurde nur in wenigen Zeitungen erwähnt. Viele Autoren stützten sich offenbar allein auf einen irreführend formulierten »Waschzettel« von »Nature«, in dem die Pressestelle des Journals registrierte Wissenschaftsjournalisten jede Woche auf die Themen der nächsten Ausgabe aufmerksam macht.

Alltagsfragen recherchieren Doch um mehr Interesse zu wecken, sollten Wissenschaftsjournalisten – wie die Kollegen in den anderen Ressorts auch – auf eigene Faust nach Themen suchen. Studien sind nur die Bilanzpressekonferenzen der Wissenschaft. Schöne Geschichten ergeben sich zum Beispiel, wenn man von einer Alltagsfrage ausgeht und dazu wissenschaftliche Antworten einholt. Wie lassen sich gute Vorsätze einhalten? Wie geht es Menschen, die merken, langsam dement zu werden? Und welcher Autohersteller bietet tatsächlich den saubersten Diesel an? Aber auch aktuelle Studien können Ausgangspunkt einer Recherche sein, wenn man sich nicht nur für die fachlichen Details interessiert. Wer sind in diesem Forschungsgebiet die Akteure und was treibt sie an? Damit ist nicht nur gemeint, bei medizinischen Studien zu prüfen, ob die Autoren von Pharmaunternehmen finanziert werden. Vielmehr geht es um die Frage, warum Forscher ihre ganze Arbeitskraft beispielsweise dazu einsetzen, Eizellen chemisch und elektrisch so zu traktieren, dass sie sich wie frisch befruchtet verhalten, wenn ihnen der Kern einer anderen Zelle eingepflanzt wird. Locken die gentechnischen Perspektiven, geht es ihnen um ihre Karriere oder wollen sie ein Problem der Biochemie lösen?

Antworten auf diese Fragen würden dazu führen, dass Wissenschaft nicht nur in Berichtsform ins Blatt kommt, sondern auch als Porträt oder Reportage. Stattdessen sind jedoch meist Überblicksartikel zu lesen, in denen neuere Studien oder Konferenzbeiträge in die Forschungslandschaft eingeordnet werden. Zu diesem Zweck werden ältere Studien und Konferenzbeiträge vorgestellt, die von den neuen ergänzt oder widerlegt werden. Der Stellenwert des Forschungs-ergebnisses für die Gesellschaft wird dabei nicht immer herausgearbeitet. Wenn ein Mechanismus in Krebszellen aufgeklärt worden ist, heißt es oft: »Die For-scher hoffen nun, ein Medikament entwickeln zu können, das diesen Mechanis-mus gezielt stört.« Auf diese Weise soll die Frage beantwortet werden, welchen praktischen Nutzen die Forschung erfüllt. Doch ob die Hoffnung berechtigt ist, wird nicht geprüft – und ob sie sich später einmal erfüllt, ebenso wenig. Ein zweites Beispiel: Im Frühjahr 2007 berichteten zwar alle Medien, dass der UN-Klimarat für dieses Jahrhundert einen Temperaturanstieg von 1,1 bis 6,4 Grad Celsius prognostiziere. Auf welchen Szenarien diese Prognosen beruhen, wurde hingegen selten erläutert. Dabei wäre eine Antwort auf diese Frage wichtig, um die Zuverlässigkeit der Prognosen abzuschätzen.

Eine Herausforderung sind für Wissenschaftsjournalisten aber auch die Meldun-gen. Da in Tageszeitungen Platz für viele kurze Nachrichten ist, reicht es nicht aus, die hereinströmenden Pressemitteilungen grob zu sieben. Auch Nachrich-ten, die nicht sofort ins Auge fallen, müssen geprüft werden. Da das jedoch in jedem Einzelfall einigen Aufwand bedeutet, dürfte es bei kurzen Wissenschafts-meldungen mehr Ungenauigkeiten geben als bei Überblicksartikeln. Meldun-gen werden nicht selten in weniger als einer Stunde geschrieben und redigiert, so dass wichtige Aspekte übersehen werden können. Die Leser beschweren sich zwar nicht darüber, größere Proteste gibt es nur bei leicht zu erkennenden Schnit-zern. Doch oft werfen Wissenschaftsmeldungen Fragen auf, weil das Forschungs-ergebnis nicht eingeordnet wird. Langfristig droht das Hin und Her der Studien-ergebnisse das Vertrauen in die Wissenschaft zu untergraben.

Meldungen als
journalistische
Herausforderung

Wie aber ordnet man Forschungsergebnisse ein, wenn nur wenige Zeilen zur Verfügung stehen? Im Zweifelsfall gar nicht. Studien, etwa solche über Risiko-gene für bestimmte Krankheiten, eignen sich oft nicht als Thema einer Meldung. Es gibt ein genügend großes Angebot an bunten Themen, die leichter einzuord-nen sind. Im Unterschied zu anderen Ressorts kann die Wissenschaftsredaktion den oft geäußerten Wunsch nach einer erwartbaren Überraschung für den Leser problemlos erfüllen. Manchmal ist es auch möglich, mit Bildern und Grafiken die Aufmerksamkeit der Leser auf sich zu lenken. So lässt sich die Reise einer verun-glückten Schiffsladung Badeenten, an der Ozeanografen viel über die Strömun-gen in den Weltmeeren lernten, besser in Form einer Weltkarte präsentieren, als in einem durchgeschriebenen Text.

Wenn ein Wissenschaftsjournalist jedoch in der Lage ist, Studien eines Fach-bereichs schnell einzuordnen, kann er nach Forschungsergebnissen suchen, deren Bedeutung alle anderen übersehen. Einige investigative Leistungen dieser Art haben in der Vergangenheit Kritik auf sich gezogen, weil sie als übertrieben gal-ten. Ein prominentes Beispiel bietet die »Süddeutsche Zeitung«, die im Januar 2007 den fast verschämten und versteckten Hinweis in einer finnischen Presse-mitteilung aufgriff, man habe einen potenziellen Zusammenhang zwischen zehn-jähriger Handynutzung und Krebs gefunden. Dass der Artikel zu dieser Studie auf der Titelseite erschien, hat in einigen Medien empörte Reaktionen hervorgerufen. Doch im Grunde zeigt dieses Beispiel, dass der Wissenschaftsjournalismus zunehmend darauf setzt, Aufmerksamkeit zu erlangen. Man kann daher hoffen, dass er bald im Journalismus ankommt.

5 Sport

Sport gilt als das Zugpferd für hohe Einschaltquoten im Rundfunk und als Stützpfeiler für stabile Auflagenzahlen bei Zeitungen und Zeitschriften. Bei den elektronischen Medien spielt die Live-Berichterstattung von Ereignissen des Spitzensports eine große Rolle. Für Erst-, Zweit- und Drittverwertungsrechte werden zum Teil sehr hohe Preise gezahlt. Die Sportberichterstattung der Presse konzentriert sich dagegen auf Vor- und Nachberichte sowie Analysen von Sportereignissen.

Spitzensport, Breitensport und Lokalsport

Neben dem Spitzensport sind der Breitensport und der lokale Sport weitere Felder der Berichterstattung. Die Berichterstattung über den Breitensport spricht die Leser, Zuschauer und Hörer in der Rolle als aktive Sporttreibende an. Themen sind Techniken und Trainingsmethoden einzelner Sportarten, das Angebot an Sportinfrastruktur (Vereine und Sportstätten) sowie medizinische Themen, also gesundheitliche Gefahren und Nutzen beim Sporttreiben. Insbesondere im Internet und bei den Zeitschriften gibt es in diesem Bereich eine Vielzahl an Special-Interest-Angeboten, die einzelne Sportarten detailliert abdecken. Aber auch Tageszeitungen, Lifestyle-Zeitschriften und Publikumsmedien greifen diese Themen verstärkt auf. Der Lokalsport ist eine Domäne der Tageszeitungen, die sehr detailliert das sportliche Leben einer Region abbildet. Eine große Rolle spielen dabei die lokalen Vereine.

Steigende Kosten für Spitzensport-Berichterstattung

Die finanziellen und personellen Kosten für das Sportressort, vor allem beim Rundfunk, steigen mit zunehmendem Wettbewerb zwischen privaten und öffentlich-rechtlichen Anbietern. Der Erwerb von Fernseh-Übertragungsrechten wird immer schwieriger, weil von Jahr zu Jahr teurer. Sportverbände, Veranstalter und Rundfunkgesellschaften, die immer häufiger gemeinsam als Lizenzgesellschaften auftreten, handeln Preise und Bedingungen für Erst- und Zweitverwertungsrechte aus (→ Wirtschaftliche Grundlagen der Medien).

Internationale und nationale Sportereignisse benötigen zudem immer längere Vorlauf- bzw. Planungszeiten. Für die Olympischen Winter- oder Sommerspiele oder Weltmeisterschaften sind z. B. Sportredakteure und Techniker des Rundfunks monatelang beschäftigt, die organisatorischen Voraussetzungen zu schaffen, um eine reibungslose Berichterstattung über den Ablauf der Wettkämpfe zu gewährleisten. Die personellen und finanziellen Aufwendungen für lokale Sportberichterstattung sind im Gegensatz zur nationalen und internationalen Sportberichterstattung meist gering. Bei der redaktionellen Bearbeitung des Themas Sport verhält es sich ähnlich wie beim Thema Wirtschaft: Vor allem bei kleineren Zeitungen und privaten Hörfunksendern ist entweder nur ein Sportredakteur mit einem Stab freier Mitarbeiter für den gesamten Themenbereich zuständig oder ein Redakteur der Lokalredaktion hat sich neben anderen Sachgebieten auf lokalen Sport spezialisiert.

Sport findet im Lokalen vor allem in Vereinen statt, in denen ein Großteil der Leser oder Hörer aktive oder passive Mitglieder sind. Mit rund 60.000 Sportvereinen und Sportklubs allein in den westlichen Bundesländern hat diese Art der Freizeitgestaltung gewichtigen Einfluss, wenn es um das Leser- oder Hörerinteresse bzw. Auflagen und Reichweiten geht. Voraussetzung für eine journalistisch fundierte, lokale Sportberichterstattung sind daher Kenntnisse über die lokalen Sportvereine und die kommunale Sportpolitik. Über die örtliche Dachorganisation (falls vorhanden), in der die Vereine zusammengeschlossen sind, gibt es Adressen, Statistiken und Verzeichnisse. Bezirks- und Kreisfachverbände können Auskunft über Sportarten sowie Leistungsfähigkeit und Mitgliederstruktur der Sportvereine geben. Häufig sind Vorsitzende von Sportvereinen einflussreiche Honoratioren aus Politik und Wirtschaft, die Informationen über das Thema Sport hinaus geben können. Ansprechpartner sind nicht zuletzt kommunale Behörden und Ausschüsse. Sie können über Sportförderung, z. B. Sportstättenbau und Zuschüsse, informieren. Bei aller Bedeutung der organisierten Vereine dürfen Sportanbieter wie Volkshochschulen, Betriebe und Klubs ausländischer Bürger nicht ausgespart bleiben.

> **Lokalsport**

Um das Thema Sport über die reine Ergebnisberichterstattung hinaus zu präsentieren, kann die räumliche, personelle oder finanzielle Situation eines Vereins Anlass eines Artikels im lokalen Sportteil oder eines Hörfunkbeitrags sein. Der Sportteil oder die Sportsendung kann eine Mischung aus aktuellen Wettkampfnachrichten, problematisierender Reportage, flotten Personen-Geschichten, Hintergrund und Kommentar sein. Möglich wird ein solches redaktionelles Angebot nur dann, wenn das Informationsnetz zwischen Sportredakteur und Vereinen dicht geknüpft ist. Pressewarte der Sportvereine sind eine wichtige Adresse für den von Termin zu Termin hastenden Sportreporter. Die zwangsläufig subjektive Sichtweise des Pressewarts, der seinen Verein in einem günstigen Licht darstellen will, hat der Redakteur allerdings kritisch zu überprüfen.

Zum Thema Sport stellen sich zunehmend auch kritische Fragen, die Sportredakteure journalistisch zu bearbeiten haben. Distanz und journalistische Unabhängigkeit stehen in der Spitzensport-Berichterstattung vor besonderen Herausforderungen. Durch den Kauf der Rechte an einem großen Sportereignis sind Medienorganisation und Redaktion auf der einen und Sportveranstalter und Sportler auf der anderen Seite eng verbunden. Sie sitzen in einem Boot: Beide Seiten sind daran interessiert, eine Sportveranstaltung zu einem Erfolg zu machen. Die Medienorganisation will die hohen Kosten für die Rechte refinan-

> **Kritische Fragen**

zieren. Dazu werden hohe Einschaltquoten für das Sportereignis benötigt, um die Werbezeiten möglichst teuer verkaufen zu können. Jedes negative Ereignis und jeder Skandal schmälert den Publikumszuspruch und damit den Wert der erworbenen Sportrechte. Eine Sportredaktion kann deshalb versucht sein, kritische Fragen nicht zu stellen und eine positive Stimmung zu unterstützen. Zum Beispiel musste die ARD, welche die Live-Übertragungsrechte für die Tour de France besitzt, für ihre Radsport-Berichterstattung massive Kritik hinnehmen. Der Vorwurf lautete, das Thema Doping heruntergespielt und lange Zeit eine zu unkritische Berichterstattung über den Radsport im Allgemeinen und die Tour de France im Speziellen betrieben zu haben.

Während im nationalen und internationalen Sport vor allem das Thema Doping die Kritik am Spitzensport anführt, sieht sich der lokale Sport besonders konfrontiert mit Finanzierungsproblemen und Umweltbeeinträchtigungen, die vom Sport ausgehen. Aktionen, die eine Lokalzeitung oder ein Lokalradio zum Thema Sport organisiert, helfen, den Kontakt und die Zusammenarbeit zwischen Sporttreibenden und Redakteuren zu verbessern (→ Management und Marketing). Ein Jugendturnier, eine Volkswanderung, eine Aktion »Fit in den Frühling« oder Ehrungen und Preise für ehrenamtliche Tätigkeit sind Beispiele. Sponsoring (→ Public Relations als journalistisches Arbeitsfeld) bei Sportveranstaltungen kann darüber hinaus die Präsenz des Mediums beim Thema Sport unterstreichen.

5.1 Authentisch, emotional und analysierend

Jörg Ulrich Hahn
Leiter der Sportredaktion der »Frankfurter Allgemeinen Zeitung«, Frankfurt

Der Sport ist keine abgeschlossene Welt für sich. Er ist Teil der Unterhaltungsindustrie, der Alltagskultur, kurzum: unserer Gesellschaft. Der Sportjournalismus in den Tageszeitungen hat in den zurückliegenden Jahren einschneidende Veränderungen erlebt. Die Redaktionen sind seit der Anzeigenkrise zur Jahrtausendwende zunehmend bestrebt, trotz verknappten Seitenumfangs durch neue inhaltliche und optische Präsentationsformen die Leser für sich zu gewinnen. Im Zuge dieser Entwicklung ist innerhalb der Redaktionen nicht nur die sportfachliche Spezialisierung fortgeschritten. Auch die veränderten medienspezifischen Anforderungen gehen weit über das Recherchieren und Schreiben hinaus. Einerseits setzen die Sportressorts auf eine pointierte Berichterstattung, so dass die Journalisten gefordert sind, einen thematischen Schwerpunkt zu bilden und ihn dramaturgisch ansprechend und kurzweilig umzusetzen. Zum anderen hat sich innerhalb der Sportressorts eine Tendenz zur Arbeitsteilung zwischen vornehmlich technischen Redakteuren sowie Reportern entwickelt. Dabei spielt auch die Entwicklung des Internets als weiterer Vertriebsweg neben der gedruckten Zeitung eine wichtige Rolle.

Sport faszinierte die Menschen schon in den zwanziger und dreißiger Jahren des vergangenen Jahrhunderts. Und der Sport verstand es in den Nachkriegsjahren, mit einzelnen Ereignissen wie der Fußball-WM 1954, die Nation oft viel stärker emotional zu bewegen als kulturelles oder wirtschaftliches Geschehen. Sport ist dabei nicht gleich Sport, zumindest in seiner medialen Wirklichkeit, und Tageszeitung ist nicht gleich Tageszeitung. Dass Boulevardblätter andere Themen und eine andere Arbeitsweise bevorzugen als Qualitätsblätter, dass sie populistisch sind, polemisieren und polarisieren, den Leser nicht mit langen Hintergrundtexten fordern, sondern ihn emotional ansprechen und schlicht unterhalten wollen, ist offensichtlich: Immer geht es um die populärsten Sportarten, die prominentesten Sportler, die skurrilen Geschichten. Tageszeitungen wie die »FAZ«, die »Süddeutsche Zeitung«, »Die Welt« oder am Sonntag die »FAS« und die »Welt am Sonntag« haben einen anderen Anspruch: Ernsthaftes Anliegen ist es, die Vielfalt des Sports, in der Spitze wie in der Breite, mit allen journalistischen Mitteln und Möglichkeiten sowie mit einem gewissen sprachlichen Anspruch darzustellen und kritisch zu begleiten.

In den vergangenen Jahren hat gleichwohl zum Teil auch in Qualitätszeitungen eine Boulevardisierung Einzug gehalten, je nach Redaktion in unterschiedlichem Maße. Vor allem die Personalisierung in den Sportarten, die Orientierung an Stars und Events, hat merklich zugenommen. Der Sport ist zu einem überragenden Phänomen unserer Zeit geworden. Kaum jemand käme heute auf die Idee, die existenzielle Bedeutung eines Sportteils und damit einer Sportredaktion für eine elitäre Zeitung infrage zu stellen. Gerade für eine Zeitung wie die »FAZ« ist der Sportteil ein belebendes Element, das junge Leser an eine Zeitung mit gehobenem Anspruch heranführen kann. Bei der Fülle des Materials ist natürlich eine flächendeckende Berichterstattung nicht möglich, sondern nur eine möglichst gut abgestimmte Mischung. Die Vielfalt des Sports, die Hemmnisse des Vertriebs, die für einen nicht geringen Teil der Auflage einer überregionalen Zeitung Einschränkungen in der Aktualität mit sich bringen, und nicht zuletzt der Einfluss der Berichterstattung im Fernsehen und im Internet haben die Arbeitsweise der Sportjournalisten und damit ihr Produkt entscheidend verändert. Die Zeiten, in denen, zum Teil in martialischem Jargon, der Spielverlauf von Fußballspielen nachgebetet wurde, sind längst vorbei. Heute werden die Sportereignisse in Themen aufgelöst und mit den verschiedensten journalistischen Formen ausgeleuchtet, von der Glosse und dem Kommentar über die Analyse, den Hintergrundbericht und die Reportage bis hin zu den Interviews. Und das in einer Sprache, deren Güte in vielen deutschen Zeitungen, im Unterschied noch zu den Nachkriegsjahrzehnten, den Vergleich mit klassischen Ressorts wie Politik, Wirtschaft und Feuilleton nicht zu scheuen braucht.

Welches Themenangebot der Leser dabei goutiert, darüber kann – trotz aller Befragungen und Untersuchungen – oft nur spekuliert werden. Im Allgemeinen orientieren sich Redaktionen am tatsächlichen und vermuteten Interesse, mutmaßlich abzulesen an verschiedenen Faktoren: an dem Publikumszuspruch, den eine Sportart bei Wettkämpfen genießt, an den Mitgliederzahlen der Verbände, den Einschaltquoten bei Fernsehübertragungen sowie am Interesse an bestimmten deutschen Sportstars. Zugleich versuchen Qualitätsblätter, bei den Lesern Interesse an Themen zu wecken, indem sie thematische Schwerpunkte bilden, wie beispielsweise die »FAZ« mit der Sportpolitik und dem Kampf gegen Doping. Nachrangig kommt hinzu, dass auch das Engagement des betreuenden Redakteurs über den Umfang entscheidet, in dem über eine Sportart berichtet wird.

Der Anteil von Agenturberichten ist eher gering; zumeist wird nur Basismaterial (kurze Meldungen, Ergebnisse) der Agenturen genutzt. Für größere aktuelle Berichte, Themenschwerpunkte und Meinungsbeiträge sorgt die Tageszeitungsredaktion selbst, ist es doch ihr Anliegen und ihre Stärke, trotz allem Aktualitätsdruck eine tiefer gehende Berichterstattung zu bieten als andere Medien. Den Wettlauf mit Fernsehen, Hörfunk und Internet können die Sportredaktionen der Zeitungen nicht aufnehmen, zudem setzen sie weniger auf visuelle Reize denn auf verbale Analyse.

Popularisierung des Sports

Weil die Gesamtheit der Sportarten im Zuge der Kommerzialisierung oft als Ware betrachtet wird und dieses mit Emotionen aufgeladene Produkt gut verkäuflich erscheint, wie vor allem die Einschaltquoten im Fernsehen nahelegen, setzen auch Zeitungsverlage gerne auf den Sport als populäres Angebot. Damit einhergegangen ist in den Redaktionen eine gewisse Entwicklung, Themen über Schlagzeilen zu verkaufen, die Verpackung wichtiger zu nehmen als den Inhalt. Dies bedeute zusehends, wie der Fußball-Nationalmannschaftsmanager Oliver Bierhoff vor der WM in Deutschland im Branchenblatt »Sportjournalist« kritisch anmerkt, »dass die normale Nachricht, der differenzierte Kommentar oder die interessante Reportage nicht mehr zählen. Der Druck, mit Fußball im Gespräch zu sein, damit Auflage oder Quote zu machen, führt vielmehr zu oberflächlicher oder populistischer Berichterstattung«.

Indes gibt es Hinweise, dass trotz aller Bemühungen, die Zeitung attraktiv zu gestalten und jüngere Leser zu gewinnen, die Kunden den Sportteil nicht so wichtig nehmen wie die Beteiligten. Für die »FAZ« hat das Institut für Demoskopie Allensbach herausgefunden, dass nur ein Drittel der Stammleser den Sportteil als unverzichtbar einstufen.

Blätter wie die »FAZ« bemühen sich, einer zunehmenden Verengung der Darstellung des Sports im Fernsehen und zum Großteil auch in den Printmedien auf die Showsportarten entgegenzuwirken, die Vielfalt des Spitzensports weiterhin sichtbar zu machen und dies nicht nur auf die Olympischen Spiele zu beschränken. Ein Ereignis, das, wie auch Fußball-Welt- und Europameisterschaften, der Sportredaktion Sonderanstrengungen abverlangt und manche Innovation für den Alltag hervorbringt. Trend- und Randsportarten, aber auch Breiten-, Schul-, Gesundheits- und Behindertensport werden in den Blick genommen. Und wer über die wirtschaftlichen und politischen Hintergründe des Sports informiert sein will, kommt ohne den Sportteil der »FAZ« nicht aus, der mittlerweile nicht mehr nur Unterhaltung, sondern auch professionell notwendige Beiträge bietet.

Das Zauberwort für einen guten Sportteil heißt gerade angesichts des vergleichsweise knappen Umfangs Schwerpunktbildung. Das beginnt mit der Kunst des Weglassens von Material, das in der Konkurrenz des Nachrichten- und Artikelangebots nebensächlich oder gar langweilig wirkt. Um das Attraktivste und das mit Blick auf die Chronistenpflicht Notwendige für einen Sportteil herauszufiltern, bedarf es zum Beispiel in der Sportredaktion der »FAZ« täglich engagierter Auseinandersetzungen. Um für großrahmigere Reportagen, Hintergrundstücke und Interviews sowie ausdrucksvolle Fotos Platz zu schaffen, müssen viele Informationen in knappen Formen gebündelt werden. Dabei legt die Sportredaktion zunehmend Wert auf exklusive Eigenmeldungen und auf das Nachrecherchieren von immer weniger zuverlässigen Agenturmeldungen.

Den Überschriften kommt eine vorrangige Bedeutung zu. Längere Artikel sollen durch Zwischenzeilen, Zitate, Illustrationen, Infokästen aufgebrochen und der Leser so in den Text hineingezogen werden. Die Seiten sollen in einer klaren Anordnung mit einem modernen Layout und entschlossen groß aufgemachten Fotos zum Betrachten und schließlich zum Lesen einladen. Gerade der Sport eignet sich in besonderer Weise für Farbfotos. Die Sportredaktion war mit farbigen Olympia- und Fußball-WM-Teilen schon seit 1996 in einer Pionierrolle der »FAZ«.

Bei der Sonntagszeitung, der »FAS«, wird neben den notwendigen aktuellen Berichten noch mehr Wert auf unterhaltende Lesestücke, Reportagen und Interviews gelegt. Auch tritt die Sportpolitik deutlich in den Hintergrund. Der Sportteil ist noch stärker auf das zum Sonntag passende Lesevergnügen angelegt. Und das bezieht sich auch auf die spielerischen grafischen Elemente, mit denen intensiver optische Reize gesetzt werden als in der Tageszeitung.

Im Vergleich zu ihren Kollegen aus anderen Ressorts zeichnet Sportredakteure grundsätzlich eine hohe Berufszufriedenheit aus; daran konnte auch die Zeitungskrise, in deren Folge Redaktionen neu strukturiert, verkleinert oder ausgegliedert und Mitarbeiter entlassen wurden, nur wenig ändern. Der Sportredakteur von heute verfügt in der Regel nicht nur über die gleiche journalistische Qualifikation wie seine Kollegen aus anderen Ressorts (Hochschulabschluss, Volontariat, Journalistenschule). Er wird auf seinem Gebiet auch weithin als Fachmann anerkannt. Die Akzeptanz zeigt sich beispielsweise in der »FAZ« auch darin, dass Redakteure bei allgemein bedeutenden Sportthemen um Leitartikel, Analysen oder Porträts für den politischen Teil der Zeitung, die Medienseite im Feuilleton oder andere Ressorts gebeten werden. Das setzt zugleich voraus, dass Sportreporter in Zeiten von Fußball-Kapitalgesellschaften, Doping und Sportgerichtsverfahren mittlerweile auch ein solides Basiswissen in Ökonomie, Medizin und im Rechtswesen besitzen sollten. Aufgrund eines derartigen Berufspro-

Schwerpunkte bilden und die Kunst des Weglassens

Hohe Berufszufriedenheit der Sportjournalisten

fils – Experte mit guter Allgemeinbildung – scheinen die Zeiten vorüber, als die Arbeit des Sportjournalisten noch etwas herablassend beurteilt wurde.

Berufsbild und berufliche Kompetenzen

Das Berufsbild des Sportjournalisten umfasst zwei Bereiche, die sich teilweise überschneiden: zum einen den des *Tageszeitungsredakteurs*, der innerhalb des Ressorts nicht nur für die inhaltlichen, sondern auch für organisatorische und gestalterische Aufgaben zuständig ist; zum anderen jenen des (zumeist freiberuflichen) *Reporters*, der unabhängig von redaktionellen Aufgaben gefordert ist, eigenständig Themen zu entwickeln, anzubieten und umzusetzen. Allerdings fällt der intensive persönliche Umgang mit Sportlern und Funktionären den Außenreportern gewöhnlich leichter, weil sie – im Alltagsgeschäft befreit von redaktionellen Diensten – im Gegensatz zur Zentralredaktion ihre Kontakte ständig am Ort pflegen können. Daher ist der Reporter, der Nachrichten und Themen in seinem Arbeitsgebiet aufspürt, unverzichtbar für Qualitätszeitungen. Der innerhalb eines Ressorts für mehrere Sportarten zuständige Tageszeitungsredakteur hat, vor allem bei der Planung als Blattmacher, eher das große Ganze im Blick. Was beiden – Redakteur wie Reporter – dennoch gemein sein sollte, ist eine kritische Distanz zu jenen, über die sie berichten. Mittendrin statt nur dabei, das mag vielleicht für kurzatmige Direktübertragungen im (Privat-)Fernsehen gelten. Sportler zu Helden hochjubeln und sie als Verlierer verdammen, so zugespitzt mögen die Boulevardblätter berichten.

Zuschauen, zuhören, schreiben – derart vereinfacht und verklärt stellten sich vor nicht allzu langer Zeit selbst so genannte Medienexperten die Tätigkeit auch des Sportjournalisten vor. Außer Acht gelassen werden bei solchen Einschätzungen aber die Kreativität, über die ein Sportjournalist verfügen muss, um eigene Themen zu finden; nicht nur, aber gerade in jenen Phasen, wenn die Fußball-Bundesliga Sommer- oder Winterpause macht, wenn keine Olympischen Spiele, Welt- oder Europameisterschaften auf dem Kalender stehen, wenn in der Zeit um Weihnachten und Neujahr wenige Sportveranstaltungen stattfinden. Allerdings darf sich die Geschichte nicht zu weit vom eigentlichen sportlichen Geschehen entfernen, da Leser den Sportteil einer Tageszeitung auch als Ergebnisdienst betrachten sowie etwas über die Dramaturgie von Spielen oder Wettkämpfen erfahren wollen. Der Leser einer Tageszeitung erwartet nicht nur Unterhaltung, sondern auch Information.

Außerdem hat die Suche nach attraktiven Geschichten ohne direkten Aktualitätsbezug in den Zeitungen auch einen praktischen Grund: Mitunter dienen diese Texte für die frühe Druckausgabe als Platzhalter, die in einer späteren Auflage gegen aktuelle Berichte (beispielsweise aus der Champions League im Fußball) ausgetauscht werden.

Der Sportreporter muss einen Spagat schaffen und daher über doppeltes Können verfügen: einerseits auf die Schnelle und auf einem gewissen Niveau einen aktuellen Bericht über einen Wettkampf schreiben können, andererseits zur Hinführung auf das Ereignis sowie zur Nachbetrachtung aber eine spannende Geschichte finden und kurzweilig umsetzen.

Es wurden bereits zahlreiche Versuche unternommen, die in der Sportbericht-erstattung üblichen Darstellungsformen zu benennen: Von »Action-Bericht« oder »Infocomment« im Sinne einer »kommentierenden Nachricht« war die Rede. Doch tatsächlich versucht der Autor, nicht nur das Geschehen abzubil-den, sondern das Gesehene zu analysieren. Das Ergebnis ist ein Text, in dem die nachrichtlichen Elemente deutlich überwiegen, sie aber gleichzeitig eingeordnet werden. Oft wird diese Form als »Hintergrundbericht« bezeichnet, wobei die Bezeichnung »Bericht« in die Irre führen kann. Eigentlich handelt es sich um eine Mischform, die Informationen vermittelt, aber dabei auch auf Reportage- oder Feature-Elemente zurückgreift, um Szenen oder Personen zu veranschaulichen, Authentisches darzustellen oder Emotionen zu vermitteln; das Ganze kurzwei-lig, dramaturgisch geschickt aufgebaut und mit originellen Gedanken und reiz-vollen Formulierungen angereichert, damit der Leser nicht aus Langeweile ver-sucht ist, aus dem Text auszusteigen. Die Anpassung der Qualitätsblätter an ein verändertes Rezeptionsverhalten wird sich allerdings nicht endlos fortsetzen las-sen, ohne dass sie ihre analytische Stärke einbüßen.

Gravierend erscheinen derzeit die Veränderungen, die das Berufsbild des Sportjournalisten betreffen. Die Entwicklung zum Spezialisten haben die Redak-teure zum Großteil hinter sich, zum Teil aus eigenem journalistischem Antrieb, zum Teil aus Erfordernissen des Berufsumfeldes. Kaum ein Tageszeitungsredak-teur, der sich früher vornehmlich auf das Redigieren und Schreiben konzentrie-ren konnte, kommt künftig noch ohne das technische Wissen aus, wie das Lay-out einer Seite ansprechend zu gestalten ist. Dieses Know-how muss er ständig erweitern, um mit den neuesten technischen Entwicklungen umgehen zu lernen und die gestiegenen Ansprüche der Leserschaft an eine attraktiv gemachte Zei-tung zufriedenzustellen. Hingegen trifft der Modernisierungsdruck die Redak-teure auch unmittelbar, seit sich in Verlagshäusern Tendenzen zeigen, Sportredak-tionen auszulagern und sie in eigenständige Gesellschaften zu überführen.

6   Lokales und Regionales

Das Lokalressort deckt universell alle Themen ab, die sich in der Nahwelt der Menschen ereignen. Auch die Bundes- und Landespolitik haben eine lokale Komponente, weil Auswirkungen von Gesetzen auf der lokalen Ebene greifbar sind und den Lebensraum der Bevölkerung prägen. Ortssanierungen werden z. B. erst mit der finanziellen Unterstützung von Bund und Ländern möglich.

Klassisches Medium für lokale und regionale Nachrichten sind traditionell vor allem die Tageszeitungen. Lokale und regionale Nähe ist aber auch zur Angebots-strategie konkurrierender Medien geworden. Das Radio und das Fernsehen drin-gen unter den Auflagen der in den Bundesländern unterschiedlichen medienpo-litischen Konzepte bis ins Lokale vor. Damit haben die Zeitungen – intermediär

Neue Konkurrenz für die Zeitungen

– publizistische Konkurrenz bekommen, wenn es um die Berichterstattung über die Nahwelt des Bürgers geht. Es ist der Wettbewerb eines gedruckten Mediums mit elektronischen Medien. Die Angebote müssen im Urteil des Lesers, Zuschauers und Hörers ihre jeweils spezifische Leistungsfähigkeit beweisen.

Die Berichterstattung der Zeitungen über die Nahwelt des Bürgers hat eine lange Tradition. Regionale und lokale Hörfunkanbieter sind in den letzten Jahren durch medienpolitische Entscheidungen hinzugekommen, sie haben deshalb noch verhältnismäßig wenig Erfahrung mit der publizistischen Bearbeitung des regionalen und lokalen Raums. Sie treffen auf Zeitungen, in denen seit vielen Jahrzehnten erfahrene Journalisten über den unmittelbaren Erlebnisraum des Bürgers berichten (→ Mediensystem in Deutschland).

Lokales steht, zumindest was die Tageszeitungen betrifft, an der Spitze der Publikumsgunst. Rund 80 Prozent der Leser geben an, den entsprechenden Zeitungsteil regelmäßig zu lesen. Auch wenn jüngeren Untersuchungen zufolge die tatsächlichen Lesequoten geringer sind – die Nahwelt hat für die Bürger einen hohen Stellenwert. Darauf können Medienangebote, insbesondere die Tageszeitungen, bauen.

Lokales nach vorne Viele Zeitungen verfahren nach dem Motto »Lokales nach vorne«. Lokale und regionale Themen finden sich zunehmend auf der Titelseite. Diese Vorgehensweise ist Teil einer Regionalisierungsstrategie, die konsequent auf die Stärke der Zeitung als lokales Medium setzt. Themen, die im Lokal- oder Regionalressort anfallen, erstrecken sich über die ganze Palette der lokalen Erlebniswelt. Im örtlichen Mikrokosmos spiegeln sich alle Themen und Probleme der großen Welt wider – vom klassischen Thema Heimat über Kultur und Kommunalpolitik bis hin zu Sport und Wirtschaft.

Das Thema Heimat sollte nicht nur im Titel der Zeitung vorkommen. »Geschichten aus der Geschichte« sind eine Möglichkeit, die Eigenarten der Region zu betonen. Traditionen und Gebräuche der Vergangenheit leben in der Gegenwart fort und fordern Erklärung und Erläuterung. Die »große« Geschichte hat sich auch vor Ort ereignet und wartet mit Entdeckungen auf; Jahrestage, Straßennamen, historische Stadtaufnahmen, Baudenkmäler und Grabsteine sind ihre Zeugen.

Der Journalist wird bei der Recherche zum Historiker, der in alten Zeitungstiteln, verstaubten Chroniken oder vergessenen Festschriften Stoff für seinen Beitrag oder Artikel findet. Er muss Heimatgeschichte lebendig machen. Der Gegenwartsbezug, die Namen und die Gesichter, aber auch möglicher Konfliktstoff sind wichtig. Nicht zuletzt lässt sich die Recherche selbst zum öffentlichen Thema machen. Das Interesse und das Bedürfnis in der Bevölkerung, Gesehenes und Erlebtes aus dem Gedächtnis zu holen, sind erfahrungsgemäß groß.

Als weitere Möglichkeit, das Thema Heimat redaktionell zu berücksichtigen, bietet sich der in der Region gesprochene Dialekt an. Mundartkolumnen in der Zeitung und O-Töne im Radio vermitteln lokale Identität. Allerdings ist darauf zu achten, dass die inflationäre Verwendung des Dialektes nicht das Image des

Mediums im Hinblick auf Modernität, Anspruchsniveau und Seriosität beeinträchtigt. Das Thema Heimat ist eng verwoben mit der lokalen Kultur, die ein Mosaik unterschiedlicher kreativer Aktivitäten ist und viele Themenbereiche enthält, die man journalistisch bearbeiten kann.

Kommunalpolitik vermitteln ist mehr als die journalistische Umarbeitung des Protokolls der Gemeinderatssitzung. Der »Rathausreporter« sollte wichtige Bundes- und Landesgesetze und Verordnungen kennen; unerlässlich ist für ihn, sich mit den politischen Verhältnissen »seiner« Gemeinde und des Landkreises vertraut zu machen. Ansprechender Journalismus zum Thema Kommunalpolitik heißt: Vergleiche und Bezugsdaten zum aktuellen Ereignis liefern, Statistiken und Gutachten kritisch überprüfen, die Abhängigkeiten und Interessen von Positionen und Meinungen durchschauen, Behördenpläne für Hörer und Leser erläutern. [Kommunalpolitik]

Ebenso wie das Lokalressort alle Ereignisse auf lokaler Ebene behandelt, berührt Kommunalpolitik alle Themen im lokalen Bezugsraum, sobald sie mit politischen Abläufen oder Entscheidungen zu tun haben. Auch der Bericht über das Baudenkmal oder die Reportage über das Kreiskrankenhaus enthält z. B. eine kommunalpolitische Komponente, wenn Entscheidungen von Wahlgremien und Verwaltung oder Meinungen von Bürgerinitiativen und Parteien in das journalistische Produkt einfließen. Neben dem aktiven Aufgreifen kommunalpolitischer Themen gibt es viele Möglichkeiten, die Berichterstattung über Ratssitzungen abwechslungsreich zu gestalten: Mammutsitzungen lassen sich thematisch gegliedert und themenspezifisch im Radio oder in der Zeitung präsentieren. Begebenheiten am Rande, lustig oder informativ dargestellt, können das angestaubte Bild der Kommunalpolitik auflockern. Interviews sind eine gute Ergänzung zum Bericht (→ Journalistische Darstellungsformen). Serien helfen, komplizierte und größere Problemkreise darzustellen. Pro-und-Kontra-Diskussionen machen Kommunalpolitik erst lebendig. Aktionen wie »Meckertelefon« und Spontanumfragen integrieren die Leser in die Berichterstattung und lockern trockene Themen auf (→ Management und Marketing).

Sport im Lokalen findet häufig getrennt vom übrigen Lokalteil oder -programm statt. Publikumsinteresse und Reichweite des Lokalsports sind unterschiedlich. Viele Berichte werden nur von einem kleinen Teil des Publikums beachtet. Dennoch erfüllt der Bereich Lokalsport wichtige Funktionen, indem er das regionale Sportleben abbildet. Für das Publikum ist es wichtig, bekannte Personen und Einrichtungen in der Berichterstattung wiederzufinden – auch wenn bei Weitem nicht jeder Bericht im Detail verfolgt wird. [Lokalsport]

Sport wird innerhalb der Lokalredaktion in der Regel von einem zuständigen Lokalredakteur bearbeitet, der einen Stab freier Mitarbeiter koordiniert. Von den pfiffigen Einfällen der Sportredakteure hängt es dabei ab, ob Spielberichte und Tabellen einziges Merkmal des Sportteils sind oder ob zusätzliche Beiträge das Geschehen farbig und lesernah aufarbeiten.

Lokale Wirtschaft Auch das Thema lokale Wirtschaft wird bei kleineren Zeitungen und privaten Hörfunksendern meist von einem zuständigen Redakteur betreut. Gegenüber der »großen« Wirtschaftspresse können die Regionalmedien aktueller, origineller, individueller und stärker auf das Publikum bezogen über wirtschaftliche Themen berichten. Es hängt von der wirtschaftlichen Struktur einer Region ab, wie vielfältig das Thema Wirtschaft variiert werden kann.

6.1   Regionalisierung als Konzept

Michael Garthe
Chefredakteur der Tageszeitung »Die Rheinpfalz«, Ludwigshafen

Der zunehmende Wettbewerb unter den Medien zwingt die regionalen Tageszeitungen, ihr Profil zu schärfen. Sie werden sich auch in Zukunft am Markt behaupten, wenn sie sich auf ihre Stärken besinnen und diese ausbauen. Ihre wichtigste Stärke sind die lokalen und regionalen Informationen. Ergänzt um die nationalen und internationalen Informationen sowie um Berichte in vielerlei Sparten, um Meinungsangebote und Unterhaltung, liefern so regionale Tageszeitungen nach wie vor ein einzigartig umfangreiches und vielfältiges Angebot. Ziel regionaler Tageszeitungen ist es, ihren Lesern komplizierte Sachverhalte verständlich darzustellen, Bürgernähe zu beweisen, die Bedeutung politischer, wirtschaftlicher und sozialer Sachverhalte für den Alltag der Menschen aufzuzeigen.

Die Strategie, Informationen von allgemeiner Bedeutung zu regionalisieren, ist nicht neu. In Wellenbewegungen kehrt sie wieder, und in der jetzigen Zeit, in der die regionalen Tageszeitungen gegen Verluste in ihrer Auflage und im Anzeigengeschäft kämpfen, gibt es kaum noch eine von ihnen, die sich nicht auf die Strategie der Regionalisierung besinnt.

Informationen zu regionalisieren, das kann in zweierlei Richtung geschehen: Einerseits können Sachverhalte von internationaler und nationaler Bedeutung hinsichtlich ihrer Auswirkungen auf die Region, das Verbreitungsgebiet einer Zeitung, geprüft und hinterfragt werden. Andererseits kann auch die Relevanz lokaler Ereignisse für die gesamte Region recherchiert werden und zu einer überlokalen Berichterstattung führen. Bei der »Rheinpfalz« nennen wir erstgenanntes Regionalisierung von »oben nach unten« und letztgenanntes Regionalisierung von »unten nach oben«.

Regionalisierung von Der Präsident der EU-Kommission präsentiert die »Agenda 2000« der Europä-
»oben nach unten« ischen Union, die zu gravierenden Veränderungen der europäischen Landwirtschafts- und Infrastrukturpolitik führen wird. Der Brüsseler Korrespondent und die Redaktionen in Berlin und der Landeshauptstadt Mainz durchforsten den Text nach für die Pfalz relevanten Aussagen. Experten aus Rheinland-Pfalz (Landwirtschaftsminister, Bauernverbandsvertreter und andere) werden um Stellungnahmen gebeten. Die Lokalredaktionen in der Pfalz stellen am Beispiel einzelner

Bauern- und Winzerhöfe exemplarisch dar, was die Auswirkungen der Agenda 2000 sein könnten.

Bundestag und Bundesrat beschließen das Gesetz zum so genannten Großen Lauschangriff. Die Mainzer Redaktion sowie die Ressorts recherchieren bei den zuständigen Ministerien, dem Landeskriminalamt und regionalen Rechtsexperten die Folgen des Gesetzes und in welchen Fällen es im Land zum Einsatz kommen könnte. Die Lokalredaktionen befragen Experten vor Ort und Leute auf der Straße zu ihrer Meinung zum Großen Lauschangriff.

Die Verwaltung der Stadt Neustadt an der Weinstraße betreibt eine entschiedene Sparpolitik, und es gelingt ihr als einziger Stadt des Landes, ihren Etat auszugleichen. Das Beispiel wird auf der Landesseite erörtert und in Vergleich gesetzt zur Spar- und Finanzpolitik in anderen Städten der Pfalz. *Regionalisierung von »unten nach oben«*

In einer westpfälzischen Verbandsgemeinde gelingt es Eltern, mit organisiertem Protest gegen die Erhöhung der Elternbeiträge für den Kindergarten eine Neuregelung durchzusetzen, bei der das bisherige Finanzierungssystem der Kindergärten auch strukturell verändert wird. Das Beispiel wird auf der Landesseite erörtert und in Vergleich gesetzt zu den Finanzierungsregeln in anderen Kommunen der Pfalz.

Sehr viele Themen können regionalisiert werden. Es bedarf dazu einer gut funktionierenden Kommunikation zwischen allen Teilen der Redaktion. Bei der »Rheinpfalz« wurde ein umfassendes System der gegenseitigen Information zwischen allen Ressorts und allen Lokalredaktionen etabliert. Die Ressorts teilen per E-Mail ihre Wochenplanung mit und weisen auf Themen hin, die zur Regionalisierung und Lokalisierung geeignet sein können. Sie unterrichten die Lokalredaktionen über aktuelle nationale und internationale Ereignisse, die vor Ort von Bedeutung sein können und geben damit die Initiative zu regionalen und lokalen Recherchen. Die Lokalredaktionen melden täglich ihr Programm in die Konferenz der Zentralredaktion. Sie geben Empfehlungen, welche ihrer lokalen Themen auch in den Mantelseiten aufgegriffen werden können. Mitglieder der Lokalredaktionen schreiben auch für die Ressorts, und Mitglieder der Ressorts schreiben auch für die Lokalredaktionen.

Regionalisierung ist eine Querschnittsaufgabe und darf nicht auf bestimmte Seiten in der Zeitung beschränkt bleiben. Sie findet in allen Ressorts statt, am stärksten natürlich auf den politischen und landespolitischen Seiten sowie in der Wirtschaftsberichterstattung, aber auch im Sport, in der Kultur, auf der Jugend- und sogar auf der Kinderseite. Einen Zwang, auf jeder Seite mindestens einen regionalisierten Bericht zu haben, kann es dabei nicht geben, denn Regionalisierung ist themenabhängig. Solch ein Zwang führt, insbesondere auf der Seite eins einer Tageszeitung, häufig zu unbefriedigenden Ergebnissen, wenn ein dort platzierter Bericht aus der Region keine hinreichende Relevanz hat. Zeitungen, die sich einem Zwang zur Regionalisierung ohne Rücksicht auf die Relevanz der Themen unterwerfen, dienen weder den Interessen der Leser noch der Region. Ihre Regionalisierung hat Provinzialität zur Folge.

Eine Redaktion muss von der Richtigkeit des Konzepts der Regionalisierung überzeugt sein. Sie muss es verinnerlicht haben. Ein maßvolles »Heimatbewusstsein« der Redaktionsmitglieder ist dabei hilfreich. Sind diese Voraussetzungen gegeben, dann bedarf es keiner besonderen redaktionellen Struktur zur täglichen Umsetzung der Regionalisierung. Eigene Recherchegruppen oder regionale Nachrichtenredaktionen führen häufig nur zu punktuellen Ergebnissen. Es ist einfacher, die Themen dort in der Redaktion bearbeiten zu lassen, wo die kompetenten Redakteure sitzen, als Kompetenz aus den Ressorts für Sondereinheiten mit wechselnden Aufträgen abzuziehen.

Die Strategie der Regionalisierung verhilft der Zeitung zu größerer Lesernähe. Idealtypisches Ziel: Die Leser informieren sich abends aus den elektronischen Medien über das aktuelle Geschehen, am nächsten Morgen bekommen sie in ihrer regionalen Tageszeitung ausführliche und erklärende Informationen sowie ein Meinungsangebot und spätestens am darauf folgenden Tag können sie in der Lokalausgabe ihrer Zeitung etwas zu den Wirkungen überörtlicher Sachverhalte in ihrer engeren Umgebung lesen. Regionalisierung ist aber kein Allheilmittel gegen Auflagenverluste. Sie darf nicht in Konkurrenz treten zum umfassenden Informationsanspruch der Zeitung und sie muss, wie alle anderen Texte in der Zeitung auch, Ergebnis eines seriösen und sorgfältigen Recherchejournalismus sein.

7 Ratgeber

Viele Medien haben erkannt, dass ihre Leser, Hörer und Zuschauer mehr von ihnen erwarten als ausschließlich Information. Es reicht keineswegs, wenn Zeitungen lediglich Agenturmeldungen abdrucken und den Leserservice darauf beschränken, Telefonnummern von Notdiensten oder Veranstaltungsankündigungen zu veröffentlichen. Leser wünschen eben nicht nur Nachrichten und Hinweise, sondern Bezüge, d. h. aufdeckende, hintergründige, erklärende Artikel und Beratung. Gleiches gilt für Zeitschriftenleser, Hörer und Zuschauer.

Lebenshilfe, Erklärung und Orientierung im Alltag sind zu einem Motiv geworden, das bei alten und jungen Lesern, Bewohnern von Städten oder ländlichen Gebieten und Bürgern aller politischen Orientierungen ausschlaggebend dafür ist, sich einem Medium zuzuwenden.

Themen des Ratgeberjournalismus Ratgeberthemen haben sich daher einen ständigen Platz im Redaktionsangebot erobert und werden über Ressortgrenzen hinweg aufgegriffen. Ob als Kolumnen oder ständige Elemente im Konzept der Wirtschafts-, Kultur- und Lokalressorts, ob als spezielle Beilagen oder Serien – die Zeitungen und Zeitschriften behandeln Ratgeberthemen aus vielerlei Blickwinkeln. In der Praxis sind dies vor allem:

- Leben, Gesundheit, Medizin;
- Familie, Partnerschaft, Ehe, Singles;
- Natur, Umwelt, Tiere, Pflanzen, Nahrungsmittel;
- Arbeit, Berufswelt, Ausbildung, soziale Sicherung;
- Freizeit, Kultur, Reisen, Hobbys;
- Geld, Kredit, Steuern, Finanzen;
- Verbraucher und Recht.

Je nach Ausrichtung der Ratgeberthemen und dem Stellenwert, den sie im redaktionellen Konzept einnehmen, werden sie von Wirtschafts- oder Lokalredakteuren mitbetreut oder von speziellen Ratgeber- oder Beilagenressorts verantwortet. Je höher die Ratgeberfunktion eines Mediums bewertet wird, desto mehr Journalisten kümmern sich um eine entsprechende redaktionelle Umsetzung. Dies ist vorrangig eine Entscheidung des Verlages und der Redaktionsleitung. Die organisatorische Umsetzung differiert in der Praxis.

Ratgeberthemen spielen auch in der Wirtschaftsberichterstattung eine große Rolle. Vor allem die Unternehmensberichte der Tageszeitungen wurden in den vergangenen Jahren ergänzt, in manchen Fällen sogar ersetzt, durch eine verbraucher- und ratgeberorientierte Information. Das Medienpublikum wird somit in seinen unterschiedlichen wirtschaftlichen Rollen – vor allem aber als Kunde von Unternehmen – angesprochen. Vergleiche zwischen einzelnen Angeboten von Firmen werden gezogen, um letztlich Hinweise zu geben, die dem Verbraucher im Alltag helfen, Entscheidungen zu fällen. Von der Übersichtstabelle über die Zinsen verschiedener Banken bis zur Analyse der verschiedenen Telefontarife reichen Themen, die durchaus unabhängig von der jeweiligen Ereignislage aufgegriffen werden.

Ratgeberthemen im Wirtschaftsjournalismus

Die verbraucher- und ratgeberorientierte Berichterstattung prägt auch das Fernsehen. Sie findet sich z. B. in den klassischen Wirtschaftsmagazinen »Plusminus« (ARD) und »wiso« (ZDF). Ähnliches gilt für die Reihe »Money Trend« (RTL), die sich vor allem an junge Zuschauer wendet. Eine Überbetonung dieses Berichterstattungsmusters ist allerdings unter Gesichtspunkten der Akzeptanz beim Publikum gefährlich. Profilbildend sind eben auch Analysen, Hintergrundberichte und Wirtschaftsdokumentationen, die das fachliche Können einer Redaktion auf die Probe stellen. Ein erfolgreiches redaktionelles Konzept kombiniert beides: kompetente und findige Analysen über die Entwicklungen in den Unternehmen und Informationen, die dem Publikum als Verbraucher konkrete Vorteile bringen.

Das Medienpublikum als reiner Verbraucher und die Redaktionen als Ratgeber? Nein! Im Visier des Ratgeberjournalismus sind auch weitere, über den reinen Konsumenten hinausgehende Publikumsrollen: Arbeitnehmer, Sparer und Aktienbesitzer, der politische Bürger, Unternehmer und Selbstständige – und viele andere mehr.

7.1 Täglicher Ratgeber und Leseranwalt

Franz Kadell
Chefredakteur der »Volksstimme«, Magdeburg

Ernst-Günther Wöhler
Leiter des Journalistenbüros »regio.m«, Magdeburg, verantwortlich für die »Volksstimme«-Ratgeberseite

Wer zahlt, wenn Nachbars Baum auf mein Grundstück stürzt? Warum wird beim Arbeitslosengeld automatisch Kirchensteuer abgezogen? Wer bezahlt für ein defektes Möbelstück, wenn die Firma pleite ist? Fragen über Fragen. Rund ein Dutzend gehen jede Woche in der Ratgeber-Redaktion der »Volksstimme« ein und belegen zweierlei:

- *Erstens:* Der Bürger ist umzingelt von Fragen und Problemen: Wer ist der billigste Strom- oder Telefonanbieter? Welches ist die günstigste Krankenkasse oder wie sorge ich am besten für das Alter vor? Technischer Fortschritt und politische Weichenstellungen lassen den Alltag zum immer schwerer durchschaubaren Dschungel werden. Kurz: Der Bürger braucht Rat, und er sucht Rat.
- *Zweitens:* Der Bürger wendet sich mit seinen Fragen nicht direkt an die jeweils zuständige Instanz, sondern – weil er diese meist nicht kennt – an seine Zeitung.

Darin liegt eine Riesenchance für eine Branche, die seit Jahren mit schwindenden Leser- und Abonnentenzahlen zu kämpfen hat. Hier wird die Zeitung gebraucht, hier wird sie gesucht. Ob dies bei Lesern im Osten stärker ausgeprägt ist als im Westen, wagen wir zu bezweifeln. Fest steht allerdings, dass die Zeitungen und Zeitschriften in den neuen Ländern – bedingt durch die Wende – viel früher ihre Ratgeberfunktion erkannt und bedient haben. Umfragen bestätigen das hohe Leserinteresse an Ratgeberthemen. Bei der »Volksstimme« (und da unterscheidet sie sich sicher nicht von anderen Regionalzeitungen) gehören die Ratgeberteile nach dem Lokalen und weit vor dem Sport zu den meistgelesenen Seiten.

Wie wird die »Volksstimme« dieser Nachfrage gerecht? Der Ratgeberteil im engeren Sinne ruht auf drei Säulen:

- der täglichen Ratgeberseite,
- den wöchentlichen Seiten zu bestimmten Themenbereichen (Beruf & Bildung, Immobilien, Auto & Verkehr, Reise) und
- dem wöchentlichen »Leseranwalt«.

Ratgeber auf den ersten Blick Bei der Neugestaltung der »Volksstimme« Mitte der 1990er Jahre fällte die Redaktion eine weit-reichende Entscheidung: Wir drucken nicht nur täglich eine Ratgeberseite, sondern sie wird die Aufschlagseite des vierten Buches. Warum täglich? Die Frage beantwortet sich sowohl aus dem Leserinteresse als auch aus dem

Themenangebot. Wenn heute bekannt wird, dass Knäckebrot und Kartoffelchips krebserregendes Acrylamid enthalten, dann wollen die Leser nicht erst in einer Woche wissen, was Acrylamid ist, wie es entsteht, wie gefährlich es ist und wie man sich am besten davor schützen kann. Heute ist es Acrylamid, morgen eine Salmonellenerkrankung und übermorgen ein Anschlag in einem Reiseland (kann ich kurzfristig meinen Urlaub umbuchen?).

Hinzu kommt ein anderer Aspekt: In einigen Branchen wechseln die Konditionen inzwischen so schnell, dass eine wöchentliche Information nur noch eine Übersicht der verpassten Gelegenheiten wäre. Ein Beispiel sind die Preise für Telefonverbindungen. Heute ist von 10 bis 12 Uhr »Arcor« der billigste, morgen »freenetphone«, übermorgen »Tele2«. Die Konsequenz: Wir veröffentlichen täglich auf der Ratgeberseite den Telefon-Tipp mit den günstigsten Anbietern im Fest-, Mobilfunk- und Ortsnetz – seit 2007 sogar mit einer Aktualitätsgarantie für den Veröffentlichungstag.

Es geht dabei meist nur um wenige Cent, die sich pro Minute sparen lassen, aber als wir – um den Aufwand für die Seite zu minimieren – diese Rubrik wegließen, hagelte es Leserproteste. Also haben wir sie fortgesetzt – auch auf die Gefahr hin, dass sich schwarze Schafe unter die Telefon-anbieter mischen können, die über eine Billig-Nummer auf eine teure Nummer umlenken. Aber da reicht ein Leseranruf, und der Anbieter verschwindet für immer aus der Übersicht.

Dieses Beispiel macht auch eins der beiden wichtigsten Prinzipien der Arbeit an den Ratgeberseiten deutlich: Was interessiert die Leser? Welche Informationen wollen sie unbedingt haben? Das andere Prinzip ist die regionale Kompetenz. In Verlagen sind die Verführungen groß, Ratgeberseiten als Dutzendware einzukaufen. Natürlich sind Wege in die Selbstständigkeit, Urteile zu Gewinnversprechen oder Heilungschancen von Brustkrebs bundesweit gleich. Aber wer die Ansprechpartner in seiner Region sind, erfährt der Leser aus solchen Einheitsseiten schon nicht mehr.

Auch die »Volksstimme« hat 2002 aus Gründen der Kostenersparnis die Ratgeberseiten ausgegliedert und in die Hände eines kompetenten Journalistenbüros am Ort gelegt. Dieses garantiert sowohl die regionale Anbindung der Ratgeberthemen als auch die Ansprechbarkeit für die Leser. Rund zwei Stunden wendet die Ratgeberredaktion täglich nur für Gespräche mit Lesern, dem Weiterleiten und Beantworten ihrer Fragen auf. Ein wichtiges Instrument zur Leser-Blatt-Bindung.

Orientierung an Fragen der Leser

Da bietet sich die klassische Form der »Antwort auf Leserfragen« regelrecht an. Klare Frage, klare Antwort auf maximal 60 Druckzeilen. Die Antworten kommen durchweg von Experten aus der Region. Diese Rubrik erscheint nach Möglichkeit täglich.

Seit Jahren mit anhaltendem Erfolg läuft das wöchentliche Telefonforum mit Experten aus der Region. Jeden Dienstag von 10 bis 12 Uhr haben die Leser die Chance, Fachleute zu einem bestimmten Thema direkt zu sprechen. Eine Auswahl der Fragen und Antworten finden sie am nächsten Tag auf der Ratgeberseite. Hier die Themenliste eines Monats:

- Thema Energiesparen: Welche Umrüstungen im Haus lohnen sich? Welche Fördermittel gibt es dafür?
- Thema Patientenrecht: Muss ich jeden Therapievorschlag akzeptieren, oder habe ich das Recht, ohne Zusatzkosten einen zweiten und dritten Arzt zu konsultieren? An wen wende ich mich, wenn ich das Gefühl habe, falsch oder schlecht behandelt worden zu sein? Ab wann habe ich Anspruch auf Schadensersatz?
- Thema Ausbildung: Welche Alternativen gibt es für meinen Traumberuf? Wie komme ich an Adressen? Wie hoch ist die Vergütung?
- Thema Telefonwerbung: Welche Rechte habe ich? Wie komme ich zu meinem Recht?

Das Überraschende: Nach mehreren Jahren und sich logischerweise wiederholenden Themenkomplexen lässt das Leserinteresse nicht nach. Bei 50 Telefonforen im Jahr passiert es vielleicht zweimal, dass nicht ununterbrochen auf allen drei bis vier Leitungen gesprochen wird. Am meisten glühen die Drähte bei Gesundheitsthemen. Sie gehören deshalb neben Geld- und Rechtsfragen auch zu den dominierenden Themenkreisen.

Aus demselben Grund haben wir 1999 eine Reihe neu aufgelegt, die mit über 300 Folgen schon zu DDR-Zeiten eine lange Tradition hatte, den »Medizinischen Sonntag«. Zehnmal im Jahr referieren namhafte Mediziner der Magdeburger Universität in populärwissenschaftlicher Form sonntags ab 10:30 Uhr in einem Hörsaal zu interessanten medizinischen Problemen. Rund 250 Leser kommen im Durchschnitt zu diesen Veranstaltungen. Ein Bericht darüber steht am darauf folgenden Montag auf der Ratgeberseite.

Quellen der Ratgeberbeiträge Kaum ein anderer Bereich wird von Firmen derart mit Pressemitteilungen überhäuft wie dieser. »Inform« hat das bequemste Mittel, schlank zu werden, gefunden, »Quirl« den ultimativen Haushaltsreiniger und »Restinvest« die beste Form der Altersvorsorge. Die Angebote »druckfertiger und natürlich honorarfreier« Texte stapeln sich wöchentlich auf etwa einen halben Meter.

Natürlich haben solche Texte auf den Ratgeberseiten nichts verloren. Die Verführung wächst jedoch in dem Maße, wie die Kostenschraube angezogen werden muss. Der Grat wird immer schmaler, weil auch die PR-Arbeit immer professioneller wird. Wir versuchen, die Gefahr auf folgende Art zu umschiffen:

- Wir haben starke unabhängige Partner in der Region (Verbraucherzentrale, Fachanwälte, Wissenschaftler, Mieter- und Vermieterverein, Notarkammer, Arbeitsamt, Zivilrichter, Kripoberater), die zu aktuellen Themen Antworten geben oder selbst Texte verfassen können.
- Wir verfügen über einem kleinen Stamm vertrauenswürdiger Fachjournalisten, bei denen das Honorar gut angelegt ist.

- Seit 2006 arbeiten wir eng mit der Stiftung Warentest zusammen, was zu einem deutlichen Qualitätszuwachs der Ratgeberseiten geführt hat.

Wo immer es sich anbietet, nutzen wir natürlich auch die Nachrichtenagenturen, die inzwischen selbst ganze Servicepakete anbieten.

Eine in der deutschen Zeitungslandschaft immer noch außergewöhnliche Form des Ratgebers hat die »Volksstimme« im Dezember 2000 ins Leben gerufen – den »Leseranwalt«. Ausgangspunkt war eine umfangreiche Erhebung, bei der sich viele Leser von ihrer Zeitung mehr Unterstützung bei Problemen mit Behörden wünschten. Anliegen ist es, Sorgen der Leser mit Ämtern öffentlich aufzugreifen und Wege zu finden, um ihnen zu helfen. Das Projekt ist in der Leserredaktion angesiedelt und wird durch drei freie Mitarbeiterinnen verstärkt. Jährlich werden rund 800 Leseranliegen registriert und bearbeitet, 200 davon veröffentlicht. Meistens konnte den Lesern geholfen werden, in etwa 30 Prozent der Fälle nicht. Es wurde dann aber erklärt, weshalb nicht.

Vom Ratgeber zur direkten Lebenshilfe

Die Leser wenden sich mit ganz unterschiedlichen Problemen an die Redaktion. Es geht zum Beispiel ums Pflegegeld, um Reha-Maßnahmen für einen neuen Berufsstart, um Zuschüsse für Azubis, um Kindergeld, die BAföG-Berechnung, um Ärger mit Telefonanbietern, Wohngeld, um Stromkosten, Hundesteuer oder Rundfunkgebühren. Dabei geht es nicht um Rechtsberatung oder gar Rechtsanwaltsersatz. Das können und dürfen wir gar nicht. Privatrechtliche Auseinandersetzungen, etwa mit dem Arbeitgeber oder dem Nachbarn, sind deshalb für den »Leseranwalt« tabu. Was wir können, ist, mit der Autorität der Zeitung allgemeine Verbraucherrechte durchzusetzen. Das geschieht meist in sehr enger Zusammenarbeit mit der Verbraucherzentrale.

Einmal in der Woche kommt das Leseranwalt-Team in der Redaktion zusammen. Dann werden die eingegangenen Fälle diskutiert, und es wird festgelegt, wer welchen Fall übernimmt. Die Bearbeitungszeit liegt zwischen zwei Wochen und einem Monat. Wenn Widersprüche laufen oder ärztliche Gutachten für Behörden-Entscheidungen erforderlich sind, dauert es auch länger. Obwohl es sich bei den Beiträgen stets um Einzelfälle handelt, finden die Themen ein starkes Leserecho. Immer wieder melden sich auch Leser und bieten ihre Hilfe an.

Bei Mitarbeitern von Ämtern und Behörden ist die Redaktion »Leseranwalt« inzwischen zu einer festen Größe geworden. Beim jährlichen Meinungsaustausch in unserer Redaktion mit Vertretern von Ämtern, mit denen wir besonders häufig zu tun haben, wurde mehrfach betont, dass das Agieren der Redaktion Leseranwalt nicht ohne Wirkung in den Amtsstuben bleibt, dass es die Sensibilität für Bürgeranliegen erhöht.

7.2   Sprachrohr der Verbraucher

Werner Zedler
Chefredakteur der Zeitschrift »Guter Rat«, Berlin

Konjunktur für Ratgeber: Ohne Ratgeber kommt seit einigen Jahren kaum noch eine Zeitung, Zeitschrift oder Hörfunk und Fernsehen aus. Doch bis heute scheint es für Verlage unvorstellbar, dass man mit einer Zeitschrift, die nichts als Ratgeber-Themen beinhaltet, ausreichend Leser finden kann. Wer soll all das trockene Zeug lesen? Steuern, Versicherung, Altersvorsorge, Rechtsprobleme aller Art – das ist nicht der Stoff, aus dem Begeisterung wächst. So ist das monatliche Magazin »Guter Rat« das einzige Blatt, das sich konsequent und fast ausschließlich mit Ratgeber-Themen auseinandersetzt, und es scheint die Zweifler am Erfolg eines solchen Konzepts zu widerlegen. Die Auflage von »Guter Rat« steigt kontinuierlich und hat die 260.000 verkauften Exemplare überschritten.

Eine Ratgeber-Zeitschrift kann also durchaus eine Erfolgsgeschichte schreiben. Eben weil Ratgeber-Themen im Interesse breiter Bevölkerungsschichten liegen. Wer sich für Fußball mehr als durchschnittlich begeistert, liest neben dem Sportteil noch den Kicker. Wer sich für Ratgeber-Themen mehr als durchschnittlich interessiert, liest neben dem Serviceteil seiner Tageszeitung noch eine Ratgeber-Fachzeitschrift.

Zielgruppe eines Ratgeber-Magazins

Journalisten haben gelernt, sich stets die Frage zu stellen: Für wen schreibe ich? Wer ist mein Leser? Ist mein Leser eine Frau oder ein Mann? Wie alt ist er? Welche Bildung hat er? In welcher Lebenssituation befindet er sich? Danach richten sich Thema, Sprache und Duktus eines Beitrags oder besser: des gesamten Blatts. Für eine Ratgeber-Zeitschrift ist die Antwort schwerer und leichter zugleich. Die Zielgruppe ist schnell definiert: die Verbraucher. Alle sind Verbraucher und damit wird die einfache Antwort kompliziert, weil klar ist, dass nicht alle mit denselben Stilmitteln angesprochen werden können.

Die Frage nach dem Leser muss also anders gestellt werden. Sie lautet: Wer wird sich für die Verbrauchertematik interessieren? Das sind dann längst nicht mehr alle. Es sind die, die in einer Lebensphase sind, in der wichtige persönliche Entscheidungen zu treffen sind: Welche Versicherung brauche ich? Wie kann ich für mein Alter vorsorgen? Welche Reise möchte ich einmal machen? Welches Auto soll ich mir kaufen? Welcher Handyvertrag ist für mich der beste? Wie kann ich den Rückenschmerzen vorbeugen? Welches Geschlecht sie sind, spielt also keine Rolle, auch nicht, welchen Beruf sie haben. Eine nicht unerhebliche Rolle spielt allerdings, dass sie über ein Haushaltsbudget verfügen, das ihnen all die Entscheidungen erst ermöglicht, bei denen die Macher des Blattes beraten wollen.

Im Zusammenhang mit Ratgeberjournalismus wird häufig das Wort »Lebenshilfe« benutzt. Ein schreckliches Wort. Es klingt nach Sozialstation, nach »betreutem Leben«; niemand braucht die Hilfe eines Journalisten, um zu leben. Bei der

Lektüre einer Ratgeber-Zeitschrift treffen aufgeklärte Verbraucher auf der Suche nach der besten Entscheidung für ihren Einkauf, ihre Vorsorge, ihre Rechtsprobleme auf Journalisten, die das Leben kennen und in der Lage sind, die Fragen zu stellen (und für die Leser zu beantworten), die den modernen Menschen beschäftigen und interessieren. Das ist keine Pfadfinder-Aufgabe. Es geht nicht darum, einer Oma hilfreich über die Straße zu helfen, sondern jemandem den Weg zu beschreiben. Gehen will er selbst.

Nachdem ich weiß, wer mein Leser ist, muss ich mich fragen: Wie kann ich ihn mit jeder Ausgabe begeistern, zum Kauf meiner Zeitschrift bewegen? Ein Magazin, das sich Ratgeber-Themen widmet, kann sich nicht auf die allgegenwärtige Aktualität anderer Gattungen stützen. Wenn der Star X ihren Mann betrügt, ist das ist für Unterhaltungs-Medien eine Story, und zwar eine, die sich von selbst »verkauft«, wenn der Star nur bekannt genug ist. Wer nur über Steuern, Geld & Co schreibt, hat nur einen Verkaufs-, sprich Erfolgs-Gehilfen: den Nutzwert für den Leser.

Wie man Leser begeistert

Dennoch spielt auch die Aktualität eine außerordentlich große Rolle. Das können bei Produkten neue Entwicklungen und Systeme sein; auf der nichtmateriellen Ebene z.B. neue Gesetzgebung im weitesten Sinne, die auf die Auswirkungen auf die Leserschaft hin untersucht wird. Klassische Beispiele der letzten Jahre sind z.B.: private Altersvorsorge, Liberalisierung der Telekommunikation, Änderungen im Gesundheitswesen und im Arbeitsrecht. Aktualität ist für ein Verbrauchermagazin aber auch z.B. ein Lebensmittelskandal. Hier wie bei Gesetzesänderungen darf ein monatliches Verbrauchermagazin jedoch nicht bei der Nachricht stehenbleiben. Die ist dem interessierten Leser bekannt. Die journalistische Arbeit besteht darin, aus der Erfahrung heraus alle Fragen zu stellen und die Antworten zu finden, die in dem jeweiligen Themenzusammenhang entstehen könnten. Eines der wichtigen handwerklichen Details ist dabei, die Fragestellung auf mehrere typische Einzelfalldarstellungen auszurichten – z.B. der Single, der besser Verdienende, der Rentner oder der Alleinerziehende.

Neben der Aktualität ist eine Ratgeber-Redaktion thematisch auch einer Saisonalität unterworfen. Die Abhängigkeit vom Jahreslauf hängt naturgemäß von den Themenbereichen ab, die man abdecken möchte. Für ein so umfassend angelegtes monatliches Magazin wie »Guter Rat« benötigt man ein Gespür für sehr genaues Timing. Es stehen nur zwölf Ausgaben zur Verfügung. Wer beim Timing eines Themas schief liegt, hat das Thema schlicht vertan. Dazu einige Beispiele: Steuererklärung in der Februarausgabe, neue Heizsysteme im Sommer, Reiseplanung im Januar und Mai, Cabrios im April, gute Weine im Oktober.

Saisonale Themen

Monatliche Erscheinungsweise zwingt auch dazu, Fragen anders zu stellen. Tiefschürfender, ergiebiger, über den Tag hinaus reichend. Ein Monatsmagazin lebt in höherem Maße als andere Publikationen von der Glaubwürdigkeit, einhergehend mit der Haltbarkeit des Geschriebenen für zumindest einige Monate. Man muss sich darüber im Klaren sein, dass niemand den relativ hohen Copypreis ausgibt für journalistisches Fast Food. Monatsmagazine müssen eine gewisse Wertigkeit ausstrahlen, weil sie für die Leser so etwas sind wie ein Nachschlagewerk. Wenn man diesen Status erreicht hat, wird man mit einer langen durchschnittlichen Haltbarkeit der Abonnements belohnt.

Viele Journalisten stöhnen unter dem vermeintlichen Zwang des »Hamsterrades«. Gemeint sind hier Rhythmus und Wiederholungsschleifen der begrenzten Themen. In den Redaktionskonferenzen klingt das so: »Mietrecht haben wir schon eine Weile nicht mehr gemacht …«; »wir könnten mal wieder etwas über …« (bei diesem Satz geht jeder Chefredakteur in die Luft); »letztes Jahr um diese Zeit haben wir …«. Natürlich gibt es gewisse Zyklen in der Themenauswahl – die gibt es in jedem Ressort. Dem Ratgeberjournalisten fehlt jedoch der flüchtige, aber intensive Flirt mit den aktuellen Ereignissen. Diesem Frust kann er sich entziehen, indem er selbstbewusst und mit der (Überzeugungs-)Kraft seiner Recherchen seine eigene Aktualität schafft. Eine eigene Aktualität schafft man unter anderem auch damit, den eigenen »Dreh« zu einer Geschichte zu finden, einen eigenen Ansatz. Mir hilft dabei immer eine Szene aus dem Film »Der Club der toten Dichter«. Der Hauptdarsteller Robin Williams fordert seine Schüler auf, auf ihre Tische zu steigen. Eine Ungehörigkeit, der sie nur zögerlich folgen. Aber darum geht es nicht. Es geht darum, die Sichtweise auf Dinge zu verändern, um neue Einsichten zu gewinnen. Man kann es auch auf eine zweite Weisheit verdichten: Lebe nicht von der Nachricht, lebe die Nachricht.

Sprachrohr der Verbraucher? Häufig (besonders seit es ein Verbraucher-Ministerium gibt) wird uns die Frage gestellt, ob nicht das Verbrauchermagazin mit der größten Reichweite auch (kämpferisches) Sprachrohr der (politischen) Interessen der Verbraucher sein muss. Meine Antwort lautet: nein, das muss es nicht. Jedenfalls nicht im Selbstverständnis der Blattmacher. Viele Beiträge sind zwangsläufig politisch, weil sie Zustände und Bedingungen beklagen. Doch sich immer und allgegenwärtig zu positionieren, würde den Leser verunsichern, ihn von dem eigentlichen Bedürfnis, das er mit der Lektüre eines Verbrauchermagazins verbindet, abbringen: Nutzwert und immer wieder Nutzwert. Er will nicht politisiert werden. Er will klare Orientierung für sein privates Handeln. Im Übrigen würde sich eine Redaktion völlig verzetteln, wenn sie sich auf Positionierungsdebatten einließe. Und: Welche (politische) Grundposition hat denn bitte schön »der Verbraucher«? Der Verbraucher ist Wähler jeder Partei – so wie sie im Bundestag vertreten sind.

So weit so gut – es gibt auch definierbare Verbraucherpositionen. Liberalisierung der Märkte zum Beispiel. Mehr Servicebewusstsein bei Handel und Dienstleistungen. Wettbewerb in jeder Hinsicht, Aufhebung der Ladenschlusszeiten, mehr Rechtssicherheit für Bauherren, Mieter, Vermieter (auch die sind Verbraucher), Geldanleger …

Die Uferlosigkeit zeigt: Verbraucher und Verbraucherpolitik haben keinen Platz für Parteistrategen, es ist vielmehr Ausdruck einer gesamtgesellschaftlichen Positionsbestimmung. Sich da als Medium zu verstricken, bringt keinen Nutzen für den Leser. Jedenfalls erwartet er es nicht in einem Magazin, in dem er nach dem Nutzen sucht.

Verbraucherjournalismus ist das prädestinierte Feld der Seiteneinsteiger. Juristen, Mediziner, Bankkaufleute, Steuerfachleute – ihr Fachwissen ist eine Grundvoraussetzung für eine gute Redaktion. Journalisten mögen alles herausbekommen, das sollten sie sogar unbedingt, aber sie brauchen ohne die Grundkenntnisse möglicherweise zu lange für die Erarbeitung eines Beitrags und sie machen gewöhnlich Fehler bei einschlägigen Themen. Das Defizit jener Kollegen an journalistischem Handwerk muss die Chefredaktion ausgleichen. Ein sehr stringentes und stetes Coaching bei jeder Geschichte gehört zum Arbeitsalltag eines Verbrauchermagazins.

Wie sieht der ideale Redakteur aus?

Zu den maßgeblichen Qualitätsansprüchen eines reinen Verbrauchermagazins gehört es, die gesamte Szene der PR-U-Boote zu kennen. Es gibt unzählige gemeinnützige Vereine, Forschungsstätten, Verbände, Stiftungen, Institute und Gruppierungen, die mit schönfärberischen Namen ihr wahres Interesse verschleiern. Trojanische Pferde, nur scheinbar im Interesse des Wahren, Schönen und Guten. Hinter vielen dieser Organisationen stecken schlicht Wettbewerber im Markt.

Vorsicht, U-Boot

Gängiges Mittel, die Öffentlichkeit zu blenden und zu manipulieren sind »Studien« oder »Untersuchungen« zu irgendeinem Thema. PR-Arbeit ist legitim. Diese auf Redaktionen unmittelbar auszudehnen, um sich der Multiplikatoren zu bedienen, ebenfalls. Aber es ist für Redaktionen gefährlich, PR eins zu eins zu übernehmen, weil man (immer häufiger) den wahren Absender nicht kennt. Diese Problematik ist vor allem für Tageszeitungen oder Serviceredaktionen der Publikationen mit anderem Hauptinhalt evident. An diesem Punkt zeigt sich besonders deutlich, was eine reine Ratgeber-Redaktion an Vorsprung mitbringen muss: die Kompetenz des Hintergrundwissens. Diese erwirbt man durch stetige Beschäftigung mit der Materie und durch fortlaufenden Kontakt mit allen einschlägigen Quellen. Eine Verbraucherzeitschrift braucht den Spezialisten, den intimen Kenner – oder besser: Sie braucht die personelle Ausstattung, um Kollegen die Gelegenheit zu geben, sich entsprechend einzuarbeiten und das Feld zu pflegen, das er beackert.

7.3   Gesundheitsfernsehen im Wandel der Zeiten

Thomas Bleich
Redaktion »Wissen und Service« beim Zweiten Deutschen Fernsehen (ZDF), Mainz

»Durch erweiterte und neue Programme werden medizinische Sendungen quantitativ zunehmen und qualitativ abnehmen. (…) Die Hoffnung auf Wunder, der Wunsch nach Sensationen, der Drang nach hohen Einschaltzahlen, der Sparzwang in den Produktionen – das alles wird nicht ohne Wirkungen bleiben.« Diese mahnende Prophezeiung aus dem Jahr 1981 stammt von Hans Mohl, dem langjährigen Redaktionsleiter und Moderator des »Gesundheitsmagazin PRAXIS«, das bis zum Jahr 2004 im ZDF ausgestrahlt wurde. Er konzipierte die Sendung 1963 mit dem Ziel, die Früherkennung und Vorbeugung von Krankheiten zu verbessern sowie Selbsthilfe durch »Erste Hilfe« zu fördern. Konfrontiert mit den zunehmenden Volkskrankheiten, die durch Fehl- und Überernährung, Bewegungsmangel und Genussmittelmissbrauch entstehen, war er überzeugt davon, dass mithilfe des Mediums Fernsehen die Barriere zwischen Information, Motivation und Aktion tatsächlich durchbrochen werden kann.

Als Konsequenz wurden in der Redaktion unter wissenschaftlicher Beratung Quizmodelle zur Überprüfung der Kenntnisse in erster Hilfe entwickelt sowie Testkonzepte zur Ermittlung der körperlichen Leistungsfähigkeit. Ziel war es, den Aufmerksamkeitsgrad der Zuschauer zu erhöhen. Die später folgenden, bundesweit sehr erfolgreichen Kampagnen wie z. B. »I.d.R. - Iss das Richtige« und »Trimming 130« zeigten dann in den siebziger Jahren, dass es tatsächlich möglich ist, die Zuschauer »runter vom Sofa« zu holen.

Allerdings war im deutschen Fernsehen der 1970er Jahre – vor der Einführung des dualen Rundfunksystems – das Angebot regelmäßiger Sendereihen mit dem Vermittlungsanspruch der Gesundheitserziehung sehr überschaubar. Neben zahlreichen Ratgebersendungen zu verschiedensten Lebensbereichen prägten insbesondere drei Sendungen die Berichterstattung im Bereich Medizin und Gesundheit:

- das »ZDF Gesundheitsmagazin PRAXIS«, mit dem Ziel der Unterrichtung und Aktivierung der Zuschauer in den Bereichen Vorsorge, Früherkennung und Verhütung,
- der »ARD-Ratgeber Gesundheit« mit dem Ziel der Vermittlung von Hintergrundinformationen und konkreten Ratschlägen zu bestimmten Beschwerden oder Krankheiten, und
- »Die Sprechstunde, Ratschläge für die Gesundheit« des bayerischen Rundfunks (BR) mit der wöchentlichen Debatte eines Schwerpunktthemas unter verschiedenen Aspekten.

Eine Analyse der Themen dieser Sendungen im Jahr 1982 ergab, dass diese zum einen der Vermittlung von Wissen zu Krankheiten, Beschwerden, Gesundheitsgefährdungen (Symptome, Ursachen, Folgen, Diagnose und Therapiemöglichkeiten) dienten (vgl. Löhr, 1982, S. 169). Zum anderen waren sie auf Prophylaxe, Vorbeugung, und Verhütung (gesunde Lebensführung und Ernährung, Nutzung des medizinischen Systems) ausgerichtet. Hinzu kam eine kritische Auseinandersetzung mit ärztlichem Können, den Institutionen des Gesundheitswesens und mit dem Arzneimittelsektor.

Durch die starke Ausweitung der Programmfläche und die zunehmende Zahl der
Programme ist das heutige TV-Programmangebot an Berichten aus dem Themenbereich Medizin und Gesundheit tatsächlich wesentlich größer als jemals zuvor. Zum einen sind es nach wie vor regelmäßig ausgestrahlte Ratgebersendungen, die insbesondere in den Programmen der öffentlich-rechtlichen Fernsehanstalten darauf setzen, über ein breitflächiges Serviceangebot mit konkretem Nutzwert Zuschauerbindung zu erzeugen. Zum anderen sind es zunehmend Magazinsendungen, die sich themenübergreifend mit Wissen und Wissenschaft auseinandersetzen. Anders als früher werden in den meisten Fällen die Zuschauer mit dem Versprechen gelockt, eine bunte, wesentlich breiter gefächerte Themenpalette präsentiert zu bekommen. Berichte zu Medizin- und Gesundheitsthemen stehen dann oft neben unterhaltsamen und visuell attraktiven Angeboten zu anderen Themenbereichen. Auf diese Weise erreichen sie auch ein Publikum, das sich primär vielleicht nicht unbedingt dafür entschieden hätte. Der alte Gedanke, mittels Fernsehen zu alltagsrelevanten Themen Lebenshilfe zu bieten, findet zudem durch zahlreiche so genannte »Coachingformate« und »Real-Life-Soaps« (z.B. »Die Super-Nanny«) eine völlig neue Ausdrucksform. Im Unterschied zu früher ergänzt heute ein umfangreiches multimediales Serviceangebot im Internet das Programm und erreicht unabhängig von Zeit und Ort der Erstausstrahlung ein breites Publikum.

Zusammengefasst sind diese Entwicklungen im hart umkämpften Fernsehmarkt Ausdruck der Bemühung, die klassische Zielgruppe der älteren, meist weiblichen Zuschauer mit eher niedrigem Bildungsniveau, die das traditionelle Stammpublikum des Medizin- und Gesundheitsgenres bilden, um vornehmlich jüngeres Publikum und weitere Bildungsschichten zu erweitern.

Die medizinpublizistische Fernsehberichterstattung ist durch eine besondere Nähe zum Zuschauer gekennzeichnet. Bei entsprechendem Interesse und persönlicher Motivation der Rezipienten – z.B. durch die Betroffenheit von einer thematisierten Erkrankung – können solche Sendungen eine beträchtliche Wirkung entfalten. So kann z.B. durch einen Medizinbericht bestehendes Verhalten im Umgang mit einer Erkrankung verstärkt oder hinterfragt werden. Stellvertretend für viele Beispiele aus dem Redaktionsalltag sei hier der dankende Anruf eines Zuschauers erwähnt, der nach einem Bericht zu den Frühsymptomen des Herzinfarktes diese bei sich bemerkte und sich dadurch rechtzeitig in ärztliche Behandlung begab. Auch für den Kontakt zwischen Arzt und Patient werden wichtige Impulse gegeben.

Aus dieser Situation ergibt sich eine besondere Verantwortung für die Gestaltung
von medizinjournalistischen Beiträgen und Sendungen. Ebenso wie bei anderen wissenschaftsjournalistischen Formaten stehen die Macher stets zwischen den Wertesystemen der Wissenschaftler und denen der Zuschauer und müssen versuchen – abhängig vom redaktionellen Anspruch – beiden in unterschiedlicher Ausprägung gerecht zu werden. Der Kompromiss, der daraus entsteht, kann

wohl am besten so zusammengefasst werden: »Den Laien informieren ohne den Fachmann zu verärgern.«

Die fünf Grundpfeiler der Programmqualität (nach Schatz und Schultz 1992) – Vielfalt, Relevanz, Professionalität, Akzeptanz und Rechtmäßigkeit – können als übergeordnete Qualitätsmaßstäbe im Interesse der Rezipienten dabei helfen zu beschreiben, was eine gute Berichterstattung und zukunftsweisende Programmgestaltung ausmachen kann. Stellt man diesen Dimensionen verschiedene, in der Fachliteratur beschriebene Entwürfe zur Beurteilung der Qualität wissenschafts- und medizinjournalistischer Produkte gegenüber (Bader 1993, Göpfert 1993, DISCERN 1999, Bleich 2000), lassen sich daraus exemplarisch Kriterien zur Beurteilung der Qualität medizinischer Berichte ableiten: Ein (wissenschafts-)journalistisches Produkt hoher Qualität sollte demnach gekennzeichnet sein durch

- die inhaltlich und formal korrekte Wiedergabe von Fakten und Informationen,
- eine objektive, unabhängige und ausgewogene Berichterstattung,
- die umfassende Berücksichtigung verschiedener Themen (-facetten) und Blickwinkel,
- die Verbreitung von aktuellen und bedeutsamen Informationen,
- eine – auch selbstkritische – Aufklärung über Missstände und Fehlentwicklungen,
- die Vermittlung und Bereitstellung von nützlichem und anwendbarem Wissen,
- die Berücksichtigung der ethischen Grundsätze des Pressekodex,
- das quantitative Erreichen eines der Zielsetzung entsprechenden Publikums,
- die Verwendung einer sachlichen, angemessenen und verständlichen Sprache,
- den vielfältigen Einsatz unterhaltsamer Darstellungs- und Präsentationsformen,
- eine mediengerechte, verständliche, zielgerichtete und motivierende Erzählstruktur,
- den Einsatz von anerkannten, verständlichen und wirksamen Erklärungsmustern,
- eine sinnliche, inhaltlich adäquate und ästhetisch zeitgemäße Gestaltung.

Bei der Betrachtung dieser Qualitätskriterien ist zu beachten, dass der Begriff »Qualität« ein dynamisches Konstrukt darstellt, das sich abhängig von der Beurteilungsperspektive und der Betrachtungsebene vor dem Hintergrund der zugrunde liegenden Werte und Normen verändert. So ist z. B. die Qualität aus Sicht des Machers etwas anderes als die Qualität aus Sicht des Zuschauers. Hier gilt es, die Bedeutsamkeit der Kriterien je nach Blickwinkel entsprechend zu gewichten.

Abnehmende Qualität der Medizin-berichterstattung?

Wer die skizzierten Qualitätskriterien an die heutige Medizinberichterstattung im deutschen Fernsehen konsequent anlegt, wird vermutlich feststellen, dass ihnen in vielen Bereichen – wenn überhaupt – nur zum Teil entsprochen wird. Um hierzu jedoch ein gültiges Urteil zu sprechen, bedarf es allerdings weiterführender umfassender Untersuchungen. Fest steht, dass eine breite Aufmerksamkeit in der heutigen Fernsehlandschaft schwerer zu bekommen ist als vor 25 Jahren. Durch das breite, optisch oft opulente Programmangebot steigt die Faszinationsschwelle des Zuschauers, und neben einer geschickten Themenauswahl sind neue, anspruchsvollere Gestaltungsformen nötig, um ihn zu interessieren und zu erreichen. Die Herausforderung für die Programm-Macher besteht darin, diese Anforderungen in Einklang mit Produktionsbedingungen zu bringen, die heute durch einen wesentlich größeren zeitlichen und finanziellen Produktionsdruck gekennzeichnet sind.

Der Zuschauer profitiert durch ein enorm ausgeweitetes Programmangebot, durch die Loslösung von Sendezeit und Programm und durch die Möglichkeit zur selektiven, aktiven Nutzung der Informationen zum Beispiel über die programmbegleitende Mediathek des ZDF im Internet unter zdf.de.

Wissensvermittlung und Lebenshilfe war noch nie so umfassend möglich und so gut verfügbar wie heute. Zugleich ist Orientierung für ein kritisches und mündiges Publikum heute wichtiger denn je, und Prävention durch Information bekommt einen zunehmenden gesellschaftlichen Stellenwert. Die Chance und der Auftrag der Programmverantwortlichen liegen somit darin, im Meer der Informationen der viel zitierte Leuchtturm der Qualität zu sein. »Solange der Mensch an seiner Gesundheit interessiert ist, solange er Rat und Hilfe für kranke oder in kranken Tagen erwartet, solange er auf neue medizinische Fortschritte und letztlich auf Wunder hofft, solange wird auch das Fernsehen auf diese Fragen, Wünsche und Hoffnungen eingehen« (Hans Mohl 1981).

8 Zeitgeist und Lifestyle

Zeitgeist- und Lifestylethemen haben Konjunktur. Insbesondere die Tages- und Wochenzeitungen haben in den vergangenen Jahren ihre Wochenendausgaben um Seiten oder ganze Zeitungsbücher mit Titeln wie »Modernes Leben« oder »Gesellschaft« ergänzt. Auf dem Zeitschriftenmarkt bemühen sich zugleich immer mehr Lifestyle- und Modetitel um die Gunst der Leser.

Bei den Tages- und Wirtschaftszeitungen werden die Bereiche Zeitgeist, Mode, Gesellschaft und Lifestyle organisatorisch häufig einem eigenen Ressort zugeschlagen, das auch für die Wochenendbeilagen zuständig ist. Die meisten Tageszeitungen haben mittlerweile eine Wochenendbeilage, deren Themenvielfalt stetig zunimmt. Zeitgeist- und Lifestylethemen spielen hierin eine wichtige Rolle. Vor allem die Wirtschaftszeitungen sowie Sonntags- und Wochenzeitungen haben erkannt, wie wichtig diese unterhaltenden Themen für ihre Zielgruppen sind. Fragen des Zeitgeistes und Lifestyletrends sind auch Querschnittsthemen, die oft den Weg in die Feuilletons und mitunter auch in die Sport- oder Wirtschaftsteile finden.

Unterhaltung
als Ziel

Zeitgeist- und Lifestylejournalismus will den Leser unterhalten und ihn abseits der Welt der harten Fakten mit erzählenden und teilweise literarischen Stilmitteln über neue Trends in der Gesellschaft informieren. Je nach Zielgruppe können die thematischen Schwerpunkte dabei unterschiedlich sein. Generell spielen aber zumeist Themen wie Prominenz, Mode, Luxus, Reisen und gesellschaftliche Trends eine große Rolle.

Der Zeitgeist- und Lifestylejournalismus greift auf meinungs- und fantasiebetonte Darstellungsformen zurück (→ Journalistische Darstellungsformen). Er hat seine Wurzeln insbesondere auch im so genannten New Journalism, der in den 1970er Jahren aus dem angelsächsischen Raum nach Europa hinüberschwappte. Diese »neue« Form des Journalismus machte es sich zum Ziel, die strikte Trennung von Nachricht und Meinung und das Korsett der journalistischen Nachrichtenstrukturen durch einen subjektiv gefärbten und an literarischen Erzähltechniken orientierten Stil zu durchbrechen.

Die Hauptmerkmale dieser in den frühen 1960er Jahren in New York entstandenen Form des Journalismus sind: zeitgeistige Themen, emotionales Eingehen auf die Berichterstattungsobjekte, Darstellung aus der inneren Perspektive der Protagonisten, authentische Sprache und das Experimentieren mit Sprache. Bekanntester Protagonist dieser Strömung war Tom Wolfe, der 1963 mit »The Kandy-Colored Tangerine-Flake Streamline Baby« eine Reportage über Autos als Ausdruck des amerikanischen Traums schrieb. Sie galt als der Prototyp einer neuen Form des Journalismus.

Allerdings gibt es in Deutschland weitaus weniger Anhänger dieser Stilrichtung als in angelsächsischen Regionen, so dass sich Zeitgeist- und Lifestylejournalismus hierzuLande stilistisch häufig innerhalb der Grenzen des »gewöhnlichen« Journalismus bewegt.

8.1 Geld und Glamour in Wirtschaftszeitungen

Nikolaus Förster
Ressortleiter Agenda der »Financial Times Deutschland« (FTD), Hamburg

Wer sich in Deutschland darüber informieren will, was gerade en vogue ist, greift zu Magazinen wie »GQ« oder »Wallpaper«, zu »Park Avenue« oder »Vanity Fair«. Er nimmt sich das »Zeitmagazin«, blättert vielleicht durch die »Süddeutsche Zeitung« oder greift zum Feuilleton der »Frankfurter Allgemeinen Zeitung«. Wer aber sucht in Wirtschaftszeitungen nach Trends in Mode, Design und Architektur, nach Empfehlungen exklusiver Restaurants oder ausgefallener Reisen? Was hat Lifestyle in der »Financial Times Deutschland« oder im »Handelsblatt« verloren? Sehr viel. Aus mehreren Gründen – aus journalistischen und verlegerischen.

Die goldenen Zeiten für Printmedien scheinen vorerst vorbei zu sein – weil insgesamt immer weniger gelesen wird und sich immer mehr Menschen online informieren. Kaum eine Zeitung oder ein Magazin kann noch auf eine steigende Auflage verweisen. Auch Wirtschaftsmedien sind von dieser Entwicklung betroffen. Selbst in einer Zeit des Aufschwungs investieren Verlage nur zögerlich in Wirtschaftstitel. Das war einmal anders: Der Boom an der Börse, der im Frühjahr 2000 seinen Höhepunkt erreichte, führte zum Launch etlicher Magazine. Die meisten von ihnen, die vor allem auf Aktienempfehlungen gesetzt und sich ganz der »New Economy« verschrieben hatten – etwa »Aktien Research« (Springer), »Telebörse« (Holtzbrinck) oder »Bizz« (Gruner+Jahr) –, sind längst wieder vom Markt verschwunden. Mit der Talfahrt an den Aktienmärkten brachen auch die Anzeigenbuchungen ein. In einem insgesamt stagnierenden Markt für Wirtschaftsinformationen ist der Wettbewerb zwischen den verbliebenen Zeitungen und Magazinen, die ihren Umfang in den vergangenen Jahren zum Teil stark reduziert haben, stärker denn je.

Wie reagieren die Medien auf diese Krise? Bauten überregionale Tageszeitungen wie die »Frankfurter Allgemeine Zeitung«, die »Süddeutsche Zeitung« oder die »Welt« zunächst ihre Wirtschaftsressorts aus, um dem gestiegenen Bedürfnis der Leser nach detaillierten Informationen nachzukommen, ließ sich in den vergangenen Jahren ein anderer Trend beobachten: Wirtschaftsmedien haben ihre Themenpalette ausgeweitet. Sie versuchen, ihre Attraktivität zu steigern, indem sie Leser nicht nur als Unternehmer oder Anleger ansprechen, sondern auch als Konsumenten und Privatpersonen. Vielleicht ist die traditionelle, vor 50 Jahren gegründete »Börsen-Zeitung« die einzige Publikation, die sich diesem Trend entzieht. Sie nimmt dafür aber in Kauf, dass ihre Leserschaft – vor allem die Frankfurter Börsen- und Banken-Community – überschaubar bleibt.

Traditionelle Wirtschaftsmedien in Deutschland kämpfen mit der Tatsache, dass sie zwar im Büro ein wichtiges Informationsmedium darstellen, aber nur selten privat genutzt werden. Dies gilt auch für das »Handelsblatt«, dessen Auflage nach dem Erscheinen der »Financial Times Deutschland« im Jahr 2000 stark unter Druck geriet. Trotz etlicher redaktioneller Änderungen ist es dem Düsseldorfer Blatt bislang nicht gelungen, das verstaubte Image abzustreifen.

Das ist bei der »Financial Times Deutschland«, die die althergebrachte Wirtschaftspresse durcheinanderwirbelte, anders. Die erste Neugründung einer überregionalen Tageszeitung seit der »taz« im Jahr 1979 konnte sich von vornherein als jüngere Zeitung mit modernerem Layout, aggressiveren Nachrichten und schärferen Kommentaren positionieren – und damit neue Leser an das Thema Wirtschaft heranführen.

Die Attraktivität des angelsächsischen Journalismus in Deutschland liegt vor allem an der Art und Weise, wie das Thema Wirtschaft präsentiert wird: direkter, aggressiver. Die allzu starke Nähe zwischen Unternehmen, Verbänden und Journalisten wird abgelöst von einer kritischeren Distanz. Einen wichtigen Anteil haben aber auch die Seiten, die – zusätzlich – Informationen aus Kultur und

Anleger und Konsumenten

Neue Leser für Wirtschaftsthemen

Wissenschaft bieten oder die Leser über Entwicklungen in den Bereichen Recht und Steuer, Management oder Karriere auf dem Laufenden halten. Eine wichtige Bedeutung kommt bei der »Financial Times Deutschland« auch den täglichen Sportseiten zu. Wer über Fußballergebnisse oder Formel-1-Rennen informiert werden möchte, wird auch in der Wirtschaftszeitung fündig. Solche Seiten – ebenso wie große Porträts, Reportagen oder Analysen – sind der Lesestoff, der die Zeitung auch für private Leser attraktiv macht.

Lifestyle am Wochenende Das gilt auch für Lifestylethemen in der Wochenend-Beilage »Weekend«. Zum Sommerbeginn etwa gibt die FTD ihren Lesern elf Gründe zum Daheimbleiben mit auf den Weg (»Nur weil Sonne ist, müssen nicht alle immer draußen sein«) oder erklärt, warum der gesunde Menschenverstand oft das Weite sucht, wenn Männer ihre Hüllen fallen lassen. In Aufmachergeschichten erzählen FTD-Autoren, wie Gerüchte ein Unternehmen ruinieren können oder welche Manager sich einen eigenen Helikopter leisten.

In Anlehnung an die FTD hat das »Handelsblatt« Ende 2002 eine Beilage mit dem Titel »Weekend Journal« ins Leben gerufen. Die Autoren berichten dort über Reisen und Wein, über exquisite Markenartikel und Autos, über Sport, Kunst und Musik, kurz: Den Lesern wird »alles Wissenswerte rund um die schönen Seiten des Lebens« geboten, wie das »Handelsblatt« seine Beilage preist. Auch wenn sich die Wochenendteile aus Hamburg und Düsseldorf in ihrem Layout, ihrer Themenauswahl und der Art und Weise, wie Geschichten geschrieben werden, stark unterscheiden – beide versuchen, ein breites Spektrum an Lifestylethemen abzudecken. Anders als die »Süddeutsche Zeitung«, die »Frankfurter Rundschau« oder die »Zeit« verfallen sie dabei nicht feuilletonistischen Fragen, sondern versuchen, an möglichst vielen Punkten einen Bezug zur Welt der Wirtschaft herzustellen.

Stars und Glamour Wirtschaftsjournalismus war in Deutschland bis Mitte der 1990er Jahre ein Metier für Spezialisten. Das änderte sich mit dem Börsenboom, als dem Thema eine größere Bedeutung beigemessen wurde. Als die Deutsche Telekom im Jahr 1996, begleitet von einem gewaltigen PR-Getöse, an die Börse ging, griffen Millionen von Kleinanlegern zu. Viele hatten vorher noch nie eine Aktie gekauft. Mit dieser neuen »Aktienkultur«, die damals in Deutschland Einzug hielt, stieg auch das Interesse an Wirtschaftsinformationen. Besonders tief stiegen die meisten Kleinanleger aber nicht in das Thema ein. Sie begnügten sich mit oberflächlichen Informationen und Aktienempfehlungen, statt sich mit Kennzahlen der Unternehmen und ihren Strategien auseinander zusetzen.

So wurde das Thema Wirtschaft, das einst als abstrakt und spröde galt, zwar einem größeren Kreis nahegebracht, von »mündigen Aktionären« konnte aber keine Rede sein. Das Gros der Wirtschaftsjournalisten spielte dabei eine unrühmliche Rolle. Statt die Unternehmen kritisch unter die Lupe zu nehmen, verstärkten sie die Euphorie. Es ist kein Zufall, dass die großen Finanzskandale der vergangenen Jahre – etwa die Fälle Enron oder Worldcom – von Staatsanwälten und nicht von Journalisten aufgedeckt wurden.

Es gibt einen zweiten Trend: Wie in der politischen Berichterstattung lässt sich auch im Wirtschaftsjournalismus eine stärkere Personalisierung beobachten. Vorstandsvorsitzende sind plötzlich nicht mehr Männer in grauen Anzügen, sondern schillernde Persönlichkeiten, avancieren gar – wie Microsoft-Gründer Bill Gates – zu Superstars. In Deutschland sind Unternehmer wie Hartmut Mehdorn (Deutsche Bahn) oder Wendelin Wiedeking (Porsche) längst zu Figuren des öffentlichen Lebens geworden. Sie treten nicht nur in ihrer offiziellen Funktion bei Hauptversammlungen oder Bilanzpressekonferenzen auf, sondern diskutieren auch in Talkshows über die Versäumnisse oder Erfolge der Kanzlerin oder ihren eigenen Urlaub in Südfrankreich, zeigen sich auf Partys neben Boris Becker oder Verona Pooth.

Dieser Trend zum Glamour und zur Personalisierung birgt die Gefahr einer Trivialisierung; und in der Tat hat der Fokus auf das (allzu) Menschliche vielfach einem unkritischen Journalismus Vorschub geleistet. Der Blick auf die Akteure, die für Entscheidungen verantwortlich sind, bedeutet aber auch mehr Transparenz: Was hinter den Kulissen eines Konzerns passiert, wie umstrittene Entscheidungen zustande kommen, welche Urteile über einen Manager gefällt werden, befriedigt nicht nur die Neugierde von Lesern. Solche Details können auch wertvolle Informationen für Anleger darstellen. Die Frage, wie gut die Aussichten eines Unternehmens sind, erschöpft sich nicht allein in harten Zahlen.

In der Wirtschaftspresse hat die Personalisierung zu neuen Formaten geführt: Der Lebensstil der Topmanager, jenseits ihrer Rolle im Unternehmen, wird zum Thema. Wie verbringen sie ihre Freizeit? Und ihren Urlaub? Welche Restaurants suchen sie auf? Was lesen sie? Bei Politikern sind solche Fragen gang und gäbe. Viele Volksvertreter gieren geradezu nach Öffentlichkeit und versuchen, an Popularität zu gewinnen, indem sie Privates preisgeben. Bei Unternehmern ist dies anders. Viele scheren sich kaum um das Bild, das sie in der Öffentlichkeit abgeben – solange das Geschäft gut läuft; einige schirmen sich ganz ab. Börsennotierte Unternehmen legen in der Regel einen größeren Wert auf ihre Außenwirkung, wollen an den Finanzmärkten als transparent gelten, stecken viel Geld in Public Relations oder treten als Sponsoren auf.

Die deutschen Wirtschaftsmagazine haben sich bislang – außer in längeren Porträts – kaum daran gewagt, Manager in anderen Kontexten zu schildern. Die Tageszeitungen haben da eine andere Richtung eingeschlagen: So bittet etwa das »Handelsblatt« Opel-Manager Carl-Peter Forster in seiner Wochenendbeilage zu einem Fahrtest oder befragt den ehemaligen Arbeitgeberpräsidenten Klaus Murmann zum Hochseesegeln. Auch die FTD versucht, zusätzlich zu ihrer täglichen Unternehmensberichterstattung, ihren Lesern am Wochenende eine andere Seite der Wirtschaft zu präsentieren. So bittet sie etwa die Hamburger Designerin Jette Joop zum Geschmackstest – und lässt sie die Krawatten der Chefs der Dax-30-Unternehmen bewerten. Auf ihrer Seite »Out of office«, der letzten Seite der Zei-

Neue Formate durch Personalisierung

tung, druckt die FTD bunte Geschichten aus dem Büro und der Welt der Wirtschaft. Wie – zum Beispiel – übersteht man am besten einen Konferenzmarathon? Oder wie lauten die besten Phrasen in Unternehmen?

Zielgruppe auch für Anzeigenkunden interessant Leser von Wirtschaftsmedien unterscheiden sich in einem wesentlichen Merkmal von Lesern anderer Zeitungen oder Magazine: Sie beschäftigen sich nicht nur mit Geld – als Unternehmer, Investoren oder Wirtschaftsinteressierte –, sie haben auch ein überdurchschnittliches Einkommen und sind deshalb, als potenzielle Konsumenten, eine höchst attraktive Gruppe für Anzeigenkunden. So verfügt zum Beispiel mehr als ein Drittel der FTD-Leser über ein monatliches Haushaltsnettoeinkommen von mindestens 4.000 Euro.

Die Verlage wissen mit diesem Pfund zu wuchern und setzen bewusst auf Luxusartikel. Denn der Anzeigenmarkt für hochwertige Marken ist selbst in der Krise vergleichsweise gut. Wie sich dies journalistisch umsetzen lässt, demonstriert wohl keine Zeitung auf so entwaffnende Art wie die britische »Financial Times« (FT) mit ihrem monatlichen Hochglanzmagazin »How to spend it«, das 1997 in London gegründet wurde und seit 2001, in einer deutschen Version, auch in der FTD erscheint. Es gibt kaum ein Magazin, das Luxusartikel und Geld so offensiv in den Mittelpunkt rückt. Wer etwa Fluggesellschaften nach dem Wein, der auf den Strecken serviert wird, auswählen möchte, findet in »How to spend it« entsprechende Tipps. Und wer etwas über Agenten lesen will, die individuelle Ferienarrangements für 150.000 Euro zusammenstellen, wird ebenfalls fündig. Selbst wenn nicht alle Leser die Produkte kaufen oder die Dienstleistungen in Anspruch nehmen können – vielleicht werden sie davon träumen, irgendwann in der Lage zu sein, genau dies zu tun. Das reicht, um das Heft für Leser, und damit auch für Werbekunden, attraktiv zu machen. »How to spend it« hat inzwischen mehrere Nachahmer gefunden. Die »Wirtschaftswoche« beispielsweise hat eine Luxus-Beilage mit dem Titel »five to nine« herausgebracht.

Sieg der Marke Es gibt, wie dargestellt, eine Vielzahl an Gründen, warum Lifestyle inzwischen eine wichtige Rolle für Wirtschaftsmedien spielt. Vielleicht sollte man sich klar machen, dass Lifestyle aber nicht nur Teil der Berichterstattung ist, sondern Wirtschaftsmedien selbst zum Attribut eines bestimmten Lifestyles werden können. Es ist kein Zufall, dass die »Financial Times« und die »Financial Times Deutschland« selbst häufiger in Anzeigen abgebildet werden, beispielsweise in Modeanzeigen. Ein Mann im Anzug klemmt sich die Zeitung unter den Arm – und beweist damit, dass er international arbeitet, einflussreich und wohlhabend ist. Eine Zeitungsmarke wird zum Attribut eines bestimmten Lebensstils: Lifestyle in lachsrosa.

9   Medien

Der Medienjournalismus hat sich in jüngerer Zeit weiterentwickelt und Profil gewonnen. Bis in die 1980er Jahre dominierten die Präsentation des Fernseh- und Radioprogramms sowie die Besprechung einzelner Sendungen. Wirtschaftliche oder medienpolitische Themen spielten dagegen kaum eine Rolle. Das änderte sich Ende der 1980er Jahre, als das Mediensystem nach der Einführung des dualen Rundfunksystems kräftig expandierte und somit zu einem wirtschaftlichen wie politischen Machtfaktor wurde. In den 1990er Jahren etablierten sich in Tages- und Wochenzeitungen Medienseiten und Medienressorts. Diese boten dem Leser mehr als die bislang übliche Fernsehkritik oder Programmvorschau. Die wirtschaftlichen Verflechtungen der Medienindustrie wurden mehr und mehr zu einem öffentlichen Thema. Zudem wurden gesellschaftliche und politische Diskussionen in zunehmendem Maße über die Medien ausgetragen, Wahlkämpfe entwickelten sich zu medialen Inszenierungen. Grund genug also für die Medien, ihre gestiegene Bedeutung kritisch unter die Lupe zu nehmen.

Im Gegensatz zu anderen Themenbereichen agiert der Journalismus in der Medienberichterstattung nicht als externer, unabhängiger Beobachter. Die Kritik- und Kontrollfunktion, die er zum Beispiel im Bereich der Politik einnehmen kann, stellt ihn in der Medienberichterstattung vor eine Herausforderung: Statt Fremdbeobachtung findet hier Selbstbeobachtung statt – der Journalismus berichtet über sich selbst. Dies gilt im engen Sinne, wenn über die Arbeit von Journalisten und Redaktionen geschrieben wird, aber auch im weiten Sinne, wenn wirtschaftliche und technische Rahmenbedingungen der Medien im Blick stehen. | **Besonderheiten des Medienjournalismus**

Die journalistische Berichterstattung über Medien und Journalismus kann dabei auf unterschiedliche Art und Weise erfolgen. Maja Malik unterscheidet vier Typen der journalistischen Selbstthematisierung (vgl. Malik 2004 S. 310): | **Typen der Medienberichterstattung**
- kontinuierlich-reflektierend,
- periodisch-problematisierend,
- sporadisch-verhalten,
- zufällig-unterhaltend.

Diese vier Grundmuster sind jeweils durch spezifische Strukturen und Strategien der Medienberichterstattung geprägt. In der Praxis sind alle vier Typen anzutreffen, wobei keine eindeutige Dominanz erkennbar ist. Oft handelt es sich auch um Mischformen.

Der kontinuierlich-reflektierende Medienjournalismus zeichnet sich durch eine regelmäßige und umfangreiche Medienberichterstattung aus. In Redaktionen, die diesem Typ der Berichterstattung zuzuordnen sind, ist die Institutionalisierung des Medienjournalismus relativ weit fortgeschritten: Häufig gibt es ein | **Kontinuierlich-reflektierende Berichterstattung** eigenständiges Medienressort mit fest angestellten Redakteuren. Dieses Grundmuster der Berichterstattung geht über die Besprechung einzelner journalistischer Angebote hinaus, thematisiert unterschiedliche Medienbereiche und beinhaltet auch eine gewisse Reflexion des gesamten Journalismussystems sowie seiner Beziehungen zum Publikum und zu anderen gesellschaftlichen Bereichen.

Periodisch-problematisierende Berichterstattung

Im periodisch-problematisierenden Medienjournalismus ist eine umfassende Berichterstattung über Journalismus zwar prinzipiell auch möglich, sie findet aber nur bei bedeutsamen oder außergewöhnlichen Anlässen statt. Spektakuläre Fehlleistungen im Journalismus werden deshalb zwar thematisiert, es findet jedoch keine grundsätzliche Auseinandersetzung mit der Rolle des Journalismus in der Gesellschaft statt. Die Struktur der Berichterstattung über journalistische Themen entspricht hier weitgehend der über andere Themen: Egal ob ein Ereignis der Politik, der Wirtschaft oder den Medien zuzuordnen ist – berichtet wird es erst, wenn genügend Aktualität und Relevanz zugeschrieben werden kann.

Sporadisch-verhaltene Berichterstattung

Im Vergleich zu den beiden vorigen Typen der Medienberichterstattung bewegt sich der sporadisch-verhaltene Journalismus in einem wesentlich engeren Rahmen. Eine systematische Berichterstattung über Journalismus kommt kaum zustande. Gegenstand der sporadischen Berichterstattung sind meist einzelne Angebote oder prominente Journalisten aus dem Fernsehen. Ausschlaggebendes Selektionskriterium sind die (vermuteten) Interessen des Publikums. Außerdem spielen häufig strategische und wirtschaftliche Überlegungen, etwa Interessen der eigenen Medienorganisation, eine Rolle.

Zufällig-unterhaltende Berichterstattung

Der zufällig-unterhaltende Journalismus beschäftigt sich in seiner Berichterstattung nur mit einem kleinen Bereich des Themas Medien. Er beschränkt sich auf eine konsequente Fernsehberichterstattung, Themen ohne Fernsehbezug bleiben weitgehend ausgeklammert. Auch hier können wirtschaftliche Interessen bei der Themenwahl durchaus eine Rolle spielen, so dass dieser Typ der Medienberichterstattung Gefahr läuft, eher PR für Journalismus zu machen, statt journalistisch über ihn zu berichten. Problemorientierte oder kritische Berichterstattung findet hier kaum statt.

Tageszeitungen

Während der Medienjournalismus früher überwiegend ein Querschnittsthema war, das zumeist sowohl von der Kultur- als auch von der Wirtschaftsredaktion betreut wurde, haben viele Tages- und Wochenzeitungen in den vergangenen Jahren eigene Medienressorts etabliert. 1999 hatten immerhin bereits knapp 40 Prozent der Tageszeitungen ein eigenes Medienressort und eine eigene Medienseite (vgl. Meier 2002, S. 163f.).

Udo Michael Krüger und Karl H. Müller-Sachse unterscheiden vier Formen der Zuständigkeit für die Medienberichterstattung in Tageszeitungen (vgl. Krüger/Müller-Sachse 2002):

- die Zuständigkeiten sind nicht eindeutig definiert,
- die Kultur- oder Politikredaktionen sind zuständig,
- eine Fernsehredaktion erledigt die Medienberichterstattung mit oder
- ein eigenes Medienressort mit eigener Medienseite betreut das Thema.

Bei den Zeitschriften lassen sich vier Typen unterscheiden, die in unterschiedlicher Form Medienjournalismus betreiben: Nachrichtenmagazine/Illustrierte, Programmpresse, Fachzeitschriften sowie Info- und Branchendienste (vgl. Jüngling/Schultz 2000, S. 16). Nachrichtenmagazine wie »Focus« oder »Der Spiegel« verfügen mittlerweile über eigene Medienseiten und berichten vor allem aus wirtschaftlicher und gesellschaftlicher Perspektive. Mit der seit der Liberalisierung des Rundfunksektors stark gestiegenen Zahl an TV-Programmen hat auch der Bereich der Programmhefte deutlich expandiert. Mittlerweile haben sich über 20 Titel am Markt etabliert.

Mit ausführlicher, in die Tiefe gehender Medienberichterstattung sprechen Fachzeitschriften ein spezialisiertes Fachpublikum an. Dazu gehören Publikationen wie »werben & verkaufen« und »Journalist«. Ebenfalls vom breiten Massenpublikum entfernt sind die Branchendienste, zu denen beispielsweise der »kress report« oder »text intern« gehören.

Zeitschriften

Im Medienjournalismus gibt es letztlich zwei verschiedene Strömungen, die sich in den Medienseiten der Tageszeitungen vereinen: Mit den Programmtipps und Fernsehkritiken liegen die Wurzeln des Medienjournalismus eindeutig im Unterhaltungsbereich. Allerdings hat die zunehmende Betrachtung der Medien aus wirtschaftlicher und politischer Perspektive in den vergangenen Jahren auch dazu geführt, dass sich Medienredakteure dem klassischen Bild des informierenden und kritisierenden Journalismus zugehörig fühlen (→ Journalismus als Beruf).

In diesem Zusammenhang ist vielfach von den Medien als »vierte Gewalt« die Rede, die sich selbst als gesellschaftlichen Machtfaktor erkannt haben und daher ihre auf das politische System bezogene Kontrollfunktion auch auf das Mediensystem ausweiten. Doch sind die Redaktionen der Medien wirklich so unabhängig, dass sie abseits von Verlegerinteressen andere Medien kontrollieren und kritisieren können? Das deutsche Mediensystem ist wirtschaftlich so eng miteinander verflochten, dass eine wirklich neutrale Medienberichterstattung kaum möglich zu sein scheint. Die Medienjournalisten stehen daher in dem Ruf, bezüglich des eigenen Unternehmens einen »blinden Fleck« zu haben.

Herausforderungen
des Medien
journalismus

9.1   Nabelschau für ein professionelles Publikum

Thomas Wengenroth
Geschäftsführer des kress Verlags, Heidelberg

Wir betreiben Nabelschau. Ein Medienangebot, bestehend aus einer Zeitschrift und einem Internet-Angebot, berichtet über Medien, deren Kunden und Dienstleister. Anders als Fachzeitschriften für Krankenpfleger, Architekten oder die Lebensmittelbranche haben wir den gleichen Beruf wie unsere Leser. Über den »kress report« wurde einmal gesagt, er sei das Medium, bei dem der Journalist die Macht der Medien am eigenen Leib spürt. Wir sind sozusagen ein Medienunternehmen im Laborversuch.

Professionelles Publikum Fachzeitschriften für Medien und Medienwirtschaft haben eine andere Herangehensweise als die Kollegen von den Publikumsmedien. Wir wenden uns an ein ausgesuchtes Fachpublikum, das intensiv die Berichterstattung verfolgt und selbst zu den Handelnden gehört. Das lässt sich ein wenig mit der Situation des Fußball-Bundestrainers vergleichen: Jeder, der uns liest, weiß natürlich alles besser und hätte es besser gemacht.

In dieser Verquickung liegen Chance und Risiko zugleich. Unsere Aufgabe ist es, die Medien zu beobachten und ihr Handeln transparent zu machen. Dabei erhalten wir Informationen über alle Marktteilnehmer, die wir verantwortungsvoll bewerten und einordnen müssen. Dazu brauchen wir sehr gute Kontakte und viel Erfahrung, um nicht Fehlinformationen aufzusitzen und PR-Geklapper von interessanten Informationen unterscheiden zu können.

Die Herausforderung für den Medienjournalisten ist: Wir schreiben täglich über Leute, Agenturen und Firmen, mit denen wir morgen wieder zu tun haben – als Kollegen, Informanten und natürlich auch Anzeigenkunden. Die gegenseitigen Wechselbeziehungen eines jeden Fachjournalisten zu seiner Branche sind immer vielfältig. Im Medienjournalismus sind sie aber vielschichtiger als etwa in der Bauindustrie.

Überschaubare Branche Das liegt daran, dass unsere Branche recht klein und überschaubar ist. So, wie wir sie verstehen, bilden den harten Kern der Branche die Publikumszeitschriften, die nationalen TV-Sender, die überregionalen Zeitungen und die großen Werbe- und Media-Agenturen. Einige Kommunikationsfachzeitschriften, wie auch der »kress report«, haben ihre Leserschaft auch in den Marketing- und Werbeabteilungen der großen werbungtreibenden Unternehmen. Diese Leser wollen wissen, wo sie ihre Werbemittel am effektivsten einsetzen können.

Unsere Leser erwarten, dass wir alle Teilmärkte regelmäßig im Auge behalten. Das sind die Publikumszeitschriften mit ihren vielen Teilmärkten, die vielen Online-Angebote, die Tageszeitungen (auch die regionalen), der TV-Markt, die Szene der Werbe- und Media-Agenturen, die wichtigsten werbungtreibenden Unternehmen und nicht zuletzt die Fachzeitschriftenmärkte. In jedem dieser Märkte finden sich andere Akteure. Und jeder dieser Märkte hat seine eigenen Gesetze.

Das führt dazu, dass wir innerhalb unserer Redaktion spezialisiert sind. Wir haben Kollegen, die Teilmärkte oder gar bestimmte Unternehmen bzw. Unternehmensgruppen besonders intensiv beobachten. Der TV-Markt unterscheidet sich völlig vom Zeitschriftenmarkt. Nur durch Spezialisierung kann es gelingen, sowohl dem Anzeigenleiter von »TV Spielfilm« als auch dem Sender-Chef von Sat.1 als auch dem Geschäftsführer einer internationalen Werbeagentur ein kompetenter Gesprächspartner zu sein. Nur wenn uns das gelingt, werden wir als gleichwertige Gesprächspartner ernst genommen. Und nur dann können wir exklusive und vor allem relevante Informationen erhalten und erwarten. ◀ Redaktionsinterne Spezialisierung

Diese Exklusivität und Relevanz in der Berichterstattung erwarten unsere Leser von einer Fachzeitschrift ihrer Branche. Dabei ist die Relevanz mindestens genauso wichtig wie die Exklusivität. Denn die Exklusivität ist gerade im Internet-Zeitalter eine sehr schnell flüchtige Eigenschaft einer Information. Deswegen muss vor allem in der gedruckten Ausgabe, in der Zeitschrift, möglichst jeder Artikel die Voraussetzung erfüllen, dass er für seinen Leser relevant ist. Und zwar auch dann, wenn er die Nachricht als solche schon erfahren hat. Kommentar und Einordnung trennen wir bei »kress« deswegen sehr bewusst nicht von den übrigen Texten. ◀ Exklusivität und Bedeutung

Dennoch freuen wir uns natürlich, wenn es gelingt, Nachrichten vor anderen veröffentlichen zu können. Die besondere Schwierigkeit auf der Suche nach exklusiven Meldungen im Medienjournalismus ist die hohe Zahl der Wettbewerber. So gibt es in Deutschland mindestens sechs Medien-Fachzeitschriften, die wöchentlich oder häufiger erscheinen. Viele dieser Zeitschriften haben ein täglich aktualisiertes Internet-Angebot. Außerdem hat fast jede Tages- und Wochenzeitung Medien-Seiten.

Oft werden wir gefragt, woher wir denn unsere Informationen beziehen. Die Antwort ist einfach. Wir nutzen das übliche Handwerkszeug des Journalisten: Wir werten die Wettbewerber aus, lesen Pressemitteilungen, halten und pflegen Kontakte und bekommen manchmal auch einen Tipp von einem Mitarbeiter oder einem Anonymus. Dabei ist es eine Binsenweisheit, dass kritisches Nachfragen, eine gesunde Skepsis gegenüber PR-Wolken und ständige Wachsamkeit dazu- gehören. Wir haben deswegen kaum Routinefälle, die sich einfach so herunterschreiben lassen. Stets erwarten die Leser, dass die Geschichte in den richtigen Zusammenhang gestellt wird.

Medienjournalismus, wie ihn Fachzeitschriften betreiben, ist immer Wirtschaftsjournalismus und gleichzeitig Branchenjournalismus. Wir müssen auf die Produkte und Medien immer eine professionelle Sicht der Dinge haben. Das Feuilleton ist dabei allenfalls am Rande unsere Aufgabe. Medienjournalisten müssen schnell auf den Punkt kommen. Alle Leser leiden unter zu wenig Zeit! ◀ Medienjournalismus = Wirtschaftsjournalismus

Kulturkritik können andere besser und origineller als wir. Medienfachjournalisten müssen in der Beurteilung von Zeitschriften, Zeitungen, Sendungen, Artikeln oder Werbekampagnen nicht beurteilen, ob ihnen das persönlich gefällt, was die anderen machen. Wir müssen beurteilen, ob handwerklich sauber und richtig gearbeitet wurde. Eine Zeitschrift für Frauen über den europäischen Hochadel ist in aller Regel nicht die Bettlektüre eines Redakteurs. Aber wenn das Blatt wirtschaftlich erfolgreich ist, so können und müssen wir das anerkennen und würdigen. Die Frage ist dabei: Erreicht die Sendung die erhoffte Quote, die Zeitschrift die erhoffte Leserschaft und die Anzeige den erhofften zusätzlichen Verkauf? Kurz: Ist das Medium wirtschaftlich erfolgreich?

Solche Einschätzungen müssen sich auf Fakten stützen. Der Geschmack der Redaktion oder des einzelnen Journalisten ist dabei nachrangig. Medienjournalisten müssen mit den handfesten Branchendaten hantieren und argumentieren können. Wenn wir über Auflagen reden und schreiben, so dürfen wir die verkaufte Auflage nicht mit der gedruckten Auflage verwechseln. Reichweiten, Quoten, Auflagenzahlen, Bruttowerbeumsätze und Zitierhäufigkeit, Klicks, Visits und Page Impressions sind Begriffe und Zahlen, die wir routiniert beherrschen müssen.

Medienjournalismus, insbesondere innerhalb einer Fachzeitschrift, ist eine eigene Disziplin, die eine Gratwanderung darstellt. Einerseits wird eine kritische und bissige Berichterstattung von den Lesern gewünscht. Aber bitte schön nur bei den Wettbewerbern. Kritik an der eigenen Person oder den Fingerzeig auf Probleme im eigenen Haus sehen viele Medienmanager nicht gerne. Dementsprechend wenig auskunftsfreudig sind sie, wenn entsprechend nachgefragt wird. Hier hilft nichts anderes als fundierte Begründungen und eine hieb- und stichfeste Recherche.

Literatur

Dulinski, Ulrike: Sensationsjournalismus in Deutschland. Konstanz 2003.
Systematische und detaillierte Zusammenstellung der Befunde zum Boulevardjournalismus in den deutschen Printmedien.

Fasel, Christoph: Nutzwertjournalismus. Konstanz 2004.
Anleitung, wie man Sachtexte mit korrektem Nutzen für Leser, Hörer oder Zuschauer schreibt; mit Anregungen von 15 Redakteuren aus den verschiedensten Medien.

Göpfert, Winfried (Hg.): Wissenschaftsjournalismus. Ein Handbuch für Ausbildung und Praxis. 5., vollständig aktualisierte Auflage, Berlin 2006.
In diesem Standardwerk zum Thema Wissenschaftsjournalismus werden Arbeitsmittel und Recherchewege sowie die medienspezifische Auswahl, Bearbeitung und Präsentation ebenso angesprochen wie das Berufsfeld und die Arbeitssituation.

Hackforth, Josef/Fischer, Christoph (Hg.): ABC des Sportjournalismus. Konstanz 1994.
Das Buch bietet Handlungsanleitungen und skizziert Arbeitsabläufe, mit denen Sportjournalisten täglich konfrontiert werden. Im theoretischen Teil werden Inhalte der Sportberichterstattung, die wichtigsten Sportmedien und die Nutzung der Sportberichterstattung ausführlich dargestellt.

Heinrich, Jürgen/Moss, Christoph: Wirtschaftsjournalistik. Grundlagen und Praxis. Wiesbaden 2006.
Das Buch vermittelt Grundlagenwissen und verschiedene Themenfelder der Wirtschaftsberichterstattung und stellt Arbeitsprozesse im Wirtschaftsjournalismus von der Recherche bis zum Schreiben dar.

Jonscher, Norbert: Lokale Publizistik. Theorie und Praxis der örtlichen Berichterstattung. Opladen 1995.
Ein Lehrbuch, das den Bereich »Lokaljournalismus« in allen Facetten ausleuchtet.

Kienzlen, Grit/Lublinski, Jan/Stollorz, Volker (Hg.): Fakt, Fiktion, Fälschung. Trends im Wissenschaftsjournalismus. Konstanz 2007.
Der Sammelband gibt einen umfassenden Einblick in theoretische Überlegungen und praktische Konzepte des Wissenschaftsjournalismus.

Kleinsteuber, Hans J.: Reisejournalismus. Eine Einführung. Opladen 1997.
Dieses Handbuch führt in die Besonderheiten des Reisejournalismus mit Themen wie Urlaub oder ferne Welten ein. Modellreportagen und Interviews mit Journalisten geben Anregungen für die eigene Arbeit.

Kohring, Matthias: Wissenschaftsjournalismus. Forschungsüberblick und Theorieentwurf. Konstanz 2006.
Fundierte theoretische Analyse des Wissenschaftsjournalismus. Das Buch plädiert für einen eigenständigen Wissenschaftsjournalismus, der sich von der Wissenschaft emanzipiert.

Malik, Maja: Journalismusjournalismus. Funktionen, Strukturen und Strategien der journalistischen Selbstthematisierung. Wiesbaden 2004.
Das Buch liefert eine umfassende theoretische Darstellung des Medienjournalismus und präsentiert Ergebnisse einer Journalistenumfrage.

Mast, Claudia: Wirtschaftsjournalismus. Grundlagen und neue Konzepte für die Presse. 2., völlig überarbeitete und aktualisierte Auflage, Wiesbaden 2003.
Grundlagen des Wirtschaftsjournalismus werden vorgestellt, erfolgreiche Strategien der Leseransprache besprochen und analysiert. Im Buch stellen Chefredakteure verschiedener Titel der Wirtschaftspresse ihr redaktionelles Konzept vor.

Projektteam Lokaljournalismus: Lokaljournalismus. Themen und Management. München 1998.
Eine Vielzahl von Ideen und Konzepten für einen modernen Lokalteil werden vorgestellt.

Reus, Gunter: Ressort: Feuilleton. Kulturjournalismus für Massenmedien. Konstanz 1999.
Zahlreiche Beispiele erläutern, wie Kulturthemen dargeboten werden können.

Michael Schaffrath (Hg.): Traumberuf Sportjournalismus. Ausbildungswege und Anforderungsprofile in der Sportmedienbranche. Münster u. a. 2007.
Karrierepfade und Praxiswissen von Sportjournalisten werden facettenreich vorgestellt.

Schümchen, Andreas/Deutscher Fachjournalistenverlag (Hg.): Technikjournalismus. Konstanz 2008.
Sammelband, der auf die Besonderheiten der Recherche und Sprache im Technikjournalismus eingeht und seine Praxis in verschiedenen Medien vorstellt.

Spachmann, Klaus: Wirtschaftsjournalismus in der Presse. Theorie und Empirie. Konstanz 2005.
Das Buch analysiert verschiedene Spielarten des Wirtschaftsjournalismus und gewährt tiefe Einblicke in die Anlage der Wirtschaftsberichterstattung und Organisation der Wirtschaftsressorts regionaler Tageszeitungen.

X   Management und Marketing

Die Redaktionsstrukturen sind im Umbruch – nach Jahrzehnten der Kontinuität unterliegen die organisatorischen Bedingungen des Journalismus einem tief greifenden Wandel. Aus dem angelsächsischen Journalismus importierte Konzepte verschieben das traditionelle Rollenbild des journalistischen Einzelkämpfers hin zu einer zunehmenden Arbeitsteilung und Spezialisierung (Stichwort »News & Editing«). Außerdem werden bislang starre Ressortgrenzen aufgeweicht und teilweise sogar aufgelöst (Stichwort »Newsroom«). Mit Marketing- und Managementkonzepten orientiert sich der Journalismus überdies zusehends an den Bedürfnissen seines Publikums – auch und gerade in Bereichen, die, wie die Tageszeitungen, traditionell großen Wert auf journalistische Unabhängigkeit legen.

Die redaktionelle Arbeit unterliegt einigen Besonderheiten, auf die das Medienmanagement Rücksicht nehmen muss. Medienprodukte haben einen extrem kurzen Produktionszyklus, innerhalb dessen ein Angebot ständig neu zu erstellen ist. Im Falle der Tageszeitungen muss beispielsweise alle 24 Stunden ein Produkt mit komplett neuen Inhalten gefüllt, produziert und vertrieben werden. Nachrichten sind dabei kein Rohstoff wie jeder andere, der kontinuierlich in gleich bleibender Quantität und Qualität zur Verfügung steht. Journalisten *machen* Nachrichten und das ist – abhängig von der Ereignislage – manchmal mühselig und manchmal nahe liegend, aber auf jeden Fall immer auch ein kreativer Prozess. Einerseits ist diese Arbeit ohne Routine und feste Entscheidungsabläufe nicht zu schaffen; andererseits benötigen die Redakteure genügend Freiraum, um im schnellen Nachrichtengeschäft flexibel und eigenverantwortlich agieren zu können.

> Besonderheiten von Medienprodukten

Lange Zeit prägte in der Praxis der Redakteur als kreativer Einzelkämpfer das Bild vom Journalismus. Da wurde der Journalistenberuf schon einmal eher mit künstlerischen Tätigkeiten und weniger mit handwerklichen Kategorien in Verbindung gebracht und die »Selbstverwirklichung von Individuen mit gesamtgesellschaftlichem Auftrag« (Miriam Meckel) in den Mittelpunkt gestellt. Mittlerweile gilt Journalismus nicht mehr als Kunst, sondern als Profession. Mit dem Schritt zu einem konsequent marktorientierten Geschäft, der in weiten Teilen bereits vollzogen wurde, steckt der Journalismus mitten in einem weiteren Anpassungsprozess.

Tipp: Redaktionsmanagement sollte die Balance halten zwischen kreativem Freiraum für die Redakteure einerseits und der Etablierung notwendiger Routine und Standards andererseits. Ebenfalls sollten publizistische und wirtschaftliche Ziele gleichermaßen beachtet werden.

Auch aus historischen Gründen hat das Management hierbei Widerstände zu überwinden. Redaktionen und Redakteure legen viel Wert auf ihre Autonomie. Dies gilt sowohl für politische als auch für wirtschaftliche Beeinflussungsversuche. Journalisten achten auch heute noch in besonderem Maße und vielleicht mehr als andere Berufe darauf, berufliche Freiräume, Eigenverantwortlichkeit und individuelle Kreativität zu wahren. Redakteure gelten deshalb als schwierig zu führen. Umgekehrt besitzen Journalisten beispielsweise in der Eigenschaft als Ressortleiter oder Chefredakteure auch selbst Führungsaufgaben. Das Personalmanagement ist also in doppelter Hinsicht gefordert. Zum einen müssen teamfähige Strukturen (und Teamkompetenzen der Mitarbeiter) gefördert und etabliert werden; zum anderen müssen die Kompetenz der Führungskräfte in der Redaktion gestärkt und angemessene Instrumente der Personalführung zur Verfügung gestellt werden.

Personal-management Ein Journalist trägt als Redakteur Verantwortung nicht nur für seine eigenen Arbeiten, sondern für ein Ressort, eine ganze Redaktion und freie Mitarbeiter. Daraus ergeben sich auch für Journalisten Führungs- bzw. Managementaufgaben, die mit einer Fülle von Problemen und Entscheidungen verbunden sind: vom Zeitmanagement über die Mitarbeiterführung und interne Kommunikation bis zur Überprüfung von Organisation und Arbeitsabläufen innerhalb und außerhalb der Redaktion. Planung, Organisation und Kontrolle dürfen deshalb in den Redaktionen keine Fremdwörter sein, auch wenn sich zwischen Journalismus und Redaktionsmanagement scheinbar emotionale Barrieren auftun.

Journalisten benötigen zur Ausübung ihres Berufs neben einem fundierten Fachwissen sowie journalistischen Fähigkeiten und Fertigkeiten zunehmend auch Organisations- und Managementkompetenzen. Damit sind die Fähigkeiten gemeint, in übergeordneten Zielen zu denken, publizistische Interessen in ökonomische Entscheidungsprozesse einzubringen und über ein effizientes Redaktionsmanagement journalistisches Arbeiten gezielt zu planen und zu organisieren, um somit zum publizistischen und ökonomischen Erfolg eines Medienproduktes am Markt beizutragen. Moderne Führungsmethoden können nicht vor den Redaktionszimmern halt- machen, will der Journalismus als Berufsfeld seine Leistungsfähigkeit voll entfalten und seinen Aufgaben in einer modernen Informationsgesellschaft gerecht werden.

Im aktuellen Mediensystem sind Redaktionen auf jeden Fall keine wirtschaftsfreien Räume mehr, sondern müssen professionell gesteuert werden (→ Wirtschaftliche Grundlagen der Medien). Effizienz und Effektivität sind dabei wichtige Maßstäbe. Die Binnenorganisation der redaktionellen Arbeit ist jedoch nur eine Aufgabe. Darüber hinaus sind die Redaktionen in einen Verlag bzw. in ein Medienunternehmen eingebunden. Auch wenn dem Journalismus in mancherlei (auch rechtlicher) Hinsicht eine Sonderstellung zukommt – letztlich sind doch kommerzielle Ziele der privatwirtschaftlichen Unternehmen ausschlaggebend. In letzter Konsequenz müssen die Angebote Gewinne erwirtschaften, anders können sie auf Dauer nicht existieren. Und auch für die öffentlich-rechtlichen Rundfunkanstalten gilt: Rundfunkanstalten und Redaktionen müssen mit den über politische Entscheidungen vom Gebührenzahler zugemessenen Ressourcen knapp haushalten. Anstelle der kommerziellen Ziele treten somit Ziele anderer Art in den Vordergrund: die Legitimation vor Politik und Öffentlichkeit und die Erfüllung des Programmauftrages.

Solchen organisationsbezogenen Zielen stehen zwar nicht notwendigerweise redaktionsinterne Ziele wie publizistische Qualität oder eine gute Reputation im Kollegenkreis entgegen. Dennoch kann es in der Redaktionsarbeit immer wieder zu Spannungen kommen zwischen dem professionellen Anspruch und dem Zwang, mit dem journalistischen Produkt ein maximales Publikum erreichen zu müssen. Im privaten, kommerziellen Rundfunk werden diese Konflikte auf die knappe Formel gebracht: »Qualität oder Quote«. Gerade im Fernsehen bringt nicht alles, was hohen und hehren publizistischen Standards genügt, auch viele Zuschauer vor den Bildschirm. Mit jedem Zuschauer, der nicht einschaltet, verliert der Sender jedoch beim Verkauf der Werbezeiten Einnahmen. Miriam Meckel bezeichnet die Steuerung und Sicherung journalistischer Qualität einerseits sowie Markterfolg andererseits als die beiden übergeordneten Managementziele. Publizistische Qualität und ökonomische Effizienz stehen dabei oft in einem polaren Verhältnis, d. h. sie repräsentieren gegensätzliche, aber dennoch wesentlich zusammengehörige Ziele journalistischer Arbeit (vgl. Meckel 1999, S. 22).

Medien- und Redaktionsmanagement hat die Aufgabe, die Beziehungen der Redaktionen mit den organisationsinternen und -externen Umwelten zu gestalten. Konkret bedeutet dies, die redaktionelle Arbeit mit den übergeordneten Unternehmenszielen in Einklang zu bringen. Abläufe zwischen Redaktion einerseits und Anzeigen- und Vertriebsabteilung oder der technischen Produktion andererseits müssen koordiniert werden, um ein Produkt »aus einem Guss« entstehen zu lassen. Gefragt sind hierbei die organisatorischen Schnittstellen zwischen Redaktion und Verlagsbereichen. Traditionell übernehmen Chefredakteure einen wesentlichen Teil dieser Aufgabe. Neuere Organisationskonzepte setzen ergänzend auf komplexere Strukturen, wie beispielsweise Teams oder die Steuerung über eine Projektorganisation.

Marktorientierung
der redaktionellen
Arbeit

Besondere Bedeutung kommt der Ausrichtung an den Märkten zu. Leser- und Anzeigenmarkt sind Ausgangs- und Zielpunkt der redaktionellen Arbeit. Integrierte Management- und Marketingkonzepte sollen dafür sorgen, alle Aktivitäten eines Verlages bzw. Medienunternehmens an diesem Ziel auszurichten. Auch hier müssen viele Journalisten umdenken: Redaktionelles Marketing stellt insbesondere die Beziehung zwischen Journalist und Publikum auf eine neue Basis. Journalistische Intuition und in einigen Fällen ein ausdrücklicher Aufklärungs- und Belehrungsanspruch von Seiten der Redakteure verlieren an Bedeutung bzw. bekommen zumindest Konkurrenz und geraten unter Rechtfertigungsdruck. Journalisten rücken stärker in die Rolle eines Dienstleisters, der Wünsche und Bedürfnisse des Publikums bei der Berichterstattung mit ins Kalkül zieht. In diesem Zusammenhang spielen vor allem Instrumente der Markt- und Publikumsforschung eine wichtige Rolle (→ Journalisten und ihr Publikum). Auch hier ist das Management in besonderem Maße gefordert: Es gilt, Widerstände bei den Redakteuren zu überwinden, Befürchtungen zu zerstreuen und mit den Instrumenten verantwortlich umzugehen. Publikumsuntersuchungen müssen unter Einbindung der Redaktion geplant und deren Ergebnisse behutsam in die redaktionelle Arbeit implementiert werden.

Die Tageszeitungen konnten sich lange gegen den zunehmenden Marktdruck wehren, unterliegen heute aber ähnlich strengen Wettbewerbsbedingungen wie der private, kommerzielle Rundfunk. Auch in dieser Mediengattung gewinnen redaktionsexterne Orientierungsgrößen an Bedeutung. Dies gilt insbesondere für die Abstimmung der redaktionellen Inhalte mit den Wünschen der Leserschaft. In einer Zeitungsredaktion kann dieser Konflikt beispielsweise bedeuten, ein Thema, von dem die Redakteure überzeugt sind, nicht oder allenfalls verändert ins Blatt zu bringen, da es dem marktorientierten redaktionellen Konzept der Zeitung widerspricht. Obwohl zumindest bei den Tageszeitungen solche offenen Konflikte in der Regel selten sind, machen sie deutlich: In allen Medien muss das Redaktions- und Medienmanagement mit dem Verhältnis zwischen publizistischer Qualität einerseits und wirtschaftlichem Erfolg andererseits umgehen. Es ist eine wichtige Aufgabe des Managements, dieses Verhältnis in der täglichen Redaktionsarbeit auszutarieren. Die Redakteure benötigen hierzu einerseits Orientierungspunkte und klare Vorgaben. Andererseits müssen ihnen aber auch Instrumente (wie beispielsweise ein Qualitätsmanagementkonzept) an die Hand gegeben werden, damit sie die Vorgaben auch umsetzen können.

Leserreporter
als Trend

Eine Entwicklung aus jüngster Zeit, die für die zunehmende Publikumsorientierung spricht, ist die Beteiligung von Leserreportern an der Erstellung redaktioneller Inhalte. Das Publikum wird somit nicht mehr allein nach seinen Wünschen befragt, es gestaltet die Angebote vielmehr aktiv mit – und das zu einem Ausmaß, das weit über klassische Elemente wie Leserbriefe oder Straßenumfragen hinausgeht. Bürger ohne professionellen journalistischen Hintergrund werden dazu aufgefordert, Beiträge verschiedenster Art, angefangen von Fotos, die spontan mit dem Handy aufgenommen wurden, bis hin zu kompletten Artikeln bei den Redaktionen einzureichen. Die Redakteure sichten das Material und binden es in die Berichterstattung ein.

Vor allem bei den Tageszeitungen und in der Lokalberichterstattung hat diese Form der Akquirierung von Inhalten an Bedeutung gewonnen. Einer Umfrage unter den Chefredakteuren der deutschen Tageszeitungen aus dem Jahr 2007 zufolge hat bereits jede vierte Redaktion Leserreporter-Modelle in der gedruckten Zeitung eingeführt. Und etwa weitere 8 Prozent der Blätter planen, dies in naher Zukunft zu tun. Alle Zeitungen, die mit Leserreportern arbeiten, veröffentlichen von Lesern zugeschickte Fotos. Immerhin zwei Drittel der Blätter drucken darüber hinaus auch Textbeiträge der Leser ab (Quelle: Universität Hohenheim, Fachgebiet Kommunikationswissenschaft und Journalistik 2007). Insgesamt deuten die Ergebnisse darauf hin, dass Leserreporter auch im Printjournalismus nicht nur eine kurzfristige Modeerscheinung sind. Die Chefredakteure sehen dieses Element aber eher als Instrument, die Leser-Blatt-Bindung zu erhöhen und weniger als eine Möglichkeit, die publizistischen Leistungen zu erweitern.

Bekanntestes Beispiel ist der »Bild-Leserreporter«. Die »Bild«-Redaktion fordert ihre Leser auf, Fotos von Prominenten, Menschen in absurden Situationen oder Unfällen einzusenden. Für jedes veröffentlichte Foto werden bis zu 500 Euro bezahlt. Eine Zeit lang gab der Verlag sogar Leserreporter-Ausweise aus, die dem offiziellen Presseausweis nachempfunden waren. Die Leserreporter-Aktion der »Bild«-Zeitung ist zum Teil sehr umstritten, da sie juristische und berufsethische Fragen aufwirft.

In den Printmedien ist der Einsatz von Leserreportern ein noch junges Phänomen. Im Online-Journalismus geht die Beteiligung der Rezipienten bereits wesentlich weiter (→ Online-Journalismus). Fast in jedem journalistischen Online-Angebot finden sich Möglichkeiten der Nutzerbeteiligung. Formen des so genannten »user-generated content« reichen von Kommentaren zu veröffentlichten Artikeln, über Einträge in Foren und Weblogs bis zu von Nutzern selbstständig verfassten Beiträgen.

Durch die aktive Einbindung der Leser und Nutzer wird versucht, die Orientierung an den Interessen und Bedürfnissen des Publikums noch weiter zu erhöhen. Die Identifikation mit den Inhalten wird vereinfacht, was positive Effekte für die Leser-Blatt-Bindung mit sich bringt. Für die Beziehung zwischen Journalisten und Publikum hat diese Entwicklung weitreichende Folgen. Medien öffnen sich für eine zweiseitige Kommunikation. Formen des »Bürgerjournalismus« können die klassische Rolle von Journalisten als »Gatekeeper« ergänzen. Allerdings ist dadurch auch die journalistische Professionalität herausgefordert. Steuerung und Qualitätskontrolle der vom Publikum zugelieferten Inhalte bleiben eine wichtige redaktionelle Aufgabe.

1   Planung des inhaltlichen Angebots

Die Planung des inhaltlichen Angebots beinhaltet eine Entscheidung über Themen, Art und Weise der Berichterstattung sowie über das angesprochene Publikum. Diese redaktionellen Konzepte sollten Kernkompetenzen einer Redaktion und unverwechselbare Eigenschaften des redaktionellen Angebots benennen. Alle Elemente sollten auf die Bedürfnisse des Publikums bezogen sein und gleichzeitig den Werbemarkt als Randbedingung mitberücksichtigen. Im Grunde geht es darum, ein unverwechselbares Profil abzustecken und die Frage zu beantworten, warum die Leser gerade diese Zeitung lesen oder die Zuschauer gerade diese Sendung anschauen sollten. Redaktionelle Konzepte müssen in diesem Sinne immer auch marktorientierte Konzepte sein.

Generalinterest oder Specialinterest? Die Festlegung redaktioneller Konzepte kann nach verschiedenen Kriterien erfolgen. Wichtig ist die Unterscheidung nach Art und Bandbreite der behandelten Themen sowie Art und Zusammensetzung des angesprochenen Publikums (→ Mediensystem in Deutschland). »General-Interest«-Konzepte sind thematisch breit ausgerichtet. Die Angebote richten sich an der aktuellen Nachrichtenlage aus und orientieren sich an den Informationsbedürfnissen eines breit interessierten Publikums. Sie liefern für ihr Publikum einen Überblick über das Wichtigste aus allen gesellschaftlichen Bereichen. In der Regel setzen sie dabei insbesondere ein starkes Gewicht auf politische Themen. Informations- und nachrichtenorientierte Konzepte finden sich vor allem in den aktuellen Medien, den Nachrichtensendungen des Fernsehens sowie den Tageszeitungen. Aber auch Wochenzeitungen und Magazine aus dem TV- und Printbereich zählen dazu.

»Special-Interest«-Konzepte richten die Berichterstattung an den Bedürfnissen einer klar bestimmten Zielgruppe aus. Sie sind stärker monothematisch angelegt und gehen bei der Behandlung von Themen in die Tiefe. Die Berichterstattung wird auf bestimmte Rollen oder Verwendungszusammenhänge zugeschnitten. Special-Interest-Medien existieren in großer Zahl beispielsweise in den Bereichen Sport oder Wirtschaft. Anleger, Unternehmer und andere Gruppen mit speziellen Informationsbedürfnissen können auf eine große Zahl an Angeboten in Presse und Fernsehen zurückgreifen. (→ Mediensystem in Deutschland)

Regionalisierung Ein weiteres Kriterium für die Ausrichtung journalistischer Produkte ist der geografische Schwerpunkt der Berichterstattung. Tageszeitungen setzen vor allem auf ihre Nähe zu regionalen und lokalen Räumen. Obwohl auch Hörfunksender und regionale Fernsehsender (»Ballungsraum-Fernsehen«) zum Teil lokale und regionale Nachrichten anbieten, besitzen die Tageszeitungen in diesem Bereich nahezu ein Alleinstellungsmerkmal. Deshalb ist der lokale Bezug der Berichterstattung das entscheidende Element im redaktionellen Gesamtkonzept. Nur die überregionalen Tageszeitungen in Deutschland heben in ihrem redaktionellen Konzept zum Teil auch andere Schwerpunkte hervor, wie beispielsweise eine Kompetenz in der (nationalen) Politik- und/oder Wirtschaftsberichterstattung.

Vor allem in den elektronischen Medien spielt noch eine andere Abgrenzung redaktioneller Konzepte eine große Rolle: die Unterscheidung zwischen Information und Unterhaltung. Klassische Nachrichten- und Magazinformate im Fernsehen setzen auf Information, obwohl es auch hier – angestoßen von den privaten, kommerziellen Sendern – zu einer lockeren Präsentation der Inhalte gekommen ist. Viele Formate setzen auf »Infotainment«: Informationen werden leicht konsumierbar aufbereitet und unterhaltsam präsentiert. Im weitesten Sinne zählen alle Talksendungen dazu, bei denen mit prominenten oder unbekannten Gesprächspartnern ein Thema diskutiert wird. Boulevard-Magazine im Fernsehen sind zwar in der äußeren Form an die klassischen Nachrichten- und Magazinsendungen angelehnt. Die Themen werden allerdings unter dem Blickwinkel einer emotionalen Ansprache des Publikums ausgewählt und aufbereitet, bei der auch auf voyeuristische Bedürfnisse der Menschen gesetzt wird.

Boulevard-Strategien finden sich auch in der Presse. Allen voran sind hier die Straßenverkaufszeitungen zu nennen, die dieser Strategie den Namen geben und sie nahezu in Reinform umsetzen. Emotionalisierende und unterhaltende Elemente sind jedoch auch innerhalb informationsorientierter Konzepte ein Instrument, um ein journalistisches Angebot auf eine bestimmte Art zu positionieren und an den Publikumsbedürfnissen auszurichten.

Information und Unterhaltung

 Tipp: In redaktionellen Konzepten sollten u. a. die Zielgruppenansprache, die Themenpalette, die inhaltlichen Schwerpunkte sowie der Umgang mit Unterhaltung festgelegt werden.

Redaktionelle Konzepte müssen mit Leben gefüllt werden. Detaillierte Themenplanung, Wahl der Quellen und Recherchestrategien sowie Darstellungsformen und Präsentationsstrategien bauen darauf auf. Vorfestlegungen betreffen die Struktur eines journalistischen Angebots. Bei den Tageszeitungen sind dies Umfang und Platzierung der einzelnen Bücher und Sparten (z. B. Politik, Wirtschaft), welche die täglich gleiche inhaltliche Struktur der Berichterstattung bestimmen: Wie viele Seiten Politik sollen es täglich sein? Wie viel Platz bekommt die Wirtschaftsberichterstattung? Wie ist die Lokal- und Regionalberichterstattung aufgebaut? Soll nach geografischen Kriterien (Städte/Kreise) oder inhaltlichen Kriterien (lokale Wirtschaft/lokale Kultur etc.) differenziert werden? Einige Tageszeitungen sind beispielsweise dazu übergegangen, im Blatt nicht den Politikteil an vorderste Stelle zu setzen, sondern mit der Lokalberichterstattung zu beginnen.

Planung der Produkte und Themen

Es liegt auf der Hand, dass solche Festlegungen die Positionierung und den Charakter einer Zeitung maßgeblich bestimmen – noch bevor Redakteure auch nur ein Wort geschrieben haben. Ähnliches gilt für die Planung von Rubriken und Kolumnen, die regelmäßig an der gleichen Stelle erscheinen sollen, oder für Vorfestlegungen der Darstellungsform (beispielsweise »Seite drei« als Reportageseite).

Ausgehend vom redaktionellen Konzept und den grundlegenden Festlegungen zur Struktur eines journalistischen Angebots werden die Arbeitsabläufe geplant. Es ist Aufgabe des Redaktionsmanagements, für ein bestimmtes journalistisches Produkt mit einer spezifischen Themenmischung den passenden organisatorischen Rahmen zu finden. Grundsätzlich gilt dabei: Die thematische Spezialisierung der Berichterstattung findet in der organisatorischen Differenzierung ihre Entsprechung. Dies bedeutet beispielsweise, dass die Wirtschaftsseiten einer Zeitung auch von einem Wirtschaftsressort oder zumindest von auf dieses Themengebiet spezialisierten Redakteuren betreut werden. Allerdings gilt dieser Zusammenhang nur grundsätzlich. Das dahinter stehende Prinzip der Ressortautonomie wirft eine Reihe von Problemen auf. In der Praxis haben sich deshalb unterschiedliche Modelle entwickelt, wie die Zuständigkeiten innerhalb einer Redaktion verteilt und Arbeitsabläufe geplant werden.

Qualitäts-management

Festlegung und Planung der formalen Strukturen und Abläufe ist das eine. Darüber hinaus geht es im Redaktions- und Medienmanagement auch darum, inhaltliche Standards für die Berichterstattung zu setzen und deren Einhaltung zu kontrollieren. Konzepte des Qualitätsmanagements sollen diese Aufgabe leisten. Zunächst ist es notwendig, dass in einem Haus über Qualität gesprochen und ein gemeinsames Qualitätsverständnis erarbeit wird. Dies ist keine einfache Angelegenheit: Journalistische Qualität ist ein sehr unbestimmter Begriff, der viele Bedeutungen hat und aus unterschiedlichen, sich zum Teil widersprechenden Perspektiven betrachtet werden kann. »Qualität im Journalismus definieren zu wollen, gleicht dem Versuch, einen Pudding an die Wand zu nageln« lautet das oft zitierte Fazit des Medienwissenschaftlers Stephan Ruß-Mohl.

Eine Auseinandersetzung mit Qualität erfolgt auf zwei Ebenen. Qualität muss zum einen definiert und auf möglichst einfache Kriterien heruntergebrochen werden. Zum anderen geht es darum, diese Vorstellungen von Qualität in Redaktionen und anderen betroffenen Bereichen auch umzusetzen. Abstrakte Konzepte und Ziele nutzen nichts und verpuffen im Redaktionsalltag. Redakteuren und anderen Akteuren muss deshalb klar sein, wie sie die Standards in ihrer täglichen Arbeit umsetzen sollen. Mindestens ebenso wichtig ist es, die geeigneten Bedingungen zu schaffen, damit dies im hektischen Redaktionsalltag auch möglich ist.

Miriam Meckel überträgt das Konzept des »Total Quality Managements« (TQM) auf die Medienpraxis. Dem TQM liegt ein umfassendes Verständnis von Qualität zugrunde, das nicht nur die reine Produktqualität im Sinn hat, sondern an allen Stufen des Produktionsprozesses ansetzt. Letztlich handelt es sich um eine Qualitäts*philosophie*, die bei den Akteuren Verständnis erzeugen und organisatorische Rahmenbedingungen bereitstellen soll. Drei Zielsetzungen stehen dabei im Vordergrund: Ganzheitlichkeit, Prozesshaftigkeit und Kontrollmöglichkeit. *Ganzheitlichkeit* begreift Qualitätssicherung nicht als von außen vorgegebenes und in einem isolierten Arbeitsschritt umsetzbares Ziel. Qualität soll vielmehr als Zielorientierung die Arbeit in allen Phasen leiten – von der Planung über die Umsetzung bis zum Vertrieb und der Vermarktung eines journalistischen Produktes. *Prozesshaftigkeit* versteht Qualitätssicherung als Prozess, der die Arbeit kontinuierlich begleitet und weiterentwickelt. Qualität gelangt in diesem Sinne nie an ein Ziel, ab dem man sich mit dem Erreichten begnügen kann. Die Möglichkeit, den Qualitätssicherungsprozess zu *kontrollieren*, bezieht sich schließlich auf eine ganz wesentliche Voraussetzung. Damit soll verhindert werden, dass Qualitätssicherung unverbindlich wird: Die Zielerreichung muss in regelmäßigen Abständen evaluiert werden. Dies macht es erforderlich, dass im Verlag bzw. in der Medienorganisation konkrete Qualitätsziele formuliert werden, an denen sich das jeweils aktuell erreichte Qualitätsniveau auch messen lässt (vgl. Meckel 1999, S. 41f.).

Instrumente eines TQM können beispielsweise Qualitätszirkel sein. Damit werden Beteiligte aus allen Bereichen einer Medienorganisation in den Entwicklungsprozess eingebunden. Qualitätszirkel sind auf Dauer angelegte Arbeitskreise, bei denen sich fünf bis zehn Mitarbeiter regelmäßig treffen, um selbstgewählte Qualitätsprobleme zu diskutieren. Einerseits wird damit durch Multiplikatoreffekte ein Qualitätsbewusstsein bei den Akteuren geschaffen; andererseits sollten als Ergebnis solcher Besprechungen auch konkrete Maßnahmen entstehen, die zu Veränderungen in Arbeitsabläufen im Sinne der Qualitätsziele führen.

Während bei den Rundfunkmedien das Qualitätsmanagement bereits in Form fester Prozesse etabliert ist, haben sich viele Tageszeitungen erst in den letzten Jahren intensiver mit diesem Thema beschäftigt. Gemessen an den Anforderungen eines TQM herrscht in manchen Häusern weiterhin Nachholbedarf. In den meisten Tageszeitungen fest etabliert ist eine tägliche Blattkritik, die in der Regel im Rahmen der turnusmäßigen Redaktionskonferenzen stattfindet. Andere Formen der Evaluation beziehen auch externen Sachverstand mit ein, etwa wenn ein Expertengremium regelmäßig Produkte und zum Teil auch Arbeitsprozesse begutachtet. Komplexe Qualitätssicherungsprozesse finden sich aktuell vor allem bei den öffentlich-rechtlichen Rundfunkanstalten. Dort werden abstrakte Qualitätsziele, die aus dem öffentlichen Programmauftrag, professionellen Kriterien sowie dem Erfolg beim Publikum abgeleitet sind, in konkrete Qualitätsmodelle eingeordnet. Diese werden in weiteren Schritten konsequent auf die Ebene einzelner Sendungen heruntergebrochen und fest in deren Planungs- und Produktionsprozesse integriert.

2 Organisation redaktioneller Arbeit

Für die Binnenorganisation der Redaktion muss geklärt werden, nach welchen Kriterien die Arbeitsteilung organisiert wird. Horizontale Arbeitsteilung ist auf eine Spezialisierung nach Aufgaben und Tätigkeiten bezogen. Hier ist es denkbar, die Redakteursstellen nach Sparten (Themen) oder nach Verrichtung (Funktionen) zu organisieren. Im letzten Fall sind die Redakteure jeweils an unterschiedlichen Stellen des journalistischen Arbeitsprozesses eingesetzt: Einzelne Arbeitsschritte wie Recherche von Informationen, Erstellen und Redigieren von Texten, technische Umsetzung des Beitrages oder Planung und Umsetzung des Gesamtproduktes sind auf unterschiedliche Stellen verteilt. Bei einer reinen Spartenorganisation liegen dagegen alle Arbeitsschritte in einer Hand. Die Spezialisierung betrifft in diesem Fall einzelne Themen oder Teile des journalistischen Produktes. So gibt es beispielsweise Redakteure, die nur Wirtschaftsthemen bearbeiten und solche, die auf Sportberichterstattung oder die Kultur spezialisiert sind.

Funktional- und Spartenorganisation
Welches der beiden Prinzipien – Funktional- oder Spartenorganisation – bei der Organisation von Redaktionen im Vordergrund steht, hängt von verschiedenen Faktoren ab. Unter anderem spielen die Mediengattung sowie Kulturen und Traditionen der Mediensysteme eine Rolle. Grundsätzlich geht es dabei jedoch nicht um die Frage, *entweder* das eine *oder* das andere Prinzip zu verwirklichen, sondern eine dem jeweiligen Produkt und Umfeld angemessene *Kombination beider Möglichkeiten* umzusetzen. Weit verbreitet ist das Muster, die redaktionelle Arbeit in der ersten Ebene nach Sparten zu organisieren und in der zweiten Ebene dann nach Funktionen bzw. Tätigkeiten zu spezialisieren. Generell ist in deutschen Redaktionen die funktionale Differenzierung jedoch weit weniger ausgeprägt als im angelsächsischen Journalismus. Dort ist die Unterscheidung zwischen recherchierenden und schreibenden »reporters« auf der einen Seite sowie redigierenden und blattmachenden »editors« auf der anderen Seite gang und gäbe.

Im deutschen Mediensystem gibt es bei den elektronischen Medien Hörfunk und Fernsehen aufgrund der Besonderheiten des Produktionsprozesses einen höheren Grad an funktionaler Differenzierung als in der Presse. Der Grund hierfür liegt einerseits in der unterschiedlichen Bedeutung technischer Produktionsprozesse, die zu spezialisierten Berufsrollen führt; andererseits erfordern die elektronischen Medien auch besondere Kompetenzen und Fertigkeiten in der Präsentation der Beiträge und Moderation der Sendungen.

Hierarchien
Grundproblem jeder Differenzierung und Spezialisierung innerhalb einer Organisation ist die Koordination der Arbeit: Wenn auf der einen Seite Arbeitsteilung stattfindet, müssen auf der anderen Seite die Arbeitsprozesse notwendigerweise wieder zusammengeführt und aufeinander abgestimmt werden. In der Regel wird dieses Problem durch die Einführung von Hierarchien gelöst. Kriterium der vertikalen Arbeitsteilung ist demnach die Machtverteilung innerhalb einer

Redaktion. In der Organisationslehre werden vier Grundmodelle einer hierarchischen Verknüpfung unterschieden: die (Ein-)Linien-Organisation, die Stab-Linien-Organisation, die Mehr-Linien-Organisation und die Matrix-Organisation (vgl. Abb. 33).

Während bei einer Ein-Linien-Organisation die Redakteure genau einem Ressort zugeordnet sind, arbeiten sie nach dem Mehr-Linien-Prinzip für verschiedene Ressorts parallel. Die Ressortleiter können situations- und themenabhängig immer wieder Teams unterschiedlicher Besetzung zusammenstellen. In der Matrixorganisation schließlich ist jede Stelle in zwei Dimensionen eingebunden. Dies können beispielsweise eine an Funktionen orientierte Linie (Recherche, Textproduktion, Fotografie, Layout) und eine nach Themen gegliederte Linie sein. Eine starre Matrixorganisation findet in der Redaktionsorganisation kaum Anwendung. Ein Beispiel für die Umsetzung einzelner Elemente einer Matrixorganisation sind Reportergruppen, die verschiedene Ressorts beliefern.

Abb. 33: Grundmodelle der vertikalen Differenzierung

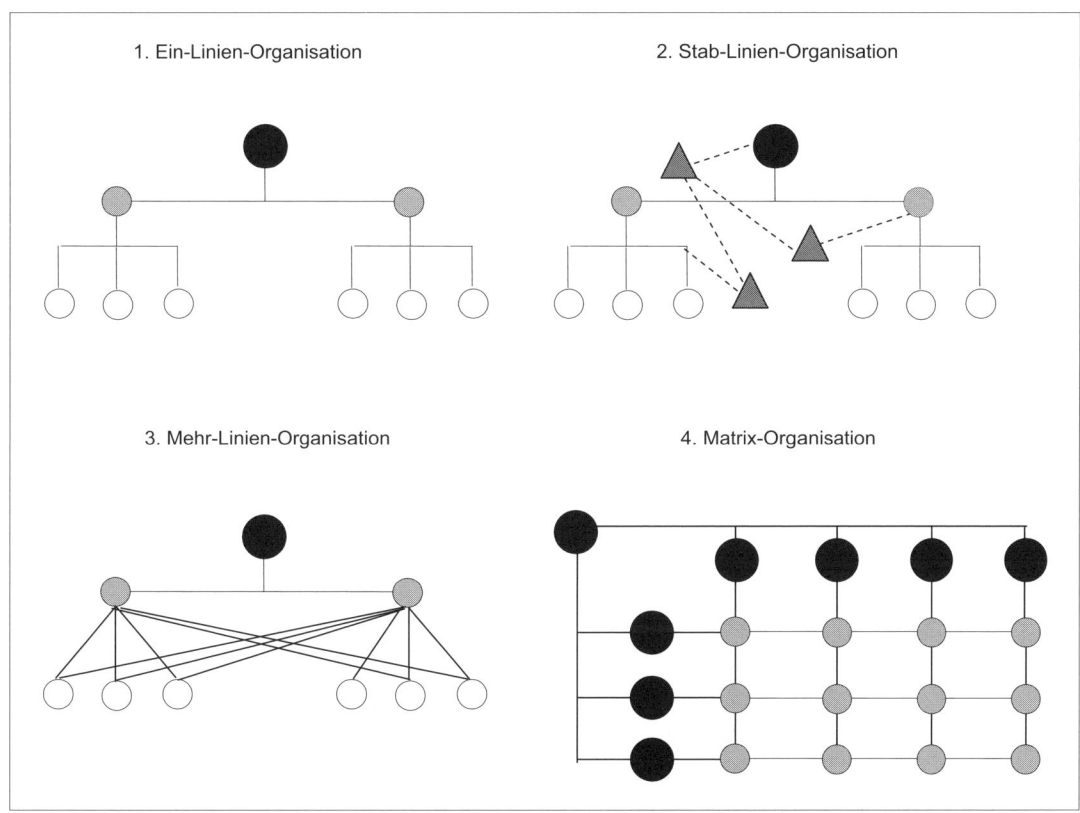

Quelle: eigene Darstellung in Anlehnung an Meckel 1999, S. 77

Klassische Ein-Linien-Organisationen sind in der Praxis weit verbreitet. Die Redaktionen sind in thematische Ressorts aufgeteilt, an deren Spitze jeweils ein Ressortchef steht, der wiederum der Chefredaktion untersteht. Vorteile dieser Organisationsform ist deren klare Struktur, die einfache Kompetenzverteilungen und klare Kommunikationswege mit sich bringt: Jeder Redakteur ist genau einem Ressortleiter disziplinarisch unterstellt. Die einzelnen Sparten werden weitgehend unabhängig voneinander produziert. An der Spitze der Hierarchie repräsentiert der Chefredakteur die Einheit des Gesamtproduktes.

Zentrales Instrument, um die Arbeit zwischen den Ressorts zu koordinieren, sind Redaktionskonferenzen, die vom Chefredakteur geleitet werden. Es gibt Tages-, Wochen- und Monatskonferenzen, in denen der redaktionelle Ablauf für den jeweiligen Zeitraum geplant wird. Je nach Größe der Redaktion und Anlass der Besprechung nehmen an diesen Zusammenkünften alle Redakteure oder nur die Ressortleiter teil. In der Regel gibt es für die operativen Koordinations- und Produktionsaufgaben darüber hinaus Stabsstellen. Oftmals trägt ein »Chef vom Dienst« die Hauptverantwortung dafür, dass aus den einzelnen Teilen ein fertiges Gesamtprodukt entsteht. Beim Fernsehen hat neben dem Produktionsleiter die Stelle des »Producers« eine gewisse Bedeutung erlangt. Der Producer ist zwischen Redaktion und Produktion angesiedelt und soll die Abstimmung beider Bereiche unterstützen.

Probleme des Prinzips der Ressortautonomie Den Vorteilen der Linienorganisation mit oder ohne Stabsstellen stehen zum Teil gravierende Nachteile gegenüber. Für die Tageszeitungen spricht Klaus Meier eine Reihe von Problemen an, die autonome Ressorts verursachen können. »Wer nur auf die eigene Sparte schaut, verliert den Blick fürs Ganze. Die Zeitung wird nicht ›aus einem Guss‹ produziert« (Meier 2002, S. 101f.). Im Einzelnen kann dies zu Themendopplungen führen: Beiträge zum gleichen Thema, die ohne Bezug aufeinander an unterschiedlichen Stellen derselben Zeitungsausgabe auftauchen. Gleichzeitig besteht aber auch die Gefahr, dass bestimmte Themen gar nicht oder nur unzureichend aufgegriffen werden, da sie durch das Raster des Ressortzuschnitts fallen. Auch nachgeordnete Koordinierungsmechanismen, wie beispielsweise Redaktionskonferenzen, können diese Probleme nicht grundsätzlich lösen.

Klaus Meier diskutiert deshalb einige Modifizierungen der starren Linienorganisation (vgl. Meier 2002, S. 204f.). Letztlich laufen die Vorschläge darauf hinaus, zusätzliche Koordinations- und Kommunikationswege zu eröffnen, welche die formalen Organisationsstrukturen aufbrechen. Dies kann etwa geschehen, indem der Informationsaustausch zwischen den Ressorts gefördert wird. Ein formeller Weg sind Teams oder Projektgruppen, die ressortübergreifend Themen bearbeiten. Auf diese Art und Weise kommen unterschiedliche Kompetenzen und Sichtweisen an einen Tisch und ein Thema kann multiperspektivisch quer zu den starren Ressortgrenzen bearbeitet werden. Auch die Schaffung zusätzlicher Stabsstellen, wie die eines Redaktionsmanagers, kann die Koordination der redaktionellen Arbeit maßgeblich erleichtern.

Formen der ressortübergreifenden Zusammenarbeit bestimmen schon heute die
Wirklichkeit in vielen deutschen Redaktionen. Vorbild für eine solche Form der
Arbeitsorganisation sind angelsächsische Modelle der Redaktionsorganisation,
die auf funktionaler Arbeitsteilung und Spezialisierung der Redakteure basieren.
In einigen größeren Redaktionen koordinieren ein oder mehrere zentrale Redaktionsmanager in einem großen »Newsroom« das aktuelle Material. Durch die
Arbeit in einem Großraumbüro rücken die Redakteure dabei nicht nur physisch
zusammen. Die formalen Ressortgrenzen sind bei diesem Organisationskonzept
weitgehend aufgehoben, vor allem Politik und Wirtschaft wachsen zusammen.

Das Zentrum eines solchen Newsrooms bildet häufig ein »Newsdesk«, eine
zentrale Koordinationsstelle, an der alle Materialien und Beiträge aus der Redaktion zusammenlaufen (vgl. Abb. 34). Themenplanung und Abläufe können auf
diesem Weg zentral gesteuert werden, die Transparenz für Produktionsübersicht
und Kontrolle wird erhöht. Am »Newsdesk« sind so genannte Editoren gemeinsam mit Technikredakteuren für Planung, Produktion und Kontrolle von Beiträgen und journalistischen Angeboten zuständig. Idealtypisch ist mit dieser Organisationsform deshalb eine zunehmende funktionale Arbeitsteilung innerhalb
der Redaktion verbunden. Sie schlägt sich insbesondere in der Trennung zwischen mit Quellen arbeitenden Journalisten (Reporter, Korrespondenten) auf der
einen sowie planenden, redigierenden und produzierenden Redakteuren (Editoren) auf der anderen Seite nieder.

Newsroom
und Newsdesk

Abb. 34: Newsroom-Prinzip

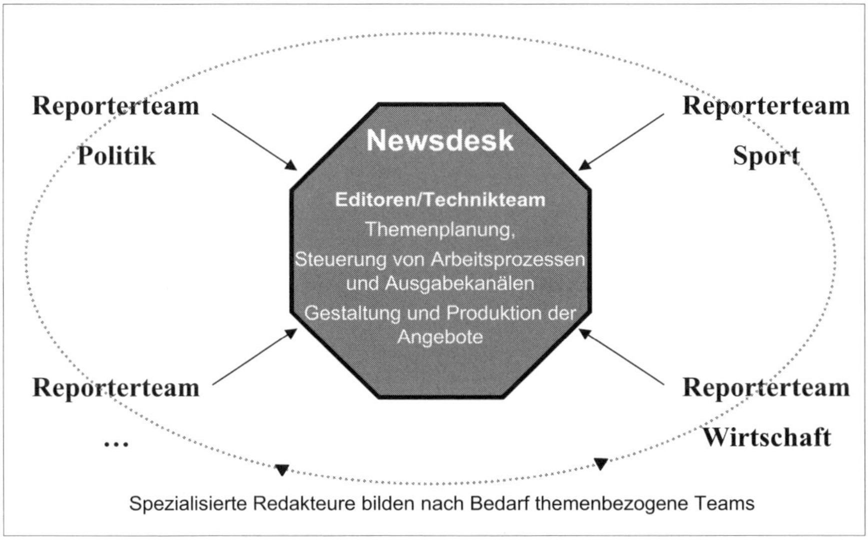

Quelle: eigene Darstellung

Vorteile von Newsroom-Modellen	Newsdesks und Newsrooms bieten vielfältige Möglichkeiten für eine systematische Qualitätssicherung und enge Steuerung des redaktionellen Outputs. Hierzu gehört auch eine enge mehrmediale und/oder crossmediale Verknüpfung verschiedener Angebote einer Redaktion. Vorliegendes Material kann auf die spezifischen Bedingungen verschiedener Medien, an verschiedene Publika und Nutzungssituationen angepasst und so in mehrere Verbreitungskanäle eingespeist werden. Die Konzentration der tagesaktuellen Arbeit auf einen zentralen Nachrichtenpool bringt zudem den Vorteil mit sich, dass fachliche Spezialisten nicht mehr nur für einzelne Teile eines Angebots verantwortlich sind, sondern für das gesamte Produkt. Komplexere Themen können auch ohne größere Umstände ressortübergreifend bearbeitet, Ressortgrenzen und -egoismen überwunden werden. Dennoch bleiben die unterschiedlichen Sachkompetenzen und Spezialisierungen der Redakteure erhalten. Täglich oder auch wöchentlich wechselnde Teams, in denen die Spezialisten zusammengeführt werden, prägen das Redaktionsgeschehen. Damit einher geht eine Reduzierung der formalen Management- und Organisationsaufgaben. Dies gilt insbesondere für die (bisherigen) Ressortleiter. Workflow und Kommunikation zwischen den einzelnen Redakteuren werden vereinfacht.
Schnittstellen zur Redaktionsumwelt	Neben der Binnenorganisation der redaktionellen Arbeit ist es Aufgabe des Managements, die Beziehungen der Redaktion zum organisatorischen Umfeld im Verlag, im Unternehmen oder in der Rundfunkanstalt zu gestalten. Übergeordnete Ziele der Medienorganisation müssen Eingang in den publizistischen Bereich finden. Die redaktionelle Arbeit ist mit Arbeitsschritten abzustimmen, die innerhalb einer Organisation stattfinden und entweder parallel zu den redaktionellen Prozessen ablaufen oder diesen vor- und nachgelagert sind. Nicht zuletzt geht es auch darum, die Ressourcenverteilung festzulegen.

Nach dem Prinzip der dualen Führung sind die beiden Sphären Redaktion und Verlag bzw. Medienunternehmen klar getrennt. Der Chefredakteur führt die Redaktion; daneben gibt es einen Verlagsleiter oder Geschäftsführer, der die wirtschaftliche Gesamtverantwortung trägt. In klassischen Organisationsmodellen bildet ein Verleger oder Herausgeber die Klammer um beide Bereiche. In der Nachkriegszeit waren es vor allem Einzelverlegerpersönlichkeiten wie Rudolf Augstein, Henri Nannen und Gerd Bucerius, die diese Funktion ausfüllten. Ihr Ausgangspunkt waren vor allem publizistische Ziele. In diesen starken Persönlichkeiten löste sich der Gegensatz zwischen publizistischen und ökonomischen Interessen oftmals auf.

Rolle des Redaktionsleiters	Professionalisierungs- und Kommerzialisierungstendenzen in der Medienbranche führen zu differenzierteren Organisationsmodellen. In einigen Häusern übernehmen Verlagsmanager die Gesamtverantwortung für den publizistischen und ökonomischen Erfolg eines Titels. Als Schnittstelle zwischen Redaktion und Organisationsumfeld kommt vor allem dem Redaktionsleiter sehr große Bedeutung zu. Der Chefredakteur oder Intendant ist für die gesamte Arbeit und das

Ergebnis der Zeitungsredaktion bzw. der Rundfunkanstalt zuständig. In der Regel ist es der Inhaber dieser Leitungsstelle, der gegenüber Verlag, Geschäftsführung und eventuellen Kontrollgremien persönlich Verantwortung trägt und zur Rechenschaft gezogen wird. Bei den Tageszeitungen ist heute in vielen Fällen der Chefredakteur formales Mitglied der Geschäftsführung. Aus dem »Interessenvertreter der Redaktion gegenüber dem Verlag« wird in vielen Situationen der »Vertreter des Verlages gegenüber der Redaktion« (Weischenberg 1992, S. 279).

Unabhängig davon, wie Chefredakteure ihre Rolle in diesem Spannungsfeld selbst sehen: Mit diesen Entwicklungen geht eine nachhaltige Verschiebung des Aufgabenprofils eines Chefredakteurs einher. Managementaufgaben rücken in den Mittelpunkt; Kontaktpflege zu internen und externen Stellen, Koordinierungs- und Planungsaufgaben bestimmen zu einem großen Teil den Arbeitsalltag der Redaktionsleiter. Der blattmachende und schreibende Chefredakteur, der etwa Leitartikel zu wichtigen Ereignissen formuliert und mit seinem persönlichen Stil ein Blatt prägt, rückt immer mehr in den Hintergrund (vgl. Mast/Spachmann 2003, Meier 2002, Möllmann 1998).

Auch unterhalb der Führungsebenen gibt es zahlreiche Berührungspunkte der Journalisten zur Redaktionsumwelt. Insbesondere im Zuge einer für viele journalistische Produkte immer wichtiger werdenden Marktorientierung hat die Abstimmung der redaktionellen Arbeit mit redaktionsexternen Bereichen an Bedeutung gewonnen. Redaktionen sind heute kaum noch die hermetisch abgeschlossenen Einheiten von einst, in denen sich Journalisten ausschließlich um publizistische Belange kümmerten. Viele Redakteure sind beispielsweise in Planung und/oder Umsetzung von Vertriebs- oder Marketingmaßnahmen einbezogen.

Management- und Koordinationsaufgaben für Redakteure

In Marketingteams sitzen Vertreter aller wichtigen Bereiche an einem Tisch, um über aktuelle Probleme zu diskutieren und integrierte Konzepte zu erarbeiten. Aktionen der Werbeabteilung, der Anzeigenabteilung und des Vertriebes müssen mit redaktionellen Maßnahmen abgestimmt werden, um größtmögliche Wirkung zu erzielen. Dabei kann es beispielsweise darum gehen, die Attraktivität eines Blattes bei jungen Lesern zu erhöhen. Planungen von PR-Maßnahmen – etwa ein Event für Jugendliche – werden redaktionell vor- und nachbereitet. Darüber hinaus müssen solche Aktionen in ein Gesamtkonzept eingeordnet werden, das auch eine veränderte Berücksichtigung dieser Lesergruppe in der Berichterstattung beinhalten kann.

3 Redaktionsorganisation in der Presse

Tageszeitungen sind universelle Medien. Dies bedeutet, dass eine große Bandbreite an Themen bearbeitet wird. Grundsätzlich ist kein Ereignis und kein Thema von vornherein von der Berichterstattung ausgeschlossen. Es liegt auf der Hand, dass unter diesen Rahmenbedingungen dem Zuschnitt der Ressorts eine große Bedeutung zukommt. Die Ressortstruktur prägt die redaktionelle Arbeit maßgeblich vor. Klaus Meier sieht in Redaktionsstrukturen »Wahrnehmungsstrukturen«, die darüber bestimmen, welche Themen auf welche Art und Weise Eingang in die Redaktionen finden.

Fünf klassische Ressorts Im Laufe der historischen Entwicklung haben sich bei den Tageszeitungen fünf Hauptressorts herausgebildet, die grundsätzlich bis heute die Redaktionsstrukturen maßgeblich bestimmen (→ Themen und Ressorts in den Medien). Dies sind zum einen die vier nach sachlichen Kriterien abgegrenzten Bereiche Politik, Wirtschaft, Kultur und Sport. Zum anderen zählt das nach geografischen Gesichtspunkten konstituierte Lokalressort dazu. Konsequenzen dieser Institutionalisierungen sind weitreichend: Zunächst benötigen Ereignisse aus diesen Bereichen nur einen verhältnismäßig geringen Nachrichtenwert, um in der Berichterstattung beachtet zu werden. Für das Börsengeschehen in der Wirtschaftsberichterstattung ebenso wie für den Ligabetrieb in der Sport- oder die regelmäßigen Parlamentsdebatten in der Politikberichterstattung gibt es Routinen, die bestimmte Ereignisse fast schon automatisch zu journalistischen Themen machen. »Die Welt hat täglich ihre gleichen ›Gefäße‹ – egal ob in einem ›Gefäß‹ viel passiert ist, was Nachrichtenwert hat, oder wenig. [...] Was in ein ›Gefäß‹ passt, ist von vornherein berichtenswerter. Höhere Hürden haben dagegen zentrale Ereignisse anderer gesellschaftlicher Teilsysteme zu überwinden, denen keine festen Ressorts zugeordnet sind, das Bildungs- und Erziehungssystem etwa oder Justiz und Religion« (Meier 2002, S. 95).

Die Aufteilung in Ressorts bewirkt aber noch etwas anderes: Alle Ereignisse werden gleichsam in das Raster dieser Wahrnehmungsstrukturen gezwängt – gleichgültig, ob dieses Raster angemessen ist oder nicht. Ob ein einzelnes Ereignis beispielsweise im Wirtschafts- oder Politikressort landet, ist in vielen Fällen willkürlich und oftmals weniger von sachlichen als von organisatorischen Faktoren abhängig. Und dennoch bestimmt diese Entscheidung maßgeblich, ob, in welchem Umfang und wie über ein Ereignis berichtet wird. Viele Themen lassen sich erst gar nicht auf einen einzelnen, isolierten Aspekt eingrenzen. Die Meldung etwa, dass Forschern in einem wichtigen Bereich ein Durchbruch gelungen ist, besitzt weitreichende politische *und* wirtschaftliche Bedeutung. Darüber hinaus können davon grundsätzlich alle gesellschaftlichen Bereiche potenziell betroffen sein. Mit solchen Querschnittsthemen hat das starre Organisationsprinzip autonomer Ressorts grundsätzlich Probleme. Viele Autoren sehen deshalb die Herausforderung innovativer redaktioneller Organisationskonzepte darin, die bestehenden Strukturen zu vernetzen.

Obwohl die fünf klassischen Ressorts nach wie vor das organisatorische Grundgerüst der Tageszeitungen bilden, ist die Entwicklung natürlich nicht dabei stehengeblieben. Mit den gesellschaftlichen Entwicklungen haben sich neue Themen herausgebildet, die in einigen Fällen mit zeitlicher Verzögerung auch Niederschlag in den Organisationsstrukturen gefunden haben. Die Arbeit in den einzelnen Ressorts hat sich ständig diesen veränderten Bedingungen angepasst, insbesondere durch Differenzierungen innerhalb der Ressorts. Im Wirtschaftsressort ist es beispielsweise im Zuge der zunehmenden Komplexität und der gewachsenen Bedeutung von Börsen- und Anlegerthemen zu Spezialisierungen gekommen, die in sehr großen Redaktionen zu Unterressorts (bzw. -abteilungen) geführt haben. Auf jeden Fall zwingen diese Entwicklungen dazu, dass sich einzelne Redakteure zunehmend auf kleinere Gebiete spezialisieren – am Beispiel der Wirtschaft etwa auf die Börsenberichterstattung, Finanz- und Versicherungsthemen oder die Wirtschaftspolitik.

Neue Themen und Ressorts

Immer wieder sind bei den Tageszeitungen auch neue Ressorts hinzugekommen, welche die klassischen Themengebiete ergänzen. Zum einen betrifft dies gesellschaftliche Bereiche, die im Laufe der Zeit an Bedeutung gewonnen haben. Bei vielen Tageszeitungen hat sich dies oftmals in eigenständigen Strukturen innerhalb der Redaktion niedergeschlagen. Das Medien- und das Wissenschaftsressort haben sich in den vergangenen Jahrzehnten z. B. in manchen Redaktionen etabliert. Zum anderen betreffen Ressortneugründungen aber mittlerweile vor allem Themenbereiche, die primär nicht nach sachlichen, sondern nach funktionalen oder personalen Gesichtspunkten abgegrenzt sind (vgl. Abb. 35).

Abb. 35: Grundprinzipien der Ressortabgrenzung

Quelle: eigene Darstellung in Anlehnung an Meier 2002, S. 170

Bis heute hat sich so bei den Tageszeitungen zusätzlich und in Ergänzung zu den Hauptressorts eine ganze Reihe zielgruppenorientierter Sparten gebildet. Die Berichterstattung ist hier in erster Linie an den Interessen und Bedürfnissen einzelner Leserschichten orientiert, während sachliche Kriterien in den Hintergrund treten. In Serviceressorts geht es darum, den Lesern konkrete Handlungsempfehlungen zu bieten; andere Bereiche setzen auf die Unterhaltung der Leser. In diesem Fall ist die Herkunft der Meldungen zweitrangig, wichtigstes Auswahlkriterium ist die Unterhaltsamkeit der Nachrichten. Darüber hinaus gibt es Sparten, die ausdrücklich auf bestimmte Publikumsgruppen ausgerichtet sind. Viele Tageszeitungen veröffentlichen Jugendseiten oder bieten Senioren ein spezielles Themenangebot. Auch die schon seit längerer Zeit etablierten Ressorts Auto, Reise oder Mode zählen zu den primär leserorientierten Angeboten der Tageszeitungen. In diesen Fällen grenzen sich die Themen nach einem Mix aus funktionalen und personalen Kriterien ab. Ausdrücklich an den Bedürfnissen der Leser orientierte Differenzierungen sind eine Entwicklung jüngeren Datums, die in mittelbarem Zusammenhang mit einem höheren Wettbewerbsdruck auf den Medienmärkten steht. Tageszeitungen müssen ihre Leserorientierung verstärken, um konkurrenzfähig zu bleiben (→ Journalisten und ihr Publikum).

Lokalressort Nicht jede Zeitung bzw. Zeitungsausgabe weist eine Vollredaktion, d. h. alle klassischen Ressorts, auf. Viele Verlage arbeiten in der überregionalen Berichterstattung mit Partnern zusammen. Große Teile einer Zeitung – etwa der gesamte Mantelteil – können so von der Redaktion einer Partnerzeitung erstellt werden. In diesem Fall besteht nur ein Lokalressort, das die lokalen und regionalen Räume abdeckt und einen örtlichen Bezug herstellt. Wirtschaftliche Kooperationen oder Verflechtungen wirken so auch auf die Redaktionsorganisation und die Zusammenarbeit zwischen den Ressorts ein (→ Themen und Ressorts in den Medien).

Auch innerhalb einer Lokalredaktion gibt es in der Regel Spezialisierungen. Je nach Größe und Struktur der Redaktion können die einzelnen Redakteure ihre Arbeit untereinander aufteilen
- nach Themen wie Kommunalpolitik, Lokalsport, Kultur oder Polizeiberichte,
- nach Arbeitsprozessen wie Bildberichterstattung, Produktion, Layout und Umbruch,
- nach räumlichen Gesichtspunkten wie Ortsteile und Außengebiete,
- nach journalistischen Gestaltungsformen wie Reportage und Kolumne und
- nach Sonderaufgaben wie Leserservice und Aktionen.

Entwicklung der Ressorts Nicht immer ist die Erschließung neuer Themenfelder auch mit der Einrichtung spezialisierter Redaktionen oder eigenständiger Ressorts verbunden, die sich um diese Gebiete exklusiv kümmern. Oftmals werden die hinzugekommenen Sparten und Zeitungteile von den klassischen Ressorts mitbetreut. In einigen Fällen sind z. B. die Ratgeber-Seiten der Zeitung dem Wirtschaftsressort zugeordnet. Dennoch lässt sich zumindest grundsätzlich eine gleichgerichtete Entwicklung zwischen den Themen der Berichterstattung und der inhaltlichen Struktur der

Zeitung einerseits sowie der Binnenorganisation der Redaktionen und Ressorts andererseits beobachten.

Die Zusammenhänge zwischen inhaltlicher Struktur der Berichterstattung, wie sie in der Zeitung in Sparten, Seiten und Rubriken ihren Niederschlag findet, und der Organisation der redaktionellen Arbeit lenken den Blick auf einen für die Zukunft der Tageszeitungen ganz wesentlichen Punkt. Neue und zusätzliche inhaltliche bzw. organisatorische Einheiten zu schaffen ist das eine. Eine ganz andere Herausforderung liegt darin, Organisationsprinzipien zu entwickeln, welche die klassischen Ressortgrenzen überwinden und das Produkt Tageszeitung damit auf eine andere Grundlage stellen. Die straff organisierte Zeitungsredaktion mit autonomen, klassischen Ressorts, die weitgehend ohne ressortübergreifende Zusammenarbeit parallel arbeiten, gehört immer mehr der Vergangenheit an.

Trends in der Redaktions-organisation

Zahlreiche Redaktionen haben mittlerweile die angelsächsischen Medien zum Vorbild genommen und – oft als Ergänzung zur bestehenden, klassischen Ressortstruktur – ressortübergreifende Teammodelle eingeführt. Teams können kurzfristig und situationsbezogen für aktuelle Projekte oder als Recherche- oder Reportergruppen dauerhaft gebildet werden. Nahezu drei Viertel der Vollredaktionen in Deutschland haben – zumeist in den 1990er Jahren – diese ressortüberwindenden Strukturen bereits übernommen. Etwa die Hälfte dieser Zeitungen bilden für aktuelle Themen je nach Bedarf aus verschiedenen Ressorts zusammengestellte Teams.

Ressort-übergreifende Teams

Eine andere Möglichkeit besteht darin, die Redakteure regelmäßig zwischen den Ressorts wechseln zu lassen. Dieses Rotationsmodell ist jedoch vergleichsweise wenig populär. Nur in 6 Prozent der Redaktionen gehört es zur gängigen Praxis. Zwar erweitern die Redakteure ihr Blickfeld und bringen neue Aspekte in die Arbeit der Ressorts ein. Diesen Vorteilen stehen jedoch große Nachteile gegenüber. Redakteure, die in fremden Ressorts eingesetzt sind, müssen sich in ein Thema neu einarbeiten. Deren fachliche Kompetenz – und vor allem ihr Informantennetzwerk – fehlt wiederum im angestammten Ressort. Letztlich ergeben sich große Risiken für die Kontinuität der redaktionellen Arbeit.

Rotationsmodelle

Weiter reichend als die Einführung ressortübergreifender Teams ist es, die Redaktions- und Ressortstrukturen grundsätzlich neu zuzuschneiden. Hierzu gibt es verschiedene Modelle. Meist geht es darum, übergeordnete Ressorts zu bilden, beispielsweise ein Nachrichtenressort, das sämtliche aktuelle Bereiche umfasst. Bereits Ende der 1990er Jahre haben nach der Studie von Klaus Meier immerhin zwei Fünftel der Tageszeitungen einzelne Ressorts zu einer größeren Einheit zusammengelegt – häufig wurden Wirtschaft und Politik zusammengefasst. In der Folgezeit haben viele Tageszeitungen Newsroom- oder Newsdesk-Strukturen eingeführt. Zum Teil blieben die klassischen Ressorts dabei erhalten, zum Teil

Nachrichten-ressorts und Newsrooms

wurden sie als eigenständige organisatorische Einheit abgeschafft. Einige Tageszeitungen haben das Newsroom-Prinzip sehr konsequent umgesetzt (z. B. »Handelsblatt«, »Financial Times Deutschland«, »Welt-Gruppe«), andere haben einzelne Elemente daraus übernommen (z. B. »Braunschweiger Zeitung«).

Der 2006 eingerichtete »Springer Newsroom« in Berlin ist der derzeit größte
Newsroom Deutschlands. Auf einer Fläche von 400 qm wird an 55 Arbeitsplätzen an der Erstellung von vier Zeitungen und zwei Internetangeboten gearbeitet. Neben den Redakteuren der Tageszeitungen »Welt«, »Welt kompakt«, »Berliner Morgenpost« und der Sonntagszeitung »Welt am Sonntag« sind in dieser
Nachrichtenzentrale weitere Redakteure mit der Erstellung der Internetauftritte
»welt.de« und »morgenpost.de« beschäftigt. Die zentrale Themenplanung und
Steuerung geht mit einer spezifischen Aufbereitung der Themen für die einzelnen Verbreitungskanäle Print und online einher. Auf diese Art und Weise bleiben auch das redaktionelle Profil und der typische Charakter der einzelnen Zeitungstitel erhalten.

Gerade für die Tageszeitungen mit einer traditionell ganzheitlichen Arbeitsweise der Redakteure und dem Prinzip der Ressortautonomie bringt das Newsroom-Prinzip mit funktionaler Arbeitsteilung und starker zentraler Steuerung
große Veränderungen mit sich. Die Vorteile dieses Organisationsprinzips liegen
vor allem in der mehr- oder crossmedialen Arbeitsweise sowie der Möglichkeit
einer systematischen Qualitätssicherung. Die Arbeitsumgebung im Großraum
und vor allem die veränderten Aufgabenprofile der Redakteure bringen allerdings
auch Anpassungsschwierigkeiten mit sich.

> **Tipp:** Eine straff organisierte Zeitungsredaktion mit autonomen Ressorts,
> die weitgehend ohne Verbindung zueinander arbeiten, kann durch ein flexib-
> leres, ressortübergreifendes und teamorientiertes Modell abgelöst werden.

3.1 Neue Organisationsformen bei der »Financial Times Deutschland«

Ulf Schlüter
Stellvertretender Chefredakteur der »Südwest Presse«, Ulm

Als vor gut acht Jahren die »Financial Times Deutschland« (FTD) aus der Taufe
gehoben wurde, verschrieb sie sich einem Schlagwort, das wie kein zweites zusammenfasst, was sich unter dem Dach der FTD-Zentrale in Hamburg tut: »One
brand – all Media«. Natürlich wird in erster Linie hier die börsentäglich erscheinende Zeitung gemacht, doch über fast alle denkbaren Ausgabemöglichkeiten
wird der von den gut 170 Redaktionsmitgliedern produzierte Inhalt verbreitet:

Im Internet unter ftd.de, per Kurznachrichtendienst übers Handy, per PDA, E-Mail-Newsletter, RSS-Feed, per »Print-on-Demand« oder »E-Paper«, als elektronische Nachmittagszeitung »FTD 17:00 Uhr«, per Hörfunk- und Videonachrichten oder »Podcast« aus dem eigenen Audio- und TV-Studio. Was seinerzeit andernorts nicht über den Stand von Diskussionen hinauskam, ist bei der FTD vom Start weg konsequent umgesetzt worden – die effektive Ausgabe der Inhalte über mehrere Kanäle hinweg.

Dabei kam der FTD zugute, von vornherein auf ein neues organisatorisches Konzept gesetzt zu haben. An drei Standorten arbeiten die Redakteure dezentral in überschaubaren Teams. In Berlin sitzen die Politikkollegen, in Frankfurt am Main befindet sich die Redaktion »Finanzen und Märkte«, in Hamburg schreiben die Redakteure des Unternehmensressorts sowie des Ressorts »Agenda« und der Supplements. Neben diesen Hauptstandorten gibt es einige Korrespondentenbüros im In- und Ausland. In Hamburg findet zudem die Produktion der Zeitungsseiten und die Herstellung des per »Electronic Media« verbreiteten Inhalts statt. Kern der gesamten Produktion ist der von der FTD in dieser Form erstmals in Deutschland eingeführte »Newsroom«.

In diesem zentralen »Nachrichtenraum« sitzen die Blattmacher aller großen Ressorts zusammen mit Art-Direction, den Kollegen des Layouts, der Infografik, der Bildredaktion, des Korrektorats und dem diensthabenden Chefredakteur; dazu in Rufweite die Online- sowie die TV- und Audiokollegen. Der Newsroom steht bei der FTD für eine themen- und teamorientierte Produktion von Inhalten. Sein wichtigster Pluspunkt: Er macht die Zeitung und die Website und mithin die Herstellung aller Inhalte schneller. Man kann in sehr kurzer Zeit auf Ereignisse reagieren – unabdingbar im täglichen Kampf um Aktualität. Der Newsroom schafft Zeit und Raum fürs Recherchieren und Schreiben, weil die Produktion selbst vernünftig und rationell abgebildet werden kann.

Schnellere Produktionsabläufe

Zwar hat die FTD von Beginn an auf eine solche Produktionsweise gesetzt, sie bedeutet aber nicht, dass die Inhalte in einer rein zentralistisch organisierten Struktur zustande kommen. Unabdingbar ist es aber, die Produktion in Hamburg zusammenzuführen. Die für den Inhalt verantwortlichen Kollegen in den Standorten produzieren sozusagen auf die Zentrale zu. Von Hamburg aus werden die vier Druckorte in Hagen/Westfalen, Augsburg, Mannheim und Berlin per modernem »PDF-Workflow« und halbautomatisierter Seitenbelichtung mit den Druckvorlagen bedient. Zudem werden von morgens bis in den späten Abend hinein täglich die Online-Site und ihre multimedialen Ableger mit Inhalten versorgt.

Übersichtliche Redaktionsorganisation

Vom Start weg hat sich die »Financial Times Deutschland« eine übersichtliche Redaktionshierarchie gegeben. Sie hat unterhalb der Chefredaktion weniger als ein halbes Dutzend Ressorts, die wiederum in zwei bis drei schlagkräftige Teams unterteilt sind. Das Ressort Unternehmen umfasst die zwei Teams »Industrie & Dienstleistungen« sowie »Informationstechnologie & Medien«. Die Politik ist in drei Teams unterteilt: »Deutschland & Europa«, »Ausland« und »Weltwirtschaft«. Das Ressort Finanzen besteht aus den drei Teams »Märkte«, »Finanzdienstleister« und »Das Kapital«. Agenda – das tägliche Magazin im vierten Buch im Anschluss an Unternehmen, Politik und Finanzen – besteht aus zwei Teams: »Kommentar« und »Agenda-Seite/Reportage/Porträt« sowie den Seiten »Sport« und »Out Of Office«.

Jeder Teamleiter ist verantwortlich für Inhalt und Personal in einem für ihn überschaubaren Bereich. Er untersteht direkt dem Ressortleiter, der an die Chefredaktion berichtet. Dadurch entstehen übersichtliche personelle Führungsspannen, die wiederum zur Entlastung von Chefredaktion und Ressortleitern führen. Zudem wuchs dank dieser Struktur eigenes junges Personal in Führungsaufgaben hinein, ohne sich gleich mit einer Ressortleitung überfordern zu müssen. Auf diese Art und Weise ist der eigene Führungsnachwuchs effektiv gefördert worden. Weitere positive Effekte dieser zweistufigen Redaktionsstruktur machen sich auch inhaltlich bemerkbar: Führungskräfte arbeiten vermehrt mit den Texten ihrer Redaktionskollegen; daraus folgt eine höhere Übereinstimmung von Texten mit dem Konzept der Zeitung.

Trotz flacher Hierarchie besteht wie in einem Medienhaus üblich ein hoher Absprache- und Kommunikationsbedarf. Die drei Hauptstandorte werden jeden Tag zweimal per Videokonferenz zusammengeschaltet. Die erste Konferenz am Vormittag gilt der gemeinsamen Blattkritik sowie der Absprache und Themenfindung der zu produzierenden Ausgabe. Am frühen Abend findet eine Nachrichtenkonferenz statt, deren Ziel es ist, die Aufmachergeschichten von Titelseite und der Aufschlagseiten der Ressorts zu bestimmen. Während bei vielen überregionalen Tageszeitungen zu diesem Zeitpunkt die erste Ausgabe schon auf dem Weg in die Druckhäuser ist, läuft bei der FTD die heiße Phase der Tagesproduktion erst an.

Unerlässliches Koordinationsmedium ist dabei für alle Beteiligten die »Newslist«. In ihr werden geordnet nach Ressorts und ihren Seiten sorgfältig alle Themen, die Autoren, Platzierung der Texte, Querverweise auf weitere Berichte zum Thema oder auf Kommentare und Leitartikel im Innern des Blattes sowie die Hinweise auf Web-Links oder Web-Dossiers aufgelistet.

Und wie wird die nicht alltägliche Kommunikation zwischen Chefredaktion, den Ressorts und Teams hergestellt? Einmal im Monat treffen sich Chefredaktion und Ressortleiter zur so genannten »Leitungsrunde«, um beispielsweise Personal-, Budget- oder andere grundsätzliche Fragen zum Blatt abseits der Hektik der Produktion zu diskutieren. Mit den Teamleitern kommt diese Runde ebenfalls in regelmäßigen Abständen zusammen, um vor allem journalistische Projekte zu besprechen. Freitags verleiht die Chefredaktion den »Scoop der Woche«, mit dem überdurchschnittliche Leistungen der Redaktionsmitglieder belohnt werden. Einmal im Jahr veranstalten Redaktion und Verlag ein »Updatemeeting«, in dem gemeinsame langfristige Ziele und Projekte allen Redaktionsmitgliedern und Verlagsangehörigen vorgestellt und erörtert werden.

Der Newsroom, die Konferenzfolge oder die Aufteilung der Redaktionsmitglieder in kleine Teams allein machen aber noch lange keinen perfekten Inhalt. Man benötigt ideenreiches und flexibles Personal. Ohne die richtige Mischung von Spezialisten und Allroundern kommt man nicht weit beim »Cross-Media-Publishing«. Das gilt sowohl für die Zeitung als auch für die Herstellung des Inhalts der verschiedenen anderen Kanäle. Natürlich hat die FTD neben den Printkollegen eine Redaktion mit Online- und Multimediaspezialisten wie auch mehrere speziell für das Produzieren von Audionachrichten und TV-Beiträgen ausgebildete Kollegen. Jeder Text muss für jedes Ausgabemedium speziell aufbereitet werden. Unserer Erfahrung nach ist es keineswegs so, dass ein für die Zeitung geschriebener Text ohne Weiteres online gestellt oder per Audionachricht gesendet werden kann. Erst die Spezialisten geben ihm den richtigen Schliff.

Bei der Organisation der FTD-Redaktion haben sich einige Anleihen bei der großen Schwester »Financial Times« (FT) in London mehrfach bewährt. Deren Produktionsablauf ist verglichen mit deutschen Medien weitaus arbeitsteiliger. Während in Deutschland Redakteure sich auch als Blattmacher, Reporter und Produzent in einer Person verstehen, arbeiten bei der FT »editors« und »reporters« funktionell voneinander getrennt. Dieses Prinzip, das bislang in amerikanischen und britischen Medien zu Hause war, wird auch im Newsroom bei der FTD umgesetzt – wenn auch in kleinerem Maßstab, aber durchaus effektiv und das Ziel fördernd, vorrangig eine Autorenzeitung zu sein. *(Randnotiz: Kooperation mit der »Fiancial Times« in London)*

Inhaltlich arbeiten die beiden Schwestern eng zusammen. Für die FTD ergibt sich mit der FT eine vorteilhafte internationale Kooperation. Das britische Pendant verfügt über eines der dichtesten Korrespondentennetze der Welt, das auch der FTD für eine breite Berichterstattung aus dem Ausland zur Verfügung steht. Die Verzahnung mit London ist für die FTD von hoher Bedeutung und deshalb wurde in der Start-up-Phase ein großer Integrationsaufwand betrieben, damit die Zusammenarbeit tatsächlich funktioniert.

Eine solche internationale Verknüpfung war in Deutschland ohne Beispiel und es bedurfte einer kleinen Pionierleistung, deren Ergebnis sich sehen lassen kann. Die FTD nutzt seither den FT-Newsroom in London, in dem mehr als einhundert Redakteure sitzen, und ist dort mit einem eigenen Verbindungsredakteur am »Main Newsdesk« vertreten. An ihm arbeiten der Nachrichtenchef der FT sowie weitere Verbindungsredakteure der Zeitungen »Les Echos« (Frankreich) und »Expansion« (Spanien). Alle haben in London über ihre Redaktionssysteme direkten Zugriff auf die Inhalte der jeweiligen Titel und bilden somit eine Art globale Nachrichtenzentrale. Sie tauschen untereinander Beiträge aus – vorrangig natürlich die »Scoops« (exklusive Geschichten), die zeitgleich veröffentlicht werden. Langfristige Projekte werden gemeinsam geplant.

Das hier im groben Überblick beschriebene Organisationskonzept ist eine der Grundlagen für den bisherigen Verkaufserfolg der »Financial Times Deutschland«. Bis zum zweiten Quartal 2007 konnte die IVW-geprüfte Auflage auf nahezu 105.000 täglich verkaufte Exemplare gesteigert werden. Die FTD gewann in einem als schwierig geltenden Marktumfeld gegen den Trend stetig an Auflage hinzu. Dieser positive Trend zeigte sich jüngst auch bei mehreren Reichweitenuntersuchungen. »Clicks« und »Visits« der Website ftd.de steigen erfreulich stetig an.

Redaktion und Verlag haben sich vorgenommen, das bisherige Konzept nicht als statisch zu begreifen, sondern es stetig zu verbessern. Mit den oben geschilderten Instrumenten ist die FTD in der Lage, auf Änderungen von Marktbedingungen und Leseranforderungen optimal – und wenn es erforderlich ist auch schnell – reagieren zu können.

3.2   Groß und Klein – Abläufe bei Regionalzeitungen

Martin Bewerunge
Chef vom Dienst der Tageszeitung »Rheinische Post«, Düsseldorf

Auflagenstarke Regionalzeitungen wie die »Rheinische Post« bieten täglich internationale, nationale, regionale und lokale Nachrichten. Der Erfolg dieser Zeitungen hängt davon ab, wie massentauglich diese Informationen aufbereitet sind und wie intelligent dabei Minderheiten bedient werden. Wer die »Rheinische Post« kauft, will nicht nur wissen, was die Welt, was die Nation bewegt. Er möchte in der Zeitung seine unmittelbare Umgebung wiederfinden, Geschichten aus seiner Stadt lesen und aus dem Viertel, in dem er lebt. Er hat überdies Anspruch auf eine Zeitung, die über alle genannten Bereiche mit konstant hohem Qualitätsniveau berichtet. Auf eine Zeitung, die thematisch Bezüge herstellt und auch gestalterisch wie aus einem Guss wirkt.

Unverändert liegt eine große Stärke von Regionalzeitungen in der lokalen Berichterstattung. Sie macht sie zu einem individuellen Produkt mit hohem Nutzwert. Die zweite Stärke besteht darin, es eben nicht bei einer Fokussierung allein auf das Lokale zu belassen. Die »Rheinische Post« versteht sich als Regionalzeitung mit bundespolitischem Anspruch. Die dritte, die eigentliche Stärke aber entsteht aus der Verbindung zwischen Groß und Klein, aus der Beziehung zwischen Makro- und Mikrokosmos, aus dem Wechsel von Weitwinkel zum Zoom. Das bedeutet: Obwohl sich Lokalteil und Mantelteil einer Regionalzeitung häufig räumlich voneinander abgeteilt in verschiedenen Büchern befinden, sollten sie nicht den Eindruck erwecken, als führten sie ein hermetisch voneinander getrenntes Eigenleben.

Alles hängt zusammen Welche Auswirkungen haben globale oder nationale Entwicklungen und Ereignisse auf Bevölkerungsgruppen oder gar auf den Einzelnen? Wie zeigen sich die Folgen im Detail? Das sind Fragen, die Menschen bewegen, und es sind Fragen, die gerade Regionalzeitungen durch ihre Verwurzelung im Lokalen umfassender als andere Medien beantworten können, indem sie etwa Menschen aus der Umgebung beispielhaft zeigen. Das schafft Nähe, und Nähe wirkt immer authentisch. Beispiel: Die Konjunktur zieht an, die Arbeitslosigkeit geht zurück. Auf der Titelseite werden unter der Überschrift »Ich habe wieder einen Job« eine Handvoll Leute aus dem Verbreitungsgebiet abgebildet, die kurz ihre Geschichte erzählen. Das ist plastisch und zieht ins Thema hinein.

Andersherum fördert die lokale Verwurzelung Nachrichten zutage, die Bedeutung für die ganze Region haben können. Beispiel: Der Stadtkämmerer von Krefeld hat beschlossen, ein wertvolles, im Besitz der der Stadt befindliches Monet-Gemälde zu verkaufen, um damit die Schuldenlast der Kommune zu verringern. Ein ungewöhnlicher Fall und deshalb durchaus ein Fall für die Titelseite. Ist sein Vorgehen zulässig? Macht es womöglich Schule? Wie denken die Haushälter anderer Städte im Verbreitungsgebiet darüber? Was ist überhaupt an »Tafelsilber« vorhanden etc.? Solche Fragen gehen als E-Mail an die einzelnen Redaktionen, und die Antworten darauf sind allemal geeignet, als aufschlussreiche Story noch einmal gesondert in etlichen Ausgaben als Aufmacher zu erscheinen.

Es gilt die alte Regel: Je besser eine Geschichte, desto weiter vorne steht sie im Blatt – bis hin zum Aufmacher auf Seite eins. Egal, ob das Thema ein überregionales, regionales oder eben ein lokales ist. Lokalredaktionen produzieren täglich eine Fülle von Nachrichten, von denen viele exklusiv sind. Beispiel: Die von der Landesregierung mit großem Aufwand durchgeführten Sprachtests bei Kindern im Vorschulalter fallen in der Stadt X katastrophal aus, weil sie organisatorisch und pädagogisch schlecht umgesetzt werden. Ein Einzelfall? Die daraufhin gestartete Recherche in anderen Städten des Verbreitungsgebietes ergibt ein ähnliches Bild, befragte Experten schlagen Alarm, das Schulministerium muss am Ende zugeben, dass die Ergebnisse wenig repräsentativ sein werden, wenn nicht nachgebessert wird. Eine schöner lokaler Aufmacher und eine schöne Titelstory.

Nicht gekrampft, sondern gekonnt

Der Austausch von Themen funktioniert nur, wenn die Kommunikation zwischen Zentralredaktion und Lokalredaktionen stimmt. Nur dann kann tagesaktuell auf Ereignisse reagiert und eine Zeitung produziert werden, die thematisch durchkomponiert wirkt – eine Herausforderung bei mehr als zwei Dutzend Außenredaktionen. Dabei erleichtern verschiedene Werkzeuge Organisation und Umsetzung.

Das Redaktionssystem der »Rheinischen Post« verfügt im Intranet über einen elektronischen Themenplaner, den jeder Redakteur von seinem Computer aus einsehen kann. Er ist für die Zentralredaktion in die Ressorts Titelseite, Politik, Report, Wirtschaft, Kultur, Wissen, Gesellschaft, Fernsehen und Sport unterteilt. Jedes Ressort trägt dort täglich den Aufmacher sowie die sonst noch für die Seite geplanten Mehrspalter ein. Genauso verfährt jede einzelne Lokalredaktion in den Rubriken Lokal, Kultur und Sport.

Der elektronische Themenplan

Der Themenplan enthält täglich bis 10:30 Uhr bereits einen Überblick über die Tagesplanung, so dass schon in den ersten Redaktionskonferenzen, sowohl in der Zentrale als auch in den Lokalredaktionen, ein detailliertes Bild über die jeweilige Themenlage vermittelt werden kann. Darüber hinaus lassen sich Ter-

mine Wochen im Voraus vormerken. Das erleichtert die mittelfristige Themenplanung.

Der Themenplaner schafft Transparenz. Er dient neben Agentur- und Online-
Meldungen als zusätzliche Nachrichtenquelle aus dem Bereich Lokales. Er hilft,
Dubletten zu vermeiden, liefert Anhaltspunkte, welche Mantelthemen auf lokaler Ebene vertieft werden könnten und welche Geschichten womöglich exklusiv sind.

Elektronik erleichtert Kommunikation, kann aber nicht das direkte Gespräch
ersetzen. Das Verbreitungsgebiet der »Rheinischen Post« ist in vier Regionen
aufgeteilt, als wichtiges Bindeglied zur Chefredaktion fungieren vier Regional-
leiter, die über alle aktuellen Entwicklungen in ihrem Bereich informiert sind.
Ansprechpartner für Lokalredaktionen in der Zentrale ist der Chef vom Dienst
(CvD) bzw. klassisch das Ressort Report (»Seite 3«). Dort steht ein »Rotes Telefon«, das in dringenden Fällen angerufen werden kann und das dringliche Anrufe
außerhalb der Redaktionszeiten auf das Handy des diensthabenden CvD wei-
terleitet.

Die Konferenzen   Die erste Redaktionskonferenz des Tages in der Zentralredaktion fasst am Vormittag die Angebote der Korrespondenten im In- und Ausland, die Auswertung
des Agenturmaterials, der Internet-Nachrichten, des Themenplaners der Lokal-
ausgaben sowie der Klickzahlen für die »Top-Ten-Stories« aus der Online-Redaktion zusammen. Damit ist das gesamte Spektrum der für eine Regionalzeitung
relevanten Berichterstattung abgedeckt. An der Morgenkonferenz nimmt auch
ein Vertreter der Düsseldorfer Ausgabe teil, der auflagenstärksten und räumlich
nächsten Lokalredaktion.

Nachrichtenlagen verändern sich. Deshalb wird der Themenplan aktualisiert.
Dies geschieht für die Zentralredaktion durch den Chef vom Dienst nach der
Mittagskonferenz gegen 15 Uhr, wenn entschieden ist, welche Geschichten wo
im Blatt stehen. Von diesem Zeitpunkt an bis zur Fertigstellung der Seiten findet die Produktion am Newsdesk statt, an dem die Chefredaktion und Vertreter
aller Mantelressorts sitzen. Lokale Themen werden am Newsdesk durch den CvD
und durch das Ressort Report kommuniziert. Am Spätnachmittag erfolgt eine
weitere Themenaktualisierung. Dazu mailen die Lokalredaktionen die endgültige Liste ihrer wichtigsten Themen an das zentrale Redaktionssekretariat, wo sie
zusammengefasst und an die Chefredaktion weitergeleitet werden. Zur gleichen
Zeit verweist der Chef vom Dienst per Rundmail an die Außenredaktionen auf
den jüngsten Stand der Dinge. Somit kann gegebenenfalls bis Redaktionsschluss
noch einmal aktuell und breit angelegt auf Neuigkeiten reagiert werden.

Die Beteiligung der Online-Redaktion an der Print-Konferenz und die räumliche Nähe des Online-Newsdesks zum Print-Newsdesk haben sich bewährt,
denn das Verhalten von Internet-Usern einer Online-Zeitung liefert wichtige
Hinweise auf das Leserinteresse. Dabei spielt es weniger eine Rolle, welche Themen im Netz am meisten »geklickt« werden. Die Meldung »Mann beißt Hund«
wird in der Print-Ausgabe nicht deshalb Aufmacher werden, weil sie online am

stärksten frequentiert wurde. Vielmehr geben Klickzahlen Aufschluss darüber, wie lange ein Thema auf Interesse stößt und spielen deshalb eine wichtige Rolle bei der Behandlung von Dauerthemen, wenn am Ende die Frage zu beantworten ist: Nur noch Meldung oder noch einmal Mehrspalter?

Das gilt für überregionale Themen ebenso wie für lokale Themen. Denn jeden Tag stellen sämtliche Lokalredaktionen der »Rheinischen Post« ihre drei wichtigsten Geschichten »rp-online« zur Verfügung. Internet-User können auf einer virtuellen Karte durch das Verbreitungsgebiet surfen und die Top-Stories lesen. Das Feedback erreicht auch die Planer der Printausgabe.

Der klassische Platz für regionale »hard news« ist natürlich die Titelseite, der für Features und Reportagen aus der Region die »Seite drei«. Hinzu kommt eine Möglichkeit, die aufgrund der wachsenden technischen Möglichkeiten relativ einfach umsetzbar und für den Einzelverkauf von Bedeutung ist: die Regionalisierung der Titelseite. Dazu wird ein lokales oder regionales Ereignis meist als Fotoartikel neben dem Aufmacher über dem Bruch platziert.

Wo ist Platz für regionale Themen im Mantelteil?

Beispiel: Das Fußballspiel eines bestimmten Clubs interessiert Leser nur in dessen unmittelbarer Umgebung, dort aber lebhaft. Also finden sich Sieg oder Niederlage etwa von »Borussia« bereits auf der Titelseite der Gladbacher Ausgabe als großes Thema neben dem zweispaltigen Aufmacher über den SPD-Parteitag. Aber eben nur in Gladbach. Den Rest der Auflage dominiert ein vierspaltiger SPD-Aufmacher mit einem zweispaltigen Bild des frisch gewählten Parteivorsitzenden. Auch die Eröffnung eines neuen Straßenstücks, von dem Autofahrer aus einem größeren Einzugsgebiet profitieren, könnte so auf einer Extra-Titelseite, sogar für mehrere Ausgaben, thematisiert werden. Dasselbe gilt für die regional begrenzten Verlagsbeilagen etc.

Untersuchungen haben örtlich eine teilweise signifikante Steigerung der Zahlen im Einzelverkauf durch regionale Titelseiten ergeben. Sie stützen die eingangs aufgestellte These: Der Erfolg von Regionalzeitungen hängt davon ab, wie massentauglich Informationen aufbereitet sind und wie intelligent dabei Minderheiten bedient werden.

4 Redaktionsorganisation im Rundfunk

Vieles von dem, was für die Redaktions- und Ressortorganisation bei Pressetiteln gilt, kann in ähnlicher Weise auch auf die elektronischen Medien übertragen werden. Allerdings gibt es hier in viel stärkerem Ausmaß medien- und angebotsspezifische Unterschiede. Neben allgemeinen Nachrichtenredaktionen ist die redaktionelle Arbeit stark an einzelnen Sendungen ausgerichtet. Gerade nicht tagesaktuelle Formate verfolgen enge redaktionelle Konzepte, die Themenauswahl, Recherche und Produktion der Beiträge auf spezielle Bereiche eingrenzen.

Jede Rundfunkgesellschaft – ob nach dem privatwirtschaftlichen oder nach dem öffentlich-rechtlichen Modell organisiert – hat vier Bereiche, die sich in allen Organisationsstrukturen wieder- finden: Verwaltung, Programm, Technik und Verkauf von Werbezeiten. Die möglichen Organisationsformen und damit auch die Redaktionsorganisation sind letztlich abhängig von der Konkurrenzsituation, in der sich der Sender befindet. Die technische Reichweite, das potenzielle Werbevolumen, das Programmformat sowie die gesetzlichen Vorgaben bestimmen den organisatorischen Aufbau und die für Verästelungen für Verwaltung, Programm, Technik und Verkauf vorhandenen Strukturen.

In Radioprogrammen sind meist Wort- und Musikredaktionen für die Produktion zuständig. Je nach Programmumfang und Organisationsform besteht die Wortredaktion aus einer unterschiedlichen Anzahl von Ressorts. Klassische Ressorts sind die Nachrichtenredaktion, die Themenredaktionen wie Kultur oder Sport sowie die Journalredaktionen, die sich an unterschiedlichen Programmstrecken oder Themenbereichen orientieren können. Landes- und Regionalstudios sowie Programmplanungsstäbe ergänzen, vor allem bei öffentlich-rechtlichen Hörfunk- und Fernsehsendern, den organisatorischen Aufbau des journalistischen Bereichs. Im privaten Hörfunk besteht in der Regel eine sehr schmale personelle Besetzung der Nachrichtenredaktionen. Außerdem ist die Arbeitsorganisation durch einen geringen Grad an funktionaler Arbeitsteilung sowie das weitgehende Fehlen interner Differenzierungen nach Themengebieten gekennzeichnet (vgl. Altmeppen/Donges/Engels 1999). Der öffentlich-rechtliche Hörfunk legt dagegen auch auf anspruchsvolle Nachrichten- und Informationssendungen Wert, was sich in differenzierten redaktionellen Strukturen niederschlägt.

4.1 Nachrichtenredakteure arbeiten Hand in Hand

Michael Wulf
Geschäftsführender Chefredakteur RTL Nachrichten und Magazine, Köln

Was ist eine Nachricht? Was muss der Zuschauer wirklich wissen? An dieser Frage scheiden sich bekanntlich die Geister im Nachrichtengeschäft. Von Anfang an verfolgte RTL eine andere Philosophie als die öffentlich-rechtlichen Sender. Die Redakteure bei RTL verstehen sich nicht als Oberlehrer, die mit erhobenem Zeigefinger vor das Publikum treten, sondern als Dienstleister, die sich an den Bedürfnissen des Zuschauers orientieren. Daher lautet die Frage bei jeder Meldung: Interessiert das unsere Zuschauer wirklich?

Themen, die die Menschen bewegen

Die RTL-Hauptnachrichten »RTL Aktuell« um 18:45 Uhr decken nicht nur die klassischen »harten« News ab, also ausschließlich Themen, die das politische Geschehen bestimmen. Vielmehr berichtet RTL auch über das, was die Menschen Tag für Tag bewegt – sei es Medizin oder Ernährung, Verkehr, Recht oder

Verbraucherschutz. Der große Erfolg von »RTL Aktuell« zeigt, dass diese Philosophie auch hervorragend funktioniert. Die RTL-Hauptnachrichten sind mittlerweile eine der meistgenutzten Informationsquellen für jüngere Zuschauer in Deutschland.

Wer ein erfolgreiches Nachrichtenmagazin machen möchte, braucht nicht nur ein klares Konzept und einen souveränen Journalisten, der die Nachrichten als »Anchor« überzeugend präsentiert, sondern auch ein eingespieltes Team. Bei »RTL Aktuell« arbeiten täglich acht Redakteure und zwei Chefs vom Dienst (CvDs). Darüber hinaus liefern acht Außenstudios im Inland sowie die RTL-Büros in Moskau, Jerusalem, London, New York und Paris Beiträge zu. Im Gegensatz zu den öffentlich-rechtlichen Sendern besitzt RTL kein weltumspannendes Korrespondentennetz. Der Sender verfügt jedoch über eine Crew von Reportern, die von Köln aus jederzeit an jeden Punkt der Erde fliegen können. Zudem arbeitet RTL weltweit mit freien Korrespondenten und Produzenten zusammen.

Fernsehen ist – viel mehr noch als Zeitung oder Radio – Teamarbeit. Nachrichtenredakteure, Reporter und Producer müssen Hand in Hand arbeiten. Je besser das funktioniert, umso schneller können sie auch im Ernstfall reagieren. Der 11. September 2001 war so ein »Worst Case«. Bereits wenige Minuten nach dem Einschlag des ersten Flugzeugs in das World Trade Center war Peter Kloeppel auf Sendung. Siebeneinhalb Stunden berichtete RTL damals ohne Pause – ein Kraftakt ohnegleichen. Ohne das große Engagement der Kollegen und die reibungslose Zusammenarbeit zwischen Redaktion, Technik und Grafik hätte diese Ausnahmesituation nicht gemeistert werden können.

Aber auch das tägliche Nachrichtengeschäft ist oft hektisch und unvorhersehbar. Daher ist der Arbeitstag bei »RTL Aktuell« klar strukturiert. Er beginnt um 10:30 Uhr mit der ersten Konferenz. Redakteure und Planer versammeln sich dann am großen Tisch in der Mitte des Großraumbüros und gehen die wichtigsten Themen des Tages durch: Was könnte heute Aufmacher werden? Welches Ereignis darf auf keinen Fall fehlen? Nach einer kurzen Diskussion folgt die so genannte »Schalte«. Über Telefon melden sich die Außenbüros in der Kölner Zentrale. Reihum bieten sie ihre Themenvorschläge an, der CvD schreibt mit. Er leitet die Konferenz, trifft die wichtigsten Entscheidungen und verantwortet die Kosten für die jeweiligen Beiträge.

Am Ende der Morgenkonferenz steht schließlich ein grober Plan, der einen ersten Eindruck von der Sendung am Abend vermittelt. Jetzt werfen die Redakteure noch einen Blick auf die Ausgabe des Vortages. Dabei meldet sich jedes Mal ein anderes Außenbüro mit einer »Manöverkritik« zu Wort. Die Redakteure nehmen dabei kein Blatt vor den Mund. Schließlich gilt es, aus Fehlern zu lernen und auf den guten Leistungen aufzubauen.

Kurz nach 11 Uhr kehren alle wieder an ihre Schreibtische zurück. In den nächsten Stunden wird sich jeder über das ihm zugewiesene Thema auf dem neuesten Stand halten. Die Redakteure lesen Agenturmeldungen, telefonieren

Klar strukturierte Redaktionsabläufe

mit Experten und recherchieren in Archiven oder im Internet. Natürlich müssen sie sich auch um das Bildmaterial kümmern. Im Inland schickt RTL oft eigene Kamerateams über die Außenstudios los. Darüber hinaus kann auf ein Angebot von weltweit operierenden Bildagenturen zurückgegriffen werden. Mehrere Agenturen (AP-TN, Reuters etc.) und Networks überspielen mehrmals täglich zu festen Zeiten ihr Rohmaterial aus vielen Ländern oder sind auf dem Server abrufbar. An seinem Arbeitsplatz kann jeder Redakteur über eine interne Software auf diese »Feeds« zugreifen.

An die Nachrichtenredakteure werden hohe Ansprüche gestellt. Sie müssen nicht nur über eine solide Ausbildung, ein gutes Allgemeinwissen und eine schnelle Auffassungsgabe verfügen, sondern auch in der Lage sein, die wichtigsten Botschaften innerhalb weniger Filmsekunden verständlich zu vermitteln. Dabei müssen sie auf Synchronität achten, um Bild-Ton-Scheren zu vermeiden.

Nachrichtensendungen wie »RTL Aktuell« leben von aussagekräftigen Bildern, die dem Zuschauer das Gefühl geben, zu jeder Zeit und an jedem Ort der Erde mit dabei zu sein. Daher sendet RTL grundsätzlich keine reinen Wortmeldungen – wie es z. B. die »Tagesschau« macht.

Nach dem Mittagessen, um 14 Uhr, beginnt die zweite große Konferenz des Tages. Die Redakteure berichten, wie weit sie mit ihren Recherchen gekommen sind. Einige Themen fallen jetzt wieder heraus, andere kommen hinzu. Der Ablauf der Sendung nimmt weiter Gestalt an. In der Regel zeigt »RTL Aktuell« neun Beiträge in einer Länge von ein bis zwei Minuten, dazwischen liegt ein so genannter »Newsblock« mit fünf – rund 25 Sekunden – langen Kurzmeldungen. Oft werden »Live-Schalten« zu Reportern und Korrespondenten eingesetzt, um so nah wie möglich am Geschehen zu sein. Bei besonders wichtigen Ereignissen wird kein Aufwand gescheut und sogar eine ganze Sendung an den Ort des Geschehens verlegt. So moderierte Peter Kloeppel als »Anchor on Location« kurz vor Beginn des zweiten Golfkrieges eine gesamte Sendung aus der irakischen Hauptstadt Bagdad oder berichtete drei Tage live vom G8-Gipfel in Heiligendamm.

Themen mit Nutzwert Die Auswahl der Themen erfordert viel Gespür und Erfahrung. Die Redaktion berücksichtigt nicht nur die Ereignisse, die das politische Tagesgespräch prägen, sondern auch Nachrichten, die für den Zuschauer einen hohen Nutzwert haben und bei den Angeboten der öffentlich-rechtlichen Konkurrenz unter den Tisch fallen würden. Ob die Auswahl den Zuschauer überzeugt, lässt sich dann am nächsten Tag überprüfen – anhand der Einschaltquoten. Die Gesellschaft für Konsumforschung (GfK) erhebt diese Daten im Auftrag der Fernsehsender. Sie sind sozusagen das »Zeugnis« des Zuschauers. Da sich RTL als Privatsender fast ausschließlich über Werbung finanziert, wird auf die Quote bei den 14- bis 49-Jährigen, der so genannten »werberelevanten« Zielgruppe, besonderen Wert gelegt.

Im Anschluss an die 14-Uhr-Konferenz setzt sich der CvD mit den Grafikern zusammen. Dabei geht es nicht nur um Landkarten und animierte Grafiken, die komplizierte Sachverhalte anschaulich erklären, sondern auch um die Hintergrundbilder im Studio. »RTL Aktuell« verwendet drei verschiedene Arten. Das so genannte »Picto« ist der Normalfall. Hier füllt das Bild den gesamten Hintergrund, links davor sitzt Peter Kloeppel. Da die wesentlichen Bildelemente nicht von ihm verdeckt werden dürfen, müssen die Grafiker seine Sitzposition vorab berücksichtigen. Beim »Sport-Picto« sitzt die Moderatorin Ulrike von der Groeben auf der rechten Seite. Die dritte Variante ist das »Pop-up«, eine neben dem Moderator eingeblendete Bildfläche, auf der die Grafik ohne Anschnitt zu sehen ist.

Entscheidungen zur Präsentation

Danach stimmen sich die Planer mit den Kollegen der »Punkt-News«, vom »Nachtjournal« und den übrigen Magazinsendungen ab. Sie erörtern ressortübergreifende Themen und legen die Planung für die nächsten Tage fest. Der Newsdesk hält das Ergebnis fest. Er hat die Aufgabe, die verschiedenen Redaktionen im Haus sowie vorhersehbare Ereignisse (wie z. B. den G8-Gipfel in Heiligendamm) zu koordinieren. Welches Team ist wo und für welche Magazine unterwegs? Welche Bilder werden wann gebraucht? Viele kostspielige Mehrfacheinsätze lassen sich dadurch vermeiden.

Ressortübergreifende Themenplanung

Bei allen Planungen sind »Producer« mit dabei. Sie müssen der Redaktion in technischen und organisatorischen Dingen den Rücken freihalten. Die Producer kümmern sich z. B. darum, dass die Live-Schalten zu Korrespondenten im In- und Ausland einwandfrei funktionieren und dass Rohmaterial und Filmbeiträge rechtzeitig eintreffen.

Alle Bilder laufen schließlich im Redaktionssystem ein, wo sie an jedem PC-Arbeitsplatz gesichtet und vorgeschnitten werden können. Die Producer verhandeln aber auch über die Rechte an fremdem Bildmaterial und verkaufen freie technische Kapazitäten an andere Fernsehsender aus dem In- und Ausland.

Am späten Nachmittag, wenn das grobe Gerüst der Sendung steht, nimmt der CvD den Feinschliff vor und legt die Schlagzeilen des Abends fest. Danach verlassen Peter Kloeppel und seine Sport-Kollegin Ulrike von der Groeben ihre Schreibtische im Großraumbüro und gehen in die Maske – für beide ein kurzer Moment zum Abschalten vor dem abendlichen Live-Auftritt.

Wer das Nachrichten-Studio von »RTL Aktuell« zum ersten Mal sieht, wird ernüchtert sein: Die Moderatoren sitzen in einem leeren grünen Raum. Denn die gesamte Kulisse wird im Computer erzeugt, mit anderen Worten: Erst auf den Bildschirmen zu Hause verwandeln sich die grünen Wände in ein richtiges Nachrichtenstudio. Nur das Pult ist real. In dem »virtuellen« Studio kann RTL vielfältige Effekte erzeugen: So bewegt sich Peter Kloeppel bei der Wahlberichterstattung in einer Grafik, welche die aktuelle Sitzverteilung zeigt, oder Wettermoderator Christian Häckl berichtet vor einer schneeberieselten Erdkugel über die Wintersport-Aussichten der nächsten Tage.

Das virtuelle Nachrichtenstudio

Wenn Peter Kloeppel um 18:45 Uhr auf Sendung geht, um sein Millionenpublikum zu begrüßen, übernimmt der Redakteur vom Dienst, der RvD, die redaktionelle Kontrolle. Er sitzt im Regieraum und achtet peinlich genau darauf, dass der Zeitplan eingehalten wird. Wenn z. B. eine Live-Schalte zu lang ist, muss er – in Absprache mit dem CvD – den Newsblock kürzen oder Peter Kloeppel bitten, sich bei der Übergabe zum Sportblock etwas kürzer zu fassen. Die Pufferzeit ist gering, denn »RTL Aktuell« muss die Werbezeiten beachten und den Beginn der darauf folgenden Sendung »Alles was zählt« exakt einhalten.

Nach dem Schluss-Jingle weicht die Spannung von den Gesichtern der Redakteure. Sie haben die Sendung gemeinsam verfolgt. Jetzt kehren auch die beiden Moderatoren an ihre Schreibtische zurück, Zeit für eine kurze Aussprache. Der CvD hat das letzte Wort. Er nennt die Stärken und Schwächen der Sendung und verteilt dabei Lob und Kritik.

Dieser Einblick in den Tagesablauf von »RTL Aktuell« zeigt, wie viel Aufwand hinter einer 20 Minuten langen Nachrichtensendung im Fernsehen steht. Ein Aufwand, der sich allerdings lohnt: Newsformate wie »RTL Aktuell« stellen für RTL als werbefinanzierten Privatsender eine bedeutende Säule des Programmerfolges dar. Als Marktführer muss RTL auch im Bereich Information ganz vorne sein. Die Zuschauer können sich bei RTL unbeschwert unterhalten, weil sie wissen: Wenn etwas Wichtiges passiert, werden sie bei RTL sofort umfassend informiert. Newskompetenz, die der Zuschauer zu schätzen weiß.

RTL hat über die Jahre deutlich gemacht, dass auch ein Privatsender Nachrichten seriös und spannend zugleich vermitteln kann, auch wenn wir die Frage »Was ist eine Nachricht?« oft anders beantworten als ARD und ZDF.

4.2   Hörfunkprogramme positionieren – Erfolg mit Niveau

Hans-Peter Archner
Stellvertretender Landessenderdirektor Baden-Württemberg beim Südwestrundfunk
(SWR), Stuttgart

Entscheidend für den Erfolg eines Programms ist ein klares, nachvollziehbares, jederzeit anwendbares und darum von den Hörern erkennbares Konzept. Diese Programmphilosophie lebt aber von der kreativen, selbstständigen Umsetzung durch die Kolleginnen und Kollegen in den Redaktionen. Journalistische Kompetenz und journalistisches Engagement mit Programmverständnis sowie Spaß am Radio und Fantasie lassen sich nicht befehlen. Der Programm- bzw. Wellenchef hat dann einen Fehler begangen, wenn die Mitarbeiter nur besprochene Details aneinanderreihen und so »pflichtgemäß« ein »richtiges« Programm zusammenstellen können. Dem Programmchef muss es gelingen, dass die Mitarbeiter die Programmlinie verstehen und professionell umsetzen.

Programmleiter sollten fähig sein, von unwichtigen Einzelheiten zu abstrahieren; bei den einzelnen Aufgabenstellungen, bei der Redaktion, bei der Moderation und bei der Reportage müssen sie jedes Detail aus der gemeinsamen Grundidee ableiten können. Ein modernes Programm verträgt, das ist das Schwierige, keine Dogmen: Trotz der Grundregel, möglichst keine Beiträge, die länger als zwei Minuten sind, zu senden, muss es natürlich möglich sein, dass zu Beginn des Irak-Krieges der Wort-Musik-Anteil deutlich zugunsten des Wortes verändert wird – ja, dass das Popwellenformat im Extremfall von jetzt auf nachher zu einem reinen Wortformat verändert wird.

Der Programmchef muss delegieren können: Die Welle ist nachher nur so gut, wie es die Mitarbeiterinnen und Mitarbeiter umsetzen können. Hauptaufgabe ist es zunächst, Leistungsträger zu erkennen, sie zu motivieren und mit der kreativen Leitung von »Umsetzungsteams« zu beauftragen. Diese müssen konkrete Umsetzungsvorschläge für alle relevanten Anforderungen an das jeweilige Programmformat erarbeiten. Nur ein solches Vorgehen schafft Identifikation mit dem nachher zu erstellenden Programm. Solche Umsetzungsteams dürfen keine einmalige Angelegenheit bleiben, ebenso wie die Teambesetzungen nicht ein für alle Mal festgelegt sein müssen: Noch bevor die Ausrichtung eines Programms zum Problem werden könnte (z. B. wegen schleichenden Misserfolgs), sollte der Programmchef spüren, wann für das Programm eine Runderneuerung angesagt wäre.

Wie entsteht nun die Programmphilosophie? Drei Komponenten sind wichtig: die formal-normative Komponente, d. h. die Vorgabe der Rundfunkanstalt, die demokratische Komponente, d. h. die Einbeziehung aller Wellenmitglieder sowie die wissenschaftliche Komponente, d. h. die Erkenntnisse aus der Medien- und Kommunikationsforschung. Wenn die Aufgabenstellung des Senders »ein informationsorientiertes Massenprogramm« für die »Mid-Agers« heißt, kann das Team musikalisch sowohl Operette als auch Techno ausschließen. Und auch das Stundenfeature über die Hip-Hop-Szene im Sendegebiet ist ebenso deplatziert wie der Aktionstag zu Nebenjobs im Rentenalter. Die Personalplanung wird sich um Mitarbeiter kümmern, die willens sind, einen solchen Auftrag auszuführen.

Die Programmplanung darf nicht von persönlichen Vorstellungen oder denen des jeweiligen persönlichen Bekanntenkreises ausgehen. Wenn die Medienforschung klar bescheinigt, dass Heavy Metal und Telefonbeiträge mit vier Minuten Länge Hörer vertreiben, ist man gezwungen, bei allen Diskussionen diese Erkenntnisse zur Grundlage zu machen. Mehr noch: Professionelle Planung und konzeptionell-strategische Programmarbeit sind nur noch auf der Basis der Erkenntnisse über die potenziell erreichbaren Hörerinnen und Hörer möglich. Das Motto: zielgruppenorientierte Programmausrichtung. Es ist nicht mehr möglich, ein Radioprogramm für alle, für »Jung und Alt«, anzubieten. Moderne Radioprogramme orientieren sich bei ihrer Formatauswahl an Zielgruppen, die allerdings weit mehr sind als simple »Alterszonen«, etwa von »40 bis 60«. Zielgruppen definieren sich als große »Lifestylegruppierungen« dieser Gesellschaft, bei denen das jeweilige Alter nicht die entscheidende, aber dennoch eine wichtige Rolle spielt. Die eigene Sozialisation definiert sich oft über musikalische Erfah-

Bestandteile der Programmphilosophie

rungen, was beim entsprechenden Radioprogramm zur emotionalen Bindung führt. Die Hörerforschung kann von musikalischen Präferenzen bis hin zu konkreten »Themenrankings« Umsetzungserkenntnisse für den jeweilig gewünschten oder erfolgversprechenden »Zielgruppenmix« erstellen.

Für ein öffentlich-rechtliches Programm hat »Erfolg« nicht nur einen quantitativen, sondern mehr noch einen qualitativen Aspekt: Es geht weniger um Quoten oder Reichweiten als um Akzeptanz. In diesem Begriff sind qualitative Aspekte wie öffentlich-rechtliches Image und objektive Anerkennung als gehaltvolles Programm mit weit höherem inhaltlichen Niveau als die kommerzielle Konkurrenz enthalten. Aber nur die Erkenntnisse der Hörerforschung ermöglichen es, auch qualitative Aspekte optimal umzusetzen. Nur wer seine Zielgruppe(n) kennt, kann z. B. politische Informationen angemessen und verständlich vermitteln oder gar Interesse wecken.

Die Wellenleitung muss alle diese Vorgaben und für alle verbindlichen Zielvorstellungen klar, präzise, nachhaltig und nachvollziehbar erläutern. Für eine öffentlich-rechtliche Pop-Info-Welle gilt der unbedingte Wille zum Erfolg bei gleichzeitiger Berücksichtigung öffentlich-rechtlicher Ideale und Grundwerte. Bei einer privaten Station kann der Erfolg den absoluten Vorrang haben, was ein möglichst profitables Überleben heißt und ein Einschwören auf die medienwissenschaftlich belegte Marktlücke bedeutet.

| Zielgruppenbestimmung | Wenn der Auftrag lautet, die so genannten »Mid-Agers ab 35« zu erreichen, heißt das zunächst, diese Vorgabe zu präzisieren. Macherinnen und Macher müssen eine möglichst konkrete Zielgruppe vor Augen haben: Menschentypen, die oft einen Lebensstil samt Bedürfnissen pflegen, der weit jenseits der Lebensart gemeiner Redakteurinnen und Redakteure liegt. Manchmal soll es schon geholfen haben, eine Fotocollage der »Zielgruppenmenschen« in allen Büros aufzuhängen, für die ein Programm senden darf! |

Die emotionale Komponente eines Programms kann man sich über die Musik hinaus nur dann erschließen, wenn der »Lifestyle-Faktor« vom Team voll und ganz Grundlage der Arbeit ist: Sollen die gebildeten Trendsetter erreicht werden oder die konservativ-liberalen Etablierten, deren Lebensmittelpunkt Familie und Karriere heißt? Oder: Was muss ich tun, um Frauen als Hörerinnen zu gewinnen? Oder baut das Team auf »Berieselungskunden«, die von ihrem Programm erwarten, dass es vor allem in Squash-Centern und Supermärkten zur Beschallung taugt? Ein Programm muss sich entscheiden – und die gewählte Profilierung so konsequent wie möglich durchziehen.

| Charakter der Öffentlich-Rechtlichen | Gleichzeitig hat der öffentlich-rechtliche Charakter zumindest ableitbar zu sein, nicht zuletzt in der Rechtfertigung dem eigenen Hause und der Politik gegenüber. Öffentlich-rechtlich heißt: informieren, Minderheiten berücksichtigen, pointiert-kritisch berichten. Mit diesen Zielen muss jeder Mitarbeiter übereinstimmen. Die Wellenleitung sollte die Mitarbeiter überzeugen, diesen Kurs in sich aufzunehmen und diese noch unkonkreten Begriffe praxisnah umzusetzen. |

Unverzichtbare Voraussetzung ist dabei, dass in der gesamten Welle ständig über diese Ziele diskutiert wird und alle Handlungen begründet werden – nur permanente Kommunikation führt zur permanenten Optimierung.

Ausschlaggebend ist letztlich die Motivation der Kollegen, diesen Prinzipien – unbedingter Wille zum Massenerfolg mit einem anspruchsvollen Programm – überzeugt »mit Kopf und Bauch« zu folgen. Die öffentlich-rechtliche Idee hat nur dann Sinn, wenn es gelingt, die definierten Zielgruppen mit Pop und Information ans Programm zu fesseln. Wenn diese Welle die »Mid-Ager« nicht erreicht, dann sinken die Chancen der Öffentlich-Rechtlichen für die Zukunft immer mehr: Darin liegt sogar eine große Verantwortung. Der Altersschnitt anderer öffentlich-rechtlicher TV- und Radioprogramme liegt nämlich deutlich über 50 Jahre. Deshalb ist es die Aufgabe der Pop-Info-Wellen, die Zukunft der Öffentlich-Rechtlichen zu sichern.

Aber auch öffentlich-rechtliche »Accessoires« sind bei einer massenorientierten Welle notwendig, denn nur Profil, Charakter, Tiefgang, Kanten und Ecken garantieren einen langfristigen Erfolg. Eine »seichte Pop-Welle«, der alles recht ist, um hohe Einschaltquoten zu erreichen, die jede Mode mitmacht, schleift sich schnell ab. Der spezielle Charakter einer pointierten Pop-Info-Welle besteht im Wort-Musik-Anteil und in der Durchhörbarkeit, d. h. zu jeder Tages- und Nachtzeit ein »gleiches« Programm zu senden. Zu bestimmten Sendestrecken wird der Wortanteil aber gleichzeitig »verdichtet« und bestimmte außergewöhnliche Sendungen im Rahmen des Gesamtkonzeptes ausgestrahlt.

Insgesamt entsteht daraus das unverwechselbare Profil, das einmalige Format einer erfolgreichen öffentlich-rechtlichen Welle. Wort und Musik hängen voneinander ab und müssen sich zu einem »Programm-Feeling« ergänzen. Deshalb ist es wichtig, dass sich Wort- und Musikredakteure als ein Team verstehen. In der täglichen Praxis hat die Welle immer wieder von neuem zu klären, worin denn die »Programm-Atmosphäre« für Wort und Musik in einer Pop-Info-Welle besteht, welche inhaltlichen und formalen Konsequenzen dies etwa für eine »Aktuell«-Sendung hat und welche Rolle die Musik in verschiedenen Sendestrecken spielen soll.

Unverwechselbares Profil

Grundsätzlich ist es wichtig, in einer meist emotionsgeladenen Diskussionsrunde (wenn es um die Musik geht) objektive Kriterien bei der Hand zu haben. Medienwissenschaftlich abgesicherte Erkenntnisse liefern hier konkrete Hilfen, d. h. vorbehaltlos »ja« zu einem »oldiebased« Musikformat plus ausgewählter aktueller Hits. »Vorbehaltlos« schließt ohne Kompromisse für das Format unverträgliche Stilrichtungen aus, etwa Hardrock, Hip-Hop, Folk oder extremer Jazz. Erkenntnisse über die wechselnde Altersstruktur der Hörer während eines Sendetages erfordern zusätzlich wechselnde musikalische Formen.

Beim »Wort« sollte sich das Team zunächst klar darüber sein, was es mit den vorhandenen Mitarbeitern quantitativ leisten kann. Das eigene Image bei den Hörern muss außerdem deutlich sein – etwa ein aktuell-informatives Image. Alle Beteiligten haben zu bedenken, dass es nur Sinn macht, mit diesem Image und nicht dagegen zu arbeiten. Das Team darf nicht in seinem Bemühen nachlassen, an der Verbesserung dieses Images (knapp, präzise, kompetent, verlässlich, dabei sympathisch) zu feilen.

Die eigenen Mängel müssen deshalb scharf analysiert werden. Wird es den Macherinnen und Machern klar, dass ihre Welle z. B. ein Defizit im Bereich Unterhaltung hat, liegt die journalistische Herausforderung darin, diesen Nachholbedarf zu decken, ohne auf die positiven Seiten des aktuellen Images zu verzichten. Ein vom Programmchef beauftragtes Umsetzungsteam, dessen Kompetenz in Sachen Unterhaltung von keinem angezweifelt wird, muss entsprechende Vorschläge entwickeln. Zur Aufgabe wird die Beobachtung und Analyse konkurrierender Programme gehören, die Sichtung der vielen Angebote im Comedy-, Kabarett- und Komikbereich auf dem freien Markt und die Entwicklung und Verwirklichung originärer, eigener Ideen. Am Ende dieses Prozesses sollte ein unverwechselbares Unterhaltungsprofil stehen, das seinen Beitrag zur Imageförderung des Gesamtprogramms als einer intelligenten, sympathischen, nicht zu kopierenden Welle leistet. Die Frage, zu welcher Tageszeit ich welche qualitativen und quantitativen Wortangebote mache, lässt sich mithilfe medienwissenschaftlicher Erkenntnisse klären.

Programm-
präsentation
als Erfolgsfaktor

Die Präsentation des Programms ist ebenfalls ausschlaggebend für den Erfolg. Das Team muss auf eine einheitliche Moderationslinie eingeschworen werden. Vorher ist die wichtigste und gleichzeitig problematischste Frage – wer moderiert? – eindeutig, aber fair zu beantworten. Nirgendwo herrscht so viel Eitelkeit wie bei der Moderation. Auch hier sind bei den fälligen Entscheidungen möglichst objektive Kriterien anzuführen: Wichtige Eigenschaften sind Allgemeinbildung, nervliche Belastbarkeit, stimmliche Ausstrahlung und die Fähigkeit zur kurzen, präzisen, knappen, kompetenten, glaubwürdigen, natürlichen und sympathischen Ansprache. Die Präsentation bzw. die Moderation ist die Visitenkarte des Programms. Ohne Personalisierung geht nichts mehr im modernen Radio: Nur eine begrenzte Zahl von Moderatoren, am besten jeweils für bestimmte Strecken wiedererkennbar eingesetzt, sollte diese Aufgabe übernehmen.

Daneben ist es wichtig, den Nicht-Moderatoren Sinn und Spaß an ihrer Arbeit als Redakteur oder Reporter zu vermitteln. Es ist eine ganz wichtige Aufgabe des Programmchefs, kein Gefälle im Sozialprestige zwischen Moderator und Redakteur aufkommen zu lassen. Die Auswahl der Moderatorinnen und Moderatoren kann teamintern so heikel sein, dass zwei Schritte zu empfehlen sind: Eine Projektgruppe aus Moderatorinnen und Moderatoren erarbeitet ein Moderationshandbuch für die Welle auf der Grundlage der Erkenntnisse über die relevanten Zielgruppen. In einem zweiten Schritt »checken« auf der Basis dieser Anforderungen repräsentative Hörerinnen und Hörer das bisherige Moderationsteam. Die Ergebnisse bilden eine objektive, faire Grundlage für die Auswahl eines künftigen Moderatorenstammes.

Die Auswahl muss letztendlich die Wellenleitung treffen und diese vor der ganzen Welle begründen. Dieses kleine Team muss dann aber auch von einem

Moderatorencoach permanent betreut, beobachtet und kritisiert werden. Ein oft unterschätztes Problem ist die Zusammenarbeit zwischen Welle und Fachredaktionen, Regionalstudios, Berliner Büro, Korrespondenten etc., die zuliefern und so das Programm mitgestalten.

Nur vom Programmkonzept überzeugte Mitarbeiter können anderen Kollegen die Grundlagen des Programms vermitteln, z. B. um erklären zu können, warum ein Beitrag aus Berlin für die Pop-Info-Welle so ganz anders als für ein reines Wortradio laufen sollte. Auch für hausinterne Diskussionen (Sendeplätze, Etatposten usw.) ist es wichtig, dass »andere« Kollegen den Sinn, den Auftrag und das Profil des betreffenden Programms kennen und akzeptieren. Gleichzeitig muss jede Radiowelle daran interessiert sein, dass im Personalbereich Kontinuität und Fluktuation ein optimales Verhältnis haben, dass immer wieder neue, jüngere Mitarbeiterinnen und Mitarbeiter das Team, nicht nur altersmäßig, auffrischen. Die ständige Fortbildung, die Optimierung der Kolleginnen und Kollegen im Hinblick auf die Zielgruppenansprache, Zielgruppenthemenplanung und die Programmlinie, das gleichzeitige Hineinwachsen junger Kolleginnen und Kollegen in diese spezifische journalistische Arbeit garantieren zwei Dinge: Die ständige »Verjüngungskur« eines Programms, das nicht älter werden sollte, und die Beibehaltung der Programmlinie, welche die Welle andernfalls immer wieder mühsam neu für sich zu erarbeiten hätte. Bestes Beispiel: Die Trends bei den neuen Medien, die für viele ältere Kolleginnen und Kollegen nur schwer als journalistische Arbeit, geschweige denn als Bereicherung für das eigene klassische Medium angesehen werden.

Es gilt Trends, neue Entwicklungen, aber auch die wachsende Bedeutung der Hörerforschung anzunehmen und umzusetzen. Die Kolleginnen und Kollegen müssen lernen, dass professionelle journalistische Arbeit heutzutage auf medienwissenschaftliche Erkenntnisse nicht verzichten kann – und der berühmte »Bauch« erst auf der Basis anerkannter Daten eine Rolle spielen darf. Die Bereitschaft, sich neuen Erkenntnissen zu stellen – vor allem, wenn diese diametral bisherigen allgemein gültigen Grundlagen widersprechen – und diese neuen Erkenntnisse umzusetzen, ist Voraussetzung für moderne Team-Mitarbeiterinnen und -Mitarbeiter – und für den Wellenchef in seiner Kommunikation und Motivationsarbeit vielleicht die größte Herausforderung.

Bedeutung der Medienforschung für die Redaktionsarbeit

Motivation und Überzeugung allein reichen nicht aus. Die ständige Selbstkontrolle durch ein »ausgeklügeltes« Sitzungssystem ist nötig. Die Sitzungen dienen der Besprechung neuer Programmvorhaben, aber vor allem auch der Kritik über die gerade ausgestrahlten Sendungen. So sinnvoll auch eine so genannte Monatskonferenz ist, in der für die nächsten vier Wochen geplant wird und wo alles zur Sprache kommen kann und muss, was die Team-Mitglieder beschäftigt, so sinnlos ist es, das Tagesgeschäft ständig in einem Gesamtplenum zu erörtern. Die Erfahrung zeigt, dass bei großen Sitzungen weniger sachbezogen argumen-

Ständige Selbstkontrolle durch Sitzungen

tiert wird, als dass sachfremde Motivationen wie Profilierungssucht viel Raum einnehmen.

Der Programmchef sollte Teams, die später durchaus wechseln können, benennen, die sich für bestimmte große Themenbereiche (Aktuelles, Comedy/Unterhaltung, Sport, Musik usw.) verantwortlich fühlen. Diese müssen Sorge tragen, dass ihr Bereich möglichst wellenkonform im Programm präsent ist. Daneben hat sich in allen modernen Wellen das Prinzip »Schlussredaktion« durchgesetzt: Ein Wellen-CvD plus einem zugeordneten Layout-Team übernimmt die Verantwortung für das gesamte Tagesprogramm, kritisiert zusammen mit allen Beteiligten Vergangenes, plant Künftiges und beurteilt die »Gesamtausstrahlung« der Welle (Wort, Musik, Präsentation, Atmosphäre, Stimmung usw.).

Die Teams müssen Mittel und Wege finden miteinander, nicht aneinander vorbei, zu arbeiten. Insgesamt sind mehrere Teamsitzungen pro Tag ergiebiger als eine Gesamtkonferenz. Sollten wichtige, alle Team-Mitglieder betreffende Themen anstehen, kann es z. B. einen »ruhenden« Konferenztermin geben, der nach Bedarf aktiviert werden kann. Gut ist natürlich eine tägliche Kritikkonferenz, ein täglicher Abhörcheck, auf dem ein Kollege oder eine Kollegin aus dem Team der Wellen-CvDs einen Tag lang das Programm unter allen relevanten Gesichtspunkten unter die Lupe genommen hat.

Rolle der Musik   Eine besondere Rolle kommt der Musik in einer Pop-Info-Welle zu. Trotz technischer Aufrüstung und Schlagworte wie »computergestützte Programme«, bei denen sich Redakteure in Rekordzeit vom PC ganze Programme vorschlagen lassen können, ist es mit der Formel: »Spielt einfach Hits!« nicht getan. Gerade ein »oldiebased« Musikformat kann es sich nicht so leicht machen, ständig dieselben Titel zu spielen. Das Format bedarf ständiger Pflege: Welche Hits leiden unter dem »Burn-out«-Effekt, welche aktuelleren Hits passen zum »oldiebased« Musikprofil? Eine ständige quantitative und qualitative Repertoirepflege des Musikpools ist eminent wichtig. Ein engagiertes Musikteam muss auch das tatsächlich gesendete Programm ständig überprüfen, ob etwa der Höreindruck so gut war, wie es der Musikfahrplan vorgesehen hatte. Das alles kann nur eine tägliche Sitzung bewältigen.

Zu empfehlen ist ein jährliches Klausurwochenende für die ganze Welle, bei dem man in aller Ruhe und Konzentration eine Standortbestimmung machen kann. Denn nur das ständige Überdenken alter Positionen garantiert ein optimales Programmergebnis. Moderne Radiosender müssen immer mehr »eventbezogenes Themenmanagement« bewältigen. D. h. Programmaktionen, Beiträge, Veranstaltungen müssen gleichberechtigt unter inhaltlichen, formalen Design- und Marketinggesichtspunkten beurteilt und geplant werden.

Das bedarf wellenübergreifender regelmäßiger Kommunikation bis hin zu »Jahresplanungskonferenzen«. Wichtig ist, dass alle relevanten Gruppen aus dem Wellenteam samt Wellenchef vertreten sind und die Entscheidungen an alle Wellenmitglieder kommuniziert werden.

Der Programmchef muss einem Team eine Leitlinie klar machen. Der Erfolg des Gesamtunternehmens Pop-Info-Welle hängt im Wesentlichen davon ab, wie sich die Mitarbeiterinnen und Mitarbeiter in ihren unterschiedlichen Aufgabenstellungen respektieren. Eine »Aktuell«-Moderatorin muss die Musikwunsch-Sendung als unentbehrlich für den Erfolg des eigenen Programms ebenso anerkennen wie das Musikteam den Wert eines Nachrichtenprofils formal wie inhaltlich mittragen muss.

Popwellen, Radioprogramme insgesamt, brauchen ein Radio-Format, d.h. ein Prinzip, nach dem die Welle funktioniert, eine Gesetzesvorlage für alle Team-Mitglieder, damit nicht ständig Grundsatzdebatten ausbrechen. Bei der Personalplanung muss aber der Programmchef darauf achten, Leute einzukaufen, die in der Lage sind, ein Format nicht als formales Dogma zu begreifen. Sie müssen erkennen, wann sie die Realität zwingt, das für das eigene Programm erarbeitete Format (Wortlänge, Musiktitel) auch mal zu verlassen, um damit dem »Meta-Format«, nämlich eine intelligente Pop-Info-Welle zu sein, gerecht zu werden. Es ist eine der größten Leistungen des Programmchefs, wenn seine Mitarbeiterinnen und Mitarbeiter diesen »aufgeklärten Absolutismus« dosiert und sinnvoll anwenden.

Radio-Format

Radioprogramme heutzutage bieten, so sie richtig funktionieren, nicht mehr »nur« noch Radio – sie bieten Lebensart, »Lifestyle«. Die Nähe zum Grundprodukt Radioprogramm muss gewahrt bleiben, aber im Prinzip ist alles sinnvoll, was das Lebensgefühl der Hörerinnen und Hörer trifft – seien es mehrtägige Programmaktionen, Hörerhitparaden, Merchandising-Artikel, eigene Veranstaltungen, der spezifische Umgang mit den neuen Medien und anderes mehr. Es wird immer wichtiger, dass es mit dem Radioprogramm gelingt, aus »herkömmlichen« Hörerinnen und Hörern eine überzeugte »Community« zu bilden, die sich über das Profil, den Charakter der Radiowelle, als »Lebensartgemeinschaft« mit gemeinsamer Sozialisation, gemeinsamen Werten, Interessen oder musikalischen Präferenzen begreift. Als aktive Rezipienten werden die Mitglieder dieser »Community« über den Dialog mit Radiowelle und »Gleichgesinnten« selbst zu einem Faktor in der Medienlandschaft mit einem unschätzbaren Marketingwert für das Programm.

Radioprogramme sind mehr als nur Radio

Die lineare Ausstrahlung über klassische Frequenzen plus neuer Verbreitungswege wie »Live-Streaming« wird vor allem bei einem Radioprogramm wie SWR1 Baden-Württemberg mit der Zielgruppe der »Mid-Agers« noch auf absehbare Zeit die entscheidende Rolle bei der Positionierung und Profilierung der Welle spielen. Digitale Nutzungsmöglichkeiten wie »Audio-on-Demand«, »Podcasting« oder überhaupt die Online-Begleitung einer Radiowelle mit einer attraktiven, ständig aktualisierten, d. h. sorgfältig gepflegten Homepage wird aber eine immer größere Rolle spielen. Gerade ein Programm mit viel Inhalt, mit attraktivem Content, kann seinem Stammpublikum einen Service bieten, der immer mehr selbstverständlich erwartet wird. Eine öffentlich-rechtliche Welle kann beinahe jeden beliebigen Hintergrund durch optimale Verlinkung anbieten und somit das Image eines intelligenten, anspruchsvollen Pop-Info-Programms festigen und ausbauen. Gleichzeitig können aber auch neuer Hörerinnen und Hörer erreicht werden, die durch Surfen oder spezielle thematische Anfragen über Online an das Grundprodukt, nämlich die Radiowelle, herangeführt und Mitglieder der »Community« werden. Personell wird dieser Bereich die mit Abstand größten Steigerungsraten haben.

»SWR1 Baden-Württemberg« beweist, dass die Formel »Lebensgefühl plus Hörerbindung« funktioniert. Darüber hinaus gelingt es, klassische öffentlich-rechtliche Profile wie kompetentes Informationsimage in ein modernes »Lebensgefühlradio« zu integrieren. Dazu gehört ein »öffentlich-rechtliches Marketing«: Eine profilierte, moderne, dabei auf Inhalte achtende Öffentlichkeitsarbeit. Der Wellenchef muss vor allem dafür Sorge tragen, dass alle im Team, ob die Wellen-CvDs, die »Aktuellen«, der Service, die Musik, das Design diese öffentlichkeitorientierte Philosophie nicht nur mittragen, sondern in ihrer Alltagsarbeit auch wirklich leben.

Dabei geht es nicht um platte Gewinnspiele und Partnerschaften mit Firmen, die ohne Sinnzusammenhang zum seriösen Profil des Programms geschlossen wurden und keine Rücksicht auf die Bedürfnisse der Kernzielgruppen nehmen. Es geht darum, das Programm nach Möglichkeit so zu planen, dass das inhaltliche Profil in optimalen »konzertierten Aktionen« von Off-Air-Veranstaltungen, Programmschwerpunkten, Eigenwerbekampagnen und Partnerschaften mit seriösen, passenden, anerkannten Partnern umgesetzt wird.

Weil sich »SWR1 Baden-Württemberg« in über 300 Veranstaltungen vor Ort in seinem ganzen Sendegebiet so präsentiert hat und weiter präsentiert, schafft SWR1 die Nähe zu seinen Hörern und wird ein emotional wichtiger Tagesbegleiter – ohne Aufgabe seiner Kernkompetenzen, die das Marketing herausarbeiten muss: Das einmalige Musikformat, also »die größten Hits aller Zeiten«, das aktuelle Infoimage »aktuell und schnell« sowie der permanente Bezug zum Land »für uns in Baden-Württemberg«, zu den Regionen, zu den Hörerinnen und Hörern überall im Land – wo SWR1 mit der Förderung von sozialem Engagement und vieler Veranstaltungen zu einem unverzichtbaren Faktor in ganz Baden-Württemberg geworden ist. Das Radio muss überhaupt unverzichtbarer Faktor im Alltag werden – als Ausdruck des jeweiligen Lebensgefühls. Und das schafft das Radio nur, wenn die Basis stimmt: Das Programm muss die definierten Zielgruppen erreichen. Die Hörerinnen und Hörer müssen es gern hören. Ganz einfach.

4.3   Management eines Nachrichtenradios

Max Stocker
Leiter der Zentralredaktion »B5 aktuell« des Bayerischen Rundfunks (BR), München

15 Minuten sind das Maß aller Dinge bei »B5 aktuell«, dem Informationsradio des Bayerischen Rundfunks, das als erstes Nachrichtenprogramm in deutscher Sprache am 6. Mai 1991 an den Start ging. Ein Sender mit einem damals völlig neuen Konzept, der seinen Hörern nahelegte, im Laufe des Tages oft einzuschalten, aber nicht zu lange am Stück zuzuhören. Das allein unterschied »B5 aktuell« schon von allen anderen Programmen, die versuchten (und bis heute versuchen) ihre Hörer möglichst ständig an sich zu binden. »B5 aktuell« dagegen empfiehlt, spätestens nach einer Stunde möglichst auf ein anderes Programm des Bayerischen Rundfunks zu wechseln, weil einem sonst die Wiederholungen im Nachrichtenprogramm allmählich auf die Nerven gehen können.

Diese Wiederholungen müssen sein, denn »B5 aktuell« verspricht seinen Hörern innerhalb von 15 Minuten einen Überblick über das aktuelle Tagesgeschehen – ganz gleich, zu welchem Zeitpunkt sie einschalten. Nun lautet der Slogan von »B5 aktuell« »In 15 Minuten kann sich die Welt verändern«, aber das soll nicht suggerieren, dass die Redaktion in der Hektik des Nachrichtengeschäfts glaubt, in jeder Viertelstunde die Aktualität umkrempeln und die Welt neu erfinden zu müssen. Es ist nur das zugespitzt formulierte Versprechen, dass alle entscheidenden (und auch weniger wichtigen) Entwicklungen und Veränderungen des tagesaktuellen Geschehens schnell und zuverlässig im Informationsradio abgebildet werden – und zwar im Viertelstundentakt. Das bedeutet andersherum aber auch, dass sich in jeder Viertelstunde Meldungen und Berichte finden, die 15 Minuten zuvor bereits gesendet wurden. Sie sind eben weiter wichtig und neue Aspekte haben sich in der Zwischenzeit nicht ergeben.

> Notwendige Wiederholungen

Das Angebot ständig im Radio verfügbarer Information stieß von Anfang an auf Interesse bei den Hörern. Die häufigen Wiederholungen waren allerdings für viele geradezu ein Kennzeichen der Welle und viele störten sich daran. Kein Wunder bei einer deutlich mehr als zweistündigen Verweildauer im täglichen Durchschnitt. Doch die Nutzer lernten den Umgang mit »B5 aktuell« schnell und die Klagen über zu viele Wiederholungen im Programm sind unter den werktäglich über 600.000 Hörern von »B5 aktuell« inzwischen längst verstummt. Die Verweildauer ist im Laufe der Jahre auf etwa 80 Minuten täglich gesunken. Die Hörer haben also den Wert des Angebots erkannt und den Umgang damit gelernt.

In einem Punkt ist das Angebot seit dem Sendestart unverändert geblieben: das Viertelstundenraster gilt und wird nur in sehr seltenen Fällen aus aktuellen Gründen durchbrochen. Jede Sendestunde beginnt mit Schlagzeilen und dem so genannten Infoblock. Das sind moderierte Nachrichten mit Korrespondentenberichten und O-Tönen. Der Infoblock dauert mindestens sieben, je nach Aktua-

> Die Programmstruktur

lität aber auch bis zu zehn Minuten. Danach folgt in jeder Stunde »B5 Bayern« mit Meldungen und Berichten aus dem Freistaat, die von einem Redakteur der Bayernredaktion live präsentiert werden. Hörer, die besonders an Informationen aus Bayern interessiert sind, wissen, dass ihr spezielles Interesse immer etwa zehn Minuten nach der vollen Stunde befriedigt wird. Im Anschluss daran gibt es eine Börsenminute live aus dem Börsenstudio des Bayerischen Rundfunks, die das aktuelle Geschehen an den deutschen, europäischen und weltweiten Börsen je nach Tageszeit abbildet. Mit der vom Moderator gelesenen Verkehrsübersicht, Wetterbeobachtungen und Wettervorhersagen endet die erste Viertelstunde.

Dann ist es an der Zeit, das Versprechen einzulösen, wonach man bei »B5 aktuell« innerhalb einer Viertelstunde stets einen Überblick über das aktuelle Tagesgeschehen bekommt. Es beginnen die Nachrichten. Sie werden von Nachrichtenredakteuren, die Teil der Mannschaft von »B5 aktuell« sind, geschrieben und von ausgebildeten Sprechern gelesen. In der Regel ist die Reihenfolge der Themen im Infoblock und in den Nachrichten gleich, Fortschreibungen und Veränderungen werden zwischen dem für die Schicht verantwortlichen Chef vom Dienst und den Nachrichtenredakteuren abgesprochen.

Um zwanzig Minuten nach der vollen Stunde ist Platz für die ausführlichere Darstellung eines tagesaktuellen Themas. »B5 Hintergrund«, so heißt der Sendeplatz, kann ein Korrespondentenbericht von drei bis vier Minuten Länge sein. Es kann sich um einen Erklärbeitrag zu einem Einzelaspekt eines tagesaktuellen Themas handeln, eine Reportage oder ein Interview sein. Auf dem Hintergrundplatz will »B5 aktuell« vertiefende Information über die Nachrichten hinaus bieten.

Der nächste Sendeplatz gehört der Kultur. In jeder Stunde gibt es ab fünf vor halb Berichte und Meldungen aus den Bereichen Theater und Film sowie Literatur und Musik. Mit einem Schwerpunkt auf das Geschehen in Bayern, aber auch mit dem Blick über die weißblauen Grenzen hinaus. Die Zeit bis zum Ende der halben Stunde wird gefüllt mit der Verkehrsübersicht und dem Wetter. Bis zu diesem Zeitpunkt gibt es im Programm »B5 aktuell« zwar thematische Wiederholungen, aber die Darstellungsformen unterscheiden sich.

Die zweite Hälfte der Stundenuhr Das ändert sich mit dem Beginn der zweiten Hälfte der Stundenuhr. Pünktlich um halb beginnt wieder der Infoblock, der die gleichen Themen und Beiträge enthalten kann, wie derjenige, der zur vollen Stunde gesendet wurde. Selbstverständlich gibt es auch Ergänzungen bisheriger Themen und völlig neue Informationen. Das hängt allein von der Entwicklung der Aktualität ab. Erfahrungsgemäß gibt es Tageszeiten, in denen die Veränderungen wenig umfangreich sind, am frühen Vormittag z. B. und am späteren Abend. Da entsteht bei Dauerhörern schon mal der Eindruck, das Programm bestünde in erster Linie aus Wiederholungen. Es gibt aber auch Phasen, häufig um die Mittagszeit und am Nachmittag, in denen sich das Geschehen sehr dynamisch fortentwickelt und »B5 aktuell« ständig Neues zu bieten hat.

Auch der Infoblock um halb dauert sieben bis zehn Minuten. Der Sendeplatz danach gehört der Wirtschaft. Ein Redakteur aus der Fachredaktion präsentiert live die wichtigsten Berichte und Meldungen aus Wirtschaftsverbänden, Gewerkschaften und Unternehmen. Im Anschluss an »B5 Wirtschaft« gibt es eine Minute live aus dem Börsenstudio, danach die Verkehrsübersicht und das Wetter.

Jetzt braucht es nicht viel Phantasie um sich vorzustellen, was auf der Stundenuhr um 45 steht: die Nachrichten, denn seit dem letzten Überblick über das aktuelle Tagesgeschehen sind 15 Minuten vergangen. Nach den Nachrichten ist wie immer Platz für Hintergrund, was über den Tag gesehen bedeutet, dass bei 18 Stunden Programm auf »B5 aktuell« 36 Mal die Möglichkeit besteht, ein tagesaktuelles Thema vertiefend oder unter einem besonderen Blickwinkel zu betrachten.

Die letzten Minuten der Sendestunde gehören dem Sport, live präsentiert von einem Redakteur aus der Sportredaktion des BR einer weiteren Verkehrsübersicht und Wettermeldungen.

Wer eine Stunde drangeblieben ist, hat nicht nur viermal einen Überblick über das aktuelle Tagesgeschehen erhalten, sondern auch das Wichtigste aus Bayern, aus dem kulturellen Leben, aus der Wirtschaft und vom Sport erfahren. Wenn man es vergleicht, hat er den Inhalt einer ganzen Tageszeitung mit ihren Ressorts im Hörfunk bekommen. Und die nächste Stunde bietet wieder eine komplette Zeitung zum Hören – in einer aktualisierten Ausgabe.

Eine komplette Zeitung zum Hören

Am Aufbau der Stundenuhr von »B5 aktuell« hat sich seit Programmbeginn 1991 nichts geändert, aber innerhalb der einzelnen Elemente gab es Neuerungen. Vor allem auf den Sendeplätzen Bayern, Kultur, Wirtschaft und Sport ist »B5 aktuell« kleinteiliger geworden. Nahmen früher Berichte über eine Theaterpremiere oder die Hauptversammlung eines Großunternehmens den Sendeplatz »B5 Kultur« bzw. »B5 Wirtschaft« in einer Stunde komplett ein, so haben im Laufe der Jahre auf diesen Sendeplätzen Kurzberichte, O-Töne und Meldungen Einzug gehalten. Damit hat sich das Tempo des Programms erhöht.

Möglich wurde diese Entwicklung auch und vor allem durch die technische Innovation. 1991 arbeitete »B5 aktuell« noch mit Bändern, die aufgenommen, geschnitten und abgespielt wurden. Die Nachrichtenmeldungen der Agenturen kamen noch aus dem Ticker. Die Redakteure hatten eine Menge Hand- und Laufarbeit zu verrichten. Nach der Umstellung der Nachrichtenverteilsysteme auf Computer kurz nach Programmstart hielt 1997 die Digitalisierung Einzug. Korrespondentenberichte werden seither am Computer aufgenommen und bearbeitet, die Übertragung erfolgt nicht mehr per Leitung oder Telefon, sondern per Datentransfer. Wenn der Berichterstatter in Berlin sein Stück nach München übermitteln will, braucht er am Empfangsort keinen Partner, der seinen Beitrag entgegennimmt. Der Korrespondent stellt seine Aufnahme in einen Datenspeicher, aus dem sich ein Redakteur den Beitrag abholt, auf dem Bildschirm bearbeitet und elektronisch in einem weiteren Speicher ablegt, aus dem der Chef vom Dienst die Sendeablaufsteuerung bestückt, mit deren Hilfe der Moderator die Sendung über eine Tastatur abwickelt. Die Abläufe wurden auf diese Weise

Technische Innovationen beschleunigen Abläufe

enorm beschleunigt. Das hat dazu geführt, dass sich die Anzahl der Beiträge, die täglich auf »B5 aktuell« gesendet werden, seit dem Programmstart nahezu verdoppelt hat. Die Zahl der Mitarbeiter ist dagegen nahezu gleich geblieben.

Die Menge an Text- und Tonmaterial, die in der Redaktion von »B5 aktuell« bearbeitet wird, ist nur durch starke Arbeitsteilung zu bewältigen. Der Nachrichtenredakteur kann während seiner Schicht den Arbeitsplatz praktisch kaum verlassen. Er würde sonst in der Flut der Meldungen, die ihn über das Verteilsystem erreichen, hoffnungslos ins Hintertreffen geraten. Der Produktionsredakteur sitzt an seiner Workstation, durchkämmt die verschiedenen Speicher und bearbeitet wie am Fließband journalistisch bzw. technisch das ständig anfallende Audiomaterial.

Doppelte Besetzung und Rotation Jeder Arbeitsplatz ist doppelt besetzt. Es gibt also zwei Nachrichtenredakteure, zwei Moderatoren und (mindestens) zwei Produktionsredakteure pro Schicht. Gearbeitet wird in Früh-, Tag- und Spätschicht. Dabei ist es sehr wichtig, dass in den Übergabezeiten keine Informationen verloren gehen. Deshalb ist jede Schicht in sich noch einmal geteilt, so dass z. B. nie an den zwei Nachrichtenplätzen zwei Redakteure zur gleichen Zeit ihre Arbeit beenden bzw. aufnehmen.

Das hohe Arbeitstempo in der Redaktion eines Informationsradios und eine gewisse Monotonie in den einzelnen Tätigkeitsfeldern birgt die Gefahr, dass die Arbeitszufriedenheit und die Leistungsfähigkeit der Mitarbeiter über kurz oder lang sinken. Deshalb üben bei »B5 aktuell« nahezu alle Redaktionsmitglieder unterschiedliche Tätigkeiten im häufigen Wechsel aus. Moderatoren arbeiten auch als Nachrichten- und Produktionsredakteure, oder Nachrichtenredakteure werden in Planerschichten eingesetzt. Diese Abwechslung ist auch ein Grund dafür, dass nahezu die Hälfte der Gründungsmannschaft noch immer bei »B5 aktuell« arbeitet.

Viele aus diesem Kreis sind inzwischen allerdings Teilzeitkräfte. Vor allem Frauen, die bei »B5 aktuell« immer etwa die Hälfte des Teams gestellt haben, sind nach einer Kinderpause zurückgekommen und nutzen die Möglichkeiten, die ihnen Schichtdienst und Teilzeit bieten, um Familien- und Berufsleben unter einen Hut zu bringen.

Dem Programm kommt es auch zugute, dass die meisten Redaktionsmitglieder auf mehreren Tätigkeitsfeldern zu Hause sind. So weiß der Produktionsredakteur, wie man Texte schreibt, die jeder Moderator bewältigen kann, weil er selbst immer wieder Texte, die er nicht selbst verfasst hat, am Mikrofon vortragen muss.

Redaktionsinterne Abstimmung als Herausforderung Die redaktionsinterne Kommunikation ist durch Schichtdienst und Teilzeit allerdings nicht gerade einfach. Trotz E-Mail-Verkehr ist ein für alle verbindliches Journalbuch bislang unverzichtbar. Die gemeinsame, kritische Bewertung der Arbeit kommt über Ansätze in den zwei kurzen Redaktionssitzungen pro Tag kaum hinaus und wird immer wieder als unzureichend beklagt.

In den Jahren seines Bestehens hat »B5 aktuell« ständig neue Konkurrenz auf dem Informationssektor bekommen. Zunächst das Frühstücksfernsehen, das in der Zeit sendet, zu der das Radio die meisten Zuhörer hat, dann die Informationskanäle auf dem Bildschirm und zuletzt die Newsportale im Internet. Trotzdem kann »B5 aktuell« seine Hörerzahlen seit Jahren konstant halten und seine Position als hörerstärkstes Informationsradio behaupten.

Allerdings belegen Umfragen, dass sich die Art der Nutzung seit Jahren verändert. Mittlerweile geben mehr als 70 Prozent der Hörer von »B5 aktuell« an, dass sie den Sender im Auto einschalten, während das Radiohören am Arbeitsplatz stark zurück gegangen ist. Das dürfte auf die schon erwähnten Internetangebote zurückzuführen sein. In Richtung Internetpräsenz wird sich »B5 aktuell« weiter verbessern müssen. Der programmbegleitende Ausbau des Internetangebots hat hohe Priorität. Was der Hörer am Morgen zu Hause oder auf dem Weg zur Arbeit auf »B5 aktuell« gehört hat, muss er in Fortschreibung auch tagsüber im Programm weiter verfolgen können – und zwar nicht nur im Live-Stream, den es seit einem Jahrzehnt gibt, sondern auch in Textform.

Im veränderten Konkurrenzumfeld muss auch die öffentliche Präsenz von »B5 aktuell« über das Programm hinaus verstärkt werden. In den vergangenen Jahren hat das Informationsradio des Bayerischen Rundfunks immer wieder Diskussions- und Informationsveranstaltungen zu aktuellen politischen Themen organisiert, die dann im Programm ihren Widerhall fanden. Auch die sonntägliche Diskussionssendung über aktuelle Themen der Woche lebt von den Hörern, die sich live am Telefon beteiligen. Allerdings sind einem Informationsradio auf diesem Gebiet Grenzen gesetzt. Zum Mitmachradio kann es nur sehr eingeschränkt werden, wenn es seinem Auftrag gerecht werden und Nachrichten im 15-Minuten-Takt liefern will.

5 Marketing als journalistische Aufgabe

Marketing heißt allgemein, ein Produkt oder eine Dienstleitung möglichst den Kundenwünschen entsprechend anzubieten. Die Kundenzufriedenheit ist daher Leitmaxime der Unternehmenspolitik. Redaktionelles Marketing umfasst alle redaktionellen Vorgänge, die darauf zielen, mit einem Medium den Wünschen der Zielgruppen zu entsprechen. In der Vergangenheit bedeutete diese Vorstellung für viele Journalisten insbesondere bei Tageszeitungen und Qualitätsmedien einen »Kniefall vor den Gesetzen des Marktes, eine Auslieferung des journalistischen Auftrags an den Kommerz« (Günter Rager). Untersuchungen deuten allerdings darauf hin, dass die Marktorientierung der redaktionellen Arbeit und damit die Einsicht in die Notwendigkeit abgestimmter Marketingkonzepte bei den Redakteuren an Verbreitung zugenommen hat (→ Journalisten und ihr Publikum).

Ziele redaktio-
nellen Marketings

Redaktionelles Marketing begreift die Vermarktung eines journalistischen Produktes als übergeordnete Aufgabe. Klassische Konzepte des Verlagsmarketings
nehmen die Redaktion ausdrücklich aus den Überlegungen heraus und beschränken sich auf die Preis-, Kommunikations- und Distributionspolitik. Es geht
darum, die Rahmenbedingungen der Zeitung (Preise, Vertriebswege) marktnah
zu gestalten und das Publikum über verschiedene Kommunikationswege – allen
voran die klassische Werbung – anzusprechen.

Redaktionelles Marketing zieht die Gestaltung des journalistischen Produktes von der allgemeinen Struktur über die Präsentationsformen bis zu den Inhalten ausdrücklich in ein integriertes Konzept ein. Es dient einem Ziel, das die
meisten Redaktionen ohnehin anstreben: ihr »publizistisches Produkt« fortlaufend zu verbessern. Mithilfe der Marketing-Instrumente wird versucht, dieses
Ziel zu präzisieren und auf systematische Weise zu erreichen. Im Mittelpunkt
der Bemühungen steht das Publikum. Dies bedeutet aber nicht, sich nur am vermuteten Publikumsinteresse zu orientieren. Journalistische Intuition ebenso wie
gesellschaftliche und politische Aufgaben der Medien spielen nach wie vor eine
wichtige Rolle. Ein erfolgreiches journalistisches Produkt benötigt immer beides – journalistisches Gespür für Themen und systematische Informationen über
Publikumswünsche und -bedürfnisse.

Notwendig sind also Wege, die das publizistische und ökonomische Ziel,
die redaktionellen Interessen und die Interessen des Publikums gleichermaßen
berücksichtigen. Die Zeitung, Zeitschrift oder das Hörfunk- und Fernsehprogramm müssen dazu jedoch nicht neu erfunden werden. Die Redaktionen unternehmen derzeit schon viel, um den Anforderungen der Medienmärkte gerecht zu
werden. Neu am redaktionellen Marketing sind daher eine Bündelung der einzelnen Bemühungen zu Marketing-Gesamtpaketen und der Einsatz professioneller Instrumentarien zur systematischen Planung und Umsetzung der gesteck-
ten Ziele (vgl. Abb. 36).

 Tipp: Ausgangspunkte redaktioneller Marketingkonzepte sollten die Pro-
duktdefinition und eine Stärken-Schwächen-Analyse sein.

Konzepte
und Umsetzung

Am Anfang der Überlegungen zum redaktionellen Marketing steht die Pro-
duktdefinition. Zuerst muss geklärt werden, für wen das redaktionelle Angebot
entwickelt werden soll. Das Angebot sollte eine klar umrissene Position beim
Publikum und der werbetreibenden Wirtschaft einnehmen. Zu untersuchen
sind die Stärken und Schwächen des publizistischen Angebots und die Chancen
und Risiken, die auf den Medienmärkten bestehen. Ausgangspunkt des redaktionellen Marketings sind daher Analysen des Publikums und der Medienmärkte.
Ergebnis sollte ein schlüssiges Konzept sein, das Auskunft darüber gibt, welche

publizistischen Leistungen für welche Zielgruppen angeboten werden sollen. Beispielsweise kann sich eine Tageszeitung verstärkt Lesern in der Region zuwenden und ein Forum zum Austausch von Meinungen und Ansichten einrichten.

Abb. 36: Stufenprozess redaktionelles Marketing

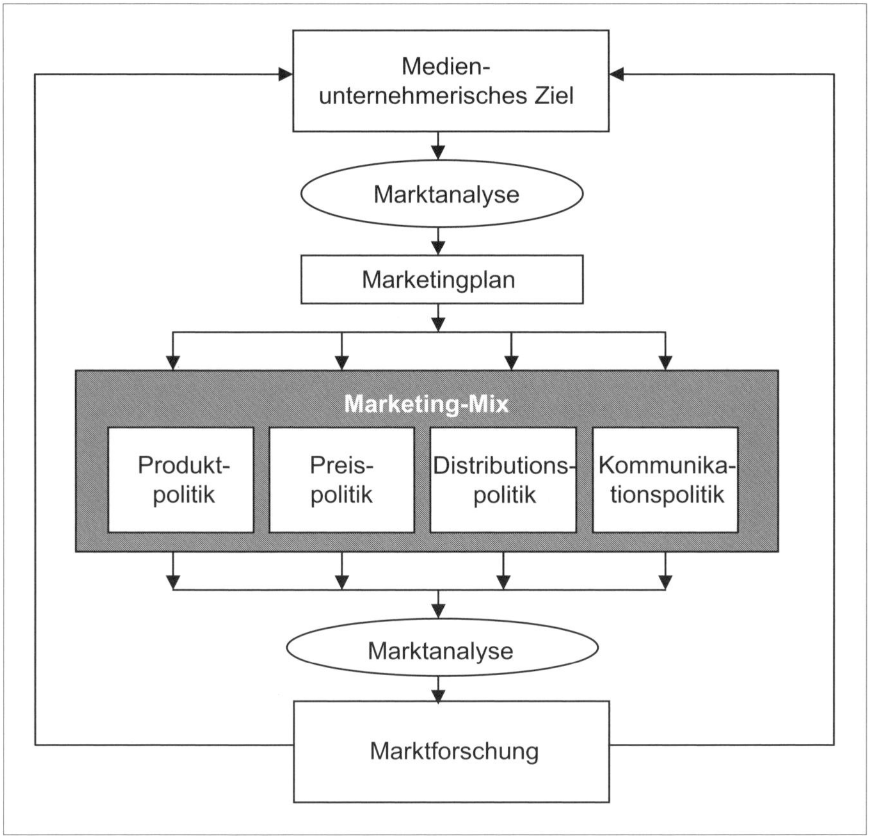

Quelle: Meckel 1999, S. 177

Anlass konkreter Marketingkonzepte ist in den meisten Fällen ein Ist-Zustand, der als Problem identifiziert wird. Dies kann bei einer Tageszeitung beispielsweise der Rückgang der Abonnentenzahlen sein, der in einem Teil des Verbreitungsgebietes auftritt. Neben der Betrachtung der so genannten Produktpolitik sind auch die Bereiche Distributions-, Preis- und Kommunikationspolitik zu beachten (→ Wirtschaftliche Grundlagen der Medien). Die Idee integrierter Marketingkonzepte besteht gerade darin, alle Instrumente und Elemente des Marketing-Mix zu koordinieren und auf ein gemeinsames Ziel auszurichten. Dies muss in enger Abstimmung mit den entsprechenden Abteilungen des Medienunternehmens bzw. Verlages erfolgen. Zu untersuchen ist daher, über welche Vertriebswege das Publikum erreicht werden kann, wo eventuelle Probleme in der Zustellung liegen und welche Rolle der Preis für die Leser spielt.

Eine zentrale Rolle nimmt die Kommunikation über die Produkte bzw. Dienstleistungen der Medien ein. Nicht nur Verlagsleiter oder Geschäftsführer müssen sich mit Werbung und Öffentlichkeitsarbeit beschäftigen, sondern auch Chefredakteure und Journalisten sind zunehmend gefordert, über ihre Arbeit zu informieren. In den Redaktionen gibt es mittlerweile Redakteure für Öffentlichkeitsarbeit, die den Kontakt zu den Lesern, Hörern, Zuschauern organisieren, das redaktionelle Marketing verantworten und Forschungsergebnisse, z.B. Daten der Mediaanalyse, auswerten. Ziel ist es, eine integrierte Marketingkonzeption zu erarbeiten und umzusetzen, die zum Erfolg der Publikation beiträgt.

Sonderaktionen als Zusatzleistung Innerhalb ihrer jeweiligen Marketingstrategie versuchen Medien, sich durch besondere Aktionen bemerkbar zu machen. Neben verbesserten Kenntnissen über die Bedürfnisse und Vorlieben der Konsumenten erhöht eine so erzielte Hörer-, Leser- oder Zuschauernähe auch die Sympathiewerte beim Publikum. Ein großer Teil möglicher Aktivitäten hat unmittelbaren Bezug zur Lebensumwelt des Publikums.

Für besondere journalistische Aktivitäten eignen sich sowohl wichtige Ereignisse als auch Themen, die Stadtgespräch sind oder allgemein große Betroffenheit in der Bevölkerung erzielt haben. Gerade in der Kommunalpolitik sind Beteiligte oft über Themen wie die Sanierung eines Altbaus, Industrieansiedlung oder Kulturförderung zerstritten. Die Zeitung oder das Radio kann die Kontrahenten bewegen, sich an einen Tisch zur Gesprächsrunde zu setzen. Altstadtsanierungen, Volkswandertage und Wahlen können z.B. neben der Berichterstattung zusätzlich mit einem Telefonservice begleitet werden. Experten erhalten so Gelegenheit, beispielsweise über Vorschriften zum Städtebau zu informieren, oder Statistiker geben über aktuelle Ergebnisse der Kommunalwahl Auskunft.

Einbindung des Publikums in die Berichterstattung Um die Bindung des Publikums an ein journalistisches Angebot zu erhöhen, gilt der Grundsatz: Die Leser, Zuschauer oder Hörer müssen sich in der Berichterstattung wiederfinden. Traditionell spielen Leserbriefe, die regelmäßig veröffentlicht werden, eine große Rolle. Aber auch Umfragen bieten die Möglichkeit, das Publikum direkt in die Berichterstattung zu integrieren. »Menschen wie du und ich« äußern sich als Passanten auf der Straße oder am Rande der Veranstaltungen zu aktuellen Themen, schildern ihre Eindrücke oder geben Einschätzungen. In der Lokalberichterstattung ist es wichtig, die Lebensräume der Menschen zu repräsentieren. Dies leistet etwa eine umfassende Vereinsberichterstattung, in der die Leser sich selbst oder bekannte Personen wiederfinden können.

Neue Formen der Publikumseinbindung gehen noch einen wesentlichen Schritt weiter. Das Publikum liefert selbst Inhalte, die in der Berichterstattung oder in begleitenden Angeboten verwertet werden. Vor allem im Internet gibt es zahlreiche Möglichkeiten, die Nutzer aktiv zu beteiligen und einen Austausch sowohl zwischen Redaktion und Publikum als auch unter den Nutzern zu organisieren (→ Online-Journalismus). Auch in der Presse können Leserreporter dazu beitragen, die Beziehung zwischen Redaktion und Publikum auf eine neue Grundlage zu stellen und die Leser-Blatt-Bindung zu erhöhen.

Eine Redaktion kann Veranstaltungen und Ereignisse auch selbst initiieren. In einem solchen Fall schlüpft der Journalist von der passiv-beobachtenden in die aktiv-teilnehmende Rolle. Viele Themen schwelen unterhalb der öffentlichen Wahrnehmung, sind aber Journalisten bekannt. Häufig sind die gegnerischen Parteien auch so zerstritten, dass nur die Zeitung oder der Radiosender als neutraler Vermittler eine Diskussionsrunde zustande bringt. Eine Veranstaltung in eigener Regie garantiert einen entsprechenden Einfluss auf den Ablauf, vorausgesetzt, der Verlag oder die Rundfunkgesellschaft geben organisatorische und personelle Unterstützung. Nicht selten sind solche Forumsveranstaltungen eine feste Einrichtung im Redaktionsmarketing und Markenzeichen eines Mediums.

Aktionen von Redaktionen

Neben Diskussionsrunden mit eher politischem Charakter können Zeitungen und vor allem Funkmedien zusätzlich zur Berichterstattung mit selbst geschaffenen Ereignissen oder bei Veranstaltungen vor Ort präsent sein. Auf Messen und Ausstellungen lässt sich neben der Berichterstattung aus Messestudios und Ü-Wagen auch für das eigene Medium werben. Kulturelle Veranstaltungen wie Konzerte und Ausstellungseröffnungen, gesellschaftliche Ereignisse wie Stadtfeste und Kongresse oder saisonale Veranstaltungen wie Karnevalsumzüge und Weihnachtsmärkte sind ebenfalls geeignete Anlässe, Präsenz des Mediums »vor Ort« und Berichterstattung miteinander zu verbinden.

> **Tipp:** Von einer Redaktion initiierte Veranstaltungen können eine feste Einrichtung des Redaktionsmarketings und ein entsprechendes Markenzeichen sein.

Auch bei Hungerkatastrophen oder Not der Menschen in der Nachbarschaft kann die Redaktion durch gezielte Aktionen anderen helfen und gleichzeitig auf sich aufmerksam machen. Zusammen mit dem Redaktionssekretariat und Wohlfahrtsorganisationen, welche die organisatorischen Dinge erledigen, werden spontane Aktionen aus aktuellem Anlass oder geplante jährlich wiederkehrende Maßnahmen – etwa zu Weihnachten – veranlasst. Beispielsweise organisiert der »Bonner General-Anzeiger« nun schon seit Jahrzehnten und mit einer von Jahr zu Jahr wachsenden Beteiligung die Aktion »Weihnachtslicht« für hilfsbedürftige Menschen seines Verbreitungsgebietes. Die ausführliche Berichterstattung über Zweck, Ablauf und Auswirkungen der Hilfsmaßnahme schafft

Vertrauen bei Lesern, Hörern und Zuschauern. Je persönlicher die Hilfsaktion gestaltet wird, desto größer ist die Bereitschaft, daran teilzunehmen. Die Darstellung von Einzelschicksalen und die Mithilfe der Redaktion vor Ort tragen hierzu bei. Sie fördern die vorhandene Hilfsbereitschaft in der Bevölkerung und nicht zuletzt auch das Ansehen des Mediums.

Zielgruppen-konzepte In ihrem redaktionellen Angebot wenden sich Medien als Teil einer Marketingstrategie speziellen Zielgruppen zu, die sie besonders aufmerksam mit publizistischen Dienstleistungen versorgen wollen. Spartenprogramme wie der Nachrichtenkanal »B5 Aktuell« des Bayerischen Rundfunks oder – in einem ganz anderen Feld – Frauenzeitschriften versuchen, einer bestimmten Zielgruppe besondere Leistungen anzubieten. Sie suchen damit ihre Marktlücke im spezialisierten und gezielten Angebot für einen abgegrenzten Teil des Publikums. Tageszeitungen, die eine Region oder ein Bundesland mit einem breiten, aktuell-universellen Angebot versorgen, müssen einen anderen Weg einschlagen

 Tipp: Mit Zielgruppenkonzepten können Lesergruppen, die das Medium bislang sehr wenig nutzen, direkt angesprochen und im Idealfall neue Mediennutzer gewonnen werden.

»Mängellisten« in Sachen Zielgruppenansprache, die auf Basis von Leserbefragungen erarbeitet wurden, sahen bei vielen Tageszeitungen in der Vergangenheit ähnlich aus: Die Redaktion kümmert sich zu wenig um die tatsächlichen Interessen von Jugendlichen. Die steigende Zahl der über 60-jährigen Leser wird ebenfalls vernachlässigt. Auch die speziellen Themeninteressen von Frauen werden häufig zu wenig beachtet. Insbesondere Sport und Politik werden als Männerthemen präsentiert. Der Sprachstil von Nachrichtenagenturen und das Fachkauderwelsch der Lokalpolitik sind ebenfalls kaum geeignet, alle Bevölkerungsgruppen anzusprechen. Politische Themen werden zu wenig in die Lebenswelt des Medienpublikums übersetzt.

Redaktionelle Konzepte, die Lösungen aus dieser Misere versprechen, sind deshalb Teil eines gezielten Redaktionsmarketings. Am Beispiel der Zielgruppe Jugend werden im Folgenden Probleme und Lösungen der Zielgruppenkonzepte vorgestellt.

Herausforderung: Jugend als Leser Presse und Rundfunk haben Jugendliche als Zielgruppe längst entdeckt. Über Reichweiten und Auflagen und erst recht über den Medienmarkt von morgen entscheiden die Jugendlichen von heute. Es gilt, sie als Leser, Hörer und Zuschauer frühzeitig zu gewinnen. Jugendsendungen, Jugendzeitschriften und Jugendseiten in Zeitungen versuchen, diese Zielgruppe gezielt anzusprechen. Um erfolgreich zu sein, müssen diese Angebote auf die Interessen und Bedürfnisse jugendlicher Mediennutzer ausgerichtet sein.

Nach der Studie »JIM: Jugend, Information und (Multi-)Media«, vorgelegt von der Landesanstalt für Kommunikation Baden-Württemberg, schalten 90 Prozent aller Jugendlichen zwischen zwölf und 19 Jahren mehrmals wöchentlich den Fernseher ein. Über 70 Prozent hören mehrmals in der Woche Radio. Knapp unter der Radionutzung liegt die Nutzung des Internets: 69 Prozent der Jugendlichen surfen mehrmals pro Woche im Online-Medium. Knapp die Hälfte (47 Prozent) liest Zeitung. Jeder Vierte greift mehrmals in der Woche zum Buch, jeder Dritte zu einer Zeitschrift. Bei den jungen Menschen über 20 Jahren nimmt die Zeitungsnutzung im Vergleich zur ganz jungen Altersgruppe etwas zu, bleibt aber dennoch auf einem niedrigen Niveau. Nur sechs von zehn jungen Erwachsenen informieren sich mehrmals wöchentlich durch das Lesen einer Zeitung. In den höheren Altersgruppen (Gruppe der 60- bis 69-Jährigen) steigt der Anteil der Zeitungsleser dagegen bis zu einem Spitzenwert von 90 Prozent (vgl. Gerhards/Klingler 2007, S. 299).

Den Tageszeitungen fehlen also vor allem junge Leser. Dieses Ergebnis hat für die Zukunft der Mediengattung dramatische Folgen, denn vieles deutet darauf hin, dass die jüngeren Bevölkerungsgruppen, auch wenn sie älter werden, nicht unbedingt häufiger zur Zeitung greifen. Untersuchungen zeigen, dass sich einmal erworbene Muster in der Mediennutzung mit zunehmendem Alter der Rezipienten nur noch schwer ändern. In der Jugend entstandene Präferenzen für bestimmte Medien sind also auch im Alter dominierend. So betrug der Anteil der regelmäßigen (täglichen oder fast täglichen) Tageszeitungsleser unter den 14- bis 19-Jährigen im Jahr 1980 53 Prozent. Fast zehn Jahre später hatte sich an dieser Zahl wenig geändert: 56 Prozent der 20- bis 29-Jährigen – somit die gleiche Alterskohorte wie zuvor – griff 1989 täglich zur Zeitung. 2000 und 2007 lag dieser Anteil immer noch bei 56 Prozent (Quelle: Allensbacher Markt- und Werbeträgeranalysen 1980–2007). Für den praktischen Journalismus bedeutet dieses Langzeitergebnis: Löst man nicht schon bei Kindern ein Interesse für Zeitungen aus, so verliert man schon heute die Lesergruppen der Zukunft.

So wie es »die Jugend« als abgrenzbare und eindeutige Zielgruppe nicht gibt, sucht man auch den typischen jugendlichen Mediennutzer vergebens. Der Umgang mit den Medien hat aber dennoch ein charakteristisches Muster: Festgelegte Nutzungsprofile oder Medienvorlieben gibt es immer weniger. Jugendliche durchlaufen verschiedene Entwicklungsphasen, die unterschiedliche Medienbedürfnisse mit sich bringen. Je nach Interesse, persönlicher Situation, altersbedingter Entwicklung, Elternhaus und Bildungsstand werden Medien unterschiedlich genutzt. In der Regel genießen allerdings diejenigen Medienangebote den Vorrang, die ganz auf die Lebenswelt Jugendlicher zugeschnitten sind und Unterhaltung versprechen. Elektronische Medien scheinen diesem Wunsch nach Meinung der Jugendlichen eher entgegenzukommen. Insbesondere das Radio spielt eine zentrale Rolle.

Jugendspezifische Angebote

Auf die nachlassende Attraktivität der Tageszeitung in der jüngeren Leserschaft reagieren seit Anfang der 1980er Jahre Zeitungsverleger und Chefredakteure mit vermeintlich jugendspezifischen Angeboten: Für die Leser und Abonnenten von morgen werden in den Haupt- und Nebenausgaben der Tageszeitungen wöchentliche bzw. monatliche Sonderseiten oder Beilagen erstellt. Allerdings sind diese Angebote sehr unterschiedlich. Sie reichen von monothematischen Seiten über Musik, lokalen Jugendsport, Beruf und Ausbildung bis zu komplexen Hintergrund- und Problemthemen.

Spezielle Angebote für Jugendliche werden von Journalisten und Lesern unterschiedlich bewertet. Von Zustimmung bis Ablehnung reichen die Urteile. Viele Jugendredakteure sprechen vom Alibicharakter dieser Seiten und klagen über ihr knapp bemessenes Zeitbudget. Ein eigener Etat ist die Ausnahme. Für die Gestaltung sind in erster Linie Redakteure zuständig, die älter als 40 Jahre sind. Außerdem wissen viele Jugendredakteure gar nicht so recht, für wen sie schreiben und wer tatsächlich das Angebot nutzt. Die Folge dieser Unsicherheit ist, dass viele Jugendseiten und Beilagen in regelmäßigen Abständen neu konzipiert oder sogar ganz eingestellt werden.

Einige Redaktionen beschreiten innovative Wege bei der Ansprache von Jugendlichen und Kindern. Die »Stuttgarter Nachrichten« veröffentlichen beispielsweise jeden Tag in wechselnden Ressorts einen Artikel, der ein aktuelles Thema oder Ereignis auf kindgerechte Art und Weise erläutert. Dieses Vorgehen setzt eine für Kinder attraktive Berichterstattung im gesamten Blatt um und ergänzt die bestehenden speziellen Kinder- und Jugendseiten optimal. Auch die Nachrichtenagenturen dpa und ddp setzen stärker auf Kinder als Zielgruppe. Seit dem Jahr 2007 bieten beide Agenturen spezielle Kindernachrichten an, die Sachverhalte vereinfacht und kindgerecht erklären. Eine andere Möglichkeit besteht darin, kinder- und jugendspezifische Angebote aus der Tageszeitung auszulagern. Insbesondere das Internet bietet hier große Vorteile. Elemente des »Web 2.0« und die Internet-Kultur insgesamt können hilfreich sein, um diese Zielgruppen anzusprechen und an die Zeitung heranzuführen (→ Online-Journalismus). Artikel können beispielsweise als Hörbeitrag produziert und als »Podcast« zum Herunterladen zur Verfügung gestellt werden. Die Grundidee hinter einer solchen Vorgehensweise ist, die Zeitung in die Lebenswelt der jungen Bevölkerungsgruppen hineinzutragen und auf diese Art und Weise zukunftsfähig zu machen.

Andere Initiativen wollen Kinder und Jugendliche ausdrücklich für die *gedruckte* Zeitung gewinnen. Das vom Bundesverband Deutscher Zeitungsverleger (BDZV) in Zusammenarbeit mit dem Institut zur Objektivierung von Prüfungsverfahren (IZOP) entwickelte Projekt »Zeitung in der Schule« hat einen festen Platz in der Öffentlichkeitsarbeit der Zeitungen eingenommen. Jedes Jahr nehmen weit mehr als 50.000 Schüler an diesem Projekt teil. Über 50 Zeitungen haben seit 1979 dieses Projekt angenommen, dessen Grundbestandteil das über mehrere Wochen kostenlose Zeitungsexemplar für jeden beteiligten Schüler ist. Der längerfristige Umgang soll das Medium Zeitung erlebbar machen und den Nutzen des »Sich-Informierens« aufzeigen. Fächerübergreifendes Arbeiten, z. B.

durch Vergleich der Zeitungen oder die Simulation einer Zeitungsredaktion, an dessen Ende etwa eine selbst verfasste Seite in der Lokalzeitung steht, kann ebenso Bestandteil sein wie fächerbezogenes Arbeiten mit der Zeitung.

5.1 Spannende, kesse und abwechslungsreiche Zeitungen

Ulrich Reitz
Chefredakteur der »Westdeutschen Allgemeinen Zeitung«, Essen

Die beste Werbung für die Tageszeitung ist natürlich die gut gemachte Tageszeitung selbst. Wir brauchen Zeitungen, die inhaltlich und gestalterisch überzeugen. Wir Journalisten müssen unsere Kunden, die Leser, täglich aufs Neue mit guter Qualität überraschen und fesseln. Das beste Kompliment ist für uns, wenn wir am Frühstückstisch, in der Baubude, im Büro und im Supermarkt für Gesprächsstoff sorgen, wenn es heißt: »Hast du das in der Zeitung gelesen?« Gut gemachte, spannende, kesse und abwechslungsreiche Zeitungen sind daher für den Leser unverzichtbarer Begleiter im Alltag.

Die vom Publikum für gut befundene Zeitung ist eine eingeführte, in der Öffentlichkeit anerkannte Marke, die zunächst einmal für Informationskompetenz in der Presse steht. Von der Leserschaft anerkannte Qualitätszeitungen eignen sich auch als vertrauenswürdiges »Brand« für jegliche Form der Kommunikation. Unsere journalistisch sorgfältig aufbereiteten Inhalte können unter dieser Dachmarke auf verschiedene Distributionskanäle wie Internet, Radio, Fernsehen und Handy eingespeist werden. So hat sich die WAZ-Mediengruppe dazu entschieden, ein gemeinsames Internet-Portal für ihre im nordrhein-westfälischen Markt etablierten Titel »WAZ«, »NRZ«, »Westfälische Rundschau« und »Westfalenpost« zu schaffen. Wenngleich das Portal unter dem neuen Brand »DerWesten« firmiert, wird der Onlineauftritt von der Öffentlichkeit mit der anerkannten Medienkompetenz der WAZ-Mediengruppe verbunden.

Dachmarke für viele Distributionskanäle

Informative, mitreißende und pfiffig gestaltete Zeitungen bieten mehr als überzeugenden Content, denn sie laden ihre Leser zum Mitgestalten ein. Dazu müssen Redakteure entschlossen den Dialog mit dem Leser suchen. Nur dadurch ist gewährleistet, dass auch die Themen ins Blatt kommen, die unseren Lesern im Lokalen und Regionalen auf den Nägeln brennen. Kommunikationsschwellen müssen dabei unbedingt durch gute Erreichbarkeit per Telefon, SMS, Fax oder online abgebaut werden.

Eine von den Lesern akzeptierte Zeitung ist eine konsequente Bürgerzeitung. Durch den Dialog mit unseren Lesern im Print und online erfahren wir von den Sorgen und Nöten sowie den Erwartungen und den Wünschen unserer Kunden. Durch die offene und partnerschaftliche Interaktion der Redakteure mit dem Leser, durch Telefonaktionen, Talkrunden, Leserstammtische, mobile Redak-

Im Dialog mit Lesern

tion, Votings sowie den Aufbau von Communities im Internet können wir die in der Vergangenheit entstandenen Schwellen zwischen Redaktion und Leserschaft abbauen.

Im uniformen Mainstream-Medienmix haben Zeitungen dadurch auch in Zukunft die besten Voraussetzungen, heimatnahe Inhalte mit hohem Nutzwert – im Print und im Netz – für und mit dem Leser aufzubereiten. Indem wir Themen der Leser aufgreifen, erweisen wir uns als ihre Dienstleister. Redaktionsmarketing ist dann gelungen, wenn die Leser von unserer Zeitung als ihrer Zeitung sprechen.

Vor allem in großen Redaktionen haben einzelne Redakteure sich zu Spezialisten entwickelt, die den unbefangenen, unverstellten Blick auf den Gegenstand ihrer Betrachtung verloren haben. Besonders fatal zeigt sich das in Lokalredaktionen, die doch eigentlich nah am Geschehen sein müssten. Statt das große Ganze und die einzelnen Stadtteile im Auge zu behalten, setzt sich die Lokalausgabe oft aus Beiträgen von Spezialisten mit Spezialthemen zusammen. Wir brauchen aber vor allem in den Lokalredaktionen mehr Generalisten, die sich neben einer durchaus sinnvollen Vertiefung in Spezialthemen auch um die Belange in den Stadtteilen kümmern.

Die Reporter müssen im Stadtbild auszumachen sein – weniger Schreibtisch, mehr Recherche und Ideenimpulse durch Streifzüge durchs Viertel. Wir brauchen den frei vagabundierenden Reporter, der vor Ort Geschichten sieht, aufreißt, im Gespräch mit den Bürgern ist und von diesen als der Mann oder die Frau von der Zeitung vor Ort bekannt ist. Redakteure und freie Mitarbeiter müssen dabei ein zuvorkommendes, zum Dialog einladendes Auftreten haben, ohne die journalistische Distanz aufzugeben. Dadurch bekommt die Zeitung ein sympathisches Gesicht.

Gegen die Schwellenangst vor dem Leser Die Unterbringung der meisten Redaktionen ist ein Beleg dafür, wie sich diese in der Vergangenheit vom Bürger abgeschottet haben. In der Regel befindet sich ebenerdig die Geschäftsstelle und in oberen Stockwerken – sehr schwer zugänglich – die Redaktion. Was wir aber brauchen, sind über das Stadtgebiet verteilte kleine, ebenerdige, gläserne Büros, in denen die für den Stadtteil zuständigen Redakteure arbeiten und ohne Schwellenängste für unsere Leser erreichbar und ansprechbar sind. Regionale Newsdesks können durch eine Optimierung der Produktions- und Planungsprozesse die notwendigen Freiräume für unsere Redakteure schaffen, die damit diese Bürgernähe vorantreiben.

Wir brauchen als Eigenmarketing engagierte, sympathische, zuvorkommende, dialogbereite Journalisten, die »Kümmerer« sind und nicht Sprachrohr des politischen Establishments und der Honoratioren. Jeder unerschrockene Journalist, der für seinen Job brennt, ist die beste Werbung für die Zeitung.

Beim Redaktionsmarketing sollte aber ein wichtiger Punkt nicht vergessen werden: Die Zeitung als sympathischer Begleiter durch den Alltag versteht es auch, mit ihren Lesern gemeinsam auf Stadtfesten, Fußballplätzen und Weihnachtsmärkten zu feiern.

5.2 Im Kampf um die Leser

Michael Rutz
Chefredakteur der Wochenzeitung »Rheinischer Merkur«, Bonn

Markus Fels
Volontär der Wochenzeitung »Rheinischer Merkur«, Bonn

Für einen Journalisten ist es eine verlockende Vorstellung, ein Blatt machen zu können frei von jeder Rücksichtnahme auf Leser und Märkte, ganz so, wie es dem Herzen und dem Verstand der Redakteure und Autoren entspringt. Das mag – obwohl der finanzielle Erfolg eher bescheiden gewesen sein wird – funktioniert haben in der Zeit eines Joseph Görres, der in napoleonischen Zeiten mit seinem »Rheinischen Merkur« auf einem gänzlich ungesättigten Pressemarkt agieren konnte.

Nein, so aber ist die Realität heute nicht. Wenngleich die Wochentitel von der größten Krise am Werbemarkt seit Bestehen der Bundesrepublik Deutschland weniger stark getroffen wurden als die Tageszeitungen: Die negative Entwicklung des Anzeigengeschäfts gibt Anlass zur Sorge. Mehr als die Hälfte der Kosten einer durchschnittlichen deutschen Tageszeitung – und bei Wochenzeitungen ist es nicht viel anders – wurden bislang so finanziert. Mit einer raschen Erholung des Werbemarktes ist aber nicht zu rechnen. Vielleicht wird man sich mit der Einsicht auseinander setzen müssen, dass die Zeit der durch Anzeigen subventionierten Information, wie wir sie über Jahrzehnte kannten, vorbei ist. Aber nicht nur die Anzeigen bleiben weg, die jungen Leser auch. Für Teens und Twens rangieren die Printmedien hinter Fernsehen und Radio. Und inzwischen ist den unter 30-Jährigen auch das Internet wichtiger als Zeitungen. Die Jugend als Leser nicht dauerhaft zu verlieren, dies muss einer der Schwerpunkte des Redaktionsmarketings sein.

Nach der Einstellung der »Woche« wird der Wettbewerb im Marktsegment der Wochenzeitungen nur noch zwischen zwei überregionalen Blättern ausgetragen: der »Zeit« und dem »Rheinischen Merkur«. Abgrenzen müssen sich diese Titel noch von den beiden großen wöchentlichen Nachrichtenmagazinen »Focus« und »Der Spiegel« sowie von den Sonntagszeitungen »Welt am Sonntag« und »Frankfurter Allgemeine Sonntagszeitung«. In diesem Wettbewerbsumfeld müssen sich Wochenzeitungen mit einem eigenen journalistischen Profil positionieren.

Ringen um Leser

Zunächst geht es darum, den eigenen Leser zu kennen. Eine wichtige Rolle spielen dabei die Ergebnisse von Marktanalysen. Welche Teile einer Zeitung werden besonders gern gelesen? Welche Änderungen wünscht sich die Leserschaft? Wie ist sie mit der Qualität der verschiedenen Ressorts, wie ist sie mit der Qualität der verschiedenen Autoren zufrieden? Wen möchte man mehr, wen weniger lesen? Welche Themen werden vermisst? Wie steht es um die Preiselastizität der Abonnenten, bis zu welchem Preis würden sie ihrem Blatt die Treue halten?

Wie empfinden sie schließlich auch die grafische Anmutung des Blattes, sind sie mit dem Layout zufrieden?

Fragen wie diese sind bedeutsam, weil jede Zeitung versuchen wird, die höchste Zufriedenheit der Leser mit dem eigenen Blatt zu erringen, mehr noch – es unentbehrlich zu machen. Je enger die Leser-Blatt-Bindung, desto geringer wird die Neigung sein, ein Blatt abzubestellen. Aber nicht nur die vorhandenen Leser sind bedeutsam, wenn man Aufträge an Marktforschungsunternehmen vergibt. Vielmehr müssen Fragen wie diese beantwortet werden: Wo liegt ein zusätzlich zu erschließendes Leserpotenzial für das eigene Blatt? Welche lesefreudigen Menschen gibt es in dieser Gesellschaft, die das Profil eines Blattes, wie man es selbst herstellt, goutieren, die es gar abonnieren würden? Denn jede Zeitung möchte schließlich nicht nur durch neu erworbene Leser jene ersetzen, die – oft aus Altersgründen – aus dem Leserkreis ausscheiden. Es geht immer auch darum, jüngere Leser anzusprechen, in der Hoffnung, dass diese für viele Jahre Leser eines Blattes werden und seine Altersstruktur verjüngen.

Auf der Suche nach jüngeren Zielgruppen Jüngere Zielgruppen sind also bedeutsam und im Zusammenhang damit auch alle Informationen, die sich über das Leseinteresse bei den jüngeren Menschen herbeischaffen lassen. Aus Marktanalysen und aus der Publikumsforschung wissen wir, dass sich die Lesegewohnheiten der unter 30-Jährigen signifikant von denen »älterer« Leser unterscheiden. Jugendliche Leser verlangen nach einer verständlicheren Sprache und einem nicht zu trockenen oder langweiligen Schreibstil. Sie wollen mehr Service und Tipps zur Freizeitgestaltung und haben ein höheres Bedürfnis nach unterhaltenden Formaten, etwa Comics.

Um jugendliche Zielgruppen wieder stärker zu erreichen, müssen die Zeitungen nicht nur stilistisch auf ihre Bedürfnisse und Vorlieben eingehen. Sie müssen sich mit ihren Marketingaktivitäten auch auf Orte konzentrieren, an denen sich Jugendliche aufhalten. Das können Jugendmessen sein, auf denen dann eine speziell für dieses Ereignis vorproduzierte Sonderausgabe der Zeitung verteilt wird. Oder spezielle Schul- und Uniprojekte, wie sie bereits von einigen Verlagen praktiziert werden: Die Zeitung stellt Schulen Unterrichtspakete mit Materialien zu medienrelevanten Themen zur Verfügung, die an ein kostenloses Abonnement für die teilnehmenden Klassen gekoppelt sind. Eine weitere Möglichkeit sind serviceorientierte Projekte: Schüler erhalten in den Wochen vor ihrem Abitur kostenlose Probeabos mit speziell auf ihre Bedürfnisse zugeschnittenen Rubriken, also Tipps zur effektiven Vorbereitung auf die Prüfungen, Ratschlägen zum Berufseinstieg etc. In ähnlicher Form sind solche Projekte auch zum Semesterstart an Universitäten denkbar.

Veränderte Lesegewohnheiten Der Umfang an Informationen, die dem Publikum heute zur Verfügung stehen, wächst ständig, während die Zeit, die den Rezipienten zur Lektüre zur Verfügung steht, gleich bleibt: Ein Tag hat eben nur 24 Stunden. Dadurch hat sich ein neuer Lesertypus herausgebildet, der so genannte »Scan Reader«, der Texte nur noch überfliegt und dabei selektiv die für ihn interessanten Inhalte herausfiltert. Dieser Typus bevorzugt kürzere Artikel, und er erwartet, dass Informationen auch grafisch aufbereitet werden. Ohnehin beeinflussen sich die Medienkonsumgewohnheiten gegenseitig.

Der Durchschnittsdeutsche sieht heute täglich rund drei Stunden fern. In unseren optisch geprägten Zeiten kommt es deshalb mehr denn je auch auf das Aussehen einer Zeitung an, ein ansprechendes, lebendiges Layout, das auch die Orientierung im Blatt erleichtert. Man muss den Leser durchs Blatt führen, ihm klare Prioritäten bieten, kurz: Es sollte ihm auch im »sinnlichen Sinne« Spaß machen, sich mit einer Zeitung zu befassen. Gewiss: Der Charakter einer Zeitung ist von weitaus größerer Durchschlagskraft auf die Leserschaft. Aber selbst bei vorhandenem Charakter ist es nicht verboten, etwas für ein gutes Aussehen zu tun, das die Akzeptanz fördert. Ein Werbestratege hat es einmal so formuliert: »Wer zum Friseur geht, ändert nicht seinen Charakter. Er sieht nur schöner aus.« Auch das kann eine gute Absicht sein.

Große Neugier bei Marktanalysen wird auch der Frage entgegengebracht, was die eigenen Leser (und solche, die es werden könnten) eigentlich sonst noch so lesen. Wenn man – wie im Falle von Wochenzeitungen – feststellt, dass beinahe alle Konsumenten des eigenen Blattes noch eine lokale beziehungsweise regionale Zeitung beziehen, ist die Antwort für das redaktionelle Programm einer überregionalen Wochenzeitung noch relativ einfach zu geben. Wenn zugleich aber überregionale Wochenzeitungen, Wochenmagazine oder Sonntagszeitungen in das Spektrum der Überschneidungen fallen, dann spitzt sich alles auf die Frage zu: Wodurch unterscheiden gerade wir uns von den anderen? Marketing-Experten nennen das USP, die »Unique Selling Proposition«.

Für eine Wochenzeitung ist demnach immer bedeutsam, Hintergrund anzubieten, den andere nicht oder so nicht bieten. Und zum Profil gehört auch, nicht einfach Forum für alle möglichen Meinungen zu sein, sondern zusätzlich ein eigenes Meinungsprofil vorzuweisen. Immer wieder zeigen die Untersuchungen deutlich, dass die Leser-Blatt-Bindung sich auch an der Frage orientiert, klar zu wissen, wofür die Redakteure einer Zeitung eigentlich stehen. Man möchte sich entweder selbst wohl fühlen mit der Grundlinie einer Zeitung und ihrer Haltung zu ordnungspolitischen und gesellschaftspolitischen Grundfragen, oder man möchte sie – ist man selbst entgegengesetzter Meinung – lesen, um das eigene Profil zu schärfen. Beliebigkeit ist im Falle einer Wochenzeitung der Beginn ihres Endes.

Werbeumfeld

Wenn es so ist, dass die Anzeigen in einem Blatt ganz maßgeblich zu seiner Existenz beitragen, wird jede Zeitung immer wieder darauf geprüft werden, welche Zielgruppe sie eigentlich für welche Produkte bietet. Zeitungen müssen die richtige Soziodemografie haben. So ist es gut, wenn man auch hier ein klares Profil vorzeigen kann: Die Leser des »Rheinischen Merkur« beispielsweise gelten als besonders finanzstark, besonders reiselustig und besonders meinungsstark. Für Anzeigenkunden bedeutet dies, dass alle Arten von Finanzdienstleistungen hier ein interessiertes Publikum finden, dass Reiseanzeigen gerne studiert werden und man ihnen auch folgt und dass schließlich Anzeigen, mit denen man die Multiplikatoren der Gesellschaft erreichen möchte, im »Rheinischen Merkur« gut platziert sind.

Aber schöne Zielgruppen nützen nichts, wenn man sie nicht auch günstig erreicht. Hier kommt nun die so genannte Reichweite ins Spiel, jene Zahl also, die beschreibt, wie oft ein verkauftes Exemplar weitergegeben wird. Wenn die Reichweite steigt, so bedeutet das für den Werbekunden, dass er bei gleich bleibenden Anzeigenpreisen eine höhere Zahl Leser günstiger erreicht als zuvor. Der Vergleichsmaßstab für dieses Verhältnis ist der so genannte »Tausender-Kontakt-Preis« (TKP). Er gibt an, wie viel ein Werbekunde zahlen muss, um mit einer Anzeige tausend Leser zu erreichen. Der TKP entscheidet mit über das Wohl und Wehe eines Blattes, und wenn es aufgrund von Werbemaßnahmen einem Blatt gelungen ist, seine Reichweite (und möglichst auch die Auflage) zu steigern, damit den TKP zu senken und letztlich den Anzeigenumsatz anzuheben, so sieht man, wie integriert Redaktionsmarketing heute sein muss, um gute Zielgruppen gut zu bedienen.

Redaktionsmarketing im WWW Eine weiterhin wachsende Bedeutung kommt beim Redaktionsmarketing dem Internet zu. Wer heute ein großes Publikum erreichen will, kommt an diesem Medium nicht vorbei. Nicht zuletzt deshalb, weil mit dem Internet auch junge Zielgruppen angesprochen werden können, die sich vom Printprodukt nicht mehr angezogen fühlen. Die Zeit des duplizierten WWW-Auftritts, also der Eins-zu-eins-Abbildung der Printausgabe im Internet, geht allerdings ihrem Ende entgegen. Will man im Netz neue Zielgruppen erschließen und die alten weiterhin an das eigene Produkt binden, muss man ihnen dort einen spezifischen Mehrwert anbieten, der sich von der gedruckten Ausgabe abhebt.

Vorbei ist jedoch auch die Zeit, in der Online-Inhalte den Nutzern völlig kostenfrei zur Verfügung gestellt werden können. Denkbar ist dies künftig nur noch bei Abonnenten der gedruckten Ausgabe. Ihnen könnte man den Internetauftritt der Zeitung als zusätzliche Gratifikation weiterhin kostenfrei zugänglich machen, während Nicht-Abonnenten für die Online-Inhalte zumindest teilweise zahlen müssen. Bei Angeboten wie etwa einem Online-Volltext-Archiv oder zu Dossiers zusammengebundenen Themenschwerpunkten ist ein Teil der Internetnutzer auch bereit dazu.

Im Netz gibt es keinen Redaktionsschluss. Informationen können dort fortlaufend publiziert werden. Gerade Wochenzeitungen gibt das Internet deshalb auch Möglichkeiten an die Hand, eigene Aktualitätsdefizite aufzufangen: Je nach Nachrichtenlage kann es für dieses Genre, das sich naturgemäß eher der Hintergrundberichterstattung verschrieben hat, durchaus sinnvoll sein, mit nur im Internet publizierten Artikeln rasch auf aktuelle Entwicklungen zu reagieren. Wichtig ist bei allen Online-Aktivitäten von Printmedien: Zeitungen sind in der Regel Markenartikel mit einem bestimmten Profil und einer je eigenen Tradition. Sie bieten ein hochwertiges Produkt an, nämlich Informationen, denen eine hohe Glaubwürdigkeit attestiert wird. Kurz: Zeitungen sind Qualitätsprodukte. Es kommt also darauf an, diese journalistischen Qualitätsmaßstäbe auch ins Internet zu übertragen. Gelingt dies, so wird der Online-Nutzer am ehesten bereit sein, für das Produkt »Zeitung« auch im Internet Geld auszugeben.

Neue Möglichkeiten eröffnet das Internet auch als digitaler Vertriebskanal für die gedruckte Zeitung. Per E-Paper können Abonnenten kostengünstig und ohne Zeitverzug beliefert werden – eine Alternative zur gedruckten Ausgabe, die nicht nur für Abonnenten im Ausland interessant ist. Die Anwender drucken die Zeitung dann zu Hause aus, lesen sie am Computerbildschirm oder auf einem speziellen Lesegerät, einem »E-Book-Reader«.

Das also ist für ein erfolgreiches Redaktionsmarketing von Bedeutung: Die vorhandenen Qualitäten eines Blattes zu verstärken, für die Leser, die man schon hat, um die Leser-Blatt-Bindung zu erhöhen; das Blatt für neue, insbesondere jüngere Zielgruppen interessant zu machen, um in der Altersstruktur eines Blattes am unteren Ende jene zu gewinnen, die Hoffnung geben, für viele Jahre Leser des Blattes zu sein. Und schließlich: die inhaltlich gut gepflegten Zielgruppen der Werbewirtschaft so zu präsentieren, dass sie die angebotene Gelegenheit zur Erreichung solcher Zielgruppen gerne nutzt. Erst dann ist ein Blatt erfolgreich, wobei gewiss ist: Der Kampf darum wird in Zukunft noch härter.

5.3   Ringen um Aufmerksamkeit

Andreas Scharf
Chefredakteur von »Reader's Digest Deutschland«, Stuttgart

Redaktionsmarketing, also das Verkaufen von redaktionellen Inhalten unter dem Label eines Mediums, ist längst keine Frage mehr des »Ob«. Redaktionsmarketing ist eine Frage des »Wie«, besser des »Wie weit« und der Zielgruppen. Vor allem aber ist es eine Frage der Balance zwischen Leserbedürfnissen und Wettbewerbszwängen, zwischen Unabhängigkeit und Wirtschaftlichkeit. Das ist die redaktionelle Herausforderung der Zukunft (neben der journalistisch-inhaltlichen natürlich).

Es geht nicht um eine Verwischung oder Aufweichung von Grenzen oder Grundsätzen, sondern nur um eine realistische Einordnung. So steht die Maximierung der Akzeptanz bei sehr verschiedenen Zielgruppen im Mittelpunkt von Redaktionsmarketing. Im alltäglichen Kampf um die richtige Aufmerksamkeit entscheidet sich der Erfolg eines Titels – beim Leser, beim Anzeigenkunden, in der Öffentlichkeit –, übrigens auch der wirtschaftliche Erfolg.

Aufmerksamkeit – die der Leser oder Rezipienten und die des Marktes – ist nicht unbegrenzt. Im Gegenteil. Beim Leser und am Markt buhlt jede Zeitschrift mit tausenden anderen Titeln; mit denen der eigenen Kategorie (unmittelbare Konkurrenz) und anderen Medien (mittelbare Konkurrenz), gleich ob Tageszeitung, TV, Radio oder Internet. Im Wettbewerb um Aufmerksamkeit, letztlich

Wen erreicht Redaktionsmarketing und warum?

um Leseminuten und Anzeigenanteile, sind die unterschiedlichsten Zielgruppen zu bedienen:

Die Redaktion selbst: Journalisten wird gemeinhin eine gewisse Eitelkeit nachgesagt, die beste Triebfeder für Redaktionsmarketing. Denn: Der Verkauf von redaktionellen Inhalten beginnt nicht erst mit dem fertigen Produkt, der Zeitschrift. Redaktionsmarketing muss zwingend bereits bei der Planung eines Artikels, spätestens aber beim Verfassen eines Textes, Recherche inbegriffen, beginnen. Jede Zeitschrift hat eine Seitenzahl X, zusammengesetzt aus den redaktionellen und den werblichen Seiten. Der Platz ist mithin begrenzt – und redaktionsintern umkämpft. Auf dem Weg zur Veröffentlichung eines Artikels ist die Zielgruppe Nummer eins daher die Redaktion selbst; quasi ein vor-öffentliches Marketing. Und das gilt nicht nur für freie Autoren, dieser Wettbewerb gilt in großen Magazinredaktionen auch für deren fest angestellte Mitglieder.

Aber nicht nur das. Die Auswahl eines Themas und der Artikel dazu müssen dem Leser vermittelbar sein, und vermarktbar muss der Inhalt auch sein. Die Kunst: Beim Verfassen eines Artikels schreibe ich die News mit, aber nicht am Leser vorbei! Das Risiko: Die Recherche muss frei bleiben für die Tatsachen! Wahrhaftigkeit geht immer vor Vermarktung.

Die Öffentlichkeit im Allgemeinen: Jenseits von plakativer Eigenwerbung ist die veröffentlichte Wahrnehmung durch andere Medien ein Schlüssel für erfolgreiches Redaktionsmarketing. Kaum eine Zeitschrift, die auf Vorabmeldungen – günstigenfalls multipliziert via Nachrichtenagenturen – verzichtet. Exklusivität ist dabei hilfreich, am leichtesten zu erzielen durch repräsentative Umfragen oder Interviews, insbesondere durch solche, die Unruhe stiften. Mediale Wahrnehmung allein garantiert jedoch noch nicht den Erfolg. Die Vermarktung muss stimmig sein. Sie muss dem Brand des Titels folgen, ihn glaubwürdig stützen, nicht durch Überziehen schädigen.

Umfragen als Instrument des Marketings

Ein Beispiel: »Reader's Digest« bedient sich selbstverständlich auch des Instruments der Umfrage. Sie sind fester Bestandteil der Redaktionsmarketing-Strategie, und sie sind – dank des Netzwerks mit weltweit 51 Ausgaben – international und damit in besonderer Weise exklusiv. Hinzu kommen lebensnahe Tests, die zwar nicht repräsentativ, aber im besten Sinne aufsehenerregend sind, also Aufmerksamkeit wecken: Im Sommer 2006 etwa beteiligten sich Redaktionen aus 35 Ländern von Indien bis Südafrika, den USA oder Deutschland an einem globalen Höflichkeitstest, bei dem Tausende Menschen ihre guten (oder schlechten) Manieren zeigen konnten. Im Sommer 2007 war die Ehrlichkeit der Menschen Thema eines vergleichbaren Tests. Die Vermarktung der Ergebnisse war stets rund um den Globus abgestimmt – und sehr erfolgreich. Das Entscheidende: Es war interessanter und amüsanter Lesestoff, passend zum Brand von »Reader's Digest«, also glaubwürdig, dem Leser vermittelbar und für PR-Zwecke bestens vermarktbar, weil (Timing!) in einer ansonsten nachrichtenarmen Zeit veröffentlicht.

Öffentliche Auszeichnungen, die sich mit dem Namen des Magazins verbinden, stützen zudem jedes Redaktionsmarketing. Erst recht dann wecken sie die gewünschte Aufmerksamkeit, wenn die Auszeichnung durch Art und Inhalt selbst bereits eine Nachricht wert ist, wie etwa die durch Leserbefragung ermittelte und alljährlich vergebene Auszeichnung »Reader's Digest Ehrenamt des Jahres«.

Die Leser im Besonderen: Jedes erfolgreiche Redaktionsmarketing orientiert sich an den Leserbedürfnissen und am Profil des Magazins. Bei aller Lesertreue, die Bedürfnisse und Interessen wandeln sich, und das Magazin wandelt sich mit. Dadurch wird nicht aus einem »General-Interest-Magazin« ein »Yellow-Press-Titel«. Denn die Einmaligkeit der Zeitschrift, die USP (»Unique Selling Proposition«) muss erkennbar bleiben. Probate Mittel, veränderte Bedürfnisse der Leserschaft zu erkennen, sind – neben der aufmerksamen Lektüre von Zuschriften – Leserbefragungen. Regelmäßig betrieben, sind sie ein wertvolles Instrument.

Ein Beispiel: »Reader's Digest« fragt seine Leser viermal im Jahr – und zwar rückblickend zu den bereits veröffentlichen Artikeln und Rubriken sowie vorausschauend mit konkreten Themenvorschlägen. Im Ergebnis sichern die Umfragen ein Höchstmaß an Lesernähe und -akzeptanz. Denn eine sichere Bank für erfolgreiches Redaktionsmarketing ist das Bekenntnis des Lesers zum eigenen Titel. Indem »sein« Magazin in der Öffentlichkeit zitiert wird, wächst seine Identifikation mit dem Titel. Diese »Quotes« oder Identifikations-Anknüpfungspunkte bestätigen den Leser in seiner Wahl des Magazins und machen ihn in gewisser Hinsicht auch stolz. *[Leserbefragungen]*

Zum Redaktionsmarketing zählen zudem alle Aktivitäten der Leser-Blatt-Bindung – von der klassischen Leserreise über die Verlosung (quer durch die Magazine, immer häufiger gesponsert durch Drittfirmen, auch durch Anzeigenkunden) bis zur Expertensprechstunde und zum Lesertelefon oder -chat.

Die professionellen Mitleser: Mindestens mittelbar wendet sich Redaktionsmarketing auch an professionelle Mitleser oder Multiplikatoren, als da sind: Wettbewerber, Politiker, Behörden, Institutionen, Unternehmen, Verbände, Wissenschaftler, Prominente etc. Ihre Aufmerksamkeit sichert zweierlei: die Zeitschrift ist »im Gespräch« und »im Bewusstsein« – beides nicht zuletzt wichtige Türöffner für die nächste journalistische Kontaktaufnahme.

Ein Beispiel: »Reader's Digest« hat im Rahmen einer europaweiten Abonnentenbefragung herausgefunden, dass die Feuerwehr der vertrauenswürdigste Berufsstand ist. Wenn das nicht ein journalistisches Thema erster Wahl ist! Zeitgleich mit der Veröffentlichung einer Fotoreportage (Die Feuerwehr: ganz normale Helden) wurde die Magazinausgabe gezielt allen Berufsfeuerwehren in Deutschland zur Verfügung gestellt. Aufmerksamkeit war gesichert – beim Leser und bei der Feuerwehr.

Die Media-Agenturen und Anzeigenkunden: Keine Zeitschrift ohne Anzeige, keine Anzeige ohne Reichweite, keine Reichweite ohne Leser. Die Herleitung zeigt die Zusammenhänge. Sie zu leugnen, wäre naiv. Die Belegung von Titeln mit Anzeigen orientiert sich ganz wesentlich am Leserprofil (Bildung, Alter, Einkommen, Familienstand, Lebensumfeld, Interessen etc.) und an der Reichweite (Durchdringung des Marktes jenseits der verkauften Auflage durch Mehr-fachnutzung einer Ausgabe): Wen erreiche ich? Und wie viele erreiche ich?

Redaktionsmarketing (zur Erinnerung: das Verkaufen von Inhalten) hat daher zwingend die Aufgabe, der Reichweite zu dienen, die Relevanz des Magazins zu schärfen und das Interesse der Anzeigenkunden zu untermauern.

Der Marketing-manager im Journalisten

Journalisten sind spätestens seit dem »Internationalen (TV-)Frühschoppen« von Werner Höfer auch ihre eigenen Vermarkter. Indem sie öffentlich auftreten, tra-gen sie zur Verbreitung ihres eigenen Medientitels bei. Und der Trend ist stei-gend. Immer mehr Journalisten werden Teilnehmer beispielsweise in TV-Diskus-sionsrunden oder – über mediale Grenzen hinweg – sind selbst Gastgeber. Sie werden ihr eigenes Markenzeichen mit dem nicht immer gewünschten Neben-effekt, selbst Berichterstattungsgegenstand zu sein.

Internes Marketing

Redaktionen führen zu oft ein isoliertes (oder elitäres) Eigenleben innerhalb eines Verlages. Sie sind wichtig, ohne Zweifel, aber doch auch nur ein Teil des Ganzen. Zum erfolgreichen Redaktionsmarketing gehört deshalb zwingend auch verlags-internes Marketing. Zuallererst müssen die Mitarbeiter im eigenen Hause von der Qualität des Magazins überzeugt sein. Sie sind die ersten Leser – und die wich-tigsten Botschafter nach außen. Jede Anstrengung, die Verlagsmitarbeiter für die Zeitschrift einzunehmen, ist eine gewinnbringende Investition.

Anzeigenabteilung: Freund oder Feind der Redaktion?

Die Anzeigenabteilung gilt gemeinhin als der natürliche Feind der Redaktion. Die Einstellung ist ebenso antiquiert wie sie schon immer falsch war. Nicht nur aus ökonomischen Gründen. Magazine brauchen Anzeigen, um ihre Relevanz im Markt zu dokumentieren. Und wenn Anzeigen auch noch ansehnlich gemacht sind, fördert das zudem die Attraktivität des Produkts insgesamt.

Aber: Mit dem Rückgang des Anzeigenaufkommens insgesamt (bei tendenzi-ell steigender Titelvielfalt) erwächst der Werbewirtschaft ein – vorsichtig formu-liert – gewisses Druckmittel. Die Versuchung kommt in Gestalt von erwünsch-ten Koppelgeschäften daher. Doch die erhoffte Werbewirksamkeit könnte sehr leicht ins Gegenteil umschlagen.

Leser schätzen Werbung als Informationsquelle. Und sie schätzen mindestens ebenso sehr die Glaubwürdigkeit und Verlässlichkeit ihres Magazins. Bei sauberer Trennung ist das kein Widerspruch. Deshalb gilt: Die Grenzen zwischen Redak-tion und Anzeigen zu verwischen, bedeutet letztlich, die Akzeptanz beim Leser und damit im Markt zu gefährden – auch zum Schaden der Werbetreibenden. Da sitzen Redaktion, Anzeigenabteilung und Anzeigenkunden in einem Boot.

Unabhängig davon: Anzeigen-Themen eignen sich übrigens auch als Ideenge-ber. Also, nicht einfach nur überblättern; hinschauen und auswerten – mit jour-nalistischem Anspruch, versteht sich. Berührungsängste sind weit verbreitet, aber überholt. Welches Magazin kommt denn ohne so genannte Sonderveröffentli-chungen oder Themenschwerpunkte aus? Ein Schelm, der Böses dabei denkt, wenn etwa in einem Themenschwerpunkt zum Thema X insbesondere Anzeigen derselben Branche geschaltet sind. Die Schaffung eines solchen Themenumfelds ist eine Form von Redaktionsmarketing und eine einträgliche zudem. Entscheidend ist: Wer bestimmt den redaktionellen Inhalt? Genau: die Redaktion.

Wo allerdings eindeutig und ausschließlich Werbung drin ist, sollte im Magazin auch Anzeige drüber stehen. Leser sind mündig. Sie wollen nicht durch kaschiertes »Product-Placement« hinters Licht geführt werden. Klare Kennzeichnung schafft Abhilfe und verhindert Missdeutungen. An dieser Stelle entscheidet sich über kurz oder lang die Glaubwürdigkeit jeder Publikation.

Auf einen Blick:
- Redaktionsmarketing ist ein Verkaufsinstrument. Verkauft werden Inhalte und der Titel-Brand.
- Redaktionsmarketing will Aufmerksamkeit erzeugen. Es dient der Informationsvermittlung, also der Eigenwerbung, und dem Verkauf, also der Reichweite. Außenwirkung, Image und Leserbindung wachsen.
- Redaktionsmarketing verlangt von der Redaktion, vorauszudenken – bei der Themensuche und (umso wichtiger für Zeitschriften mit monatlicher Erscheinungsweise) bei der zeitlichen Platzierung. Auch bei der Recherche, denn: Ein Newswert schadet nicht.
- Aber: Redaktionsmarketing bestimmt nicht den Inhalt, vielmehr bestimmt der Inhalt erfolgreiches Redaktionsmarketing. Nur auf Vermarktung zu schielen hieße, am Leser vorbeizuschreiben.
- Mehrfachnutzung erwünscht! Redaktionelle Inhalte sind ein teures Gut und verdienen, vielfach nutzbar gemacht zu werden. Redaktionsmarketing plant die Mehrfachnutzung: im Internet, in Sonderdrucken, durch Allianzen oder den Verkauf an Zweitverwerter.
- Redaktions- und Verlagsmarketing gemeinsam können Ereignisse wie öffentliche Veranstaltungen schaffen oder sponsern, belohnt durch mehr Reichweite.
- Den Ideen sind keine Grenzen gesetzt, außer durch Seriosität und redaktionelle Unabhängigkeit.
- Erfolgreiches Redaktionsmarketing gelingt nur im Verbund. Redaktion, Anzeigenabteilung, Produktion, Vertrieb und Leser-Betreuung sind nicht Gegner. Sie sind Partner im alltäglichen Kampf um die wichtige richtige Aufmerksamkeit.

5.4   Erst die Marke, dann das Programm

Alexander Stock
Leiter der Hauptabteilung »Kommunikation« des Zweiten Deutschen Fernsehens
(ZDF), Mainz

Die Außenkommunikation aller großen Fernsehsender in Deutschland hat sich seit Mitte der 1990er Jahre enorm verändert. Mit dem Erstarken der kommerziellen Konkurrenten ging ein harter Kampf um den Erhalt bzw. um die Eroberung von Marktanteilen einher. Die öffentlich-rechtlichen Sender haben in dieser Zeit beträchtliche Zuschauerverluste erlitten, die erst gegen Ende der 1990er Jahre gestoppt werden konnten. Die früheren Formen der »Presse- und Öffentlichkeitsarbeit« des ZDF wurden von dieser Entwicklung förmlich überrollt. Auch das weitgehend unkoordinierte »Selbst-Marketing« einzelner Senderedaktionen hatte in dieser neuen Wettbewerbssituation keine Durchsetzungschance mehr. Nur mit gebündelten, strategisch ausgerichteten und langfristig geplanten Maßnahmen konnte das ZDF in dieser neuen Situation bestehen. Dies war umso notwendiger, als die Mittel, die das ZDF für kommunikative Maßnahmen einsetzen kann, im Vergleich zum PR-Einsatz der kommerziellen Sender bescheiden sind.

Deutschland ist mittlerweile einer der wettbewerbsintensivsten TV-Märkte weltweit. Im Schnitt empfängt der Bundesbürger derzeit im »Free-TV« knapp 60 Sender. Haushalte mit digitalem Empfang erheblich mehr. Zu den Wettbewerbern des ZDF zählen mehr als 20 Vollprogramme mit ähnlichen Programmstrukturen und zum Teil vergleichbaren Inhalten. Daneben sorgen digitale Plattformen für den Empfang bzw. Vertrieb unzähliger neuer Kanäle und schaffen zusätzlich eine schier unüberschaubare Angebots- und Markenvielfalt im Medienbereich. Die zunehmende Akzeptanz der Online-Medien sowie die Verbreitung mobil empfangbarer Informationsdienste konkurrieren ebenfalls um die Mediennutzung der Zuschauer. Mit der Dynamik dieser Entwicklung ist der Druck massiv gestiegen, die eigenen Leistungen offensiv und breitenwirksam herauszustellen. Seit Mitte der 1990er Jahre hat das ZDF im Zuge dieser Entwicklung seine PR- und Marketingarbeit strategisch entwickelt und neu ausgerichtet.

Um die Position des ZDF in diesem hoch kompetitiven Umfeld zu optimieren, wurden 1994 zuvor organisatorisch auf mehrere Bereiche ausgedehnte und inhaltlich eher unkoordinierte Kommunikations- und Marketingaktivitäten in der Abteilung Programm-Marketing gebündelt und diese 1998 zusammen mit der bisherigen Presse- und Öffentlichkeitsarbeit in der neuen Hauptabteilung Kommunikation zentral zusammengefasst. Mit dieser Bündelung aller kommunikativen Maßnahmen unter einem Dach ging ein umfassender Marken- und Kommunikationsrelaunch einher. Dabei wurde eine Kommunikationsstrategie entwickelt, die das ZDF als Qualitätsmarke in der deutschen Fernsehlandschaft wieder klar profiliert.

Weil der Zuschauer bei dem gewaltigen Angebot an Vollprogrammen einzelne Programmformate kaum mehr bestimmten Sendern zuordnen kann, wurde ein neuer Weg eingeschlagen. Anders als im TV-Marketing bis dahin üblich, erfolgte die Positionierung des ZDF nunmehr nicht mehr primär über ausgewählte Einzelprogramme bzw. Formate, sondern über eine stringente Definition der Sendermarke. Jede Marketingaktivität wird seitdem daran gemessen, inwieweit sie zuerst der Markenpositionierung des ZDF und erst dann dem einzelnen Format dient. Der »Markenclaim« des ZDF lautet »Mit dem Zweiten sieht man besser« und ist seit Ende 1999 die Basis für alle kommunikativen Maßnahmen des ZDF – »on air« (im gesendeten Programm) wie »off air« (außerhalb des laufenden Programms).

Stringente Marken-positionierung

Die Definition der Marke ZDF basiert auf folgenden Kernelementen:
- Das ZDF ist einer der großen deutschen Fernsehsender, der alle 16 Bundesländer mit einem nationalen Programm abdeckt.
- Das ZDF bietet ein Vollprogramm aus Information, Bildung und Unterhaltung.
- Das ZDF vermittelt einen objektiven Überblick über das Weltgeschehen und ein umfassendes Bild der deutschen Wirklichkeit.
- Das ZDF hat den höchsten Informationsanteil mit knapp 50 Prozent seines Gesamtangebotes.
- Das ZDF ist führender Anbieter im Bereich des fiktionalen (Erzähl-)Fernsehens.
- Das ZDF setzt die Standards im Bereich der zentralen Genres (Nachrichten, Magazine, TV-Movies, Serien, Sport, Dokumentation, Unterhaltung, Service, Kultur, Kinderfernsehen).

Die Dachmarkenstrategie, die einheitliche und integrierte Kommunikation der Marke ZDF über alle Kanäle, schließt das Redaktionsmarketing insofern aus, als einzelne Senderedaktionen keine eigenen Strategien und Positionierungen in ihrem werblichen Außenauftritt verfolgen dürfen. Denn nur ein abgestimmter, unverwechselbarer und ganzheitlicher Auftritt kann den Bekanntheitsgrad, das Image, die Wiedererkennbarkeit und die Sympathie für eine Marke erhöhen und Treue zu ihr erzeugen.

Der Slogan »Mit dem Zweiten sieht man besser« kehrt die in den Anfangsjahren des Senders als Schwäche empfundene Position des »Zweiten« schlagkräftig und mit einem Augenzwinkern in Stärke um. Der Slogan wird mit einem Schlüsselbild visualisiert – die mittlerweile markentypische ZDF-Geste, die in Verbindung mit dem Claim und prominenten Leitfiguren von Marietta Slomka über Thomas Gottschalk und Iris Berben bis hin zu internationalen Stars wie Anastacia, Janet Jackson oder Phil Collins die ZDF-Kampagne prägt.

Neuer Slogan

Neues Logo und Erscheinungsbild	Diese Neuorientierung in der Kommunikationsstrategie des ZDF erforderte eine entsprechende umfassende visuelle Erneuerung. Das neue Logo und Erscheinungsbild (seit Juni 2001) mit der neuen Hausfarbe »ZDF-orange« flankieren und stützen diesen selbstbewussten Weg. Die Idee, das »Z« im Schriftzug durch eine »2« zu ersetzen, ist eine einfache und doch sehr eingängige Methode, die Identität und Position des ZDF in der schier unüberschaubaren Medienlandschaft zu markieren. Das Kreissegment als Zitat der bisherigen Erscheinungsform sowie das Aufgreifen des »Zweiten« durch die Ziffer unterstreichen das Vertrauen in die Vergangenheit, eröffnen aber in der neuen Kombination »2DF« den Weg in die Zukunft der Mediengesellschaft.

Um das Dachmarkenkonzept durchgängig, langfristig und wirkungsvoll im und für das ZDF umzusetzen, werden die Aufgabenstellungen und Projekte in der Hauptabteilung (HA) Kommunikation gebündelt. So befassen sich die einzelnen Abteilungen der HA in enger Abstimmung untereinander mit allen Aufgaben, die sich im Rahmen der strategisch kommunikativen Ausrichtung der Marke ZDF in Konzeption und Realisation ergeben, also die Konzentration auf die wesentlichen strategische Ziele Imageaufbau und -erhalt, Gewinnung neuer Zielgruppen sowie Marktanteilserhaltung bzw. -erhöhung.

Hinsichtlich der Mediaplanung im Rahmen dieser strategischen Ausrichtung verfolgt das ZDF eine Doppelstrategie: die Erhaltung bisheriger und die Eroberung neuer Zuschauergruppen. Da das ZDF in den zurückliegenden Jahren vor allem jüngere Zuschauer an die kommerzielle Konkurrenz verloren hat, zielt die Eroberungsstrategie im Kern auf die 30- bis 50-jährigen Zuschauer. Dabei wurde erstmals für das ZDF eine qualitative Differenzierung der Zielgruppen nach Erhaltungsmilieus (Stammseher) und Eroberungsmilieus (potenzielle Seher) nach Sinus vorgenommen. Die Erhaltungsstrategie bei ZDF-Stammsehern setzt schwerpunktmäßig auf Trailer im Programm (on air). Die Eroberungsstrategie setzt schwerpunktmäßig auf Außenwerbung, Hörfunk und Anzeigen (off air). Um die genannten Ziele – wie auch die Zielgruppen – zu erreichen, werden im Rahmen von Gesamtkampagnen einzelne Marketingmaßnahmen kombiniert (Media-Mix).

Außenwerbung	Das Basismedium für die ZDF-Dachkampagne ist die bundesweite Großflächenplakatierung. Plakate können sehr schnell einen hohen Bekanntheitsgrad aufbauen. Hauptsächlich junge, besser gebildete, einkommensstärkere Personen mit einem höheren Haushaltseinkommen nehmen diese Form der Senderwerbung wahr. Großflächenplakate erzielen vor allem durch ihre markante visuelle Darstellung eine hohe Aufmerksamkeitswirkung. Sie haben einen hohen Sympathiefaktor und tragen damit zur Imagebildung bei. Daneben sind Großflächenplakate ein vergleichsweise günstiges Massenmedium und haben nur geringe Streuverluste.

Neben der Bewerbung von einzelnen Sendungen im Programm mit klassischen Trailern wird die taktisch-strategische Dachkampagne auch im Programm eingesetzt, um die ZDF-Stammseher zu erreichen. Denn auch im Hinblick auf diese Zielgruppe darf Markenpflege sowie Imageerhalt bzw. -aufbau nicht vernachlässigt werden. Die Konzeption und Produktion von Imagespots, kampagnenbegleitenden Trailern und so genannten Station IDs (kurze Spots, die Prominente mit der markentypischen ZDF-Geste zeigen) gehören daher zum Kernbereich der Senderkommunikation und sind im Media- wie Kommunikations-Mix durchgängig präsent.

Trailer und Imagespots

Studien und Zielgruppenanalysen zeigen, dass große Teile der jüngeren Zuschauer für das ZDF nur sehr schwer erreichbar sind. Die Hauptseherschaft des ZDF ist im Durchschnitt deutlich über 50 Jahre alt. Insbesondere die Gruppe der 30- bis 49-Jährigen ist im Rahmen der »Eroberungsstrategie« des ZDF ein wichtiges und unverzichtbares Publikumssegment. Diese Zielgruppe kann das ZDF nicht – oder nur sehr selektiv – mit der Senderpromotion erreichen. Hörfunk hingegen eignet sich besonders gut zur Ansprache dieser jüngeren Zielgruppen, da aufgrund der Möglichkeit der zielgruppenaffinen Senderauswahl die Kommunikation der Werbebotschaft ohne große Streuverluste möglich ist. Daneben ist Radiopromotion sehr flexibel und kurzfristig einsetzbar, gleichviel ob es sich um redaktionelle Hörfunkbeiträge handelt oder um klassische Hörfunk-Werbespots.

Hörfunk

Auffällige PR-Veranstaltungen sind ein weiterer Schwerpunkt zeitgemäßer Marketingaktivitäten. Marketing-Events werden im Sinne eines harmonischen und kontinuierlichen Gesamtauftritts in die Kommunikationsstrategie eingebunden. So entsteht im Rahmen der Gesamtkampagne je nach Anforderung und Thematik ein individuell zugeschnittenes Kommunikationsinstrument, welches das ZDF als modernes und innovatives Medienunternehmen präsentiert. Exemplarisch dafür stehen die ZDF-Präsenz bei Großveranstaltungen wie der Internationalen Funkausstellung (IFA) in Berlin und Events rund um »Wetten, dass …?«. Diese Veranstaltungen sind wichtige Nahtstellen zwischen Programmmachern und Zuschauern. Hier besteht die Möglichkeit zur direkten und aktiven Kommunikation. Fernsehen wird – viel stärker noch als beispielsweise bei Außenübertragungen mit Publikum – erlebbar. Dabei wird dieses Eventerlebnis so vermittelt, dass der Besucher, der zu Hause wieder in die Rolle des passiven Zuschauers schlüpft, das positive Ereignis lange in Erinnerung behält. Damit dienen Events weniger der Programmwerbung, sondern tragen maßgeblich zur Imageförderung des ZDF bei.

Events

Ergänzt und flankiert werden die jeweiligen Marketinginstrumente durch die PR-Maßnahmen der Pressestelle. Sie informiert Printmedien im In- und Ausland, Hörfunk- und Fernsehsender über das Unternehmen ZDF, seine öffentliche Aufgabe und sein Programm. Dazu nutzt sie alle technischen Verbreitungswege,

Pressearbeit und Zuschauerservice

organisiert Pressekonferenzen und Programmvorführungen und beantwortet Journalistenanfragen. Bei Messen, Kongressen und anderen ZDF-Veranstaltungen betreut die Pressestelle anwesende Journalisten und stellt Kontakte zu Vertretern des ZDF her. Daneben wird die Kommunikation des ZDF auch durch ein umfangreiches Serviceangebot beispielsweise der Zuschauerredaktion gestützt, die den direkten Kontakt zum Zuschauer und den Austausch mit ihm pflegt.

Der anhaltende Erfolg der bereits mehrfach prämierten Kampagne bestätigt die Schwerpunktsetzung auf die klare Positionierung des Senders und der Marke »ZDF«. Die Idee dieser Kampagne und die Konsequenz ihrer Durchsetzung sind in der Medienlandschaft nahezu einzigartig und haben bei Zuschauern wie Fachleuten gleichermaßen Anerkennung gefunden. Innerhalb weniger Monate nach dem Start ist es gelungen, den Slogan »Mit dem Zweiten sieht man besser« in ganz Deutschland durchzusetzen. Mit diesem Claim, der Gesamtkampagne und dem neuen Senderdesign ist es im Rahmen der Dachkampagne gelungen, die offene Ausrichtung des Senders zu unterstreichen und dabei gleichzeitig Anspruch und Qualität seiner Programme herauszustellen. Das ZDF profiliert sich wieder klar als Qualitätsmarke in der Fernsehlandschaft – und hilft dem Zuschauer auf sympathische Art und Weise, sich im übergroßen Angebot der Sender zu orientieren.

Literatur

Bucher, Hans-Jürgen/Altmeppen, Klaus-Dieter (Hg.): Qualität im Journalismus. Wiesbaden 2003.
Experten aus Wissenschaft und Praxis beleuchten verschiedene Aspekte der Qualitätsdebatte, begonnen bei normativen Annäherungen an das Thema bis hin zur Vorstellung erfolgreicher Praxismodelle.

Gläser, Martin: Medienmanagement. München 2008.
Umfassendes Lehrbuch zum Medienmanagement mit Fallbeispielen und Zusammenfassungen.

Hermes, Sandra: Qualitätsmanagement in Nachrichtenredaktionen. Köln 2006.
Das Buch stellt Grundlagen und Instrumente der Qualitätssicherung dar und liefert Einblicke in die Praxis der Qualitätssicherung.

Karmasin, Matthias/Winter, Carsten (Hg.): Grundlagen des Medienmanagements. Stuttgart 2003.
Der Sammelband behandelt entlang der Managementfunktionen die Grundlagen des Medienmanagements aus verschiedenen Perspektiven.

Krömker, Heidi/Klimsa, Paul (Hg.): Handbuch Medienproduktion. Produktion von Film, Fernsehen, Hörfunk, Print, Internet, Mobilfunk und Musik. Wiesbaden 2005.
Der Sammelband gibt einen umfassenden Einblick in technische und organisatorische Grundlagen der Medienproduktion.

Meckel, Miriam: Redaktionsmanagement. Ansätze aus Theorie und Praxis. Wiesbaden 1999.
Das Buch liefert eine umfassende und verständlich geschriebene Einführung in das Redaktionsmanagement.

Meier, Klaus: Ressort, Sparte, Team. Wahrnehmungsstrukturen und Redaktionsorganisation im Zeitungsjournalismus. Konstanz 2002.
Wegweisende Studie zur Redaktions- und Ressortorganisation bei Tageszeitungen.

Sjurts, Insa: Strategien in der Medienbranche. Grundlagen und Fallbeispiele. 3., überarbeitete und erweiterte Auflage, Wiesbaden 2005.
Nach einer Einführung in die Grundlagen des Medienmanagements beschreibt das Buch die Strategien zahlreicher nationaler wie internationaler Medienunternehmen.

Weichler, Kurt: Redaktionsmanagement. Konstanz 2003.
Dieses stark praxisorientierte Buch verbindet Managementwissen mit den spezifischen journalistischen Aufgaben und redaktionellen Perspektiven.

Wyss, Vinzenz: Redaktionelles Qualitätsmanagement. Ziele, Normen, Ressourcen. Konstanz 2002.
Auf Basis einer Studie werden Möglichkeiten und Grenzen des redaktionellen Qualitätsmanagements beleuchtet.

XI Public Relations als journalistisches Arbeitsfeld

Journalisten haben bei ihrer redaktionellen Arbeit täglich mit verschiedenen Formen der direkten und indirekten Öffentlichkeitsarbeit zu tun. Sie zu erkennen ist eine Herausforderung – zumal es als Journalist darum geht, angebotene Informationen verantwortlich zu prüfen und zu verarbeiten. Journalisten haben aus Kapazitätsgründen nicht immer die Möglichkeit, selbst zu recherchieren und sind deshalb auf vorbereitete Informationen angewiesen. Aus diesem Informationsangebot wählen sie dann aus, gewichten und kommentieren kritisch. Die Informationsleistungen der Öffentlichkeitsarbeit sind für Redaktionen zu wichtigen Quellen von Themen und Beiträgen oder auch nur zum Anstoß für fundierte Recherchen geworden. Bis zu vier Fünftel aller redaktionellen Beiträge in Zeitungen sind heute von Presseabteilungen beeinflusst.

Journalisten sind aufgrund ihrer öffentlichen Aufgabe einer größtmöglichen Objektivität verpflichtet (→ Journalismus als Beruf). Die Öffentlichkeitsarbeit hingegen hat zur Aufgabe, die Positionen ihrer Auftraggeber zu vertreten und eine interessengeleitete Informationspolitik zu betreiben. Der Journalismus bewegt sich somit zwischen verantwortungsbewusster Information des Publikums auf der einen und den PR-Botschaften und individuellen (Veröffentlichungs-)Interessen von Organisationen, Institutionen und Verbänden auf der anderen Seite. Was eine Herausforderung für die Redaktionen von Presse und Rundfunk im Sinne eines engagiert kritischen Journalismus darstellt, ist für Journalisten, die »auf der anderen Seite« in Pressestellen arbeiten, ein expandierendes Berufsfeld. Für den Journalisten ist die Öffentlichkeitsarbeit mögliches Tätigkeitsfeld und Herausforderung zugleich. Auf welcher Seite der Informationsindustrie er auch tätig ist, die verschiedenen Facetten der Öffentlichkeitsarbeit und ihre jeweilige Funktionsweise sollte er kennen.

I Beruf Public Relations

Öffentlichkeitsarbeit und Public Relations (PR) sind zwei Begriffe für dieselbe Kommunikationsfunktion. Das Spektrum der PR-Definitionen reicht dabei von vereinfachenden bis hin zu komplizierten oder schwer verständlichen Begriffsbestimmungen. Albert Oeckl, einer der Begründer der deutschen PR-Tradition, bezeichnet PR als »das bewusst geplante und dauerhafte Bemühen, gegenseitiges Verständnis und Vertrauen in der Öffentlichkeit aufzubauen und zu pflegen«. Öffentlichkeitsarbeit zielt also auf die Pflege öffentlicher Beziehungen und ist darauf ausgerichtet, die durch Kommunikation vermittelte Wirklichkeit mitzugestalten. PR wird häufig mit Werbung verwechselt. Im Gegensatz zur Werbung, die eine Einwegkommunikation darstellt, geht es der PR jedoch um die Entwicklung eines Dialogs mit den Zielgruppen.

Abgrenzung von der Werbung Werbung zielt auf die unmittelbare Auslösung einer Kaufentscheidung oder auf die Inanspruchnahme von Dienstleistungen ab. Dazu wendet sie sich über Werbemittel wie z. B. Anzeigen direkt an bestehende und potenzielle Kunden. Aufgrund ihrer eindeutig kommerziellen Beeinflussungsabsicht wirkt Werbung jedoch wenig glaubwürdig. PR hingegen versucht, nicht nur für einzelne Produkte oder Dienstleistungen, sondern in erster Linie für die Organisation als Ganzes eine Atmosphäre des Vertrauens und Verständnisses zu schaffen. PR-Zielgruppen sind dabei wesentlich breiter als die der Werbung: Neben den Kunden handelt es sich z. B. um Mitarbeiter, Investoren, Anwohner, Politiker oder Journalisten. Um ihre Zielgruppen zu erreichen, geht PR im Gegensatz zur Werbung häufig den »Umweg« über die Medien. Im Rahmen der Pressearbeit werden z. B. Presseinformationen an die Medien gegeben, die sie meist mehr oder weniger stark bearbeitet im redaktionellen Teil veröffentlichen. Durch den Zwischenschritt der journalistischen Bearbeitung erhalten die PR-Informationen in der Wahrnehmung der Mediennutzer die notwendige Objektivität und somit auch eine wesentlich höhere Glaubwürdigkeit als Werbebotschaften.

Werbung und Öffentlichkeitsarbeit sind zwei voneinander unabhängige Kommunikationsbereiche, die einander ergänzen. Gemeinsam stellen sie einen wesentlichen Bestandteil der integrierten Gesamtkommunikation dar. In der Praxis lassen sich nicht alle Kommunikationsinstrumente klar der Werbung oder der Öffentlichkeitsarbeit zuordnen. Bestes Beispiel für derartige Hybridprodukte sind die so genannten »Advertorials«, Werbeanzeigen also, die den Anschein eines redaktionellen Beitrags erwecken wollen.

Bedarf an PR-Arbeit Der Bedarf an PR-Arbeit nicht nur bei Unternehmen, sondern bei Organisationen aller Art ist groß. Zahlreiche Neugründungen von PR-Agenturen und die Tatsache, dass kaum noch eine Organisation ohne Pressestelle oder PR-Abteilung arbeitet, dokumentieren die gestiegene Bedeutung der Öffentlichkeitsarbeit auch in der Praxis. Von vielen Autoren wird PR mittlerweile als entscheidender Erfolgsfaktor zur Sicherung der Unternehmensexistenz angesehen. Unternehmen sehen sich heute mit einer zunehmend kritischen Öffentlichkeit konfrontiert und müssen bemüht sein, sich im Rahmen einer langfristigen Überlebensstrategie auf neue Umfeldsituationen rechtzeitig einzustellen und sich deshalb in der Gesellschaft Gehör zu verschaffen. Die ökonomische Effizienz einer Organisation hängt auch von ihren Bemühungen ab, sich gegenüber den verschiedenen gesellschaftlichen Gruppierungen zu legitimieren. Wer die Herausforderung zu mehr gesellschaftlicher Verantwortung und höherem moralischem Standard nicht annimmt, wird nach Ansicht von PR-Fachleuten künftig mit Glaubwürdigkeitsproblemen zu kämpfen haben und um seine Existenz bangen müssen. PR übernimmt deshalb neben ihrer Kernfunktion, Organisationsinteressen nach außen zu vertreten, heute immer mehr die Aufgabe, auch öffentliche Meinungen und Interessen in die Organisation hineinzutragen. PR kann so zum Interessenausgleich zwischen Organisation und Öffentlichkeit beitragen und Konflikte begrenzen.

In Abbildung 37 sind, angelehnt an Franz M. Bogner, die sieben Funktionen erfolgreicher Öffentlichkeitsarbeit zusammengefasst.

Abb. 37: Hauptfunktionen der PR

1. Die Absicht, die Haltung und Handlungen der Institution gegenüber relevanten Öffentlichkeiten mit der Haltung und den Handlungen der Öffentlichkeiten gegenüber der Institution in Einklang zu bringen bzw. tragfähige Kompromisse zu finden und damit gegenseitiges Wohlwollen und Verständnis zu schaffen.

2. Das geplante, dauernde und systematische Bemühen um die Kommunikation zwischen der Institution und den relevanten Dialoggruppen.

3. Der Aufbau und die Pflege von Verständnis, Wohlwollen und Unterstützung bei den Dialoggruppen für die Institution und ihre Handlungen sowie, umgekehrt, der Aufbau und die Pflege von Verständnis und Rücksichtnahme der Institution für die Bedürfnisse und Handlungen der Dialoggruppen.

4. Die systematische Erforschung der Meinung der Öffentlichkeiten.

5. Die Interpretation des Standpunktes der Dialoggruppen für das Management bzw. die Interpretation des Standpunktes der Institution und ihres Managements für die Dialoggruppen.

6. Die Vermeidung, Milderung und Bewältigung von Konflikten mit Dialogpartnern durch gezielte langfristige Kommunikation.

7. Die Integration der Institution in ihr gesellschaftliches Umfeld im Sinne der Erfüllung einer sozialen Funktion durch konzeptive, aufrichtige Kommunikation.

Quelle: Bogner 2005, S. 45f.

Die drei PR-Grundsätze – Wahrheit, Klarheit und Einheit von Wort und Tat – stellen hohe Ansprüche an die tägliche PR-Arbeit. Um sie zu verwirklichen, bedarf es entsprechender Kodizes. Die bekannteste Richtlinie dieser Art für die Öffentlichkeitsarbeit ist der Athener Kodex (Code d'Athènes) aus dem Jahr 1965. Unabhängig von den schriftlich fixierten Kodizes können Vertuschung, Verschweigen und Lügen jedoch nie zum gewünschten Ergebnis führen (vgl. Abb. 38).

Abb. 38: Die zehn Grundprinzipien der Öffentlichkeitsarbeit

Überzeugung

Offenheit

Ehrlichkeit

Kontinuität

Professionalität

Systematik

Fairness

Aufrichtigkeit
(Sein = Schein)

Sachlichkeit

Universalität

Quelle: Bogner 2005, S. 30

Public Relations als Berufsfeld für Journalisten

In der Bundesrepublik Deutschland sind nach Schätzungen rund 35.000 Personen in der PR-Branche tätig. Für das Berufsfeld PR gibt es keine formale Zugangsregelung, die Wege in den Beruf sind sehr vielfältig. Nach einer Untersuchung der Deutschen Public Relations Gesellschaft (DPRG) haben rund drei Viertel der Befragten zuvor in einem anderen Beruf gearbeitet, der Großteil (rund 33 Prozent) als Journalisten. Der Journalismus ist demnach nicht nur die älteste, sondern auch die am häufigsten gewählte Einstiegsmöglichkeit in den PR-Bereich (vgl. Brauer 2002).

Im Berufsfeld Public Relations kann man grundsätzlich drei Tätigkeitsbereiche unterscheiden. Im *ökonomischen Sektor* bieten Unternehmen Arbeitsplätze an, im *politischen und öffentlichen Sektor* sind es staatliche Einrichtungen und politische Institutionen. Schließlich gibt es auch im *gesellschaftlichen Sektor* ein wachsendes Betätigungsfeld für die PR. Im Einzelnen handelt es sich um:

- Presse- und PR-Abteilungen großer und mittlerer Unternehmen aller Wirtschaftszweige,
- PR-Abteilungen von Wirtschaftsverbänden, Gewerkschaften, Industrie- und Handelskammern bzw. Handwerkskammern,
- PR-Tätigkeiten in politischen Parteien und Regierungsinstanzen, in Bundes- und Landesbehörden, Kommunalverwaltungen sowie für Gebietskörperschaften und »gemeinwirtschaftliche« Unternehmen,
- Bildungs-, Ausbildungs- und Forschungseinrichtungen,
- Kirchen und karitative Organisationen,
- PR-Agenturen und
- sonstige PR-Tätigkeitsfelder, z. B. in den Massenmedien, in Vereinen und kulturellen Einrichtungen.

Die Arbeitsverhältnisse von PR-Fachleuten sind unterschiedlich. Laut einer Untersuchung arbeiten etwa 40 Prozent in Unternehmen, knapp ein Viertel in Agenturen, etwa 20 Prozent in Non-Profit-Organisationen und ca. 12 Prozent arbeiten als selbstständige PR-Berater (vgl. Wienand 2003, S. 233). Allen Bereichen gemeinsam sind die Kernaufgaben der PR. Die DPRG hat sie in der Formel »AKTION« zusammengefasst. »AKTION« beinhaltet sechs Kernaufgaben (Quelle: Deutsche Public Relations Gesellschaft):

- Analyse (Strategie, Konzeption),
- Kontakt (Beratung, Verhandlung),
- Text und kreative Gestaltung (Informationsaufbereitung),
- Implementierung (Entscheidung, Planung von Maßnahmen, Kosten- und Zeitplanung),
- Operative Umsetzung und
- Nacharbeit (Evaluation).

Je nach Einsatzgebiet variieren jedoch die Arbeitsschwerpunkte. Im öffentlichen Bereich (Politik, öffentliche Verwaltung) sind die Information des Bürgers und seine Mitwirkung am Entscheidungsprozess wichtig; in der Wirtschaft (private und öffentliche Unternehmen unterschiedlichster Größe) sorgt Öffentlichkeitsarbeit vor allem für Transparenz nach innen und außen; im gesellschaftlichen Bereich (Verbände, Kammern, Gewerkschaften, Berufsorganisationen, Kirchen, Vereine sowie Kunst-, Kultur-, Freizeit-, Bildungs-, Ausbildungs- und Forschungseinrichtungen) fallen der Öffentlichkeitsarbeit vorrangig Informationsaufgaben zu.

Arbeitsschwerpunkte in der PR

Auch innerhalb einer Organisation findet in der Regel Arbeitsteilung statt. Ein PR-Praktiker übt dann nicht alle Aufgaben aus, sondern spezialisiert sich auf bestimmte Tätigkeiten. Grundsätzlich lassen sich dabei zwei Rollen unterscheiden, die auf die US-amerikanische PR-Forschung zurückgehen (vgl. u. a. Cutlip/Center/Broom 2006): Der »PR-Techniker« und der »PR-Manager«. Diese Zweiteilung liefert eine idealtypische Beschreibung unterschiedlicher Rollen in der Öffentlichkeitsarbeit. Demnach betreiben »PR-Techniker« hauptsächlich PR-Handwerk, d. h. sie bearbeiten Anfragen, sammeln Informationen, bereiten sie auf, produzieren Publikationen, schreiben Pressemitteilungen und Reden. Dabei arbeiten sie stark weisungsgebunden und setzen Entscheidungen anderer in die Tat um. PR-Manager dagegen sind Teil des Führungszirkels und entwickeln PR-Ziele und PR-Strategien zur Lösung von Problemen. Sie haben Budgetverantwortung und müssen sich auch um die Erfolgskontrolle der PR-Aktivitäten kümmern. »PR-Manager« übernehmen also hauptsächlich planende, steuernde und kontrollierende Tätigkeiten. Sie verdienen meist mehr als »PR-Techniker«, sind tendenziell älter als diese und haben mehr Berufserfahrung. Zudem finden sich mehr Männer als Frauen in der Management-rolle, während bei den »PR-Technikern« der Frauenanteil höher ist.

Kompetenz-
anforderungen

Durch die zunehmenden und komplexer werdenden Aufgaben im PR-Bereich verändern sich auch die Anforderungen an die Qualifikation von PR-Fachleuten. Abbildung 39 gibt einen Überblick über die Fähigkeiten, die PR-Fachleute besitzen sollten.

Abb. 39: Kompetenzraster für PR-Fachleute

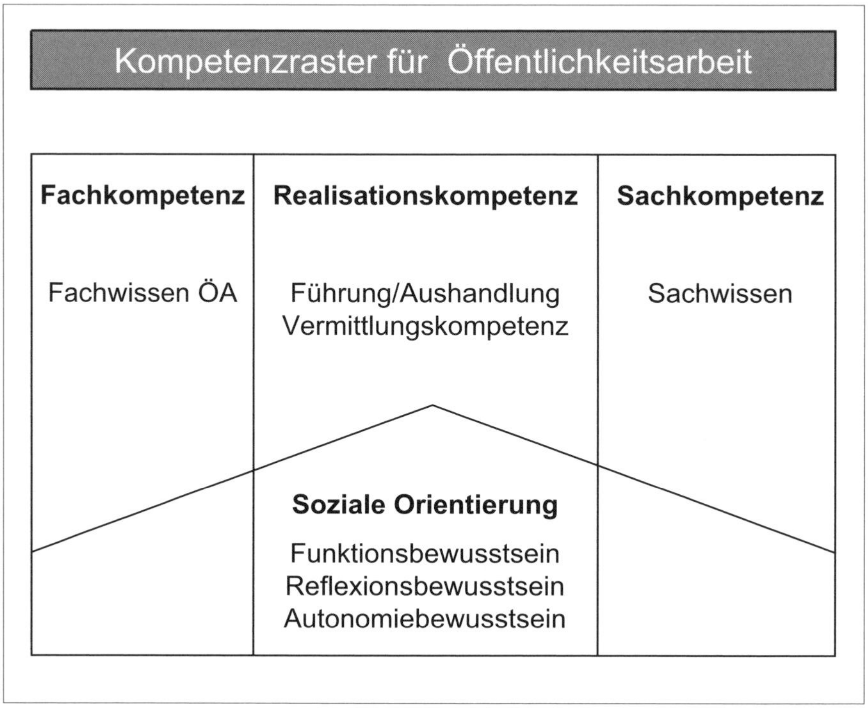

Kompetenzraster für Öffentlichkeitsarbeit

Fachkompetenz	Realisationskompetenz	Sachkompetenz
Fachwissen ÖA	Führung/Aushandlung Vermittlungskompetenz	Sachwissen

Soziale Orientierung

Funktionsbewusstsein
Reflexionsbewusstsein
Autonomiebewusstsein

Quelle: von Schlippe/Martini/Schulze-Fürstenow 1998, S. 12

Der Begriff der Fachkompetenz bezeichnet das allgemein gültige berufliche Grundwissen (Fachwissen) der PR sowie Kenntnisse im Bereich der Individual- und Massenkommunikation. Die Fachkompetenz ist die wichtigste Kompetenzdimension angehender PR-Experten, da sie die Basis für spezifische Problemlösungskompetenzen bildet. Um dieses Wissen einsetzen zu können, sind situationsadäquates Handeln und die normgerechte Anwendung verschiedener Arbeitstechniken notwendig. Diese Fähigkeiten umfasst die Realisationskompetenz. Sie bezeichnet zudem die für Koordination und Führung wichtige soziale Kompetenz und die (Berufs-)Erfahrung. Damit bildet sie eine Art Verbindungsglied zwischen Fach- und Sachkompetenz. Die Sachkompetenz ihrerseits besteht aus Grundkenntnissen über die zu vertretende Organisation und ihr Umfeld.

Einerseits sind dies die unmittelbaren Grundkenntnisse, z. B. zur Unternehmensentwicklung, gegenwärtigen Situation und angestrebten Perspektive. Andererseits handelt es sich um mittelbare Grundkenntnisse, die sich z. B. auf die Branche, auf Wirtschaft, Kultur, Verwaltung usw. beziehen.

> **Tipp:** Wegen des sehr ähnlichen Berufsbildes ist der PR-Bereich ein attraktives Berufsfeld für Journalisten. Immer häufiger finden daher Journalisten ein vielfältiges Arbeitsfeld in PR-Agenturen, PR-Abteilungen von Unternehmen und Verbänden oder als freie PR-Berater. Voraussetzungen für eine Tätigkeit in diesem Bereich sind Fach-, Realisations- und Sachkompetenzen sowie eine berufliche Weiterbildung in der PR.

Aufgrund der gestiegenen Anforderungen wird die Öffentlichkeitsarbeit von Unternehmen und Organisationen immer häufiger von professionellen Pressebüros und PR-Agenturen betrieben. Durch genaue Kenntnis der Arbeitsweise von Journalisten und ihren Bedürfnissen hat die Öffentlichkeitsarbeit inzwischen einen hohen professionellen Standard entwickelt. Verarbeitungs- und Präsentationsformen der Öffentlichkeitsarbeit haben sich besonders auf die journalistische Zeitnot eingestellt. Allgemein kann man feststellen, dass sich der PR-Bereich als Berufsfeld für Journalisten stark ausgeweitet hat (→ Journalismus als Beruf). Journalisten finden aufgrund des ähnlichen Berufsbildes ein vielfältiges Arbeitsfeld in PR-Agenturen, PR-Abteilungen von Unternehmen und Verbänden oder als freie PR-Berater.

Je nach Schätzungen stehen den rund 48.000 hauptberuflichen Journalisten in Deutschland zwischen 30.000 und 50.000 PR-Fachleute gegenüber. Beobachtet man die Entwicklung über die letzten Jahrzehnte hinweg, zeigt sich ein klarer Trend: Die Zahl der in der Öffentlichkeitsarbeit Beschäftigten nähert sich der Zahl der Journalisten an. In den USA gibt es bereits heute deutlich mehr PR-Fachleute als Journalisten. Nach Zahlen der offiziellen Arbeitsmarktstatistik (U.S. Department of Labor) für das Jahr 2006 stehen den etwa 150.000 Journalisten ca. 260.000 PR-Praktiker gegenüber. Auch in Deutschland stagniert bzw. schrumpft das Berufsfeld Journalismus, während die PR-Branche hohe Zuwachsraten aufweist.

PR als Herausforderung für Journalisten

Der Ausweitung und Professionalisierung der PR stehen Redaktionen gegenüber, die zunehmendem Wettbewerbsdruck ausgesetzt sind. Wirtschaftliche Unsicherheiten nehmen zu, knappe Personal- und Ressourcenausstattung und hohe Personalfluktuation sind häufig die Folge (→ Wirtschaftliche Grundlagen der Medien). Die Presse (Zeitschriften, Stadtmagazine, Anzeigenblätter) ist davon ebenso betroffen wie der Rundfunk (lokale und regionale Programme öffentlich-rechtlicher und privater Anbieter). Auf das knappe Zeitbudget der Journalisten haben sich die Verarbeitungs- und Präsentationsformen der PR eingestellt. Medienagenturen reagieren z. B., indem sie Hörfunkstationen mit Radiobeiträgen oder Themenlisten beliefern. Auftraggeber dieser Hörfunkbeiträge sind Unternehmen, Verbände oder Ministerien, die ihre Anliegen »ins rechte Licht« zu rücken versuchen. Die Sender erhalten kostenlos professionell gemachte Beiträge zum Füllen ihrer redaktionellen Sendezeit, die jedoch reine PR-Produkte sind (→ Recherche). Eine andere Variante der indirekten Öffentlichkeitsarbeit sind die Themenlisten, die den Rundfunkredaktionen angeboten werden. Zu jedem Thema liefert die Agentur Anmoderation, Fragenvorschläge und einen Interviewpartner. Als Gegenleistung muss allerdings mindestens einmal während des Beitrags der Name der Organisation fallen, die der Gesprächspartner vertritt. Allerdings verwischen bei derartigen PR-Angeboten nicht nur die Grenzen zwischen PR und Journalismus, sondern auch zwischen PR und Werbung.

Probleme des Umgangs mit verschiedenen Formen der Öffentlichkeitsarbeit und der Werbung von Unternehmen können aus Sicht der Journalisten folgende Praktiken bereiten:

- Anzeigen oder Werbespots werden von den Werbeagenturen so gestaltet, dass Hörer, Zuschauer oder Leser sie als redaktionelle Beiträge einstufen.
- Die wirtschaftliche Abhängigkeit von Inserenten verpflichtet viele Verlage und Rundfunkunternehmen zu »Koppelgeschäften«. Als Gegenleistung für einen Werbeauftrag bearbeitet der Journalist ein gewünschtes Thema redaktionell.
- Verbände, Organisationen und Unternehmen erstellen vorformulierte Artikel oder Beiträge als Arbeitshilfen für Journalisten, die – aufgrund von Zeitnot häufig kaum redigiert – in den redaktionellen Teil eine interessenorientierte Meinungsäußerung einbringen.
- Agenturen liefern ganze Zeitungsseiten oder Radiobeiträge, um den Redaktionen Recherche, Gestaltung und Präsentation abzunehmen und den Inhalt zu steuern.
- Sponsoring schafft Ereignisse, an denen Journalisten im redaktionellen Teil in der Berichterstattung nicht vorbeikommen.

Journalisten verlieren ihre Unabhängigkeit und Glaubwürdigkeit, wenn sie sich in den Redaktionen zu »Erfüllungsgehilfen« der Öffentlichkeitsarbeit machen lassen. Wichtig ist deshalb für Journalisten, dem »PR-Marathon« durch eigene Recherchen (→ Recherche) und klare Regeln entgegenzutreten. Der Deutsche Journalisten-Verband (DJV) hat hierzu zwölf journalistische Tugenden formuliert, die die Unabhängigkeit der Journalisten herausstellen (vgl. Abb. 40). Sie übersetzen das für die journalistische Identität so wichtige Trennungsgebot (zwischen Werbung und PR auf der einen und redaktionellen Inhalten auf der anderen Seite) in die berufliche Praxis.

Abb. 40: Die journalistische Antwort auf Werbung und PR –
zwölf journalistische Tugenden

Unabhängigkeit:	Journalisten sind allein der Allgemeinheit verpflichtet,
Professionalität:	Journalisten beherrschen Handwerk, Regeln und Standards,
Relevanzprüfung:	Journalisten entscheiden nach öffentlichem Interesse,
Neutralität:	Journalisten erweisen keine Freundschaftsdienste im Beruf,
Recherche:	Journalisten übernehmen keine Pressemitteilung ungeprüft,
Transparenz:	Journalisten nennen bei Zitaten aus Pressemitteilungen die Quelle,
Rückgrat:	Journalisten widerstehen sachfremden Einflüssen,
Konfliktfähigkeit:	Journalisten streiten für ihre Unabhängigkeit,
Geradlinigkeit:	Journalisten handeln nach stets den gleichen Maßstäben,
Fairness:	Journalisten behandeln Werbekunden und Nichtkunden gleich,
Aufklärung:	Journalisten machen Interessenkonflikte bekannt – zumindest intern,
Qualitätssicherung:	Journalisten setzen sich für interne Regeln ein.

Quelle: Deutscher Journalisten-Verband 2007

Studien zum Verhältnis von PR und Journalismus

Die Art der Beziehung zwischen Öffentlichkeitsarbeit und Journalismus und der Grad der gegenseitigen Einflussnahme der PR ist Gegenstand vieler Untersuchungen. Einige Studien weisen darauf hin, dass die Bedeutung von PR für die redaktionelle Arbeit umso größer ist, je weniger Zeit Journalisten für eigene Informationssammlungen aufwenden können. Wie sie PR-Produkte bewerten, hängt von der eigenen Rollendefinition, dem Medientyp, dem Arbeitsbereich, aber auch von der Berufserfahrung, der hierarchischen Position sowie den eigenen politischen Überzeugungen ab. Der Öffentlichkeitsarbeit wird bei Routine-Ereignissen zwar ein relativ großer Einfluss zugeschrieben. In Konflikt- oder Krisensituationen ist dieser Einfluss auf die Medieninhalte jedoch deutlich geringer.

Die Kommunikationswissenschaftlerin Barbara Baerns analysiert in vielen Studien die Beziehungen zwischen Öffentlichkeitsarbeit und Journalismus. Sie geht dabei von einer gegenseitigen Abhängigkeit aus: Je mehr Einfluss Öffentlichkeitsarbeit ausübt, umso weniger Einfluss kommt dem Journalismus zu und umgekehrt. »Öffentlichkeitsarbeit hat erfolgreich Einfluss ausgeübt, wenn das Ergebnis der Medienberichterstattung ohne diese Einflussnahme anders ausgefallen wäre. Ebenso hat Journalismus Einfluss genommen, wenn das Berichterstattungsergebnis ohne journalistisches Zutun anders ausgesehen hätte.«

Beiderseitige Abhängigkeiten

Wichtigstes Forschungsergebnis der Studien: Öffentlichkeitsarbeit hat Themen und Timing der Medienberichterstattung weitgehend unter Kontrolle. Umgekehrt haben aber auch Spielregeln, Abläufe und Routinen der Medien Auswirkungen auf die PR-Zulieferer und deren Organisationen. Im Alltagsgeschäft ist Öffentlichkeitsarbeit gerade dann besonders erfolgreich, wenn sich ihre Informationspolitik und die von ihr inszenierten Ereignisse an den herrschenden Nachrichtenwerten orientiert. Diese werden eher vom Mediensystem und den Journalisten gesetzt und beeinflusst als von der Öffentlichkeitsarbeit. Sofern der Journalist aktiv ist und seinen Aufgaben der Informationsübermittlung und -kontrolle gerecht wird (→ Journalismus als Beruf), wirkt Öffentlichkeitsarbeit nicht unmittelbar auf das Medienpublikum ein. Der Journalist hat vielmehr eine Filterfunktion. Im Normalfall schreiben Journalisten um, kürzen und recherchieren zusätzlich (→ Recherche).

Wenn Medien Themen vermitteln, die von der Öffentlichkeitsarbeit einer Interessenorganisation propagiert werden, ist die erzielte Glaubwürdigkeit weit höher als bei gekauften Werbemaßnahmen (→ Journalisten und ihr Publikum). Geraten Botschaften der Öffentlichkeitsarbeit unverändert ins Medium, sind sie deshalb im Gegensatz zur Werbung vom Leser, Hörer und Zuschauer nicht als interessengebundene Positionen erkennbar. Das Publikum überträgt die Glaubwürdigkeit des Mediums auf die Botschaft, denn journalistische Arbeit wird als Information wahrgenommen und nicht als Weiterleitung von Interessen.

Wichtig ist daher die Eigenarbeit des Journalisten. Die Kräftefelder Journalismus und Öffentlichkeitsarbeit befinden sich im ständigen Ringen um die Einflussnahme auf den publizistischen Inhalt. Die Beziehung zwischen Öffentlichkeitsarbeit und Journalismus ist also nicht einseitig, sondern vielmehr von beiderseitigem Vorteil. Der Redakteur benötigt in einer komplexer werdenden Welt für seine Arbeit Erklärungen, Stellungnahmen und Themenhinweise. PR-Fachleute sind ihrerseits auf die Massenmedien angewiesen, um die Meinungen und Sichtweisen ihres Auftraggebers an die Öffentlichkeit zu bringen. Der hartnäckige Eindringling in den »Olymp des Journalismus« ist deshalb für Journalisten in den Redaktionen unumgänglich geworden.

Öffentlichkeitsarbeiter sind unentbehrliche Partner der Journalisten, ob diese sie nun als Widerpart sehen oder nicht. Gute Berichterstattung lässt sich nicht als pure Abwehrstrategie gegenüber PR konzipieren, nicht im Gegeneinander, sondern im kritischen und professionellen Miteinander. In einer immer komplizierter und komplexer werdenden Welt wäre Journalismus ohne PR verloren.

2 Wichtiges Ziel: Imageverbesserung

In hoch industrialisierten Gesellschaften werden Unternehmen und die von ihnen angebotenen Produkte immer ähnlicher und somit austauschbar. Ein klares Image macht Produkte und Unternehmen wieder unterscheidbar und dient der Orientierung. Darüber hinaus kann ein Image Vertrauen schaffen und die öffentliche Meinung positiv beeinflussen. Im Idealfall entsteht ein Regelkreis: Ein gutes Image bedeutet wirtschaftlichen Erfolg, der wiederum das Image positiv stärkt. Inzwischen haben PR-Treibende die große Bedeutung des Images bzw. einzelner Imagefaktoren für den Erfolg einer Organisation erkannt. Eine empirische Untersuchung unter PR-Fachleuten ergab, dass fast alle Befragten (94 Prozent) den Aufbau und Erhalt eines positiven Unternehmensimages als wichtigste Aufgabe der PR sehen. Weitere 60 Prozent nennen die Pflege positiver Produktimages als zentrales Ziel der PR.

Die Untersuchung zeigt, dass mehrere Imagearten unterschieden werden können. Hervorzuheben sind das Markenimage, d. h. das Image einer bestimmten Produktmarke (z. B. »Weißer Riese«), das Branchenimage, d. h. das Image einer ganzen Warengruppe (beispielsweise Waschmittelbranche) sowie das Unternehmensimage, d. h. das Image eines bestimmten Unternehmens (etwa Henkel). Als prägende Faktoren eines Unternehmensimages gelten z. B. Managementqualität, Preis-Leistungs-Verhältnis, solidarische Werte, Mitarbeiterorientierung oder Unternehmenskommunikation im Inneren und Äußeren (wie etwa auch der Stil, d. h. das »Wie« der Kommunikation). Imagearten

Images sind sowohl rationaler, emotionaler als auch sozialer Natur. Bei ihrem rationalen Bestandteil handelt es sich um Kenntnisse, Erfahrungen und Wahrnehmungen, die sich eher auf die objektive Beschaffenheit des Imageobjekts beziehen (kognitive Komponente). Die emotionale Seite wird durch Wertungen, Erwartungen, Wünsche, Hoffnungen, Sympathien und Antipathien bestimmt (affektive Komponente). Darüber hinaus wirken die Gesellschaftsform, die personale Umgebung und bestehende Tabus auf das Image ein (soziale Komponente).

Images haben für alle Bereiche der Meinungsbildung und -pflege eine besondere Bedeutung. Die Kraft des Unternehmensimages im Besonderen liegt vor allem darin, dass es über die dauerhafte Akzeptanz von Produkten und Leistungen und damit auch über den wirtschaftlichen Erfolg eines Unternehmens entscheidet. Ein positives Image schafft die Basis für Vertrauen und führt zu einer günstigen Einstellung gegenüber dem Meinungsgegenstand. Je weniger Informationen ein Individuum über einen Sachverhalt hat, desto größer ist die Gefahr einer stark vereinfachten, stereotypen und fehlerbehafteten Imagebildung. Bedeutung der Images für Unternehmen

Immer aber stellen Images subjektive Vorstellungsbilder dar, die mehr oder weniger stark von den objektiven Gegebenheiten abweichen können. Und stets handelt es sich um vereinfachende Muster von großer Prägnanz und Plastizität, die komplexe Sachverhalte auf das Typische und Wesentliche reduzieren. Hinzu kommt, dass Images für das Individuum eine Orientierungsfunktion erfüllen. Das Image beeinflusst das Verhalten und Handeln des Menschen, oftmals sogar in bestimmender, steuernder Weise. Der Mensch lässt sich von seinen Vorstellungsbildern, die für ihn eine Art »Kompass« darstellen, in ganz bestimmte Richtungen führen. Images ermöglichen eine Orientierung und Selektion, so dass Brauchbares von Unbrauchbarem, Gutes von Schlechtem, Zuverlässiges von Unzuverlässigem, Vertrauenswürdiges von nicht Vertrauenswürdigem usw.

unterschieden werden kann. Ein Sachverhalt kann, nach objektiven Maßstäben bewertet, noch so gut sein: Hat er ein schlechtes Image, so erhält er nicht die ihm gebührende Geltung. Vorstellungsbilder sind handlungsleitend.

Zu Beginn des Lebenszyklus eines Imageobjekts ist das Image beeinflussbar. Es kann sich jedoch verselbstständigen und fremden Einflüssen gehorchen. Durch verschiedene PR-Maßnahmen kann die PR versuchen, dies zu vermeiden und eine Imageverbesserung zu erreichen. Indem z. B. PR-Fachleute ihre Medienkontakte intensivieren, versuchen sie, eine möglichst positive Darstellung des von ihnen vertretenen Imageobjekts (z. B. eines Produkts) zu erreichen. Eine weitere Möglichkeit besteht darin, die Imagewerbung zu verstärken und dadurch gezielt am Erscheinungsbild des Imageobjekts zu arbeiten.

Allein durch Kommunikationsmaßnahmen lässt sich ein Image jedoch nicht verändern. Wenn die kommunizierte Botschaft und die Wirklichkeit auseinanderklaffen, ist der Misserfolg vorprogrammiert. Deshalb muss sich das Imageobjekt (z. B. das Unternehmen) auch tatsächlich in die angegebene Richtung (beispielsweise Einsatz umweltfreundlicher Produktionsverfahren) bewegen, um den gewünschten Effekt (etwa ein hohes Ansehen bei umweltbewussten Bezugsgruppen) zu erzielen. Aufgrund seiner überragenden Bedeutung ist die Beschäftigung mit dem Thema Image für jeden PR-Treibenden zu einem zentralen Bestandteil seiner Arbeit geworden und somit aus der PR-Praxis nicht mehr wegzudenken.

3 PR – gezielt geplant und umgesetzt

Die Öffentlichkeitsarbeit von Unternehmen oder Verbänden ist je nach PR-Verständnis unterschiedlich organisiert. Sie kann innerhalb eines bestehenden Bereichs (z. B. der Unternehmenskommunikation, dem Marketing oder dem Vertrieb) eingegliedert sein, direkt der Geschäftsleitung unterstellt werden, als eigenverantwortliche Stabsstelle mit eigenem Etat eingerichtet sein oder durch Berater bzw. Agenturen von außen betreut werden. Unabhängig von ihrer organisatorischen Eingliederung sollte PR-Arbeit planmäßig, systematisch und methodisch erfolgen. Will PR langfristig wirken, Akzeptanz und Bekanntheit, Image und Identität, Profil und Positionierung für eine Organisation erreichen, dann kann es nicht darum gehen, möglichst schnell irgendwelche Maßnahmen zu kreieren und durchzuführen. Derartige »Schnellschüsse« können zwar kurzfristig zu Verbesserungen führen. Die erwünschte Langzeitwirkung wird jedoch mit großer Wahrscheinlichkeit ausbleiben. Nur durch eine sorgfältige Situationsanalyse, eine umfassende Planung, die Kommunikationsziele, Zielgruppen, Inhalte und Maßnahmen definiert, sowie durch eine klare Umsetzung und eine Ergebniskontrolle kann PR auch langfristig positive Wirkungen entfalten. Ein langfristig aufgebautes, in sich stimmiges Konzept und gut formulierte Botschaften sind die Grundpfeiler erfolgreicher PR.

> **Tipp:** Für eine nachhaltige Wirkung sollte PR umfassend geplant werden. Ein planmäßiges Vorgehen bei der PR-Arbeit umfasst vor allem die vier Schritte Situationsanalyse, Planung, Durchführung und Evaluation.

Ein planmäßiges und systematisches Vorgehen bei der PR-Arbeit umfasst im Wesentlichen die vier Schritte Situationsanalyse, Planung, Durchführung und Evaluation, die im Folgenden näher erläutert werden. Abbildung 41 zeigt die einzelnen Phasen des PR-Prozesses in ihrer Abfolge.

Abb. 41: Der PR-Prozess als Kreislauf

4. Evaluating the Program

1. Defining Public Relations Problems

Assessment | Situation Analysis

Implementation | Strategy

3. Taking Action and Communicating

2. Planning and Programming

Quelle: Cutlip/Center/Broom 2006, S. 283

1. Situations-analyse
Die Situationsanalyse bildet den Ausgangspunkt für die Bestimmung der Zielsetzungen, der Zielgruppen und der abzuleitenden Maßnahmen. Ihre Aufgabe ist die Ermittlung der PR-bezogenen Ist-Situation z. B. eines Unternehmens. Dazu muss ermittelt werden, welches Bild in der Öffentlichkeit von dem betreffenden Unternehmen besteht (Ist-Image). Dies kann in der Praxis dadurch geschehen, dass man Informationen durch Meinungsforschungsinstitute sammeln lässt oder Medienpublikationen auswertet. Auf das Image wirken verschiedene Einflussfaktoren wie z. B. die Branchen- oder Konkurrenzsituation ein. Beispielsweise hat sich im Fall »Brent Spar« nicht nur das Image der Shell AG geändert, sondern auch die Beziehungen der gesamten Mineralölbranche zur Öffentlichkeit.

2. PR-Planung
Im Anschluss an die Ermittlung der Ist-Situation wird in der Planungsphase festgelegt, welcher Soll-Zustand bzw. welches Image angestrebt wird. Eine PR-Planung sollte stets mittel- bis langfristig angelegt sein und sich über einen Zeitraum von ca. zwei Jahren oder darüber hinaus erstrecken. Allgemeine PR-Ziele sind das Schaffen von Verständnis und Vertrauen sowie das Erreichen eines Ausgleichs oder einer Identität von Interessen zwischen Unternehmen und Gesellschaft. Die Planung bedarf konkreter und präziser Ziele, die unter Berücksichtigung der allgemeinen Unternehmensziele formuliert werden müssen. Zusätzlich werden die einzelnen Zielgruppen des Unternehmens analysiert, bestimmt und entsprechend gewichtet.

Dabei sind die Medien zwar eine wichtige, aber nicht die einzige Zielgruppe für die Öffentlichkeitsarbeit. Weitere bedeutende Zielgruppen können Mitarbeiter und Pensionäre, aber auch Investoren, Politiker, Ausbildungsinstitutionen wie Universitäten oder Journalistenschulen u. a. sein. Aber auch Wettbewerber oder potenzielle Geschäftspartner sind wichtige Adressaten für die Öffentlichkeitsarbeit. Mit all diesen Gruppen verbinden sich bestimmte Interessen, die das Management von Organisationen und Unternehmen über die Öffentlichkeitsarbeit transportieren will. Ziel ist es, das Betriebsklima für Mitarbeiter zu verbessern, das Vertrauen der Geschäftspartner zu erhöhen, Kunden von der Leistungsfähigkeit des eigenen Unternehmens zu überzeugen oder den Eindruck von Seriosität bei Politikern, Verwaltungsbeamten und anderen Persönlichkeiten zu vermitteln.

Sobald die Zielsetzungen und die Zielgruppen, die generell zu verfolgenden Strategien und das verfügbare Budget feststehen, kann der kreative Teil der PR-Planung beginnen. Dabei ist die Zahl der möglichen PR-Instrumente und -Maßnahmen praktisch unbegrenzt. Der Fantasie und der Kreativität sind keine Grenzen gesetzt, solange die Maßnahmen ziel- und strategiekonform eingebracht werden. Gleichzeitig müssen sie auf ihre praktische Realisierbarkeit, ihre wirtschaftlichen Aspekte und ihre Erfolgschancen hin überprüft werden.

> **Tipp:** Eine PR-Planung sollte stets mittel- bis langfristig angelegt sein und sich über einen Zeitraum von zwei Jahren oder darüber hinaus erstrecken. Die Planung bedarf konkreter und präziser Ziele, die unter Berücksichtigung der allgemeinen Unternehmensziele formuliert werden müssen.

Ergänzend zur klassischen Pressearbeit verfügt die Öffentlichkeitsarbeit über eine breite Palette eigener Medien, die unter dem Oberbegriff »Corporate Publishing« zusammengefasst werden. Ziel dieser Publikationen ist es, den Endverbraucher direkt anzusprechen. Ministerien geben Broschüren heraus, Versicherungen, Bausparkassen oder Handelsorganisationen veröffentlichen Kundenzeitschriften und Aktiengesellschaften verschicken Mitteilungen an ihre Aktionäre. Für die intern ausgerichtete PR spielt das Medium Mitarbeiterzeitschrift eine zentrale Rolle.

Zu den Instrumenten, die besondere kommunikative und organisatorische Kompetenz verlangen, zählen PR-Aktionen und Veranstaltungen. Neben großen Ereignissen wie Symposien, Kongressen, Podiumsdiskussionen, Stadtteilfesten oder einem Tag der offenen Tür stehen Workshops, Seminare, Stammtische, Vernissagen und Präsentationen als eher persönliche Veranstaltungstypen zur Auswahl. Darüber hinaus spielen online-gestützte und interaktive Kommunikationskanäle wie beispielsweise Internet, Intranet (betriebsinternes Netz), Extranet (Netz für Kunden, Lieferanten), »Corporate TV« (von Unternehmen betriebenes Fernsehen) und »Corporate Blogs« (von Unternehmen betriebene Weblogs) eine immer wichtigere Rolle.

3. Umsetzung

In der Phase der Durchführung kommt es darauf an, die vom PR-Plan festgelegten Stufen in der Praxis umzusetzen. Ähnlich der Planungsphase muss auch diese dritte Phase, die Implementation, sorgfältig ausgeführt werden – schon mancher PR-Plan ist an seiner mangelhaften Realisierung gescheitert. Auch wenn die PR-Planung langfristig ausgerichtet ist, gibt es in der Praxis immer wieder Gründe, die eine Modifikation der ursprünglichen Pläne während der Realisation notwendig machen. Dementsprechend flexibel sollte im Rahmen des Instrumenten- und Maßnahmeneinsatzes agiert werden können.

4. Kontrolle

Die Erfolgskontrolle der PR-Arbeit beinhaltet die Überprüfung der realisierten PR-Aktivitäten, um den Grad der Zielerreichung der bisherigen Maßnahmen zu ermitteln und hieraus Handlungsempfehlungen für den zukünftigen Einsatz der PR abzuleiten. Eine systematische Evaluation sollte deshalb jede erfolgreiche PR-Kampagne begleiten.

Aus der Erfolgskontrolle können Entscheidungen bezüglich der Fortsetzung oder Einstellung einer PR-Aktion, der Verbesserung ihrer praktischen Umsetzung, des Einsatzes ähnlicher PR-Aktionen in vergleichbaren Kontexten oder der Neuverteilung von Ressourcen auf verschiedene PR-Aktionen getroffen werden. Da die Notwendigkeit und Bedeutung der Erfolgskontrolle erst in den vergangenen Jahren zunehmend erkannt wird, beschränkt man sich in der Praxis häufig noch immer auf das Sammeln und Auszählen von Zeitungsausschnitten (»Clipping-Analyse«) sowie auf eigene Beobachtungen zur Beurteilung einer PR-Kampagne. Darüber hinaus findet die Medienresonanzanalyse als ein Instrument zur Beobachtung der veröffentlichten Meinung zunehmend Beachtung. Auch Befragungen aller Art können als Mittel der Erfolgskontrolle eingesetzt werden, um Meinungen und Einstellungen bei bestimmten Zielgruppen zu erforschen. Die Erfolgskontrolle ist nicht nur der Abschluss des systematischen PR-Prozesses, sie bildet gleichzeitig den Ausgangspunkt für die Planung und Durchführung zukünftiger PR-Aktivitäten.

4 Media Relations als zentrales Aktionsfeld

Die Entwicklung der Öffentlichkeitsarbeit ist eng mit der Entwicklung der Massenmedien verbunden. In einer Informationsgesellschaft können die unterschiedlichen Interessengruppen, die für ein Unternehmen wichtig sind, nicht immer durch persönliche Kontakte erreicht werden. Deshalb nehmen Medien als (Meinungs-)Multiplikatoren eine zentrale Funktion ein. Sie können Informationen schnell aufbereiten und erreichen über ihre Auflagen bzw. Reichweiten viele Menschen innerhalb kürzester Zeit. Hinzu kommt die hohe Glaubwürdigkeit, die journalistische Angebote bei ihrem Publikum grundsätzlich besitzen. Entsprechend wird die Pressearbeit – oder »Media Relations« – häufig als das wichtigste Standbein der Öffentlichkeitsarbeit bezeichnet, um Informationen zu übermitteln, das Unternehmen transparent zu machen und das Image des Unternehmens positiv zu prägen.

Pressearbeit »Pressearbeit verwirklicht oder unterstützt die Kommunikation von Unternehmen, Verbänden, Institutionen oder Einzelpersonen dadurch, dass unabhängigen Massenmedien [...] gezielt Informationen angeboten werden, die von diesen als reichweitenstarke und glaubwürdige Mittler veröffentlicht werden sollen und so die jeweiligen Leser bzw. Nutzer als die eigentlich relevanten Bezugsgruppen erreichen« (Schulz-Bruhdoel 2007, S. 400).

»Media Relations« ist also eine bewusste Gestaltung von Beziehungen einer Organisation zu den (externen) Medien. Der Begriff kommt aus der amerikanischen PR-Forschung und -Praxis und geht davon aus, dass Organisationen ihre Beziehungen zu den wichtigsten Öffentlichkeitsbereichen (publics) gezielt planen und gestalten. Der berühmte PR-Wissenschaftler James Grunig hat daher schon 1984 in seinem Grundlagenwerk »Managing Public Relations« festgestellt: »Media relations occupies a central position in public relations because the media serve as ›gatekeepers‹, controlling the information that flows to other publics in a social system.« Diese Aussage gilt auch im Zeitalter des Internets, wenngleich das Netz als Kommunikationskanal und -plattform die Gestaltung der »Media Relations« veränderte.

Die PR nutzt also journalistische Medien, um die Öffentlichkeit anzusprechen und Botschaften an bestimmte Zielgruppen zu kommunizieren. Über die Medienarbeit können die eigenen Stärken und damit auch die Unterschiede zum Wettbewerb breit kommuniziert werden. Eine kontinuierliche Medienpräsenz sorgt dafür, dass die Öffentlichkeit über die relevanten Vorgänge im Unternehmen unterrichtet wird. Somit werden auch die Unternehmen bekannt und identifizierbar, deren Produkte nicht in den Regalen der Geschäfte und Warenhäuser liegen oder deren Dienstleistungen nicht täglich offeriert werden. Die Presseabteilung ist Sprachrohr des Unternehmens und nimmt der Geschäftsführung konzeptionelle, vorbereitende und handwerkliche Arbeit ab. Der öffentliche Auftritt selbst hingegen ist Sache der Unternehmensleitung.

Abgesehen von den Fällen, in denen Journalisten aus aktuellem Anlass (z. B. im Krisenfall) bei der Pressestelle eines Unternehmens recherchieren, muss in der Regel der PR-Referent seine Ansprechpartner vom Nachrichtenwert einer Information überzeugen. Inhaltliche Kriterien dafür sind Aktualität, Neuheit, Bedeutung und Originalität. Wer erfolgreiche Pressearbeit betreiben will, muss darüber hinaus einige fundamentale Regeln beachten. Schlagwortartig zusammengefasst handelt es sich um: Korrektheit und Authentizität, Offenheit und Dialogbereitschaft, Schnelligkeit und Sachlichkeit, langfristiges und vorausschauendes Handeln, fachliche und menschliche Kompetenz.

Kontakt mit Journalisten

Von entscheidender Bedeutung für eine erfolgreiche Medienarbeit sind der Kontakt und der Umgang mit Journalisten. Zwischen Journalist und Pressereferent sollte ein Vertrauensverhältnis bestehen. Ein solches Vertrauensverhältnis ist die Basis, damit auch in für eine Organisation schwierigen oder kritischen Situationen ein fruchtbarer Austausch mit Journalisten stattfinden kann. Um dies zu erreichen, müssen Unternehmenssprecher und Presseabteilung auch in »normalen« Zeiten Kontaktpflege betreiben. Grundsätzlich gilt, dass eine auf Konflikt basierende, rein reagierende Pressearbeit schädlich für die Organisation ist.

Die wichtigste Verhaltensregel der PR-Branche lautet daher: Ärger mit den Medien vermeiden und stattdessen persönliche Kontakte zu Journalisten aufbauen und pflegen. Besonders im Bereich der Lokalmedien zählt der persönliche Kontakt oft mehr als die beste Presseinformation. Überregionale Medien hingegen werden bei der Öffentlichkeitsarbeit aufgrund ihrer »formaleren« Struktur anders behandelt. »Hier gilt es auszuwählen und die aus Sicht der Redaktion für die Öffentlichkeit relevanten Themen zu bearbeiten und ins Blatt zu heben« (Rota 2002).

Tipp: Informationen und Materialien für die Redaktionen

- *Prioritäten setzen:* Wer bekommt – entsprechend der Unternehmenskultur und dem Presseverteiler – ohne Anfrage Informationsmaterial? Wer erhält Exklusivmaterial?
- *Den Nutzwert der Information erhöhen:* Sind Fotos möglich? Bieten sich Textkästen zu Umfragen, Pro und Contra, Beispielfälle und Interviews an? Lassen sich Daten oder schwierige Zusammenhänge in Tabellen bzw. Grafiken besser darstellen? Soll man eigene Beiträge den Rundfunkstationen anbieten? Kann die Zusatzrecherche des Journalisten erleichtert werden durch Literaturangaben und Adresslisten?
- *Interviews strategisch vorbereiten:* Sind alle Fakten gesammelt? Ist ein Fünf-Minuten-Vortrag vorbereitet, d. h. bearbeitet, gegliedert, laut gelesen auf Tonband aufgenommen, eventuell gekürzt und eingeprägt? Ist bei großem Medieninteresse ein Interview-Zeitplan aufgestellt? Sind die biografischen Daten und die Funktion des Interviewpartners im Medienunternehmen, z. B. durch einen Anmeldebogen, erfasst?

(Quelle: Rota 2002)

Ein direkter Draht zum redaktionellen Gegenüber bleibt für die Öffentlichkeitsarbeit dennoch der Idealfall. Im Gegensatz zur Werbung lässt sich Pressearbeit terminlich allerdings nur wenig steuern. Die Erwähnung eines Unternehmens oder eines Themas im redaktionellen Teil einer Zeitung ist zwar um ein Vielfaches glaubwürdiger als eine Anzeige, jedoch veröffentlichen Journalisten im redaktionellen Teil in der Regel keine Nachrichten auf Wunsch einer Interessenorganisation. Stattdessen beeinflussen viele Faktoren Zeitpunkt und Erscheinen der Veröffentlichung. Ereignislage und redaktionelle Abläufe machen Öffentlichkeitsarbeit daher kurzfristig zwar wenig vorhersehbar, die Themenlage und der Neuigkeitswert sind dennoch eine wichtige Planungsgrundlage.

Pressekonferenzen Die Pressearbeit ist für die meisten Unternehmen der wichtigste Bereich der Medienarbeit, zu deren klassischem Repertoire unter anderem Pressekonferenzen, Pressemitteilungen und Pressemappen, aber auch Interviews, Hintergrundgespräche sowie Journalistenreisen und Journalisteneinladungen gehören. Das Abhalten von Pressekonferenzen ist immer noch eines der bedeutendsten Instrumente der Pressearbeit. Eine Pressekonferenz bietet, vor allem wenn umfangreiche Informationen vermittelt werden müssen, der Unternehmensleitung und den Journalisten gleichermaßen die Möglichkeit zum direkten Informationsaustausch. Damit Pressekonferenzen den gewünschten Erfolg haben, müssen sie sorgfältig vorbereitet werden.

Tipp: Organisation einer Pressekonferenz

1. Entscheiden, ob der Anlass eine Pressekonferenz rechtfertigt oder eine Pressemitteilung ausreicht.
2. Den Verteiler der Pressekonferenz – die Liste der Einzuladenden – auf Anlass, Zielgruppe und beabsichtigte Wirkung abstimmen.
3. Den Termin in Absprache mit besonders bedeutenden Redaktionen festlegen.
4. Den Veranstaltungsort gut aussuchen. Erreichbarkeit und angemessene Atmosphäre sind wichtig.
5. Den Veranstaltungsraum abhängig von der geschätzten Teilnehmerzahl auswählen. Essen, Getränke etc. vorbestellen.
6. Die Themen der Pressekonferenz ansprechend formulieren sowie die Einladungen entwerfen und verschicken. Je nach Veranstaltungsort auch eine Anfahrtsbeschreibung beilegen.
7. Die geplanten Wortbeiträge nach individuellen Wünschen wie Fließtext oder Stichworte in Absprache anfertigen und Antworten zu möglichen kritischen Fragen vorformulieren.
8. Die Pressemitteilungen schreiben und mit den geplanten Wortbeiträgen in Einklang bringen, um sie bei der Pressekonferenz auszulegen.
9. Die Tagesordnung bzw. den Ablauf und die mögliche Tischordnung festlegen und Namensschilder drucken.
10. Eventuell Fotografen anfordern und Notizblock, Stift etc. auf den Plätzen bereitstellen.
11. Das gastronomische Angebot kontrollieren und anhand der Erfordernisse und der Tageszeit auswählen.
12. Den Ablauf der Pressekonferenz souverän gestalten: auf die Plätze bitten, Teilnehmerkreis begrüßen, Veranstalterkreis – falls notwendig – vorstellen, die Referate ankündigen, die Medientechnik arrangieren und die Diskussion leiten.
13. Die Pressemitteilungen an einen größeren Verteilerkreis versenden.
14. Die Reaktionen der Medien feststellen: Pressespiegel erstellen, Radiobeiträge kopieren, eventuell schon in der Vorbereitungsphase einen Ausschnittdienst beauftragen.
15. Den Bericht an den Auftraggeber bzw. die Geschäftsleitung schreiben. Die Informationen über das Ereignis an Mitarbeiter- und Kundenzeitschrift weitergeben.
16. Fehler und Verbesserungen durch eine Manöverkritik ermitteln.

(Quelle: Rota 2002)

Presse-
informationen
und -mitteilungen

Neben der Veranstaltung von Pressekonferenzen sind Presseinformationen oder Pressemeldungen das am häufigsten eingesetzte Mittel einer aktiven Pressearbeit. Presseinformationen enthalten Informationen, die für die jeweilige journalistische Zielgruppe aufbereitet sind. Eine Meldung für die Wirtschaftsredaktion einer Tageszeitung muss anders aufgebaut sein als dieselbe Meldung für die lokalen Medien am Standort. Die Fachpresse wiederum hat ihren spezifischen Informationsbedarf und benötigt beispielsweise zusätzliche technische Informationen.

Der Inhalt von Pressemeldungen beschränkt sich nicht auf die traditionelle Informationsweitergabe in Form von harten Zahlen, Daten und Fakten. Eine »Personality-Geschichte«, z. B. über den Geschäftsführer, den Abgeordneten oder die sportliche Leistung eines Mitarbeiters hat gute Veröffentlichungschancen in einer Stadtillustrierten oder im Sportteil der Lokalzeitung. Insbesondere bunte Themen sind in den Redaktionen meist sehr gefragt. Beim Abfassen von Pressemitteilungen gilt: Wird der Schreibtisch einer Redaktion regelmäßig von Meldungen eines Unternehmens überflutet, die für das Medium überhaupt nicht interessant sind, landet jede weitere Meldung mit hoher Wahrscheinlichkeit automatisch im Papierkorb.

Tipp: Pressemeldung

1. Ordnen Sie den Stoff.
2. Schreiben Sie einfach.
3. Schreiben Sie für den Leser.
4. Vermeiden Sie Hauptwörter.
5. Fassen Sie sich kurz.
6. Sorgen Sie für Aktualität.
7. Bleiben Sie objektiv und frei von Kommentaren.
8. Schreiben Sie farbig.
9. Bauen Sie Namen in Ihre Texte ein.
10. Suchen Sie nach aktuellen Aufhängern.
11. Vermitteln Sie aktuelle Zahlen.
12. Nutzen Sie verwertbare Zahlen aus Verbänden, denen Sie angehören.
13. Nutzen Sie Leistungen (z. B. Sport) Ihrer Mitarbeiter.
(Quelle: Bürger 1986, S. 93f.)

Weitere Instrumente der Medienarbeit sind Workshops oder Kolloquien für Journalisten zu Fachthemen, Journalistenreisen mit Besichtigungen vor Ort oder Hintergrundgespräche, in denen den eingeladenen Vertretern der Medien vertiefende und erläuternde Informationen gegeben werden.

Pressearbeit
im Internet

Auch im Zeitalter der Online-Medien hat sich an den Leitsätzen erfolgreicher Pressearbeit nichts geändert. Lediglich die Kanäle, mit denen die Öffentlichkeitsarbeit Journalisten ansprechen kann, sowie die Art und Weise dieser Ansprache haben sich vervielfacht. Gerade der Medienarbeit bieten sich durch den Einsatz des World Wide Web eine Reihe neuer Chancen (→ Online-Journalismus). Von Seiten der Journalisten wird dem Internet und seinen Inhalten eine hohe Glaubwürdigkeit attribuiert, so dass es vor allem bei der Recherche eine exponierte Stellung einnimmt (→ Recherche).

Ein online verfügbares Service- und Informationsangebot etwa zu Unternehmensgrundsätzen, Produkten oder Personen ersetzt heute häufig die Notwendigkeit von telefonischen Anfragen mit der Bitte um Daten, Fakten und Hintergrundinformationen. Eine gut gepflegte Unternehmenswebsite kann so die Anzahl allgemeiner Anfragen reduzieren. Zugleich lässt sich aber auch eine Zunahme der Qualität von Anfragen feststellen: Wenn Ansprechpartner mit Zuständigkeiten und Telefonnummern ausgewiesen sind, kann ein Journalist einfacher und schneller Kontakt mit ihnen aufnehmen. Damit erhöht die Organisation ihre Chancen, dass Journalisten vor allem bei komplexen Themen oder mit der Bitte um Stellungnahmen anfragen. Für die Organisation sind solche Anfragen wesentlich »wertvoller« als eine allgemeine Bitte um Informationsmaterial zu Daten und Fakten. Die Presseabteilung erhält hier die Möglichkeit, sich zu Themen zu äußern und die eigene Position darzustellen. Im Idealfall kann so z. B. schneller auf Gerüchte reagiert werden, weil die Schwelle der Kontaktaufnahme niedriger ist. Ziel der Pressearbeit im Netz ist es, das interaktive Angebot passgenau auf die Erwartungen und Anforderungen von Journalisten auszurichten, ohne jedoch den persönlichen Kontakt zur Presse zu verlieren.

Kernpunkt der PR-Dienstleistungen im Internet sollten seriöse, gut recherchierte und passend aufbereitete Informationen aus dem Unternehmen sein. Diese Forderung führt zu einer verstärkten Orientierung am Servicegedanken. Die Serviceorientierung fängt bei der grafischen Gestaltung der Website an, die auch eine leichte Auffindbarkeit und Zugänglichkeit des Pressebereiches (z. B. über einen Presse-Button auf der Startseite) einschließt. Hinzu kommen formale Elemente wie kurze Ladezeiten, kurze Klickwege, »Thumbnails« usw. Inhaltliche Elemente wie Hintergrundinformationen, Lebensläufe der Vorstandsmitglieder, Downloadmöglichkeiten von Bild- und Pressetexten oder die oben bereits angesprochene Nennung von Ansprechpartnern runden ein gelungenes Online-Angebot für die Medien ab. Standard sind heute zudem Text- und Bilddatenbanken, Recherchemöglichkeiten in Archiven und darüber hinausgehende Services wie z. B. Veranstaltungskalender.

Ein Beispiel für die Verknüpfung dieser drei Elemente stellt die digitale Pressemitteilung im WWW dar: Klickt ein Journalist auf den Presse-Button der Unternehmenswebsite, so werden ihm meist bereits auf der ersten Seite des Pressebereiches die zuletzt versandten Presseinformationen digital zur Verfügung gestellt. Wichtig ist, dass das Thema einer jeden Pressemitteilung auf den ersten Blick erfasst werden kann. Entscheidend sind hierbei die Überschrift und eine Kurzzusammenfassung des Inhalts. So kann sich der Journalist einen ersten, kurzen Überblick über interessante Inhalte verschaffen und mittels eines Hyperlinks den gesamten Text auf Wunsch aufrufen und mit Begleitmaterial wie z. B. Bildern herunterladen.

Umstritten ist bislang noch die Frage, ob für Journalisten durch ein Passwort geschützte, geschlossene Internet-Räume eingerichtet werden sollten. Sie betonen die Exklusivität der Medien und erhalten den Informationsvorsprung der Journalisten. Ob allgemein zugängliche Presseseiten oder geschlossene Medienbereiche – zentrales Erfolgskriterium der Pressearbeit im Internet ist und bleibt der Mehrwert. Je stärker sich eine Organisation in ihrer Internet-Präsenz allgemeinen Entwicklungen in ihrem unmittelbaren Umfeld, ihrer Branche oder einem bestimmten Thema zuwendet, desto höher wird der Zusatznutzen für den Journalisten und damit auch der Anreiz, die Website öfter zu besuchen. Ein Zusatznutzen der Online-Pressearbeit kann z. B. in der Übertragung herkömmlicher PR-Instrumente auf das Internet gesehen werden. Neben dem Abruf von Pressemitteilungen führen einige Unternehmen bereits virtuelle Pressekonferenzen durch. Die Vorteile liegen auf der Hand: keine Anfahrtszeiten und damit kein Zeitverlust, parallele Übertragung von Zusatzinformationen (z. B. Dokumente, Grafiken, Dateien) und Dokumentation der Antworten (durch Aufzeichnung).

5 Betriebsjournalismus

Mitarbeiterkommunikation oder auch interne PR richtet sich an Zielgruppen innerhalb der Organisation. Aufgabe der internen PR ist es, die Mitarbeiter eines Unternehmens in regelmäßiger Folge über die wesentlichen betrieblichen Vorgänge und unternehmenspolitischen Zielsetzungen sowie über branchenspezifische, allgemein wirtschaftliche und wirtschaftspolitische Zusammenhänge zu unterrichten. Dadurch sollen der Informationsstand der Mitarbeiter verbessert sowie der Meinungsaustausch und die Motivation gefördert werden. Die Bedeutung der internen Zielgruppe Mitarbeiter und damit der Stellenwert der internen PR wird anhand der Standardformel »Public Relations begins at home« deutlich: Gut informierte Mitarbeiter besitzen als Meinungsmultiplikatoren eine Schlüsselfunktion bei der Verbreitung von Unternehmensbotschaften. Sie können dazu beitragen, Informationsdefizite auszugleichen, die extern gerichtete Medien hinterlassen. Darüber hinaus fördert eine Information der Mitarbeiter deren Identifikation mit dem Unternehmen und versetzt sie in die Lage, zur Leistungsmotivation beizutragen.

Die interne PR bedient sich genau wie die externe PR-Arbeit journalistischer Stilmittel. Vor allem die zentralen Medien – Mitarbeiterzeitschrift, Corporate-TV und Nachrichtenbereiche im Intranet – folgen den Aufmerksamkeitsregeln des Journalismus und lehnen sich an Darstellungsformen sowie redaktionelle Konzepte journalistischer Medien an. Für den so genannten Betriebsjournalismus heißt dies, konsequent publikumsorientiert zu arbeiten und Themen aus Perspektive der Mitarbeiter zu erschließen. Grundsätzlich gilt dies auch, wenn es darum geht, den Mitarbeitern Ziele des Unternehmens und Botschaften des Managements nahezubringen.

In der Praxis sind PR-Abteilungen häufig für den Großteil der schriftlichen Formen der Mitarbeiterinformation bis hin zur regelmäßig erscheinenden Werks- oder Mitarbeiterzeitschrift zuständig. Den verantwortlichen Redakteuren oder Betriebsjournalisten obliegt die Sammlung der Themen und Inhalte sowie deren sach- und mediengerechte Bearbeitung und Veröffentlichung. Für sie gelten generell die Pressefreiheit sowie die journalistische Verantwortung und Sorgfaltspflicht. Sie müssen die Informationsinteressen der Mitarbeiter, die Wünsche und Ziele der Unternehmensleitung sowie die gesetzlichen Bestimmungen des Betriebsverfassungsgesetzes, welche die Mindestanforderungen an die Mitarbeiterinformation festlegen, kennen. Zu den Themen, die innerbetrieblich kommuniziert werden, gehören z. B. wichtige Ereignisse und Änderungen im Unternehmen, organisatorische Änderungen, Betriebsrats- und Personalnachrichten, Betriebsvereinbarungen, Fragen der Arbeitssicherheit, die wirtschaftliche Lage des Unternehmens, Aus- und Weiterbildung, Sozialleistungen, Informationen über eigene Produkte, Veranstaltungen, Umweltschutz etc.

Die Übermittlung innerbetrieblicher Informationen erfolgt mittels einer Vielzahl verschiedener Maßnahmen und Medien. Zum Einsatz kommen z. B. Betriebsversammlungen, Vorträge, Informationsveranstaltungen, Rundschreiben, Aushänge (»Schwarzes Brett«), Intranet und Corporate TV.

Mitarbeiterzeitschrift

Von besonderer Bedeutung für die innerbetriebliche Information ist zweifellos die Mitarbeiterzeitschrift. In Unternehmen, in denen ein solches Publikationsorgan existiert, gilt sie in der Regel als wichtigstes Instrument zur Unterrichtung der Arbeitnehmer über allgemeine betriebliche Belange. Schätzungsweise rund 2.000 Mitarbeiterzeitschriften erscheinen in Deutschland mit Auflagen, die zwischen 150 und über 200.000 Exemplaren liegen. Die Gesamtauflage aller betriebsinternen Zeitschriften hat vermutlich die 6-Millionen-Grenze längst überschritten. Mitarbeiterzeitschriften sind das am weitesten verbreitete schriftliche Informationsmaterial in der internen Kommunikation. Man unterscheidet verschiedene Typen von Zeitschriften: die reine »Werksfamilien«-Zeitschrift, die Personalia, Vorstellung und Jubiläen betont, die »Technik«-Zeitschrift, die die Produkte des Unternehmens in den Vordergrund stellt, die »Regenbogen«-Zeitschrift, die einen gut ausgebauten Unterhaltungsteil enthält, das »Mitarbeiterforum«, das sachlich gehalten vor allem die Mitarbeiterinteressen hervorhebt, sowie den »Mittelweg«, der von allem etwas aufweist.

Elektronische Medien

Die Möglichkeiten der internen PR haben sich durch die Entwicklung elektronischer Medien stark ausgeweitet. Der Umfang, in dem die neuen Techniken zum Einsatz kommen, variiert wie bei jeder Einführung einer Neuerung erheblich von Organisation zu Organisation. Insgesamt ist jedoch davon auszugehen, dass Mitarbeiter in zunehmendem Maße arbeitsrelevante Informationen über elektronische Dialog- und Mitteilungssysteme in den Intranets und über Corporate TV erhalten.

E-Mail und Intranet gehören zu den entscheidenden Veränderungen im Rahmen der internen Kommunikation in den 1990er Jahren. Das Intranet ist ein firmeninternes Kommunikationsnetz, das auf der Technologie des Internets basiert und die Daten durch so genannte »Firewalls« gegen unternehmensexterne Benutzer abschirmt. Besondere Stärken des Intranet liegen in seiner Aktualität, Ortsunabhängigkeit, Schnelligkeit sowie in der Chance, die interne Kommunikation zu vereinfachen und Hierarchien abzubauen. Über E-Mail steht den Mitarbeitern ein schneller Feedback-Kanal z. B. an den Redakteur der Mitarbeiterzeitschrift, aber auch mehr oder weniger direkt an die Unternehmensleitung zur Verfügung. Das Intranet kann zugleich Übertragungskanal für Corporate TV oder Mitarbeiterfernsehen sein. Eingesetzt wird das Mitarbeiterfernsehen, um den Wissensstand, die Motivation und die Identifikation der Belegschaft mit dem Unternehmen zu stärken. Die firmeninternen Sendungen sind heute meist sehr professionell aufbereitet. Über Großereignisse wie Hauptversammlungen, Messepräsentationen oder Konferenzen wird ebenso berichtet wie über neue Produkte, Marktentwicklung und weitere das Unternehmen betreffende Nachrichten. Durch seine Übertragung via Intranet bietet es zahlreiche Interaktionsmöglichkeiten. Bei einer Live-Ausstrahlung etwa können die Mitarbeiter über Telefon, Fax, E-Mail, Chat oder im Rahmen einer Videokonferenz Rückfragen stellen oder ihre Meinung einbringen, also aktiv an der Sendung teilhaben.

Die ursprüngliche Überzeugung der PR-Fachleute, Intranet und Corporate TV würden die Mitarbeiterzeitschrift ersetzen, hat sich bislang nicht bestätigt. Nur vereinzelt haben Organisationen und Unternehmen ihre Mitarbeiterzeitschrift eingestellt oder vollständig ins Intranet verlagert. Nach einer ersten Experimentierphase werden elektronische Medien derzeit vor allem als Ergänzung der etablierten Kommunikationswege verstanden. So können in der Mitarbeiterzeitschrift insbesondere Hintergrundberichte publiziert werden, die durch Aktuelles oder weiterführende Informationen im Intranet ergänzt werden. Ebenso ist es denkbar, einerseits im Business-TV auf Inhalte des Intranets zu verweisen oder andererseits z. B. das Archiv der Sendungen im Firmennetz zugänglich zu machen. Da jedes der »alten« und »neuen« Medien bestimmte Stärken und Schwächen hat, besteht eine zentrale Aufgabe der internen PR heute darin, einen gelungenen Kommunikations-Mix zu entwickeln.

6 Online-Medien in der PR

Neue Medien sind nicht nur im Journalismus, sondern auch in der PR auf dem Vormarsch (→ Online-Journalismus). Im Gegensatz zu »alten Medien« erfordern sie sowohl auf der Seite des Senders als auch auf Empfängerseite technische

Hilfsmittel, damit der Kommunikationsprozess zustande kommen kann. Da sie einen interaktiven Zugriff auf die übermittelten Inhalte ermöglichen, werden sie auch als interaktive Medien bezeichnet. Ein weiteres Kennzeichen neuer Medien ist es, dass sie neben der Interaktivität einen zusätzlichen Mehrwert liefern. Eine Recherche im interaktiven Medium Internet bietet z. B. gegenüber papiernen Archiven eine komfortablere Suche und leichtere Auffindbarkeit des Dokumentes durch die Online-Suchfunktion, aber auch die Möglichkeit einer direkten digitalen Weiterverarbeitung der Daten am Bildschirm (→ Recherche).

Neue Medien lassen sich in zwei Kategorien einteilen:
• Medien, die eine *Interaktion mit dem Medium selbst* ermöglichen, wie z. B. CD-ROMs, Online-Datenbanken oder Corporate TV sowie
• Medien, bei denen eine *Interaktion mit der Öffentlichkeit durch das Medium* stattfindet, etwa E-Mails.

Die Öffentlichkeitsarbeit setzt beide Arten interaktiver Medien ein. CD-ROMs beispielsweise eignen sich zur Unternehmenspräsentation. Datenbanken, die im World Wide Web zur Verfügung gestellt werden, bieten Journalisten einfachen und schnellen Zugriff auf Unternehmensdaten, Kontaktinformationen oder auch Bildmaterial. Von Journalisten wird das Internet heute mit am intensivsten genutzt. Das Internet ist ein geeigneter Kanal, um Informationen über die Organisation für die interessierte Öffentlichkeit online zur Verfügung zu stellen und auch über diesen Kanal das Image der Organisation aktiv zu prägen. Das Intranet als ein unternehmensinternes Netzwerk bietet ebenso wie Corporate TV zahlreiche Chancen zur Ansprache, Motivation und Bindung von Mitarbeitern und anderen Zielgruppen.

Neben ihrer Funktion zur Bereitstellung von Informationen können neue Medien aber auch dazu eingesetzt werden, einen Dialog mit den relevanten Zielgruppen der Öffentlichkeitsarbeit zu etablieren. In Newsgroups, Foren oder auch durch Feedback-Möglichkeiten der Unternehmens-Website kann es der PR gelingen, einen kontinuierlichen, technisch vermittelten Austausch mit gesellschaftlichen Gruppen zu pflegen, der z. B. zur Früherkennung konflikthaltiger Themen oder als Ausgangspunkt für die Entwicklung neuer PR-Programme dienen kann.

Aus den interaktiven Möglichkeiten des Internets ergeben sich für ein Unternehmen Chancen und Gefahren zugleich: Online-PR bietet den Unternehmen einerseits Chancen, wie beispielsweise die schnelle, kostengünstige Bereitstellung von Informationen und eine effiziente, dialoggruppenspezifische Kommunikation. Andererseits können Risiken entstehen, wenn die Online-PR nicht professionell betrieben wird oder sie nicht in die Gesamtstrategie der Kommunikation eingebunden ist. Außerdem können z. B. Krisen durch neue, global verteilte Bezugsgruppen entstehen, die aus dem Internet heraus Themen auf die öffentliche Agenda bringen und das Unternehmen dadurch unter Druck setzen. Unter den Bedingungen des Netzmediums stellen Steuerung von Botschaften und Kontrolle von Kommunikation noch größere Herausforderungen für die PR dar (vgl. Pleil/Zerfaß 2007/Bogner 2005).

6.1   Online-PR

Thomas Mickeleit
Direktor Presse und Öffentlichkeitsarbeit der Microsoft Deutschland, Unterschleißheim

Die Medien- und Öffentlichkeitsarbeit von Organisationen und Wirtschafts-unternehmen hat in den vergangenen drei Jahrzehnten einen atemberauben-den Wandel erfahren – alles spricht dafür, dass sich daran nichts ändern wird. Die zentralen Ursachen für diese Permanenz sind bekannt: Technologisch gese-hen ist es vor allem das Internet, das die alten Kommunikationsstrukturen und Kommunikationsberufe des 20. Jahrhunderts durcheinanderfegt. Niemand weiß wann und wie, und dennoch steht außer Frage, dass auf das aktuelle »Web 2.0« noch in der heutigen Arbeitsgeneration so etwas wie ein »Web 3.0« folgen und erneute Anpassungen erzwingen wird.

Gesellschaftlich gesehen liegen vor allem die Megatrends »Globalisierung« und »Individualisierung« dem Wandel der Medien- und Öffentlichkeitsarbeit zugrunde. Was global agierende Unternehmen brauchen, gilt ebenso für die Akteure der ökologischen oder sicherheitspolitischen Globalisierung: kommu-nikative Kompetenz im Weltmaßstab. Gleichzeitig lösen sich die traditionellen, überschaubaren Gesellschafts- und Gemeinschaftsgefüge des 20. Jahrhunderts weiter auf. Neue Lebensstile und soziale Milieus, neue Nischen und Diskurs-gemeinschaften differenzieren sich heraus und fordern von unserer Profession: Kommunikation mit individuellem Zuschnitt!

Vor diesem Hintergrund versuche ich zu klären, welche Rolle die Online-PR im Ganzen sowie verschiedene ihrer Instrumente in der Medien- und Öffent-lichkeitsarbeit von Unternehmen einnehmen. Im Zentrum meiner Betrach-tung stehen dabei Veränderungsprozesse im zentralen Rollentrio unserer Pro-fession. Konventionelle Kommunikationstheorien stellen dieses Trio zumeist in den »klassischen« Begriffen von Sender – »Gatekeeper« – Empfänger vor, sprich PR-Verantwortliche in Unternehmen – Journalisten in Funk- und Printmedien – Massen- bzw. Käuferpublikum. (Alle anderen Träger oder Zielgruppen der Unternehmenskommunikation – Agenturen, Mitarbeiter, Investoren, politische Entscheidungsträger usw. – bleiben in diesem Text ausgeklammert.) Meine zen-trale These lautet: Die Entwicklung der Online-Medien hat diese klassischen Begriffe ausgehöhlt. Das Internet sorgt innerhalb dieses Rollentrios für einen Funktionswandel, der weit mehr als nur Web 2.0 betrifft.

Drei Stufen von Public Relations
Zunächst erscheint es mir sinnvoll, grob drei Stufen von Public Relations zu unterscheiden, die diese Profession in den vergangenen Jahrzehnten durchlau-fen hat. Dass es dabei nicht allein um historische Schnappschüsse, sondern um eine genealogische Spur geht, wird sich schnell erweisen.

1. Bis weit in die 1980er Jahre hinein lässt sich der Alltag eines PR-Verantwortlichen ungefähr so beschreiben: Informationsrundbriefe und Imagebroschüren herstellen und verteilen, Pressemitteilungen via Post oder Fax versenden, periodische Pressekonferenzen durchführen. Die wenigen für das öffentliche Bild des Unternehmens entscheidenden Journalisten in Print- und Funkmedien erhalten eine starke persönliche Betreuung: Hintergrundgespräche, laufende Telefonkontakte, Informationsreisen und andere Privilegien sollen für eine kontinuierliche und positive Präsenz des Unternehmens in den relevanten Fach- und Publikumsmedien sorgen.

2. Spätestens Mitte der 1990er Jahre dominiert die Online-PR. Die überwältigende Mehrheit der Journalisten nutzt das Internet zumindest für die Erst-Recherche. Das Gros der Unternehmensinformationen fließt über beständig wachsende E-Mail-Verteiler. Videokonferenzen, multimediale Produktinformationen und Online-Bildarchive, die von den Journalisten abgerufen werden können, stehen für die virtuelle Betreuung dieser Zielgruppe. Wobei nun neben den Journalisten zahlreiche andere Gatekeeper zu betreuen sind: Wissenschaftler, Verbraucherschützer, Ärzte oder Non-Profit-Organisationen, die sich mit publikumswirksamen Websites oder als Moderatoren von Newsgroups im Internet etabliert haben.

3. Heute, nicht zuletzt auf der Basis größerer Bandbreiten und preiswerter Equipments, verwandeln sich Konzerne und selbst mittelständische Firmen zunehmend in Medienunternehmen: Vor allem das internetbasierte »Corporate TV« (»linear« wie »on demand«) entwickelt sich zum Leitmedium der Unternehmenskommunikation und ermöglicht es, die Öffentlichkeit wie spezifische Teile des Fach- und Käuferpublikums auf direktem Wege anzusprechen. Gleichzeitig, auf der Basis neuer Nutzungsmodelle (»social software«) und hochentwickelter Suchmaschinen, hat sich auf Seiten des Millionenpublikums einfacher Internet-Nutzer das Web 2.0 herausgebildet. Bislang mehr oder weniger passive Informationskonsumenten agieren nun innerhalb neuer Gemeinschaften, sei es in »Read-and-Write-Networks« (Blogs, Wikis) oder in den zahllosen »Mitmachnetzen« des Audio- und Video-Podcasting. Diese Instrumente und Plattformen werden recht bald von Unternehmen im Marketing- und PR-Einsatz getestet und nachgebildet – schon schwärmen einschlägige Agenturen und Gurus aus der PR-Szene von »PR 2.0« und »New Public Relations«.

Nun, dieser kurze Abriss beschreibt nur auf den ersten Blick eine rein historische Abfolge. Schaut man sich die drei Muster genauer an, dann erkennt man in ihnen die immanente Struktur der *heutigen* Medien- und Öffentlichkeitsarbeit. Das Alte wird nicht in toto verdrängt, vielmehr werden direkte wie indirekte, persönliche wie virtuelle Kommunikationsstrukturen neu kombiniert und in ihrem Zusammenwirken enorm verbessert. Ein Vorgang, der weit umfassender ist, als es das Schlagwort »PR 2.0« signalisieren kann.

Die Pyramide der Medienvertreter Ich will dies am Beispiel meiner eigenen Berufserfahrungen – IBM, Volkswagen und Microsoft – verdeutlichen:

Unternehmen dieser Größenordnung kommunizieren weltweit mit 30.000 bis 50.000 Journalisten. Eine Reichweite, die ohne das Internet überhaupt nicht zu bewältigen wäre. Die Dominanz dieses Mediums steht völlig außer Frage. Allerdings bezieht sich die weltweite Medienarbeit dieser Unternehmen auf eine Art Pyramide: In der Spitze dieser Pyramide befinden sich jeweils rund 1.000 Wirtschafts- und Technikjournalisten. (In einem Land wie Deutschland jeweils rund 20.) Zwar informieren sich heute ausnahmslos alle Journalisten auf den Websites dieser Konzerne, doch zu diesen 1.000 Medienvertretern bestehen intensive persönliche Betreuungsverhältnisse, wie sie in der ersten Stufe angedeutet wurden. Kontinuierlich werden diese Journalisten über komplizierte Hintergründe von Unternehmensnachrichten oder Vorstandsentscheidungen informiert, über langfristige Strategien und deren Auswirkungen auf Wettbewerber.

Auch wenn diese Pyramidenspitze für die Botschaften und Nachrichten des Unternehmens von großer Bedeutung ist, könnte es sich kein Konzern leisten, die Medienarbeit auf diese Spitze zu beschränken. Ohne Online-Kommunikation mit Zehntausenden von Journalisten bräche nicht allein in Krisensituationen sofort der Kommunikationsgau aus.

Gleiches gilt für den direkten Zugang der Unternehmen zur Öffentlichkeit und zum großen Käuferpublikum: Die alternative Präsenz in den großen Massenmedien bleibt conditio sine qua non, auch wenn rückläufige Auflagen bei den Printmedien, rückläufige Quoten im linearen TV (vor allem beim jüngeren Publikum) und nicht zuletzt der interne Branchenwettbewerb um direkt erzielte PR-Reichweiten beim Käuferpublikum alle Unternehmen zwingen, Etats zunehmend in den Online-Bereich umzuschichten und sich als eigenständiges Medienunternehmen zu etablieren.

Mit anderen Worten: Wie gewaltig sich die Öffentlichkeitsarbeit unter dem Einfluss des Internets in den vergangenen Jahrzehnten auch verändert hat, so stellt sie doch weit mehr als nur »PR 2.0« dar. Weder lässt sich das an Bedeutung gewinnende Corporate TV unter »PR 2.0« subsumieren, noch verschwindet die über Journalisten vermittelte Dimension der Öffentlichkeitsarbeit von der Bildfläche. Sie lässt sich von den virtuellen und direkten Kommunikationsformen zwischen Unternehmen und Öffentlichkeit, wie sehr diese auch in den Vordergrund treten, nicht restlos substituieren.

Zwar sind die hier skizzierten PR-Entwicklungen bei den drei genannten Großunternehmen besonders ausgeprägt, doch spielen Weltkonzerne nur vor, was in Zukunft alle Firmen – regionalen bis lokalen Zuschnitts – in ihrer Medien- und Öffentlichkeitsarbeit nachspielen müssen, wenn sie erfolgreich kommunizieren wollen – persönliche Betreuung der wichtigsten Medienvertreter, Online-PR nach »State-of-the-art« für die gesamte Pyramide der Gatekeeper und möglichst große Reichweiten in der direkten Kommunikation mit dem regionalen oder lokalen Publikum.

Im Grunde stellt das Web 2.0 und die ihm zugrunde liegende »Social Software« nur eine Fortentwicklung von Basisstrukturen der digitalen Netzkommunikation dar. Vor allem Hypertext, Interaktivität und Multimedia haben aus dem Internet ein prinzipiell offenes, dezentrales und alle Sinne ansprechendes Medium werden lassen. Wenn heute Millionen von Privatpersonen in Blogs und Podcasts ihre Wünsche und Bedürfnisse artikulieren, wenn sie diese Plattformen als Orte der multimedialen Selbstdarstellung, als Orte des kritischen Räsonnements und der informationellen Kollaboration nutzen, dann waren diese Entwicklungslinien dem Internet von Beginn an inhärent.

Wie weit können sich Wirtschaftsunternehmen solche offenen Plattformen aneignen, sei es in der Kommunikation mit Journalisten oder in der direkten Kommunikation mit Massen- und Käuferpublikum? Web 2.0 ist für die meisten Unternehmen heute noch ein Experimentierfeld. Erste praktische Erfahrungen liegen jedoch bereits vor. Noch am häufigsten werden Weblogs genutzt, CEO-Blogs, Kampagnen-, Produktblogs und so weiter. Die deutliche Mehrzahl dieser Weblogs kann als Themenblogs bezeichnet werden, also als Plattformen, auf denen vor allem Mitarbeiter aus Fachabteilungen das interessierte Publikum betreuen und dessen Kommentare abzuarbeiten haben. Zunehmend bieten Unternehmen auch Video-Podcasts auf ihrer Corporate Website oder auf einer »Microsite« an. (Letztere ist nicht unbedingt als Unternehmens-Website zu identifizieren.) Meist handelt es sich jedoch bei diesen Video-Podcasts, wenn keine Möglichkeit zur öffentlichen Kommentierung und Bewertung besteht, um Einwegkommunikation.

Schon die ersten empirischen Untersuchungen machen deutlich: Den originären Web-2.0-Plattformen sind (in der externen Unternehmenskommunikation, auf die wir uns hier beschränken) deutliche Grenzen gezogen. Warum das so ist, liegt auf der Hand: Unternehmenskommunikation via Internet ist kein zweckfreier, quasi basisdemokratischer Prozess, sondern ein von »Publishing Policies« gesteuerter Prozess mit hierarchisch definierten Zugriffsrechten. Ihre Kohärenz bemisst sich danach, ob sie auf die zentralen Unternehmensziele ausgerichtet bleibt. Kein Wunder also, dass Instrumente und Plattformen des Web 2.0 nicht einfach komplett und eins zu eins in die Unternehmenskommunikation übernommen werden können.

Allerdings muss ein professionelles PR-Management darauf achten, dass die direkte Kommunikation mit dem Publikum nicht »übersteuert« wird. Es muss Chancen geben zum »offenen« Gespräch. Wo man jegliche kritische Stimme und Selbstdarstellung auf Seiten des Fach- oder Käuferpublikums ausblendet, würden Unternehmen letztlich *alle* Versuche diskreditieren, eigenständige, von den etablierten Print- und Funkmedien unabhängige Wege der Öffentlichkeitsarbeit aufzubauen.

Innerhalb dieses Korridors – einerseits kohärente Kommunikation in Bezug auf die eigenen Organisationsziele, andererseits Artikulationsmöglichkeiten für das breite Publikum schaffen – lassen sich neben den bereits etablierten sicherlich weitere Web-2.0-Adaptionen zwischen Unternehmen und Öffentlichkeit denken

Unternehmen, Journalisten und Social Software

und einrichten. Was jedoch von Beginn an bezweifelt werden muss, ist, dass sich solche Plattformen zwischen PR-Verantwortlichen und Journalisten einrichten ließen. Social Software impliziert Kollaboration auf gemeinsamer Plattform, und dies widerspräche grundsätzlich dem journalistischen Selbstverständnis. Die skizzierten Push- und Pull-Varianten der Online-PR behalten ihre Bedeutung.

Monitoring der Netz- kommunikation Wenn damit die Grenzen von Web 2.0 als PR-Instrumentarium abgesteckt wären, bedeutet dies nicht, die Bedeutung dieser neuen Plattformen zu unterschätzen. Im Gegenteil. Denn in den Unternehmen wie auch in den traditionellen Print- und Funkmedien, erhält nun das permanente und professionelle Monitoring der gesellschaftlichen Netzkommunikation einen unvergleichlich höheren Stellenwert als in früheren Zeiten: Lassen sich Unternehmen mit immer größeren und ausdifferenzierten Empfangsantennen für das Publikum noch als »Sender« begreifen? Lässt sich ein Massenpublikum, das in zahllosen Internet-Plattformen selbst publiziert und sich dort selbst informiert, noch als »Empfänger« begreifen? Lassen sich Journalisten, von zahllosen Websites und Suchmaschinen (in ihrer Selektionsfunktion) wie von Corporate Media (in ihrer Vermittlungsfunktion) umgangen, überhaupt noch als »Gatekeeper« begreifen? Sollten sie sich nicht eher als besonders qualifizierte »Kommentatoren« von Informationsströmen begreifen, auf deren Stellschrauben sie keinen – oder zumindest keinen privilegierten – Einfluss mehr haben?

Wie auch immer: Das Internet hat die Funktionen im zentralen Rollentrio der Public Relations neu justiert und für völlig neuartige Aufgaben gesorgt. Web 2.0 repräsentiert nur einen Ausschnitt dieser Veränderungsprozesse. Das Mehr an informationeller und diskursiver Chancengleichheit, die es dem Massenpublikum einbringt, markiert nur einen weiteren Höhepunkt, keinesfalls das Ende dieser Geschichte.

7 Corporate Publishing als Wachstumsbereich

»Corporate Publishing« geht über den Einsatz von Online-Medien hinaus und umfasst alle Kommunikationsmittel, die von Unternehmen zur externen und internen Kommunikation eingesetzt werden. Unternehmen nutzen verschiedene Wege, um spezifische Bezugsgruppen anzusprechen und mit Unternehmensinformationen zu versorgen. Corporate Publishing ist multimedial ausgerichtet und reicht vom klassischen Format des Printprodukts über Internet-Auftritte bis hin zu maßgeschneiderten TV-Formaten. Ziel des Corporate Publishings ist es, die Themen- und Tätigkeitsfelder des Unternehmens glaubwürdig nach innen und außen darzustellen, die Wahrnehmung des Unternehmens in der Öffentlichkeit zu erhöhen und eine langfristige Beziehung zu den verschiedenen Bezugsgruppen durch eine mediengerechte, dialogorientierte Ansprache mit zielgruppenspezifischen Inhalten zu pflegen und auszubauen.

Die Segmente der unternehmensspezifischen Medien haben sich in den letzten Jahren stark ausgeweitet und Corporate Publishing wurde zu einem Wachstumsbereich. Viele Journalisten fanden dort interessante Arbeitsplätze oder Aufträge für journalistische Produkte. Lange Zeit waren es vor allem von Unternehmen publizierte Zeitschriften für Kunden und Mitarbeiter, die das Hauptinstrument der medialen Kommunikation darstellten. Sie werden heute im Sinne des Corporate Publishings ergänzt durch Broschüren, Newsletter in gedruckter und elektronischer Form, Internet-Auftritte und Corporate TV.

Dennoch sind die bedeutendsten und am weitesten verbreiteten Instrumente des Corporate Publishings nach wie vor die Mitarbeiter- und Kundenzeitschriften. In Deutschland sind heute rund 700 Mitarbeiterzeitschriften statistisch erfasst. Die geschätzte Zahl liegt aber bei über 2.000. Ihre Auflagen reichen bis zu 200.000 Exemplaren. Die Anzahl der Kundenzeitschriften im deutschsprachigen Raum ist inzwischen auf ca. 3.500 Titel gestiegen. Die geschätzte Auflage von etwa 450 Millionen und ein Jahresumsatz von ca. 5 Milliarden Euro verdeutlichen die Relevanz und den offensichtlichen Erfolg dieser Mediengattung (vgl. Weichler 2007).

Insbesondere Kundenzeitschriften haben sich in den vergangenen Jahren zu professionellen und qualitativ hochwertigen Produkten entwickelt, die gezielt spezielle Bezugsgruppen ansprechen, geringe Streuverluste aufweisen und deshalb eine hochwirksame Kommunikationsplattform für Unternehmen darstellen. Sie werden von Unternehmen oft als Instrument zur Kundenbindung eingesetzt, da es erheblich teurer ist, neue Kunden zu gewinnen, als bestehende Kundschaften langfristig an das Unternehmen zu binden. Kundenmagazine werden zunehmend nach den Standards der professionellen Medien gestaltet und sind durch ihre Professionalisierung und Qualität mit journalistischen Produkten bzw. herkömmlichen Publikumszeitschriften vergleichbar. **Kunden- zeitschriften**

Dabei entspringen die Themen der Kundenzeitschriften keineswegs nur Bereichen, die das jeweilige Unternehmen direkt oder auch indirekt betreffen. Oftmals steckt hinter den Konzepten der Kundenmagazine nicht die Idee, den Kunden unmittelbar mit Unternehmens- oder Produktneuigkeiten zu versorgen, sondern vielmehr ihm allgemeinere, d. h. informative, serviceorientierte oder meinungsbildende Themen beispielsweise aus den Bereichen Wirtschaft, Politik, Wissenschaft oder Lifestyle zu bieten. Vermieden werden sollten in Kundenmagazinen reine Unternehmens- und Produktdarstellungen, die bei den Bezugsgruppen auf Ablehnung stoßen. Im Vordergrund stehen daher redaktionelle Inhalte mit Nutzwert und vor allem auch Unterhaltungswert. Dennoch müssen bei dieser weitgehend unabhängigen und neutralen Redaktionsarbeit zugleich auch die Unternehmensinteressen gewahrt werden.

Eine funktionierende, effektive Kommunikation nach außen und nach innen ist für den Unternehmenserfolg unerlässlich. Im Zeitalter der Vielfalt der Medien stellen vor allem die Vernetzung und Abstimmung der Instrumente und die Entwicklung crossmedialer Strategien eine neue Herausforderung für Unternehmen dar. Die Bezugsgruppen kontrollieren und steuern in zunehmendem Maße die Kommunikationsprozesse, weil sie immer mehr Möglichkeiten haben, jederzeit über verschiedene Kanäle auf Informationen zuzugreifen. Aus diesem Grund muss Corporate Publishing verschiedene Bezugsgruppen gleichzeitig mediengerecht bedienen und ansprechen. Diese Entwicklungen haben die Unternehmen erkannt und auf die neuen Anforderungen mit dem Einsatz von interaktiven, elektronischen Medien reagiert. Internet- und Intranet-Plattformen sowie Multimedia-Anwendungen und Corporate TV sind inzwischen wichtige Bestandteile im Kommunikations-Mix.

7.1 Grenzgänger zwischen Presse und PR

Michael Kuhli
Chefredakteur des Managementmagazins »blue line«, München

Besonders jüngere Journalisten haben in den letzten Jahren Corporate Publishing als attraktives und zukunftsfähiges Betätigungsfeld für sich entdeckt. Denn das Geschäft mit Kundenmagazinen, Mitarbeiterzeitungen oder Geschäftsberichten gehört zu den letzten journalistischen Wachstumsbranchen im ansonsten stagnierenden oder rückläufigen Printmarkt. Die im Verband »Forum Corporate Publishing« zusammengeschlossenen Verlage und Agenturen konnten nach eigenen Angaben ihre Umsätze in den letzten Jahren regelmäßig im zweistelligen Prozentbereich steigern. Immerhin 46 Prozent aller deutschen Top-500-Unternehmen geben bereits ein eigenes Kundenmagazin heraus. Und mit der rasant fortschreitenden Digitalisierung dürfte der Bedarf an einzelnen Inhalten wie an kompletten Medien, die im Auftrag von Unternehmen erstellt werden, sogar noch deutlich zunehmen. Jede Firmenwebseite braucht »Content«, wie es neudeutsch heißt – und von ausgebildeten Redakteuren erstellte Inhalte sind meist interessanter als die Verlautbarungstexte aus den Pressestellen.

Journalistisches Arbeiten bei Kundenmagazinen

Doch darf sich, wer im Corporate Publishing tätig ist, überhaupt Journalist nennen? Das Netzwerk Recherche, ein loser Zirkel von investigativ arbeitenden Journalisten um Thomas Leif (SWR) und Hans Leyendecker (»Süddeutsche Zeitung«), sagt dazu ganz klar: nein. Nur wer »frei von Interessen und unabhängig« über Sachverhalte und Ereignisse berichte, gehört ihrer Auffassung nach der Presse an. »Journalisten machen keine PR«, heißt es im Medienkodex, den das Netzwerk (in wessen Auftrag eigentlich?) soeben veröffentlicht hat.

Auf der anderen Seite machen PR-Leute keine Kundenmagazine, und wenn, dann keine guten – so jedenfalls meine Erfahrung. Guter Journalismus braucht ausgebildete Redakteure – auch dann, wenn er im Auftrag eines Unternehmens stattfindet. Wir haben es beim Corporate Publishing in dieser Hinsicht mit einem Paradox zu tun: Das Arbeitsfeld teilt sämtliche handwerklichen Anforderungen mit dem klassischen Journalismus – bei der Recherche, beim Texten und Blattmachen. Inhaltlich aber machen sich Firmenpublikationen die Zielsetzungen des Marketings und der PR zu eigen. Wer Corporate Publishing betreibt, handelt interessengeleitet und auftragsorientiert. Ein wichtiges Merkmal des Journalisten, die redaktionelle Unabhängigkeit, fehlt ihm, da hat das Netzwerk Recherche schon Recht. In dieser Hinsicht ist der Corporate-Publishing-Dienstleister eher mit Redakteuren von Kirchen- oder Parteizeitungen zu vergleichen. Doch auch einem Bistumsblatt- oder »Vorwärts«-Redakteur würden die Herren Leif und Leyendecker wohl kaum die journalistische Tätigkeit absprechen, oder?

Corporate Publisher sind auch deshalb schwer in der PR-Ecke zu entsorgen, weil die meisten Kunden- und nicht wenige Mitarbeitermagazine heute gar nicht mehr von Pressestellen oder Marketingabteilungen produziert werden, sondern von den großen Zeitungs- und Zeitschriftenverlagen. Burda, Gruner+Jahr, die »FAZ« und der Süddeutsche Verlag, sie alle unterhalten eigene Corporate-Publishing-Abteilungen. Viele Kundenzeitschriften sind mittlerweile so professionell produziert, dass sie in qualitativer Hinsicht den Fachzeitschriften überlegen und von Kiosktiteln nicht mehr zu unterscheiden sind. Im Hinblick auf ihre Innovationslust stellen die Unternehmensmagazine ihre frei verkäuflichen Schwestern sogar nicht selten in den Schatten, weil sie ihren Erfolg eben nicht regelmäßig durch den Abverkauf und die Anzeigenbelegung in harten IVW- und ZAS-Zahlen nachweisen müssen – und sich deshalb Experimente erlauben können.

Qualitativ hochwertige Produkte

Das qualitative und inhaltliche Spektrum der Branche ist allerdings nach wie vor groß: Es gibt Kundenmagazine, die sich in erster Linie als strategisches Marketinginstrument zum Imageaufbau verstehen und nur sehr dezent das herausgebende Unternehmen spüren lassen. Andere Zeitschriften wiederum dienen vor allem dazu, den Abverkauf von Produkten zu pushen und müssen sich unmittelbar am Vertriebserfolg messen lassen. Selbst manches Schweinebauchblättchen aus dem Supermarkt, das von einigen redaktionellen Alibi-Artikelchen umrankt wird, bezeichnet sich als Kundenmagazin, um so für sich eine Glaubwürdigkeit zu reklamieren, die ein reiner Katalog nie erreichen könnte.

Doch gerade solche Versuche, die Grenzen zwischen Gattungen bewusst zu verwischen, zeigen, dass es in der Wahrnehmung der Leser durchaus einen Unterschied gibt zwischen Corporate Publishing und »Werbung« in all ihren Spielarten. Journalistisch profilierte Unternehmenspublikationen leben – wie jede journalistische Spezies – vor allem von der Glaubwürdigkeit. Der Redakteur eines Kundenmagazins hält sich an dieselben ethisch-handwerklichen Standards, die für seinen im unabhängigen Journalismus tätigen Kollegen gelten: Er recherchiert sorgfältig, verfälscht keine Informationen, lässt auch widerstreitende Ansichten zu Wort kommen und trennt zwischen Meinung und Fakten. Und immer bleibt der Absender klar erkennbar. Um ein – frei erfundenes – Beispiel zu geben: Kein Leser wird erwarten, dass im Mercedes-Magazin die schadensanfällige Hinterachse der vierten C-Klasse-Generation thematisiert oder der 5er-BMW »hochgejazzt« wird. Wo Mercedes draufsteht, steht eben auch Gutes über Mercedes drin und nichts über den Wettbewerber.

Auch verunglimpft wird die Konkurrenz nicht. Selbst die professionellsten Kundenmagazine polarisieren in aller Regel nicht und greifen strittige Themen nur selten auf. Unternehmenspublikationen sind konsensorientiert, weil kaum ein Unternehmen seinen Kunden und Geschäftspartnern auf die Füße treten möchte. Doch sind dies Lifestyle- und viele andere Zeitschriften nicht längst auch, weil die Verlage der werbetreibenden Industrie vor allem ein passgenaues Anzeigenumfeld bieten möchten?

Man könnte sogar mit dem Netzwerk Recherche trefflich darüber diskutieren, ob im interessegeleiteten Corporate Publishing nicht längst die klareren moralischen Maßstäbe gelten, während bei vermeintlich unabhängigen Publikationen inzwischen Redaktion und Anzeigen in einem Maße vermischt werden, dass einem schwindelig werden kann. Jeder Lippenstift wird heute in Frauenzeitschriften mit einem redaktionellen Beitrag geadelt, wenn der Hersteller bereit ist, eine Anzeige zu schalten, ganz zu schweigen von den bezahlten »Advertorials« und PR-Beiträgen in Fachzeitschriften oder den ausschließlich auf Anzeigenkunden schielenden Verlagsbeilagen, die auch in den seriösesten Tageszeitungen erscheinen.

Spezielle Zielgruppen und definierte Bedürfnisse bedienen

Wer im Corporate Publishing arbeitet, muss sich allerdings viel mehr als im klassischen Journalismus bewusst sein, dass er für spezielle Zielgruppen arbeitet und deren genau definierte Bedürfnisse bedienen muss. Wer Geschäftsberichte erstellt, zielt mit seinen Texten vor allem auf Aktionäre und Finanzanalysten. Im Extremfall kann die Zielgruppe sogar nur einige Dutzend oder hundert Premium-Geschäftskunden umfassen, denen ein Unternehmen mit einem edlen Corporate Book seine Wertschätzung beweisen will. Am Anfang einer jeden Unternehmenspublikation steht deshalb in der Regel ein Workshop zwischen den PR- und Marketingverantwortlichen des herausgebenden Unternehmens und den Mitarbeitern des Verlagsdienstleisters, in dem die Marketing- und Kommunikationsziele des Objekts festgelegt werden.

Meine Karriere im Corporate Publishing begann mit der Entwicklung eines Wirtschaftsmagazins für einen Software-Hersteller, der erkannt hatte, dass er mit seinen Produkten bei den IT-Leitern seiner mittelständischen Firmenkunden ein Akzeptanzproblem hatte. Entsprechend war die Zielsetzung der Zeitschrift, diese Produkte, wenn auch auf subtile Weise, als effizienzsteigernde Lösungen im Unternehmen zu präsentieren.

Inzwischen verantworte ich als Chefredakteur das Managementmagazin »blue line«, das für Hewlett Packard Deutschland (HP) als Türöffner zu den Vorstandsetagen großer deutscher Unternehmen dient. Weil Vorstände ihre knappst bemessene Lesezeit nur ungern für werbliche Präsentation verschwenden, ist der Herausgeber, also Hewlett Packard, mit seinen Themen nur sehr dezent in der Zeitschrift vertreten.

In erster Linie geht es bei »blue line« darum, durch intelligente Managementbeiträge HP als Gesprächspartner »auf Augenhöhe« bei den Spitzen der deutschen Wirtschaft zu empfehlen. Die Botschaft lautet: HP spricht und versteht die Sprache des Vorstands. Seine Kommunikationswirkung erzielt das Magazin trotz der Zurückhaltung des Herausgebers – oder gerade deshalb: Die TNS Emnid Medienforschung kam nach einer Leserbefragung zu dem Schluss, dass »blue line« »von den Lesern intensiv genutzt und sehr positiv beurteilt wird«. Zudem sei ein »deutlich positiver Effekt auf das Image von HP« festzustellen. Weniger – nämlich weniger Marketing, weniger PR – ist im Corporate Publishing oft mehr.

Doch auch wenn sich ein Kunde mit seinen Botschaften im Magazin zurückhält, so muss das Themenspektrum dennoch auf das herausgebende Unternehmen zugeschnitten sein. Ein Beispiel: Die These »IT doesn't matter«, die Nicholas Carr, Redakteur der »Harvard Business Review«, aufgestellt hat, kann in einem Magazin wie »blue line«, das von einem der weltgrößten Anbieter in der Informationstechnik herausgegeben wird, durchaus kontrovers diskutiert werden. Doch am Schluss muss die Antwort lauten, dass Informationstechnologie eben doch ihren Beitrag zum Geschäftserfolg leisten kann: »IT does matter«. Wer Corporate Publishing betreibt, braucht also ein feines Gespür für die Kommunikationsbedürfnisse eines Unternehmens. Er muss wissen, was geht und was nicht geht – oder er wird sehr schnell bei den verschiedenen Abstimmungsrunden auflaufen, die den Workflow im Geschäft mit Unternehmenspublikationen bestimmen. *(Gespür für die Kommunikationsbedürfnisse des Unternehmens)*

Anders als bei unabhängigen Verlagsprodukten geht jede fertig gestellte und lektorierte Magazinseite nicht etwa in die Druckerei, sondern zunächst einmal an den Kunden. Dieser korrigiert sie und schickt die Seite mit seinen Änderungsvorschlägen wieder zurück an den Verlag. Dieser Abstimmungsprozess ist der heilige Gral des Corporate Publishings – und manchmal auch der wunde Punkt. Es gibt Kunden, die greifen nur sporadisch mit Korrekturen in die Texte und Layouts ein und winken die meisten Seiten einfach durch – immer vorausgesetzt, dass die vom Verlag versprochenen Qualitätsstandards auch tatsächlich eingehalten werden. Andere Auftraggeber – auch das sei nicht verschwiegen – drehen jedes Komma um und lassen sich auch gerne mal Seiten drei-, viermal oder öfter aufbauen, immer wieder mit neuen Bild- und Layoutvarianten.

Als Grundregel darf hierbei gelten: Je näher die Inhalte eines Magazins an den sensiblen Themen eines Unternehmens dran sind, desto aufwändiger ist erfahrungsgemäß der Abstimmungsprozess. Aus diesem Grund benötigen etwa Mitarbeiterzeitschriften meist eine längere Abstimmungsphase als reine Imagemagazine wie »blue line«, in denen sich das herausgebende Unternehmen oft nur im Editorial und in ein oder zwei strategischen Beiträgen präsentiert.

Weil die Mehrheit der Kundenmagazine nur viermal im Jahr erscheint, halten die meisten Corporate-Publishing-Verlage den personellen Ball flach und verzichten auf umfangreiche Redaktionen und Grafikabteilungen. Deshalb bietet die Branche beste Arbeitsmöglichkeiten für Freiberufler. Oft ist nur der verantwortliche Redakteur eines Magazins fest angestellt, während die Texte praktisch komplett von »Freien« geliefert werden. Bei vielen Verlagen fungiert der leitende Redak- *(Gute Chancen für freiberufliche Journalisten)* teur zugleich als Objektverantwortlicher und »Key Accounter«, der den Kontakt zum Kunden hält. Andere Dienstleister, speziell solche, die ihre Wurzeln im Agenturgeschäft haben, setzen als Objektleiter wiederum so genannte »Kontakter« auf ein Magazin, während die Journalisten sich auf ihre redaktionellen Aufgaben beschränken. In jedem Fall erfordern solche flachen Hierarchien vom Redakteur Organisationstalent sowie ein gewisses Basiswissen über den Workflow der Zeitschriftenproduktion, denn er ist es, der, quasi als Bodenstation im Verlag, letztlich alle Fäden in der Hand behält. Ein gewisses kaufmännisches Händchen kann ebenfalls nicht schaden, weil der objektverantwortliche Redakteur gleichzeitig über den Redaktionsetat verfügt.

Die sensibelste Schnittstelle, die über den Erfolg ganzer Magazine entscheiden kann, ist aber die Beziehung zwischen dem Projektleiter auf Kunden- und dem Projektleiter auf Verlagsseite. Corporate Publishing ist ein People Business. Wenn hier die Chemie nicht stimmt, wird das Projekt nie wirklich zum Laufen kommen. Ein verantwortlicher Redakteur, der auch die Rolle des Key Accounters wahrnimmt, ist zugleich der zentrale Ansprechpartner für den Auftraggeber – und manchmal auch seine Klagemauer. Corporate Publishing braucht Redakteure mit Kommunikationstalent und Dienstleistungsbewusstsein, die den Willen haben, Kundenwünsche auch tatsächlich umzusetzen – doch gerne etwas intelligenter, etwas subtiler, als dies in der klassischen PR üblich ist. Wer seinen Kunden dagegen als ungeliebten Dritten sieht und davon träumt, sich auf den Spuren von Hans Leyendecker mit Informanten vom BND in zugigen Tiefgaragen zu treffen, wird in dieser Branche nicht glücklich werden.

Im Idealfall aber entsteht durch eine organische Zusammenarbeit zwischen dem Unternehmen als Auftraggeber und dem Verlag als Dienstleister ein gelungenes Produkt, das weder ausschließlich eine Kioskzeitschrift imitieren will, noch eine reine Verlautbarungsmaschine der PR- oder Marketingabteilung sein möchte. Nicht selten werden solche Produkte von relativ jungen Journalisten verantwortet, denn die aufstrebende Corporate-Publishing-Branche mit ihren noch flachen Hierarchien ermöglicht es engagierten Redakteuren, viel schneller als im klassischen Journalismus ihre »eigene« Zeitschrift oder ihren Internet-Auftritt zu übernehmen.

8 Risiken als Chance – Krisen als Bedrohung

Organisationen und Unternehmen stehen heute zunehmend im Fokus des öffentlichen Interesses. Soziale Verantwortlichkeit, Nachhaltigkeit oder »Corporate Citizenship« sind nur einige Schlagworte, welche die veränderten gesellschaftlichen Anforderungen an Unternehmen und Organisationen widerspiegeln. Organisationen aller Art sind längst zu einer zentralen gesellschaftlichen Größe geworden, von denen eine Beteiligung an der Lösung gesellschaftlicher Konflikte gefordert wird: Sie sollen sich zu Themen öffentlichen Interesses, z. B.

zu Klimawandel, Arbeitslosigkeit oder Energieverbrauch, äußern und öffentlich Stellung beziehen. Diese Position bringen sie durch ihre PR-Tätigkeit in die Diskussion ein. Dies kann beispielsweise mithilfe der Medien im Rahmen der Pressearbeit geschehen. Möglich sind auch Spielarten des »Lobbying« im Sinne der Beratung politischer Entscheidungsträger etwa im Rahmen der so genannten »Hearings«, in denen der Sachverstand von Unternehmen und Non-Profit-Organisationen zu Rate gezogen wird. Potenzielle Konfliktherde frühzeitig zu erkennen und am Prozess der öffentlichen Meinungsbildung mitzuwirken, ist die Aufgabe von »Issues Management« und Krisenvorbeugung. Denn Risiken, die rechtzeitig erkannt und einbezogen werden, können Chancen für eine überzeugende Kommunikation liefern. Werden sie missachtet oder falsch eingeschätzt, können Krisen entstehen, die den Handlungsspielraum der Kommunikation einengen. In der PR gehört daher der Umgang sowohl mit Risiken als auch mit (Kommunikations-)Krisen zu den wichtigsten Aufgaben.

Das Motto »Agieren, nicht reagieren« besagt eindrucksvoll, wie wichtig ein proaktiver Ansatz der PR ist und welche Bedeutung letztlich die Krisenprävention für die Unternehmen hat.

Im Rahmen der strategischen PR-Planung ist Issues Management ein proaktiver Ansatz, um Probleme frühzeitig zu erkennen und zu antizipieren, Überraschungen und Krisen so weit wie möglich zu verhindern sowie konflikthaltige Themen zu entschärfen. W. Howard Chase, der Begründer des Issues Management, sieht die Aufgabe dieser neuen PR-Funktion darin, an der Entwicklung und Gestaltung des Prozesses der öffentlichen Meinungsbildung mitzuwirken, wenn er die Organisation unmittelbar oder mittelbar betrifft. »Issues Management is the proactive process of anticipating, identifying, evaluating, and responding to public policy issues that affect organizations' relationships with their publics« (Cutlip/Center/Broom 2006, S. 19). Über den Prozess der öffentlichen Meinungsbildung nimmt die Organisation in der letzten Stufe auch Einfluss auf den Gesetzgebungsprozess.

    Proaktiver Ansatz

Aufgabe des Issues Managements ist es, »Issues«, die für ein Unternehmen relevant sind oder werden können, möglichst frühzeitig zu erkennen. Issues sind Themen öffentlichen Interesses, meist mit hohem Konfliktpotenzial, die teilweise äußerst gegensätzliche Standpunkte zulassen. Sie sind in der Regel nie für immer und ewig lösbar. Stattdessen verschwinden sie für einen gewissen Zeitraum von der Agenda der Medien und der Öffentlichkeit, nur um dann durch einen einzigen medienwirksamen Vorfall wieder aktuell zu werden. Je nach dem Grad ihrer Latenz werden sie in aktuelle Issues, aufkommende Issues und gesellschaftliche Trends eingeteilt.

Gesellschaftliche Trends sind langfristige, gesamtgesellschaftliche Entwicklungen, die sich in Veränderungen von Einstellungen und Verhaltensweisen, aber auch von ethischen Maßstäben ausdrücken. Sie sind nur schwer identifizierbar, da sie normalerweise erst in rund ein bis zwei Jahrzehnten in den Fokus der

    Beobachtung gesellschaftlicher Trends

öffentlichen Aufmerksamkeit rücken. In dieser frühen Phase hat ein Thema meist nur einen geringen Einfluss auf die Unternehmensstrategie, sollte jedoch langfristig beobachtet und in die Zukunftsperspektiven einer Organisation mit einbezogen werden.

Aufkommende Issues Die so genannten aufkommenden Issues zeichnen sich bereits deutlicher ab. Sie gewinnen innerhalb von fünf Jahren an Aktualität. Bereits in dieser Phase ist die betroffene Organisation gefordert, erste Überlegungen anzustellen und weitere Informationen über das aufkommende Issue zu besorgen. Eine fundierte Recherche ist notwendig, um den eigenen Standpunkt zu bestimmen. Im Anschluss an diese interne Meinungsfindung sollen dann über die öffentliche Diskussion des Themas Erkenntnisse gewonnen und Meinungen polarisiert werden. Wer hier mit Argumenten auftreten und konsensfähige Lösungsvorschläge präsentieren kann, hat in der Regel einen großen Anteil an der Konfliktlösung.

Aktuelle Issues Aktuelle Issues sind bereits fester Bestandteil der Medienagenden. Die an ihrer Lösung beteiligten Diskussionspartner haben bereits ihre Standpunkte eingenommen und versuchen, sie über die ihnen zugänglichen Kanäle in eine gesetzliche Lösung umzusetzen. Das Thema steht in dieser Phase kurz vor seiner politischen Regelung. Unternehmen und Organisationen, die erst zu diesem Zeitpunkt in die Diskussion eingreifen, haben nur noch geringe Chancen, ihre Interessen durchzusetzen. Sie können allenfalls versuchen, Schlimmeres zu verhindern und erste Ansätze eines Krisenmanagements betreiben.

Ist die Prioritätenliste gebildet, so werden für die wichtigsten Issues Strategien, Handlungs- und Kommunikationsprogramme entwickelt. Die Programme werden implementiert und am Ende evaluiert, um Hinweise auf notwendige Anpassungen und den Umgang mit zukünftigen Issues zu erhalten. Im ersten Schritt – der Identifikation und Analyse aufkommender Themen – übernimmt das Issues Management die Rolle eines Frühwarnsystems. Es soll diejenigen Themen erkennen, die gerade im Entstehen begriffen sind oder erst so kurz diskutiert werden, dass sie den Weg in die Medien noch nicht gefunden haben. Je eher eine Organisation im gesamten Prozess auf die öffentliche Meinungsbildung einwirken kann, desto größer sind ihre Chancen, gehört und von den Entscheidungsträgern als Kommunikationspartner mit einbezogen zu werden. Am viel versprechendsten ist die Besetzung des Themas mit entsprechenden Begriffen: Ob etwa in Bezug auf die Entsorgung von Unternehmensabwässern in Flüsse von einer Gewässerverseuchung oder einer Gewässerverunreinigung gesprochen wird, hat starke Auswirkungen auf die emotionale Wahrnehmung des Sachverhalts durch die Öffentlichkeit.

Mit dem Issues Management hat die PR ihren Aufgabenradius erweitert. Sie übernimmt vor allem im Hinblick auf drohende Krisen und ihre tatsächliche und kommunikative Entschärfung Aufgaben der strategischen Planung. Falls das »Issues Monitoring« jedoch versagt und konflikthaltige Themen nicht frühzeitig genug erkannt werden, kann sich ein Issue zu einer ernsten Krise für das Unternehmen entwickeln.

»Die Krise ist ein produktiver Zustand. Man muss ihr nur den Beigeschmack der Katastrophe nehmen« (Max Frisch). Die PR-Arbeit einer Organisation muss verschiedenen gesellschaftlichen Zielgruppen gerecht werden. Dabei sind Konflikte zwischen den Zielen der Zielgruppen und der Organisation vorprogrammiert, da nicht alle Beziehungen in ausreichendem Maße berücksichtigt und mit den Organisationszielen in Einklang gebracht werden können. Eine ganzheitliche PR-Arbeit darf deshalb nicht nur »PR in Friedenszeiten« sein, sondern muss Krisenfälle antizipativ berücksichtigen. Die Krisen-PR als Teildisziplin der Öffentlichkeitsarbeit leistet einen Beitrag zur Krisenbewältigung – die eigentliche Krisenursache (z. B. ein Störfall an einem Atomkraftwerk) kann sie jedoch nicht beseitigen. Krisen-PR kann allenfalls verhindern, dass sich eine Krise durch falsche oder schlechte Kommunikation (etwa unangebrachte, übereilte Dementis) weiter verschlimmert.

Bei Krisen handelt es sich um Zustände, die den Fortbestand einer Organisation in ihrer bisherigen Form infrage stellen. Häufig sind Krisen nur »die Zuspitzung eines bestehenden Problems« (Strätling 2004, S. 34). Als existenzielle Bedrohung können sie einerseits z. B. jahrelange Arbeit, finanzielle Investitionen oder im Laufe der Zeit aufgebautes Vertrauen zunichte machen. Andererseits impliziert jede Krise die Chance für einen Neuanfang, die Werte der Organisation besser an die Anforderungen der gesellschaftlichen Umwelt anzupassen.

Krisen sind durch verschiedene Faktoren gekennzeichnet: Neben der Unerwartetheit, d. h. dem plötzlichen Ausbruch, bedingen sie einen hohen Entscheidungs- und Zeitdruck. Sie setzt bestehende Entscheidungsstrukturen außer Kraft und involviert die Geschäftsleitung. Als zusätzliches Charakteristikum einer Krise lassen sich ihre langfristigen Folgewirkungen nennen, die auch nach Ende der Krise noch andauern. Krisen sind nicht nur komplex, sondern auch dynamisch, d. h. sie sind vielschichtig und verändern sich im Zeitablauf. Bei jeder Krise lassen sich vier treibende Elemente feststellen (vgl. Möhrle 2004, S. 24ff.):

- Zeit: Zeit ist immer ein knappes Gut während einer Krise.
- Dynamik: Jede Krise hat eine eigene Dynamik.
- Information: Falsche oder fehlerhafte Informationen sind die kraftvollsten Verstärker in einer Krise.
- Projektion: Krisen finden im Kopf statt und sind oft beeinflusst von Erinnerungen an vergleichbare Ereignisse.

Eine Krise stellt häufig einen Wendepunkt in der Entwicklung eines Unternehmens dar. Krisen haben immer Auswirkungen auf die Zukunft einer Organisation, da sie die Rahmenbedingungen der Kommunikation verändern. Sie stellen sowohl quantitativ als auch qualitativ erhöhte Anforderungen an PR-Fachleute. Der Grundregel jeder PR-Arbeit – offen und ehrlich informieren – kommt gerade in Krisensituationen besondere Bedeutung zu. Obwohl eine Krise nicht ohne Improvisation gemeistert werden kann, setzt eine gute Krisen-PR sorgfäl-

Planung der Krisen-PR

tige Planung voraus. Dabei empfiehlt es sich, zunächst potenzielle Krisenherde zu identifizieren und alle denkbaren Krisenfälle aufzulisten (z. B. die Verwendung gesundheitsgefährdender Substanzen bei der Produktion). Anschließend sollten die Kompetenzen im Krisenfall festgelegt (beispielsweise wer das Unternehmen bzw. die Organisation nach innen und außen vertritt) sowie Strategien und konkrete Maßnahmen zur Krisenbewältigung vorbereitet werden (etwa die Einrichtung eines Hilfsfonds für Betroffene).

In Bezug auf die zu verfolgende Kommunikationsstrategie muss gleich zu Beginn einer Krise die Grundsatzentscheidung getroffen werden, ob eine zurückhaltende, defensive oder eine offene, offensive Informationspolitik verfolgt werden soll. Eine aktive, offene Strategie ermöglicht schnelle und umfassende Informationen, so dass es der Organisation möglich wird, zumindest teilweise die kommunikative Kontrolle über die Krise zu behalten. Insbesondere in Bezug auf den Erhalt von Glaubwürdigkeit bei Journalisten und Öffentlichkeit bietet sie entscheidende Vorteile. Die zurückhaltende, defensive Informationspolitik, bei der die PR anderen Informationsquellen (z. B. Gerüchten) das Feld überlässt, ist nur in jenen Ausnahmefällen zu empfehlen, in denen die öffentlich erhobenen Vorwürfe begründet sind, der kritisierte Tatbestand nicht beseitigt werden kann oder die öffentliche Kritik vermutlich begrenzt bleibt, so dass die Massenmedien die Krise nicht zu einem Dauerthema machen.

Tipps: Vorbereitung auf Krisenfälle

- Wer ist im Rahmen der Öffentlichkeitsarbeit wofür zuständig? Wer tritt gegenüber den Medien auf? Wer informiert Mitarbeiter oder andere wichtige Stakeholder?
- Mit welchen Mitteln werden diese Informationen weitergegeben?
- Wie kann die »Krisenfeuerwehr« im Notfall erreicht werden? (private Telefonnummern, Stellvertreter etc.)
- Sind alle Adressen der zu verständigenden Institutionen und Personen (inklusive Journalisten) vorhanden?
- Welche Grundsatzinformationen dürfen und sollen im Notfall gegeben werden?
- Aus welchen Personen wird sich der Krisenstab zusammensetzen?
- Wo sind mögliche Ansatzpunkte für eventuelle Krisen? (Gefährliche Produkte, Verfahren etc.)
- Welche technischen und sonstigen Hilfsmittel stehen für die Abwendung von Krisensituationen zur Verfügung? (Kommunikationsverbindungen, Ersatzproduktion)
- Wie kann in welcher Krisensituation reagiert werden? (Vorbereiten und Durchspielen von Szenarien)
- Welche Maßnahmen sind in weiterer Folge zu ergreifen?
(Quelle: Bogner 2005, S. 297f.)

Entscheidend für die Wahl einer Kommunikationsstrategie ist vor allem die Zielsetzung, welche die Krisen-PR zu erfüllen hat. Sie kann entweder die Aufgabe haben, eine Krise abzuschwächen oder die Krise aus dem Fokus der öffentlichen Diskussion zu beseitigen, indem ihr Lebenszyklus beschleunigt wird. Gelingt es der Krisen-PR nicht, diese Funktionen zu erfüllen, so kann sie eine Krise zusätzlich verschlimmern (z. B. Brent Spar, Hoechst).

Ist die Krise erst einmal eingetreten, so bedeutet das Kommunikation unter Stress. Es herrscht starker Zeitdruck, die Öffentlichkeit fordert mehr Informationen und der Handlungsspielraum der Organisation ist stark eingeschränkt. Massenmedien und Journalisten übernehmen dann eine Sonderrolle: Wenn ein Unternehmen im Fall einer Krise in die Schlagzeilen gerät, ändert sich das Informationsverhalten der Journalisten grundlegend. Sie werden von sich aus aktiv und recherchieren gezielt, teilweise sogar direkt vor Ort (→ Recherche). Sie fungieren als »Gatekeeper« und entscheiden, wie das Thema in der Öffentlichkeit diskutiert wird. Das Unternehmen hat in diesem Fall die Möglichkeit, die journalistische Berichterstattung durch seine Krisenkommunikation positiv zu beeinflussen. Dennoch sind Fehler in der Krisen-PR meist unvermeidbar. Zu den häufigsten Fehlern gehören u. a. die verspätete Information der Öffentlichkeit, das Verheimlichen von Tatsachen oder das Belügen der Öffentlichkeit. Daraus ergeben sich negative Konsequenzen für das betreffende Unternehmen, die vom Imageverlust bis hin zu massiven, existenzgefährdenden Ertragseinbrüchen reichen können. Die häufigsten Fehler in der Krisen-PR-Arbeit und ihre Folgen verdeutlicht Abbildung 42.

Abb. 42: Typische Fehler der Krisen-PR und ihre Folgen

Fehler	Folge
Informationsvakuum	Gerüchte, Unsicherheit, Falschmeldungen, Spekulationen, alternative Informationsquellen
verspätete Information	Unsicherheit, Missverständnisse
Medienkontakte ad hoc statt regelmäßig	Mangel an Vertrauen
reaktive Kontakte (»Feuerwehr«-Aktionen)	mangelnde Kenntnis, fehlendes Verständnis
Informationen ohne Neuigkeitswert	fehlendes Interesse, kein Echo
fehlende Kenntnisse der Pressearbeit	erschwerte Zusammenarbeit, Missverständnisse
Vorurteile, Arroganz	Bestätigung der Vorurteile
Mangel an Kompetenz	Nutzung alternativer Informationsquellen
Verlangen nach Gegendarstellung	wenig Wirkung, geringer Aufmerksamkeitswert
Vertuschen, lügen, verheimlichen	Verlust von Akzeptanz als Gesprächspartner

Quelle: Mathes/Gärtner Czaplicki 1991, S. 43

Krisenende Das Ende einer akuten Krisensituation bzw. der Krise zu erkennen ist schwer. Im Allgemeinen ist eine Krise nicht dann beendet, wenn das Interesse der Öffentlichkeit abflacht oder wenn der Auslöser identifiziert und die Folgen weitgehend beseitigt sind. Noch über einen langen Zeitraum hinweg steht die betreffende Organisation im weiteren Fokus von Medien und Öffentlichkeit, ein Vertrauensverlust kann nur langfristig gesehen durch glaubwürdige PR und glaubwürdiges, verantwortungsvolles Handeln wieder gutgemacht werden. In jedem Fall dauert es sehr lange, bis eine Krise vollständig überwunden und das Vertrauen der Öffentlichkeit wiederhergestellt ist. Eine Krise kann und sollte jedoch auf alle Fälle als Chance zur Verhaltensänderung gesehen werden.

8.1 Medienarbeit in Krisenzeiten

Detlef May
Geschäftsführer der Agentur »Maypr«, Herrsching

Es geht hier nicht um die akademische Diskussion, die gelegentlich die Medienarbeit selbst in der Krise wähnt, sondern darum, wie in einer Krisensituation Medienarbeit geleistet werden kann und um Anregungen, die sich in der Praxis bewährt haben.

Das schönste in der Kommunikation ist aktive Pressearbeit. Für ein selbstgewähltes Thema werden alle Register gezogen, um dieses der Öffentlichkeit nahezubringen. Zeitpunkt, Ort und Vorgehensweise können frei gestaltet werden. Am Ende wird eine ordentliche Resonanzanalyse erstellt und damit bewiesen, dass die Arbeit und das Geld gut angelegt waren: Die Botschaften haben den Adressaten erreicht und entfalten die gewünschte Wirkung – so gesehen steht aktive Pressearbeit auch für eine eher komfortable Situation.

Schon etwas anspruchsvoller ist die Kommunikation von Ereignissen, die unaufhaltsam auf einen zukommen. Da sie sich über einen gewissen Zeitraum hinweg andeuten, hängt der Kommunikationserfolg aber allenfalls vom richtigen Timing und der Wahl der geeigneten Mittel ab – keine übermäßige Herausforderung also. Eigentlich selbst dann nicht, wenn unangenehme »Wahrheiten« zur Verkündung anstehen. Die Zeit vor der Veröffentlichung kann genutzt werden, um aktives Handeln vorzubereiten und Wirkungen strategisch einzuplanen.

Im Gegensatz dazu steht die Medienarbeit in Krisenzeiten. Warum? Das wesentliche Merkmal einer Krise ist das negative Unverhoffte. Irgendeine unangenehme Geschichte ist überraschend passiert. Weder auf den zeitlichen Verlauf noch auf deren Inhalt kann noch Einfluss genommen werden. Es bleibt für alles nur die Zeit danach. Zu allem Überfluss passieren unangenehme Dinge offenbar immer gerade dann, wenn die Lage ohnehin schon angespannt ist. Und in so einer Situation soll souverän informiert, koordiniert und kommuniziert werden?

Das Problem der fehlenden Zeit ist unbestritten die häufigste Ursache für mangelhafte Kommunikation, erst recht in der Krise. Interessant ist, dass fast immer ausreichend Zeit gefunden wird, um zu begründen, warum Fehler nicht vermeidbar waren – aber dies nur am Rande.

Die meisten Krisen haben im Übrigen nicht den Explosionscharakter, den man ihnen im ersten Moment unterstellt. Oft deuten sie sich doch irgendwie an. Spätestens dann, wenn Sätze kursieren mit Inhalten wie: »Wenn das wahr wäre (was ich da gehört habe), dann wäre es eine Katastrophe!«, sollte man in der Kommunikationsabteilung extrem aufmerksam werden und klären, ob es wahr ist. Häufig vergeht wertvolle Zeit, weil erste Anzeichen nicht ernst genommen werden. Die Diskussion um adäquate Abläufe und die Zuordnung von Zuständigkeiten setzt womöglich erst ein, wenn längst geordnete Kommunikation angesagt wäre. In der Krise ist für einige Dinge auch nicht mehr ausreichend Zeit: Ein vertrauensvolles Verhältnis zu einigen wichtigen Journalisten muss z. B. vorher erarbeitet worden sein!

Oberste Regel für die Pressestelle: So viel Wahrheit wie möglich. Niemand schätzt es, wenn sich zu irgendeinem Zeitpunkt herausstellt, dass falsch unterrichtet oder gar wissentlich gelogen worden ist. Das Interesse der Betroffenen muss deshalb nicht zu kurz kommen, egal ob es sich um eine amtliche Institution, ein Unternehmen oder die oft zitierte »gesellschaftlich relevante« Gruppe handelt. *Vor allem die verkündete Wahrheit muss stimmen.*

1. Schritt: Ruhe bewahren.
Der Umstand, dass eine Krise plötzlich da ist, ist noch lange kein Grund, darauf verzögerungsfrei mit Kommunikationsaktivität zu reagieren. Um die notwendige Übersicht für späteres Handeln zu gewinnen, ist es unbedingt erforderlich, für eine ruhige Arbeitsatmosphäre zu sorgen. Gegebenenfalls lohnt es sich, dafür eigens einen Raum einzurichten, der mit allem technischen Equipment ausgestattet ist, das die Arbeit erleichtert. Dorthin sind extra Telefone geschaltet, Internet-Zugang steht zur Verfügung, und es existiert der direkte Draht zum Chef (alle Telefonnummern, einschließlich privat und mobil liegen parat). Lange Sitzungen werden durch eine Kaffeemaschine und die Telefonliste des Pizzaservices menschlicher. *Das Lagezentrum ist das ruhige Auge im Hurrikan.*

2. Schritt: Verantwortlichen Koordinator für die Kommunikation festlegen.
Die/Der sollte in der Hierarchie hoch genug eingestuft sein, um (auch unangenehme) Entscheidungen treffen zu können. Der Verantwortliche setzt eine Task force ein, die aus erfahrenen Fachleuten zusammengesetzt ist. Fünf Personen reichen. Kontakt zur Rechtsabteilung nicht vergessen.

3. Schritt: Kommunikator(en) festlegen.
Grundsätzlich gilt: Ein Thema, ein Kommunikator. Auch für Teilthemen ist eine genaue Zuständigkeit festzulegen. Die persönliche Zuordnung hilft, die Informationswege kurz, d. h. schnell zu halten, aber auch, Fehler zu reduzieren: Erstens macht derselbe Kommunikator in der Regel auch immer nur denselben Feh-

ler (z. B. bei Missverständnissen zum Sachverhalt). Zweitens kann – wenigstens nach außen – die Schuld auf diese Person geschoben werden, und gegebenenfalls wird mit einer höheren »Sprecher-Instanz« korrigiert.

Der für den spezifischen Sachverhalt ausgewählte Kommunikator sollte natürlich die wichtigsten (Fach-)Journalisten gut kennen. Der Job erfordert in Krisenzeiten die volle Konzentration. Das normale Tagesgeschäft muss deshalb von Kollegen weiter betrieben werden.

Die Zuordnung Sprecher/Thema muss im Unternehmen bekannt gemacht werden. Sie kann (muss natürlich nicht) von der »normalen« Zuordnung abweichen. Tipp: Hierarchisch sollte nach Möglichkeit noch eine höhere Ebene verfügbar sein (für Korrektur siehe oben). In schwer-wiegenden Fällen muss selbstverständlich der Pressechef von Anfang an selbst ran.

4. Schritt: Sprachregelung formulieren.
Um schnell sprachbereit zu sein, muss eine erste Regelung für Aussagen gegenüber der Öffentlichkeit/Journalisten schriftlich festgelegt werden. Diese darf (in der Regel) nicht versandt werden, sondern dient dem Kommunikator dazu, sich entlang der vorformulierten Inhalte individuell in seinen Worten zu äußern. Je nach »Gegenüber« muss die Sprache, aber nicht der Inhalt, angepasst werden können.

Die erste Äußerung zu einem Krisen-Sachverhalt kann durchaus darin bestehen, um Verständnis dafür zu werben, dass im Moment noch nichts gesagt werden kann, weil der Sachverhalt noch geklärt werden muss. Kein seriöser Journalist erwartet im Ernst, dass zu einem sehr frühen Zeitpunkt alle Umstände geklärt sind und ihm ausführlich mitgeteilt werden. Augenscheinliche Tatsachen dürfen sich dahinter natürlich nicht verstecken.

Die Sprachregelung muss so abgefasst sein, dass sie auch im geschriebenen Wortlaut nach außen dringen kann (auch, wenn sie dafür nicht gedacht ist) – und dort muss sie gleichermaßen Bestand haben können.

5. Schritt: Schriftliche Erklärung/Presse-Information vorbereiten.
Da nie alle Journalisten persönlich informiert werden können, muss eine schriftliche Information erstellt werden. Bei der Formulierung ist darauf zu achten, dass diese erste offizielle Stellungnahme – möglicherweise auch späteren (sogar gerichtsrelevanten) Kriterien und Erkenntnissen – standhalten muss. Halten Sie diese Information, die gleich lautend in allen relevanten Kanäle verbreitet wird, kurz.

In einer angespannten Situation dürfen keine Floskeln verbreitet werden. Das Internet als schnelles Medium ist dafür prädestiniert, aber nicht ausreichend. Der Faxversand parallel dazu ist noch immer erforderlich (ein Postversand kommt aus Zeitgründen nur in Ausnahmen infrage). Die Sprache in jedweder Presse-Informationen ist noch mehr als sonst von jeder Werbung zu befreien.

6. Schritt: Interne »Öffentlichkeit« unterrichten.
Bevor die Krise ihre eigenen Wege in die Öffentlichkeit findet, müssen Kanäle definiert werden, die kontrollierbar, d. h. beherrschbar sind. Dazu zählt fast immer das Intranet oder eine Mail-Aktion.

Die Mitarbeiter haben nicht nur ein Recht auf Information, sondern es wäre fatal, deren Bedeutung für die Außenwirkung zu unterschätzen. Schließlich wirken sie im jeweiligen Umfeld als Multiplikatoren. Die Mitarbeiter können besser wirken, wenn sie gut/richtig unterrichtet sind. Spekulationen, eigene Interpretationen und Kritik am eigenen »Laden« sind zwar nicht zu vermeiden, aber dem darf nicht unnötig Nahrung gegeben werden.

Wenn die Sprachregelung (siehe oben) als erste Reaktion der Geschäftsleitung an die Mitarbeiter weitergeleitet wurde, kann/muss davon ausgegangen werden, dass die Inhalte auf diesem Weg nach außen gelangen. Die Mitarbeiterinformation muss also entsprechend präzise formuliert sein.

Im Einzelfall kann dieser Weg, die interne Öffentlichkeit zu informieren, auch bewusst genutzt werden, um die Haltung des Unternehmens zu bestimmten Sachverhalten zu verstärken.

7. Schritt: Erste Reaktionen der Presse auswerten. Am Tag danach
Bevor Aktionen verstärkt/geändert oder zusätzliche kreiert werden, ist das Presse-Echo auszuwerten, das die ersten Kommunikationsanstrengungen hervorgerufen hat. Der Maßstab dieser Auswertung ist so kritisch wie möglich anzulegen. Am verhängnisvollsten sind Fehlinterpretationen zugunsten des eigenen Wohlbefindens. Besser ist es, nach jeder versteckten Kritik oder Anschuldigung in der Berichterstattung zu suchen, um Antworten vorbereiten zu können – die Fragen kommen unweigerlich bei der erstbesten Gelegenheit.

8. Schritt: Planungssicherheit einfordern bzw. herstellen.
Es ist unbedingt erforderlich, die ganze Wahrheit zu kennen. Die Kommunikatoren müssen ständig und umfassend über den aktuellen Erkenntnisstand unterrichtet sein. Fragen, die sich Journalisten stellen könnten, muss der Kommunikator ebenfalls kennen und beantworten können. Ob sie/er das im Einzelfall tun sollte, steht auf einem ganz anderen Blatt.

Unwissenheit verleitet zur Interpretation, die von der Realität weit entfernt sein kann. Was im Moment plausibel erscheint, kann trotzdem sachlich falsch sein. In einer Krisensituation ist Glaubwürdigkeit noch wichtiger als sonst, weil solche Situationen auch gerne als Test genutzt werden, nach dem Motto: Ich bin mal gespannt, wie sie/er auf eine Frage reagiert, von der ich (Journalist) die Antwort aus zuverlässiger(!) Quelle längst weiß.

9. Schritt: Weitergehende Kommunikationsinstrumente einsetzen.
Je bedeutsamer die Krise ist, desto aufwändiger sollte der Einsatz sein, sie zu entschärfen. Es ist zu entscheiden, ob Bericht im Internet, Pressekonferenz, Hintergrundgespräch, Einzelinterviews mit Vorstand oder/und Anzeigen als Mittel der

Öffentlichkeitsarbeit ausreichen. In jeder Form der Kommunikation kann mit unterschiedlichem Aufwand gearbeitet werden. Letztlich sind auch Kombinationen verschiedener Aktivitäten zu überlegen.

10. Schritt: Alternative Informationen aufbereiten.
Um vom Problem abzulenken, ist es legitim, auf Themen hinzuweisen, die positive Errungenschaften des Unternehmens zum Inhalt haben. Dafür sollten entsprechende Pressetexte erstellt werden. Zu jeder schlechten Nachricht sollte unbedingt nach einer guten gesucht werden. Auf keinen Fall dürfen sie aber zusammen versandt werden.

Nur die schlechte Nachricht ist eine gute, d. h., die gute Story muss viel aufwändiger verkauft werden. Eventuell kann man deren Veröffentlichung indirekt anregen – z. B., indem vom Ausland aus berichtet wird. Oder man kennt einen Journalisten gut genug, um ihn auf ein Thema zu bringen, das objektiv betrachtet interessant ist, bei der das eigene Unternehmen aber besonders gut dasteht.

11. Schritt: Systematische Resonanzanalyse in Auftrag geben.
Erstens kann nach der inhaltlichen Auswertung des Presse-Echos die Kommunikation mittel- und langfristig dorthin gelenkt werden, wo sie am wirksamsten ist. Zweitens wird eine Dokumentation immer gebraucht, um später einen (Rechenschafts-)Bericht erstellen zu können. Die Resonanzanalyse sollte vorzugsweise von einer unabhängigen Stelle erstellt werden. Sie ist insbesondere gegenüber der eigenen Befindlichkeit unabhängig und sie hat per se eine höhere Glaubwürdigkeit als eigene Untersuchungen.

12. Schritt: Budget einplanen.
Kommunikation ist nicht zum Nulltarif zu haben. Zugunsten von professioneller Krisenkommunikation müssen gegebenenfalls andere Vorhaben zurückgestellt werden. Ohne finanziellen »Freiraum« sind notwendige Sondermaßnahmen nicht durchführbar.

9   Events mit hohem Nachrichtenwert

Die Eventkommunikation ist ein vielseitiges und übergreifend einsetzbares Instrument der Unternehmenskommunikation, das immer stärker an Bedeutung gewinnt. Events sind besondere Veranstaltungen oder Ereignisse, z. B. Eröffnungsveranstaltungen, Jubiläen, Pressekonferenzen, Festakte oder Tage der offenen Tür, die einen hohen Nachrichtenwert haben. In der externen Öffentlichkeitsarbeit werden sie immer häufiger zur Darstellung von Themen oder Botschaften genutzt und finden oftmals auch in der Medienberichterstattung eine starke Resonanz.

Der Einsatz von Eventkommunikation kann der Schaffung und Erhöhung des Bekanntheitsgrads, der Erreichung von Imagezielen und auch einer verstärkten dialogorientierten Kommunikation mit den Bezugsgruppen dienen. Auch in der internen Kommunikation spielen Events eine immer wichtigere Rolle und tragen beispielsweise in Form von Motivationsveranstaltungen oder »Incentive-Reisen« vor allem zur Identifikation der Mitarbeiter mit dem Unternehmen bei.

Eventkommunikation besteht vor allem aus inszenierten Ereignissen mit werblichem Charakter. Durch diese erlebnisorientierten Unternehmens- und Produktveranstaltungen will die PR emotionale und physische Reize für den Rezipienten schaffen. Events werden zu einem immer wichtigeren Kommunikationsinstrument, weil sie dem informationsüberlasteten, dauerberieselten Rezipienten mittels einer Erlebnisplattform etwas Neues und Interessantes bieten können. Sie haben deshalb eine so positive Wirkung auf die Konsumenten, weil sie vor allem auf eine emotionale Beeinflussung abzielen – durch gezielt eingesetzte Erlebnisse, die sich in der Gefühlswelt des Teilnehmers verankern und dadurch einen Beitrag zu dessen subjektiver Lebensqualität leisten.

Der Erlebnismarkt ist inzwischen zu einem überragenden Bereich des täglichen Lebens geworden. Events als Kommunikationsinstrument entsprechen den neuen Anforderungen der Erlebnisgesellschaft. Die Zeiten der Industrie- und Dienstleistungsgesellschaft sind vorüber. Der Rezipient kann nur auf Dauer gewonnen werden, wenn für ihn außerordentliche Erlebnisse inszeniert werden, die seiner Erlebnisorientierung und seinem veränderten Freizeitverhalten entgegenkommen. Das Rezipientenverhalten wurde in den vergangenen Jahren immer mehr durch die Hinwendung zu einem freizeit-, genuss- und erlebnisorientierten Lebensstil geprägt. Durch Event-PR kann eine intensivierte und verfeinerte Erlebnisdichte und eine Aufrechterhaltung und Pflege der interaktiven Beziehung zwischen dem Unternehmen und seinen Bezugsgruppen gewährleistet werden. Gleichermaßen eignen sich Events auch dazu, Botschaften zu emotionalisieren und persönlich erlebbar zu machen.

9.1   Leuchttürme im Meer der Nachrichten

Petra Sammer
Creative Director der Agentur »Ketchum«, München

Menschen, Tiere, Sensationen – ein Kinoklassiker von 1938 fasst scheinbar das Erfolgsrezept guter Events zusammen. Doch stimmt das auch heute noch? Welche kommunikative Kraft haben Events im Zeitalter einer Entertainment-Generation, die offensichtlich schon alles gesehen und erlebt hat – zumindest virtuell?

Marketingexperten glauben an die Kraft des Events. In einer Umfrage aus dem Jahr 2001 bestätigten 84 Prozent der befragten Marketing- und PR-Experten, dass Events ein wichtiger Baustein ihrer Kommunikationsarbeit seien und 92 Prozent sahen für die Zukunft deren Bedeutung sogar noch wachsen (Quelle:

comX Studie 2001). Die Prognose hat sich bestätigt. Events sind heute ein selbst-verständlicher und integraler Bestandteil von Kommunikationskonzepten: in der Unternehmenskommunikation, der internen Kommunikation sowie der Produkt- und Marken-PR.

»Der oder das Event« haben wir aus dem Englischen in das Neudeutsche übernommen, klingt es doch weit schicker als die solide deutsche »Veranstaltung«. Dabei beschrieben Jakob und Wilhelm Grimm die »Veranstaltung« im Deutschen Wörterbuch sehr treffend. Sie fanden zwei Bedeutungen und belegten diese mit jeweils einem Beispielsatz. »Veranstaltungen« sind »*1. sorgfältiges herrichten als handlung:* sie werden morgen durch meine veranstaltung so viel geld erhalten, dasz sie künftig weniger ursache haben, ein redliches herz zu hintergehen«. Steht nicht manche PR-Veranstaltung genau unter diesem Motto?

Und weiter kommentiert »Der Grimm«: »*2. das veranstaltete selbst:* wenn die sitten allein ein volk nicht mehr vor der verderbnisz bewahren können, so musz eine veranstaltung hinzu kommen, die den sitten ein neues leben gibt (…)«. Schon im 19. Jahrhundert war die Kommunikationskraft guter Events bekannt und auch deren Verantwortung – denn weiter im Grimmschen Wörterbuch folgt auf die Erklärung des Wortes »Veranstaltung« direkt das Wort »Verantworten«.

Events zählen heute zu den wichtigsten Instrumente von Marketing und Kommunikation. Sie erfüllen dabei vier Aufgaben: Information, Emotion, Aktion und Motivation. Wie wichtig vor allem der Bereich »Emotion« ist, zeigt die Studie von comX: 86 Prozent der befragten Kommunikationsprofis setzen Events ausschließlich als »emotionalisierendes Kommunikationsinstrument« ein, nur etwa die Hälfte (53 Prozent) betont, dass Events auch informierenden Charakter haben.

Events – Kommunikation auf drei Ebenen

Events sind das vielfältigste Kommunikationsmittel im Baukasten der PR und auch das kraftvollste. Events bieten Kommunikationsmöglichkeiten, die anderen PR-Instrumenten verschlossen bleiben. Kommunikativ agieren sie dabei auf drei Ebenen: 1. Events sind Plattform der Kommunikation und des Beziehungsaufbaus mit der Zielgruppe – eine der wichtigsten Aufgaben der Public Relations, 2. Events sind Berichterstattungsanlass, sie bieten Gesprächsstoff für Multiplikatoren und 3. Events kommunizieren selbst.

Events als Kommunikations-plattform

Ob Mitarbeiterfest oder Journalisteneinladung, ob Tag der offenen Tür oder Oscar-Verleihung – der Event bringt Menschen zusammen, informiert und begeistert. Hier werden Produkte in festlichem Rahmen vorgestellt, Unternehmensthemen farbenfroh inszeniert oder Kooperationspartner feierlich präsentiert. Zu unterscheiden sind hier zwei unterschiedliche Formate: öffentliche oder geschlossene Veranstaltungen. Als Instrument der Public Relations spielen nichtöffentliche Events eine herausragende Rolle. Hier werden Meinungsbildner eingeladen, die mit dem Event gezielt zu einem Produkt oder einem Unternehmen angesprochen werden. Die häufigste Veranstaltung aus diesem Format ist der Journalistenevent, aber auch »Celebrity-Parties« und Experten-Einladungen zählen zu dieser Kategorie. Aufgrund der sehr exponierten Gästeliste wird in diesen PR-Veranstaltungen jedem einzelnen Detail größte Aufmerksamkeit zuteil – bis hin zur Inszenierung in jedem noch so kleinen Örtchen und dem sicheren Geleit nach Hause.

Die andere Kategorie – öffentliche Events – eröffnen den Dialog mit der Zielgruppe direkt. Eingeladen werden in der Regel Kunden, potentielle Kunden oder auch Mitarbeiter bei Veranstaltungen der internen Kommunikation. Aufgrund der Größe dieser Veranstaltungen ist in der Regel die Logistik die größte Herausforderung dieses Eventformates. An einem Tag der offenen Tür können bis zu 100.000 Besucher zusammenkommen. Maximum sind sicher die 6 Millionen Besucher des Münchner Oktoberfestes, das der herausragendste PR-Event der Stadt München ist.

Ob geschlossene oder öffentliche Events, in beiden Fällen gelten die Regeln der Live-Kommunikation. Die Zielgruppe kommt direkt und emotional mit der Marke, dem Produkt, dem Unternehmen oder dem zu präsentierenden Thema in Kontakt; Inszenierung und Interaktion motivieren, mobilisieren und verankern nachhaltig Wissen. Dieser Direktkontakt zählt zur »Erstverwertung« des Events und ist gleichsam ihr Grundnutzen.

Da Events, im Vergleich zu vielen anderen PR-Instrumenten, eher budgetintensiv sind, ist ihr Einsatz und deren Return on Investment aufgrund der so genannten »Zweitverwertung« besonders interessant.

Über Events wird gesprochen (»Word of Mouth Marketing«), vor allem aber geschrieben und berichtet. Die Inszenierungen bieten Anlass für eine Presseberichterstattung, die wiederum von Lesern, Hörern, Zusehern wahrgenommen wird – der klassische Multiplikatoreffekt, auf den die Arbeit der Public Relations setzt. Und obwohl die Zeitungsleser und Fernsehzuschauer nicht direkt dabei sein können, gelingt es der Eventberichterstattung, einen Großteil der Botschaften und Emotionen der Veranstaltung an die Rezipienten weiterzugeben. 57 Prozent der Marketingprofis bestätigen, dass der volle Erlebniswert eines Events erhalten bleibt, wenn er in Zeitschriftenartikeln dargestellt wird. 61 Prozent sind sogar der Meinung, dass der emotionalisierende Charakter eines Events in der redaktionellen Berichterstattung besser vermittelt wird als durch Imageanzeigen. Events bringen damit einen unschätzbaren Mehrwert für das Marketing. Die Kraft der Live-Kommunikation bleibt in der »Zweitverwertung« größtenteils erhalten und multipliziert sich in ein weit größeres Publikum.

Events bieten Gesprächsstoff

Events ragen wie Leuchttürme aus dem Meer an Nachrichten heraus und ermöglichen es, Marken und Produkten Aufmerksamkeit und Image zu verschaffen. So setzte das Szenegetränk Red Bull seit Jahren konsequent auf das Mittel der Live-Kommunikation und erschuf mit den »Flugtagen« nicht nur eine eigene Sportart, sondern auch eine eigene Eventserie, die sich selbst zum Produkt weiterentwickelte. Apple enthüllt einmal im Jahr auf einer Präsentationsveranstaltung sein neuestes Produkt – ein Event, der von Journalisten, Kunden und Fans

Events kommunizieren

der Marke mit Spannung erwartet und heiß herbeigesehnt wird. Besonders Lifestyle-Marken machen sich die Strahlkraft zunutze und setzen Events als Imageträger für ihre Marken ein.

Darüber hinaus entwickeln sich viele Eventformate selbst zu Produkten, die eine eigene Sprache sprechen und eigene Themen besetzten: die »Loveparade« – jetzt Imageträger für Essen oder die Stadt, die sie in Zukunft austragen wird; die »Fußball WM 2006« für ein modernes, selbstbewusstes Deutschland, »Live Aid« oder »Green Earth« sind Events, die gesellschaftspolitische Themen vorantreiben. Events werden zunehmend Träger wichtiger Themen und somit zentrales Kommunikationstool, um besonders ein Massenpublikum weltweit zu erreichen.

Zukunft von Events Der Event zählt zu den Erfolgsmodellen der PR, wenngleich diese Form der Kommunikation in der Zukunft vor großen Herausforderungen steht. Die »Internet-Generation« oder Generation Y, ab Jahrgang 1972, ist offline und online gleichsam aktiv. Diese Zielgruppe erwartet reale Erlebnismomente, vernetzt mit virtuellen Inszenierungen. Events müssen eine Form finden, Emotionen und Erlebnisse auch online zu begleiten. Die ersten Ansätze der virtuellen Welten wie z. B. in »Second Life« sind darauf bisher noch keine zukunftsweisende Antwort.

Mit zunehmender Bedeutung innerhalb des Marketings steht die Live-Kommunikation zukünftig auch mehr in der Pflicht, ihre Kosten-Nutzen-Aspekte unter Beweis zu stellen. Unternehmen geben im Schnitt 25 bis 35 Prozent ihres Marketingbudgets für Messen und Events aus. Doch gerade diese budgetstarken Instrumente stellen das Controlling vor große Herausforderungen. Im Effektivitäts- und Effizienzvergleich zu anderen Marketing-Instrumenten wird deutlich, dass eine eindeutige Erfolgsmessung noch fehlt. Eine betriebswirtschaftliche Evaluation steckt – ähnlich wie bei der PR – noch in den Anfängen.

Und auch in der strategischen Planung von Events gibt es noch Nachholbedarf. Entscheidungen zur Live-Kommunikation beruhen bisher oft auf der Fortschreibung von Vergangenheitswerten oder auf »fundiertem Bauchgefühl« und sind damit weit von einem professionellen, effektiven Management entfernt. Den dringlichsten Handlungsbedarf sehen Marketingentscheider in der Einführung verbindlicher »Corporate-Identity-Guidelines«. Es gilt, zukünftig verbindliche Methodiken zu entwickeln, wie sich Inszenierung und emotionalisierende Momente eindeutig aus Unternehmenswerten oder dem Markenkern ableiten lassen.

Wenn es der Live-Kommunikation gelingt, Antworten auf die Bedürfnisse zukünftiger Zielgruppen zu finden, auf die »ROI-Diskussion« zwischen Marketing und Controlling und auf die strategische Einbettung in die Gesamtkommunikation, wird dieser Bereich einen erheblichen Anteil an der Kommunikation von Unternehmen und Produkten – trotz Budgetintensivität – einnehmen. Allein schon wegen ihrer »Leuchtturmfunktion«.

Schon heute findet eine Bedeutungsverlagerung von der klassischen Werbung hin zu zielgruppenspezifischen Events statt. Die Unternehmen suchen verstärkt den Kundenkontakt, sehen die Notwendigkeit der emotionalen Kundenbindung und forcieren die Erlebbarkeit von Markenwelten gerade in den kritischen Phasen des Kundenbeziehungszyklus. Dann erfüllt der Event im Marketing nicht nur seine lateinische Bedeutung von »eventum«, dem »sich ereignen«, sondern auch die Bedeutung für »eventus«, »dem Ergebnis, Erfolg und Schicksal«.

10 Sponsoring für den Imagetransfer

Obwohl sich Unternehmen und Organisationen grundsätzlich über die Werbung in die Sendezeit bzw. in den Anzeigenteil der Medien einkaufen können, wird Sponsoring als Instrument der PR immer beliebter. Unter Sponsoring versteht man die gezielte Bereitstellung von Geld, Sachmitteln oder Dienstleistungen durch Unternehmen zur Förderung von Einzelpersonen und/oder Organisationen, um damit gleichzeitig Ziele der Unternehmenskommunikation zu erreichen. Sponsoring bezeichnet die Zusammenarbeit im Medienbereich zwischen Werbewilligen und Veranstaltern von Medienereignissen. Der Geldgeber (»Sponsor«) erkauft die Aufmerksamkeit für sich oder sein Produkt, indem er als Förderer genannt bzw. sichtbar wird. Der Geldnehmer, in der Regel der Veranstalter eines Medienereignisses aus dem Sport-, Kultur- oder Sozialbereich, tritt als Gegenleistung mit seinem »Produkt« oder Firmennamen bei dieser von Medien vermittelten Veranstaltung auf. Die Medienberichterstattung trägt somit zur Verbreitung des Engagements eines Sponsors bei. Die Förderung einer Umweltschutzorganisation durch ein Unternehmen – sei es durch Geld, Sachzuwendungen oder Dienstleistungen – ist z. B. damit verbunden, den Firmennamen bei Aktionen oder Buchveröffentlichungen zu erwähnen.

Sponsoring basiert auf der Idee des Imagetransfers. Der Sponsor will vom Image des gesponserten Partners, z. B. einer Sportmannschaft, profitieren. Der Sponsoringpartner stellt somit seinen Ruf in den Dienst des Sponsors. Dabei ist zu berücksichtigen, dass es auch Rückwirkungen vom Image des Sponsors auf das des Gesponserten gibt. Möglichkeiten für Sponsoring bestehen für Unternehmen insbesondere in den Bereichen Sport, Kultur, Sozialwesen, Ökologie, Wissenschaft und Medien. Nachdem sich das Sport-Sponsoring durchgesetzt hat, entwickeln sich nun auch Kultur-, Programm- und Sozio-Sponsoring zu wichtigen PR-Instrumenten. | *Ziel: Verbesserung des Images*

   Hintergrund für das gestiegene Interesse der PR-Fachleute am Sponsoring ist die Tatsache, dass es für die Werbetreibenden schwieriger wird, ihre Zielgruppen exakt und wirksam anzusprechen. Sponsoring erlaubt es, die beteiligten Personen und/oder die Veranstaltung, z. B. ein Golf-Turnier, Rockkonzert oder eine Ausstellung, selbst festzulegen und somit Zielgruppen bzw. Ziele genau zu bestimmen. Eine Sponsoring-Maßnahme verspricht oft einen größeren Erfolg als die Werbung im Werbeprogramm oder im Anzeigenteil, da die Medien über gesponserte Ereignisse im redaktionellen Teil berichten (→ Journalisten und ihr Publikum). Die Leser, Hörer oder Zuschauer bringen redaktionell aufbereiteten Berichten eine höhere Aufmerksamkeit und Glaubwürdigkeit entgegen als reinen Werbemaßnahmen, da sie mit der Vorstellung »frei von werblichen Zwecken« verbunden sind.

Sponsoring kann somit zu einem positiven Bild des Unternehmens in der Öffentlichkeit und letztlich zum Erreichen der kommunikationspolitischen Ziele eines Unternehmens beitragen. Zudem lassen sich Werbehürden, die z. B. im öffentlich-rechtlichen Rundfunk für bestimmte Sendezeiten bestehen, auf diese Weise ebenfalls überwinden. Eine Gefahr des Sponsoring-Engagements ist der so genannte »Sponsor-Overkill«. In diesem Fall steht nicht mehr das Ereignis, Projekt oder der gesponserte Partner im Vordergrund, sondern der Sponsor. Im schlimmsten Fall kann dies zu Abwehrreaktionen beim Publikum führen und dem Image des Sponsors nachhaltig schaden.

Höhere Bekanntheit Ziel des Sponsors ist die Steigerung der Unternehmens- bzw. Markenbekanntheit oder die Imageverbesserung in der Öffentlichkeit. Als ein Instrument der Unternehmenskommunikation muss Sponsoring in den bestehenden Kommunikations-Mix integriert werden, um die kommunikativen Maßnahmen eines Unternehmens zu unterstützen und Synergieeffekte zu erzielen. Eine erhöhte Chance, in Text, Wort oder Bild erwähnt zu werden, haben Sponsoren, wenn sie Inserenten sind oder aus dem Zielpublikum des Mediums stammen. Außerdem ist für die Namensnennung des Sponsors in der Berichterstattung der Nachrichtenwert wichtig. Die Bedeutung des Ereignisses und dessen Gemeinnützigkeit geben dann den Ausschlag. Zusätzlich spielt das Themenfeld eine Rolle. Vor allem Ereignisse aus den Bereichen Umweltschutz und Soziales, aber auch Kultur, Sport und Freizeit haben große Chancen, redaktionell im Sinne des Sponsors bearbeitet zu werden.

Viele Kultur- und Sportereignisse werden oft erst durch Sponsoren ermöglicht bzw. von ihnen geplant, finanziert und durchgeführt. Das heißt aber nicht, dass sich Journalisten gerne zu »Handlangern« von Sponsoren machen lassen. Sie kommen bei Sportveranstaltungen oder Konzerten eher unfreiwillig mit Sponsoring in Kontakt. Der Bildjournalist muss schließlich den Sportler mit dem werbenden Trikot ablichten. Der Bericht im Lokalteil über die Sanierung eines Denkmals sollte schließlich auch die Information über die Finanzierung enthalten. Der Sponsor wird genannt, die Absicht der Öffentlichkeitsarbeit ist erreicht. Sponsoring muss trotz der Absicht, öffentliche Aufmerksamkeit zu erregen, nicht immer auf den ersten Blick zu erkennen sein. Gerade im Kulturbereich ist Zurückhaltung und Vorsicht bei der Darstellung des Engagements geboten.

Für den Journalisten ist Sponsoring besonders aus rundfunk- bzw. presserechtlicher Sicht ein Problem. Der Grundsatz, strikt zwischen Werbung und redaktionellem Teil zu trennen, lässt sich in der Praxis nur schwer einhalten (→ Rechte und Pflichten). Bei der Berichterstattung über gesponserte Ereignisse ist es oft unmöglich, den Sponsor nicht zu nennen. Redaktionsinterne Regeln zum

Umgang mit gesponserten Ereignissen sind unverzichtbar, da Berichte über Freizeitbereiche in den Medien in den letzten Jahren erheblich zugenommen haben – in der Praxis existieren derartige Regeln allerdings eher selten. Wie Untersuchungen über das Verhältnis der Presse zum Sponsoring zu entnehmen ist, besteht im Zeitschriften- und Zeitungsbereich, vor allem bei Redakteuren von lokalen und auflagenschwachen Tageszeitungen, eine positive Einstellung zu redaktioneller Werbung und Sponsoring. Dieselbe Tendenz zeigt sich auch bei Wochenblättern, Anzeigenblättern und Publikumszeitschriften.

Gezwungen durch den zunehmenden Wettbewerb ist auch der größte Teil der Medien selbst als Sponsor aktiv, um das redaktionelle Angebot Zeitung, Radio oder Fernsehen angemessen zu vermarkten. Unter den Zeitungen und Zeitschriften nutzt vor allem die regionale Tagespresse diese Möglichkeit. Auch Regional- und Lokalsender versuchen, Eigenwerbung für sich zu betreiben, indem sie Veranstaltungen unterstützen und Direktübertragungen in das Programm nehmen (→ Management und Marketing). Dabei können sich ebenfalls zum Teil erhebliche Probleme aufgrund der rechtlichen Regelungen zur Trennung von Programm und Werbung ergeben.

Medien als Sponsoren

10.1 Prinzip von Leistung und Gegenleistung

Werner Zorn
Berater für Unternehmenskommunikation, Tübingen

Jeder, der heute Informationen anbietet, steht im Informationswettbewerb mit anderen Anbietern. Die Situation verschärft sich noch dadurch, dass auf dem Medienmarkt jede Information mit jeder konkurriert: Informationen aus der Wirtschaft mit solchen aus der Politik, der Wissenschaft, der Kultur, dem Freizeitbereich. Gleichzeitig nimmt die Anzahl der Informationsanbieter laufend zu. In diesem sich ständig vergrößernden Markt mit seinem immer schärferen Wettbewerb bleibt eine Größe gleich: der Empfänger von Informationen. Seine Aufnahmekapazität ist beschränkt, selbst unter rein zeitlichen Aspekten. Um seine Aufmerksamkeit konkurrieren alle Informationsanbieter.

Unternehmenskommunikation ist daher ständig auf der Suche nach neuen Möglichkeiten, Zielgruppen besser ansprechen zu können. So entstand Sponsoring, anfänglich eher als Sportwerbung, d. h. Werbung mit dem Medium Sport, über Banden-Werbung in den Fußballstadien, bevor die Firmenlogos auf den Trikots der Spieler erschienen, ganze Mannschaften und Veranstaltungen unter Vertrag genommen und neue Veranstaltungen erfunden wurden, wie z. B. das Tennisturnier der Firma Porsche in Stuttgart. Heute ist der Bereich Sport ebenso besetzt wie die traditionellen Formen der Unternehmenskommunikation. Kultur-Spon-

Formen des Sponsorings

soring, Umwelt- und Sozio-Sponsoring sind hinzugekommen, haben aber nie auch nur annähernd die Bedeutung von Sport-Sponsoring erreicht.

Anders als Mäzenatentum und die traditionellen Spendenprogramme will Sponsoring öffentliche Aufmerksamkeit und Anerkennung. Mäzenatentum und Spendenprogramme genügen sich selbst. Öffentliche Anerkennung ist hier in der Regel von untergeordneter Bedeutung, oft auch gar nicht erwünscht. Man möchte kein Aufsehen erregen, um nicht zusätzliche Anfragen zu provozieren. Ganz anders funktioniert dagegen Sponsoring. Es beruht auf dem Prinzip von Leistung und Gegenleistung. Der Sponsor leistet einen Beitrag, damit das Projekt zustande kommt. Er erwartet dafür – vertraglich fixiert – als Gegenleistung öffentliche Anerkennung, die der Sponsoring-Partner für ihn erreichen soll. Der Sponsor hat dabei drei Möglichkeiten, eigene Leistungen in ein Sponsoring-Projekt einzubringen: Finanzielle Leistungen, Know-how sowie eigene Produkte und Dienstleistungen, so genannte »in kind«-Leistungen.

Förderung von Projekten

Im Sponsoring werden heute in der Regel ausschließlich Projekte gefördert. Eine Förderung der Einrichtung selbst, über die Finanzierung laufender Budgets, kann dazu führen, dass bei einem Ausstieg des Sponsors das Überleben der Einrichtung gefährdet ist. Projekte, verstanden als finanziell, sachlich und zeitlich abgegrenzte Einzelvorhaben, vermeiden nicht nur dieses Problem, sondern erlauben auch eine bessere Erfolgskontrolle und eine höhere Identifikation mit dem Sponsor.

Es ist sinnvoll, beim Sponsor alle Förder- und Spendenprogramme sowie alle Formen des Sponsorings, also Sport-, Kultur-, Umwelt- und Sozio-Sponsoring, entweder bei der Unternehmenskommunikation, besser bei der Marketing-Kommunikation in einer Abteilung zusammenzufassen. Das stellt sicher, dass die Sponsoring-Philosophie, d. h. für die aufgewendeten Budgets einen messbaren Publicity- und Marketing-Return-on-Investment zu erreichen, Grundlage aller Sponsoring-Engagements ist. Dabei empfiehlt sich folgende Aufgabenteilung: Die Verantwortlichen für Sponsoring sind zuständig für das Zustandekommen der Sponsoring-Projekte und haben auch die dazu erforderlichen Budgets. Gleichzeitig initiieren und integrieren sie alle Aktivitäten von Marketing, Marketing- und Unternehmenskommunikation, um die Ereignisse zu »vermarkten«. Planung, Durchführung und Finanzierung der einzelnen »Vermarktungs«-Aktionen sind dann Aufgabe der jeweiligen Einzel-Funktionen wie Marketing, Werbung, Presseabteilung oder interne Kommunikation.

Nutzungsmöglichkeiten für den Sponsor

Für den Sponsor ergeben sich drei Nutzungsmöglichkeiten seiner Sponsorships: Da ist erstens die Nutzung des Ereignisses als Veranstaltung, als Plattform für Begegnungen, d. h. die Anbahnung und Vertiefung von Kontakten mit Kunden und wichtigen Meinungsführern. Dafür eignet sich vor allem Sport- und Kultur-Sponsoring. Zweitens entsteht durch die Verbindung des Sponsors mit dem Ereignis ein Imagegewinn. Dieser kann z. B. darin liegen, sich als gesellschaftlich verantwortliches Unternehmen in der Öffentlichkeit zu positionieren. Wichtig ist dabei, dass die Art des Sponsorings gesellschaftliches Engagement deutlich macht. Die Rolle des Sponsors sollte sich in diesem Fall nicht auf die eines bloßen Finanziers beschränken. Je mehr sein Engagement darüber hinausgeht, je mehr der Sponsor eigene Kompetenz in die gemeinsamen Projekte einbringt, desto glaubwürdiger ist der damit verbundene gesellschaftliche Anspruch. Die Glaubwürdigkeit steht und fällt damit, inwieweit sich dieses Engagement in der Firmenphilosophie und im geschäftlichen Verhalten des Sponsors widerspiegelt.

Sponsoring lässt sich drittens für Marketing- und Verkaufszwecke einsetzen, etwa für den Verkauf von Merchandising-Produkten auf großen Veranstaltungen, z. B. den Olympischen Spielen, vor allem aber für die Erhöhung des Bekanntheitsgrades und die Positionierung von Marken und Produkten, z. B. das Radsport-Engagement der Telekom zeigt. Mit Sponsoring können darüber hinaus Projekte realisiert werden, für die es noch keinen Markt gibt, morgen aber geben könnte. Beispiel: IBM sponserte in den 1990er Jahren an der Elbe das weltweit erste komplette Überwachungskonzept eines Flusssystems. Mithilfe von Informationstechnik analysieren vernetzte Messsysteme laufend die Schadstoffbelastung der Elbe. Was gestern an der Elbe gesponsert wurde, kann morgen zum Verkauf dieses Überwachungssystems an der Wolga oder am Rio Colorado in Argentinien führen. Know-how und Erfahrung wurden durch Sponsoring möglich. Der Markt entscheidet, ob daraus für den Sponsor einmal ein Geschäft wird.

Sponsoring ohne die Medien ist kaum denkbar. Es würde sich auf den reinen Veranstaltungsnutzen für den Sponsor beschränken. Öffentliche Anerkennung für sein Engagement, den damit verbundenen Imagegewinn und die Erhöhung des Bekanntheitsgrades für Marken und Produkte gäbe es nicht. Das Medium »Fernsehen« macht in diesem Zusammenhang den unbestreitbaren Vorteil von Sport-Sponsoring gegenüber allen anderen Sponsoringarten aus. Sport-Sponsoring ist automatisch auch TV-Sponsoring und aus diesem Grund das Instrument von Marketing-Kommunikation, mit dem sich vor allem der Bekanntheitsgrad von Marken und Produkten am schnellsten und nachhaltigsten steigern lässt.

Sponsoring braucht Medienkommunikation

Von Sponsorships profitieren aber nicht nur Sponsor und Sponsoring-Partner, sondern auch das gesellschaftliche Umfeld. Denn unabhängig vom Motiv des Sponsors werden Angebote an Bürger und Konsumenten gemacht, die es ohne Sponsoring nicht gäbe. Würde der Sponsor aus prinzipiellen Gründen von der Berichterstattung in den Medien ausgespart, dann müsste man daraus schließen, dass die Gesellschaft sein Engagement nicht wünscht, weil sie es nicht anerkennt. Was in den Anfängen von Sponsoring für viele Journalisten noch ein Problem war, weil sie sich in ihren Medien nicht zu »Erfüllungsgehilfen« von »trittbrettfahrenden« Sponsoren machen wollten, ist heute Selbstverständlichkeit. Der Name »T-Mobile-Team« im Radsport ist ebenso selbstverständlicher Bestandteil der Sportberichterstattung geworden wie im Tennis der »Mercedes-Cup« in Stuttgart.

Dennoch sollte die Rolle des Sponsors von den Journalisten durchaus kritisch hinterfragt werden, insbesondere wenn er gesellschaftliches Engagement behauptet oder bei Doping. Im ersten Fall könnte dies, und nicht nur die Namensnennung des Sponsors, auch Bestandteil der Story über das Ereignis sein. Welche Rolle spielt der Sponsor? Ist er nur Finanzier oder bringt er zusätzlich eigene Kompetenz in das Projekt ein? Wie sieht diese aus? Ist das Projekt Teil eines Gesamtkonzepts oder sogar Ausdruck der Unternehmensphilosophie? Wird dadurch wirkliches Engagement deutlich, oder handelt es sich nur um eine Eintagsfliege? Trifft das Projekt ein allgemeines, gesellschaftliches Anliegen oder ist es in erster Linie vom PR-Interesse motiviert? Wird dadurch etwas Neues angestoßen oder wird vor allem Etabliertes gefördert, das staatliche Förderung nicht ausreichend abdeckt?

Besonderes Problem: Doping Eine besondere Problematik stellt Doping für Sponsoring dar. Einerseits sorgt Sponsoring durch das ständig zunehmende finanzielle Engagement für steigenden Druck bei den Athleten, um jeden Preis gewinnen zu wollen. Andererseits können es sich Unternehmen nicht leisten, den Eindruck zu erwecken, Doping zu tolerieren. Sie würden dann den erzielten Imagegewinn nicht nur verlieren, sondern müssten Imageverluste in Kauf nehmen. Das gilt allerdings nur unter der Voraussetzung, dass Doping in der Gesellschaft und in den Medien geächtet ist. Ist Doping nicht geächtet oder gilt das Prinzip »Du-sollst-dich-nicht-erwischen-lassen«, dann würde Doping beim Sponsoring wohl toleriert oder sogar bewusst in Kauf genommen. Jede Gesellschaft hat damit das Sponsoring, das sie verdient.

Die Journalisten haben durch ihre Berichterstattung einen erheblichen Einfluss darauf, wie sich Umfang und Art des Sponsorings entwickeln. In den letzten Jahren hat sich Sponsoring von »tue Gutes und rede darüber« zum »Event-Marketing« entwickelt, das insbesondere für Marketing und die Marketing-Kommunikation immer noch erhebliches Potenzial bietet. In einer erlebnis-orientierten Gesellschaft wie der unseren sind dabei nicht nur Sponsoren und Sponsoring-Partner, sondern die ganze Gesellschaft Nutznießer.

Literatur

Avenarius, Horst: Public Relations. Die Grundform der gesellschaftlichen Kommunikation. 2. Auflage, Darmstadt 2000.
Umfassende Gesamtdarstellung des Themas Öffentlichkeitsarbeit.

Bentele, Günter/Fröhlich, Romy/Szyszka, Peter: Handbuch der Public Relations. Wissenschaftliche Grundlagen und berufliches Handeln. Wiesbaden 2005.
Neben einer Einführung in die Public Relations bietet das Handbuch in kompakten Artikeln einen Überblick über Ansätze, Modelle, Schlüsselbegriffe und Berufsfelder.

Bogula, Werner: Leitfaden Online-PR. Konstanz 2007.
Dieses Buch bietet eine praxisorientierte Einführung in die Instrumente und Methoden erfolgreicher Online-PR. Checklisten und Praxisbeispiele geben Anleitung und Tipps für die erfolgreiche PR-Arbeit in Internet.

Buss, Eugen/Fink-Heuberger, Ulrike: Image Management. Wie Sie Ihr Image-Kapital erhöhen. Erfolgsregeln für das öffentliche Ansehen von Unternehmen, Parteien und Organisationen. Frankfurt am Main 2000.
Darstellung von Instrumentarium, Erfolgsfaktoren und Messverfahren sowie Stil- und Inszenierungstechniken im Reputationsmanagement.

Ditges, Florian/Höbel, Peter/Hofmann, Thorsten: Krisenkommunikation. Konstanz 2008.
Die Autoren kategorisieren Krisen in neun typische Krisenfälle, beschreiben deren Charakteristika, häufig gemachte Fehler und Handlungsmöglichkeiten.

Falkenberg, Viola: Pressemitteilungen schreiben. Zielführend mit der Presse kommunizieren. 3., aktualisierte Auflage, Frankfurt am Main 2004.
Praxisleitfaden für das Erstellen von erfolgreichen Pressetexten.

Herbst, Dieter: Public Relations. Das professionelle 1 x 1. 3. Auflage, Berlin 2007.
Ein vor allem für in Unternehmen, Verbänden und Organisationen tätige PR-Einsteiger konzipierter praxisnaher Ein- und Überblick.

Huber, Melanie: Kommunikation im Web 2.0. Konstanz 2008.
Die Autorin zeigt, wie sich die Kommunikation von Unternehmen, Pressestellen und Agenturen durch das Internet verändert hat und wie sich die Potenziale des »Web 2.0« nutzen lassen.

Laumer, Ralf/Pütz, Jürgen: Krisen-PR in der Praxis. Wie Kommunikations-Profis mit Krisen umgehen. Münster 2006.
Fachleute aus Unternehmen und PR-Agenturen gewähren Einblicke in ihren Arbeitsalltag und schildern bewältigte Krisenszenarien. Darüber hinaus wird die journalistische Sicht auf Krisen beleuchtet.

Mast, Claudia: Unternehmenskommunikation. Ein Leitfaden. 3. Auflage, Stuttgart 2008.
Ein praxisnaher Überblick über Entwicklungen in der Unternehmenskommunikation. Schwerpunkte liegen auf der strategischen Planung und Optimierung sowie der praktischen Umsetzung des Kommunikationsmanagements.

Mickeleit, Thomas/Ziesche, Birgit (Hg.): Corporate TV. Die Zukunft des Unternehmensfernsehens. Berlin 2006.
Experten aus den Bereichen Medien, Kommunikation und Wissenschaft schreiben über die Zukunft des Unternehmensfernsehens.

Rota, Franco P.: PR- und Medienarbeit. Effektive Öffentlichkeitsarbeit der Unternehmen im Informationszeitalter. 3. Auflage, München 2002.
Dieses Buch stellt Formen des Medienkontaktes, PR-Textarten sowie die Möglichkeiten unternehmenseigener Publikationen vor und ist deshalb als Arbeitshilfe für PR-Journalisten gut geeignet.

Rota, Franco P./Fuchs, Wolfgang: Lexikon Public Relations. München 2007.
Dieses Lexikon behandelt wichtige Bereiche der PR und klärt Begriffe sowohl aus theoretischer als auch praktischer Perspektive.

Röttger, Ulrike: Public Relations – Organisation und Profession. Wiesbaden 2000.
Die Studie liefert fundierte Daten über das gesamte PR-Berufsfeld in Deutschland.

Ruisinger, Dominik: Online Relations. Leitfaden für moderne PR im Netz. Stuttgart 2007.
Dieses Buch zeigt praxisgerecht, wie sich das Internet gezielt zur professionellen internen wie externen Unternehmenskommunikation einsetzen lässt.

Sauvant, Nicola: Professionelle Online-PR. Die besten Strategien für Pressearbeit, Investor Relations, interne Kommunikation, Krisen-PR. Mit vielen Fallbeispielen. Frankfurt am Main 2002.
Dieses Buch zeigt, wie die spezifischen Merkmale des Internets für die PR zu nutzen sind.

Szyszka, Peter/Düring, Uta-Michaela (Hg.): Strategische Kommunikationsplanung. Konstanz 2008.
Der Band setzt sich mit Konzeptionsmodellen auseinander und stellt 15 Fallbeispiele aus verschiedenen Bereichen der strategischen Kommunikationsplanung vor.

Szameitat, Dietrich: Public Relations in Unternehmen. Ein Praxis-Leitfaden für die Öffentlichkeitsarbeit. München 2003.
Leicht verständlicher Überblick über die Tätigkeit einer PR-Abteilung.

Zehrt, Wolfgang: Die Pressemitteilung. Konstanz 2007.
Ein Praxisratgeber mit vielen Positiv- und Negativbeispielen.

XII Online-Journalismus

Das Internet hat sich etabliert. Es verändert damit auch den Journalismus und stellt Medienorganisationen und Journalisten vor Herausforderungen. Für die klassischen Medien ist das junge Medium eine neue Konkurrenz. Dies spüren beispielsweise die Tageszeitungen, bei denen Leser und vor allem Anzeigenkunden in das Internet abwandern. Ende des vergangenen Jahrhunderts führten strukturelle Veränderungen im Mediensystem in Verbindung mit negativen konjunkturellen Einflüssen zu einer Zeitungskrise. Damals wurde in vielen Redaktionen Personal abgebaut, einige Blätter waren in ihrer Existenz gefährdet.

Die technischen Möglichkeiten des jungen Mediums sind immens. Wie aber müssen journalistische Angebote im Internet gestaltet sein, damit sie erfolgreich sind? Wie gehen Menschen mit den interaktiven Möglichkeiten um? Wie stark werden die Nutzer in die Berichterstattung z. B. über Diskussionsforen oder Leserfoto-Plattformen einbezogen? Welche Rolle spielen Aktualität und Multimedialität? Die Angebote beschreiten hier zum Teil sehr unterschiedliche Wege. Erst langsam bilden sich online-spezifische Formate und Darstellungsformen heraus. Etablierte Medienakteure stehen darüber hinaus vor der Aufgabe, Angebote in den klassischen Medien und im Internet wirtschaftlich und publizistisch aufeinander abzustimmen. Crossmediale Strategien als Antwort auf die Herausforderungen durch das Internet werden zum wichtigen Erfolgsfaktor, um im sich schnell verändernden Mediensystem erfolgreich zu sein.

Nach wie vor wird der Online-Journalismus von den Angeboten etablierter Zeitungs- und Zeitschriftenverlage und denen der Rundfunkanbieter dominiert. »Spiegel-Online«, die Webseiten der »Bild« sowie die der Fernsehsender RTL und ProSieben zählen zu den reichweitenstärksten Internet-Angeboten in Deutschland überhaupt. Gleichzeitig entwickeln sich aber auch neue Formen der Informations- und Nachrichtenvermittlung. Nicht-journalistische Akteure – Unternehmen, Institutionen und Laien – sind bei der Erzeugung, Aggregation und Verbreitung von Inhalten aktiv. Im Internet wird es deshalb immer schwieriger, professionelle journalistische von anderen Inhalten zu unterscheiden.

In jüngerer Zeit ändert sich die Perspektive auf den Online-Journalismus. Der Blick richtet sich auf die Besonderheiten der Internet-Kommunikation und die sich herausbildenden partizipativen Vermittlungsformen. Dieser Blickwinkel reicht über den traditionellen Journalismus hinaus, bei dem Inhalte durch professionelle Journalisten in einer Redaktion zentral produziert werden. Er öffnet den Blick auf Rolle, Identität und Grenzen eines Journalismus im Internet-Zeitalter.

1 Journalismus zwischen Tradition und neuen Vermittlungsformen

Manche sprechen von einer zweiten Gründerzeit, die das junge Medium Internet erlebt. Eine erste Welle der Euphorie endete um die Jahrtausendwende abrupt im Platzen der »Dotcom-Blase« und im Niedergang der »New Economy«. Die neue Blütezeit findet unter dem Etikett »Web 2.0« statt. Breitbandzugänge ermöglichen eine intensive Beteiligung der Nutzer. Während in der Vergangenheit die passive Nutzung von Internet-Angeboten überwog und Interaktivität sich häufig auf die Auswahl und das Aufrufen statisch bereitgestellter Inhalte beschränkte, rücken in jüngerer Zeit mehr und mehr Formen des aktiven Mitmachens in den Blick. Eigene Beiträge in Form von Texten, Bildern oder Videos werden online gestellt, die Nutzer vernetzen sich und kommunizieren untereinander. Dieses »neue« Netz repräsentieren Angebote wie die freie Enzyklopädie »Wikipedia«, bei der sich jeder am Erstellen, Korrigieren und Kontrollieren von Lexikoneinträgen beteiligen kann (wikipedia.de), die Netzwerk-Gemeinschaft »studiVZ«, die Kontakte zwischen Studenten herstellt (studivz.net), oder die Video-Community »Youtube« (youtube.de). So genannte »Social Software« macht das eigene Publizieren von Inhalten auf einfache Art und Weise möglich.

Direkter Zugang zur Öffentlichkeit für jeden als Ideal »Web 2.0« ist jedoch keine Revolution des jungen Mediums. Es ist vielmehr eine konsequente Weiterentwicklung der Möglichkeiten, die bereits in den Anfängen des Internets angelegt waren. Laien sind nicht mehr nur Rezipienten, sondern können auch als Kommunikatoren agieren. Damit verbunden sind weitreichende Erwartungen an eine Demokratisierung von Medien und Kommunikation. Prinzipiell kann jeder an der öffentlichen Kommunikation teilnehmen, jedes Thema kann behandelt und zum Gegenstand eines öffentlichen Diskurses werden. In diesem idealisierten Bild sind Beschränkungen der klassischen Medienwelt weitgehend aufgehoben – offener Zugang zu den öffentlichen Arenen und ein egalitärer Status der Teilnehmer kennzeichnen die Internet-Kommunikation.

Welche Auswirkungen haben diese Entwicklungen auf den Journalismus? Zunächst einmal scheint er seine Sonderstellung als »Gatekeeper« und dominierender Akteur in der öffentlichen Kommunikation zu verlieren. Die Internet-Nutzer sind nicht mehr nur auf journalistische Quellen angewiesen, um sich zu informieren. Sie können auf eine Vielzahl von Angeboten zurückgreifen, die Unternehmen, Institutionen und Einzelpersonen betreiben. Und sie können eigene Beiträge publizieren, sind also nicht mehr nur passive Empfänger von Informationen, sondern auch als Sender aktiv. Beides fordert den traditionellen Journalismus heraus, der in der Regel als Einweg-Kommunikation angelegt und in zentralen, professionell arbeitenden Redaktionen organisiert ist. Redaktionen fungieren hierbei als »Informationssammelstellen«, die relevante Informationen auswählen, aufbereiten und an das Publikum vermitteln.

Im Internet bekommt der Journalismus bei der Erfüllung dieser wichtigen Aufgaben Konkurrenz. Manche sagen sogar das Ende der klassischen Massenmedien und des traditionellen Journalismus voraus. Solche Befürchtungen erweisen sich jedoch als weitaus übertrieben oder grundsätzlich falsch. Ob und inwiefern die neuen Vermittlungsformen im Internet den Journalismus tatsächlich ersetzen können, ist offen. Vieles spricht dafür, dass auch in Zukunft der traditionelle Journalismus – freilich zum Teil in angepasster und veränderter Form – sowohl innerhalb des Internets als auch in den klassischen Medien wichtige Leistungen erfüllt. Dafür sprechen auch und gerade die vielfältigen Möglichkeiten, vor denen die Menschen im Online-Medium stehen.

Viele Nutzer haben Probleme mit der Informationsflut. Informationen müssen zunächst einmal gefunden werden, und das ist angesichts einer explosionsartig ansteigenden Informationsfülle im Internet eine schwierige Aufgabe. Neben der Quantität spielt die Qualität der Informationen eine große Rolle. Nutzer können bei Internet-Angeboten von Unternehmen, Institutionen oder Privatpersonen – anders als bei traditionellen Medien und klassischen journalistischen Angeboten – keineswegs davon ausgehen, dass jede Information richtig, relevant und gültig ist. Gerade im Internet sind die richtige Auswahl und angemessene Interpretation von Informationen sowie die verlässliche Orientierung im Datenmeer oft nicht gesichert.

All dies sind Anforderungen, auf die sich der Journalismus seit jeher spezialisiert hat. Professionelle journalistische Standards und die Arbeitsteilung innerhalb einer Redaktion sorgen für die besondere Qualität der Informationsvermittlung. Sie drückt sich etwa in Wahrhaftigkeit, Glaubwürdigkeit, Unabhängigkeit und Relevanz aus. Die Zukunft des Journalismus wird sich auch an der Frage entscheiden, inwieweit andere Vermittlungsformen im Internet diese Anforderungen erfüllen können.

Dabei liegen die Schwächen technischer Formen des Auswählens und Gewichtens von Informationen auf der Hand. Suchmaschinen wie »Google« liegen formale Algorithmen zugrunde – inhaltliche Kriterien fallen bei der Auswahl komplett unter den Tisch. Die Vorteile liegen in der Bearbeitung einer großen Menge an Informationen. Suchmaschinen erleichtern damit das Finden von Informationen, für eine Qualitätsbewertung sind sie hingegen kaum hilfreich. Grundsätzlich gilt dies auch für spezielle Dienste wie »Google news«, die auf journalistische Quellen angewiesen sind und ihre Ergebnisse auf diesen aufbauen.

Im Vergleich zu technischen Lösungen weisen partizipative Formen der Erstellung und Gewichtung von Inhalten Stärken auf (vgl. Neuberger 2006: S. 3). Im Internet hat sich eine ganze Reihe von Projekten des »Graswurzel«- oder »Bürgerjournalismus« entwickelt. Nutzer stellen eigene Inhalte bereit, tauschen Fakten und Ideen, Fragen und Antworten sowie Meinungen und Kommentare aus. Dabei sind vor allem Laien aktiv, aber auch Journalisten und andere professionelle Kommunikatoren beteiligen sich als Privatpersonen. Kennzeichen der

Verschwindet der Journalismus?

Technik kann Journalismus nicht ersetzen

Graswurzel- und Bürgerjournalismus

Angebote sind ein prinzipiell offener Zugang für jeden und eine intensive Vernetzung der Inhalte – sowohl innerhalb eines einzelnen Angebots als auch zwischen Angeboten im gesamten Internet. Qualitätssicherung und Kontrolle funktionieren hier nach dem Netzwerk-Prinzip: Offene Diskussionen, formale Bewertungen sowie Ergänzungen und Kommentare durch die Nutzergemeinschaft sorgen *nach* der Erstveröffentlichung von Inhalten für eine Prüfung und Gewichtung der Nachrichten.

Graswurzel- und Bürgerjournalismus finden sich in kollaborativen Angeboten, die gemeinsame Plattformen für die Informationsvermittlung, die Diskussion und Bewertung der Inhalte sowie den Meinungsaustausch bereitstellen. Veröffentlichung von Inhalten und Nutzerbeteiligung folgen bestimmten Regeln. Die einzelnen Angebote gehen dabei unterschiedlich mit dem Verhältnis von offener und direkter Beteiligung der Nutzer als Bürgerjournalisten auf der einen und redaktioneller Kontrolle und Qualitätssicherung auf der anderen Seite um. Immer gilt jedoch der Grundsatz, die Veröffentlichungsschwelle für Inhalte der Nutzer als Bürgerjournalisten möglichst niedrig zu halten.

Beispiele für Bürgerjournalismus-Portale Diesen Grundsatz verfolgt beispielsweise das Angebot »Wikinews«. »Wikinews« ist ein Bürgerjournalismus-Projekt aus der Wikimedia-Familie (wikinews.de), zu der auch die Internet-Enzyklopädie »Wikipedia« gehört. Nach dem »Wiki«-Prinzip arbeiten die Nutzer gemeinsam an Themen und Projekten – im Fall von »Wikinews« mit dem Ziel, eine »freie Nachrichtenquelle von Menschen für Menschen« zu etablieren. Das Bürgerjournalisten-Portal »Myheimat« (Motto: »wir lesen uns«) legt den Schwerpunkt auf regionale Nachrichten (myheimat.de). Einzelne, besonders gelungene Beiträge erscheinen sogar in einem gedruckten Magazin. Beispiel für ein internationales Projekt ist das aus Südkorea stammende Nachrichtenportal »OhmyNews« (english.ohmynews.com). Hier stellt ein kleines Team professioneller Editoren die Qualität der von zehntausenden Bürgerjournalisten veröffentlichten Beiträge sicher, indem es die Beiträge redigiert und über Platz und Form ihrer Veröffentlichung entscheidet.

Weblogs Neben kollaborativen Bürgerjournalismus-Plattformen existieren Weblogs oder kurz Blogs als individuelle Angebote, die in der Regel von Einzelpersonen betrieben werden. Dort finden sich regelmäßig veröffentlichte, meist persönlich gehaltene Berichte in einer chronologischen Reihenfolge. In aller Regel ist es für Besucher der Seiten möglich, die Berichte zu kommentieren. Weblogs sind untereinander eng vernetzt und bilden gemeinsam die so genannte »Blogosphäre«. Im gesamten weltweiten Internet existieren dutzende Millionen solcher Angebote zu ganz unterschiedlichen Themen und in ganz unterschiedlichen Konstellationen. Ihre Zahl nimmt rasant zu. Die Nutzung konzentriert sich allerdings stark auf einige wenige, große und bekannte Weblogs. Trotz ansteigender Tendenz beteiligt sich zudem nur eine kleine Minderheit der Internet-Nutzer an der »Blogosphäre«: 2007 besuchten nur 11 Prozent der Online-Nutzer ein Weblog (Quelle: ARD/ZDF-Online-Studie 2007).

Weblogs können dabei durchaus ähnliche Leistungen erfüllen wie journalistische Angebote – dies gilt zumindest für einzelne Angebote. So greifen verschiedene Blogs regionale Themen auf und/oder kümmern sich um Themen, die von den etablierten Medien vernachlässigt werden. Ein Beispiel ist der »Pottblog« in Nordrhein-Westfalen, in dem sich etwa eine ausführliche Berichterstattung und Diskussion über das neue Sparkassengesetz der Landesregierung entwickelte (pottblog.de). Über »Warblogs« geraten Nachrichten aus Kriegsgebieten an die Öffentlichkeit, zu denen Journalisten über die üblichen Wege keinen Zugang haben. Blogs, die während des Irak-Kriegs 2003 aktiv waren, berichteten beispielsweise sehr authentisch und aus einer individuellen Perspektive über einzelne Ereignisse. Eine US-amerikanische Autorin spricht in diesem Fall von einer »new form of journalism infused with postmodern sensibilities« (vgl. Wall 2005, S. 153).

Andere Blogs – so genannte »Watchblogs« – behandeln die Berichterstattung in etablierten Medien und erfüllen damit wichtige Prüf- und Kontrollfunktionen. Bekanntestes Beispiel hierfür ist der »Bildblog«, der sich kritisch mit der Berichterstattung in der »Bild« auseinandersetzt (bildblog.de). Vermeintliche oder tatsächliche Fehler in den Artikeln der Zeitung werden von den Betreibern dokumentiert und richtiggestellt.

Sind Weblogs also mit Journalismus gleichzusetzen? Legt man ein traditionelles Journalismusverständnis an, zu dem bestimmte professionelle Standards, eine Zentralredaktion und die Dominanz der Einweg-Kommunikation gehören, handelt es sich bei vielen dieser Erscheinungsformen sicher nicht um Journalismus. Die Frage, ob es sich bei Weblogs oder bei Bürgerjournalismus-Portalen tatsächlich um Journalismus handelt, ist letztlich aber zweitrangig. Wichtiger – und für die Zukunft des Journalismus bedeutsam – ist, dass diese neuen partizipativen Vermittlungsformen in ihren Funktionen und Wirkungen den traditionellen Journalismus ergänzen und zum Teil sogar ersetzen können. Wie sich dieses Verhältnis genau gestaltet und in Zukunft weiterentwickelt, ist zum jetzigen Stand freilich offen.

Sind Weblogs Journalismus?

Neben neuen Angeboten des Bürgerjournalismus, die als unabhängige Projekte aus der partizipativen und egalitären Kultur des Internets erwachsen sind, finden sich in journalistischen Online-Angeboten etablierter Akteure vielfältige Formen der Nutzerbeteiligung. Der traditionelle Journalismus integriert demnach partizipative Elemente in seine Berichterstattung. Erscheinungsformen reichen von Bürgerjournalismus-Plattformen, die zusätzlich und unabhängig vom redaktionellen Angebot bereitgestellt werden, über den Einbau von Blogs ins Web-Angebot bis zur Verfügungsstellung von Kommentierungs- und Bewertungsmöglichkeiten bei veröffentlichten Artikeln der Redaktion. Zumindest Letzteres gehört mittlerweile auch bei journalistischen Online-Angeboten etablierter Akteure zum Standard.

Nutzerbeteiligung innerhalb traditioneller Angebote

Beispiel:
»Opinio« der
»Rheinischen Post«

Einige der Angebote starten ambitionierte eigene Projekte des Bürgerjournalismus, die keineswegs auf das Internet beschränkt bleiben. Die Regionalzeitung »Rheinische Post« betreibt beispielsweise das Internet-Portal »Opinio« (opinio.de). Darin schreiben tausende als Autoren registrierte Nutzer für Nutzer oder veröffentlichen Fotos. Artikel werden von der Redaktion geprüft und zur Veröffentlichung freigegeben. Die Themen der Beiträge sind grundsätzlich nicht eingeschränkt, kreisen jedoch hauptsächlich um persönliche Erlebnisse und den Alltag der Menschen. Einmal in der Woche werden in der gedruckten Zeitung auf einer Extra-Seite die Artikel der »Opinio«-Bürgerjournalisten veröffentlicht und die Autoren vorgestellt.

Andere Beispiele sind das Fotoportal »augenzeuge.de«, das vom Online-Angebot des Magazins »Stern« betrieben wird (augenzeuge.de) sowie die »Readers Edition« der »Netzeitung«, die als exklusiver Online-Anbieter ein traditionelles (Zeitungs-)Angebot im Internet publiziert (readers-edition.de). Das Fotoportal »augenzeuge.de« veröffentlicht Fotos von registrierten Nutzern und bietet sie anderen Medien zum Kauf an. Wird außerdem ein Foto in der Zeitschrift »Stern« veröffentlicht, erhält der Fotograf bis zu 1.000 Euro Honorar. Die »Readers Edition« der Netzeitung bietet Bürgerjournalisten eine Plattform. Sie ist vom redaktionellen Angebot der »Netzeitung« formal getrennt. Anders als bei »Opinio« liegt der Schwerpunkt dabei auf »harten« Nachrichten aus den klassischen Sparten – allen voran Politik, Wirtschaft, Sport und Technologie. Die Bewertung durch die Nutzer entscheidet über die Veröffentlichung eines neuen Artikels auf der Startseite oder in einem Ressort.

»handelsblatt.com«

Auf den Internet-Seiten der Wirtschaftszeitung »Handelsblatt« (handelsblatt.com) gibt es ein umfangreiches Angebot an Weblogs. Sie werden von verschiedenen Autoren und zu unterschiedlichen Themen angeboten. Neben Blogs, in denen Korrespondenten von Schauplätzen aus der ganzen Welt berichten, finden sich beispielsweise ein »Klima-Blog« und ein »Konjunktur-Blog«. Sie werden von einer »Handelsblatt«-Journalistin und dem Chefvolkswirt der Commerzbank als Gastautor betrieben. Auch »Handelsblatt«-Chefredakteur Bernd Ziesemer schreibt in einem eigenen Blog, der sich mit dem Thema »Ökonomische Vernunft und politische Dummheit« beschäftigt. Ähnlich wie das »Handelsblatt« haben viele andere Online-Nachrichtenseiten Weblogs in ihr redaktionelles Angebot integriert. Sie haben sich demnach zu einer wichtigen Darstellungsform im Online-Journalismus entwickelt, die Informationen subjektiv und personalisiert transportiert und den Nutzern zudem eine aktive Beteiligung ermöglicht.

Konvergenz
zwischen traditio-
nellem Journalismus
und neuen
Vermittlungsformen

Auch in traditionellen journalistischen Angeboten im Internet wird der so genannte »user generated content« immer wichtiger. Die Gründe hierfür sind vielfältig: Nutzerinhalte machen ein Angebot attraktiver, stärken die Publikumsbindung und sind nicht zuletzt kostengünstig. Dies zeigt: Traditioneller Journalismus auf der einen und partizipative bzw. interaktive Formen der Informationsvermittlung auf der anderen Seite nähern sich an (vgl. Deuze et al. 2007, S. 324).

Im Internet entstehen also nicht nur neue Vermittlungs- und Kommunikationsformen, die traditionelle journalistische Formate und Formen verdrängen oder ergänzen können; vielmehr verändert sich auch der Journalismus selbst. Diese Veränderungen sind weitreichend, denn sie bleiben nicht auf den Journalismus im Internet beschränkt, sondern betreffen auch die klassischen Medien.

Im Internet sieht auch der meist von etablierten Medienakteuren betriebene traditionelle Journalismus, bei dem professionelle Redakteure in einer Zentralredaktion Inhalte erarbeiten, anders aus als in den klassischen Medien. Stand in der Vergangenheit die Zweitverwertung von Inhalten aus den alten Medien Zeitung, Zeitschrift und Rundfunk im Vordergrund, bilden sich in jüngerer Zeit mehr und mehr online-spezifische Standards heraus. Als wesentliches Kennzeichen stellt Journalismus im Internet dabei Transparenz her – und zwar sowohl auf Seite der Produktion als auch der Rezeption: Die Redaktion als »black box« für das Publikum und umgekehrt das Publikum als unbekannte Größe für die Redaktion gehören der Vergangenheit an.

Transparenz
als prägende
Eigenschaft des
Online-Journalismus

Online-Redaktionen legen Arbeitsprozesse offen, wenn sie Rechercheergebnisse und Beiträge in verschiedenen Entstehungsphasen und Varianten veröffentlichen. Im Unterschied zu den klassischen Medien ist die Berichterstattung im Online-Journalismus ständig im Fluss – Nutzer erleben sie eher als »work in progress« denn als etwas Abgeschlossenes, können sie mit anderen Quellen vergleichen und selbst recherchieren. Deshalb erwarten die Nutzer Hinweise und Erklärungen der Redaktion über ihre Arbeit. Nicht zuletzt gehört dazu, dass Redakteure und Macher nicht anonym bleiben, sondern für das Publikum als Autoren und Menschen erlebbar sind.

Umgekehrt gilt Ähnliches: Online-Redakteure wissen auch sehr viel mehr über ihr Publikum als ihre Kollegen in den klassischen Medien. Neben den vielfältigen Möglichkeiten der Nutzereinbindung bekommen sie direktes Feedback über E-Mail und andere Kontaktmöglichkeiten in die Redaktion. Und sie wissen über ständig verfügbare Nutzungsstatistiken sehr genau Bescheid, wie viele Nutzer einen Beitrag anklicken und lesen. Insgesamt ist damit die Rückkopplung zwischen Redaktionen und Publikum im Online-Medium sehr viel intensiver und direkter als in den elektronischen und gedruckten Medien.

Das Internet sorgt aber auch dafür, dass sich der Journalismus in den klassischen Medien verändert. Die neue Konkurrenz führt bei Presse und Rundfunk zu Abgrenzungs- und Anpassungsstrategien. Die Anbieter starten eigene Angebote im Internet und vernetzen ihre etablierten Produkte mit dem Online-Angebot. Traditionelle Medienangebote imitieren außerdem häufig die neuen Möglichkeiten im Internet. Dies ist etwa der Fall, wenn Tageszeitungen mit Leserreportern auf von Lesern generierte Inhalte setzen oder ihre Berichterstattung verstärkt auf selektives Lesen ausrichten. Andererseits betonen traditionelle Medienangebote angesichts der neuen Konkurrenz ihre Stärken. Tageszeitungen bieten dann beispielsweise eher Hintergrundberichte und Analysen als die reine Nachricht und

Rückwirkungen
auf klassische
Medien

geben dem Leser klare Orientierung. Damit weichen sie den Aktualitätsvorteilen der Online-Nachrichtendienste aus.

Diese Beispiele zeigen: Gleichgültig, wie die Reaktionen im Einzelfall aussehen, die Etablierung des Internets sorgt dafür, dass sich der gesamte Journalismus verändert. Vieles spricht dafür, dass wir gerade erst am Anfang dieser Entwicklung stehen.

2 Eigenschaften des Internets

Welche Möglichkeiten bietet das Internet für die Berichterstattung? Eigenschaften und Organisationsstruktur der Online-Medien haben massive Auswirkungen auf die Arbeit der Journalisten und auf die Art und Weise, in der die Themen bearbeitet und präsentiert werden. Wenn die technischen Möglichkeiten des Internets genutzt werden, entwickelt sich mit neuen Erzähl- und Darstellungsformen eine ganz eigene Form des Journalismus. Neben erweiterten Möglichkeiten, Informationen zu vermitteln, sind für die Gestaltung von Online-Angeboten die Kommunikations- und Transaktionspotenziale des Internets bedeutsam: Eigenschaften wie Interaktivität und Vernetzung erlauben es, die Bedürfnisse der Nutzer auf einer viel breiteren Basis anzusprechen, als dies in den klassischen Medien möglich ist. Zusätzlich zu Informationen und Nachrichten können Serviceangebote und Kommunikationselemente in die Angebote integriert werden.

Technische Potenziale Das Internet biete viele Möglichkeiten, die Rundfunk, Zeitungen und Zeitschriften vorenthalten sind. Die Besonderheiten des Mediums zeigen sich vor allem in Aktualität, Individualität und Interaktivität, verbunden mit multimedialer Darstellbarkeit. Grundsätzlich bieten sich alle Vorteile der elektronischen Datenverarbeitung – inklusive eines nahezu unbeschränkten Speicherplatzes. Zudem hat jeder die Chance, sich im WWW zu bewegen. Ein Computer, eine Telefonverbindung und ein Providerzugang genügen, um sich in diese virtuelle Welt einzuloggen und auch aktiv als Anbieter von Informationen mitzumischen.

Das WWW ist ein sehr schnelllebiges Medium. Immer wieder werden alte Inhalte durch neue überschrieben. Das Alte verschwindet spurlos oder wandert über einen neuen Link ins Archiv, für das riesige Speichermöglichkeiten und Suchfunktionen zur Verfügung stehen. Sehr schnell gelten Seiten als veraltet, wenn sie nicht in regelmäßigen Abständen mit neuen Informationen versehen werden. Vor allem bei Nachrichten wollen die Nutzer möglichst die aktuellsten Informationen beziehen.

Durch die Navigationsfreiheit des Users kann das Internet eine größtmögliche Individualität anbieten. Der Webanbieter kann z. B. Suchmaschinen oder Archive zur Verfügung stellen, in denen man individuell und gezielt Informationen recherchieren kann. Eine weitere Ausprägung der Individualität ist das speziell auf den einzelnen Nutzer abgestimmte Angebot. So bietet beispielsweise der Online-Händler »Amazon« jedem Kunden anhand von Themeninteresse und bisherigem Kaufverhalten eine persönlich auf ihn abgestimmte Empfehlungsliste. Nachrichtenangebote stellen im Internet Inhalte nach persönlichen Interessen und Informationsbedürfnissen zusammen.

Die Interaktivität gibt dem Nutzer die Selbstbestimmung in die Hand. Per E-Mail kann man schriftlich mit anderen kommunizieren, im Chat sich mit fremden Personen in Echtzeit unterhalten oder Autoren und Webmastern ein Feedback geben. Wichtig ist, dass im Zusammenhang mit dem Internet die Interaktivität nicht als »Mensch-Computer-Kommunikation«, sondern als »Mensch-zu-Mensch-Kommunikation« verstanden wird. Aber auch die Selektion aus dem umfangreichen Angebot des WWW ist nur aufgrund der Interaktivitätspotenziale des jungen Mediums möglich: Der Web-Surfer kann selbst entscheiden, welche Seite er abruft und welchem Link er folgt.

Das WWW ermöglicht es, die Informationen nicht nur als linearen Text darzustellen, sondern in einzelne Bausteine zu zerlegen und beliebig wieder miteinander zu verbinden. Dieses Prinzip stellt eine der herausragenden Eigenschaften der Online-Medien dar und wird als Hypertext bezeichnet. Die Texte können in alle Richtungen, also vertikal, parallel und in die Tiefe verknüpft sein und dem Leser eine Informationsbreite liefern, die klassische Medien nicht bieten können. *Hypertext-Prinzip*

Ein Fließtext, beispielsweise in einer Zeitung, ist das Paradebeispiel einer linearen Textorganisation. Der Text hat ein Anfang und ein Ende und was dazwischen ist, muss gelesen werden – Satz nach Satz, Wort nach Wort. Und dennoch ist die Presse kein strikt lineares Medium. Die Aufteilung in Seiten und Artikel, Inhaltsverzeichnisse und (Zwischen-)Überschriften ermöglicht einen selektiven Zugriff auf die Informationen und eine individualisierte Navigation. Auch innerhalb einzelner Artikel ist die Aufteilung in einzelne Text-, Bild- und Grafikmodule seit einiger Zeit in vielen Zeitungen und Zeitschriften zu beobachten. Das Nachrichtenmagazin »Focus« gab hier den Trend vor.

Im Internet geht das Hypertext-Prinzip jedoch einen entscheidenden Schritt weiter: Das Navigieren zwischen den einzelnen Modulen wird zum Prinzip. Die Nutzer können einen individuellen Weg durch die Informationen wählen, der persönlichen Themeninteressen und jeweils benötigter Informationstiefe angepasst ist. Dies kann vollkommen unabhängig von den Beschränkungen des zweidimensionalen Papiers geschehen. Seine Dynamik entfaltet das Hypertext-Prinzip; also durch die Möglichkeit, die einzelnen Module frei und beliebig verknüpfen zu können.

Mit Links werden die einzelnen Bausteine miteinander verknüpft; der User kann nach einem durch die Anordnung der Links vorgegebenen Muster von Information zu Information springen. Drei Arten von Links werden unterschieden (vgl. Abb. 43): *Links*

- *Anker/Sprungmarke*: Ein Link, der auf eine Passage im gleichen Fenster springen lässt.
- *Seiten-interner Link*: Ein Link, der mit einer Information der eigenen Website verknüpft ist.
- *Seiten-externer Link*: Ein Link, der mit einer fremden Website verknüpft ist.

Bei seiteninternen und -externen Links kann die neue Information entweder im gleichen Fenster oder in einem sich neu öffnenden Fenster erscheinen. Der Vorteil eines neuen Fensters ist, dass der Ausgangstext erhalten bleibt, ohne dass der Leser über die Taskleiste zurückkehren muss. Externe Links als Verknüpfungen zu fremden Seiten sind wichtige Elemente in Online-Angeboten. Auch wenn sie im Einzelfall Besucher vom eigenen Angebot wegführen, binden sie langfristig gesehen die Nutzer.

Abb. 43: Arten von Verknüpfungen

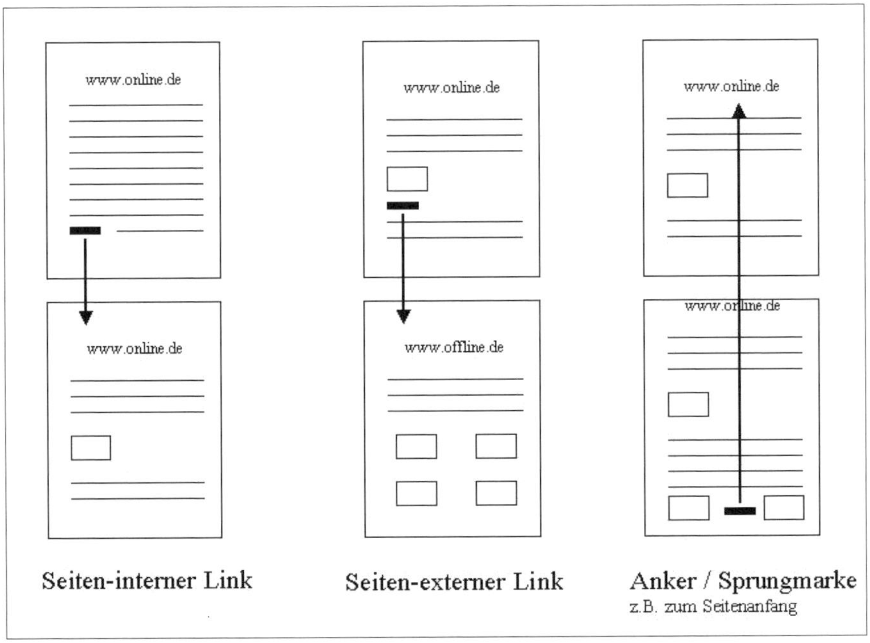

Seiten-interner Link   Seiten-externer Link   Anker / Sprungmarke
                                                            z.B. zum Seitenanfang

Quelle: eigene Darstellung, in Anlehnung an Meier 2002b, S. 37

Verknüpfungsmuster | Vor der Vernetzung einzelner Bausteine muss die Frage geklärt werden, nach welchen Kriterien die Module erzeugt bzw. ausgegliedert werden sollen. Auf Ebene des gesamten Internet-Auftritts bietet sich bei journalistischen Angeboten eine Organisation nach Themen an, z. B. die Aufteilung nach den klassischen Ressorts einer Zeitung. Quer dazu kann als zweite Struktur eine Organisation nach Funktionen gewählt werden – beispielsweise die Gliederung nach Inhalten, Archiv- und Suchfunktionen sowie Dialogangeboten.

☞

> **Tipp:** Die Aufgliederung von Informationen und grenzenlose Verknüpfungsmöglichkeiten sollten kein Selbstzweck sein. Die Wahl eines Informations-Designs hängt vom Charakter eines Angebots, dem Thema und dem Vorwissen der Nutzer ab.

Auf Ebene der einzelnen Beiträge stellt sich die Frage nach der Aufteilung in einzelne Elemente jedes Mal neu. Hier sind der Redakteur und seine handwerkliche Kompetenz gefordert, um die Möglichkeiten des »nicht-linearen Erzählens« optimal zu nutzen. Einem guten journalistischen Standard folgend, können einzelne Elemente danach gegliedert werden, ob sie allgemeine, unerlässliche Basisinformationen oder zusätzliche Detailinformationen enthalten. Allgemeine Informationen – entsprechend dem Lead eines Zeitungsartikels – können in eigenen Bausteinen angeordnet werden. Dies ist auch für kurze Zusammenfassungen möglich, die auf der ersten (Einstiegs-)Ebene einen Überblick über das Nachrichtengeschehen geben. Der Nutzer kann je nach Interesse einzelne Meldungen anklicken und weiterlesen. Die detaillierteren Informationen können zudem in weitere Bausteine gegliedert werden. Folgen eines Ereignisses, Kommentare, dessen Vorgeschichte und Hintergründe etc. werden so um einen Hauptstrang herum platziert. Wichtig ist, dass für die Nutzer klar wird, welche Art von Informationen sich in den einzelnen Bausteinen befindet.

Der Aufbau eines Web-Angebots oder einzelner Elemente darin wird auch als Interface-Design bezeichnet. Die Wahl eines Musters hängt im Einzelfall vom Charakter eines Informationsangebots, dem Thema und dem Vorwissen der Nutzer ab. Vier grundlegende Anordnungen sind denkbar:

1. Lineare Abfolge von Seiten
Hier bewegt sich der Nutzer nur auf einer Achse vor und zurück. Der Vorteil dieses einfachen Prinzips ist, dass der Nutzer die Struktur schnell versteht. Sinnvoll ist diese Anordnung etwa für chronologisch oder alphabetisch zu strukturierende Inhalte. Der Nachteil ist, dass die Potenziale des Internets, die in vielschichtigen Verknüpfungsmöglichkeiten liegen, nicht genutzt werden.

2. Gitterstruktur
Die Gitterstruktur kann zwei Ordnungszusammenhänge simultan herstellen. Über die vertikale Dimension können beispielsweise einzelne Ereignisse chronologisch dargestellt werden, während die horizontale Richtung zu jedem die-

ser Ereignisse politische, soziologische oder wirtschaftliche Fakten bieten kann. Dieses Strukturmuster ist geeignet, um Inhalte schematisch zu organisieren. Den Nutzern muss die Struktur jedoch verdeutlicht werden, damit sie das Angebot effektiv nutzen können.

3. Netzartige Struktur

Die netzartige Struktur mit ihrer Vernetzung nach allen Seiten bietet dem Nutzer die maximale Freiheit für eine individuelle und assoziative Bewegung auf der Website. Das mediumspezifische Element Hyperlink wird hier voll ausgenutzt. Idealtypisch geht es darum, von jedem einzelnen Element einer Struktur auf jedes andere Element einen direkten Zugang zu ermöglichen. Die uneingeschränkte, ebenenübergreifende Vernetzung birgt jedoch auch Nachteile. Die fehlende Organisation der Information behindert das schnelle Auffinden und folglich das intuitive Verstehen von Information. Gerade Online-Journalisten sollen Struktur in die Informationsflut bringen, so dass eine reine Netzstruktur im Online-Journalismus sicher nicht angebracht ist.

4. Hierarchie

In hierarchischen Strukturen ist bereits eine Richtung vorgegeben: Die Informationsanordnung erfolgt von einer übergeordneten Gliederung zu sich systematisch auffächernden Unterkapiteln. So bekommt der Nutzer eine schnelle Übersicht über die angebotenen Inhalte, die sich in weiteren Schritten vertiefen lassen. Diese Vorgehensweise hat mehrere Vorteile. Den Nutzern ist eine solche Struktur auch schon aus dem Printjournalismus bekannt. In Zeitungsartikeln gelangt man von der Überschrift über das zusammenfassende Lead zu den ausführlichen Informationen im Text; die wichtigen Informationen kommen zuerst, die unwichtigeren weiter unten. Die Hierarchie-Struktur ist somit aufgrund ihrer Vertrautheit sehr nutzerfreundlich. Studien haben ergeben, dass eine Anzahl von drei bis maximal fünf Hierarchieebenen von den Rezipienten noch angemessen verarbeitet werden kann.

In der Praxis wird man nur selten auf einen der angeführten Typen in Reinform zurückgreifen. Vielmehr sind Mischformen die Regel. Wie stark Informationen aufgegliedert und vernetzt werden sollen, lässt sich natürlich nicht generell beantworten. Zu entscheiden ist dabei, auf wie vielen Ebenen die Informationen verteilt und wie viele Wahlmöglichkeiten in einem Auswahlmenü zugelassen werden sollen. Vorher stellt sich jedoch die Frage, wie und nach welchem Prinzip Informationen in einzelne Module aufgeteilt werden sollen. Verschiedene Erzählstränge oder Perspektiven einer Reportage, die in einem gedruckten Text in eine lineare Abfolge gezwängt werden müssen, können im Online-Medium parallel erzählt und in einer Hypertext-Struktur verknüpft werden.

Delinearisierung von Informationen und komplexe Verknüpfungsmuster bringen auch Probleme mit sich. Es ist notwendig, für den Nutzer eine Struktur und Ordnung zu schaffen, damit er sich nicht im »Cyberspace« verliert. Hat sich ein Nutzer erst einmal in einem Angebot »verirrt«, wird er eher entnervt aufgeben, als so lange durchzuhalten, bis er die gewünschte Information gefunden hat. Grundsätzlich gilt: Je stärker Informationen in einzelne kleinere Einheiten aufgegliedert sind und je komplexer die Vernetzung ist, umso wichtiger ist es für den Nutzer, den ganzheitlichen Überblick zu behalten.

Dies betrifft erstens die *Ebenen der Information*: Welches sind die allgemeinen Informationen zu einem Thema/Ereignis? Worum geht es? Welches sind Detailinformationen? In welche größeren Zusammenhänge sind die Informationen einzuordnen? Zweitens muss die *Bedeutung der Inhalte* erkennbar gemacht werden: Welche Informationen sind wichtig, welche zweitrangig und eventuell nur Zusatzinformationen? Und drittens muss die *Funktion der Textbausteine* verdeutlicht werden: Was sind Ursachen oder Folgen eines Ereignisses? Was sind reine Fakten-Informationen über das Ereignis? Welches sind Kommentare und subjektive Einschätzungen?

> **Tipp:** Je stärker Informationen in einzelne kleinere Einheiten aufgegliedert sind und je komplexer die Vernetzung ist, desto wichtiger werden für die Nutzer übergeordnete Elemente und klare Navigationswege.

Bei der Gestaltung von Online-Dokumenten muss deshalb zwischen der eigentlichen Information – dem Inhalt – und der Struktur- oder Metainformation unterschieden werden. Letztere eröffnen erst den Zugang zu Angeboten und Inhalten: Sie weisen darauf hin, welche Inhalte an welcher Stelle abgerufen werden können. Unter Struktur- oder Metainformation sind also die Informationen zu verstehen, die dem Nutzer darüber Auskunft geben, wo er sich gerade befindet und wie er zu anderen Informationen gelangt. Außerdem legen sie die Navigationswege offen.

Für die Informationsbausteine selbst gilt, dass sie in Online-Dokumenten grundsätzlich weniger Umfang haben sollten als in Zeitungen, da das Lesen von Bildschirmseiten anstrengender und unbequemer ist als das von gedruckten Blättern. Wichtig ist, dass der Nutzer jederzeit weiß, was Strukturinformationen und Navigationselemente und was die eigentlichen Inhalte sind. Deshalb sind diese Informationstypen deutlich voneinander zu trennen. Dies kann durch die Positionierung auf dem Bildschirm geschehen, aber auch durch Schrifttypen, grafisches Design oder farbliche Abstufungen. Beispielsweise können für die Strukturinformationen Bildelemente oder Symbole als eigenständiger Informationscode verwendet werden, der sich von den eigentlichen redaktionellen

Inhalten abgrenzt. Oftmals werden die Navigationselemente in einem eigenen Frame auf der Seite oder oberhalb des Textes angezeigt. Farbliche Hervorhebungen zeigen dem User, auf welcher Ebene er sich befindet.

Welche Möglichkeiten der Darstellung von Strukturinformationen gibt es? In vielen Fällen ist es optimal, wenn auf jeder Seite eines Online-Angebots auch die komplette Grundstruktur wiedergegeben ist und angezeigt wird, wo man sich in dieser Struktur gerade befindet. Diese Aufgabe erfüllen die so genannten »Sitemaps«. Bei einer hierarchischen Struktur haben diese beispielsweise das Aussehen eines Baumdiagramms. Der Nachteil dieser Vorgehensweise ist, dass für diese Strukturinformation bereits ein wesentlicher Teil des Bildschirms in Anspruch genommen werden müsste, was den Platz für den eigentlichen Inhalt reduziert. Eine Alternative hierzu ist, nur jeweils die unmittelbar miteinander verbundenen Bausteine anzuzeigen; bei einer hierarchischen Struktur beispielsweise die Linie von der obersten Information bis zur untersten Ebene, in der sich der Baustein befindet, der gerade angezeigt wird. Wichtig ist, dass auf der ersten Seite eine Übersicht über das ganze Angebot mit seinen Vernetzungen angezeigt wird, also nicht nur die Rubriken aufgelistet werden, ohne deren Anordnung zu verdeutlichen.

Die eigentliche Führung der Nutzer durch ein Angebot geschieht über Navigationselemente. Dies können Menüs in unterschiedlichen Formen sein – beispielsweise horizontal oder vertikal angeordnete Menüleisten und/oder Pulldown-Menüs, die sich beim Aktivieren öffnen. Auch seiteninterne Links – etwa als Auswahlliste am Ende einer Seite, als aktiver Link bei bestimmten Stichworten innerhalb eines Textes oder platziert als Zurück-Knopf – können als Navigationselemente eingesetzt werden.

3 Formen der Informationsvermittlung

Das Hypertext-Prinzip und die technologischen Potenziale des Online-Mediums ermöglichen grundsätzlich innovative Formen der Berichterstattung. Das Internet bietet eine breite Palette verschiedener Möglichkeiten zur Darstellung und Bündelung von Themen. Vor allem die Interaktivität spielt eine wichtige Rolle. Aber: Nicht jeder Nutzer möchte aus einem komplexen Nachrichten- und Informationsmenü selbstständig einzelne Aspekte herauspicken. Oftmals fehlt es an Interesse, an persönlicher Betroffenheit oder einfach an Vorwissen, um sich mit einem Thema wirklich aktiv auseinandersetzen zu wollen oder zu können. Auch in die Berichterstattung integrierte Kommunikationsangebote nutzt nach wie vor nur ein kleinerer Teil der Nutzer aktiv.

In jedem Fall muss den Nutzern ein spezieller Service geboten werden, will man ihn auf seine Internet-Seite locken. Es geht darum, einen Mehrwert im Vergleich zu den Mutterangeboten und den traditionellen Medien zu erzeugen. Es genügt nicht, Beiträge aus dem klassischen Angebot zusätzlich im Online-Angebot zu veröffentlichen, ohne sie internet-spezifisch zu verändern. Mit innovativen Darstellungsformen im WWW wird nach wie vor experimentiert. Langsam bilden sich jedoch Standards heraus, die eigenständige Formate für Online-Berichterstattung definieren und den Journalismus im Netz von anderen Medien abgrenzen. Im Folgenden wird eine Reihe von Elementen vorgestellt, die sich heute in vielen journalistischen Angeboten des Internets finden.

Das Dossier ist eine Übersicht zusammengetragener Informationen aus dem Web. Dabei können sowohl selbstproduzierte Inhalte berücksichtigt werden als auch Inhalte von anderen Websites. Wie die Nachricht bietet das Web-Dossier zuerst die wichtigsten Informationen an. Anschließend werden nach dem Prinzip der umgekehrten Pyramide Detailinformationen und Hintergründe berichtet. Im Internet können weiterführende Informationen auf zusätzlichen, verlinkten Seiten angeboten werden, die ebenfalls nach dem Prinzip »das Wichtigste zuerst« aufgebaut sind. So können Kurzbiografien der Akteure, Vorgeschichten zu Nachrichten und Berichte, die im weiteren Kontext zu der eigentlichen Geschichte stehen, angefügt werden. Die Hypertextstruktur bietet die Möglichkeit, Seiten beliebig miteinander zu verknüpfen und verschiedene Zugangswege zu eröffnen.

Dossiers

Im deutschsprachigen Raum zählen die Dossiers von »Spiegel-Online« zu den am anspruchvollsten und umfassendsten aufbereiteten Nachrichten im Internet (spiegel.de/dossiers). Dort finden sich redaktionell zusammengestellte Hintergrundinformationen und Nachrichten zu einem Thema. Eine Vielzahl von Einzelbeiträgen und Analysen wird in einen übergeordneten Report eingebunden. »Spiegel«-Dossiers sind auch ein gutes Beispiel dafür, wie Archive für neue Formen der Informationsvermittlung aktiv genutzt und angeboten werden können. Einen ähnlichen Weg, vorhandenes Material in Dossiers aufwändig aufzubereiten, beschreitet das Online-Angebot der »Frankfurter Allgemeinen Zeitung« (faz.net).

Der Newsticker ist eine weit verbreitete Zusatzleistung von Online-Nachrichtenseiten. Kurze, nur die wichtigsten Fakten enthaltende Meldungen nutzen die Aktualitätspotenziale des Netzes und geben dem Nutzer das Gefühl einer umfassenden Informiertheit über das aktuelle Geschehen. Newsticker liefern laufend neue Schlagzeilen und Meldungen zum Geschehen in der Region und der Welt. Die Schlagzeilen werden meist nach dem Zeitpunkt der Veröffentlichung oder nach Thema sortiert.

Newsticker

In vielen Fällen wird auf den Service einer Nachrichtenagentur, wie beispielsweise dpa, zurückgegriffen. Eine Online-Redaktion hat in der Regel gar nicht die Kapazität, in Eigenregie einen Newsticker zu betreiben. In diesen Fällen kann die Nutzung fremder Services ein Nachrichtenportal aufwerten, indem die eigenen redaktionellen Beiträge durch aktuelle Meldungen ergänzt werden.

Kommunikations-
elemente

Newsticker, Dossiers und Beiträge in Hypertext-Struktur sind Möglichkeiten, den Nutzern Inhalte und Nachrichten online-gerecht zu präsentieren. Mit diesen Elementen werden zwar die technischen Potenziale des Netzes wie Interaktivität und Aktualität ausgenutzt – dennoch bleiben sie bei der klassischen Einwegkommunikation stehen: Die Nutzer rezipieren mehr oder weniger passiv das von den Journalisten für ein Massenpublikum aufbereitete Material.

Kommunikationselemente brechen dagegen die Einseitigkeit des Kommunikationsflusses auf. Die Nutzer können miteinander oder mit Redakteuren und anderen Gesprächspartnern Meinungen austauschen und diskutieren. Bei interaktiven Kommunikationsangeboten werden grundsätzlich zwei Kategorien unterschieden: Formen der Echtzeitkommunikation und solche der zeitversetzten Kommunikation.

Im Chat können sich eingeloggte Personen in Echtzeit miteinander unterhalten. Moderierte Chats stehen unter der Leitung einer Person, welche die Aussagen der Teilnehmer steuert. Dieser Moderator hat auch die technische Voraussetzung, Gesprächsteilnehmer aus dem Chat-Forum zu entfernen. Vielfach werden moderierte Chats zu speziellen Themen oder mit Gästen angeboten.

Das Diskussionsforum bietet eine Kommunikations-Plattform für die Nutzer. Es funktioniert allerdings nicht in Echtzeit wie der Chat, sondern zeitversetzt, eher wie ein Schwarzes Brett. Meinungen zu einem bestimmten Thema, Kommentare zu einem von der Redaktion veröffentlichten Artikel oder Antworten auf einen früheren Forumsbeitrag werden auf einer Plattform veröffentlicht. Der Vorteil eines Forums gegenüber einem Chat ist, dass man nicht dem Zeitdruck eines direkten Gesprächs ausgesetzt ist und somit eine ausführliche und detailliert begründete Meinung abgeben kann. Diskussionsforen und Kommentarmöglichkeiten in unterschiedlichsten Formen gehören heute zum Repertoire der meisten Online-Nachrichtenangebote.

Info-Mail,
Newsletter und
SMS-Service

Als crossmedialen Service bieten viele Online-Angebote von Zeitungen und Fernsehsendern Info-Mails sowie MMS- und SMS-Service an. Internet-User können sich aktuelle Informationen oder Hinweise zu Themen per E-Mail oder MMS bzw. SMS zukommen lassen. Dabei können die Nutzer bevorzugte Themenbereiche angeben, zu denen sie regelmäßig Meldungen erhalten wollen. Abonnenten der »Financial Times Deutschland« erhalten die neusten Schlagzeilen per SMS kostenlos aufs Handy, einen kostenpflichtigen SMS-Service für alle bietet zum Beispiel »Focus Online«. Sobald eine neue Nachricht zu den gewählten Rubriken online ist, bekommt man die Schlagzeile als SMS aufs Handy gesendet. Der MMS-Service liefert ausführliche Berichterstattung und sogar Bilder mit.

RSS- bzw.
Newsfeed

Die meisten Online-Dienste bieten mittlerweile auch einen RSS- oder Newsfeed an. Nutzer, die einen solchen Feed abonnieren, erhalten Schlagzeilen und Nachrichten automatisch geschickt. Die Inhalte werden über so genannte »Feed-« oder »Newsreader« angezeigt. Auf diese Art und Weise werden die Nutzer ständig über aktuelle Nachrichten und Neuigkeiten informiert, ohne die entsprechende Website besuchen zu müssen. Bei weitergehendem Informationsbedarf gelangt man mit einem Klick auf die Seite des Anbieters zur ausführlichen Berichterstattung.

Über ein Online-Angebot zur Verfügung gestellte Archive bieten eine interaktive Zugriffsmöglichkeit für die Nutzer. Es lässt sich so bequem von zu Hause aus recherchieren, ohne dabei stundenlang Mikrofilme oder Zeitungsordner zu wälzen. Um eine systematische Recherche zu ermöglichen, werden die Texte mittels einer Datenbank und einer Suchmaschine erschlossen. Wie bei Internet-Suchmaschinen gibt man die gesuchten Schlagworte ein. In Webarchiven von Tageszeitungen werden oft auch Artikel aus der Printausgabe eingestellt. Viele Anbieter beschreiten mittlerweile den Weg, für solche Services Nutzungsentgelte einzufordern.

Archiv

Virtuelle Gemeinschaften sind Kommunikations- und Informationsplattformen, die auf diese Art und Weise nur im Internet stattfinden können. In einer »virtual community« werden Menschen angesprochen, die gleiche Interessen haben oder auf andere Art und Weise einen gemeinsamen Nenner besitzen, wie z. B. geografische Nähe oder Hobbys. Passend zum Thema der Gemeinschaft existiert ein detailliertes Informationsangebot. Neben der Information spielt jedoch vor allem die Kommunikation eine wichtige Rolle. Die Nutzer sollen auf der Plattform untereinander in Kontakt kommen, sich austauschen und manchmal sogar Freundschaften schließen.

Virtuelle Gemeinschaften und Portale

Wichtige Elemente sind deshalb eine Reihe unterschiedlicher Kommunikationsformen, die miteinander in Verbindung stehen. In Chaträumen finden beispielsweise Gespräche innerhalb einer Gruppe statt; in abgesperrten Bereichen wird private Kommunikation ermöglicht. Diskussionsforen bieten wiederum die Möglichkeit, Stellungnahmen zu bestimmten Themen in einzelnen Beiträgen zeitversetzt auszutauschen und einem Publikum zugänglich zu machen. Die Vernetzung bleibt jedoch nicht allein auf Kommunikation beschränkt. Immer häufiger gibt es die Möglichkeit, bestimmte Inhalte auszutauschen. Dies können digitale, häufig von den Nutzern selbstproduzierte Inhalte wie Videos, Bilder und Texte sein, die hoch- und heruntergeladen werden können. Einige Gemeinschaften organisieren darüber hinaus Tauschbörsen, z. B. für Spiele, Bücher, Musik-CDs oder DVDs.

Steht die Information der Nutzer und die Vernetzung unterschiedlichster Akteure und Quellen im Vordergrund, spricht man von einem Portal. Über ein einzelnes Online-Angebot kann es auf einfache Art und Weise ermöglicht werden, mit unterschiedlichsten Stellen in Kontakt zu treten. Ein Angebot eines Verlages kann so zu einem Knotenpunkt werden, der unterschiedliche Bedürfnisse der Nutzer anspricht: Es ist denkbar, sich über Organisationen und Veranstaltungen zu informieren, Eintrittskarten zu bestellen oder ganze Bestell- und Geschäftsvorgänge abzuwickeln. Regionale Portale bieten Kontaktmöglichkeiten zu Vereinen, öffentlichen Stellen und Unternehmen einer Region. Themenportale organisieren ein Angebot rund um einen bestimmten Bereich, indem in Zusammenarbeit mit Partnern verschiedenste Elemente und Dienstleistungen zur Verfügung gestellt werden. Insbesondere die Integration von E-Commerce-Elementen in ein Angebot ist ein von vielen Anbietern beschrittener Weg.

Virtuelle Gemeinschaften sind insbesondere im Rahmen von Online-Strategien der elektronischen Medien ein verbreitetes Instrument. Die Online-Angebote eines Fernseh- oder Hörfunksenders werden zu virtuellen Gemeinschaften ausgebaut, um die Nutzer an ein bestimmtes Angebot und an eine bestimmte Marke zu binden. Nachteile der flüchtigen elektronischen Medien können so ausgeglichen werden, indem Rückwirkungen vom Online-Angebot auf das klassische Angebot stattfinden. Solche crossmedialen Verknüpfungen bestehen beispielsweise alleine schon darin, den Hörern und Zuschauern eine Plattform und Anlaufstelle für ein Programm oder eine Sendung zu bieten.

Formen des »Web 2.0« Gerade für die aktive Nutzerbeteiligung und den sozialen Austausch der Nutzer bieten neue Softwarelösungen immer bessere Möglichkeiten. »Web 2.0« ist das Stichwort, unter dem das Internet derzeit einen neuen Schub erfährt. So genannte »Social Software« ermöglicht eine erweiterte Interaktion und Kommunikation der Nutzer untereinander und erleichtert das eigenständige Einstellen von Inhalten ins Netz. Das »Web 2.0« lebt vom aktiven Nutzer und wird daher häufig auch als »Mitmach-Internet« bezeichnet. Es gibt inzwischen eine Vielzahl an Angeboten, die speziell darauf ausgerichtet sind, dass Nutzer eigene Beiträge, Fotos oder Videos hochladen und mit anderen teilen. Wichtige Angebotsformen des »Web 2.0« sind (vgl. Gscheidle/Fisch 2007, S. 399):

1. »Wikis«: In »Wikis« können Nutzer gemeinsam Inhalte erarbeiten, kontrollieren und verändern. Sie basieren auf einem frei verfügbaren und einfach zu bedienenden Content-Management-System, in das Inhalte eingestellt und editiert werden können. Bekanntestes Beispiel ist die freie Enzyklopädie »Wikipedia« sowie weitere Projekte aus der »Wikimedia«-Familie.

2. Bilder- und Videocommunitys: Auf den Plattformen wie beispielsweise »Flickr« (Bilder) oder »Youtube« (Videos) können sich Nutzer mit ihren eigenen Bildern oder Videos präsentieren, sich untereinander vernetzen, bewerten und kommentieren. Für die passive Nutzung ist ein eigenes Profil meist nicht verpflichtend. Je nach Berechtigung können Nutzer also auch anonym Bilder oder Videos ansehen, kommentieren und bewerten.

3. Lesezeichensammlungen (Social Bookmarking): Auf Webanwendungen wie beispielsweise »del.icio.us«, »Mister Wong« oder »Furl« stellen Nutzer ihre persönlichen Lesezeichen (Bookmarks) der Webgemeinde zur Verfügung und indexieren diese mit Schlagworten.

4. Soziale Netzwerke: In sozialen Kontakt- bzw. Beziehungsnetzwerken, ob beruflicher (z. B. »Xing« oder »LinkedIn«) oder privater Art (z. B. »MySpace« oder »StudiVZ«), legen Nutzer eigene Profile an. Bei den beruflichen Netzwerken steht das Knüpfen von Branchenkontakten im Vordergrund. Bei privaten Communitys legen Nutzer eigene Profile an und vernetzen sich mit anderen Mitgliedern. Die privaten Profile werden häufig auch mit Videos, Bildern oder Musikdateien gestaltet.

5. Weblogs: Weblogs oder Blogs sind häufig private Online-Angebote, auf denen in periodischen Abständen neue Einträge verfasst werden. Da Weblogs auf Social Software basieren, kann ein Blog-Betreiber (Blogger) relativ einfach Texte oder Bilder in seinem Weblog publizieren. Ebenso einfach können die Leser die Einträge kommentieren. Die Blogs leben davon, dass ihre Nutzer sich gegenseitig verlinken, Einträge untereinander kommentieren und Inhalte vernetzen. Die Gemeinde der Blogs bezeichnet sich selbst auch als »Blogosphäre«.

6. Virtuelle Spielwelten: Eine virtuelle Welt wird hauptsächlich von den Nutzern gestaltet und mit Leben gefüllt. Der User bewegt sich durch diese virtuelle Welt mit einer persönlichen Figur (Avatar). »Second Life« ist ein bekanntes und unter den Nutzern weit verbreitetes Beispiel für eine solche virtuelle Spielwelt.

Einzelne Elemente des »Web 2.0« werden auch für journalistische Angebote immer wichtiger. Sie werden genutzt, um die Nutzer systematisch in die Berichterstattung einzubinden. Insbesondere Weblogs sind mittlerweile bei Online-Nachrichtenseiten weit verbreitet, aber auch soziale Netzwerke und »Wikis« kommen zum Einsatz.

3.1 Nachrichten online – ein Haus auf Treibsand errichten

Mathias Müller von Blumencron
Chefredakteur des »Spiegel«, Hamburg

Es sollte ein ganz normales Interview werden. Doch kaum hatten die »Spiegel-Online«-Reporter am Tisch des CDU-Politikers Wolfgang Schäuble Platz genommen, um ihn zur Außenpolitik der Union zu vernehmen, begann der Mann zu fragen, statt zu antworten: »Spiegel-Online, was macht ihr da eigentlich?«

Noch immer hat die Arbeit einer Internet-Redaktion für Außenstehende etwas Geheimnisvolles, obwohl mittlerweile nahezu jeder Politiker, Manager oder leitende Beamte Nachrichten im Netz liest oder lesen lässt. Wie kommen die Meldungen ins Internet? Was macht ein Online-Redakteur den ganzen Tag? Wie schafft er es, Hunderttausende von Lesern mehrmals täglich auf seine Webseite zu locken?

Während kaum jemand über die Arbeitsweise einer Zeitungsredaktion rätselt, erscheint eine gehaltvolle News-Site vielen noch als suspektes Gebilde. Erklärbar ist das aus der kurzen stürmischen Geschichte des Netzes. Es ist ein schillerndes Areal: erst bejubelt, dann verrufen und dennoch ständig stärker genutzt.

Kein anderes Medium wächst schneller, kein anderes Medium kann eine derartige Erfolgsgeschichte vorlegen: Heute orientieren sich Millionen, oft mehrmals am Tag, auf Online-Nachrichtenseiten. Für die meisten Menschen, die tagsüber arbeiten, ist es die einzige Möglichkeit, sich schnell und zuverlässig über das Tagesgeschehen zu informieren. Die Seitenzugriffe auf »Spiegel-Online« sind in den vergangenen zwei Jahren um 50 Prozent gestiegen, heute informieren sich dort wöchentlich bereits über zwei Millionen Leser, mehr als bei führenden überregionalen Tageszeitungen. Studien aus den USA zeigen, dass das Internet tagsüber bereits das am meisten genutzte Info-Medium überhaupt ist.

Was macht eine gute Internetseite aus? Wie eine erfolgreiche Nachrichten-Seite auszusehen hat, darüber gibt es viele Meinungen. Es gibt weder eine Standardform noch ein Standardformat. Manche Seiten setzen auf das First-Screen-Konzept: Alle wichtigen News und Links auf einen Blick, auf einer Bildschirmseite. Andere haben ein längeres Layout, das den Leser zum Scrollen zwingt, aber auch immer wieder mit neuen Reizen überrascht. Eine der führenden News-Sites der Welt, die US-Seite »msnbc.com«, lockt den Leser mit Minimalismus: eine Top-Meldung, ein paar Links, das wars. Was also macht eine Top-Seite aus?

Ein gutes Internet-Produkt hat viel mehr mit Emotionen zu tun, als die nüchterne Darbietung erahnen lässt. Eine Online-Seite kann der Leser nicht aufblättern, aufgeregt zu seinem Partner tragen oder wütend in die Zimmerecke werfen. Sie riecht nicht nach Druckfarbe, sie bewegt sich kaum und ist eine eher tonlose Veranstaltung. Den PC, eine Box mit dem Charme einer Tiefkühltruhe, zum Vibrieren zu bringen, den Leser in den Bildschirm zu saugen ist die Kunst. Frank Schirrmacher, Mitherausgeber der »Frankfurter Allgemeinen Zeitung«, beschrieb das einmal so: »Ich habe das Gefühl, dass eure Seite ein lebendes Wesen ist.«

Keine andere Nachrichtenseite wird von ihren Lesern so häufig am Tag angelaufen wie »Spiegel-Online«, auf keiner anderen News-Site, so zeigen Untersuchungen, lesen die Besucher so viele Artikel. Und keine Nachrichtenseite hat einen so hohen Anteil von Besuchern, die meinen, die gesuchten Informationen nur auf »Spiegel-Online« zu finden. Woran liegt das?

Es ist nicht die Menge des Stoffes, nicht die Qualität der Artikel: Etliche führende Tageszeitungen, etwa der »Tagesspiegel« oder die »Süddeutsche Zeitung«, stellen ihren kompletten Inhalt oder wesentliche Teile des Blattes kostenlos ins Netz. Dennoch erreicht der Traffic auf diesen Seiten allenfalls 10 bis 20 Prozent desjenigen von »Spiegel-Online«. Es reicht eben nicht, einmal am Tag den Inhalt einer kompletten Tageszeitung ins Netz zu kippen und sich in der Zwischenzeit mit ein paar Agenturmeldungen durchzuhangeln.

Es ist auch nicht ein steter Strom von Meldungen, der die Leser fesselt. Meldungen gibt es überall im Netz: Portale wie Yahoo! haben mehr als genug davon. Viele Sites bieten ihren Lesern einen Newsticker – genutzt wird er kaum. Manche Nachrichtenseiten sind sogar nichts anderes als aufgeblasene Agenturticker: Redakteure wählen Meldungen aus den Nachrichtenagenturen, kleben eine Überschrift darüber und stellen sie angereichert mit bunten Bildern ins Netz. Auch das befriedigt den Leser nicht.

Leser verlangen von den Redakteuren einer guten Site einen schwierigen Spagat: Aktuelle Meldungen, ja natürlich. Aber wichtiger noch ist die erklärende Orientierung: Schneller wissen, was wichtig ist. Rasche Analysen, kundige Hintergrundstücke, die dem Leser vor den Abendnachrichten und vor der Zeitung am nächsten Morgen eine Einordnung erleichtern, Ordnung in das Chaos der Meldungen bringen, die Ereignisse richtig und zuverlässig gewichten. *(Randnotiz: Aktuelles mit erklärender Orientierung)*

Deshalb hat »Spiegel-Online« die Zusammenarbeit mit den Kollegen aus der »Spiegel«-Redaktion stark ausgeweitet. Sie liefern viele der Hintergrundstücke, die von den Lesern so geschätzt werden. Geholfen hat personeller Austausch: Zwei leitende Online-Redakteure kommen aus der Print-Redaktion. In Gegenrichtung hat das Heft bereits mehrere junge Online-Kollegen abgeworben. Regelmäßig schreiben Print-Kollegen, besonders die Auslandskorrespondenten, Reports, Analysen, Hintergrundberichte exklusiv für die Online-Seiten.

Der Reiz für sie: schnelle Storys für ein großes Publikum, die unmittelbar Reaktionen auslösen – politische Diskussionen, Anrufe und jede Menge Leser-Mails. Und in politischen Krisenzeiten helfen Print-Kollegen auch schon mal direkt in der Online-Redaktion aus. Die Konkurrenzsituation ist dabei wesentlich entspannter als bei einer Tageszeitung, wo die Redakteure ständig ihre Geschichte fürs Blatt gefährdet sehen. Insofern ist eine aktuelle Online-Seite und ein Wochenmagazin eine nahezu ideale Kombination.

»Spiegel-Online« hat sich in den vergangenen Jahren zu einem eigenständigen Produkt entwickelt. Die Seite ist keine Abspielplattform für Inhalte des Mutterblattes. Die Redaktion muss nicht auf den Produktionsrhythmus der Print-Redaktion Rücksicht nehmen. Sie konnte einen eigenen typischen Sound entwickeln – spitz, ein bisschen zynisch, ein bisschen Boulevard und ein kräftiger Schuss Meinung.

Nüchtern betrachtet hat eine Kombination von sechs Faktoren zum Erfolg beigetragen:
- Aktualität,
- die richtige Mischung aus News, Hintergrund und Unterhaltung,
- eine übersichtliche Homepage,
- eine selbstbewusste und unabhängige Redaktion,
- enge Zusammenarbeit mit den Print-Kollegen und
- eine starke Marke.

Das Ergebnis ist ein neuartiges Medium: schneller als die Tageszeitung, hintergründiger als Radio und Fernsehen, ständig in Veränderung. Es animiert die Nutzer zu einem veränderten Leseverhalten: Der Leser greift nicht einmal am Tag – vielleicht morgens – zur Tageszeitung, die er liest und anschließend wegwirft.

Den Leser locken Stattdessen besucht er mehrmals am Tag seine Nachrichtenseite, oft in kurzen Arbeitspausen. Er scannt die Headlines, orientiert sich über die Lage, liest ein paar Geschichten, geht zurück an seine Arbeit. Der Vorgang wiederholt sich, das Ergebnis ist ein dynamischer Leseprozess, ein Kommen und Gehen. Stets gibt es etwas Neues zu entdecken, denn die Welt steht nicht still. Jedes Mal wartet eine kleine Überraschung auf den Leser. Diese kleinen Überraschungen zu finden und umzusetzen, dem Leser ein Stück mehr Abwechslung, ein Stück mehr Leben in den Alltag zu bringen, ihn damit immer wieder auf die Homepage zu locken, das ist die Kunst einer guten Online-Seite.

Eine solche Seite immer wieder neu zusammenzusetzen, ist wie der Versuch, ein Haus auf Treibsand zu errichten. Während die Blattmacher einer Tageszeitung einmal am Tag die Mischung ihrer »Seite Eins« komponieren, muss die Themenabfolge eines Online-Produktes ständig überprüft werden. Jedes neue Stück bringt die Balance ins Wanken, erfordert Korrekturen. Und wann immer der geschäftsführende Redakteur sich, zufrieden mit der Zusammensetzung der Seite, in seinen Stuhl sinken lässt, weiß er, dass er in wenigen Stunden das ganze Gebäude wieder einreißen und neu zusammensetzen muss.

Kein anderes Medium bietet einen so präzisen Einblick in die Vorlieben der Leser. Statistikprogramme werten alle paar Minuten die Klickzahlen sämtlicher Site-Elemente aus: Artikel, Bilder, Foren – nichts bleibt verborgen. Innerhalb kürzester Zeit hat jeder Redakteur einen Überblick, ob sein Artikel gelesen wird oder nicht. Über die Qualität der Geschichte sagt dies zunächst einmal nichts. Themen wie die Nahost-Krise interessieren grundsätzlich eher wenige Leser, eine kleine Meldung über eine neue Liebschaft Dieter Bohlens dagegen fasziniert Hunderttausende. Die Statistik liefert also keine Erkenntnisse, sondern Indizien und Anhaltspunkte. Und dennoch hilft sie, das Produkt zu steuern.

Das hat bei »Spiegel-Online« etwa dazu geführt, dass die Redaktion auch nach dem Irak-Krieg viel intensiver als die meisten Tageszeitungen über die Neuordnung in der Krisenregion, den politischen Druck auf die Allianzführer George W. Bush und Tony Blair, über die Suche nach einer neuen Weltordnung berichtet hat. Auslandsthemen, richtig aufbereitet und für den Leser in Deutschland geschrieben, kommen an – entgegen der anders lautenden Zeitungsregel. Auch längere Stücke werden gelesen, anders als viele Medienwissenschaftler festgestellt haben wollen. Sie müssen nur gut geschrieben sein, sie müssen den Leser packen. Je öder die Sprache, umso schneller steigt der Leser aus. Und leider gibt es viel zu viel öde Sprache im Internet.

Hat das Medium auch die Arbeitsweise der Journalisten revolutioniert? Nein! »Spiegel-Online«-Reporter haben keine Kamera auf der Stirn, kein Chip im Ohr. Sie sind exzellente Handwerker, wie ihre Kollegen in führenden Print-Redaktionen auch. Sie recherchieren, sie sind vor Ort präsent, in Berlin, im Irak oder im Himalaja. Sie sind hartnäckig, sie sind kundig und sie können ihre Recherchen rasch und stilvoll zu Geschichten flechten.

Das Internet hat bis heute keinen brandneuen Journalismus hervorgebracht, wie es Joshua Quittner, einer der frühen Online-Apostel, 1995 prophezeite. Auch online gilt: Es gibt guten und es gibt schlechten Journalismus. Die führenden Nachrichtenseiten der Welt sind allesamt printlastig – und werden es auch noch eine Weile bleiben.

Die bevorzugte Stilform ist die schlicht erzählte Nachricht oder die packende Story – ohne technische Gimmicks. Und dennoch unterscheidet sich eine Nachrichtenseite fundamental von einer Tageszeitung. Nicht nur durch die oben beschriebene Dynamik, die brandheiße Aktualität. Die online-spezifische Verlinkung erlaubt es, innerhalb kürzester Zeit Themenpakete zu aktuellen Ereignissen zu komponieren. Die Vergangenheit, also das Archiv, ist immer nur einen Mausklick entfernt.   **Neue Formen**

Die Flash-Technik ermöglicht den Einbau interaktiver Grafiken, die allerdings weitaus komplizierter zu erstellen sind als eine Zeichnung. Gepflegte Diskussionsforen müssen Bestandteil jeder News-Seite sein, interaktive Formen wie Votes oder Leser-Mails beziehen den Leser ins Produkt ein. Videos illustrieren die Vorgänge des Tages. »Spiegel-Online« ist auf allen elektronischen Kanälen aktiv: Newsletter für den PDA, spezielle News-Dienste für die Handy-Plattformen von i-Mode, Vodafone und T-Mobile.

Natürlich werden News-Sites die Tageszeitungen nicht verdrängen, aber sie werden sie dazu zwingen, ihre Inhalte zu ändern. Eine Tageszeitung, die sich auf den Transport von Nachrichten und Agenturmeldungen beschränkt, wird es schwer haben. Die Zeitungen müssen hintergründiger werden, weil die Leser die Nachrichten schon kennen.

Die finanzielle Situation der Onlineseiten entspannt sich. Kaum eine Nachrichtenseite wirft Gewinn ab, aber immer mehr Werber entdecken das Netz, das Potenzial ist riesig. Rund 15 Prozent ihrer Medienzeit verbringen die Deutschen bereits im Internet, aber nur 8,9 Prozent der Werbeausgaben fließen derzeit in diesen Bereich. Dabei bekommen Werbetreibende kaum irgendwo eine erlesenere Leserschaft als bei den besten Online-News-Diensten. Online-Leser sind jünger, kaufkräftiger und gebildeter als die der gedruckten Blätter.

Mit neuen Einnahmen werden sich die Seiten weiterentwickeln: umfassendere Inhalte, mehr bewegte Bilder, mehr Animationen. Die führenden News-Sites jedenfalls sind nicht mehr wegzudenken. Sie werden zur Medienlandschaft gehören wie die »Süddeutsche Zeitung«, »Der Spiegel« oder RTL.

4 Cross-Media-Strategien

Das Internet ist nicht nur handwerklich und publizistisch eine Herausforderung, sondern wirft vor allem auch strategisch grundlegende Fragen auf. Wie sollen die klassischen Medienakteure auf das Internet reagieren? Bald war klar, dass das Internet mit seinen vielfältigen Möglichkeiten sich als ernstzunehmende Konkurrenz für Presse und Rundfunk etabliert. Zuschauer, Hörer und Leser können ebenso ins Netz abwandern wie Anzeigenkunden. Viele Verlage setzen deshalb auf eigene Internet-Angebote, um ihre Aktivitäten in den klassischen Medien abzusichern und auf dem Zukunftsmarkt dabei zu sein.

Lange Zeit liefen die Online-Engagements der Medienunternehmen jedoch eher spontan und experimentell-spielerisch ab als langfristig und systematisch geplant. Zu unklar waren die neuen Möglichkeiten im Internet. Es fehlte sowohl an funktionierenden Geschäftsmodellen als auch an publizistischen Standards für Informations- und Nachrichtenangebote im Internet. In der Anfangsphase des neuen Mediums war die Zweitverwertung von Inhalten aus den klassischen Medienangeboten weit verbreitet – Inhalte wurden unverändert oder kaum verändert in das Online-Angebot übernommen. Verlage bauten reichweitenstarke Generalportale auf und versuchten damit, ihr traditionelles Geschäftsmodell auf das Internet zu übertragen und durch Werbeeinnahmen Gewinn zu erzielen. Einige Anbieter experimentierten auch mit neuen Angebotsformen und online-spezifischen Darstellungsformen. Nach und nach wurden eigenständige Online-Redaktionen aufgebaut, die Inhalte exklusiv für das Internet erarbeiten.

Nach dem Ende der ersten Internet-Euphorie zur Jahrhundertwende gab es einen Strategiewechsel (vgl. Vogel 2001). Verlage setzten auf schlankere Angebote und Kosteneinsparungen. Die Online-Auftritte der Presse wurden wieder enger an das Mutterprodukt angebunden. In dieser Zeit wurden die Online-Redaktionen verkleinert und mit den Printredaktionen verzahnt. Dementsprechend nahmen auch die Übernahmen von Inhalten aus dem gedruckten Medium ins Internet-Angebot wieder zu. Gleichzeitig wurden strategische Beteiligungen aufgebaut und Partnerschaften eingegangen, um den Online-Bereich als neues Geschäftsfeld strukturell abzusichern.

In jüngerer Zeit deutet sich ein weiterer Strategiewechsel an. Steigende Werbeeinnahmen im Internet und eine generell gute Wirtschaftskonjunktur geben Spielraum für einen Um- und Ausbau der Internet-Engagements. Vor allem große Verlage starten neue Projekte. Die Angebote werden wieder eigenständiger und schöpfen die interaktiven Potenziale des Online-Mediums aus. Angeschoben wird diese Entwicklung durch einen neuen Boom des Internets, der unter dem Schlagwort »Web 2.0« auch kommerziellen Anbietern neue Möglichkeiten eröffnet.

☞ Tipp: Strategien für Internet-Angebote müssen mit einer klaren Definition der Ziele und Zielgruppen beginnen. Online-Engagements sollten überdies in eine wirtschaftliche und publizistische Gesamtstrategie eingebunden werden.

Welche Ziele und Strategien stehen hinter einem Internet-Engagement? Allgemeine Ziele sind, die Marktposition des Verlages zu stärken und das eigene Image zu verbessern. Die strategisch motivierten Ziele können zwischen zwei Polen schwanken: Entweder soll mit dem Angebot im Internet das klassische Angebot gestärkt werden, oder es werden gänzlich neue Felder besetzt, die mit den klassischen Aktivitäten nicht direkt in Verbindung stehen (vgl. Abb. 44).

Das Internet kann auch als Marketing- und PR-Instrument verwendet werden. In diesem Fall hat es keine bzw. nur eine geringe publizistische Bedeutung. Im Online-Angebot werden Anreißer von Beiträgen aus den klassischen Angeboten platziert, die als Appetithappen die Nutzer beispielsweise zum Kauf der Zeitung oder Zeitschrift bewegen sollen. Darüber hinaus gibt es detaillierte Informationen über das Produkt und die Möglichkeit, Abonnements zu bestellen oder Anzeigen zu buchen. Redaktionell bearbeitete Inhalte – und erst recht Inhalte, die exklusiv für das Online-Angebot produziert werden – spielen bei einer solchen Strategie keine Rolle.

Strategien des Online-Engagements

Abb. 44: Ziele und Strategien des Online-Engagements klassischer Akteure

Marktposition stärken	klassisches Angebot stärken und stützen	Image verbessern
	Marketing-Instrument für klassische Angebote	
	Substitution der klassischen Angebote	
	Ergänzung der klassischen Angebote	
	Eigenständiges Angebot	
	Neue Betätigungsfelder eröffnen	

Quelle: eigene Darstellung in Anlehnung an Spachmann 2003, S. 223

Bei Internet-Angeboten, die redaktionelle Inhalte umfassen, können drei Basis-Strategien unterschieden werden. Zum einen kann das Internet als zusätzlicher Vertriebskanal für Inhalte aus den klassischen Angeboten genutzt werden (Substitution). Zum anderen können im Internet Inhalte angeboten werden, die sich ausdrücklich auf die Berichterstattung in den klassischen Medien beziehen. Das Online-Angebot ergänzt in diesem Fall beispielsweise die gedruckte Zeitung – oder umgekehrt (Komplementarität). Die dritte Möglichkeit besteht darin, im Internet ein Angebot zu etablieren, das vollkommen unabhängig vom klassischen Angebot ist (Unabhängigkeit).

Bei *komplementären Strategien* stellt sich die Aufgabe, Richtung und Art der Ergänzung festzulegen: Wie ist die Arbeitsteilung zwischen klassischen Medien und Online-Medien gestaltet? Die Abgrenzung kann in der Aktualitätsdimension erfolgen. In diesem Fall berichtet das Online-Angebot eng an den Ereignissen über Fakten und Daten, während die gedruckte Zeitung dazu primär Hintergründe und Analysen liefert. Eine weitere Möglichkeit besteht darin, im klassischen Angebot die redaktionellen Inhalte zu liefern und diese im Internet mit Kommunikations- und Serviceangeboten zu ergänzen. Diesen Weg gehen viele journalistische Akteure aus den elektronischen Medien und den Zeitschriften, wenn sie um ihre Marke im Internet virtuelle Gemeinschaften oder Portale aufbauen.

Steht das Online-Angebot nicht direkt mit den klassischen Angeboten in Verbindung, handelt es sich um eine *Diversifizierungsstrategie*. Der Verlag hat das Ziel, neue Felder in einem Zukunftsmarkt zu besetzen. Bei einer solchen Vorgehensweise bestehen zwar keine Synergiepotenziale in Bezug auf Produktion und Vernetzung redaktioneller Inhalte. Übergeordnete crossmediale Strategien können jedoch die Vermarktung des Markennamens sowie organisatorische und betriebswirtschaftliche Aspekte betreffen.

Abhängig von den Zielen und der strategischen Ausrichtung des Internet-Engagements müssen die Zielgruppen des Online-Angebotes festgelegt werden. In Bezug auf das Verhältnis zum klassischen Angebot können grundsätzlich vier Möglichkeiten unterschieden werden:

1. *Die tatsächlichen Nutzer des klassischen Angebotes (aktuelles Publikum)*. Hier geht es darum, im Internet-Angebot Informationen aus einem klassischen Angebot zu ergänzen. Die Nutzung des Online-Angebotes ergibt keinen Sinn, ohne dass eine Nutzung des klassischen Angebotes entweder bereits erfolgt oder noch beabsichtigt ist. Ein Beispiel sind Online-Angebote von Verbrauchermagazinen des Fernsehens, die ausschließlich ergänzende Service-Informationen zu den gesendeten Beiträgen enthalten und einen Ausblick auf die folgenden Sendungen geben.

2. *Die potenziellen Nutzer des klassischen Angebotes (potenzielles Publikum)*. Hier sind die Zielgruppen des klassischen und des Online-Angebotes identisch. Dies entspricht einem »Zwei-Wege-Konzept«, das die Inhalte und die journa-

listische Marke an den Ausgangspunkt der Überlegungen stellt und danach fragt, auf welchem Weg die (gemeinsame) Zielgruppe erreicht werden soll.

3. *Eine modifizierte Zielgruppe des klassischen Angebotes.* Bei dieser Vorgehensweise sind die wesentlichen Kennzeichen der Zielgruppen identisch, einige Merkmale werden jedoch variiert. Dies hat den Vorteil, dass inhaltliche Ausrichtung und Präsentationsstrategie des klassischen Angebots zum großen Teil übernommen werden können – eine Voraussetzung für das Entstehen von Synergiepotenzialen. Hier gibt es beispielsweise die – von den Verlagen oft praktizierte – Möglichkeit, vorwiegend jüngere Menschen im Internet anzusprechen, die gedruckten Zeitungen und Zeitschriften zunehmend den Rücken kehren.

4. *Eine Zielgruppe, die mit denen der klassischen Angebote nicht in direktem Zusammenhang steht.* Dies kann beispielsweise bedeuten, dass ein Tageszeitungs-Verlag ein Fachpublikum oder ein Publikum mit konkreten Informationswünschen anspricht.

Ziele, Zielgruppen und gewählte Strategie bestimmen Art und Umfang des Online-Angebotes. Insbesondere ist die Frage wichtig, ob und in welcher Größe eine eigene Redaktion, die Inhalte exklusiv produziert oder überarbeitet, etabliert werden muss. Im Internet-Journalismus spielt auch die Zusammenarbeit mit Partnern eine große Rolle. Die Wahl der zum eigenen Profil und Angebot passenden Partner und das Schmieden von zukunftsträchtigen Allianzen sind deshalb wichtige Erfolgsfaktoren. Ein Verlag sollte bei Planung und Umsetzung seines Online-Engagements bisherige Stärken und Kernkompetenzen beachten. Weder geht es darum, ein Online-Angebot nur aus Imagegründen als Selbstzweck zu betreiben, noch darum, sämtliche Potenziale des Internet möglichst umfassend zu nutzen.

Kritischer Punkt bei Projekten, die das Internet nicht nur als Marketing-Instrument begreifen, ist nach wie vor die Finanzierung der Online-Engagements (→ Wirtschaftliche Grundlagen). Werbeeinnahmen und Abonnements- bzw. Nutzungserlöse als klassische Finanzierungsformen journalistischer Angebote bereiten im Internet Probleme. Die Anbieter versuchen in letzter Zeit zwar verstärkt, so genannten »Pay-Content« einzuführen – die Nutzer sollen also für die Inhalte bezahlen – trotz einzelner Erfolge steht allerdings die breite Akzeptanz und damit der Durchbruch dieser Finanzierungsform in der gratis-gewohnten virtuellen Welt des Internets aus. Darüber hinaus experimentieren die Verlage und Medienakteure mit neuen Geschäftsmodellen wie der Vermarktung von Inhalten (»Syndication«) oder der Zusammenarbeit mit E-Commerce-Partnern. Nach wie vor ist jedoch die Finanzkraft eines Anbieters, der das Online-Engagement mit Gewinnen aus anderen Bereichen quersubventionieren kann, ein nicht zu unterschätzender Wettbewerbsvorteil für Nachrichtenangebote im Internet.

Finanzierung der Online-Angebote als kritischer Punkt

Online-Angebote von Presse und Rundfunk

Wie wird das Internet von den Verlagen und Medienunternehmen genutzt? Seit Anfang der 1990er Jahre ist eine zunehmende Zahl journalistischer Akteure aus den klassischen Medienbereichen auch im Internet aktiv. Mittlerweile sind nahezu sämtliche Zeitungen und Zeitschriften sowie Anbieter aus dem Hörfunk- und Fernsehbereich mit eigenen Angeboten im WWW vertreten. Studien zu Beginn des neuen Jahrhunderts fördern für die Online-Engagements von Presseverlagen breite Motivbündel sowie eine große Vielfalt verfolgter Strategien und Konzepte zutage (vgl. Neuberger 2003; Spachmann 2003).

> **Tipp:** Eine Liste der Internet-Adressen aller Online-Angebote deutscher Tageszeitungen findet sich auf der Homepage des BDZV (bdzv.de/zeitungswebsites.html).

Internet als zusätzlicher Verbreitungskanal

Hörfunk-Anbieter nutzen das Internet schon lange, um ihre Radioprogramme online zu verbreiten. Über Webradio kann man seine Lieblingssender hören, und selbst der Globetrotter kann so mit der Heimat verbunden sein, egal in welchem Land er sich befindet. Als weitere Möglichkeit stellen Hörfunkanbieter einzelne Sendungen zum Abruf bereit – zum Beispiel als »Podcasts«. Für die Radiosender ist es über das Online-Medium möglich, ihre Beschränkungen auf in der Regel regionale Verbreitungsgebiete zu überwinden.

Beim Web-TV ist es ähnlich. Meist werden Trailer oder kurze Video-Sequenzen zum Download angeboten. Breitbandzugänge ermöglichen zudem als »IP-TV« die Echtzeit-Übertragung des gesamten Programms. Im Online-Angebot der »Tagesschau« kann man beispielsweise einzelne Beiträge online abrufen oder auch die komplette Nachrichtensendung anschauen (tagesschau.de). Das ZDF bietet ein umfangreiches Abruf-Angebot seines Fernsehprogramms an: Zahlreiche Sendungen sind in der »ZDF mediathek« verfügbar (mediathek.zdf.de).

Bei den Online-Angeboten vieler Tageszeitungen spielt die Zweitverwertung von Artikeln der gedruckten Ausgabe schon immer eine große Rolle. Dies findet allerdings eingebettet in übergeordnete Konzepte und in ein online-spezifisches Präsentationslayout statt. Zudem werden so genannte »E-Paper«-Ausgaben angeboten. Damit gelangt die komplette gedruckte Zeitung 1:1 ins Internet. Basis der Konzepte ist eine Nutzeroberfläche auf »html«- oder »pdf«-Basis, die das Layout einer Zeitungsseite bis ins Detail nachzeichnet und alle Elemente der Originalausgabe übernimmt. Über Scroll- und Navigationsfunktionen können die einzelnen Elemente – Überschriften, Texte, Bilder – vom Nutzer erschlossen werden. Häufig bietet das »E-Paper« zudem online-spezifische Zusatzfunktionen wie aktive Links oder Suchmöglichkeiten. In Deutschland ist die Koblenzer »Rhein-Zeitung« Pionier von »E-Paper«-Angeboten. Die »Rhein-Zeitung« bietet diesen Service ihren Abonnenten als kostenpflichtigen Zusatz an. Zahlreiche andere Zeitungen folgten.

Die Verbreitung klassischer Medienangebote im Netz und die Zweitverwertung von Inhalten aus Presse und Rundfunk ist eine weit verbreitete und sinnvolle Strategie von Verlagen und Medienunternehmen. Allerdings: Ein »neuer« und eigenständiger Journalismus im Internet, der das Potenzial des jungen Mediums nutzt, entsteht dadurch kaum. So zieht eine Studie aus dem Jahr 2006 das Fazit, dass auch nach über 12 Entwicklungsjahren von Nachrichtenangeboten im Netz die redaktionelle Eigenleistung minimal sei. Die journalistischen Formen beschränkten sich hauptsächlich auf Nachrichten und Hintergrundberichte, Agenturmeldungen dominierten das Bild (vgl. Trappel 2007, S. 219).

Gerade in jüngerer Zeit ist jedoch auch eine zunehmende Emanzipation der Online-Angebote vom jeweiligen Muttermedium zu beobachten. Dies drückt sich in redaktionellen Inhalten aus, die exklusiv für das Webangebot produziert und/oder online-spezifisch aufbereitet sind. Zahlreiche Webseiten von Zeitungen und Zeitschriften bieten beispielsweise mittlerweile Audio- und Videobeiträge an, die selbst hergestellt oder von Partnern zugeliefert werden. Auch andere online-spezifische Formen und Funktionen setzen sich durch und werden ganz selbstverständlich in die Berichterstattung integriert. Dazu zählen etwa Weblogs sowie umfangreiche Kommentar- und Kontaktmöglichkeiten für die Nutzer. | **Zunehmende Emanzipation vom Mutterangebot**

Vor allem die großen Verlage und Medienunternehmen betreiben umfangreiche Online-Angebote, die die Möglichkeiten des Online-Mediums konsequent nutzen. Redaktionelle Inhalte – zumal solche, die direkt vom Mutterangebot stammen – haben darin häufig nur noch eine untergeordnete Bedeutung. Die Angebote werden zu Portalen und Communitys ausgebaut, die von aktiver Nutzerbeteiligung leben und den Besuchern zahlreiche Zusatzfunktionen bieten. Ein Beispiel ist das von der »Westdeutschen Allgemeinen Zeitung«-Gruppe gestartete Regionalportal »Der Westen« (derwesten.de). Das Portal setzt auf eine Bündelung regionaler Informationen und Nachrichten, die von den Redaktionen der Gruppe, aber auch von Nutzern zusammengetragen werden. Auch »Welt« und »Süddeutsche Zeitung« wollen die Nutzer mit neuen Community-Projekten enger an ihre Online-Seiten binden.

Die wachsende Eigenständigkeit der Online-Angebote zeigt sich auch an ihrer Position im Medienverbund. Immer mehr Verlage und Medienunternehmen definieren das Internet als gleichberechtigten Bereich und Aktionsfeld neben den klassischen Medien. Konkreten Niederschlag findet dies in so genannten »Online first«-Strategien. Demnach werden aktuelle Meldungen und Nachrichten zuerst im Internet veröffentlicht, um das Aktualitätspotenzial des Internets zu nutzen und im Wettbewerb um exklusive Meldungen – den »Scoops« – einen Vorteil zu besitzen. | **Prinzip des »Online first«**

»Online first«-Strategien gehen häufig mit integriert arbeitenden Redaktionen einher, in denen prinzipiell alle Redakteure sowohl für das Muttermedium als auch für das Internet produzieren oder Redakteure der Stammredaktion und Online-Redakteure zumindest eng zusammenarbeiten. Die »Welt«-Gruppe setzt ein solches Vorgehen konsequent um. 40 Redakteure am zentralen Newsdesk (→ Wirtschaftliche Grundlagen der Medien) und über 400 Journalisten der gesamten Gruppe werden damit automatisch auch zu Online-Schreibern. Wie dieses Modell in der Praxis funktioniert, muss sich allerdings noch zeigen.

Crossmediale Konzepte Das »Welt«-Beispiel verdeutlicht den Schritt hin zu »echten« crossmedialen Konzepten: Online und Print werden als ein Angebot gesehen. Es sind demnach zwei Vertriebskanäle, mit denen ein gemeinsames Publikum erreicht werden kann. Idealbild ist dann die medienneutral produzierende Redaktion, die Inhalte für verschiedene Verbreitungskanäle produziert. Neben Print und Online können dies auch mobile Medien und Hörfunk sein. Solch anspruchsvolle crossmediale Konzepte erfordern einen hohen Aufwand an inhaltlicher und organisatorischer Abstimmung. Außerdem sind neben einem sinnvollen publizistischen Konzept auch funktionierende Geschäftsmodelle erforderlich.

Auch deshalb ist die Wirklichkeit in Verlagen und Redaktionen von diesem Idealbild (noch) ein ganzes Stück weit entfernt. Einzelne Anbieter gehen aber bereits sehr weit. So verfolgt beispielsweise die »Financial Times Deutschland« (ftd.de) die Philosophie »One brand all media«. Inhalte sollen das Publikum auf vielen alternativen Wegen erreichen. Unter anderem werden auch Hörfunk-Beiträge produziert und Partnersendern angeboten. Teil des Konzeptes ist die enge Abstimmung der redaktionellen Prozesse insbesondere zwischen Print- und Online-Bereich. Dies beginnt bei der Themenplanung und betrifft ebenso die Recherche- und Produktionsabläufe. Elektronische Systeme, die Inhalte an verschiedenen Stellen im Haus verfügbar machen, sind dabei die technische Voraussetzung.

Crossmediale Strategien, die auf ein gemeinsames Publikum zielen, besitzen das Potenzial, den Journalismus grundlegend zu verändern. Denn dabei geht es nicht nur um die Frage, ob als journalistisches Betätigungsfeld eine neue Säule zu den bestehenden Bereichen Presse, Hörfunk und Fernsehen hinzukommt. Zur Diskussion steht vielmehr die grundsätzliche Rolle der Medientechnik im Journalismus. Mehrmediale Produkte erfordern auch multimedial denkende und handelnde Redakteure, die Erfahrungen in mehreren Medienbereichen gesammelt haben. Ziel ist die Produktion von redaktionellen Inhalten in mehreren Varianten, um multimediale Verwertungsketten zu ermöglichen.

4.1 Print und Online Hand in Hand

Oliver Michalsky
Redaktionsleiter von »Welt online«, Berlin

Alle bisherigen Erfahrungen in Deutschland zeigen: Journalismus im Netz ist ein Geschäft, das nur im Zusammenspiel mit oder zumindest im Kontext einer Print-, TV- oder Radio-Redaktion funktioniert und nennenswerte Reichweite erzeugt. Der User vertraut bei der Suche nach journalistischen Informationen eher einer bekannten Medienmarke als einem reinen Online-Medium. Sei es nun die »Tagesschau«, der »Spiegel« oder die »Rheinische Post« – gegen derart gestandene Marken (inklusive deren Markenkern und der daraus erwartbaren Informationen) hat ein Medium wie die »Netzeitung« trotz aller Anstrengungen und teilweise ähnlichem journalistischen Profil nur wenig Chancen.

Das heißt: Wenn wir über die Arbeit einer Online-Redaktion sprechen, müssen wir immer auch und vor allem über die Arbeit der dazugehörenden Print/TV/Radio-Redaktion reden. Besser noch: Wir sprechen über eine integrierte Redaktion, in der die räumlichen, arbeitsprozessualen und mentalen Barrieren zwischen (beispielsweise) Print und Online beiseite geräumt sind. *Arbeit in einer integrierten Redaktion*

In der Zeitungsgruppe »Die Welt«/»Berliner Morgenpost« mit sechs Objekten, davon zwei Online-Portalen, haben wir im Jahr 2006 in diesem Zusammenhang einen radikalen Einschnitt vorgenommen: den der kompletten Integration von Online und Print, was seinen sichtbarsten Ausdruck in der Eröffnung eines gemeinsamen Newsrooms fand und seinen nachhaltigsten, arbeitsprozessualen Ausschlag in der Devise »Online first«. Die ersten Ergebnisse dieser Online-Offensive sind beeindruckend: Im November 2006, als wir den integrierten Newsroom eröffneten, lag »Welt online« bei 35 Millionen Page Impressions. Ein Jahr später, im November 2007, sind es 107 Millionen Page Impressions.

Newsroom heißt für uns:
- zentrale Steuerung aller wichtigen Prozesse der journalistischen Arbeit aller sechs Objekte von einem Tisch aus,
- kürzeste Kommunikationswege per Zuruf,
- totale Transparenz von Planung bis Fertigstellung der Produkte,
- Option für jedes Objekt, sich jederzeit bei einer Idee, einem Produkt der anderen Objekte zu bedienen,
- jede fertige Story kann sofort online publiziert werden, unabhängig vom Redaktionsschluss der Zeitung, für die sie möglicherweise geplant war (»On-line first«),
- Online-Redaktion als Backup für die Print-Redaktionen im Fall von Eilmeldungen oder anderen neuen, gravierenden Entwicklungen,
- Beförderung des crossmedialen Denkens durch die für alle Redakteure sichtbare Präsenz des »Welt online«-TV-Studios im Newsroom.

Zusammenarbeit zwischen Print- und Online-Redakteuren

Komplettintegration von Print und Online bedeutet, dass jedes Mitglied der Online-Redaktion auch Mitglied des entsprechenden Print-Ressorts und dort in alle Prozesse des journalistischen Schaffens eingebunden ist. Ein Online-Politikredakteur etwa kennt sämtliche in Planung bzw. Fertigung befindlichen Themen und Geschichten der Politikredaktion der Zeitungsgruppe. Er kann selbst Einfluss im Interesse der Online-Redaktion nehmen, indem er etwa gezielt auf Korrespondenten zugeht mit der Bitte um

- Lieferung von Online-Exklusivgeschichten,
- frühzeitiges Abliefern des für Print geplanten Korrespondentenberichts (Beispiel: der Bericht zur State of the Union des US-Präsidenten sollte spätestens morgens 8 Uhr in der Online-Redaktion vorliegen),
- Lieferung von weiteren Updates der jeweiligen Geschichten,
- Lieferung/Organisierung von weiterem Content (dokumentierbare Original-Dokumente, Bilder, Audiofiles, Videos).

All dies geschieht jedoch nicht im Selbstlauf oder per Dekret. Diese zumindest in Deutschland einzigartige Integration von Print und Online in einer (leider) sehr tradierten Medienlandschaft mit meist sehr strikter Trennung von Print und Online herzustellen, ist ein Prozess, der Zeit und Geduld braucht.

In diesem Prozess müssen Vorurteile (»Online ist immer oberflächlich«), Ängste (Mehrarbeit für die Print-Kollegen), Befürchtungen (»Kannibalisierung der Zeitungen«) und vorgeschobene Argumente gegen die Öffnung zur Online-Tätigkeit (»ich hab keine Radio-Stimme und kann deswegen kein Podcast«) abgebaut werden. Am besten durch das positive Beispiel – »Leuchttürme«, wie wir sagen.

So gab es von Anfang an einige extrem online-affine Kollegen bei »Welt« und »Welt am Sonntag«, die in Online eine Möglichkeit sahen, die Reichweite ihrer Texte deutlich zu erhöhen. Diese positiven Beispiele wurden von der Chefredaktion mehrfach in größeren und kleineren Kreisen hervorgehoben – was seine Wirkung nicht verfehlte.

Zudem wurde bei besonders erfolgreichen Geschichten die Zahl der Page Impressions kommuniziert, was auch auf gestandene Zeitungsredakteure zuweilen großen Eindruck machte. Zumal wir zeigen konnten, dass eben nicht nur Themen wie »Paris Hilton« oder »Britney Spears« im Internet erfolgreich laufen, sondern auch und vor allem hochseriöse, exklusive Inhalte.

Ebenso erfolgreich konnten wir in die Redaktion einige Fälle kommunizieren, in denen Print-Kollegen nicht nur eine Story für Online abgeliefert haben, sondern auch selbstständig einen Mehrwert für den Online-Leser beschafften (auf den wiederum in der Zeitung verwiesen werden konnte). So konnten wir zu einer Geschichte über die Beschattung des Schriftstellers Günter Grass durch die Staatssicherheit der DDR eine Bildergalerie mit Ausrissen aus Stasi-Akten stellen. Auf diese Weise hatte die Geschichte in ihrer Online-Version eine weitaus höhere Plastizität als die kaum illustrierte Print-Version.

Die Befürchtung zahlreicher Zeitungsredakteure, durch die Online-Offensive mehr arbeiten zu müssen, konnte recht schnell zerstreut werden. Die Chefredaktion konnte glaubwürdig kommunizieren, dass schnellere oder zusätzliche Arbeit für Online auch abgelehnt werden kann (»Prinzip der weißen Fahne«). Wer aus nachvollziehbaren Gründen seinen Bericht tatsächlich erst zum Redaktionsschluss der »Welt« am späten Nachmittag und nicht in den besonders klickstarken Stunden um die Mittagszeit liefern kann, dem entstehen dadurch keine Nachteile.

Auch in Sachen Crossmedialität konnten wir mit einigen »Leuchttürmen« für ein Denken jenseits von Buchstaben und statischen Bildern werben. Einer Redakteurin, die sich bei einem Event von einem Hochhaus abseilen wollte, gaben wir eine Kamera mit – und sie lieferte das Rohmaterial für ein sehr witziges Video. Die Politik-Chefin der »Welt« lieferte von einer Afrika-Reise der Bundeskanzlerin mehrere Podcast-Beiträge. Anstelle eines Vorberichts auf einen Fußball-Bundesliga-Spieltag diskutierten zwei Online-Redakteure und der Sport-Chef der »Welt« vor der Kamera über die Aussichten der Klubs.

Multimediale Möglichkeiten nutzen

Die Botschaft, die wir mit diesen drei Beispielen verbreiten konnten: Online bietet neben den klassischen journalistischen Darstellungsarten der Zeitung eine Vielzahl interessanter, multimedialer Möglichkeiten, sich Themen zu nähern. Online verlangt nicht die Perfektion einer gepflegten Radiomoderation oder die handwerkliche Qualität eines »Tagesschau«-Beitrags. Online hat viel mit Improvisation und vor allem Spaß und Originalität zu tun. Und: Jeder in unserer Zeitungsgruppe kann das.

Um diese Fähigkeiten zu schulen und zu zeigen, wie simpel es etwa ist, einen Video-Podcast aufzunehmen, haben wir auf freiwilliger Basis Dutzende Mitarbeiter der Zeitungsgruppe zu Ifra-Newsplex-Schulungen geschickt. Etwa 90 Prozent von ihnen fragten anschließend, was sie für Online tun könnten.

Durch diese Öffnung und Sensibilisierung einer großen Zahl der Printkollegen für Online und die Bedürfnisse dieses Mediums fällt es zunehmend leicht, die Devise »Online first« durchzusetzen. Es hat sich im vergangenen Jahr ein deutlich spürbarer Mentalitätswandel vollzogen, weg von der (für einen gestandenen Print-Mann wohl angeborenen) Abwehrhaltung hin zu einer konstruktiven Mitarbeit bei Online. Die Bedürfnisse der Online-Redaktion werden inzwischen sogar bei der mittel- und langfristigen Themen- und Personalplanung berücksichtigt und entsprechend priorisiert.

»Online first«

Schließlich ist den meisten Mitarbeitern der Zeitungsgruppe »Die Welt« / »Berliner Morgenpost« inzwischen sehr deutlich bewusst, dass der Erfolg der gesamten Redaktion in Zukunft zunehmend vom Erfolg der Online-Portale abhängig sein wird. Ein Erfolg, der durch Schnelligkeit, Qualität, Exklusivität und Originalität bestimmt wird. Und jeder weiß inzwischen, dass er dies selbst beeinflussen kann.

4.2 Online first – Print second?

Anton Notz
Redaktionsleiter Online der »Financial Times Deutschland« (FTD), Hamburg

Paria war einmal. Seit die Werbeerlöse im Internet rasant steigen und die Bilanzen der Zeitungsverlage aufpeppen, bringen Geschäftsführer und Chefredakteure ihren Online-Teams ungewohnte Zuwendung entgegen. Sie interessieren sich plötzlich dafür, was auf der Website steht. Ärgern sich, wenn ihr Blackberry aus unerfindlichen Gründen nicht den gewünschten Podcast ausspuckt, kehren von internationalen Tagungen zurück und reden von Community, Trackbacks, Videostreaming. Gerade so, als hätten sie schon immer an der Spitze des Fortschritts im World Wide Web gestanden.

Dabei ist es noch nicht lange her, dass viele Verlage ihre Online-Investitionen massiv kürzten, die Internet-Redaktionen auf einen Restbestand zusammenstutzten und sich nicht mehr Mühe machten, als den technischen Betrieb aufrechtzuerhalten. Ein Umstand, der den Magazinmachern von der Hamburger Brandstwiete die großzügige Chance eröffnete, »Spiegel-Online« praktisch unter Ausschluss von Konkurrenz zur führenden deutschsprachigen Nachrichtensite aufzubauen. Dort hatte man – im Gegensatz zu vielen Zeitungsverlagen – frühzeitig erkannt, dass Online mehr ist als alter Wein in neuen Schläuchen. Nicht nur ein billiger Vertriebskanal, der den ehrwürdigen Titeln neue Abonnenten zuführen soll. Sondern ein eigenes journalistisches Medium, mit dem man ganz neue Zielgruppen gewinnen, den Markenwert beträchtlich steigern und mit etwas Geschick auch noch Geld verdienen kann. Vorausgesetzt, den Lesern werden sehr aktuell und qualitativ hochwertig möglichst originäre Inhalte angeboten.

Inzwischen gehört dieses Verständnis von Online-Journalismus fast schon zum Allgemeingut der Branche. Strittig ist jedoch, wie weit die Liebe zum neuen Medium gehen darf. Müssen die Online-Redaktionen personell stark erweitert werden? Ist es sinnvoll, Parallelstrukturen zwischen Print und Online zu schaffen? Kann eine stärkere Verzahnung zu Synergieeffekten führen? Wie sollen Redaktionsabläufe angepasst werden? Wie stark darf die inhaltliche Ausrichtung im Netz abweichen von jener im Blatt? Droht gar eine Kannibalisierung zu Lasten der Zeitung, die noch immer den Haupterlös erwirtschaftet? Fragen über Fragen, die in jedem Medienhaus Redaktions- und Verlagsspitze intensiv beschäftigen.

Neue Investitionen Nach Jahren der Lethargie und Frustration herrscht heute in vielen Online-Redaktionen Aufbruchstimmung. Die Verlage scheinen gewillt, die Infrastruktur für ihre Websites deutlich zu verbessern und dafür auch Geld in die Hand zu nehmen. Die »Welt« hat ihren Online-Auftritt personell verstärkt und »Spiegel-Online« wagemutig den Kampf angesagt. Die »Süddeutsche Zeitung« und die »Frankfurter Allgemeine Zeitung« haben ihre Redaktionsmannschaft verdoppelt.

Und auch der »Stern« unternimmt millionenteure Anstrengungen, um im Netz eine dominantere Rolle zu spielen als bisher.

Informationsvorsprung heißt das große Ziel. Mit der neuen Manpower werden aber auch die Eigenheiten des Internets besser erschlossen. Multimedia-Redakteure sollen verstärkt dafür sorgen, dass Inhalte auch audiovisuell erlebbar werden. Community-Redakteuren fällt die Aufgabe zu, den Informationsaustausch der User untereinander zu organisieren und eine dauerhaft enge Bindung zur Website herzustellen. Unter Druck gesetzt durch Erfolge internationaler Nachrichtensites und die kommerziellen Gewinne redaktionsfreier Communitys wie »Myspace«, »Flickr« und »Youtube«, arbeiten große Websites daran, ihr Selbstverständnis zu ändern. Sie wollen nicht mehr reine Informationskanäle sein, sondern auch Plattformen für den Austausch von Interessen. »Spiegel-Online« hat beispielsweise mit finanziellem und technischem Aufwand die Zeitgeschichten-Community »einestages.de« gestartet, »stern.de« die Foto-Community »augenzeuge.de«.

Um den Stellenwert des eigenen Web-Journalismus zu unterstreichen, werten Verlagsgeschäftsführer ihre Redaktionsleiter zu Online-Chefredakteuren auf und holen Expertise in die oberste Führungsetage, über die Chefredaktionen bisher meist nicht verfügen. Denn trotz vieler Gemeinsamkeiten funktioniert das Zeitungsmachen anders als das elektronische Publizieren.

Neue Strukturen

Nicht nur die redaktionellen Schlusszeiten bis zur Seitenbelichtung fehlen. Der gesamte Arbeitsablauf unterliegt anderen Regeln, weil User anders ticken als Leser: Sie wollen nicht bis morgen auf formvollendete Informationen warten. User sind bereits an der Entstehung von Nachrichten interessiert und lesen auch Artikel, die im Laufe des Tages mehrmals aktualisiert werden müssen, weil die Ereignisse es erfordern. Außerdem wollen sich viele Web-Leser unmittelbar an Diskussionen beteiligen, in Foren, in Netzwerken – ein Umstand, der vielen Chefredakteuren noch Bauchgrimmen bereitet, weil virtuelle Räume nicht so leicht überschaubar und kontrollierbar sind wie die Leserbriefspalte.

Über die Redaktionsspitze hinaus beginnen auch an der Basis neue Strukturen zu greifen. »Onliner« sitzen nicht mehr am Katzentisch, seit der Internet-Journalismus salonfähig geworden ist. Der »Stern« beispielsweise, der seine Online-Redaktion jahrelang in ein altes hanseatisches Backsteinhaus ausgelagert hatte, holte die Verbannten jüngst heim ins moderne Mutterschiff von Gruner+Jahr. Die Magazin-Mannschaft soll direkt an die Online-Redaktion andocken, das Nachrichtenressort wird integriert. Wo stets ein wenig überheblich Distanz gepflegt wurde, soll künftig Nähe herrschen und ein produktiver Austausch von Ideen und Geschichten stattfinden. In ähnlicher Weise haben sich das viele Zeitungsverlage auf die Fahnen geschrieben.

Zentraler Bestandteil eines Integrationsmodells ist häufig der Newsroom, wo Zeitungs- und Online-Journalisten Seite an Seite miteinander arbeiten. Die »Financial Times Deutschland« (»FTD«) hat dieses Organisationsmodell, das in

Der Newsroom

britischen und amerikanischen Verlagen schon lange praktiziert wird, bei ihrer Gründung 1999 eingeführt, um ihrem Anspruch »One brand, all media« optimal gerecht zu werden. Nach und nach folgten überregionale wie regionale Redaktionen diesem Beispiel.

»Der Newsroom ist Motor für alle journalistischen Produkte unserer Marke«, sagt »FTD«-Chefredakteur Steffen Klusmann, »dort gibt es keine Berührungsängste und Barrieren«. Sein Vorgänger Christoph Keese, heute Vorsitzender der Chefredakteursrunde der »Welt«-Gruppe, sagt in Anlehnung an ein Bonmot des legendären Stern-Chefs Henri Nannen, der Journalismus einmal als »Quatschen auf'm Flur« bezeichnete: »Mit dem Newsroom haben wir einen Marktplatz entwickelt, auf dem die Redakteure miteinander reden können.«

408 Quadratmeter groß ist der Springer-Newsroom und umfasst 56 Arbeitsplätze. Für deutsche Verhältnisse ist das stattlich, im internationalen Maßstab recht klein. Bei der Wiener Tageszeitung »Österreich« arbeiten 180 Journalisten in einem 2.400 Quadratmeter großen Newsroom, und der »Daily Telegraph« in London platziert seine rund 450 Redakteure und Reporter in einem Großraumbüro, das fast die Ausmaße eines Fußballfeldes hat: 6.300 Quadratmeter.

Die Ressortarbeit muss auch im Newsroom nicht gänzlich aufgelöst werden. Aber Ressortgrenzen werden überwunden, um vielschichtige Themen übergreifend in Angriff zu nehmen. Wenn etwa der Bundestag ein neues Erbschaftssteuer-Gesetz verabschiedet, hat das politische, wirtschaftliche und gesellschaftliche Folgen, die von Online bis Print, von der Seite 1 bis zum Lokalen widergespiegelt werden können. Im Newsroom laufen alle Stränge zusammen. Hier werden Informationen gebündelt und so kompetent gesteuert, dass sie weder verloren gehen noch an verschiedenen Stellen doppelt ausgebreitet werden.

Ein Ziel, mehrere Probleme

Weil Online-Redaktionen über viele Jahre ein Schattendasein fristeten, hat sich in vielen Verlagshäusern eine Parallelstruktur herausgebildet. Vergleichsweise kleine Online-Teams mühen sich, das Weltgeschehen in den Griff zu bekommen. Ihre Zeitungskollegen begleiten die Anstrengungen durchaus interessiert, aber doch eher passiv. Schließlich sind sie als Zeitungsredakteure ausgebildet und angestellt worden. Ihre Leistung wird vor allem am gedruckten Wort gemessen. Und ihr journalistischer Biorhythmus hat mit dem des Online-Kollegen wenig gemein. Fürs Web werden schon Nachrichten publiziert, wenn er noch schläft, und es werden noch immer Nachrichten publiziert, wenn er schon wieder schläft.

Manchen Chefredakteur bringt dieses Problem um den Schlaf. Er muss sieben Tage die Woche eine Rund-um-die-Uhr-Versorgung seiner Leser und User garantieren und kann die Online-Redaktion nicht so ausbauen, wie er das vielleicht möchte. Deshalb hat er kaum eine andere Wahl, als bestehende Strukturen aufzubrechen und eine bessere Vernetzung zwischen Print und Online herbeizuführen. In der Managersprache heißt das »Synergien heben«.

Erschwert wird dieses Ziel, wenn für Online und Print mit unterschiedlichen Redaktionssystemen gearbeitet wird. Artikel müssen dann umständlich von einem ins andere Medium kopiert werden. Das nervt und kostet vor allem im schnelllebigen Online-Journalismus wertvolle Zeit. Sollen Print und Online wirklich zusammenwachsen, ist ein gemeinsames Content-Management-System unabdingbar.

Problematisch sind außerdem die unterschiedlichen redaktionellen Kernarbeitszeiten. Das Nachrichten-Geschäft im Web brummt vor allem während der Bürozeiten, wenn sich kein Angestellter oder Beamter traut, Zeitung zu lesen, aber ungeniert im Netz surft. Morgens zwischen 8 und 10 Uhr sowie mittags zwischen 12 und 14 Uhr haben Nachrichten-Sites ihre Primetime. Nach 17 Uhr lässt das Interesse der User spürbar nach. Das Herstellen einer Tageszeitung erfolgt in einem versetzten Takt. Vor 9:30 Uhr passiert wenig, dann finden interne Planungen und Abstimmungen statt. Recherchen bestimmen den späten Vormittag und – je nach Redaktionsschluss – den Nachmittag. Erst dann entsteht ein Artikel. Soll die Expertise der Zeitungsredakteure für die Website genutzt werden, ohne ihnen einen 14-Stunden-Tag zuzumuten, erfordert dies ein ausgetüfteltes Zeit- und Workflow-Management.

Um Website und Zeitung oder Magazin enger miteinander zu vernetzen, müssen Abläufe, Strukturen und Inhalte infrage gestellt werden. Wie können gemeinsame Themenkonferenzen organisiert werden? Ist es sinnvoll, zwei getrennte Nachrichtenredaktionen zu unterhalten? Kann Personal verlagert werden? Muss die Website das inhaltliche Spektrum der Zeitung in voller Bandbreite abdecken oder vielleicht sogar darüber hinausgehen? Regionale Verlage dürften darauf wahrscheinlich eine andere Antwort finden als überregionale. Ein maßgeschneidertes Modell ist vom eigenen Anspruch an die Online-Aktivitäten genauso abhängig wie von der Größe einer Redaktion.

Verzahnung von Print und Online

Die »Financial Times Deutschland« hat in den vergangenen Jahren immer wieder Anpassungen vorgenommen, um die Verzahnung voranzutreiben. Das Online-Finanzteam etwa, das die Entwicklung der Märkte beobachtet, war ursprünglich in der Hamburger Zentrale angesiedelt. Diese Aufgaben wurden nach Frankfurt verlagert, wo auch das Finanzressort der Zeitung beheimatet ist. Später wurde ein Online-Außenposten in Berlin etabliert, der näher am politischen Geschehen ist und noch enger mit dem Politikressort kooperiert. Und kürzlich wurden für die Bereiche Unternehmen, Finanzen und Politik Koordinatorenstellen geschaffen, die eine noch engere Zusammenarbeit zwischen Print und Online gewährleisten sollen.

Alle drei Koordinatoren sind »FTD-Eigengewächse«. Sie haben bereits einige Jahre als Fachredakteure gearbeitet, werden innerhalb des spezifischen Ressorts respektiert und bringen themenübergreifende Erfahrung mit. Ihre Aufgabe ist vielschichtig. Sie sind beteiligt an der tagesaktuellen Themenplanung, tragen Ideen und Wünsche aus der Online-Redaktion in ihr ursprüngliches Stammressort und nehmen Anregungen und Kritik mit zurück. Nicht zuletzt hängt stark von ihrer Motivationsfähigkeit ab, wie sich die Zeitungsredakteure tagtäglich für »ftd.de« engagieren. Diese Strukturreform erweist sich als Glücksgriff: Die Zahl der Online-Kommentare steigt; Zeitungsredakteure bereichern Web-Artikel mit so genannten Kontext-Absätzen, die aktuelle Ereignisse in größere Zusammenhänge einordnen; und zunehmend stellen die Zeitungsredakteure eigene Recherchen schon online, bevor ihre Artikel in Druck gehen. Umgekehrt werden Artikel von Online-Redakteuren öfter als zuvor in der Zeitung abgedruckt.

Durch diese inhaltliche Zusammenarbeit wächst die Identifikation mit der Website, was auch gemeinsame Aktionen erleichtert. Serien werden zusammen geplant, eine Artikelfolge um online-spezifische Formate wie Umfragen, Bilderserien, Videos ergänzt. Durch Linkhinweise werden Leser des lachsfarbenen Blatts darauf aufmerksam gemacht, dass »ftd.de« noch mehr zu bieten hat. Wirtschaftlich versprechen solche Aktionen ebenfalls Erfolg. Sie können crossmedial vermarktet werden – eine Win-win-Situation für Print und Online, zumal mancher Anzeigenkunde mittlerweile erst Zeitungsannoncen schaltet, nachdem er als Kunde für die Website gewonnen werden konnte.

Grundlage für die journalistischen Synergieeffekte ist eine enge Abstimmung von früh bis spät. Bei der »FTD« geschieht das zunächst in der Online-Konferenz und den Ressortsitzungen im Beisein der Online-Koordinatoren. Per E-Mail werden daraufhin alle Ressortleiter und Blattmacher über den Stand der Planungen informiert. Am späten Vormittag schließt sich daran eine große Redaktionskonferenz mit Videoschaltungen in die Außenstandorte an. Der Online-Chef gibt einen Überblick über die aktuelle Nachrichtenlage und einen Tagesausblick, weitere Themen werden erörtert. Am späteren Nachmittag folgt eine letzte kurze Abstimmung. Alle zusätzlichen Informationen, die im Laufe des Tages und bis in den späten Abend hinein benötigt werden, fließen im Newsroom zusammen: Sie betreffen jedes Detail – vom Seitenaufmacher bis zu den Kommentarthemen, von den Webdossiers über die Online-Debattenthemen bis hin zu den Link-Listen.

Auch wenn die Verzahnung im »FTD«-Modell schon weit fortgeschritten ist, muss sie an dieser Stelle nicht stehenbleiben. Beispielsweise könnten Themengebiete wie Management, Karriere, Meinung und Lifestyle, die weniger der Tagesaktualität unterworfen sind, direkt durch die jeweiligen Fachressorts betreut werden. Damit würden sich dort die Grenzen zwischen Print und Online ganz auflösen.

Online first, Print second? Konzeptionell stehen Chefredakteure vor der Grundsatzentscheidung, ob der gedruckten oder der elektronisch verbreiteten Information künftig Vorrang eingeräumt werden soll. Der britische »Guardian« hat international eine Vorreiterrolle eingenommen, indem er 2005 erstmals »Web first« praktizierte. Man habe nun mal in New York mehr Internet-User als Leser in Birmingham, begründet Chefredakteur Alan Rusbridger diesen Schritt. Als »Die Welt« ein Jahr später dieser Prämisse folgte, setzte in den Verlagsspitzen eine breite Diskussion ein, ob man sein teures Gut, für das Zeitungsleser bezahlen, im Netz kostenlos verschleudern darf.

Vor allem bei Regionalzeitungen geht nach wie vor die Angst um, das klassische Print-Medium bei Auflage und Anzeigenaufkommen zu beschädigen. »›Online first‹ wirkt modern, beinhaltet jedoch leider auch den Umkehrschluss

›Print second‹«, warnt der Vize-Chefredakteur der »Saarbrücker Zeitung«, Bernard Bernarding, vor einer Kannibalisierung. Andere verweisen darauf, dass selbst die »New York Times« und das »Wall Street Journal« es aufgegeben haben, für ihre Artikel im Web Geld zu verlangen. Sie sehen keine Alternative mehr zu »Online first«.

Wer Recht hat, wird die Zukunft weisen. Erhebungen zeigen, dass die Überschneidungen zwischen Zeitungs- und Online-Lesern sehr gering sind. Über die Website erschließen sich Verlage eine neue Leserschaft, die sie anders nie erreicht hätten. Sie steigern ihre Reichweite und ihren Markenwert und gewinnen in der Regel mehr neue Zeitungsleser als durch teure Abo-Kampagnen. Dafür müssen sie ihren Usern aber auch mehr bieten als Agenturnachrichten.

Es spricht jedoch vieles dafür, dass Verlage auch hier differenziert vorgehen müssen. Eine Lokalzeitung wird, zumal wenn sie ein Monopol hat, ihre besten Geschichten nicht ins Internet stellen müssen, bevor die Zeitung im Briefkasten liegt. Der »Spiegel« wird seine Exklusivgeschichten nicht kostenlos über »Spiegel-Online« freigeben, solange das Heft noch nicht am Kiosk liegt. Aber interessante und brisante Informationen, die im journalistischen Wettbewerb nur mehr eine Halbwertszeit von wenigen Stunden haben, sind für die eigene Website ein Goldstück.

Entscheidender als die Antwort auf »Online first?« wird sein, mit welchen Print- und Online-Konzepten die Chefredaktionen sich der Herausforderung des Internets stellen. Online raubt Print – von einigen Exklusivinformationen einmal abgesehen – die Nachrichten. Deshalb werden Zeitungen sich noch viel radikaler abkehren müssen vom Prinzip der gedruckten Tagesschau, die das Wichtigste von gestern bietet, nur ein wenig umfangreicher und tiefgründiger. Die Zeitungen werden sich zu täglichen Magazinen wandeln, die die Geschichte hinter der Nachricht erzählen, die Akteure beschreiben, ihre Motivlage. Sie werden pointiert und unterhaltsam und abwechslungsreich werden. Oder ein existenzielles Problem bekommen.

Im Web werden die Sites ihr Profil schärfen müssen. Derzeit ist inhaltlich nicht klar erkennbar, wofür viele Sites stehen. Sie bedienen allgemeine Interessen und setzen dabei auf Themen, die die Nachrichtenagenturen anschwemmen, die Suchmaschinen abgreifen und die Userstatistiken in die Höhe treiben. Um jedoch unverwechselbar zu erscheinen, werden Online-Redaktionen verstärkt eigene Akzente setzen und eigene Inhalte bieten müssen. Vielleicht wird sich dann auch die Frage »Online first?« von selbst beantworten.

Umrisse der Zukunft

5   Trends der Online-Nutzung

Das Internet fordert nicht nur den Journalismus heraus. Die gesamte Medienlandschaft ordnet sich neu. Binnen 10 bis 15 Jahren hat das Internet erreicht,
wofür die elektronischen Medien Radio und Fernsehen Generationen benötigten: Es hat sich als ein Massenmedium etabliert, das von einer Mehrzahl der
Bevölkerung genutzt wird und aus dem Alltag vieler Menschen nicht mehr wegzudenken ist. 2007 sind über 45 Millionen Adressen im Internet, so genannte
Domains, registriert; es existieren Milliarden von Internetseiten.

Verbreitung und Nutzung des Internets in der Bevölkerung werden seit 1997
jedes Jahr in der ARD-ZDF-Online-Studie untersucht (ard-zdf-onlinestudie.de).
Damit lassen sich Entwicklung und aktuelle Trends der Internet-Nutzung der
Deutschen nachzeichnen. Sie betreffen die Frage, wie die Menschen mit verschiedenen Anwendungen und Angeboten des jungen Mediums umgehen: Welche
der vielfältigen Möglichkeiten werden genutzt? Was sind die Motive der Internet-Nutzung? Daneben spielt auch das Verhältnis des Internets gegenüber den
klassischen Medien eine Rolle: Wie verändert sich der Umgang mit Fernsehen,
Radio, Zeitung und Zeitschrift, wenn das Internet intensiv genutzt wird?

Durchbruch zum Massenmedium   2007 nutzen 40,8 Millionen Deutsche zumindest gelegentlich das Internet. Das
entspricht einem Anteil von fast 63 Prozent aller Deutschen ab 14 Jahre. 2000
lagen diese Zahlen noch bei 28,6 Millionen Internet-Nutzern und einem Anteil
von knapp 29 Prozent an der Gesamtbevölkerung. Welche Dynamik hinter der
Etablierung des Online-Mediums steckt, zeigen die Anteile bei den über 60-Jäh-
rigen: Nutzten im Jahr 2000 in dieser Altersgruppe nur knapp über 4 Prozent
das Internet, ist es 2007 bereits jeder Vierte (25,1 Prozent).

Durchschnittlich verbringen Online-Nutzer 2007 täglich 118 Minuten im
Internet – die allermeiste Zeit werden dabei Online-Angebote auch aktiv genutzt.
1997 betrug die durchschnittliche Verweildauer noch 76 Minuten, ist dann bis
2002 auf 121 Minuten angestiegen und seitdem nahezu konstant geblieben. Auch
die durchschnittliche Anzahl der Tage mit Online-Nutzung wuchs von 3,3 Tage
1997 auf 5,1 Tage 2007. Das Internet wird damit immer stärker in den Alltag ein-
gebaut und von vielen Anwendern ganz selbstverständlich und gewohnheitsmä-
ßig genutzt, schlussfolgern die Autoren der ARD-ZDF-Online-Studie 2007 (vgl.
van Eimeren/Frees 2007, S. 375).

Traditionelle Medienlandschaft kräftig durchein-andergewirbelt   Wie ordnet sich die Internet-Nutzung in die Nutzung von Fernsehen, Radio und
Presse ein? Oberflächlich betrachtet sprechen die Zahlen für die Gesamtbevölke-
rung (also inklusive der Nichtnutzer des Internets) eine klare Sprache. Die traditionellen, passiv konsumierten Medien Hörfunk und Fernsehen dominieren
nach wie vor den Medienalltag der Menschen. Bezogen auf die Gesamtbevölkerung verbrachten 2007 die Bürgerinnen und Bürger 225 Minuten mit Fernsehen und 185 Minuten mit Radiohören, während das Internet auf vergleichsweise

geringe 54 Minuten durchschnittliche Nutzungsdauer kommt. Für diejenigen, die das Internet nutzen, sehen die Verhältnisse jedoch ganz anders aus. Junge Menschen zwischen 14 und 19 Jahren, die mit dem neuen Medium aufgewachsen sind, verbringen beispielsweise inzwischen mehr Zeit mit dem Internet (102 Minuten täglich) als mit dem Radio (95 Minuten), ihr Fernsehkonsum (105 Minuten) liegt in etwa gleich auf mit der Internet-Nutzung (vgl. van Eimeren/ Frees 2007, S. 378).

Auf die Frage, ob und inwieweit die Internet-Nutzung andere Medien verdrängt, gibt es keine eindeutige Antwort. Die Nutzungszahlen verschiedener Studien zeigen in aller Regel keinen Rückgang des Konsums von Radio und Fernsehen bei denen, die das Internet intensiv nutzen. Werden die Nutzer nach ihrer eigenen Einschätzung gefragt, geben jedoch zwischen 22 und 29 Prozent an, weniger fernzusehen, Zeitschriften und Zeitungen zu lesen sowie Radio zu hören. Insgesamt muss von komplexen und wechselseitigen Wirkungen zwischen Internetnutzung und dem Konsum traditioneller Medien ausgegangen werden.

Im Vergleich zu den klassischen Medien bietet das Internet eine große Bandbreite an Nutzungsmöglichkeiten. Sie reichen von passiver Information über das Abwickeln von Transaktionen und verschiedenen Formen der Kommunikation bis zum aktiven Bereitstellen eigener Inhalte. Die Menschen gehen jedoch keineswegs gleich mit diesen Möglichkeiten um. Um Unterschiede zwischen verschiedenen Nutzergruppen beschreiben und erklären zu können, wendet die ARD-ZDF-Online-Studie eine Nutzertypologie an. Darin werden sechs Typen von Online-Nutzern identifiziert, die zwei übergeordneten Nutzungsmustern zugeordnet werden können: die aktiv-dynamischen und die selektiv-zurückhaltenden Internet-Nutzer. Sie stellen jeweils ca. die Hälfte der Internet-Anwender (vgl. van Eimeren/Frees 2007, S. 366):

Verschiedene Typen von Online-Nutzern

Die Gruppe der *aktiv-dynamischen Nutzer* zeichnet sich durch einen aktiven, intensiven und stark habitualisierten Umgang mit den Angeboten im Internet aus. Besonders aktiv im Netz bewegen sich die so bezeichneten »Jungen Hyperaktiven« und die »Jungen Flaneure«. Sie schöpfen die Informations- und Kommunikationspotenziale des Online-Mediums voll aus und nutzen ganz selbstverständlich Multimedia-Anwendungen. Die klassischen Medien spielen für diese Gruppen nur eine untergeordnete Rolle. Zu den aktiv-dynamischen Nutzern werden noch zwei weitere Gruppen gezählt: die »E-Consumer«, die sich im Netz über Produkte informieren, online einkaufen und an Online-Auktionen teilnehmen, sowie die »Routinierten Infonutzer«, für die das Netz eine umfangreiche Informationsressource sowohl für berufliche als auch für private Bereiche ist.

Die Gruppe der *selektiv-zurückhaltenden Nutzer* hat das Internet noch nicht in ihren (Medien-) Alltag integriert. »Selektivnutzer« beschränken ihre Internet-Aktivitäten auf wenige, bekannte Angebote und Anwendungen. »Randnutzer« zeichnen sich durch eine noch größere Zurückhaltung aus. Ihnen fehlen Erfahrung und Kompetenz im Umgang mit dem jungen Medium.

E-Mail-
Kommunikation
und Informations-
suche am weitesten
verbreitet

Welche einzelnen Internet-Anwendungen nutzen die Deutschen? Die am weitesten verbreiteten Anwendungen sind das Versenden und Empfangen von E-Mails sowie die Nutzung von Suchmaschinen. 79 bzw. 76 Prozent der Online-Nutzer nutzen diese Möglichkeiten mindestens einmal in der Woche. Auf dem dritten Platz landet das zielgerichtete Suchen bestimmter Angebote, das 57 Prozent der Internet-Nutzer regelmäßig betreiben. Dabei nahm das bewusste und zielgerichtete Suchen in den letzten Jahren insgesamt zu – ein Trend, der mit der gestiegenen Internet-Nutzung von Frauen und älteren Menschen zusammenhängt. Beide Gruppen zeichnen sich durch einen pragmatischen Umgang mit dem Internet aus (vgl. van Eimeren/Frees 2007, S. 369). Demgegenüber gehen jüngere Bevölkerungsgruppen eher spielerisch und experimentierfreudig mit dem Online-Medium um.

Abb. 45: Nutzung von Internet-Anwendungen 2007

Anwendung	Prozent
Versenden/Empfangen von E-Mails	79
Suchmaschinen	76
Zielgerichtet bestimmte Angebote suchen	57
Einfach so im Internet surfen	38
Homebanking	34
Download von Dateien	23
Gesprächsforen, Newsgroups, Chats	20
Onlineauktionen	18
Onlineshopping	13
Audiodateien im Internet anhören/herunterladen	14
Computerspiele im Internet	11
Live im Internet Radio hören	11
Buch-/CD-Bestellungen	6
Videos/Videodateien ansehen/herunterladen	14
Kartenservice für Veranstaltungen	3
Kontakt-/Partnerbörsen	5
Onlinespiele	10
Live im Internet fernsehen	2
Onlinecommunitys	9

mindestens einmal wöchentlich genutzt, Angaben in Prozent

Quelle: van Eimeren/Frees 2007, S. 370

Nach der zielgerichteten Suche folgt eine ganze Reihe von Anwendungen, die jeweils nur eine Minderheit der Onliner regelmäßig, d. h. mindestens wöchentlich, nutzen (vgl. Abb. 45). Dazu zählt auch das treibenlassen im Netz, also das klassische »Internet-Surfen« mit einem Anteil von 38 Prozent. Bei vielen dieser

Anwendungen gibt es große Unterschieden zwischen den Altersgruppen. Während das Durchführen von Transaktionen wie Homebanking, Online-Auktionen oder auch das Online-Shopping in den mittleren Altersgruppen und durchaus auch unter den über 60-Jährigen verbreitet sind, sind die sonstigen Anwendungen eine Domäne der jungen Nutzergruppe zwischen 14 und 19 Jahren. Dazu zählen Gesprächsforen, Newsgroups und Chats, das Herunterladen bzw. Abspielen von Audio- und Videodateien sowie Online-Spiele. Insbesondere die letztgenannten Multimedia-Anwendungen profitieren von der zunehmenden Verbreitung von Breitbandzugängen ins Internet.

Neben den allgemeinen Internet-Anwendungen rücken seit einiger Zeit die speziellen Angebotsformen des »Web 2.0« in den Blick: Mitmach-Angebote, an denen sich die Nutzer aktiv beteiligen, haben in den letzten Jahren an Bedeutung gewonnen. Das Interesse der Nutzer, sich mit eigenen Beiträgen am Internet zu beteiligen, stieg in den letzten Jahren an. 2007 finden 31 Prozent die Möglichkeit interessant, aktiv Beiträge zu verfassen und ins Internet zu stellen.

Das »Web 2.0« hat noch wenige aktive Nutzer

Tatsächlich werden Angebote und Anwendungen des »Web 2.0« bislang nur von einer Minderheit der Onliner genutzt – gleichgültig ob passiv oder aktiv (vgl. Gscheidle/Fisch 2007, S. 399ff.). Am weitesten verbreitet ist die Internet-Enzyklopädie »Wikipedia«, die 2007 von 47 Prozent der Internet-Nutzer besucht wird. Zu den häufig genutzten »Web 2.0«-Angeboten zählen zudem Videoportale. Mehr als ein Drittel der Internet-Anwender besucht entsprechende Angebote. 15 Prozent der Webnutzer rufen Kontakt- und Beziehungsnetzwerke auf. Immerhin ein Drittel bis 40 Prozent davon haben sogar ein eigenes Profil angelegt. Auch Weblogs sind noch nicht bei der großen Mehrheit der Internet-Nutzer angekommen: Nur 11 Prozent der Onliner besuchen 2007 ein Weblog. 76 Prozent davon belassen es beim passiven Mitlesen, verfassen also keine eigenen Beiträge oder Kommentare.

Mit den »Web 2.0«-Angeboten stehen attraktive Inhalte bereit, die Nutzer selbst produzieren und die im Vergleich zu den zentral und professionell erstellten Inhalten im Netz einen Zusatznutzen bieten. Noch nutzt nur eine Minderheit diese Angebote: Es sind vor allem die jungen und die erfahrenen Internet-Anwender, die das »Web 2.0« tragen und mit Leben füllen. Dies gilt insbesondere für die aktive Beteiligung – also wenn es darum geht, nicht nur passiv zu konsumieren, sondern selbst Beiträge zu produzieren und eigene Inhalte bereitzustellen. Die Internet-Nutzer teilen sich in verschiedene Nutzergruppen auf, die je nach persönlicher Situation und Bedürfnissen unterschiedlich mit dem jungen Medium umgehen. Die Zahl der aktiven Nutzer, die die Kommunikations- und Interaktionsmöglichkeiten ausschöpfen, wird jedoch weiter zunehmen.

Literatur

Alkan, Saim R.: 1x1 für Online-Redakteure und Online-Texter. Einstieg in den Online-Journalismus. Göttingen 2006.
Kompetenter Ratgeber in die journalistische Arbeit sowie das Text- und Informationsdesign im Internet.

Gillmor, Dan: We the media. Grassroots Journalism by the people for the people. Sebastopol 2006.
Der Autor entwickelt das Programm eines partizipativen und nutzerdominierten Journalismus, der sich von demjenigen in den »großen« Medien abgrenzt.

Hooffacker, Gabriele: Online-Journalismus. Schreiben und Gestalten für das Internet. Ein Handbuch für Ausbildung und Praxis. 2. Auflage, München 2004.
Dieses Buch beschreibt den Online-Journalismus in all seinen Facetten – von Tätigkeitsfeldern über Stilformen und organisatorischen Fragen bis zum Management der Inhalte.

Meier, Klaus (Hg.): Internet-Journalismus. Ein Leitfaden für ein neues Medium. 3., überarbeitete und erweiterte Auflage, Konstanz 2002.
Wie schreibe ich für das Internet? Wie setze ich multimediale und interaktive Formen sinnvoll ein? Dieser Leitfaden orientiert sich an der journalistischen Praxis von Online-Redaktionen und beschreibt die Möglichkeiten des jungen Mediums.

Neuberger, Christoph/Tonnemacher, Jan (Hg.): Online – Die Zukunft der Zeitung? Das Engagement deutscher Tageszeitungen im Internet. 2., vollständig überarbeitete und aktualisierte Auflage, Wiesbaden 2003.
Im Sammelband beleuchten verschiedene Autoren aus unterschiedlichen Blickwinkeln aktuelle Aspekte des Online-Engagements der Tageszeitungen.

Trappel, Josef: Online-Medien. Leistungsprofil eines neuen Massenmediums. Konstanz 2007.
Umfangreiche theoretische und empirische Studie zu Nachrichtenmedien im Internet, die dem Online-Journalismus ein eher beschränktes Innovationspotenzial attestiert.

Anhang

Die folgende Übersicht enthält *ausgewählte* Adressen von Medien, Verbänden sowie Aus- und Weiterbildungseinrichtungen. Bei der Recherche und der Beschaffung von Hintergrundinformationen oder bei beruflichen Fragen können sie Journalisten wichtige Hilfestellung leisten. Nützlich für die journalistische Arbeit sind auch Übersichten über Journalistenpreise in Deutschland und die wichtigsten medienbezogenen Fachzeitschriften und Jahrbücher.

Medien und Verbände

Öffentlich-rechtlicher Rundfunk

Arbeitsgemeinschaft der öffentlich-rechtlichen Rundfunkanstalten der Bundesrepublik Deutschland (ARD), Geschäftsführende Anstalt 2007/08: SR, Funkhaus Halberg, 66100 Saarbrücken, Tel. (0681) 602-0, Fax 602-3874, info@sr-online.de

Ständiges ARD-Büro, Bertramstr. 8, 60320 Frankfurt am Main, Tel. (069) 590607, Fax 1552075

ARTE Deutschland TV GmbH, Postfach 100213, 76483 Baden-Baden, Tel. (07221) 9369-0, Fax 9369-70, www.arte.de

ARTE G.E.I.E., 4, Quai du Chanoine Winterer, F-67080 Straßburg, Tel. (0033) 38814-2222, Fax 38814-2200

Bayerischer Rundfunk (BR), Rundfunkplatz 1, 80300 München, Tel. (089) 5900-01, Fax 5900-2375, info@br-online.de

Deutsche Welle (DW), Kurt-Schumacher-Str. 3, 53113 Bonn, Tel. (0228) 429-0, Fax 429-3000, info@dw-world.de

Deutschlandfunk, Raderberggürtel 40, 50968 Köln, Tel. (0221) 345-0, Fax 345-4802, www.dradio.de

Deutschlandradio Kultur, Hans-Rosenthal-Platz, 10825 Berlin, Tel. (030) 8503-0, Fax 8503-6168, www.dradio.de

Hessischer Rundfunk (HR), Bertramstr. 8, 60320 Frankfurt am Main, Tel. (069) 155-1, Fax 155-2900, pressestelle@hr-online.de

Mitteldeutscher Rundfunk (MDR), Kantstr. 71–73, 04275 Leipzig, Tel. (0341) 300-0, Fax 300-6789, zuschauerredaktion@mdr.de

Norddeutscher Rundfunk (NDR), Rothenbaumchaussee 132, 20149 Hamburg, Tel. (040) 4156-0, Fax 447602, info@ndr.de

Radio Bremen (RB), Diepenau 10, 28195 Bremen, Tel. (0421) 246-0, Fax 246-1010, zuschauerredaktion@radiobremen.de

Rundfunk Berlin-Brandenburg (RBB), Standort Berlin, Masurenallee 8–14, 14057 Berlin,
Tel. (030) 97993-0, Fax 97993-19, zuschauerredaktion@rbb-online.de

Rundfunk Berlin-Brandenburg (RBB), Standort Potsdam, Marlene-Dietrich-Allee 20, 14482
Potsdam, Tel. (0331) 97993-0, Fax 97993-19, zuschauerredaktion@rbb-online.de

Saarländischer Rundfunk (SR), Funkhaus Halberg, 66100 Saarbrücken, Tel. (0681) 602-0,
Fax 602-3874, info@sr-online.de

Südwestrundfunk (SWR), Neckarstr. 230, 70190 Stuttgart, Tel. (0711) 929-0, Fax 929-2600,
info@swr.de

Westdeutscher Rundfunk (WDR), Appellhofplatz 1, 50667 Köln, Tel. (0221) 220-0,
Fax 220-4800, redaktion@wdr.de

Zweites Deutsches Fernsehen (ZDF), ZDF-Str. 1, 55100 Mainz, Tel. (06131) 70-2161,
Fax 70-2170, www.zdf.de

3sat Satellitenfernsehen des deutschen Sprachraums ZDF-ORF-SRG-ARD, ZDF-Str. 1,
55100 Mainz, Tel. (06131) 70-1, Fax 70-6806, info@3sat.de

KI.KA, Der Kinderkanal ARD/ZDF, 99081 Erfurt, Tel. (0180) 21515-14, Fax 21515-16,
kika@kika.de

Phoenix, Langer Grabenweg 45–47, 53175 Bonn, info@phoenix.de

Private Fernsehanbieter

DCTP Development Company for Television Programs mbH, Königsallee 60b, 40212 Düsseldorf, Tel. (0211) 1399-228, Fax 1399-227, wiggen@dctp.de

DSF Deutsches SportFernsehen GmbH, Münchener Str. 101g, 85737 Ismaning,
Tel. (089) 96066-0, Fax 96066-1009, zuschauerredaktion@dsf.de

kabel eins K1 Fernsehen GmbH, Beta-Str. 10, Haus h, 85774 Unterföhring,
Tel. (089) 9507-2100, Fax 9507-2209, info@kabeleins.de

N24 GmbH, Oberwallstraße 6, 10177 Berlin, Tel. (030) 2090-0, Fax 2090-2090, info@N24.de

n-tv Nachrichtenfernsehen GmbH, Richard-Byrd-Str. 4–6, 50829 Köln, Tel. (0221) 9152-0,
Fax 9152-2090, www.n-tv.de

Premiere Fernsehen GmbH & Co. KG, Medienallee 4, 85774 Unterföhring,
Tel. (089) 9958-02, Fax 9958-6239, info@premiere.de

ProSieben Television GmbH, Medienallee 7, 85774 Unterföhring, Tel. (089) 9507-7700,
Fax 9507-1710, www.prosieben.de

RTL Television GmbH, Aachener Str. 1044, 50858 Köln, Tel. (0221) 456-0, Fax 456-1690,
www.rtl.de

RTL 2 Fernsehen GmbH & Co. KG, Lil-Dagover-Ring 1, 82031 Grünwald,
Tel. (089) 64185-0, Fax 64185-9999, zuschauerredaktion@rtl2.de

Sat.1 SatellitenFernsehen GmbH, Oberwallstraße 6, 10117 Berlin, Tel. (030) 2090-0,
Fax 2090-2090, www.sat1.de

Super RTL, RTL Disney Fernsehen GmbH & Co. KG, Richard-Byrd-Straße 6, 50829 Köln,
Tel. (0221) 9155-0, Fax 9155-1019, kontakt@superrtl.de

VOX Film- und Fernseh GmbH & Co. KG, Richard-Byrd-Str. 6, 50829 Köln,
Fax (0221) 9534-375, www.vox.de

Private Hörfunkanbieter

Einzelne private Hörfunkgesellschaften können hier nicht aufgeführt werden. Aufgrund der unterschiedlichen Mediengesetzgebung der Länder ist die private Rundfunklandschaft von Bundesland zu Bundesland verschieden. Aktuelle Angaben sind bei den Landesmedienanstalten erhältlich.

Landesmedienanstalten

Arbeitsgemeinschaft der Landesmedienanstalten (ALM)/Direktorenkonferenz der Landesmedienanstalten (DLM), geschäftsführende Anstalt 2008/2009: Landesanstalt für Kommunikation, Baden-Württemberg (LFK), Rotebühlstr. 121, 70178 Stuttgart, Tel. (0711) 892532-71, Fax 892532-89, dlm@alm.de

Bayerische Landeszentrale für neue Medien (BLM), Heinrich-Lübke-Str. 27, 81737 München, Tel. (089) 63808-0, Fax 63808-140, info@blm.de

Bremische Landesmedienanstalt (brema), Bürgermeister-Spitta-Allee 45, 28329 Bremen, Tel. (0421) 334940, Fax 323533, www.bremische-landesmedienanstalt.de

Hessische Landesanstalt für privaten Rundfunk und neue Medien (LPR), Wilhelmshöher Allee 262, 34131 Kassel, Tel. (0561) 93586-0, Fax 93586-30, lpr@lpr-hessen.de

Landesanstalt für Kommunikation Baden-Württemberg (LfK), Rotebühlstr. 121, 70178 Stuttgart, Tel. (0711) 66991-0, Fax 66991-11, info@lfk.de

Landesanstalt für Medien Nordrhein-Westfalen (LfM), Zollhof 2, 40221 Düsseldorf, Tel. (0211) 77007-0, Fax 727170, info@lfm-nrw.de

Landesmedienanstalt Saarland (LMS), Nell-Breuning-Allee 6, 66115 Saarbrücken, Tel. (0681) 38988-0, Fax 38988-20, info@lmsaar.de

Landesrundfunkzentrale Mecklenburg-Vorpommern (LRZ), Bleicherufer 1, 19053 Schwerin, Tel. (0385) 55881-12, Fax 55881-30, info@lrz-mv.de

Landeszentrale für Medien und Kommunikation Rheinland-Pfalz (LMK), Turmstr. 10, 67059 Ludwigshafen, Tel. (0621) 5202-0, Fax 5202-279, mail@lmk-online.de

Medienanstalt Berlin-Brandenburg (mabb), Kleine Präsidentenstr. 1, 10178 Berlin, Tel. (030) 264967-0, Fax 264967-90, mail@mabb.de

Medienanstalt Hamburg Schleswig-Holstein (MA HSH), Dienststelle Hamburg, Kleine Johannisstr. 10, 20457 Hamburg, Tel. (040) 369005-0, Fax 369005-55, info@ma-hsh.de

Medienanstalt Hamburg Schleswig-Holstein (MA HSH), Dienststelle Kiel, Schloßstr. 19, 24103 Kiel, Tel. (0431) 97456-0, Fax 97456-60, info@ma-hsh.de

Medienanstalt Sachsen-Anhalt (MSA), Reichhardtstr. 9, 06114 Halle/Saale, Tel. (0345) 5255-0, Fax 5255-121, info@msa-online.de

Niedersächsische Landesmedienanstalt (NLM), Seelhorststr. 18, 30175 Hannover, Tel. (0511) 28477-0, Fax 28477-36, www.nlm.de

Sächsische Landesanstalt für privaten Rundfunk und neue Medien (SLM), Ferdinand-Lassalle-Str. 21, 04109 Leipzig, Tel. (0341) 2259-0, Fax 2259-199, www.slm-online.de

Thüringer Landesmedienanstalt (TLM), Steigerstr. 10, 99096 Erfurt, Tel. (0361) 21177-0, Fax 21177-55, mail@tlm.de

Nachrichtenagenturen und Informationsdienste

Agence France-Presse GmbH (AFP), Berliner Freiheit 2, 10785 Berlin, Tel. (030) 30876-0,
    Fax 30876-270, Post@afp.de

Associated Press GmbH (AP), Moselstr. 27, 60329 Frankfurt am Main, Tel. (069) 27230-0,
    Fax 251289, info@ap.org

Deutscher Depeschendienst GmbH (ddp), Panoramastr. 1a, 10178 Berlin, Tel. (030) 23122-0,
    Fax 23122-182, info@ddp.de

Deutsche Fernsehnachrichten Agentur GmbH & Co. KG (DFA), Kaistr. 3, 40221 Düssel-
    dorf, Tel. (0211) 95700-100, Fax 95700-111, info@dfa.de

Deutsche Presse-Agentur GmbH (dpa), Mittelweg 38, 20148 Hamburg, Tel. (040) 4113-0,
    Fax 4113-2219, info@dpa.com

Dow Jones Neswires, Dow Jones News GmbH, Wilhelm-Leuschner-Str.78, 60329 Frankfurt
    am Main, Tel. (069) 29725-350, Fax 29725-360, info.germany@dowjones.com

Evangelischer Pressedienst (epd), Emil-von-Behring-Str. 3, 60439 Frankfurt am Main,
    Tel. (069) 58098-0, Fax 58098-272, info@epd.de

Katholische Nachrichten-Agentur GmbH (KNA), Adenauerallee 134, 53113 Bonn,
    Tel. (0228) 26000-0, Fax 26000-26, bonn@kna.de

Reuters AG, Friedrich-Ebert-Anlage 49, 60327 Frankfurt am Main, Tel. (069) 7565-1000,
    Fax 7565-1555, www.reuters.de

Sport-Informations-Dienst GmbH & Co. KG (sid), Hammfelddamm 10, 41460 Neuss,
    Tel. (02131) 131-00, Fax 1311-112, kontakt@sid.de

Verbände der Zeitungs- und Zeitschriftenverleger

Bundesverband Deutscher Zeitungsverleger e.V. (BDZV), Markgrafenstr. 15, 10969 Berlin,
    Tel. (030) 726298-0, Fax 726298-299, bdzv@bdzv.de

Verband Deutscher Zeitschriftenverleger e.V. (VDZ), Markgrafenstr. 15, 10969 Berlin,
    Tel. (030) 726298-0, Fax 726298-103, info@vdz.de

BDZV-Landesverbände

Verband Südwestdeutscher Zeitungsverleger e.V. (VSZV), Königstr. 10C, 70173 Stuttgart,
    Tel. (0711) 22254-232, Fax 22254-304, vszv@vszv.de

Verband Bayerischer Zeitungsverleger e.V. (VBZV), Friedrichstr. 22, 80801 München,
    Tel. (089) 455558-0, Fax 455558-21, sy@vbdz.de

Verein der Zeitungsverleger in Berlin und Brandenburg e.V. (VZBB), Markgrafenstr. 15,
    10969 Berlin, Tel. (030) 2529198-0, Fax 2529198-1, info@vzbb.de

Zeitungsverlegerverband Bremen e.V. (ZVVB), Martinistr. 43, 28195 Bremen,
    Tel. (0421) 367121-00, Fax 367121-01, david.koopmann@zvvb.de

Zeitungsverlegerverband Hamburg e.V. (ZVH), Große Reichenstr. 14, 20457 Hamburg,
    Tel. (040) 500994-0, Fax 500994-16, vzn-zvh@t-online.de

Verband Hessischer Zeitungsverleger e.V. (VHZV), FFH-Platz 1, 61116 Bad Vilbel,
    Tel. (06101) 9889-0, Fax 9889-20, vhzv@ffh.de

Verband Nordwestdeutscher Zeitungsverleger e.V. (VNZV), Schiffgraben 17, 30159 Hannover, Tel. (0511) 306070, Fax 306072, vznv@vznv.de

Zeitungsverlegerverband Nordrhein-Westfalen e.V. (ZVNRW), Ludwig-Erhard-Allee 14, 40227 Düsseldorf, Tel. (0211) 788199-0, Fax 788199-2, info@zvnrw.de

Verband der Zeitungsverleger in Rheinland-Pfalz und Saarland e.V., Gutenbergstr. 11–23, 66117 Saarbrücken, Tel. (0681) 50230-33, Fax 50230-99, l.lehmann@sz-sb.de

Verband Sächsischer Zeitungsverleger e.V. (VSZ), Peterssteinweg 19, 04107 Leipzig, Tel. (0341) 2181-1370, Fax 2181-1693, vsz@lvz.de

Verband der Zeitungsverlage Norddeutschland e.V. (VZN), Große Reichenstr. 14, 20457 Hamburg, Tel. (040) 500994-0, Fax 500994-16, vzn-zvh@t-online.de

VDZ-Landesverbände

Verband der Zeitschriftenverlage in Bayern e.V. (VZB), Friedrichstr. 22, 80801 München, Tel. (089) 288127-0, Fax 288127-27, vzbbayern@t-online.de

Verband der Zeitschriftenverleger Berlin-Brandenburg e.V., Markgrafenstr. 15, 10969 Berlin, Tel. (030) 726298-133, Fax 726298-134, u.heimann@vdz.de

Verband der Zeitschriftenverlage Nord e.V., Bei dem Neuen Krahn 2, 20457 Hamburg, Tel. (040) 369816-0, Fax 369816-44, info@vzvnord.de

Verband der Zeitschriftenverlage Niedersachsen-Bremen e.V., Bei dem Neuen Krahn 2, 20457 Hamburg, Tel. (040) 369816-0, Fax 369816-44, info@vzvnord.de

Verband der Zeitschriftenverlage in Nordrhein-Westfalen e.V., Paul-Schallück-Str. 6, 50939 Köln, Tel. (0221) 9411414, Fax 4200066, verband@vzvnrw.de

Südwestdeutscher Zeitschriftenverleger-Verband e.V. (SZV), Hospitalstr. 22–24, 70174 Stuttgart, Tel. (0711) 290618, Fax 221915, info@szv.de

VDZ Landesverband Mitteldeutschland e.V., Zeitschriftenverlage in Sachsen, Sachsen-Anhalt und Thüringen, Markgrafenstr. 15, 10969 Berlin, Tel. (030) 726298-133, Fax 726298-134, u.heimann@vdz.de

Weitere Zusammenschlüsse von Verlagen

Börsenverein des Deutschen Buchhandels e.V., Großer Hirschgraben 17–21, 60311 Frankfurt am Main, Tel. (069) 1306-0, Fax 1306-201, info@boev.de

Bundesverband Deutscher Anzeigenblätter e.V. (BVDA), Markgrafenstr. 15, 10969 Berlin, Tel. (030) 726298-2818, Fax 726298-2800, info@bvda.de

Lokalzeitungen Service GmbH, Dovestr. 1, 10587 Berlin, Tel. (030) 398051-0, Fax 398051-51, info@lokalpresse.de

Zeitungs Marketing Gesellschaft (ZMG), Schmidtstr. 53, 60326 Frankfurt am Main, Tel. (069) 973822-0, infocenter@zmg.de

Mediengewerkschaften

Deutscher Journalisten-Verband e.V. (DJV), Gewerkschaft der Journalistinnen und Journa-
    listen, Pressehaus 2107, Schiffbauerdamm 40, 10117 Berlin, Tel. (030) 726279-20,
    Fax 726279-213, djv@djv.de
Deutsche Journalistinnen- und Journalisten-Union (dju) in ver.di Vereinte Dienstleistungs-
    gewerkschaft, Fachbereich 8: Medien, Kunst und Industrie, Paula-Thiede-Ufer 10,
    10179 Berlin, Tel. (030) 6956-2322, Fax 6956-3657, dju@verdi.de

Sonstige medienrelevante Organisationen und Institutionen

Arbeitsgemeinschaft Media-Analyse e.V., Am Weingarten 25, 60487 Frankfurt am Main,
    Tel. (069) 156805-0, Fax 156805-40, agma@agma-mmc.de
Bundesverband Deutscher Fernsehproduzenten e.V., Brienner Str. 26, 80333 München,
    Tel. (089) 28628-385, Fax 28628-247, post@tv-produzenten.de
Bundesverband audiovisuelle Medien e.V., Deichstr. 19, 20459 Hamburg,
    Tel. (040) 369056-0, Fax 369056-10, info@bvv-medien.de
Deutsche Gesellschaft für Publizistik- und Kommunikationswissenschaft, Universität Erfurt,
    Nordhäuser Str. 63, 99089 Erfurt, Tel. (0361) 737-4170, dgpuk@uni-erfurt.de
Deutsche Public Relations Gesellschaft (DPRG), Unter den Eichen 128, 12203 Berlin,
    Tel. (030) 804097-33, Fax 804097-34, info@dprg.de
Deutscher Presserat e.V., Gerhard-von-Are-Str. 8, 53111 Bonn, Tel. (0228) 98572-0,
    Fax 98572-99, info@presserat.de
Deutscher Werberat, Am Weidendamm 1a, 10117 Berlin, Tel. (030) 590099-700,
    Fax 590099-722, werberat@werberat.de
Gesellschaft Public Relations Agenturen e.V. (GPRA), Wöhlerstr. 3 – 5, 60323 Frankfurt am
    Main, Tel. (069) 710423-260, Fax 710423-200, info@gpra.de
Hans-Bredow-Institut für Medienforschung, Heimhuderstr. 21, 20148 Hamburg,
    Tel. (040) 450217-0, Fax 450217-77, info@hans-bredow-institut.de
Institut für Medienforschung und Urbanistik (IMU), Hermann-Lingg-Str. 10, 80336 Mün-
    chen, Tel. (089) 544126-0, Fax 544126-11, imu-muenchen@imu-institut.de
Institut für den wissenschaftlichen Film, IWF Wissen und Medien GmbH, Nonnenstieg 72,
    37075 Göttingen, Tel. (0551) 5024-0, Fax 5024-400, iwf-goe@iwf.de
Institut für Zeitungsforschung Dortmund, Königswall 18, 44122 Dortmund,
    Tel. (0231) 5023221, Fax 5026018, zeitungsforschung.dortmund@stadtdo.de
Institut für Rundfunkökonomie, Universität Köln, Hohenstaufenring 57a, 50674 Köln,
    Tel. (0221) 233536, Fax 241134, rundfunk-institut@uni-koeln.de
Künstlersozialkasse, Gökerstraße 14, 26384 Wilhelmshaven, Tel. (04421) 7543-9,
    Fax 7543-586, auskunft@kuenstlersozialkasse.de
Münchner Kreis – Übernationale Vereinigung für Kommunikationsforschung e.V., Tal 16,
    80331 München, Tel. (089) 223238, Fax 225407, office@muenchner-kreis.de
Pensionskasse für freie Mitarbeiter der deutschen Rundfunkanstalten, Bertramstr. 8, 60320
    Frankfurt am Main, Tel. (069) 155-3126, Fax 155-2853, pensionskasse@hr-online.de

Verband Privater Rundfunk und Telemedien e.V., Stromstr. 1, 10555 Berlin,
    Tel. (030) 39880-0, Fax 39880-148, info@vprt.de
Vereinigung der Rundfunk-, Film- und Fernsehschaffenden (VRFF), ZDF-Str. 1, 55127
    Mainz, Tel. (06131) 704687, Fax 338152, www.vrff.de
Versorgungswerk der Presse GmbH, Wilhelmsplatz 8, 70182 Stuttgart, Tel. (0711) 2056-168,
    Fax 2056-121, kontakt@presse-versorgung.de
Verwertungsgesellschaft Bild-Kunst, Weberstr. 61, 53113 Bonn, Tel. (0228) 91534-0,
    Fax 91534-39, info@bildkunst.de
Verwertungsgesellschaft Wort, Goethestr. 49, 80336 München, Tel. (089) 51412-0,
    vgw@vgwort.de
Wissenschaftliches Institut für Infrastruktur und Kommunikationsdienste GmbH, Rhön-
    dorferstr. 68, 53604 Bad Honnef, Tel. (02224) 9225-0, Fax 9225-63, info@wik.org
Zentralverband der deutschen Werbewirtschaft e.V. (ZAW), Am Weidendamm 1a, 10117
    Berlin, Tel. (030) 590099-700, Fax 590099-722, zaw@zaw.de

Wichtige gesellschaftliche Gruppen und Verbände

Bundesvereinigung der Deutschen Arbeitgeberverbände, Haus der deutschen Wirtschaft,
    Breite Str. 29, 10178 Berlin, Tel. (030) 2033-0, info@bda-online.de
Bundesverband der Deutschen Industrie e.V., Breite Str. 29, 10178 Berlin, Tel. (030) 2028-0,
    Fax 2028-2450, info@bdi.eu
Deutscher Industrie- und Handelskammertag, Breite Str. 29, 10178 Berlin,
    Tel. (030) 20308-0, Fax 20308-1000, infocenter@berlin.dihk.de
Deutscher Städtetag, Lindenallee 13 – 17, 50968 Köln, Tel. (0221) 3771-0, Fax 3771-128,
    post@staedtetag.de
Institut der deutschen Wirtschaft Köln, Gustav-Heinemann-Ufer 84 – 88, 50968 Köln,
    Tel. (0221) 4981-1, Fax 4981-533, welcome@iwkoeln.de

Aus- und Weiterbildung

Journalistenschulen

Axel Springer Akademie, Axel-Springer-Str. 65, 10888 Berlin, Tel. (030) 2591-78800,
    Fax 2591-78801, info@axel-springer-akademie.de
Burda Journalistenschule, Hubert Burda Media, Arabellastr. 23, 81925 München,
    Tel. (089) 9250-0, info@hubert-burda-media.com
Deutsche Journalistenschule, Altheimer Eck 3, 80331 München, Tel. (089) 2355740,
    post@djs-online.de
Erich-Brost-Institut für Journalismus in Europa gGmbH, Otto-Hahn-Straße 2, 44221 Dort-
    mund, Tel. (0231) 75569-71, Fax 75569-55, info@brost.org
Georg von Holtzbrinck-Schule für Wirtschaftsjournalisten, Kasernenstr. 67, 40213 Düssel-
    dorf, Tel. (0211) 887-1547, Fax 887-971547, klaus.methfessel@wiwo.de
Henri-Nannen-Schule, Stubbenhuk 10, 20459 Hamburg, Tel. (040) 3703-2376,
    Fax 3703-5698, hns@guj.de
Journalistenschule Ruhr (JSR), Schederhofstr. 55–57, 45145 Essen, Tel. (0201) 804-1960,
    Fax 804-1963, m.jentsch@journalistenschule-ruhr.de
Klara, Schule für Journalismus und Öffentlichkeitsarbeit GmbH Berlin, Ritterstraße 3,
    10969 Berlin, Tel. (030) 797427-0, Fax 797427-22, info@klaraberlin.de
RTL Journalistenschule für TV und Multimedia GmbH, Aachener Str. 1040, 50858 Köln,
    Tel. (0221) 45664-00, Fax 45664-99, info@rtl-journalistenschule.de

Universitäten und Hochschulen

Aufgeführt sind ausgewählte Universitäten und Hochschulen, die ein Studienangebot für Journalistik und Publizistik machen.

Otto-Friedrich-Universität Bamberg, Lehrstuhl für Kommunikationswissenschaft/Journalis-
    tik, An der Universität 9, 96045 Bamberg, Tel. (0951) 863-2158, Fax 863-5158,
    helga.meinhardt@uni-bamberg.de
Freie Universität Berlin, Institut für Publizistik und Kommunikationswissenschaft,
    Malteserstr. 74-100, 12249 Berlin, Tel. (030) 83870-803, Fax 83870-731,
    ikk@zedat.fu-berlin.de
Hochschule Bremen, Internationaler Studiengang Fachjournalistik, Neustadtwall 30, 28199
    Bremen, Tel. (0421) 59053-187, fachjournalismus@hs-bremen.de
Hochschule Darmstadt, Campus Dieburg, Fachbereich Media, Studienbereich Journa-
    lismus, Max-Planck-Str. 2, 64807 Dieburg, Tel. (06071) 8294-20, Fax 8294-25,
    schaible@h-da.de
Universität Dortmund, Institut für Journalistik, Emil-Figge-Str. 50, 44227 Dortmund,
    Tel. (0231) 755-2827, Fax 755-5583, angelika.schomann@udo.edu
Katholische Universität Eichstätt-Ingolstadt, Diplom-Studiengang Journalistik,
    Ostenstr. 23-25, 85072 Eichstätt, Tel. (08421) 93-1564, Fax 93-1786,
    www.ku-eichstaett.de/Fakultaeten/SLF/jour

Universität Erfurt, Studienrichtung Kommunikationswissenschaft, Nordhäuser Str. 63, 99089 Erfurt, Tel. (0361) 737-4170, Fax 737-4179, angelika.pollak@uni-erfurt.de

Universität Hamburg, Institut für Journalistik und Kommunikationswissenschaft, Allende-Platz 1, 20146 Hamburg, Tel. (040) 42838-5448, Fax 42838-2418, corinna.ohlmeier@uni-hamburg.de

Hochschule für Musik und Theater Hannover, Institut für Journalistik und Kommunikationsforschung, Expo Plaza 12, 30539 Hannover, Tel. (0511) 3100-497, Fax 3100-400, info@ijk.hmt-hannover.de

Friedrich-Schiller-Universität Jena, Bereich Medienwissenschaft, Lehrstuhl Grundlagen der medialen Kommunikation und der Medienwirkung, Ernst-Abbe-Platz 8, 07743 Jena, Tel. (03641) 944-930, Fax 944-932, Georg.Ruhrmann@uni-jena.de

Deutsche Sporthochschule Köln, Institut für Sportpublizistik, Carl-Diem-Weg 6, 50933 Köln, Tel. (0221) 4982-6100, Fax 4982-3150, sportpublizistik@dshs-koeln.de

Universität Leipzig, Institut für Kommunikations- und Medienwissenschaft, Burgstr. 21, 04109 Leipzig, Tel. (0341) 97357-30, Fax 97357-48, frueh@rz.uni-leipzig.de

Johannes-Gutenberg-Universität Mainz, Institut für Publizistik, Colonel-Kleinmann-Weg 2, 55099 Mainz, Tel. (06131) 392-2670, Fax 392-4239, ifpmail@uni-mainz.de

Johannes-Gutenberg-Universität Mainz, Journalistisches Seminar, Alte Universitätsstr. 17, 55116 Mainz, Tel. (06131) 39393-00, Fax 39393-02, journal@uni-mainz.de

Ludwig-Maximilians-Universität München, Institut für Kommunikationswissenschaft und Medienforschung, Oettingenstr. 67, 80538 München, Tel. (089) 2180-9428, Fax 2180-9429, post@ifkw.lmu.de

Westfälische Wilhelms-Universität Münster, Institut für Kommunikationswissenschaft, Bispinghof 9-14, 48143 Münster, Tel. (0251) 832-4260, Fax 832-1310, kommunikationswissenschaft@uni-muenster.de

Universität Hohenheim, Institut für Sozialwissenschaften, Fachgebiet 6 für Kommunikationswissenschaft und Journalistik, Fruwirthstr. 49, 70599 Stuttgart, Tel. (0711) 459-22639, Fax 459-23429, sekrkowi@uni-hohenheim.de

Universität Wien, Institut für Publizistik- und Kommunikationswissenschaft, Schopenhauerstr. 32, A-1180 Wien, Tel. (0043) (1)4277 49333, martina.winkler@univie.ac.at

Universität Zürich, Institut für Publizistikwissenschaft und Medienforschung, Andreasstr. 15, CH-8050 Zürich, Tel. (0041) (0)44 634-4661, Fax 634-4934, sekretariat@ipmz.uzh.ch

Filmhochschulen

Deutsche Film- und Fernsehakademie Berlin, Potsdamer Str. 2, 10785 Berlin, Tel. (030) 25759-0, Fax 25759-162, info@dffb.de

Filmakademie Baden-Württemberg GmbH, Mathildenstr. 20, 71638 Ludwigsburg, Tel. (07141) 969-0, Fax 969-299, info@filmakademie.de

Hochschule für Fernsehen und Film München, Frankenthaler Str. 23, 81539 München, Tel. (089) 68957-0, Fax 68957-189, info@hff-muc.de

Hochschule für Film und Fernsehen »Konrad Wolf«, Marlene-Dietrich-Allee 11, 14482 Potsdam-Babelsberg, Tel. (0331) 6202-0, Fax 6202-199, info@hff-potsdam.de

Weiterbildungseinrichtungen

Akademie Berufliche Bildung der deutschen Zeitungsverlage e.V., In der Wehrhecke 1, 53125
    Bonn, Tel. (0228) 25900-0, Fax 25900-26, info@abzv.de
Akademie der bayerischen Presse e.V. (ABP), Rosenheimer Str. 145b – c, 81671 München,
    Tel. (089) 499992-0, Fax 499992-22, abp@a-b-p.de
Akademie für Publizistik e.V., Warburgstr. 8–10, 20354 Hamburg, Tel. (040) 414796-0,
    Fax 414796-90, info@akademie-fuer-publizistik.de
Bayerische Akademie für Fernsehen e.V. (BAF), Betastr. 5, 85774 Unterföhring,
    Tel. (089) 427432-0, Fax 427432-23, info@fernsehakademie.de
Bundeszentrale für politische Bildung, Adenauerallee 86, 53113 Bonn, Tel. (0228) 99515-0,
    Fax 99515-113, info@bpb.de
Christliche Medien-Akademie, Medienschule des Christlichen Medienverbundes KEP e.V.,
    Steinbühlstr. 3, 35578 Wetzlar, Tel. (06441) 915-166, Fax 915-157,
    info@christliche-medienakademie.de
Deutscher Journalisten-Verband, DJV-Bildungswerk, Schiffbauerdamm 40, 10117 Berlin,
    Tel. (030) 726279-20, Fax 726279-213, djv@djv.de
Evangelische Medienakademie, Jebensstr. 3, 10623 Berlin, Tel. (030) 31001-1215,
    Fax 31001-1250, iz@ev-medienakademie.de
Initiative Tageszeitung e.V., Stapenhorststr. 42b, 33615 Bielefeld, Tel. (0521) 30546-80,
    Fax 30546-81, info@initiative-tageszeitung.de
Frankfurter Institut für Bildung und Medienentwicklung GmbH, Ostparkstr. 47 – 49, 60385
    Frankfurt am Main, Tel. (069) 943599-28, Fax 943599-29, www.fibm.de
Institut zur Förderung publizistischen Nachwuchses e.V., Rosenheimer Str. 145b, 81671
    München, Tel. (089) 549103-0, Fax 5504486, info@ifp-kma.de
Journalistenakademie der Konrad-Adenauer-Stiftung e.V., Rathausallee 12, 53757 Sankt
    Augustin, Tel. (02241) 246-231, Fax 246-573, kristina.schmittgen@kas.de
Kölner Journalistenschule für Politik und Wirtschaft e.V., Im MediaPark 6, 50670 Köln,
    Tel. (0221) 995587-0, Fax 995587-79, koelnerjournalistenschule@komed.de

Öffentlichkeitsarbeit

Akademie Führung und Kommunikation (AFK), Aumühlenstr. 12, 61440 Oberursel,
    Tel. (06171) 2879-28, Fax 2879-18, info@AFK-Online.com
Bayerische Akademie für Werbung und Marketing e.V. (BAW), Orleansstr. 34, 81667 München, Tel. (089) 480909-10, Fax 480909-19, www.baw-online.de
Deutsches Institut für Public Relations e.V. (DIPR), Moorfuhrtweg 11, 22301 Hamburg,
    Tel. (040) 209445-05, Fax 209445-06, info@dipr.de
Deutsche Akademie für Public Relations GmbH (DAPR), Platter Str. 152A, 65193 Wiesbaden, Tel. (0611) 53176-63, Fax 53176-64, info@dapr.de
PR Plus GmbH, Bunsenstr. 18, 69115 Heidelberg, Tel. (06221) 90586-10, Fax 90586-14,
    info@prplus.de

Journalistenpreise in Deutschland

Adolf-Grimme-Preis für vorbildliche Fernsehsendungen und -leistungen
Adolf-Grimme-Institut, Eduard-Weitsch-Weg 25, 45768 Marl, Tel. (02365) 9189-0,
Fax 9189-89, info@grimme-institut.de
Axel-Springer-Preis für junge Journalisten
Axel-Springer-Akademie, Axel-Springer-Preis für junge Journalisten, Axel-Springer-Straße
65, 10888 Berlin, Tel. (030) 2591-72800, Fax 2591-72828,
aspreis@axel-springer-akademie.de
BLM-Hörfunk- und Lokalfernseh-Preis
Bayerische Landeszentrale für neue Medien, Heinrich-Lübke-Str. 27, 81737 München,
Tel. (089) 63808-0, Fax 63808-290, lokalrundfunktage@blm.de
Deutscher Sozialpreis – Medienpreis für herausragende journalistische Arbeiten zu sozialen Themen
Bundesarbeitsgemeinschaft der Freien Wohlfahrtspflege, Deutscher Sozialpreis, Oranienburger Str. 13–14, 10178 Berlin, Tel.: (030) 24089-0, Fax 24089-134,
info@bag-wohlfahrt.de
Deutsch-Französischer Journalistenpreis für Beiträge, die das Verständnis zwischen Deutschland und Frankreich fördern
Deutsch-Französischer Journalistenpreis, Saarländischer Rundfunk, Funkhaus Halberg,
66100 Saarbrücken, Tel. (0681) 602-2407, Fax 602-2608, dfjp@sr-online.de
Dr.-Kurt-Magnus-Preis für Nachwuchsjournalisten in den ARD-Hörfunkprogrammen
ARD c/o Hessischer Rundfunk, Bertramstr. 8, 60320 Frankfurt am Main, Tel. (069) 155-1,
Fax 155-2900, pressestelle@hr-online.de
Dr.-Erich-Salomon-Preis für die vorbildliche Anwendung der Photographie in der Publizistik
Deutsche Gesellschaft für Photographie e.V., Rheingasse 8-12, 50676 Köln,
Tel. (0221) 92320-69, Fax 92320-70, dgph@dgph.de
Ernst-Schneider-Preis für Wirtschaftspublizistik
Deutsche Industrie- und Handelskammern, Ernst-Schneider-Preis, Unter Sachsenhausen
10–26, 50667 Köln, Tel. (0221) 1640-157, Fax 1640-499, christian.knull@koeln.ihk.de
Förderpreis für junge Journalisten
Hanns-Seidel-Stiftung e.V., Referat IV/4, Medienpolitik und journalistische Nachwuchsförderung, Prof. Hans-Peter Niedermeier, Lazarettstr. 33, 80636 München,
Tel. (089) 1258-272, Fax 1258-403, weiss-r@hss.de
Friedrich-Vogel-Preise für Wirtschaftsjournalismus
Friedrich-und-Isabel-Vogel-Stiftung, c/o Stifterverband für die Deutsche Wissenschaft,
Barkhovenallee 1, 45239 Essen, Tel. (0201) 8401-154, Fax 8401-255,
harald.schaaf@stifterverband.de
Friedwart Bruckhaus-Förderpreis für junge Wissenschaftler und Journalisten mit Beiträgen zu wissenschaftlichen Themen
Hanns Martin Schleyer-Stiftung, Bachemer Straße 312, 50935 Köln, Tel. (0221) 384085,
Fax 344697, info@schleyer-stiftung.de

Georg von Holtzbrinck Preis für Wirtschaftspublizistik und Georg von Holtzbrinck Preis für Wissenschaftsjournalismus
Veranstaltungsforum der Verlagsgruppe Georg von Holtzbrinck GmbH, Taubenstraße 23, 10117 Berlin, Tel. (030) 278718-0, Fax 278718-18, office@vf-holtzbrinck.de

Hanns-Joachim-Friedrichs-Preis für Fernsehjournalismus
Hanns-Joachim-Friedrichs-Preis für Fernsehjournalismus e.V., c/o ARD Hauptstadtstudio, Thomas Roth, Wilhelmstr. 67a, 10117 Berlin, thomas.roth@ard-hauptstadtstudio.de

Henri-Nannen-Preis für herausragende Leistungen im Print-Journalismus
Henri Nannen Preis, stern-Redaktion, 20444 Hamburg, Tel. (040) 3703-0, Fax 3703-5631, nannen-preis@stern.de

Herbert-Quandt-Medienpreis für Wirtschaftspublizistik
Johanna-Quandt-Stiftung, Seedammweg 55, 61352 Bad Homburg, Tel. (06172) 404-342, Fax 404-420, info@johanna-quandt-stiftung.de

Journalistenpreis der deutschen Zeitungen – Theodor-Wolff-Preis
Kuratorium für den Journalistenpreis der deutschen Zeitungen, Theodor-Wolff-Preis, Bundesverband deutscher Zeitungsverleger, Markgrafenstraße 15, 10969 Berlin, Tel. (030) 726298-240, Fax 726298-243, twp@bdzv.de

Journalistenpreis der DGE für Beiträge zum Thema Ernährung
Deutsche Gesellschaft für Ernährung e.V., Referat Öffentlichkeitsarbeit, Godesberger Allee 18, 53175 Bonn, Tel. (0228) 3776-600, Fax 3776-800, www.dge.de

JournalistInnenpreis der Deutschen Umweltstiftung für journalistische Leistungen zum Thema Umweltschutz
Deutsche Umweltstiftung, Schlachthofstr. 6, 76726 Germersheim, Tel. (07274) 4767, Fax 77302, www.deutscheumweltstiftung.de

Karl-Theodor-Vogel-Preis für herausragende Leistungen von Fachjournalisten
Vogel Medien GmbH & Co. KG, Max-Planck-Str. 7/9, 97064 Würzburg, Tel. (0931) 418-0, Fax 418-2100, info@vogel-medien.de

Katholischer Medienpreis
Sekretariat der Deutschen Bischofskonferenz, Bereich Kirche und Gesellschaft, Geschäftsführung »Katholischer Medienpreis«, Kaiserstr. 161, 53113 Bonn, Tel. (0228) 103-244, Fax 103-450, k.henning@dbk.de

LfK-Medienpreis für private Rundfunkveranstalter in Baden-Württemberg
Landesanstalt für Kommunikation Baden-Württemberg, Rotebühlstr. 121, 70178 Stuttgart, Tel. (0711) 66991-0, Fax 66991-11, info@lfk.de

LfM-Hörfunkpreis für herausragende Leistungen in Programmen des NRW-Privatfunks
Landesanstalt für Medien Nordrhein-Westfalen (LfM), Stichwort LfM-Hörfunkpreis, Zollhof 2, 40221 Düsseldorf, Tel. (0211) 77007-0, Fax 727170, info@lfm-nrw.de

Lokaljournalistenpreis der Konrad-Adenauer-Stiftung
Konrad-Adenauer-Stiftung e.V., Uta Hellweg, Klingelhöferstraße 23, 10785 Berlin, Tel. (030) 26996-3222, Fax 26996-3261, Uta.Hellweg@kas.de

Ludwig-Erhard-Preis für Wirtschaftspublizistik
Ludwig-Erhard-Stiftung e.V., Johanniterstr. 8, 53113 Bonn, Tel. (0228) 53988-0, Fax 53988-49, info@ludwig-erhard-stiftung.de

Medienpreis des Deutschen Bundestages für publizistische Arbeiten zum Thema Parlamentarismus

Deutscher Bundestag, Referat WD 1, Medienpreis, Platz der Republik 1, 11011 Berlin,
Tel. (030) 227-38630, Fax 227-36464, vorzimmer.wd1@bundestag.de

Medienpreis für Sprachkultur

Gesellschaft für deutsche Sprache, Spiegelgasse 13, 65183 Wiesbaden, Tel. (0611) 99955-0,
Fax 99955-30, sekr@gfds.de

Pressefoto des Jahres

World-Press-Photo, Jacob Obrechtstraat 26, NL-1071 KM Amsterdam, Niederlande,
Tel. (0031) (20) 676-6096, Fax 676-4471, office@worldpressphoto.de

Robert-Geisendörfer-Preis für herausragende publizistische Leistungen von Hörfunk- und Fernsehsendern

Gemeinschaftswerk der evangelischen Publizistik gGmbH, Emil-von-Behring-Str. 3, 60439
Frankfurt am Main, Tel. (069) 58098-186, Fax 58098-274, cippitelli@gep.de

Siebenpfeiffer-Preis für journalistisches Engagement zu Förderung des demokratischen Bewusstseins

Verleiher: Siebenpfeiffer-Stiftung, Teilnahme: medienübergreifend, Bewerbung/Auskunft:
Siebenpfeiffer-Stiftung, c/o Saarpfalz-Kreis, Am Forum 1, 66424 Homburg,
Tel. (06841) 104-419, info@saarpfalz-kreis.de

Wächterpreis der Tagespresse für couragierte Reporter, die Missstände in Bürokratie und Verwaltung aufdecken

Stiftung »Freiheit der Presse«, FFH-Platz 1, 61116 Bad Vilbel, Tel. (06101) 9889-0,
Fax 9889-20, www.waechterpreis.de

Medienbezogene periodische Publikationen

Bei den bibliografischen Angaben über Zeitschriften und Jahrbücher zum Thema Medien und Journalismus handelt es sich um eine Auswahl wichtiger Titel.

Zeitschriften

»Forum«, Deutscher Instituts-Verlag GmbH, Köln

»Horizont«, Deutscher Fachverlag GmbH, Frankfurt

»Journalist«, Hg.: Deutscher Journalisten-Verband, Gewerkschaft der Journalistinnen und Journalisten, Verlag Rommerskirchen AG, Remagen-Rolandseck

»Media Perspektiven«, Hg.: Arbeitsgemeinschaft der ARD-Werbegesellschaften, Frankfurt am Main

»Medien & Kommunikationswissenschaft«, Hg.: Hans-Bredow-Institut für Rund-funk und Fernsehen an der Universität Hamburg, Nomos Verlagsgesellschaft, Baden-Baden

»Medienspiegel«, Deutscher Instituts-Verlag GmbH, Köln

»Medium Magazin. Unabhängige Zeitschrift für Journalisten«, Verlag Johann Oberauer GmbH, Freilassing

»message«, Hg.: Michael Haller, WF-Edition Verlag GmbH, Stuttgart

»M – Menschen machen Medien« Zeitschrift der Vereinten Dienstleistungsgewerkschaft (ver.di), Fachbereich 8 (Medien, Kunst, Industrie), Berlin

»pr magazin. Das Magazin der Kommunikationsbranche«, Verlag Rommerskirchen AG, Remagen-Rolandseck

»Public Relations Forum für Wissenschaft und Praxis«, Antim Verlag GmbH, Nürnberg

»Publizistik. Vierteljahreshefte für Kommunikationsforschung«, Hg.: VS Verlag für Sozialwissenschaften/GWV Fachverlage GmbH, Wiesbaden

»Tendenz. Magazin für Funk und Fernsehen der Bayerischen Landeszentrale für neue Medien«, Hg.: Bayerische Landeszentrale für neue Medien (BLM), München

»w&v werben und verkaufen«, Hg.: Medien 2000, Europa-Fachpresse, München

Jahrbücher

Adolf Grimme Institut, Marl/Gemeinschaftswerk der Evangelischen Publizistik, Frankfurt am Main/Katholischen Institut für Medieninformation (Hg.): Jahrbuch Fernsehen, Köln

Arbeitsgemeinschaft der Landesmedienanstalten in der Bundesrepublik Deutschland (ALM) (Hg.): Jahrbuch der Landesmedienanstalten. Privater Rundfunk in Deutschland, Verlag Reinhard Fischer, München

Arbeitsgemeinschaft der öffentlich-rechtlichen Rundfunkanstalten der Bundesrepublik Deutschland (ARD) (Hg.): ARD-Jahrbuch, Frankfurt am Main

Bundesverband Deutscher Zeitungsverleger e.V. (Hg.): Zeitungen, ZV Zeitungs-Verlag Service GmbH, Bonn

Deutscher Presserat (Hg.): Jahrbuch Deutscher Presserat, UVK Verlagsgesellschaft mbH, Konstanz

Deutscher Werberat (Hg.): Jahrbuch Deutscher Werberat, Berlin

Hans-Bredow-Institut für Rundfunk und Fernsehen an der Universität Hamburg (Hg.): Internationales Handbuch für Hörfunk und Fernsehen, Nomos Verlagsgesellschaft, Baden-Baden

Initiative Tageszeitung: Redaktion – Jahrbuch für Journalisten, Bonn

Ory, Stephan/Bauer, Helmut (Hg.): Hörfunk Jahrbuch, Vistas Verlag GmbH, Berlin

Zweites Deutsches Fernsehen (Hg.): ZDF Jahrbuch, Mainz

Literatur

Ahlke, Karola/Hinkel, Jutta: Sprache und Stil. Ein Handbuch für Journalisten. Konstanz 1999.

Alkan, Saim R.: 1x1 für Online-Redakteure und Online-Texter. Einstieg in den Online-Journalismus. Göttingen 2006.

Altmeppen, Klaus-Dieter/Donges, Patrick/Engels, Kerstin: Transformation im Journalismus. Berlin 1999.

Altmeppen, Klaus-Dieter/Hömberg, Walter (Hg.) : Journalisten-Ausbildung für eine veränderte Medienwelt. Diagnosen, Institutionen, Projekte. Wiesbaden 2002.

Altmeppen, Klaus-Dieter/Karmasin, Matthias (Hg.): Medien und Ökonomie 3. Anwendungsfelder der Medienökonomie. Wiesbaden 2006.

Arbeitsgemeinschaft der ARD-Werbegesellschaften (Hg.): Media Perspektiven Basisdaten. Frankfurt am Main 2006.

Arbeitsgemeinschaft der Landesmedienanstalten in der Bundesrepublik Deutschland (ALM) (Hg.): ALM Jahrbuch 2006. Landesmedienanstalten und privater Rundfunk in Deutschland. Berlin 2007.

Arbeitsgemeinschaft der öffentlich-rechtlichen Rundfunkanstalten der Bundesrepublik Deutschland (ARD) (Hg.): ARD-Jahrbuch 2006. Baden-Baden 2006.

ARD und ZD: Was Sie über Rundfunk wissen sollten: Materialien zum Verständnis eines Mediums. Berlin 2002.

Arnold, Bernd-Peter: ABC des Hörfunks. 2. Auflage. Konstanz 1999.

Atteslander, Peter: Methoden der empirischen Sozialforschung. 11., neu bearbeitete und erweiterte Auflage. Berlin 2006.

Avenarius, Horst: Public Relations. Die Grundform der gesellschaftlichen Kommunikation. 2. Auflage. Darmstadt 2002.

Bader, Renate: Was ist publizistische Qualität? Ein Annäherungsversuch am Beispiel Wissenschaftsjournalismus. In: Bammé, Arno/Kotzmann, Ernst/Reschenberg, Hasso (Hg.): Publizistische Qualität – Probleme und Perspektiven ihrer Bewertung. München 1993, S. 17–39.

Bauer, Helmut G./Detjen, Claus/Müller-Römer, Frank/Posewang, Wolfgang: Die Neuen Medien. Das aktuelle Praktiker-Handbuch. Recht, Technik, Anwendung, Marketing. Ulm 2004.

Baumert, Andreas: Interviews in der Recherche. Redaktionelle Gespräche zur Informationsbeschaffung. Wiesbaden 2004.

Beck, Hanno: Medienökonomie. Print, Fernsehen und Multimedia. Berlin, Heidelberg 2005.

Bentele, Günter/Brosius, Hans-Bernd/Jarren, Otfried (Hg.): Öffentliche Kommunikation. Handbuch Kommunikations- und Medienwissenschaft. Wiesbaden 2003.

Bentele, Günter/Fröhlich, Romy/Szyszka, Peter: Handbuch der Public Relations. Wissenschaftliche Grundlagen und berufliches Handeln. Wiesbaden 2005.

Berg, Klaus/Kiefer, Marie-Luise (Hg.): Massenkommunikation VI: Eine Langzeitstudie zur Mediennutzung und Medienbewertung. Baden-Baden 2002.

Bleich, Thomas: Qualitätskriterien medizinischer Magazinsendungen im deutschen Fernsehen, Analyse des Forschungsstandes und Entwicklung eines Anwendungsmodells. Diplomarbeit, Institut für Journalistik und Kommunikationsforschung, Hochschule für Musik und Theater. Hannover 2000.

Bloom-Schinnerl, Margareta: Der gebaute Beitrag. Ein Leitfaden für Radiojournalisten. Konstanz 2002.

Bogner, Franz M.: Das Neue PR-Denken. Strategien, Konzepte, Aktivitäten. 3., aktualisierte und erweiterte Auflage. Frankfurt 2005.

Bogula, Werner: Leitfaden Online-PR. Konstanz 2007.

Bölke, Dorothee: Presserecht für Journalisten. München 2004.

Bonfadelli, Heinz: Medienwirkungsforschung II. Anwendungen in Politik, Wirtschaft und Kultur. Konstanz 2000.

Bonfadelli, Heinz: Medienwirkungsforschung I. Grundlagen und theoretische Perspektiven. Konstanz 2004.

Branahl, Udo: Medienrecht. Eine Einführung. 5., überarbeitete Auflage. Opladen/Wiesbaden 2006.

Brauer, Gernot: Wege in die Öffentlichkeitsarbeit: Einstieg, Einordnung und Einkommen in PR-Berufe. 4., überarbeitete und erweiterte Auflage. Konstanz 2002.

Brendel, Matthias/Brendel, Frank/Schertz, Christian/Schreiber, Henrik: Richtig recherchieren. Wie Profis Informationen suchen und sich besorgen; ein Handbuch für Journalisten, Rechercheure und Öffentlichkeitsarbeiter. 6., aktualisierte Auflage. Frankfurt am Main 2004.

Brosius, Hans-Bernd: Methoden der empirischen Kommunikationsforschung. Eine Einführung. 4., überarbeitete und erweiterte Auflage. Wiesbaden 2007.

Bucher, Hans-Jürgen/Altmeppen, Klaus-Dieter (Hg.): Qualität im Journalismus. Wiesbaden 2003.

Bundesverband Deutscher Zeitungsverleger e.V. (Hg.): Zeitungen 2007. Berlin 2007.

Bürger, Joachim: Wie sag ich's der Presse. Landsberg/Lech 2007.

Buss, Eugen/Fink-Heuberger, Ulrike: Image Management. Wie Sie Ihr Image-Kapital erhöhen. Erfolgsregeln für das öffentliche Ansehen von Unternehmen, Parteien und Organisationen. Frankfurt am Main 2000.

Cario, Ingmar: Die Deutschland-Ermittler. Investigativer Journalismus und die Methoden der Macher. Münster 2006.

Csoklich, Fritz: Bericht in der Zeitung. In: Pürer, Heinz (Hg.): Praktischer Journalismus in Zeitung, Radio und Fernsehen. 2., überarbeitete und erweiterte Auflage. Konstanz 1996, S. 75-80.

Cutlip, Scott M./Center, Allen H./Broom, Glen M.: Effective Public Relations. Ninth Edition. New Jersey 2006.

Cziesche, Dominik/Leif, Thomas: Puzzle der Profis. In: »Journalist«, Nr. 12 2001, S. 10–14.

Deutscher Journalisten-Verband e.V. (Hg.): Journalisten und ihre Rechte. Hinweise für die redaktionelle Praxis. 2. Auflage. Bonn 1998.

Deutscher Journalisten-Verband e.V. (Hg.): Von Beruf frei. 3. Auflage. Bonn 2003.

Deutscher Journalisten-Verband e.V. (Hg.): DJV Wissen 11. Journalismus und Werbung. Plädoyer für die strikte Trennung zwischen Redaktion und Reklame. Bonn 2007.

Deutscher Journalisten-Verband e. V. (Hg.): DJV-Handbuch für Freie. Bonn 2007.

Deutscher Presserat: Pressekodex in der Fassung vom 13. September 2006. Unter: http://www. presserat.de/Pressekodex.pressekodex.0.html.

Deutscher Presserat (Hg.): Jahrbuch des Deutschen Presserats 2007 Schwerpunktthema »Boulevard und Persönlichkeitsrechte. Wie weit darf die Neugierde gehen?« Konstanz 2007.

Deutscher Werberat (Hg.): Jahrbuch Deutscher Werberat 2007. Berlin 2007.

Deuze, Mark/Bruns, Axel/Neuberger, Christoph (Hg.): Journalism Practice. Preparing for an age of participatory news. In: »Journalism Practice«, Nr. 1 2007, S. 322–338.

Direktorenkonferenz der Landesmedienanstalten (Hg.): ALM Jahrbuch 2006. Landesmedienanstalten und Rundfunk in Deutschland. Berlin 2007.

Dulinski, Ulrike: Sensationsjournalismus in Deutschland. Konstanz 2003.

Eimeren, Birgit van/Frees, Beate: Internetnutzung zwischen Pragmatismus und YouTube-Euphorie. ARD-ZDF-Online-Studie 2007. In: »Media Perspektiven«, Nr. 8 2007, S. 362–378.

Eimeren, Birgit van/Frees, Beate: Schnelle Zugänge, neue Anwendungen, neue Nutzer? ARD-ZDF-Online-Studie 2006. In: »Media Perspektiven«, Nr. 8 2006a, S. 402–415.

Eimeren, Birgit van/Frees, Beate: Zukünftige Medien: Praxistauglich für den Konsumenten? Eine Analyse auf Basis der Daten der ARD/ZDF-Online-Studie und der ARD/ZDF-Studie Massenkommunikation. In: »Media Perspektiven«, Nr. 11 2006b, S. 563–571.

Eimeren, Birgit van/Frees, Beate: ARD-/ZDF-Onlinestudie 2007: Internetnutzung zwischen Pragmatismus und YouTube-Euphorie. In: »Media Perspektiven«, Nr. 8 2007, S. 362–378.

Eimeren, Birgit van/Ridder, Christa-Maria: Trends in der Nutzung und Bewertung der Medien 1970 bis 2005. In: »Media Perspektiven«, Nr. 10 2005, S. 490–504.

Egli von Matt, Sylvia/von Peschke, Hans-Peter/Riniker, Paul: Das Porträt. Konstanz 2003.

Eser, Ruprecht: Praxis versus Prinzip? Nachdenken über Nachrichten. In: »epd Kirche und Rundfunk«, Nr. 49, 26.06.1991, S. 8.

Falkenberg, Viola: Pressemitteilungen schreiben. Zielführend mit der Presse kommunizieren. 3., aktualisierte Auflage. Frankfurt am Main 2004.

Fechner, Frank: Medienrecht. 4. Auflage. Stuttgart 2003.

Fey, Ulrich/Schlüter, Hans-Joachim: Reportagen schreiben. Von der Idee bis zum fertigen Text. Berlin 2006.

Field, Syd/Meyer, Andreas/Witte, Gunther: Drehbuchschreiben für Fernsehen und Film. Ein Handbuch für Ausbildung und Praxis. Berlin 2003.

Gerhards, Maria/Klingler, Walter: Mediennutzung in der Zukunft. Eine Trendanalyse auf der Basis heutiger Datenquellen. In: »Media Perspektiven«, Nr. 6 2007, S. 295–309.

Gerhardt, Rudolf/Steffen, Erich: Kleiner Knigge des Presserechts. Frankfurt 2001.

Gillmor, Dan: We the media. Grassroots Journalism by the people for the people. Sebastopol 2006.

Gläser, Martin: Medienmanagement. München 2008.

Glotz, Peter/Meyer-Lucht, Robin (Hg.): Online gegen Print. Zeitung und Zeitschrift im Wandel. Konstanz 2004.

Goemann-Singer, Alija/Graschi, Petra/Weissenberger, Rita: Recherchehandbuch Wirtschaftsinformationen. Vorgehen, Quellen und Praxisbeispiele. Berlin/Heidelberg 2004.

Goertz, Lutz (Hg.): Perspektiven der Rezeptionsforschung. In: Scherer, Helmut/Brosius,
Hans-Bernd (Hg.): Zielgruppen, Publikumssegmente, Netzgruppen. München 1997,
S. 9–28.

Göpfert, Winfried: Publizistische Qualität: Ein Kriterienkatalog. In: Bammé, Arno/Kotz-
mann, Ernst/Reschenberg, Hasso (Hg.): Publizistische Qualität – Probleme und Perspektiven ihrer Bewertung. München 1993, S. 17–39.

Göpfert, Winfried (Hg.): Wissenschaftsjournalismus. Ein Handbuch für Ausbildung und Praxis. 5., vollständig aktualisierte Auflage. Berlin 2006.

Gscheidle, Christoph/Fisch, Martin: Onliner 2007: Das »Mitmach-Netz« im Breitbandzeital-
ter. In: »Media Perspektiven«, Nr. 8 2007, S. 393–405.

Hachmeister, Lutz/Rager, Günther: Wer beherrscht die Medien? Die 50 größten Medienkonzerne der Welt. Jahrbuch 2005. München 2005.

Hackforth, Josef/Fischer, Christoph (Hg.): ABC des Sportjournalismus. Konstanz 1994.

Haller, Michael: Das Interview. Ein Handbuch für Journalisten. 3., überarbeitete Auflage.
Konstanz 2001.

Haller, Michael: Recherchieren. Ein Handbuch für Journalisten. 6., überarbeitete Auflage.
Konstanz 2004.

Haller, Michael: Die Reportage. 5., überarbeitete Auflage. Konstanz 2006.

Hans-Bredow-Institut (Hg.): Internationales Handbuch Medien 2004/2005. Baden-Baden
2004.

Häusermann, Jürg: Journalistisches Texten. Sprachliche Grundlagen für professionelles Informieren. Konstanz 2005.

Heinrich, Jürgen: Medienökonomie. Band 1: Mediensystem, Zeitung, Zeitschrift, Anzeigenblatt. Wiesbaden 2001.

Heinrich, Jürgen/Moss, Christoph: Wirtschaftsjournalistik. Grundlagen und Praxis. Wiesbaden 2006.

Herbst, Dieter: Public Relations. Das professionelle 1 x 1. 3. Auflage. Berlin 2007.

Hermes, Sandra: Qualitätsmanagement in Nachrichtenredaktionen. Köln 2006.

Herrmann, Günther/Laussen, Matthias: Rundfunkrecht. 2. Auflage. München 2004.

Hesse, Albrecht: Rundfunkrecht: die Organisation des Rundfunks in der Bundesrepublik
Deutschland. 3., neu bearbeitete Auflage. München 2003.

Hofert, Svenja: Erfolgreich als freier Journalist. 2., überarbeitete Auflage. Konstanz 2006.

Holtrop, Thomas/Döpfner, Mathias/Wirtz, Bernd W.: Deutschland Online. Entwicklungsperspektiven der Medien- und Internetmärkte. Wiesbaden 2004.

Hooffacker, Gabriele: Online-Journalismus. Schreiben und Gestalten für das Internet. Ein
Handbuch für Ausbildung und Praxis. 2. Auflage. München 2004.

Hoppe, Anja Maria: Glossenschreiben. Wiesbaden 2000.

Initiative Tageszeitung: Redaktion 2006 – Jahrbuch für Journalisten. Bonn 2006.

Institut zur Förderung publizistischen Nachwuchses/Deutscher Presserat (Hg.): Ethik im
Redaktionsalltag. Konstanz 2005.

Jäckel, Michael: Medienwirkungen: ein Studienbuch zur Einführung. 4., überarbeitete Auflage. Opladen 2007.

Jansen, Angela/Scharfe, Wolfgang: Handbuch der Infografik. Visuelle Information in Publizistik, Werbung und Öffentlichkeitsarbeit. Berlin, Heidelberg 1999.

Jarren, Otfried/Weßler, Hartmut (Hg.): Journalismus – Medien – Öffentlichkeit. Eine Einführung. Wiesbaden 2002.

Jonscher, Norbert: Lokale Publizistik. Theorie und Praxis der örtlichen Berichterstattung. Opladen 1995.

Jüngling, Thomas/Schultz, Hartmut (Hg.): Medienjournalismus und Medien-PR. Systematische Grundlagen und Beiträge aus der Praxis. Berlin 2000.

Kansky, Holger: Geschäftsmodelle für die digitale Zukunft. In: Bundesverband Deutscher Zeitungsverleger e.V. (Hg.): Zeitungen 2007. Berlin 2007, S. 230–241.

Karmasin, Matthias/Winter, Carsten (Hg.): Grundlagen des Medienmanagements. Stuttgart 2003.

Karstens, Eric/Schütte, Jörg: Praxishandbuch Fernsehen. Wie TV-Sender arbeiten. Wiesbaden 2005.

Kepplinger, Hans Mathias/Ehmig, Simone Christine: Content Guide Wirtschaftsmagazine 2003. Institut für Publizistik der Universität Mainz im Auftrag der Zeitschriften Geldidee und Wertpapiere und der Bauer Media KG. Hamburg 2003.

Khazaeli, Cyrus Dominik: Crashkurs Typo und Layout. Überarbeitete Neuausgabe. Reinbek 2005.

Kiefer, Marie-Luise: Medienökonomik. Einführung in eine ökonomische Theorie der Medien. München, Wien 2005.

Kienzlen, Grit/Lublinski, Jan/Stollorz, Volker (Hg.): Fakt, Fiktion, Fälschung. Trends im Wissenschaftsjournalismus. Konstanz 2007.

Kinnigkeit, Willi: Recherchieren ist wichtiger als Schreiben. In: Deutsche Journalistenschule e.V. (Hg.): Praktischer Journalismus. München 1963.

Kleinsteuber, Hans J.: Reisejournalismus. Eine Einführung. Opladen 1997.

Klingler, Walter/Müller, Dieter K. (Hg.): Radio behauptet seine Position im Wettbewerb. Wichtige Ergebnisse und Trends aus der ma 2007 Radio II. In: »Media Perspektiven«, Nr. 9 2007, S. 461–471.

Klinner, Gerd: Visueller Journalismus. In: Pürer, Heinz (Hg.): Praktischer Journalismus in Zeitung, Radio und Fernsehen. 2., überarbeitete und erweiterte Auflage. Konstanz 1996, S. 301–308.

Koch-Gombert, Dominik: Fernsehformate und Formatfernsehen. München 2005.

Kohring, Matthias: Wissenschaftsjournalismus. Forschungsüberblick und Theorieentwurf. Konstanz 2006.

Krömker, Heidi/Klimsa, Paul (Hg.): Handbuch Medienproduktion. Produktion von Film, Fernsehen, Hörfunk, Print, Internet, Mobilfunk und Musik. Wiesbaden 2005.

Krüger, Udo Michael/Müller-Sachse, Karl H.: Medienjournalismus. Strukturen, Themen, Spannungsfelder. Opladen/Wiesbaden 2002.

Krüger, Udo Michael/Zapf-Schramm, Thomas: Sparten, Sendungsformen und Inhalte im deutschen Fernsehangebot 2006. Programmanalyse von ARD/Das Erste, ZDF, RTL, SAT.1 und ProSieben. In: »Media Perspektiven«, Nr. 4 2006, S. 201–221.

La Roche, Walther von: Einführung in den praktischen Journalismus. Mit genauer Beschreibung aller Ausbildungswege Deutschland Österreich Schweiz. 17., völlig neu bearbeitete Auflage. Berlin 2006.

La Roche, Walther von/Buchholz, Axel (Hg.): Radio-Journalismus. Ein Handbuch für Ausbildung und Praxis im Hörfunk. 8., vollständig neu bearbeitet Auflage. München 2004.

Lackner, Herbert: Feature in der Zeitung. In: Pürer, Heinz (Hg.): Praktischer Journalismus in Zeitung, Radio und Fernsehen. 2., überarbeitete und erweiterte Auflage. Konstanz 1996, S. 151–155.

Langer, Inghard/Schulz von Thun, Friedemann/Tausch, Reinhard: Sich verständlich ausdrücken. München 2006.

Laumer, Ralf/Pütz, Jürgen: Krisen-PR in der Praxis. Wie Kommunikations-Profis mit Krisen umgehen. Münster 2006.

Löffler, Martin/Ricker, Reinhart: Handbuch des Presserechts. 5., neu bearbeitete Auflage. München 2005.

Löhr, Paul: Gesundheitsprogramme im deutschen Fernsehen und ihr Publikum. In: Meier, Manfred (Hg.): Gesundheitserziehung in Fernsehen und Hörfunk: Beiträge zu einer internationalen Konferenz mit einer annotierten Auswahlbiographie. Schriftenreihe des Internationalen Zentralinstituts für das Jugend- und Bildungsfernsehen, Nr. 15. München 1982.

Lucius, Wulf D. von: Verlagswirtschaft. Konstanz 2007.

Ludwig, Johannes: Investigativer Journalismus. 2. Auflage. Konstanz 2007.

Maletzke, Gerhard: Kommunikationswissenschaft im Überblick. Opladen 1998.

Malik, Maja: Journalismus-Journalismus. Funktion, Strukturen und Strategien der journalistischen Selbstthematisierung. Wiesbaden 2004.

Mast, Claudia: Wirtschaftsjournalismus. Grundlagen und neue Konzepte für die Presse. 2., völlig überarbeitete und aktualisierte Auflage. Wiesbaden 2003.

Mast, Claudia: Unternehmenskommunikation. Ein Leitfaden. 3. Auflage. Stuttgart 2008.

Mast, Claudia/Spachmann, Klau: Krise der Zeitungen: Wohin steuert der Journalismus? Ergebnisse einer Umfrage unter Chefredakteuren und Schlussfolgerungen. Stuttgart 2003.

Mast, Claudia/Spachmann, Klaus: Reformen in Deutschland. Wege einer besseren Verständigung zwischen Wirtschaft und Gesellschaft. Wiesbaden 2005.

Mathes, Rainer/Gärtner, Hans-Dieter/Czaplicki, Andreas: Kommunikation in der Krise. Anatomie eines Medienereignisses. Das Grubenunglück in Borken. Frankfurt am Main 1991.

Meckel, Miriam: Redaktionsmanagement. Ansätze aus Theorie und Praxis. Wiesbaden 1999.

Meier, Klaus: Internetjournalismus. 3., überarbeitete und erweiterte Auflage. Konstanz 2002.

Meier, Klaus: Ressort, Sparte, Team. Wahrnehmungsstrukturen und Redaktionsorganisation im Zeitungsjournalismus. Konstanz 2002.

Meier, Klaus: Journalistik. Konstanz 2007.

Meier, Klaus (Hg.): Internet-Journalismus. Ein Leitfaden für ein neues Medium. 3., überarbeitete und erweiterte Auflage. Konstanz 2002.

Meissner, Michael: Zeitungsgestaltung. Typografie, Satz und Druck, Layout und Umbruch. 3. Auflage. Berlin 2007.

Meyen, Michael: Mediennutzung. Mediaforschung, Medienfunktionen, Nutzungsmuster. 2., überarbeitete Auflage. Konstanz 2004.

Meyer, Jens-Uwe: Radio-Strategie. Konstanz 2007.

Meyn, Hermann: Massenmedien in der Bundesrepublik Deutschland. Konstanz 2004.

Meyn, Herrman: Massenmedien in der Bundesrepublik Deutschland. Alte und neue Bundesländer. München 1992.

Mickeleit, Thomas/Ziesche, Birgit (Hg.): Corporate TV. Die Zukunft des Unternehmensfernsehens. Berlin 2006.

Möbus, Pamela/Heffler, Michael: Der Werbemarkt 2006. In: »Media Perspektiven«, Nr. 6 2007, S. 282–289.

Möhl, Hans-Peter/Scharlack, Ulrich: dpa. Juristischer Leitfaden für Journalisten. Starnberg 1997.

Möhrle, Hartwin: Plädoyer für ein erweitertes Verständnis der Kommunikationskrise. In: Möhrle, Hartwin (Hg.): Krisen-PR. Krisen erkennen, meistern und vorbeugen – Ein Handbuch von Profis für Profis. Frankfurt am Main 2004, S. 12–29.

Möllmann, Bernhard: Redaktionelles Marketing bei Tageszeitungen. Hamburg 1998.

Moss, Christoph: Die Organisation einer Zeitungsredaktion. Opladen 2008.

Netzwerk Recherche (Hg.): Trainingshandbuch Recherche. Informationsbeschaffung professionell. Wiesbaden 2003.

Neuberger, Christoph: Strategien deutscher Tageszeitungen im Internet. Ein Forschungsüberblick. In: Neuberger, Christoph/Tonnemacher, Jan (Hg.): Online – die Zukunft der Zeitung? Das Engagement deutscher Tageszeitungen im Internet. 2., vollständig überarbeitete und aktualisierte Auflage. Wiesbaden 2003, S. 152–213.

Neuberger, Christoph: Profession, Participation, Technology. Journalism and its Functional Equivalents in the Internet Public Sphere. Paper, presented at the 56th Annual ICA Conference. Dresden 2006.

Neuberger, Christoph/Tonnemacher, Jan (Hg.): Online – Die Zukunft der Zeitung? Das Engagement deutscher Tageszeitungen im Internet. 2., vollständig überarbeitete und aktualisierte Auflage. Wiesbaden 2003.

Noelle-Neumann, Elisabeth/Schulz, Winfried/Wilke, Jürgen (Hg.): Publizistik/Massenkommunikation. Frankfurt am Main 2002.

Nowag, Werner/Schalkowski, Edmund: Kommentar und Glosse. Konstanz 1998.

Olenhusen, Albrecht Götz von: Medienarbeitsrecht für Hörfunk und Fernsehen. Konstanz 2004.

Ordolff, Martin: Fernsehjournalismus. Konstanz 2005.

Ordolff, Martin/Wachtel, Stefan: Texten für TV. 2., überarbeitete Auflage. München 2004.

Petersen, Jens: Medienrecht. 2. Auflage. München 2005.

Pleil, Thomas/Zerfaß, Ansgar: Internet und Social Software in der Unternehmenskommunikation. In: Piwinger, Manfred/Zerfass, Ansgar (Hg.): Handbuch Unternehmenskommunikation. Wiesbaden 2007, S. 511–532.

Projektteam Lokaljournalismus (Hg.): Lokaljournalismus. Themen und Management. München 1998.

Projektteam Lokaljournalisten (Hg.): ABC des Journalismus. München 1990.

Pürer, Heinz: Einführung in die Publizistikwissenschaft. Systematik, Fragestellungen, Theorieansätze, Forschungstechniken. München 1993.

Pürer, Heinz: Publizistik- und Kommunikationswissenschaft. Ein Handbuch. Konstanz 2003.

Pürer, Heinz (Hg.): Praktischer Journalismus in Zeitung, Radio und Fernsehen. 2., überarbeitete und erweiterte Auflage. Konstanz 1996.

Pürer, Heinz/Raabe, Johannes: Medien in Deutschland. Presse. Konstanz 1996.

Pürer, Heinz/Raabe, Johannes: Presse in Deutschland. 3., völlig überarbeitete und erweiterte Auflage. München 2007.

Pürer, Heinz/Rahofer, Meinrad/Reitan, Claus (Hg.): Praktischer Journalismus. Presse, Radio, Fernsehen, Online. 5., völlig neue Auflage. Konstanz 2004.

Rehbinder, Manfred: Urheberrecht. 14. Auflage. München 2006.

Renner, Karl Nikolaus: Fernsehjournalismus. Konstanz 2007.

Reumann, Kurt: Journalistische Darstellungsformen. In: Noelle-Neumann, Elisabeth/Schulz, Winfried/Wilke, Jürgen (Hg.): Publizistik/Massenkommunikation. Frankfurt am Main 2002, S. 126–152.

Reus, Gunter: Ressort: Feuilleton. Kulturjournalismus für Massenmedien. Konstanz 1999.

Ridder, Christa-Maria/Engel, Bernhard (Hg.): Massenkommunikation 2005: Images und Funktionen der Massenmedien im Vergleich. In: »Media Perspektiven«, Nr. 9 2005, S. 422–448.

Ring, Wolf-Dieter: Medienrecht. Rundfunk, Neue Medien, Presse. Textsammlung, Rechtsprechung, Kommentar. München o.J. (Lose-Blatt-Sammlung).

Rossig, Julian J.: Fotojournalismus. Konstanz 2007.

Rota, Franco P.: PR- und Medienarbeit. Effektive Öffentlichkeitsarbeit der Unternehmen im Informationszeitalter. 3. Auflage. München 2002.

Rota, Franco P./Fuchs, Wolfgang: Lexikon Public Relations. München 2007.

Röttger, Ulrike: Public Relations – Organisation und Profession. Wiesbaden 2000.

Ruisinger, Dominik: Online Relations. Leitfaden für moderne PR im Netz. Stuttgart 2007.

Sachsse, Rolf: Bildjournalismus heute. Beruf, Ausbildung, Praxis. Berlin 2003.

Sauvant, Nicola: Professionelle Online-PR. Die besten Strategien für Pressearbeit, Investor Relations, interne Kommunikation, Krisen-PR. Mit vielen Fallbeispielen. Frankfurt am Main 2002.

Schaffeld, Burkhard/Hörle, Ulrich: Das Arbeitsrecht der Presse. 2. Auflage. Köln 2007.

Schaffrath, Michael (Hg.): Traumberuf Sportjournalismus. Ausbildungswege und Anforderungsprofile in der Sportmedienbranche. Münster 2007.

Schatz, Heribert/Schulz, Winfried: Qualität von Fernsehprogrammen. Kriterien und Methoden zur Beurteilung von Programmqualität im dualen Fernsehsystem. In: »Media Perspektiven«, Nr. 11 1992, S. 690–712.

Schenk, Michael: Medienwirkungsforschung. 3., vollständig überarbeitete Auflage. Tübingen 2007.

Schlippe, Bettina von/Martini, Bernd-Jürgen/Schulze-Fürstenow, Günther (Hg): Arbeitsplatz PR. Einstieg, Berufsbilder, Perspektiven. Mit einer Dokumentation der aktuellen PR-Bildungsangebote. Neuwied 1998.

Schlüter, Hans Joachim: Zeitungs-Journalismus: Darstellungsformen. In: Pürer, Heinz/Rahofer, Meinrad/Reitan, Claus (Hg.): Praktischer Journalismus. Presse, Radio, Fernsehen, Online. Konstanz 2004, S. 139–159.

Schöfthaler, Ele: Die Recherche. Ein Handbuch für Ausbildung und Praxis. Berlin 2006.

Schult, Gerhard/Buchholz, Axel (Hg.): Fernseh-Journalismus. Ein Handbuch für Ausbildung und Praxis. 7., vollständig aktualisierte Auflage. München 2006.

Schulz, Winfried: Die Konstruktion von Realität in den Nachrichtenmedien. Analyse der aktuellen Berichterstattung. Freiburg, München 1990.

Schulz, Winfried: Kommunikationsprozess. In: Noelle-Neumann, Elisabeth/Schulz, Winfried/Wilke, Jürgen (Hg.): Publizistik/Massenkommunikation. Frankfurt 2002a, S. 153–182.

Schulz, Winfried: Nachricht. In: Noelle-Neumann, Elisabeth/Schulz, Winfried/Wilke, Jürgen (Hg.): Publizistik/Massenkommunikation. Frankfurt 2002b, S. 328–362.

Schulz-Bruhdoel, Norbert: Pressearbeit: Gute Geschäfte auf Gegenseitigkeit. In: Piwinger, Manfred/Zerfaß, Ansgar (Hg.): Handbuch Unternehmenskommunikation. Wiesbaden 2007, S. 399–418.

Schütz, Walter J.: Deutsche Tagespresse 2006. Trotz Anzeigen- und Auflagenverlusten kaum Zeitungskrise spürbar. In: »Media Perspektiven«, Nr. 11 2007, S. 560–588.

Sjurts, Insa: Strategien in der Medienbranche. Grundlagen und Fallbeispiele. 3., überarbeitete und erweiterte Auflage. Wiesbaden 2005.

Spachmann, Klaus (Hg.): Zeitungen auf Crossmedia-Kurs? Online-Strategien der Tageszeitungen aus Sicht der Print-Chefredakteure. In: Neuberger, Christoph/Tonnemacher, Jan (Hg.): Online – die Zukunft der Zeitung? Das Engagement deutscher Tageszeitungen im Internet. 2., vollständig überarbeitete und aktualisierte Auflage. Wiesbaden 2003, S. 214–234.

Spachmann, Klaus: Wirtschaftsjournalismus in der Presse. Theorie und Empirie. Konstanz 2005.

Strätling, Thomas: Die Psychologie der Krise – Die Qualität kommt aus der Tiefe. In: Möhrle, Hartwin (Hg.): Krisen-PR. Krisen erkennen, meistern und vorbeugen – Ein Handbuch von Profis für Profis. Frankfurt am Main 2004, S. 30–40.

Stuiber, Heinz-Werner: Medien in Deutschland. Band 2: Rundfunk. Konstanz 1998.

Szameitat, Dietrich: Public Relations in Unternehmen. Ein Praxis-Leitfaden für die Öffentlichkeitsarbeit. München 2003.

Trappel, Josef: Online-Medien. Leistungsprofil eines neuen Massenmediums. Konstanz 2007.

Tschichold, Jan: Erfreuliche Drucksachen durch gute Typografie. Eine Fibel für jedermann. Augsburg 2001.

Vogel, Andreas: Stagnation auf hohem Niveau. In: »Media Perspektiven«, Nr. 7 2006, S. 380–398.

Vogel, Robert: Der Weg in die NetEconomy. Märkte, Portale, Projekte. Wiesbaden 2001.

Wachtel, Stefan: Schreiben fürs Hören. Trainingstexte, Regeln und Methoden. 3. Auflage. Konstanz 2003.

Wachtel, Stefan: Sprechen und Moderieren in Hörfunk und Fernsehen. Inklusive CD mit Hörbeispielen. 5. Auflage. Konstanz 2003.

Wall, Melissa: Blogs of war: Weblogs as news. In: »Journalism. Theory, practice and criticism«. Volume 6, Number 2 2005, S. 153–172.

Wehrle, Friedrich/Busch, Holger: Entwicklungen und Perspektiven im Markt der Publikumszeitschriften. In: »Publizistik«, Nr. 3 2003, S. 85–108.

Weichler, Kurt: Redaktionsmanagement. Konstanz 2003.

Weichler, Kurt: Corporate Publishing: Publikationen für Kunden und Multiplikatoren. In: Piwinger, Manfred/Zerfass, Ansgar (Hg.): Handbuch Unternehmenskommunikation. Wiesbaden 2007, S. 441–452.

Weischenberg, Siegfried: Journalistik. Medienkommunikation: Theorie und Praxis. Opladen 1992.

Weischenberg, Siegfried: Journalismus. In: Weischenberg, Siegfried/Kleinsteuber, Hans J./Pörksen, Bernhard (Hg.): Handbuch Journalismus und Medien. Konstanz 2005, S. 132–142.

Weischenberg, Siegfried/Kleinsteuber, Hans J./Pörksen, Bernhard (Hg.): Handbuch Journalismus und Medien. Konstanz 2005.

Weischenberg, Siegfried/Malik, Maja/Scholl, Armin: Die Souffleure der Mediengesellschaft. Report über die Journalisten in Deutschland. Konstanz 2006.

Wenzel, Karl Egbert/Sedelmeier, Klaus/Löffler, Martin: Presserecht. Kommentar. 5., neu bearbeitete und erweiterte Auflage. München 2006.

Wienand, Edith: Public Relations als Beruf. Kritische Analyse eines aufstrebenden Kommunikationsberufes. Wiesbaden 2003.

Wirtz, Bernd W.: Medien- und Internetmanagement. 2. Auflage. Wiesbaden 2001.

Witzke, Bodo/Rothaus, Ulli: Die Fernsehreportage. Konstanz 2003.

Wolff, Volker: ABC des Zeitungs- und Zeitschriftenjournalismus. Konstanz 2006.

Wyss, Vinzenz: Redaktionelles Qualitätsmanagement. Ziele, Normen, Ressourcen. Konstanz 2002.

Zentralverband der deutschen Werbewirtschaft (Hg.): Werbung in Deutschland 2007. Berlin 2007.

Zentralverband der deutschen Werbewirtschaft (ZAW) (Hg.): Werbung in Deutschland 2007. Berlin 2007.

Zindel, Udo/Rein, Wolfgang (Hg.): Das Radio-Feature. 2., überarbeitete Auflage. Konstanz 2007.

Zubayr, Camille/Gerard, Heinz: Tendenzen im Zuschauerverhalten. Fernsehgewohnheiten und Reichweiten im Jahr 2006. In: »Media Perspektiven«, Nr. 4 2007, S. 187–199.

Zweites Deutsches Fernsehen (ZDF) (Hg.): ZDF Jahrbuch 2006. Mainz 2007.

Autoren

Hans-Peter Archner, geb. 1954, stellv. Landessenderdirektor Baden-Württemberg beim Südwestrundfunk (SWR), Stuttgart.
Volontariat bei Radio und Fernsehen beim SDR, Chef des Jugendfunks »Point«, dann Leiter der Popwelle »SDR 3«, von 1998 bis 2003 Programmchef von »SWR 1«, seit 2003 Leiter der Hauptabteilung Fernsehen Land und Leute beim SWR.
Martin Bewerunge, geb. 1959, Chef vom Dienst der »Rheinischen Post«, Düsseldorf.
Studium der Germanistik und Geschichte in Bonn, danach Volontariat bei der »Rheinischen Post«. Lokalredakteur in Duisburg und Reporter für die »Seite Drei« bei dieser Zeitung; von 1989 bis 1999 politischer Korrespondent in Bonn, anschließend Leiter des Ressorts Politische Nachrichten in der Düsseldorfer Zentralredaktion.
Dr. med. Thomas Bleich, geb. 1968, Redakteur Wissen und Service beim Zweiten Deutschen Fernsehen ZDF.
Studium der Humanmedizin, Promotion, Arzt im Praktikum und Approbation in Hannover, Abschluss des Aufbaustudiengangs Journalistik in Hannover als Diplom-Journalist, nach »PRAXIS – das Gesundheitsmagazin« und »PRAXIS täglich« heute Redakteur der Sendereihen »Abenteuer Wissen« und »Volle Kanne – Service täglich«.
Rainer Bonhorst, geb. 1942, Chefredakteur der »Augsburger Allgemeinen« in Augsburg.
Zuerst Redakteur der »Westdeutschen Allgemeinen Zeitung« (WAZ), später Korrespondent in London und Washington für die »WAZ« und die »Augsburger Allgemeine«; zuletzt stellv. Chefredakteur bei der »Westdeutschen Allgemeinen Zeitung«.
Nikolaus Brender, geb. 1949, Chefredakteur des ZDF in Mainz.
Studium der Rechtswissenschaften und Politikwissenschaften. Volontariat beim Südwestfunk (SWF). Tätigkeit als Redakteur und Reporter für Landesschau und Abendschau beim SWF. Für die ARD verantwortlicher Redakteur, Reporter und als Fernsehkorrespondent in Südamerika. Auslandchef des WDR und »Weltspiegel«-Moderator, dann Chefredakteur des Programmbereichs Politik und Zeitgeschehen sowie schließlich Fernsehprogrammchef.
Ulrich Deppendorf, geb. 1950, Leiter und Chefredakteur des ARD-Hauptstadtstudios in Berlin und Moderator der Sendung »Bericht aus Berlin«.
Volontariat beim WDR, Reporter und Redakteur für die WDR-Redaktion ARD-aktuell, Leiter der Redaktionsgruppe Zeitgeschehen Aktuell, Zweiter Chefredakteur bei ARD-aktuell (»Tagesschau«, »Tagesthemen«) anschließend Erster Chefredakteur, Programmdirektor Fernsehen beim WDR in Köln.
Thomas Durchdenwald, geb. 1956, Ressortleiter Lokales/Region Stuttgart der »Stuttgarter Zeitung«.
Volontariat und Redakteur bei der »Esslinger Zeitung«, Ressort Sport; Redakteur und stellv. Ressortleiter bei der »Cannstatter Zeitung/Untertürkheimer Zeitung«; seit 1990 bei der »Stuttgarter Zeitung«; Redakteur im Lokalen, im innenpolitischen Ressort, leitender Redakteur und landespolitischer Chefkorrespondent; 2002 bis 2004 Vorsitzender der Landespressekonferenz Baden-Württemberg.

Christian Eggert, geb. 1966, Referent Verlagswirtschaft beim Bundesverband Deutscher Zeitungsverleger e. V. (BDZV).

Jura-Studium, Referent bei der Treuhandanstalt Berlin, Wissenschaftlicher Mitarbeiter an der Ernst-Moritz-Arndt-Universität Greifswald, bis 2001 Justitiar beim »Tagesspiegel« in Berlin.

Ruth Eichhorn, Geschäftsführende Redakteurin des Magazins »GEO« in Hamburg und zuständig für die Fotografie.

Vorher u. a. Korrespondentin für die französischen und amerikanischen Ausgaben von »GEO«, Bildredakteurin bei der Zeitschrift »Bunte« und Leiterin des Außenbüros von »GEO« in New York.

Ernst Elitz, geb. 1941, Intendant des Deutschlandradios in Köln/Berlin.

Studium der Alten und Neuen Germanistik, Theaterwissenschaften, Politik und Philosophie. Berufseinstieg als Reporter und Redakteur beim RIAS Berlin, Redakteur bei »Der Spiegel«. Nach dem Wechsel zum ZDF stellv. Leiter und Moderator bei »Kennzeichen D« und »heute journal«. Bis 1994 Chefredakteur und Moderator des Süddeutschen Rundfunks Stuttgart (SDR). Honorarprofessor für Kultur- und Medienmanagement an der Freien Universität Berlin. Direktor der Berlin Media Professional School der Freien Universität Berlin.

Wolfgang Fandrich, geb. 1954, stellv. Chefredakteur und Redaktionsleiter Zeitgeschehen des Mitteldeutschen Rundfunks (MDR) in Leipzig.

Studium des Diplom-Wirtschaftsingenieurwesens. Danach zunächst Moderator beim »SWF 3« (Radio). Anschließend beim ZDF zunächst Redakteur (Aktuelles) und später leitender Redakteur (Innenpolitik). Schließlich ebenfalls für das ZDF Parlamentskorrespondent in Bonn.

Markus Fels, Volontär der Wochenzeitung »Rheinischer Merkur« in Bonn.

Studium der Germanistik, Philosophie und Soziologie. Hospitanzen in den Bereichen Print, Öffentlichkeitsarbeit, Markt- und Meinungsforschung.

Kai Fischer, geb. 1961, Geschäftsführer des Radiosenders Hit-Radio Antenne in Hannover.

Bankkaufmann bei der Deutschen Bank AG. Anschließend beim »Münchner Merkur« sowohl Volontär als auch Politik-Redakteur. Später Politik-Redakteur der »Berliner Morgenpost« und stellv. Chefredakteur der »Märkischen Oderzeitung«. Danach Geschäftsführer des Berliner Rundfunks.

Markus Föderl, geb. 1964, Chefredakteur des Nachrichtensenders n-tv Berlin.

Studium der Rechtswissenschaften an den Universitäten Salzburg und Linz, Ausbildung zum Journalisten beim Österreichischen Rundfunk (ORF), von 1983 bis 1990 im ORF-Landesstudio Oberösterreich als Reporter und Moderator. 1991 Wechsel in die Nachrichtenzentrale des ORF in Wien. Gründungsmitglied des Nachrichtensenders n-tv in Berlin, zahlreiche internationale Einsätze als Live-Reporter. Von 1993 bis 1997 Chef vom Dienst bei n-tv. 1998 stellv. Chefredakteur, 2001 bis 2007 Chefredakteur, 2006 Gründungsmitglied der Berlin Media Professional School. Seit Oktober 2007 publizistischer Berater des Schweizer Rundfunks DRS beim Aufbau eines Informationskanals.

Dr. Nikolaus Förster, geb. 1968, Ressortleiter Agenda der »Financial Times Deutschland« (»FTD«) in Hamburg.

Studium der Germanistik, Kunstgeschichte und Musikwissenschaft. Zugleich Journalistenausbildung beim Institut zur Förderung publizistischen Nachwuchses. Nach der Promotion und der Zeit als Press Fellow der Universität Cambridge zunächst Reporter und später Kommentarchef der »Financial Times Deutschland«. 2007 Bucerius Fellow an der Universität Harvard.

Michael Garthe, geb. 1958, Chefredakteur »Die Rheinpfalz« in Ludwigshafen.
Studium der Politikwissenschaften, Publizistik, Ethnologie und Amerikanistik. Wissenschaftlicher Mitarbeiter am Institut für Politikwissenschaft in Mainz, Volontariat bei der »Rheinpfalz«. Danach Politik-Redakteur und Bonner Korrespondent.

Sabine Gaschütz, Leiterin der Abteilung Wirtschaft Fernsehen des SWR in Stuttgart.
Diplom-Volkswirtin und Diplom-Journalistin, Volontariat bei der »Stuttgarter Zeitung«. Tätigkeiten bei der »Stuttgarter Zeitung«, Redakteurin/Reporterin beim Hörfunk des SWR in Baden-Baden und Moderatorin beim Fernsehen des SWR in Baden-Baden und Stuttgart. Mitglied der Jury Umweltzeichen des Bundesumweltministeriums, der Jury des Ernst-Schneider-Preises und der Jury des Georg-von-Holtzbrinck-Preises für Wirtschaftspublizistik.

Karl Geibel, geb. 1941, Landesvorsitzender des Deutschen Journalisten-Verbandes (DJV) Baden-Württemberg in Stuttgart sowie freier Journalist.
Studium der Kunst und Geschichte. Danach Mitarbeit bei verschiedenen großen Tageszeitungen, u. a. in Kassel, Wiesbaden, Stuttgart. Zuletzt Redaktionschef der »Leonberger Kreiszeitung«. Lehrbeauftragter der Universitäten Stuttgart und Hohenheim, Rundfunkrat des SWR.

Heike Göbel, geb. 1959, verantwortliche Redakteurin für Wirtschaftspolitik der »Frankfurter Allgemeinen Zeitung« (»FAZ«) in Frankfurt.
Studium der Volkswirtschaftslehre, dann wissenschaftliche Mitarbeiterin am Institut für Wirtschaftsforschung (IfW) in Kiel. Volontariat bei den »Stuttgarter Nachrichten« und danach Redakteurin der »Stuttgarter Nachrichten«.

Jörg Ulrich Hahn, geb. 1961, seit 2004 Leiter der Sportredaktion der »Frankfurter Allgemeinen Zeitung« und der »Frankfurter Allgemeinen Sonntagszeitung«.
Seit 1981 Journalist und Redakteur in verschiedenen Medien und Positionen.

Dr. Rainer Hank, geb. 1953, leitet seit September 2001 die Wirtschaftsredaktion der »Frankfurter Allgemeinen Sonntagszeitung«.
Studium der Literaturwissenschaft, Philosophie und katholischen Theologie. 1988 Wirtschaftsredakteur der »Frankfurter Allgemeinen Zeitung«. Buchautor u. a.: »Das Ende der Gleichheit« (2000). 1999 bis 2001 Leiter der Wirtschaftsredaktion des »Tagesspiegel«. Mitglied der Jury des Ludwig-Erhard-Preises und im Kuratorium des Max-Planck-Instituts für Gesellschaftsforschung in Köln.

Alexander Heine, geb. 1971, Programmleiter »Hit-Radio Antenne 1« in Stuttgart.
1994 bis 1998 Moderator bei »MDR life« in Leipzig, 1998 bis 2004 Moderator, Unterhaltungschef und stellv. Programmleiter bei »Hit-Radio Antenne 1« in Stuttgart.

Dr. Wolfgang Herles, geb. 1950, Leiter und Moderator der Sendung »aspekte« des ZDF in Berlin.
Studium der Germanistik, Geschichte und Psychologie sowie an der Deutschen Journalistenschule in München. Danach u. a. Leiter des ZDF-Studios in Bonn, Moderator von »Was nun …« und »Live« (Talkshow). Außerdem Autor zahlreicher Sachbücher und Romane.

Dr. Wilm Herlyn, geb. 1945, seit 1991 Chefredakteur der Deutschen Presse-Agentur (dpa) in Hamburg.
Studium der Philosophie, Geschichte und Politikwissenschaften, Promotion. Volontariat bei »Die Welt«, Redakteur in Berlin, dann Ressort Innenpolitik, später Leiter Deutschlandpolitik, Chef vom Dienst und anschließend Leiter des Korrespondenten-Büros Nordrhein-Westfalen,

Wechsel zu »Bunte« als geschäftsführender Redakteur und danach zur »Rheinischen Post« als erster stellv. Chefredakteur.

Ralf Jaedicke, geb. 1951, Programmmanager und stellv. Programmchef bei »SWR 1 Baden-Württemberg«.

1984 bis 1988 Reporter bei den drei Olympischen Spielen, 1989 Sportchef SDR Hörfunk, 1998 bis 2007 Leiter von »SWR 1«, seit 2004 Lehrbeauftragter an der Universität Hohenheim.

Klaus-Joachim Jenssen, geb. 1944, ehemaliger Wirtschaftsredakteur des Bayerischen Rundfunks (BR) in München.

Studium der Politischen Wissenschaften, Germanistik und Kommunikationswissenschaft. Beim Bayerischen Rundfunk zunächst Volontariat und daraufhin freier Mitarbeiter für Politik und Wirtschaft. Von 1975 bis 2004 Kommentator, Moderator und redaktionell Verantwortlicher für das Magazin »Trend«.

Dr. Franz Kadell, geb. 1951, Chefredakteur der »Volksstimme« in Magdeburg.

Studium der Geschichte, Philosophie und Germanistik. Promotion, danach Volontär und Redakteur beim »Münchner Merkur«. Zeitweise tätig in Washington D. C., dann Redakteur bei »Die Welt«. Ressortleiter Nachrichten der »Mitteldeutschen Zeitung«, stellv. Chefredakteur der »Volksstimme« und zuletzt Chefredakteur der »Märkischen Oderzeitung«.

Axel Kircher, geb. 1963, Art Director für den Europa-Fachpresse-Verlag GmbH und für die sv corporate media GmbH.

1995 bis 1999 Leiter Grafik und Chef vom Dienst Vereinigte Motorverlage Stuttgart GmbH (Zeitschrift »connect«), 1999 bis 2002 Grafikchef und Chef vom Dienst Vogel-Burda Communications GmbH (Zeitschriften »PC Online« und »LUNO«), 2002 bis 2006 Art Director und Chef vom Dienst redtec publishing GmbH (Zeitschriften »MACup«, »Computer Foto«, »digifoto«, »dotnetPro«, »Creative live«).

Klaus Köster, geb. 1963, Leiter Wirtschaftsredaktion der »Stuttgarter Nachrichten« in Stuttgart. Volontariat und Lokalredaktion beim »Südkurier«, danach Studium der Volkswirtschaft in Freiburg und nebenbei freiberufliche Tätigkeit. Wechsel zu den »Stuttgarter Nachrichten«. Zunächst Politikredaktion, danach Redakteur für Sozialpolitik und Wirtschaftsredaktion.

Michael Kuhli, geb. 1967, Chefredakteur des Managementmagazins »blue line«, produziert von BurdaYukom (im Auftrag von HP).

Zuvor Chefredakteur des »CEBIT-Magazins«, stellv. Chefredakteur des »Microsoft-Magazins«, »Seite Drei«-Reporter für »Ostsee-Zeitung«, Wirtschaftsredakteur bei »W&V«.

Jan Leidicke, geb. 1963, Inhaber/Geschäftsführer des Keystone Pressedienstes in Hamburg.

Peter Limbourg, geb. 1960, Chefredakteur des Nachrichtensenders N24 und Moderator von »Berlin intern« in Berlin.

Studium der Rechtswissenschaften; Volontariat bei der Deutschen Fernsehnachrichten Agentur (DFA). Zunächst Europa- und NATO-Korrespondent in Brüssel. Nach Einsätzen als Reporter in Krisengebieten Studioleiter ProSieben in Bonn und Co-Moderator der Sendereihe »Jahrtausendwahl«.

Dr. Alexander Mäder, geb. 1972, Leiter des Wissenschaftsressorts der »Stuttgarter Zeitung« in Stuttgart.

Philosophiestudium mit den Nebenfächern Psychologie und Physik an den Universitäten Heidelberg und Bielefeld. Volontariat bei der »Berliner Zeitung«. Dort anschließend Redakteur im Wissenschaftsressort.

Dr. Detlef May, geb. 1948, Geschäftsführer der Agentur MAYPR. Presse- und PR in Herrsching. Diplom und Promotion in Geografie, Aufbaustudium Kommunikationswissenschaft an der Universität Hohenheim. Danach Tätigkeit beim SWF-Hörfunk, in der Presseabteilung der Energieversorgung Schwaben (EVS) sowie als Leiter der Wirtschaftspresse der Daimler Benz AG. Acht Jahre lang Leiter der Unternehmenskommunikation Webasto AG in München.

Ronald Meyer-Arlt, geb. 1960, Ressortleiter Feuilleton der »Hannoverschen Allgemeinen Zeitung« in Hannover.
Studium der Germanistik, Soziologie und Publizistik. Beim »Göttinger Tageblatt« zunächst freier Mitarbeiter und Volontär, dann Kulturredakteur. 1996 Wechsel ins Feuilleton der »Hannoverschen Allgemeinen Zeitung«.

Oliver Michalsky, geb. 1964, Redaktionsleiter »Welt Online« in Berlin.
Volontariat bei der »National-Zeitung« in Berlin, Journalistik-Studium in Leipzig, 1988–1990 Innenpolitik-Redakteur bei der »National-Zeitung«, 1990 Chefreporter »Der Morgen«. Seit 1991 Politik-Redakteur bei der »Berliner Morgenpost«, 2002/2003 Ressortleiter Berlin & Brandenburg für »Berliner Morgenpost«, »Welt« und »Welt am Sonntag«, 2003 geschäftsführender Redakteur Berlin für »Welt« und »Berliner Morgenpost«, 2004 Mitglied des Gründungsteams von »Welt Kompakt«, dort geschäftsführender Redakteur.

Thomas Mickeleit, geb. 1958, Direktor Presse- und Öffentlichkeitsarbeit Microsoft Deutschland in Unterschleißheim.
Studium der Geschichte und Rechtswissenschaften. Zunächst Leiter der Unternehmenskommunikation der Krone AG in Berlin, dann Leiter der Presse- und Öffentlichkeitsarbeit der Grundig AG in Fürth. Direktor der Unternehmenskommunikation der IBM Deutschland GmbH in Stuttgart; Leiter Unternehmenskommunikation Volkswagen AG, Wolfsburg. Honorarprofessor für Corporate Media und Interne Kommunikation an der UMC Potsdam (FH).

Mathias Müller von Blumencron, geb. 1960, Chefredakteur des »Spiegel« (gemeinsam mit Georg Mascolo) in Hamburg.
Jurastudium und Absolvent der Henri-Nannen-Schule. Redakteur des Wirtschaftsmagazins »Capital« und Korrespondent der »Wirtschaftswoche«. Beim »Spiegel« zunächst Redakteur und stellv. Ressortleiter, anschließend Korrespondent in Washington und New York. Bis 2008 Chefredakteur von »Spiegel-Online«.

Ernst Munzinger, geb. 1953, Geschäftsführer der Munzinger-Archiv GmbH in Ravensburg.
Maschinenbau-Studium an der TU Karlsruhe. Danach tätig bei der Wieland Werke AG in Ulm.

Günther Neufeldt, geb. 1956, stellv. Leiter des Programmbereichs ZDF.reporter/ZDF.reportage beim ZDF in Mainz.
Studium der Politikwissenschaften, Jura und Kommunikationswissenschaft, Ausbildung an der Deutschen Journalistenschule in München. Reporter beim NDR-Hörfunk, dann Nachrichtenredakteur, Moderator und Reporter bei RIAS-TV. Zuletzt Moderator und Reporter des ZDF.

Werner Neunzig, geb. 1951, Geschäftsführer von »Reader's Digest« Deutschland/Schweiz/Österreich in Stuttgart.
Studium der Betriebswirtschaft. Danach tätig bei Carl Zeiss in Oberkochen.

Dr. Anton Notz, geb. 1961, Redaktionsleiter Online der »Financial Times Deutschland« (»FTD«) in Hamburg.
Zuvor »FTD«-Chefreporter und 1999 Gründungsmitglied der Zeitung. Studium der Politik, Volkswirtschaftslehre und Geschichte. Danach tätig beim Bayerischen Rundfunk und bei den »Stuttgarter Nachrichten«.

Hermann Orgeldinger, geb. 1953, Geschäftsführer der Agenturgruppe orgeldinger media group GmbH in Stuttgart.
Studium der Betriebswirtschaft mit Schwerpunkt Marketing sowie Studium der Kommunikationswissenschaft. Danach Redaktionsleiter des Süddeutschen Rundfunks (SDR) und später Programmdirektor bei „Radio 7“.

Dietmar Pieper, geb. 1963, Ressortleiter Deutsche Politik des »Spiegel« in Hamburg.
Studium der Germanistik, Komparatistik und Philosophie. Nach Abschluss der Henri-Nannen-Schule seit 1989 als Redakteur des »Spiegel« tätig. Von 1992 bis 1994 Korrespondent in Dresden, von 1997 bis 2001 Büroleiter in Frankfurt.

Ulrich Reitz, geb. 1960, Chefredakteur der »Westdeutschen Allgemeinen Zeitung« in Essen.
Volontariat bei »Die Welt«, Redakteur im Nachrichtenressort »Die Welt«, politischer Korrespondent, Leiter Ressort Innenpolitik bei der Zentralredaktion »Die Welt« in Bonn, erster Leiter der Redaktion Bonn des Nachrichtenmagazins »Focus«, Chefredakteur »Rheinische Post« in Düsseldorf.

Prof. Michael Rutz, geb. 1951, Chefredakteur »Rheinischer Merkur« in Bonn und Programmgeschäftsführer von »Merkur-TV«.
Studium der Volkswirtschaftslehre und Rechtswissenschaften. Auslandskorrespondent des Bayerischen Rundfunks (BR) in Washington und London. Referent des BR-Rundfunkrates, Leitung der Wirtschaftsredaktion Hörfunk und stellv. Leiter der Hauptabteilung Bayern, Wirtschaft, Service. Später stellv. Chefredakteur des BR-Fernsehens und Leiter der Hauptabteilung Politik und Zeitgeschehen. Dann Chefredakteur von Sat.1.

Petra Sammer, geb. 1968, Managing & Creative Director Ketchum Deutschland in München.
Studium an der Ludwig-Maximilian-Universität (LMU) in München.

Andreas Scharf, geb. 1956, Chefredakteur von »Reader's Digest Deutschland« in Stuttgart.
Studium der Germanistik und Soziologie. Volontariat bei dpa in Stuttgart, danach tätig für dpa. Reporter, Redakteur und Fachkorrespondent in Bremen, Hamburg und Stuttgart. Stellv. Chefredakteur und Leiter des Ressorts Landespolitik der »Stuttgarter Nachrichten«.

Ulf Schlüter, geb. 1961, stellv. Chefredakteur der »Südwest Presse« in Ulm.
Volontariat, Lokal- und Nachrichtenredakteur der »Nordsee-Zeitung« in Bremerhaven. Danach als Nachrichtenredakteur, Chef vom Dienst und Leiter Politikredaktion beim »Tagesspiegel« in Berlin. Bis 2008 bei der »Financial Times Deutschland« (»FTD«) zunächst Chef vom Dienst und anschließend geschäftsführender Redakteur.

Werner Schwarzwälder, geb. 1944, Chefredakteur der Regionalzeitung »Südkurier« in Konstanz bis 2005.
Volontariat beim »Südkurier«, Mitglied der politischen und Beilagen-Redaktion in Konstanz, Leiter der Lokalredaktionen Villingen-Schwenningen und Konstanz, danach Chef vom Dienst und stellv. Chefredakteur.

Dr. Klaus Schweinsberg, geb. 1970, Chefredakteur »Capital« und Herausgeber »impulse« in Köln.
Zuvor Chefredakteur »impulse«, Ressortleiter »Financial Times Deutschland« und Assistent des Vorstandes bei Gruner+Jahr.

Alexander Stock, geb. 1962, Leiter der Hauptabteilung Kommunikation des ZDF in Mainz.
Studium der Politikwissenschaften, Geschichte und Soziologie. Zu Beginn Nachrichtenredakteur, Reporter und Moderator (»heute«, »heute journal«, »Hallo Deutschland«), dann Chef vom Dienst der Hauptredaktion Aktuelles und zuletzt Leiter der Programmplanungsredaktion.

Max Stocker, geb. 1952, Leiter der Zentralredaktion »B5 aktuell« in München.
1981 bis 1985 Aktueller Dienst, Abendmagazin Saarländischer Rundfunk, 1986 bis 1990 Zeitfunk beim Bayerischen Rundfunk, 1991 bis 1996 Chef vom Dienst »B5 aktuell«, 1996 bis 2001 Hörfunkkorrespondent in Paris, 2002 bis 2005 Chef vom Dienst »B5 aktuell«, seit 2006 Wellenchef »B5 aktuell«.

Holger Tanhäuser, geb. 1957, Verwaltungsdirektor des Mitteldeutschen Rundfunks (MDR) in Leipzig.
Studium zum Wirtschaftsingenieur mit Fachrichtung Informatik/Operations-Research. Danach bei der Treuarbeit AG Deutsche Revision, Bestellung zum Steuerberater und dann zum Wirtschaftsprüfer. Anschließend Leiter der Hauptabteilung Finanzen des Mitteldeutschen Rundfunks (MDR).

Dr. Thomas Wengenroth, geb. 1965, geschäftsführender Gesellschafter der kress Verlag GmbH in Heidelberg.
Lehre als Industriekaufmann, danach Studium der Rechtswissenschaften und Referendariat. Beruflich tätig u. a. bei der BASF AG, PBM Medien GmbH und an der Universität Mannheim.

Joachim Widmann, geb. 1963, Chefredakteur der Nachrichtenagentur Deutscher Depeschendienst (ddp) in Berlin.
Studium der Literaturwissenschaft, Kunstgeschichte, Publizistik, Volontariat beim »Tagesspiegel« in Berlin, Chef vom Dienst in der Redaktion »Potsdamer Neueste Nachrichten«, stellv. Lokalchef bei der »Märkischen Oderzeitung«, stellv. Chefredakteur der »Netzeitung«.

Ernst-Günther Wöhler, geb. 1950, geschäftsführender Gesellschafter des Journalistenbüros regio.m – Magdeburg Medien und verantwortlicher Redakteur der Ratgeberseite der »Volksstimme« in Magdeburg.
Studium der Journalistik in Leipzig, Abschluss als Diplom-Journalist, danach bei der »Volksstimme« Redakteur und Ressortleiter in verschiedenen Bereichen, zuletzt stellv. Chefredakteur. 2001 Gründung eines selbstständigen Journalistenbüros mit Schwerpunkt im Print- und TV-Bereich.

Michael Wulf, geb. 1959, geschäftsführender Chefredakteur RTL Nachrichten und Magazine in Köln.
Studium der Betriebswirtschaftslehre in Hamburg, dann Volontariat beim Axel-Springer-Verlag. Zunächst Sportredakteur bei »Bild«. Bei RTL anschließend Redakteur der Nachrichtenredaktion, Redakteursleiter von »RTL aktuell« und später Nachrichtenchef sowie stellv. Chefredakteur.

Werner Zedler, geb. 1952, Chefredakteur des Magazins »Guter Rat« in Berlin.
Studium der Germanistik und Geschichte. Zuerst tätig beim »Express« in Düsseldorf, dann Chefreporter und DDR-Korrespondent für »Quick« sowie Chefredakteur von »Sales Profi«. Danach stellv. Chefredakteur von »Super Illu«.

Dr. Michael Zeiß, geb. 1951, Chefredakteur Fernsehen des Südwestrundfunks (SWR) in Stuttgart.
Studium der Wirtschaftswissenschaften, Soziologie und Kommunikationswissenschaft. Promotion. Arbeit in der Erwachsenenbildung und Veröffentlichungen. Beim Süddeutschen Rundfunk (SDR) tätig als Filmproduzent, Reporter, Redakteur und Moderator. Ab 1986 Leiter der Redaktion Wirtschaft und Soziales sowie ARD-Kommentator.

Dr. Achim Zons, verantwortlich für das »Thema des Tages«, Redakteur der »Seite Drei« der »Süddeutschen Zeitung« in München.
Studium Jura, Politik und Geschichte. Assistent am Lehrstuhl für Politische Kommunikation der Universität München und Absolvent der Deutschen Journalistenschule. Dann Redaktionsmitglied der »Süddeutschen Zeitung« für die Feuilleton-Beilage »SZ am Wochenende« und im Reportageressort für die »Seite Drei«. Zahlreiche Autoren-, Berater- und Lehrtätigkeiten.

Werner Zorn, Berater für Unternehmenskommunikation in Tübingen.
Studium der Volkswirtschaftslehre. Zunächst bei Siemens in München und Berlin sowie bei Brown Boveri & Cie in Mannheim tätig. Danach verschiedene Managementpositionen im Bereich interner und externer Unternehmenskommunikation der IBM Deutschland GmbH und bei IBM Europe in Paris. Lehrauftrag »Internal Relations« an der Universität Hohenheim.

Sachregister

MENSCHEN MACHEN MEDIEN

ver.di

Die medienpolitische Fachzeitschrift für Journalismus, Verlage, audiovisuelle Medien, Rundfunk und Multimedia

Die Fachzeitschrift «M» hat eine Auflage von 57.000 Exemplaren und ist exklusiv, denn: «M» gibt es nicht am Kiosk!

Hiermit bestelle ich, beginnend mit

Monat .... 2008 ..... Exemplar(e) «M» – Menschen Machen Medien. Der Abonnementpreis beträgt 36,– Euro jährlich.

Ich bin ver.di-Mitglied (Mitglieds-Nr.

....).
Für mich gilt daher der ermäßigte Bezugspreis von 18,– Euro. Sollte ich nicht bis zum 15. November des Bezugsjahres schriftlich beim Verlag kündigen, läuft mein Abonnement weiter.

....
Name, Vorname

....
Straße, Hausnummer

....
PLZ, Ort

....
Datum

....
Unterschrift

Probeheft und Abonnement:
Verlagsgesellschaft
W. E. Weinmann, Postfach 1207,
70773 Filderstadt
Tel. 0711 / 700 15 30,
service@verlag-weinmann.com
oder per Abo-Formular bei:
http://mmm.verdi.de/abo

Rechtlicher Hinweis:
Ich kann diese Bestellung binnen sieben Tagen widerrufen. Zur Wahrung der Frist genügt die rechtzeitige Absendung (Poststempel) an:
Verlagsgesellschaft W.E. Weinmann mbH, Postfach 1207, D – 70773 Filderstadt.

....
Datum

....
Unterschrift (für Widerrufsrecht)

Weiterlesen

Film
Journalismus
Kommunikationswissenschaft
Public Relations
Soziologie
Geschichte

Praktischer Journalismus

Peter Overbeck (Hg.)
Radiojournalismus
Ein Handbuch
2008, ca. 350 Seiten
20 s/w Abb., gebunden
ISBN 978-3-89669-573-4

Siegfried Weischenberg,
Hans J. Kleinsteuber,
Bernhard Pörksen (Hg.)
Handbuch Journalismus und Medien
2005, 500 Seiten, gebunden
ISBN 978-3-89669-429-4

Michael Haller
Recherchieren
6., überarbeitete Auflage 2004,
338 Seiten, broschiert
ISBN 978-3-89669-434-8

Jürg Häusermann
Journalistisches Texten
Sprachliche Grundlagen für
professionelles Informieren
2., aktualisierte Auflage 2005,
220 Seiten, broschiert
ISBN 978-3-89669-463-8

Volker Wolff
ABC des Zeitungs- und Zeitschriftenjournalismus
2006, 374 Seiten, broschiert
ISBN 978-3-89669-578-9

Martin Ordolff
Fernsehjournalismus
2005, 412 Seiten, broschiert
ISBN 978-3-89669-457-7

Markus Reiter
Überschrift, Vorspann, Bildunterschrift
2006, 138 Seiten, broschiert
ISBN 978-3-89669-492-8

Klicken + Blättern

Leseprobe und Inhaltsverzeichnis unter

www.uvk.de

Erhältlich auch in Ihrer Buchhandlung.

UVK
UVK Verlagsgesellschaft mbH

MENSCHEN MACHEN MEDIEN

ver.di

Die medienpolitische Fachzeitschrift für Journalismus,
Verlage, audiovisuelle Medien, Rundfunk und Multimedia

Die Fachzeitschrift «M» hat eine
Auflage von 57.000 Exemplaren
und ist exklusiv, denn:
«M» gibt es nicht am Kiosk!

Hiermit bestelle ich, beginnend mit

Monat .... 2008 ..... Exemplar(e)
«M» – Menschen Machen Medien.
Der Abonnementpreis beträgt 36,– Euro
jährlich.

Ich bin ver.di-Mitglied (Mitglieds-Nr.

....).
Für mich gilt daher der ermäßigte
Bezugspreis von 18,– Euro. Sollte ich nicht
bis zum 15. November des Bezugsjahres
schriftlich beim Verlag kündigen, läuft
mein Abonnement weiter.

....
Name, Vorname

....
Straße, Hausnummer

....
PLZ, Ort

....
Datum

....
Unterschrift

Probeheft und Abonnement:
Verlagsgesellschaft
W. E. Weinmann, Postfach 1207,
70773 Filderstadt
Tel. 0711 / 700 15 30,
service@verlag-weinmann.com
oder per Abo-Formular bei:
http://mmm.verdi.de/abo

Rechtlicher Hinweis:
Ich kann diese Bestellung binnen sieben
Tagen widerrufen. Zur Wahrung der Frist
genügt die rechtzeitige Absendung
(Poststempel) an:
Verlagsgesellschaft W.E. Weinmann mbH,
Postfach 1207, D – 70773 Filderstadt.

....
Datum

....
Unterschrift (für Widerrufsrecht)

Weiterlesen

Film   Journalismus   Kommunikationswissenschaft   Public Relations   Soziologie   Geschichte

Praktischer Journalismus

Peter Overbeck (Hg.)
Radiojournalismus
Ein Handbuch
2008, ca. 350 Seiten
20 s/w Abb., gebunden
ISBN 978-3-89669-573-4

Siegfried Weischenberg,
Hans J. Kleinsteuber,
Bernhard Pörksen (Hg.)
Handbuch Journalismus und Medien
2005, 500 Seiten, gebunden
ISBN 978-3-89669-429-4

Michael Haller
Recherchieren
6., überarbeitete Auflage 2004,
338 Seiten, broschiert
ISBN 978-3-89669-434-8

Jürg Häusermann
Journalistisches Texten
Sprachliche Grundlagen für
professionelles Informieren
2., aktualisierte Auflage 2005,
220 Seiten, broschiert
ISBN 978-3-89669-463-8

Volker Wolff
**ABC des Zeitungs- und
Zeitschriftenjournalismus**
2006, 374 Seiten, broschiert
ISBN 978-3-89669-578-9

Martin Ordolff
Fernsehjournalismus
2005, 412 Seiten, broschiert
ISBN 978-3-89669-457-7

Markus Reiter
Überschrift, Vorspann, Bildunterschrift
2006, 138 Seiten, broschiert
ISBN 978-3-89669-492-8

Klicken + Blättern

Leseprobe und Inhaltsverzeichnis unter

www.uvk.de

Erhältlich auch in Ihrer Buchhandlung.

UVK
UVK Verlagsgesellschaft mbH

Weiterlesen

Film

**Journalismus
Kommunikationswissenschaft**

Public Relations

Soziologie

Geschichte

Praktischer Journalismus

Sabine Streich
Videojournalismus
Ein Trainingshandbuch
2008, ca. 270 Seiten
50 farb. Abb., broschiert
ISBN 978-3-89669-590-1

Bodo Witzke, Ulli Rothaus
Die Fernsehreportage
2003, 352 Seiten, broschiert
ISBN 978-3-89669-333-4

Julian J. Rossig
Fotojournalismus
2., überarbeitete Auflage
2007, 236 Seiten, broschiert
ISBN 978-3-86764-027-5

Anton Simons
Redaktionelles Wissensmanagement
2007, 318 Seiten
24 s/w Abb., broschiert
ISBN 978-3-89669-507-9

Svenja Hofert
Existenzgründung im Medienbereich
2007, 202 Seiten, broschiert
ISBN 978-3-89669-591-8

Christian Jakubetz
Crossmedia
2008, 176 Seiten, broschiert
ISBN 978-3-86764-044-2

Peter Berger
Unerkannt im Netz
Sicher kommunizieren und
recherchieren im Internet
2008, ca. 200 Seiten
90 s/w Abb., broschiert
ISBN 978-3-86764-087-9

Klicken + Blättern

Leseprobe und Inhaltsverzeichnis unter

Erhältlich auch in Ihrer Buchhandlung.

UVK Verlagsgesellschaft mbH

Deutscher Journalisten-Verband (DJV)

- **wer wir sind?**

- **wo wir stehen?**

- **was wir wollen?**

· Ihr kompetenter Partner in allen Fragen rund um den Journalismus

· an der Seite von rund 40.000 Mitgliedern, die uns vertrauen

· Qualität im Journalismus
· faire Tarifverträge
· sichere Arbeitsplätze
· gerechte Honorare für Freie
· Perspektive für den Journalistenberuf

Sprechen Sie mit uns:

· Deutscher Journalisten-Verband
Gewerkschaft der
Journalistinnen und
Journalisten
Pressehaus 2107
Schiffbauerdamm 40
10117 Berlin

Telefon: (030) 72 62 79 20
Fax: (030) 726 27 92 13
Mail: djv@djv.de

· DJV-Geschäftsstelle
Bennauerstraße 60
53115 Bonn

Telefon: (0228) 201 72-0
Fax: (0228) 201 72 35
Mail: djv@djv.de

www.djv.de

GEWERKSCHAFT
DER JOURNALISTINNEN
UND JOURNALISTEN
DEUTSCHER
JOURNALISTEN-
VERBAND